José del Rey Fajardo, s.j.

Fuentes documentales de la Paideia Jesuítica

Colección CÁTEDRA

Caracas, 2017
Universidad Católica Andrés Bello

Fuentes documentales de paideia jesuítica
José del Rey Fajardo, s.j.

PRODUCCIÓN
abediciones
DISEÑO Y COMPOSICIÓN
Publicaciones UCAB
CORRECCIÓN DE PRUEBAS
José del Rey Fajardo
DIAGRAMACIÓN
Mery León
IMPRESIÓN
Impresos Miniprés, C. A.
DISEÑO DE PORTADA
Reyna Contreras

Primera edición actualizada
ISBN: 978-980-244-859-3
Hecho el Depósito de Ley
Depósito Legal: DC 2017000713

Reservados todos los derechos.
No se permite reproducir, almacenar en sistemas de recuperación de la información ni transmitir alguna parte de esta publicación, cualquiera que sea el medio empleado –electrónico, mecánico, fotocopia, grabación, etc.–, sin el permiso previo de los titulares de los derechos de propiedad intelectual.

ÍNDICE GENERAL

I.	INTRODUCCIÓN	5
II.	EL MARCO DEL "HUMANISMO" JESUÍTICO	9
III.	LAS FUENTES DE LA PEDAGOGÍA JESUÍTICA	15
IV.	LA ESTRUCTURA ORGANIZATIVA	27
V.	ORGANIZACIÓN ESCOLAR	51
VI.	LOS MÉTODOS DE ENSEÑANZA Y SU DIDÁCTICA	73
VII.	LA FORMACIÓN INTEGRAL	87
VIII.	LOS ESCRITOS SELECCIONADOS Y SUS AUTORES	111

DOCUMENTOS 121

[1] Ratio atque Institutio Studiorum Societatis Jesu. Auctoritate Septimae Congregationis Generalis aucta. Antverpiae apud Joan. Meursium, 1635, en 8ª 123

[2] JOSÉ JUVENCIO Método para aprender y para enseñar Florencia, 1703 295

[3] Prácticas, e industrias, para promover las Letras Humanas, con un apéndice donde se Examina el método del Sr. Pluche para enseñar, y aprender la Lengua Latina, y Griega por el P. Francisco Xavier De Idiáquez de la Compañía De Jesús 408

[4] Baltasar GRACIÁN s. j. Agudeza y Arte de Ingenio. Madrid, 1642 ... 433

[5] Lo mejor de la vida, religión, doctrina y sangre recogido en un noble joven colegial de el real, mayor y seminario colegio de san Bartholome, propuesto en ynstruccion christiano-politica para el uso de dicho colegio a quien lo dedica vn estudiante theologo de la Compañía de Jesús en su segundo año a suplicas de la misma juventud, noble 828

ARCHIVOS Y BIBLIOGRAFÍA 927

BIBLIOGRAFÍA 929

I. Introducción

Hablar de la educación en el mundo europeo, americano, africano y asiático en el espacio bisecular (1550-1767) es hacer referencia obligada a la acción educativa de la Compañía de Jesús.

Y pese a las críticas de antaño y ogaño hay que reconocer que la bondad estratégica del método humanístico llevado a cabo por los jesuitas mereció las alabanzas de figuras del pensamiento tales como Montaigne, Descartes, Bacon o Goethe.

La explicación de todo este movimiento radica en el libro *Ratio Studiorum*[1] que se publica en 1599 –final del gran siglo de las Reformas– y se inscribe en el desafío de respetar las aspiraciones de los particularismos de las ciudades renacentistas frente a las exigencias de los poderes nacionales empeñados en dar una respuesta "a la demanda universal de una formación que correspondiera a la racionalidad económica, jurídica y cultural"[2].

La sociedad europea del XVI vivió una intensa aceleración en el movimiento que supuso la transición de una cultura oral a la escrita en el marco de la comercialización del libro impreso y en la demanda de escolarización para satisfacer las exigencias de las nuevas clases medias emergentes.

Dos necesidades confluyeron paralelamente al éxito del modelo educativo puesto en marcha por los jesuitas. Una es interna y mira al crecimiento súbito de la Orden y al consiguiente aseguramiento de un semillero que garantizase la recluta de las vocaciones que heredasen la reputación de sacerdotes sabios, devotos y abnegados adquirida por los fundadores. Otra es externa y se concentra en la realidad política y social de un mundo que había sufrido cambios radicales e insospechados.

Por otra parte, los jesuitas captaron rápidamente la ruptura creciente que se establecía entre las instituciones educativas, sus métodos y sus maestros y por otra parte la presión de las corrientes renovadoras que necesitaban garantizar un status social emergente a las nuevas sociedades.

---

1 *Ratio atque institutio Studiorum Societatis Jesu. Superiorum Permissu*. Neapoli, apud Tarquinium Longhum, 1599.
2 Adrien DEMOUSTIER. «Les jésuites et l'enseignement à la fin du XVIe siécle». En: Adrien DEMOUSTIER y Dominique JULIA. *Ratio Studiorum*. Plan raisonné et institution *des* études dans la Compagnie de Jésus. Paris. Belin (1997) 12-13.

Así no es de extrañar que muchos príncipes, obispos, municipalidades y hombres de poder se apresuraran a buscar a los jesuitas como hombres bien formados, consagrados, seguros, competentes para sus respectivas jurisdicciones.

Siempre fue llamativo para las nuevas sociedades la oferta que los jesuitas hacían de sus colegios e insistían en lo "cultural" y en lo "cívico".

El escritor norteamericano John O'Malley no duda en afirmar que a través de los colegios los ignacianos adquirieron un compromiso con la cultura, la urbanidad, la civilidad, la conversación y con el diseño de un hombre honesto. Bebieron esta inspiración en la tradición de la formación para el bien de la ciudad que nace con Isócrates en Atenas y que se incrustó en el corazón de los humanistas del Renacimiento. Los clásicos encontraron un excelente escenario en los colegios jesuíticos y fueron enseñados "no simplemente como modelos de vida sino también como fuentes de inspiración ética"[3]. Y la *Ratio Studiorum* aconsejará "la lectura diaria de las obras de Cicerón, especialmente aquellas que contienen lecciones sobre el modo de vivir la vida en la rectitud moral".

También el cultivo de lo "cívico" fue obsesión fundacional. Es curioso anotar que los seguidores de Ignacio de Loyola pasaron de ser hombres itinerantes a educadores residentes. Y ello conllevó el asumir compromisos con las ciudades en las que se insertaban. El P. Polanco resaltará que en los colegios jesuíticos la dimensión cívica fue crucial pues sus estudiantes se convertirían en líderes comunitarios a través de funciones como las que había que desarrollar en las cortes de justicia, los senados, la administración pública e incluso las grandes celebraciones culturales.

Así hay que entender la retórica como "la ciencia cívica que utilizamos para hablar de asuntos cívicos"[4] y de esta forma la practicaron los jesuitas como el arte de ganar consenso para unir a la comunidad tras una causa común para el bien de la ciudad o el estado[5]. Las ciudades, sobre todo las provincianas, supieron asumir su papel protagónico ya que, como diría Francisco González Cruz, estamos ante la localidad global pues el mundo es de todos, pero cada una de las partes de ese todo conservan sus rasgos[6]. En una palabra, los jesuitas se alucinaron por contribuir al "bien común" con el tiempo, el talento y el esfuerzo.

---

3   John O'MALLEY. "Cinco misiones del carisma jesuita. Contenido y método". En: *Apuntes ignacianos*. Bogotá, 51 (2007) 28.
4   Ver: John MONFASINI. *George of Trebizond: A Biography and a Study of His Rhetoric and Logic*. Leiden: E. J. Brill (1976) 208.
5   Véase: John O'MALLEY. "Cinco misiones del carisma jesuita...", 32-36.
6   Francisco GONZÁLEZ CRUZ. *Globalización y Lugarización*. La Quebrada, Universidad

Pero la respuesta de la Compañía de Jesús a los planteamientos formulados por Occidente adoptará nuevos rostros y nuevas fórmulas tanto en América como en Africa y ensayará innovaciones radicales en ciertas misiones de Asia.

Todo este gigantesco esfuerzo desembocó en un modelo pedagógico experimentado en el mundo conocido, y al decir de Luce Giard sustentado "en un método eficaz, bien estructurado, cuidadoso de los mecanismos de adquisición de conocimientos, adaptado a las necesidades de su tiempo"[7] todo lo cual avaló el ideal de intelectualidad que acompañó a la primera Compañía de Jesús.

Al iniciarse el siglo XVII ya la Compañía de Jesús había desplegado y experimentado en todo el mundo la intuición de su modernidad y gracias a su 5º General, el P. Claudio Aquaviva (1543-1615)[8] pudo solidificar su gran aparato burocrático así como la definición del clima espiritual de todos los jesuitas dispersos por todo el mundo conocido. En este sentido dejó códigos durables como el *Directorium* de los Ejercicios Espirituales o la *Ratio Studiorum* en 1599[9] así como un cuerpo de Instrucciones y Normas que regularon tanto la vida interna como la externa de la Orden y de los jesuitas[10].

Pero viniendo a nuestro propósito fundamental debemos sentar un principio ideológico previo a todo el estudio. Quien pretenda comprender la verdadera esencia de la formación jesuítica deberá tener presente la íntima interrelación que se establece entre tres documentos fundamentales que integran el alma de la Compañía fundada por Ignacio de Loyola: los *Ejercicios Espirituales*[11], la Cuarta Parte de las *Constituciones de la Compañía de Jesús*[12] y la *Ratio Studiorum*[13].

Valle del Momboy y Centro de Estudios Provinciales y Locales, 2001.

7   Luce GIARD. *Ob. cit.*, p. LVI.
8   Mario FOIS. "Aquaviva, Claudio". En: Charles E. O'NEILL y Joaquín Mª DOMINGUEZ. *Diccionario histórico de la Compañía de Jesús*. Roma-Madrid, II (2001) 1614-1621.
9   La Ratio Studiorum de 1599 la firma el P. Domingo Domenichi, Secretario de la Compañía de Jesús, por orden del P. General. En: Ladislao LUKACS. *Monumenta Paedagogica Societatis Iesu*. Romae, V (1986) 355-356.
10 Mario FOIS. "Aquaviva, Claudio", II, 1620-1621.
11 Ignacio de LOYOLA. *Ejercicios Espirituales*. Directorio y Documentos de San Ignacio de Loyola. Glosa y Vocabulario de los Ejercicios por el P. José Calveras S. I. Barcelona, Edit. Balmes, 1944. Una visión panorámica: Manuel RUIZ JURADO. "Ejercicios Espirituales". En: Charles E. O'NEILL y Joaquín Mª. DOMINGUEZ. *Diccionario histórico de la Compañía de Jesús*. Roma-Madrid, II (2001) 1223-1230. Santiago ARZUBIALDE. *Ejercicios espirituales de S. Ignacio. Historia y análisis*. Bilbao-Santander. Mensajero y Sal Térrae, 1991. También puede verse: Ignacio IPARRAGUIRE, Cándido de DALMASES y Manuel RUIZ JURADO. *Obras de San Ignacio de Loyola*. Madrid, Biblioteca de Autores Cristianos, 1991.
12 Ignacio de LOYOLA. *Constitutiones Societatis Jesu latinae et hispanicae cum earum declarationibus*. Romae, Apud Curiam Praepositi Generalis, 1937.
13 Anita MANCIA. "El concetto di <dottrina> fra gli Esercizi Spirituali (1539) e la Ratio Studiorum (1599)". En: *Archivum Historicum Societatis Iesu*. Roma, LXI (1992) 3-70.

Este volumen viene a complementar, en parte, lo desarrollado por nosotros en el tomo *La República de las Letras*[14] aparecido en la Biblioteca de la Academia Nacional de la Historia de Caracas. En última instancia pretendemos poner en manos del lector venezolano algunos de los documentos fundamentales que inspiraron lo que se ha denominado la Pedagogía jesuítica en los tiempos coloniales. En otras palabras, algunos textos selectos que abran los horizontes de lo que fue el trasplante del humanismo difundido en Venezuela por los miembros de la Compañía de Jesús hasta el año 1767.

---

14 José DEL REY FAJARDO. *La República de las Letras en la Venezuela colonial.* Caracas, Biblioteca de la Academia Nacional de la Historia, 2007.

II. El marco del "humanismo" jesuítico

Podría llamar a confusión el introducirnos en el selvático paisaje que se esconde tras el concepto actual de "humanismo" pues su abanico de concepciones es tan múltiples que puede abarcar desde el estudio de un período histórico hasta el análisis de un sistema cultural y de una ideología.

Sin embargo, como afirma Manuel Briceño Jáuregui, la gran novedad del Humanismo "fue la fundar por vez primera una cultura general, una guía del pensamiento y de la vida para llegar a la realización más alta de la carrera humana"[1]. Y como anotaría Uslar Pietri "Las humanidades no son otra cosa que una inmensa colección de la experiencia humana"[2].

Y en verdad que la tradición greco-latina impuso un lenguaje científico y cultural universal que fue el latín y a él hay que recurrir para comprender la interpretación no sólo de las mentalidades de los hombres que integraron las comunidades humanas sino también las visiones de la ciencia que avalaba los cambios sociales.

Gabriel Méndez, al estudiar la personalidad de algunos jesuitas mexicanos del siglo XVIII, engloba a los seguidores de Ignacio de Loyola en la siguiente visión:

> El humanista auténtico es el hombre que, mediante la asimilación de los más altos valores de la humanidad precristiana y su síntesis vital con los valores supremos del cristianismo, llega a realizar en sí un tipo superior de 'hombre' en el que la esencia humana logra florecimiento y plenitud[3].

Aquí nos circunscribimos a la forma cómo la Compañía de Jesús se insertó en esa corriente que tipifica el Renacimiento a través de los estudios humanísticos o las denominadas "litterae humaniores". Y para la mejor comprensión de este

---

1 Manuel BRICEÑO JAUREGUI. "La prelección como elemento metodológico en la enseñanza de las humanidades en los colegios jesuíticos neogranadinos (s. XVII-XVIII)". En: José DEL REY FAJARDO (Edit). *La pedagogía jesuítica en Venezuela*. San Cristóbal, Universidad Católica del Táchira, II (1991) 593.
2 Arturo USLAR PIETRI. "Cómo se aprende a ser hombre". En: *El Tiempo*. Bogotá, 25 de marzo de 1970.
3 Gabriel MÉNDEZ PLANCARTE (Edit.). *Humanistas del siglo XVIII*. Introducción y selección: Gabriel Méndez Plancarte. México, Universidad Nacional Autónoma de México (1962) p., V.

tema nos remitimos a los estudios realizados por François Charmot[4] y a la síntesis que presenta Charles O'Neil[5].

Con todo, una meditación sobre la paideia jesuítica exige otros contextos más amplios, pues la identidad de la naciente Orden religiosa se diseñó a través de tres grandes compromisos: un designio universal, una espiritualidad de compromiso activo con el mundo y el papel que asignó al trabajo de la inteligencia y a la adquisición del saber[6].

Desde los inicios de la Orden fundada por Ignacio de Loyola en 1540 la empresa misionera se evidenció como la genuina forja de la identidad jesuítica. Por una parte el celo religioso fue el motor de sus aventuras pues, al insertarse en el siglo de los grandes descubrimientos, les hizo sentirse herederos de esa dinámica de sueños, temores y entregas aprendidas en los Ejercicios Espirituales del fundador de la Orden; y así todos esos compromisos personales estimularon sus iniciativas, les impulsaron a luchar contra el conformismo y propiciaron en ellos la búsqueda de soluciones originales para problemas inéditos.

No se puede dudar que fueron audaces los retos que les impuso la era de los grandes descubrimientos. Podríamos citar, a modo de ejemplo, dos grandes experiencias: la república cristiana del Paraguay fue "una de las empresas más audaces de la historia de las sociedades, de las culturas y de las creencias"[7] y también la confrontación científica con el mundo oriental, sobre todo con China, considerándola como "la expedición científica más ambiciosa de los tiempos modernos"[8].

El embrujo de la "Misión"[9] tuvo la capacidad moral de dotar a las primeras generaciones de energías y proyectos ilusorios encuadrados todos ellos en lo que

---

4   François CHARMOT. *L'Humanisme et l'humain. Psychologie individuelle et sociale*. París, 1934.
5   Charles E. O'NEILL. "Humanismo". En: Charles E. O'NEILL y Joaquín Mª DOMINGUEZ. *Diccionario histórico de la Compañía de Jesús*. Roma-Madrid, II (2001) 1967-1971.
6   Luce GIARD. "Los primeros tiempos de la Compañía de Jesús: el proyecto inicial al ingreso en la enseñanza". En: François Xavier DUMORTIER, et alii. *Tradición jesuita. Enseñanza, espiritualidad, misión*. Montevideo (2003) 17.
7   Jean LACOUTURE. *Jesuitas. I. Los conquistadores*. Barcelona-Buenos Aires-México, Ediciones Paidís (1993) 548.
8   Jean LACOUTURE. *Jesuitas*, 398.
9   Michael Sievernich comprueba que la voz "Misión" corresponde a la primera generación de jesuitas pues recoge el profundo simbolismo que constituyó para los ignacianos empeñados en dar respuestas a los retos globales que les propiciaba el mundo nuevo. Michael SIEVERNICH. "La Misión de la Compañía de Jesús: inculturación y proceso". En: José Jesús HERMANDEZ PALOMO y Rodrigo MORENO JERIA (Coord.). *La Misión y los jesuitas en la*

Alfonso Alfaro denomina la *cuaterna paradójica*. En primer lugar, el compromiso adquirido en la interioridad de la experiencia religiosa. En segundo término, la obediencia que suponía una total disponibilidad de sus personas para la misión y la adquisición de un espíritu de cuerpo, todo lo cual implicaba una sintonía con los ideales de la Orden así como también con los mandatos de los superiores. Como tercer requisito se buscaba una preparación "élite" que facultaba al jesuita para hacer frente a situaciones sin precedentes y sin posibilidad de consulta y deliberación ya que en medio de tantas encrucijadas había que aportar soluciones a retos inesperados. Y finalmente la adaptación, que debía aprender las reglas del juego ajenas, penetrar lo más profundamente posible en el laberinto de imágenes y símbolos desconocidos y de esta forma tratar de precisar lo que divide para poder acentuar lo que une[10].

También tenemos que subrayar que el compromiso con la educación y con los saberes se constituyó en una identidad adquirida en la naciente Compañía de Jesús. El deber de la inteligencia les condujo a una nueva "misión", a intervenir en el debate de las ideas sobre las que se está levantando un nuevo mundo. Inteligencia, imaginación y voluntad debían iluminar los caminos del compromiso con el hombre nuevo que surge del Renacimiento y con las sociedades que buscan una nueva forma de ser y de existir.

De esta suerte se gestó el lema ignaciano de juntar virtud con letras que los especialistas lo traducen en "pietas et eruditio", es decir, en esa difícil simbiosis que intenta armonizar "la vida con la ciencia", "la conducta con el saber"[11]. Y en tierras neogranadinas será el estudiante de teología Ignacio Julián quien sintetice los ideales de los ignacianos en la educación de la juventud en Colombia y Venezuela con su lema: "virtud, letras, números y política"[12].

América española, 1566-1767. Sevilla, Consejo Superior de Investigaciones Científicas-Escuela de Estudios Hispano-Americanos (2005) 265-287. También en el mundo actual tiene vigencia el referente al espacio mítico que levanta la palabra "Misión" pues apunta a una acción mesiánica, a colonización ideológica o espiritual pues es un modo de exploración. Pero también pueden convertirse en modos de peregrinación, formas de prédica e instrumentos transitorios de colonización (Ver: Sandra PINARDI. "De misiones". En: *El Nacional*. (Papel Literario). Caracas, sábado 15 de julio de 2006.

10   Alfonso ALFARO. "Hombres paradójicos", 16-17.
11   Ignacio LANGE CRUZ. *Carisma ignaciano y mística de la educación*. Madrid, Universidad Pontificia de Comillas (2005) 56.
12   Ignacio JULIAN. *Lo mejor de la vida, Religión, Doctrina y Sangre recogido en un noble joven colegial de el Real, Mayor y Seminario Colegio de San Bartholome, propuesto en Ynstruccion Christiano-Politica para el uso de dicho Colegio a quien lo dedica vn Estudiante Theologo de la Compañia de Jesús en su segundo año a suplicas de la misma juventud, noble*. La primera

Este principio filosófico-educativo es clave fundamental para interpretar el aporte a la ciencia y a la ética en cada proyecto educativo y en cada región, pues, conjugados al unísono significaban una excelente simbiosis para perfilar la mejor expresión del hombre, uno e indisoluble.

El medio que utilizaron los seguidores de Ignacio de Loyola para alcanzar esos grandes ideales fue, al decir de Michel de Certaux, el "humanismo devoto" que en definitiva es el producto de una técnica: la retórica[13]. Según el jesuita francés la retórica distingue *res* (los significados: *quae significantur*) y *verba* (los significantes: *quae significant*) y todas las combinaciones posibles están reguladas por reglas (*praecepta*). En consecuencia, las *res* (que recolecta la *eruditio*) están destinadas a alimentar los materiales que componen los "temas", los "lugares" y las "ideas". Las *verba* permiten tratar los temas según los procedimientos que engendran los "estilos" y reaniman la *"elocutio"*. Este sistema supone una verdad dada de fuera. De esta suerte la retórica la puebla únicamente por conocimientos objetivos (*res*) y las ilustra gracias al arte de hablar (*artes dictaminis*). Y de esta forma se transforma la retórica en la "ciencia del ornato". Su objetivo se centra en producir "efectos de estilo" que intentan producir "sentimientos" (amor, reverencia, etc.) y "acciones" (adhesión, prácticas religiosas...) en los destinatarios. En otras palabras es una técnica de la persuasión[14].

Desde sus inicios la Compañía de Jesús independiza la retórica de la lógica y de la dialéctica pues no existe una verdadera teoría de la significación. Una doctrina de la verdad es sustituida por los teólogos jesuitas por un "moralismo".

> La verdad a la que se adosa la retórica le es externa. Ella está cercada en la práctica y garantizada por las reglas *ad pietatem et bonos mores*, resorte y norma íntima de la vida religiosa o escolar. Significada por una organización de acciones y de la afectividad (*opera et affectus*), la verdad es custodiada allí dentro por un conjunto de prácticas. También las operaciones retóricas tienen por objetivo producir fuera, en los lectores o auditores, conductas y afectos (*mores et pietas*) análogas a aquellas que le sirven de apoyo. No se puede considerar la literatura devota de

---

edición impresa apareció en: José DEL REY FAJARDO. *La pedagogía jesuítica en la Venezuela hispánica.* Caracas, Biblioteca de la Academia Nacional de la Historia, vol., 138 (1979) 325-427.----

13 Michel de CERTAU. "Le 17e. siècle français". En: André DERVILLE. "Jesuites". En: M. VILLER (et alii). *Dictionnaire de spiritualité ascétique et mystique, doctrine et histoire.* París, VIII (1974) 996-997.

14 Michel de CERTAU. "Le 17e. siècle français", 997.

forma aislada; esta parte "retórica" implica otra mitad, interna aquella y ascética. Una estricta "disciplina" condiciona la "perfección de la elocuencia[15].

En consecuencia, Michel de Certaux habla de "retórica y espiritualidad" en los colegios de la Compañía de Jesús franceses y lo traduce al "humanismo devoto" producto de una técnica: la retórica y se remite para ello al tomo I de la *Histoire littéraire* de Henry Bremond[16]. Se trata de la técnica de la persuasión y para ello cita a Luis Richeome:

> Es una cosa humanamente divina y divinamente humana saber manejar dignamente el espíritu y lengua de un tema..., alinear sus pensamientos con una sabiduría ordenada, revestirlos de un rico lenguaje..., plantar nuevas opiniones y nuevos deseos en corazones y arrancar los viejos, ablandar y someter las voluntades inflexibles..., y victoriosamente persuadir y disuadir aquello que se quiere[17].

Como es natural la formación jesuítica tenía un objetivo final: la "formación integral". Denominamos así al proceso instructivo y formativo, observado por los colegios de la Compañía de Jesús durante el período colonial, para obtener un resultado final que conjugara de forma armónica la capacitación intelectual y profesional, la práctica de las virtudes y el desenvolvimiento correcto en la sociedad[18].

El humanismo integral contempla cinco elementos tradicionales que deben desarrollarse de forma armónica y jerarquizada. Ellos son: el físico, el social, el intelectual, el estético y el espiritual. Como entre ellos debe existir interrelación, todos colaboran para conseguir el fin último: el hombre integral.

---

15 Michel de CERTAU. "Le 17e. siècle français". En: André DERVILLE. "Jesuites". En: M. VILLER (et alii). *Dictionnaire de spiritualité ascétique et mystique, doctrine et histoire*. París, VIII (1974) 997.
16 Henry BREMOND. *Histoire littéraire su sentiment religieux en France*. Bloud, I, 1916.
17 Louis RICHEOME. "L'académie d'honneur dressé par le Fils de Dieux au royaume de son Eglise (1614)". En *Oeuvres*. París, 2 (1628) 648.
18 Biblioteca Nacional de Colombia. Sección de Libros Raros y Curiosos. Mss. 17. *Lo mejor de la vida, Religión, Doctrina y Sangre recogido en un noble joven colegial de el Real, Mayor y Seminario Colegio de San Bartholomé, propuesto en Ynstrucción Christiano-Política para el uso de dicho Colegio a quien lo dedica un Estudiante Theologo de la Compañía de Jesús en su segundo año a suplicas de la misma juventud noble*. El texto íntegro lo publicamos en *La Pedagogía jesuítica en la Venezuela hispánica*, pp. 325-427.

III. LAS FUENTES DE LA PEDAGOGÍA JESUÍTICA

En relación a la pedagogía jesuítica encontrará el investigador en el trabajo del François Charmot[1] no sólo la interpretación de su concepción filosófico-teológica sino también una abundante bibliografía sobre la actividad pedagógica de su primer medio siglo de existencia. En un primer apéndice le dedica una amplia información a: Francisco Sacchini (1570-1625)[2], Antonio Le Gaudier (1572-1622)[3], Juan Bonifacio (1538-1606)[4], Antonio Posevino (1533-1611)[5], José Juvencio (1643-1719)[6] y Jerónimo Nadal (1507-1580)[7]. Sin embargo, es de justicia añadir a esta lista hombres, entre otros, a Diego Ledesma (1524-1575)[8] y a Pedro Juan Perpiñá (1530-1566)[9].

Pero el tema es tan extenso que preferimos remitir al lector a tres fuentes de referencia cultivadas por la Compañía de Jesús. La primera es la entrada "Educación" del *Diccionario histórico* la cual, aunque tiene un talante histórico, sin embargo ofrece una visión bibliográfica de gran ayuda[10]. La segunda recurre a la Bibliografía de

---

1 F. CHARMOT. *La pedagogía de los jesuitas. Sus principios. Su actualidad.* Madrid, Sapientia, 1952. En los apéndices (367-397) encontrará el lector una información básica sobre la Ratio y sobre los pensadores jesuitas que influyeron en la pedagogía durante los primeros años de la Orden.

2 F. CHARMOT. *La pedagogía...*, 367-370. Mario SCADUTO. "Sacchini, Francesco". En: Charles E. O'NEILL y Joaquín Mª DOMINGUEZ. *Diccionario histórico de la Compañia de Jesús.* Roma-Madrid, III (2001) 3458.

3 F. CHARMOT. *La pedagogía...*, 370-372.

4 F. CHARMOT. *La pedagogía...*, 372-373. José ESCALERA y Francisco de Borja MEDINA. "Bonifacio, Juan". En: Charles E. O'NEILL y Joaquín Mª DOMINGUEZ. *Diccionario histórico de la Compañía de Jesús.* Roma-Madrid, I (2001) 487-488.

5 F. CHARMOT. *La pedagogía...*, 373-377. Mario SCADUTO. "Possevino, Antonio". En: Charles E. O'NEILL y Joaquín Mª DOMINGUEZ. *Diccionario histórico de la Compañia de Jesús.* Roma-Madrid, IV (2001) 3201-3203.

6 F. CHARMOT. *La pedagogía...*, 377-380. Georges BOTTEREAU. "Jouvancy (Juvencius), Joseph de". En: Charles E. O'NEILL y Joaquín Mª DOMINGUEZ. *Diccionario histórico de la Compañía de Jesús.* Roma-Madrid, III (2001) 2157-2158.

7 F. CHARMOT. *La pedagogía...*, 380-388. Miguel NICOLAU. "Nadal (Jerome), jésuite, 1507-1580". En: M. VILLER, M., F. CAVALLERA, J. DE GUIBERT. *Dictionnaire de Spiritualité ascetique et mystique, doctrine et histoire.* París, XI (1982) 3-15. Manuel RUIZ JURADO. "Nadal, Jerónimo". En: Charles E. O'NEILL y Joaquín M. DOMÍNGUEZ. *Diccionario histórico de la Compañía de Jesús.* Roma-Madrid, III (2001) 2793-2796.

8 L. LUKACS. "Ledesma, Diego". En: Charles E. O'NEILL y Joaquín M. DOMÍNGUEZ. *Diccionario histórico de la Compañía de Jesús.* Roma-Madrid, III (2001) 2318-2319.

9 John Patrick DONNELLY. "Perpinyà (Perpiñá), Pedro Juan". En: Charles E. O'NEILL y Joaquín M. DOMÍNGUEZ. *Diccionario histórico de la Compañía de Jesús.* Roma-Madrid, III (2001) 3099-3100.

10 James SAUVE. Gabriel CODINA y José ESCALERA. "Educación". En: Charles E. O'NEILL y Joaquín M. DOMÍNGUEZ. *Diccionario histórico de la Compañía de Jesús.* Roma-Madrid, II (2001) 1202-1214.

László Polgar, síntesis de lo publicado en todo el mundo y recogido por la Revista *Archivum Historicum* entre 1901 y 1980[11]. Y la tercera es la continuación de lo anterior (1981-2004) pues la mencionada revista que edita el Instituto Histórico de la Compañía de Jesús con sede en Roma, ofrece anualmente una bibliografía de lo que se publica sobre la Compañía de Jesús en todo el mundo y en su haber la pedagogía jesuítica adquiere siempre un capítulo especial.

Instrumento muy valioso para quien desee conocer el alma, la biografía y las diferentes redacciones de la *Ratio Studiorum* es la *Monumenta Paedagogica Societatis Jesu*[12] del investigador húngaro, Ladislao Lukács. Hasta el momento han aparecido 7 volúmenes que recogen toda la información escrita entre 1540 y 1616. El autor mantiene una estructura de recopilación documental basada en las categorías legales de la Compañía de Jesús: 1) Constituciones, reglas y ordenaciones generales. 2) De los estudios, colegios, seminarios e internados. 3) Actas de las Congregaciones Generales y de los Visitadores. 4) Cartas selectas y Actas. 4) Catálogo de los pensa de estudios. 5) Varia. Se trata de una edición crítica cuyas notas y comentarios están en latín, aunque como es natural los textos se reproducen en su idioma original.

Por otra parte, es conveniente señalar que una buena parte de la producción escrita sobre la *Paideia jesuítica* es anterior a la edición crítica del P. L. Lukács. En tal sentido debemos hacer mención de dos colecciones fundamentales. La primera pertenece al mundo alemán: nos referimos a los cuatro tomos publicados por el P. Georg Michael Pachtler, entre 1887 y 1894, *Ratio Studiorum et Institutiones Scholasticae Societatis Jesu per Germaniam olim vigentes*[13]. La segunda apareció en

---

11 László POLGAR. *Bibliographie sur l'histoire de la Compagnie de Jesús 1901-1980*. I. Toute la Compagnie. Roma, I, 1981.
12 Ladislao LUKACS. *Monumenta Paedagogica Societatis Jesu penitus retractata multisque textibus aucta*. Edidit Ladislaus Lukács. Romae, Institutum Historicum Societatis Iesu: I (1540-1556). Romae, 1965; II (1557-1572). Romae, 1974; III (1557-1572). Romae, 1974 (2 vols.); IV (1573-1580). Romae, 1981; V Ratio atque institutio studiorum Societatis Jesu (1586, 1591, 1599) Romae, 1986. VI Collectanea de Ratione studiorum Societatis Jesu (1582-1587). Romae, 1992. VII Collectanea de Ratione studiorum Societatis Iesu (1588-1616). Romae, 1992.
13 G. M. PACHTLER. *Ratio Studiorum et Institutiones Scholasticae Societatis Jesu per Germaniam olim vigentes* collectae concinnatae dilucidatae a G. M. Pachtler S. J. Volumen III: Ordinationes Generalium et ordo Studiorum generalium ab anno 1600, ad annum 1772. Hemos utilizado la reproducción aparecida en Osnabrück en 1968 en la Biblio-Verlag. También es interesante hacer mención de Marcus HELLEYER. "The construction of the *Ordinatio pro Studiis Superioribus* of 1651". En: *Archivum Historicum Societatis Iesu*. Roma, fasc., 143 (2003) 3-43.

Madrid en 1901 recopilada por un grupo de jesuitas españoles pertenecientes a "Monumenta Historica" de Roma: *Monumenta Paedagogica Societatis Jesu quae primam Rationem studiorum anno 1586 editam praecessere*[14].

Con todo, hay que reconocer que para el investigador moderno tales colecciones presentan una dificultad muy especial debido a que la mayoría de sus documentos están en latín. Esta situación nos llevó hace años a traducir al castellano los documentos que consideramos fundamentales para seguir la evolución de la *Ratio Studiorum* de 1599: por ello nos remitimos tanto a nuestro libro *La pedagogía jesuítica en la Venezuela hispánica*[15] como a la fenecida Revista *Paramillo*[16] de la Universidad Católica del Táchira.

Pero, en los últimos años son muchos los estudios que se han llevado a cabo para profundizar tan importante documento y queremos hacer mención de los que pueden ser guía para el estudioso de estos temas. La *Ratio*, en texto bilingüe latín-castellano y con excelentes índices, ha conocido la luz pública en la Universidad de Comillas (Madrid) bajo la dirección del Profesor Eusebio Gil[17]. Para el ámbito francés existe una excelente edición latín-francés dirigida por Adrien Demoustier con la traducción de Léone Albrieux y anotaciones y comentarios por Marie-Madeleine Compère[18].

Como es natural han surgido estudios parciales que ilustran la riqueza de este tan citado texto pero igualmente no conocido en sus fuentes. Un acercamiento a la génesis y elaboración lo ofrece Dominique Julia[19] y un estudio sobre

---

14 *Monumenta Paedagogica Societatis Jesu quae primam Rationem studiorum anno 1586 editam praecessere*. Ediderunt Caecilius GOMEZ RODELES, Marianus LECINA, Vincentius AGUSTI, Fridericus CERVOS, Aloisius ORTIZ e Societate Jesu praesbiteri. Matriti 1901, 1912 p.
15 José DEL REY FAJARDO. *La pedagogía jesuítica en la Venezuela hispánica*. Caracas, Academia Nacional de la Historia (1979) 161-277.
16 En el número 2-3. San Cristóbal (1984) aparecen: 1) Sistema y ordenamiento de los estudios del Colegio Romano (1564-1565): pp., 287-358. 2) Sistema y ordenamiento de estudios elaborado por seis Padres designados para ello por orden del R. P. Prepósito General. 1586: pp. 359-392. 3) Sistema y ordenamiento de los estudios. Roma, 1591: pp. 393-450. 4) Ratio Studiorum, 1599: pp. 451-540.
17 Eusebio GIL (Ed.). *La pedagogía de los jesuitas, ayer y hoy*. Madrid, Conedsi-Comillas, 2002.
18 Adrien DEMOUSTIER, Léone ALBRIEUX y Dolorès PRALON-JULIA. *Ratio studiorum. Plan raisonné et institution des études dans la Compagnie de Jésus*. París, 1997.
19 Dominique JULIA. "L'élaboration de la Ratio Studiorum, 1548-1599". En: Adrien DEMOUSTIER (Edit.). *Ratio studiorum. Plan raisonné et institution des études dans la Compagnie de Jésus*. París (1997) 29-69.

la estructura y funciones en el ejercicio del poder académico corresponde a A. Demoustier[20].

Con motivo del V Centenario del nacimiento de Ignacio de Loyola abundaron los congresos y las publicaciones sobre muy diversos temas jesuíticos en la mayoría de los países donde han laborado los miembros de la Compañía de Jesús. Tan sólo quisiéramos citar algunos que pueden ser de interés: *Ignatianisch* en Alemania[21]; *Les jésuites à la Renaissance*[22] y *Les jésuites à lâge baroque*[23] en Francia; en la Provincia de Loyola (España) *Ignacio de Loyola y su tiempo*[24]; *La pedagogía jesuítica en Venezuela* en Venezuela[25].

De igual forma, las Revistas científico-culturales que dirigen los jesuitas en todo el mundo dedicaron números extraordinarios a los temas que estamos tratando.

Una orientación valiosa la constituyen los artículos de Miguel Batllori sobre la acción de los jesuitas en la historia de la primera Compañía de Jesús y a ellos conviene recurrir para actualizar la información sobre el tema jesuítico. En realidad se trata de una visión bibliográfica comentada desde la fundación en 1540 hasta la extinción en 1773. El ex profesor de Historia Eclesiástica de la Universidad Gregoriana de Roma recorre el largo trayecto temporal que se inicia con la época comprendida entre el Renacimiento y la Contrarreforma[26], prosigue la ruta del setecientos[27] para concluir con la extinción de la Orden en 1773 aunque prolonga su información hasta comienzos del XIX[28]. Ello no excluye que

---

20 Adrien DEMOUSTIER. "La distinction des fonctions et l'exercie du pouvoir selon les regles de la Compagnie de Jesús". En: L. GIARD (Dir.). *Les Jésuites à la Renaissance. Système éducatif et production su savoir*. París (1995) 3-33.
21 Michael SIEVERNICH y Günter SWITEK. *Ignatianisch*. Eigenart und Methode der Gesellsachat Jesu. Freiburt. Basel. Wien, 1991.
22 Luce GIARD (Edit.). *Les jésuites à la Renaissance. Système éducatif et production du savoir*. París, 1995.
23 Luce GIARD y Louis de VAUCELLES (Edits.). *Les jésuites à lâge baroque (1540-1640)*. Grenoble, 1996.
24 Juan PLAZAOLA (Edit.). *Ignacio de Loyola y su tiempo*. Bilbao [1991].
25 José DEL REY FAJARDO (Edit.) *La pedagogía jesuítica en Venezuela*. San Cristóbal, 1991.
26 Miguel BATLLORI. "En torno a los jesuitas, del renacimiento a la contrarreforma". En: *Archivum Historicum Societatis Iesu*. Roma, LIX (1990) 117-132.
27 Miguel BATLLORI. "Sobre los jesuitas en el setecientos". En: *Archivum Historicum Societatis Iesu*. Roma, LVI (1987) 171-208.
28 Miguel BATLLORI. "Los jesuitas en tiempos de Carlos de Borbón y de Tanucii. De fines del siglo XVII a principios del XIX". En: *Archivum Historicum Societatis Iesu*. Roma, LVIII (1989) 355-371.

también haya incluido como visiones temáticas tanto la Ilustración[29] como los escritos relativos a la expulsión de los jesuitas del Imperio español en 1767[30]. Y como es natural dedicó amplios comentarios a los centenarios de la fundación de la Compañía de Jesús así como al nacimiento de Ignacio de Loyola[31]. El aporte de Batllori se complementa en el ámbito del teatro, la cultura y la educación con las recensiones llevadas a cabo por el investigador húngaro László Szilas[32].

Asimismo, en la década de los años 90 son importantes las visiones dadas en diversos congresos y encuentros sobre el tema de la educación jesuítica tanto en Europa[33] como en América[34].

También resulta imprescindible hacer referencia a la enseñanza de la teología[35], filosofía[36], las matemáticas[37] y las humanidades[38].

---

29   Miguel BARTLLORI. "Historia y cultura de la Ilustración". En: *Archivum Historicum Societatis Iesu*. Roma, fascículo 97 (1980) 449-479..

30   Miguel BATLLORI. "Antes y después de la expulsión". En: *Archivum Historicum Societatis Iesu*. Roma, fascículo 64 (1989) 169-185.

31   Miguel BATLLORI. "En la doble conmemoración pluricentenaria de la Compañía de Jesús (1540-1990) y de San Ignacio de Loyola (1491-1991)". En: *Archivum Historicum Societatis Iesu*. Roma, LXI (1992) 189-209.

32   László SZILAS. "Schule, Bildung, Theater". En: *Archivum Historicum Societatis Iesu*. Roma, LXI (1992) 211-234.

33   Es imposible reseñar todos los congresos que se realizaron en la década de los 90 en relación a la Compañía de Jesús anterior a la extinción de 1773. Muchos de esos eventos han sido recogidos por Revistas especializadas o de la propia Compañía de Jesús. Así la *Revista Portuguesa de Filosofia*. Braga, t., LIV, fascículo 2 (1998) dedica ese número a «Os jesuitas e a Ciência (Sécs. XVI-XCVIII). François Xavier DUMORTIER (et alii). *Tradition jésuite. Enseignement, spiritualité, misión*. Namur, Presses universitaires de Namur, 2002. También existe una traducción castellana publicada por la Universidad Católica del Uruguay el año 2003.

34   Miguel PETTY (Edit.). *La Ratio Studiorum en América latina. Su vigencia en la actualidad*. Córdoba, Universidad Católica de Córdoba 1696-2001, 2001.

35   A. MINCIA. "La controversia con i protestanti e i programmi degli studi teologici nella Compagina di Gesù, 1547-1599". En: *Archicum Historicum Societatis Iesu*. Roma, t., LIV (1996) 3-43; 209-266.

36   L. GIARD. "La <libertas opinionum> dans les collèges jésuites". En: *Sciences et religions de Copernic à Galilée. Actes du colloque international*. Roma, 12-14 décembre 1996.

37   G. CONSENTINO. "Le matematiche nella 'Ratio Studiorum' della Compagnia di Jesu". En *Miscellanea storica ligare*, t. 2 (1970) 169-213. U. BALDINI. *Legem impone sub actis. Studi su filosofia e scienzia dei Gesuiti in Italia, 1540-1632*. Rome, 1992. ROMANO, Antonella. *La contre-reforme mathematique: constitution et diffusion d'une culture mathematique jesuite a la Renaissance, 1540-1640*. Rome, 1999.

38   F. DAINVILLE. *La naissance de l'humanisme moderne*. París, 1940. IDEM. "L'évolution de l'enseignement de la thétorique au XVIIe siècle". En: *XVIIe. Siècle*, 80-81 (1968) 19-43. P.

En todo caso existe un marco histórico internacional y regional que es necesario conocer pues es un esfuerzo por recuperar la biografía de las instituciones educativas llevadas a cabo por los jesuitas en tierras americanas. Nos referimos a las investigaciones llevadas a cabo en las grandes demarcaciones geográficas por donde se expandió la Compañía de Jesús gracias a las obras de Antonio Astrain[39], Francisco Rodrígues[40], Pietro Tacchi Venturi[41], Henry Fouqueray[42] y Bernhard Duhr[43], entre los europeos. Para el entorno americano siempre será recomendable tener a la vista, entre otras, obras como las escritas por: Gerardo Decorme[44], Juan Manuel Pacheco[45], Manuel Aguirre[46], José Jouanén[47], Rubén Vargas Ugarte[48], Francisco Enrich[49], Guillermo Furlong[50], Pablo Hernández[51], Pablo Pastells[52] y Serfím Leite[53].

KUENTZ. "Le <rhétorique> ou la mise à l'écart". En: *Commnications*, (Ecole pratique des Hautes Etudes), 16 (1970) 143-157. A. COLLINOT y Fr. MAZIERE. *L'exercice de la parole. Fragments d'une rhétorique jésuite.* París, 1987. Giuliano RAFFO. *La <Ratio Studiorum>. Il metodo degli studi umanistici nei collegi dei gesuiti alla fine del secolo XVI.* Introd. e trad. De Giuliano Raffo. Milano, 1989.

39 Antonio ASTRAIN. *Historia de la Compañía de Jesús en la Asistencia de España.* Madrid, 1912-1925, 7 vols.
40 Francisco RODRIGUES. *Historia da Companhia de Jesus na Asitencia de Portugal.* Porto, 1931-1950, 4 vols.
41 Pietro TACCHI VENTURI. *Storia della Compagnia di Gesù in Italia, narrata col sussidio di fonti inediti.* Roma, 1910-1951, 2 vols.
42 Henry FOUQUERAY. *Histoire de la Compagnie de Jésus en France des origines a la suppression (1528-1762).* París, 1910-1925, 5 vols.
43 Bernhard DUHR. *Geschichte der Jesuiten in den Länder deutscher Zunge.* Freiburg y Muenchen-Regensburg, 1907-1928, 4 vols.
44 Gerardo DECORME. *La obra de los jesuitas mexicanos durante la época colonial. 1572-1767.* México, 1941, 2 vols.
45 Juan Manuel PACHECO. *Los Jesuitas en Colombia.* Bogotá, 1959-1989, 3 vols.
46 Manuel AGUIRRE ELORRIAGA. *La Compañía de Jesús en Venezuela.* Caracas, 1941.
47 José JOUANEN. *Historia de la Compañía de Jesús en la antigua provincia de Quito.* Quito, 1941-9943, 2 vols.
48 Rubén VARGAS UGARTE. *Historia de la Compañía de Jesús en el Perú.* Burgos, 1963-1965, 4 vols.
49 Francisco ENRICH. *Historia de la Compañía de Jesús en Chile.* Barcelona, 1891, 2 vols.
50 Guillermo FURLONG. *Los jesuitas y la cultura rioplatense.* Buenos Aires, 1933.
51 Pablo HERNANDEZ. *Organización social de las doctrinas guaraníes de la Compañía de Jesús.* Barcelona, 1913, 2 vols.
52 Pablo PASTELLS. *Historia de la Compañía de Jesús en la Provincia del Paraguay (Argentina, Paraguay, Uruguay, Perú, Bolivia y Brasil), según los documentos originales del Archivo General de Indias.* Madrid, 1912-1949, 9 vols.
53 Serafím LEITE. *História da Companhia de Jesús no Brasil.* Lisboa-Río de Janeiro, 1938-1950, 10 vols.

1. El contenido de la Ratio

Quien se deje llevar por la primera impresión que produce la *Ratio Studiorum* pensará que está ante un frío código de normas que no invitan ciertamente a su lectura y así es posible que pierda el sentido de su verdadera perspectiva y la densidad conceptual que se esconde tras esa fachada legislativa.

En una primera lectura se percibe claramente la existencia de una estructura vertical de poder y gerencia y una subordinación también entre las Facultades que integran las diversas entidades educativas.

El claustro establece niveles de competencia internos y externos.

Como si fuera una copia del régimen monárquico que inspira la Compañía de Jesús el Provincial de la circunscripción donde funciona la universidad o colegio posee las mismas funciones que el Presidente del Consejo Superior de la corporación.

En la línea de mando sigue el Rector responsable inmediato de la gestión. El Prefecto de Estudios es la cabeza visible del orden académico y de la disciplina profesoral y del alumnado.

En un nivel inferior se ubica el claustro integrado por los Profesores de las Facultades Superiores. Pero se especifica a cada área del conocimiento las funciones académicas encomendadas. En la Facultad de Teología se hace referencia al Profesor de Sagrada Escritura, el de Lengua Hebrea, el de Teología escolástica y el de Casos de Conciencia. Además se detalla con precisión el Pensum que deben seguir en sus explicaciones.

En la Facultad de Filosofía se contemplan el Profesor de Filosofía, el de Filosofía Moral y el de Matemáticas.

En la Facultad de Letras, denominada como "Estudios inferiores", está presidida por un Prefecto dependiente del Prefecto General. Bajo su mirada se encuentran los Profesores de las Clases inferiores de Gramática que se subdividen en Ínfima, Media y Suprema, el de Retórica y el de Humanidades con todas las especificaciones que garantizan el éxito de la docencia.

En un nivel más inferior se encuentran los estudiantes jesuitas.

De las personas se pasa a la normativa que debe regir la institucionalidad educativa. Están normados los exámenes escritos, los premios, las Academias como estímulo de superación que respetan las diversas Facultades y las subdivisiones en ellas contempladas.

Pero es necesario establecer otras lecturas que al lector moderno se le hacen difíciles de descubrir porque hay buscarlas en la interpretación de unos textos tan comprimidos y sugerentes que responden la acción de medio siglo de experiencias, consultas y ensayos. Ciertamente hay que reconocer que lo que al iniciarse el siglo XVII la *Ratio* era de fácil intelección para los miembros de la Orden dedicados a la enseñanza pues estaban cercanos al cuerpo ideológico y conceptual que lo sustentaba, mas con el correr de los tiempos las interpretaciones necesitarían de la sabiduría de los hombres capaces de dar las respuestas adecuadas.

En definitiva, la *Ratio*[54] es un código pedagógico-escolar o un auténtico plan de estudios y un método pedagógico bien estructurado que ha regulado la educación y la enseñanza de las instituciones docentes de la Compañía de Jesús en todo el mundo desde su publicación hasta el siglo XX. Fue una tarea colectiva que convocó a los mejores talentos de la Orden de Ignacio de Loyola durante medio siglo. Los redactores se inspiraron además en los ordenamientos de los estudios de las mejores universidades de Europa pero sobre todo en el "modus parisiensis"[55], en las corrientes del humanismo renacentista y experiencias como las desarrolladas por los Hermanos de la Vida común de los Países Bajos y Alemania en sus instituciones educativas[56].

Estas lecturas son las que trataremos de poner en manos del lector en los siguientes acápites.

2. Objetivo final: la República de las letras

¿Qué oferta presentaba la Compañía de Jesús a las sociedades americanas para la creación de una matriz histórica capaz de generar sus valores fundantes para la denominada Tierra Firme?

La erudición, los experimentos, el derecho, las lenguas, la historia, los viajes, la antigüedad y los descubrimientos imponían un tipo de sabiduría y de ciencia que constituían parte de la novedad en la actuación culturalista de la Orden de Ignacio de Loyola. En este marco referencial hay que situar el *ideal*

---

54 Para una vision general, véase: Ladislao LUKÁCKS. "Ratio studiorum". En: Charles E. O'NEILL y Joaquín Mª DOMINGUEZ. *Diccionario histórico de la Compañía de Jesús*, IV, 3292-3296.

55 Gabriel CODINA MIR. "Modus parisiensis". En: Charles E. O'NEILL y Joaquín Mª DOMINGUEZ. *Diccionario histórico de la Compañía de Jesús*, III, 2714-2715.

56 J-B. HERMAN. *La pédagogie des jésuites au XVIe supecle. Ses sources. Ses caractéristiques*. Louvain-Bruxelles-París (1914) 99-106.

integracionista del Fundador de la Compañía de Jesús como nítidamente lo sintetiza F. Charmot:

San Ignacio organizaría el apostolado de la Compañía de tal forma que las universidades pudieran volver a someterse a la Santa Sede, que la teología se uniera a la sagrada Escritura, que la filosofía concordara con la ciencia sagrada, que la enseñanza teológica y filosófica fuera precedida, sostenida y fecundada por el humanismo, que todas las ciencias profanas fueran orientadas hacia un fin único, que la razón y la fe volvieran a ser hermanas, que el clero tuviera medios de familiarizarse con el movimiento intelectual del mundo, que hubiera finalmente entre las naciones autónomas, por encima de los bienes privativos de cada nación, un bien común, una lengua, un espíritu, una doctrina, una verdad, una caridad católicas. Por esta razón vemos al Fundador tan preocupado en las Constituciones en salvar y fortalecer la unidad de su Compañía, a fin de salvar y fortalecer la del mundo[57].

A los mundos del nuevo continente la nueva Orden religiosa trató de dotarlos con la mejor red de colegios, base del humanismo que produjo la "República de las Letras".

Manuel Briceño Jáuregui afirma que la gran novedad del Humanismo "fue la fundar por vez primera una cultura general, una guía del pensamiento y de la vida para llegar a la realización más alta de la carrera humana"[58].

La enseñanza de la Retórica creó en las ciudades americanas la denominada "República de las Letras" pues, fuera de las ciencias, esta disciplina constituyó el único prestigio social e intelectual hasta mediados del siglo XVIII. Como estatuye Roland Barthes la *Ratio Studiorum* de los jesuitas consagra la preponderancia de las humanidades y de la retórica latina en la educación de las juventudes. Su fuerza formativa la deriva de la ideología que legaliza, la "identidad entre una disciplina escolar, una disciplina de pensamiento y una disciplina de lenguaje"[59].

En el caso concreto de Venezuela jesuitas fueron penetrando en el occidente y centro del país a través de dos formas singulares y poco estudiadas.

---

57 F. CHARMOT. *La pedagogía de los jesuitas*. Sus principios. Su actualidad. Madrid (1952) 28.
58 Manuel BRICEÑO JAUREGUI. "La prelección como elemento metodológico en la enseñanza de las humanidades en los colegios jesuíticos neogranadinos (s. XVII-XVIII)". En: José DEL REY FAJARDO (Edit). *La pedagogía jesuítica en Venezuela*. San Cristóbal, Universidad Católica del Táchira, II (1991) 593.
59 Roland BARTHES. *Investigaciones retóricas*. I. La antigua retórica. Buenos Aires (1974) 37.

La primera es tenue y casi imperceptible, pero, al estudiar las mentalidades venezolanas nos lleva a detectar un gran influjo de los grandes maestros de la Compañía de Jesús en los campos de la historia, filosofía, teología, moral y derecho canónico a juzgar por los haberes que reposan en las bibliotecas coloniales[60].

La segunda deja sus huellas en el flujo de estudiantes patrios que buscaron su promoción intelectual en los centros universitarios jesuíticos de Santafé de Bogotá en la Universidad Javeriana[61] y de la ciudad de Santo Domingo en la Universidad de Gorjón[62].

No se puede escribir la historia de las élites –civiles y eclesiásticas– neogranadinas y del Occidente de Venezuela sin adentrarse en la biografía del Real Colegio Mayor y Seminario de San Bartolomé[63]. Con toda razón escribía el más ilustre de los catedráticos de Filosofía de la Javeriana colonial, el P. Juan Martínez

---

60   LEAL, Ildefonso. *Libros y bibliotecas en Venezuela colonial (1633-1767)*. Caracas, Biblioteca de la Academia Nacional de la Historia. Fuentes para la Historia Colonial de Venezuela, 1978, 2 vols.
61   José DEL REY FAJARDO. *Jesuitas, libros y política en el Real Colegio Mayor y Seminario de San Bartolomé*. Bogotá, 2004. Nicolás de BARASORDA Y LARRAZABAL. *Relacion de los svgetos, qve se han criado en el Colegio Seminario, y Mayor de San Bartolomé, fundado en la Ciudad de Santa Fè, Nuevo Reyno de Granada...* Madrid, 1723. Ha sido reeditado por William JARAMILLO MEJIA. *Real Colegio Mayor y Seminario de San Bartolomé*. Bogotá, Instituto colombiano de cultura hispánica (1996) 235-271. Archivo del Colegio Mayor de San Bartolomé. Caja, Siglo XVIII, Varios, Nº. 1: *Testimonio de la información de los sujetos beneméritos de la ciudad y provincia de Antioquia enseñados y educados por los reverendos padres de la Compañía de Jesús en el Colegio Mayor Real y Seminario de la ciudad y corte de Santafé*. Año 1720. Ha sido publicado por: Daniel RESTREPO y Guillermo y Alfonso HERNANDEZ DE ALBA. *El Colegio de San Bartolomé*. I. El Colegio a través de nuestra historia. Por el P. Daniel Restrepo S. J. II. Galería de Hijos insignes del Colegio. Por Guillermo y Alfonso Hernández de Alba. Bogotá, II (1928) 105-126. Guillermo HERNANDEZ DE ALBA. *Documentos para la historia de la educación en Colombia*. Bogotá, III (1976) 109-126.
62   Antonio VALLE LLANO. *La Compañía de Jesús en Santo Domingo durante el período hispánico*. Ciudad Trujillo, Seminario de Santo Tomás, 1950. J. L. SAEZ. "Universidad Real y Pontificia Santiago de la Paz y de Gorjón en la Isla Española (1747-1767)". En: José DEL REY FAJARDO (Edit.). *La pedagogía jesuítica en Venezuela*. San Cristóbal, I (1991) 175-224.
63   William JARAMILLO MEJIA. *Real Colegio Mayor y Seminario de San Bartolomé*. –Nobleza e hidalguía- Colegiales de 1605 a 1820. Santafé de Bogotá, Instituto Colombiano de Cultura Hispánica, 1996. Daniel RESTREPO, Guillermo y Alfonso HERNANDEZ DE ALBA. *El Colegio de San Bartolomé*. I. El Colegio a través de nuestra historia. Por el P. Daniel Restrepo S.J. II. Galería de hijos insignes del Colegio. Por Guillermo y Alfonso Hernández de Alba. Bogotá, 1928.

de Ripalda, en su libro *De usu et abusu doctrinae divi Tomae*, publicado en Lieja en 1704:

> A ustedes les debe la Teología ciento veinte Doctores, cuatrocientos doce Maestros la Filosofía, siendo más de quinientos treinta los títulos concedidos por toda la Academia... Recorran casi todas las provincias del Nuevo Reino y contemplen a sus laureados: unos revestidos de sagradas Infulas; cubiertos otros con las más ilustres Togas; unos rigiendo los pueblos con la santidad de las costumbres y con el alimento de la doctrina en los Templos; moderando otros las Ciudades desde los Tribunales con la equidad de las Leyes y con integridad incorrupta del Derecho. Todos ellos, finalmente decorados con algo de singular piedad y con el premio de la munificencia Regia. Ciertamente, toda esta gloria, cuan grande es, revierte a sus cultivadores[64].

En el caso concreto de Venezuela podemos afirmar que se dispone de una visión muy completa de lo que fue el aporte de la Compañía de Jesús al Humanismo colonial venezolano.

Con ocasión del centenario ignaciano en 1992 dirigimos una obra colectiva que trató de ubicar la comprensión de la paideia jesuítica a la luz de sus orígenes universitarios sobre todo a través de las universidades de Bogotá y Santo Domingo en donde se formó una buena parte de los venezolanos del occidente y centro de Venezuela[65].

Previamente, en 1984, publicamos una recopilación de documentos jesuíticos fundamentales para entender la *Ratio Studiorum* en la hoy extinta Revista *Paramillo*[66] que editábamos en la Universidad Católica del Táchira. Todo ese complejo de fuentes iba precedido por un excelente estudio de Miguel Bertrán Quera en el que con la calidad de un erudito psicólogo desentraña el alma de la pedagogía ignaciana[67]. Es de lamentar que tras nuestra salida de San Cristóbal ese gran proyecto tachirense lo enterraran en el olvido.

---

64 Juan MARTINEZ DE RIPALDA. *De usu et abusu doctrinae divi Tomae*. Leodii, 1704. Epistola dedicatoria.
65 José DEL REY FAJARDO (Edit). *La pedagogía jesuítica en Venezuela*. San Cristóbal, Universidad Católica del Táchira, 1991, 3 vols.
66 *Paramillo*. Universidad Católica del Táchira. San Cristóbal, nº., 2-3 (1984).
67 Miguel BERTRÁN QUERA. "La pedagogía de los jesuitas en la *Ratio Studiorum*". En: *Paramillo*. San Cristóbal, 2-3 (1984) 1-283.

Por otro lado, en una sucesiva serie de entregas hemos puesto en manos de los estudiosos la acción pedagógica de los jesuitas en Mérida[68], Caracas[69], Maracaibo[70] y Coro[71] que son las urbes en las que se insertaron para poder de servir a las comunidades estudiantiles en su deseo de adquirir la formación integral que los capacitara para laborar en sus respectivas sociedades.

Finalmente, completaría el ámbito de los estudios humanísticos desarrollado por los seguidores de Ignacio de Loyola en Tierra Firme la publicación de las bibliotecas[72] que reposaron en los diversos planteles educativos que dirigieron durante su estancia colonial.

En una palabra, todos esos esfuerzos se resumen en nuestro libro *La república de las letras*[73].

---

68   Edda SAMUDIO. José DEL REY FAJARDO. Manuel BRICEÑO JAUREGUI. *El Colegio San Francisco Javier en la Mérida colonial, germen histórico de la Universidad de los Andes.* Mérida, Universidad de los Andes, 2003, 8 tomos.
69   José DEL REY FAJARDO. *Entre el deseo y la esperanza: los jesuitas en la Caracas colonial.* Caracas, Universidad Católica Andrés Bello, 2004.
70   José DEL REY FAJARDO. *Virtud y letras en el Maracaibo hispánico.* Caracas, 2003.
71   José DEL REY FAJARDO. *Un sueño educativo frustrado: Los jesuitas en el Coro colonial.* Caracas, Universidad Católica Andrés Bello-Universidad Arturo Michelena, 2005.
72   José DEL REY FAJARDO. *Las bibliotecas jesuíticas en la Venezuela colonial.* Caracas, Academia Nacional de la Historia, 1999, 2 vols.
73   José DEL REY FAJARDO. *La República de las Letras en la Venezuela colonial.* Caracas, Biblioteca de la Academia Nacional de la Historia, 2007. Podríamos señalar como principio de estas investigaciones nuestro libro José DEL REY FAJARDO. *La pedagogía jesuítica en la Venezuela hispánica.* Caracas, Academia Nacional de la Historia, 1979.

IV. LA ESTRUCTURA ORGANIZATIVA

La grandiosidad de los grandes colegios jesuíticos de Europa puede ofrecer una perspectiva muy distinta a la que presentan los colegios provincianos de América. Por ejemplo, el Colegio Imperial de Madrid ya en su fundación disponía de 6 cátedras de estudios menores y 17 mayores además de los prefectos, 2 directores espirituales, 12 pasantes y 1 corrector[1]. Además hay que tener presente el influjo que ejercían estas instituciones sobre las sociedades en las que se encontraban y sus repercusiones en la pintura, la arquitectura, la música, el teatro y la danza[2] así como su contribución a las ciencias [3] y letras.

Pero, la universalidad de la Compañía de Jesús pronto le obligó a enfrentarse a las diferencias de culturas, regiones y continentes. Estos retos los recogía la *Formula acceptandorum collegiorum anno 1588 recognit*a[4] en la que se pormenorizaban las exigencias que definían un colegio jesuítico tanto en la integración de la comunidad, como en el curriculum, la dotación del edificio y de las clases y los ministerios que debían desarrollarse en torno a la Iglesia. Pero, esta Formula excluía expresamente a las Indias y a las regiones transalpinas. Suponemos que la exclusión contempla la letra de algunas disposiciones pero no el espíritu global del documento.

En las Provincias americanas hispanas de la Compañía de Jesús, sólo ciudades como México o Lima podían aspirar a disponer de hombres y medios para poder llevar adelante el genuino ideal de la formación ignaciana. En un segundo grado se colocarían Córdoba, Quito, Santa Fe y otras. Y en el resto del continente se interponían grandes espacios en los que pequeñas ciudades pugnaban por adquirir identi-

---

1   José ESCALERA. "Colegio Imperial de Madrid". En: Charles E. O'NEILL y Joaquín Mª DOMINGUEZ. Diccionario histórico de la Compañía de Jesús. Roma-Madrid, I (2001) 844.
2   John O'MALLEY. "Saint Ignatious and the Cultural Mission of the Society of Jesus". En: John O'MALLEY y Gauvin Alexander BAILEY (Edits.). The Jesuits and the Arts, 1540-1773. Philadelphia, Saint Joseph's University Press (2005) 3-16. John O'MALLEY et alii. The Jesuits: Cultures, Sciences, and the Arts, 1540-1773, Toronto, University of Toronto Press, 1999. John O'MALLEY et alii. The Jesuits II: Cultures, Sciences, and the Arts, 1540-1773, Toronto, University of Toronto Press, 2002. Hugo BALDINI. Saggi sulla cultura della Compagnia di Gesù. Padua, CLEUP Editrice, 2000.
3   Véase: Mordechai FEINGOLD (Ed). Jesuit Science and the Republic of Letters. Cambridge, Mass. MIT Press 2003. Marcus HELLYER. Catholic Physics: Jesuit Natural Philosophy in Early Modern Germany. Notre Dame, Ind. University of Notre Dame Press, 2005. Antonella ROMANO. La Contre-Réforme mathématique: Constitution et diffusion d'une culture mathématique jésuite à la Renaisance. Roma, École française de Rome, 1999.
4   ARSI. Institutum, 40, fol., 109-111v. Posteriormente, sin variaciones de fondo, se promulgó la Formula acceptandorum collegiorum iuxta V Generalis Congregationis, Decretum 87, a R. P. N. Claudio Aquaviva, Praeposito Generali, explicata.

dad a la vez que levantaban lentamente su estructura institucional como parte de la maquinaria administrativa de la monarquía hispana.

Esta era la realidad de la mayoría de las poblaciones donde fue fundando colegios la Compañía de Jesús en las Provincias surgidas en las tierras descubiertas por Colón[5]. Como es natural las exigencias y los planteamientos de estas ciudades provincianas eran en muchos aspectos distintos a los de las grandes urbes, aunque los ideales educativos fueran idénticos.

De esta manera se debe estudiar la inserción de los miembros de la Orden de Ignacio de Loyola en la ancha y extensa geografía americana como agentes de los prolegómenos de una historia intelectual en la que hay que dilucidar cómo y por qué han concurrido a la obra común de engendrar la modernidad[6].

Pensamos que una de las intuiciones de los seguidores de Ignacio de Loyola en los nuevos mundos fue la de poder diseñar un modelo de "escuela" que funcionaba con cuatro jesuitas en ciudades que generalmente no alcanzaban los 1.000 habitantes. Así nació el "colegio indiano" que fue capaz de llevar adelante un revolucionario sistema educativo-formativo en las nacientes ciudades americanas para así lograr los fines fundamentales de la educación.

La estructura del "colegio indiano" descansaba generalmente sobre cuatro personas. El Rector, responsable local de la vida escolar por él presidida. El Profesor de Gramática que atendía permanentemente la marcha de las aulas. El Procurador del colegio que iría adquiriendo dimensiones desorbitadas por los capitales y riesgos que debía correr para generar los productos y posteriormente mercadearlos. Y el Prefecto de Iglesia, encargado del fomento de los ministerios encaminados a la práctica de las virtudes cristianas no sólo de los alumnos sino también de los feligreses que acudían al templo jesuítico.

Desde un punto de vista institucional y legal la "máquina religiosa" era responsabilidad del Prefecto de Iglesia; la "máquina educativa" reposaba sobre el Director de Estudios (auténtico administrador de la empresa académica); la "máquina económica" descansaba sobre el Procurador (verdadero gerente de la empresa); y todos gozaban de funciones claramente diseñadas y delimitadas[7].

---

5   La cronología de ingreso de la Orden de Loyola en la América hispana es tardía y doblado el siglo XVI: En 1566 llegan a la Florida, en 1567 al Perú, en 1572 a Méjico, en 1586 a Ecuador, en 1593 a Chile y posteriormente a la región del Plata, al Paraguay y al Nuevo Reino.
6   Luce GIARD. Art. cit., p. XV. Para un estudio de la misión e identidad de la Compañía de Jesús nos remitimos a: Michael SIEVERNICH y Günter SWITEK (Edit). Ignatianisch. Eigenart un Methode der Gesellschaft Jesu. Freiburg-Basel-Wien, 1991.
7   Regulae Societatis Jesu. Romae (1590) 176-189.

Mas, en definitiva, todas esas fuerzas dependían legalmente del Rector, genuino presidente de la corporación y por ende a él competían las decisiones finales –dentro del ámbito de su competencia limitada– en todos los campos de las administraciones.

Por su parte, la estructura del poder decisorio reposaba sobre tres niveles distintos: el local, representado por el Rector; el provincial (que abarcaba toda una extensa demarcación geográfica llamada Provincia) presidido por el Provincial; y el romano que, dentro de la concepción monárquica de la Compañía de Jesús, se centraba en el poder, prácticamente omnímodo, del Prepósito General.

Paralela a esta jerarquía de poder institucional encontramos a los Procuradores (de cada domicilio, de cada Provincia y el General), piezas vitales para entender cada uno de los entes económicos o la constelación de todos ellos. Su poder era gerencial y dependiente del respectivo nivel (Rector, Provincial, Prepósito General).

Cuadro 1
Plan de estudios según la concepción de Ignacio de Loyola

Edad aproximada del alumno	
5 a 7	*Educación Elemental* (Generalmenta no se realizaba en colegios jesuiticos.
7 a 8	La Educación Elemental comprendía: hablar, leer y escribir en latín. De ordinario no había instrucción especial en o acerca de la lengua vernácula.
9	Se entraba en la universidad a la edad de 10 años más o menos.
10	*Facultad de Lenguas*. Estudio de Letras Humanas especialmente del latín y griego
11	Estudiaban la gramática latina, lengua que ya sabían previamente. La clase superior de gramática se terminaba con frecuencia a los 12 años de edad.
12	Luego venían dos años de Retórica, Poética e Historia.
13	El objetivo que se buscaba en ellos era una completa facilidad en el arte de hablar, leer y escribir en latín con elegancia, a ser posible, antes de comenzar el estudio de la filosofía y las demás artes (para las cuales el latín era todavía un instrumento indispensable).
14	*Facultad de Artes*. Se comenzaban los estudios de Filosofía y de las otras artes.
15	Cátedra de Lógica, Física, Metafísica, Filosofía Moral y Matemáticas.
16	Después de tres años se confería el título de Bachiller en Artes; y a muchos, después de seis meses más, el de Maestro en Artes.
17	Facultad de Teología, Facultad de Derecho y Facultad de Medicina.
18	La teología era la asignatura más importante; estaba abierta para estudiantes externos.

continúa...

...continuación

19	Cátedras de Teología Escolástica, Teología Positiva, Derecho Canónico, escritura.
20	Había un ciclo de cuatro años de cursos fundamentales después de los cuales se terminaba el curso ordinario de Teología. La ordenación sacerdotal podía tener lugar alrededor de los 21 años de edad.
21 22	Había dos años más de ejercicios y actos para los que querían sacar el grado de Doctor en Teología.

EL RECTOR

La cabeza visible de la obra total del colegio indiano era el Rector. Por ello en sus respectivas reglas se le recuerda que debía preceder a todos con el ejemplo[8].

Mucha importancia atribuía la Compañía Jesús de comienzos del siglo XVII a las costumbres[9] tanto comunes al cuerpo universal de la Orden como a las específicas de cada provincia y casa. El esfuerzo unificador llevado a cabo por el P. Claudio Aquaviva y sus consiguientes consultas a todas las provincias esparcidas por el mundo representan la búsqueda de una identidad jesuítica que debía prevalecer sobre continentes, razas e ideologías. Ello explica el compromiso que asumía cada Rector frente al futuro de una orden religiosa nueva que se había extendido tan rápidamente por el universo conocido.

Pero como el cultivo de la vida espiritual de la comunidad jesuítica era el único medio válido para llevar adelante los ideales tanto religiosos como culturales, educativos y económicos del colegio, al Rector le correspondía mantener con ilusión y entrega la respuesta personal y comunitaria de cada uno de los integrantes de su jurisdicción[10].

En la vida práctica era muy difícil que el Rector se moviera con igual competencia en las tres áreas de acción del colegio; lo lógico era que su gestión fuera más directa en el templo y en el colegio y más a distancia cuando se trataba de las haciendas.

Sobre el Rector recaía la responsabilidad inmediata y última de la buena o mala marcha del plantel educativo. Además, debía asumir las principales fun-

---

8   Regulae Societatis Jesu. "Regulae Rectoris". Regla, 20.
9   Regulae Societatis Jesu. "Regulae Rectoris". Regla, 4.
10   Regulae Societatis Jesu. "Regulae Rectoris". Reglas, 21, 22, 24, 25.

ciones del Prefecto de Estudios. Debía fomentar el entusiasmo del Profesor de Gramática[11] para mantener vivos los programas educativos y evaluar cada mes con el docente el desarrollo del curso[12]. Asimismo debía asistir a los ejercicios literarios prescritos[13] para garantizar su buen éxito. También tenía que presidir la entrega de los premios[14], estímulo para inculcar la búsqueda de la excelencia. Y expresamente se le impone que funcione la Congregación Mariana[15] de la que hablaremos más adelante.

El Prefecto de Estudios era el gestor directo e inmediato del funcionamiento académico del colegio a su cargo. Debía conocer a fondo la *Ratio Studiorum*[16] a fin de poder exigir su cumplimiento. Pero en los colegios pequeños todas las funciones encomendadas al Prefecto las asumía el Rector.

Su gestión contemplaba: coordinación del profesorado; las admisiones y promoción de los alumnos; la supervisión de los exámenes y ejercicios literarios; y la disciplina.

En cuanto a los docentes, comenzaba por hacer guardar las Reglas correspondientes a los Profesores[17], visitar las clases para tomar conciencia de su funcionamiento[18], verificar los calendarios[19], controlar el pensum, que estaba referido en la Gramática del P. Manuel Alvarez[20] y en Retórica a la del P. Cipriano Soarez[21]; y velar por el prestigio y autoridad del profesorado[22].

También debía supervisar el variado mundo de los ejercicios literarios: las declamaciones mensuales[23], las disputas de clases[24], las Academias[25], así como los premios públicos o privados[26].

---

11 Regulae Societatis Jesu. "Reglas del Rector". Regla, 20
12 Regulae Societatis Jesu. "Reglas del Rector". Regla, 18.
13 Ratio Studiorum.. "Reglas del Rector". Regla, 3.
14 Ratio Studiorum.. "Reglas del Rector". Regla, 14.
15 Ratio Studiorum.. "Reglas del Rector". Regla, 23
16 Ratio Studiorum.. "Reglas del Prefecto de Estudios". Regla, 4.
17 Ratio Studiorum.. "Reglas del Prefecto de los Estudios inferiores". Regla, 4.
18 Ratio Studiorum.. "Reglas del Prefecto de los Estudios inferiores". Regla, 6.
19 Ratio Studiorum.. "Reglas del Prefecto de los Estudios inferiores". Regla, 7.
20 Ratio Studiorum.. "Reglas del Prefecto de los Estudios inferiores". Regla, 8.
21 Ratio Studiorum.. "Reglas del Prefecto de los Estudios inferiores". Regla, 13.
22 Ratio Studiorum.. "Reglas del Prefecto de los Estudios inferiores". Regla, 4.
23 Ratio Studiorum.. "Reglas del Prefecto de los Estudios inferiores". Regla, 32.
24 Ratio Studiorum.. "Reglas del Prefecto de los Estudios inferiores". Regla, 33.
25 Ratio Studiorum.. "Reglas del Prefecto de los Estudios inferiores". Regla, 34.
26 Ratio Studiorum.. "Reglas del Prefecto de los Estudios inferiores". Reglas, 35 y 36.

Finalmente debía cuidar de la disciplina del colegio, tanto dentro del aula como en los espacios que configuraban el recinto escolar[27].

En definitiva se puede considerar que el Rector era el responsable directo de la buena marcha del colegio así como también el garante de la disciplina religiosa de todos sus moradores jesuitas. Pero, por otro lado, no se puede olvidar que la entidad a él adscrita formaba parte de un todo parcial como era la provincia del Nuevo Reino y en este sentido debía cumplir con normas que eran obligatorias para todos los planteles educativos.

Mas, para evitar cualquier desviacionismo Ignacio de Loyola había previsto la necesidad de que el Rector fuera asesorado por la denominada "Consulta domus"[28] y vigilado por el Admonitor[29].

Los consultores eran nombrados por el P. Provincial[30] y su misión principal se dirigía a ayudar con su consejo al Rector para que el colegio obtuviera los mejores frutos[31]. Su norte debía ser el bien común[32]. Si el caso lo ameritara podían remitir su opinión al superior mediato. También debían escribir cíclicamente al Provincial y al General las relaciones que estatuía la "Formula scribendi".

El Admonitor lo elegía el Provincial. Su misión consistía en advertirle al Rector de aquellas cosas que la mayor parte de los consultores juzgare oportuno hacerle ver o reflexionar y de aquellas otras relativas a la persona o al oficio dignas de ser tenidas en cuenta. Para mejor cumplir con su oficio debía poseer copia de todas las órdenes que los Provinciales dejaban al colegio "para que él pueda celar su observancia".

En la Provincia del Nuevo Reino estaba determinada la "Forma para haçer la entrega de un Collegio a su sucesor quando un Rector acaba su oficio". Se trata de un cuestionario pormenorizado acerca de la gestión rectoral durante el trienio de su mandato, cuyo texto debía ser firmado por la autoridad saliente y la entrante.

---

27 Ratio Studiorum.. "Reglas del Prefecto de los Estudios inferiores". Reglas, 43 y 44.
28 Regulae Societatis Jesu. "Regulae Rectoris". Regla, 14.
29 Regulae Societatis Jesu. "Regulae Rectoris". Regla, 15.
30 Regulae Societatis Jesu. "Regulae Provincialis". Regla, 25.
31 Regulae Societatis Jesu. "Regulae Consultorum". Regla, 1.
32 Regulae Societatis Jesu. "Regulae Consultorum". Regla, 2.

Cuadro 2
Organigrama de la estructura organizativa del Colegio indiano de Provincia

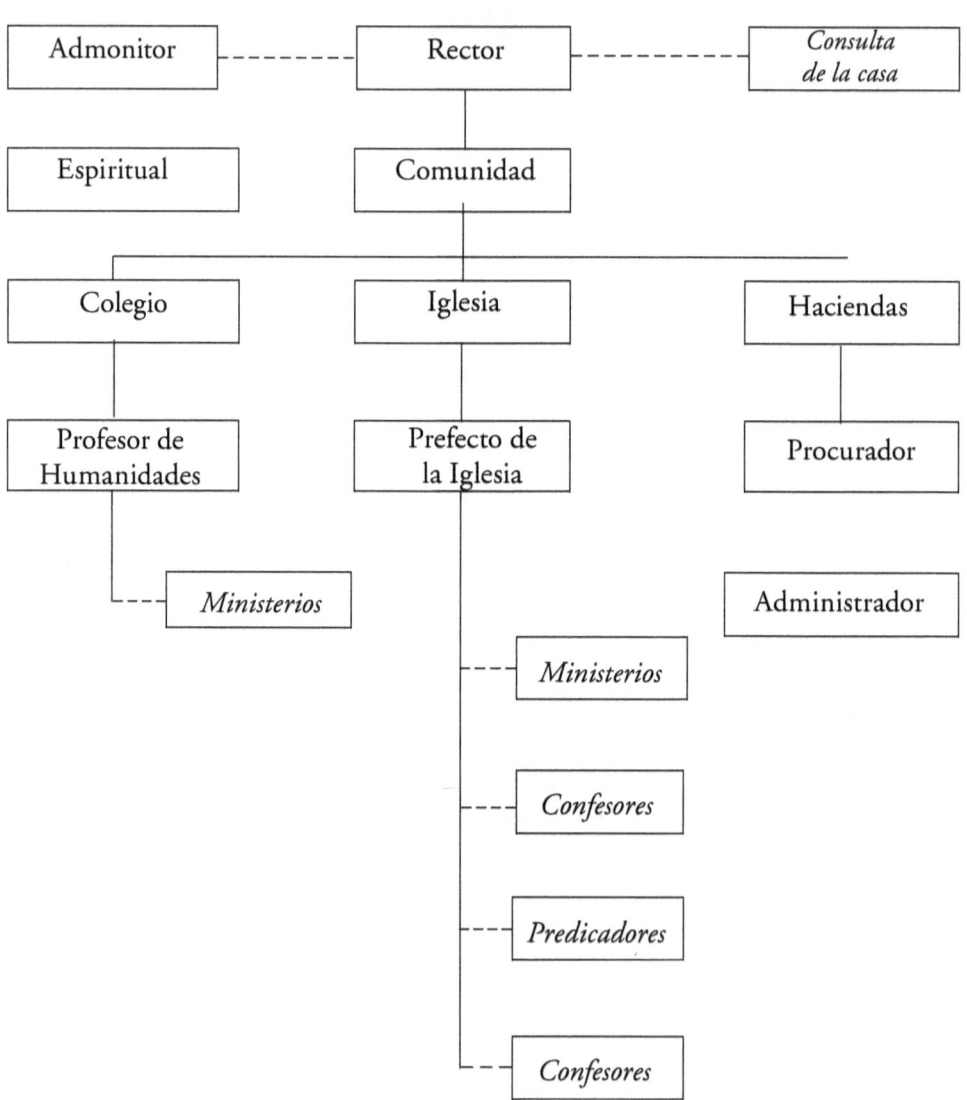

El Profesor de Gramática

El Profesor jesuita que se vinculaba al campo de la enseñanza de las humanidades era un profesional académico que había cursado tanto la Filosofía como las Letras en Universidades o Centros especializados, además de haberse capacitado en Seminarios prácticos en las técnicas de la pedagogía adoptadas por la Orden. Esta última exigencia se definió en 1565 en la Segunda Congregación General[33] y se consagró definitivamente en la *Ratio Studiorum* de 1599:

> Para que los maestros de las clases inferiores no lleguen imperitos a enseñar, en los colegios de que suelen sacarse los maestros de letras humanas y de gramática, el Rector elija a alguno muy perito en enseñar con el que se reúnan al fin de los estudios tres veces por semana durante una hora los que están cercanos a ser maestros, para ser preparados al nuevo magisterio; y ello hágase alternativamente preleyendo, dictando, escribiendo, corrigiendo y desempeñando otros oficios del buen profesor[34].

Pero a todas estas premisas hay que añadir otra, sin la cual se perdería la perspectiva real de la imagen del profesor jesuita: el magisterio surge, no sólo como una profesión, sino además como una misión específica y especial en la que no existe divorcio alguno entre su consagración al quehacer cotidiano en el colegio donde presta su servicio y sus ideales religiosos e intelectuales porque su espíritu corporativo había entendido que la semilla se sembraba individualmente pero el fruto cosechado hacía referencia a la comunidad.

La biografía del Profesor estaba enmarcada en el trabajo continuado: el estudio, la preparación de las clases, la dedicación a los alumnos y el cumplimiento de las demás normas de la *Ratio Studiorum*.

Su dedicación docente era exclusiva: Diariamente debía dictar 4 horas de clase: dos por la mañana y dos por la tarde[35], de acuerdo con los programas prescritos y plasmados en las disposiciones educativas vigentes. También debía atender personalmente a la variada gama de los ejercicios previamente programados, los cuales podía cambiar "con tal de que se conserven los mismos enteramente y

---

33 PACHTLER. *Ratio Studiorum et Institutiones Scholasticae Societatis Jesu per Germaniam olim vigentes collectae concinnatae dilucidatae* a G. M. Pachtler S. J. Osnabrueck, Reproductio phototypica editionis 1887-1894 (1968) I, 75.
34 *Ratio Studiorum..* Reglas del Rector. Regla, 9.
35 *Ratio Studiorum..* "Reglas del Profesor de las clases inferiores", 14.

por los mismos espacios de tiempo en las reglas de cada maestro"[36]. El pensum anual debía cumplirse a cabalidad y era controlado por el Prefecto de Estudios[37].

Su empeño fundamental debía cifrarse en seguir los pasos de cada uno de sus alumnos y buscar el mejor aprovechamiento[38]. Tenía que controlar diariamente los ejercicios de la memoria[39], la entrega de composiciones las que debía corregir "con cada uno de los alumnos"[40] y poner especial cuidado en preparar la prelección[41]. Cíclicamente tenía que llevar a cabo los ejercicios extraordinarios, como concertaciones, etc.[42]. Y finalmente tenía que observar, a través de su Catálogo, la evolución intelectual de cada discípulo[43].

El entusiasmo y la alegría debían ser sus constantes distintivos[44] y junto a la dulzura y a la paciencia debía exigir la asiduidad de los jóvenes a clase[45], el silencio y la modestia[46] y la guarda de las reglas[47].

La disciplina la "conseguirá más fácilmente con la esperanza del honor y del premio y con el temor de la vergüenza, que con los golpes"[48]. Y en cuanto a los castigos impone la *Ratio*:

> No sea precipitado al castigar, ni demasiado en inquirir: disimule más bien cuando lo pueda hacer sin daño de alguno; y no sólo no golpee él mismo a nadie (porque eso debe hacerlo el corrector), sino absténgase de ultrajar de hecho o de palabra; y no llame a nadie sino por su nombre o apellido; en vez de castigo será a veces útil añadir algo literario fuera de la tarea ordinaria[49].

Y la última Regla del Profesor de las clases inferiores concluye con estos sabios consejos: "No desprecie a nadie, mire bien por los estudios tanto de los

---

36 *Ratio Studiorum*.. "Reglas del Profesor de las clases inferiores", 15.
37 *Ratio Studiorum*.. "Reglas del Prefecto de Estudios", 5.
38 *Ratio Studiorum*.. "Reglas del Profesor de las clases inferiores", 50.
39 *Ratio Studiorum*.. "Reglas del Profesor de las clases inferiores", 19.
40 *Ratio Studiorum*.. "Reglas del Profesor de las clases inferiores", 20-21.
41 *Ratio Studiorum*.. "Reglas del Profesor de las clases inferiores", 27-30.
42 *Ratio Studiorum*.. "Reglas del Profesor de las clases inferiores", 31.
43 *Ratio Studiorum*.. "Reglas del Profesor de las clases inferiores", 38.
44 *Ratio Studiorum*.. "Reglas del Rector", 20.
45 *Ratio Studiorum*.. "Reglas del Profesor de las clases inferiores", 41.
46 *Ratio Studiorum*.. "Reglas del Profesor de las clases inferiores", 43.
47 *Ratio Studiorum*.. "Reglas del Profesor de las clases inferiores", 39.
48 *Ratio Studiorum*.. "Reglas del Profesor de las clases inferiores", 39.
49 *Ratio Studiorum*.. "Reglas del Profesor de las clases inferiores", 40.

pobres como de los ricos y procure especialmente el adelanto de cada uno de sus escolares"[50].

La misión del Profesor

Pero la concepción del Profesor no se agota en las normas de la *Ratio* sino que supone una intensa vida ascética inspirada en los *Ejercicios Espirituales* de San Ignacio de Loyola. La tradición pedagógica de la Compañía de Jesús concebía al maestro como una célula inserta en el sistema educacional, y a la vez un átomo generador de los principios de la Paideia: autoridad, actividad y adaptación.

En la práctica, quien personificaba los ideales educativos expuestos más arriba era el profesor y a su responsabilidad inmediata se encomendaba la transmisión y difusión de los valores en ellos contenidos.

Así pues, no es de extrañar que hayan sido los escritores ascéticos de la Orden quienes más han insistido en las virtudes definitorias del maestro. La universalidad de esta doctrina la confirma el escritor neogranadino, el P. Pedro de Mercado (1620-1701), cuyo influjo en la formación de los jesuitas del Nuevo Reino en la segunda mitad del siglo XVII fue decisivo.

---

50   *Ratio Studiorum..* "Reglas del Profesor de las clases inferiores", 50.

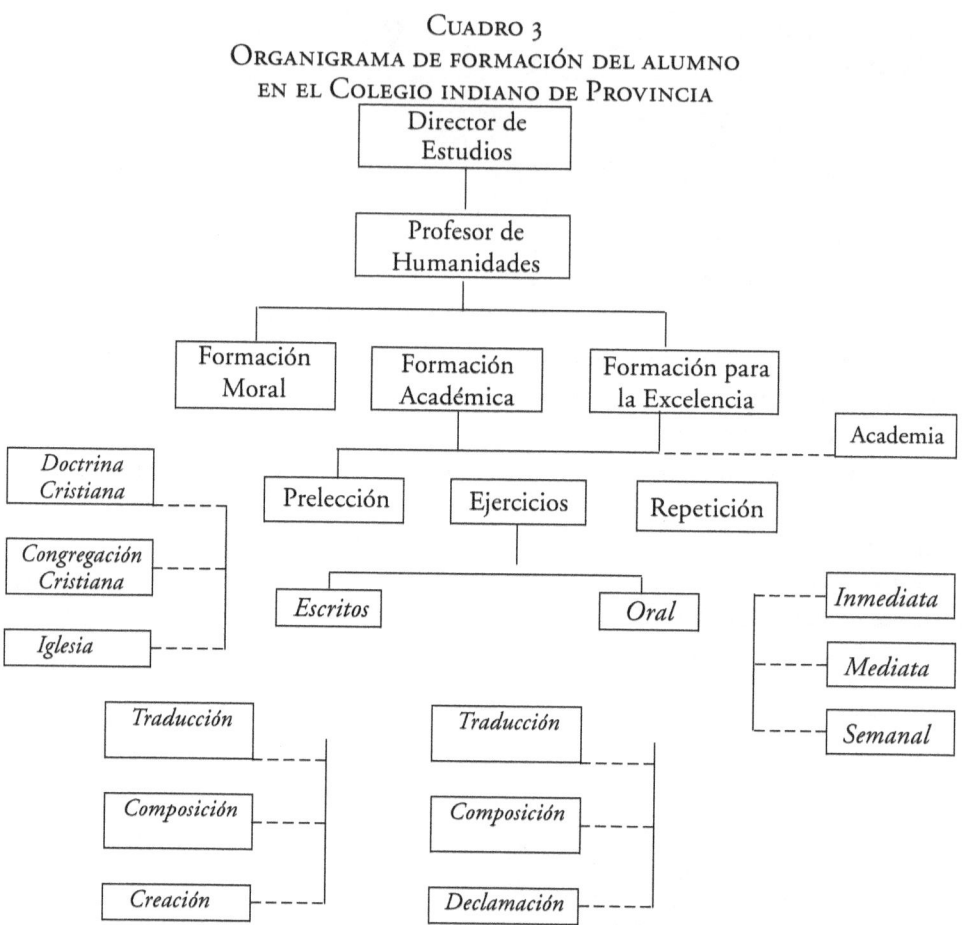

Cuadro 3
Organigrama de formación del alumno en el Colegio indiano de Provincia

Pero viniendo a lo particular, puede el Maestro ejercitarse en las virtudes siguientes, entre las cuales vaya primero la caridad, como su Reina; ame a sus discípulos en Dios, por Dios y para Dios; y su amor, en las demostraciones exteriores, sea igual para con todos, no singular para con ninguno. Por tener oficio de alumbrarlos, desterrando las tinieblas de su ignorancia, debe ser como el sol, que no se singulariza con ninguno, sino que a todos igualmente alumbra y calienta. Pero si el Maestro es sol de otro hemisferio, y al uno alumbra con los rayos de su enseñanza, y al otro no; y si calienta a aquel con el calor de su caridad, y a los demás no, qué se ha de seguir sino la envidia, las quejas y la murmuración de los que no se ven tan favorecidos. Ponga gran solicitud en la enseñanza de sus discípulos...

les leerá con claridad, los corregirá con blandura, las hará ejercicios con fervor, les preguntará con cuidado y les responderá con apacibilidad, que a todo esto obliga el considerar que Dios le ha entregado a sus discípulos y que la Virgen le ha hecho Maestro de sus hijos adoptivos. Con qué solicitud se aplica uno al Magisterio de un hijo de un Rey, o de un gran Señor? Pues aún con mayor cuidado se debe aplicar el Maestro a la enseñanza de los pobres y de los ricos, porque son hijos adoptivos del Rey del Cielo y de la Reina de los Angeles. Tenga paciencia para sufrir las molestias que trae consigo la enseñanza de los que fueron rudos. No se exaspere cuando hay alguno de tardo ingenio, que Dios no le dio más. Haga su diligencia para desbastarlo con amor y tendrá con el rudo más mérito, que con la enseñanza de los más ingeniosos ... Oiga las quejas de los discípulos con sufrimiento y apacigüe con sagacidad sus rencillas. Que la paz hará que su aula sea un cielo, y la caridad que sean ángeles sus discípulos[51].

Otro escritor ascético, el P. Antonio Le Gaudier (1572-1622), hacía las siguientes reflexiones sobre el tema del profesor:

Es menester que los adolescentes tengan mucha estima de sus maestros y hagan mucho caudal de su valer. Porque esta estima les apremia interiormente, sobre todo cuando se añade el amor, a cumplir en todo la voluntad de los que los dirigen. Razón por la que todo maestro debe esforzarse por conseguir este predicamento. Mas como ya hemos dicho a propósito del amor, se ha de tener cuidado en no complacerse en la popularidad. La reputación no es más que un medio; su valor moral depende del fin que se quiere alcanzar[52].

En esta dirección dedica varios párrafos en los que insiste que el crédito es el fruto de las cualidades y virtudes, y se aumenta con la fama de sabiduría, pues los alumnos veneran a los profesores capaces de instruirles bien. En definitiva, se exige un *hombre perfecto*, de virtudes sólidas, prudente y discreto[53].

Pero, también es necesario clarificar cómo se inserta la figura del Profesor en medio de los tres grandes principios que rigen la pedagogía ignaciana. La autoridad, concebida como un servicio a la institución educativa para garantizar tanto los ideales de la *Ratio Studiorum*, como los métodos que deben observarse para conseguir el fin propuesto y el perfecto orden que exige la complicada estructura de profesores, alumnos y programas. La *adaptación*, para hacer flexibles los métodos y procedimientos de tal manera que el objetivo final, el hombre, se

---

51 Pedro de MERCADO. *Práctica de los ministerios eclesiásticos*. Compuesto por el Padre Pedro de Mercado de la Compañía de Jesús. Sevilla (1676) 238-239.
52 A. LE GAUDIER. *De natura et statibus perfectionis*. Pars V, sectio XVI, cap. VII. Citado por CHARMOT. *La pedagogía de los jesuitas*, 119-120.
53 *Ibidem*.

pueda realizar en sus coordenadas espacio-temporales específicas. Y la *actividad*, conditio sine qua non, para que el hombre de la pedagogía ignaciana se constituya en el artífice de su propia vida como fruto de una opción nacida del criterio adquirido a lo largo de sus años de formación.

El alma de toda esta "fábrica"[54] era la autoridad concebida verticalmente, la cual debe regular las relaciones estamentales: las externas, mediante la normativa de la *Ratio*, y las internas por la disciplina religiosa de una corporatividad que se rige por la obediencia.

Este nexo entre autoridad y obediencia sólo es válido y eficiente cuando la obediencia es concebida como una virtud y no como mera disciplina. Así, el sentido de corporación en el que fue educado el jesuita, hacía que cada miembro fuera responsable de la consecución del objetivo final y total de la Compañía de Jesús mediante el cumplimiento fiel de su deber asignado, pues para él la obediencia, libremente aceptada, significaba un servicio, un estar siempre preparado para cualquier misión, para trabajar donde y en el puesto en que la institución necesitare la respuesta del súbdito.

Volviendo al tema principal, no es de extrañar que la *Ratio Studiorum* se pronuncie por la resultante de una cuádruple unidad: de dirección, de profesor, de método y de materia. En otras palabras: la *Ratio* exige un cuerpo de profesores formados en la misma escuela, imbuidos de los mismos principios, con unos objetivos comunes que deben ser adquiridos por los mismos medios.

Pero en relación con el alumno el Profesor debía adquirir otro tipo de autoridad:

> La autoridad –escribirá el P. Juvencio en 1703– es cierta fuerza de mandar, de prohibir, de gobernar. Se la obtiene, o por derecho, o por habilidad. No basta de ordinario que el derecho la conceda si no vienen en su ayuda la habilidad y el talento[55].

Tres medios propone Juvencio para conseguir este fin: el aprecio, el amor y el temor. El aprecio sincero de los alumnos lo conseguirá el profesor por su cultura y su piedad. La cultura se demuestra dominando "profundamente la ma-

---

54 Hemos adoptado el concepto de "fábrica", sacado del manuscrito del P. Ignacio Julián (Biblioteca Nacional de Colombia. Sección de *Libros raros y curiosos*. Ms. 17, fol., 17v): "... *es mucha fábrica un hombre*; y ejercita muchas acciones sobre todas las cuales tiene derecho la política, y en las del noble no perdona ninguna con tal autoridad".

55 José JUVENCIO. *Método para aprender y para enseñar*. Florencia, 1703. (Citaremos siempre por la versión castellana que publicamos en *La pedagogía jesuítica en la Venezuela hispánica*. Caracas (1979) 741).

teria que debe enseñar" y "no diga nada que no lo haya limado y trabajado". Y la piedad se manifestará en las buenas obras[56].

El segundo medio radica en procurar el amor de los alumnos, y el profesor lo conseguirá

> si lo ven deseoso de su provecho, moderado, dueño de si mismo, no suspicaz ni crédulo, sino tan amable y humano en privado como serio y grave en público, siempre ecuánime e igual con todos, no más amigo de unos, ni demasiado familiar; tardo en castigar ... Admita de buena gana las causas que pueda haber para perdonar o disminuir el castigo (...), que la culpa sea cierta y bien conocida, y si es posible, que el culpable la reconozca y confiese[57].

El tercer medio para conseguir la autoridad lo constituye el temor filial. Por eso, el maestro debe mandar poco pero con rectitud "que exige lo mandado con constancia y prudencia". El laxismo y el rigorismo deben ser suplantados por la comprensión y la rectitud. La pedagogía ignaciana exige que se haga uso del poder con blandura y moderación[58].

Uno de los mejores intérpretes de la primigenia mentalidad pedagógica de la Compañía de Jesús fue sin duda el P. Antonio Posevino (1533-1611). En su libro *De cultura ingeniorum* apela al testimonio de la historia y de la psicología para probar el principio de adaptación. Siendo la naturaleza humana la misma, los talentos son tan diversos que consecuentemente hay que aceptar, a nivel cualitativo, selección y masa. De ahí la importancia que asigna a la necesidad de conocer la capacidad de cada alumno para poder adaptarse a él. De esta suerte escribirá:

> Así como los elementos que engañan a la vista por la semejanza de su color blanco, como son la sal, azúcar, la harina, la cal, se distinguen sobre todo por el gusto, así las naturalezas que nos engañan con sus apariencias comunes no pueden ser conocidas sino por un examen detenido de su carácter íntimo[59].

Si la autoridad debe oscilar entre la firmeza y la suavidad, la adaptación se moverá entre el rigorismo y el laxismo. Para su explicación hay que recurrir a los escritores ascéticos, como a los mejores intérpretes de la vida unitaria que debe surgir de la conjunción de la virtud y las letras. El P. Antonio Le Gaudier (1572-1622) puntualizaba sobre estos antagonismos:

Se cae en rigorismo:

---

56   JUVENCIO. *Ob. cit.*, 741.
57   JUVENCIO. *Ob. cit.*, 741-742.
58   JUVENCIO. *Ob. cit.*, 743. CHARMOT. *La pedagogía de los jesuitas*, 121-123.
59   POSEVINO. *De cultura ingeniorum*. Cap. XIX. Citado por CHARMOT. *Ob. cit.*, 134.

1º cuando se dan lecciones, composiciones o tareas demasiado largas o difíciles; 2º cuando las cosas fáciles se imponen a muchachos faltos de talento, de la memoria o de la ciencia necesarios; 3º si se les habla en términos demasiado duros, desalentados o desalentadores, inspirados por el capricho; 4º si se exige la lección o el tema para un tiempo fijo, sin tener cuenta con las legítimas excusas de la familia o el muchacho; 5º si de buenas a primeras no se quieren oir las excusas presentadas con razón, sino que se las tiene por mentiras; 6º si con la misma severidad se tratan las faltas graves y las ligeras; 7º si nos mostramos suspicaces, incapaces de rectificar una impresión desfavorable, si somos avaros de elogios y pródigos en reprensiones; 8º si mostramos desestima hacia un alumno y costumbre de interpretar torcidamente todo lo suyo; 9º si no conocemos más que la rigidez de los reglamentos y olvidamos la flaqueza de la niñez; 10º si las órdenes son oscuras, equívocas y dan pie a confusiones y a castigos imprevistos; 11º si negamos a carga cerrada los permisos solicitados con justa razón; 12º si damos por ciertas las faltas dudosas, etc.

Se cae en el laxismo cuando:

no se hace caso más que de escándalos y faltas graves; el que para mostrarse suave no hace caso ni de la modestia, ni del comedimiento, ni del silencio; el que a fuerza de mirar la humana flaqueza, acaba por juzgar los males con excesiva indulgencia; el que reprende, pero, para evitar molestias o pequeñas protestas se abstiene de castigar; el que por amistad sensible o por complicidad, tolera que ciertos alumnos falten a la disciplina; el que so pretexto de bondad no se hace respetar; no menos que el tímido que no toma a pechos la observancia del reglamento; el maestro ligero que se distrae y se porta con los alumnos como un camarada[60].

El tercer principio se denomina *actividad*. Su concepción se basa en la continua y progresiva práctica del alumno en aquellos ejercicios que paulatinamente le ejerciten la memoria, le despierten la inteligencia y la formen la voluntad. En el fondo del sistema subyace una verdadera teleología: el ejercicio programado para alcanzar la formación integral del hombre.

El Prefecto de Iglesia

El templo significaba una actividad tan importante como la del colegio pues en el ideal ignaciano ambas entidades se debían complementar.

Así pues, el Prefecto de la Iglesia venía a ocupar un papel paralelo al que desempeñaba el Prefecto de Estudios para el colegio. En último término era el

---

60 Citado por CHARMOT. *Ob. cit.*, 121-122.

responsable no sólo de que el culto y los oficios religiosos adquirieran vitalidad e incluso esplendor sino que además debía responder por el orden y por la consecución de los altos fines ascéticos y espirituales que se proponía la Compañía de Jesús en cada domicilio.

Por ello, las Reglas correspondientes debían servir de norma y de guía[61].

Las formas de comunicación para los jesuitas residentes en el colegio se ceñían a que los sábados se hacía público en el comedor el cronograma de la semana y se colocaba en la sacristía, por escrito, la información correspondiente[62].

Con respecto a los sacerdotes debía verificar si observaban sus respectivas Reglas y si cuidaban de su porte exterior[63]; si disponían de las debidas licencias para confesar y si se acomodaban a las exigencias de los ritos de la liturgia romana[64].

También debía celar porque se cumpliera lo estipulado por el fundador de la Orden acerca de la gratuidad de los ministerios y en consecuencia los sacerdotes no podían recibir limosnas ni por decir misa ni por oír confesiones[65] y tampoco se permitían en la iglesia ni las alcancías ni ningún tipo de arca que permitiera depositar cualquier tipo de limosna[66].

Aunque las reglas no bajan a detalles sobre los ministerios concretos, sin embargo precisa su obligación en procurar que no faltaran confesores en el templo[67] así como la planificación de los sermones y de las lecciones sacras[68].

Entre las obligaciones materiales permanentes sobresalen el conservar decentemente el Santísimo Sacramento[69], renovar anualmente los santos Oleos así como custodiar las reliquias de los santos en un tabernáculo ad hoc[70], y en fin procurar el ornato necesario para todo lo relativo al culto divino[71].

---

61 *Regulae Societatis Jesu*. Romae, MDXC, 146-151: "Regulae Praefecti Ecclesiae".
62 *Regulae Societatis Jesu*. "Regulae Praefecti Ecclesiae". Regla, 2 y 3.
63 *Regulae Societatis Jesu*. "Regulae Praefecti Ecclesiae". Regla, 12.
64 *Regulae Societatis Jesu*. "Regulae Praefecti Ecclesiae". Regla, 13.
65 *Regulae Societatis Jesu*. "Regulae Praefecti Ecclesiae". Regla, 14.
66 *Regulae Societatis Jesu*. "Regulae Praefecti Ecclesiae". Regla, 15.
67 *Regulae Societatis Jesu*. "Regulae Praefecti Ecclesiae". Regla, 26.
68 *Regulae Societatis Jesu*. "Regulae Praefecti Ecclesiae". Regla, 23 y 24.
69 *Regulae Societatis Jesu*. "Regulae Praefecti Ecclesiae". Regla, 16.
70 *Regulae Societatis Jesu*. "Regulae Praefecti Ecclesiae". Regla, 18.
71 *Regulae Societatis Jesu*. "Regulae Praefecti Ecclesiae". Regla, 19.

La espiritualidad del colegio y el P. Espiritual

El fervor espiritual del colegio tenía que traducirse en la buena marcha de todas las instituciones que en él funcionaban. De ahí la importancia que tenía la visita del P. Provincial cada trienio ya que significaba una auditoría espiritual y material tanto de cada uno de los integrantes del plantel así como también de todas las obras que funcionaban en la entidad-Colegio.

El alma de una comunidad jesuítica antigua era el P. Espiritual. Debía ser hombre maduro, de probada experiencia ascética, conocedor del Instituto de la Compañía de Jesús[72], versado en la lectura de libros espirituales[73] y experto en analizar los movimientos en que se debaten las almas[74]. Era el encargado de que el ideal ignaciano se concretase en cada uno de los miembros del colegio mediante el fiel cumplimiento de las reglas para conseguir la realización tanto espiritual como humana de cada uno de los jesuitas[75].

Su acción pedagógico-espiritual era personal con cada sujeto y consistía en la dirección del mundo del espíritu y de la conciencia. Su objetivo se centraba en que cada dirigido espiritual alcanzara la familiaridad con Dios y el convencimiento de que el cumplimiento de sus obligaciones era el mejor servicio de Dios[76]. Para ello debía estimularlo, o corregirlo, o ayudarlo para que el proyecto de vida diseñado en los Ejercicios Espirituales adquiriera vida mediante los diversos modos de oración, el continuo examen, la práctica ininterrumpida de las virtudes y la lucha contra los afectos desordenados[77].

El Procurador

Podríamos definirlo no sólo como el asesor del Rector en asuntos financieros sino como el verdadero gerente de la "máquina económica".

Su actividad, de acuerdo con las *Reglas del Procurador*, se desglosaba en dos capítulos: la contabilidad y la administración.

Entre las sugerencias de política económico-administrativa, las *Reglas* son parcas pero precisas. Se parte del principio que, la responsabilidad, cuidado y

---

72 *Regulae Societatis Jesu*. "Regulae Praefecti rerum spiritualium". Regla, 1.
73 *Regulae Societatis Jesu*. "Regulae Praefecti rerum spiritualium". Regla, 5.
74 *Regulae Societatis Jesu*. "Regulae Praefecti rerum spiritualium". Regla, 6.
75 *Regulae Societatis Jesu*. "Regulae Praefecti rerum spiritualium".
76 *Regulae Societatis Jesu*. "Regulae Praefecti rerum spiritualium". Regla, 2.
77 *Regulae Societatis Jesu*. "Regulae Praefecti rerum spiritualium". Regla, 3 y 4.

aumento de los bienes materiales constituye la principal misión del Procurador[78]. Para ello se le encomienda la práctica de tres consejos: asesorarse en los asuntos delicados con los peritos más idóneos[79]; llevar con toda exactitud los libros de contaduría y archivo; e informar al Rector mensualmente del estado del balance y de la caja[80].

En las compras se le recomienda que se lleven a cabo en el tiempo oportuno "a fin de que no se obligue a comprar las que no sean muy buenas o que no tengan precio equitativo"[81] y una vez comprada la mercancía debía vigilar para que se conservase en buen estado[82]. Y dentro de este esquema administrativo debía tomar cuenta al comprador *cada día* de los gastos efectuados y obligarle a llevar un *Diario*[83].

En relación al complicado mundo de los arrendamientos, contratos, contracción de deudas, o cualquier otro negocio de importancia, debía actuar con delegación del Rector[84] y de acuerdo con el informe de los peritos más idóneos[85]. Además, tenía la obligación de recordarle al Rector que, en los contratos de mayor importancia, debía remitir éste una copia autenticada a Roma[86].

Finalmente, si había necesidad de recurrir a litigios judiciales se le advertía al Procurador que, antes de emprender el pleito, hiciera lo posible por llegar a un avenimiento o arreglo amistoso; y si esto fuera imposible, debía intentar siempre "una justa concordia"[87]. En todo caso, los juicios debían ser llevados por procuradores externos[88].

En lo que se refiere a la vida comunitaria los "Usos y costumbres la Provincia del Nuevo Reino" estipulaban la igualdad de todos los miembros de cada una de las comunidades jesuíticas expandidas por el Nuevo Reino. Así por ejemplo,

---

78 *Regulae Societatis Jesu.* "Reglas del Procurador". Regla, 1 y 11.
79 *Regulae Societatis Jesu.* "Reglas del Procurador". Regla, 17.
80 *Regulae Societatis Jesu.* "Reglas del Procurador". Regla, 4.
81 *Regulae Societatis Jesu.* "Reglas del Procurador". Regla, 9.
82 *Regulae Societatis Jesu.* "Reglas del Procurador". Regla, 10.
83 *Regulae Societatis Jesu.* "Reglas del Procurador". Regla, 8.
84 *Regulae Societatis Jesu.* "Reglas del Procurador". Regla, 13.
85 *Regulae Societatis Jesu.* "Reglas del Procurador". Regla, 17.
86 *Regulae Societatis Jesu.* "Reglas del Procurador". Regla, 21.
87 *Regulae Societatis Jesu.* "Reglas del Procurador". Regla, 16.
88 *Regulae Societatis Jesu.* "Reglas del Procurador". Regla, 15.

en lo relativo a los viáticos de los que eran destinados a un colegio o residencia se fijaba tanto la dotación personal[89] como lo relativo a los viajes[90].

Con todo, una serie de circunstancias muy singulares hicieron que la figura del Procurador adquiriese entre nosotros características muy singulares. Lo apartado de las haciendas, las ausencias para la búsqueda de mercados a fin de colocar los productos, el contacto con otros comerciantes, el volumen de ventas, etc. contribuyeron a que la realidad del Procurador adquiriera día a día mayor autonomía y por ende las relaciones Rector-Procurador tuvieran a veces que regirse por la vía impositiva de la obediencia.

Tres figuras jurídicas netamente diferenciadas en el derecho y en la historia de la Compañía de Jesús en Latinoamérica durante el período hispano intervienen en la administración de los bienes de cada domicilio: el Ministro, el Procurador y los Administradores de haciendas.

Pero un cargo tan delicado como es el del manejo de los bienes temporales es lógico que no fuera usual en la mayoría de los sacerdotes jesuitas cuya formación insistía fundamentalmente en los valores espirituales y en la formación humanística. Por eso puede llamar la atención que en diversas oportunidades fueran Hermanos coadjutores cualificados los que desempeñaran tal oficio.

En una acción tan universal como era la que desarrollaba la Compañía de Jesús en todo el mundo era lógico que existieran severos controles.

---

89 APT. *Fondo Astráin*, 18. *Ordenes antiguas, que por orden de N. R. P. Lorenzo Ricci, ya no están en uso: y deven guardarse en el Archivo*. Fol., 23v-24: "El Colegio de donde sale, le dará el vestido interior y exterior y el manteo, sombrero, bonete y sobrerropa que tuviere dicho sujeto, de manera que pueda servirle todo deçentemente un año sino fuere necesario mejorarlo conforme al tiempo y lugar y la salud del que camina (...) y de la ropa blanca le dará tres camisas, tres pañuelos, tres escofias, tres pares de escarpines, dos pares de medias y dos pares de zapatos, jubón y calçones acomodados al tiempo y lugar a donde va".

90 APT. *Fondo Astráin*, 18. *Ordenes antiguas*. Fol., 25v.: "14. Al que fuere de Santafe a Merida se le daran tres mulas fletadas y pagadas; veinte y cuatro panes; cuatro cajetas de conserva; quatro quesos, un quarto de carnero y treinta pesos en plata".

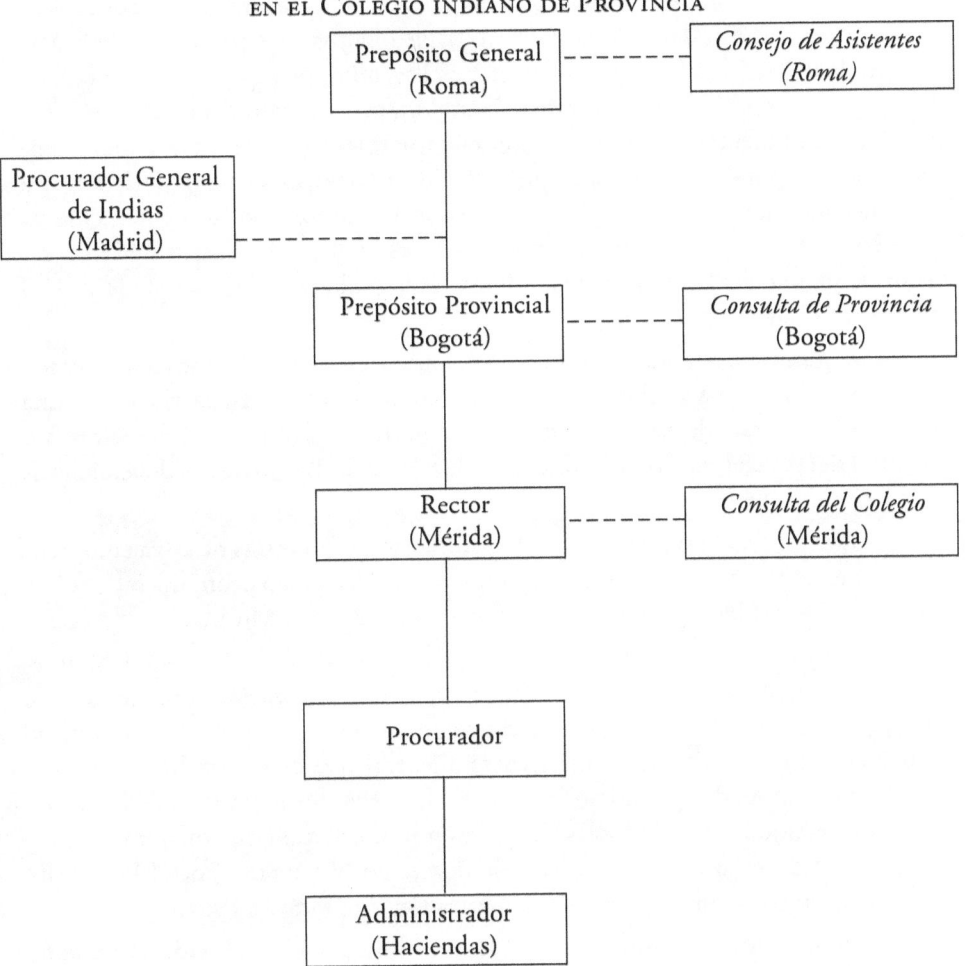

CUADRO 4

ORGANIGRAMA DE ESTRUCTURA ADMINISTRATIVA
EN EL COLEGIO INDIANO DE PROVINCIA

LA ORGANIZACIÓN ECONÓMICA

El estudio de la "máquina económica" que sustentó y movilizó la acción educativa, misional, social, económica, religiosa e intelectual de la Compañía de Jesús en el continente americano, se ha convertido en los últimos tiempos en un novedoso e interesante tema de investigación dentro de la historia social latinoamericana[91].

La Compañía de Jesús partía del supuesto de que la "máquina económica" debía garantizar, fundamentalmente, un triple objetivo. En primer lugar, la gratuidad de la enseñanza que se impartiera en sus aulas; en segundo término, facilitar todos los medios para la construcción y mantenimiento del colegio e iglesia con las consiguientes dependencias anexas; finalmente, debía proporcionar subsistencia al equipo humano, siempre reducido en Indias, encargado de llevar a cabo la educación integral exigida por la *Ratio Studiorum*. Consecuentemente, es fácil comprender que los jesuitas excogitasen los medios financieros más eficaces a fin de garantizar la eficacia y la calidad en la realización de sus obras y en el rendimiento de sus hombres.

El punto de partida de toda institución docente jesuítica indiana consistía en la creación de una verdadera Fundación cuyo soporte financiero suponía una verdadera empresa, de cuyo incremento dependía en gran parte el florecimiento cultural del plantel, así como la dotación de todo el universo de sus dependencias auxiliares.

Sin embargo, este *punctum a quo* conlleva dos premisas de cuya comprensión depende en gran parte la recta interpretación del hecho económico llevado a cabo por los seguidores de Ignacio de Loyola en el Nuevo Mundo.

En primer lugar, la legislación de la Compañía de Jesús estipulaba muy sabiamente que cada colegio constituye un ente *económicamente* autónomo e independiente[92]. De esta suerte era corriente encontrar, dentro de una misma Provincia, obras sólidamente financiadas mientras que otras llegaban a padecer verdadera necesidad y penuria. Como contrapartida, los miembros de la Orden no podían ser adscritos de forma definitiva a ninguna casa en concreto y consiguientemente podían ser trasladados de domicilio libremente por el Provincial (autoridad máxima dentro de cada demarcación geográfica o Provincia).

En segundo término, la realidad económico-social de cada continente donde laboraba la Compañía de Jesús (Europa, Asia y América) era esencialmente distinta; de ahí la criteriología ignaciana de la adaptación a los tiempos, condi-

---

[91] Magnus MORNER. The *Political and Economic Activities of the Jesuits in the La Plata Region: The Absburg era*. Estocolmo, 1955. Germán COLMENARES. *Las haciendas de los jesuitas en el Nuevo Reino de Granada*. Siglo XVIII. Bogotá, 1969. Edda SAMUDIO. *Las haciendas del colegio San Francisco Javier de la Compañía de Jesús en Mérida. 1628-1767*. Mérida, 1985.

[92] *Constitutiones Societatis Jesu et Epitome Instituti*. Romae (1943), nº 503, Apartado, 3.

ciones locales y personas imprimiera en el área económica la misma flexibilidad que en otros campos de acción. De esta suerte se explica que en tierras de Indias las Fundaciones no pudieran concebirse como fruto de grandes capitales (como sucedía en Europa), sino como un esfuerzo más, en un mundo en construcción, en el que la agricultura constituía prácticamente una de las pocas fuentes seguras de producción. Así fueron naciendo las grandes haciendas, al unísono con el esfuerzo de los hombres e instituciones que laboraban en la nueva América.

Así pues, antes de incoar un colegio se debía crear una Fundación, de la que surgiría después una empresa; una vez estructurada ésta, comenzaba a funcionar la máquina económica de cuyos frutos dependía la prosperidad académica y apostólica del plantel.

Pero conviene dejar fuera de toda duda que la "empresa" –a pesar de haber jugado un muchas ocasiones un papel importante en el quehacer jesuítico americano- fue siempre un medio que sirvió para crear, sustentar, promover, incrementar y realizar los fines superiores inherentes a los ideales de la Compañía de Jesús. En otros términos, el criterio de empresa en lo económico hay que encuadrarlo dentro de la concepción jerarquizada de "apostolado", como un factor dependiente y subsidiario.

La documentación de que disponemos hasta el momento es bastante deficiente en lo referente a órdenes y criterios para manejar las haciendas en el Nuevo Reino. Sin embargo, sí se trasluce alguna información suelta que en el fondo se ajustaba a lo estatuido en las Reglas del Procurador.

En el provincialato del P. Francisco Antonio González (1720-1723) parece que las licencias que se tomaban los Administradores en la gerencia de las haciendas frente al Rector y Procurador de ellas llevó al Provincial a tomar medidas severas para corregir el abuso. Hace referencia el Provincial en su escrito a una orden del R. P. Juan Pablo Oliva, Prepósito General de la Compañía de Jesús, del 30 de agosto de 1673, de donde saca las siguientes conclusiones: "Lo 1º. No pueden dar ni disponer de cosa alguna sin licencia de sus superiores. Lo 2º ni pueden hacer gastos extraordinarios, v. gr. edificios, rancherías, nuevos y costosos entables y cosas semejantes sin licencia de los superiores. Lo 3º pueden y deben hacer aquellos ordinarios que ya se sabe son necesarios para llevar adelante las haciendas en sus cultivos, etc. y para la manutención de sus personas en la vida común de religiosos". Más adelante ordena y manda en precepto de santa obediencia a todos los Padres y Hermanos administradores de nuestras haciendas y a sus sustitutos (aunque lo sean por breve tiempo) que en los libros de recibo y gasto, que para esto deben tener en las haciendas, apunten y escriban no solamente todas las cantidades recibidas y gastadas, sino también de dónde procedieren los recibos (sean de frutos de arrendamientos, de envíos de los colegios o de cualquiera otra vía), que con ocasión de su administración o industria se hayan adquirido, y asimismo en qué se invirtieron las cantidades gastadas y que dos veces al año den cuenta a sus Superiores de dichos recibos y gastos, para que vistas y examinadas por ellos, les conste lo que se hace en las haciendas y puedan corregir lo que en esta parte juzgaren menos acertado[93].

---

93 ANB. *Temporalidades*, t. 18, fols., 812-813. *Algunos ordenes y preceptos para los Padres y Hermanos administradores de nuestras haciendas intimados por el P. Francisco Antonio Gonzalez, Provincial de esta Provincia de la Compañia de Jesus del Nuevo Reyno.* En este mismo legajo reposan interesantes informaciones sobre algunas haciendas de la Compañía de Jesús en el Nuevo Reino.

V. Organización escolar

El pensum

La *Ratio Studiorum* contempla para los cursos inferiores cinco clases o años: Infima, Media, Suprema, Humanidades y Retórica[1]. Los tres primeros años se dedicaban al aprendizaje de la Gramática. El cuarto se consagraba al estudio de las Humanidades, es decir, a preparar el camino para la elocuencia mediante el conocimiento íntimo de la lengua, el estudio de la teoría del estilo y la progresiva adquisición de la erudición[2]. En el quinto año se culminaba con la Retórica, la cual suponía la adquisición de la perfecta elocuencia mediante el estudio del arte retórico y poético y de una cultura integral[3].

En una ciudad provinciana era materialmente imposible poder aspirar a tal desideratum ya que no hubiera habido ni profesores suficientes, ni alumnos abundantes. Esta situación explica que debía ser bastante oneroso para el Profesor tener que atender simultáneamente los diversos estamentos de estudiantes.

Pero viniendo a las prescripciones curriculares de la *Ratio* debemos aclarar que la legislación escolar hacía referencia expresa a dos textos fundamentales: la *Gramática* del P. Manuel Alvarez[4] y la *Retórica* del P. Mario Soarez[5]. Sin embargo, con el correr del siglo XVII observamos que también se recurre a los autores locales, regionales o nacionales: así los franceses adoptaron el *Commentarii Grammaticae* de Despauterio, los italianos querían mantener el libro de Coudret *De primis latinae grammatices rudimentis libellus*[6] y en España Felipe III ordenó por real cédula del 8 de octubre de 1598 la imposición del denominado *Arte Regio*, una reedición de Nebrija a cargo del P. Juan de la Cerda cuyo título fue *Aelii Antonii Nebrixensis de Institutione Grammaticae libri quinque, jussu Philippi III. Hispanarum Regis Catholici nunc denuo recogniti*[7]. Y por citar otro ejemplo concreto, en el colegio de Zaragoza se introdujo para la lectura de los alumnos medianos, junto con el Nebrija, la *Syntaxis* de Torrella[8]. También en el Nuevo Reino debió imponerse a la larga el "Arte

---

1 *Ratio Studiorum..* "Reglas del Provincial", 12 & 1.
2 *Ratio Studiorum..* "Reglas del Profesor de Humanidades", 1.
3 *Ratio Studiorum..* "Reglas del Profesor de Retórica", 1.
4 *Ratio Studiorum..* "Reglas del Provincial", 23.
5 *Ratio Studiorum..* "Reglas del Profesor de Humanidades", 1.
6 SOMMERVOGEL. *Bibliothèque de la Compagnie de Jésus*, II, 1261-1263 donde recoge numerosas ediciones del libro.
7 F. OLMEDO. "Humanismo". *Miscelánea Comillense*. Santander (1949) 48.
8 Bernabé BARTOLOME MARTINEZ. "Las cátedras de gramática de los jesuitas en las universidades de Aragón". En: *Hispania Sacra*, 34 (1982) 48.

de Antonio" pues en 1689 lo imponía a los estudiantes de humanidades de la Universidad Javeriana el visitador, P. Diego Francisco Altamirano[9].

Sin embargo, el programa de los estudios gramaticales de la *Ratio* recurre, como acabamos de mencionar, a la obra del jesuita portugués. En Infima se debe regir por el Libro I y una breve introducción de la sintaxis extractada del Libro II. En Media, el Libro II, desde la construcción de las ocho partes de la oración hasta la construcción figurada, amén de los apéndices más fáciles. Y en Suprema: del Libro II, de la construcción figurada hasta el fin y del Libro III, la métrica[10].

Es interesante una opinión sobre el método utilizado por el P. Manuel Alvarez:

> El método de Alvarez es muy cuidadoso y se diferencia claramente por la crítica del famoso Despauterio entonces en boga. Examina atentamente los ejemplos y las reglas de los antiguos y de los nuevos gramáticos, confronta sobre sus mismas obras los pasajes de los autores citados y obtiene de su lectura nuevas reglas y nuevos ejemplos. Supera en la elegancia, según dice Gaspar Sciopio, a todos los gramáticos antiguos y modernos. Este mérito ya le es reconocido por la provisional *Ratio Studiorum* de 1586 que afirma: 'Si quid ... in syntaxi latinum, purum, tutum, elegans optari potest, id non ex aliis grammaticis, quia ea de re vel falso, vel impropie, vel barbare praeceperunt, sed ex Emmanuele [Manuel Alvarez] petendum videtur'. Es un método racional: expuestas brevemente las reglas, añade en cursiva, para los profesores, apéndices y comentarios llenos de observaciones y espigaciones históricas, filológicas, pedagógicas; denota estudio intenso y escrupuloso, lectura cuidadosa y minuciosa de los autores y gramáticos, erudición singular. En la sintaxis expone claramente las reglas más difíciles y con excepciones. Es una gradación de dificultades: las reglas comunes las acomoda a la capacidad de todos los estudiantes; en cambio los apéndices los reserva para los escolares más capaces y preparados y para los profesores. Toda la gramática comprende tres libros: etimología y morfología, sintaxis y prosodia. Sólo la morfología está intercalada con hexámentros de utilidad mnemotécnica, el resto en prosa. Más tarde Torsellino, en su reelaboración romana, le insertará versos también a la prosodia; versos que frecuentemente se le atribuyeron erróneamente al texto de Alvarez[11].

---

9   APT. *Fondo Astráin*, 18. *Ordenes antiguas, que por orden de N. R. P. Lorenzo Ricci, ya no están en uso: y deven guardarse en el Archivo*. Fol., 53: "7. La sylaba y poesia. Teniendo bien sabida y entendida con toda perfeccion la syntaxis y copia de los nombres y verbos con sus casos y la ortographia, todo como esta en el Arte de Nebrixa..."

10 *Ratio Studiorum..* "Reglas del Prefecto de Estudios Inferiores", 8 & 2.

11 Emilio SPRINGETTI. "Storia e fortuna della grammatica di Emmanuele Alvares S.J.". En: *Humanitas*. Coimbra, vols., XIII-XIV (1962) 283-304. Citado por: Ignacio OSORIO ROMERO. *Floresta de gramática, poética y retórica en Nueva España (1521-1767)*. México (1980)134.

Con respecto a las humanidades y retórica, si bien es verdad que se hace alusión al P. Mario Soares[12] también se remite a la *Retórica* de Cicerón y a la *Retórica* y *Poética* de Aristóteles[13].

Dentro del plan neogranadino de estudios debemos llamar la atención sobre el hecho que los jesuitas no patrocinaron de forma institucional el estudio del griego. Así se desprende de las mismas ordenaciones internas de la Provincia del Nuevo Reino relativas a la enseñanza. También confirma este fenómeno el jesuita italiano Felipe Salvador Gilij quien realizó sus estudios de Teología en Bogotá y en 1784 escribía –desterrado en Roma- su opinión sobre los estudios superiores del virreinato neogranadino:

> ... yo hubiera deseado más para el cultivo de los buenos talentos de los hispanoamericanos: geometría, por ejemplo, historia natural, historia eclesiástica, griego y hebreo, filosofía menos sutil, teología más erudita[14].

Los textos

Ciertamente resulta una tarea bastante comprometida escribir sobre la cultura clásica en el Nuevo Reino de Granada y Venezuela cuando todavía no contamos con obras fundamentales que recojan la historia del humanismo clásico llevada a cabo en estas tierras. Es de admirar los esfuerzos realizados en México sobre el tema: La *Floresta de gramática, poética y retórica en Nueva España (1521-1767)* de Ignacio Osorio Romero[15]. Para Colombia hay que reseñar la obra *El Latín en Colombia* de José Manuel Rivas Sacconi[16] que viene a ser un primer intento para llevar adelante el proyecto para toda la época colonial.

Con todo, conforme se vayan conociendo y publicando las bibliotecas de los colegios coloniales se podrá ir reconstruyendo la infraestructura cultural de cada institución regida por los jesuitas. Para el presente estudio

---

12 *Ratio Studiorum..* "Reglas del Profesor de Humanidades", 1. "Reglas del Prefecto de los estudios inferiores", 13.
13 *Ratio Studiorum..* "Reglas del Profesor de Retórica", 1.
14 Felipe Salvador GILIJ. *Ensayo de Historia Americana*. Bogotá, IV (1954) 284.
15 México. Universidad Nacional Autónoma de México, 1980. Para una mejor información bibliográfica del tema puede verse, del mismo autor: *Colegios y profesores jesuitas que enseñaron latín en Nueva España (1572-1767)*. México, Universidad Nacional Autónoma de México, 1979.
16 Bogotá, Publicaciones del Instituto Caro y Cuervo, nº. 3, 1949.

nos remitiremos a la biblioteca del colegio San Francisco Javier de Mérida (1628-1767)[17] ya que, posiblemente, significaba el término medio de los colegios que la Compañía de Jesús mantenía en la circunscripción del Nuevo Reino y Venezuela.

Pero antes de entrar a este análisis creemos conveniente establecer dos observaciones. Una, hace referencia a la presencia de algunos libros no usuales en las grandes urbes americanas y ello, a nuestro parecer, se debe a la acción de algunos jesuitas centroeuropeos que enseñaron gramática en Mérida o rigieron los destinos del plantel educativo. Otra, que cada profesor portaba siempre los libros de su pertenencia y ello explicaría algunas ausencias notables de obras que per se debieran reposar en los anaqueles de la biblioteca. Formuladas estas salvedades pasamos a analizar el repositorio humanístico del colegio.

Nos llama poderosamente la atención que no aparezca en el inventario de la biblioteca del colegio San Francisco Javier la *Gramática* del P. Manuel Alvarez, expresamente prescrita por la *Ratio Studiorum*. Sin embargo, sí se reseñan dos ediciones de ella en el colegio de Caracas[18] y otra en el de Maracaibo[19]. Su ausencia en 1767 no indica que no fuera conocida por los profesores del plantel merideño. Y en este contexto conviene señalar la presencia del belga Nicolaus Clenardus [Kleynaerts], muy conocido por sus gramáticas griega y hebrea[20], en los anaqueles javerianos; con todo no hemos podido identificar del todo el libro que se reseña en Mérida: *Conjugationes verborum, de pronomine, de articulis et de adnotationibus Renati in grammaticam Clenardi*[21]. La *Gramática griega* de Clenard fue amplia-

---

17 Aunque en el presente libro publicamos en los anexos la Biblioteca del colegio San Francisco Javier, sin embargo creemos oportuno hacer dos observaciones. Primera, en las referencias únicamente citamos el número arábigo que antecede a cada información bibliográfica de la siguiente manera: Mérida. Biblioteca, nº. Segunda, reproducimos el texto publicado en: José DEL REY FAJARDO. *La pedagogía jesuítica en Venezuela, 1628-1767.* San Cristóbal, Universidad Católica del Táchira, II (1991) 245-420.
18 J. DEL REY FAJARDO. *La pedagogía jesuítica en Venezuela*, II. Caracas. Biblioteca, nº 1140, edición de Cervera de 1740 y nº. 1142, también de Cervera, pero sin año.
19 J. DEL REY FAJARDO. *La pedagogía jesuítica en Venezuela*, Maracaibo. Biblioteca, nº 1022.
20 *Institutiones linguae graecae* y también *Tabula in grammaticam hebraeam*. Lovaina, 1529.
21 J. DEL REY FAJARDO. *La pedagogía jesuítica en Venezuela*, Mérida. Biblioteca, nº 878.

mente utilizada en los colegios franceses regidos por la Compañía de Jesús e incluso fue libro de texto en bastantes planteles jesuíticos galos; su éxito debió ser grande pues durante el siglo XVII conoció diversas ediciones. La primera, de 1619, *Nicolai Clenardi grammatica graeca ab uno e Patribus Societatis Jesu recognita* estuvo a cargo del P. Etienne Moquot[22].

Entre los autores clásicos esenciales para la enseñanza nos encontramos en primer lugar con Cicerón: sus *Cartas*[23], sus *Orationes*[24] y *De officio ad Marcum filium*[25]. Como complemento para el mejor conocimiento ciceroniano también reposaba el libro de Melchor de la Cerda *Aparatus latini sermonis per topographiam perque locos communes ac Ciceronis normam exactius*[26]. Asimismo estuvo presente Juan Luis Vives a través de sus *Declamationes Syllanae*[27]. Y como es evidente no pudo faltar Esopo con sus *Fábulas con otras añadidas*[28].

En cuanto a los poetas observamos que, aunque los griegos no debían pertenecer al pensum habitual del colegio, si se manejó uno de los libros del hijo de Julio César Scaligero, José Scaligero. *Ejusdem epigramata quaedan tum graece tum latine cum quibusdam e graeco versis*[29].

Entre los latinos se encuentra la gran trilogía de los grandes maes-

---

22 François de DAINVILLE. *L'éducation des jésuites (XVE-XVIII siècles)*. París, Les Editions de Minuit (1978) 283-284.
23 J. DEL REY FAJARDO. *La pedagogía jesuítica en Venezuela*, Mérida. Biblioteca, nº 190. Sin lugar de edición ni año.
24 J. DEL REY FAJARDO. *La pedagogía jesuítica en Venezuela*, Mérida. Biblioteca, nº 203. Venecia, 1714.
25 J. DEL REY FAJARDO. *La pedagogía jesuítica en Venezuela*, Mérida. Biblioteca, nº 237.
26 J. DEL REY FAJARDO. *La pedagogía jesuítica en Venezuela*, Mérida. Biblioteca, nº 200. Edición de 1598.
27 Burgos, 1535. J. DEL REY FAJARDO. *La pedagogía jesuítica en Venezuela*, Mérida. Biblioteca, nº 802. Muy posiblemente el libro merideño responda a *Declamationes Syllanae quinque*.
28 J. DEL REY FAJARDO. *La pedagogía jesuítica en Venezuela*, Mérida. Biblioteca, nº 278. La edición es de Lion, 1709.
29 J. DEL REY FAJARDO. *La pedagogía jesuítica en Venezuela*, Mérida. Biblioteca, nº 752. Edición de 1621. En verdad no hemos podido identificar con exactitud el libro mencionado. Conocemos el *Florilegium epigrammatum Martialis graece*. París, 1607. *Agathias de Imperio... Justiniani Imperatoris... Accesserunt... Epigrammata graeca (latine reddita per J. Scaligerum*, 1594.

tros. De Ovidio: sus *Obras*[30] y la *Metamorfosis*[31]; también se cita un libro, sin autor, intitulado *Anotaciones sobre Ovidio*[32]. De Horacio reposaban sus *Poemata omnia*[33] y de Virgilio, sus *Obras*[34].

También el inventario de 1767 hace referencia a un libro no identificado todavía por nosotros; nos referimos a *Carmina* de Vanino Lidon[35].

Nos parece pobre el haber relativo al teatro clásico pues sólo se recensan dos autores: Terencio con su *Andria*[36] y Séneca a través de su editor Francisco Raphenlegio. *Decem tragediae quae Senecae tribuuntur*. Amberes, 1615[37].

Entre lo que podríamos denominar como preceptivas, amén de Gracián, hay que señalar la obra clásica de las *Instituciones* de Quintiliano[38]. Es significativa la presencia de varios volúmenes de Valerio Máximo, autor medieval que tuvo gran difusión en el renacimiento español y en la enseñanza jesuítica. Su obra *Factorum ac dictorum memorabilium libri IX* se utilizó en Mérida a través de sus ediciones de Amsterdam (1639)[39] y Valladolid (1676)[40]. De igual modo formó parte del trajín diario tanto la

---

30 Se citan dos ejemplares, el primero (J. DEL REY FAJARDO. *La pedagogía jesuítica en Venezuela*, Mérida. Biblioteca, nº 557) de Valladolid, 1626 y el segundo (J. DEL REY FAJARDO. *La pedagogía jesuítica en Venezuela*. Mérida. Biblioteca, nº 555) de Amberes, 1719.
31 J. DEL REY FAJARDO. *La pedagogía jesuítica en Venezuela*, Mérida. Biblioteca, nº 565. Edición de Colonia de 1659.
32 J. DEL REY FAJARDO. *La pedagogía jesuítica en Venezuela*, Mérida. Biblioteca, nº 28.
33 J. DEL REY FAJARDO. *La pedagogía jesuítica en Venezuela*, Mérida. Biblioteca, nº 616. La edición era de Amberes, sin año.
34 J. DEL REY FAJARDO. *La pedagogía jesuítica en Venezuela*, Mérida. Biblioteca. Dos ejemplares de Venecia, 1707 (Nº 798, 824) y uno de Sevilla de 1705 (Nº 825).
35 Lion, 1611. J. DEL REY FAJARDO. *La pedagogía jesuítica en Venezuela*, Mérida. Biblioteca, nº 805. Tenemos noticias del libro de Guido Vannino, *Carminum libri IIII denuo impressi...* pero su nombre es Guido y no Lidon.
36 J. DEL REY FAJARDO. *La pedagogía jesuítica en Venezuela*, Mérida. Biblioteca, nº 38. Debemos aclarar que por mala lectura transcribimos "Andria Theranti", pero debe ser: *Andria* Terentii.
37 J. DEL REY FAJARDO. *La pedagogía jesuítica en Venezuela*, Mérida. Biblioteca, nº 639.
38 J. DEL REY FAJARDO. *La pedagogía jesuítica en Venezuela*, Mérida. Biblioteca, nº 619. Edición de Lion de 1555.
39 J. DEL REY FAJARDO. *La pedagogía jesuítica en Venezuela*. Mérida. Biblioteca, nº 793. El título que le asigna el copista meridño es: *Dictorum factorumque et memorabilium*.
40 J. DEL REY FAJARDO. *La pedagogía jesuítica en Venezuela*. Mérida. Biblioteca, nº 799 y 846.

Ecclesiasticae retoricae[41] de Fray Luis de Granada así como también un libro que no tuvo especial difusión en América: nos referimos a *Copia sive ratio accentuum* de Francisco Robles[42].

El célebre pedagogo jesuita, Juan Perpiñá, recomendaba varias obras para el dominio de la elocuencia[43] y entre ellas se encontraba la *Polyanthea*[44]. En verdad, los planteles de la Compañía de Jesús en Europa se sirvieron de un texto de Dominicus Nanus Mirabellius intitulado: *Polyanthea, hoc est, opus suavissimis floribus celebriorum sententiarum tam graecarum quam latinarum exornatum*[45]. En el colegio San Francisco Javier se manejó el Josephus Langius (Langio, Josef). *Polyanthea novissima dividida en veinte libros, obra esclarecida que se refiere a las suavísimas flores de las mas celebres sentencias así griegas como latinas*[46].

A los libros antes mencionados hay que añadir los más clásicos del XVII y XVIII dentro del ámbito docente de la Compañía de Jesús: el Cipriano Soarez. *De arte retorica*[47] y el *Novus candidatus Rethoricae*[48] del P. Francisco Pomey, obra que sustituyó en Francia durante la segunda mitad del siglo XVII a la del jesuita portugués[49]. Durante el siglo XVIII fue muy utilizado en España y en América el *Palatii eloquentiae vestibulum*

---

41 J. DEL REY FAJARDO. *La pedagogía jesuítica en Venezuela*. Mérida. Biblioteca, n° 343. Edición de Lisboa de 1576.
42 Berlangue, 1565. J. DEL REY FAJARDO. *La pedagogía jesuítica en Venezuela*, Mérida. Biblioteca, n° 647.
43 LUCKAS. *Monumenta Paedagogica*, II, 642. Para la clase tercera recomendaba: "las *Observaciones* de Nizolii, *Thesaurus Ciceronianus* [Carolus Estienne. *Thesaurus Ciceronis*. Parisiis, 1556], *Sententiae Ciceronis*, Valerius Maximus [M. Valerius. *Factorum dictorumque memorabilium libri IX ad Tiberium Caesarem Augustum*], *Exempla* Sabelici [Marcantonius Coccio, Sabelicus dictus. *Exemplorum libri X*] ..., Polyanthea, Summa virtutum et vitiorum [Quizá se refiera a: *Flores poëtarum de virtutibus et vitiis ac donis Sancti Spiritus*].
44 LUCKAS. *Monumenta Paedagogica*, II, 642.
45 Savona, 1503.
46 J. DEL REY FAJARDO. *La pedagogía jesuítica en Venezuela*, Mérida. Biblioteca, n° 389. El título verdadero era: *Florilegii magni, seu polyanteheae ... libri XX*.
47 J. DEL REY FAJARDO. *La pedagogía jesuítica en Venezuela*, Mérida. Biblioteca, n° 689. Edición de Olisipon, 1611.
48 J. DEL REY FAJARDO. *La pedagogía jesuítica en Venezuela*, Mérida. Biblioteca, n° 581. Lion, 1682.
49 François de DAINVILLE. *L'éducation des jésuites*. París (1978) 194.

sive Tractatus duo de methodo variandae orationis de Francisco Machoni[50]. Para la enseñanza de la retórica también se sirvieron de un texto muy socorrido en Centroeuropa, el de Cornelio Valerius [Wouters], fallecido en 1572, *Tabulae totius dialectices*. (París 1548)[51]. Según J-B Herman el recién fundado colegio de Colonia, en Alemania, recibió dos tipos de influencia; una, proveniente del colegio romano y otra de Sturm y los Hermanos de la Vida común y dentro de este contexto penetra Cornelio Valerio en las fuentes de la pedagogía jesuítica[52].

Para la enseñanza de la poesía latina fue el P. Bartolomé Bravo (1554-1607) el autor más socorrido con su obra *Thesaurus verborum ac Phrasium ad orationem ex hispana latinam efficiendam*; sin embargo, en Mérida tuvo vigencia el *Thesaurus verborum*, obra de su discípulo, el P. Pedro de Salas (1584-1664)[53].

Dos escritos de Quinto Curcio manejaron los profesores emeritenses: el de sus *Obras*, edición de Amsterdam de 1700[54] y la *Historia Alexandri Magni*, publicada en Amberes en 1726[55]. De igual forma perteneció al curriculum merideño el estudio de Suetonio aunque la edición conocida ofrezca algunas dificultades para su recta interpretación. En efecto, la lectura del inventario, realizada por funcionarios que al parecer no sabían latín, confundieron a veces los nombres de las portadas o portadillas de los libros. "Roterio Casares. Suetoni Tranquili. Lion, 1551"[56]. El libro más conocido de Suetonius Tranquillus es *C. Suetoni Tranquilli de vita duodecim Caesarum libri VIII*. Muy posiblemente Roterio sea el editor o el impresor y el copista merideño acortó el título y transcribió Roterio *Caesarum Suetoni Tranquilli*.

---

50 J. DEL REY FAJARDO. *La pedagogía jesuítica en Venezuela*, Mérida. Biblioteca, nº 466. Madrid, sin año. El inventario le da el nombre de Antonio.
51 J. DEL REY FAJARDO. *La pedagogía jesuítica en Venezuela*, Mérida. Biblioteca, nº 880.
52 J-B HERMAN. *La pédagogie des jésuites au XVI siècle*. Louvain-Bruxelles-Paris (1914) 105.
53 J. DEL REY FAJARDO. *La pedagogía jesuítica en Venezuela*, Mérida. Biblioteca, nº 774. Para mayor información: J. Eug. de URIARTE. *Catálogo razonado de obras anónimas y seudónimas de autores de la Compañía de Jesús pertenecientes a la antigua Asistencia española*. Madrid, II (1904) 609.
54 J. DEL REY FAJARDO. *La pedagogía jesuítica en Venezuela*, Mérida. Biblioteca, nº 618.
55 J. DEL REY FAJARDO. *La pedagogía jesuítica en Venezuela*, Mérida. Biblioteca, nº 615.
56 J. DEL REY FAJARDO. *La pedagogía jesuítica en Venezuela*, Mérida. Biblioteca, nº 640.

Entre los textos de consulta del profesor el colegio San Francisco Javier mantuvo el aprecio del italiano Lorenzo della Valle, más conocido como Valla (1407-1457). Su libro más representativo fue *Elegantiae latinae linguae* y así reposaba en la biblioteca aunque el inventarista lo haya recensado en castellano[57].

Otro humanista imprescindible para el conocimiento de los clásicos fue Justo Lipsio (1547-1606) quien se hizo presente por sus *Epistolae selectae*[58] y *Obras que antes estaban esparcidas en partes y aora reducidas a ciertas clases y en nuebo cuerpo en utilidad de los lectores*[59]. De igual forma aparece entre los latinistas el historiador jesuita Juan Maffeius. *Selectarum epistolarum ex India libri quatuor*[60].

Varios fueron los Diccionarios fundamentales que cumplieron con la labor de consulta en las aulas jesuíticas merideñas. Antonio de Nebrija publicó por vez primera el *Dictionarium latino hispanicum* el año 1492 en Salamanca. El éxito alcanzado por la obra llevó al autor a adjuntarle un suplemento en 1495 intitulado *Interpretación de las palabras castellanas al latín*. A ambas obras se les solía encuadernar juntas y se les conocía con el nombre genérico de *Vocabulario* de Antonio[61]. El colegio San Francisco Javier disponía del *Diccionario*, editado en Lyon, en 1655[62].

También reposó en sus anaqueles el socorrido *Dictionarium octo linguarum* de Calepino[63] y el *Dictionarium historicum, geographicum, poe-*

---

57 J. DEL REY FAJARDO. *La pedagogía jesuítica en Venezuela*, Mérida. Biblioteca, n° 870. Existe otro libro (N°. 641) de Juan Renerio intitulado *Laurentii Valla elegantiarum latinae linguae*. Lyon, 1551.
58 J. DEL REY FAJARDO. *La pedagogía jesuítica en Venezuela*, Mérida. Biblioteca, n° 400. "Sus Cartas. Lion".
59 J. DEL REY FAJARDO. *La pedagogía jesuítica en Venezuela*, Mérida. Biblioteca, n° 380. Lyon, 1613.
60 J. DEL REY FAJARDO. *La pedagogía jesuítica en Venezuela*, Mérida. Biblioteca, n° 477. Véase: SOMMERVOGEL. *Ob. cit.*, V, 294. *Selectarum epistolarum ex India libri quattuor* Joanne Petro Maffeio interprete. Olysipone, 1571.
61 Ignacio OSORIO ROMERO. *Floresta de Gramática, poética y retórica en Nueva España (1521-1767)*. México, Universidad Nacional Autónoma de México (1980) 54-55.
62 J. DEL REY FAJARDO. *La pedagogía jesuítica en Venezuela*, Mérida. Biblioteca, n° 509.
63 J. DEL REY FAJARDO. *La pedagogía jesuítica en Venezuela*, Mérida. Biblioteca, n° 176, y n° 195, editado en 1620.

*ticum*⁶⁴ de Carlos Stephano [Estienne]. Para el lector poco advertido es necesario prevenirle sobre la existencia de la familia Estienne, famosa en el Renacimiento por su conocimiento de los clásicos y por sus obras⁶⁵.

Para la enseñanza de la matemática solo tenemos noticia de Juan de Sacrobosco (Holiwood de Sacro Bosco). *Matemática*⁶⁶. No se debe confundir al autor inglés John of Holywood, fallecido en 1256 y autor de la *Sphaera mundi*, con el jesuita Cristóbal de Sacrobosco, distinguido teólogo irlandés que sufrió cárcel en Inglaterra y falleció más tarde en su ciudad natal de Dublín⁶⁷. En todo caso, Sacrobosco era utilizado al final del siglo XVII como texto de la enseñanza matemática en los colegios jesuíticos alemanes⁶⁸.

Sería interesante precisar cuándo y cómo fue adquiriendo el castellano mayor importancia en el pensum del colegio San Francisco Javier. Un punto que merece especial atención es el posible influjo de Gracián en el mundo americano y concretamente en tierras de la Provincia del Nuevo Reino.

Ciertamente la estética graciana fue la estética del XVII. Y como anota Batllori la *Agudeza y Arte de ingenio* fue una de las pocas obras que Gracián sometió sin temor a la censura de su orden, la cual la aprobó con loa y encomio⁶⁹, hecho que demuestra que la Compañía de Jesús no la consideró contraria a las tendencias clasicistas de la *Ratio*. En la biblioteca del colegio de Mérida encontramos dos ejemplares de la *Agudeza*⁷⁰ y en el de Caracas aparecen *El Criticón*, *El*

---

64 *Dictionarium historicum, geographicum, poeticum ... gentium, hominum, deorum, gentilium, regionum, locorum ...* Génova, 1638. J. DEL REY FAJARDO. *La pedagogía jesuítica en Venezuela*, Mérida. Biblioteca, nº 715.
65 Enrique Estienne escribió el *Lexicon Ciceronianum*; Carlos, *Thesaurus Ciceronis*; Roberto, *Dictionarium, seu linguae latinae thesaurus*. París, 1531.
66 J. DEL REY FAJARDO. *La pedagogía jesuítica en Venezuela*, Mérida. Biblioteca, nº 709.
67 SOMMERVOGEL. *Bibliothèque de la Compagnie de Jésus*, IV, 447.
68 La Congregación Provincial de Alemania, reunida en 1573, establecía como textos para el estudio de las Matemáticas los siguientes: "*Sphera* Joannis de Sacro Busto [Sacrobosco]; *Computus ecclesiasticus*, *Geometria* Appiani [Petrus Apianus (1495-1551). *Cosmographia*. Landshut, 1524]; *Arithmetica* Euclidis *Elementa*; *Cosmographia* Pomponii Melae". LUCKAS. *Monumenta Paedagica*, OJO.
69 Miguel BATLLORI. *Gracián y el Barroco*. Roma (1958) 105.
70 DEL REY FAJARDO. *La expulsión de los Jesuitas de Venezuela*. San Cristóbal (1990) 209: La primera corresponde a la edición de Huesca de 1649 y la segunda como parte de sus *Obras* en la edición de Madrid, sin año.

Oráculo y *El Héroe*[71].

En este orden de cosas pensamos que el influjo de Gracián fue definitivo en muchos campos de la Retórica hispana, aunque hay que reconocer con Batllori que el problema del paso de la Retórica de la *Ratio* a la retórica jesuítica del pleno barroco, es el mismo problema del tránsito de la retórica aristotélica a la retórica barroca (...). Los portillos de escape fueron los tópicos y figuras, el ingenio y la invención. Aristóteles los alaba y encomia, pero los recomienda con moderación (...). Lo mismo hace la *Ratio* jesuítica. Bastó perder el sentido de la medida -y en esto radica la esencia del barroco- para desbocarse por el sendero del barroquismo[72].

En este sentido resulta muy atinada la acotación de Ceferino Peralta que al integrarse la *Ratio* en el equilibrio de la Escuela Aragonesa "se situaría en una zona también integradora del barroquismo y clasicismo"[73].

En todo caso nos parece muy interesante la hipótesis formulada por el investigador madrileño Bernabé Bartolomé, quien afirma:

> Miguel Batllori cree que los síntomas de barroquización de la Ratio se asoman en la permisividad para utilizar las lenguas romances en la enseñanza del latín. Después de haber leído bastantes obras de certámenes y fiestas literarias de colegios jesuíticos del siglo XVII y XVIII, en gran parte en castellano, y después de observar la carga de elementos clásicos en los autores castellanos del siglo XVII -algunos discípulos de la Compañía- llegamos a aventurar la hipótesis de que en muchas aulas de gramática de estos religiosos la enseñanza del latín era un pretexto para mejor aprender la lengua castellana y desde aquí se podría entender mejor la falsedad de algunas acusaciones en torno a la metodología en la enseñanza del latín. La teoría emblemática de las empresas, los simbolismos y alegorías, algunos modelos de jeroglíficos y desarrollos de geometría lingüística que hemos contemplado en documentos relacionados con el Colegio Imperial de Madrid nos hacen rebasar la idea del barroco para llegar hasta los caligramas del movimiento surrealista. Este apartamiento de lo clásico provocó la reacción de la Congregación XIV de la Compañía imponiendo la vuelta al clasicismo con la Ratio Docendi de Jouvancy[74].

---

71 DEL REY FAJARDO. *Ob. cit.*, 292.
72 M. BATLLORI. *Gracián y el Barroco*, 111.
73 Ceferino PERALTA. "Gracián, entre Barroco y Neoclásico en la *Agudeza*". En: *Paramillo*. San Cristóbal, 2-3 (1984) 552.
74 Bernabé BARTOLOME MARTINEZ. "Las cátedras de gramática de los jesuitas en las universidades de Aragón. En: *Hispania Sacra*, 34 (1982) 56.

El P. Pedro de Mercado nos ha conservado, en la biografía que dedica al tunjano P. Diego Solano (Profesor de Gramática en el colegio de Mérida hacia 1650), un testimonio que ilumina indirectamente la tesis que sostenemos:

> Cumplió tan exactamente con la de maestro de letras humanas como quien era tan consumado en ellas. Era en estas tan eminente maestro como lo atestiguan algunos papeles que corrieron en la provincia suyos, ya de panegíricos varios en prosa, ya de pomposos versos heroicos latinos con agudas poesías en romance, con esta eminencia que no le debía la pomposidad de los versos más desvelo que el formar currente calamo las letras con que escribía su afluencia sin quejarse por la priesa más acendrada ni la más pausada retórica[75].

Mas, el devenir del siglo XVIII conllevó cambios radicales y ellos se pueden detectar de forma más luminosa en la biblioteca del colegio caraqueño en la que se evidencia el influjo de las ideas renovadoras provenientes de la universidad jesuítica de Cervera y sus abundantes publicaciones[76].

Las huellas del siglo XVI y XVII en la biblioteca merideña son inconfundibles. El siglo XVIII se hizo muy tímidamente presente quizá por las penurias económicas del colegio. Por ello observamos una gran escasez de literatura española, hecho no acorde con el rápido desarrollo que iría adquiriendo en ese siglo la lengua de Castilla.

Una pregunta obligada para el historiador de las ideas pedagógicas en el Nuevo Reino sería la actitud jesuítica ante "el Barbadiño", Luis Antonio Verney, con su polémico libro *Verdadero método para estudiar y ser útil a la república y a la Iglesia*[77].

En España se conoció de inmediato la edición portuguesa de 1751 (la traducción castellana data de 1760) y de seguidas provocó intensas polémicas. Entre los jesuitas escribieron tanto el P. Isla en su *Fray Gerundio* como el P. Antonio Codorniu[78], profesor del colegio de Barcelona. Sin embargo, al conocerse en 1760 en la universidad de Cervera el libro del arcediano de Evora, el profesor de humanidades P. Gallisá aclaraba de la siguiente forma su posición:

---

75 MERCADO. *Historia de la Provincia...*, II (1957) 88.
76 Véase la Biblioteca del colegio de Caracas. En DEL REY FAJARDO. *La expulsión de los jesuitas en Venezuela (1767-1768)*. Caracas (1990) 259-345.
77 El título completo es: *Verdadero método para ser útil a la República y a la Iglesia, proporcionado al estilo y necesidad de Portugal*. Madrid, traducido al castellano por D. José Maymó y Ribes, 1760, 4 vols. La edición príncipe se editó en Lisboa en 1751.
78 Antonio CODORNIU. *Desagravio de los autores que ofende el Barbadiño*. Barcelona, 1764

que el método proyectado por Barbadiño es muy bueno, que así se hiciese en España desterrando de las escuelas gramáticas y retóricas inútiles y prolixas (...) Yo en Lérida leí al Barbadiño y no encontré sino las mismas ideas que nos dan algunos extranjeros y nuestro Mayans sobre la enseñanza[79].

Este testimonio del P. Gallisá nos lleva a concluir que el Barbadiño era conocido en su versión portuguesa en Cervera antes de 1760 y en consecuencia es presumible que el P. Ignacio Julián, quien acababa de ser maestro de gramática en dicha universidad[80], trajera al Nuevo Reino a su llegada en 1760[81] tan importante polémica. Pero será la investigación quien dilucide este interesante asunto.

INGRESO Y PROMOCIÓN DEL ALUMNO

Para ingresar en cualquier colegio jesuítico se requería de la presentación de un examen a fin de poder colocar al alumno en la clase oportuna[82]. Al candidato se le debía interrogar qué estudios había realizado y dónde. La prueba consistía en la redacción de un tema y, de acuerdo con los cursos aducidos, se proponían algunas breves frases ya para ser traducidas al latín, o si el alumno estaba más adelantado para interpretar a un autor[83].

La admisión se reservaba a los que se conociera "ser instruidos, de buenas costumbres e índole"[84]. Debía llevarse el *Libro de Admitidos* en el que debía constar: Nombre, apellidos, lugar de origen, edad, nombre de los padres o representantes y la fecha exacta de su admisión[85]. Expresamente se estatuye que "a nadie se excluya por ser innoble o pobre"[86].

Desde el inicio de su vida escolar se les debía indicar a los jóvenes que todo el esfuerzo pedagógico se centraba en el convencimiento de que el resultado final debía ser uno y único; por ende, debían conducirse en todas sus acciones de tal manera "que todos entiendan de ellos que están dedicados no menos al estudio

---

79 I. CASANOVAS. *Joseph Finestres. Estudis biografics*. Barcelona, Biblioteca Balmes (1932) 31.
80 AHN. *Jesuitas*, 827/2. *Filiacion de los Regulares de la Compañia del nombre de Jesus pertenecientes a la Provincia de Santa Fee de Bogota venidos en diferentes navios*. N°. 178: "... entró en la Compañía habiendo estudiado Filosofía, Leyes y Cánones el setecientos cincuenta y cinco en la Provincia de Aragón. Tuvo su noviciado en Torrente y Tarragona. Maestro de Gramática en la Universidad de Cervera".
81 AGI. *Contratación*, 5549. Expedición de 1760, fol., 14v.
82 *Ratio Studiorum*.. "Reglas de los oyentes externos de la Compañía". Regla, 2.
83 *Ratio Studiorum*.. "Reglas del Prefecto de los Estudios inferiores". Regla, 10.
84 *Ratio Studiorum*.. "Reglas del Prefecto de los Estudios inferiores". Regla, 11.
85 *Ratio Studiorum*.. "Reglas del Prefecto de los Estudios inferiores". Regla, 11.
86 *Ratio Studiorum*.. "Reglas del Prefecto de los Estudios inferiores". Regla, 9.

de las virtudes y de la integridad de vida que al de las letras"[87]. Para ello, en el momento de la admisión, se le debían mostrar las Reglas[88] y además debían estar expuestas permanentemente en cada clase y una vez al mes debían ser leídas las específicas a cada estamento[89].

La promoción de un curso a otro se llevaba a cabo únicamente al inicio de cada período escolar; sin embargo, aquellos alumnos que fueran sobresalientes de acuerdo con el estudio de sus notas y la opinión de los Profesores podían ser ascendidos a un curso superior, en cualquier época del año, siempre y cuando aprobaran el respectivo examen[90].

Los exámenes debían ser escritos[91], presididos por el Prefecto[92] y ante un Jurado compuesto por tres Profesores[93]. El Jurado debía revisar previamente, en el *Libro de Notas,* las calificaciones de cada uno de los examinandos para poder formar un juicio objetivo[94]. La nota definitiva debía contemplar: la composición, la nota del maestro y el interrogatorio[95].

El calendario escolar

En los colegios del Nuevo Reino el calendario escolar lo iniciaban los "Estudios Menores" el día 9 de septiembre y lo concluían el 30 de julio, víspera de la solemnidad de San Ignacio de Loyola, Fundador de la Compañía de Jesús[96]. A lo largo del año escolar la semana se interrumpía el jueves que venía a ser el día de asueto[97]. Tampoco eran muy abundantes las vacaciones interanuales: se leía hasta la víspera de Navidad al mediodía y retornaban al aula el día 29 hasta el 31, cuya tarde era de vacación. En Carnavales el asueto se extendía desde el domingo hasta el miércoles de ceniza por la mañana. En Semana Santa, desde el miércoles hasta el tercer día de Resurrección. En Pentecostés desde su vigilia hasta el tercer día posterior a esa festividad. El día de Corpus Christi y su víspera por la tarde y la

---

87 *Ratio Studiorum.* "Reglas de los oyentes externos de la Compañía". Regla, 15.
88 *Ratio Studiorum.* "Reglas del Prefecto de los Estudios inferiores". Regla, 11.
89 *Ratio Studiorum.* "Reglas del Prefecto de los Estudios inferiores". Regla, 49.
90 *Ratio Studiorum.* "Reglas del Prefecto de los Estudios inferiores". Regla, 13.
91 *Ratio Studiorum.* "Reglas del Prefecto de los Estudios inferiores". Regla, 14.
92 *Ratio Studiorum.* "Reglas del Prefecto de los Estudios inferiores". Regla, 16.
93 *Ratio Studiorum.* "Reglas del Prefecto de los Estudios inferiores". Regla, 18.
94 *Ratio Studiorum.* "Reglas del Prefecto de los Estudios inferiores". Regla, 20.
95 *Ratio Studiorum.* "Reglas del Prefecto de los Estudios inferiores". Regla, 22
96 *Praxis de los Estudios Mayores y Menores,* 300. (Citaremos siempre por el texto que reprodujimos en *La Pedagogía jesuítica en la Venezuela hispánica.* Caracas (1979) 279-309).
97 *Praxis,* 304.

mañana de la conmemoración de los Difuntos. Ignoramos si se haría extensible a los demás colegios la costumbre quiteña que fijaba que los días "que hay toros en la plaza principal de la ciudad, no hay lección por la tarde"[98]. Los sábados por la tarde dedicaban la última hora de clase a la formación espiritual[99].

El horario de las clases era eminentemente solar. Las puertas de los colegios neogranadinos y venezolanos se abrían para los jóvenes a las 7 de la mañana y la jornada escolar abarcaba mañana y tarde. La primera clase se iniciaba a las siete y media y la segunda a las diez y cada una tenía una duración de una hora. Ambas se interrumpían con un recreo de treinta minutos. Por la tarde también se dictaban dos horas de clase: a las dos y treinta y a las cuatro interrumpidas por media hora de descanso[100].

Entre otras, hay dos normas llaman hoy la atención: que todos debían tener asientos fijos[101] y la importancia que se le asignaba al estudio privado[102]. También la planificación educativa imponía la redacción del catálogo de los libros que deberían utilizarse a lo largo del año[103] a fin de dar tiempo a los libreros públicos para su consecución[104].

Los actos públicos

Los actos públicos eran parte esencial en la formación humanística de la Compañía de Jesús pues en ellos no sólo se evidenciaba la realidad de la competencia sino que además la incentivaba ya que de otra manera el éxito pasaba a otras manos.

Para ello se prescribía al maestro que "puliera" los escritos de los alumnos y sistemáticamente tenía que prepararlos para actuar en público[105]. También era deber del profesor la ejercitación tanto en declamaciones privadas que debían realizarse desde la tribuna la última media hora de los sábados[106] y las públicas

---

98 *Praxis*, 304.
99 *Praxis*, 301.
100 *Praxis,* 300.
101 *Ratio Studiorum*. "Reglas del Prefecto de los Estudios inferiores". Regla, 29.
102 *Ratio Studiorum*. "Reglas del Prefecto de los Estudios inferiores". Regla, 30: "... se les distribuya el tiempo de tal manera que se les de buena oportunidad para el estudio en particular".
103 *Ratio Studiorum*. "Reglas del Prefecto de los Estudios inferiores". Regla, 27.
104 *Ratio Studiorum*. "Reglas del Prefecto de los Estudios inferiores". Regla, 28.
105 *Ratio Studiorum*. "Reglas comunes de los Profesores de las clases inferiores". Regla, 32.
106 *Ratio Studiorum*. "Reglas del Profesor de Retórica". Regla, 16.

que se tenían cada mes "en el aula o en el templo"[107]. En ese contexto el maestro debía asimismo proponer en clase representaciones breves para que los alumnos las declamasen, estudiados los papeles, en vez del argumento[108].

Lógicamente, el haber aprendido de memoria textos clásicos de gran valor literario y el haber tratado de imitarlos y aun de superarlos en los ejercicios diarios de clase, amén de haberse compenetrado con el ritmo de los argumentos y el estilo del discurso constituía una base sólida y segura para que el estudiante adquiriera facilidad para la oratoria y la retórica.

Pero si la imitación se constituía en el primer tramo de la capacitación humanística de los gramáticos, al avanzar en los estudios se veían a diario forzados a apelar a la creatividad tomando como pretexto cualquier ocasión propicia. Para ello, no sólo debían componer poesía, sino

> ... según la costumbre de la región, [redacten] algo en prosa más breve, como son las inscripciones, escudos, templos, sepulcros, jardines, estatuas; como descripciones de una ciudad, puerto, ejército; como las narraciones de alguna hazaña de alguno de los dioses; como finalmente paradojas, añadiendo a veces, pero no sin permiso del Rector, pinturas que respondan al emblema o argumento propuesto[109].

Hoy nos resulta exótica gran parte de esta literatura que tuvo su apogeo en el barroco. Si a esto añadimos el sentido corporativo que desarrolló la Compañía de Jesús en su primer siglo de existencia comprenderemos el esplendor literario, artístico y estético que rigió las celebraciones fastuosas con ocasión de fechas de profundo significado religioso o patriótico, como eran las beatificaciones y canonizaciones de sus santos, las festividades de la Iglesia o los acontecimientos históricos. En la mayoría de esas oportunidades tanto los profesores como los alumnos capacitados hacían gala de su fecundidad literaria y creadora.

Mucha aceptación tuvieron los jeroglíficos, empresas o emblemas –que según Fernando R. de la Flor– eran conjuntos plástico-literarios, utilizados por las instituciones jesuíticas en las celebraciones que organizaban de todo tipo, sobre todo a lo largo del siglo XVII[110]. El jeroglífico significa una recuperación

---

107 *Ratio Studiorum*. "Reglas del Profesor de Retórica". Regla, 17.
108 *Ratio Studiorum*. "Reglas del Profesor de Retórica". Regla, 19.
109 *Ratio Studiorum*. "Reglas del Profesor de Retórica". Regla, 18.
110 Fernando R. DE LA FLOR. *"Picta poesis*. Un sermón en jeroglíficos, dedicado por Alonso de Ledesma a las fiestas de Beatificación de San Ignacio, en 1610". En: *Archivum Historicum Societatis Jesu*. Romae, anno LII, fasc. 104 (1983) 262. Véase también del mismo autor: "El jeroglífico y la arquitectura efímera del Barroco". En: *Boletín del Museo e Instituto Camón*

de ciertas formas simbólicas llevadas a cabo en el Renacimiento, las cuales fueron utilizadas en la arquitectura efímera al servicio de las fiestas religiosas con sus correspondientes adaptaciones en España[111].

El pintor Antonio Palomino definía a comienzos del XVIII el jeroglífico como

> una metáfora que incluye algún concepto doctrinal mediante un símbolo, o instrumento sin figura humana, con mote latino de autor clásico y versión poética en idioma vulgar[112].

Y a continuación explicita el autor las funciones que desempeña el jeroglífico dentro de la arquitectura efímera

> De éstos se usan en funerales de héroes y grandes capitanes; y en coronaciones de príncipes, entradas de reina y otras funciones semejantes; y asimismo en fiestas solemnes del Santísimo y de la Purísima Concepción, canonizaciones de santos y otras festividades; en que se aplican figuras y símbolos de la Escritura Sagrada y otros conceptos teológicos, arcanos y misteriosos[113].

Si bien es verdad que algunas de estas actividades eran prohibitivas para un colegio pequeño, también es verdad que el lance poético y otro tipo de composiciones que sólo requieren del ingenio y la creatividad tuvieron que desarrollarse en las instituciones educativas venezolanas.

La vena poética, en latín y en castellano, fue habitual en la mayoría de los jesuitas neogranadinos. Bastará probar la afirmación con algunos ejemplos.

El primero pertenece al P. Juan Quintero, nacido en Gibraltar (Venezuela) y fallecido prematuramente en Bogotá el 12 de abril de 1693. Todavía muy joven su fácil versificación latina le llevó a ser elegido por el historiador P. Pedro de Mercado para que un epigrama suyo encabeza la *Historia de la Provincia del Nuevo Reino y Quito de la Compañía de Jesús*:

Aznar. Madrid, 8 (1982) 84-102. Para la cultura europea: G. R. DIMLER. "The Egg as Emblem: Genesis and Structure of a Jesuit Emblem Book". *Studies in Iconography*, 2 (1976) 85-106.

111 Fernando R. DE LA FLOR. *"Picta poesis"*, 262-263. Véase: P. PEDRAZA. "Breves notas sobre la cultura emblemática barroca". En: *Saitabi*. Valencia, 28 (1978) 181-192. M. V. DAVID. *Le débat sur les écritures et l"hieroglyfe au XVIIe et XVIIIe siècles*. París, 1965.

112 Antonio PALOMINO. *Museo pictórico y escala óptica*. Madrid (1947) 106. Citado por Fernando R. DE LA FLOR. *Art. cit.*, 263.

113 A. PALOMINO. *Museo pictórico y escala óptica*, 106.

Dum Regni primaeva Novi monumenta recludis
Iesuadumque Deo gesta dicata refers:
Illi famosum Facundus reddis honorem,
hisque tuo calamo Fama perennis adesta.
Sic tibi mercaris miram, Mercate, coronam;
Quo argento? Libro mira docente tuo[114].

Otro ejemplo lo encontramos en el P. Miguel de Monroy, rector del colegio de Mérida entre 1720 y 1724. Gracias al testimonio de José Ortiz y Morales sabemos que el P. Monroy lo visitó en 1710 y añade que el jesuita "tuvo noticia de mis estudios y de los cuatro tomos que tenía disponiendo de mi *Arca evangélica* y como de ingenio muy florido y en el poesía y latinidad tan versado, honró mis obras con los versos latinos siguientes, que por ser de mucha sutileza he querido con ellos coronar mi historia:

Non sic auratis Pactolus ridet arenis
Non sic Alcidis fulva catena trahit,
Aureus ut stillus parefactaque litera servus
Allicit et vacuos mens opulenta replet.
Edidit Autor opes, opus hoc dum protulit orbi
Perlege. Nunc auri sacra putanda fames[115].

Como hasta el momento no hemos podido localizar ningún rastro de la producción literaria colegial venezolana apelaremos a algunos documentos similares redactados en la misma época en los colegios jesuíticos mexicanos.

---

114 P. *Ioannis Quintero bene in Auctorem affecti Epigramma*. En: Pedro MERCADO. *Historia de la Provincia del Nuevo Reino y Quito de la Compañía de Jesús*, I, 5. Su traducción es la siguiente: "Mientras manifiestas los comienzos dignos de recuerdo del Nuevo Reino, refieres las gestas consagradas a Dios de los jesuitas. Elocuente, rindes a aquel un célebre honor, y a éstos la fama perenne acompañará gracias a tu pluma. Así te compras, Mercado, una admirable corona. ¿Con qué dinero?. Enseñando cosas admirables con tu libro".

115 Biblioteca Nacional de Bogotá. Sección Manuscritos. José ORTIZ Y MORALES. *Observaciones curiosas y doctrinales que a hecho en su vida politica desde el dia 11 de febrero del año de 1658 en que nacio asta el dia en que las escribe con noticias de su buena fortuna y de sus desgracias ... a 11 de febrero de 1713*. Fol., 190. RIVAS SACCONI. *El latín en Colombia*, 177-178. La traducción reza así: "No sonríe lo mismo el Pactolo con sus arenas de oro/ No atrae lo mismo la cadena áurea de Alcides/ Como tu estilo de oro y tu frase abierta/ hechiza a los hombres y tu mente poderosa sacia a los ignorantes./ El autor ha sacado a luz un tesoro./ Tu lee esta obra mientras la conoce el mundo./ Ahora sí que es verdad que hay que llamar sagrada el hambre de oro".

Cualquier festividad o acontecimiento era propicio para la justa literaria en cualesquier de sus formas.

También los profesores entraban en lid en las competencias literarias que se debían desarrollarse sin cesar en el aula y en su entorno. Para mejor información nos remitimos al libro Osorio Romero donde el estudioso encontrará abundante literatura al respecto[116].

El teatro

Debemos subrayar la carencia de referencias en la documentación neogranadina que hasta el momento hemos consultado hacia un modelo practicado con pasión por los jesuitas durante el Barroco como es el teatro escolar. Sin embargo disponemos de algunas afirmaciones concretas que nos llevan a mantener una actitud de búsqueda.

Es necesario tener presente, como prueba de esta inquietud investigativa, que se conserva una pieza teatral del alumno bartolino Fernando Fernández de Valenzuela, titulada la *Laurea crítica*[117].

Además, nos consta que el Seminario de San Bartolomé se inauguró con una comedia latina que "se juzgó podía ser buena en la Corte" dice la *Carta Annua*[118]. Con posterioridad también el mismo colegio invirtió fuertes sumas en algunos actos dramáticos puestos en escena en junio de 1625[119]. Por testimonio de don José Ortiz Morales sabemos que para celebrar la canonización de San Francisco de Borja, en 1672, dispuso san Bartolomé de dos comedias: la primera se titulaba *La Virtud al uso* y de la segunda no nos ha quedado el título[120].

Al parecer la actividad cultural de los estudios humanísticos pasó por momentos de gran intensidad. Por ejemplo, el 12 de enero de 1682 se veía precisado el Provincial, P. Juan Martínez Rubio, a recordar que

---

116 Biblioteca Nacional de México. Mss. 1600. Citado por I. OSORIO ROMERO. *Colegios y profesores jesuitas que enseñaron latín en Nueva España (1572-1767)* 243-253.
117 Biblioteca Nacional de Colombia. Sección Manuscritos. Mss., 4. José J. ARROM y José M. RIVAS SACCONI. *La "Laurea Crítca" de Fernando Fernández de Valenzuela, primera obra teatral colombiana.* Bogotá, Instituto Caro y Cuervo (1960) 20-27.
118 ARSI. N. R. et Q., 12. *Historia. I. Carta annua de 1605*, fol., 33v.
119 Archivo de San Bartolomé. *Libro de gasto ordinario y extraordinario deste Collegio de San Bartolomé*, fol., 123.
120 José ORTIZ MORALES. *Observaciones curiosas y doctrinales que ha hecho en su vida política...* En: José DEL REY FAJARDO Y Germán MARQUINEZ ARGOTE. *Breve tratado del cielo y los astros del M. Javeriano Mateo Mimbela (1663-1736).* Bogotá (2004) 91. La forma como habla sobre este asunto indica que era normal el teatro entre los bartolinos.

estando como estan doce pesos para pintura, y adorno del pergamino en las conclusiones de los de casa, no se permita excedan de esta cantidad en el gasto de colonias y botones, ni tampoco el que en el teatro se pongan sillas sin licencia del Padre Rector, ni que se enciendan y quemen pebetes con riesgo de quemar las alfombras...[121].

Además, el análisis de los certámenes literarios así como las futuras investigaciones que se lleven a cabo sobre el teatro jesuítico neogranadino, al igual que el estudio de las biografías de estos abnegados maestros abrirán nuevas rutas para la reconstrucción de este importante medio cultural-educativo.

En Tunja fue objeto de quejas por parte de la familia de los PP. Francisco Ellauri y Juan y Martín de la Peña una pieza teatral ya que su vocación fue llevada a las tablas en el colegio de la capital boyacense[122].

También del colegio de Cartagena hemos encontrado una pequeña alusión. El P. Alonso de Sandoval es amonestado por el General de la Orden "por permitir que, en una de las comedias que con fines didácticos se representaban en el colegio, salieran dos muchachos con ropa de mujeres"[123].

Entre los papeles del archivo del colegio San Francisco Javier de Mérida inventariados en 1767 tan solo encontramos dos referencias al tema. El primero es una orden, de 1649, del Provincial del Nuevo Reino en que prohíbe a los jesuitas que asistan a "comedias y fandangos o bailes"[124]. El segundo hace relación a una Real Cédula que ordena que no se representen comedias en las iglesias[125].

Asimismo queremos hacer alusión a un testimonio del jesuita bohemio Miguel Alejo Schabel quien nos ofrece un testimonio personal sobre lo vivido por él en Barinas a fines del siglo XVII:

---

121 APT. *Fondo Astráin*, 18. *Ordenes antiguas, que por orden de N. R. P. Lorenzo Ricci, ya no están en uso y deven guardarse en el archivo*. "Ordenes del Padre Juan Martinez Rubio Provincial desta Provincia del Nuevo Reyno y Quito, que dejó vissitando este Colegio de Santa Fe en 12 de Henero de 1682 años", fol., 45-45v.
122 ANB. *Miscelánea*, t. 69, fol., 332. Véase: PACHECO. *Los jesuitas en Colombia*, I, 542-543.
123 Alonso de SANDOVAL. *Un tratado sobre la esclavitud*. Introducción, transcripción y traducción de Enriqueta Vila Vilar. Madrid, Alianza Editorial (1987) 29-39.
124 AAM. *Seminario*. Caja, 1. *Inventario de los papeles del archivo del Colegio San Francisco Javier*, fol., 11.
125 AAM. *Seminario*. Caja, 1. *Inventario de los papeles del archivo del Colegio San Francisco Javier*, fol., 11: "Yten. Una carta en que se hace relacion de una Cedula del Rey Nuestro Señor para que no se representen comedias en las Yglesias y que estas se cierren a puesta del sol, año de seiscientos sesenta y uno".

... las comedias digo, en número de ocho, escogidas, decentes, en idioma español e impresas en España fueron representadas en el teatro erigido en la plaza de noche, con luces y lámparas. Algunas de ellas se podían exhibir en cualquiera ciudad europea muy dignamente[126].

Ciertamente nos encontramos ante un hecho histórico que amerita una mejor investigación.

La Academia

La Academia, en la paideia jesuítica, se erigía como una pequeña entidad académico-social dentro de la propia institución educativa. Dado el reducido número de alumnos que siempre cobijó la mayoría de las instituciones educativas jesuíticas en el Nuevo Reino y Venezuela se podría pensar en la poca viabilidad de este ente para selectos. Por nuestra parte sospechamos que si existió porque generalmente iba hermanada con la Congregación Mariana[127].

En esencia constituía un llamado institucional a lo que hoy denominamos la excelencia y se reducía "un grupo de estudiosos escogido entre todos los escolares, que se reúnen bajo algún Prefecto de los Nuestros [jesuita], con objeto de tener especiales ejercicios relativos a los estudios"[128].

En la práctica venía a ser un Seminario ya que su objetivo final consistía en profundizar en las materias que se estudiaban en el aula y debían llevarse a cabo los días de vacación[129].

Los "académicos" debían aventajar a los demás tanto en los estudios como en el ejemplo de su vida[130]. Se regían por sus autoridades propias y tenía como requisito imprescindible la asiduidad y el fervor en sus quehaceres[131].

---

126 SCHABEL. "Noticias de América que manda el Padre Miguel Alejo Schabel, misionero de la Sociedad [Compañía] de Jesús al muy Reverendo Padre Miguel Angel Tamburino [Tamburini] Prepósito y Vicario General de la misma Sociedad, el 9 de abril del año 1705, de la nueva misión en las islas de Curazao, Bonaire, Aruba y del río Apure en la Tierra Firme india en el Reino de la Nueva Granada". En: *Anuario del Instituto de Antropología e Historia*. Caracas, Universidad Central de Venezuela, II (1965) 287.
127 *Ratio Studiorum*. "Reglas de la Academia". Regla, 2.
128 *Ratio Studiorum*. "Reglas de la Academia". Regla, 1.
129 *Ratio Studiorum*. "Reglas de la Academia de los retóricos y humanistas". "Reglas de la Academia de los gramáticos".
130 *Ratio Studiorum. Ibidem*. Regla, 3.
131 *Ratio Studiorum. Ibidem*. Reglas, 4-12.

La temática fundamental giraba en torno a "todas aquellas cosas que suelen generar elocuencia o dimanar de ella"[132]. Pero la gama de posibilidades era extensísima: si se trataba de una declamación tomada de un orador o de un poeta debía seguir después "la crítica de los demás acerca de la voz, el gesto y de toda la declamación"[133]; también podía tratarse de redacciones propias escritas en los distintos géneros literarios[134], o de análisis oratorios escritos "en estilo elegante"[135]; incluso se recomienda el simular procesos judiciales teniendo muy presentes las pruebas, los resortes psicológicos y demás lugares oratorios[136].

Ciertamente la Academia bien llevada suponía la creación en sus miembros de una toma de conciencia frente a una microsociedad de la que se convertían en sus genuinos gestores mediante una más intensa comunicación, colaboración y responsabilidad tanto personal como colectiva.

Debemos confesar que tampoco en esta área hemos encontrado rastro alguno de documentación y en consecuencia abre la posibilidad a nuevas investigaciones que serían de gran utilidad para la historia de la pedagogía en Venezuela.

Estos son, a grandes trazos, los componentes de la educación y formación que día a día impartieron los jesuitas en sus colegios dispersos en la amplia geografía venezolana.

---

132 *Ratio Studiorum*. "Reglas de la Academia de los retóricos y humanistas", 2 y 9.
133 *Ratio Studiorum*. "Reglas de la Academia de los retóricos y humanistas", 2, II.
134 *Ratio Studiorum*. "Reglas de la Academia de los retóricos y humanistas", 2, IV.
135 *Ratio Studiorum*. "Reglas de la Academia de los retóricos y humanistas", 2, VI.
136 RS. "Reglas de la Academia de los retóricos y humanistas", 2, VII.

VI. Los métodos de enseñanza y su didáctica

De forma muy precisa resumía el jesuita inglés Campion en su discurso *De iuvene academico* la concepción pedagógica de la Compañía de Jesús:

¿Qué hay que desear primero a los estudiantes? La viva voz del maestro. ¿Y en segundo lugar? El método. ¿Y en tercer lugar? El método. ¿Y en cuarto? El método. ¿Y en el quinto? El ejercicio[1].

De esta suerte el ejercicio se supedita al método, el método a la formación académica, la formación académica a la integral y la integral queda siempre abierta a una verdadera superación.

El profesor jesuita, tras su estancia en la universidad, venía adiestrado en el manejo de dos metodologías complementarias: la escolástica a la que había dedicado siete años y la de las humanidades en la que se había formado antes de iniciarse en el curso de Filosofía.

Tres eran las técnicas fundamentales de enseñanza en la Escolástica[2]: la lección (*lectio*), la cuestión (*quaestio*) y la disputa escolar (*disputatio, quaestio disputata*).

La primera operación del método escolástico es la *lectio*. La información y transmisión de los conocimientos se efectúa a través del texto. Por ello la *lectio* consiste en la adquisición de la ciencia mediante el estudio de los textos consagrados como clásicos.

Desde el punto de vista metodológico el análisis del texto comienza en la palabra ya que la misma puede ser utilizada por diversos autores con diversas significaciones. Más, el uso del lenguaje se impone frecuentemente al significado esencial de los términos.

Sigue después el análisis del estilo de cada autor, su *modus loquendi*, que viene dado por la gramática, las imágenes, la conceptualización y el género literario.

Pero la lectura suponía tres niveles. El primero (*littera*) constituía la exégesis literal que clarificaba su significación inmediata. El segundo (*sensus*) se introducía en el análisis y la significación de cada uno de los elementos del texto a fin de percibir el sentido del texto. El tercero (*sententia*) explicaba el contexto doctrinal en que debía ubicarse el texto. En este punto había que distinguir la expresión del pensamiento del mismo pensamiento expresado en el lenguaje.

---

1 Citado por CHARMOT. *La pedagogía de los jesuitas*, 143.
2 Fundamentalmente seguimos el artículo de Felicísimo MARTINEZ DIEZ. "La Escolástica y su aporte metodológico". En: José del REY FAJARDO. *La pedagogía jesuítica en Venezuela*. San Cristóbal, I (1991) 225-300.

Antes de proseguir en su labor exegética había que dilucidar la autenticidad o inautenticidad del texto estudiado ya que a la pureza de la fuente se oponen las falsificaciones, las interpolaciones y los errores.

A continuación había que someter la evaluación del pensamiento del autor a dos pruebas. Primera, el valor de las fuentes utilizadas. Segunda, la homogeneidad del pensamiento de los autores, es decir, si el sentido del texto se presta a equívocos hay que apelar al contexto bien sea próximo, bien remoto que se constituye por los lugares paralelos, el sistema doctrinal, o equivalentes.

Este proceso imponía un doble propósito: respetar el texto y descubrir la intención última del autor y de esta forma dar el salto a un sistema doctrinal más amplio.

El olvido de estos principios directivos, anotará Felicísimo Martínez, por parte de los lectores condujo progresivamente la Escolástica a su decadencia. Pues los textos llegaron a convertirse en un elemento de estancamiento intelectual desde el momento en que los comentadores se encerraron en ellos como un saber completo y definitivo. En lugar de abrir la inteligencia al conocimiento de la realidad, acabaron convirtiendo a los textos en objetos de saber[3].

La segunda operación es la *quaestio*. La lectio es una actividad informativa. La quaestio va más allá y supone un paso más creativo: la investigación.

Como es natural un camino obligado para llegar al conocimiento es la pregunta, la interrogación. La ciencia es interpelada cada día por el hombre, por la conciencia, por la sociedad, por la vida y el escolástico se vio en la obligación de recurrir a la dialéctica y a la lógica de la demostración.

El punto de partida se inicia por la oposición entre las autoridades que muchas veces proponen soluciones contrarias al problema. Así pues, agotada la exégesis del texto, se recurre al método dialéctico del *si y no*. El razonamiento especulativo se intensifica y se comienza a estudiar, en si mismas, las doctrinas propuestas por los textos. De este modo se generaliza, en todo problema, la interrogación con el exclusivo objetivo de hallar una inteligencia más profunda de las razones de los textos y de las cosas.

El escolástico pregunta, cuestiona y problematiza en busca de la verdad y del sentido de la realidad radical. Y en consecuencia ya no es la autoridad del texto el criterio definitivo sino la certeza, la evidencia y el valor de las razones aportadas.

---

3   F. MARTINEZ. "La Escolástica y su aporte metodológico", 276-277.

Como acertadamente acota Sedano "La *quaestio* escolástica es distinta de la interrogación socrática, de la duda cartesiana y de la dialéctica hegeliana; incluso en la Edad Media dejaba subsistir otros caminos, inductivos y deductivos"[4].

Pero la quaestio, como método, cayó en definitiva en un formalismo dialéctico cuando su técnica se convirtió en un fin en si mismo y dejó de lado la realidad objetiva.

La tercera operación es la disputatio. Así como las divergencias en la exégesis de textos generaron la *quaestio*, de la misma forma las opiniones y criterios tanto en el planteamiento como en la solución de las quaestiones llevó a los maestros a disputar en clase las divergencias. Entre otras formas se distinguieron dos: la *disputatio escolástica* propiamente dicha a la que asistían libremente los maestros y la *disputatio de quolibet* o disputa acerca de cualquier cosa a voluntad de cualquiera.

El método tanto en la quaestio como en la en la disputa constaba de cuatro partes.

La primera es el planteamiento de la cuestión. La formulación del planteamiento comienza siempre por la palabra latina *utrum* (*Si* lo verdadero y lo falso son contrarios). En cada pregunta o problema se busca la solución en respuestas razonadas con la fuerza y vigor de que goza la aporía aristotélica. Esta posición implica una duda real o metódica pues su planteamiento se formula en forma alternativa ya que la duda es siempre una fluctuación de la inteligencia entre dos partes opuestas, sin encontrar razones suficientes para inclinarse por una parte o la contraria. Así se inicia desde el comienzo la fuerza cuestionante del método escolástico.

La segunda es el estado de la cuestión. Aquí se recoge la discusión sobre el problema, es decir, los argumentos a favor o en contra de la cuestión planteada. De ninguna manera se trata de dar una respuesta definitiva inmediata.

El recuento de las opiniones y el análisis de sus argumentos que las sustentan nos asoman a las verdaderas causas de la duda y a las dimensiones del problema. Se trata de abrir camino hasta el corazón de la cuestión mediante un proceso de razonamiento y discusión sustentado en argumentos a favor y en contra y en objeciones.

En este sentido se dan dos líneas de argumentos. La primera, en cierto sentido dubitativa, se inicia con la fórmula *Videtur quod* (parece que) y recoge la argumentación en contra de la respuesta que al final dará el maestro. La segunda

---

4   J. SEDANO. *El método teológico de Santo Tomás*. Bogotá, Universidad de Santo Tomás, 35.

línea comienza con la fórmula *Sed contra* (por el contrario) y presenta un argumento de autoridad en favor de la respuesta que posteriormente dará el maestro.

El profesor no compromete todavía su opinión. Tan solo trata de descubrir al lector las grandes corrientes del pensamiento que inciden en el problema planteado y establecer un diálogo con esas corrientes sin prejuzgar aún su verdad o falsedad. Acepta la contradicción dialéctica del pensamiento humano mirando los diversos rostros de la alternativa con que se presenta la pregunta. De esta suerte la historia y la tradición se asumen en el marco de la creatividad.

La tercera es la respuesta al problema. El maestro responde de forma personal, demostrativa y original al problema propuesto y discutido por ambas partes en el planteamiento.

Su respuesta es una exposición completa de la doctrina. En su discurso debe seguir el siguiente esquema.

- Proposición de opiniones y evaluación crítica de las mismas.
- Indicación de las distinciones que se han de tener en cuenta.
- Exposición de los presupuestos necesarios para construir la solución.
- Finalmente la proposición de la solución del maestro.
- En este proceso señala Chenu que los procedimientos más importantes son: el análisis, la definición y las distinciones[5].

El análisis debe obtener una visión global y unitaria de la realidad a través de la agudeza de ingenio y de la profundidad de pensamiento. En el análisis es menester reunir los datos observados para catalogar sus constantes y caracteres permanentes. Solo la reflexión y el método preparan al entendimiento para las exigencias del análisis.

Los diferentes análisis tienden a expresarse y concretarse en la definición[6]. Definir es propio del científico. Y la lógica escolástica es una lógica de determinación e identidad, siendo su obra maestra la definición y la distinción. La definición ideal es la que se labra por el género próximo y la diferencia específica. Cuando esto no es posible hay que recurrir a las causas, a los principios y a las propiedades.

El tercer instrumento es la distinción. Se practica constantemente para clarificar y clasificar los conceptos, para responder a las objeciones y para evaluar críticamente la fuerza probativa de los argumentos. "Distinguir para unir" era el

---

5   M. D. CHENU. *Introduction à l'étude de Saint Thomas.* París (1945) 132 y ss.
6   Un ejemplo: STO. TOMAS. *Suma Teológica*, I-II, 90, 4: La definición de la ley.

ideal del saber escolástico. La distinción llevaba al hombre de ciencia a dominar todas las técnicas de análisis.

La cuarta es la respuesta a las hipótesis contrarias. En esta parte hay que dar respuesta a las posiciones y a los argumentos reseñados en la segunda parte. Y su redacción se presenta de forma ordinaria mediante la técnica de la distinción y resaltando la parte de verdad que hay en cada una de ellas.

En cierto sentido completa la exposición doctrinal dada por el maestro en la respuesta al problema. Una respuesta es verdadera cuando es completa puesto que la verdad parcial puede ser paradójicamente también un error parcial.

El propio Tomás de Aquino explica el espíritu de estas respuestas: "Todos contribuimos al esclarecimiento de la verdad y nos ayudamos recíprocamente, bien de manera directa con nuestros aciertos, incluso parciales, que otros podrán aprovechar para una visión más completa; o de una manera indirecta, con nuestros tanteos y equivocaciones que darán ocasión a un examen más diligente en orden a la manifestación clara de la verdad. Justamente todos cuantos nos han ayudado son merecedores de nuestra gratitud ...; no sólo aquellos con cuya posición comulgamos, sino también cuantos, hasta con su misma superficialidad de miras, nos han impulsado más a la búsqueda de la verdad"[7].

El Profesor de las denominadas "Clases Inferiores" tenía que enseñar a los jóvenes gramática, humanidades y retórica y su objetivo final consistía en dotar al alumno de unos hábitos valederos a fin de obtener "una facilidad, una destreza, una ductilidad, una fuerza vital que le permitieran producir después una obra de arte"[8].

El método didáctico de la *Ratio Studiorum* adopta un esquema tríptico: la intervención del maestro (Prelección); la actuación inmediata del alumno (Repetición) y finalmente la acción conjunta profesor-alumno (Ejercicios).

La *Prelección* es una de las fases más normadas en la *Ratio Studiorum*[9]. A nuestro entender, fue la "Prelección" uno de los medios más eficaces y a la vez más desapercibidos de que dispuso el Profesor no sólo para formar al alumno en

---

7 Sto. TOMAS. *Commentaria in Metaphysicam Aristotelis*, Lib. II. Lect. 1, nn. 287-288.
8 F. CHARMOT. *La pedagogía de los jesuitas.* Sus principios. Su actualidad. Madrid, Sapientia (1952) 179.
9 Véase: *Ratio Studiorum*: "Reglas comunes a los Profesores de los cursos inferiores"; "Reglas del Profesor de Gramática ínfima"; "Reglas del Profesor de Gramática Media"; "Reglas del Profesor de Gramática Superior"; "Reglas del Profesor de Humanidades"; "Reglas del Profesor de Retórica".

el alma de las humanidades sino también para abrir espacios morales y patrones de conducta en la conciencia del alumno.

Supuesta la preparación inmediata de la clase por parte del Profesor[10] la Prelección constaba de seis partes: la lectura del texto; el argumento; la explicación literal; la gramática; la erudición o comentario y las costumbres.

La lectura del texto debía ser toda seguida[11], y al otorgarle la entonación apropiada al sentido el alumno podía comenzar a aprender por el oído el contenido del texto.

El segundo paso consistía en la narración del argumento del texto leído. Este breve resumen debía hacer además referencia a la conexión lógica con las lecciones anteriores[12].

El tercer paso contemplaba la explicación literal[13], a saber: exponer el orden de las palabras y la estructura de la oración y también en declarar las palabras más oscuras.

El cuarto paso accedía a la exacta intelección de las palabras y modos de expresión, es decir, a la gramática. Había para ello que volver a cada palabra y explicar el género, la declinación, la conjugación, los modos, los tiempos, etc[14].

Como es natural la graduación de este paso variaba de acuerdo con la clase: superada la gramática se daba comienzo al estudio comparativo de los diversos estilos literarios y también es de notar la referencia repetida a la lengua vernácula del alumno y la exigencia en la elegancia del estilo[15]. Culminaba el proceso con la Estética[16].

El quinto paso se abría a la erudición, es decir, a la explicación más ilustrativa del fondo del texto analizado. El contexto de la erudición podía ser tan amplio y profundo como extenso y medular era el tema contenido en el texto seleccionado. También se medía aquí la información del profesor[17]. Se trata, pues, de un medio auxiliar cuyo principal fin consistía en atraer el interés al alumno y dar variedad a lo tratado. Se servía para ello de los testimonios de la historia, de

---

10 *Ratio Studiorum*. "Reglas comunes a los Profesores de los cursos inferiores", 27.
11 *Ratio Studiorum*. "Reglas comunes a los Profesores de los cursos inferiores", 27.
12 *Ratio Studiorum*. "Reglas comunes a los Profesores de los cursos inferiores", 30.
13 *Ratio Studiorum*. "Reglas comunes a los Profesores de los cursos inferiores", 27.
14 JUVENCIO. *Ars discendi et docendi*. Artículo, IV, Párrafo, III, nº III.
15 *Ratio Studiorum*. "Reglas del Profesor de Humanidad", 5.
16 *Ratio Studiorum*. "Reglas del Profesor de Retórica", 6.
17 *Ratio Studiorum*. "Reglas del Profesor de Retórica", 7 y 8.

otras ciencias y de la cultura[18]. Sin embargo advertía la Regla 1 del Profesor de Humanidades que la erudición debía emplearse con moderación para despertar el ingenio y avivarlo, pero en ningún modo debía perjudicar el conocimiento profundo de la lengua[19].

El último paso es el que denomina Juvencio bajo el concepto de Costumbres, el cual suponía un manantial inagotable para establecer aplicaciones y comparaciones entre los valores e ideales naturales, civiles y republicanos de los clásicos y los valores e ideales que se iban forjando en el interior del estudiante. De esta forma del ideal del estilo se asciende al ideal humano y del ideal humano al ideal divino. Era el momento de reflejar los mejores modelos de vida, de ideas y costumbres tanto de los personajes antiguos como actuales, sin omitir reflexiones filosóficas[20].

Hay que reconocer que el P. Charmot captó con finura el alma de este proceso:

> A través de la historia y de la literatura pondrán la mente del niño *cara a cara con los estados de alma más universal y profundamente humanos*. Estos estados de alma pueden ser comunes a toda una generación, a una raza, a una patria; y entonces son problemas sociales los que se plantean en concreto y en su complejidad. O tales estados de alma se hallan en un personaje de categoría, caudillo, orador, historiador o poeta, y entonces nos encontramos con el problema también, infinitamente vario, de la *inquietud humana*. (...). Tal es la manera práctica de cristianizar toda la enseñanza de dentro a fuera. De las palabras y de los hechos penetrar profundamente hasta su sentido. De las ideas, penetrar hasta las almas. En las almas, penetrar hasta las pasiones malas y buenas que les atormentan y dividen. De este tormento y división, hacer brotar el problema psicológico o social, que es inmanente a la condición humana, mejor diría a la contradicción humana[21].

Y como resulta difícil al hombre de hoy acercarse a la mentalidad de los educadores coloniales hemos creído oportuno remitir al lector a nuestro estudio a fin de que pueda verificar tanto la minuciosidad del método como el desarrollo de una clase normal[22].

---

18 Miguel BERTRAN QUERA. "La pedagogía de los jesuitas en la *Ratio Studiorum*". En: *Paramillo*, 2-3 (1984) 210.
19 *Ratio Studiorum*. "Reglas del Profesor de Humanidad", 1.
20 M. BERTRAN QUERA. "La pedagogía de los jesuitas...", 211.
21 F. CHARMOT. *La pedagogía de los jesuitas*, 344.
22 Reproducimos una parte de un capítulo aparecido en nuestro libro *Virtud, letras y política*

La segunda fase del método didáctico pertenece al alumno y se denomina *Repetición*, acción que no debe confundirse con el ejercicio de memorizar lo explicado. Como apunta Bertrán Quera se trata de un "proceso de aprendizaje programado con rigor y de modo sistemático, para mejor asimilar y personalizar lo aprendido"[23].

La utilidad fundamental de esta técnica se basaba en el principio de que cuanto más se repite, tanto más profundamente se graban las cosas[24]. En el fondo era una labor progresiva y gradual de síntesis parciales hasta obtener la suma global del todo pero también intervenían el estudio privado del alumno, las propuestas de los compañeros y el juicio del profesor.

Se distinguen tres tipos de repetición: una inmediatamente después de la prelección; la segunda, al día siguiente; y la tercera, cada semana, ordinariamente el sábado[25].

La repetición primera, o inmediata, tiene como objetivo fijar la atención del alumno en lo esencial, es decir, un resumen de lo más importante y útil[26] a fin de poder formar "un primer núcleo alrededor del cual se puedan agrupar y estructurar los contenidos siguientes. Se pretende con ello, establecer y asentar con relieve unos puntos de referencia, a los que irán convergiendo los posteriores puntos de enseñanza y de aprendizaje"[27].

La segunda repetición, al día siguiente, es semejante a la primera y equivale a dar la lección ante los demás pero en presencia del Profesor. Mas, como ha mediado un espacio de tiempo el alumno ha podido asegurar la memoria y precisar el contenido mediante el estudio, la reflexión y la consulta.

En este ejercicio debía participar todo el grupo pero según la siguiente norma: interviene uno y su "émulo" debía corregirle si fallaba[28]. De esta suerte se

---

en la *Mérida colonial*. San Cristóbal, I (1995) 426-511. Aunque el inspirador de todo él fue el P. Manuel Briceño según el diseño que realizamos en la ciudad de Mérida el año 1990, sin embargo su muerte súbita en Madrid el 28 de octubre de 1992 hizo que me tocara poner en limpio sus apuntes y darle la redacción final. Como discípulo de tan gran humanista de estas disciplinas en Santa Rosa de Viterbo (Colombia) manifiesto que me fue un método muy practicado y familiar. Asimismo reitero mi agradecimiento al P. Eduardo Cárdenas (Universidad Javeriana) quien colaboró en el texto final.

23 M. BERTRAN QUERA. "La pedagogía de los jesuitas...", 212.
24 *Ratio Studiorum*. "Reglas del Prefecto de Estudios Inferiores", 8, IV.
25 *Ratio Studiorum*. "Reglas comunes a los Profesores de los Cursos inferiores", 25 y 26.
26 *Ratio Studiorum*. "Reglas comunes a los Profesores de los Cursos inferiores", 25.
27 M. BERTRAN QUERA. "La pedagogía de los jesuitas...", 213.
28 *Ratio Studiorum*. "Reglas comunes a los Profesores de los Cursos inferiores", 25.

instaura de forma gradual el paso de la función retentiva a la función intelectual y comprensiva del texto[29].

La tercera repetición era la semanal o sabatina[30] y en ella se repasaba la labor de toda la semana. Su técnica era distinta ya que intervenía en forma competitiva todo el curso dividido en dos bandos, o algunos defensores elegidos por el profesor para que contestasen las preguntas de los demás[31].

La tercera fase de la metodología didáctica de la *Ratio* la integran los *Ejercicios* en acción conjunta profesor-alumno.

Bajo la palabra *Ejercicios escolares* se cobijan tanto las múltiples formas orales (repeticiones, declamaciones, discursos) como escritas (composiciones) en las que debieron ejercitarse los alumnos en las aulas jesuíticas. Era el camino obligado para aprender a pensar a través de la expresión exacta de la palabra y del dominio del lenguaje.

Haremos alusión primero a la *composición*, es decir, al ejercicio escrito.

Dos fueron los tipos fundamentales de composición: el primero asumía la traducción escrita bien fuera del latín a la lengua vernácula o viceversa[32]; el segundo se encaminaba a la redacción de muy diversos temas pero todos conexos con las explicaciones de la clase. En todo caso, como bien anota Bertrán Quera, no era la traducción lo más típico de la composición, sino la redacción en lengua vernácula[33].

El tema dependía del grado o clase pero iba desde cartas, narraciones, descripciones[34] hasta temas libres[35] pasando por discursos y poesías para las clases mayores. Regularmente este ejercicio se realizaba en la clase y por ello exigía del Profesor la más cuidadosa preparación y el tema debía meditarlo y aun escribirlo[36].

Dada su importancia el ejercicio era diario con excepción de los sábados, pero podía variar según el aula[37]. Con respecto al tiempo que se debía dedicar al

---

29 M. BERTRAN QUERA. "La pedagogía de los jesuitas...", 214-215.
30 *Ratio Studiorum*. "Reglas comunes a los Profesores de los Cursos inferiores", 26.
31 *Ratio Studiorum*. "Reglas del Profesor de Retórica", 2.
32 *Ratio Studiorum*. "Reglas del Maestro de Ínfima clase de Gramática", 4. Prácticamente se repite el mismo texto en las demás clases.
33 M. BERTRAN QUERA. "La pedagogía de los jesuitas...", 218.
34 *Ratio Studiorum*. "Reglas del Profesor de Ínfima", 6.
35 *Ratio Studiorum*. "Reglas del profesor de Humanidades", 6.
36 *Ratio Studiorum*. "Reglas comunes a los Profesores de las clases inferiores", 20.
37 *Ratio Studiorum*. "Reglas comunes a los Profesores de las clases inferiores", 20.

ejercicio escrito pareciera que las traducciones o sus equivalentes debían ser diarios por una hora y el tema libre debía consumir una hora semanal[38].

Pero también había temas de composición, en prosa o en verso, que el alumno los debía realizar en privado y posteriormente se exponían los mejores en las paredes de las clases[39].

Mas, cabe preguntarse dónde radicó la eficacia de la composición. Hay dos elementos que garantizaban el valor pedagógico de la composición: el método y la corrección sistemática del profesor.

En el método el alumno debía practicar dos fases consecutivas: primero la imitación de los grandes autores y segundo el estilo de su propia creación.

La imitación en ningún momento significa copia servil sino adentrarse en las formas de expresión, en la estructura literaria y en las concepciones estéticas de los autores que había que imitar[40]. Una vez dominada la esencia del lenguaje y las formas precisas de dicción el alumno debía tratar de superar a los maestros a los que imitaba y buscar después su propia identidad.

Pero el trabajo desarrollado corría el peligro de ser estéril si no hubiera existido la corrección constante y oportuna del Profesor[41]. Debemos confesar que era una tarea ingrata y difícil pues juicio e ingenio no siempre son fáciles de compaginar. En el colegio caraqueño sospechamos que era fácil para el maestro seguir la corrección diaria dado el reducido número de alumnos. En todo caso el modo de corregir era el siguiente:

> ... es generalmente indicar si hay alguna falta contra los preceptos; preguntar cómo se puede enmendar; mandar que los émulos, en cuanto descubran algo, lo corrijan en público y enuncien el precepto contra el que se ha faltado; finalmente alabar cuando se ha hecho perfectamente. Mientras esto se hace en público, la primera muestra de la composición del alumno (que siempre ha de llevarse además de la que tiene el maestro) ellos mismos la lean para sí y la corrijan[42].

---

38 *Ratio Studiorum*. "Profesor de Retórica", 4.
39 *Ratio Studiorum*. "Profesor de Retórica", 17.
40 *Ratio Studiorum*. "Reglas comunes a los Profesores de las clases inferiores", 30.
41 *Ratio Studiorum*. "Reglas comunes a los Profesores de las clases inferiores", 21.
42 *Ratio Studiorum*. "Reglas comunes a los Profesores de las clases inferiores", 22.

Pero la corrección también debía descender tanto a detalles como la ortografía, la caligrafía, la presentación[43], y la puntuación[44], así como también afrontar problemas de fondo como, por ejemplo, si el alumno trató de evadir las dificultades[45]. Las exigencias eran cada vez mayores sobre todo en los niveles de humanidades y retórica[46].

Llama la atención el hecho de que los alumnos debían entregar al profesor la última redacción corregida y guardaban para si el texto sobre el que habían trabajado con todas sus añadiduras[47].

Nos falta todavía reseñar los recursos metodológicos orales utilizados en la didáctica cotidiana del aula como son las concertaciones y las declamaciones.

La *Concertación* era un ejercicio basado en el principio de la emulación pública y colectiva. Se trata de una clase de repetición en donde no se enfrentan los individuos sino el grupo total o las clases y en donde los alumnos son además actores y protagonistas de la competición.

Con esta ejercitación, anota Bertrán Quera, se aprovecha la psicología evolutiva del adolescente en ese delicado tránsito de la etapa típica del juego a la etapa de competencia y lucha[48]. De esta suerte se consigue armonizar los retos de la persona y las exigencias de la comunidad en la que el joven se encuentra inserto. Así pues, la presencia del público le obliga a superar la pasividad e inercia mental y por otro lado asume la responsabilidad de defender los intereses y el éxito de los que pertenecen al mismo equipo o bando.

En los cursos inferiores se consideraba que la concertación debía convertirse en práctica habitual e incluso podía reemplazarse la composición por media hora de concertación[49] ya que esta emulación constituye un gran estímulo para el trabajo[50].

La concertación conllevaba una infraestructura de dignidades y cargos adquiridos por la competencia en la excelencia. Los magistrados gozaban de puestos especiales y para mantenerse debían exponer continuamente su liderazgo

---

43 *Ratio Studiorum*. "Reglas comunes a los Profesores de las clases inferiores", 22, II.
44 *Ratio Studiorum*. "Reglas del Profesor de Gramática Ínfima", 3.
45 *Idem*.
46 *Ratio Studiorum*. "Reglas del Profesor de Retórica", 4.
47 *Ratio Studiorum*. "Reglas comunes a los Profesores de las clases inferiores", 22.
48 M. BERTRAN QUERA. "La pedagogía de los jesuitas...", 226.
49 *Ratio Studiorum*. "Reglas comunes a los Profesores de las clases inferiores", 35.
50 *Ratio Studiorum*. "Reglas comunes a los Profesores de las clases inferiores", 31.

académico[51]. De esta forma se explica el contenido de la Regla 31 de las Reglas comunes a los Profesores de las Clases inferiores:

> Ha de tenerse en mucho la concertación, que suele hacerse cuando el maestro pregunta y los émulos corrigen o entre sí discuten; y siempre que el tiempo lo permita ha de usarse, para que la honesta emulación se fomente, que es gran incentivo para los estudios. Podrán emplearse o cada uno por su parte o varios de cada parte, principalmente de los magistrados, o también uno solo atacar a varios. De ordinario el particular atacará al magistrado, el magistrado al magistrado; a veces también el particular atacará al magistrado, y podrá conseguir su dignidad, si venciere, o algún otro premio o señal de victoria, según lo pide la dignidad de la clase y el modo del lugar[52].

En cada clase estaba normada la forma de proceder en la concertación. Pero además, una vez al año debían competir dos cursos inmediatos[53].

Llama la atención la norma impuesta para responder las preguntas pues el modus operandi recuerda mucho a la metodología de la Escolástica: el interrogado debía repetir textualmente la pregunta y tras un momento de meditación pasaba a contestarla[54].

Cierra el ciclo de las composiciones la denominada *Declamación*, es decir, el arte de aprender a hablar así como los anteriores ejercicios estimulaban el arte de pensar.

La perfecta elocuencia que diseñaba la *Ratio Studiorum* integraba dos elementos fundamentales: la oratoria y la poética[55] pues a las fuentes lógicas y racionales se les debía abrir el horizonte siempre renovado de la poesía.

Tres tipos distintos de declamación diseñaban este aspecto de la didáctica: la cotidiana del aula, la semipública, la pública y la solemne.

La primera se servía de la lección de memoria de algún texto selecto para esforzarse en su recitación[56].

La segunda era preparada por el alumno con antelación y debía versar sobre alguna prelección o autor no visto en clase, bien en prosa, bien en verso. Se tenía cada dos sábados y se debía invitar a los alumnos de humanidades[57].

---

51 *Ratio Studiorum*. "Reglas comunes a los Profesores de las clases inferiores", 35.
52 *Ratio Studiorum*. "Reglas comunes a los Profesores de las clases inferiores", 31.
53 *Ratio Studiorum*. "Reglas comunes a los Profesores de las clases inferiores", 34.
54 *Ratio Studiorum*. "Reglas comunes a los Profesores de las clases inferiores", 9.
55 *Ratio Studiorum*. "Reglas del Profesor de Retórica", 1.
56 *Ratio Studiorum*. "Reglas del Profesor de Retórica", 3.
57 *Ratio Studiorum*. "Reglas del Profesor de Retórica", 15.

La tercera era pública y consistía en un discurso o en un canto poético que se pronunciaba en el salón o en la iglesia[58]. La solemne venía a ser una pública con asistencia de público de fuera del colegio. Y aunque el texto de la Ratio de 1599 no baja a ciertos detalles si insistían en ello las anteriores, desde el cuidado de la pronunciación hasta la voz, los ademanes y gestos.

Para concluir queremos transcribir la síntesis del método que aduce el investigador Bernabé Bartolomé:

> La bondad estratégica del método humanístico de los jesuitas ha sido alabado por figuras del pensamiento como Montaigne, Descartes, Bacon o Goethe. En un estudio de la Ratio Studiorum se observa cómo bajo un planteamiento circular y concéntrico el desarrollo de la enseñanza se repite y crece en auténtico espiral, se proyecta integrador y uniforme perfeccionando potencias y habilidades. Como instrumento de trabajo el método se presenta eficaz y preciso. Como técnica factorial desarrolla los sectores lógico-simbólico, lingüístico, creativo, mnemónico, intuitivo. Como proceso recorre la praelectio, praecepta, compositio et eruditio. Como estragegia utiliza la concertatio, repetitio y repraesentatio. Cultivadores en su metodología los jesuitas del eclecticismo habían ido acuñando con el tiempo realismo y progreso y sobre todo uniformidad[59].

---

58   *Ratio Studiorum*. "Reglas del Profesor de Retórica", 17.
59   Bernabé BARTOLOME MARTINEZ. "Las cátedras de gramática de los jesuitas en las universidades de Aragón". En: *Hispania Sacra*, 34 (1982) 53.

VII. La formación integral

Denominamos "formación integral" al proceso instructivo y formativo, observado por los colegios de la Compañía de Jesús durante el período colonial, para obtener un resultado final que conjugara de forma armónica la capacitación intelectual y profesional, la práctica de las virtudes y el desenvolvimiento correcto en la sociedad.

En realidad la *Ratio Studiorum* significó un camino para llegar a esos altos objetivos. Y aunque las personas, la geografía y la idiosincrasia fueran distintas, las metas trazadas eran comunes. Para la función integradora de la enseñanza nos remitimos al estudio de Miguel Bertrán Quera[1] en el que el investigador podrá verificar la fidelidad al espíritu y a las fuentes jesuíticas y también su interpretación.

Asimismo, merece especial atención un escrito que publicamos por vez primera en 1979 y el cual recoge los métodos de urbanidad que se impartían en las aulas jesuíticas neogranadinas. Nos referimos a *Lo mejor de la vida, religión, doctrina y sangre recogido en un noble joven colegial de el Real, Mayor y Seminario Colegio de San Bartholomé*[2]. A nuestro modo de ver este manuscrito debe ser atribuido a la pluma del P. Ignacio Julián[3].

Desborda los propósitos de este capítulo adentrarse en la filosofía que subyace en el concepto de formación integral tal como la concibieron los seguidores de Ignacio de Loyola durante los siglos XVII y XVIII. Tan solo trataremos de dibujar los trazos esenciales que ayuden a comprender el contexto en que se desarrolló la educación en los colegios jesuíticos.

---

1   Miguel BERTRAN QUERA. "La pedagogía de los jesuitas en la *Ratio Studiorum*". En: *Paramillo*. San Cristóbal, nº. 2-3 (1984) 1-283.

2   Biblioteca Nacional de Colombia. Sección de Libros Raros y Curiosos. Mss. 17. *Lo mejor de la vida, Religión, Doctrina y Sangre recogido en un noble joven colegial de el Real, Mayor y Seminario Colegio de San Bartholomé, propuesto en Ynstrucción Christiano-Politica para el uso de dicho Colegio a quien lo dedica un Estudiante Theologo de la Compañía de Jesús en su segundo año a suplicas de la misma juventud noble*. El texto íntegro lo publicamos en *La Pedagogía jesuítica en la Venezuela hispánica*, pp. 325-427.

3   J. DEL REY FAJARDO. "Un manual de urbanidad y cortesía para estudiantes de humanidades (1762)". En: *Boletín de la Academia Nacional de la Historia*. Caracas, t. LXII, nº 246 (1979) 389-400. Juan Manuel PACHECO. "Dos curiosos manuscritos coloniales". En: *Boletín de Historia y Antiguedades*. Bogotá, vol., 66, nº 727 (1979) 507-519. El argumento que utilizamos para llegar a la paternidad literaria del documento es la exclusión ya que el único de los estudiantes de teología que en 1763 estaba de pasante en el Colegio-Seminario de San Bartolomé es el P. Ignacio Julián.

La *formación integral* del hombre la sintetizaron los jesuitas coloniales en sus tres dimensiones: virtud, letras y política; es decir, sabiduría, ética y comportamiento social y todo ello entroncado en un humanismo intelectual.

Según Bertrán Quera la *Ratio* persigue esta acción integradora de la educación del estudiante mediante la formación básica y el desarrollo de todas las facultades de su mente desde el núcleo de la actividad intelectual y para fines superiores de orden supraindividual. Y para ello convoca cinco elementos de la naturaleza humana que deben relacionarse de forma equilibrada: el físico, el social, el intelectual, el estético y el espiritual.

Pero, el objetivo final es el bien común, intelectual, social y religioso[4]. Para ello se sirvieron los jesuitas de diversos medios pero nos circunscribiremos a dos fundamentales: la actividad y la palabra.

La actividad en las cinco áreas antes mencionadas adquiría su fisonomía singular en cada una de ellas. En el campo intelectual otorgaba más importancia a ejercitar y desarrollar las funciones mentales que a la adquisición de conocimientos en cualquiera de las ciencias. Su objetivo no se cifraba en adquirir amplitud de conocimientos sino a profundizar en ellos, por ello el método tenía que dedicar el tiempo necesario para repetir la explicación del Profesor de muy diversas maneras y ángulos ya que la asimilación de conocimientos se constituye en un "instrumento para alimentar, crecer y desarrollar a todo el hombre desde su interior"[5]. En consecuencia, esta formación pretendía directamente el aprovechamiento del alumno en su capacidad de saber y de aprender a pensar, a reflexionar, a resolver problemas con el mejor acierto.

El arte de pensar es un objetivo terminal o casi diríamos un desideratum de todas las pedagogías. La educación humanística persigue formar un juicio recto y una conciencia ilustrada.

La *Ratio* intentaba favorecer el desarrollo de las facultades humanas del alumno y para ello se esforzaba en abrir espacios inéditos en la mente y la imaginación del alumno despertando la curiosidad, la novedad, en definitiva, el sentido por la investigación.

En esta tarea los jesuitas americanos empezaron por cultivar, de modo armónico, la memoria, la curiosidad y la imaginación.

---

4 Miguel BERTRAN QUERA. "La pedagogía de los jesuitas en la *Ratio Studiorum*". En: *Paramillo*. San Cristóbal, 2-3 (1984) 166.
5 *Ibidem*.

El ejercicio de la memoria no sólo pretendió aumentar la capacidad de recordar sino que además debía erigirse en instrumento de vital importancia en la formación, pues, por una parte el alumno asimilaba paulatinamente una serie de conocimientos selectos que se convertían mediante un proceso casi subconsciente en propios y enriquecían su panorama cultural en la medida que podían ser recreados en contextos muy diversos[6]. Pero, este diario ejercicio tenía que ser racional y prospectivo ya que, por un lado, no es aconsejable confiar a la memoria lo que antes no hay comprendido el entendimiento[7] y, por otro, no se puede lanzar la mente a explorar y descubrir el futuro sin el conocimiento del pasado.

Desde un punto de vista de psicología educativa el ejercicio de memoria se insertaba metódicamente con la declamación pues de esa manera el alumno asimilaba de forma más vital el contenido de los grandes textos y su recitación tenía menos peligro de convertirse en un fenómeno rutinario.

Sacchini estimaba que fomentar la memoria de los niños y jóvenes era prestarles un gran servicio:

> Del acrecentamiento de esta facultad resulta una doble ventaja, ambas de primer orden. Lo primero, poseer una excelente memoria es un auxilio inestimable para todas las empresas de este mundo. Lo segundo, se acumula un magnífico caudal de conocimientos y palabras útiles en el transcurso de toda la vida; porque lo que se graba en la mente en la primera edad suele ser indeleble[8].

Junto a la memoria cultivaban el ingenio o la imaginación creadora, acción que se encomendaba especialmente a las clases de Humanidades y Retórica[9].

La imaginación es un elemento fundamental y constante en la ascética ignaciana pues el autor de los *Ejercicios Espirituales* exige en cada meditación lo que él denomina "composición de lugar"[10], vale decir, dotar de cuerpo y color –parodiando el sentido del proceso de las ideas en la caverna platónica- a la reflexión sobre las verdades más abstractas de la teología o de la fe.

---

6   BERTRAN QUERA. "La pedagogía de los jesuitas en la *Ratio Studiorum*", 181.
7   *Ratio Studiorum*. "Reglas del Profesor de Humanidades", 1, 9. "Reglas del Profesor de Retórica", 7.
8   Francisco SACCHINI. *Paraenesis ad magistros scholarum inferiorum Societatis Jesu*. Romae, 1625. Caput VIII: "De exercenda puerorum memoria". Citado por CHARMOT. *Ob. cit.*, 156-157.
9   *Ratio Studiorum*. "Reglas del Profesor de Humanidades", 10. "Reglas del Profesor de Retórica", 5.
10 Ignacio de LOYOLA. *Ejercicios Espirituales*, n°. 47.

Todavía más, exigirá una metodología para lo que él designa como "aplicación de sentidos" que no es otra cosa que obligarle al ejercitante a hacerse presente en los hechos históricos que medita. Según el P. La Palma es una "forma de contemplación perfecta, en la cual el alma, levantada sobre si misma y sobre los sentidos, siente las cosas espirituales como si las oliera y oyera, y toma sabor en ellas como si las gustara y se conforta en ellas como si las oliera y se abraza y besa los lugares que tiene ausentes como si los tocara"[11]. Por ello tendrá que acostumbrarse a revivir la escena evangélica que estudia, observar cuidadosamente las personas, sus movimientos y todos sus pormenores, escuchar sus palabras, sensibilizarse con los sentimientos de las personas que interviene en la acción; y así con el resto de los sentidos corporales[12].

Así se comprende que el dominio de la imaginación y la curiosidad se convirtiera en cada jesuita, al practicar los Ejercicios Espirituales, en una convicción, una experiencia y un hábito[13]. El tránsito de estas virtudes del maestro al discípulo en la pedagogía cotidiana se puede presumir que era continua pero insensible.

Saber pensar para poder juzgar era la meta de la metodología de las humanidades. Para ello cada alumno debía recorrer ese proceso interno por el que se liberaba del pensamiento espontáneo para acceder gradualmente al pensamiento reflejo, es decir, al que responde al por qué y cómo accede a la verdad en sus vertientes literarias, sociales, morales y espirituales.

LA NOBLEZA DE ESPÍRITU

Deseamos destacar la versión americana y neogranadina de la educación integral adaptada a nuestro medio. Para ello nos inspiraremos en un curioso escrito del siglo XVIII que descubrimos en Bogotá y cuya paternidad literaria se puede atribuir con mucha probabilidad al P. Ignacio Julián[14].

La tesis sustentada en torno al educando se centra fundamentalmente en un concepto de continua y metódica superación, en cuya cima se alcanza la *nobleza*. El fin del libro, fuera de toda discusión, se orienta a proponer "una idea

---

11   Ignacio de LOYOLA. *Obras*. Madrid, Biblioteca de Autores Cristianos (1991) 251.
12   *Ejercicios Espirituales*, nº. 122-125.
13   Citado por CHARMOT. *La pedagogía de los jesuitas*, 151.
14   José DEL REY FAJARDO. "Un manual de urbanidad y cortesía para estudiantes de humanidades (1762)". En: *Boletín de la Academia Nacional de la Historia*. Caracas, t. LXII, nº. 246 (1979) 389-400. El texto íntegro lo publicamos por vez primera en *La pedagogía jesuítica en la Venezuela hispánica*. Caracas (1979) 325-427. [En adelante citaremos: JULIAN. *Lo mejor de la vida*].

cabal" de un joven, "verdadero *dechado de nobleza*, que con sus obras transcribe más que el nombre"[15].

La nobleza se define por aquello que no inspira "sino deseos de lo sublime". De esta suerte, será noble el entendimiento que no admita "sino representaciones de cosas grandes" además de ideas que ennoblezcan directamente las acciones. Y será noble la voluntad cuando se mueva por acciones que lleven "el sobrescrito de ilustres"[16].

Pero esta concepción no es estática, sino dinámica y, una vez aceptada, entra el alumno en un proceso dialéctico que se mueve hacia la continua superación:

> Piensan, pero no se contentan con pensar sino que quieren pensar bien. Hablan, pero con mejor estilo; tratan y se saludan pero con más decoro. Conversan, pero con racionales expresiones de gustosa armonía, circunspección y seriedad agradable. Para esto, el mismo bien pensar y sentir, el concebir como se debe de la excelencia del hombre y sus potencias y la laudable costumbre y porte de la mejor gente han puesto ciertas leyes particulares, en que se condenan las acciones del vulgo y se establecen propias tan admirables que saca con ellas el observante de sus talentos todos los frutos de que son capaces[17].

Así pues, las leyes de una implacable exigencia son las que establecen la distinción real entre *nobleza y vulgo*. Estos conceptos se contraponen en cuanto que son fruto de una decisión personal, cuya opción gira en torno a dos vidas: la rústica, grosera, agreste e inculta, por una parte; y la civil, culta, política y urbana (es decir, noble), por otra[18].

Esta opción fundamental queda claramente formulada como un acto decisivo de la libertad individual:

> Quiso Dios que el método de bien vivir no se alegara a nadie, sino como en venta pública dejara opción a todos. Y así, el que quiere vivir como príncipe, o como rústico, tiene en su mano la elección[19].

La nobleza no se concibe como un estado, sino como una *vocación abierta a toda clase de sangre* y establece una hermandad educativa entre los alumnos una vez que asumen los ideales del colegio y los ponen en práctica.

---

15   JULIAN. *Lo mejor de la vida*, fol., 3v.
16   JULIAN. *Lo mejor de la vida*, fol., 1.
17   JULIAN. *Lo mejor de la vida*, fol., 10.
18   JULIAN. *Lo mejor de la vida*, fol., 9.
19   JULIAN. *Lo mejor de la vida*, fol., 10v.

No quisiéramos insistir en este concepto educativo de la vocación a la nobleza del espíritu y de la acción sin hacer alusión al arquetipo literario que había que conseguir en los colegios jesuíticos desparramados en la amplia geografía de la Provincia del Nuevo Reino.

> Las Letras son el último perfil de la nobleza, porque poco representa en la República un noble con peluca y espada hecho un zoquete y el truhán del Pueblo ... un noble literato es exemplo de las Repúblicas, honra de sus padres, venerado de todos, oráculo de la plebe y luz de cuantos acuden a él a buscar consejo[20].

Lo mejor de la vida, Religión, Doctrina y Sangre viene a ser un auténtico Manual de urbanidad y cortesía en el que el lector encontrará una pormenorizada descripción de cómo debía desenvolverse un alumno joven de las aulas jesuíticas tanto en su vida social como en la personal.

La filosofía educativa del libro se centra en la consecución de la nobleza integral, entendida no como un estado de vida, sino como un reto de una vocación que impone la inflexible ley de la continua superación.

El Manual está dirigido a jóvenes de aproximadamente 13 años, en el momento en que se iniciaban en el estudio de las Humanidades. Por ello el método está adaptado a la psicología y a los ideales de la edad que irrumpe a la juventud: todas las principales enseñanzas y normas están plasmadas en elegantes versos latinos de los maestros clásicos, de manera tal que su memorización fuera fácil y erudita.

Vida política, crianza y civilidad

El contenido abarca la capacitación urbana y cortés del estudiante en todas las dimensiones que le proporciona tanto el mundo de la persona, como el de la comunidad en que se realiza y el de la sociedad en que debería desenvolverse. En definitiva, nos hace conocer la "política" tal como se concebía y ponía en práctica en el Nuevo Reino en el siglo XVIII.

Una vez más recurrimos al Manual de urbanidad y cortesía del P. Ignacio Julián, escrito especialmente para los alumnos del colegio San Bartolomé de Bogotá. Su contenido nos remite, servatis servandis, a una forma de actuar común a los jesuitas del Nuevo Reino de Granada.

---

20   JULIAN. *Lo mejor de la vida*, fol., 14-14v.

Para poder desarrollar el análisis de la "policía y urbanidad, cortesanía y buen trato" la educación jesuítica neogranadina hacía descansar la política sobre dos vertientes: el hombre y el hombre en sociedad. El hombre "fue criado para vivir en comunicación y sociedad humana"[21].

La instrucción comienza desde lo más simple y desde el primer momento; por ello se le hace tomar conciencia nada más ingresar al colegio que está ante: "Gente nueva, nuevas caras, nuevo modo, nueva lengua, nuevo andar, nuevas costumbres, en casa para mi nueva, todo se me hace nuevo"[22]. Y el punto de llegada será: "El cuerpo recto sin afectación, la cara serena y alegre, pero con la molestia de ojos grave y seria, que infunda respeto; el vestido decente y limpio, con aseo aunque sea viejo, que en todo cabe también el aseo pero sin afectación femenil; cara y manos como quiere Marcial: *Splendida sit nolo, sordida nolo cutis*. Los pasos y modo de andar grave y respetuoso, sin columpearse ni correr sino cuando inste la unción. Las palabras cultas, doctas y al caso y tiempo, afables y cariñosas pero no afectadas; la risa amable para mostrar aprecio... Los juegos de manos son para niños que no tienen edad para estar serios, ni saben de otro modo divertirse... Lo que le dije acerca de la persona corresponde a proporción a todo lo que le pertenece... consulte en lo tocante a su aposento con su nobleza y su plata. Esta le pide los adornos, aquella la gravedad y orden porque ya se ve que su aposento sucio, mal ordenado, con confusión de alhajas sin que ninguna tenga el lugar destinado, más es de gente baja, que ningún desorden les disuena, que de nobles"[23].

Al hablar de "lo que ha de guardar en su persona y lo que le pertenece" esboza un tratado de la cortesía llamando la atención sobre las manifestaciones externas personales: compostura, vestido, conversación y el caminar.

El sentido de la "estoica gravedad" parece ser el alma de toda concepción del trato cortés. El retrato que hay que conseguir del pequeño Catón, es:

> Una frente serena como un cielo, unos ojos alegres pero modestos, sin dejarlos andar a todo objeto; los hombros y todo el cuerpo recto con la cabeza, la risa moderada, sin carcajadas y amable; todo el rostro grave, circunspecto y alegre...[24].

Los avisos para el vestido son minuciosos y prácticos y la regla fundamental es que debe ser "proporcionada al carácter" y gravedad de la persona.

---

21   JULIAN. *Lo mejor de la vida*, fol., 7v
22   JULIAN. *Lo mejor de la vida*, fol., 5v.
23   JULIAN. *Lo mejor de la vida*, fol., 21-21v.
24   JULIAN. *Lo mejor de la vida*, fol., 15v-16.

"Guarde en su vestido una decencia correspondiente a su conveniencia y calidad, según viere, lo de su carácter, pero grave... Y cuando se ponga ropa especialmente buena que sea para hacer distinción de días, ha de ser sin pavonearse, ni mostrar que busca miradores por las calles, sino con gran circunspección hará al que no pone en eso el caudal y felicidad..."[25]. Y completa la vestimenta con este último consejo: "...deje que los sastres, zapateros y peluqueros adornen mucho lo que no tienen adornos propios, y vuestra merced busque méritos que no se consuman"[26].

Cuando se trata de explicar la circunspección en el andar recurre a la figura de Aristóteles: Yo me figuro –dice el ahijado- "un hombre taciturno y pensativo, recto y grave, muy majestuoso en sus pasos, sin el más mínimo indicio de cosa que no fuera grande"[27].

También la lengua debe representar el carácter de la persona, pero de entrada resalta el autor su importancia: "...la lengua es lo mejor que tiene el hombre para el trato y alcanzar honra, si se refrena; y lo más venenoso, si se deja libre"[28]. No se debe hablar mucho y sin ton ni son; en consecuencia hace una disección de cómo deben ser las palabras de un humanista

> Hay palabras que se llaman no sólo impolíticas sino inmodestas, otras viles, otras groseras y otras limadas y cultas. Las primeras ...son contra las buenas costumbres. Las segundas, como terminachos que dicen las personas de casas llenas de humo y apodos infames... Las terceras, que son vulgaridades, truhanerías para hacer reir solamente, estribillos, dichitos sin substancia... frase de calle, expresiones de mercado... que se llaman impolíticas y de falta de educación[29].

Por el contrario, las palabras deben ser "modestas, bien sonantes, limadas, esto es, bien pensadas antes, suaves, cariñosas, llenas de substancia y bien aplicadas las sentencias graves, llenas de decoro y honestidad"[30].

Las relaciones comunitarias definen una serie de actitudes que abarcan desde la amistad hasta el discernimiento que exige la convivencia y la psicología individual de las personas, así como las relaciones que se establecen en la jerarquía familiar, escolar y social. Para ello hay que tener presentes dos premisas fundamentales: primero, su convivencia se desarrolla entre muchos y de diferente

---

25   JULIAN. *Lo mejor de la vida*, fol., 16v.
26   JULIAN. *Lo mejor de la vida*, fol., 17.
27   JULIAN. *Lo mejor de la vida*, fol., 17v.
28   JULIAN. *Lo mejor de la vida*, fol., 18.
29   JULIAN. *Lo mejor de la vida*, fol., 18.
30   JULIAN. *Lo mejor de la vida*, fol., 18v.

carácter; y en segundo lugar, su área de acción debe contemplar tres niveles: autoridades, mayores e iguales.

A las autoridades, que están en lugar de sus padres, se les debe "obediencia", y además ejecutada con alegría[31].

Las mayores le merecerán "proporcionado respeto" y les deberá "respetar, atender, honrar y obedecer en los consejos"[32].

Con respecto a los iguales conviene señalar algunos principios. Sobresale la valoración de la amistad: "El mayor consuelo de la vida es un fiel amigo"[33]. Con los compañeros de habitación observará "honrada correspondencia que le haga olvidar el sinsabor de vivir muchos. Procure en no dar a sentir nada a alguno, sino esmerarse en dar gusto y servir a todos cuanto pudiere"[34]. Y más adelante completa la idea: "con los compañeros de aposento tratará con toda urbanidad, guardando a cada uno sus fueros y respetos"[35].

Las recomendaciones en este punto son muy oportunas: No debe pasar el día entrando y saliendo de las habitaciones[36]. Así desciende a los mínimos detalles: cómo tocar a la puerta[37]; cómo después de tocar debe esperar[38]; y una vez dentro se especifica minuciosamente cómo comportarse[39]. De esta suerte aprovecha la ocasión para disertar sobre el saludo, las visitas y la conversación. El saludo se debe iniciar "por orden de carácter y méritos"; no debe dar la espalda a nadie y esperará a que le indiquen que tome asiento, etc.[40]. Las visitas han de ser breves y ha de tener presente las diversas clases de huéspedes con que podrá encontrarse, incluso a gente "de cada que no guste"[41].

Mucha importancia atribuye a la conversación. Describe así la actitud:

> La afabilidad de rostro, ojos, risa y demás movimientos de la cabeza nunca se echan de ver más que en la seriedad y presencia de muchos juntos. Todos los movimientos del cuerpo que no se conforman con los demás, son allí notables,

---

31 JULIAN. *Lo mejor de la vida*, fol., 22.
32 JULIAN. *Lo mejor de la vida*, fol., 23.
33 JULIAN. *Lo mejor de la vida*, fol., 23v.
34 JULIAN. *Lo mejor de la vida*, fol., 23.
35 JULIAN. *Lo mejor de la vida*, fol., 24.
36 JULIAN. *Lo mejor de la vida*, fol., 24-24v.
37 JULIAN. *Lo mejor de la vida*, fol., 25v.
38 JULIAN. *Lo mejor de la vida*, fol., 25.
39 JULIAN. *Lo mejor de la vida*, fol., 25v.
40 JULIAN. *Lo mejor de la vida*, fol., 26.
41 JULIAN. *Lo mejor de la vida*, fol., 26v.

y así andarse meneando al compás de las palabras como columpio, recostarse o tenderse sobre los brazos o respaldar de la silla, poner una pierna encima de otra, jugar de manos o pies, rascarse indecentemente, bostezar sin volverse a un lado y poner la mano u otra cosa en la boca, toser sin inclinarse para no salpicar con la fuerza del pecho, escupir y gargagear en medio del corro, desperezarse, acercarse mucho a los vecinos y hablarles a la boca u oído, accionar mucho, todas son manchas de un noble en la conversación[42].

Asimismo describe con lujo de detalles cómo debe intervenir en la conversación[43]. En términos generales, "como de hombre noble y sabio observará esto con más puntualidad"[44]. Los consejos son muy aleccionadores: "La palabra que salió ya no vuelve dentro; no murmurar jamás de nadie"[45]; los secretos deben guardarse además porque "hay poca fidelidad entre los hombres"[46]. Deberá también evitar los saltos en la conversación, los estribillos, los dichos agudos para zaherir[47]. Entre las cosas que debe practicar destaca: disimular las descortesías; no servirse de "latinajos y textos a porfía"[48]; no querer imponer, y menos de repente, conversaciones a su gusto, aunque sean sabias y santas[49]. Y por fin, le invita a huir de los aduladores[50].

Al salir de la habitación "Procurará que todo su traje esté decente y de como quien es limpio y aseado, y compuesta toda la ropa"[51]. Aquí también abunda en la descripción de las cortesías[52]. Completa el recuento de las normas que deben cuidarse sobre todo las referentes al comportamiento en los actos religiosos y en la mesa.

En la capilla explicita "con qué modestia ha de entrar, en qué postura se ha de poner, los pensamientos que ha de llamar, las palabras que ha de hablar, las salutaciones y despidos que ha de ejecutar"[53].

---

42   JULIAN. *Lo mejor de la vida*, fol., 27.
43   JULIAN. *Lo mejor de la vida*, fol., 27v.
44   JULIAN. *Lo mejor de la vida*, fol., 28.
45   JULIAN. *Lo mejor de la vida*, fol., 28v.
46   JULIAN. *Lo mejor de la vida*, fol., 29.
47   JULIAN. *Lo mejor de la vida*, fol., 29v.
48   JULIAN. *Lo mejor de la vida*, fol., 29v-30.
49   JULIAN. *Lo mejor de la vida*, fol., 30v.
50   JULIAN. *Lo mejor de la vida*, fol., 31.
51   JULIAN. *Lo mejor de la vida*, fol., 31v.
52   JULIAN. *Lo mejor de la vida*, fol., 32-33v.
53   JULIAN. *Lo mejor de la vida*, fol., 35v-36.

"La pieza más respetable que hay en una comunidad, después de la Iglesia, es el refectorio"[54]. El modo de comportarse en la mesa es un verdadero tratado de urbanidad. Recomienda un buen paseo por los corredores a las 11,30. "Luego lavarse las manos es diligencia siempre practicada"[55]. Una vez sentado "apartará el cubierto a la derecha, desdoblará su servilleta, cortará pan y esperará que le traigan por comenzar a comer, y en viniendo, no se ha de echar luego a él... no se mostrará que tenga hambre... antes con mucha madurez y circunspección guardará esto, en cuanto al gesto"[56].

La descripción está salpicada de rasgos de humor.

Con tres dedos se hace muy aseada toda la maniobra dicha. El cuchillo solo pide toda la mano. Ahora, no obstante, si quiere sacudirse de todas estas menudencias peleando a brazo partido como Sansón desquijarando leones vuestra merced desmigajando pan, despojando tamaños huesos hasta la última diferencia del tuétano despedazando trozos de carne, y todo a tropel y fuerza, sin dejar ni coger al tenedor, ni partir al cuchillo abreviará más, logrará fama de forzudo, pero no de medianamente noble[57].

La misma forma alcanzará, si en lugar de llevar la comida a la boca con los instrumentos baja vuestra merced la cabeza a buscarla al plato; y quien no lo vea bajarse a la taza de caldo, pensará que se quiere bañar, y le avisará que a las espaldas está el chorro de soplar la comida, si al tomar el caldo hace tal ruido que parezca minero desmoronando[58].

Así podríamos ir aduciendo finos textos relativos a la buena urbanidad.

Muy vinculados a lo anterior son las apreciaciones que recogen "lo que debe guardarse fuera de casa" y "visitas a estrados o damas". La finalidad de estos dos puntos es la de capacitar al joven humanista para que sepa desenvolverse con finura, cortesía y destreza tanto en la vida ordinaria como en la del gran mundo.

Los buenos modales dentro de casa son una garantía para fuera, y así "piense antes de salir que lleva la honra de todo el colegio en la frente"[59] pues "la circunspección y seriedad en el andar gana muchos conceptos, ojos y voluntades de gentes desconocidas"[60].

---

54   JULIAN. *Lo mejor de la vida*, fol., 36v.
55   JULIAN. *Lo mejor de la vida*, fol., 37v.
56   JULIAN. *Lo mejor de la vida*, fol., 38.
57   JULIAN. *Lo mejor de la vida*, fol., 39v.
58   JULIAN. *Lo mejor de la vida*, fol., 39v.
59   JULIAN. *Lo mejor de la vida*, fol., 42.
60   JULIAN. *Lo mejor de la vida*, fol., 42v.

La calle no dispensa la gravedad de casa, Ahijado, y así paciencia, que luego se hará a ella. Y oiga lo que hemos de hacer si topamos caballeros. Si pasan de otro lado del caño, haremos nuestra graciosa cortesía no más. Si del mismo lado que nosotros, a cosa de ocho pasos de distancia para que ninguno se vaya al caño, y no turbándonos, nos inclinaremos ya hacia el caño, nos quitaremos el bonete y suplicaremos sea servido pasar con esta diferencia: si es personaje muy superior hasta tres veces suplicaremos, que es el término de estos cumplidos, quedando quietos hasta que se determine; si no tanto o igual, dos; y si es inferior, no más que ofrecimiento, y pasaremos. Si es persona con quien el tomar o ceder se quiera haber punto crítico, con tiempo y gran disimulo pasaremos al otro lado... Si alguna persona muy grave del otro lado hiciera ademán de querernos venir a hablar, pasaremos nosotros a ahorrarle el trabajo, y poniéndolo en medio, si proseguimos camino o nos paramos, estaremos descubiertos hasta que nos avise y de licencia, sin decirle a él que se cubra; si es igual suplicaremos y nos cubriremos juntos; si es inferior nos cubriremos y le mandaremos a él. En medio no me ponga usted a nadie de gente de peluca para abajo. Si alguno nos acompaña, acuérdese de hacer pasar adelante, y medias vueltas tanto para cuando se nos juntan como para separarse que le dije arriba. En pasos estrechos, esquinas, entradas y salidas, me dejará vuestra merced ir delante, y hacer los cumplidos que avisé para corredores de casa...[61].

Con esta minuciosidad puntualiza la visita a un canónigo: cómo anunciarse, cómo ubicarse en la sala, cómo saludarlo, cómo sentarse, cómo iniciar la conversación, cómo tomar el refresco, cómo despedirse[62].

Las mismas especificaciones se aducen en las visitas a las damas: si la señora está en una reunión se indica la forma del saludo y la salutación a las demás damas y caballeros; cómo actuar si llegan más visitas; cómo hablar cosas privadas; cómo desenvolverse con los "degolladores" y con los que siempre visitan la misma casa, etc.[63].

Al hablar de los banquetes resume de nuevo las normas de educación dadas para comportarse cortésmente en la mesa[64].

También "las atenciones ordinarias" merecen un capítulo especial.

Comenzaremos por la correspondencia. Al aconsejar el Padrino al Ahijado sobre las cartas le trae sabiamente a la memoria que la opinión y crédito... depende de sus escritos, y es fijo que *a cada uno lo pinta su pluma*, hasta los

---

61 JULIAN. *Lo mejor de la vida*, fol., 43.
62 JULIAN. *Lo mejor de la vida*, fol., 43v-44.
63 JULIAN. *Lo mejor de la vida*, fol., 45-46.
64 JULIAN. *Lo mejor de la vida*, fol., 46v-47.

sentimientos, pasiones y virtudes, el genio, sabiduría y prudencia se esculpen en cuatro renglones[65].

Tras analizar los diversos genios de personas, opta el autor por el sabio:

> Qué gusto, Ahijado, leer una carta suya, qué estilo tan concertado a la materia que trata, qué bien ordenado, qué metódico, qué grave, qué alegre, qué espiritoso, qué afable, qué vivo, qué finalmente lleno de meollo y de lepor; todo lo que sabe significar y pintar, la universalidad de sus sentimientos y prendas dejando conocer lo mejor que es la sabiduría en saber diestramente ejecutarlo todo según lo pide la materia[66].

Pasa después a indicar cómo debe ser la metodología que debe seguir en la carta:

> Primero saluda y descubre el gusto que ha tenido en recibir la ajena, si es respuesta, luego, en otro acápite, responde a los puntos que le piden sin dejar uno. En otro, propone los encargos y negocios de que quiere sea sabedor, y concluye con participar su salud, desear la ajena y ofrecimiento de sus cosas al servicio del amigo...[67].

En relación a las leyes y normas de la correspondencia aseverará:

> Si se parte de un lugar para otro no olvide favores, atenciones y amistades, y así, al llegar al destino dé pronto razón a sus semejantes de su llegada ofreciendo su industria sin esperar que se le adelanten, que no les toca a los que dejó; responda puntual cuanto se pueda a las cartas que recibe, y si no son personas a quien no debe obligaciones y no gusta de su comunicación, a lo menos responda de agradecido a la primera sea quien fuere el autor de ella[68].

Y así podríamos continuar con otras referencias a los títulos, estilo, etc.

En los entierros y fiestas ha de tomar conciencia de que se impone una "correspondencia" de las comunidades a estos actos. Por lo tanto deberá ser puntual y además cuidará en "componer vuestra merced su persona a la norma de un prudente varón, con circunspección y modestia, y procure aprender del compañero"[69].

---

65 JULIAN. *Lo mejor de la vida*, fol., 56v.
66 JULIAN. *Lo mejor de la vida*, fol., 57.
67 JULIAN. *Lo mejor de la vida*, fol., 57v.
68 JULIAN. *Lo mejor de la vida*, fol., 57-57v.
69 JULIAN. *Lo mejor de la vida*, fol., 55-55v.

Como un ejemplo transcribimos una de las fórmulas sugeridas:

> Después de haber pedido y respondido en orden a la salud: Señor Don Fulano, después de tener gusto de ver a vuestra merced, y hallándole con la felicidad que deseaba, el negocio que me trae es venir a participar a vuestra merced, de parte del Colegio (u otro), cómo tal día, con ocasión de tal festividad, etc. se celebra tal fiesta, o entierro, o acto, y así suplicarle sea servido honrarnos la función con su presencia. Después de haber el otro respondido y hecho una breve pausa, se levantará pidiendo licencia para ir a continuar su encargo, con que despidiéndose se quedarán tan prendados de su atención, que desearán venga pronto otro convite[70].

También en los títulos deberá el estudiante de humanidades esforzarse "dando a cada uno lo que le compete, sin pecar por nimios, ni quitar a nadie lo que se merece, y advierta que es un punto muy crítico porque en una acción misma se ofenden mucho si se peca en esto"[71]; pero también le reconvendrá que "cuanto es bueno tener títulos y distinciones merecidas y darlas a quien las merece con gran esmero, *tanto es abominable* el ser demasiado celoso en ellos... los nobles disimulan mucho esto"[72]. Así concretará que, Vuestra Excelencia no lo puede dar a cualquiera; usía, a canónigos, oidores y gente de título; doctor y maestro, "al que lo posea"[73]. Concluye este aparte precisando cuáles son los día indicados para realizar visitas y cómo debe cumplimentar a los parientes, amigos o recomendados de la familia que llegan a la ciudad[74].

Para completar la fisonomía del arquetipo del noble, el autor de *Lo mejor de la vida* finiquita su extenso tratado con un llamamiento al Ahijado para que sepa

> separar *praetiosum a vili* en algunos actos de atenciones ordinarias para no pecar contra la cortesía... pues quita a un noble esta tacha los gloriosos epítetos de discreto, atento y formalísimo que no se dan al que sin discreción y orden todo lo confunden en su trato para alcanzar la alabanza cortés y noble que nada menos merece[75].

Discreción y prudencia en la línea del trato es "saber dar lo suyo a cada persona según su carácter, dignidad y méritos de cada uno, ya comunes, ya pecu-

---

70 JULIAN. *Lo mejor de la vida*, fol., 56.
71 JULIAN. *Lo mejor de la vida*, fol., 52v.
72 JULIAN. *Lo mejor de la vida*, fol., 53v.
73 JULIAN. *Lo mejor de la vida*, fol., 52v.
74 JULIAN. *Lo mejor de la vida*, fol., 54-54v.
75 JULIAN. *Lo mejor de la vida*, fol., 51.

liares"⁷⁶. Y todas estas virtudes son alcanzables "si observa lo que le he dicho en la larga instrucción, pues con ello guardará su decoro, los fueros de su sangre y educación, y merecerá toda atención y aplauso"⁷⁷.

LA FORMACIÓN RELIGIOSA

La ignorancia religiosa fue una de las causas profundas que produjo la Reforma y la escisión de la cristiandad. Por esta razón entendieron los jesuitas que había que dar respuestas directas y sabias a las controversias de sus contemporáneos y restablecer la estima y veneración de los cristianos por el mensaje evangélico.

Así se entiende que el binomio virtud y letras, moral y ciencia diríamos hoy día, se constituyan en la primera tarea que debían afrontar los profesores de las clases inferiores según la *Ratio Studiorum*⁷⁸.

Esta actitud principista la subrayan todos los ordenamientos de estudios jesuíticos anteriores a la *Ratio* oficial. Así por ejemplo, la *Ratio* de 1586 establece:

> Los que se dedican al estudio de las letras deben hacerlo no para adquirir ciencia únicamente o para que les granjeen riquezas y honores, sino para que, mediante el conocimiento de la verdad, se ayuden a sí mismos y a los demás a honra y gloria de Dios... Y ya que, fuera de la recta intención, es menester que los estudiosos posean ingenio: agudo para comprender cuanto leen u oyen, recto para juzgar, memoria tenaz para conservar la enseñanza y cierta inclinación a los estudios, no sea que los abandonen; quien se sienta dotado de estas cualidades, debe parar mientes en no ser ingrato por tantos beneficios, ni abuse de ellos, sino más bien debe emplearlos para la gloria de Dios⁷⁹.

El ordenamiento final de los estudios de la Compañía de Jesús en tiempo del P. Claudio Aquaviva asumió un estilo casi de código y trató de resumir la riqueza conceptual de los estudios anteriores a 1591 en breves reglas que no siem-

---

76 JULIAN. *Lo mejor de la vida*, fol., 51-51v.
77 JULIAN. *Lo mejor de la vida*, fol., 51v.
78 *Ratio Studiorum*. "Reglas del Prefecto de Estudios Inferiores", 1: "... para que quienes las frecuentan [las escuelas] aprovechen no menos que en las buenas artes en la probidad de vida". "Reglas comunes a los Profesores de las Clases Inferiores", 1: "De tal manera forme el maestro a los adolescentes confiados a la disciplina de la Compañía, que junto con las letras también aprendan las costumbres dignas de cristianos". "Reglas del Prefecto de la Academia", 1: "Promueva en los académicos la piedad y no sólo los estudios...".
79 *Sistema y ordenamiento de Estudios elaborado por seis Padres designados para ello por orden del R. P. Prepósito General*. Roma, 1586. "Reglas para aprovechar en el espíritu y en las letras en las clases inferiores". En: *Paramillo*. San Cristóbal, nº., 2-3 (1984) 362-363).

pre traducen el trasfondo cultural e ideológico de su contenido. Al Provincial se le encomienda encarecidamente que:

> juzgue importantísimo para él cuanto se prescribe en las reglas comunes de todos los maestros acerca de la piedad y la disciplina de las costumbres y de enseñar la doctrina cristiana en las reglas de los maestros inferiores (y de las costumbres y la piedad en las reglas de todos), a fin de acercarse a lo que se desea de la salvación de las almas y tantas veces se inculca en las Constituciones[80].

La vida espiritual así como la intelectual necesitan estudio, método, ilustración y ejercicio.

La construcción del edificio espiritual del joven no es obra del azar y debe correr paralela a la formación científica, cultural y social ya que la instrucción religiosa debe modelar la disciplina de las costumbres y a la vez crear la piedad en el joven[81].

Así pues, el colegio y el templo serán el escenario obligado en el que el alumno diseñará su carta de navegar en el mundo de la conciencia, de la moral y de las costumbres.

Se trata, pues, de una acción triple en la que el actor principal es el joven y en la que colaboran el Profesor y el Espiritual.

Ciertamente, quien más directamente actúa sobre el alma del discípulo es el Profesor pues de él recibirá el ejemplo; la enseñanza de la doctrina cristiana; las pláticas con que cíclicamente deberá ilustrar su formación integral; y, en fin, esa rica erudición cultural que irá sembrando en el alma del joven al realizar la Prelección de los textos clásicos.

A nuestro modo constituyó un gran acierto el hecho de que el mismo maestro que abría los caminos de la sabiduría a los discípulos fuera también quien les guiara en las rutas del espíritu. Las razones nos parecen acertadas ya que, por una parte, virtud y letras se erigían como un ideal único consolidado; y por otro lado qué mejor autoridad para enseñarlos que la del profesor que practicaba y vivía la identidad de esos ideales humanos y espirituales.

En este contexto se explica la advertencia que el P. Francisco Sacchini (1570-1625) –uno de los pilares de la pedagogía jesuítica del XVI- formulaba a los Profesores de los colegios jesuíticos acerca de la enseñanza de la doctrina cristiana. Esta debía practicarse con un gran impulso del corazón pues "es la gramá-

---

80 *Ratio Studiorum*. "Reglas del Provincial", 40.
81 *Ratio Studiorum*. "Reglas de los oyentes externos de la Compañía", 1 y 15.

tica de Cristo nuestro Maestro. Si se debe enseñar con celo la gramática humana, ¿con qué cuidado no habremos de enseñar la gramática divina?"[82].

Desde el punto de vista curricular había que dedicar la última media hora del viernes o la primera del sábado a la explicación catequística[83]. El texto guía variaba de acuerdo a las regiones; así, en Alemania se utilizó el catecismo de San Pedro Canisio[84] y en España y en el Nuevo Reino creemos que fueron los tradicionales de los PP. Astete y Ripalda[85].

La instrucción debía ser gradual y encaminada al desarrollo de las capacidades religiosas del alumno para adquirir de este modo la mentalidad cristiana. El primer núcleo lo constituían los textos más simples del catecismo y las oraciones generales (Padre nuestro, Ave María, Credo, etc.), algunas prácticas de vida de piedad familiar (bendición de la mesa y acción de gracias) y personal (oraciones al levantarse y al acostarse) y el ayudar a misa. En el segundo núcleo se construía sobre la misma doctrina con las definiciones y brevísimas declaraciones del catecismo. En el tercer núcleo se recoge lo estudiado en los años anteriores y se añaden más declaraciones, acomodadas a la edad y capacidad[86].

La forma de desarrollar una clase de catecismo nos la describe el P. Judde. A los jóvenes de las clases inferiores hay que explicarles todo lo que necesariamente debe saber un cristiano. Concretamente, se debe insistir en el modo de enseñar las condiciones requeridas para hacer bien la confesión. Después inculca la explicación del sentido de la pregunta y la respuesta del catecismo de tal manera que los alumnos comprendan su contenido y no se queden en la superficie de las palabras. Sus razonamientos deben acompañarse con comparaciones para de ahí llegar a algunos puntos importantes de la moral a fin combatir las faltas e irregularidades comunes a su edad. Se concluía con una exhortación que convocaba el espíritu de los jóvenes para ser mejor o con alguna historia de la Escritura que confirmara el tema de la instrucción[87].

---

82 F. SACCHINI. *Paraenesis ad magistros scholarum inferiorum Societatis Iesu*. Roma (1625) cap. XIII. Citado por CHARMOT. *La pedagogía de los jesuitas*, 333.
83 *Ratio Studiorum*. "Reglas comunes a los Profesores de las clases inferiores", 4. Similar indicación recogen las Reglas relativas a los demás cuRatio Studiorumos.
84 *Monumenta Paedagogica*. Nadal. "Ordo Studiorum", 113.
85 En la *Praxis de los estudios mayores y menores* (J. DEL REY FAJARDO. *La pedagogía jesuítica en la Venezuela hispánica*. Caracas (1979) 302) se lee: "En la declaración de la Doctrina cristiana se tenga particular cuidado, *haciéndoles decorar y entender el catecismo...*".
86 *Monumenta Paedagogica*. Nadal. "Scholarum Regulae", 657-658. RS. "Reglas comunes a los Profesores de las clases inferiores", 4.
87 JUDDE. *Thesaurus spiritualis magistrorum scholarum inferiorum Societatis Jesu*. Gandavi,

A la explicación de la doctrina cristiana hay que añadir por parte del maestro algunas pláticas o exhortaciones espirituales de carácter práctico y aplicado[88] que buscan la generación de un núcleo central de la instrucción religiosa: oración, devociones y examen de conciencia[89].

Pero a nuestro entender, fue la "Prelección" uno de los medios más eficaces y a la vez más desapercibidos de que dispuso el Profesor para abrir espacios morales y patrones de conducta en la conciencia del alumno. De ello trataremos al hablar en detalle sobre la "Prelección".

Un segundo capítulo gira en torno al templo, el cual se erige en otra cátedra permanente de formación religiosa. La religión consiste, en último término, en un proyecto de vida al que se accede por voluntad propia y cuyo camino establece un compromiso personal con Dios.

La iglesia significaba para el alumno del colegio San Francisco Javier un hábitat espiritual distinto al del aula de clase y cuya atmósfera debía compartir con el resto de la sociedad. Si en el aula era un ciudadano privilegiado de la república de las letras, en el templo tiene que desempeñar el papel de un seguidor esforzado de Cristo al que deberá imitar para llegar incólume al reino definitivo.

El clima del recinto sagrado le deberá asomar a horizontes en los que debe asumir nuevas tomas de conciencia ya que su situación existencial se inserta en una comunidad específica y por lo tanto pertenece también a una sociedad concreta que debe regirse por el bien común, bien que en definitiva es mucho más que la sumatoria de todas las voluntades que comulgan con ese mismo ideal.

Esta concepción permanece inmutable no sólo durante el período de gestación de la *Ratio* sino también hasta la extinción de la Orden en 1773. Baste citar como ejemplo unos avisos del P. Diego Laínez, segundo Prepósito General de la Compañía de Jesús, dirigidos a las clases inferiores:

> Los que se dedican a los estudios, no lo hagan solo por saber, o para conseguir riquezas y honores, sino para ayudar a los demás y a si mismos con el conocimiento de la verdad a gloria y honra de Dios. Y si llegáremos por medio de la ciencia a puestos y dignidades, debemos referirlo todo al Señor, de quien lo hemos recibido[90].

1874. Citado por André SIMBERG. *L'éducation morale dans les collèges de la Compagnie de Jésus en France*. París (1913) 187.
88 *Ratio Studiorum*. "Reglas del Rector", 20.
89 *Ratio Studiorum*. "Reglas comunes a los Profesores de las clases inferiores", 5.
90 Citado por: José Manuel AICARDO. *Comentario a las Constituciones de la Compañía de Jesús*. Madrid, 3 (1922) 205.

Así pues, la enseñanza religiosa tiene su prolongación en la iglesia y en la capilla de la Congregación en donde tenía que escuchar todos los domingos y días de fiesta el sermón correspondiente[91]. De esta suerte, la vida de la sociedad merideña tenía que ser el objeto principal de la prédica de los oradores sagrados del colegio San Francisco Javier quienes con sus análisis socio-religiosos y sus proposiciones morales debieron crear en la mente de los alumnos un punto de referencia y de contraste entre los ideales concebidos en la escuela y la realidad de la vida vista desde el púlpito.

También el recinto sagrado reviste vital importancia en la vida interior del joven escolar ya que en él se desarrolla la práctica de los sacramentos; pero de este punto hablaremos más abajo.

Mas, todo lo expuesto caería en terreno yermo si no actúa la voluntad decidida del educando.

Tres son las vertientes en las que se desarrollará la acción personal del joven en el ámbito moral religioso. En el plano intelectual debe abrirse, de forma sistemática, a la formación de la inteligencia y a la educación de la conciencia. En el plano volitivo tiene que fomentar el dominio de la voluntad y la reiteración de hábitos para la virtud. En el plano moral deberá percibir el reto del mundo de los valores a fin de dar una respuesta generosa en su vida tras haberlos asimilado en su conducta.

Los medios que menciona la *Ratio* para la educación religiosa práctica son los siguientes: la oración, el examen de conciencia, la asistencia a Misa, la frecuencia de los Sacramentos, la lectura espiritual y las devociones.

El fin de la oración consiste en mantener el diálogo con Dios a fin de renovarse interiormente y servir mejor al Todopoderoso. El alcance de esta oración juvenil la describe así el P. Nadal:

> No se pase por alto el enseñarles cada día el renovar el propósito de una vida mejor y más sincera, como si nada hubieran hecho hasta aquella hora en el servicio de Dios. Pidan gracia a Dios por la que puedan servirle, guardar sus mandamientos y trabajar para fructificar en una vida cristiana más plena: consoliden el propósito de querer con la divina gracia dirigir todo lo que durante el día piensen, hablen y obren a mayor gloria y honor de Dios omnipotente[92].

Quizá podrá parecer nimio al lector de hoy lo pormenorizado de ciertas prescripciones que tenían su fundamento en aquellos ambientes. Al Profesor de

---

91 *Ratio Studiorum*. "Reglas comunes a los Profesores de las clases inferiores", 3.
92 *Monumenta Paedagogica*. Nadal. "Generalis ordo Collegii Tornacensis", 844.

las clases inferiores se le recuerda que debe exhortar a sus alumnos a la oración diaria y sobre todo a rezar el rosario o el oficio de la Santísima Virgen[93]; asimismo, los sábados debe recitar con los alumnos en clase las Letanías lauretanas, "o si es costumbre, llévelos a oirlas a la iglesia con los demás"[94].

Pero en el reducido mundo de un estudiante de las clases inferiores es lógico que la oración debe estar vinculada con las acciones que definen su vida estudiantil como es, en este caso concreto, el estudio; por ello se recomienda que antes de comenzar cada clase recite alguno una breve oración apropiada[95]. Con estas pormenorizadas actitudes se pretende, como anota Bertrán Quera, "que el discípulo, por el lenguaje de las actitudes, aprenda intuitivamente esta cortesía exterior con Dios que suele ser indicativa de una sincera y ferviente oración interior"[96].

En la pedagogía ignaciana la oración era un medio para enseñar a vivir en la presencia de Dios en todas sus acciones y, lógicamente, conforme avanzaban en edad, los modos de oración tenían que supeditarse a sus capacidades.

En definitiva es el deseo de perfección el norte de toda oración. Así lo exige el P. Nadal después de su visita al colegio de Viena:

> Sean todos incitados poco a poco a la piedad según su capacidad, y no sólo a la piedad sino también a la perfección religiosa; y todos se resuelvan a ayudar a las almas, e impriman este deseo en el corazón desde los más tiernos años[97].

El autor de los *Ejercicios Espirituales*, maestro en los flujos y reflujos del bien y del mal en el alma de todo hombre, no quiso que la juventud fuera ajena a este complejo y rico mundo interior y por ello quería que desde sus primeros años aprendieran a identificar y describir estos fenómenos espirituales y consecuentemente a buscar sus causas. Así pues, no es de extrañar que la *Ratio* exhorte a los alumnos a examinar su conciencia cada noche[98]. En la metodología espiritual de Ignacio de Loyola se concibe el examen de conciencia no sólo como una oración activa encaminada a detectar y corregir las equivocaciones que se dan en el ser humano sino también como un método psicológico natural para conocerse a si mismo mediante la introspección.

---

93 *Ratio Studiorum*. "Reglas comunes a los Profesores de las clases inferiores", 5.
94 *Ratio Studiorum*. "Reglas comunes a los Profesores de las clases inferiores", 7.
95 *Ratio Studiorum*. "Reglas comunes a los Profesores de las clases inferiores", 2.
96 Miguel BERTRAN QUERA. "La pedagogía de los jesuitas en la *Ratio Studiorum*", 87.
97 *Monumenta Paedagogica*. "Quae dixit P. Natalis pro Collegio Viennensi", 812.
98 *Ratio Studiorum*. "Reglas comunes a los Profesores de las clases inferiores", 5.

La lucha por la realización de los ideales que definen la primera juventud está sometida a una dialéctica de aciertos y fracasos que provienen fundamentalmente de la necesaria conjunción de generosidad e inexperiencia. En este sentido se impone la sabia dirección de un buen maestro que le señale las luces y las sombras, las virtudes que conducen al éxito incontaminado y los defectos que hay que prevenir o corregir. El P. Croiset señalaba los siguientes para los escolares franceses:

> Los defectos más ordinarios de los jóvenes consisten en una desgana por el trabajo, un espíritu de libertad, una inclinación al placer, poco discernimiento de lo que les puede ser ventajoso y de lo que les puede ser desfavorable, mucho de presunción en el peligro, un gran fondo de inconstancia y ligereza en la práctica del bien, fáciles en dejarse deslumbrar por falsos brillantes y dejarse cautivar por todo lo que lisonjea; el mal ejemplo arrastra, una vida llana les cansa, toda moderación les disgusta[99].

El hábito de realizar este examen mantiene la delicadeza del corazón e impide que se endurezca en el cotidiano contacto con las realidades de la vida[100].

Pero, además del examen general existe el particular que se dirige exclusivamente a exterminar el defecto dominante. Si hay voluntad decidida en el joven para aceptar estos retos hay que reconocer que posee los medios para llegar a crear una atmósfera de paz y de dominio de sí, aval para cualquier lucha interna o externa.

Sin embargo, parece que la primera entre las recomendaciones a la juventud fue la de oír la santa Misa diariamente[101] y pensamos que su asistencia debía ser a las 7 de la mañana.

Este iniciar el día con tan importante acto religioso suponía toda una preparación:

> ... sean enseñados particular y diligentemente con cuanta atención, devoción y reverencia del alma han de oír la Misa. Esto se hará si se les explican los misterios de los que trata la Misa, especialmente de aquellos que son más importantes como la consagración del Cuerpo y Sangre de Cristo y el sacrificio y oblación sacrosanta[102].

---

99 CROISET. *Règlement pour MM. les pensionnaires des PP. Jésuites qui peuvent leur servir de règle de conduite por toute leur vie*. Lyon (1715) 57. Citado por André SHIMBERG. *L'éducation morale dans les collèges de la Compagnie de Jésus en France*. París (1913) 225.
100 Laurent LEBRUN. *Institutio juventutis christianae*. París (1653) 64.
101 *Ratio Studiorum*. "Reglas comunes a los Profesores de las clases inferiores", 3.
102 *Monumenta Paedagogica*. Nadal. "Generalis ordo Collegii Tornacensis", 845.

Si los sacramentos se erigen como el lugar privilegiado para el encuentro y el diálogo de Dios con el hombre es evidente que asumen esa importancia en la pedagogía jesuítica.

Al Profesor se le recuerda que debe exhortar a sus discípulos a que frecuenten "con las debidas disposiciones" los sacramentos de la penitencia y de la eucaristía[103].

Y por ello le trae a la memoria la confesión mensual del alumno[104]. Son muchos los beneficios pedagógicos de la genuina confesión. Ciertamente es un auxiliar precioso del esfuerzo personal pues ayuda a aclarar la vida interior, a discernir los vicios, los defectos de carácter, las malas inclinaciones, a conocer las causas y sus efectos de nuestras acciones, en fin, todo aquello que debilita la identidad personal.

Por otra parte, ayuda al joven a combatir la falta de atención con el peligro próximo de convertirlo en superficial, impetuoso, caprichoso e irresponsable. Se trata de llegar a las raíces del mal, hasta el deseo y el pensamiento culpable. Y ese control reiterativo abre un espacio idóneo a la fuerza de la voluntad que proviene de un conocimiento exacto de la vida moral.

En la confesión no se trata tanto de arrancar para el olvido las huellas de la acción injusta o deshonesta sino de reasumir la firme decisión de no volverla a cometer en el futuro.

La santa Misa y la recepción de los sacramentos las considera la *Ratio* como el medio más eficaz para vivificar la piedad del joven en proceso de maduración. De ahí que la asistencia al sacrificio eucarístico se recomiende como diaria[105].

Sin embargo, hay que resaltar que los textos pedagógicos más antiguos insisten mucho en la preparación que se debe dar a los alumnos para que asistan con fruto a la misa[106]. Así por ejemplo, el P. Nadal recordaba a las autoridades del colegio Tornacense:

> ... sean enseñados particular y diligentemente con cuanta atención, devoción y reverencia del alma han de oir la Misa. Esto se hará si se les explican los misterios de los que trata la Misa, especialmente de aquellos que son más importantes

---

103 *Ratio Studiorum*. "Reglas comunes a los Profesores de las clases inferiores", 5.
104 *Ratio Studiorum*. "Reglas comunes a los Profesores de las clases inferiores", 9.
105 *Ratio Studiorum*. "Reglas comunes a los Profesores de las clases inferiores", 3.
106 *Monumenta Paedagogica*. Ledesma "De ratione et ordine studiorum Collegii Romani", 394.

como la consagración del Cuerpo y Sangre de Cristo y el sacrificio y oblación sacrosanta[107].

Por ello no es de extrañar que también se apele aquí al principio pedagógico del ejemplo al recomendar que el Profesor esté presente como un testimonio vivo de piedad ante sus alumnos[108].

La piedad busca en el joven la violencia de convertirse en un hombre nuevo. La piedad hay que concebirla, pues, en función del perfeccionamiento moral y por ello debe ser un instrumento práctico y eficaz para la educación de la conciencia y entrenamiento de la voluntad.

No se trataba de fabricar una piedad superficial y pasajera que se deshiciera con el cambio de edad, ambiente o estado. La virtud que debe cultivar el joven

> es un caudal de religión inalterable, un temor eficaz de un Dios dulce, un horror al pecado que crece con la razón y con la edad, un amor a Dios sin reservas, una observancia muy exacta de todos los mandamientos, una puntualidad perseverante para cumplir todos los deberes de su estado, un respeto, una sumisión, una ternura invariable por vuestros padres[109].

Para la literatura clásica la virtud consistía en el brillo esplendente del héroe que se esforzaba por ganar las alturas, era la armonía y la plenitud del hombre de nobles y magnánimos sentimientos que se entregaba por completo al bien. Por ello el Aquinate la definía como los sumo de lo que uno puede ser.

De facto es el proceso concreto por el que el hombre se autorealiza mediante la decisión y la responsabilidad. Es la llamada constante a la consumación del poder ser humano. En otras palabras, la virtud fabrica la integridad del hombre.

Lo anteriormente dicho explica que la piedad del estudiante tenía que ser ilustrada no sólo porque su contexto estaba penetrado por los recuerdos y ejemplos de la antigüedad clásica sino también porque los nuevos modelos se insertaban en la imitación de Jesucristo y de los santos. De ahí la importancia que se asigna a la lectura espiritual[110] y concretamente a la lectura de las vidas de santos[111], la *Imitación de Cristo* y otros[112].

---

107 *Monumenta Paedagogica*. Nadal. "Generalis ordo Collegii Tornacensis", 845.
108 *Ratio Studiorum*. "Reglas del Prefecto de Estudios inferiores", 45.
109 CROISET. *Règlement pour MM. les pensionnaires des PP. Jésuites...*, 11-12.
110 *Ratio Studiorum* "Reglas comunes a los Profesores de las clases inferiores", 8.
111 *Ratio Studiorum*. "Reglas comunes a los Profesores de las clases inferiores", 8.
112 *Monumenta Paedagogica*. Nadal "Scholarum Regulae", 661: "Tenga cada uno su doctrina cristiana y también un Gerson de imitatione Christi u otro libro devoto".

Ese clima cultural y espiritual tenía que traducirse en el ejercicio del cumplimiento del deber[113], de la virtud de la ejemplaridad o del testimonio[114] y la sinceridad y pureza de alma[115] es decir, la sinceridad de un alma noble y recta.

En *Lo mejor de la vida, religión, doctrina y sangre* del P. Julián, la cotidianidad práctica de un estudiante la sintetiza de la siguiente manera: La primera acción de la mañana consistirá en ofrecer a Dios todas las obras del día y en renovar los propósitos particulares. Después se les recomienda frecuentar los sacramentos como aval en el perfeccionamiento de su vida interior y exterior. Cada noche deberá dedicar un tiempo al examen de su conciencia y a leer un libro espiritual. Su conciencia la deberá encomendar a un confesor permanente así como también escogerá a un santo como patrono para sus estudios. Y por supuesto se le reitera la devoción a la Santísima Virgen. Todo ello se logrará al "poner el pensamiento en alto y acertar siempre a lo más grande"[116].

---

113 *Ratio Studiorum*. "Reglas de los alumnos externos", 14.
114 *Ratio Studiorum*. "Reglas de la Academia de los Gramáticos", 3.
115 *Ratio Studiorum*. "Reglas de los alumnos externos", 14.
116 JULIAN. *Lo mejor de la vida*, 13-14v.

VIII. Los escritos seleccionados y sus autores

Hemos seleccionado cinco documentos que a nuestro entender dan una visión clara de lo que fueron las fuentes de la paideia jesuítica en los ámbitos hispanoamericanos.

En primer lugar incluimos la *Ratio Studiorum* oficial promulgada en 1599, base fundamental de la educación de la Compañía de Jesús. En segundo término anexamos la obra del P. José Juvencio *El arte de aprender y de enseñar* (1703) que se constituye como una reinterpetación de la *Ratio Studiorum* en el siglo XVIII. En tercer documento responde al libro del P. Francisco Javier Idiáquez, *Prácticas, e industrias, para promover las Letras Humanas* (1758), interesante exponente de la renovación del estudio de las humanidades en España. El cuarto documento presenta la *Agudeza y arte de ingenio* de Baltasar Gracián pues pensamos que traduce la importancia del estudio de la retórica en los mundos hispánicos. Finalmente, cierra la visión de las fuentes un interesante escrito, de sabor local, como es *Lo mejor de la vida, religión, doctrina y sangre recogido en un noble joven colegial de el Real, Mayor y Seminario Colegio de San Bartholomé, propuesto en ynstruccion christiano-politica para el uso de dicho colegio* (1762) de gran proyección en tierras del occidente venezolano.

La *Ratio Studiorum* de 1599 supuso un largo recorrido en el que intervinieron muchos jesuitas dedicados a la enseñanza en todos los niveles y en todas partes del mundo conocido en ese entonces. Una visión mínima recomendable de esta historia es la que ofrece Miguel Bertrán-Quera en su interesante estudio sobre "La pedagogía de los jesuitas en la *Ratio Studiorum*"[1].

La preocupación por un documento universal que inspirara la docencia en todas las instituciones educativas esparcidas por el mundo nace en los tiempos del fundador quien apeló a la creatividad local a fin de fomentar que en cada nueva fundación pusieran en práctica las exigencias de las Constituciones[2] y elaboraran sus propias normas.

Así pues, el proceso de redacción del documento final se inició con los experimentos locales que proliferaron sobre todo en Europa pero también en Asia y América. Todo ese material fue enviado a Roma para su estudio y procesamiento

---

1 Miguel BERTÁN-QUERA. "La pedagogía de los jesuitas en la *Ratio Studiorum*". En: *Paramillo*. San Cristóbal, 2-3 (1984) 14-55.
2 Ignacio de LOYOLA. *Constituciones*, [455]: "De las horas de las lecciones y orden y modo, y de los ejercicios, así de composiciones como de disputaciones en todas Facultades y pronunciar públicamente oraciones y versos en particular se dirá en un tratado de por sí, al qual se remite esta Constitución con decir que debe aquello acomodarse a los lugares y tiempos y personas, aunque sea bien, en quanto se podrá llegar a aquella orden".

y así nació el texto provisional de 1586 que de nuevo fue reenviado a todas las Provincias para que hicieran sus observaciones. Cumplidas las revisiones locales de nuevo se redactó un primer intento de *Ratio* el año 1591 bajo la perspectiva de la diversidad universal en que se movía la Compañía de Jesús. Este texto volvió de nuevo a las periferias para dar paso a la última redacción romana que se llevó a cabo en 1599.

Para poder dar una información sobre los aportes locales hemos seleccionado el documento elaborado en el Colegio Romano por el P. Diego de Ledesma *Sistema y ordenamiento de los estudios del Colegio Romano* (1564-1565)[3].

El Colegio Romano había nacido en 1551 como el arquetipo que debían imitar en los diversos países los jesuitas y en 1566 Pío V lo elevó a categoría de Universidad con los mismos privilegios que París, Lovaina, Salamanca y Alcalá. El ideal es que se convirtiera en "seminarium omnium gentium" y allí se congregaron los mejores talentos de la Compañía de Jesús[4].

Diego de Ledesma (1524-1575)[5] cuando ingresó en la Compañía de Jesús el 30 de septiembre de 1556 había estudiado en las universidades de Alcalá, París y Lovaina. Ya en 1557 enseñaba teología en el Colegio Romano y fue encargado por el General de la Orden para examinar el currículum de estudios y estructurarlo de forma orgánica. El objetivo de Ledesma pretendía abarcar todas las disciplinas y sus métodos de docencia pero la muerte interrumpió su ambicioso plan. De los cinco libros proyectados sólo logró escribir los 55 capítulos del libro primero. Sobre su producción escrita nos remitimos a la *Biblothèque* de Sommervogel[6].

La minuciosidad con que trató de penetrar en el alma de la pedagogía ignaciana produjo un texto tan prolijo que fue atacado por algunos colegas de su propio claustro como por ejemplo Pedro Perpinyá[7].

---

3   Iacobus LEDESMA. *De ratione et ordine studiorum collegii Romani.* Romae, annis 1564-1565. La traducción castellana puede verse en la revista *Paramillo* (San Cristóbal) 2-3 (1984) 287-357.
4   Mario COLPO. "Colegio Romano (Universidad Gregoriana desde 1873)". En: Charles E. O'NEILL y Joaquín Mª DOMINGUEZ. *Diccionario histórico de la Compañía de Jesús.* Roma-Madrid, I (2001) 848-850.
5   Ladislao LUKÁCS. "Ledesma, Diego de". En: Charles E. O'NEILL y Joaquín Mª DOMINGUEZ. *Diccionario histórico de la Compañía de Jesús.* Roma-Madrid, III (2001) 2318-2319.
6   Carlos SOMMERVOGEL. *Bibliothèque de la Compagnie de Jesús.* Bruxelles-París, IV (1893) 1648-1651; IX (1900) 582-583: XI (1932) 1780; XII (1911) 229, 548.
7   Ladislao LUKÁCS. "Ledesma, Diego de", III, 2318.

El segundo escrito responde a una gran consulta propiciada desde las alturas del poder jesuítico romano y que culminó con el *Sistema y ordenamiento de estudios elaborado por seis Padres designados para ello por del R. P. Prepósito General*. En Roma, en el Colegio de la Compañía de Jesús. En el año del Señor 1586[8].

Los redactores fueron los siguientes: Juan Azor (España); Jacobo Tyrie (Francia); Pedro Busée (Austria); Antonio Guisanus (Alemania) y Esteban Tucci (Italia)[9].

Juan Azor (1536-1603) dominó el latín, el griego y el hebreo y enseñó 18 años teología, 6 sagrada escritura y 4 casos de conciencia. Se le considera como uno de los pioneros de los grandes tratados de moral[10].

Jacobo Tyrie (1543-1597) era escocés pero su biografía jesuítica la comparten París y Roma. Fue profesor y rector del colegio Clermont de la capital francesa. Enseñó sagrada escritura en Pont-à-Mousson. Y en la capital de la cristiandad se desempeñó como Asistente de Francia y Alemania[11].

Pedro Buys [Busaeus, Busée] (1540-1587) aunque nacido en Nimega su vida jesuítica transcurrió en Alemania y Austria. Enseñó teología y hebreo en Viena y su fama se debió fundamentalmente por haber editado el *Catecismo* amplio de Pedro Canisio con una erudita adición de textos sacados de la Biblia, santos Padres, actas conciliares y legislación eclesiástica[12].

Muy poco conocemos de Antonio Guisanus o Goyson fuera de su actuación en la preparación de la *Ratio* de 1586.

---

8   *Ratio atque Institutio Studiorum per sex Patres ad id iussu R. P. Praepositi Generalis deputatos conscripta*. Romae, in Collegio Societatis Iesu. Anno Domini MDLXXXVI. La traducción castellana puede verse en la revista *Paramillo* (San Cristóbal) 2-3 (1984) 359-392.
9   François CHARMOT. *La pedagogía de los jesuitas. Sus principios. Su actualidad*. Madrid, Sapientia (1952) 392.
10 Eduardo MOORE. "Azor, Juan". En: Charles E. O'NEILL y Joaquín Mª DOMINGUEZ. *Diccionario histórico de la Compañía de Jesús*. Roma-Madrid, I (2001) 316. Para sus publicaciones, véase: José Eug. De URIARTE y Mariano LECINA. *Biblioteca de escritores de la Compañía de Jesús pertenecientes a la antigua Asistencia de España desde sus orígenes hasta el año de 1773*. Madrid, I (1925) 394-399.
11 Thomas H. CLANCY. "Tyrie, James". En: Charles E. O'NEILL y Joaquín Mª DOMINGUEZ. *Diccionario histórico de la Compañía de Jesús*. Roma-Madrid, IV (2001) 3853. SOMMERVOGEL. *Bibliothèque de la Compagnie de Jésus*, VIII, 299-300.
12 Paul BEGHEYN. "Buys (Busaeus), Meter (Petrus)". En: Charles E. O'NEILL y Joaquín Mª DOMINGUEZ. *Diccionario histórico de la Compañía de Jesús*. Roma-Madrid, I (2001) 586. Para sus escritos, véase: SOMMERVOGEL. *Bibliothèque de la Compagnie de Jésus*, II, 439-442.

Esteban Tucci (1540-1597) fue latinista, compositor teatral y profesor de teología. Esta personalidad abierta al humanismo y dotada de una fina percepción para llegar al alma de los espectadores le facilitó el integrar la comisión redactora de la Ratio[13].

Frente a tanta documentación enviada a Roma el grupo decidió redactar un papel de trabajo que recogía el pensar en los siguientes puntos: Matemáticas. Estudios de Humanidades. Formación de Maestros para la enseñanza. Gramática de Manuel Álvarez. Enseñanza de las letras griegas. Manera de realizar la prelección. Composición y corrección de temas. Hablar en latín. Concertaciones mutuas de los alumnos. Declamaciones públicas. Demostración pública del saber. Los alumnos han de ser examinados con seriedad. Expurgación de libros. Cómo guardar la disciplina y la piedad. Horario de la clase Ínfima de Gramática. Lo que debe hacerse en Suprema Gramática. Cómo hay que organizar las clases de Humanidades. La clase de Retórica. Horario de la clase de Retórica.

El propio P. General, Claudio Aquaviva, se dirigió a los Provinciales para que cada uno escogiera en su provincia "al menos cinco que juzgue los más idóneos en ciencia y criterios, añadiendo a los que crea conveniente por sus conocimientos humanísticos". Y añade que las respuestas recibidas "porque sólo entonces, habiendo percibido el pensamiento y el sentir de toda la Compañía, nos será dado llevarlo a cabo"[14].

Toda esa correspondencia fue de nuevo estudiada y así nació el Proyecto de 1591, síntesis de más de 20 años de consultas. Su verdadero título es: *Sistema y ordenamiento de los estudios*[15].

Nuevamente, el 18 de julio de 1592 el General de la Compañía de Jesús se dirigió a todos los Provinciales a fin de que en sus respectivas demarcaciones geográficas se propusieran las enmiendas y sugerencias que se creían necesarias

---

13 Mario COLPO. "Tucci (Tuccio), Stefano". En: Charles E. O'NEILL y Joaquín Mª DOMINGUEZ. *Diccionario histórico de la Compañía de Jesús*. Roma-Madrid, IV (2001) 3845-3846. SOMMERVOGEL. *Bibliothèque de la Compagnie de Jésus*, VIII, 263-265.
14 La carta puede verse en *Sistema y ordenamiento de estudios elaborado por seis Padres designados para ello por del R. P. Prepósito General*. En Roma, en el Colegio de la Compañía de Jesús. En el año del Señor (1586) 367-368.
15 *Ratio atque Institutio Studiorum, 1591*. El texto completo se encuentra en: Ladislaus LUKÁKS. *Monumenta paedagogica Societatis Iesu*. Tomo V: *Ratio atque institutio studiorum Societatis Iesu* (1586, 1591, 1599). Romae, 1986. El texto de 1591 se compone de dos partes bien diferenciadas. La primera "Pars prior. Ordo et praxis studiorum" (pp. 229-313). La segunda [Pars speculativa] (pp., 314-329).

pues la *Ratio* definitiva tendría fuerza de ley. Para ello dio un lapso temporal de tres años.

Y de esta forma se aprobó en 1599 la *Ratio Studiorum* oficial de la Compañía de Jesús y fue promulgada por el P. Claudio Aquaviva[16], General de la Orden de Ignacio de Loyola, para que fungiera como instrumento jurídico obligatorio hasta la extinción de la Compañía en 1773.

El segundo documento que presentamos es el de José Juvencio (1643-1719)[17]. Este jesuita parisino enseñó en varios colegios galos pero fundamentalmente en el de Clermont (Louis-le-Grand). Fue un gran promotor de los estudios clásicos y así publicó ediciones expurgadas de autores como Cicerón, Horacio, Juvenal, Ovidio, Terencio y Demóstenes acompañadas por traducciones latinas en prosa. A ello hay que añadir sus obras teatrales en la lengua del Lacio. Su talla de humanista fue tal que consiguió el respeto no sólo del General de la Orden sino de la Congregación General de 1696. De esta forma se extendió el prestigio de su obra *Magistris scholarum inferiorum Societatis Jesu de ratione discendi et docendi ex decretis Congregationis Generalis XVI*[18].

Como es natural, la vida histórica de las ideas y de las instituciones sufre, con el correr de los tiempos, grandes mutaciones porque en definitiva están no sólo al servicio del hombre en perpetuo devenir, sino también al servicio de la sociedad en que el hombre desarrolla su existencia.

Al comenzar el siglo XVIII ya el neoclasicismo francés había diseñado nuevos valores culturales y literarios que no tardaron en difundirse por toda Europa. Esa encrucijada también la vivió la Compañía de Jesús[19] pero se impuso la línea tradicional que insistía en los modelos aceptados como clásicos. De esta suerte, la Congregación General XIV promulgó como obligatoria la obra de Juvencio [Jouvancy] *Ratio discendi et docendi*[20]. Con todo, hemos de confesar que, para quien desee adentrarse en lo que fue el método jesuítico de la enseñanza de las humanidades, encontrará en Juvencio una de las más limpias y profundas interpretaciones de la *Ratio Studiorum*. El autor divide su tratado en dos partes.

---

16 Mario FOIS. "Aquaviva, Claudio". En: Charles E. O'NEILL y Joaquín Mª DOMINGUEZ. *Diccionario histórico de la Compañía de Jesús*. Roma-Madrid, II (2001) 1614-1621.
17 Georges BOTTEREAU. "Jouvancy (Juvencius), Joseph de". En: Charles E. O'NEILL y Joaquín Mª DOMINGUEZ. *Diccionario histórico de la Compañía de Jesús*. Roma-Madrid, III (2001) 2157-2158.
18 Florencia, 1703.
19 François de DAINVILLE. *L'éducation des jésuites*. París. Les Editions de Minuit (1978) 194-208.
20 JUVENTIUS. *Ratio discendi et docendi*. Florencia, 1703.

En la primera, el arte de aprender, insiste en el conocimiento de las lenguas, de las ciencias y de la metodología del estudio privado. En la segunda, el método de enseñar, apela a las virtudes del profesor, a los libros que debe utilizar el maestro, en los métodos específicos de la enseñanza de la gramática, humanidades y retórica, para concluir con algunos consejos prácticos.

El tercer documento, muy poco conocido aun dentro de la literatura pedagógica hispana, pertenece al P. Francisco Javier Idiáquez (1711-1790)[21]. Educado en Francia pronto se distinguió por sus dotes de humanista y de superior religioso. A semejanza de Juvencio creo en el colegio de Villagarcía de Campos un verdadero equipo de humanistas, los cuales, gracias a la imprenta, dieron a conocer ediciones de textos clásicos, gramáticas y retóricas e incluso vocabularios y fraseologías. Su espíritu renovador lo condensó en sus *Prácticas e industrias para promover las Letras Humanas*[22].

Esta obra hay ubicarla entre los intentos renovadores de los estudios de humanidades clásicas que se dan en España a mediados del siglo XVIII. Las dos figuras más prominentes son José Finestres (1688-1777)[23] en la Universidad de Cervera y Gregorio Mayans y Siscar (1699-1781) en Valencia[24]. Una guía importante para el estudio de todo este proceso se encuentra en *Humanistas, políticos e ilustrados* de Antonio Mestre[25].

De igual forma existieron dentro de la Compañía de Jesús hispana algunos brotes renovadores que, aunque hayan pasado inadvertidos para los analistas, se pueden verificar aunque su vigencia haya sido tan exigua.

Como es lógico las personalidades jesuíticas preocupadas por los estudios clásicos también tienen sus vinculaciones con los renovadores antes menciona-

---

21 Conrado PÉREZ PICÓN y José ESCALERA. "Idiáquez, Francisco Javier". En: Charles E. O'NEILL y Joaquín Mª DOMINGUEZ. *Diccionario histórico de la Compañía de Jesús*. Roma-Madrid, II (2001) 1990-1991. Para sus obras, véase: SOMMERVOGEL. *Bibliothèque de la Compagnie de Jésus*,
22 Villagarcía, 1758.
23 Miguel BATLLORI. "Finestres y de Montalvo, José". En: Charles E. O'NEILL y Joaquín Mª DOMINGUEZ. *Diccionario histórico de la Compañía de Jesús*. Roma-Madrid, II (2001) 1461.
24 Miguel BATLLORI. "Mayans y Siscar, Gregorio". En: Charles E. O'NEILL y Joaquín Mª DOMINGUEZ. *Diccionario histórico de la Compañía de Jesús*. Roma-Madrid, III (2001) 2584-2585.
25 Antonio MESTRE SANCHIS. *Humanistas, políticos e ilustrados*. Alicante, Universidad de Alicante, 2002.

dos. Sin lugar a dudas hay que mencionar entre otros a Francisco Javier Idiáquez (1711-1790)[26] y Andrés Marcos Burriel (1731-1762)[27].

Igualmente hay que señalar que los núcleos renovadores se ubican en las cuatro provincias jesuíticas españolas. El más importante fue el que giró en torno a la Universidad de Cervera[28]. También asumió importancia decisiva en la Provincia de Castilla el Colegio de Villagarcía de Campos[29]. Como es natural la Provincia de Toledo tuvo su mejor exponente en el Colegio Imperial de Madrid[30]. Y la Provincia de Andalucía ha sido estudiada por el catedrático de la Universidad Gregoriana, Francisco de Borja Medina[31].

Otro documento seleccionado corresponde al prolífico escritor aragonés Baltasar Gracián (1601-1658) uno de los mayores escritores europeos de la época barroca[32]. Su agitada biografía interior no fue óbice para que escribiera todas sus obras, casi todas con seudónimo, hecho que le motivó el sufrir muchos disgustos.

Incluimos su libro *Agudeza y arte de ingenio* porque significa el tránsito de la retórica barroca a la neoclasicista pues interpretaba el devenir de los tiempos[33]. Y Ceferino Peralta afirma que "al integrarse la *Ratio* en el equilibrio barroco de la Escuela Aragonesa, se situaría en una zona también integradora del barroquismo y del clasicismo"[34]

---

26 Conrado PEREZ PICON y José ESCALERA. "Idíaquez, Francisco Javier". En: Charles E. O'NEILL y Joaquín Mª DOMINGUEZ. *Diccionario histórico de la Compañía de Jesús.* Roma-Madrid, II (2001) 1990-1991

27 A. ECHANOVE. *La preparación intelectual del P. Andrés Marcos Burriel (1731-1750).* Madrid, 1971. Antonio MESTRE y Jesús GOMEZ FREGOSO. "Burriel, Andrés Marcos". En: En: Charles E. O'NEILL y Joaquín Mª DOMINGUEZ. *Diccionario histórico de la Compañía de Jesús.* Roma-Madrid, I (2001) 575-576.

28 José MARTINEZ DE LA ESCALERA. "Ciencias y letras entre los jesuitas de la Corona de Aragón (1747-1767)". En: *Miscelánea Comillas.* Madrid, t., XL, n°., 77 (1982) 263-325.

29 Conrado PEREZ PICON. *Un colegio ejemplar de Letras Humanas en Villagarcía de Campos (1576-1767).* Valladolid, 1983.

30 José SIMON DIAZ. *Historia del Colegio Imperial de Madrid.* Madrid, Instituto de Estudios Madrileños, 1992.

31 Francisco de BORJA MEDINA. "Ocaso de un provincia de fundación ignaciana: la Provincia de Andalucía en el exilio (1767-1773)". En: *Archivo teológico granadino.* Granada, 54 (1991) 5-90.

32 Miguel BATLLORI. "Gracián y Morales, Baltasar". En: Charles E. O'NEILL y Joaquín Mª DOMINGUEZ. *Diccionario histórico de la Compañía de Jesús.* Roma-Madrid, II (2001) 1796-1797.

33 Miguel BARLLORI. *Gracián y el Barroco.* Roma, (1958) 111.

34 Ceferino PERALTA. "Gracián, entre barroco y neoclásico en la <Agudeza>". En: Baltasar GRACIÁN. *Agudeza y arte de ingenio.* San Cristóbal (1984) 552. El texto fue publicado

En general los jesuitas hispanos utilizaron otras retóricas latinas pero ciertamente Gracián reposó en casi todas las bibliotecas de los colegios de los seguidores de Ignacio de Loyola tanto en la Península como en Indias.

Y podemos afirmar que su influjo fue decisivo como pensador y también como teórico de la retórica. La *Agudeza* significa el esfuerzo de Gracián por interpretar tanto el carácter de la historia como el de la crítica literaria, pues como analiza Peralta "como *Historia* tiene la *Agudeza* un valor antológico en nada inferior a los Cancioneros y Florestas de su tiempo, y Gracián aparece, cronológicamente con ella, como nuestro primer historiador universal de la Literatura. Como *Crítica literaria*, idénticamente en el orden cronológico, resulta Gracián el primer crítico universal de nuestra Literatura"[35].

El último escrito que cierra en esta pequeña antología de textos pedagógicos lleva por título: *Lo mejor de la vida/ Religión, Doctrina y Sangre re-/ cogida en un-/ noble joven colegial de el/ Real, Mayor y Seminario Colegio de San/ Bartholome, propuesto en Ynstruccion Chris-/ tiano-Política para el uso de/ dicho Colegio/ a quien lo dedica un Estudiante Theologo de la Compañía de/ Jesús en su segundo año a suplicas de/ la misma juventud, noble./ Publicado/ el año MDCCLXIV dos después de/ su composición*[36].

Lo mejor de la vida se puede definir, en términos generales, como un interesante manual de urbanidad y cortesía para jóvenes humanistas que todavía no han ingresado a las Facultades mayores de: Filosofía, Teología, Derecho o Medicina.

Su autor es el P. Ignacio Julián (1737-¿?))[37] y lo redactó mientras ejercía su cargo de "Pasante" en el mencionado Colegio Mayor en 1762. Adopta como género literario el diálogo entre el padrino y el joven que se inicia como bartolino. El texto está enriquecido con precisos y oportunos textos de los clásicos como Ovidio, Horacio, Propercio Saleio Bassi, Virgilio, Terencio, Juvenal, Salustio, Quintiliano, Marcial, Eurípides, Cicerón, Ausonio, Persio, Plauto, Manilio, Pe-

---

en la Revista *Paramillo* de San Cristóbal, n°., 2-3 (1984) 541-827. Véase: Manuel ALVAR. *Aragón, Literatura y ser histórico*. Zaragoza, 1976.

35 Ceferino PERALTA. "Gracián, entre barroco y neoclásico en la <Agudeza>". En: Baltasar GRACIÁN. *Agudeza y arte de ingenio*. San Cristóbal (1984) 551.
36 Biblioteca Nacional de Colombia. Sección de Libros raros y curiosos. Mss., 17. Mide 22 por 15,5 y consta de 60 folios recto y vuelto. Está empastado en pergamino y su escritura es típica de la segunda mitad del siglo XVIII.
37 José DEL REY FAJARDO. *Biblioteca de Escritores jesuitas neogranadinos*. Bogotá, Editorial Pontificia Universidad Javeriana (2006) 372-373.

tronio, Catulo, Séneca, Lucano, Claudiano, Catón, Calpurnio, Platón, Aristóteles, etc.

La estructura de su contenido explica claramente el objetivo final del documento pues consta de las siguientes partes:

Carta dedicatoria (fols., 1-4v)

Dictamen del Padre Rector del Colegio (fol., 5).

Diálogo 1º Sin título. (Trata de los fundamentos de la educación jesuítica y de cómo adquirir las virtudes que exige la nobleza de espíritu). (fol. 5v-15).

Diálogo 2º De lo que ha de guardar en su Persona, y lo que le pertenece (fol., 15-22).

Diálogo 3º De lo que debe guardar con los de casa (fol., 22-34v).

Diálogo 4º De lo que debe guardar en los actos o funciones de Comunidad (fol., 34v-42).

Diálogo 5º De lo que debe guardarse fuera de casa (fol., 42-44).

Diálogo 6º Visitas de estrados o damas (fol., 44-51).

Diálogo 7º De las atenciones ordinarias (fol., 51-60v).

Para ubicar la obra dentro del contexto general de la educación jesuítica, conviene dejar sentado —como lo hace el autor— que la Paideia jesuítica descansa sobre tres grandes pilares: "virtud, letras y política"[38]. De esta suerte, la *política* se constituye en el núcleo central de *Lo mejor de la vida* y en tanto hará referencia a las otras dos áreas en cuanto haya vinculación inexcusable a o entre ellas.

La tesis sustentada en torno al educando se centra fundamentalmente en un concepto de continua y metódica superación en cuya cima se alcanza la nobleza. El fin del libro se orienta a proponer "una idea cabal de un *joven noble* ... verdadero *dechado de nobleza*, que con sus obras transcribe más que en el nombre"[39].

Es natural que el autor insista en el concepto de *Política* como desligado —en cuanto es posible— de la virtud, ya que el objetivo primario del escrito son las manifestaciones externas de la vida social y no el estudio de su raíz, que supone la virtud. "...esta que he llamado hasta aquí *política*, civilidad y cultura es una facultad que no se distingue de la buena crianza christiana sino en nuestra razón, en cuanto concebimos las acciones de política solo encaminadas a los hombres y

---

38   *Lo mejor de la vida*, fol., 48.
39   *Lo mejor de la vida*, fol., 3v.

su buena sociedad, cuando las mismas... son actos de virtud christiana en cuanto miran a Dios"[40].

Este pequeño libro nos abre la perspectiva que asumía la "política" en la educación de la juventud y su importancia subsiguiente para las tierras venezolanas consiste en que mucha de la gente culta se educó en tan importante plantel santafereño, amén de constituir de igual forma el patrón de formación para todos nuestros colegios coloniales.

---

40 *Lo mejor de la vida*, fol., 11.

DOCUMENTOS

RATIO ATQUE INSTITUTIO STUDIORUM
SOCIETATIS JESU.
AUCTORITATE SEPTIMAE
CONGREGATIONIS GENERALIS AUCTA.
ANTVERPIAE APUD JOAN.
MEURSIUM,
1635, EN 8ª

(Se trata de una reedición de la publicada en Roma en 1616).
Traducción: Gustavo Amigó S. J. La presente versión ha sido revisada por Daniel Alvarez S. J y José del Rey Fajardo S. J.

A LOS SUPERIORES DE LA COMPAÑIA

Sale completamente íntegro el libro de los Estudios, el mismo que desde hace muchos años fue redactado con tanto y tan grande trabajo por seis Padres Designados, una y otra vez examinado cuidadosamente en las Provincias y comprobado por experiencia, luego de haber sido finalmente de nuevo aprobado por orden de la Quinta Congregación General el año 1599; sin embargo, al haber sido sancionado puntos por la reciente Congregación General Séptima, especialmente de varios exámenes de los Nuestros durante la Filosofía y la Teología, que habían de colocarse en su lugar dentro de las Reglas del Provincial; y al faltar ya ejemplares de la última edición: decidí ser necesario esta nueva edición y juntamente advertir a los Superiores de aquella añadidura; para que con la mayor exactitud y con la ayuda de la gracia divina, se den a poner por obra la mente de la Congregación.

En Roma, a 2 de Febrero de 1616

Bernardo de Angelis
Secretario de la Compañía de Jesús

Reglas del provincial

Fin de los estudios de la Compañía
P. 4 proem. y c. 12,1. P. 10,3

[1] Siendo uno de los ministerios primarios de nuestra Compañía enseñar a los demás todas las materias que sean conformes con nuestro Instituto con el fin de que se muevan al conocimiento y al amor de nuestro Creador y Redentor: piense con todo cuidado el Prepósito Provincial en atender a tan múltiple trabajo de nuestras escuelas, exigido por la gracia de nuestra vocación, para que el fruto responda con abundancia.

Prefecto general de estudios
P .4, c. 17,2

[2] Por consiguiente, no sólo encomiende esto en el Señor al Rector y no sólo el sino también nómbrese un Prefecto de estudios o Canciller, persona notablemente versada en letras y ciencias, que tenga buen celo y juicio en lo que le fuere encomendado; cuyo oficio sea hacer de instrumento del Rector para disponer bien los estudios; al que deben obedecer con la debida humildad en lo tocante a los estudios los profesores y los estudiantes, ya los del mismo colegio, ya también los que tal vez viven en los seminarios de internos y alumnos, y los Prefectos de estudios en los seminarios.

Prefecto de estudios inferiores y del atrio

[3] Si por lo grande y variado de la escuela pareciere que no se puede atender suficientemente a los asuntos de todos los escolares con un solo Prefecto de Estudios: nombre otro, que dirija los estudios inferiores según la disposición del Prefecto general; más aún, si fuera necesario, agregue un tercero que dirija el atrio de los escolares.

Cómo disponer de profesores
P. 4, c. 6,6.

[4] Con mucha anticipación vea cuántos profesores podrá tener para cada facultad, fijándose en los que le parezcan más aptos para ella, y que sean doctos, diligentes y asiduos, no menos que inclinados al provecho de los estudiantes así en las lecciones como en otros ejercicios literarios.

Estudio y maestro de la Sagrada Escritura
P. 4,c.12,2 y B.

[5] Ponga mucha diligencia en promover el estudio de las Sagradas. Letras: lo que conseguirá si escoge personas no sólo peritas en lenguas (porque esto es sumamente necesario) sino también en la teología escolástica y

en las demás ciencias y en la historia y en variada erudición, y, en cuanto sea posible, bien versados en elocuencia.

Oyentes y tiempo

[6] Los teólogos asistan cada día por unos tres cuartos de hora a esta lección de Sagrada Escritura durante dos años, donde haya dos profesores: es decir, en el segundo y tercer año; pero donde haya tres, la lección se tendrá o más corta todos los días o, si mejor pareciere, más larga en días alternos.

Cómo debe ser el profesor
de hebreo. P. 4, c. 12,2

[7] Si se puede convenientemente, el profesor de Sagrada Escritura enseñe la lengua hebrea, o al menos alguno que sea teólogo; y sería de desear que fuera también perito no sólo del griego, por el Nuevo Testamento y la versión de los Setenta Intérpretes, sino también de las lenguas caldea y siríaca, pues en ellas hay esparcidas muchas cosas en los libros canónicos.

Oyentes y estudio
P. 4, c. 6, litt. D

[8] Durante un año, es decir, en el segundo o tercero de teología, no se exima a ningún teólogo de asistir a esta clase, a no ser los que sean juzgados enteramente ineptos para ella. Además, como lo advierten las Constituciones, determínese quiénes han de dedicarse a este estudio; los escogidos, en el bienio que se manda para repetir la teología, intensifiquen el estudio del hebreo, más aún, durante el mismo curso de teología y ayúdense de una academia privada, al menos en las vacaciones, si se pudiere hacer.

Curso de teología y maestros
P. 4, 9,3 y c. 15,3 y P. 5, c. 2,2
Congr. Gen decr. 18

[9] § 1 Trate de que la teología se haga en los cuatro años prescritos por las Constituciones, y por medio de dos profesores o, si de ninguna otra manera se pudiera hacer, de tres profesores ordinarios, según la diversa costumbre de las Provincias. Cuando haya tres, la tercera lección será de teología moral, en la que de propósito y con solidez se expliquen las materias morales, que los profesores ordinarios suelen omitir o tratan brevísimamente. Esta lección la tengan los nuestros al menos durante dos años y por otros dos años la Sagrada Escritura.

5 Congr. can. 9
>§ 2 Recuerde ante todo que no debe promoverse a las cátedras de teología sino a los que estén bien dispuestos hacia Santo Tomás; pero, los contrarios o aun los poco aficionados, sean removidos del cargo de enseñar.

Bienio para repetir la teología
Reg. 52 del Provincial
P. 4, c. 6,14 y 16 y c. 15,3
>[10] Al principio del cuarto año, con el Rector, el Perfecto, los Maestros y sus consultores, señale a algunos que ante todo sean de virtud probada y tengan ingenio para repetir en privado la teología y tener actos, durante un bienio, al arbitrio de los superiores, como lo disponen las Constituciones; y tengan un estudio privado y tranquilo, sobre lo cual más abajo se dará una instrucción particular: de los cuales, conforme a la costumbre de la región, podrán algunos, con autorización del General, ser promovidos al grado del Doctorado o del Magisterio.

Promoción a los grados
P. 4, c. 6,17; c. 15,4; c. 17,8 y litt. M
>[11] Donde haya costumbre de que se haga promoción pública a los grados, guardese con exactitud las Constituciones; y no se promueva a nadie que no defienda algunas tesis de los pasajes más importantes de la Escritura con conclusiones escolásticas. El modo también de promover y las demás ceremonias, con tal de que no se opongan a las Constituciones, manténgase de acuerdo con las costumbres y las disposiciones de cada lugar.

Profesor de casos
Reg. 56 del Provincial
>[12] En el colegio en que haya seminario de casos de conciencia, para los nuestros, nombre dos profesores de casos que expliquen durante dos años todas las materias de ese género y las distribuyan entre si; o uno que tenga diariamente dos lecciones.

Conferencia de casos
Reg. 57 del Prov. y 57 del Prep
>[13] En las casas profesas dos veces por semana y en los colegios una o dos, según se juzgare mejor en el Señor, bien sea que en ellos se tenga o no lección pública de casos, reúnanse nuestros sacerdotes para tener conferencia de casos bajo la presidencia de alguno, quien con prudencia y seguridad pueda desempeñar tal cargo; y ese presidente lea y guarde las reglas del profesor de casos, en las que se dispone el modo de tal conferencia.

La misma conferencia en los colegios primarios
   [14] Hágase asimismo tal conferencia de casos en los colegios primarios ya haya uno o dos profesores de casos, o ninguno, principalmente para todos los oyentes de teología, pero una sola vez a la semana.

No se eximan de ellas
   [15] No se eximan de todas estas conferencias, fuera de los profesores de teología y filosofía y algunos otros que juzgare el Superior, ningún casista, ni sacerdote que por oficio o accidentalmente oigan confesiones; más aún, el mismo Superior no esté ausente sino rara vez por graves causas.

Cuáles deben ser los profesores de filosofía
P. 4, 9,2 y 3. 5 Congr. Gen. decr. 55
   [16] Es necesario que los profesores de filosofía, si no es que una gravísima necesidad exija otra cosa, conviene que no sólo hayan terminado el curso de teología sino que la hayan repetido durante un bienio, para que su doctrina pueda ser más segura y sirva más a la teología. Y si algunos se mostraren inclinados a novedades o de ingenio demasiado libre, deben sin ninguna duda ser removidos del cargo de enseñar.

El Curso de filosofía
P. 4, c. 15,2
   [17] El curso de filosofía, donde hay nuestros, dure tres años y no menos tiempo, empero si hay sólo oyentes de fuera, se deja al juicio del Provincial. Pero cada año, mientras sea posible, se termine un curso y se empiece otro.

Tiempo de retórica y humanidades
P. 4, c. 5, 2 y 3 y C.; c. 13,4 y c. 11,1 y A. P. 4, c 6,4
   [18] Aunque la duración del tiempo para el estudio de las humanidades y de la retorica no pueda determinarse y al Superior corresponda decidir cuánto ha de demorar cada uno en estas letras; sin embargo, a los nuestros no los manden a la filosofía antes de que terminen el bienio de retórica, a menos que la razón de edad o la aptitud o alguna otra parezca obstar en el Señor. Y si algunos están dotados de ingenio para hacer grandes adelantos, principalmente en estos estudios, habrá que ver si es oportuno dedicarles un trienio a fin de que se fundamenten con mayor solidez.

Triple examen de los filósofos
Decr. 28 Con gr. 7
   [19] § 1 Luego que hubieren entrado en el curso de filosofía, cada cual al fin de cada año habrá de ser examinado seriamente por los examinadores

señalados en presencia del Rector y del mismo Provincial, si es posible, y nadie sea admitido del primer año de filosofía al segundo o del segundo al tercero, si no alcanzare la medianía; es decir, que entienda bien lo que oyó y de ello pueda también dar razón. Y para oir la teología escolástica no se admita a nadie que no haya superado la medianía en toda la filosofía; de tal manera que pueda defender sus afirmaciones y mantenerlas con aprobación, a no ser que sobresalgan tal vez en algún estudiante medio talentos insignes para gobernar o predicar, por los cuales le pareciere decidir el Provincial otra cosa: aunque no tiene facultad alguna para dispensar en lo demás.

Tener en cuenta la virtud

[20] § 2 En todo este asunto, que ha de considerarse de gran importancia en el Señor y tratarse con toda diligencia por ser de la mayor gloria de Dios, guarde ante todo el Provincial las reglas 49 y 56 de su oficio; y ante todo tenga cuenta con la virtud.

Cuádruple examen de los teólogos

[29] § 3 Por la misma razón, los que estudien teología han de dar examen al fin de cada año; y a nadie se le ha de permitir pasar al siguiente, sin que haya excedido la medianía, a juicio de los examinadores, en lo que estudió ese año; solamente serán exceptuados aquellos pocos alumnos que, por su talento excepcional, como se ha dicho, deberán proseguir a juicio del Provincial.

Quiénes han de destinarse a los casos

[22] § 4 Los que en el decurso de los estudios se hallaren ineptos para la filosofía o para la teología, a juicio del Provincial, sean destinados al estudio de los casos o a la docencia.

Deben examinarse los que estudiaron fuera de la Compañía

[26] § 5 Han de presentar un examen semejante los que antes de entrar en la Compañía estudiaron todo el curso de filosofía, o parte de él, o también alguna parte de la teología, para que se haga lo mismo con ellos.

[21] § 6 Estos exámenes, con los que se determina si deben proseguir a los años siguientes quienes estudian filosofía o teología, háganse por votación secreta; y lo que fuere determinado, junto con el juicio de los examinadores, conste por escrito en un libro destinado para ello; y guarden secreto los que intervinieron en el examen.

[31] § 7 Pero como en tal examen y juicio de los ingenios no rara vez discrepan los pareceres, corresponderá al Provincial, bien considerado el caso y ponderados los sufragios, oídos sus consultores, decidir lo que en el Señor pensare corresponder a la mayor gloria de Dios y bien común de la Compañía. Y si juzgare que alguien no debe continuar los estudios, anote esto en el libro, como se dijo.

Como debe juzgarse de los talentos

[23] [24] [25] § 8 Acerca de la capacidad y talento para predicar o gobernar, que deben tener aquellos a quienes se concede ser admitidos a la teología escolástica, aunque solo medianamente hayan aprovechado en filosofía, o para que prosigan en la misma escolástica, aunque en su adelanto no hayan superado la medianía: el Provincial considere seriamente con sus consultores y otras personas graves que los conozcan bien y puedan juzgar de tales asuntos.

[27] § 9 Procure sobre todo que esta gracia y privilegio no se aplique sino a los humildes y verdaderamente piadosos y mortificados, que no sean juzgados indignos de él.

Examen para la profesión
Decr. 28 de la 6 Congr. Decr. 29

[30A] §10 Hacia el final del cuarto año de teología, cada uno tenga su examen último, al menos por espacio de dos horas, con miras a la profesión; en él se consideren algunas de las principales tesis de filosofía y teología. Para la profesión únicamente se tendrá por idóneo al que tanto haya aprovechado en la doctrina filosófica y teológica, que pueda enseñar con aprobación ambas facultades. Y si en alguno de no tanta doctrina hubiere talentos tan destacados para gobernar o predicar que parezca deberse tenerlos en cuenta la decisión quedará en manos del Prepósito General. Al mismo también le corresponderá decidir a quiénes, por el eximio conocimiento de las letras humanas o indígenas, haya de aplicarse la concesión establecida por la Sexta Congregación en su Decreto 29.

Votación secreta. Decr. 28 de la 7 Congr. Juramento de los examinadores

[30B] § 11 Este último examen, por el que se decide si uno tiene suficiente doctrina para la profesión de cuatro votos, no sólo se haga por votación secreta (en la que un voto dudoso se tendrá por nulo), sino que serán obligados también los examinadores con juramento tanto a no revelar sus votos cuanto a dar un juicio sincero de la ciencia y aptitud de los examinados.

Modo de los votos
Decr. 89 de la 7 Congr

[30C] § 12 Cada uno de los examinadores enviará su voto por escrito tanto al Provincial como al General, firmado con su nombre propio; pero al Provincial le enviarán cartas marcadas con "solamente a él". Este, en un libro destinado a ello apuntará solamente el número de los votos, omitiendo los nombres de los examinadores, con tal secreto que ni el mismo Socio llegue a conocer éstos; y por la misma causa queme inmediatamente las cartas de los examinadores.

Cuántos los examinadores y quién los ha de nombrar
Decr. 18 de la 7 Congr.

[30D] § 13 Los examinadores para todos los exámenes susodichos, en cada seminario de filosofía y de teología, deben ser por lo menos cuatro, señalados por el General; y en cuanto sea posible, distintos de los profesores de los que van a ser examinados. Y si algunos hubieren muerto o por ocupación en otras cosas no pudieren asistir a los exámenes, corresponde al Provincial sustituirlos con otros, que se atendrán a las mismas reglas del juramento para el último examen.

Si han de examinarse los doctores en teología
Decr. 88 de la 7 Congr.

[30E] § 14 Con los doctores en leyes y en derecho canónico, que entran en la Compañía, se debe guardar lo contenido en el párrafo 5, cap. 2, # 2B. Si hubiere algunos doctores en teología, de cuya ciencia se dude, han de examinarse también; y si no superan la medianía de ninguna manera se les admita a la profesión de cuatro votos.

Oyentes y tiempo de matemáticas

[32] Oigan también en el segundo año de filosofía todos los alumnos en las clases por unos tres cuartos de hora la prelección de matemáticas. Si además se encontraren algunos idóneos e inclinados a estos estudios, ejercítense en lecciones privadas después del curso.

Cuántas deben ser las escuelas inferiores
*P. 4, c. 12, letra C.

[33] §1 Las escuelas de estudios inferiores (omitidos los abecedarios, por las razones que se dan en la parte cuarta * de las Constituciones) no deben ser más de cinco, una de retórica, otra de humanidades y tres de gramática.

Por qué no han de mezclarse ni multiplicarse

[34] § 2 Porque estos son cinco grados, tan convenientemente unidos entre sí, que de ningún modo se deben mezclar o multiplicar: ya para que no haya que multiplicar también a los maestros ordinarios sin utilidad, ya para que la multitud de escuelas y de órdenes no requiera un tiempo más de lo debido para hacer estos estudios inferiores.

Dos órdenes en una clase

[35] § 3 Si las escuelas son menos de cinco, ni aun entonces se cambien estos cinco grados, pero podrán juntarse dos órdenes en una clase, para que ambos respondan a uno de estos cinco grados, del modo que se dirá en la regla octava del Perfecto de los estudios inferiores.

Deben conservarse las escuelas superiores.

[36] § 4 Debe por tanto procurarse que cuando las escuelas son menos numerosas, se conserven siempre las superiores, en cuanto sea posible, prescindiendo de las ínfimas.

A veces hay que aumentar las escuelas pero, no los grados
Reg. 47 del Provincial

[37] § 5 Cuando decimos que las escuelas de gramática no deben ser más de tres y todas las inferiores no más de cinco, hablamos no tanto del número de las escuelas y de los maestros cuanto del número de grados que quedan descritos. Porque si es tanta la abundancia de alumnos que no pueda bastar un maestro, entonces podrán duplicarse las clases, con permiso del General, pero de manera que los mismos grados, las mismas lecciones, la misma razón y el tiempo se conservan en ambas.

Dónde se permite multiplicar

[38] § 6 Este desdoblamiento no conviene que se haga sino donde hay estudios generales de la Compañía, o lo exija el modo de la fundación, para que la Compañía no se recargue más de lo debido.

Preparar maestros competentes en humanidades

[39] Para conservar el conocimiento de las letras humanas y fomentar un como seminario de maestros, trate la Provincia de tener dos o tres, al menos, que sobresalgan en estos estudios y en elocuencia.

Lo conseguirá si de los que son aptos e inclinados a estos estudios, trata de dedicar algunos posteriormente, suficientemente cultivados en las otras facultades, con cuyo atento trabajo se pueda mantener una buena clase y como cosecha de buenos profesores.

La gramática de Emmanuel

[40] Se esforzará por que los maestros nuestros usen la Gramática de Emmanuel [Manuel Alvarez]. Si su método es más exigente que la capacidad de los niños en alguna parte, o usen la Romana, o procure que se haga una semejante, consultado el Prepósito General, aunque siempre manteniendo el vigor y la propiedad de todos los preceptos de Emmanuel.

Maestros fijos

[41] Prepare varios maestros fijos de gramática y de retórica. Lo conseguirá si, terminados los estudios de casos o también de teología, destinare resueltamente a algunos, que parezcan en el Señor poder ayudar a la Compañía más en ese cargo que en otros, y los exhorte a que se entreguen completamente a tan saludable obra de la mayor gloria de Dios.

Prepárense desde la entrada y no se cambien

[42] Será provechoso también que a su entrada en la Compañía se reciba algunos que se vean dispuestos a ello y que por la edad o el talento no aprovecharían en estudios mayores, pero que quieran dedicar su vida en estas letras para el servicio divino; y esto anótese en el libro del Provincial. Estos, antes o después de que hubieren enseñado por algunos años, como pareciere en el Señor, podrán oír algo de los casos de conciencia y hacerse sacerdotes, para volver al mismo cargo de enseñar, del que no serán removidos sin causa grave y consulta; a menos que a veces el Provincial determine que por el cansancio descansen uno o dos años.

No se les exima del cargo de enseñar

[43] El Provincial no exima de enseñar gramática o humanidades a nuestros discípulos; a menos que otra cosa parezca en el Señor decidirse por la edad u otra razón; pero ha de procurarse que a quienes muestran talento para predicar, sobre todo más destacado, no se les detenga más de lo justo en el oficio de enseñar ya las letras humanas ya la filosofía y la teología; para que no suceda que cuando en estos estudios hayan ya como envejecido, entonces lleguen a predicar.

Para teología elíjanse del curso

[44] De cada uno de los cursos escoja a uno, dos, tres o más, según el números de los alumnos, que parezcan han de aprovechar más que los otros, que sean dedicados a teología: a los cuales empero, si fuere necesario o así parezca, podrá emplear, terminados los estudios y el tercer año de probación, para enseñar también gramática o los estudios de humanidades.

Tiempo del magisterio

[45] Procúrese que de ninguna manera regenten las clases de Filosofía, si es que las van a oír los que todavía no la han oído, puesto que no faltan quienes ya la han estudiado.

De qué hay que comenzar a enseñar

[46] Habrá también que procurar que los nuestros comiencen a enseñar por aquella escuela que sea de las más altas en ciencia, a fin de que cada año puedan subir a un grado superior con buena parte de sus oyentes.

Hay que disponer academias para los maestros

[47] Y para que estén más preparados cuando lleguen a enseñar, es sumamente necesario que se ejerciten en una academia privada: lo que se encomienda mucho al Rector, para que, como está en su Regla 9, se cumpla con diligencia.

No falten confesores

[48] Haga que en los colegios, principalmente de primaria, en los que el número de alumnos externos es más abundante, haya varios confesores, para que no tengan que ir a uno solo; y por esa razón de vez en cuando ofrézcanse extraordinarios, para atender más a los penitentes.

Ni coadjutores
P. 4, c. 3,2 y c. 6,3 y B.

[49] En los colegios, principalmente los menores, procurará que haya suficientes coadjutores, a fin de que el Rector no se vea obligado a valerse de los maestros y discípulos para los servicios domésticos.

Entradas para la biblioteca
P. 4, c. 6,7

[50] Para que no falten a los nuestros los libros suficientes, señale alguna entrada anual, ya de los mismos bienes del colegio, ya de otra parte, para aumentar la biblioteca: esa entrada no podrá en modo alguno dedicarse a otros usos.

Abstenerse de libros deshonestos.
P. 4, c. 5, E, c. 14,2. Ibid. D

[51] Vigile con todo empeño, teniéndolo por cosa de la mayor importancia, que en nuestras clases no se usen en modo alguno libros de poetas u otros que puedan dañar la honestidad y las buenas costumbres, a no ser que previamente estén expurgados de las cosas y palabras deshonestas; o si de ninguna manera se pudieren expurgar, como Terencio, es mejor que no se lean, para que la calidad de los temas no ofenda la pureza de las almas.

P. 4, c. 13, A
Constancia en las horas de las clases y en las vacaciones

[52] Determine a qué horas durante todo el año las clases han de comenzar y terminar, atendiendo las variantes de algunos tiempos del año. Lo que se determinare ha de mantenerse con perseverancia: como tampoco se ha de permitir con facilidad que se difieran los días semanales de vacación o se anticipen, y debe procurarse que se guarde fielmente la disposición de los días en que ha de enseñarse y tenerse vacación.

P. 4, c. 13,5
Vacación

[53] Es necesario tanto la asiduidad en el ejercicio literario como algún descanso; hay que preveer, sin embargo, que no se introduzcan nuevas vacaciones y que se guarde la constancia en lo dispuesto. Sobre lo cual debe observarse lo siguiente:

Vacación general

[54] §1 Las vacaciones generales de año en las clases superiores no sean menores de un mes ni mayores de dos. La retórica, a menos que otra cosa exija la costumbre de la universidad, tenga vacación por un mes. Las humanidades, tres semanas. Suprema de gramática, dos; una, solamente las demás.

Días de fiesta

[55] § 2 Para que ciertos días establecidos sean de fiesta, cuyo número conviene más bien disminuir que aumentar, procure redactar su catálogo según las costumbres de la región.

[56] § 3 Desde la víspera de la Natividad del Señor hasta la fiesta de la Circuncisión, suspéndanse las clases superiores; las inferiores, desde el mediodía de dicha vigilia hasta la fiesta del día de los Santos Inocentes.

[57] § 4 Desde Quincuagésima se suspendan las clases, donde haya costumbre, hasta el miércoles de Ceniza; pero este día después del mediodía todos los maestros enseñen.

[58] § 5 Desde el Domingo de Ramos hasta el Domingo in Albis suspéndanse las clases superiores; las inferiores, desde el mediodía del miércoles de la Semana Santa hasta el martes de Pascua.

[59] § 6 Desde la vigilia de Pentecostés en las escuelas superiores; en las inferiores desde el mediodía de la misma vigilia hasta el martes, ténganse vacaciones y además el jueves.

[60] § 7 En la víspera de la solemnidad del Corpus Christi, tanto las escuelas superiores como las inferiores tengan vacaciones sólo desde el mediodía; por el contrario, en la conmemoración de los difuntos solo antes del mediodía.

[61] § 8 Finalmente, los días en que sólo se tienen las clases inferiores no se cambie nada del tiempo establecido.

Oraciones públicas

[62] § 9 Si alguna vez por oraciones públicas no se pueden tener clases antes del mediodía, ténganse ciertamente por la tarde; en las Rogativas, empero, también antes del mediodía, donde haya tal costumbre.

P. 4, c. 1, F
Vacación semanal

[63] § 10 Por lo menos cada semana un día se destine al descanso. Y si cayeran dos días de fiesta en una semana, no habrá ningún día de vacación, a menos que tal vez ello suceda con alguna frecuencia que una ocurra el lunes y otra el sábado; pues entonces se podrá conceder otro día. Y si hubiere en la semana un solo día de fiesta, el miércoles o el jueves, téngase la vacación ese día y no otro; si no es el lunes o el sábado se tendrá vacación igualmente el miércoles o el jueves; si por último hubiere fiesta el martes o el viernes, entonces, si no se tiene sermón y se permite entregarse a un honesto recreo, no habrá vacación ese día; si no es así, habrá vacación nuevamente el jueves o el miércoles.

Distinta según las escuelas

[64] § 11 Y en las escuelas superiores se dedicará a la vacación un día completo; pero en las inferiores se tendrá clase antes del mediodía, en retórica durante hora y media, en las demás durante dos horas; después

del mediodía tienen vacación todas; y desde el principio de junio todas se omiten durante todo el día.

Observancia del libro de los estudios

[65] Por último, para que todo este trabajo de la Compañía redunde bien en mayor gloria de Dios, vea que todas las escuelas, tanto las superiores como las inferiores, guarden perfectamente sus reglas en lo tocante el método de estudios.

P. 4, c. 6, K
c. 13,2 y A
c. 14,5
Variedad según las diversas regiones
P. 4, c. 7,2

[66] Y como puede haber variedad según las regiones, los tiempos y las personas, en lo tocante al orden y las horas dedicadas al estudio, en las repeticiones, discusiones y otros ejercicios, así como en las vacaciones: lo que considerare en su provincia más conveniente al provecho mayor de las letras, indíquelo al Prepósito General; para que finalmente se decidan los detalles para todo lo necesario, pero de manera que se acerque lo más posible al orden común de estudios de los nuestros.

Cuidado principal de la piedad y las costumbres

[67] Por último, juzgue importantísimo para él cuanto se prescribe en las reglas comunes de todos los maestros acerca de la piedad y la disciplina de las costumbres y de enseñar la doctrina cristiana en las reglas de los maestros inferiores (y de las costumbres y la piedad en las reglas de todos), a fin de acercarse a lo que se desea de la salvación de las almas y tantas veces se inculca en las Constituciones.

REGLAS DEL RECTOR

P. 4, Proemio
Cuidado de los estudios

[68] Como la Compañía toma los colegios y las universidades para que en ellos los nuestros, convenientemente, puedan disponerse en la doctrina y en lo demás que sirve para ayudar a las almas; y para que lo que hayan aprendido puedan comunicarlo con el prójimo: después del cuidado de las virtudes religiosas y sólidas, que debe ser lo primero, dedíquese sobre todo

a que se consiga en los centros de estudios admitidos por la Compañía este fin propuesto, con la gracia de Dios.

P. 4, c. 17,2
Autoridad del Prefecto

[69] Para dirigir los estudios tendrá como ayudante al Prefecto de estudios, al que le dará toda la autoridad que juzgue conveniente para el debido ejercicio de su cargo.

P. 4, c. 6,9
Asista a las ejercitaciones literarias

[70] De tal manera desempeñe y dirija los demás asuntos, que pueda fomentar y aumentar todas las ejercitaciones literarias. Asista algunas veces a las clases, aun de las inferiores; vaya con frecuencia a las discusiones de los teólogos y los filósofos, así privadas como públicas; para que pueda observar si se impidiere el fruto de ellas y por qué causas.

Regla 38
del Rector

[71] De ningún modo permita que alguno de los alumnos falte a las discusiones o repeticiones; para que todos entiendan ser esto de gran cuidado: por lo tanto corte a los alumnos todas las ocupaciones que puedan ser impedimento para los estudios.

Principalmente a los que repiten durante el bienio.

[72] A los que durante dos años repasan la teología, ocúpelos lo menos posible en tener sermones en las iglesias o en conventos de mujeres y siempre consultando al Provincial.

Quiénes poner en vez de los maestros

[73] Estará bien, cuando falten profesores ordinarios de filosofía o de teología, poner algunos de los mismos en su lugar; y los mismos podrán, si es necesario, presidir las repeticiones y discusiones domésticas en lugar de los profesores; más aún, consultado el Provincial, podrán dar lecciones por algún tiempo en las clases de filosofía o teología.

P. 4, c. 6,5, D
Academia de lenguas. P. 4, c. 6,5, D
Academia de lenguas

[74] Haga que se establezcan academias de hebreo y de griego entre los nuestros, en las que los miembros dos o tres veces por semana, en un tiempo determinado, como en las vacaciones, se ejerciten de tal manera

que puedan salir de allí quienes defiendan en público y en privado el conocimiento y la dignidad de estas lenguas.

P. 4, c. 6,13
Uso de la lengua latina

[75] Cuide que en casa se conserve con diligencia entre los escolares el uso de la lengua latina: y de esta regla de hablar en latín no sean eximidos sino los días de vacación y las horas de recreo; a no ser que en algunas regiones pareciere al Provincial que también en esos tiempos se puede conservar con facilidad esta costumbre de hablar latín; y debe hacerse también que los nuestros, que todavía no hayan terminado sus estudios, cuando escriban a los nuestros, lo hagan en latín. Además dos veces al año, cuando haya alguna celebración como la renovación de estudios o de votos, los filósofos y los teólogos escriban algunas poesías y expónganse en público.

Academia para preparar a los maestros

[76] Para que los maestros de las clases inferiores no lleguen imperitos a enseñar, en los colegios de que suelen sacarse los maestros de letras humanas y de gramática, el rector elija a alguno muy perito en enseñar, con el que se reúnan al fin de los estudios tres veces por semana durante una hora los que están cercanos a ser maestros, para prepararse al nuevo oficio del magisterio; y ello hágase alternativamente preleyendo, dictando, escribiendo, corrigiendo y desempeñando otros oficios del buen preceptor.

Cómo hay que preparar a nuestros retóricos

[77] Si nuestros estudiantes de retórica y de humanidades no acuden a las lecciones públicas, o sí acuden, pero el que dirige la escuela y ejercita a los alumnos de fuera no sea capaz de bastarse para el trabajo excesivo de los externos y de los nuestros en su debida formación: el Rector encargue a algún otro idóneo por el que, según la fórmula prescrita en las Reglas del Profesor de Retórica, sean con diligencia ejercitados privadamente en casa.

P. 4, c. 6,12 y 13. Cómo ejercitarlos

[78] Vea asimismo que de vez en cuando se tengan por nuestros retóricos sermones o poemas latinos o griegos, ya en la mesa, ya en clase, de algún tema tocante a la edificación de los domésticos y externos, con lo que se animen a cosas más perfectas en el Señor; y no falten otras ejercitaciones que se encomiendan en las Constituciones.

Exhortar a los externos a la retórica
P. 4, c. 13, E
P. 4, c. 17, D

[79] Hay que procurar que nuestros alumnos y los internos sigan, en cuanto sea posible, un año de retórica antes de comenzar la filosofía; y conviene hacerles ver a sus padres la conveniencia de ello. A los otros externos se les debe persuadir lo mismo; aunque si desean otra cosa, no ha de obligárseles. Si, algunos empero todavía enteramente niños quieren entrar a la filosofía, con lo cual más bien se perjudicarían, podría tenerse con ellos la misma disposición que mandan las Constituciones para quienes no quisieran obligarse con promesas o dar su nombre a la matrícula.

Reg. 58 del Provincial. Tragedias y comedias

[80] El argumento de las tragedias y comedias, que solamente deben ser latinas y no tenerse sino rarísimas veces, sea sagrado y piadoso; y no se tenga entre los actos nada que no sea latino y decoroso; ni se introduzca personaje o vestido femenino.

1 Congr. can. 16. Premios

[81] Se podrán distribuir premios públicamente cada año con tal de que se haga a costa de personas distinguidas y con moderación, conforme al número de alumnos y la índole del colegio. De quienes sufragan los gastos hágase mención honorífica en la misma distribución de premios. Y téngase gran cuidado de que los discípulos, mientras se preparan a esto, no desmerezcan ni en las costumbres ni en el estudio.

Discurso en la renovación de los estudios

[82] No permita que el discurso en la inauguración pública de los estudios se tenga por otro que no sea alguno de los maestros más distinguidos, a no ser que la necesidad obligue a ello.

Escritos que anotar en el libro
Regla 11

[83] Procure que se guarde lo dispuesto en las reglas del Prefecto de la biblioteca, acerca de anotar en un libro lo que se presenta o escribe públicamente en el colegio o fuera de él por los nuestros, a saber, diálogos, discursos, versos y cosas parecidas, con la selección hecha por el Prefecto o por otro versado en la materia.

Distribución de los libros

[84] Mande que el bibliotecario no se aparte de lo dispuesto por el prefecto de estudios en la distribución de los libros.

Consultas de maestros

[85] Cada mes o alternativamente tenga consultas de todos los maestros inferiores a Lógica, en presencia de ambos Prefectos; y de los demás también a veces en presencia del Prefecto general: en las cuales primero se lea algo de las reglas de los maestros, ya de lo común a todos como son principalmente la piedad y la disciplina de las costumbres, ya de lo tocante a cada uno. Advierta que cada cual puede proponer lo que haya encontrado de dificultad o lo que tal vez no se guarde.

P. 4, c. 13,5, F
Vacación semanal

[86] Las escuelas inferiores no dejen de tener su vacación semanal, o durante todo un día o al menos en horas de la tarde, según la costumbre de las regiones.

Fomentar el entusiasmo de los maestros

[87] Trate también diligentemente y con caridad religiosa de fomentar el entusiasmo de los maestros; y procuren que no sean más cargados de la cuenta con los trabajos domésticos; y lo que se manda al Rector en la regla vigésima quinta de su oficio, hágalo con peculiar cuidado de ellos.

Exhortaciones a los alumnos

[88] Considere si además de las exhortaciones mensuales de los maestros deba tenerse otra por algún Padre grave, cada mes o alternadamente, en algún lugar de mayor capacidad, en donde se reunan solamente las clases inferiores o también las superiores; y asimismo si es de utilidad que el mismo Prefecto u otro durante las clases de algunas veces avisos saludables y propios para los niños.

Reglas del prefecto del atrio

[89] Cuando el Provincial añadiere al Prefecto de estudios inferiores un compañero, que puede llamarse Prefecto del atrio, a éste le tocará la regla segunda del Prefecto inferior y las reglas del mismo, que tratan de las costumbres desde el número trigésimo séptimo hasta el fin; y, si pareciere, las reglas de examinar a los nuevos desde el número noveno hasta el décimo tercero.

Congregación de la Stsma. Virgen

[90] Ocúpese de que la Congregación de Santa María de la Anunciata del Colegio Romano, se propague en el suyo: el que no diere su nombre a ella no debe ser admitido en la academia donde suelen tenerse ejercicios

literarios a menos que el mismo Rector juzgare en el Señor que convenga otra cosa. Pero lo correspondiente a la Congregación o a la Academia no se tengan al mismo tiempo que en nuestra iglesia haya sermones o lecciones sacras.

Algunas cosas remitidas al Provincial

[91] Finalmente, acerca de las vacaciones, de los grados de los nuestros a quienes se conceda un bienio para repasar la teología y lo demás consulte al Provincial y cumpla con diligencia lo que éste determinare.

REGLAS DEL PREFECTO DE ESTUDIOS

P. 4, c. 17,2.

Oficio del Prefecto

[92] Es oficio del Prefecto ser instrumento general del Rector para disponer debidamente los estudios y dirigir nuestras escuelas según la facultad recibida de él; para que quienes las frecuentan aprovechen lo más posible en probidad de vida y en buenas artes y doctrina a gloria de Dios.

Cuáles reglas sean del Prefecto, cuáles del Canciller

[93] Si en alguna casa el Canciller es distinto del Prefecto, al Provincial tocará ver cuáles de estas reglas, comunes a ambos, o propia de alguno de ellos, deban ser según las costumbres y los estatutos de cada academia.

El prefecto de estudios

[94] No cambie nada de lo que está en la disposición de los estudios, ni dispense de ella; pero cuando haya lugar, consulte al Superior.

Libro del sistema de estudios

[95] Hágase familiar el libro del sistema de los estudios y procure que todos los alumnos y profesores guarden con cuidado las reglas; sobre todo las que se refieren para los teólogos a la doctrina de Santo Tomás y para los filósofos acerca de escoger las opiniones: en esto principalmente vele ya sea en las conclusiones que deben ser defendidas o principalmente cuando hayan de ser impresas.

Los profesores terminen las materias

[96] Recuerde a cada uno de los profesores, ya de teología, ya de filosofía, ya de casos, sobre todo cuando vea a alguno más retrasado, que vayan a tiempo en sus clases de manera que cada año terminen las materias señaladas.

Cómo dirigir las discusiones
P. 4, c. 6,10 y 6
c. 13,3 y c. 17,2

[97] Conviene que el Prefecto presida todas las discusiones en que se reúnen los profesores de teología y de filosofía y de la señal de terminar a los que intervienen; asimismo distribuya el tiempo de manera que cada uno tenga su oportunidad de discutir. No permitirá que dificultad alguna que entre en la discusión, sea llevada de una a otra parte, de modo que quede menos entendida que antes; sino después de que se haya discutido sobre un tema concreto, trate de que sea cuidadosamente explicado por quien preside. El mismo no resolverá los argumentos, sino dése más bien a dirigir a los que arguyen y responden: lo que hará con más dignidad no arguyendo (aunque a veces conviene hacerlo) sino preguntando, para que la dificultad se explique mejor.

Los actos de teología

[98] Recuerde a su tiempo al Superior que oídos los profesores, determine quiénes han de defender las tesis, ya de toda la teología ya de alguna parte; esos actos han de tenerse por quienes no habrán de repasar el bienio de teología, el cuarto año de los estudios teológicos o (si son escasos los teólogos de cuarto año) el tercero; y esto, aun donde los nuestros asisten a teología en casa, con alguna solemnidad, invitando a los fuera. Para los actos generales no es necesario que se admita todos los que tuvieron los particulares; sino que podrán elegirse los que se distingan por su dotes de ingenio; los que han de hacer el bienio, en el mismo bienio celebrarán sus actos, como luego se dirá.

Actos particulares

[99] Para los actos particulares, que tendrá cada uno los suyos, distribuya el Prefecto con los profesores las materias de las cuatro partes de teología; de manera que se tengan, no con demasiada frecuencia, sino a ciertos intervalos; y limítense a dos horas y media por lo menos: solamente por la mañana o después de la comida; y discutan no menos de tres, uno de los cuales comúnmente sea doctor.

Actos generales

[100] Los actos generales comprendan aproximadamente toda la teología y ocupen el tiempo de la mañana y de la tarde; o se alarguen, al menos, a cuatro o cinco horas donde no haya costumbre de discutir más que por la mañana o después de medio día.

Imprimir las conclusiones

[101] Las conclusiones de estos actos generales pueden, si así pareciere, ser comunes a todos los nuestros que les van a defender el mismo año; y si es costumbre, imprímanse.

Cierto tiempo de las conclusiones

[102] Resérvese uno de los actos que van a tenerse, si puede hacerse convenientemente, para la última semana en que se terminarán los estudios; y otro para la semana en que de nuevo se abrirán las clases.

Actos de los externos

[103] Para todos los actos generales, invítense cada año algunos externos que hayan cursado la teología en nuestros colegios con loa. Tales actos conviene que sean más solemnes que los demás, y que se tengan con la mayor asistencia de los nuestros, de los externos, de los doctores y aun de grandes personajes.

Presidentes de los actos

[104] Todos los actos sean presididos por dos profesores, ya por uno, ya por ambos a la vez, para que cada uno responda a las cuestiones; también pueden presidir otros doctores nuestros.

Número de las conclusiones

[105] En los actos generales las conclusiones no sean ni demasiado largas ni más de como unas cincuenta; menos, si la costumbre pública de la academia sea otra. En los actos particulares no más de veinte; no más de doce a quince en las discusiones mensuales; no más de ocho o nueve en las semanales.

El que responde confirme la conclusión

[106] El que ha de responder (antes de llegar a la disputa) confirme brevemente una u otra conclusión con un poco más de elegancia, pero a la forma teológica.

Disputas mensuales y semanales

[107] Acerca de las disputas mensuales y semanales procure con diligencia que se guarde lo prescrito en las Reglas de los Profesores de Filosofía y Teología.

Oiga y observe a los Profesores

[108] Oiga de vez en cuando a los profesores, por lo menos una vez al mes; y no deje de leer los comentarios redactados por los discípulos. Si algo observare personalmente u oyere de otros digno de ser tenido en cuenta,

cuando le constare ser verdad, amoneste de la manera más bondadosa y respetuosa al profesor y presente el asunto al Rector si fuere necesario.

Revisión de conclusiones

[109] Guárdese lo mismo cuando al revisar las conclusiones cayere en la cuenta de que algo no está de acuerdo entre el Prefecto y el Profesor; y no debe rechazar o cambiar conclusión alguna sin que éste lo sepa y el cambio se hará con conocimiento solamente del Rector.

Actos filosóficos

[110] Al concluir el trienio y el curso filosófico ténganse disputas de toda la Filosofía para las cuales escójanse unos pocos, bien sobresalientes, que sean capaces de sustentar la dignidad del asunto, es decir, los que hayan superado ampliamente la medianía.

Examen de Metafísica

[111] Para este examen escojan los candidatos tres o más profesores. Pero siempre deben examinarlos el Prefecto y el profesor propio, a los cuales el Rector añadirá un tercero de entre los demás maestros, o alguno más que se juzgue lo pueda hacer competentemente. Junto con estos tres estarán presentes, por lo menos, otros dos profesores escogidos por el Rector, quienes a su vez podrán ser cambiados; o si esto no se puede, otros muy capaces que den su voto con los tres examinadores, de manera que haya por lo menos cinco sufragios secretos; y conviene que todos conserven absoluto secreto.

Examen de los alumnos y de los internos

[112] Basta que los alumnos o los internos sean examinados por su Prefecto y dos repetidores de filosofía, o, si éstos faltaren, por dos oyentes de teología de los nuestros más doctos, que serán señalados por el Prefecto General. Pero los que sean juzgados idóneos por éstos no acudan al acto antes de ser aprobados por el juicio de su profesor y del Prefecto General.

Sea Público

[113] Este examen (del que, obrando con severidad, no será exceptuado ninguno de los nuestros, y si fuere posible, tampoco ninguno de los alumnos e internos) será público, si no hay impedimentos: es decir, si es de los nuestros, ante todos nuestros oyentes de filosofía; si de los alumnos o internos, ante todos los filósofos de su colegio; si de los externos (los que sin embargo no han de ser obligados a él), ante todos los filósofos externos al menos de su clase.

Del tiempo y formas del examen

[114] El comienzo de los exámenes téngase inmediatamente después de las vacaciones de Pascua; o también antes, si obligue a ello la muchedumbre de los examinandos, distribuidos en días por el orden que el Rector, consultados el Prefecto y el maestro, consideren más conveniente. El examen de cada uno dure por lo menos una hora y discurra por todas las materias principales que el Prefecto, oportunamente y en secreto, señalará a los examinadores.

Tiempo y forma de los actos filosóficos

[115] Finalmente, los actos de filosofía ocupen lo menos posible de todo el tiempo de las clases, o por la mañana o después de la comida. Ordinariamente argumenten tres, de los que uno sea por lo común alguno de nuestros maestros, o de teología o de filosofía, o algún doctor religioso o externo. El número y la manera de las conclusiones no discrepen de lo establecido acerca de las teológicas en las reglas 9, 10, 11 y 12.

Quiénes han de acudir a cuáles actos

[116] Procure el Prefecto que no sólo los alumnos de teología, sino también los profesores, asistan a los actos teológicos y los filósofos a los filosóficos: y los profesores lo hagan arguyendo y urgiendo, para que la discusión sea sí más solemne y más viva. También habrán de asistir todos cuando se confiere el magisterio o el doctorado a alguno: en lo que tocará al Rector determinar lo que el Prefecto debe hacer.

Quiénes se han de enviar a las disputas

[117] Cuando los nuestros sean llamados a discutir con los externos o a las academias públicas o a las reuniones de religiosos, habrán de enviarse ante todos los que están repasando la teología en el bienio.

Se ha de prescribir el modo de estudiar

[118] Y a los nuestros, alumnos y externos, por medio de los maestros no solamente disponga el modo de estudiar, repetir y discutir; sino también les distribuya todo el tiempo de tal manera que usen bien las horas del estudio privado.

Revisar lo que se dice en público

[119] No permita que públicamente, en casa o fuera de ella, sea pronunciado algo o por los que son promovidos a los grados, o por los que tienen actos generales o particulares, o por los retóricos, que él mismo [el Prefecto] no haya oportunamente revisado y aprobado.

P. 4, c. 6,7.
Selección y abundancia de libros

[120] Procure que los escolares no carezcan de los libros útiles ni se llenen de los inútiles. Por lo cual sugiera con la debida anticipación al Rector que no falte abundancia de los libros usados al presente o de los que se usarán al año siguiente.

Que libros se han de repartir a cada uno
P. 4, c. 6, M

[121] A los oyentes de teología y filosofía no les permita cualesquiera libros sino algunos determinados, contando con el Rector, según el consejo de los profesores; es decir, además de la Suma de Santo Tomás para los teólogos y de Aristóteles para los filósofos, algún comentario escogido, que puedan consultar en el estudio particular. Todos los teólogos tengan el Concilio Tridentino y el tomo de la Biblia, cuya lectura les sea familiar. Considere con el Rector si deben tener también alguno de los Padres. Además distribuya algún libro tocante a los estudios de humanidades a los teólogos y a los filósofos; y adviértales que no dejen de leerlo en ciertas ocasiones, como les sea conveniente.

REGLAS COMUNES A TODOS LOS PROFESORES
DE LAS FACULTADES SUPERIORES

Fin
P. 4, c. 8,A, y c. 16,4

[122] La intención peculiar del profesor, tanto en las lecciones, cuando se ofrezca ocasión, como fuera de ellas, sea mover a sus oyentes al servicio y amor de Dios y a las virtudes con que hay que agradecerle; y a que todos sus estudios los enderecen a tal fin.

Ibid. C. Oración de la clase

[123] Para traerles esto a la memoria, antes de comenzar la clase diga alguna breve oración acomodada a ello, que el maestro y todos los discípulos oigan atentamente con la cabeza descubierta; o por lo menos el mismo maestro haga la señal de la cruz con la cabeza descubierta y comience la clase.

Ayudar a los discípulos en la piedad
P. 4, c. 7,2 y c. 16,1 y A

[124] Ayude también a los discípulos con frecuentes oraciones ante Dios y con los religiosos ejemplos de su vida. Convendrá no omitir las exhortaciones al menos en la víspera de los días más solemnes y cuando se conceden vacaciones más largas. Exhórteles principalmente a orar a Dios, a examinar la conciencia por la noche, a recibir debidamente y con frecuencia los sacramentos de la penitencia y de la eucaristía, a oír la Misa cada día y el sermón en los de fiesta, a evitar las costumbres dañosas, a detestar los vicios, a practicar las virtudes dignas del cristiano.

Obediencia al prefecto

[125] Obedezca al Prefecto de estudios en lo tocante a los estudios y a la disciplina de las clases. Déle a revisar todas las conclusiones antes de que se propagan; y no emprenda la explicación de ningún libro o escrito extraordinario; ni introduzca ninguna nueva costumbre de enseñar o disputar.

5 Congr. decr. 55
Modestia al refutar

[126] En aquellas cuestiones donde es libre seguir cualquier opinión de tal manera defienda una que atienda con modestia y benevolencia también la estima de la otra parte y mucho más del anterior profesor, si hubiera enseñado lo contrario. Más aún, es de desear que no deje conciliar los autores, si es posible. Por último al nombrar o refutar los autores hágalo con moderación.

Huir de la novedad de opiniones
5 Congr. decr. 55

[127] También en aquellas cosas, donde no hay peligro alguno para la fe y la piedad, nadie introduzca cuestiones nuevas en asuntos de alguna importancia; ni enseñe opinión alguna que sea de algún autor nada idóneo sin consultar con los que presiden; ni algo contra los axiomas de los doctores y el sentimiento común de las escuelas: sigan más bien todos los doctores mayormente aceptados y lo que, según el uso de los tiempos, sea recibido principalmente en las academias católicas.

Brevedad en refutar las opiniones ajenas y demostrar la propias

[128] No traiga opiniones inútiles, desusadas, manifiestamente falsas; y no se detenga demasiado en referirlas y refutarlas. Trate de demostrar las conclusiones más con el peso que con el número de las razones. No se aparte a materias ajenas; ni trate las suyas unas más extensamente de lo

que conviene y otras en lugar ajeno. No haga acervo de las objeciones sino de ellas refiera brevemente las principales, a menos que de la exposición de los fundamentos brote fácilmente se refutación.

Parquedad y fidelidad

[129] No sea excesivo en traer citas de los doctores; pero si tiene testimonio de los autores más destacados para apoyar su opinión, lea las palabras mismas, cuanto es posible, pero pocas y con fidelidad; mucho más las de la Sagrada Escritura, los Concilios, los Santos Padres. Corresponde a la dignidad del maestro no citar ordinariamente ningún autor que él mismo no haya leído.

Del dictado

[9130] Quien pudiere enseñar sin dictar, de manera que cuanto ha de escribir se lo puedan recibir convenientemente los alumnos, es de desear que no dicte; de todas maneras el dictado se haga no deteniéndose en cada palabra, sino como un solo aliento; y si conviniere, repitan las mismas palabras; y no dicten toda la materia para explicarla después, sino que alternativamente dicten y expliquen.

Cuando remitir a los autores

[131] Lo que en los autores está patente, si viniere al caso, explíquelo más bien que dictarlo; más aún, remita a los oyentes a aquellos autores que hayan tratado con abundancia y exactitud alguna de estas materias.

Repeticiones en la clase
P. 4, c. 13,3

[132] Después de la lección, en las escuelas o cerca de ellas, permanezcan al menos por un cuarto de hora, para que puedan acercarse a él los alumnos; y de vez en cuando pida razón de las lecciones; y procure que se tenga repetición de ellas.

Repeticiones en casa
P. 4, c. 6,8 y H; c. 23,3 y D

[133] En casa también todos los días menos los sábados, las vacaciones y las fiestas a una hora que ha de señalarse, tengan los nuestros repetición y discusión, para que de esa manera los ingenios se ejerciten más y se aclaren mejor las dificultades que ocurran. Avísesele previamente a uno o dos para que repitan de memoria no más de durante un cuarto de hora; después, uno u otro argumenten respondiendo otros tantos; si sobra algún tiempo, propónganse dudas. Para que sobreabunde, el maestro dirija severamente

la forma de argumentar y cuando nada nuevo se traiga, corte el argumento.

Repeticiones generales
P. 4, c. 13,9 y D
[134] Hacia el fin del año dispónganse repeticiones de las lecciones pasadas, de manera que si no hay inconveniente se deje un mes entero libre no sólo de las lecciones sino también de repetirlas

P. 4, c. 6,10
Discusiones semanales
[135] El sábado u otro día, según las costumbres de la academia, tengan en las clases discusiones durante dos horas y aun por mayor tiempo, donde haya gran concurso de extremos. Y si en la semana hubiere dos días de fiesta o cuando la vacación semanal caiga en un día de fiesta, no se discuta, sino téngase lección el sábado: si empero esto sucediere por tres semanas seguidas, interpóngase una discusión.

Discusiones mensuales
P. 4, c. 13,3
[136] Donde no se oponga la costumbre aprobada de la academia, cada mes (menos los tres últimos del verano) o, si hubiere pocos alumnos, cada dos meses, ténganse en día determinado discusiones comunes, ya antes ya después del mediodía; y defiendan tantos alumnos cuantos maestros hubiere cada uno las cuestiones de su maestro.

Urgir los argumentos
[137] Asistan a las discusiones, en cuanto fuere posible, también otros doctores y profesores nuestros, aun de diversas facultades, para que se agite más la discusión, examinen la fuerza de los temas tratados: con tal de que no prolonguen una discusión más de lo que el argumento mostrare de utilidad y vigor. Lo mismo pueden hacer aun los doctores de fuera y pueden ser invitados para argumentar por reglamento a no ser que tal costumbre no esté aprobada.

No discutan sino los más doctos
[138] No discutan públicamente sino los más doctos de los alumnos; los demás sean ejercitados privadamente hasta que parezcan preparados para hacerlo en público.

Cuidado de las discusiones

[139] Piense que el día de la discusión no es menos laborioso y fructuoso que el de las lecciones y que toda la utilidad y hervor de la discusión depende de él; presídala de tal manera, que parezca estar luchando en cada contendiente; alabe si se ofrece algo bueno y mande a todos que atiendan; cuando se proponga alguna dificultad más seria, sugiera a continuación con brevedad algo que ayude al que responde o encauce al arguyente: no se calle por mucho tiempo, ni esté hablando siempre, para que también los discípulos manifiesten lo que saben; él por su parte corrija o pula lo expresado; mande que el disputante prosiga, cuando la dificultad toma fuerza; más aún, urja la dificultad y no disimule si quien arguye se desliza a otro tema; no permita que se insista más de la cuenta en el argumento casi resuelto, o que se mantenga por mucho tiempo una respuesta no consistente; sino después de cierta discusión defina y explique toda la cuestión con brevedad. Si en alguna parte hubiere otra costumbre para que las discusiones se tengan con mayor frecuencia y calor, ha de conservarse cuidadosamente.

Tratar con el bedel

[140] Con el ayudante o bedel nombrado por el Rector, trate de vez en cuando y pregúntele por el estado de toda clase y asimismo por la diligencia y provecho aun de los alumnos externos; ponga empeño en que el mismo desempeñe su cargo con fidelidad y exactitud.

Provecho de los estudiantes

[141] Sea finalmente en todas las cosas, con la divina gracia, diligente y asiduo y busque el provecho de los estudiantes, ya en las clases ya en otros ejercicios literarios; no sea más familiar a uno que a otro; no desprecie a nadie; mire por los estudios de los ricos como por los de los pobres; y procure especialmente el adelanto de cada uno de sus escolares.

REGLAS DEL PROFESOR DE SAGRADA ESCRITURA

Principalmente cuide el sentido literal

[142] Entienda que su cometido principal es explicar con peso, piedad y doctrina las letras divinas según su sentido auténtico y literal, que confirme la debida fe en Dios y los dictados de las buenas costumbres.

P. 4, c. 6,5

Y la versión Vulgata

[143] Entre lo que debe buscar, su principal intención sea defender la versión aprobada por la Iglesia.

Observe las frases de la Sagrada Escritura y compáre las entre sí
[144] Para conseguir ese sentido, observe las locuciones y figuras propias de la Sagrada. Escritura y compare hábilmente no sólo los antecedentes y consiguientes del lugar que tiene entre manos, sino también otros lugares en los que el misma frase dice o no dice lo mismo.

Los textos hebreo y griego
[145] De los textos hebreos y griegos traiga lo que sea útil sobre la materia, pero con brevedad; y solamente cuando haya que conciliar alguna diversidad ya de ellos ya de la edición vulgata, o también algunas expresiones propias de otras lenguas si ayudaren a una mayor claridad y significación.

Cómo usar de otras versiones
[146] Los errores de otras versiones, ya latinas más recientes, ya la caldea, siria, la de Teodoción, Alquila, Símaco, no se ocupe de refutarlos a menos que sean notables y especialmente probables; tampoco pase por alto lo que mucho ayude a la versión latina vulgata y a los misioneros de nuestra fe: sobre todo si estuviere en la versión de los Setenta intérpretes, de los que ha de hablarse siempre con honor.

Defender las exposiciones de los Papas y Concilios
[147] Si los cánones de los Papas o Concilios, principalmente generales, indican el sendo literal de algún pasaje, defienda que es completamente literal; y no añada otros sentidos literales, sino guiado por muy destacadas conjeturas. Si algún sentido lo presentan para confirmar de propósito algún dogma de fe, ese mismo enséñelo como literal o místico, pero cierto.

Seguir las pisadas de los Santos Padres
[148] Siga con reverencia las huellas de los Santos Padres; si entre ellos hubiere consentimiento en algún sentido literal o alegórico, sobre todo cuando hablan con palabras expresas y discurren a propósito de la Escritura o de los dogmas, no se aparte de él; si no están concordes, de sus diversas exposiciones prefiera a la que desde muchos años la Iglesia parece inclinarse con gran consentimiento.

Probar los dogmas de fe con la Sagrada Escritura
[149] Más aún si hay algún dogma de fe, que la mayoría de los Padres o teólogos tratan de probar por la escritura, no nieguen que así pueda probarse.

No darle autoridad a los rabinos
[150] Si hay algo en los rabinos hebreos que en favor de la edición Vulgata latina o de los dogmas católicos se pueda traer con utilidad: tráigalo de tal manera que a aquellas personas no les atribuya por eso autoridad, para

que algunos no se les aficionen, sobre todo si fueren de los que escribieron después de los tiempos de Cristo nuestro Señor.

No se ocupe en los errores de los rabinos

[151] No se ocupe de buscar en los demás asuntos de los rabinos o en refutar sus errores, a menos que sean sumamente célebres; y guarde lo mismo en la lectura de algunos intérpretes cristianos, que hayan seguido a los rabinos más de la cuenta.

No confiar mucho en la puntuación de los rabinos

[152] Más aún, no confíe mucho en los puntuación inventada por los rabinos; sino considere con diligencia cómo el nuestro, o los Setenta, o los otros antiguos intérpretes leyeron cuando no había puntos.

Cuidado de la brevedad

[153] En cualquier lugar de la Escritura, a menos que sea importante y digno de ello, no se detenga demasiado, para que el adelanto no sea lento: esto lo conseguirá si trata de pasada o aun omite lo más fácil.

Cuestiones que tratar no de modo escolástico

[154] Las cuestiones de la sagrada Escritura no las trate de modo escolástico.

No detenerse en cronologías y cosas parecidas

[155] No gaste mucho tiempo en investigar la distinta medida de los tiempos, en escrutar los lugares de Tierra Santa o en otras cosas semejantes de poca utilidad (a menos que el pasaje mismo lo exija necesariamente). Bastará con indicar los autores que tratan de esto copiosamente.

Alegorías y Moralejas

[156] No olvide las alegorías y moralejas, si no están ya sumamente divulgadas y se ven como nacidas del mismo sentido literal y presentan algo ingenioso y perspicaz: las que no fueren así, indique meramente de qué Santos Padres pueden tomarse.

Controversias

[157] Si le tocare algún pasaje o controvertido por nosotros con los herejes o que suele tratarse en contrarios sentidos en las discusiones teológicas, exponga solamente pero con peso y esfuerzo, principalmente si trata con los herejes, cuánto peso tenga esa cuestión; omita lo demás; para que acordándose de su contenido no enseñe sino las letras sagradas.

Alternar el Nuevo y el Antiguo Testamento
    [158] Enseñe en años alternos el Nuevo y el Antiguo Testamento, si alguna vez otra cosa no se juzgare mejor.

Cada año se ha de explicar un nuevo libro
    [159] El libro comenzado a explicar un año no lo pase a otro, sino por grave causa; más aún, no vuelva a interpretar el mismo libro sino después de haber explicado la mayor parte de los libros principales.

Repeticiones y lecciones en casa
    [160] Además de las repeticiones tenidas en casa una vez a la semana, téngase también algunas veces lecciones en el refectorio, según lo determine el Rector.

Prelecciones públicas
    [161] En vez de la lección ordinaria desígnese a veces a alguno de los alumnos, que con orden y abundancia explique algún pasaje más destacado de las sagradas letras; contra el cual, cuando haya terminado, uno o dos de sus condiscípulos argumenten, pero solamente sobre la base de varios lugares de la Escritura, o de idiotismos del lenguaje o de interpretaciones de los Padres.

REGLAS DEL PROFESOR DE LENGUA HEBREA

Fidelidad al interpretar
    [162] Nada tenga por más importante que interpretar con la mayor fidelidad las palabras de la Sagrada Escritura, desde el principio.

Defensa de la Vulgata
    [163] Además dirija su atención a defender la versión aprobada por la Iglesia.

Unir la gramática con el texto sagrado
    [164] A comienzos del año explique los primeros rudimentos de la gramática; después, mientras prosigue las otras enseñanzas, explique alguno de los libros más fáciles de la Sagrada Escritura.

Cuidado principal de las palabras
    [165] Al interpretar los libros sagrados, no trabaje tanto en examinar las materias y sentencias cuanto en la fuerza y expresión de las palabras y en los giros propios de esa lengua y en las reglas de la gramática según el uso legítimo de los autores.

Suavice con habilidad lo peregrino de esta lengua

[166] Finalmente de tal manera se desempeñe al enseñar, que con su habilidad suavice lo extraño y áspero que algunos encuentran en el estudio de esta lengua.

REGLAS DEL PROFESOR DE TEOLOGIA ESCOLASTICA

Fin

[167] Entienda que corresponde a su oficio unir la sólida sutileza del disputar con la fe ortodoxa y la piedad, para que en primer lugar atienda a ésta.

Seguir a Santo Tomás
P. 4, c. 14,1 y
Congr. 5 can. 9 y decr. 55 y 72.

[168] Sigan todos los nuestros por completo en la teología escolástica la doctrina de Santo Tomás, y ténganlo como doctor propio; pongan todo su esfuerzo en que los oyentes se dispongan hacia él lo más favorablemente. Pero no piensen que deben estar tan atados a Santo Tomás que no puedan en cosa alguna apartarse de él; ya que los mismos que se confiesan principalmente tomistas, algunas veces se le apartan; y no está bien que los nuestros se aten a Santo Tomás más que los mismos tomistas.

Con qué excepción
5 Congr. decr. 55

[169] Por consiguiente, sobre la Concepción de la bienaventurada Virgen María y la solemnidad de los votos, sigan la opinión que en este tiempo es más común y está más recibida entre los teólogos; y en las cuestiones meramente filosóficas o también en las relativas a las Escrituras y los Cánones, se podrá también seguir a otros que trataron esas materias más particulares.

En lo dudoso se puede seguir cualquier parte
Ib. decr. 55.

[170] Si alguna vez fuere ambigua la opinión de Santo Tomás o en aquellas cuestiones que tal vez no tocó Santo Tomás y los doctores católicos no convengan entre sí: estará permitido seguir cualquier partido, como se dijo en la regla quinta de las comunes.

Cuidado de la fe y la piedad
Ib. decr. 55.

[171] Al comenzar téngase cuidado ante todo de sostener la fe y alimentar la piedad. Por eso en aquellas cuestiones que Santo Tomás no trata expresamente nadie enseñe nada que no convenga bien con el sentido de la Iglesia y las tradiciones recibidas; o que de algún modo disminuya la firmeza de la sólida piedad. A esto toca el que ni refuten las razones recibidas aunque sean congruentes con que las cosas de la fe suelen probarse; y que no inventen con temeridad novedades, a no ser broten de principios constantes y sólidos.

No se traigan opiniones que ofendan a los católicos
P. 4, c. 9,3; c. 15,3. P. 5, c. 2,2.

[172] Las opiniones, de cualquier autor que sean, que en alguna provincia o academia se sepa que ofenden gravemente a los católicos, no las enseñe allí ni las defienda. Por que donde ni la doctrina de la fe ni la integridad de las costumbres se pone en peligro, la caridad prudente exige que los nuestros se acomoden a aquellos con quienes tratan.

Ha de terminarse el curso en cuatro años

[173] En cuatro años ha de terminarse todo el curso de teología. Por lo tanto si hubiera dos profesores de teología escolástica:

División de las cuestiones

[174] § 1. El primero explique el primer año 43 cuestiones de la primera parte: el segundo año la materia de los ángeles y veintiún cuestiones de la Prima secundae: el tercer año desde la cuestión 55 o la 71 hasta el fin de la Prima secundae: el cuarto año, de la Secunda secundae, la materia de fe esperanza y caridad

[175] § 2 El segundo profesor explique el primer año de la Secunda secundae las cuestiones de la justicia y el derecho y algunas principales de la religión: el segundo, de la Tertia parte las cuestiones de la encarnación: y si puede, al menos lo más Importante de los sacramentos en general: el tercero, del bautismo y de la eucaristía, si puede, del orden, la confirmación y la extremaunción: el cuarto, de la penitencia y el matrimonio.

[176] § 3 Donde hubiere tres profesores de teología, el primero exponga en primer año las 26 cuestiones de la Prima parte; el segundo, todas las otras cuestiones que pudiere de la misma parte; el tercero, lo que pueda de la Prima secundae hasta la cuestión 81; y el cuarto año todo el resto de la Prima secundae.

[177] § 4 El segundo, el primer año, de la Secunda secundae, las controversias de la Escritura y las Tradiciones, de la Iglesia, del Concilio, del Romano Pontífice; el segundo, las cuestiones de la fe, la esperanza y la caridad; el tercero, las cuestiones de la justicia y el derecho, de la restitución y de la usura, de los contratos, en cuanto pueda; el cuarto lo que hubiere sobrado de los contratos, y lo de la religión y los estados, que trata santo Tomás.

[178] § 5 El tercero, el primer año las cuestiones de la Encarnación; el segundo, de los sacramentos, en general, del bautismo y de la eucaristía; el tercero, de la penitencia y del matrimonio; el cuarto, de las censuras eclesiásticas y de los demás sacramentos.

Despachar las cuestiones de cada año

[179] De las cuestiones que haya de explicar, termine dentro del año cada una de las que están señaladas para él; si no pudiere hacerlo con algunas, déjelas por completo y no las remita para otro año; pero envíe los oyentes a algún autor determinado.

De qué cuestiones ha de abstenerse

[180] Para que con más facilidad hagan tales progresos en la teología escolástica, conviene abstenerse de cierta clase de temas, en cuanto sea posible: son ante todo estos cuatro:

De las propias de la Sagrada Escritura

[181] § 1 Una clase se refiere a las cuestiones o comentarios propios de las divinas Escrituras. Déjalas al intérprete de las Escrituras.

De las controversias

[182] § 2 Otra clase es relativa a las controversias contra los herejes: en cuyo tratamiento, cada vez que ocurran en las partes de Santo Tomás, guarde el método escolástico más que el histórico, y entienda ser bastante defender cualquier conclusión con dos o tres argumentos firmes; diluir también aproximadamente del mismo modo las principales calumnias de los herejes: en cada una sin embargo señalen algún autor, del que se pueda tomar el resto para el que quisiere.

De las filosóficas

[183] § 3 En la tercera clase están los temas filosóficos, que no han de tratar en modo alguno de propósito, y no tanto discutan cuanto indiquen lo explicado por otros o por él.

De los casos de conciencia

[184] § 4 A la cuarta clase pertenecen los casos de conciencia Conténtense con algunos principios generales de moral, de los que se suele disputar a la manera teológica, y abandonen la explicación más sutil y minuciosa de los casos.

No repetir las mismas cosas

[185] Si alguna vez Santo Tomás diluye la dificultad en varios artículos, sobre todo de diversas cuestiones, para que lo mismo no se repita en dos lugares, se podrán revisar en una discusión, si la materia no pidiere mayor explicación, los artículos compendiados, como se dirá con más detalles en el Catálogo de las Cuestiones, anexo a estas reglas, con tal de que nada se deje que en cada uno de los artículos sea digno de observarse.

Cómo han de explicarse los artículos de santo Tomás

[186] Recorran brevemente los artículos fáciles. Así, preleido el título a continuación o indiquen con brevedad la conclusión de Santo Tomás o digan: Santo Tomás contesta negando o afirmando. Pero en los más difíciles sigan de esta manera y orden: explíquese primero el título del artículo, si tuviera alguna oscuridad; luego expóngase la distinción si hay alguna, de cuyos miembros nacen las conclusiones; a continuación póngase la conclusión primaria de Santo Tomás y luego las otras; y a cada una de las conclusiones, a menos que sean evidentes, añádase alguna razón de la misma: la que también se explique de tal manera, que entiendan los alumnos que en las distinciones y razones de Santo Tomás hay mayor fuerza de lo que alguna vez puede parecer a primera vista.

No se tengan tratados más largos

[187] Explicado cada artículo, si la materia lo pidiere, establezca la revisión, pero de ningún tratado con mayor longitud, a no ser en las materias que o no se tratan en Santo Tomás o, aunque se traten, se explican con más utilidad en resumen.

O defender a santo Tomás u omitir la cuestión

[188] No basta referir las opiniones de los doctores y callar la suya; sino defienda la opinión de santo Tomás, como está dicho, u omita la cuestión misma.

Disputas Mensuales

[189] En las Disputas Mensuales, en las que defenderán tantos profesores como hubiere, tres arguyan antes del medio día y otros tantos después,

defendiendo cada uno contra todos y si no hubiere dificultad quien respondiere a la mañana en primer lugar, por la tarde responda en el segundo.

Catálogo de algunas cuestiones de la primera parte de Santo Tomás
(Summa Theologiae)

Cuest. 1

art. 1

art. 2

Nada aquí de la potencia neutra. Si hay en el hombre apetito natural para la clara visión de Dios, déjese para la 1.II q. 3 art. 8 ó q. 5 art. 8.

Lo que pertenece a la naturaleza de la ciencia y a la subalternación de las ciencias, no se trate aquí, sino supóngase de la lógica.

art. 3

No se trate aquí de las razones formales de los objetos conocibles; ni si la ciencia es un simple hábito y cualidad en general; porque son cosas de los filósofos: sino, suponiéndolas, basta buscar si la teología por alguna razón peculiar es un hábito y una simple cualidad.

art. 4

No se discutan, sino supónganse las cosas que suelen decirse de lo especulativo y de lo práctico, como son las diferencias de las ciencias.

art. 5

No se trate qué es la certeza del asentimiento, qué es la firmeza, que es la verdad, qué es la evidencia y de cuántas maneras: porque son cosas de los lógicos.

art. 9

Si es conveniente que la Escritura abunde en metáforas y parábolas, y si las sagradas letras son abiertas y claras, déjese al lector de Escritura y de controversias, como también el tratado de los sentidos de la Escritura.

Cuest. 2

No se explique, sino supóngase de la Lógica, qué sea y de cuántas clases es la proposición conocida por sí misma y la inmediata; y no se refuten las razones con que Santo Tomás demuestra la existencia de Dios, sino más bien las corroboren.

Cuest. 3
art. 1
Si algún cuerpo sin movimiento mueve, y si el viviente es más noble que el no viviente, y si Aristóteles probó bien que Dios es incorpóreo, déjese a los filósofos.
art.2
    Nada aquí del principio de individuación.
art. 3
    No se trate de la distinción del supuesto y de la naturaleza; porque pertenece a la III par. q. 3, art. 3. Cómo se distingue en las criaturas el ser y la esencia déjese al metafísico.
art. 4
    En la cuestión de si Dios está en un predicamento, déjese lo que es propio de los filósofos. La cuestión de si los ángeles y los cielos están en un predicamento, déjese toda al filósofo.
art. 7
    Si repugne a la simplicidad divina la pluralidad de personas y de relaciones, no se trate aquí, sino más abajo, q. 28, art. 2.

Cuest. 4
art. 1
    Si alguna perfección que está formalmente en Dios le convenga libremente, difiérase para la q. 11, art. 2. Si la relación divina según ella misma es alguna perfección, déjese para la materia de la Trinidad.

Cuest. 5
    Pásese por alto y supóngase de la metafísica qué es el bien.

Cuest 7
art. 1
    Lo que Aristóteles opinó de la infinidad de Dios, déjese al filósofo.
art. 2, 3 y 4
    Si se puede crear algún infinito en cantidad o en las calidades naturales le toca discutirlo al filósofo; como también de lo infinito en el género de la sustancia: ya que el ser igualmente ambos creables se suele defender o rechazar casi con los mismos argumentos. Si es posible un infinito en cualidades sobrenaturales, estúdiese por el teólogo, pero en la 2. II q. 24, art. 7 solamente.

Cuest. 8
>De la ubicuidad de la humanidad de Cristo no se trate aquí, sino en III parte q. 2.

Cuest. 9
>Si los ángeles y cielos son seres necesarios e inmutables, no es cuestión del teólogo sino del metafísico.

Cuest. 11
>Del uno, como es pasión del ente, no diga nada el teólogo, ya que es asunto metafísico.

art. 3
>Si repugna que en un sujeto con cantidad esté un accidente espiritual, o en un sujeto inmaterial un accidente corporal, déjese para la materia de la Eucaristía.

art. 6
>Tratar de la desigualdad de los premios, como de los méritos, toca a 1.II, q. 4, art. 2.

art. 8
>De la ciencia beatífica del alma de Cristo no se trate aquí, sino en la III parte.

art. 12
>Si a un mero "viator" se le puede comunicar conocimiento evidente abstractivo de los artículos de la fe, no se ha de discutir aquí, sino arriba en la cuest. 1, art. 1.

Cuest. 13
art. 3 y 4
>De la distribución de los atributos y de la esencia no se repita aquí, si antes se discutió de ella en la q. 3.

art. 5
>No se dispute de la analogía del ente, ya que toca a la metafísica.

art. 7
>Nada se diga aquí de las relaciones en general, ya que ello toca a la especulación metafísica.

art, 8, 9, 10,
11 y 12
Cuest. 16 y 17
    Los modos como se toma el nombre de Dios y lo que suele decirse del nombre Tetragrammato, déjense a los intérpretes de la Escritura.

Cuest. 19
art, 9 y 11
    La discusión sobre lo verdadero y lo falso es asunto de la metafísica.

    Si Dios es causa del pecado y si estamos obligados a conformar nuestra voluntad con la divina, pertenece a la 1 II.

Cuest. 23
art. 1
    No se detenga el teólogo en explicar la opinión de los

peripatéticos y de otros filósofos sobre la providencia de Dios.

art. 3
    A qué fin se ordenaría el hombre si no hubiera fin sobrenatural no se discute aquí sino en la 1 II, cuestión 2.

art. 5
    Qué debe hacer aquél a quien se revela su condenación, no se trate aquí sino en la materia de la esperanza.

Cuestión 24
    De la predestinación de Cristo y cómo Cristo es causa de nuestra predestinación, déjese para la III parte.

Cuestión 25
art. 1
    Explíquese la discusión del libro de la vida, en la parte que es escolástica; lo demás pertenece a la interpretación de las Escrituras.

art. 6
    Si la acción se hace en el agente o en el sujeto es cuestión de los físicos, no de los teólogos.

Cuestión 26
art. 1
    Si Dios por sí solo puede hacer algo que es pecado pertenece a la 1 II; como a la 2 II: si puede por sí o por otro decir que es falso.

Nada se trate aquí de la bienaventuranza en general o de la nuestra.

art. 3

De la palabra de la mente no se trate otra cosa más que si se produce por el entendimiento nuestro como término de la acción y cómo se distingue de ésta.

Si el conocimiento concurre activamente al acto de la voluntad, pertenece a la 1 II.

Cuestión, 29

Lo que el supuesto añade a la naturaleza singular, pertenece a la III parte.

Cuestión, 32

Si se pueden refutar evidentemente los argumentos contra el misterio de la Trinidad, pertenece a la credibilidad de los artículos de la fe, de la que se trata en la 2.II, q. 1, art. 4.

Cuestión, 39

No se discuta aquí cómo la persona divina se distingue de la esencia, si en la cuestión 28 se trató de la distinción de las relaciones y la esencia.

Cuestión, 43

De las señales visibles en que apareció el Espíritu Santo mejor se puede discutir por el Intérprete de la Escritura.

Cuestión, 43

Lo mismo de las apariciones visibles, que en el Antiguo o Nuevo Testamento se atribuyen a Dios, si fueron hechas inmediatamente por Dios o por los ángeles.

Cuestión, 51

Si el movimiento de los ángeles puede hacerse en un instante supone muchos conocimientos filosóficos, que no han de tratarse aquí. Guárdese para lo que se discute en la cuestión 54, art. 1 y 3.

DE LA PRIMERA DE LA SEGUNDA
(EX PRIMA SECUNDAE)

Cuestión, 1
art. 1

Aquí nada o brevísimamente ha de disertarse sobre la voluntad deliberada, el consentimiento perfecto o imperfecto y qué es ser el hombre dueño de sus acciones: porque esto tiene su lugar más abajo. Asimismo nada se diga de la causalidad del fin, pues es una cuestión física.

art. 2

Si Dios obra por el fin, pertenece a la I parte en la materia de la voluntad de Dios. Igualmente si la naturaleza obra por el fin, es una cuestión filosófica.

art. 3

Ha de evitarse que aquí y más abajo se discuta la misma cuestión, a saber, si los actos del hombre reciben su especie del fin. Tóquese aquí ligeramente y examínese plenamente más abajo.

art. 4

Cómo el bien es difusivo de sí, no se trate en este lugar.

Cuest. 2

Omítase o trátese brevemente, ya que todo está contenido en la Etica de Aristóteles.

Cuestión 3

art. 1

Si Dios es visto por los bienaventurados con visión divina increada, explíquese aquí, no en la I parte.

art. 2

Si un hábito es mejor que su acto, no parece que aquí se deba explicar, ya que es una cuestión filosófica y más abajo tiene su lugar.

art. 3

Dígase algo si hay tiempo, cuando ni se llegue a la materia de los novísimos, de la perfección de los sentidos en el cuerpo glorioso y sus dotes, aquí, y en la cuestión 4, art. 6. Igualmente si Dios puede verse por algún sentido, o conocimiento sensitivo, no se discuta aquí, sino en la I parte.

art. 7

En qué consiste la suma miseria de los condenados, no se explique en este lugar, sino más abajo, al tratarse del castigo del pecado.

art. 4

Nada se diga del entendimiento práctico y especulativo, ni de la praxis y de la especulación.

art. 5

Del objeto del entendimiento y si el alma puede naturalmente conocer las sustancias separadas, déjese a los filósofos.

Cuest. 4
art 1

Lo que aquí suele disertarse acerca de la diferencia de la delectación y del amor de fruición, resérvese para la cuestión de disfrutar y usar. Igualmente si con la visión de Dios puede de alguna manera compadecerse la tristeza, déjese para la III parte, donde se pregunta si Cristo sufrió según la razón superior.

art. 2

Si el deleite se busca por la operación, o al contrario, trátese en la Etica; aquí nada o brevísimamente.

art. 5

Si las almas de los santos separadas de los cuerpos ven a Dios inmediatamente, trátese pero no en la I parte.

Cuest. 5
art. 3

Déjese casi todo a la I parte.

art. 5

Nada se diga del mérito o de la necesidad de la luz de la gloria.

art. 8

Si con el apetito ordenado apetece más el condenado no ser que ser, pertenece a la cuestión del castigo del pecado.

Cuestión 6
art. 1

No se diserte en este lugar del libre arbitrio contra los herejes, sino en la materia de gracia.

art. 2

De dónde viene que el hombre dueño de sí es propiamente libre y señor de sus actos, trátese más abajo en la cuestión de la elección.

art. 3

No se diga nada de la pura omisión.

art. 4

Discútase aquí si la voluntad puede ser obligada, pero no si puede ser necesitada, porque de esto se ha de tratar más abajo.

art. 6

Cómo el miedo hace írrito al matrimonio, al voto, al juramento y al contrato, déjese para 2 II o III parte.

art. 8

Las dificultades acerca de la ignorancia guárdense para la cuestión 76.

Cuestión 7

La consideración más amplia de las circunstancias no es de este lugar, ya que de ellas con frecuencia se ha de tratar más abajo.

art. 4

Nada se diga aquí de la presciencia o de la predefinición de los actos libres, ni de la moción gratuita con que Dios mueve la voluntad humana.

Cuestión 11

No parece que aquí haya de discutirse del objeto de la esperanza, ni de si puede el bienaventurado disfrutar de la esencia divina sin disfrutar de las Personas y no de las otras; porque esto corresponde a la I parte.

Cuest. 12
art. 3

No se trate de si el entendimiento puede entender a la vez muchas cosas.

Cuestión 15

Del consentimiento formal o interpretativo y si pertenece a la razón superior, se ha de tratar más abajo

Cuestión 17

Cómo la razón manda a los miembros exteriores, a saber, despótica o políticamente, le toca discutirlo al filósofo moral; trátese en consecuencia con brevedad en este lugar.

art. 9

Si en el hombre que está en gracia se da algún acto indiferente para el mérito o demérito, discútase en la materia del mérito.

art. 11

Pásese por alto lo perteneciente a la confesión de las circunstancias.

Esta dificultad se repite en la materia de los pecados: por ello déjese para ese lugar.

Cuest. 20
art. 5
    Las dificultades de este artículo discútanse en la materia del mérito.

Cuest. 21
art. 4
    Las cuestiones que están entre la 21 y la 71 se pueden omitir. Explíquense empero unas pocas cosas de los hábitos y de las virtudes en general.

Cuest. 71
art. 4
    Cómo el pecado arroja a las virtudes, principalmente a las infusas, no se explique aquí sino en 2 II, en la materia de la caridad.

    art. 5. No se trate nada aquí de la distinción entre el mortal y el venial.

    art. 8. Esta dificultad queda suficientemente explicada en la cuestión 18, art. 5.

Cuest. 73
art. 8
    No se baje a los casos particulares del escándalo o la restitución; ni se trate aquí si el que induce a otro a pecar, peca más gravemente que el que mata: porque pertenece a la materia del escándalo.

Cuestión 79
    No se diga nada del concurso inmediato de Dios con las causas segundas.

Cuest. 81
art. 3
    La Concepción inmaculada de la bienaventurada Virgen María no es de este lugar, sino de la III parte; donde también, cuando se trata de su santificación, trátese del estimulante (del pecado, N. del T.) y como se liga o se quita.

Cuestión 85
    Cómo la naturaleza caída difiere de lo puro natural, trátese en la materia de la gracia.

art. 8
    Cómo Dios castiga en los hijos los pecados de los padres, déjese al intérprete de la Escritura.

Cuest. 89
art. 2
La exposición de san Pablo déjese al lector de Escritura.

art. 5
De los primeros movimientos de la sensualidad en los infieles parece bastar lo que arriba se dijo de los primeros movimientos. Si todas las obras de los infieles son pecados mortales, déjese para la 2 II, q.10, art. 4.

Cuestión 92
No se discuta aquí si pecan los que guardan la ley por temor al castigo; ni si Dios permite los pecados o los quiere.

Las cuestiones
101, 102, 104, 105 y la exposición de san Pablo en la cuestión 89, art. 2, omítanse: porque son de las Escrituras.

art. 5
La materia de este artículo difiérase para la cuestión 114, art. 7.

art. 7
No se discuta aquí de la mancha del pecado, ni del reato de la pena, ni de la corrupción del bien natural, ni de otras cosas parecidas, que se explicaron en la materia de los pecados.

Cuestión 110
Si la gracia pone algo en el alma, o trátese aquí o en la cuestión 113 de la justificación, art. 2.

Cuest. 112
art. 1
Nada se diga aquí de la causalidad de los sacramentos sobre la gracia.

art. 1
Si la gracia del primer hombre y de los ángeles en su creación les fue dada supuesta la disposición de ellos, no se trate aquí, sino en la I parte.

art. 3
No parece que haya de tratarse aquí de la contrición continua de Cayetano o de la intención de Escoto; pues pertenecen a la materia de la penitencia.

Cuest. 113
art. 4
De la necesidad de la fe en Cristo antes o después de promulgado el Evangelio, no se discuta sino en la 2 II.

art. 7
>Si el aumento de gracia se da al principio o al fin de la acción meritoria y si cuando la operación meritoria es sucesiva la misma gracia también se aumenta sucesivamente, mejor déjense para la cuestión del aumento de la caridad en 2 II.

art. 8
>Del número y orden y necesidad de todos los actos que concurren a la justificación, discútase aquí en la materia de penitencia.

Cuest. 114
art. 3
>Si por cualesquiera obras se aumenta la gracia y la caridad, resérvese para la materia de caridad en la 2 II.

Cuest. 114
art. 6
>Nada se diga aquí del mérito de Cristo, ya que pertenece a la III parte.

DE LA SEGUNDA DE LA SEGUNDA
(EX SECUNDA SECUNDAE)

Cuest. 4
art. 3
>No se trate aquí, sino más abajo, en la materia de la caridad, si la caridad es forma de todas las virtudes en general.

art. 6
>Discútase aquí si la fe es un hábito; pero no si es una simple cualidad.

Cuest. 5
art. 1
>Nada de la fe de los ángeles en general, porque de esto se trata en la materia de los ángeles; sino aquí solamente se trate de si hubo fe en el primer ángel, si para él era evidente la existencia de Dios que hablaba y le revelaba los misterios.

Cuestión 6
>Sólo brevísimamente, porque la dificultad se trata en la materia de gracia.

Cuest. 10. art. 2
>La cuestión del bautismo de los hijos de infieles déjese para la materia del bautismo.

Cuestión 12
No se hagan aquí largas discusiones de la potestad eclesiástica y civil.

Cuest. 23
art. 2
La materia de este artículo no se ha de discutir aquí, sino en las cuestiones de gracia, donde asimismo de la distinción de la caridad y de la gracia; pero si la caridad es virtud especial, aquí en el art. 4.

Cuestión 16
Nada aquí de la contrición, sino solamente si Dios ha de ser amado sumamente en intensidad o sólo en estimación; lo que no se repita en la materia de penitencia.

Cuestión 61
En la materia del mérito no se discuta aquí si la retribución de los méritos ante Dios se hace según la justicia conmutativa o la distributiva.

LA TERCERA PARTE
(EX TERTIA PARTE)

Cuest. 1
art. 1
Ni de la potencia obediencial parece que aquí debe tratarse, sino de paso, ya que pertenece a la I parte en la cuestión de la omnipotencia de Dios: ni de la posibilidad de la Encarnación: de la que, sin embargo, si pareciere deberse ver aquí, no se repita en la cuestión 2. Ni de la distinción del supuesto y de la naturaleza, sino remítase a la cuestión 3, art. 3. Por último, si es de la naturaleza del bien comunicarse actualmente toca más bien a la I parte en la cuestión de la bondad de Dios o en la cuestión del libre arbitrio de Dios.

art. 2
Cómo satisfacemos por los pecados y cómo nuestra satisfacción se apoye en la satisfacción de Cristo, déjese para la materia de la penitencia.

Cuestión 2
Si hay en Dios tres subsistencias y si la esencia subsiste según ella misma, o mediante las relaciones, no se discuta aquí sino supóngase de la I parte, en la materia de la Trinidad. Y si algo puede depender esencialmente de muchos con dependencia causal, supóngase de la Filosofía.

Cuest. 4
art. 4

No se discuta del ser objetivo contra Escoto, sino supóngase de la I parte, en la cuestión de la ciencia de Dios.

Cuestión 7.

Si la virtud heroica difiere específicamente de la virtud comúnmente dicha supóngase de la filosofía moral o de la 1 II.

Cuest. 8
art. 1

Si la humanidad de Cristo concurre activamente a la infusión de la gracia y a las obras de los milagros, ya que tiene la misma dificultad con la causalidad de los sacramentos, no se repita con frecuencia lo mismo, sino que se pueden unir de tal manera que se traten juntamente con la materia de los sacramentos en general. De esto empero si alguno quisiera tocar algo en esta cuestión 8 para explicar el concurso instrumental de la humanidad, sea cualquier cosa la que aquí tratare, de ningún modo la repita en la materia de los sacramentos.

arts. 2 y 3

No parece deber discutirse quiénes son o no miembros de la Iglesia, ya que pertenece a la materia de la Iglesia.

Cuest. 9
art. 1

Si el entender lo divino puede comunicarse al alma de Cristo, pertenece a la 1 II, cuest. 3, art. 1.

Cuest. 10
art. 2

Lo que toca al estado de cada bienaventurado, no se trate aquí, sino en la I parte, como lo demás que corresponde a la visión de Dios en general.

Cuest. 11
art. 1

Si el "viator" puede tener conocimiento evidente abstractivo de la Trinidad, no corresponde aquí, sino a la I parte.

art. 5

Todo lo que aquí suele discutirse acerca del hábito en común, supóngase de la filosofía o de la 1 II.

Cuest. 18
art. 4
    Qué acciones se llaman humanas y cuáles no humanas, es cuestión de la 1 II.

Cuestión 22
    Del sacrificio incruento de Cristo en la cruz y de la noción del sacrificio y de la hostia en general, mejor se discute en la materia de la Eucaristía y de la Misa; lo mismo del sacerdocio de Melquisedec y cómo fue figura de Cristo, es mejor que se discuta por el intérprete de la Escritura.

Cuestión 24
    No se repita aquí lo que pertenece a la predestinación de los hombres y de los ángeles.

Cuestión 25
    Parece deber omitirse aquí lo que algunos disertan sobre las imágenes fantásticas y las varias ilusiones de los demonios.

    Las demás cuestiones de la Encarnación pueden omitirse, fuera de unas seis, de las cuales la primera sea del oficio de mediador; donde también ha de decirse algo sobre la invocación de los santos. La segunda, de la Concepción de la bienaventurada Virgen María. La tercera, de los milagros de Cristo, a causa de algunos herejes de nuestro tiempo, que quieren menoscabar cuanto pueden la fuerza de los milagros de Cristo. El discutir de los milagros en general y lo que es posible para Dios, más bien se haga en la materia de los ángeles. La cuarta, si en Cristo hay dos filiaciones; pero no se trate en general si una relación numérica se pueda referir en algo a diversos términos. La quinta, si la razón superior padeció en Cristo. La sexta, de la bajada de Cristo a los infiernos, contra Calvino.

DE LOS SACRAMENTOS EN GENERAL

Cuestión 60
    La cuestión de si el sacramento está en algún predicamento, no parece materia muy digna de un teólogo.

Cuestión 61
    Si siempre, aun en la ley de la naturaleza fue necesaria la fe, no toca aquí, sino en la 2 II.

Cuestión 62

Si Dios puede usar la creatura como instrumento para crear, más bien es de la I parte en la materia de la creación.

Del bautismo

Trátese brevemente de las solemnidades y ceremonias del bautismo.

Nada se diga del parentesco espiritual que se suele contraer en el bautismo, sino déjese para el matrimonio.

Del castigo de los párvulos que mueren sin el bautismo no se trate aquí, sino en la materia del pecado original, en la 1 II.

Los sacramentos de la confirmación, el orden y la extremaunción trátense, según el tiempo que hubiere, con plenitud o con brevedad o también omítanse ya que son más fáciles y se tiene a mano dónde acudir. Pero dondequiera que el tratar de ellos parezca necesario a causa de los herejes, no se omita de ninguna manera.

De la eucaristía

Si la cantidad se distingue de la sustancia, déjese a los filósofos; como también lo que Escoto discute aquí, si el accidente puede producir la sustancia.

De las muchas figuras de la Eucaristía y sus comparaciones mutuas, no se trate nada o con brevedad.

De la penitencia

Si es imposible la justificación del pecador sin ninguna infusión de cualidades sobrenaturales, o sin ningún acto del penitente, o si el arrepentirse como conviene necesita del auxilio gratuito de Dios, pertenece a la 1 II sobre la justificación. Allí también debe tratarse y no aquí del orden entre la disposición y la infusión de la gracia.

Si en el pecador después de pasado el pecado queda algo fuera de la obligación de la pena, supóngase de la 1 II en la materia del pecado. Si la pena de daño es la misma en todos los condenados, toca más bien a la materia de los pecados y de sus efectos.

Las cuestiones de la restitución, de la limosna, del ayuno, de la oración, de la corrección fraterna envíense a la 2 II.

También muchas cosas que corresponden a los casos de conciencia pueden dejarse, como se anotó arriba.

Del matrimonio

Parece que debe omitirse lo que se trata aquí por algunos, si la virginidad es virtud y cuál virtud.

Si el maleficio puede disolverse con el maléfico, correspondería ciertamente a la 2 II; pero como rara vez se llega a ese lugar y el maleficio se cuenta entre los impedimentos del matrimonio, parece mejor ponerlo aquí.

De la sustancia del voto, tanto el simple como el solemne, parece debe tratarse mejor en la 2 II que aquí.

Reglas del profesor de casos de conciencia

Fin

[190] Trate de dirigir todo su trabajo y habilidad a la formación de parrocos capaces o administradores de los sacramentos.

Distribución de la materia

[191] Uno de los profesores explique en un bienio todos los sacramentos y las censuras y además los estados de los hombres y sus oficios; otro igualmente en un bienio trate el decálogo, en cuyo séptimo mandamiento estudie los contratos, siempre tocando con brevedad lo que parezca de menor importancia o no tan propio, como v. g. de la deposición, la degradación, la magia y cosas parecidas.

Hasta donde abstenerse de cuestiones teológicas

[192] Aunque es necesario abstenerse por completo de los temas teológicos que apenas tienen relación alguna obligada con los casos: sin embargo, es justo que de vez en cuando toque con brevísima definición algunos asuntos de teología, de los que depende la solución de los casos, como qué es el carácter y sus diversidad, qué es el pecado mortal o el venial, qué el consentimiento y cosas parecidas.

Manera y modo de las cuestiones

[193] Más allá de la técnica escolástica trátese cada una de las dificultades mediante dudas y conclusiones, para cuya confirmación escójanse a lo más dos o tres razones y no se junten más autoridades (testimonios de autoridad, N. del T.) que las justas; pero a cada mandamiento general o regla preséntense a modo de ejemplo tres casos particulares.

Indíquese la opinión más probable

[194] De tal manera apoye sus opiniones, que si alguna otra fuere probable y esté apoyada por buenos autores, indique que también ella es probable.

Disputa semanal

[195] Cada sábado, omitida la lección, durante dos horas o algo menos según el arbitrio del Provincial y el número de los discípulos discútase en la clase ante el profesor sobre las conclusiones propuestas: en esa discusión principalmente se use de preguntas, o exíjase la explicación de alguna dificultad, o propóngase algún nuevo caso, cambiando alguna circunstancia u opóngase a alguna conclusión un canon o un doctor de los primeros, o alguna breve argumentación para que haya más dignidad: pero con moderación y muy lejos de la costumbre filosófica.

Forma de la discusión doméstica

[196] Si él mismo está al frente de la discusión doméstica de casos por disposición del Rector o del Provincial, tenga este orden: primero proponga alguna materia sobre la que se va a disertar; y a veces también algo perteneciente al uso, como el modo de interrogar al penitente, de dar los remedios y las penitencias y otras parecidas. Luego presente con brevedad los principales puntos de esa materia y sus fundamentos, para dar cierta noticia general y como luz a todas las partes de ese tratado. Luego sobre la materia propuesta escoja tres o cuatro casos, que mandará fijar en el lugar de la discusión, señalando el día de ésta.

Estudio privado

[197] Sobre estos casos propuestos estudien privadamente cada uno de los autores propuestos por el presidente.

Exponer y discutir los pareceres

[198] Luego de haberse reunido, primero sería útil que cada uno refiera lo más brevemente posible lo que su doctor dice; después el que preside interrogue aproximadamente tres (a quienes se les avise de antemano y se les cambie alternativamente) lo que opinan del primer caso: después de lo dicho por ellos, escoja él mismo la doctrina más segura y más probable; a continuación, de la misma manera, trate el caso segundo y los restantes. Explicados así esos casos por el presidente de la manera más breve y con el modo que se ha de guardar en las discusiones de los casos propóngase las dudas acerca de los mismos; contestando uno de los previamente avisados enseñando el mismo al fin qué ha de pensarse.

Materia de las discusiones extraordinarias

[199] Si algo se le ocurriere a alguien fuera de la materia ordinaria de estas discusiones, preséntese, si no hay dificultad, al presidente para que se trate en la futura discusión.

REGLAS DEL PROFESOR DE FILOSOFIA

Fin
P. 4, c. 12,3; y Congr. 3, can. 9

[200] Como las artes o ciencias naturales disponen los entendimientos para la teología y sirven para el perfecto conocimiento y uso de ella, y por sí mismas ayudan al mismo fin: el profesor, con la debida diligencia, buscando en todo con sinceridad el honor y la gloria de Dios, tráteles de manera que a sus oyentes, y principalmente a los nuestros, los prepare a la teología y sobre todo los excite al conocimiento de su Creador.

Hay que seguir a Aristóteles; pero hasta dónde

[201] En las cosas de alguna importancia no se aparte de Aristóteles, a no ser que contradiga a la doctrina que las academias aprueban en todas partes; y mucho más si repugna a la fe recta; y si hubiera algo contra ella de él o de otro filósofo, esfuércese en refutarlo según el Concilio de Letrán.

Autores mal dispuestos con la religión cristiana
3 Congr. can 8. 5 Congr. decr. 55

[202] A los intérpretes de Aristóteles que no merecieron bien de la religión cristiana no los enseñe o traiga a la clase sin gran selección; y tenga cuidado de que los discípulos no se les aficionen.

Averroes
5 Congr. decr. 55

[203] Por tal causa, las Digresiones de Averroes (y dígase lo mismo de otros parecidos) póngalas en algún tratado aparte; y si algo bueno haya que tomarse de él, hágase sin alabarlo; y si es posible demuestre que eso mismo lo tomó de otra parte.

No adherirse a ninguna secta

[204] No se adhiera ni él ni sus discípulos a ninguna secta, como las de los averroístas, alejandrinos y semejantes; y no disimule las equivocaciones de Averroes, o de Alejandro, o de los otros: sino que partiendo de ahí rebaje más acremente la autoridad de ellos.

Ha de seguirse a Santo Tomás

[205] Por el contrario, de Santo Tomás nunca hable sino honorificamente, siguiéndolo con satisfacción siempre que convenga; o dejándolo, cuando alguna vez no se le acepte, con reverencia y consideración.

El curso de filosofía no menor de tres años

[206] Enseñe toda la filosofía en no menos de tres años, con dos horas diarias, una por la mañana, otra por la tarde; a menos que otra cosa se determine en alguna universidad.

Cuándo terminarlo

[207] Y por lo tanto, en ninguna parte se termine el curso antes de que llegaren o estén muy próximas las vacaciones que suelen tenerse hacia el fin del año.

Lo que ha de tratarse u omitirse el primer año

[208] § 1 Explique en el primer año la Lógica, habiendo dado su resumen durante el primer bimestre aproximadamente, no tanto dictando cuanto explicando de Toledo o de Fonseca lo que pareciere más necesario.

[209] § 2 En los prolegómenos de la Lógica discuta solamente si es ciencia y de qué materia, y algunas cosas de las segundas intenciones: el tratamiento pleno de los universales déjelo para la metafísica, contentándose aquí con dar una información mediana.

[210] § 3 De los predicamentos proponga asimismo algunas cosas más fáciles, que son tocadas por Aristóteles; lo demás déjelo para el último año. De la analogía porque con mucha frecuencia entra en las discusiones, trate en Lógica lo suficiente.

[211] § 4 El libro segundo de la verdad y ambos libros de los primeros, fuera de los ocho o nueve capítulos, délos en compendio; exponga empero las cuestiones propias de ellos pero brevísimamente la que se refiere a los contingentes, en la que nada diga acerca del libre arbitrario.

[212] § 5 Y para que el segundo año se dedique íntegro a la física, al final del año póngase un estudio más amplio de la ciencia y en él trátese la mayor parte de los prolegómenos de la física, como las divisiones de las ciencias, las abstracciones, lo especulativo, lo práctico, la subalternación, el modo diverso de proceder en la física y en la matemática, de que trata Aristóteles en el libro segundo del alma.

[213] § 6 De los Tópicos y los Elencos, los lugares y las falacias puestas en orden más conveniente, mejor se trate al principio de la Lógica en resumen.

Qué en el segundo

[214] § 1 El segundo año explique los ocho libros de física, los libros del cielo y el primero de la generación. En los ocho libros de la física dénse

en compendio el texto del libro sexto, y del séptimo, también el primero de aquella parte que trata de las opiniones de los antiguos. En el octavo libro nada se trate del número de las inteligencias, ni de la libertad, ni de la infinitud del primer motor; sino que esto se trata en la metafísica y por cierto que sólo según la opinión de Aristóteles.

[215] § 2 Los textos segundo, tercero, cuarto del cielo tóquense brevemente y en gran parte omítanse. En esos libros no se trate más que unas pocas cuestiones de los elementos; del cielo solamente de la substancia e influencias; las demás déjense al profesor de matemáticas o pónganse en un resumen.

[216] § 3 La meteorología trátese en los meses de verano en la última hora de la clase vespertina, y si es posible por el profesor ordinario de filosofía, o por el extraordinario a no ser que otra cosa pareciera más conveniente.

Qué en el tercero

[217] § 1 El tercer año explicará el libro segundo de la generación, los libros del alma y la metafísica. En el primer libro del alma recorra brevemente los dichos de los antiguos filósofos. En el segundo, habiendo expuesto lo de los sentidos no se aparte a la anatomía y lo demás, que es de los médicos.

[218] § 2 En la metafísica pásense por alto las cuestiones de Dios y de las inteligencias, que por completo o en gran parte dependen de las verdades enseñadas por la fe divina. El proemio y el texto de los libros séptimo y duodécimo en gran parte trátense con diligencia; en los demás libros escójase de cada uno algunos textos principales, como fundamento de las cuestiones que pertenecen a la metafísica.

El texto de Aristóteles ha de tenerse en mucho

[219] Esfuércese mucho por interpretar bien el texto de Aristóteles y en esto no ponga menos cuidado que en las cuestiones. Persuada a los oyentes de que será mutilada y manca la filosofía de quienes no aprecien ese estudio.

Qué textos principalmente y de qué modo han de interpretarse

[220] Cada vez que caiga en algunos textos sumamente célebres y que suelen moverse en las discusiones, trátelos con exactitud, comparando entre sí algunas interpretaciones más autorizadas, para que pueda entenderse cuáles han anteponerse a otras por los antecedentes y los consiguientes, o por la fuerza del idioma griego o por la observancia de otros lugares, o por la autoridad de los intérpretes más insignes, o finalmente por el peso

de las razones. Finalmente lléguese a ciertas pequeñas dudas que no hay que inquirir demasiado, pero que no deben omitirse si son de alguna importancia.

Selección y orden de las cuestiones

[221] Tenga gran selección de las cuestiones y las que no brotan de la misma discusión de Aristóteles, sino con ocasión de algún axioma, que él usa de pasada al disertar, si en otros libros tienen lugar adecuado, déjense para él; si no, trátense inmediatamente después del mismo texto en que se ofrecieron.

Cuestiones que intercalar en el texto

[222] Pero las cuestiones que propiamente pertenecen a la materia de que trata Aristóteles, no se presenten antes de explicar todos los textos que corresponden a la suma [ideas principales] propuesta del asunto; ya que no hay aquí más textos de los que con una o dos lecciones se puedan explicar. Y si se tienen divagaciones más largas, como son de los principios, de las causas, del movimiento, en ellas no se tengan tratados más amplios, ni todo el contexto de Aristóteles se anteponga a las cuestiones; sino que se una con ella de tal manera, que después de alguna serie de textos, se coloquen algunas cuestiones que broten de ellas.

P. 4, c. 13,3. Repetición en las clases

[223] Terminadas las lecciones, algunos discutan entre sí lo oído durante media hora, como unos diez, poniendo al frente de cada una de las decurias alguno de los condiscípulos de la Compañía, si es posible.

Disputas mensuales
P. 4, c. 6,10

[224] Ténganse disputas mensuales, en las que arguyan no menos de tres por la mañana y otros tantos por la tarde: el primero por una hora, los demás por unos tres cuartos de hora. Y por la mañana en primer lugar dispute algún teólogo (si hay abundancia de ellos) contra un metafísico, un físico contra un lógico: pero por la tarde un metafísico, con un metafísico; un lógico con un lógico. Igualmente por la mañana un metafísico, por la tarde un físico confirmará una u otra conclusión con brevedad y al modo filosófico.

Cuánto tiempo para disputar

[225] En el tiempo en que el maestro enseña la lógica, ni él ni sus oyentes se reunen para estas disputas. Al contrario, más o menos en la primera

o segunda semana los lógicos no disputen nada, contentándose con una sola explicación de la materia: después de ese tiempo podrán en su clase defender algunas tesis el sábado.

Forma en la discusión

[226] Donde no haya más que un maestro de filosofía, tres o cuatro veces al año, instituya algunas disputas más solemnes en un día de fiesta u otro feriado; y ello con esplendor y aparato, invitando también a los religiosos y a otros doctores para argumentar, para que ello comunique algún fervor no infructuoso para nuestros estudios.

Disputas solemnes

[227] Por eso desde el principio de la lógica fórmese a los jóvenes de manera que nada les avergüence más que apartarse del modo de la forma: nada les exija más severamente el profesor. Por eso, el que responde, repita primero toda la argumentación, sin contestar nada a las diversas proposiciones; luego otra vez repita las proposiciones y añada Niego o concedo, la mayor, la menor, la consecuencia; a veces también distinga; rara vez introduzca declaraciones o razones, sobre todo cuando no se piden.

REGLAS DEL PROFESOR DE FILOSOFÍA MORAL

Oficio
P. 4, c. 14,3

[228] Entienda que de ninguna manera le corresponde apartarse a cuestiones teológicas, sino explicar, avanzando en el texto brevemente, con doctrina y gravedad, los principales capítulos de la ciencia moral, que se encuentran en los diez libros de la Etica de Aristóteles.

Tiempo de esta lección

[229] Cuando no suele preleerse la Etica por el mismo profesor del curso filosófico, exponga el que enseña la Etica a los metafísicos las mayores cuestiones de esta ciencia; y ello durante tres cuartos de hora o media hora cada día.

Repetición

[230] Ténganse las repeticiones de Etica al menos cada quince días, en el tiempo determinado por el Rector; aunque por esa causa hubiera de dejarse una repetición de Metafísica.

Conclusiones

[231] Cuando los oyentes de Metafísica tengan discusiones mensuales o privadas en casa o en las escuelas, añadan siempre alguna conclusión de Ética, contra la cual, durante un cuarto de hora, dispute el metafísico que argumenta.

Reglas del profesor de matemáticas

Qué autores, qué tiempo, a quiénes ha de explicarse
P. 4, c. 12,C

[232] A los alumnos de Física explique en la clase por unos tres cuartos de horas los elementos de Euclides; y luego de que por espacio de dos meses se hayan versado de alguna manera en ellos, añada algo de geografía, o de la esfera, o de lo que suelen recibir con gusto los oyentes; y esto junto con Euclides o el mismo día, o en alternos.

Problema

[233] Cada mes o alternadamente al menos, procure que algún oyente, con gran asistencia de los filósofos y teólogos, dilucide algún importante problema matemático, y después, si pareciere, téngase una argumentación.

Repetición

[234] Una vez al mes, casi siempre el sábado, en vez de la prelección repítanse publicamente los puntos principales explicados durante ese mes.

Reglas del prefecto de los estudios inferiores

Fin
P. 4, c. 7,1 y c. 16,4

[235] Entienda haber sido señalado para que con todo empeño ayude al Rector en la dirección de nuestras escuelas, para que quienes las frecuentan aprovechen no menos que en las buenas artes en la probidad de vida.

Subordinación al Prefecto General

[236] En lo que pertenece a la disciplina de las costumbres en nuestras escuelas, consulte solamente con el Rector; pero en lo tocante a los estudios, hágalo con el Prefecto General de ellos; no se aparte de sus indicaciones; no quite ninguna costumbre recibida ni introduzca alguna nueva.

Quién ha de aprobar las declamaciones
 [237] Al mismo Prefecto haga entregar para su aprobación todo lo que vaya a ser declamado públicamente en casa y fuera por los alumnos de retórica y de las facultades inferiores. Los adornos y poesías, que algunos días más especiales se ponen en público, han de leerse todos por dos designados por el Rector y escójanse los mejores.

Hay que observar y ayudar a los maestros
 [238] Tenga las reglas de los maestros inferiores y de los oyentes y procure cuidadosamente que sean guardadas tanto como las suyas. Ayude y dirija a los mismos maestros y prevenga sobre todo que nada se quite a su autoridad y prestigio ante otros, principalmente ante sus discípulos.

Unica manera de enseñar
 [239] Cuide sumamente que los nuevos maestros guarden con diligencia la manera de enseñar y las otras costumbres de sus antecesores, que no sean ajenas a nuestra manera; para que los de fuera no se quejen del frecuente cambio de profesores.

Visitar las clases
 [240] Cada quince días por lo menos oiga a cada uno de los maestros; observe si dan a la doctrina cristiana el tiempo y el cuidado debido, si progresan suficientemente en su programa, ya en enseñarlo ya en repasarlo; y finalmente si se comportan con los alumnos en todas las cosas con decoro y alabanza.

Días feriados y cambios en las horas
 [241] Conozca a tiempo ya los días de fiesta y vacaciones, tanto los comunes a todas las provincias como las propias de la suya, sobre todo las semanales; ya las horas en que en cada época del año han de comenzarse y acabarse las clases, y hágalo saber a los maestros; cuándo igualmente los alumnos deben ir a las rogativas públicas y a cosas parecidas; o cuándo ha de mandarse hacer o prohibirse algo fuera de lo ordinario.

Cinco grados de clases
 [242] § 1 Tenga cuidado que los grados de que constan las cinco clases inferiores, a saber, retórica, humanidades y tres de gramática, de ninguna manera se mezclen, para que si alguna vez se doblare una clase por los muchos discípulos, por orden del Provincial, cada una retenga el mismo grado; y cuando se establecen varios órdenes en una misma clase, respondan a los grados establecidos en las Reglas de los profesores.

División de la gramática en tres libros

[243] § 2 Para que esta distinción se guarde mejor y con más facilidad, todos los preceptos de Emmanuel [Manuel Alvarez] han de dividirse en tres libros, de los que cada uno ha de ser propio de cada una de las clases. El primer libro para la clase ínfima contendrá el primer libro de Emmanuel y una breve introducción de la sintaxis tomada del segundo.

El segundo libro para la clase media contendrá el segundo libro de Emmanuel, de la construcción de las ocho partes hasta la figurada, añadiendo los apéndices más fáciles.

El tercer libro para la clase suprema contendrá del segundo libro los apéndices del segundo género y desde la construcción figurada hasta el fin, y el libro tercero, que trata de la media de las sílabas.

Una división semejante a ésta en tres partes, que responde a tres clases, habría de hacerse también por las provincias que siguen un método distinto del romano.

Doble orden de la clase ínfima

[244] § 3 El maestro ordinariamente terminará el libro de cada clase en el primer semestre y repetirá el otro desde el principio. Como el libro de la clase ínfima es mayor de lo que puede explicarse en un año y repasarse por entero, se dividirá en dos partes. Y sería conveniente no admitir niños que no estén bien instruidos en la primera parte, para que a todos se explique y repita la segunda parte, como a las demás clases, en un solo año. Pero donde no pudiere hacerse, esta clase ínfima ha de dividirse en dos órdenes en los que a uno se prelea la primera parte del libro, al otro la segunda de ordinario en el primer semestre; en el segundo semestre se repita a ambas desde el principio: si ésta en alguna parte se duplicare, como en ella hay un doble orden, un maestro podrá enseñar el orden inferior y otro superior.

Utilidad en la repetición

[245] § 4 Dos utilidades tendrá esta repetición: la primera, que se grabarán más las cosas que se hubieren repetido más; la segunda, que los que tienen talento mayor terminen más rápidamente el curso que los otros, ya que podrán ascender cada semestre.

Colegio de cinco clases

[246] § 5 Por lo tanto, donde hay cinco clases, guárdese en cada uno de los grados la manera que se describió en las reglas de los Profesores; y en ninguna de ellas se permita más que un orden, excepto en la de ínfima.

De cuatro

[247] § 6 Donde hay cuatro clases, o, quitada la retórica, las otras cuatro no difieran de las que acabamos de indicar; o, lo que más agrada, la suprema sea retórica y guarde completamente lo descrito en las reglas del Profesor de retórica; la otra sea de humanidades e igualmente mantenga el grado que se expresa en las reglas del Profesor; la tercera se divida en dos órdenes, de los que el superior responde a la clase suprema de gramática y el inferior a la media; la cuarta finalmente responderá a la clase ínfima; y en dos órdenes, como en su regla se dice, se puede dividir: si solamente se admite el orden superior, la tercera tenga solamente un grado, y sea la suprema de gramática; y la cuarta dos, y sea media e ínfima.

De tres

[248] § 7 Donde hay tres clases, las dos inferiores conserven el grado que se acaba de indicar para las dos últimas en el colegio de cuatro clases; pero la suprema, o sea, pura humanidad o divídase en dos órdenes de los que el superior responde a la retórica y el inferior a humanidades. Y no se introduzca el orden superior sin consultar al Rector, cuando haya buen número de alumnos que sean capaces de este orden y de manera que el maestro en modo alguno falte al cuidado debido al orden inferior.

De dos

[249] § 8 Donde hay dos clases, la inferior tenga dos órdenes, de los que el uno responde al orden supremo de la clase ínfima, el otro a la clase media; y el superior igualmente tenga dos, de los que uno corresponda a la suprema clase de gramática y el otro a la humanidades.

Repetición del pensum en las escuelas de dos órdenes

[250] § 9 En estas mismas clases donde hay dos grupos, será la misma para ambos la repetición del pensum anual, como se dijo en el # 3. Y esto, donde se pueda a fin de que a uno y otro se explique su parte correspondiente en el primer semestre y se repita en el segundo; los discípulos, durante un bienio, avancen equitativamente en la misma clase y en las dos que compongan cada uno de los grupos; pero si esto resulta muy difícil, habrá que darle más tiempo.

Que es común qué es propio

[251] § 10 Para que esto pueda obtenerse en las clases donde hay dos órdenes, todo menos la prelección de gramática será común a ambos. Y en

primer lugar, la prelección de Cicerón será común, de manera que se pida lo más fácil a los inferiores y lo más difícil a los orden superior.

Luego también podrá darse un tema único, de manera que el orden superior lo reciba todo y el inferior sólo lo primero o la última parte, la cual se acomode a los preceptos que se le han explicado. Finalmente los ejercicios y concertaciones de ordinario pueden ser comunes a todos. Sola pues la prelección de gramática, siendo distinta, explíquese o repásese o en días alternos a cada uno de los órdenes, o dividido el tiempo en dos partes, la suya diariamente a cada una.

Nuevos discípulos

[252]] No inscriba, en lo posible, a nadie en el número de los discípulos si no fuere presentado por sus padres o por quienes cuidan de él, o a quien no conociere personalmente, o de quien no pueda tener fácilmente referencia de parte de conocidos suyos. Pero no se excluya a nadie por no ser de la nobleza o por ser pobre.

Su examen

[253] A los que lleguen de nuevo, examínelos más o menos de esta manera. Pregunte qué estudios han hecho y hasta dónde; luego pida separadamente que escriban algo sobre cierto tema; exíjales algunas enseñanzas de las facultades que hayan estudiado; proponga algunas breves frases de algún escritor, ya para traducir al latín, ya, si fuere necesario, para interpretarlas.

Admisión

[254] Admita a los que conociere ser instruidos, de buenas costumbres e índole; y a éstos muéstreles las reglas de nuestros oyentes para que sepan cómo deben ser. Escriba en un libro su nombre, apellido, patria, edad, padres o los que están al cuidado de ellos, si alguno de los discípulos conociere sus casas; anote el día y el año en que cada uno fue admitido. Finalmente ponga a cada uno en aquella clase y con aquel maestro que le convenga de suerte que más pueda parecer digno de la clase superior que indigno de la suya.

Quiénes no deben admitirse

[255] En la última clase ordinariamente no admita ni a jóvenes adelantados en edad ni a niños demasiado tiernos, a menos que sean sumamente idóneos, aun cuando fueren enviados solamente buscado la buena educación.

Promoción
[256] Debe hacerse una promoción general y solemne una vez al año después de las vacaciones anuales. Si algunos sobresalen mucho y en la escuela superior parece que aprovecharán más que en la suya (lo que sabrá mirando las catálogos y consultando a los maestros), de ninguna manera se les detenga, sino en cualquier tiempo del año, luego del examen asciendan. Aunque apenas hay ascenso desde la primera clase a la de humanidades, por el arte métrica, que se explica el segundo semestre, y de humanidades a retórica por el compendio de Cipriano.

Exámenes escritos
[257] Para el examen, todos en clase han de escribir en prosa una vez o, si fuere necesario dos, y los alumnos de suprema gramática y humanidades en verso una vez y, si pareciere, una vez en griego con intervalo de un día.

Normas del examen
[258] Haga que dos o tres días antes del examen los Maestros avisen que, con motivo del examen, hay un ejercicio escrito, y léanse en público en cada clase las leyes respectivas, que se encuentran al final de estas reglas.

Presida el Prefecto
[259] El mismo Prefecto presida a los que hacen el examen escrito u otro que lo sustituya; y éste, el día que ha de hacerse el examen escrito, dada la señal, entregue un argumento más bien corto que largo.

Las composiciones se entreguen a los examinadores
[260] Conserve las composiciones en un fascículo por orden alfabético; y si no hay impedimento, entréguelas a los examinadores para que, si les parece, puedan leerlas y anotar las erratas en el margen.

Examinadores
[261] Conviene que los examinadores sean tres. Uno de ellos será ordinariamente el Prefecto; los otros dos personas bien peritas en humanidades, y si es posible, no sean maestros; nómbrelos el Rector con el Prefecto. Téngase en cuenta la mayoría de votos al decidir. Donde hay gran número de alumnos, se pueden nombrar dos o más ternas de examinadores.

Número de los examinandos
[262] Llámense de tres en tres para el examen, o también más, principalmente de las clases inferiores; y otros tantos sean presentados a continuación por el maestro, guardando el orden alfabético u otro conveniente.

Mirar los catálogos o registros

[263] Los examinadores en primer lugar lean bien el catálogo del maestro y en él miren las notas señaladas a cada uno, mientras se llega al examen, haciendo comparación, si es necesario, con los catálogos anteriores del mismo año; para que aparezca con mayor facilidad lo que cada uno haya aprovechado o va a aprovechar.

Modo de examinar

[264] El modo de examinar será el siguiente. Primero cada cual lea, si pareciere, la parte de su escrito: luego mándesele corregir las equivocaciones y dar la razón de ellas, indicando la regla contra la que se ha faltado. Luego propóngase algo del idioma vernáculo, que inmediatamente se ha de traducir al latín, y todos sean interrogados de las reglas y de las materias que en cada clase fueron dadas. Finalmente, si es necesario, exíjase la interpretación breve de algún pasaje de los libros explicados en clase.

Cuándo ha de darse calificación

[265] Luego del examen de cada terna, estando aún recientes los juicios de los examinadores, dése juicio sobre los examinandos, teniendo en cuenta la composición, la nota añadida por el maestro y el interrogatorio.

De las dudas

[266] Para resolver las dudas, el Prefecto exija a intervalos las composiciones diarias de los alumnos; con los mismos jueces trate para que de nuevo, si pareciere, manden componer y examinen. Finalmente en las dudas ha de tenerse en cuenta la edad, el tiempo tenido en la misma clase, el talento y la diligencia.

Guardar silencio del dictamen

[267] Acabado finalmente el examen, téngase en secreto lo que se ha determinado de cada uno, a menos que antes de leerse en público el catálogo se muestre al maestro de cada uno.

Los ineptos y rudos

[268] Si alguien de ninguna manera pareciera idóneo para hacer el grado, no se ceda a ningún ruego. Si alguien difícilmente sea apto, pero sin embargo por la edad, el tiempo que lleva en la clase u otra razón pareciere deber ser promovido, hágase con la condición, si nada obstare, de que si a su maestro no demostrare su aplicación, sea remitido otra vez a la clase inferior y en el catálogo no se tome cuenta de él. Si algunos finalmente sean tan rudos, que no convenga promoverlos ni se espere de ellos fruto

alguno en su propia clase, trátese con el Rector, para que avisados con toda delicadeza sus padres o encargados, no ocupen lugar.

Promulgación

[269] Léase en público un catálogo de los que van a ser promovidos o en las clases de cada uno, o a todos juntos en el salón. Si algunos descuellan mucho sobre los demás, nómbrense los primeros para honrarlos y en los demás guárdese el orden alfabético o de aprovechamiento.

Catálogo de libros

[270] Antes de comenzarse los estudios, trate a tiempo con el Rector acerca de la redacción del catálogo de los libros que ese año van a explicarse en nuestras clases, para que el asunto se comunique con el Prefecto General y con los maestros: y del mismo modo se determine si ese año tal vez haya que cambiar los libros o los autores.

Abundancia de libros

[271] Haga que a tiempo se trate con los libreros públicos para que no falte abundancia de los libros que usamos en el momento o usaremos el año siguiente, tanto nosotros como los de fuera.

Señalamiento de los puestos

[272] Al principio de cada año señale a cada uno de los oyentes sus asientos y sus confesores, o por sí o por los maestros, y también a los alumnos y los internos mediante sus directores (a menos que tal vez en alguna parte se determine un modo de sentarse según el aprovechamiento). A los nobles dése los asientos más cómodos, pero a los nuestros e igualmente a los otros religiosos, si los hay, señálense asientos separados de los externos; y no permita que sin él saberlo se haga en esto un cambio grande.

Tiempo de estudio privado

[273] Es de suma importancia que el Prefecto a los oyentes no sólo nuestros, sino también a los alumnos o internos y, si nada lo impide, asimismo a los externos, por medio de los maestros o por otros prefectos de esos colegios se les distribuya el tiempo de tal manera que se les dé buena oportunidad para el estudio en particular.

Ninguna exención

[274] No exima a nadie de aprender los versos y los autores griegos, sobre todo por largo tiempo, a no ser por grave causa.

Declamaciones mensuales

[275] Procure que las declamaciones mensuales, que se tienen en público en el salón por los retóricos, se hagan también por las clases superiores y no sólo por los retóricos y humanistas. Por lo tanto, advierta a los maestros para que inviten a cada uno de sus oyentes. De los nuestros no se permita faltar a nadie, que no tenga permiso del Rector.

Disputas de las clases

[276] Considere cuándo, de qué manera y dónde deben reunirse las clases para discutir entre sí; y no sólo disponga previamente el modo de discutir sino también mientras se discute esté presente con asiduidad, para que todo se haga con fruto, modestia y tranquilidad. De la misma manera asista a las declamaciones de los retóricos y humanistas, o a las prelecciones que suelen tenerse en el colegio.

Academia

[277] Para grabar más los ejercicios literarios, ocúpese, si al Rector le apareciere, de que en las clases no sólo de retórica y humanidades, sino también en las de gramática, se instituyan academias: en las cuales, los días fijados, y con ciertas normas que van al fin del libro, alternativamente se prelea, se discuta, y se ejerciten las otras cosas del buen oyente.

Premios públicos

[278] Recuerde oportunamente al Superior sobre las distribuciones de premios, y las declamaciones, o diálogos que entonces tal vez se tengan. En esa distribución han guardarse las normas que se ponen al fin de estas reglas y en cada una de las clases deben promulgarse antes de componerlos.

Privados

[279] Ocúpese también de que, además de los premios públicos, los maestros estimulen a los alumnos de sus clases con pequeños premios privados, que suministrará el Rector del colegio, cuando pareciere que los hayan merecido, ya venciendo al adversario, o repitiendo todo algún libro, o recitándolo de memoria; ya haciendo alguna otra cosa distinguida semejante en el decurso de las clases.

Censor o pretor

[280] Cada uno en su clase, según la costumbre de la región, nombre un censor público: o si no agradare ese nombre, un decurión mayor o un pretor, para que sea tenido en consideración por sus condiscípulos; distíngaselo con algún honor; y tendrá el derecho, con aprobación del maestro,

de imponer ligeros castigos a los condiscípulos. Observe si alguien entre los condiscípulos o antes de dar la señal vagare por el atrio, o entre a otra clase, o se apartare de la propia, o de su lugar. Informe también al Prefecto quiénes faltan diariamente; si alguien que no sea alumno entra a la clase, o finalmente si se faltare en algo en la clase en presencia o ausencia del maestro.

Corrector. P 4, c. 7,2 y c. 16,5

[281] Para los que faltaren ya en el aprovechamiento, ya en las buenas costumbres, y con quienes no bastaren las meras buenas palabras y las exhortaciones, póngase un corrector que no sea de la Compañía; donde no pudiera tenerse, búsquese la manera de castigarlos, o por alguno de los mismos escolares, o de otra manera conveniente; pero por los delitos domésticos no se les castigue sino rara vez y con causa grande.

Los que se niegan a la corrección

[282] Los que se negaren a recibir los golpes o bien se les obligue, si puede hacerse con seguridad, o cuando sea indecoroso, a saber, con los mayores, niégueseles la entrada al colegio, pero consultando antes al Rector; como también a los que faltan frecuentemente a clase.

Retiro de las clases
P. 4, c. 16,5

[283] Cuando ni las palabras ni el oficio del corrector bastaren y en alguno no se espere enmienda y pareciere escándalo a los demás, conviene removerlo de las clases mejor que conservarlo, donde él mismo aprovecha poco y daña a los otros. Y esta determinación déjese al Rector, para que todo vaya, como es debido, a la gloria y servicio de Dios.

Obligarlo. Ib. letra D

[284] Cuando ocurriere que para remediar el escándalo no bastare el sacarlo de las clases trate con el Rector, para que éste vea lo que además convenga proveer. Aunque, cuanto sea posible, ha de procederse con espíritu de suavidad, guardando la paz y la caridad con todos.

A nadie se permita volver a las clases.

[285] No se permita a nadie volver a nuestras clases, una vez que haya sido expulsado, o espontáneamente sin legítima causa se hubiera apartado; sin que antes sea advertido el Rector, al que tocará juzgar lo que convenga.

Tranquilidad del atrio. P. 4, c. 16,4
[286] Ningún arma se permita ni en el atrio ni en las clases, aun en las superiores; ninguna ociosidad, ni carreras, ni clamores; ni juramentos, ni injurias de palabras o de hecho, ni nada deshonesto o disoluto; si algo parecido sucediere, arréglelo en seguida y trate con el Rector si hay algo que de alguna manera perturbe la tranquilidad del atrio.

Recorra el atrio y las clases
[287] No sólo cuide de estar presente todo el tiempo de las clases en el atrio o en la parte cerrada desde donde pueda ver el atrio; sino que también de vez en cuando recorra las clases antes de darse la señal para entrar; y siempre esté presente junto a la puerta del atrio a la salida de todos.

Templo y misa
[288] Procure que la entrada de los alumnos en el templo y la salida se hagan sin estrépito y que nunca oigan la Misa sin la presencia de uno o varios de los maestros; a ella no solamente asistan todos religiosamente cada día, sino también debidamente y con orden.

Confesión
[289] Procure que los confesores acudan a tiempo los días y las horas señaladas para las confesiones de los alumnos; él mismo visite la iglesia de vez en cuando durante ese tiempo y procure que los niños se conduzcan con modestia y piedad.

No sacar de las clases
[290] Ni siquiera el mismo Prefecto llame a los alumnos sacándolos de las clases sino con parquedad, sobre todo en tiempo de las lecciones; si otros faltaren en esto, avise al Rector.

No usar a los alumnos
[291] Nunca se valgan de los alumnos o para escribir o para alguna otra cosa, ni deje que lo hagan otros.

Poner en público las reglas
[292] Deben ponerse en lugar público las reglas comunes de los alumnos externos donde puedan leerse, y además en cada clase en lugar visible; y al comienzo de cada mes más o menos léanse en retórica y en las demás clases inferiores.

Hacer las veces del Prefecto General
   [293] Donde no haya Prefecto de los estudios superiores, tenga el cuidado, con la aprobación del Rector, de revisar lo que se declama en público y de distribuir los libros a nuestros escolares, asimismo con el conocimiento del Rector.

A EL EXAMEN ESCRITO

Asistan a la composición
   [294] Entiendan todos que el día mismo del examen escrito, si alguno no asistiere, a no ser impedido por causa grave, no se tendrá cuenta alguna de él en el examen.

Tiempo del examen escrito
   [295] Sean fieles en llegar a tiempo a la clase para recibir el tema de la composición y lo que entonces el Prefecto por sí o por otros les va a entregar; y termínelo todo dentro del tiempo de la clase. Porque no les será permitido, después de decretado silencio, ni siquiera con el mismo Prefecto, o con el que hace sus veces.

Material
   [296] Conviene que vengan preparados con los libros y las demás cosas necesarias para el examen escrito, a fin de que no tengan necesidad de pedir nada a otros mientras escriben.

Forma
   [297] Ha de escribirse según el grado de la clase de cada cual, con claridad y conforme a las palabras del tema, de la manera indicada: sepan que lo escrito ambiguamente se tendrá por falta; y que las palabras omitidas o temerariamente cambiadas con objeto de evitar una dificultad se tomarán por equivocaciones.

Tener cuidado con los que se sientan juntos
   [298] Cuídese de los que están sentados juntos: porque si tal vez dos composiciones se encontraren semejantes y repetidas, las dos se tendrán por sospechosas, ya que no puede determinarse quién ha copiado a quién.

Salida de la clase
   [299] Para evitar los fraudes, si a alguno se le da permiso de salir luego que ha comenzado a escribir, deje éste con el Prefecto el tema de la composición y todo lo que haya escrito, o con el que entonces preside la clase.

Entrega de lo escrito

[300] Terminada la composición, cada uno en su lugar revise, corrija y pula cuanto quisiere lo que escribió; porque en cuanto haya sido entregada la composición al Prefecto, si algo debiera corregirse, no se podrá ya hacer.

Firmar

[301] Según el Prefecto lo haya ordenado, cada uno doble según la costumbre la composición y por detrás escriba solamente su nombre con el apellido, en latín, para que más fácilmente se puedan ordenar alfabéticamente las composiciones de todos, si fuera necesario.

Fin de la composición

[302] Cuando cada uno se acercare al Prefecto para entregar la composición, lleve consigo sus libros, para que una vez entregada salga inmediatamente en silencio de la clase; los demás, cuando salgan los otros, no cambien sus puestos, sino terminen la composición en el lugar en que la empezaron.

Tiempo

[303] Si alguno no terminare la composición en el tiempo señalado para hacerla, entregará la parte que haya hecho. Por eso conviene que todos entiendan cuánto tiempo se da para escribir y cuánto para corregir y revisar.

Acceso al examen

[304] Finalmente cuando lleguen al examen, lleven los libros explicados ese año y sobre los que van a ser interrogados; y mientras uno es interrogado, los demás que asisten atiendan con diligencia; pero ni asientan a los otros, ni corrijan si no se les pide.

REGLAS DE LOS PREMIOS

Número de los premios

[305] Se darán ocho premios de retórica, dos de prosa latina, dos de poesía, dos de prosa griega y otros tantos de poesía griega. Seis igualmente, y en el mismo orden, en humanidades y en la primera clase de gramática, omitiendo el verso griego, del que antes de la retórica apenas hay uso. Además cuatro en todas las otras clases inferiores, omitiendo asimismo el verso latino. Uno o dos en cada una de las clases, a los que mejor recitaren la doctrina cristiana. Podrán empero donde es mayor o menor el número de los alumnos, darse más o menos, con tal de que siempre se tenga en primer lugar la prosa latina.

Días para los ejercicios de escribir
   [306] El certamen para escribir divídase en distintos días, de suerte que un día sea para la prosa latina, otro para los versos e igualmente otros dos días para la prosa y los versos griegos.

Hora determinada
   [307] Todos acudan a su respectiva clase los días y horas señalados para escribir.

Se prohibe la salida y las conversaciones
   [308] Recibido el tema para escribir, antes de terminar la redacción y de entregarla, nadie salga de su clase ni hable con nadie dentro o fuera del colegio; si fuere necesario salir, con licencia, el tema y lo que ya haya escrito se dejará con el que entonces presida la clase.

Prórroga del tiempo
   [309] Si alguno pide más tiempo para hacer mejor la composición puede quedarse cuanto quisiere, con tal de que no salga de la clase ni alargue su tiempo más allá de la puesta del sol.

Firmar los escritos
   [310] Cada cual entregue su escrito cuidadosamente compuesto, añadiendo alguna señal, si lo deseare, pero sin nombre, cuando quiera salir, al Prefecto del colegio o a otro que lo sustituya; también entregue al mismo otro papel, en el que con el nombre y apellido esté expresada la misma señal, cuidadosamente cerrado para que no se pueda ver el nombre.

Guárdelos seguros
   [311] El Prefecto del colegio guarde todo con diligencia y fidelidad; y no abra los papeles que contienen los nombres antes de que haya sido dado el juicio.

Jueces
   [312] Escójanse tres jueces, doctos y graves, de los que uno puede ser de fuera, si lo pide la costumbre local, que desconozcan quién escribió lo suyo. Estos, habiendo leído bien todos los escritos y examinado con diligencia el asunto, por mayoría de votos declaren en su orden a todos los vencedores, y de aquellos que se acercaron más a los vencedores, a uno u otro en su género.

Forma de juzgar
   [313] Al juzgar, antepóngase aquel cuyo estilo sea mejor, a todos los demás aunque hubieren escrito más largamente. Si algunos por el género mismo

y el estilo fueren parejos al escribir, antepóngase los que escribieron más a los que menos. Si en esto también fueren iguales, sea vencedor el de mejor ortografía. Si en la ortografía y en lo demás fueren iguales, dése el premio al que más elegantemente haya expresado las notas literarias. Si fueren igualmente parejos en todo, o divídase el premio o échese a suerte. Si alguien venciere a todos en todos los géneros de escribir, este también se lleve los premios en todos los géneros.

Reconocimiento de los nombres

[314] Terminado el juicio, el Prefecto con el Rector y el Prefecto General, abra los papeles que lleven los nombres: investigue con cuidado los nombres de los triunfadores por las señales para no equivocarse; y a nadie comunique esto fuera de los maestros.

Proclamación de los premios

[315] El día determinado, con el mayor esplendor posible y concurso de gen te, declárense en público los nombres de los vencedores; y al salir al medio, entréguense honrosamente a cada uno sus premios. Si alguno de los premiados no asistiere, a menos que haya tenido permiso del Prefecto, con aprobación del Rector, por justa causa, perderá el premio aun si le correspondiere con todo derecho.

Distribución

[316] A cada vencedor el pregonero lo llamará más o menos de esta manera "Para felicidad y fausto de las letras y de todos los alumnos de nuestro colegio, el primero, segundo, tercero, etc., premio de prosa latina, griega, de verso latino, griego. etc., lo ha merecido y obtenido N.". Entonces dése el premio al vencedor y no sin algún poema brevísimo acomodado a la ocasión, que inmediatamente, si es posible, sea repetido por los cantores. Al final añada el mismo pregonero los que se hubieren acercado más, a los que también puede darse algo como premio.

Castigo del fraude

[317] Quien faltare a estas reglas o cometiere algún fraude, no se tenga para nada en cuenta su escrito.

Reglas comunes de los profesores de las clases inferiores
Fi
P. 4, c. 7,2

[318] De tal manera forme el maestro a los adolescentes confiados a la disciplina de la Compañía, que junto con las letras también aprendan las costumbres dignas de cristianos.

P. 4, c.16,4

Diríjase su intención especial ya en las lecciones, cuando se ofreciere ocasión, ya fuera de ellas, a preparar las tiernas mentes de los adolescentes en el servicio y amor de Dios y de las virtudes; pero guarde principalmente lo que sigue.

Oración antes de la lección
Ibid y C

[319] Al comienzo de la clase alguien diga una oración apropiada: la que oirán el maestro y los alumnos con atención y descubiertas las cabezas y dobladas las rodillas; y antes de la lección el mismo maestro con la cabeza descubierta haga la señal de la cruz y luego empiece.

Misa y Sermón.
Ibid. #1. P. 4, c. 7,2

[320] Procure que todos asistan a la misa y al sermón; a la misa diariamente y al sermón los días de fiesta; además mándelos dos veces, al menos, cada semana de Cuaresma o también llévelos él mismo, según la costumbre de la región.

Doctrina cristiana

[321] Apréndase y dígase de memoria la doctrina cristiana, en las clases principalmente de gramática o también en las otras, si fuere necesario, los viernes o el sábado; a menos que tal vez en alguna parte y por los nuevos alumnos pareciere decirse con mayor frecuencia.

Exhortación
P. 4, c. 7,2

[322] Tenga igualmente el viernes o el sábado durante media hora una piadosa exhortación o explicación de la doctrina; exhorte principalmente a orar a Dios cada día y con preferencia a rezar cada día la corona de la bienaventurada Virgen, o el oficio, a examinar su conciencia por la noche, a recibir bien y con frecuencia los sacramentos de la Penitencia y de la Eucaristía; a evitar las malas costumbres, a detestar los vicios y finalmente a cultivar las virtudes dignas de un cristiano.

Coloquios espirituales
P. 4, c. 4,6

[323] En conversaciones privadas inculcará lo mismo relativo a la piedad, de tal manera, sin embargo, que no parezca atraer a nadie a nuestra religión: pero si supiere algo de esto, envíelo al confesor.

Letanía y devoción a la bienaventurada Virgen

[324] Haga rezar las letanías de la santísima Virgen hacia la tarde en su clase, o si fuere costumbre, llévelos con los demás a la iglesia para oírlas; persuada con diligencia a los alumnos sobre la devoción a la misma Virgen y también al Ángel de la Guarda.

Lectura espiritual
P. 4, c. 5,E

[325] Encomiende mucho la lectura espiritual, principalmente de las vidas de los santos; por el contrario, no sólo él mismo se abstenga de leer a los jóvenes los escritores impuros y todo lo que pueda dañar sus buenas costumbres; sino que aparte lo más posible a sus discípulos de leerlos aun fuera de la clase.

P. 4, c. 16,1
Confesión

[326] Haga que nadie deje de confesarse todos los meses: les mandará entregar su nombre, apellido y clase en una nota a los confesores, para que examinando después las notas se dé cuenta de quiénes faltaron.

Orar por los discípulos

[327] Ore a Dios con frecuencia por sus discípulos y edifíquelos con los ejemplos de su vida religiosa.

Obedecer al Prefecto

[328] Obedecerá al Prefecto de estos estudios en lo correspondiente a ellos y a la disciplina de estas clases; sin tratarlo con él ni admitirá ni despedirá a nadie de la clase, ni tomará libro alguno para explicar, ni dispensará a nadie de los ejercicios comunes de la clase.

Grado de cada escuela
P. 4, c. 13,B

[329] Todas las clases se mantengan dentro de su grado. De la retórica y las humanidades se dirá aparte; de gramática ha de haber tres clases, con las cuales se comprende todo su curso. Por consiguiente, todos los preceptos de Emmanuel han de dividirse en tres partes, cada una de las cuales

sea propia de una clase, de manera empero que en cada clase se vuelva a ver siempre lo que en la clase inmediatamente inferior se dio, como se indicará en las reglas de cada maestro.

División de la gramática griega

[330] También en la gramática griega habrá aproximadamente la misma división. La primera parte incluya, comenzando desde los primeros elementos, el sustantivo y también las palabras simples para la clase ínfima. La segunda, los nombres contractos, las palabras circunflejas, los verbos en—mi y las formaciones más fáciles para la clase media. La tercera, las demás partes de la oración o todo lo que se contiene bajo el nombre de rudimentos, salvo los dialectos, y las anotaciones más difíciles para la clase suprema. La cuarta, que se llama humanidades, toda la sintaxis. Finalmente la quinta parte, que es la retórica, el arte métrica.

División del tiempo

[331] La división del tiempo debe ser siempre la misma; en retórica será al menos de dos horas; en humanidades y las demás clases, dos y media por la mañana, y otras tantas después de la comida, con dos asimismo por lo menos el día de vacación; para que quede asegurado cuántas horas se dedican a cada ejercicio.

Hasta dónde cambiar
P. 4, c. 13,1

[332] El orden de estos ejercicios se puede cambiar por disposición del Provincial según la costumbre del lugar con tal de que se conserven por los mismos espacios de tiempo señalados en las reglas de cada maestro; y manténgase la constancia en lo una vez empezado.

Día de fiesta en sábado

[333] Si el día de fiesta cayera en sábado, los ejercicios de ese día pónganse el día anterior u omítanse.

Qué división. los días de vacación

[334] Habrá la misma división del día de vacación, cuando se señalan ejercicios propios: porque cada uno de los que se tienen en los otros días deben disminuirse proporcionalmente o alguno de ellos omitirse y dejarse algún tiempo a la discusión.

Uso de hablar latín

[335] La costumbre de hablar latín guárdese severamente a los principios, salvo aquellas clases en que los alumnos no saben latín; de manera que

en todo lo tocante a las clases, nunca se permita usar el idioma patrio, señalando algunas advertencias si algunos se descuidaren; y por la misma razón el maestro hable siempre en latín.

Ejercicio de la memoria

[336] Los alumnos reciten a los decuriones las prelecciones dadas, de cuyo oficio se dirá en la regla 36 más adelante, a menos que tal vez agrade otro uso en la retórica; los mismos decuriones recitarán ante el decurión mayor o el maestro. El maestro mande diariamente recitar a algunos de los desidiosos y que llegaren tarde al ejercicio, para averiguar la confianza de los decuriones y mantener a cada cual en su oficio. El sábado reciten de memoria en público lo oído por una o varias semanas. Terminado el libro se podrán escoger a veces quienes declamen en el púlpito desde el principio con algún premio.

Traer las composiciones

[337] Las composiciones deben traerse a las clases de gramática cada día fuera del sabado; en las demás, las de prosa diariamente fuera del día de vacación y del sábado; las de poesía solamente dos veces, a saber, el día siguiente al domingo y al de vacación; finalmente los temas de griego al menos una vez, el día que quisiere el maestro, después de la comida.

Corregirlas

[338] Las composiciones han de corregirse ordinariamente en privado y en voz baja con cada uno de los alumnos, para que entretanto se les dé tiempo para corregir el estilo. Conviene sin embargo cada día recitar en público algunos ejemplos, ya de los mejores, ya de los peores, tanto al principio como al fin y examinarlos.

Modo de corregir

[339] El modo de corregir la composición es generalmente indicar si hay alguna falta contra los preceptos; preguntar cómo se puede enmendar; mandar que los émulos, en cuanto descubran algo, lo corrijan en público y enuncien el precepto contra el que se ha faltado; finalmente alabar cuando se ha hecho perfectamente. Mientras esto se hace en público, la primera muestra de la composición del alumno (que siempre ha de llevarse además de la que tiene el maestro) ellos mismos la lean para sí y la corrijan.

Corregir cuanto antes

[340] Convendría que el maestro corrigiera diariamente las composiciones de todos, ya que de ello brota el principal y mayor fruto; pero si la multi-

tud no lo permite, corrija los más que pueda, de manera que los dejados un día sean llamados el otro. Por esta causa, principalmente en los días en que se traen composiciones en verso, algunas composiciones délas a corregir a los émulos (y para hacerse mejor, cada uno escriba al otro lado no sólo su nombre sino también el de su émulo) y algunas las corrija el mismo maestro por la tarde mientras se declama de memoria; otras, si le pareciere, corríjalas en casa.

Ejercicios mientras se corrige

[341] Mande hacer algunos ejercicios mientras se corrigen las composiciones según el grado de la clase, ahora otro. Pues con nada desfallece más la aplicación de los adolescentes que con el hastío.

Repetición

[342] La repetición de la prelección, ya de ayer ya de hoy, téngase de la misma manera; y haga que se tenga por partes o toda por uno o mejor por varios, de manera que todos se ejerciten; repítanse las cosas principales y las más útiles, empezando generalmente por los más adelantados y siguiendo luego por los otros; y hágase esto o de un modo seguido o interrumpido por las preguntas del maestro, corrigiendo mientras tanto el émulo, si el otro se equivocare o adelantándose si dudare.

Repetición el sábado

[343] El sábado repásese todo lo preleído durante la semana. Y si hay quienes por casualidad se comprometan a responder de lo anterior o de todo el libro, escójanse de entre ellos algunos, y los demás en binas o ternas, para urgirlos con preguntas y premiarlos.

Prelección

[344] En las prelecciones explíquense solamente los autores antiguos; de ningún modo los recientes; y mucho aprovechará que el maestro no hable apuradamente y de improviso, sino lo que hubiere escrito en casa; y que haya leído previamente todo el libro o el discurso que tiene entre manos. Esta será comúnmente la forma de la prelección.

Primero léalo todo seguido en alta voz, a menos que alguna vez en retórica y en humanidades tenga que ser más largo.

Segundo, exponga brevísimamente el argumento y la relación, cuando haya lugar, con los antecedentes.

Tercero, preleyendo cada período, si explicare lo que está en latín, aclare las cosas más oscuras; junte una cosa con otra, ofreciendo cada oración con una metáfrasis apta ponga una palabra latina junto a otra latina; pero la misma frase, si es algo oscura, descúbrala con frases más claras. Si habla en lengua vulgar, guarde en lo posible la colocación de las palabras: porque así los oídos se acostumbran al ritmo. Y si no lo permite el idioma patrio, explique primero al pie de la letra todo, luego según la costumbre vulgar.

Cuarto, volviendo al principio a menos que prefiera ponerlas dentro de la explicación, dé explicaciones acomodadas a cada clase; las que juzgare tomar, que no deben ser muchas o ininterrumpidamente durante la explicación o separadamente, ya tenida la explicación, díctelas; suele ser más útil que los de gramática no escriban nada si no se les mandare.

Prelección del historiador y del poeta

[345] La prelección del historiador y del poeta tiene de particular que la del historiador generalmente se ha de recorrer más aprisa; al poeta, mucho conviene hacer la paráfrasis oratoria con exactitud; y ha de hacerse que los discípulos se acostumbren a conocer el estilo del poeta y del historiador.

Prelección de los preceptos

[346] Al preleer tanto la retórica de Cipriano como el arte métrica y la gramática latina o griega y todo lo demás semejante a los preceptos, hay que hacer más fuerza en la materia que en las palabras. Deben proponerse las expresiones brevísimas de los mejores escritores e inmediatamente repetirse: sobre todo en las clases inferiores de gramática, cuando llega algo más difícil se repase en uno o varios días, o interpóngase, o repítanse algunas cosas más fáciles de otras partes de la gramática.

Tema para componer

[347] El tema para componer no se ha de dictar improvisadamente sino con consideración y ordinariamente por escrito; debe dirigirse en lo posible a la imitación de Cicerón y a la manera de alguna narración, persuasión, felicitación, advertencia y semejantes; y debe componerse tanto en latín como en la lengua patria, cuando se dicta a la letra. El maestro disponga que el dictado inmediatamente se lea; explique, si hay algo un poco difícil, las palabras, las frases y dé las otras ayudas; siempre, excepto en retórica, mientras dicta advierta cómo ha de escribirse cada parte y puntuarse.

Concertación

[348] Ha de tenerse en mucho la concertación, que suele hacerse cuando el maestro pregunta y los émulos corrigen o entre sí discuten; y siempre que el tiempo lo permita ha de usarse, para que la honesta emulación se

fomente, que es gran incentivo para los estudios. Podrán emplearse o cada uno por su parte o varios de cada parte, principalmente de los magistrados, o también uno solo atacar a varios. De ordinario el particular atacará al magistrado, el magistrado al magistrado; a veces también el particular atacará al magistrado, y podrá conseguir su dignidad, si venciere, o algún otro premio o señal de victoria, según lo pide la dignidad de la clase y el modo del lugar.

Ejercicios extraordinarios

[349] Tienen gran utilidad los ejercicios extraordinarios. Respecto a ellos establézcase, como norma general, que los destinados a declamarse públicamente, estén pulidos con diligencia por el maestro, pero nunca enteramente confeccionados por él, a fin de cultivar no sólo la memoria sino también el ingenio de los alumnos. Y téngase la misma razón con los versos que se presenten en público. Hay que esforzarse porque la voz, los gestos y toda la acción del discípulo sea dirigida con dignidad.

Prelección o declamación en la clase

[350] La prelección o la declamación griega o latina, o el verso en la retórica y en las humanidades téngase ordinariamente en sábado alternos, mientras una clase invita a la otra; en las demás clases, no tanto se tenga la sola prelección cuanto la repetición de lo oído desde la cátedra, de ordinario sin invitados y solamente cada mes.

P. 4, c. 13,3
Concertación con la siguiente clase

[351] La concertación con la clase superior será algunas veces al año, el día que pareciere al Prefecto de los estudios inferiores generalmente durante una hora, sólo de aquellas materias que sean comunes a ambas clases, bajo la dirección de ambos maestros. En binas o ternas o grupos mayores disputarán de entre los mejores alumnos de ambas clases, o por convenio instruidos previamente sobre las respuestas a cada pregunta, o preguntando según el ingenio lo que les parezca, o impugnando las dudas propuestas por alguno, principalmente de retórica.

Magistrados

[352] De ordinario cada mes o en meses alternos han de elegirse magistrados y también premiarles (a menos que en alguna parte esto pareciere menos necesario en la retórica). Para ello, los alumnos escribirán en clase y todo el tiempo de la misma -a menos que en las clases inferiores pareciere mejor dejar media hora para concertación- ya en prosa, ya también

otra vez en las clases superiores, si pareciere, en verso, o en griego. Los que compongan mejor entre todos tendrán el cargo más alto, los que más se acercaren tengan otros grados de honor; y sus nombres, para mayor erudición, tómense de la república griega o de la romana o de la milicia. Ordinariamente se podrá dividir la clase en dos partes para fomentar la emulación, cada una de las cuales tenga sus cargos, opuestos a los del otro bando y dando a cada alumno su correspondiente émulo. Las dignidades supremas de cada parte tengan el primer lugar en los asientos.

Decuriones

[353] Establézcanse también decuriones por el maestro, quienes escuchen a los que recitan de memoria y reúnan para el profesor los escritos y apunten en los cuadernos con números cuántas veces cada cual haya fallado en la memoria, quiénes omitieron la composición o no llevaron dos copias, y otras cosas que les indique el profesor.

Preparación al examen

[354] Para la promoción general, de ordinario un mes antes del examen, ejercítense con esfuerzo los alumnos en las materias principales de todas las clases, salva quizás la retórica. Y si alguno durante el transcurso del año hubiere adelantando mucho, el maestro informe de ello al Prefecto, para que examinado en privado pueda hacer el grado para la clase superior.

Catálogo

[355] Entregue al Prefecto el catálogo de los alumnos por orden alfabético al principio del año: ese catálogo revíselo de vez en cuando durante el año, para ponerla al día si fuere necesario, y se dedicará con toda exactitud a esa revisión cuando se acerque el examen general de los discípulos. En ese catálogo distinga el mayor número posible de niveles de los alumnos, a saber, los mejores, los buenos, los medianos, los dudosos, los que deben continuar y los que han de rechazarse: estas notas podrán indicarse con los números 1, 2, 3, 4, 5 y 6.

Cuidado de la disciplina

[356] Nada guarda tan bien toda disciplina como la observancia de las reglas. Sea pues el cuidado capital del maestro que los alumnos igualmente guarden lo que está en sus reglas como el que ejecuten lo que se ha dicho de los estudios. Esto lo conseguirá más fácilmente con la esperanza del honor y del premio y con el temor de la vergüenza que con los golpes.

Manera de castigar
P. 4, c. 7,2, D
[357] No sea precipitado al castigar, ni excesivo en inquirir: disimule más bien cuando lo pueda hacer sin daño de alguno; y no sólo no golpee él mismo a nadie (porque eso debe hacerlo el corrector), sino absténgase de ultrajar de hecho o de palabra; y no llame a nadie sino por su nombre o apellido; en vez de castigo sería a veces útil añadir algo literario fuera de la tarea ordinaria. Deje al Prefecto los castigos desacostumbrados y mayores, principalmente por lo que hubieren faltado fuera de la clase como también a los que rechazan los golpes sobre todo si son algo mayores de edad.

Asiduidad
[358] Exija a sus discípulos sobre todo la asiduidad; y por consiguiente no los deje ir a los espectáculos públicos o juegos. Si alguien faltare, envíe a su casa a alguno de sus condiscípulos o a otra persona, y si no se dieren excusas idóneas, tome el castigo de su ausencia. Quienes faltaren varios días sin causa, deben ser enviados al Prefecto y no se reciban sin el consentimiento de éste.

Días de confesiones
[359] Ni por causa de confesiones se perdone nada de lo que es propio de las clases; envíe a confesarse a los alumnos, al principio, de tres en tres o en grupos mayores cuando sea necesario; luego, según volviere cada uno, envíe de uno en uno o de dos en dos: a no ser que en alguna parte haya costumbre de que todos vayan juntos a confesarse.

Silencio y modestia
[360] Procure especialmente que se guarden el silencio y la modestia, para que nadie vague por la clase, nadie cambie de sitio, nadie envíe a una u otra parte regalos o notas; que no salgan de la clase, sobre todo dos o más juntos.

Salida de clase
[361] Hay que precaver que los alumnos no sean llamados con facilidad fuera de la clase por nadie, sobre todo en tiempo de prelección. Evítese asimismo la confusión y el clamor en la salida: para esto salgan primero los que están cerca de la puerta en tanto que el maestro vigila desde la tribuna o junto a la puerta; o determínese de otra manera para que todos salgan con modestia y silencio.

Academia

[362] Si al Rector le pareciere organice academias, de acuerdo con las reglas, que a tal fin se han escrito aparte; acudan a ellas los alumnos sobre todo los días de fiesta para evitar el ocio y las malas compañías.

Tratar con los padres de los alumnos

[363] Si le pareciere necesario hablar de vez en cuando con los padres de los alumnos por razón de ellos, proponga al Rector si ha de llamárseles por el Prefecto o por otros; o también visitarlos, si lo pidiera la dignidad de la persona.

Familiaridad y conversaciones

[364] No se muestre más familiar con uno que con otro; y fuera de la clase no hable con ellos sino brevemente y de cosas serias, en un lugar patente, es decir, no dentro de la clase sino a la entrada de ella, o en el atrio, o en la puerta del colegio, para atender más a la edificación.

Pedagogos

[365] A nadie proponga un pedagogo sin contar con el Rector, ni permita que los pedagogos carguen a los discípulos con otras prelecciones en casa, sino solamente exijan las oídas.

Ningún gasto para la escuela

[366] No se sirva de ningún alumno como amanuense, o para algo que no pertenezca a las acostumbradas ejercitaciones de las clases; y no permita que hagan gastos en cosa alguna para la clase.

Provecho de los estudiantes

P. 4, c. 6,6. P. 4, c. 13,3

[367] Sea finalmente en todo, con la divina gracia, diligente y asiduo para el aprovechamiento de los estudiantes, tanto en las lecciones como en los otros ejercicios literarios. No desprecie a nadie, preocúpese por los estudios tanto de los pobres como de los ricos y procure especialmente el adelanto de cada uno de sus escolares.

REGLAS DEL PROFESOR DE RETORICA

Grado

[368] El grado de esta clase no puede definir fácilmente con términos precisos: pues dispone a la perfecta elocuencia, que comprende dos disciplinas principales, la oratoria y la poética (y de estas dos tenga siempre como

primera a la oratoria) la cual no solamente sirve para la utilidad sino que también ayuda a la elegancia en el discurso.

Se puede decir en general que consta de tres partes principales: los preceptos del hablar, el estilo y la erudición.

Los preceptos si bien se pueden buscar en todas partes y guardar, sin embargo, en la prelección diaria, no han de explicarse sino los libros retóricos de Cicerón, con la Retórica, y si pareciere bien, la Poética de Aristóteles.

El estilo (aunque se consideran también como muestra los historiadores más aprobados y los poetas), ha de aprenderse casi exclusivamente de Cicerón, cuyos libros son todos aptísimos para el estilo; pero solamente los discursos han de preleerse, para que se vean en ellos expresados los preceptos del arte.

La erudición debe tomarse de la historia y de las costumbres de los pueblos, de la autoridad de los escritores y de cualquier enseñanza; pero más parcamente según el alcance de los oyentes.

Del griego pertenece a la retórica sobre todo la medida de las sílabas y el mayor conocimiento de los autores y los dialectos. El maestro no explique la suma de la lógica al fin del año de retórica.

División del tiempo

[369] Esta será la división del tiempo. A primera hora de la mañana ejercítese la memoria; corrija el maestro las composiciones recogidas por los decuriones; mande entre tanto a los alumnos varios ejercicios, de los que se tratará en la regla quinta; y por último repásese la prelección del día anterior.

La segunda hora de la mañana dedíquese a la prelección, bien sea sobre los preceptos si después de la comida se ha de explicar el discurso, bien sobre un discurso si los preceptos se explican después, con tal de que se mantenga lo comenzado al principio del año. Siga luego la repetición y cuando sea necesario dése tema para escribir un discurso o una poesía; si queda algo de tiempo, dése a la concertación o a examinar lo que escribieron a la primera hora.

A primera hora de la tarde téngase, después de la repetición de la última prelección, una nueva prelección bien sea del discurso, si por la mañana se expusieron los preceptos, bien sea de los preceptos si el discurso se explicó por la mañana. A esto siga la repetición de costumbre.

En la segunda hora de la tarde, repetida prelección del autor griego, explíquese la nueva y pregúntese sobre ella. El resto del tiempo dedíquese ya a corregir las composiciones griegas, ya a la sintaxis griega y al arte métrica, ya a la concertación griega.

El día de vacación explíquese o un historiador, o un poeta, o algo tocante a la erudición y hágase repaso.

El sábado, después de una breve repetición de toda la semana, por la mañana a primera hora explíquese un historiador o un poeta. A última hora o tenga alguno de los discípulos una declamación, o una prelección, o váyase a oír a los humanistas, o tengan una concertación. Después de la comida explíquese el poeta o el historiador y repásese el griego. Si en alguna parte se añade media hora fuera de las dos de la mañana o de la tarde, dedíquese a un historiador o a un poeta: y si así se hiciere, la prelecciones del sábado o no difieran de las de los otros días, u, omitidas, téngase una repetición más amplia y concertación.

Ejercicio de la memoria

[370] Por ser necesario al retórico el ejercicio diario de la memoria y en esta clase las prelecciones con frecuencia se alargan más de lo conveniente para poder aprenderlas cómodamente de memoria: el maestro determinará qué y cuánto ha de aprenderse de coro y cómo deba recitarse si lo quiere exigir. Más aún, sería de utilidad que inmediatamente después alguien recitara desde la tribuna lo que ha aprendido de los mejores autores, a fin de ejercitar la memoria y unirla con la acción.

Modo de corregir la composición

[371] Al corregir la composición indique el profesor las faltas contra el arte oratorio o poético, contra la elegancia y el cultivo de la palabra, en unir las sentencias, en concertar el ritmo de la ortografía, o en otra cosa; igualmente si algún pasaje se hubiere tratado mal, oscura o ramplonamente; si no se ha guardado en nada el buen gusto; si alguna digresión ha sido más larga de lo justo y cosas parecidas. Finalmente terminado cada cual su discurso, que cada uno habrá ido presentando por partes, lo presentará ahora al maestro escrito por entero o al menos corregido, para que aparezca que todos acabaron su tarea.

Ejercicios durante las correcciones

[372] Los ejercicios de los discípulos, mientras el maestro corrige las composiciones, serán por ejemplo, imitar algún pasaje de un poeta u orador;

hacer una descripción de jardines, templos, tempestades y de cosas parecidas; variar una frase de distintas maneras; traducir al griego una frase latina o viceversa; poner en prosa los versos de un poeta, ya latino ya griego; cambiar el estilo de una poesía en otro; hacer epigramas, inscripciones, epitafios; sacar dichos de buenos oradores y poetas, ya en griego ya en latín; acomodar figuras retóricas a ciertas materias; tomar de los lugares retóricos y de los tópicos varios argumentos para un tema, y otras cosas semejantes.

Prelección

[373] La prelección es doble. Una pertenece al arte [retórico], en que están los preceptos; otra al estilo, en que se explican los discursos. En ambas hay que advertir dos cosas. Primero, los autores que se toman para preleer, y luego el modo que se tome para interpretarlos. De lo primero se dijo bastante en la regla primera, porque Cicerón solamente ha de emplearse para los discursos y para los preceptos Aristóteles además de Cicerón. Nunca ha de dejarse el discurso, y también habría que continuar la explicación de los preceptos casi todo el año (porque es grande la fuerza de los preceptos oratorios); sin embargo no se prohibe en su lugar, donde haya costumbre, al ir terminando el año, usar algún autor que se tenga más erudición o variedad. Puede intercalarse de vez en cuando alguna prelección de un poeta, o de preceptos, o de un discurso.

Interpretación de los preceptos

[374] Por lo que toca al modo de interpretar, explíquense así los preceptos. Primero debe explicarse el sentido, comparando las opiniones de los intérpretes si algo no está claro y no convienen entre sí. En segundo lugar, tráiganse otros retóricos que preceptúen lo mismo, o el mismo autor si en otra parte enseña lo mismo. En tercer lugar búsquese alguna manera de explicar el mismo precepto. En cuarto lugar, tráiganse algunos pasajes parecidos de oradores y poetas, sumamente distinguidos, en que se haya usado tal precepto. En quinto lugar, añádase lo que hubiera tocante al tema sacado de la erudición variada y de la historia. Finalmente hay que indicar cómo se puede acomodar a nuestras cosas; y ello con la mayor selección y el ornato posible de las palabras.

Interpretación del orador

[375] Si se explica un discurso o un poema primero se ha de exponer el sentido si es oscuro y se han de valorar las diversas interpretaciones. En segundo lugar, hay que señalar toda la disposición del artificio [la técnica

del arte oratorio], a saber, la invención, la disposición y la elocución; con cuánta habilidad se insinúa el orador, lo bien acomodado que habla, o de qué lugar toma los razonamientos para persuadir, para adornar, para mover; cuántos preceptos con frecuencia mezcla en un mismo lugar; de qué manera incluya la forma de hacer fe con las figuras de las frases y también cómo une las figuras de las frases con las figuras de las palabras. En tercer lugar, tráiganse algunos pasajes semejantes ya en el estilo ya en el argumento, y sáquense a colación otros oradores o poetas, que hayan usado el mismo precepto para persuadir o narrar algo semejante. En cuarto lugar, confírmense las mismas afirmaciones con frases de los sabios, si hubiere lugar. En quinto lugar, hay que buscar en la historia, en las fábulas, en toda erudición lo que se sirve para adornar el pasaje. Finalmente, se deben examinar las palabras y mirar su propiedad, elegancia, abundancia y ritmo. Todo esto no se ha dicho para que el maestro lo siga siempre todo; sino para que de ello escoja que le parezca más oportuno.

Escribir el tema del discurso

[376] Debe dictarse el tema del discurso, o todo al principio de cada mes, o por partes cada semana, ya que cada mes a lo sumo han de terminarse cada uno de los discursos. Sea breve, para que vaya tocando todas las partes del discurso, e indique los lugares de amplificación, las figuras principales que se pueden usar, y también, si pareciera, los lugares que imitar de algunos buenos autores. A veces propóngase el argumento solo de palabra, indicado algún escritor a cuya imitación compongan el discurso.

De la poesía

[377] También se puede dar el tema del argumento de la poesía, o por escrito o de palabra, o solamente sugiriendo el asunto, o añadiendo alguna frase; y sea breve como un epigrama, una oda, una elegía, una carta, las cuales se puedan concluir en cada sesión; podrá ser más larga para que se componga en varias jornadas, como en el discurso.

Manera del texto griego

[378] El procedimiento para el tema de griego será ordinariamente de la misma manera, a menos que se juzgue que por algún tiempo haya de dictarse todo a la letra, una vez al menos por semana, sea en prosa sea en verso.

Concertación

[379] La concertación o ejercicio [escolar] consistirá ya en corregir lo que el émulo haya descubierto en el discurso del contrario; ya en preguntarse

alternativamente sobre aquello en que se hubieren ejercitado en la primera hora; ya en reconocer o componer las figuras; ya en explicar o aplicar los preceptos de la retórica o de las cartas o de las poesías o de la historia; ya en exponer los pasajes más difíciles de los autores y en desentrañar su dificultad; ya en indagar sobre las costumbres de los antiguos y otros temas de erudición; ya en interpretar los jeroglíficos, símbolos pitagóricos, apotegmas, adagios, emblemas y enigmas; ya en declamar y en cosas parecidas, al arbitrio del maestro.

Prelección griega

[380] La prelección griega de historiadores, oradores, o poetas, no sea sino de los antiguos y clásicos: Demóstenes, Platón, Tucídides, Homero, Hesíodo, Píndaro y otros semejantes (con tal de que estén expurgados), entre los cuales se han de incluir con todo derecho los santos Nacianceno, Basilio y Crisóstomo. Y en el primer semestre han de interpretarse oradores o historiadores aunque se podrán intercalar una vez a la semana algunos epigramas o poemas breves; en el segundo semestre explíquese un poeta, entreverando una vez por semana un orador o un historiador. La manera de interpretar, aunque de ningún modo se debe rechazar lo que toca a la erudición y al arte, sin embargo se fijará más en la propiedad y el uso de la lengua. Por lo tanto en cada una de las prelecciones hay que dictar algunas locuciones.

La sintaxis griega y la prosodia

[381] Al comienzo del año ha de explicarse en día alternos, si es necesario, la sintaxis griega y la métrica; la sintaxis brevemente, repasando algunos capítulos más importantes.

Prelección el día de vacación

[382] El día de vacación, por causa de la erudición, en vez del historiador y del poeta, se pueden dar algunas materias más recónditas, como los jeroglíficos, los emblemas, las cuestiones del arte poético relativas al epigrama, al epitafio, a la oda, la elegía, a la epopeya, a la tragedia; así como lo referente al senado romano, al ateniense, a la milicia de ambos pueblos; a la jardinería, al vestuario, al comedor, al triunfo, a las sibilas y a otras materias análogas, pero con moderación.

Declamación privada

[383] Téngase en sábados alternos, en la última media hora de la mañana, desde la tribuna, la declamación o la prelección o la poesía o el discurso

griego o la poesía juntamente con el discurso a la vez por uno o dos de los discípulos, con asistencia de los humanistas.

Declamación pública

[384] En el aula o en el templo, ordinariamente cada mes, téngase un discurso más serio, o una poesía, o ambas cosas, ya en latín ya en griego; o una acción declamatoria [un proceso], exponiendo las razones de ambas partes, y dando el fallo; pero no sin haber sido previamente examinada y aprobada por el Prefecto de los estudios superiores.

Poesías

[385] Fíjense en las paredes del aula, ordinariamente cada dos meses, los mejores poemas escritos por los alumnos para adornar algún día más celebrado, o para promulgar los cargos, o por cualquier otra ocasión. Más aún, conforme a la costumbre de las regiones póngase alguna composición más breve de prosa como serían inscripciones de escudos, templos, sepulcros, jardines, estatuas; así como descripciones de una ciudad, puerto, ejército; lo mismo como narraciones de hazañas de alguno de los dioses; como finalmente paradojas; añadiendo a veces, pero no sin permiso del Rector, dibujos que ilustren el emblema o argumento propuesto.

Teatro en privado

[386] Podrá a veces el maestro proponer a los discípulos en vez del argumento alguna breve representación [dramática], v.gr. de una égloga, escena o diálogo, para que después, la que esté mejor escrita se represente en clase, distribuidos los papeles entre los alumnos, pero sin ningún adorno escénico.

Formación de los jesuitas

[20] Para la ejercitación de nuestros escolares, además de todas las normas comunes que hemos dicho sobre el modo de enseñanza, obsérvense también estas peculiares. Tengan en casa repeticiones con el profesor, u otro designado por el Rector, tres o cuatro veces por semana, durante una hora, en el tiempo que al Rector le pareciere mejor. En estas repeticiones repásense las prelecciones latinas y griegas y corríjanse la prosa y el verso latino o griego. Mándeseles cultivar la memoria aprendiendo algo cada día así como leer mucho y atentamente. Nada desarrolla tanto el ingenio como el ejercitarse individualmente en hablar con frecuencia desde la tribuna del aula, del templo, o de la clase, que les son comunes con los condiscípulos externos, e incluso desde la del refectorio. Finalmente, pongan siempre en

público, en cualquier lugar idóneo y con su nombre, sus versos aprobados por el profesor.

REGLAS DEL PROFESOR DE HUMANIDADES
Grado

[388] El nivel de esta clase es, luego de concluir la gramática, preparar como el piso de la elocuencia, lo que se hace de tres maneras: con el conocimiento de la lengua, alguna erudición y una breve información de los preceptos relativos a la retórica. Para el conocimiento de la lengua, que consiste principalmente en la propiedad y en la abundancia, explíquese en las prelecciones diarias de los oradores a Cicerón solamente, ordinariamente en aquellos libros que contienen la filosofía de las costumbres; de los historiadores, César, Salustio, Livio, Curcio y otros semejantes si los hay; de los poetas principalmente a Virgilio, excepto las Eglogas, y el libro cuarto de la Eneida; además las odas de Horacio escogidas; igualmente elegías, epigramas y otros poemas de ilustres poetas antiguos, con tal de que sean expurgados de toda obscenidad. La erudición úsese moderadamente, para que juntamente excite el ingenio y lo recree de forma tal que no impida el cuidado de la lengua.

Dése un breve resumen de los preceptos de la retórica tomados de Cipriano, durante el segundo semestre; en ese tiempo, omitida la filosofía de Cicerón, se pueden tomar algunos discursos más fáciles del mismo, como por ejemplo, Pro lege Manilia, Pro Archia, Pro Marcelo, y los demás pronunciados ante César. A esta clase pertenece aquella parte de la lengua griega que se llama propiamente sintaxis. Hay que procurar además que entiendan medianamente a los escritores y sepan escribir algo en griego.

División del tiempo

[389] Esta será la división del tiempo. En la primera hora de la mañana recítese de memoria a Marco Tulio y el arte métrica ante los decuriones; corrija el maestro lo recibido por los decuriones, mandando en el entretanto algunos ejercicios a los alumnos, de que se tratará abajo en la regla cuarta; finalmente algunos reciten en público y las notas de los decuriones sean examinadas por el maestro.

A la segunda hora de la mañana repítase brevemente la última prelección y explíquese la nueva durante media hora o poco más; luego pregúntese sobre ella y si sobrara algo de tiempo empléese en la mutua concertación de los discípulos.

En la última media, al principio del primer semestre, pásese un historiador y el arte métrica en días alternos; terminada el arte métrica, recórrase cada día el historiador; después en el segundo semestre explíquese a diario la retórica de Cipriano o bien repásese o dispútese.

La primera hora después del mediodía recítese de memoria un poeta y autor griego, mientras el profesor examina las notas de los decuriones y corrige las composiciones, tanto las ordenadas por la mañana como las que quedaren de las traídas de la casa. Al final díctese el tema.

La hora y media siguiente divídase entre repasar o explicar un poeta y la prelección o la composición en griego.

El día de vacación en la primera hora recítese de memoria lo que se preleyó en la anterior vacación; y corríjanse según costumbre las composiciones que falten. En la segunda hora explíquese y repásese algo relativo a Epigramas, Odas, o Elegías, o algo del libro tercero de Cipriano sobre los tropos, las figuras y principalmente sobre ritmo y los pies [métricos] oratorios, para que se acostumbre a ello desde el principio del año, o alguna cría,* o progymnasma, o finalmente téngase la concertación.

El sábado por la mañana, a primera hora, reciten públicamente de memoria las prelecciones de toda la semana; en la hora segunda repásense. La última media hora téngase por alguno de los discípulos declamación o prelección, o váyase a oír a los retóricos, o téngase la concertación.

A partir de la comida, en la primera media hora repítase de memoria un poeta y el catecismo, mientras el maestro examina las composiciones que hubieren quedado de la semana y las notas de los decuriones.

Divídase la hora y media siguiente en repasar un poeta o en explicar alguna breve poesía y pedir cuenta de ella, partiendo el tiempo del mismo modo con los griegos.

La última media hora dedíquese a la explicación del catecismo o a una piadosa exhortación, a menos que se la haya tenido el viernes; si no, dedíquese a aquello que hubiera reemplazado al catecismo.

Modo de corregir la composición

[390] Al corregir la composición indique si hay algo menos propio, o elegante, o bien sonante; si hay algún pasaje menos acomodado a la imitación; si hay alguna falta de ortografía o de otra clase; mande que una

misma cosa se exprese de varias maneras para que obtengan riqueza en el decir por este ejercicio.

Ejercicios mientras se corrige

[391] Los ejercicios, mientras corrige las composiciones, serán, por ejemplo tomar frases de las prelecciones y cambiarlas de diversas maneras, recomponer un período de Cicerón que haya sido descompuesto, hacer versos, cambiar una poesía de un género en otro, imitar algún pasaje, escribir en griego y cosas parecidas.

Prelección

[392] La prelección esté ligeramente salpicada con elementos de erudición, cuanto la explicación del pasaje lo requiera; pero dése por entero el maestro a las observaciones de la lengua latina, a la fuerza y etimología de las palabras, que buscará en los autores aprobados, sobre todo los antiguos; en el uso y la variedad de las locuciones, en la imitación del autor; y no tenga por ajeno presentar algo del idioma patrio de vez en cuando, si principalmente sirve para la interpretación o posee algo notable. Cuando explica el discurso, descubra los preceptos del arte. Al fin se permitirá, si pareciere, traducirlo todo al idioma patrio, pero de la manera más elegante.

Tema para componer

[393] Debe dictarse el tema para componer; en el primer semestre en lengua vernácula y palabra por palabra en forma de carta, y generalmente ayudará a componer si se toma de las prelecciones ya explicadas. Ordinariamente una vez a la semana escriba cada uno según su propia iniciativa, habiendo explicado antes algún género epistolar y señalado como modelo las cartas de Cicerón o de Plinio. Después, en el segundo semestre, ejercítese el ingenio y compónganse primero chrías, luego proemios, narraciones y adornos, sobre un tema fácil y abundante. El argumento de la poesía díctelo en latín con mucha variedad de locuciones. El tema griego será de igual modo que el de la prosa latina, pero de ordinario se ha de tomar del mismo autor y se han de mostrar previamente las reglas de la sintaxis.

Concertación

[394] La concertación o ejercicio se tendrá: ya sobre lo que el émulo descubriere en la composición del contrario; ya en exponer sobre aquellas cosas en las que se han ejercitado en la primera hora; ya en decir de memoria frases pronunciadas por el profesor o variarlas; ya en repetir o aplicar los preceptos tanto de las cartas como de la retórica; ya en determinar la cantidad de las sílabas, aduciendo de memoria la regla o el ejemplo del poeta; ya

en investigar la propiedad o la etimología de algo; ya en interpretar algún pasaje de un autor griego o latino; ya en conjugar y enunciar los verbos griegos más difíciles o anómalos; ya en otras cosas parecidas, a juicio del profesor.

Arte métrica y retórica

[395] El arte métrica recórrase rápidamente, deteniéndose sólo en aquello donde hubiere mayor necesidad y más con ejercicios que con explicaciones. Asimismo explíquese brevemente la Retórica de Cipriano no tanto en las palabras cuanto en los preceptos, añadiendo del mismo librito algunos ejemplos y si hubiere ocasión de las prelecciones diarias.

Prelección griega

[396] En la prelección griega se expliquen en días alternos la gramatica y el autor. En la gramática, repasando brevemente lo que se explicó en la primera clase, se atienda principalmente a la sintaxis y al tema de los acentos.

El autor del primer semestre para prosa se tomará de los más fáciles, como algunos discursos de Isócrates y de los Santos Crisóstomo y Basilio, de las cartas de Platón y de Sinesio, de algo selecto de Plutarco; en el segundo semestre se explicará alguna poesía, por ejemplo, de Phocylide, Theognide, san Gregorio Nacianceno, Synesio y otros semejantes.

La explicación, como lo pide el grado de esta clase, ha de servir más al conocimiento de la lengua que a la erudición.

Hacia el término del año, se podrá enseñar la métrica griega con el autor en días alternos. Podrán también recomponerse versos griegos desordenados previamente.

Colocar poesías

[397] Las mejores poesías escritas por los alumnos fíjense, más o menos en meses aternos, en las paredes de la clase para celebrar algún día más señalado, o para promulgar los cargos o por cualquier otra ocasión; más aún, de acuerdo con la costumbre de la región, fíjese algo de prosa más breve, como inscripciones de escudos, de templos, de sepulcros, de jardines, de estatuas; o descripciones de una ciudad, un puerto, un ejército; o narraciones de hazañas de algún dios, o finalmente paradojas; añadiendo de vez en cuando, no sin permiso del Rector, dibujos que respondan al emblema o argumento propuesto.

Reglas del profesor de la clase suprema de Gramática

Grado

[398] El grado de esta clase es el conocimiento completo de la gramática: por eso repase desde el principio la sintaxis, para añadir todos los apéndices y luego explicar la construcción figurada y tratar del arte métrica; en el griego las ocho partes de la oración, o todo lo que se contiene bajo el nombre de rudimentos, exceptuando los dialectos, las más difíciles excepciones y apéndices. En lo tocante a las lecturas, en el primer semestre se podrán explicar de los oradores las cartas más importantes de Cicerón a sus familiares, a Atico, a su hermano Quinto; en el segundo, el libro de la Amistad, de la Vejez, de las Paradojas y otras parecidas. De los poetas, en el primer semestre, algunas escogidas y expurgadas elegías y cartas de Ovidio; en el segundo, asimismo algunas obras selectas y expurgadas de Catulo, Tibulo, Propercio y las Eglogas de Virgilio; o también algunos libros más fáciles del mismo Virgilio, como el cuarto de las Geórgicas, el quinto y el séptimo de la Eneida; de los griegos, San Crisóstomo, Esopo, Agapito y otros semejantes.

División del tiempo

[399] La división del tiempo será ésta. En la primera hora de la mañana recítese de memoria ante los decuriones a Marco Tulio y la gramática; el profesor corrija las composiciones reunidas por los decuriones, mandando hacer entretanto algunos ejercicios a los discípulos, como se dirá abajo en la regla cuarta.

En la segunda hora de la mañana repítase brevemente la última prelección Cicerón y la nueva explíquese por media hora y pregúntese sobre ella; finalmente díctese el tema de la composición.

La última media hora de la mañana, repetida la prelección de gramática, explíquese la nueva y pregúntese sobre ella y exíjase la nueva, mezclando también la concertación. Y en el primer semestre recórranse los preceptos de la construcción dados en la clase inferior y explíquense a continuación expresamente los propios de esta clase; en días alternos, los preceptos generales del arte métrica, omitiendo las excepciones; en el segundo semestre repásese al menos por dos meses aquella parte de la gramática que es propia de la primera clase, y en días alternos el arte métrica, recorriendo brevemente las reglas ya explicadas, deteniéndose cuanto es necesario en las otras; terminada la repetición de la gramática explíquese diariamente, en adelante, el arte métrica añadidas las excepciones, las clases de versos y lo que se dice de los patronímicos y del acento.

La primera hora de la tarde recítese de memoria un poeta y un autor griego, mientras el maestro examina las notas de los decuriones y corrige las composiciones bien de lo que se ordenó por la mañana, bien de las tareas traídas de casa.

La hora y media siguiente divídase entre repasar o explicar a un poeta y la prelección o composición de griego, de modo que a lo griego se le dé poco más de media hora.

La última media hora o lo que quedare de tiempo se ha de dedicar a las concertaciones.

El sábado por la mañana reciten en público de memoria las prelecciones de toda la semana o las de todo el libro; repásense en la última segunda hora. En la última media hora téngase la concertación. Hágase lo mismo después de la comida, a menos que a primera hora se recite de memoria el catecismo.

En la última media hora téngase la explicación del catecismo o una piadosa exhortación, a menos que se haya tenido el viernes; de lo contrario téngase de ordinario lo que se haya puesto en lugar del catecismo.

Modo de corregir la composición

[400] Al corregir la composición indique si hay alguna falta contra los preceptos de gramática, ortografía, puntuación; si se han obviado la dificultades; si no se ha tenido en cuenta la elegancia o la imitación del modelo.

Ejercicios mientras se corrige

[401] Los ejercicios que se deben entregar a los discípulos mientras el profesor corrige las composiciones son, por ejemplo, traducir al latín lo dictado en lengua vernácula ya según la intención del autor, ya de acuerdo con los preceptos de la sintaxis latina; traducir una lectura de Cicerón del latín al idioma patrio, y volverla después al latín; luego tomar de ella las frases más elegantes; buscar dudas en los preceptos gramaticales recién explicados y expresiones que proponer a los émulos; recomponer versos dispersos o hacerlos; describir asuntos en griego y otras cosas parecidas.

Prelección

[402] Esta será la manera de la prelección. Primero recorra el tema ya en latín ya en la lengua patria. Después interprete de tal manera cada pe-

ríodo, que la exposición en lengua vernácula venga luego en ayuda de la latina. En tercer lugar, volviendo a comenzar desde el principio, a no ser que prefiera insertarlas en la disertación, escoja dos o tres palabras cuya fuerza y origen explique confirmándolo principalmente con uno u otro ejemplo del mismo autor. Desarrolle también y muestre las traducciones, despachando con brevedad las fábulas con las historias y lo que toca a la erudición, si lo hubiere; entresaque asimismo dos o tres frases elegantes. Finalmente traduzca las palabras del escritor en idioma vulgar. Podrá dictar brevísimamente el tema latino, las observaciones, las propiedades y las frases.

Tema para escribir

[403] El tema de la composición, generalmente en forma de carta, se ha de dictar palabra por palabra en lengua vulgar, y debe referirse a los preceptos de la sintaxis y a la imitación ciceroniana. Una vez al mes aproximadamente, cuando los alumnos hubieren realizado algún adelanto, escriban a su gusto bien en la casa en vez de la diaria composición, bien en la clase para elegir los cargos, habiendo explicado antes algún género epistolar e indicándoles las cartas de Cicerón que pertenecen a dicho género, y aun dícteles el profesor algunos ejemplos del mismo género.

Poesía

[404] Las poesías podrán dictarse: al principio solamente con el orden de las palabras alterado, después cambiando también algunas palabras y al final con un argumento muy fácil con mucha variedad de locuciones.

Tema griego

[405] El procedimiento para el tema griego será el mismo que para el de prosa latina, pero de ordinario se tomará del mismo autor y se mostrarán previamente las reglas de la sintaxis.

Prelección griega

[406] La prelección griega, que apenas deberá pasar del cuarto de hora, sea del mismo modo que la latina, excepto cuando se lea un autor griego (y podrá tomarse, si así lo juzgare el Prefecto, en días alternos con la gramática), habrá que explicar cada una de las palabras, indicando también, si pareciere, aun las reglas generalmente más fáciles de la sintaxis.

Concertación

[407] La concertación o ejercicio se dedicará ya a lo que el émulo hubiera descubierto en la composición del contrario; ya a exponer lo que se hubie-

ren ejercitado durante la primera hora; ya a repetir de memoria las frases dichas por el maestro; ya a ejercitarse mutuamente en exigir y variar locuciones vernáculas [al latín] según las reglas de la sintaxis o la imitación de Cicerón (y esto se ha de hacer de modo que el interrogado responda con las mismas palabras la locución propuesta y habiéndola pensado un poco, la pronuncie en latín no a la letra sino toda a la vez); ya a repetir los preceptos de las cartas; ya a determinar la cantidad de las sílabas, aduciendo de memoria la regla, o el ejemplo del poeta; ya a indagar el significado propio o alguna etimología; ya a traducir algún pasaje de un autor griego o latino; ya a formar [declinar] nombres griegos o a conjugar los verbos y otras cosas parecidas, al arbitrio del maestro.

Reglas del profesor de la clase media de Gramática

Grado

[408] El grado de esta clase es el conocimiento de toda la gramática, aunque no de modo exhaustivo, pues el profesor explica desde el comienzo del libro segundo [de Manuel Alvarez] hasta la construcción figurada, añadiendo sólo los apéndices más fáciles; o según el método romano, desde la construcción común de las palabras hasta la figurada, añadiendo los apéndices más fáciles.

Del griego corresponden a esta clase los nombres contractos, los verbos circunflejos, los verbos en -mi y las formaciones [verbales] más fáciles. Para las prelecciones no se usen sino las cartas familiares de Cicerón y los poemas más fáciles de Ovidio; y en el segundo semestre, según el parecer del Prefecto, el catecismo griego o el Cuadro de Cebes.

División del tiempo

[409] Esta será la división del tiempo: en la primera hora de la mañana recítese de memoria a Marco Tulio y la gramática ante los decuriones; corrija el profesor las composiciones recogidas por los decuriones, mandando hacer entretanto algunos ejercicios a los alumnos de que se dirá abajo en la regla cuarta.

En la segunda hora de la mañana repítase con brevedad la última prelección de Cicerón y explíquese la nueva durante media hora y pregúntese sobre ella; por fin, díctese el tema.

La última media hora de la mañana repásese algo del primer libro de la gramática, como las declinaciones de los nombres y luego los pretéritos y supinos, lo que también ha de ejercitarse en la concertación.

En la primera hora de la tarde recítese de memoria la gramática tanto latina como griega y en sus días correspondientes recítese un poeta, mientras el maestro examina las notas de los decuriones y corrige las composiciones bien de lo que se mandó hacer por la mañana, bien de las que faltaren de las traidas de casa; finalmente repásese la prelección de gramática y en días alternos la de poética.

En la segunda hora de la tarde, durante media hora, explíquese y repítase la sintaxis; en el segundo semestre igualmente la sintaxis y en días alternos explíquese un poeta. Durante la última media hora explíquese lo griego.

La última media hora dedíquese a la concentración o al ejercicio.

El sábado por la mañana durante la primera hora recítense en público de memoria las prelecciones de toda la semana o de todo el libro; repásense en la segunda hora. En la última media hora téngase concertación. Hágase lo mismo después de la comida, a menos que en la primera hora con la gramática y el poeta se recite también el catecismo. La última media hora dése a la explicación del catecismo a alguna vez a una piadosa exhortación a menos que se la haya tenido el viernes; de lo contrario, téngase ordinariamente lo mismo en cuyo lugar se hubiera tenido el catecismo.

Modo de corregir la composición

[410] Al corregir la composición latina indique si se ha faltado algo contra los preceptos de la gramática, la ortografía, la puntuación; si se han obviado las dificultades; examine todo lo escrito según las normas de los preceptos gramaticales y aprovechando la ocasión, recuerde a los alumnos las conjugaciones mismas y los rudimentos.

Ejercicios mientras corrige

[411] Mientras corrige las composiciones, los ejercicios serán, por ejemplo, poner en latín lo dictado en lengua vernácula ya para imitar al escritor, ya principalmente para adecuarlo a los principios de la sintaxis latina; traducir un pasaje de Cicerón al idioma vulgar, y pasarlo luego al latín; buscar dudas de los preceptos de la gramática, principalmente de los recién explicados, y proponer locuciones a los émulos; copiar pasajes en griego y cosas semejantes.

Exigir la gramática

[412] Al repetir la prelección aproveche de vez en cuando la ocasión para declinar lo más difícil, para conjugar y para de todos modos hacer preguntas sobre la gramática.

Prelección de Cicerón

[413] La prelección de Cicerón, que ordinariamente no pasará de grupos de siete líneas, se hace de esta manera. Primero lea todo y examine brevísimamente su argumento en idioma patrio. En segundo lugar traduzca el pasaje a la letra en idioma vulgar. En tercer lugar, comenzando desde el principio indique la estructura; y volviendo a retejer el período muestre qué verbos y qué casos rigen; examine la mayor parte bajo el aspecto de las reglas gramaticales ya explicadas; haga una u otra observación, pero muy fácil, sobre la lengua latina; muestre las metáforas con ejemplos de cosas muy conocidas; finalmente entresaque una que otra frase, para dictarlas solas con el argumento. En cuarto lugar, recorra nuevamente las palabras del escritor en idioma vernáculo.

Argumento para escribir

[414] El tema de la composición debe dictarse en idioma patrio palabra por palabra y de ordinario no más largo de siete líneas, que haga referencia a los preceptos de la sintaxis y a la imitación ciceroniana. De vez en cuando mande a los alumnos que hagan una breve traducción de Cicerón o la conjugación de algún tiempo griego o declinación de un nombre.

Prelección de gramática

[415] La prelección de gramática no contenga más de una regla cada vez, a lo más con algún corto apéndice o excepción.

Prelección griega

[416] En el griego guárdense las mismas normas, y según el uso parece conveniente añadir a los casos y personas en griego las palabras correspondientes en lengua vernácula y explicar la mayor parte en lengua vulgar.

Concertación

[417] La concertación o ejercicio escolar se tendrá: ya sobre aquellas cosas que el emulo ha encontrado en la composición del contrario; ya en exponer aquellas cosas sobre las que se hayan ejercitado a primera hora; ya en repetir de memoria las frases sugeridas por el profesor; ya en ejercitarse mutuamente en exigir la traducción al latín de locuciones vernáculas según las reglas de la sintaxis o la imitación de Cicerón (se ha de lograr

que la locución propuesta la repita con las mismas palabras el que es interrogado y diga la frase, habiéndola pensado bien, no a la letra sino toda en latín); ya en [declinar y conjugar] los nombres y verbos más difíciles, sobre todo los que se hayan presentado en la prelección, bien se haga en orden seguido, bien interrumpido el orden de los casos y tiempos, bien sea cada uno de por si solamente, bien junto con su adjetivo, sustantivo y pronombre; ya dando con rapidez los pretéritos y supinos, y otras ejercicios similares, al arbitrio del maestro.

REGLAS DEL MAESTRO DE INFIMA CLASE DE GRAMATICA

Grado

[418] El grado de esta clase consiste en el conocimiento perfecto de los rudimentos y una iniciación en la sintaxis. Empieza con las declinaciones hasta la construcción común de los verbos. Y donde haya dos niveles, al inferior se le enseñará del primer libro [de Alvarez] los nombres, los verbos, los rudimentos, los catorce preceptos de la construcción, los géneros de los nombres; al superior, en cambio, del primer libro, la declinación de los nombres sin los apéndices y los pretéritos y supinos; y del segundo, la introducción de la sintaxis, sin los apéndices, hasta los verbos impersonales. En el griego, el nivel inferior aprenderá a leer y escribir, y el superior los nombres simples, el verbo sustantivo y el barítono. Para las prelecciones no se usen sino las cartas más fáciles de Cicerón, escogidas para la ocasión y, a poder ser, impresas por separado.

División del tiempo

[419] La distribución del tiempo será la siguiente. A primera hora de la mañana recítese de memoria ante los decuriones a Marco Tulio y la gramática; el maestro corrija las composiciones recogidas por los decuriones mandando hacer entretanto a los discípulos los diversos ejercicios, de los que se hablará más adelante en la regla cuarta.

En la segunda hora de la mañana repítase brevemente la última prelección de Cicerón y explíquese la nueva durante media hora y pregúntese sobre ella; al final díctese el tema de composición.

En la última media hora de la mañana explíquese o repásese a ambas clases algo de lo asignado a cada una del libro primero de la gramática [de Alvarez], ya en días alternos a cada sección, ya diariamente a las dos; luego pregúntese todo en una concertación, bien sea por el maestro, bien mutuamente entre si. Los días en que por la tarde no se proponga un nuevo precepto de construcción (porque ordinariamente la mayor parte de los días hay que inculcar un solo precepto), entonces esta prelección de la mañana póngase en vez de la vespertina; y la última media hora dése toda a la concertación o al ejercicio escolar.

A primera hora de la tarde recítese de memoria la gramática latina, y la griega; y el maestro examine las notas de los decuriones y corrige, a lo más durante media hora, las composiciones bien de las que se dispusieron por la mañana, bien las que quedaren de las traídas de la casa. Al final repásese la última prelección de la gramática.

En la segunda hora de la tarde explíquese a la sección superior la sintaxis, al inferior los rudimentos de los géneros de los nombres y luego las catorce reglas [de la construcción gramatical]. Al griego dése poco más de un cuarto de hora.

La última media hora téngase concertación o hágase algún dictado concerniente a las reglas gramaticales.

El sábado por la mañana a primera hora recítense en público de memoria las prelecciones de toda la semana; a la segunda hora repásense; en la última media hora téngase concertación.

Hágase lo mismo después de la comida, a menos que a primera hora junto con la gramática se recite también el catecismo. La última media hora empléese en explicar el catecismo o en una exhortación piadosa, a menos que se haya tenido el viernes; de lo contrario, recupérese aquello en cuyo lugar se puso el catecismo.

Modo de corregir la composición

[420] Al corregir la composición indique el profesor si hay faltas contra los preceptos de la gramática, de la ortografía, de la puntuación; si se han obviado las dificultades; mídalo todo según la norma de la reglas gramaticales; no deje de repetir, siempre que se presente la ocasión, las conjugaciones y las declinaciones

Ejercicios durante la corrección

[421] Mientras corrige el profesor las composiciones de los alumnos, los ejercicios de éstos serán, por ejemplo, poner en latín textos vernáculos según lo dispone la sintaxis; traducir un pasaje de Cicerón del latín al idioma vulgar y pasarlo luego al latín; buscar dudas de las reglas gramaticales, principalmente de las recién explicadas, y proponerlas a los émulos;

componer o rehacer concordancias; copiar [pasajes] en griego y cosas parecidas.

Exigir la gramática

[422] Al repetir la prelección aproveche con frecuencia el profesor la ocasión para declinar y conjugar y sobre todo para preguntar sobre la gramática.

Prelección de Cicerón

[423] La manera de preleer a Cicerón, que no pasará ordinariamente de cuatro versos, hágase de esta forma. Primero, léala toda sin interrupción y exponga brevemente su argumento en idioma vulgar. Segundo, traduzca a la letra el pasaje en idioma vulgar. Tercero, retornando otra vez al principio indique la estructura y reconstruya el pasaje, señalando los verbos y qué casos rigen; examínelo en su mayor parte bajo el aspecto de las reglas de la gramática ya explicadas; haga una que otra observación pero muy fáciles sobre el uso del latín; muestre las metáforas con ejemplos de cosas muy conocidas, pero no dicte nada salvo tal vez el argumento. Cuarto, recorra de nuevo las palabras del escritor en lengua vulgar.

Tema para escribir

[424] El tema de la composición se ha de dictar palabra por palabra en lengua vulgar, claro y no más de unas cuatro líneas, y referido principalmente a las leyes gramaticales; disponga de vez en cuando que los alumnos le interpongan alguna breve versión de Cicerón o una locución de acuerdo con la gramática; o cosas análogas que aprendan de los rudimentarios del griego o algo similar.

Prelección de la gramática

[425] La prelección de gramática no contenga, cuando mucho, más de una regla cada vez, y no se pase a otra mientras aquélla no se hayan comprendido bien.

Concertación

[426] La concertación o ejercitación se tendrá: ya sobre lo que un rival haya descubierto en la composición del otro; ya en preguntar sobre lo que hayan ejercitado en la primera hora; ya en demandar mutuamente la traducción al latín, según las reglas de la sintaxis, de frases en lengua vulgar (y en hacer que la locución propuesta la devuelva inmediatamente el interrogado con las mismas palabras y habiéndola pensado un poco, la exprese en latín no palabra por palabra, sino en cuanto fuere posible toda seguida);

ya en declinar y conjugar los nombres y verbos más difíciles, sobre todo los que hubieren salido en la prelección, bien sea orden seguido, bien interrumpiendo el orden de los casos y tiempos, ya sea cada uno de por sí solamente, ya sea juntamente con un adjetivo, sustantivo y pronombre; ya en aducir reglas y ejemplos de los rudimentos; ya en traducir rápidamente las inflexiones de los verbos del latín al idioma patrio, y del idioma patrio al latino; ya en cambiar a la voz pasiva lo que se dice en activa; ya en pretéritos y supinos; ya en determinar el género y caso de cualquier nombre propuesto; y cosas parecidas, a juicio del maestro.

REGLAS DE LOS ESCOLARES DE NUESTRA COMPAÑIA

P 4, c. 1
Pureza de alma e intención

[427] Procuren ante todo nuestros escolares guardar la pureza del alma y tener recta intención en los estudios, sin buscar en ellos otra cosa que la divina gloria y el fruto de las almas; y en sus oraciones pidan con frecuencia gracia para aprovechar en la doctrina, para hacerse finalmente idóneos, como lo espera de ellos la Compañía, para cultivar la viña de Cristo nuestro Señor con el ejemplo y la enseñanza.

P. 4, c. 6,2. P. 4, c. 4,2
Unir las virtudes sólidas con los estudios

[428] Decídanse a darse con seriedad y constancia a los estudios; y deben pensar de la misma manera evitar que con el fervor de los estudios se entibie el amor de las virtudes sólidas y de la vida religiosa; así también se persuadan de que no harán nada más agradable a Dios en los colegios que el entregarse con la intención dicha y con diligencia a los estudios; y aunque nunca llegaren a ejercitar lo aprendido, tengan por cierto que aquel trabajo de estudiar por obediencia y caridad, como es debido, es obra de gran merecimiento en presencia de la divina y suma Majestad.

P. 4, c. 5,2 y c. 6,6
Estudiar por orden de los Superiores

[429] Cada cual se dará a aquellas facultades y oirá aquellos maestros que señalare el superior; guarden todos la distribución del tiempo ordenada por el Prefecto o por el profesor; y asimismo con diligencia la manera de estudiar: y no usen otros libros que los entregados por el mismo Prefecto.

P. 4, c. 6,8
Diligencia
[430] Sean asiduos en escuchar las lecciones y diligentes en preverlas y, luego de haberlas oído, en repetirlas; pregunten lo que no hubieren entendido; anoten las cosas que conviniere, a fin de suplir la memoria para adelante.

P. 4, c. 6,10
Disputas públicas
[431] Asistan a las disputas ordinarias de sus clases; y traten de dar muestra especial de sí en la doctrina aunque con modestia.

P. 4, c. 6,11. En privado
[432] Asistan todos además a las disputas diarias y a las repeticiones privadas; y los que disputan obedezcan religiosamente al que preside.

P. 4, c. 4,6. Modestia
[433] Cuando haya que ir a las escuelas públicas vayan y vuelvan juntos, con aquella modestia interior y exterior que conviene a la edificación suya y de los demás.

Ibid
Conversaciones con los de fuera
[434] Las conversaciones de quienes tengan permiso para hablar con los escolares externos sean sólo de asuntos tocantes a las letras o al provecho en el espíritu, según se juzgare más útil para todos a la mayor gloria divina.

P. 4, c. 6,13. y 13,3
Uso de la lengua latina
[435] Todos ciertamente, pero sobre todo los estudiantes de letras humanas, hablen en latín; y encomienden a la memoria lo que les fuere encargado por sus maestros; y ejerciten con diligencia el estilo en las composiciones.

P. 4, c. 4,1
Tiempo de estudios
[436] Nadie trabaje por más de dos horas en leer o en escribir, sin interrumpir el estudio por algún intervalo de tiempo.

P. 4, c. 6,14
Manera del estudio privado
[437] En las horas señaladas para el estudio privado, los que se dedican a las facultades superiores, relean en casa lo que escribieron en las clases

y traten de entenderlo; y lo entendido lo examinen de tal manera que a sí mismos se hagan objeciones y las resuelvan; lo que no puedan resolver, anótenlo para preguntar o disputar.

INSTRUCCIÓN DE LOS QUE DURANTE DOS AÑOS REPITEN EN PRIVADO LA TEOLOGIA

P. 4, c. 15,3
Qué reglas de los escolares les son comunes
[438] Guarden las reglas de los escolares de la misma manera que los otros estudiantes, fuera de las pertenecientes a oír las lecciones en las clases, y sus repeticiones; procuren además con toda diligencia que con el fervor de los estudios no se entibie el amor de las virtudes sólidas.

Asistan a la reunión de casos y a las disputas
[439] Como los demás oyentes de teología, asistan a la reunión de casos y a todos los actos y también a sus discusiones mensuales.

Cuándo resumirán los argumentos
[440] No sólo deben asistir a las discusiones mensuales de los filósofos sino también a las semanales de los teólogos, y si no están presentes los maestros, podrán presidir los argumentos.

Cuestiones omitidas o compendiadas
[441] Según el método de los estudios y la distribución de las horas dispuestas por el Prefecto, tengan un estudio diligente y exacto de aquellas materias que no fueron explicadas o solo en resumen, y para ello se sirvan de los comentarios de quienes las trataron con más diligencia.

Estudio de las cuestiones principales
[442] Estudien después las principales discusiones de toda la teología, por ejemplo, de la primera parte [de la Suma Teológica] la visión de Dios, la ciencia divina, la predestinación, la Trinidad; y también de otras partes [de la Suma]; ya examinando diligentemente lo que fue escrito por otros, ya disponiendo por su propio ingenio algunos capítulos y principios de la teología, de los que depende la serie de las cuestiones principales; guardando empero con toda diligencia lo que se ha determinado en la Compañía de seguir la doctrina de santo Tomás.

Escribir a propósito cuestiones
[443] Escriba expresamente algunas cuestiones con sus fundamentos y conclusiones y la solución de las dificultades al modo escolástico, como si

las debieran preleer en las clases, y muéstrenlas cada mes o al menos cada dos meses al Prefecto de estudios, para ser dirigidos por él.

Lecciones privadas

[444] Podrán tener también de vez en cuando, por unos tres cuartos de hora, tales lecciones, ya sea privadamente ante nuestros doctores, ya sea en las mismas repeticiones de los teólogos, y al final los Padres presentes podrán argumentar; también podrán tener sus lecciones, si pareciere, en el comedor.

Públicas

[445] Se podrán tener también cuestiones semejantes sobre alguna materia destacada, que abarquen a lo más dos prelecciones, de tal manera que los teólogos que lo deseen puedan reunirse en aquella clase y en aquel tiempo.

Actos

[446] Distribúyaseles el tiempo para que puedan tener cuatro actos particulares y uno general; el primero particular celébrese hacia el principio del primer semestre, otro al fin y así se tengan los demás en cada semestre, de manera que el general cierre el último semestre.

De qué manera pueden defender sus opiniones

[447] Séales permitido en los actos apartarse, si quisieren, de las opiniones de sus maestros y defender las suyas, con tal de que en ninguna manera sean ajenas a la doctrina de santo Tomás según el decreto de la quinta Congregación; y en tal caso deben ponerse de acuerdo con el Prefecto y el que debe presidir, no sólo en relación a las opiniones mismas sino también a los fundamentos y principios con que las quieren defender. Más aún, para que los talentos den mejor muestra de sí, déjelos el presidente contestar libremente y no los interrumpa sino cuando fuera sumamente necesario.

Erudición

[448] Entiendan finalmente que en este bienio deben procurar hacerse no solamente doctos y diestros en la teología, sino en toda la erudición eclesiástica que conviene sumamente al teólogo.

P. 4, c. 5, B
Concilios, Controversias, Cánones

[449] Por eso tengan cada día un tiempo determinado para la lectura atenta de la Sagrada Escritura, los Concilios, las Controversias y los Cánones, y anoten siempre con cierto orden lo que les parezca digno de apuntarse;

pero nada preparen expresamente para los sermones; y de este estudio lean algo a veces en el comedor o en otra parte, como le pareciere al superior.

Estudio de Cánones

[450] En el estudio de los Cánones omitan la parte judicial y dense enteramente a la eclesiástica.

Atender la propensión natural

[451] Habiendo tratado el asunto diligentemente con los superiores, dediquen su estudio sobre todo a lo que se sientan más inclinados, pero de manera que no omitan nada de los demás estudios prescritos.

REGLAS DEL AYUDANTE DEL MAESTRO O BEDEL

Obedezca al maestro

[452] Su cargo consiste en ejecutar diligentemente todo lo que le ordenare el maestro, sobre todo lo referente a los ejercicios de las clases.

Qué hacer sobre la clase

[453] Procure que la clase y la cátedra estén limpias; que en ella cuelgue algún cuadro piadoso; que haya asientos suficientes; que los mismos estén limpios y bien dispuestos; que los destrozados o rotos se compongan; que se señalen a los nuestros algunos asientos determinados e igualmente a los demás religiosos, separados de los externos; que las clases se abran a tiempo.

Avisar sobre la clase

[454] Avise oportunamente a los que correspondiere, su turno para discutir, repetir, defender las tesis y hacer cosas parecidas, según fuere determinado por el maestro.

De las conclusiones
P. 4, c. 16,10

[455] Ordinariamente avise siete días antes a los que han de defender las tesis semanales. Procurará que esas proposiciones estén escritas a tiempo. Y primero llévelas a corregir al maestro, luego al Prefecto para examinarlas; finalmente, una vez corregidas y examinadas, avisará al que ha de defenderlas para que lleve escritos los ejemplares necesarios; uno de ellos, bien escrito, lo fijará públicamente por la mañana antes de que se tenga la discusión; los demás los repartirá a los que van a discutir.

Reloj

[456] Durante las lecciones y discusiones tenga a mano siempre el reloj para avisar oportunamente del tiempo transcurrido tanto al Prefecto como al maestro, de modo que se guarden los espacios señalados a cada uno de los contendientes; y por aviso del prefecto dé la señal a los que discuten, ya para comenzar ya para terminar.

Actos públicos

[457] Procure adornar la clase o aula para los actos públicos según la costumbre de las academias y distribuya los asientos a los invitados a tales actos o a cualesquiera disputa, ya vengan para argumentar ya para realzarlas.

P. 4, c. 6,15
Qué avisar al superior

[458] Si observare que alguno de los nuestros falta a las prelecciones, repeticiones disputas o es remiso en algo referente al orden los estudios o a la disciplina de las costumbres, avise al superior.

REGLAS DE LOS OYENTES EXTERNOS DE LA COMPAÑÍA

Unir la doctrina a la piedad
P 4 c. 71 y c. 16,4

[459] Quienes con el fin de aprender frecuentan los colegios de la Compañía de Jesús, entiendan que, con la ayuda divina y según sus fuerzas, habrán de procurar el ser imbuidos en la piedad y demás virtudes, no menos que en las artes liberales.

Qué clase para cada uno
P. 4, c. 13,4

[460] Cada cual asistirá a la clase que le fuere señalada por el Prefecto luego del examen.

Confesión y misa
P. 4 c. 7,2 y c. 16,1

[461] Al menos cada mes todos confiesen sus pecados y asistan diariamente al sacrificio de la Misa a la hora señalada; asistan con corrección al sermón los días de fiesta.

Doctrina cristiana
P. 4, c. 7,2 y c. 16,2

[462] Asistan todos cada semana a la explicación de catecismo y aprendan su compendio, como fuere determinado por los maestros.

No llevar armas a la clase
> [463] Ninguno de nuestros alumnos entre al colegio con armas, puñales, cuchillos o cosas parecidas, que según los lugares o los tiempos estuvieren prohibidas.

P. 4, c. 16,4
De qué han de abstenerse
> [464] Absténganse por completo de los juramentos, contumelias, injurias, detracciones, mentiras, juegos prohibidos como también de lugares dañosos o prohibidos por el Prefecto de las escuelas; finalmente de todo lo opuesto a la honestidad de las costumbres.

P. 4, c. 72 y c. 16,5
Uso del corrector
> [465] Entiendan que en las cosas tocantes a las costumbres y a los estudios de las artes, cuando los preceptos o las advertencias no aprovecharen, los maestros usarán al corrector para castigarlos; los que se negaren a recibir las penas, o no mostraren esperanza de enmienda, o fueren molestos a los demás, o perniciosos con su ejemplo, sepan que serán despedidos de nuestras clases.

Obediencia
> [466] Todos obedezcan a sus maestros y guarden con diligencia suma el modo de estudiar que ellos les dispusieren tanto para las clases como para la casa.

P. 4, c. 6,2
Diligencia y asiduidad
Ibid. 3
> [467] Pongan empeño en los estudios con seriedad y constancia; sean asiduos en acudir a las clases a tiempo y diligentes en oír y repasar las prelecciones y en hacer los demás ejercicios. Y si algo no entienden o tienen dudas, consulten al maestro.

Tranquilidad y silencio
> [468] En las clases no vaguen de una a otra parte sino que cada cual en su asiento atienda a si y a sus cosas con modestia y silencio; y no salgan de clases sin permiso del maestro. No ensucien ni señalen los asientos, la cátedra, las sillas, las paredes, las puertas, las ventanas ni ninguna otra cosa con pinturas, escrituras, arañazos o de otra manera.

Qué costumbres deben evitar
  [469] Huyan de las costumbres malas o también sospechosas; traten solamente con aquellos que les pueden ayudar, con su ejemplo y trato, en el estudio de las letras y de las virtudes.

De qué libros deben abstenerse
  [470] Absténgase de leer los libros perniciosos e inútiles.

P. 4, c. 5, E, y c. 14,2.

Eviten los espectáculos y el teatro
  [471] No asistan a espectáculos públicos, comedias, juegos; ni a las ejecuciones de los condenados; ni actúen en representaciones escénicas sin tener antes permiso de los maestros o del Prefecto del colegio.

Piedad
  [472] Esfuércense por conservar un alma sincera y pura y por guardar las leyes de Dios con suma diligencia; encomiéndense con mucha frecuencia y empeño a Dios, a la Santísima Virgen y a los demás santos; imploren la ayuda de los ángeles con asiduidad, principalmente la del Angel de la Guarda. Guarden la modestia, ya en todas partes, ya principalmente en la iglesia y en la clase.

Ejemplo de vida
  [473] Finalmente condúzcanse de tal manera en todas sus acciones y cosas, que todos entiendan de ellos que están dedicados no menos al estudio de las virtudes y de la integridad de vida que al de las letras.

REGLAS DE LA ACADEMIA

Qué es la academia

[474] Por el nombre de academias entendemos un grupo de estudiosos, escogido de entre todo el alumnado, que se reúne bajo algún Prefecto jesuita con objeto de realizar especiales ejercicios relacionados con los estudios.

Miembros

[475] Se consideran miembros de la Academia todos los que lo son de la Congregación de la Santísima Virgen, por el mismo hecho de estar recibidos en ella; y los religiosos que frecuentan nuestras clases. Además, donde hubiere costumbre y le parezca al Rector, se podrán también admitir otros que no pertenezcan a la Congregación, ni aun a nuestro alumnado.

Cuáles deben ser los académicos

[476] Los académicos deben ser ejemplo y aventajar a todos los demás alumnos en virtud y piedad cristiana, en diligencia en los estudios y en la observancia de los reglamentos de las clases.

Director de la academia

[477] El Rector del colegio pondrá al frente de cada academia un director idóneo, ya sea uno de los maestros, ya sea de cualquiera de los nuestros.

Cuántas academias

[478] En una academia se podrán reunir de ordinario los teólogos y los filósofos, en otra los retóricos y humanistas, en la tercera todos los gramáticos, si no son demasiados en número ni tan desiguales en conocimientos que los mismos ejercicios no puedan ser fructuosos para todos; de lo contrario cada una de las clases podrá tener su academia propia.

Asiduidad y ejercicios

[479] El fruto de la academia radica principalmente en la asiduidad de los académicos y en el entusiasmo [en hacer] los ejercicios. Por consiguiente, deben despedirse los que no asistan con regularidad o rechacen hacer los ejercicios que les correspondan, y especialmente los que por su indisciplina son objeto de perturbación u ofensa para los demás.

Cargos

[480] Los cargos que se elegirán en cada academia, cada tres o cuatro meses por mayoría de votos secretos de los académicos, serán más o menos los siguientes: Rector [Presidente] de la academia, dos consejeros y un secretario, a los que se podrán añadir otros y distribuirse las tareas según el número de los académicos, la costumbre del lugar y el juicio del Rector.

[481] El Presidente de la academia de los teólogos sea ordinariamente un teólogo; si pareciere alguna vez que debe ser elegido de entre los filósofos, sea al menos metafísico [del último año]. Igualmente, en la academia de los retóricos y de los gramáticos, cuando está formada por alumnos de diversas clases, elíjase de ordinario al de la clase superior, o alternadamente, según lo juzgare el Rector del colegio. Y debe elegirse el que sobresalga en virtud, ingenio y saber. Su oficio consistirá en promover la academia, aventajar a los otros en virtud y diligencia y tener algún acto de los principales de la academia a al principio o al fin de su mandato. Podrá el Presidente de

la academia de los teólogos a veces, si es teólogo, en ausencia del maestro, dirigir a los filósofos que defienden y resumir los argumentos y urgirlos.

Consejeros

[482] Los consejeros serán los oficiales más cercanos al Presidente en dignidad y honor, y en ausencia de éste actuará el primer consejero y si faltara éste, el segundo; y desempeñarán aquellos oficios que señale el moderador de la academia por sí o por el Presidente.

Secretario

[483] El secretario guardará con diligencia todos los libros de la academia Registrará en un libro los nombres de los académicos, por el orden con que son recibidos en la academia; en el cual escribirá asimismo separadamente los nombres de los cargos cuando son elegidos, y todas los actos de la academia, sin olvidar los nombres de los académicos que se hubieren distinguido por algún motivo. Deberá también copiar los discursos, poemas y versos de los retóricos, que elegidos por el moderador, se exponen públicamente. Asimismo avisará con tiempo para que se preparen a los que sepa por el director que van a tener los ejercicios en la academia, a menos de que en la academia de los teólogos parezca necesario hacerlo por medio del bedel. Al final de cada sesión dirá en público qué ejercicios y por quiénes han de tenerse en la próxima. Propondrá públicamente y con tiempo la tesis, y en retórica también los problemas o enigmas que han de resolverse.

Consultas

[484] Tres o cuatro veces al año, a saber, luego de la elección del Presidente, se tendrán consultas o de todos los académicos, o al menos de los encargados, junto con el director, para promover la academia y remover aquello que pareciere impedir su progreso.

Lectura de las reglas

[485] En estas reuniones o antes de la elección del Presidente, léanse las reglas de la academia, que estarán escritas en una tablilla o en el libro de la academia; en el que también se irán escribiendo todos los nombres de los académicos.

REGLAS DEL PREFECTO DE LA ACADEMIA

Promoverlos a la piedad

[486] Promueva entre los académicos no sólo el estudio, sino también la piedad; cosa que podrá hacer con el ejemplo de sus virtudes y con conservaciones privadas, cuando se ofreciere la ocasión.

Guarda de las reglas

[487] Procure que se guarden con diligencia las reglas de la academia y ante todo exija asiduidad y empeño en los ejercicios diarios de los académicos.

Ejercicios

[488] Haga, en cuanto sea posible, que todos los académicos se ejerciten por turno en las diversas clases de ejercicios.

No innovar nada sin el superior

[489] No suprima las costumbres admitidas ni introduzca nuevas sin facultad del Rector; ni haga nada de alguna importancia sin ponerse de acuerdo con él y ejecute con cuidado lo que haya sido prescrito.

Tiempo de la academia

[490] Distribuya de tal manera las horas de la academia, es decir, las repeticiones, discusiones y otros ejercicios, que no interfiera las horas de la congregación a fin de que los académicos puedan con comodidad asistir a ambas ejercitaciones; por la misma causa no ha de detenerse a nadie sin mucha causa en conversaciones privadas a la hora de la congregación.

REGLAS DE LA ACADEMIA DE LOS TEÓLOGOS Y FILÓSOFOS

Qué ejercicios

[491] Los ejercicios de esta academia suelen ser de cuatro clases: repeticiones diarias de las prelecciones, disputas, prelecciones o problemas, actos más solemnes en que se defiendan públicamente las conclusiones.

Repeticiones

[492] Las repeticiones se tendrán aproximadamente por una hora, en cada uno de los días en que se tienen clases, exceptuados solamente los días de la disputa mensual. Se tendrán en aquella hora que pareciese la más conveniente, con tal de que en Cuaresma se deje tiempo libre para el sermón, al menos dos veces por semana.

Forma de las repeticiones

[493] Las clases, una de teología y tres de filosofía, se repetirán por separado si cada una tiene un profesor aparte; repasarán lo explicado uno o dos académicos argumentando alternativamente. En cuanto a las repeticiones de teología serán presididas por el propio prefecto de la academia o por su ayudante o en último caso por alguno de los más antiguos del cuarto año de teología señalado por el Rector del colegio. Para las repeticiones de filosofía, en cada clase presidirá alguno de nuestro teólogos designados por el propio Rector.

Forma de las disputas

[494] Las disputas se tendrán una vez por semana, donde hay pocos académicos, y dos veces donde hay muchos, a saber, el día de vacación o también el domingo. Y el domingo después de la comida, durante una hora, ordinariamente uno de los filósofos defenderá mientras dos arguyen; el día de vacación, durante dos horas, dos o tres defenderán, uno de ellos teólogo, los otros filósofos; mientras otros tantos o más arguirán de forma parecida.

Conclusiones

[495] Si el teólogo defiende solo, propondrá siempre algunas conclusiones filosóficas; el metafísico, físicas o lógicas; el físico también lógicas. Argumentarán teólogos contra teólogos, contra los filósofos en primer lugar algunos de la clase inmediatamente superior y en segundo término uno de los condiscípulos.

Quién preside las disputas

[496] En las disputas tanto filosóficas como teológicas, le tocará presidir al maestro del defendiente si está presente; de lo contrario, presidirá el Prefecto de la academia o su socio.

Prelecciones

[497] Se podrán tener también a veces prelecciones, en las que algún académico trate con erudición desde la cátedra alguna cuestión perfeccionada con su propio esfuerzo, o un problema ingenioso, exponiendo y confirmando las razones de ambas partes mientras argumentan uno o dos. Es necesario que estas prelecciones, antes de tenerse, se muestren para su aprobación al Prefecto de la academia.

Actos

[498] El mismo Rector de la academia, si no hay inconveniente, u otro escogido por el Prefecto, podrá tener a veces actos más solemnes, a saber, por Navidad, Pascua, Pentecostés u en otro tiempo oportuno. En estos actos,

bajo la presidencia del maestro, defiendan alguna materia determinada de teología o de filosofía comprendida en algunas conclusiones.

Solemnidad de los actos

[499] Hay que procurar que estos actos se tengan con alguna solemnidad; úsese por el defendiente algún prefacio y epílogo, que se reconozcan y aprueben por el Prefecto general de estudios, como lo demás que se lea en público. Los de fuera podrán ser invitados también para argumentar, así como otros, con objeto de que la disputa sea más solemne.

Introducción

[500] Cerca de un mes antes de renovarse los estudios, si pareciere al Rector, al menos durante quince días, explíquese a los que van a oír filosofía una introducción o resumen por alguno de los maestros, a quien el Rector o el Prefecto determinare de entre los académicos.

Examinar las conclusiones

[501] Todas las conclusiones tanto de los actos solemnes como también las de los semanales, antes de defenderse o fijarse en el tablero, serán examinadas por el prefecto de la academia y por el propio maestro del defendiente.

Reglas de prefecto de la Academia de los Teólogos y de los Filósofos

Forma de los ejercicios

[502] Fuera de las cosas comunes que en general se dijeron del Prefecto en las reglas de la academia, advierta también que en las repeticiones diarias se guarde la misma norma y modo de repetir, argumentar y disputar que se tiene en nuestras repeticiones domésticas; pero en los actos y en defender otras conclusiones guárdese la manera acostumbrada.

Visitar las repeticiones

[503] Por consiguiente, visite con frecuencia ya unas repeticiones, ya otras; y vea que se tengan con diligencia y modestia y que los repetidores desempeñen debidamente su oficio; también a ellos los dirigirá cuando fuere oportuno.

Quiénes han de ejercitarse más

[504] No dejará de ser útil que se ejerciten con más frecuencia los que próximamente van a defender algún acto de la academia; a los que asimismo dirigirá y avisará a tal fin para que estén más preparados.

Del compañero
> [505] Con el compañero, si le fuere dado por el Rector, podrá dividir de tal manera la atención y el trabajo, que le deje, si no hay dificultad, las repeticiones de teología; y con él, si pareciere, en días alternos, principalmente en vacaciones, presida las disputas; y ejecute por medio de él lo tocante a las conclusiones diarias y a los casos extraordinarios, según juzgare necesario.

REGLAS DE LA ACADEMIA DE LOS RETÓRICOS Y HUMANISTAS

Días de la academia
[506] Los domingos, o donde fuere más conveniente el día de vacación, se reunirán los académicos en el lugar oportuno señalado por el rector del colegio.

Qué ejercicios ha de tener el director
> [507] Las ejercitaciones de esta academia serán de ordinario las siguientes: el director, según juzgare oportuno, tendrá clases o [desarrollará] temas selectos de alguna materia o de un autor; o explicará preceptos más sutiles de oratoria tomados de Aristóteles, Cicerón o algún otro de los retóricos; o desentrañará cualquier autor cuya comprensión exigirá de los académicos; o les propondrá problemas par resolver y cosas por el estilo.

Qué los académicos
> [508] Tengan también con frecuencia los académicos, omitiendo estos ejercicios, discursos, versos, declamaciones, bien sea de memoria o bien improvisadas; con aprobación del moderador, acúsense y defiéndanse mutuamente [en juicios simulados]; tengan lecciones en que dos por lo menos discutan contra el lector; defiendan tesis e impúgnenlas de un modo más oratorio que dialéctico; compongan emblemas e insignias de alguna materia determinada; escriban y expliquen inscripciones, descripciones, enigmas; ejercítese cada uno en la invención retórica, buscando tópicos para confirmar la materia propuesta, bien sea de improviso, bien meditándolo; en la elocución, acomodando las figuras de las palabras o sentencias encontradas a los argumentos escogidos; redacten argumentos para diálogos, poemas, tragedias; imiten todo el discurso de un preclaro orador o el poema de un poeta; elaboren algunos símbolos, para que cada uno de su parecer sobre un tema propuesto; presenten oraciones o frases de libros de algún autor previamente distribuido a cada uno.
>
> Finalmente ejercítense en todo lo que suele engendrar la elocuencia y ser fruto de la misma.

Ejercicios públicos

[509] Es conveniente que algunos de estos ejercicios más espectaculares, como prelecciones, declamaciones, defensas de tesis, especialmente los presentados por el Presidente de la academia, los hagan con cierta solemnidad y con asistencia de oyentes más distinguidos.

Premios privados

[510] En ocasiones se podrán dar premios privados a los que mejor hayan escrito o recitado sobre un tema, o hayan resuelto enigmas y problemas.

Premios públicos

[511] Igualmente, una vez al año, se podrán distribuir premios más solemnes a todos los académicos juntos, ya sea a expensas de las contribuciones, ya sea del modo que más agrade al Rector del colegio.

Fiesta de la Santísima Virgen

[512] Una vez por lo menos al año, se celebrará alguna festividad de la Santísima Virgen, que señalará el rector del colegio, con gran pompa de sermones, poemas y versos fijados en las paredes y con variedad de escudos y banderas.

Reglas de la Academia de los gramáticos

Ejercicio de gramática

[513] De ordinario el moderador, como anticipando algo escogido de la gramática, que se va a ver en clase, hará la prelección de un autor elegante y ameno, o también instituirá una repetición y ejercicio de lo que se expuso en la clase.

Repetición

[514] Al comienzo de la academia siempre vendrá un estudiante preparado para responder sobre lo que se dijo en la academia anterior, contra el cual tres o más podrán proponer dudas o expresiones vernáculas para traducir al latín; y de la misma manera repasarán inmediatamente la prelección tenida por el director.

Disputa

[515] Se disputará con frecuencia y empeño; se ejercitará tanto el estilo como la memoria; se expresarán frases de diversas maneras; se propondrá también algo de los versos y de la gramática griega; y se harán otras cosas semejantes según lo disponga el director.

Memoria

[516] A veces algunos y a veces todos, vendrán preparados para narrar de memoria algún apotegma breve o algún episodio.

Prelecciones privadas

[517] A veces pronunciarán desde la tribuna las mismas prelecciones tenidas en la clase por el maestro, añadiendo alguna introducción y, si pareciere, algún comentario.

Públicas

[518] Valdrá la pena que de cuando en cuanto tengan los académicos, principalmente el Presidente, algunas prelecciones con mayor solemnidad y número de invitados, añadiendo la concertación de dos o tres; si pareciere bien se podrán distribuir distribuyendo también premios privados.

Castigo literario

[519] Podrá el director exigir, a modo de castigo, un trabajo literario y mandar que se lean en público los nombres de quienes con menor perfección o diligencia hubieren actuando.

Variedad de ejercicios

[520] Finalmente, se deben proponer ejercicios tan variados que amén de la utilidad añadan lo agradable y la elegancia a fin de que con ese aliciente los académicos se sientan más animados al estudio.

[1]

Índice de la Ratio Studiorum. 1599[1]
(Los números remiten a los párrafos numerados de la versión española de la Ratio)

academia (*academia*)

Ver también: certamen, Congregación Mariana.

8, debe haber una - para los alumnos de hebreo durante el verano.

46, 76, - para los "nuestros", en vistas a formar profesores de humanidades.

74, - para los "nuestros" de lengua hebrea y griega.

277, 362, 479, - para las clases inferiores.

474-485, reglas generales de funcionamiento de las -.

491-500, - de los teólogos y filósofos.

506-511, - de los retóricos y humanistas.

513-520 - de los gramáticos.

acto (*actus*)

Ver también: disputa, grado.

98-106, desarrollo de los - de teología.

110, 115-117, desarrollo de los - de filosofía.

446, cuatro - parciales y uno general preparados por los repetidores de teología.

457, el bedel encargado del orden material del -.

498-499, - solemnes en la academia de teólogos y filósofos.

adagio (*adagium*)

---

1 Traducido de la obra: Ratio Studiorum. *Plan raisonné et institution des études dans la Compagnie de Jésus,* Éd. bilingue présentée par Adrien Demoustier et Dominique Julia, París, Belin, 1997.
Nosotros nos hemos servido de la adaptación realizada por los Profesores de la Universidad de Comillas bajo la dirección de Eusebio Gil a quien manifestamos nuestra gratitud por permitirnos reproducir el Indice aparecido en: *La pedagogía de los jesuitas, ayer y hoy.* Madrid (2002) 213-244.
Asímismo, debemos confesar que entre la edición de 1599 y la de 1616 (que es la publicada por nosotros) sólo existe una pequeña divergencia dentro de las Reglas del Provincial, exactamente entre los números [21] y [32]. Por esta razón se altera en cierto sentido la numeración pero sólamente entre los números indicados.

Proverbio o máxima o refrán.

379, en certamen de clase hacer interpretar -.

admisión (*admissio*)

252, preliminares para la -.

253, examen de los que se presentan a la -.

254, requisitos para la -.

255, a quienes se niega la -.

460, los externos fecuentarán la clase a la que fueron adscritos.

AGAPETO

Autor bizantino del siglo VI, diácono de Santa Sofía de Constantinopla. En el año 527 dedica su obra Compendio de explicaciones morales, al emperador Justiniano. En ella se expone, en forma de proverbios, el recto proceder de un príncipe. Editada en griego y latín por primera vez en Venecia en 1509 por Zaccaria Calliergi, sirvió como libro para la educación de los jóvenes.

Ver también: lengua griega.

398, - propuesto en el programa de la clase superior.

ALEJANDRO

Alejandro de Afrodisia, filósofo de final del siglo II y comienzos del III. Comentador de Aristóteles. Muy apreciado por los árabes. A partir del siglo XV hay comentadores que interpretan a Aristóteles siguiendo a Alejandro, por lo que son llamados alejandrinos. De ellos el más notable es Pietro Pomponnazi (1462-1525) con su Tractatus de immortalitate animae, de 1516.

Ver también: Aristóteles, Averroes.

204, - citado como comentador no recomendable de Aristóteles.

alumno (*alumnus*)

Ver también: interno, escolar.

2, los - deben obedecer al prefecto.

80, persuadir a los - que sigan el curso de retórica.

112-113, examen de metafísica que han de pasar los -, los internos y los "nuestros".

272, reservar a los - sitio distinto en la clase.

118, 273, distribuir momentos de estudio personal para los -.

ÁLVAREZ

Manoel Álvares (1526-1582), Jesuita nacido en la isla de Madeira. Su obra, De institutione Grammatica libri tres, fue editada por primera vez en 1572 en Lisboa. La Gramática Romana es una redacción compendiada de la Gramática de Álvarez, hecha por el P. Orazio Torsellini en 1598.

Ver también: gramática latina.

40, adoptar el manual de gramática de Manoel -.

243, 329, formar el programa de las clases de gramática según la división del manual de -.

amplificación (*amplificatio, exornatio*)

Procedimiento retórico que busca mover al auditorio enriqueciendo con reflexiones generales el discurso; por extensión, discurso redactado como ejercicio escolar.

Ver también: discurso.

376, se han de indicar los lugares comunes para la - en el argumento del ejercicio escrito.

393, Los discípulos comienzan a componer la - en clase de humanidades.

ángel de la guarda (*angelus custos*)

Ver también: oración.

324, 472, especial devoción al -.

Antiguo Testamento (*Vetus Testamentum*)

Ver también: Biblia, Sagrada Escritura.

158, el - ha de explicarlo el profesor con el Nuevo en años alternos.

apotegma (*apophtegma*)

Ideas expresadas en frases concisas.

Ver también: ejercicios.

379, que se expliquen - en clase de retórica.

AQUILA

Griego convertido al judaísmo que tradujo de forma muy literal el Antiguo Testamento al griego hacia el 130 d. de JC.

Ver también: Sagrada Escritura.

146, no detenerse en refutar los errores de la versión de -.

argumentación (*argumentatio, argumentari*)

Ver también: disputa.

128, el peso de la - cuenta más que el número de los argumentos en clase.

133, 189, 195, 224, 226, 231, entrenamiento de los alumnos de las clases superiores en la -.

137, designación de quienes se encargan de la - en las disputas públicas.

139, método de la -.

161, en las prelecciones públicas un alumno tendrá la - contra otro.

227, respetar el método formal en la -.

233, la - en la solución de un problema matemático.

ARISTÓTELES

Filósofo griego (384-322 a.C.), fundador de la escuela peripatética. Sintetiza los conocimientos filosóficos antiguos. Su sistema constituye la base del pensamiento filosófico de Santo Tomás y, en consecuencia, de la filosofía escolástica. En Occidente se conoció su obra, en el siglo XIII, a través de las traducciones latinas hechas de los textos árabes.

Ver también: filosofía.

121, las obras de - constituyen el manual de base de los estudiantes de filosofía.

201, 202, 219, seguir a - en los cursos de filosofía.

210-218, programa de los textos de - estudiados en filosofía.

219-221, método para enseñar a -.

228, la Ética de - fundamento del curso de filosofía moral.

368, 373, la Retórica y la Poética de - objeto de las lecciones de la clase de retórica.

508, las reglas de la elocuencia de - estudiadas en la academia de retórica.

armas (*arma*)

286, prohibidas las - en el patio y en las clases.

463, prohibidas a los alumnos.

arte oratoria (*ars oratoria, artificium oratorium*)

⇒retórica.

arte poética (*ars poetica, artificium poeticum*)

a poesía.

asiduidad (*assiduitas*)

Ver también: ausencia, faltar.

71 - requerida para los ejercicios escolares.

467, - exigida a los externos.

479, - logra fruto de la academia.

ausencia (*abesse*)

Ver también: faltar, asiduidad.

358, debe traerse excusa por las -.

autor(es) (*auctor, scriptor*)

Ver también: libros, nombre de cada autor.

126, no introducir un - fuera del programa en las clases superiores.

127, 129, referirse a los - más aceptados o destacados.

131, remitir a los alumnos a los - más que citarlos.

202, sumo cuidado con los - no cristianos comentadores de Aristóteles.

344, la prelección en las clases inferiores hágase sólo de - antiguos.

380, programa de los - griegos en la clase de retórica.

388, programa de los - en la clase de humanidades.

AVERROES

Médico y filósofo árabe (1126-1198) nacido en Córdoba. Comentador de Aristóteles, sus doctrinas fueron refutadas por Tomás de Aquino y condenadas por la Universidad de París.

Ver también: Alejandro, Aristóteles.

203, 204, estudiar con precaución - en filosofía.

BASILIO (San)

Padre de la Iglesia griega (329-379), uno de los fundadores del monaquismo, obispo después de Cesarea, defensor de los derechos de la Iglesia contra el poder político.

Ver también: lengua griega.

380, - en el programa de la clase de retórica.

396, - en el programa de la clase de humanidades.

bedel (*bidellus*)
140, función del -.
452-458, reglas del -.
Biblia (*biblia*)
Ver también: Sagrada Escritura, Antiguo Testamento, Nuevo Testamento.
121, los teólogos han de tener una Biblia.
biblioteca (*bibliotheca*)
Ver también: libros.
50, fondos regulares exclusivamente reservados para la -.
83, conservar las producciones de los "nuestros" en la -.
84, el Prefecto de Estudios encargado de la distribución de los libros de la -.
bienio (*biennium*)
a repetición de teología.
caldeo (*chaldaicum*)
a lengua caldea.
canciller (*cancellarius*)
Encargado de la administración de un establecimiento (término del bajo latín que designaba al guarda de la verja que separaba el tribunal del público).
Ver también: prefecto de estudios.
2, sinónimo de prefecto de estudios.
93, diferencia con el prefecto de estudios.
canon (*canon*)
Ley eclesiástica.
Ver también: concilios, Pontífices.
169, cierta libertad al profesor de teología escolástica en la explicación de los -.
449, 450, los que repiten la teología estudien con atención y cuidado los -.
cantidad (*quantitas*)
Las unidades rítmicas de la métrica antigua (o pies) se fundaban en la repartición y la oposición entre sílabas largas y sílabas breves. Es fundamental en poesía la cantidad o duración de las sílabas.
a métrica.

casos de conciencia (*casus conscientiae*)

Era la enseñanza en la que se aplicaba a la vida práctica no sólo los principios de la teología especulativa o escolástica, sino también de la disciplina eclesiástica y del derecho canónico. Constituía la parte de la teología moral apropiada a la formación de los confesores.

Ver también: seminario de -, repetición.

13, 14, 15 uno o dos profesores de - por colegio.

22, quiénes deben estudiar casos.

184, la cuestiones de los - no se traten en teología escolástica.

190-192, objeto y programa del curso de -.

193-194, método de enseñanza de -.

195, disputa semanal de -.

196-199, formas de discusión y estudio de -.

439, los que repiten en privado la teología asisten a la discusión de los -.

castigos (*poenae*)

Ver también: disciplina, prefecto.

280, el censor puede imponer - ligeros.

281-285, reglas que hay que observar en materia de -.

317, - de los fraudes en la competición por los premios.

357, - aplicables por el profesor.

519, imponer - literarios en la academia de gramática.

castigos corporales (*plagae, verbera*)

Ver también: corrector, castigos.

281, provisión con los que rechazan los -.

356, evitar los -.

357, remitir al Prefecto a quienes rechazan los -.

catálogo o **lista de los alumnos** (*catalogus, liber discipulorum*)

Ver también: admisión, examen.

254, inscribir los nuevos alumnos en el -.

269, se publicará y leerá la - de quienes han pasado el examen.

355, establecer el - cada año.

catálogo de libros (*catalogus librorum*)

a libros.

catálogo de cuestiones (*catalogus quaestionum*)

Ver también: teología escolástica, Tomás de Aquino.

174-179, reparto de las cuestiones que han de tratarse en el curso de teología.

185, no tratar la misma cuestión varias veces.

catecismo (*catechismus*)

Ver también: piedad.

67, prioritario enseñar la doctrina cristiana.

305, premio para quien mejor haya recitado en clase la doctrina cristiana.

321, 389, 399, 409, 419, 462, explicar y recitar el - el sábado en las clases inferiores.

408, - en griego en el programa de la clase media de gramática.

462, los externos asisten a la lección de -.

CATULO

Poeta lírico latino (87-54 a.C.), imitador de los alejandrinos, perteneciente al círculo de los "poetas nuevos", innovador en la búsqueda formal y en su variada métrica.

398, - en el programa de la clase superior de gramática.

CEBES (Cuadro de)

Diálogo filosófico cínico-estoico, del fin del siglo I d. JC, en el que se comenta un cuadro alegórico. Se atribuyó erróneamente a Cebes de Tebas, discípulo de Sócrates.

408, - en el programa de la clase media de gramática.

censor (*censor*)

Alumno encargado de mantener la disciplina (el nombre está tomado del vocabulario de la administración romana: magistrado romano encargado del censo de los ciudadanos y de la inspección de las costubres).

Ver también: disciplina, dignidad.

280, nombrar entre los alumnos un - o pretor por clase.

certamen (*concertatio*)

Ver también: disputa, rival, dignidad.

334, disponer un momento para el - los días de vacación.

348, principios generales del -.

351, - con la clase más próxima.

369, 379, - en clase de retórica.

389, - el sábado en clase de humanidades.

394, - en clase de humanidades.

407, - en clase suprema de gramática.

424, - en clase media de gramática.

426, - en clase ínfima de gramática.

518, juntar el - a las prelecciones públicas en la academia de los gramáticos.

CÉSAR

Cayo Julio César (101-44 a. de JC.), además de hombre político y militar romano, fue un historiador y escritor modelo de elegancia, claridad y concisión en sus dos obras: La guerra de las Galias, donde relata sus campañas contra los galos, y La guerra civil, donde relata su lucha contra Pompeyo.

398, - en el programa de la clase de humanidades.

chria

Amplificación retórica de un lugar común o argumento común.

389, analizar una - en clase de humanidades en día de vacación.

CICERÓN

Marco Tulio Cicerón (106-43 a. de JC.). Hombre político, orador y escritor latino, autor de discursos del foro, diálogos filosóficos, tratados retóricos y de una importante correspondencia con sus amigos; su lengua y estilo fueron considerados como el latín clásico por excelencia.

Ver también: discurso, retórica.

251, prelección de - en los cursos inferiores.

347, imitar a - en la composición.

368, 373, los libros de - objeto de lecciones de la clase de retórica.

388, los libros de - objeto de lecciones en la clase de humanidades.

392, 403, el género epistolar a imitación de -.

398, los libros de - objeto de prelección en la clase suprema de gramática.

399, 409, 419, - recitado de memoria.

401, 407, 411, 417, 421, ejercicios a propósito de -.

408, 413, prelección de - en clase media de gramática.

414, 424, corta versión de - en clases media e ínfima de gramática.

423, prelección de - en clase ínfima de gramática.

507, estudiar las reglas de elocuencia conforme a - en la academia de los retóricos.

CIPRIANO

a Suárez.

clases inferiores (classes inferiores)

Ver también: gramática, humanidades, retórica.

33, 34, 35, 242, 246, las - deben ser en número de cinco.

36, 37, 38, 39, cómo multiplicar las - en caso de afluencia excesiva.

243, 244, puede desdoblarse la clase ínfima de gramática.

247, colegios con cuatro -.

248, colegios con tres -.

249, colegios con dos -.

329, respetar la progresión de las cinco -.

354, promoción a la - superior.

coadjutor [temporal] (*coadiutor*)

Los coadjutores en la Compañía de Jesús son religiosos que "sin recibir las órdenes sagradas, pueden, tengan estudios especiales o no, ayudar en las cosas exteriores que son necesarias" (S. Ignacio).

49, que no falten - en los colegios.

colaborador (*socius*)

Ver también: bedel.

89, un - que se puede poner al prefecto.

504, un - que se puede poner al prefecto de la academia.

Colegio Romano (*Collegium Romanum*)
Centro de estudios fundado por S. Ignacio en Roma en 1551.
90, la Congregación Mariana del - se pone como modelo.
comedia (*comoedia*)
    a espectáculo.
composición (*scribere, scriptio, thema*)
Ver también: prueba escrita, examen, verso.
312, 313, jueces que juzguen del valor de las - y criterios para juzgar.
337, hacer las - cotidianas en las clases inferiores.
347, dictar el argumento de la -.
369, corrija el profesor las - en clase de retórica.
375-377, tipos de - en clase de retórica.
393, tipos de - en clase de humanidades.
403, tipos de - en clase suprema de gramática.
414, tipos de - en clase media de gramática.
424, tipos de - en clase ínfima de gramática.
concilios (*concilia*)
Ver también: libros, teología.
121, las actas del - de Trento, manual de los estudiantes de teología.
129, citar los - para argumentar en la disputa.
147, salvar las definiciones de los - en la interpretación de la Sagrada Escritura.
201, para ciertas interpretaciones de Aristóteles seguir el - de Letrán V.
449, que los escolares que repiten la teología estudien especialmente los -.

conclusión (*conclusio*)
Se trata de la proposición o tesis que un proponente defiende, frente a los arguyentes, ateniéndose a las reglas de la disputa.
Ver también: acto, disputa.
95, vigilar la ortodoxia de las -, en particular las que se imprimen.
101, imprimir las - de los actos generales de teología.

105, número de - en función de la solemnidad del acto.

106, el proponente debe resumir las - antes de la disputa.

109, 125, el prefecto debe revisar las -.

227, añadir una - de ética en las disputas de metafísica.

495, distribución de las - de la academia de los teólogos y de los filósofos.

501, toda - en las disputas de la academia de los teólogos y de los filósofos debe ser previamente controlada.

confesor (*confessor*)

Ver también: confesión.

47, que no falten confesores en el colegio.

confesión (*confessio*)

Ver también: eucaristía, piedad.

124, 322, que se exhorte a los alumnos a la -.

289, 326, 359, 461, - obligatoria para los alumnos una vez al mes.

359, enviar a los alumnos en pequeños grupos a la -.

congregación mariana (*congregatio Beatae Mariae Virginis, Mariae*)

En 1563 el P. Jean Lennis funda en el Colegio Romano una asociación de estudiantes para fomentar entre ellos la vida cristiana más exigente y el apostolado, todo ello basado en una especial devoción a la Virgen María. Toma el nombre de Congregación Santa María de la Anunciación. Poco a poco se fueron extendiendo a los demás colegios de la Compañía asociaciones al estilo de la del Colegio Romano.

Ver también: academia.

90, estimular la creación de -.

475, los miembros de la - pertenecen a la academia.

490, que no coincidan las sesiones de la academia con las de la -.

congregación general (*congregatio generalis*)

La Congregación General reúne a los Provinciales y los delegados que representan a los miembros de cada Provincia jesuítica. Se convoca a la muerte del General y en ocasiones especiales previstas en las Constituciones. Todo lo que define una Congregación tiene poder ejecutivo para toda la Compañía. Se designa a las C. Generales por su número en el orden cronológico.

447, la quinta - proclama su fidelidad a la doctrina de Santo Tomás.

consiliario de la academia (*consiliarius academiae*)

a dignidad.

Constituciones (*Constitutiones*)

El texto de las Constituciones, o reglas de vida de la Compañía de Jesús, se fue progresivamente elaborando entre 1539 y 1558. En 1594 se fijó definitivamente.

8, designe el provincial quiénes siguen los estudios superiores, conforme a las -.

25, los más inteligentes pueden proseguir los estudios de teología conforme a las -

controversias (*controversiae*)

Cuestiones sujetas a debate entre los católicos y los seguidores de las Reformas protestantes (designados con el término herejes) en materia de fe.

Ver también: disputa, doctrina, teología escolástica.

167, 182, explicar con claridad los pasajes de la Sagrada Escritura sujetos a - con los herejes.

449, los repetidores en teología estudien especialmente las -.

copia (*compositiones similes aut geminae*)

Ver también: prueba escrita, examen.

298, quedan sujetas a sospecha dos composiciones de examen iguales o semejantes.

copiar (*describere, conscribere, transcribere*)

Ver también: composición, ejercicios.

303, 310, - debidamente el texto del examen.

339 - dos veces los deberes diarios.

366, no puede el profesor exigir de un alumno que le - cosas propias.

371, - cada uno su discurso en limpio.

401, 411, 421, - pasajes en griego y latín mientras que el profesor corrige las composiciones.

corrección [de los ejercicios] (*correctio, corrigere*)

Ver también: nota.

260, en las composiciones los profesores anotan al margen los errores.

274, los alumnos corrigen durante el examen oral las faltas de su composición escrita.

338, corrección con cada alumno de las clases inferiores de sus ejercicios.

339, método para la - en las clases inferiores.
371, - en clase de retórica.
389, 399, 409, 419, los decuriones corrigen los deberes.
390, - en clase de humanidades.
400, - en clase suprema de gramática.
410, - en clase media de gramática.
420, - en clase ínfima de gramática.

corrector (*corrector*)
Persona encargada de ejecutar los castigos corporales.
Ver también: castigos corporales.
281, el - debe ser de fuera de la Compañía.
283, apartar del colegio a los que ni el oficio del - enmienda.
465, los externos que faltan sean enviados al -.

cuestión (*quaestio*)
Ver también: disputa, lección.
126-127, cómo comportarse con las - que admiten varias respuestas.
219-222, cómo tratar las - en filosofía.
441-443, cómo estudiarán las - los "nuestros" que repiten la teología.

CURCIO RUFO
Quinto Curcio Rufo (s. I-II d. de JC.) fue un historiador romano autor de una vida novelada de Alejandro Magno.
Ver también: erudición, historiador.
388, - en el programa de la clase de humanidades.

curso (*cursus*)
Ver también: filosofía, repetición de teología, teología.
9, 173, - de teología en cuatro años.
10, los mejores de los "nuestros" en teología prolongarán el - dos años más.
23-25, los "nuestros" admitidos a estudiar teología durante dos, tres o cuatro años según sus capacidades.
94, avísese al Superior de cualquier cambio.
96, los profesores de las clases superiores terminen sus programas.

206-207, el - de filosofía dura tres años.

declamación (*declamatio*)

Ver también: retórica, espectáculo.

78, los "nuestros" declamen sus composiciones para edificar y animar a los externos.

237, entregar al prefexto general los ejercicios de - de los cursos inferiores.

275, 276, - públicas dirigidas por el prefecto de estudios.

278, - con ocasión de distribución pública de premios.

349, cuídense las - en los actos públicos solemnes.

350, 369, 383, 389, - o prelección el sábado por turnos en clase de retórica y humanidades.

508, 509, 510, - en la academia de los retóricos.

decurión (*decurio*)

Alumno puesto a la cabeza de un grupo de una decena de condiscípulos (término tomado del vocabulario militar romano: un decurión estaba a la cabeza de diez legionarios o de diez caballeros).

Ver también: certamen, dignidad.

336, recitar de memoria las prelecciones a los -.

353, nombrar - entre los alumnos de cada clase.

369, 389, 399, 409, 419, los - recojan las composiciones y los alumnos reciten de memoria las lecciones.

DEMÓSTENES

Hombre político y orador griego (384-322 a. de JC.). Miembro del partido patriótico, se hizo adversario decidido de Filipo de Macedonia. Se exila después de la derrota de Queronea. Muerto Alejandro Magno dirige la revuelta conta Atípatro, y ante el fracaso, se envenena. Es el maestro incontestable de la oratoria.

Ver también: lengua griega.

380, - en el programa de la clase de retórica.

descripción (*descriptio*)

Ver también: discurso, verso.

385, 397, expónganse las mejores -.

508, ténganse las mejores - con cierta solemnidad en la academia.
diálogo (*dialogus*)
Ver también: declamación, discurso, espectáculo.
83, los profesores componen -.
278 se puede recitar en público, en la distribución de premios, un -.
508, los académicos componen -.
dictado, dictar (*dictare*)
Ver también: prelección.
130, 131, modalidades de - en las facultades superiores.
344, dictar las observaciones que han de guardarse de la prelección.
347, 376, 399, 409, 414, 419, 424, dictar la materia de la composición.
378, dictar de palabra el tema de griego.
dignidad (*magistratus, dignitas*)
Los resultados de los alumnos determinan entre ellos una jerarquía en la que cada grado se designa por referencia al cursus honorum de los romanos.
Ver también: certamen, rival.
348, el certamen opone las - entre sí.
352, designación de las - después de una prueba escrita.
480, se elige en cada academia un rector, consiliarios y un secretario.
disciplina (*disciplina*)
Ver también: falta, prefecto, castigo.
71, el rector garante de las ocupaciones de los alumnos.
89, al prefecto del atrio le corresponde la -.
280, nombrar entre los alumnos un censor público que mantenga la -.
286, 287, observar la disciplina en el patio.
356, el profesor ha de hacer respetar la - en clase.
360, 361, 468, respetar el orden y silencio en la clase.
464, 469, 471, actividades prohibidas a los externos.
466, los externos obedezcan al profesor.
discurso (*oratio*)
Ver también: prueba escrita, retórica, composición.

337, un - cotidiano en prosa en clase de retórica y humanidades.

369, 373, prelección de un - en clase de retórica.

375, criterios para explicar un - en clase de retórica.

376, 509, composición de un - en retórica.

discusión de casos de conciencia (*collatio casuum*)

a casos de conciencia.

disposición (*dispositio*)

La disposición constituye una parte de la retórica clásica, consistente en cómo organizar y construir un texto.

Ver también: acción, elocución, invención, retórica, memoria.

382, estudiar la - en la explicación de un discurso.

disputa (*disputatio*)

En el método escolástico es fundamental la disputa de las quaestiones que se suscitan en la interpretación de los textos o en la defensa de proposiciones. En la disputa, un defendens (defensor) de una tesis o cuestión responde a las objeciones que le proponen uno o más arguens (arguyente).

Ver también: certamen, filosofía, repetición, teología escolástica.

97, el prefecto modera las -.

107, - semanal y mensual en clases de filosofía y de teología.

117, los repetidores de teología enviados a las - de los de fuera del colegio.

118, el prefecto responsable del método de las -.

135-139, organización de las - en las facultades superiores.

189, - mensual en teología escolástica.

195, - semanal en casos de conciencia.

224-227, método y formas de la - en filosofía.

226, - solemnes tres o cuatro veces por año.

231, añadir una conclusión de filosofía moral en las - de metafísica.

276, los retóricos y los humanistas disputan entre sí.

277, 514, en las academias de las clases inferiores dense -.

351, en los certámenes con la clase más próxima, unos campeones disputarán contra otros.

431-432 los "nuestros" asistirán a las - públicas y privadas.

439, 440, los "nuestros" que repiten la teología asisten a las - de teología y de filosofía.

456, en el desarrollo de los actos, el bedel controla el tiempo de las -.

493, 495-497, 502-503, 504, las - son el ejercicio por excelencia de la academia de teólogos y filósofos.

distribución de premios (*praemiorum distributio*)

a premios.

división (*ordo*)

Desdoblamiento de una clase en las clases inferiores.

244-246, - posible de la clase ínfima de gramática.

250-251, progresión de los alumnos en caso de - de la clase.

doctorado (*doctoratus, magisterium*)

a grado.

doctrina (*doctrina*).

Ver también: profesor de teología, Tomás de Aquino.

95, vigilar las opiniones en filosofía y teología.

127, 128, huir de novedades o las opiniones raras en la -.

129, fidelidad en las referencias.

172, no profesar opiniones que ofendan a los católicos.

198, 201, enseñar la - más segura.

442, 447, seguir la - de Santo Tomás.

doctrina cristiana (*doctrina christiana*)

Compendio de las verdades de la fe, contenido en un libro, el catecismo, que se aprendía de memoria. San Pedro Canisio, jesuita alemán (1521-1597), ofreció con su obra Pequeño catecismo católico, el modelo de catecismo para niños. En España fueron durante siglos "el catecismo", el del jesuita Gaspar Astete (1537-1601) y el Libro de la doctrina cristiana, del también jesuita Jerónimo Ripalda (1534-1618).

a catecismo.

edad (*aetas*)

254, no admitir a la clase ínfima a los muy niños o a los de mucha edad.

ejercicios (*exercitatio, exercitium*)

Ver también: certamen, composición, prueba escrita, prueba oral.

305, - que dan lugar a la distribución de premios.

341, ocupar a los alumnos en - varios mientras el profesor corrige las composiciones.

372, - que hay que hacer en clase de retórica mientras el profesor corrige las composiciones.

379, 394, 407, 417, 426, - objeto del certamen.

391, - en clase de humanidades mientras el profesor corrige las composiciones.

399, 401, - en clase suprema de gramática mientras el profesor corrige las composiciones.

409, 411, - en clase media de gramática mientras el profesor corrige las composiciones.

412, 422, interrogar sobre gramática.

419, 421, - en clase ínfima de gramática mientras el profesor corrige las composiciones.

492, - en la academia de los teólogos y filósofos.

508-509, - en la academia de los retóricos y los humanistas.

513-520, - en la academia de los gramáticos.

elegía (*elegia*)
Piezas literarias en versos hexámetros y pentámetros alternados, de argumento las más de las veces tierno y triste.
Ver también: verso.

377, 382, componer - en clase de retórica.

389, explicar la - en clase de humanidades.

elocución (*elocutio*)
Constituye una de las cinco partes de la retórica clásica (con la disposición, la memoria, la invención, la acción). Consiste en encontrar la manera de componer el discurso lo más elegante y más agradable al oído.
Ver también: retórica.

375, estudiar la - en la explicación de un discurso.

390, tomar en cuenta la - en la corrección del discurso.

508, desarrollar sus capacidades de - en la academia de los retóricos.

elocuencia (*eloquentia*)
 a retórica.

emblema (*emblema*)

Dibujo con valor simbólico en el que se representa alguna escena o figura, a cuyo pie se escribe algún verso o lema que declara el concepto o moralidad que encierra. Se llamaban también empresas. Un ejemplo de emblemas lo tenemos en *Empresas políticas e idea de príncipe cristiano,* de Diego Saavedra Fajardo. El jesuita Jacob Pontanus (1542-1626) los describe en su obra *Progymnasmata latinitatis,* libro de preceptiva en muchos colegios de la Compañía de aquel tiempo.

Ver también: ejercicios, verso.

237, el prefecto selecciona los - destinados a ponerse en público.

379, hacer explicar - en clase de retórica.

382, en días de vacación los retóricos expongan -.

385, 397, exponer en público los mejores - junto con pinturas.

509, componer - en la academia de retóricos.

empleo del tiempo (*divisio temporis*)

Ver también: vacación semanal, lección, vacaciones.

52-64, reglas que establecen el - (días de vacación).

66, 331, 332, respetar la diversidad de lugares al establecer el -.

118, la organización del - es cosa del prefecto.

241 al prefecto toca la aplicación de los horarios.

295, 303, la prueba escrita del examen se tendrá en los tiempos de clase.

309, la prueba escrita de la composición para los premios puede prolongarse.

331, - en las clases inferiores.

369, - diario en la clase de retórica.

389, - diario en la clase de humanidades.

399, - diario en la clase suprema de gramática.

409, - diario en la clase media de gramática.

419, - diario en la clase ínfima de gramática.

436, no dar al estudio personal más de dos horas seguidas.

456, el bedel controla el tiempo de las disputas durante los actos.

enigma (*enigma*)

Juego de lenguaje en el que se ofrece, de manera oscura, una idea.

Ver también: verso.

379, que los alumnos expliquen - en clase de retórica.

508-509, componer - en la academia de retóricos.

enseñanza (*disciplinas tradere, docere*)

Ver también: formación de los profesores, profesor.

1, 68, la - es un ministerio de la Compañía.

16, cómo escoger los profesores de filosofía.

141, actitud del profesor de las clases superiores con los estudiantes.

364, evitar la familiaridad con los alumnos.

epigrama (*epigramma*)

Composición poética breve en la que se expresa un solo pensamiento de manera precisa.

Ver también: verso.

372, ejercicio de composición que puede practicarse en clase de retórica.

377, tipo de poema que puede componerse en retórica.

380, - griegos se estudian en clase de retórica.

389, explicar - en clase de humanidades.

epitafio (*epitaphium*)

Ver también: inscripción, verso.

372, 382, componer - en clase de retórica.

epístola (*epistola*)

Ejercicio literario consistente en una carta en prosa o verso.

Ver también: discurso, verso.

377, componer - en clase de retórica.

393, 403, composición de - en clases de humanidades y superior de gramática.

epopeya (*epopeia*)

Poema narrativo, de estilo elevado, acción grandiosa y personajes heroicos.

Ver también: verso.

382, la - se trata en clase de retórica los días de vacación.

erudición (*eruditio*)

Ver también: historia, retórica, estilo.

368, la - es uno de los objetos de la enseñanza de la retórica.

379, probar la - en clase de retórica.
382, en día de vacación, en clase de retórica, prelección de -.
392, salpicar de puntos de - la prelección en clase de humanidades.
448, los "nuestros" que repiten la teología han de lograr cierta -.

escolares (*scholastici, nostri*)

En casi todos los casos, *scholasticus* solo o con el epíteto de *nostri*, o simplemente *nostri*, designa a los estudiantes de la Compañía de Jesús.

Ver también: orientación, repetición de teología.

2, los - están bajo la autoridad del prefecto.
8-12, formación de los - en teología.
17, formación de los - en filosofía.
18, los - consagren al menos dos años al estudio de las letras.
19-22, 26-27, los - harán examen de orientación.
23-25, los - admitidos a estudiar la teología según sus capacidades.
26, examen de los - que han estudiado fuera de la Compañía.
73, los - estudiantes pueden reemplazar a los profesores ausentes.
387, los - retóricos tendrán ejercicios particulares en casa.
427-437, reglas de los -.
438-451, programa para los - que hacen el bienio de teología.
474 un - jesuita es prefecto de la academia.

ESOPO

Personaje griego (620-560 a. de JC.) semilegendario, a quien se atribuyen las fábulas con su nombre.

Ver también: lengua griega.

398, - en el programa de clase superior de gramática.

escritura (*scribere*)

Ver también: copiar.

297, escribir con claridad la prueba de examen escrito.
313, la - es un criterio para juzgar la composición.

esfera (*sphaera*)

La esfera comprendía el estudio del globo terrestre o geografía y la del globo celeste o cosmografía.

Ver también: matemáticas.

232, la - forma parte del curso de matemáticas.

espectáculo (*spectaculum*)

Ver también: declamación, diálogo, tragedia.

80, sólo representar tragedias o comedias piadosas en latín.

471, los - públicos están prohibidos a los externos.

estilo (*stylus*)

Ver también: erudición, retórica.

368, el - es uno de los objetivos de la enseñanza de la retórica.

373, la prelección de los discursos forma en el -.

515, ejercitar en el - a los académicos de gramática.

estudio privado (*studium privatum*)

Ver también: repetidor, repetición.

118, 273, el prefecto distribuya el tiempo para que los alumnos empleen bien el -.

436-437, cómo deben los "nuestros" emplear y distribuir el -.

ética (*ethica*)

Ver también: casos de conciencia, profesor de filosofía moral.

229, en el curso de filosofía puede impartir la - el profesor de esta ciencia.

231, añadir a las disputas de la metafísica una cuestión de -.

etimología (*etymologia*)

392, ofrecer la - de las palabras en la prelección de la clase de humanidades.

394, encontrar la - de las palabras es un ejercicio de la clase de humanidades.

eucaristía (*eucharistia*)

Ver también: confesión, piedad.

124, exhortar a los alumnos de las clases superiores a la recepción frecuente de la -.

322, exhortar a todos los alumnos a recibir frecuentemente la -.

EUCLIDES

Matemático griego que enseñó en Alejandría durante el reinado de Tolomeo I (s. III a. de JC.). En su obra Elementos reunió el saber matemático de su tiempo.

Ver también: matemáticas.

232, los elementos de - fundamento del curso de matemáticas.

examen (*examen*)

Ver también: prueba escrita, prueba oral, examinador.

19-23, dos - en el curso del año de lógica para determinar la orientación de los "nuestros".

26, someter a un - a los candidatos que ya han estudiado antes de entrar en la Compañía.

29-30, criterios para evaluar la capacidad de los "nuestros".

30A, para la Profesión

30B, 30C, votación secreta y modo de hacerla

111-114, - de metafísica que han de pasar los "nuestros", los alumnos y los internos.

253, 460, - de admisión de alumnos nuevos.

256-265, 294-304, desarrollo del - final en la clase superior.

255-256, modalidades de decisión según el - de paso a la clase superior.

353, 354, preparación al - de paso a la clase superior.

examen de conciencia (*conscientiam excutere*)

Ver también: confesión, piedad.

124, 322, se exhorta a los alumnos para que hagan un - diario.

examinador (*examinator , iudex*)

Ver también: examen.

261, los - del examen de paso.

312, los - de las composiciones para la obtención de los premios.

exhortación (*exhortatio*)

  a piedad.

expurgar (*purgare, obscaenitate expurgare*)

Ver también: prelección.

380, 388, 398, estudiar sólo obras de autores expurgadas.

externo (*externus*)

Ver también: alumno, escolares, interno.

103, - invitados a los actos generales.

272, 453, los puestos de los - distintos de los de los "nuestros" en clase.

273, estudio personal para todos los alumnos, incluidos los -.

292, afixión de las reglas de los -.

434, relaciones de los "nuestros" con los -.

459-473 reglas de los -.

fiestas (*dies festi*)

Ver también: vacación semanal, empleo del tiempo, vacaciones.

54-61, lista de los días de -.

320, 461, los alumnos deben asistir al sermón los días de -.

333, si una fiesta cae en sábado, anticipar las actividades al día precedente.

362, las sesiones de la academia en días de -.

figuras de retórica (*figurae rhetoricae*)

Formas definidas del lenguaje escogido, que lo adornan o dan relieve. En retórica clásica se distinguía entre figuras de palabras y figuras de pensamiento.

Ver también: retórica.

372, 379, reconocer o componer en clase de retórica -.

375, explicar las - en la prelección del discurso.

376, - que hay que emplear en el discurso.

413, explicar las - en la prelección de Cicerón.

508, usar las - en los ejercicios de la academia de los retóricos.

filosofía (*philosophia*)

Ver también: lógica, metafísica, física, profesor.

17, 206-207, el ciclo de - dura tres años.

19-23, admisión de los "nuestros" al estudio de lógica.

111, examen de los "nuestros" alumnos de metafísica.

183, no se tratan en teología las cuestiones de -.

200, la - dispone a la teología.

208-218, programa de cada uno de los tres años de -.
física (*physica*)
Ver también: Aristóteles, filosofía.
212-216, la - se estudia en el segundo año de filosofía.

FOCÍLIDES
Focílides de Mileto (s. VI a. de JC.), poeta moralizante, cuyo nombre se nos ha transmitido en un poema del siglo I.
Ver también: lengua griega.
396, - en el programa de la clase de humanidades.

FONSECA
Pedro de Fonseca, jesuita portugués (1528-1599), profesor en Coimbra, traductor del griego y comentador de la Metafísica de Aristóteles.
Ver también: filosofía.
208, usar el manual de lógica de -.
formación de los profesores (*magistros instituere, erudire, praeparare*)
Ver también: enseñanza.
4-8, cómo escoger y formar a los profesores de las clases superiores.
16, cómo escoger los profesores de filosofía.
39-47, cómo escoger y formar a los profesores de humanidades.
76-78, formación de los profesores de clases inferiores.
gasto (*sumptus*)
366, prohibido exigir - alguno para la clase.
geografía (*geographia*)
Ver también: esfera.
232, la - forma parte de la enseñanza de las matemáticas.
grado (*gradus*)
Ver también: acto.
10-11, preparación para el doctorado en teología.
91, es decisión del provincial la presentación a los -.
gramática (clases de) (*grammaticae classes*)

Ver también: Álvarez, profesor de -.

277, 362, establecer academias en las clases de retórica, humanidades y gramática.

398, objeto y nivel de la clase suprema de -.

399, empleo del tiempo en la clase suprema de -.

408, objeto y nivel de la clase media de -.

409, empleo del tiempo en la clase media de-.

418, objeto y nivel de la clase ínfima de -.

419, empleo del tiempo en la clase ínfima de -.

gramática griega (*graeca grammatica*)

Ver también: gramática, lengua griega.

330, cómo se divide la -.

346, prelección de las reglas de -.

381, estudio de la - en clase de retórica.

388, 393, el programa de - en clase de humanidades corresponde a la sintaxis.

398, el programa de - en clase suprema de gramática corresponde a los rudimentos.

408, programa de - en clase media de gramática.

414, ejercicios de - en clase media de gramática.

419, comienzo del estudio de - en clase ínfima de gramática.

516, ejercicios de - en las academias de los gramáticos.

gramática latina (*grammatica*)

Ver también: Álvares, gramática griega.

243, programa de clases de -.

244-245, 250-251, repetir el programa de - en el curso del segundo semestre.

346, 399, 409, 415, 419, 425, prelección de las reglas de -.

398, en clase suprema de gramática se estudia la sintaxis de -.

408, programa de - en clase media de gramática.

412, 422, preguntar la -.

418, programa de - en clase ínfima de gramática.

****

GREGORIO DE NAZIANZO

Santo Padre de la Iglesia, nacido en Nazianzo de Capadocia, unido a San Basilio, de quien fue condiscípulo en Cesarea y Atenas. Patriarca de Constantinopla en 380, deja su sede antes de un año y se retira a Nazianzo.

Ver también: lengua griega.

380, - en el programa de la clase de retórica.

396, - en el programa de la clase de humanidades.

griego (*graecum*)

a lengua griega.

hebreo (*hebraicum*)

a lengua hebrea.

hereje (*haereticus*)

a controversias.

HESIODO

Poeta griego de la Grecia arcaica nacido en Ascra (Beocia) hacia la mitad del siglo VIII a. de JC., autor de poemas didácticos, la *Teogonía* y *Los trabajos y los días*.

Ver también: lengua griega.

380, - en el programa de la clase de retórica.

historia (*historia*)

a erudición.

historiador (*historicus*)

Ver también: erudición, prelección.

345, prelección de un - en las clases inferiores.

368-369, 375, prelección de un - en clase de retórica.

379, ejercicios sobre la historia en el certamen de retórica.

380, prelección de un - griego en clase de retórica.

382, ejercicios más empeñativos en los días de vacación, en lugar de un -.

388, prelección de un - en clase de humanidades.

389, repaso de un - en los ejercicios de clase de humanidades.

402, prelección de un - en clase suprema de gramática.

HOMERO

Poeta de la Grecia arcaica (s. IX a. de JC.); el poeta épico por excelencia, autor de la *Ilíada* y la *Odisea*.

Ver también: lengua griega.

380, - en el programa de la clase de retórica.

HORACIO

Quinto Horacio Flaco, poeta latino (65-8 a. de JC.). Autor de *Odas, Épodas, Epístolas* y *Sátiras*. Amigo de Augusto y de Virgilio; protegido de Mecenas. En el Renacimiento se le consideró modelo de las virtudes clásicas.

388, - en el programa de la clase de humanidades, en particular las Odas.

horario (*horae*)

Ver también: empleo del tiempo.

52, establecer el calendario de las horas de entrada y salida de las clases.

331, reparto del tiempo en las clases inferiores.

humanidades (*humanitas, litterae, litterae humaniores*)

Las letras humanas o humanidades están constituidas por la literatura profana antigua en griego o en latín.

Ver también: enseñanza, retórica.

17, tiempos que se han de consagrar a las - por los "nuestros" en el curso de su formación.

39, preparar excelentes profesores de -.

76-78, 387, cómo formar los profesores de -.

83, qué escritos de los "nuestros" hay que registrar.

humanidades (clase) (*humanitas*)

Ver también: profesor de -.

277, 362, establecer academias en las clases de retórica, de - y de gramática.

331, al menos dos clases de dos horas por día en -.

388, grado y objetivos de la clase de -.

389, empleo del tiempo en la clase de -.

imitación (*imitatio*)

Ver también: Cicerón.

376, 390, imitar de un pasaje de un autor escogido.

347, 391, 401, 403, 407, 417, - de Cicerón.

372, 392, 401, 414, 417, ejercicios de - mientras el profesor corrige las composiciones.

inauguración de curso (*studiorum inauguratio*)

82, en la - tenga la lección inaugural uno de los maestros más distinguidos.

ineptos (*inepti*)

Ver también: examen.

268, procedimiento con los alumnos -.

inscripción (*inscriptio*)

Ver también: epitafio, verso.

372, componer - en clase de retórica.

385, 397, se exponen en público las mejores -.

508, componer - en la academia de los retóricos.

inspeccionar (*visitare*)

a visitar.

interno (*convictor*)

Ver también: alumno, escolares.

2, los - sometidos al prefecto.

79, persuadir a los - que sigan los cursos de retórica.

111, 112, los - se someten al examen de metafísica.

272, se señala puesto fijo en clase para los -.

273, organizar estudio personal para los -.

invención (*inventio*)

La invención constituye una de las partes de la retórica clásica, y consiste en encontrar la materia y argumentos del discurso.

Ver también: retórica.

375, estudiar la - en la explicación de un discurso.

508, los académicos desarrollan su capacidad de - en su academia.

ISÓCRATES

Orador ateniense (436-338 a. de JC.), adversario político de Demóstenes y, con él, modelo de elocuencia ática.

396, - en el programa de la clase de humanidades.

jeroglíficos (*hieroglyphica*)

Texto corto en verso que hace alusión a las propiedades de un objeto sin nombrarlo.

Ver también: enigma, verso.

379, hacer que expliquen - en clase de retórica.

382, tratar los - en clase de retórica los días de vacación.

JUAN CRISÓSTOMO

Santo Padre de la Iglesia griega (344-407). La mayor parte de su obra la constituyen homilías.

Ver también: lengua griega.

380, - en el programa de la clase de retórica.

396, - en el programa de la clase de humanidades.

398, - en el programa de la clase suprema de gramática.

lengua caldea (*lingua chaldaica*)

Entre los rabinos y escritores eclesiásticos se llamaba lengua caldea al arameo palestino y bíblico. Versiones caldeas son los targumim arameos.

Ver también: Sagrada Escritura, lengua griega, lengua hebrea, legua siríaca.

7, el profesor de hebreo debe saber la -.

146, no tener en cuenta las versiones de la biblia en -.

lengua griega (*lingua graeca*)

Ver también: Sagrada Escritura, gramática griega.

7, el profesor de Sagrada Escritura y el profesor de hebreo deben saber la -.

74, se ha de erigir una academia de - y hebrea para los "nuestros".

145, el profesor de Sagrada Escritura cite preferentemente los textos en la - original.

257, los exámenes de promoción han de llevar una composición de -.

274, no dispensar de estudiar la -.

305, en la clase de retórica componer versos en -.

337, - una vez por semana en las clases inferiores.

368, estudio de los autores de - en clase de retórica.

369, 389, la primera hora de la tarde consagrada a la - en clases de retórica y humanidades.

378, ejercicios de - en clase de retórica.

380, prelección de - en clase de retórica.

383, 384, declamación en - en clase de retórica.

388, autores de - en clase de humanidades.

393, ejercicios de - en clase de humanidades.

396, prelección de - en clase de humanidades.

398, autores de - en clase suprema de gramática.

405, ejercicio de - en clase suprema de gramática.

406, prelección de - en clase suprema de gramática.

408, autores de - en clase media de gramática.

416, prelección de - en clase media de gramática.

lengua hebrea (*hebraea lingua*)

Ver también: Sagrada Escitura, lengua caldea, lengua siríaca, lengua griega.

7-8, cualidades que ha de tener el profesor de -.

8, el curso de - ha de seguirse durante un año por los alumnos de teología juzgados aptos.

74, erigir una academia de - y griega para los "nuestros".

145, el profesor de Sagrada Escritura cite preferentemente los textos en la original -.

164, 165, 166, dar prioridad a la gramática y al vocabulario en la enseñanza de la -

lengua latina (*lingua latina*)

Ver también: gramática latina, traducción.

75, 435, los estudiantes han de practicar la - oral y escrita.

335, conservar el uso de la - en las clases.

lengua materna (*lingua patria, sermo patrius, sermo vernaculus, sermo vulgi*)

Ver también: traducción, versión.

344, uso de la - en la prelección.

347, dictar la composición o en latín o en la -.

392, usar la - en clase de humanidades en la prelección.

393, proponer los deberes en clase de humanidades en forma de carta en -.

402, usar la - en clase suprema de gramática en el curso de la prelección.

403, 413, en la prelección de Cicerón, el profesor traduce a la -.

411, 414, 424, versión de - en clases media e ínfima de gramática.

lengua patria
   a lengua materna.

lengua siríaca (*lingua syriaca*)

Dialecto arameo de los cristianos sirios en la que se tradujo la Biblia. Esta versión llamada "Pesitta" se hizo hacia el 400.

Ver también: Sagrada Escritura, lengua caldea, lengua hebrea, lengua griega.

7, el profesor de hebreo debe saber la -.

146, no pararse a refutar los errores de la Biblia en versión -.

lengua vulgar
   a lengua materna.

lección (*lectio*)

Ver también: prelección.

444-445, los "nuestros" que repiten la teología pueden tener - privadas y públicas.

lectura (*lectio*)

Ver también: libros.

160, - de la Sagrada Escritura en el refectorio.

lectura espiritual (*lectio spiritualis*)

Ver también: catecismo, oración.

325, se recomienda a los alumnos la -.

letras humanas
   a humanidades.

letanías de la Sma. Virgen (*litaniae Beatae Mariae*)

Las letanías son una oración que consiste en cortas invocaciones recitadas o cantadas por el celebrante, a las que el público responde con una fórmula única repetida indefinidamente; el texto de las letanías de la Virgen, que venía de una antigua tradición, fue aprobado por el Papa en 1587.

Ver también: piedad, oración, Sma. Virgen.

324, recitación de las -.

librero (*bibliopola*)

Ver también: libros.

272, tratar con el - de la ciudad para adquirir libros escolares.

libros (*libri*)

Ver también: autor(es), biblioteca.

51, 325, 470, abstenerse de - deshonestos, perniciosos o inútiles.

83, consevar los- publicados por los "nuestros".

84, el bibliotecario encargado de distribuir los -.

120-121, - necesarios a los alumnos de teología y filosofía.

159, no dejar para el año siguiente completar la explicación de un - del Antiguo o del Nuevo Testamento.

270, establecer el catálogo de los - de texto antes de cada año escolar.

271, tratar con el libreo para los - de texto.

296, disponer de - apropiados para la prueba escrita.

304, llevar los - estudiados durante el curso para el examen oral.

lógica (*logica*)

Ver también: Aristóteles.

208-211, - estudiada en el primer año de filosofía.

368, el profesor no explicará - en clase de retórica.

mayor (*maior [propositio]*)

Proposición defendida por uno de los argumentantes en la disputa.

Ver también: conclusión.

227, desarrollo de la disputa.

MARÍA
 a Santísima Virgen.

matemáticas (*mathematica*)

Ver también: filosofía, profesor.

32, curso de - en el segundo año de filosofía.

medianía (*mediocritas*)

Ver también: examen.

22, los "nuestros" que superan la - pasan a estudios superiores.

28, remover de los estudios de filosofía y teología a los que no superen la -.

29, definición de la - en el examen de los "nuestros".

memoria (*memoria*)

Ver también: recitación, repetición.

279, recompensar los ejercicios de -.

369, dedicar la primera hora de clase a ejercicios de - en clase de retórica.

370, naturaleza de los ejercicios de - en clase de retórica.

389, 394, ejercicios de - en clase de humanidades.

399, 407, ejercicios de - en clase suprema de gramática.

409, 417, ejercicios de - en clase media de gramática.

419, ejercicios de - en clase ínfima de gramática.

516, ejercicios de - en la academia de los gramáticos.

menor (*minor [propositio]*)

Proposición atacada por uno de los argumentantes en la disputa.

Ver también: conclusión.

227, desarrollo de la disputa.

misa (*missa*)

Ver también: piedad.

124, 288, 320, 461, los alumnos han de asistir a la - cotidiana.

metáfora (*metaphora*)

Figura de retórica que consiste en recurrir a un término concreto para expresar una noción abstracta, sin establecer formalmente una comparación entre ellas.

Ver también: figuras de retórica.

413, explicar las - en la prelección de Cicerón.

metafísica (*metaphysica*)

Ver también: Aristóteles, filosofía.

217-218, la - se estudia en el tercer año de filosofía.

231, añadir una conclusión de ética a las disputas de -.

método y programa de estudios (ratio studiorum)

65, 95, 239, obsérvese el -.

métrica (*ars metrica*)

Ciencia teórica y práctica de los ritmos poéticos.

Ver también: verso.

257, 398-399, - estudiada en la clase suprema de gramática.

346, prelección de las reglas de -.

369, reglas de la - griega estudiadas en clase de retórica.

389, 395, - estudiada en clase de humanidades.

394, encontrar la cantidad de las sílabas es un ejercicio de la clase de humanidades.

moderador de la academia (*moderator*)

Ver también: academia, dignidad.

477, el rector escoge un miembro de la Compañía como - de cada academia.

narración (*narratio*)

Ver también: composición, discurso.

385, 397, las - mejores se ponen en público.

393, composición de - en clase de humanidades.

nota (*nota*)

Ver también: corrección, examen.

263, consultar las - puestas por el profesor durante el examen de promoción.

355, la evaluación de los discípulos se puede representar por las - 1, 2, 3, 4, 5, 6.

Nuevo Testamento (*Novum Testamentum*)

Ver también: Antiguo Testamento, Biblia, Sagrada Escritura.

158, estudiar un año sobre dos el - o el Antiguo.

nuevos alumnos (*novi discipuli*)

a admisión.

oda (*oda*)

Poema lírico que en un principio estaba destinado a ser puesto en música.
Ver también: verso.

377, 382, la - tratada en clase de retórica los días de vacación.

389, explicar la - en clase de humanidades los días de vacación.

opinión (*opinio*)

a doctrina.

oración (*oratio, supplicatio*)

Ver también: piedad.

123, 319, el profesor hace una - antes de empezar la clase.

241, mandar a los alumnos a las - públicas.

322, 324, 472, devoción a la Sma. Virgen y al ángel de la guarda.

327, el profesor debe orar por sus alumnos.

orientación (*destinare*)

Ver también: escolares.

19-23, 27-28, 30-31, - de los "nuestros" en los estudios según su capacidad.

451, tener en cuenta las inclinaciones de cada uno en la - de los "nuestros".

ortografía (*orthographia*)

Ver también: dictado, nota.

313, la - es un criterio para juzgar los discursos.

347, dictar la composición con la puntuación.

371, 390, 400, 410, 420, advertir las faltas de - en las correcciones de las composiciones.

OVIDIO

Publio Ovidio Nasón, poeta latino del tiempo de Augusto, muerto en el exilio (42 a. de JC.-17). Con Virgilio y Horacio forma la tríada de los grandes poetas latinos.

398, - en el programa de la clase suprema de gramática.

408, - en el programa de la case media de gramática.

padres (*parentes*)

Ver también: admisión.

252, los nuevos alumnos deben ser presentados por sus -.

154, inscribir en el catálogo el nombre de los -.

363, comportamiento de los profesores con los -.

Padres de la Iglesia (*Patres*)

Son los escritores eclesiásticos de los siete primeros siglos de la Iglesia, reconocidos en ella por su santidad y doctrina. Constituyen uno de los criterios fundamentales en teología para la interpretación de la fe recibida.

121, uno de los - puede ser en ocasión manual de los teólogos.

129, citar los - para argumentar en la disputa.

148, 161, sigan la interpretación que los - hacen de la Sagrada Escritura.

papeleta de confesión (*schedula*)

Ver también: confesión.

336, control de la confesión por la -.

paradoja (*paradoxum*)

Frase que enuncia una proposición que choca al sentido corriente.

Ver también: discurso.

385, 397, poner en público las mejores -.

partido (*pars*)

Ver también: certamen, magistrado.

352, puede dividirse la clase en dos - rivales.

patio (*atrium*)

Ver también: disciplina, prefecto del patio.

286-287, disciplina y orden en el -.

penitencia (*paenitentia*)

    a confesión.

piedad (*pietas*)

Ver también: catecismo, oración.

67, la - preocupación primera del provincial.

88, exhortación moral a los alumnos.

124, exhortar a la - a los alumnos de las clases superiores.

318, los profesores han de formar a los adolescentes en la -.

322, exhortación piadosa los viernes a los alumnos.

472-473, animar a los externos a la -.

486, el prefecto de la academia ha de animar a la - a los académicos.

PÍNDARO

Poeta lírico griego (522-442 a. de JC.) del que nos han llegado las odas con ocasión de los juegos panhelénicos.

Ver también: lengua griega.

380, - en el programa de la clase de retórica.

PITÁGORAS

Filósofo griego del siglo VI a. de JC., nacido en Samos. Su existencia está envuelta en la leyenda. Bajo su nombre se transmitieron unos versos gnómicos llamados Versos de oro.

Ver también: adagio.

379, explicar los símbolos de - como ejercicio de la clase de retórica.

PLATÓN

Filósofo griego (427-347 a. de JC.), discípulo de Sócrates, fundador de la Academia de Atenas.

Ver también: lengua griega.

380, - en el programa de la clase de retórica.

396, - en el programa de la clase de humanidades.

PLINIO

Plinio el Joven (62-114), consul en Bitinia, amigo de Trajano, autor de un Panegírico de Trajano, y de abundante correspondencia.

393, género epistolar cultivado en la clase de humanidades a imitación de -.

PLUTARCO

Historiador y moralista griego (47-120) autor de *Vidas paralelas* y de *Moralia*.

Ver también: lengua griega.

396, pasajes selectos de - en el programa de la clase de humanidades.

poema (*poema*)

a verso.

poesía (*carmen*)

Ver también: humanidades (clase), verso.

345, reglas relativas a la prelección de - en las clases inferiores.

368, la poética es una de las dos disciplinas que constituyen la retórica.

375, método de explicación de un poema en clase de retórica.

377, composición de una - en clase de retórica.

382, en vacaciones tratar en clase de retórica el arte poetica.

Pontífices (*Pontífices*)

Designa a los Papas.

Ver también: concilio.

147, salvar los cánones de los - en la interpretación de la Sagrada Escritura.

prefecto de estudios (*prefectus studiorum*)

Ver también: canciller.

2, 69, el - ayuda al rector en la dirección de los estudios.

92-121, reglas del - superiores.

125, 328, el - tiene autoridad sobre los profesores.

235-293, reglas del - inferiores.

293, un solo - en los centros pequeños.

prefecto de la academia (*praefectus academiae*)

Ver también: academia.

486-490, reglas del -.

502-505, reglas del - de los teólogos y filósofos.

prefecto del patio (*praefectus atrii*)

Ver también: disciplina.

3, un - designado como tercer prefecto.

89, reglas del -.

prelección (por el profesor) (*praelectio*)

Ver también: autor, lección.

344-346, objeto y método de la - en las clases inferiores.

369, 373, 382, objeto y método de la - en clase de retórica.

380, - de griego en clase de retórica.

392, objeto y método de la - en clase de humanidades.

399, 402, objeto y método de la - en clase suprema de gramática.

406, - de griego en clase suprema de gramática.

413, - de Cicerón en clase media de gramática.

415, - de gramática en clase media de gramática.

416, - de griego en clase media de gramática.

423, - de Cicerón en clase ínfima de gramática.

425, - de griego en clase ínfima de gramática.

prelección (por un discípulo) (*praelectio*)

Ver también: declamación, ejercicios, espectáculo.

161, - públicas de Sagrada Escritura por uno o dos discípulos.

276, los retóricos y los humanistas ofrecen declamaciones y - públicas.

277, los académicos de las clases inferiores tengan -.

350, 369, 383, 389, - o declamaciones por turno el sábado en clase de retórica y humanidades.

497, - en la academia de los teólogos y filósofos.

508, - en la academia de los retóricos.

517-518, - en la academia de los gramáticos.

premios (*praemia*)

Ver también: examen.

81, 315-316, distribución anual de los -.

278-279, distribución de -.

305-317, normas para los -.

510-511, - a los académicos de retórica.

pretor (*praetor*)

Alumno encargado de contribuir a mantener la disciplina (nombre tomado del vocabulario de la administración romana: magistrado encargado de hacer justicia).

Ver también: disciplina, dignidad.

280, mombrar entre los alumnos un censor o - por clase.
problema (*problema*)
Ver también: matemáticas.
233, resolución en público de un - matemático.
507, resolución de - en la academia de los retóricos.
profesión
30A, examen para
30B, 30C, votación secreta y modo de hacerla
30D, examinadores
profesor de casos de conciencia (*professor casuum conscientiae*)
Ver también: casos de conciencia, orientación, profesor de teología.
190-199, reglas del -.
profesor de filosofía (*professor philosophiae*)
Ver también: filosofía moral.
16, cualidades del -.
73, los "nuestros" que estudian teología podrán suplir a los -.
200-227, reglas del -.
profesor de filosofía moral (*professor philosophiae moralis*)
Ver también: casos de conciencia, filosofía.
228-231, reglas del -.
profesor de hebreo (*professor linguae hebraeae*)
Ver también: Sagrada Escritura, teología.
5-6, cualidades y servicio del -.
162-166, reglas del -.
profesor de humanidades (*professor humanitatis*)
Ver también: letras humanas, poesía.
388-397, reglas del -.
profesor de la clase ínfima de gramática (*professor infimae classis grammaticae*)
Ver también: gramática.
418-426, reglas del -.
profesor de la clase media de gramática (*professor mediae classis grammaticae*)
Ver también: gramática.
408-417, reglas del -.

profesor de la clase suprema de gramática (*professor supremae classis grammaticae*)

Ver también: gramática.

398-407, reglas del -.

profesor de matemáticas (*professor mathematicae*)

Ver también: filosofía.

232-234, reglas del -.

profesor de retórica (*professor rhetoricae*)

Ver también: Cicerón, discurso, retórica.

368-387, reglas del -.

profesor de Sagrada Escritura (*professor Sacrae Scripturae*)

Ver también: teología.

5-6, cualidades y servicio del -.

142-161, reglas del -.

profesor de teología (*professor theologiae*)

9, los - deben ser dos o tres al menos.

73, los "nuestros" que estudian teología pueden reemplazar a los -.

104, los - presidan los actos.

167-189, reglas del - escolástica.

profesores (*professores, praeceptores, magistri*)

Ver también: enseñanza, como también el nombre y materias objetos de enseñanza.

2, 108, los - sometidos al prefecto.

4, los - reclutados por el provincial.

65, los - deben observar la Ratio.

85, los - de las clases inferiores deben reunirse en consulta cada uno o dos meses.

87, el rector debe fomentar el entusiasmo entre los -.

122-141, reglas de los - de las clases superiores.

239, el prefecto visita a los - de las clases inferiores.

318-367, reglas de los - de las clases inferiores.

364, 367, comportamiento de los - con los alumnos.

452, un bedel ayuda a los -.

progimnasma (*progymnasma*)

Ejercicio propedéutico, como el que hace un orador cuando se prepara a hablar en público.

Ver también: erudición, retórica.

389, analizar un - en día de vacación en la clase de humanidades.

promoción a la clase superior (*promotio*)

    a examen.

PROPERCIO

Poeta elegíaco latino (53-19 a. de JC.).

398, - en el programa de la clase suprema de gramática.

proposición (*propositio*)

    aargumentación.

prosa (*soluta oratio*)

Ver también: discurso, composición.

305, la composición en - (latina o griega) es la prueba común para obtener los premios.

313, criterios para juzgar la -.

337, La composición en - es deber cotidiano en las clases de retórica y humanidades.

provincia (*provincia*)

Circunscripción geográfica de base en la organización de la Compañía de Jesús.

    a provincial.

provincial (*provincialis*)

Quien está al frente de una provincia.

1-67, reglas del -.

242, el - decide de la eventual supresión de clases.

puesto (*locus*)

Ver también: catálogo de alumnos, examen.

272, el prefecto asigna un - a cada alumno en la clase.

puntuación (*interpungere*)

Ver también: ortografía.

347, dictar la composición con la -.

rabino (*rabbinus*)

El término "rabino" (Rabbi) se comenzó a aplicar a los estudiosos y maestros de la Escritura y de la ley en el judaísmo del siglo I después de Jesucristo, en el período llamado de los Tannaim. En la Edad Media se aplicó también a los enseñantes y directores religiosos de una comunidad judía. Aquí, el término se refiere a los transmisores e intérpretes que fijaron el texto hebreo de la Sagrada Escritura en el llamado texto masorético (transmitido), en tiempos del rabbi Aqiba, en el primer tercio del siglo II.

Ver también: Biblia, Sagrada Escritura.

150-152, no dar autoridad a los comentarios de la Escritura hechos por los -.

recitación (*recitatio, recitare*)

Ver también: memoria.

321, - de memoria la doctrina cristiana.

336, los discípulos recitan de memoria las prelecciones a los decuriones.

369, 389, 399, 409, 419, los decuriones hacen recitar las lecciones.

340, el profesor corrige las composiciones durante la - de las lecciones.

412, 122, - de la gramática.

rector (*rector*)

68-91, reglas del -.

365, el - debe ser consultado para imponer un repetidor privado.

rector de la academia (*rector academiae*)

a dignidad.

religioso (*religiosus*)

Miembro de una Orden religiosa.

453, los puestos de los - separados de los de los externos en la clase.

475, los - son académicos.

repetidor (*paedagogus*)

Ver también: trabajo personal.

365, el - no debe dar prelecciones en casa.

repetidor de filosofía (*repetitor philosophiae*)

Asistente del profesor, encargado de seguir los estudios de los alumnos de filosofía que se alojan en el colegio.

Ver también: repetición.

112, los - examinan a los alumnos e internos del examen de metafísica.

repetición (*repetitio*)

Ver también: certamen, disputa, repetidor.

132-134, tipos de - en las clases superiores.

133, una hora de - cotidiana para los "nuestros".

160, - semanales de Sagrada Escritura.

223, - de los filósofos por grupos de diez.

230, - de moral cada quince días.

234, - de matemáticas una vez por mes.

342, - de la lección en clase.

343, - de las lecciones de la semana el sábado.

369, - en el curso de la clase en retórica.

389, - en el curso de la clase en humanidads.

394, - preceptos del género epistolar y de retórica en el certamen de humanidades.

432, los "nuestros" asistirán a las - privadas.

444, los "nuestros" asisten a las - de los teólogos.

492-493, 503-505, las sesiones de la academia de los teólogos y de los filósofos son -.

514, - de la sesión precedente, en la academia de los gramáticos.

repetición de teología (*per biennium theologiam repetere*)

Curso de teología al que se dedica a escolares jesuitas según sus capacidades.

Ver también: caso de conciencia, orientación, escolares.

19-22, 67, dos exámenes en el curso del año para determinar quiénes hacen la - de teología y quiénes van a casos.

24-26, los escolares admitidos a estudiar la teología dos, tres o cuatro años, según sus capacidades.

28, apartar del curso largo de teología a quienes no muestran capacidades.

72, los admitidos a la - no deben ser ocupados en predicar.

91, el rector consulte al provincial sobre la -.

117, los repetidores de teología enviados de preferencia a argumentar en los actos exteriores al colegio.

438-451, reglas de los que son admitidos a la -.

retórica (clase) (*rhetorica*)

Ver también: profesor de -.

275, 276, los alumnos de - tienen declamaciones y prelecciones públicas.

277, 362, establecer academias en las clases de -, de humanidades y de gramática.

331, al menos una lección de dos horas por día en -.

368, objeto y nivel de la clase de -.

369, empleo del tiempo en la clase de -.

retórica (materia) (*rhetorica*)

Ver también: profesor de -, discurso, Cicerón.

79, los externos estudien - antes de seguir el curso de filosofía.

313, criterios para juzgar los discursos redactados para la obtención de premio.

368, la elocuencia objeto principal de la enseñanza de la -.

368-369, 373-374, cómo exponer las reglas de la -.

373-374, las reglas de la - constituyen uno de los objetos de prelección de esta clase.

375, 392, explicar las reglas de la - en la prelección de un discurso.

388, 395, estudiar la - de Suárez en la clase de humanidades.

508, ejercicios sobre las reglas de la - en la academia de los retóricos.

rival (*aemulus*)

Condiscípulo de nivel análogo.

Ver también: certamen.

339, 340, papel de los - en la corrección de los ejercicios escritos.

342, 401, 411, papel de los - en la repetición de la lección.

348, 379, 394, 407, el certamen opone los - entre sí.

sábado (*sabbatum*)

Ver también: vacación semanal, repetición.

135, disputa de dos horas el - en las clases superiores.

321-322, explicación y recitación de la doctrina cristiana el viernes y el -.

324, recitación de las letanías de la Virgen el -.

333, si el - es día festivo, anticipar las actividades al día precedente.

336, el - se recitan las lecciones de la semana.

337, el - no hay composición escrita.

343, el sábado se repiten las lecciones de la semana.

350, 369, 383, prelección o declamación por turnos el - en clase.

369, programa para el - en clase de retórica.

389, programa para el - en clase de humanidades.

399, programa para el - en clase suprema de gramática.

409, programa para el - en clase media de gramática.

419, programa para el - en clase ínfima de gramática.

sacramentos (*sacramenta*)

Ver también: confesión, teología escolástica.

24, los - entran en el programa del tercer año de teología.

175, 178, los - en el programa del segundo año de teología.

190, -192, los - en el programa de casos de conciencia.

Sagrada Escritura (*Sacra Scriptura, Litterae divinae*)

Ver también: Biblia, profesor de -.

5-8, programa del curso de - y de hebreo.

129, citar la - para argumentar en la disputa.

143-146, lenguas y ediciones de los textos de la - que hay que conocer.

147-149, seguir las interpretaciones de la tradición de los Padres.

150-151, abstenerse de las versiones rabínicas.

155, no demorarse en la cronología ni en la geografía.

156-157, no tratar la - ni de manera alegórica ni moral.

169, dejar cierta amplitud al profesor de teología escolástica en la interpretación de la -.

181, la teología escolástica comprende cuestiones propias de la -.

149, los "nuestros" que repiten la teología estudien especialmente la -.

SALUSTIO

Historiador romano (86-35 a. de JC.), de estilo expresivo y gusto arcaizante. De su obra más importante, las *Historias,* quedan sólo fragmentos. Escribió además la *Guerra de Yugurta* y la *Conjuración de Catilina.*

Ver también: erudición, historiador.

388, - en el programa de la clase de humanidades.

Sma. Virgen (*Beata, Beatissima Virgo*)

a Virgen María.

santos (*sancti*)

Ver también: piedad.

325, recomendar la lectura de la vida de los -.

secretario de academia (*secretarius academiae*)

a magistrado.

semestre (*semestris*)

Ver también: gramática.

244-245, 250, programa de gramática repetido en el segundo -.

256, promoción posible a la clase superior al fin del primer -.

sermón (*concio*)

Ver también: piedad, oración.

72, no se ocupe a los "nuestros" que hacen el bienio de teología en predicar.

124, 320, 461, los alumnos deben asistir al -.

Setenta (*Septuaginta*)

"Los Setenta Intérpretes" o "Los Setenta" se llama a la Biblia hebrea traducida al griego entre los siglos III a II a. de JC., en Egipto.

Ver también: Biblia, Vulgata.

7, 152, conocer la versión de - de la Biblia.

SÍMACO

Judeocristiano de la época de Marco Aurelio que traduce el A.T. al griego de manera muy literal.

146, no se ocupe en refutar la versión de - el profesor de Sagrada Escritura.

SINESIO

Orginario de Cirene en Libia (370-413), elegido obispo de Tolemais, muy estimado por los bizantinos debido al estilo de sus cartas.

396, - en el programa de clase de humanidades.

SUÁREZ

Cipriano Suárez, jesuita portugués (1521-1593), autor de un manual *De arte rhetorica libri tres,* editado en Coimbra en 1560.

Ver también: retórica.

256, se estudia en retórica la obra de -.

346, la retórica de - sirve para la prelección de las reglas de retórica.

388, 395, estudiar la retórica de - en clase de humanidades.

Summa

La *Summa theologica,* obra de Santo Tomás de Aquino, está dividida en tres partes: "prima pars" con 119 *quaestiones,* divididas en artículos; la "secunda pars", dividida en dos secciones, "prima secundae" con 114 *quaestiones,* y "secunda secundae" con 189. Por fin la "tertia pars", con 90 *quaestiones.*

Ver también: Tomás de Aquino.

121, la - manual de los teólogos.

talento (*talentum*)

 a orientación.

TEODOCIÓN

Prosélito judeo-helenista de Éfeso, que a finales del siglo II d. de JC., tradujo al griego el A.T.

Ver también: Sagrada Escritura.

146, el profesor de Sagrada Escritura no se ocupe de refutar la versión de -.

TEOGNIS

Poeta griego, nacido en Megara (siglo VI a. de JC.), autor de máximas y poemas elegíacos.

Ver también: lengua griega.

396, - en el programa de clase de humanidades.

teología escolástica (*theologia scholastica*)

Modo de desarrollar la teología basado en el método dialéctico tomado de Aristóteles. En él es fundamental la disputa de las *quaestiones* o preguntas acerca de la intelección de la fe recibida. En la disputa, un *defendens* (defensor) de una tesis o cuestión responde a las objeciones que le proponen uno o más *arguens* (arguyente). Para obtener el grado académico había que haber participado en una disputa como defensor o como arguyente.

Ver también: profesor de-, Tomás de Aquino.

9, curso de teología y maestros.

154, no tratar las cuestiones de Sagrada Escritura a la manera de la -.

174-178, programa de las cuestiones que se tratan en -.

180-184, cuestiones de - que no se tratan.

186, método de prelección en -.

TERENCIO

Célebre poeta cómico latino, nacido en Cartago hacia el 160 a. de JC. Fue considerado un modelo de estilo, pero sus comedias se tacharon de inmorales.

Ver también: poesía.

51, si hay libros que no se pueden expurgar, como los de -, no se lean.

TIBULO

Poeta latino (54-18 a. de JC.) autor de elegías.

Ver también: poesía.

398, - en el programa de la clase suprema de gramática.

TITO LIVIO

Historiador romano (69 a. de JC.-17 d. de JC.), autor de una historia de Roma en estilo patriótico.

Ver también: erudición, historiador.

388, - en el programa de la clase de humanidades.

TOLEDO

Francisco de Toledo, nacido en Córdoba en 1532, entró ya sacerdote en la Compañía de Jesús (1558). Fue nombrado Cardenal. Muere en 1596. Profesor en el Colegio Romano. Célebre por sus comentarios a Aristóteles además de teólogo comentador de la *Summa* de Santo Tomás.

Ver también: filosofía.

108, usar el manual de lógica de -.

TOMÁS DE AQUINO (Santo)

Teólogo italiano (1225-1274) de la orden dominicana. Enseñó en la Universidad de París desde 1256 hasta su muerte. Su obra capital, la *Summa theologica*, se convirtió en la guía de referencia fundamental del pensamiento teológico católico hasta mediados del siglo XX.

Ver también: Summa, teología escolástica.

9, 168, - fundamento del curso de teología.

95, vigile el prefecto que - sea el fundamento de la teología.

121, la Summa de - manual de los teólogos.

126, 170-171 casos en que se puede no seguir a -.

186-188, cómo explicar los artículos de -.

205, hablar honoríficamente de - en el curso de filosofía.

447, no apartarse de la doctrina de -.

tópicos (*topica*)

Parte de la oratoria que consiste en buscar los "lugares comunes", fuentes de los argumentos del discurso.

a figuras de retórica.

traducir (taducción) (*interpretari, vertere (versio), vulgari sermone convertere, vernacula latina facere, vernaculas locutiones exigere*)

Ver también: composición, ejercicio.

372, los alumnos - del griego al latín y recíprocamente.

392, - a la lengua materna los textos en el curso de la prelección.

401, 407, 411, 514, - de lengua materna a latín y recíprocamente.

414, 424, corta versión de Cicerón en clases media e ínfima de gramática.

tragedia (*tragoedia*)

Ver también: declamación, espectáculo.

382, la - se estudia en retórica los días de vacación.

508, los académicos componen diálogos y -.

tropos (*tropoi*)

Tropo es un término genérico para designar toda figura lingüística, en la que se emplean las palabras en sentido diferente del corriente o literal. La metáfora o la metonimia son tropos.

Ver también: erudición.

389, en día de vacación dedíquese un tiempo al libro tercero de - de Cipriano en clase de humanidades.

TUCÍDIDES

Historiador griego (465-395 a. de JC.), autor de una Historia de la guerra del Peloponeso.

Ver también: historiador, lengua griega.

380, - en el programa de la clase de retórica.

universales (*universalia*)

Siguiendo a Aristóteles, se llama universales a las cinco clases más generales de la predicación: el género, la especie, la diferencia, lo propio y el accidente. El estatuto de los universales (si se trata de realidades o de meros conceptos) ha sido objeto de debates infinitos a lo largo de la historia.

Ver también: Aristóteles.

209, abordar sucintamente, en clase de lógica, la cuestión de los -.

universidad (*academia*)

Ver también: grado.

433, modestia de los "nuestros" que van a los cursos de la -.

vacaciones (*vacatio*)

Ver también: vacación semanal, empleo del tiempo.

53-54, reglas para establecer las - anuales.

55-60, días festivos en el curso del año.

91, reservado al provincial fijar las -.

241, al prefecto compete fijar las fechas de -.
331, al menos una lección de dos horas por día en -.
334, horario análogo los días de - y los otros.
347, composición más amplia antes de las -.
382, prelección en clase de retórica los días de -.
500, preparación en el curso de filosofía un mes antes de empezar el curso.

vacación semanal (*hebdomadaria vacatio*)
Ver también: vacaciones, empleo del tiempo.
53-54, reglas que establecen la -.
86, al menos medio día de - para las clases inferiores.
135, fijar la disputa en las clases superiores en función de la -.
241, el prefecto determina la aplicación de la -.
369, programa para el día de la - en clase de retórica.
389, programa para el día de la - en clase de humanidades.
495, 507, las sesiones de las academias se tienen el día de la - o en domingo.

verso (*carmen, versus*)
Ver también: métrica, poesía.
75, los "nuestros" deben componer - con ocasión de solemnidades.
237, el prefecto selecciona los - destinados a exponerse en público.
257, los exámenes escritos contienen una composición en - en clase suprema de gramática y en clase de humanidades.
274, no se concede dispensa de aprender a componer -.
305, el ejercicio de - latino prueba común en las clases desde retórica a suprema de gramática para obtener premio; el ejercicio de - griego se reserva a clase de retórica.
337, una composición en - dos veces por semana en las clases de retórica y de humanidades.
377, composición de - latinos en clase de retórica.
393-394, los mejores - se ponen en público.
401, 404, primeros ejercicios en - en clase suprema de gramática.
508, - compuestos en la academia de retóricos.
515, - en forma de disputa en la academia de los gramáticos.

Virgen María (*Beata, Beatissima Virgo*)

Ver también: congregación mariana, piedad.

169, seguir la proposición más común al tratar de la concepción de la -.

322, 473, devoción a la - y al ángel de la guarda.

324, recitar las letanías de la -.

512, solemnizar la fiesta de la -.

VIRGILIO

Poeta latino (70-19 a. de JC.) autor de poemas que exaltan la paz augusta y de la epopeya de Eneas (la Eneida), príncipe troyano a quien presenta como antepasado de los romanos. Es el poeta latino que más influencia ha ejercido en la literatura occidental.

Ver también: poesía.

388, - en el programa de la clase de humanidades, excepto el libro IV de la *Eneida* y las *Eglogas*.

398 las partes más fáciles de - en el programa de la case suprema de gramática.

visita, visitar (*visere, visitare*)

Ver también: disciplina, prefecto.

240, el prefecto de las clases inferiores - las clases.

503, el prefecto de la academia de los teólogos y filósofos - las repeticiones de éstos.

votos [monásticos] (*vota*)

Ver también: teología.

169, seguir el parecer más común al tratar de los - solemnes.

Vulgata (*Vulgata*)

La "edición vulgata latina" de la Biblia es fundamentalmente la traducción que hizo San Jerónimo (347-430), al latín, del texto hebreo del Antiguo Testamento y del griego del Nuevo Testamento. Para el Antiguo Testamento, San Jerónimo usó, además de la versión griega de los Setenta, la versión de Aquila y las versiones arameas llamadas targumim. El Concilio de Trento, en la sesión cuarta de 1546, declaró auténtica, para su uso en la enseñanza y la predicación, la edición vulgata de la Biblia.

Ver también: Biblia, Sagrada Escritura, Setenta.

143, 163, preferir la - a las otras ediciones de la Biblia.

145, comparar la - con los originales griego y hebreo.

[2]
JOSÉ JUVENCIO
Método para aprender y para enseñar
Florencia, 1703[2].

A los profesores de las clases inferiores de la Compañía de Jesús acerca del método de aprender y de enseñar conforme al decreto de la Congregación General XIV

Nadie que conozca la Compañía de Jesús podrá poner en duda la estima que siempre ha tenido ésta del estudio de las Humanidades. Y ciertamente juzgando, como es verdad, que la educación juvenil es una parte principal de su trabajo, no puede desatender el cultivo de aquellas materias que forzosamente están unidas con dicha educación.

Y tanta mayor diligencia se debe poner en avivar la afición por estos estudios inferiores de Literatura, cuanto que exigen más trabajo y más esfuerzo; trabajo y esfuerzo, que si no reciben de día en día nuevos estímulos, languidecen sin remedio.

Atentos a esto, los Prepósitos Generales y las Congregaciones Generales nada juzgaron más importante que excitar de todas las maneras posibles la diligencia de nuestros Profesores. Lo prueba con claridad el librito *De Ratione Studiorum* (= Método de los estudios) escrito con tanto cuidado y fatiga, reeditado y perfeccionado y comentado tantas veces.

Todo lo que en él se dice acerca de las clases y estudios más amenos, está magníficamente tratado; con todo, los preceptos que en él se contienen, están solamente insinuados, como quien arroja la semilla, para que meditándose después y llevándolos a la práctica, produzcan los frutos que deseamos.

Además, parece que en estos preceptos se tiene más presente a los discípulos que a los profesores; se preceptúa qué es lo que deben enseñar los profesores de Humanidades, pero se calla qué es lo que deben aprender ellos mismos, qué camino deben seguir en el curso de las Humanidades. Por todo esto, la Congregación General XIV promulgó el Decreto X: "Para que los Profesores de Huma-

---

2   Traducción de: Martín de Muguruza S. I. Revisión del texto y notas por José del Rey Fajardo S. J. Las notas del editor van siempre entre corchetes. Si aparecen ediciones posteriores a 1703 es porque no hemos podido identificar las ediciones anteriores.

nidades, además de las Reglas que les dirigen en el trabajo de enseñar, tengan también una Instrucción y Método para aprender, al cual se acomoden en sus estudios privados, aun cuando estén ocupados en enseñar a otros".

Para cumplir este Decreto, se ha preparado este pequeño Método: en la primera parte, propone a los Profesores el medio de aprender; en la segunda, se desarrollan con más extensión y claridad algunas normas que conviene guardar, y que están mandadas tanto en las *Reglas Comunes* de los Profesores como en las especiales a cada género de estudios.

(Siguen las aprobaciones).

PRIMERA PARTE
DEL MÉTODO PARA APRENDER

La erudición de un profesor dado a las letras ha de abarcar sobre todo estas tres cosas: Primera, un perfecto conocimiento de las lenguas. Segunda, un conocimiento suficiente de aquellas ciencias que ayuden a completar el ciclo de las bellas artes. Tercera, destreza en el uso de aquellos recursos que alivian el trabajo y aguzan la fuerza del entendimiento.

Las enseñanzas sobre cada una de estas materias las expondremos con abundancia, como quien presenta los manjares en un banquete. De ellas cada uno, guiado por sus prefectos, elegirá lo que le parezca que puede asimilar, teniendo cuenta con la región, su talento y las circunstancias.

CAPÍTULO I
DEL CONOCIMIENTO DE LAS LENGUAS

Artículo I
Necesidad del conocimiento de las lenguas, sobre todo de la Griega

Entre las lenguas, se debe poner empeño especial en aprender dos: la latina y la griega. En primer lugar, hay que dedicarse a la lengua griega, por ser algo más difícil. La importancia de la lengua griega es tal, que el que no la domine, no puede llamarse verdaderamente hombre culto. Su utilidad es tan grande para entender los autores de las materias principales, que el que la ignore anda tanteando vergonzosamente sin poder comprenderlos. Por fin, su necesidad se manifiesta en que, sin ella, no podemos afirmar la verdad de los cánones sagrados ni alcanzar muchas veces su sentido auténtico; más aún, ni siquiera defender la misma religión católica contra las argucias y corruptelas de los herejes con las cuales muchas veces han falseado torpemente los monumentos santísimos de la Fe católica.

Es verdad que no faltan intérpretes, y por cierto muchos, de los libros sagrados; pero ellos también con frecuencia sufren alucinaciones y se equivocan; y no aciertan siempre a expresar la fuerza, la majestad y la propiedad de la lengua griega.

En estos casos, lo mejor es beber el agua pura en su misma fuente, la cual, una vez derramada por cauces ajenos y alejados de su manantial, no tiene ya la limpieza de éste y muchas veces corre manchada con barro y lodo.

Cuanto más fanfarronean los enemigos de la religión de conocer la lengua griega, tanto más intensamente debemos entregarnos a su conocimiento. Que no sea el trabajo de los buenos para defender e ilustrar la verdad más flojo que el de los malos para oscurecerla y destruirla.

Párrafo I:
Del método para aprender la lengua griega

El conocimiento de cualquier lengua, requiere: 1º conocer sus palabras; 2º los lazos de unión entre ellas, es decir, la Sintaxis; 3º el modo de usarla con propiedad, elegancia y gracia, o sea, el Estilo. Para conseguir esto, el Profesor que se da al estudio de la lengua griega, debe aprender de memoria algunas raíces de las palabras griegas, por ejemplo, seis, diez y aun más si goza de buena memoria. Otros quizás prefieran ir anotándolas según van leyendo; esto último ciertamente es menos pesado y molesto; así se va adquiriendo el conocimiento de las palabras.

Después, ha de ir grabando profundamente en su mente la Gramática Griega y sus reglas, empezando por las más fáciles: así irá dominando la Sintaxis. Son buenos textos: la Gramática de Clenardi[3], breve y sencilla; la de Mocquoti[4] y Gretseri[5], algo más amplia; y con mucho la mejor, la de Antesignano[6]. Sin embargo, algunas de las observaciones de este último son un tanto difíciles y solamente provechosas para los que ya van progresando.

Hay que consagrar a su estudio un tiempo fijo cada día; al leer un autor, si se nos presenta una palabra más difícil, si aparece alguna excepción a las reglas generales, hay que examinarla con atención y no dejarla de la mano hasta que se llegue a la misma raíz de la dificultad.

En tercer lugar, hay que leer algún escritor griego, empezando por los más fáciles: el Evangelio escrito por S. Lucas; los Hechos de los Apóstoles del mismo autor; algunos opúsculos de S. Basilio, de S. Gregorio Nacianceno, del Crisóstomo y de los autores profanos Isócrates o Jenofonte.

---

3   [CLENARDUS, Nicolau. *Nicolai Clenardi Grammatica Graeca* a Stephano Mognote 'e Societate Iesu recognita ad vsum Collegiorum eiusdem Societatis... addita est Suntaxis cum iis partibus Gr⁻amaticae que adhuc in Clenardo desiderate fuerant... Editio quarta. Pictavii, apud A. Mesnier & I. Thoreau..., 1623.]

4   [MOQUOT, Etienne. *Nicolai Clenardi Grammatica graeca a Stephano Moquoto è Societate Iesu recognita*... vnà cum compendio regularum et epitome graecorum praeceptorum. Editio vltima caeteris correctior. Lugduni, apud Ph. Borde, L. Arnaud & Cl. Rigaud, 1657.]

5   [GRETSER, Jacob. *Iacobi Gretseri Societatis Iesus Institutionum Linguae graecae* Liber primus: de octo partibus orationis. Romae, ex typographia Bartholomai Zannetti, 1608.]

6   [ANTESIGNANUS, Petrus. *Institutiones ac Meditationes in graecam linguam N. Clenardo authore; cum scholiis & praxis P. Antesignani...* operi praefixi sunt indices copiosissimi duo... Lugduni, apud Mathiam Bonhomme, 1557.]

Después hay que arremeter con alguno más complicado como Demóstenes o Tucídides. Es un buen ejercicio hacer de vez en cuando una traducción latina, pero con su propio esfuerzo, y no sacándola de los libros que tengan traducción en la página frontera o sobrepuesta palabra por palabra a las voces griegas.

También aprovechará, después de explicar o traducir al latín una página griega, decir las palabras latinas en griego. Esto será mejor, si estuviere contigo alguien que te pueda preguntar, y a quien tú a tu vez puedas preguntar. Si es posible, conviene que sea más versado que tu en la lengua griega para que pueda guiarte si te desvías y corregirte si fallas.

En un año, cualquiera que no sea completamente negado, puede conseguir con facilidad alguna soltura en la lengua griega; después debe empezar a saborear los poetas griegos, sobre todo Homero, padre de todos los oradores y poetas. Para ello, hay que conocer varios dialectos. Las palabras algo más difíciles que aparezcan en Homero y en otros poetas griegos, las tienes explicadas en el librillo que se titula *Clavis Homerica* (= llave de Homero)[7]; en el diccionario de Schrevelli[8]; en la *Gramática* de Antesignano, en el *Léxico y Tesoro Griego*[9].

Las palabras propias de los oradores, que equivalen a las poéticas, las proporciona la traducción de **Dydimo** que está en la edición de Homero dada a luz en Batavia. De Homero se pasa a Píndaro, Anacreonte y Eurípides. Sería una vergüenza no haberlos ni siquiera saludado. Por fin a los trágicos, sobre todo Sófocles y Eurípides. Cuando se lee, hay que fijarse en lo que dijimos: en cada una de las palabras; en su colocación y unión; por fin, en la fuerza, propiedad y elegancia de todo el lenguaje.

Desde el primer año, el profesor deseoso de saber ha de consagrarse a la lengua griega; está comprobado por la experiencia, que el que no se dedica a ella a

---

7[LEERS, Arnold, imp. *Clavis Homerica, sive Lexicon vocabulorum omnium, quae continentur in Homeri Iliade et potissimâ parte Odyssaeae* [sic]: cum brevi de dialectis appendice, nec non Mich. Apostolii Proverbiis graeco-latinis, nunquam antea ita editis. Accessêre etiam huic postrema editioni varia elogia, seu testimonia de Homero, ex diversus authoribus, tùm antiquis, tùm neotericis collecta. Roterodami, ex officinâ Arnoldi Leers, 1673.]

8[SCHREVELIUS, Cornelius. *Cornelii Schrevelii Lexicon manuale graeco-latinum et latino-graecum*. Patavii, ex typographia seminarii, 1687.]

9[Quizá pueda referirse a: BUDE, Guillaume. *Lexicon graeco-latinum, seu Thesaurus linguae graecae*, post eos omnes qui in hoc commentandi genere hactenus excelluerunt ex ipsius demum C. Budaei manu scripto lexico, magna cum dictionum tum elocutionum accessione auctus, & plurimis in locis restitutus. [Genevae], Ex officina Ioannis Crispini, 1554.]

tiempo, es muy difícil que llegue a dominarla. Aquí se cumple el dicho de Virgilio: *A teneris assuescere, multum est* (= Vale mucho el acostumbrarse desde niño).

Por tanto, durante el primer bienio, al mismo tiempo que se encarga de enseñar a otros, dedique cada día un tiempo prefijado de antemano a la lengua griega: parte de ese tiempo lo ha de ocupar en leer la Gramática; la otra parte, en la lectura de algún autor griego. Al anochecer, estudie de memoria algunas raíces griegas y al día siguiente, al amanecer, repáselas. Para llegar a entender más fácilmente los autores griegos hay que leerlos guardando cierto orden y sacando de ellos el fruto que se pretende. No será, según creo, ajeno a este trabajo indicar brevemente qué es lo que escribió cada autor, en qué tiempo y de qué manera lo escribieron.

Párrafo II
Principales escritores de lengua griega

Herodoto, nacido en Halicarnaso el año 3571, desde la fundación de Roma el 271. Escribió sobre todo la *Historia del Imperio persa* en 9 libros, a los cuales puso los nombres de otras tantas Musas. Usa el dialecto jónico, su estilo fluye sin ninguna aspereza ni tropiezo como un río tranquilo, en frase de Cicerón.

Tucídides, Ateniense, nació el año 3579, de la fundación de Roma el 279. Floreció en tiempo de la guerra del Peloponeso cuya historia escribió. En ocho libros, abarca los 28 años en los que ardió la Grecia con esta guerra civil. Usa el dialecto ático; es agudo, cortante, sentencioso, conciso en palabras. Demóstenes le estimaba tanto que lo transcribió de su puño y letra ocho veces para asimilarse por completo su estilo.

Isócrates, nació, según se dice, cinco años antes de la Guerra del Peloponeso, orador ateniense elegante y elocuente como el que más. Se alaba su manera de escribir de una cadencia llena de belleza y fluidez.

Jenofonte, brilló el año 3650, en tiempo de Ciro el joven. Fue jefe de los Atenienses en la guerra y su historiador, discípulo de Sócrates; llamado "Musa ática" por la suavidad de su estilo. Su fama se debe sobre todo a su libro titulado *Ciropedia* o educación de Ciro. Escribió la historia de Grecia empezando allí donde la había acabado Tucídides.

Demóstenes, Ateniense, lumbrera de la elocuencia griega. Cicerón consideraba que era una gloria insigne propia, el haber seguido las huellas de Demóstenes, y afirmaba que el sólo sobresalía entre todos en toda clase de elocuencia. Nació el año 3672, de la fundación de Roma el 372.

Epicteto, filósofo estóico, nació en Hierapolis de Frigia. Brilló su fama en tiempo de Nerón. Dejó el *Enquiridión*, un librillo en el cual diserta maravillosamente y por extenso acerca de las costumbres.

Plutarco, natural de Queronea en la Beocia, escribió en tiempo de los emperadores romanos Nerva y Trajano, o sea, hacia el año centésimo del Nacimiento de JesuCristo. Fue muy conocido por su doctrina y prudencia; sin embargo su estilo ordinario es bastante áspero y duro. Sus obras se dividen en dos partes: la primera que comprende las vidas de los griegos y romanos ilustres, se titula *Vidas Paralelas*, porque a un jefe griego se le contrapone uno romano que tenga algún parecido con él; la segunda (parte), contiene varios opúsculos que tratan en su mayor parte de la moralidad de las costumbres.

Luciano, de Samosata; según Gerardo Juan Vosio, vivió en tiempo del emperador Marco Antonio; otros creen que en tiempo de Trajano. Afea la elegancia de su estilo y la gracia de su ingenio con la desvergüenza de las costumbres; donde quiera brilla su talento fino, chistoso, pero desenfrenado e impío. Por tanto, hay que leerlo con mucho cuidado y selección; sobre todo teniendo en cuenta las partes que tiene en el Índice de los libros prohibidos; por ejemplo, *De la Muerte del Peregrino* y el Diálogo titulado *Filopatro*. En cambio, otros diálogos suyos de los Muertos como *Timón, Carón, Juicio de las vocales, el Sueño*, se pueden leer sin temor alguno.

Los Historiadores griegos o los Sofistas, en los que se busca la veracidad histórica o la facilidad de expresión más que la armonía del lenguaje, tendrán después un sitio más oportuno.

Por lo que se refiere a los poetas griegos, la primacía la tiene Homero. El tiempo de su nacimiento no se aleja mucho del de Roma, es decir, el año 3300. Una vez que se ha superado las asperezas de los dialectos y se ha facilitado el medio de entenderlo, se puede admirar y estudiar en el divino poeta no sólo la variedad de las palabras, su abundancia, fuerza y esplendor, sino también la dignidad de las sentencias, la elegancia de los discursos, la belleza de las descripciones, las pinturas de las costumbres, el engranaje natural de los hechos y acontecimientos, que a pesar de ser tan diversos, tienden a un mismo fin y avanzan a él sin desviaciones. No hay motivo para que puedan disgustar algunas comparaciones tomadas de la vida ordinaria ni otras cosas parecidas, manifestación de una ingenuidad y sencillez primitivas ahora desconocidas; ni las fábulas y torpezas de las falsas divinidades. Ninguna persona culta puede dejar de perdonarle estas cosas a un poeta gentil que describe las costumbres de su tiempo. Escribió principalmente dos poemas. El primero, la *Iliada* o sea, la victoria que consiguió Aquiles matando a Héctor, victoria a la que siguió la destrucción de Troya. En este poema enseña cómo deben comportarse los reyes, príncipes y todos los que desempeñan algún cargo público, poniendo ante sus ojos los ejemplos de la gloria militar, de prudencia y fortaleza de sus héroes, sobre todo los de Aquiles. El segundo poema es la *Odisea*, la victoria que Ulises vuelto a su patria, alcanzó matando a los pretendientes de su mujer. Con esta victoria recobró mujer y palacio. En este poema enseña la gloria y virtudes de un hombre en su vida privada. Lee el opúsculo del P. Mambruni[10] acerca de la poesía épica.

Hesíodo alcanza los tiempos de Homero. Muchos creen que murió el año 3426, o sea, el 32 antes de la Primera Olimpiada. Nació en Ascra en la Boecia. Se dice que murió de más de cien años. Sus poemas principales son: *Los Trabajos y los Días* y *La Teogonía*. Pocas veces llega a la sublimidad poética, como afirma Quintiliano, lib. X, cap. 1. Sin embargo, tiene enseñanzas útiles cuando da preceptos sobre la agricultura, las costumbres, la filosofía natural y en su estilo corriente y sencillo de expresarse no tiene rival.

Anacreonte, oriundo de la isla de Ceos en la Jonia, escribió hacia el año 3520, el 220 de la fundación de Roma. Sus odas están llenas de gracia y de una delicada elegancia; pero en gran parte son obscenas y se impone la selección para poder leerlas. Jo. Foppens hace unos 40 o 50 años editó en Bruselas a Anacreonte expurgado o ligeramente alterado en aquellas partes que no podían leerlas ojos honestos.

Píndaro, tebano, el príncipe de los líricos, llegó a la cumbre de su gloria hacia el año 3574. Poeta de gran aliento poético e *inmensus profundo ruit ore* (= fluye con ímpetu y se desborda en palabras e imágenes) como le canta un poeta latino no inferior a él.

Esquilo, poeta trágico que vivió casi por los mismos tiempos que Píndaro. Ilustró y adornó la tragedia, que hasta él era áspera y salvaje.

Sófocles, contemporáneo de Esquilo, rivalizó con él muchas veces y con éxito para alcanzar la palma de la tragedia. Entusiasmado y exultante de gozo por la victoria que obtuvo sobre los poetas rivales, a los que había vencido en veinte y dos certámenes, murió de alegría. Parece que Aristóteles, Cicerón y Virgilio le prefirieron a todos los demás trágicos, y con sobrada razón. Caracteriza de maravilla las personas de los actores, su carácter lo conserva desde el comienzo hasta el fin de la obra; es agudo, elocuente, limpio, etc.

---

10 [MAMBRUN, Pierre. *Dissertatio peripatetica de epico carmine* auctore Petro Mambruno... Societate Iesu. Parisiis, apud Sebastianum Cramosy... et Gabrielem Cramoisy, 1652.]

Eurípides, poeta, y también, como Sófocles, trágico y Ateniense. Aunque en muchas virtudes es inferior a Sófocles, sin embargo en cincelar sentencias y dar preceptos sobre las costumbres es maravilloso.

Aristófanes, en opinión de todos, el mayor de los poetas cómicos, su gloria resplandeció hacia el año 3614. Su lenguaje ático y nítido está lleno de sales de ingenio, pero muchas veces manchado con desvergüenzas y obscenidades según la costumbre de la antigua comedia.

Teócrito, natural de Siracusa, fue muy apreciado por sus poesías bucólicas en tiempo de los Ptolomeos Lágidas y Filadelfo, el año 469 después de la fundación de Roma. Luce en él un suave resplandor muy acomodado a la poesía pastoril, y una sencillez libre de artificios y de afeites.

Bión y Mosco, también poetas bucólicos: el primero, natural de Esmirna; el Segundo, de Siracusa; los dos casi contemporáneos de Teócrito, no desdicen de su elegancia en la poesía.

Calímaco, de Cirene de Egipto, en tiempos de Ptolomeo Filadelfo escribió himnos, elegías, epigramas, en versos muy puros y trabajados con cuidado.

Después de Cristo vivieron otros poetas dignos de mención, como Opiano, Nono, San Gregorio Nacianceno. Entre los más recientes quizás ninguno pueda compararse con el P. Dionisio Petavio[11], sobre todo, su traducción de los salmos de David en versos griegos es elegantísima.

Artículo II
Del estudio de la Lengua Latina

Párrafo I
Del estilo en general

Como ya lo hemos dicho, el primer cuidado de un profesor estudioso debe ser el dominar la lengua griega, pues es más antigua; después la lengua latina. Y ya que ésta la usamos muchísimo, hay que procurar sin tardanza que todos se creen su modo de expresarse en latín, lo que se llama el estilo, lo mejor posible.

Puesto que "el saborear es, según Horacio, el origen y la fuente del bien escribir", el estilo, que no es sino el modo característico y propio de escribir comprende dos partes. La primera, el pensamiento, la sentencia profunda y bien cincelada; la segunda, la exposición de esa misma sentencia. Y como el hombre se

---

11 [PETAU, Denis. *Dionisiou tou Petabiou ... Paraphrasis emmetros ... Dionysii Petauii e Societate Iesu Paraphrasis Psalmorum omnium Dauidis nec non Canticorum* ... ; graecis versibus edita cum latina interpretatione... Parisiis, apud Sebastianum Cramoisy, 1637.]

compone de alma y cuerpo, también el estilo adquiere todo su vigor de las sentencias y de su expresión adecuada.

De la sentencia en general se puede decir que hay que atender a que sea verdadera, clara y acomodada al asunto que tratamos. Un asunto sin importancia ni interés, no conviene desarrollarlo con palabras o sentencias solemnes, sería ridículo; lo mismo sería absurdo explicar de manera pedestre, un argumento de gran brillantez y trascendencia. Lee Quintil. lib. XI, C. 1. Un entendimiento vigoroso y perspicaz hace que podamos profundizar en la materia que tratamos de desarrollar; alcanza a ver lo fundamental de cada asunto y lo que solamente deslumbra momentáneamente con un falso espejismo. Ayudará también la lectura de buenos libros; la reflexión no rápida y ligera, como sucede a menudo, sino pausada y cuidadosa de la materia elegida; la consideración de sus partes, causas y adjuntos; en fin, la censura de hombres prudentes, la que llamamos crítica sincera y constructiva. Esta crítica deben estimarla todos muchísimo pero, sobre todo, a los que son incapaces de escribir decentemente, les es absolutamente necesaria, tanto como el ser dirigidos por ojos ajenos al que no puede hacer uso de los propios.

Con estos ejercicios se consigue la claridad. Para alcanzarla, ayudará también mucho el orden de los argumentos y la colocación de las palabras; por el contrario, la dañan la excesiva brevedad y la excesiva abundancia. El desarrollo de una idea o elocución, que es lo que principalmente constituye el estilo, estriba en las palabras. En su elección hay que atender a cinco cualidades o condiciones: la propiedad, la elegancia, la unión entre ellas, la colocación y la variedad. La lectura de libros escogidos será muy provechosa para conseguir la elegancia y la propiedad de las palabras: v.gr. el de Lorenzo de Valla[12] sobre la elegancia de la lengua latina; otro de Antonio Schoro[13] sobre las palabras ciceronianas; otro tercero, escrito por Adrián Cardenal[14] poco más o menos sobre el mismo argumento. Pero sería un error pensar que con leer y releer estos libros, ya se ha conseguido todo. Sin duda mucho más conseguirás con la lectura frecuente de

---

12 [VALLA, Lorenzo. Laurentii Vallae *Elegantiorum Latinae lingua* libri sex eiusdem De Reciprocatione sui et suus, libellus ad veterum denuo codicum fidem ab Ioanne Raenerío emendata omnia. Lugduni, apud Antonium Gryphium, 1566.]
13 [SCHORO, Antonio. *Phrases linguae latinae...* Ab Antonio Schoro... societatis Iesu... Accessit item index omnium rocum Ciceronianorum. Turnoni, Sumptibus Guillelmi Linocerii, 1605.]
14 [CASTELLESI, ADRIANO, Cardenal. *De sermone latino et modis latine loquendi:* eiusdem Venatio ad Ascanium cardinalem: item Iter Iulij II pontificis Rom. Adrianus T.T.S. Chrysogoni S.R.E. cardinalis. Lugduni, apud Seb. Gryphium, 1542.]

los mejores escritores; sin embargo, aquellos que te he indicado, te irán enseñando cierta suavidad y elegancia tan agradable y propia del latín e irán afinando el paladar del lector.

La unión de las palabras y la encadenación de las ideas, que resplandecen de manera tan extraordinaria en Cicerón, se consigue con algunas partículas que las encontrarás sin dificultad en dicho autor, y las explicó en un comentario apropiado nuestro Horacio Turselino[15]. Dichas partículas de enlace tienen tal fuerza que le quitan toda brusquedad al estilo y corre sin tropiezo ni interrupción alguna. El oído encuentra la colocación más acomodada de las palabras; la misma composición de la frase, si se la cuida, hará que no haya ninguna palabra demasiado alejada ni demasiado cercana; y que no puede ser aplicada ni unida con aquella de la cual debe estar separada.

No será trabajo inútil leer los *Progymnasmata* u observaciones que se encuentran de ordinario al final del *Apparatus latini* para comentar a Cicerón.

La abundancia de palabras se alcanza fácilmente con la lectura asidua; entresacando siempre algo de lo que se ha leído; hablando en latín con frecuencia y cuidado; exponiendo una misma idea con distintas frases y procurando elegir las mejores. Esta abundancia de palabras de la ensenará Aldo Manucio[16] en aquel librillo que tituló *Elegancias o Frases de la lengua latina*; también Erasmo con su abundancia de materia y de palabras y Nizzolio[17], Onfalio[18], etc.

Párrafo II
Del estilo oratorio

Además del estilo vulgar que se suele usar en la conversación familiar, en las cartas, narraciones, etc. hay otro, el llamado oratorio y que no se usa en el

---

15 [CERDA, Melchor de la. *Apparatus latini sermonis per Topographiam, Chronographiam & Prosopographiam, perque locos communes, ad Ciceronis norman exactus* auctore Melchiore de la Cerda Societatis Iesu... Hispali, excudebat Rodericus Cabrera, 1598.]

16 [MANUZIO, Aldo. *Elegantiae Aldi Manutii*, auctae gallicae facta et in accommodatiora capita distributa auctore Iacobo Gaulterio... quibus adiectus est copiosissimus index. Lugduni, Sumptibus Claudii Larjot, 1622.]

17 [NIZZOLI, Mario. *Nizolius, sive Thesaurus Ciceronianus, omnia Ciceronis verba, omnemque loquendi atque eloquendi varietatem complexus* nunc iterum Caelii Secundi Curionis... labore... auctior... Adiecimus etiam diversorum Ciceronis exemplarium collationem... Basileae, Ex officina Hervagiana, per Eusebium Episcopium, 1568.]

18 [Quizá pueda referirse a: OMPHALIUS, Jakob. *De Elocutionis imitatione ac apparatu* liber vnus auct. Iac. Omphalio... his accesserunt Io. Francisci Pici Mirandulae ad Petrum Bembum, et Petri Bembi ad Io. Franciscum Picum Mirandulam, de imitatione epistolae duae. Parisiis, apud Gulielmum Iulianum, 1555.]

lenguaje corriente. Después de que se han empleado algunos meses en adquirir el estilo anterior, el común y ordinario, hay que trabajar en el estilo oratorio.

El fin del orador es persuadir con sus palabras. Por tanto el estilo oratorio será vigoroso al urgir los argumentos, vehemente para excitar los afectos, suave para atraerse las voluntades; esplendente con toda clase de brillantez y ornato e insinuándose lo mismo en los oídos que en las almas por su agradable variedad.

Por el contrario, el estilo de los historiadores ha de ser corriente y fluido, que urja sin probar nada; el de los filósofos, breve y seco, que proponga la verdad desnuda; el de los sofistas y declamadores, teñido y sofisticado, que sólo sirva para deleitar con su número y cadencia.

En el estilo oratorio hay que atender a dos cosas que ya hemos mencionado; a las ideas y a la elocución. Las ideas deben ser tales que enseñen, conmuevan, atraigan al auditorio. Ha de enseñar, lo cual se consigue por los llamados "tópicos o lugares oratorios"; ha de mover, se consigue por la conmoción de los afectos del alma; ha de atraer, por la pintura de las costumbres de los hombres hecha con exactitud y con arte. Los "Lugares oratorios" los explican los libros de los retóricos y las Instituciones de Cicerón, Quintiliano, Cipriano Soario[19], Causino[20] y de otros más recientes; el autor de la *elocuencia Palatii*[21] trae un catálogo de ellos más extenso.

Acerca de los afectos del alma y de las costumbres de la vida se ha explicado magistralmente Aristóteles. Sus preceptos nunca se nos deben caer de las manos.

La elocuencia o desarrollo de las ideas oratorias debe tener dos cualidades. Conviene que sea cadenciosa, es decir, que tenga ritmo, o periódica; además que vaya iluminada por figuras de dicción. El período hace, por medio de partes dependientes unas de otras, que la idea se desarrolle con armonía y brevedad; las figuras de dicción, que el discurso tenga fuerza, dignidad, nobleza, variedad, admiración. Entre las figuras de dicción, unas ayudan a la memoria del oyente,

---

19 [SOAREZ, Cipriano. *De arte rhetorica libri tres:* ex Aristotele, Cicerone & Quintiliano praecipuè depromti autore Cypriano Soarez... Societatis Iesu. Palmae Bal[earium], [ex officina] Gabrielis Guasp eiusque expensis, 1601.]

20 [CAUSSÍN, Nicolás de. *Eloquentiae sacrae et humanae parallela:* Libri XVI auctore P. Nicolao Caussino trecensi e societate Iesu. [Paris], sumptibus Sebastiani Chappelet... sub signo Oliuae, 1619.]

21 [MACHONI, Antonio. *Palatii eloquentiae vestibulum* sive Tractatus duo de methodo variandae Orationis, ac de prolusionum praeceptionibus: studiosis à primo limine suaveloquentiam salutantibus valdè utiles authore R.P. Antonio Machoni Societatis Iesu. Matriti, ex Thypographia Viduae Petri Enguera, [s.a.].

como la distribución en partes, la clara exposición, etc.; otras, al mismo tiempo que le enseñan, iluminan su entendimiento; otras, mueven su voluntad; algunas, parece que hieren hasta los mismos sentidos. V.gr. la llamada hipotiposis, hiere los ojos; la anáfora o repetición, los oídos, etc.

Es conveniente tener al alcance de la mano un índice de estas figuras de dicción con breves ejemplos de ellas, para que puedas consultarlo cuando se ofrezca ocasión oportuna.

Párrafo III
Manera de crearse un estilo

Ya he dicho qué es estilo. Ahora voy a decir cómo podemos conseguir un hermoso estilo. Todo estilo se va formando con la lectura asidua, con la escritura, con la imitación. Hay que leer los mejores autores no sea que a los principiantes, como a esos vasos todavía sin usar, se les quede pegado el olor desagradable de un estilo extraño e ingrato. Hay que leerlos mucho y durante largo tiempo; en fin, hay que leerlos con gran atención, ponderando qué es lo que dicen, con qué fin lo dicen, cómo lo dicen. El modo de leer, lo explica Quintiliano lib. II, c. 5º. Allí puede consultarlo. De vez en cuando, si mientras vas leyendo, encuentras algo que te agrada especialmente, te aprovechará el repetirlo y saborearlo; otras veces, leerlo en voz baja o también en voz alta; quizás, aprenderlo de memoria a la letra.

El primer autor que hay que leer, es Cicerón. Los primeros meses no hay que dejarlo de la mano, sino leer y releer sus escritos más fáciles, v.gr. las cartas a los familiares, los diálogos de *Amicitia* y de *Senectute*, los libros de *Oratore*, el Orador, las *Cuestiones Tusculanas, las Pradoxa;* después, algunos de sus discursos más breves. A Cicerón se le puede añadir la lectura de Terencio, pero bien expurgado y corregido, Fedro, Horacio en sus Sátiras y cartas, César; pues son escritores de primera magnitud por la pureza de su lengua y la propiedad de sus palabras.

Desde el principio hay que esforzarse, no sólo en poder desarrollar un discurso, sino en hablar en latín y exponer con facilidad y elegancia las cosas de la vida ordinaria. Tengo que advertir, que cuando alabo los antiguos, no es mi pensamiento prohibir el uso de otros autores más modernos, un Manucio[22], un Mureto[23] o Longalio. Sin embargo, a estos basta saludarlos como de paso; con aquellos, hay que convivir.

---

22 [MANUCIO, Aldo. *Elegantiarum Aldi Manutti flores novum in ordinem ac formam,* novo plane idiomate gallico accuratione... Editio nova. Duaci, Typis Michaelis Mairesse, 1703.]

23 [Es imposible precisa cuál o cuáles son las obras aquí recomendadas. Asomamos: MURET,

A la lectura conviene juntar la escritura: los materiales para ella, se amontonan leyendo, escribiendo se los junta y organiza para que formen un conjunto armónico. ¿Qué hay que escribir? Si a mal no viene, una carta a los amigos, un discurso pequeño, un trozo de declamación, cualquier cosa que brote espontáneamente o del sitio en que estás o de las circunstancias en que vives y que pueda contarse con cierta gracia y brillantez. Se pueden entremezclar historias sagradas y profanas acomodadas a la formación del carácter o de las costumbres, cosas arcanas de la misteriosa naturaleza y otras cosas parecidas. Después se les entrega a los niños para que hagan composición sobre ellas.

De este modo, un Maestro diligente tendrá preparada abundante materia de composición, que le será muy útil al mismo maestro y a sus discípulos. A veces entreverará con estas composiciones de poca monta cosas de más elegancia y esplendor: palabras que él mismo anotará mientras lee expresiones sacadas de Cicerón y otras delicias de la lengua latina. En fin, que les prepare a los discípulos un magnífico banquete donde puedan satisfacer sus gustos. También debe procurar que no pase una sola semana, mejor dicho, que no pase un solo día sin que escriba algo; que no pueda decir *Hodie nullam lineam duxi* (= Hoy no he escrito ninguna línea).

Párrafo IV
Del modo de imitar a los autores

La imitación contribuye sobremanera a conseguir un estilo. Para imitar con Método, convendrá escoger algún trozo, por ejemplo de Cicerón, traducirlo a la lengua vernácula, y, pasado algún tiempo de nuevo volverlo al latín; enseguida, comparar lo que ha escrito con el trozo modelo de Cicerón, y conforme a él, corregirlo. Así se verá claramente la diferencia entre tu estilo y el de Cicerón. Tengo experiencia de que este modo de imitar a los autores, les ha aprovechado mucho a la mayor parte de los que lo han usado.

De manera semejante hay que pulir y limar el estilo oratorio. Haces el análisis de un discurso de Cicerón o de alguna parte de él más brillante; estilizarás brevemente sus argumentos, sus figuras de dicción; después ese mismo asunto lo tratarás dejándote llevar de tu propia inspiración; y aquel como esqueleto que hiciste, lo irás rellenando de tu carne propia y le infundirás vida con tu propia

---

Marc Antoine. *M. Antonii Mureti... Orationum volumina duo*: quorum primum ante aliquot annos in lucem prodiit secundum verò recens est editum; accesserunt inddices... adjunximus etiam Caroli Sigonii oratoris disertissimi Orationes VII; seorsim quoq[ue] editae sunt eiusdem Mureti Epistolae; Hymni sacri &; Poemata omnia. Argentorati, sumptibus haeredum Lazari Zetzneri, 1621.]

alma. Por fin, lo compararás con el trabajo de Cicerón y apreciarás la diferencia que hay entre él y tú. O puedes escoger otro pasaje seleccionado entre los mejores del mismo autor Cicerón y plasmarlo en otro argumento semejante o contrario, usando las mismas figuras de dicción, los mismos períodos, las mismas uniones, transiciones, como si en toda la marcha y progreso del discurso, pisaras las huellas de Cicerón; cambiarás naturalmente las palabras y las ideas.

Por ejemplo, Cicerón en el discurso contra Pisón, nos describe quién es el pueblo romano: afirma que a una muchedumbre alborotada por una sedición no se le puede llamar "pueblo romano"; de manera semejante quién debe llamarse cristiano o quién debe considerarse noble o persona culta. En la *Filípica II* se desata contra Marco Antonio, porque no le había agradado el consulado de Cicerón, pero a los hombres más notables de Roma les había complacido; "No le agrada a Antonio mi consulado". Pero "en cambio le agrado a Servilio, etc.". Puedes imitar esta amplificación dirigiéndola contra aquellos a quienes les desagradan los estudios de las letras, que han agradado a todos los hombres más sabios de toda edad y clase social.

Abreviemos. De este modo de ordinario hay que desarrollar los argumentos que se dan a los discípulos de retórica para su ejercicio de escribir; esto es fácil para el profesor y muy útil para los discípulos. Si algunos ejemplos de Cicerón los aplicas a algún argumento piadoso que al mismo tiempo sea apto para educar las costumbres de los jóvenes y para fomentar su piedad, deberás tener una reserva de discursos sagrados con los cuales les vayas exhortando en las clases precedentes.

Para que asimilen el estilo de Virgilio u Horacio, usarás el mismo Método, si es que alcanza el tiempo. Leerás Virgilio con suma atención; te fijarás en el encadenamiento de los versos, en las transiciones, en su modo de escribir; procurarás imitar algunas de sus partes, narraciones, comparaciones, aplicándolas a un asunto semejante o diverso; otras, traducidas a la lengua vernácula, las adornarás con cadencia y versificación propias; después, pones en parangón tus versos con los versos virgilianos. Así suplirás la falta de profesor, si no encuentras quien de viva voz y presente, te corrija y enseñe.

Párrafo V
Los mejores autores de la lengua latina

La palma entre todos siempre la llevo *Cicerón* y con pleno derecho. Como es preferible no decir nada de él que decir poco, pasemos a otro.

C. Julio César, dio a luz siete libros *De Bello gallico* (= las guerras de las Galias); pues el octavo es de A. Hircio, no desdice nada de aquella edad de oro del latín. Tres libros *De Bello civili* (= de la guerra civil). En su estilo resalta una pureza armoniosa, si bien algunos echan de menos una mayor elección y gravedad en las palabras y sentencias.

C. Salustio Crispo, nacido en Amiterno en Italia el año 668 de la fundación de Roma, desempeñaba el cargo de tribuno de la plebe en Roma cuando Milón mató a Clodio. Se dice que escribió la Historia romana desde sus comienzos hasta su época; quedan de ella solamente *De Bello Yugurtino* (= la Guerra de Yugurta). *De coniuratione Catilinae* (= La conjuración de Catilina) y algunos fragmentos. Se le atribuye también un discurso contra Cicerón, pero erróneamente como lo demuestra el mismo estilo. Tácito le llama a Salustio el más ilustre escritor de la Historia romana. En verdad, abunda en datos históricos, es rico en palabras y sentencias, con todo no carece de palabras un tanto ásperas y anticuadas.

Cornelio Nepote, vivió en los tiempos de Julio César y de Augusto. Se conjetura con bastante fundamento que nació en Verona. Escribió la vida de capitanes romanos y extranjeros; las de los romanos se han perdido; de los extranjeros se conservan veintidós. Se echan también de menos las vidas de los historiadores griegos, que él mismo afirma haberlas escrito. Al comienzo de este librillo, aparece de ordinario el nombre de un tal Emilio Probo, que no fue más que un copista. Según lo demuestra claramente Vosio, copió también este librillo de Nepote y se lo ofreció a Teodosio. En este pequeño libro brilla y cautiva al lector el candor y pureza del latín, dignísimos del siglo de oro de Augusto.

Tito Livio, natural de Padua, floreció en tiempos de Augusto y Tiberio. Había dado a luz ciento cuarenta y dos libros desde la fundación de la ciudad de Roma hasta la muerte de Druso. Solamente nos han llegado treinta y cinco. En Tito Livio son dignas de toda alabanza la abundancia, amplitud y la elocuencia llena de fuerza y majestad.

C. Veleyo Patérculo durante el reinado de Tiberio escribió dos libros de historias diversas, sobre todo romanas. Una gran parte de ellos se ha perdido, su estilo es elegante, ingenioso, a veces duro y un tanto oscuro.

Valerio Máximo dejó nueve libros de sentencias y hechos dignos de recuerdo imperecedero. Vosio prueba que Valerio nació en tiempo de Tiberio aunque su modo de expresarse, muchas veces extranjerizante, sus adornos y gracias mal escogidas han convencido a otros de que escribió en época más decadente. De este escritor podríamos sacar argumentos de poemas y discursos.

L. Annio Séneca, llamado corrientemente el Filósofo, nació en Córdoba. Escribió muchas cosas magníficas e ingeniosas pero con un estilo abrupto e intrincado; por lo cual no lo deben leer sino los que tienen su propio estilo ya formado. Sus cartas abundan en enseñanzas moralizadoras, algunas respiran tanto desprecio de las cosas humanas que las podrías creer escritas por un autor cristiano. Ofrecen buenos argumentos para los ejercicios de escribir que suelen darse a los discípulos, siempre que se ponga cuidado en pulir su latín. Al fin Nerón le mandó que se matase. Séneca se abrió las venas mientras tomaba el baño.

Pomponio Mela, español de origen y coetaneo del emperador Claudio, divulgó unos libros de *Chorographia o* descrición de las regiones, con un lenguaje tan breve, limpio y elegante, que con toda razón se le incluye entre los mejores escritores del buen latín.

L. Moderato Columela, nacido en Cádiz, floreció en el mismo tiempo que Mela. Escribió libros elegantísimos de *Re rustica* (= de agricultura).

Q. Curcio Rufo dio a conocer en diez libros las hazañas de Alejandro Magno. Los dos primeros se han perdido; su pérdida la compensó Freinshemio. Curcio Rufo trabaja por escribir en estilo puro y latino de verdad; basta este argumento para decir que vivió en tiempo del emperador Claudio más bien que en el de Vespasiano.

C. Plinio Segundo mayor o más antiguo, escritor de una Historia Natural, nació en Verona en tiempo de Vespasiano y Tito. Su manera de escribir es ingeniosa, aguda, erudita; a veces por su misma brevedad y abundancia de materia, resulta demasiado concisa y aun oscura. Lo dio mucho a conocer el P. Harduino[24] de la Compañía de Jesús.

Marco Fabio Quintiliano, retórico español según creen los más; durante mucho tiempo enseñó en Roma con grande estima la oratoria. En doce magníficos libros abarcó y explicó los preceptos de la Retórica. Las *Declamaciones* que se le atribuyen vulgarmente, él mismo insinúa que fueron escritas por sus discípulos. Y en verdad, están trabajadas con estilo duro, muy distinto del que aparece en los restantes libros de Quintiliano. Diserta magistralmente acerca de los principales escritores griegos y latinos en el libro X, cap. 1.

Sexto Julio Frontino no parece lejano de los tiempos del anterior. Dio a luz cuatro libros *De Scientia militari* (= del arte militar y de las estratagemas o astucias guerreras) con estilo no carente de gracia y brillantez.

P. Cornelio Tácito es del tiempo de Trajano. Había publicado muchos libros de historia, de los cuales quedan unos pocos. De estilo sobrio y austero; sus sentencias agudas y algo intrincadas, por todo lo cual hay que meditarle más que leerle. Dice algunas cosas poco conformes con los preceptos cristianos. Su latín es a ratos audaz y duro; aunque de ordinario vivo y vigoroso.

---

24 [PLINIO SEGUNDO, Cayo. *Caii Plinii Secundi Naturalis historiae libri XXXVII* Joannes Harduinus... interpretatione et notis illustravit... Parisiis, apud Franciscum Muguet, 1685.]

C. Plinio Cecilio Segundo llamado de ordinario junior ("más joven") nacido en Como, sobrino de Cayo Plinio Senioris por parte de su hermana, floreció bajo el mismo emperador Trajano, al cual alabó en un elocuente discurso. Hay quienes le atribuyen un pequeño libro que trata de hombres ilustres; otros, lo atribuyen a Cornelio Nepote; Vosio, a Aurelio Víctor. De Plinio el junior nos han llegado unas cartas elegantísimas; con todo se nota que el brillo y pureza de la lengua latina ya se ha marchitado.

L. Annio Floro, español, en estos mismos tiempos de Trajano dio a conocer sus cuatro libros de Historia Romana. Escribe en estilo ameno y florido, pero muchas veces retorcido y fatigoso. Es algo descuidado al juzgar las circunstancias de los hechos históricos.

C. Suetonio Tranquilo, fue redactor de las cartas del emperador Hadriano. De sus muchos escritos históricos nos han llegado las *Vitae Caesarum* (= las Vidas de los Césares). Sus vicios y torpezas los describe con una morosidad que no parece conveniente a un escritor sabio y honesto, por lo demás es conciso y cuidadoso.

Marco Juniano Justino, hizo un epítome de los cuarenta y cuatro libros de Historia que en tiempo de Augusto había escrito Trogo Pompeyo. Lo dedicó al emperador Antonio Pío que entonces estaba al frente del imperio. En los asuntos judíos, y también en la mayor parte de los otros, parece estar sonando. No nos consta si la culpa es de él o de Trogo.

Artículo III
Del estudio de la lengua Vernácula

Aunque la atención y cuidado principales de los profesores de la Compañía, debe ponerse en conocer a fondo las lenguas latinas y griega, sin embargo no se debe descuidar la lengua vernácula. Su estudio puede hacerse con provecho de tres maneras.

La primera, ya que se les explica y se les manda a los discípulos traducir los autores latinos a su lengua propia, exigirles que lo hagan con la mayor elegancia posible. Para preparar bien este ejercicio, el profesor debe trabajar en la misma traducción, de modo que, o él mismo la haga con su propio trabajo, o, si la saca de algún escritor vernáculo, compare el original latino con esta traducción. Así conocerá mejor qué es lo característico de cada lengua, cuáles son sus cualidades y gracias peculiares. Este mismo método hay que seguir cuando se les prelee o explica a los niños los historiadores.

Segunda manera: todas las materias o argumentos de redacción que se dicten en clase en lengua vernácula, deben ser perfectos y acomodados a las reglas de la lengua; bien limpios y libres de todo defecto.

Tercera, hay que procurar que en las conversaciones privadas y pequeñas charlas diarias se use un lenguaje digno y ajeno a toda chabacanería. Aprovechará también releer de vez en cuando y examinar lo que se haya extractado de las lecturas y lo observado por otros acerca de los defectos y virtudes de la lengua. El profesor incipiente tenga sumo cuidado en no ser demasiado amplio en dejar libros en lengua vernácula, sobre todo si son de poesía; hay gran peligro de perder el tiempo y quizás también las buenas costumbres. Para evitar este peligro, comunique al moderador de sus estudios o al Rector del colegio qué libros lee y durante cuánto tiempo. Esté convencido de que peca gravemente si, seducido por la atracción de la lengua patria o desanimado por la fatiga de un estudio más pesado, pasa el tiempo que la Compañía destina al conocimiento de lenguas necesarias y más difíciles de modo distinto al que está tan santa y prudentemente determinado por nuestras leyes.

Artículo IV
Defectos del estilo

Párrafo I
Del estilo oscuro

Nada hay tan difícil como el escribir correctamente; por lo mismo nada hay en que se pueda faltar de más maneras[25]. Con todo, a mi juicio, los que más faltan, son los que hablan o escriben de un modo oscuro y complicado; aquellos, a quienes después de leerles dos y tres veces, no acabamos de entenderles. Este defecto tiene difícil corrección; porque los que lo tienen, no creen que son oscuros en su hablar, ellos se entienden a sí mismos según van hablando: la verdad es que quisiera creerles cuando afirman esto; pero, aunque así sea, no hablamos ni escribimos para nosotros mismos, sino para los demás.

Les aconsejo a estos escritores oscuros, que si escriben algo, se lo enseñen a un censor, aunque no sea precisamente un especialista. Si a éste le parece que hay alguna frase no muy fácil de entender, que la corrijan sin dar lugar a dudas. Puede también ayudar el redactar primero en lengua vernácula el aurgumento que hay que escribir en latín pues en lengua vernácula hay menos peligro de expresarnos oscuramente. A veces la oscuridad nace de la misma idea o del modo propio de pensar que en algunos suele ser complicado, enredado, confuso: esta confusión se

---
25 Quintiliano., Lib. 10, cap. 3.

arregla imponiéndose un plan ordenado, que el buen escritor debe seguir siempre como el hilo de Ariadna para que enderece sus pensamientos inseguros.

Por tanto, ante todo reflexione qué hay que decir, qué hay que poner al principio, qué al medio, qué al fin. Escriba primero las ideas desnudas, sin ningún ornato, casi en silogismo, como hacen los filósofos; es la manera más segura. Después, examine qué le conviene a la proposición mayor, qué a la menor, qué a la conclusión; de modo que ninguna parte de la proposición mayor recaiga sobre la menor sin motivo; ni nada que convenga a la menor, se le aplique a la mayor. Es de capital interés observar cómo los buenos autores guardan con severidad un plan de antemano prefijado.

Por ejemplo, la primera parte del discurso en defensa de Milón se contiene en este silogismo. Milón no tuvo ni deseos de poner asechanzas a Clodio, ni ocasión; luego no le puso tales asechanzas. Clodio por el contrario tuvo tales deseos y tal ocasión. Milón no tuvo deseos de preparar asechanzas, porque no tenía motivo alguno para querer prepararlas, ni utilidad, ni odio, ni carácter inclinado a la violencia, ni esperanza de impunidad; todos estos motivos se daban en Clodio en grado sumo.

Milón no tuvo ocasión de poner asechanzas porque no pudo saber si Clodio había empezado el viaje de vuelta; segundo, porque se encontró con un sitio pésimo y nada apto para asechanza; tercero, porque viajaba estorbado por el carruaje en que iba y por la comitiva de mujeres, etc.

Es muy útil acostumbrarse a disponer así otros discursos de Cicerón, divididos en sus partes. Entonces comprenderás con qué razón escribió Quintiliano, que, los escritos de los mejores estilistas son los más fáciles de entender y con mucho los más claros. También en alguna otra parte[26] manda que el orador procure, no sólo que el oyente pueda entenderle, sino que de ninguna manera pueda no entenderle.

La oscuridad nace otras veces de las mismas palabras y también de toda la estructura del discurso; por ejemplo, si se usan palabras impropias, desconocidas, abstrusas; frases mal trabadas y extranjerizantes; si se colocan palabras o casos donde hay duda razonable de a quién se refieren; si se entremezclan en turbión cosas innecesarias; si falta algo de lo cual no puede carecer el discurso sin quedar manco y como mutilado.

---

26 Lib. 8, cap. 2.

Párrafo II
De la brevedad y prolijidad excesivas en el estilo, de la hinchazón y vulgaridad

Defectos afines a la oscuridad son: la brevedad o la prolijidad excesivas, pero si fuera necesario elegir entre estos dos defectos, yo preferiría sin duda ser tachado de breve que de prolijo. Pues, como enseña Cicerón[27], más desagrada en este punto la verborrea que la sequedad. Y no es menor virtud, como dice Séneca[28], saber acabar que saber decir. Los principiantes, dice Quintiliano, lo dicen todo; los maestros en el decir saben elegir y moderar. No está al alcance de cualquiera, juzgar los límites de un discurso; esto es propio de los buenos escritores. La prolijidad se va corrigiendo con el ejercicio prudente y cuidadoso de escribir y se va podando aquella proliferación excesiva de hojarasca inútil. Hay que imitar a los marmolistas y orfebres, que a una masa informe la van gastando poco a poco con la lima y el cincel, la dan forma, la suavizan y pulen.

Por otra parte, las estrecheces de la brevedad se van aflojando con la lectura, la reflexión, el arte; la facilidad aumenta, y como alimentada por este riego saludable, cobra sangre y vida, grandeza y vigor.

El tercer defecto del estilo se llama hinchazón. Es propio de los que viven "en las nubes y entre vaciedades", que no saben la tierra que pisan. Un consejo: aquellas palabras enfáticas, aquellos epítetos sonoros, aquellas sentencias ampulosas, sacúdelas y comprímelas; verás que todo era inflación, globos hinchados por el aire; ideas y pensamientos sólidos, ninguno. Es tumor hidrópico, es parte de la enfermedad.

Pero a este defecto le corresponde otro opuesto; una forma de expresión vulgar y rastrera. Quintiliano afirma que el alma se engrandece con la sublimidad de la épica heroica; esto mismo lo consigue el estilo majestuoso de los oradores, sobre todo de un Demóstenes y un Cicerón. Una mente vulgar, baja, pedestre llegará a cobrar grandeza, si se aplica a estudiarlos.

Párrafo III
Del estilo ingenioso y del cortado o abrupto

Todos conceden que los vicios del estilo que hemos expuesto hasta ahora, son de grandísima importancia; hay otro, que agrada tanto a muchos, que se le da beligerancia y casi se le considera como una buena cualidad: me refiero a las

---

27 En el *Oratore*.
28 En las *Controversias*.

agudezas y juegos de ingenio, que si se prodigan, si son traídos por los cabellos, resultan de lo más afectado y molesto. Concedo que se vayan salpicando en el escrito como la sal en los alimentos, pero si no se hace con mano prudente y moderada, no le comunican su sabor extraño, sino que le quitan el suyo propio.

A los aficionados a las agudezas, les engaña el pensar que así escriben con ingenio; no lo niego si se hace con oportunidad pero raro es que el aficionado a decir todo con agudeza, no diga muchas simplezas y que esa aureola de hombre agudo buscada y quizás conseguida con una que otra sutileza feliz, no la eche a perder con otras muchas rebuscada y fuera de tono.

Para que conozcas en qué fallan semejantes agudezas, examínalas conforme a las reglas de la dialéctica, conocerás su insustancialidad y sentirás cuánto y por qué se apartan de la veracidad y madurez de un juicio equilibrado.

Alaba a Luis XIII, Rey de Francia, uno de esos zurcidores de alabanzas y sutilezas, cuyo mal gusto admiran tantos, y dice: "Este médico de la Galia, en el día festivo dedicado a los médicos Cosme y Damián, engendrado parió la esperanza de salvación para su reino incipiente". Si analizas este elogio según las normas de la filosofía, es para reírse: El que haya sido engendrado el día dedicado a los Santos Cosme y Damián, será el mejor médico de la Galia. Es así que... Etc. Lo que sigue es parecido. ¡Feliz aquel, que puede imitar a Craso tan alabado por Cicerón! Sus ideas eran claras e íntegras, verdaderas, originales, sin cosméticos ni pinturas pueriles. De estos adornos para la galería podrás encontrar no pocos en los versos de Lucano: "Está cubierto por el firmamento el que no tiene sepultura". De semejante modo alaba a Pompeyo cuyo cadáver yacía insepulto. Aplícale a este verso una dialéctica sana: El que está cubierto por el firmamento, debemos juzgar que está sepultado con gloria; Luego, etc. ¿Puede darse mayor y más disparatada tontería que esa proposición mayor del silogismo? ¿Acaso el destino y el castigo de los ladrones no era el que se pudriesen al aire libre, presa de las aves de rapiña y de las fieras? ¿o es que hay otro honor verdadero de la sepultura que un mausoleo bien trabajado que defienda las cenizas del muerto, levantado por el cariño de los padres o el cuidado de los amigos? El mismo, impíamente, en un verso grandilocuente y fatuo antepone a Catón, a él sólo, a todos los dioses: "El partido vencedor agradó a los dioses: pero el vencido, a Catón"; y en el libro 2, escribe que Mario, ya muerto, perdonó a los dioses. Los dos Sénecas a veces caen en este defecto; también muchos más modernos: el estilo, inficionado con el mal gusto del tiempo, va decayendo.

Hay otra clase de estilo defectuoso: el estilo demasiado cortado, el modo de hablar precipitado, según dice Cicerón[29] y como cegado por la velocidad; cada idea se encierra en un inciso. Séneca[30] se queja de que este defecto nació en su tiempo, y se lamenta de que las ideas y frases cortadas y la verdad dejada en la penumbra, se tengan como señal del buen escritor. Deben estar las partes del discurso bien trabadas (con todo reconocemos que el modo de escribir las cartas y aun su estilo son distintos) hay que imitar al cuerpo humano, cuyos miembros a pesar de ser distintos, empezando desde la cabeza se adaptan unos a otros y se unen tan íntimamente que forman un conjunto único y armónico.

Artículo V
Virtudes del estilo

A los defectos del estilo se oponen las virtudes contrarias: claridad, conveniencia, equilibrio, dignidad, fuerza, esplendor. Llamo conveniencia a la grandeza del estilo que responda a una grandeza semejante a la del argumento. Hay ideas que pueden tratarse con brevedad; otras, con mayor amplitud. Con dificultad agradan las cosas que se repiten dos veces, si no hay causa suficiente, ni hay que tanto atormente los oídos como las palabras vacías de sentido.

Llamo equilibrio a un discurso amplificado con justa proporción, ni que sea rastrero a la manera infantil, ni hinchado de una manera trágica; ni cortado o amputado; ni desigual en sí mismo y, que ni aun dentro de un argumento, conserva unidad de estilo.

La dignidad resulta del peso y majestad de las ideas y palabras; la fuerza brota de cierta gravedad viril y llena de nervio. Hablaré ahora brevemente del estilo sutil y sublime.

Párrafo I
Del estilo sutil, brillante e ingenioso

La brillantez del estilo nace de la claridad del talento, de la delicadeza en el escribir y de la habilidad. Aristóteles, en un capítulo dedicado a esta materia, explica cómo una idea puede exponerse con agudeza e ingenio. Afirma que esto se consigue ante todo si a las cosas, aun a las que carecen de vida, se les concede acción y sentimientos. Trae el ejemplo, tomado de un poeta, que a la piedra empujada por Sísifo hasta la cumbre del monte y que por su propio peso vuelve a caer al llano, la llama "desvergonzada"; como si la piedra para burlarse de los

---
29 En *Bruto*.
30 *Epist.*, 114.

esfuerzos de Sísifo y atormentarle con aquel trabajo tan fatigoso, se le escapase intencionalmente de las manos y resbalase hasta el llano.

La muerte no perdona a nadie; he ahí una frase trillada y vulgar. Pero parece original e ingeniosa cuando dice Horacio: la pálida muerte con los mismos pies pisotea los tugurios de los pobres y los palacios de los ricos. Así los poetas atribuyen a seres insensibles lo que sólo se da en los que tienen sensaciones; describen a los crímenes persiguiendo a los criminales; al Hambre, la Fama, la Pestilencia las tratan en sus versos como monstruos que surgen de las cavernas del Tártaro. El historiador Silvio[31] nos presenta a Aníbal, aunque ya cautivo y abandonado, escoltado como de un séquito militar, de los muertos en Canas, Trebia y en el lago Trasimeno.

Horacio representa a los Cuidados revoloteando junto a los artesonados de los palacios. Todo lo que hiere los ojos, oídos y restantes sentidos comunican al estilo esta misma gracia, como se ve claramente en las descripciones que actualizan la escena y la ponen ante nuestros ojos. Otro modo de decir con agudeza e ingenio es el uso de semejanzas y comparaciones; ya sean claras y expresas, ya disimuladas y solamente insinuadas, las que propiamente se llaman metáforas: v.gr. incendiar una ciudad con el llanto, estar inflamado de ira, consolar su ocio escribiendo. Lo mismo cuando decimos que sonríe en los campos la alegre primavera; y frases parecidas.

También contribuyen muchísimo a la brillantez del estilo y a su viveza, las antítesis y hacen en él, el mismo efecto que en la música la oposición de las voces graves a las agudas y en los cuadros, las sombras a las luces. Plinio en el *Panegírico* dice: *unos afirmaban que viéndote vivo y habiéndote recobrado de nuevo, ellos ya habían vivido bastante; otros, que ahora valía la pena de vivir más*, etc. Séneca[32] hablando de César: a César muchas cosas no le son lícitas, porque todas le son lícitas. Y Cicerón de Craso: "de tal modo que a mí no me parezca que los dioses inmortales le han arrebatado la vida, a L. Craso, sino que le han concedido la muerte".

No hay que creer que cuando se oye lo que ya se prevé y espera sólo por eso faltan el ingenio y la originalidad. Como aquel dicho de Plinio en el Panegírico: "Ahora, cuando hace tiempo que la nobedad está gastada por la adulación, no nos queda otra alabanza para ti, que el que por fin nos atrevamos a guardar silencio acerca de ti". Lo mismo en Séneca: cuando uno, no sé quién, le dice *para*

---

31 Silvio Itálico, Lib. 11.
32 Consol. ad. Polib.

apartarle a Medea de aquel crimen tan horroroso, que está desprovista de todo auxilio, que no puede tener ya ninguna confianza en Jasón, que a cualquier parte que se vuelva, no encontrará la más mínima esperanza de ayuda, ella responde: "Me queda Medea". Parecido es lo de Cicerón hablando de César[33]: Nada sueles olvidar más que las injurias. Y Tácito de Galba[34]: Pareció demasiado grande para vivir en la oscuridad, mientras vivió en la oscuridad; y, según la opinión de todos, hubiera parecido digno de reinar, si no hubiera reinado. El mismo Tácito de la muerte de Germánico: "Los que más ostentosamente se entristecen de que haya muerto Germánico, son los que más se alegran de su muerte".

Párrafo II
Del estilo sublime

Si me preguntas de dónde nace la sublimidad del estilo, respondo que de la grandeza y dignidad de las cosas que tratas, con tal de que la naturaleza del argumento lo merezca; pues esta regla ha de ser siempre la medida del estilo. ¿Cuáles son estos argumentos dignos de tratarse con sublimidad? Primero, los que se refieren a los dioses y a las cosas divinas. Esta sentencia: "Es magnífico perdonar a los enemigos", algunos de los Santos Padres la pondera tanto que llega a decir: amar a los enemigos es un modo de venganza verdaderamente divina. No se aparta Cicerón de este parecer (*Orat. Pro Ligario*), cuando dice: Los hombres en nada se asemejan tanto a los dioses como cuando conceden el perdón a los hombres. Estos asuntos son de una grandeza maravillosa, porque están tomados de acciones y costumbres divinas. También se consideran asuntos dignos, algunas virtudes y cualidades humanas, la liberalidad, la clemencia, la fortaleza de alma, el ingenio, la erudición, el mando, los triunfos. Finalmente, las cosas que traen gran utilidad o son en verdad necesarias: la vida, la libertad, los bienes, los amigos, la fama, etc.

¿Qué más sublime que la alabanza con la que Cicerón[35] ensalza a César? "Tu fortuna nada tiene más grande que el que pueda salvar a gran número de hombres, ni tu natural nada mejor que quieras salvar los más posibles". O aquella otra con la que Patérculo y Séneca engrandecen a Cicerón: "Hombres de talento extraordinario, que ha conseguido que no seamos vencidos por el talento de los mismos a quienes vencimos con las armas". ¿Qué más admirable que la fortaleza de Catón que ha quedado como esculpida en aquella frase horaciana, cuando canta: "Todas las tierras quedaron sometidas excepto el alma terrible de Catón".

---

33   Orat. Pro Ligario.
34   Historia, Lib. 1.
35   Oratio pro Ligario.

Valerio Máximo de Pompeyo: "Pompeyo le restituyó en el reino al rey Tigranes sometido", creyendo que era tan hermoso hacer reyes como vencerlos. Longino, un gentil, se admira y con razón de esta expresión sacada de los libros sagrados: "Que se haga la luz, y se hizo la luz"; tanta fuerza tienen estas palabras a pesar de toda su sencillez para dar a entender el poder de la voluntad divina. Y ¡qué maravilloso es aquel verso tomado del poeta rey David! "El mar lo vio y huyó", o la alabanza de Alejandro Magno en el libro de los Macabeos: "Ante su presencia calló la tierra" o el hemistiquio de Virgilio: "ahora hay campos donde estuvo Troya".

Como advierte muy bien Demerio[36], hiere la atención con más vehemencia, lo que da a entender muchas cosas grandes y maravillosas en pocas palabras. Más aun, conviene dejar algo al oyente para que lo deduzca con su propio esfuerzo no sea que si le explicamos todo lentamente, parezca que desconfiamos de su talento. De estas reticencias encontrarás abundantes ejemplos en Tácito[37]: "Cuando vais al combate pone en boca de Gálgaco, pensad en los antepasados y en los venideros". En Tito Livio[38], "un jefe espolea a sus soldados con tres palabras como tres aguijones": "¿Es qué desconoces al enemigo o a mí o a vosotros?" "Una gran fortuna, dice Séneca, es una gran esclavitud". En estos ejemplos se demuestra que la dignidad del decir, en gran parte, estriba en la misma expresión, que se encuentre en ella alguna antítesis, alguna metáfora, prosopopeya que le den al estilo el brillo y esplendor de que hemos hablado.

Lee a Longino en el opúsculo que tituló *Del modo sublime de* decir[39] o también el libro francés[40], *La manera de pensar bien*.

Mucho todavía se podía decir acerca del estilo; pero creo que ya es bastante pisar siquiera ligeramente las huellas que un maestro diligente pueda seguirlas sin ayuda ajena.

Si alguien desea más vaya a Quintiliano, principalmente en el Libro XII, c. 10, y a Causino, quien en el libro 11 de sus *Paralelos de la elocuencia divina y humana*[41] desarrolla largamente esta materia del estilo y sus diversas clases. Y puesto

---

36 Demet. Faler. *De elocutione.*
37 En la Vida de Agrícola.
38 Libro VI.
39 [LONGINO, Dionisio. *Dionysii Longini de sublimitate libellus*: cum praefatione de Vita & Scriptis Longini, Notis, Indicibus & Variis Lectionibus. Oxoniae: E Theatro Sheldoniano, Prostat apud Joan. Wilmot, 1710.]
40 [BESSON, Antonio, (ed). *La maniere de bien penser dans les ouvrages d'esprit* dialogues. A Lyon, chez Antoine Besson, 1687.]
41 [CAUSSÍN, Nicolás de. *Eloquentiae sacrae et humanae parallela:* Libri XVI auctore P. Nico-

que los límites entre las virtudes y los defectos son a veces muy poco definidos y el querer evitar un defecto, si no se hace con habilidad, es defectuoso, exhorto una y muchas veces y aconsejo que no nos cansemos de leer los mejores escritores. Así huiremos del peligro de admirar los defectos en lugar de las virtudes, y lo falso en vez de lo verdadero. Sea cual sea el ornato del estilo que usemos, ha de ser viril, fuerte, robusto[42]; rechacemos la ligereza afeminada o los afeites engañosos; brille nuestro estilo por su vigor y fuerza. No hagamos caso a los que parece repugnar todo lo que dicta la naturaleza, a los que no buscan el ornato del estilo, sino chistes tarbernarios[43]; a los que las chocarrerías tienen como sublimidades y parecen enloquecer ante el señuelo de la libertad.

CAPÍTULO II
DEL CONOCIMIENTO DE LAS CIENCIAS

La cultura de un profesor religioso no ha de limitarse al dominio de las lenguas dichas. Conviene que se extienda al conocimiento de aquellas ciencias que de ordinario se enseñan a los jóvenes: la Retórica, la Poética, la Historia, la Cosmología, la Geografía y la Filología, o sea, la Polimatia, que no es sólo una ciencia sino un conjunto de varias ciencias, las cuales todo hombre culto debe haberlas por lo menos degustado, como dicen.

Artículo I
De la Retórica

Hay que consagrar mucho tiempo y no menos entusiasmo a la Retórica o Elocuencia pues su utilidad y valor son manifiestos. Por lo tanto, el profesor procure conocer cuanto antes los preceptos del bien decir: libros para estudiarlos están al alcance de todos; el *Epitome* del P. Cipriano Soares[44], un librito del P.

---

lao Caussino trecensi e societate Iesu. [Paris], sumptibus Sebastiani Chappelet... sub signo Oliuae, 1619.]

42 Quintiliano, Libro VIII, cap. 3.

43 Quintiliano, Proem., Libro VIII.

44 [No conocemos ningún libro del P. Mario Soares con el título de *Epitome*. Existen muchos resumenes, como por ejemplo: *Summa Rhetoricae expressa e Cypriano Soaris*, Societatis Jesu Sacerdote. Ad facillimam Eloquentiae Studiosorum intelligentiam, ac memoriam accomodata. Parisiis, 1652. Véase: Carlos SOMMERVOGEL. *Bibliothèque de la Compagnie de Jésus*. Bruxelles-Paris, VII (1896) 1338]1331-

Martin Ducygne[45], el *Palatium eloquentiae*[46], la *Retórica* de Aristóteles, finalmente las *Instituciones* de Quintiliano. Que algunos, y creo que con razón, en lo que a preceptos toca, las prefieren a Cicerón.

Una vez conocidas las reglas del decir, hay que estudiar el uso que de ellas hicieron Cicerón, Demóstenes, Crisóstomo, etc. A este estudio cuidadoso y profundo, hay que determinarle un tiempo conveniente.

En tercer lugar, hay que pulir y limar el estilo con el ejercicio escrito, según lo explicamos antes. Se escoge una figura retórica, una argumentación, un trozo oratorio de Cicerón; a su imitación esforcémonos en desarrollar una idea semejante o distinta. Si debemos trabajar un discurso, después de componer una parte de él, se la enseñaremos al corrector y luego, lo reharemos conforme a las correciones que él nos señale.

Párrafo I

De la redacción de un discurso

Una vez llegados a esta materia, diré algo de la redacción de un discurso. Se le llama orador, al que habla de modo apto para persuadir.[47] Discurso, según eso, se puede definir: El trabajo de un orador con el que se esfuerza en persuadir algo. ¿Qué es persuadir? Es moverle al oyente con la palabra de modo que desee hacer algo y a ello aplique todas sus energías y no tanto porque lo crea verdadero como porque lo juzgue bueno para él mismo.

Esta fuerza y modo de persuadir estriba no precisamente en ilustrar el entendimiento, sino en saber manejar los caracteres y mover los afectos de la voluntad. Aquí consiste la verdadera diferencia entre la retórica y las demás ciencias que se conforman con probar y exponer la Verdad. Éstas sólo atienden a la verdad, a la verdad desnuda, sin preocuparse de saber quién es aquel a quien se la explican ni cómo está preparado para recibirla; en cambio, la Retórica ante todo se fija en aquel a quien le explica la verdad o lo verosímil. Con este fin, usa más de sentencias y frases escogidas y acomodadas, que se dirigen especialmente al oyente de entonces y le mueven más que otras generales y comunes: de aquí

---

45 [DU CYGNE, Martín. *Fons elocuentiae studiosae juventuti* patens sive Explanatio rhetoricae: accomodata candidatis rhetoricae: cui adjicitur analysis rhetorica omnium orationum M.T. Ciceronis... a R.P. Martino Ducygne Societatis Jesu. Editio nova, ornatior & correctior. Venetiis: apud Jo. Gabrielem Hertz, 1713.]

46 [*Reginae palatium eloquentiae*, primo quidem a RR. PP. societ., iesu, in Galia, exquisito studio, & arte magnifica extructum; nunc vero Revisum, ac sensui... Venteéis, Apud Nicolaum Pezzana, 1674.]

47 Quintiliano, Lib. XII, cap. 10 y Lib. III, cap. 3.

que Aristóteles diga que la argumentación propia del Retórico es el Entimema, porque omitida o tocada ligeramente la proposición mayor de un silogismo, hace hincapié sólo en la menor y en la conclusión.

De lo dicho se concluye que la Retórica puede definirse rectamente: "el arte de manejar las voluntades con las palabras". Lo primero al componer un discurso es encontrar la proposición y la división en partes; de aquí se deriva todo lo demás.

Párrafo II
De la proposición del discurso

La proposición ha de ser una, no múltiple: porque de su unidad depende la unidad del discurso. Es una la proposición que consta de una sola idea, v. gr. hay que declarar la guerra. El estudio de las letras confiere gran dignidad a las ciudades, tal es la ciudad cual sea la educación de la juventud; cómo se deben preleer en las escuelas católicas los autores paganos; es preferible leer pocos libros bien que muchos mal; y otras cosas parecidas.

De esto deducirás que un problema o una cuestión que tiene argumentos en "pro" y en "contra", no es tan acomodada a la unidad estricta; exige una proposición doble, por ej.: ¿Conviene que las armas (= el poder militar) ceda ante la toga (= el poder civil) o que la toga ceda ante las armas? Si hablas primero del poder civil, luego del militar, resultará un doble discurso.

La proposición debe tener atractivo, originalidad, utilidad, pasión, controversia. Porque si no es necesario probarla con argumentos, sino que basta una simple exposición o unos cuantos adornos de estilo, apenas se diferenciará de la narración histórica. Luego el que dice que sólo pretende describir las costumbres de los cortesanos o la sordidez de la avaricia o cosa semejante, que requiere una simple explicación y ninguna pasión y dialéctica, ése no hace un discurso. Se desprende claramente de la definición que hemos dado del discurso.

Es conveniente que la proposición se acomode a la edad, a la condición, al carácter y costumbres del orador y lo mismo a los oyentes, a las circunstancias y al lugar donde hay que decirla.

Párrafo III
De la división del discurso

Por lo general, la proposición hay que dividirla en partes determinadas: lo primero, porque esta división en parte contribuye a la claridad y orden del discurso; lo segundo, ayuda tanto a la memoria del orador como a la del oyente.

Las leyes de la división son: que se haga en partes que comprendan y equivalgan absolutamente al todo que dividimos. Que el número de partes no sea excesivo, de ordinario tres; a lo sumo, cuatro. Que las partes sean entre sí distintas y opuestas y que no incluya una a otra. Que sean claras y naturales, no como traídas por los cabellos o recónditas, ni complicadas y más propias para hacer alardes espectaculares de ingenio que para la claridad de la argumentación.

La división puede hacerse por varios capítulos.

1) Por la casualidad, es decir, por un concurso fortuito de circunstancias en la misma causa: Cicerón, al hablar por M. Marcelo, alaba primero la clemencia de César; luego se esfuerza en arrancar de su alma las sospechas injustas que tiene contra Marcelo. Aquella causa exigía en efecto hablar de estas dos cosas, de la clemencia y de las sospechas; de manera que si una de ellas se omite, la otra queda incompleta. Lo mismo, en la 2ª Filípica declara que va a hablar algo, pero poco en favor suyo, mucho contra Antonio; y en la primera parte del discurso, deshace algunas acusaciones que Antonio le había echado en cara; en la segunda, va describiendo la vida de Antonio empezando, como quien dice, desde la cuna. Igual hace Demóstenes en su primera Filípica. Primero, demuestra que hay que emprender la guerra con valor; después explica de qué manera se puede hacerla con ventaja.

2) A veces la división en partes puede deducirse del mismo discurso del adversario. Por ej. Cicerón en *Pro Murena*: "He visto, oh jueces, que la acusación consta de tres partes. Una de ellas reprende la vida de Murena; otra, ataca su campaña electoral por su candidatura al consulado; la tercera, contiene acusaciones de soborno de votos".

3) O de la división del asunto de que se trata, que se puede distribuir como el género en sus especies o como un todo en sus partes. Cicerón prueba que Pompeyo está dotado de los valores necesarios para la guerra y que por tanto es el más indicado para poner fin a la lucha contra Mitrídates, porque se encuentran en él conocimiento de la estrategia militar, valor personal, autoridad (para mandar), felicidad.

4) O de diversas cualidades o sentimientos que se pueden hallar en la argumentación. Si quieres retraer a Cicerón de que intente dar la muerte a Antonio, hasta decirle que es una acción inútil y que desdice de un Cicerón.

5) O de las circunstancias de tiempo: del pasado, del presente, del futuro. En favor de un comerciante a quien se le exige dinero sin derecho, puede argumentar así: el dinero a) lo ha conseguido por medios lícitos; b) lo retiene con

todo derecho. Le recomendarás por su infancia inocente y por su vida posterior, etc.

6) También de diversos aspectos del mismo asunto. Podrás reprender a Catón de que se dio la muerte, porque a) cometió una injusticia contra el autor de la naturaleza cuyos derechos ha conculcado, b) contra la patria a quien privó de un excelente ciudadano, 3) contra sí mismo, pues perdió tan hermosa ocasión de proceder con rectitud y fortaleza.

7) De las causas de la misma materia: así probarás que una vida dada a los placeres es indigna del cristiano porque ni puede Dios aconsejarla y aprobarla, ni puede dirigirse a Dios como a su fin.

8) De la división en las consecuencias: hay que evitar la gula porque es ruinosa, perjudicial para el cuerpo y para el alma.

9) De las mismas proposiciones del silogismo principal y de la razón fundamental de la causa que tienes entre manos y tratas de probar. Tratas de recomendar la oración frecuente, puedes usar de este argumento: nadie logrará perseverar en gracia de Dios y alcanzar una muerte feliz sin la oración. Y este argumento lo podrás dividir a su vez en tres proposiciones que constituirán otras tantas partes del discurso. La primera será: se debe usar con frecuencia y atención aquel medio sin el cual es imposible obtener los auxilios necesarios para perseverar en la gracia de Dios. La segunda: es así que sin la oración, etc. La tercera; luego tenemos que darnos con diligencia y atención a la oración.

10) De las circunstancias de las personas, del lugar, de modo, etc.

Párrafo IV
De la composición y estructura del discurso

Después de haber determinado las partes del discurso tenemos que buscar pruebas para confirmar cada una de ellas. Las pruebas o están incluidas en el mismo asunto, v. gr. las que se deducen de la definición, de la enumeración de partes, de las causas, efectos, género, especie, algunas circunstancias; o están fuera de él v.gr.: las que se deducen de los antecedentes, de las consecuencias; o de la semejanza, comparación o autoridad. Si la autoridad es incierta y nace de algún rumor, se llama Fama; si ha sido examinada antes, Prejuicio; si sacada de las leyes, decretos, etc., Documento; si confirmada con juramento, juramento; si arrancada con suplicios, Tormento; si avalada por la palabra de un hombre excepcional o por una escritura, Testimonio.

Aparte de estos argumentos comunes hay otros que son propios de cada uno de los tres géneros que se distinguen en el decir: el demostrativo, el judicial y el deliberativo. Hay que estudiarlos en los libros de los retóricos. Por ejemplo, en el género deliberativo las razones se deben buscar en que sea honesto agradable, útil, fácil, necesario. No habrá dificultad en persuadir al oyente si le demuestras que aquello puede hacerse y además sin dificultad que nada hay en ello que pugne con sus obligaciones; que puede alcanzar con ello muchas ventajas y satisfacciones; por fin, que le amenazan graves perjuicios si no lo realiza.

De paso hago una advertencia: que todo lo que se escribe, hay que reducirlo a uno de estos tres géneros de decir. Así se consigue que no haya idea que no ofrezca argumento a seis maneras de exponer; pues aconsejarás algo o lo disuadirás; lo alabarás o lo reprenderás; por fin, serás acusador o defensor. Esta abundancia trae consigo maravillosas ventajas, sobre todo cuando hay que repentizar. Si uno conoce bien estos llamados lugares comunes o tópicos, no le será difícil reforzar cada argumento en cada género, con un conjunto de razones apropiadas.

Párrafo V
Las partes de la confirmación: veracidad y pasión. De la manera de usarlas

En la elección de las pruebas, hay que escoger ante todo las que más interesen al oyente, las que más se acomoden a sus opiniones, su estado de ánimo, su condición, su edad. A todos nos arrastra la imagen del bien, sea verdadera sea falsa; pero una cosa es buena para unos, otra para otros; para unos es bueno, lo honesto; para otros, lo útil; para otros, lo agradable; unas cosas agradan y deleitan en unas ocasiones; otras, en otras distintas. Y como los hombres se mueven por los argumentos según les interesan más o menos, además de las pruebas que ilustran y convencen el entendimiento, hay que mover también, si la naturaleza del argumento lo permite, los sentimientos de la voluntad.

Para alcanzar este fin, será muy útil conocer a fondo el carácter de las personas y la naturaleza de los afectos del alma. Son distintos los afectos que conviene despertar, según la diversidad de las causas, v. gr.; cuando se aconseja una empresa hay que alentar la esperanza, la audacia, el deseo; cuando se la desaconseja, excitar el temor, la huida, la desconfianza; cuando se alaba, el amor, la admiración, la emulación, el deseo de imitación; cuando se reprende, el odio y la fiereza; si se defiende, el amor y la clemencia.

Después tenemos que desarrollar los argumentos encontrados y ya ordenados[48]. Se desarrollan por medio de raciocinios o de entimemas y otros modos de argumentar conocidos por los retóricos. Por tanto, cualquier razón que hayas encontrado, la dispondrás en forma de entimema o silogismo y configurarás sus líneas generales. De las tres proposiciones del silogismo, examina cuál necesita de prueba, cuál puede omitirse, cuál hay que explicar más extensamente, cuál menos; pues hay proposiciones tan claras, que el probarlas, es demostrar lo ya demostrado. Mira qué figuras retóricas iluminarán esas proposiciones, qué color de palabras y sentencias convendrá a esa todavía incolora y árida argumentación.

Cuando ya esté todo terminado y cada cosa ocupe su puesto puedes prepararte a la redacción y aquel como esqueleto de la argumentación, lo irás rellenando con carne propia y le infundirás tu alma. No hay que decir que aquel orden riguroso de las proposiciones lo puedes trastornar a tu gusto, unas veces empezando por la complexión o conclusión; otras, por la suposición (los retóricos llaman así a la proposición menor); otras, por la prueba u ornato de la proposición mayor. En Cicerón es fácil ver cómo se hacen estos cambios del orden prefijado.

En cambio, sí aconsejo y advierto una y otra vez, que tenas presente muchas veces a los oyentes, pero sin aburrirlos, de qué se trata en la causa, qué es lo que se debe probar. Cicerón en el *Pro Milone* repite hasta la saciedad, pero con variedad maravillosa: *Luego Milón no preparó acechanzas a Clodio*. Muchos oradores fallan precisamente en esto y así el oyente da alguna cabezada, o se distrae, o pierde el hilo del discurso, ya no puede seguirles; ni siquiera saben o muy tarde, qué pretende el orador o qué parte está explicando.

Los afectos hay que moverlos con los mismos argumentos que se usan para la prueba, aunque el modo de desarrollarlos es distinto; para probar, se tratan los argumentos con más agudeza y brevedad; para mover, con más extensión y vehemencia. Allí, se explican y explanan; aquí, se urgen, se inculcan, se insiste. De este modo brota aquella amplificación que proporciona el triunfo a la oratoria y que sacude a las almas vacilantes con más fuerza que el ariete al muro que se bambolea.

Al servicio de la amplificación están, en primer lugar, los ya nombrados tópicos oratorios, sacados de la enumeración de las partes, de las circunstancias, los antecedentes, las consecuencias y las comparaciones de cosas iguales, menores o mayores. El acertado uso de ellos lo alcanzarás más con la lectura y la observación que con el aprendizaje de los preceptos. Cuando lees u oyes algún párrafo

---

48   Quintiliano, Lib. VII, cap. 1.

elocuente, reflexiona qué es lo que lo mueve, cómo lo mueve y por qué lo mueve; cómo se insinúa el orador con la recomendación de su honradez y benevolencia; cómo, al alma que se le resiste, la quebranta con su fuerza y pasión, o la domina con habilidad; cómo enciende el odio, la esperanza, el temor. Si algo de esto encuentras cuando lees, anótalo, transcríbelo si tienes tiempo y te parece de gran importancia; y en ocasión oportuna, imítalo.

Párrafo VI
La refutación. Sus dos ocasiones oportunas

Lo dicho hasta ahora se refiere a la Confirmación de la materia elegida. A la Confirmación hay que añadirle la Refutación cuando pareciere necesaria. Muchos equivocadamente la omiten. Su fin es desembarazarse de todo lo que puede dañar a la causa y objetársenos si quiera con alguna sombra de verdad. Estas dificultades son de dos clases; unas de tal modo dañan a la causa que el oyente, preocupado y enredado con ellas, no puede prestar atención benévola al que habla. Suelen ser prejuicios, opiniones largo tiempo acariciadas contra las cuales todo el estrépito oratorio se estrella sin resultado, si de antemano no se las arranca del alma [del oyente]. Hay que hacerlo cuanto antes. Como lo hizo Cicerón en su *Pro Milone*.

Otros prejuicios nacen del mismo discurso cuando a un oyente prudente se le ocurre alguna razón contraria a la prueba que se explica. Si no le quitas este escrúpulo asentirá con dificultad, luchará internamente contra tus razones mientras no embotes esa arma que en silencio la arroja contra ti. Por esto proceden con prudencia los que, al mismo tiempo que estructuran la sinopsis del discurso y forman los silogismos para la prueba según he explicado antes, van entrelazando a la manera de los filósofos todo lo que un adversario severo e inteligente puede objetar a sus pruebas, y se esfuerzan en deshacerlas y refutarlas, pero con habilidad. Pues unas dificultades se desvanecen con un chiste oportuno; otras, se suavizan con una súplica; otras, se evitan con una pretensión; algunas, se deshacen con la vehemencia de la pasión o se debilitan con la comunicación. Los discursos de Cicerón están llenos de magníficos ejemplos.

También hay libros y oradores modernos que tienen ejemplos dignos de imitación; el libro precioso de Edmundo Campion[49], modelo de elocuencia varonil; *Rationes redditae Academicis* (= Razones dadas a los Académicos), etc. Brillan con luz propia el ingenio y la elocuencia en las declamaciones de Quintiliano,

---

49 [Quizá se refiera a: CAMPION, Edmond. *Rationes decem: Qvibus Fretvs, Certamen aduersarijs... Academicos*. Mediolani, apud Pacificum Pontium, 1582.]

aunque por la aspereza de su estilo no es tan fácil gustarlos; sin embargo hay interpretaciones que pueden ayudar mucho a los que empiezan. El P. Causino[50] reunió algunos párrafos oratorios de los SS. Padres, magníficos por su propiedad de expresión: discursos entresacados de los mejores historiadores griegos y romanos, aparecieron reunidos en un sólo volumen. En ellos se puede encontrar, no sólo gracia, sino vigor, energía, nervio: Mureto[51] es erudito y elegante; Petavio[52] armonioso y abundante; Cosarcio[53], agudo y sublime; Perpiniano[54], copioso y elocuente. Tampoco faltan en todas las naciones, oradores vernáculos que han dejado monumentos insignes de elocuencia, lo mismo sagrada que profana.

Párrafo VII
Qué defectos se suelen cometer de ordinario al redactar un discurso

Al redactar un discurso los defectos ordinarios suelen ser los siguientes. Unos arremeten la redacción con un furor ciego, arrebatan cualquier argumento que les parece oportuno, en ampliarlo sudan y se fatigan, con frecuencia inútilmente. Mucho mejor lo harían, si la materia de la redacción, después de bien conocida y estudiada, la dividiesen en partes, la perfeccionasen con pruebas, como lo hemos indicado en el § V, y todo este plan del edificio dibujado en sus líneas generales, primero lo adornasen y solo después emprendiesen la construcción.

Otros se exceden en palabrería, les faltan material e ideas. Las pruebas de ordinario deben estribar en las ideas y sentencias, pues, de ellas depende la fuerza de nuestro raciocinio; pero el saber introducirlas con oportunidad muchas veces como al azar, pertenece a la habilidad e ingenio del orador.

Otros, por el contrario, sólo se ocupan de la búsqueda de ideas fundamentales y generales, las que los retóricos llaman Tesis; casi nunca se dignan descender a las hipótesis, usaré la palabra misma de las retóricas, ni a la misma causa.

---

50 [Pensamos que se refiere a: CAUSSÍN, Nicolás de. *Eloquentiae sacrae et humanae parallela:* Libri XVI auctore P. Nicolao Caussino trecensi e societate Iesu. [Paris], sumptibus Sebastiani Chappelet... sub signo Oliuae, 1619.]
51 [MURET, Marc Antoine. *M. Antonii Mureti Operum in usum scholarum selectorum,* tomus I... Patavii, apud Josephum Cominum, 1741.].
52 [PETAU, Denis. *Dionysii Petavii Aurelianensis... Orationes.* Parisiis, Ex Officina Niuelliana, sumptibus Sebastiani Gramoisy, 1620.].
53 [Es imposible identificar la obra a la que se refiere el autor. Más información sobre Gabriel COSSART en: Carlos SOMMERVOGEL. *Bibliothèque de la Compagnie de Jésus.*Bruxelles-Paris, II (1891) 1495-1501.]
54 [PERPIÑÁN, Pedro Juan. *Petri Ioannis Perpiniani valentini e Societate Jesu Orationes duodeuiginti.* Nunc primum in Germania in lucem editae. Ingolstadii, Ex officina typographica Dauidis Sartorii, 1595.].

Nada hay más engañoso que este defecto, sobre todo en los oradores sagrados. A veces los ves que tratan, y ciertamente con elegancia, las costumbres y preceptos cristianos en general, en Tesis. Con esta oratoria, los oyentes les aplauden de buena gana, pues no sienten que su alma se desgarra por palabras punzantes, ni que se reprenden sus vicios, ni que se les arranque de su comodidad; prefieren que les halaguen los oídos.

Otros escriben, redactan con aridez, concisión excesiva, sequedad. Cuando se desencadena la galerna, a veces hay que lanzarse a la orilla, pero no siempre se puede escogerla. Se debe dar al discurso frescura, vigor, dignidad, sea con la abundancia de ideas y de erudición que hay que procurársela de todas partes, sea con la variedad de las figuras de dicción. Examina de cuántas maneras repite y aclara Cicerón el mismo asunto; a veces urge con preguntas; otras, finge que el adversario pregunta y él responde; otras, duda qué dirá de tantas cosas que se le ocurren y cómo lo dirá; con frecuencia delibera con los adversarios, a veces consigo mismo; o reproduce las conversaciones de los hombres, sus planes, su carácter, su aspecto; introduce personas fingidas, exclama, se chancea, se admira, se enfada, suplica.

Otros, mientras desean decirlo todo espléndidamente, ingeniosamente, maravillosamente, le divierten con esa farsa a un oyente de mediana cultura. ¿Qué nace por fin del "parto" de esos montes? Un ridículo "ratón". De tanta importancia es saber guardar la medida.

Algunos todo lo dicen con dureza y brusquedad, parece que se consideran grandes y que gozan si maltratan al adversario con sus palabras y dichos: nada hay más indigno de un hombre bien educado. A este grupo podemos añadir el de los oradores que juzgan grandioso el consagrar los pecados y los pecadores a todas las furias, el derramar sobre los malvados toda la hiel y amargura que destila su propio carácter o su habilidad para maldecir. Se equivocan de plano. Con sus amenazas, con su vociferación y su jactancia, no obtienen ningún provecho; a los hombres se les atrae con benevolencia y amor; y si en algo tienes que reprenderles, amenazarles, instarles, conviene que comprendan que todo nace de tu amor hacia ellos; si no se procede así, se apartarán de ti y huirán.

En este punto, Demóstenes es un fuera de serie; casi nunca reprende la dejadez de los Atenienses (y cuando lo hace, les sacude bien), sin que les excuse y les halague como puede; junta y entrelaza con la esperanza, el miedo; con la súplica y la exhortación, la severidad.

Pero el mayor defecto de los oradores sagrados es, el que sean pobres y secos para mover los afectos y sentimientos, hablan con agudeza, disertan con ingenio, exponen con brillantez y elegancia; el auditorio aplaude, se admira; pero como les arguye San Agustín con razon, "no se convierte", sigue pegado en el cieno de los vicios; se marcha tan pecador como vino. La culpa de esta desgracia es la que he dicho, no han removido la voluntad, no la han agitado ni el miedo ni el odio ni el amor; y sin embargo aquí está el verdadero triunfo de la elocuencia; en lo demás, lucha; aquí, vence.

Por fin hay quienes dicen de una manera basta, vulgar, rústica, sin gracia. Los manjares, aun los más exquisitos, si se presentan en la mesa sucios, en bandejas malolientes, mal condimentados, repugnan. A tales oradores debe corregirlos la Declamación. Un poco acerca de ella.

Párrafo VIII
¿Qué es declamación? - Sus preceptos

Los antiguos consideraban la declamación un ejercicio privado; con él aprendían dentro de su casa el arte de hablar y exponer en público. Como los gladiadores luchaban en la palestra con varas antes de enfrentarse con espadas en la arena del circo.

Ahora llamamos declamación un escrito que se da a los discípulos jóvenes para que aprendan a modelar el gesto y la voz con arte. Se recita desde un púlpito o en algún pequeño escenario pero sin aparato escénico; los italianos le llaman "Recitación". Por ejemplo, una pequeña poesía o un idilio, alguna fábula dramática o cosa semejante.

En primer lugar, hay que decir en general, que estas declamaciones que, conforme a nuestras reglas, se hacen casi todos los sábados en clase y a las cuales se invita a las otras, deben ser breves; como cosa ordinaria, les basta media hora; otras ya más largas que se acostumbra tenerlas cada mes, requieren una hora.

2) Si se quiere declamar algo que excite la hilaridad, no se escoja nada chocarrero, ni chistes recogidos del arroyo, ni bromas de taberna no se inflamen los hechos y costumbres de aquellos cuya honra se debe guardar; no se les describa a los que oyen o ven con versos punzantes; no arremetan con demasiada libertad contra la vejez, contra algunos modos o costumbres de vivir; de ahí nacen con frecuencia grandes discordias. El argumento ha de ser tal que se preste al ejercicio del latín, del ingenio, de la elocuencia; que, en todo o en parte, pueda ser desarrollado por los jóvenes, conforme a lo que se manda en nuestras reglas; que se exponga con gravedad y dignidad; esto último es lo que se pretende ante todo en

dicho ejercicio. Y no hay que tener reparo en hacer observaciones acerca del modo de pronunciar, o como dicen, de declamar.

Párrafo IX
Del modo de pronunciar o del aprendizaje de la voz y del gesto

El trabajo de este aprendizaje es doble, el de la voz y el del gesto. La voz no ha de ser tan débil que no alcance a los oídos aun algo distantes; en la voz hay que evitar la intensidad igual y sostenida que llaman *monotonía;* a veces hay que levantarla, otras bajarla; unas veces hacerla más rapida, otras más tranquila; como la naturaleza, que al hombre airado le presta un tono de voz; otro al suplicante; otro, al narrador: y así al triste, al alegre, al joven, al viejo, a cada uno el suyo.

Se debe cuidar de que los niños no vociferen cuando no conviene; no declamen frases demasiado largas sin respirar; observen con cuidado las cláusulas y las pausas; no se salten sin motivo las comas que obstaculizan un poco el discurso, como unas barreras que detienen la carrera desenfrenada; los cortes mayores que se llaman puntos, son como las metas; en ellos hay que detenerse y cobrar aliento. Es una equivocación, cuando se recitan versos hexámetros, poner la fuerza de la voz y su límite en cada verso; o detenerse en los pentámetros ante la palabra bisílaba que de ordinario cierra estos versos.

La regla es que la declamación prosiga hasta que la sentencia se exponga completamente, a no ser que la unión de las palabras o frases sea tan larga que no se la pueda desenvolver de un aliento; en este caso, estará bien detenerse momentáneamente hacia la mitad. También es defectuoso el bajar demasiado la voz al finalizar las frases y el levantarla o bajarla con un tono siempre uniforme. En este punto tiene suma importancia la gracia de los cambios de voz; no hay cosa más molesta al oído que la uniformidad; así sucede en los conciertos de instrumentos de cuerda y en las armonías inarmónicas.

Mucha atención y cuidado son necesarios para que aun las últimas sílabas se emitan con distinción; es defecto muy frecuente cortar las palabras con grave perjuicio de la idea o de la sentencia. Otros defectos v.gr., el que algunos hablan más de nariz que de boca; que tartamudean palabras balbucientes o entrecortadas, son por lo común defectos naturales; siempre podrán corregirse algo; quitarlos por completo, nunca.

Al ejercitar a los jóvenes en la declamación, les aprovechará que expliquen en voz natural, como en conversación, lo mismo que después van a declamar. En efecto, el primer cuidado debe ser, que entiendan bien la materia que están para declamar. Con este fin, será muy útil hacerles traducir a su lengua materna; aún más, que lo declamen un poco en la lengua vernácula como si tratasen con un compañero o con una persona conocida. Entonces fácilmente caen en la cuenta qué tono de voz hay que usar, qué gesto; una vez ya tengan bien sabida la idea y el tono que le corresponde y hayan poco más o menos como delineado la acción, podrán levantar la voz, y, si el asunto lo exige, entusiasmarse y apasionarse.

También conviene que estén presentes algunos amigos, familiares, desconocidos, los cuales les oigan declamar en privado antes que se lancen al púlpito, sobre todo si son novatos en el arte de declamar; así, se afirman y con la voz y avisos de un extraño, se convencen más que con los del maestro al que ya están acostumbrados. Por último, atienden a que, si declaman varios, se tenga cuenta con el silencio y moderación no sea que pierdan el tiempo hablando, correteando o esperando[55].

En el ejercicio de la acción, sucede lo mismo que en el uso de la voz; hay sus leyes y tiene su fin determinado. El aspecto y posición del cuerpo ha de ser firme, bien asentado y derecho. La cabeza ni inclinada hacia un lado ni echada hacia adelante; no se la sacuda sin motivo ni se la levante. Las manos hay que adelantarlas poco del pecho; no se las alce con frecuencia tanto que exceda la altura de los hombros, ni se las deje caídas a ambos lados como si estuviera manco, ni se apoyen las dos formando arco en los costados como asas de ánfora, ni se aprieten sino rara vez en forma de puño.

La acción del dedo índice levantado y movido de cuando en cuando con los demás dedos recogidos bajo la palma de la mano, es poco digna; es acción elegante la de juntar el anular y el medio con los demás un poco separados. La palma de la mano de ordinario esté plana; se la puede hacer girar alrededor del cuerpo lo mismo que al hueso cubito alrededor de los costados.

Desdice entrar con desenvoltura, mover los pies cuando hablas con alguien a no ser que lo hagas en señal de desprecio. No conviene tener los pies demasiado separados, ni torcidos hacia adentro como los patizambos o los estevados, ni siempre conserven entre ellos la misma distancia. Todas estas cosas las deben enseñar a los niños los profesores de gimnasia (¿baile?); es natural que a ellos les consulten y les obedezcan; si hay algo defectuoso, la misma manera de ser de un hombre poco educado, poco culto, lo dará a conocer. Cuando se trata de expresar las emociones más vehementes del alma, nada hay que impida apartarse de estas normas, con tal que siempre se guarde el decoro y la decencia.

---

55 *Ratio Studiorum*, Reg. 14 Rectoris.

Párrafo X
De dónde se pueden sacar argumentos de las declamaciones

Quizás pregunte alguno qué argumentos son preferibles para una declamación cuidada y digna. No hay ley que lo determine. Abundan ejemplos en las *Declamaciones* de Quintiliano, en las *Controversias* de Séneca, en las *Prolusiones* de P. Famiani Estrada[56]. Con facilidad se pueden encontrar en la Historia Sagrada y profana: v.gr. el caso que cuenta Q. Curcio de Abdolomino; de hortelano que era, Alejandro Magno le hizo rey. O aquel que cuenta la *Historia del Japón*[57]: tres hijos no pudiendo alimentar a su padre anciano y mendigo, determinaron que uno de ellos elegido por la suerte, fuese arrastrado por sus hermanos al Pretor urbano como ladrón y sicario cogido en flagrante delito. Existía entre los japoneses una ley que, quien presentara un ladrón al tribunal, fuera recompensado con cierta cantidad de dinero. Las lágrimas fraternas y el amor que no entiende de disimulos, hicieron que el Pretor sospechara el engaño; conocido todo el caso, alabó el amor filial de los hijos y alivió la miseria del padre.

No carece de gracia lo que se cuenta de un anciano. Quebrantado por los años y las enfermedades, dividió sus riquezas entre los hijos; éstos antes le respetaban, ahora enseguida empezaron a despreciarle. Conoció el anciano su equivocación; pidió a un amigo dinero prestado; lo olfatearon los hijos y comenzaron de nuevo con sus muestras de respeto como antes, por la esperanza del dinero; la cual esperanza, el anciano (ya cauto y) aleccionado por la experiencia, procuraba conservarla. Muere, (se) le lloran, (se) le sepultan con toda magnificencia. Acabado el funeral, corren los hijos a la casa paterna para dividirse el arca bien cerrada y pesadísima, según creían y se lo había insinuado el anciano, por las monedas; abren el arca, aparecen montones de piedras con este testamento: "Por los padres incautos, a los hijos ingratos".

¿Qué impide representar y reprender con una buena descripción de diversos personajes, los peligros de un ejercicio mal dirigido, el cuidado excesivo de la elegancia y finura de los jóvenes, la charlatanería[58] y pereza; o los defectos de la conversación diaria y familiar como la taciturnidad, la ironía mordaz, la ostentación, especularidad, etc? ¿Por qué no traer a la escena personas de diversas

---

56 [STRADA, Famiano. *R.P. Famiani... è Societate Jesu Elocuentia bipartita, pars prior Prolusiones academicas... altera Paradigmata eloquentiae... excerpta ex Decade prima & Secunda historiae de Bello Belgicum ejusdem auctoris.* (Amstelaedami: sumptibus Joannis Revesteynii, 1668).].
57 Año 1604.
58 Plutarco, *In Moralibus*; Petrarca, *De los remedios de una y otra clase;* Teofrasto, *Los caracteres.*

naciones, un Italiano, un Alemán, un Español, un Francés, un Indio, etc. que cuenten cada uno de su nación hechos que atañen a su Historia, a su Geografía, a los caracteres distintos de los pueblos? O exponer las reglas para escribir un epigrama y explicarlas con ejemplos acomodados; o enseñar la manera y forma de redactar cartas; o recordar las varias clases de juegos recientes o antiguos; traer a la memoria su origen y darlo a conocer con alguna razón o fábula; hacer la crítica o sátira de los vicios pero con prudencia y respeto? También alabar los dichos de los sabios; entrelazar con ingenio enderezándolos a un fin prefijado, bromas y chistes graciosos de los antiguos; describir las obras insignes del arte o de la naturaleza; enfrentar a un poeta con un orador, a un soldado con un abogado que disputan y razonan cuál de sus oficios es el más noble; presentar a un pigmeo dialogando con un adolescente acerca de las ventajas y desventajas de su respectiva estatura.

Puedes poner en escena a Heraclio disputando con Demócrito en una asamblea de filósofos en la que se debate qué es mejor, reír o llorar; a Ptolomeo deliberando consigo mismo si entregará Pompeyo a César; a Augusto si dejará el principado, o si debe perdonar a Cinna; a Herodes acusando a sus hijos delante del César. Establece un desafío de poetas, uno que alaba la tragedia y la anteponga a todos los poemas; otro, que alabe la comedia; un tercero, la epopeya, etc. y allí se te puede presentar ocasión para enseñar muchas cosas y disertar con erudición de cada género literario.

Que belleza artística tiene aquel Hércules, perplejo en el célebre bitio (encrucijada), cuando por un lado le atrae la Virtud, por el otro el Placer! ¿No tienen atractivo aquellas mujeres presentadas por los Genios o sus amigos? ¿Y un San Agustín reflexionando sobre la vuelta a una vida mejor? ¿Benjamín acusado de hurto delante del Faraón; aquellos dos jovencillos Justo y Pastor, si no me es infiel la memoria, que de la escuela y de los juegos infantiles marcharon al martirio? Además, en estas materias de declamación, hay ocasión de ejercitar la piedad.

¿Y el hijo pródigo recibido por su padre? o el rey que condena reo de lesa majestad a un súbdito con sus hijos y se entera que su propio hijo, sin él saberlo, muere por aquel padre y con esto le obliga a perdonar al reo? La cual alegoría S. Bernardo la expone con suma maestría y la traslada a J. C. que recibe los castigos que merecemos por nuestros pecados.

Buen ejercicio será describir la triste muerte de Antíoco o de otro cualquier malvado; la pertinacia del Faraón; la soberbia de Nabucodonosor. Todos estos asuntos son grandiosos y ofrecen campo abierto donde la elocuencia y el talento puedan explayarse a su gusto.

Los Lacedonios solían enseñar a sus hijos poniéndoles ejemplos a la vista y por esto iban con ellos al foro. Allí de las diversas cosas que se les ofrecían, tomaban ocasión para educarlos, v. gr. de la vista de un borracho, les inspiraban horror a la borrachera; horror a la ira, de la impotencia de un hombre enfurecido; representar en escena esta costumbre, sería muy hermoso ejercicio y de mucha utilidad.

Disputan entre sí los hombres cultos qué escritores se deben estimar más, si los antiguos o los recientes; unos defiende la causa de la antigüedad, otros la de los modernos (novedad). Unos contarán historias elegidas de los autores profanos y que por algún aspecto excitarán la admiración; o de los autores sagrados, como milagros hechos por los Santos. También sirven para las declamaciones poesías pastoriles, Metamorfosis, descripciones de lugares, v. gr. la casa de la Fortuna, el Palacio de la Elocuencia, el del Tiempo, de la Fama, etc.

En fin, todos los argumentos de discursos o poesías, pueden ser materia de declamación. La única diferencia es que en la declamación se puede tratar más jocosamente; a veces representarlos al vivo dividiéndolos en partes y encomendándola a distintos actores. Pero se tenga muchísimo cuidado de que para ejercitar a los niños se escojan argumentos de alguna utilidad para la vida, no hacer como hacían los antiguos y Quintiliano se queja de ello con razón, escoger argumentos sin substancia y sin fundamento.

Artículo II
De la poética
Párrafo I
¿Qué es poesía?

La poesía puede definirse: un arte propio de hombres libres, que imita las acciones de los hombres de modo que sea de provecho para las costumbres. Su principal diferencia de la Retórica consiste en que utiliza medios distintos para persuadir: proponiendo ejemplos y acciones honestos que incitan a imitarlos o depravados que incitan a evitarlos. No solamente ha de exponerlos con palabras para los oídos, sino en cierto modo hacerlos presentes que casi se vean con los ojos; en fin, procura, más que la Retórica agradar, y agradando, aprovechar.

De la Historia se diferencia en que la Historia se sujeta a la verdad de modo que sería vergonzoso que un historiador se apartase de ella; en cambio la Poesía no se fija en la verdad sino en lo verosímil; no indaga qué es lo que se ha hecho sino principalmente qué es lo que se debió hacer o se pudo hacer; no describe los hechos cogidos de la Historia, sino por decirlo así, los crea o los adorna con detalles; el poeta es casi un creador de su materia. De aquí su nombre de "hacer", en griego.

Y porque, para enseñar buenas costumbres, debe proponer ejemplos perfectísimos, que apenas se encuentra en esta vida ensuciado con tantas manchas, la Poesía trabaja por quitarlas o removerlas y por presentar la virtud limpia de toda impureza.

Párrafo II
Del poema épico

La obra poética se llama Poema. Es de dos géneros: a uno le llaman Épico; al otro, Dramático. El Épico consta sólo de narración. *Epos* en griego significa palabra, verso, narración. El Dramático consta de acción y de actores que se presentan en escena. Su nombre está tomado de la voz griega *dran,* que significa "hacer", "presentar".

El poema Épico se define: simple narración de un hecho glorioso, adornado con ficciones y versificación. Tiene de común con la Historia el narrar un hecho; el estar adornado con versificación y ficción y es propio de la poesía, que se cuida de agradar a los oídos y a las almas y nos propone ejemplos los más gloriosos, como acabo de decir; el narrar hechos insignes es lo propio del poema épico, pues está destinado a educar a príncipes, hombres más elevados en el rango social, y por eso también se le llama Heroico. En esta grandeza se distingue de los otros poemas de inferior categoría comprendidos bajo la denominación general de "Épica". De ellos hablaremos después.

Por ser simple narración se diferencia del poema Dramático, en el cual aparecen personas y actores. Se le llama con frecuencia *Epos*, voz griega que, según he dicho, significa narración; también verso heroico o hexámetro, que es el que usan de ordinario los poetas dramáticos, por ser un verso lleno de gravedad y dignidad. A veces se le denomina "Epopeya", es decir, poema o narración en versos hexámetros. En la *Eneida* de Virgilio, tienes un modelo de poema épico nunca bastante admirado.

La acción clave de todo el poema es la victoria que Eneas, habiendo salido de Troya incendiada y habiendo venido a Italia por mandato de los dioses, alcanzó sobre Turno, rey de los Rútulos. Esta victoria le da a Eneas las llaves de Italia. Sus sucesores fundaron a Roma. De su linaje nació César Augusto, a quien Virgilio adula en todo el poema.

Como cánones del poema épico se suelen considerar los siguientes: Primero, que se escoja alguna acción única y gloriosa pero que esté rodeada de circunstancias como acciones secundarias. Segundo, que estas acciones secundarias sometidas y entreveradas a la principal, que se llaman Episodios, tengan a un tiempo mucho de verosimilitud y mucho de esplendor. Tercero, que esta acción de tal modo realzada por sus circunstancias (que no deben ser demasiadas) se desarrolle o pueda desarrollarse en un sólo año. Así Eneas sale de Troya al comienzo del invierno, es arrojado al África por la tempestad; allí se detiene durante todo un invierno, se lanza de nuevo al mar al comienzo de la primavera; en pocos días aborda a Italia y prepara la guerra; la comienza en verano y al término del otoño, con la derrota de los enemigos, la concluye. Aristóteles no establece un tiempo determinado para el poema épico, únicamente dice que depende de la naturaleza misma de la acción. Cuarto, que se fije para la acción un lugar no demasiado extenso. En la *Eneida* es parte de Italia y el vecino litoral de África.

A la encadenación de la acción principal con las otras que se le unen y le acompañan, y a la ordenación total, se le llama fábula. Puede ser simple o compuesta. Fábula simple es la que avanza del principio al fin como en una carrera ininterrumpida; la compuesta comprende diversos acontecimientos y peripecias. O sea, cambios inesperados. En cualquiera de las dos clases debe haber "catástrofe", es decir, vuelta de las cosas de un estado a otro, de una situación alegre a una triste o de una triste a una alegre y afortunada. El paso de una situación a otra se llama nudo. Más detalles los puedes encontrar en el trabajo del P. Mambruni[59] sobre la poesía épica y en otros que han escrito de esta materia.

Bajo el nombre de Poema épico se comprenden también otra clase de poemas de menos aliento poético que no son partes, adornos, aditamentos de aquel más grandioso: los Idilios, las Sátiras, las Odas, las Elegías, los Epigramas, las Eglogas, la Poesía Eucarística o acción de gracias por beneficios recibidos; el Epinicio o cántico de gratulación por una Victoria; el Ifitirio o salutación a alguien que se acerca a nosotros; el Propemtico, despedida al que se aleja; los Soteria, con los que felicitamos por la salud recobrada o hacemos votos por recobrar la perdida; el poema Bucólico y el Geórgico, en los que cantamos hechos y personas de la vida del campo, etc.

En todos ellos se pintan los sentimientos de los hombres, sus habilidades, obras, aficiones; se les alaba o se les vitupera. Por regla general, estas poesías breves son pinturas de lugares, cosas o costumbres; v. gr. de lugares, si se describe el antro del Hambre, la casa del Sueño, la isla de la Fortuna, la cárcel del Palacio

---

59 [MAMBRUN, Pierre. *Dissertatio peripatetica de epico carmine* auctore Petro Mambruno.. Societate Iesu. Parisiis, apud Sebastianum Cramosy... et Gabrielem Cramoisy, 1652.

Real, el laberinto de la Mentira, el palacio de la Elocuencia, etc.; de cosas, si se representa una cacería, un juego, algunas historias verdaderas o fingidas, una metamorfosis, etc.; de costumbres, si se compone una Sátira contra algún vicio; si se describe la Avaricia, la verbosidad molesta de un charlatán, la finura fastidiosa de un impertinente, etc. Si a esto añades máscaras de teatro y actores pertenecerán al poemaDramático.

Párrafo III
Del poema dramático

El poema dramático se define: una imitación o representación de algún suceso por medio de personajes que trabajan en la escena. En él se hallan casi todos los elementos que hemos observado en el Poema Épico: es decir, una acción principal, por ejemplo, Oreste mata a Clitemnestra, su madre; después, la conformación y disposición de todo el suceso, la Fábula. A la acción principal se le añaden otras muchas, ya dijimos que se llaman Episodios, es decir, acciones advenedizas, esto significa la palabra griega: v. gr. el que Orestes con un exterior todo cambiado entre en la casa de su padre, el que sea recibido, el que sea reconocido por su hermana Electra, etc. Ahora bien, estas acciones secundarias, si encierran cambios de fortuna inesperados pero pasajeros, o sea, tales que el héroe no se estabiliza en la nueva fortuna cambiada sino que sigue adelante hasta llevar a término la fábula, se llaman "peripecias".

El final de la fábula o catástrofe agrada muchísimo cuando le precede un reconocimiento. En efecto, Orestes por fin es reconocido como tal por su hermana.

El final propiamente se llama "nudo", cuando el espectador teme que la acción principal a la que se endereza toda la fábula resuelva de modo distinto al que conviene[60]; se llama solución y catástrofe, cuando alcanza un final acomodado, consecuente, pero también imprevisto; entonces los espectadores se admiran y prorrumpen en aplausos.

Los preceptistas del arte poética conceden el tiempo de un día como límite máximo para el desarrollo de la acción trágica; el sitio, siempre el mismo para que pueda ser visto con los ojos y captado sin esfuerzo, un palacio real o alguna sala suya, el pórtico de una casa o el atrio, el vestíbulo de un templo, la orilla de un bosque, etc.

Horacio prescribe cinco actos o partes y lo comprueba la costumbre de los poetas latinos; pues los griegos no parece que se atuvieron siempre a este número.

---

60   Hoy lo calificaríamos de *suspense*.

A algunas fábulas que constan de tres actos, se les llama de ordinario Dramas, nombre que también es común en todos los géneros dramáticos. Aristóteles enseña que el fin de la poesía dramática es la "purgación del alma", o sea, libertarla de sus vicios y sentimientos desordenados; pues no hay nada que retraiga tanto a los hombres de los vicios como el miedo a las desgracias que ven que caen sobre los malvados; y nada que les incite tanto a la virtud como el espectáculo de un hombre honesto cuyas calamidades las sienten tan hondamente que alaban su paciencia y fortaleza en soportarlas o de cuya honradez se congratulan al verla recompensada con los premios merecidos.

Lee el *Arte Poética* de Horacio donde recomienda varias reglas de esta clase; puedes ojear el comentario del P. Mambruni antes mencionado; consulta también, si sabes francés, el libro titulado *La Practique du* Theatre[61] y las observaciones de Pedro Cornelio [Corneille], poeta francés, que están en el prefacio de sus tan célebres tragedias. De paso diré que el antiguo Séneca, cuyas tragedias se conservan, quebranta a menudo y en cosas de importancia las reglas del arte. Los griegos fueron mucho más escrupulosos en observarlas.

Párrafo IV
De la tragedia

Si la acción que imita al poema dramático, es brillante y su figura central es un personaje fuera de serie, se llama Tragedia; si la acción es plebeya y tomada de la vida y costumbres populares, se la llama Comedia.

Por tanto la Tragedia se define: poema dramático que nos ofrece alguna acción brillante de un personaje excepcional. Además de todo lo dicho en el párrafo anterior que es común a la tragedia y a cualquier obra dramática, hay que cuidar que la acción Heroica que se representa y que da nombre a la Tragedia, no sea completamente desconocida ni extraída de las tinieblas de alguna historia ignorada; segundo, que pueda contribuir a educar las costumbres de los oyentes. Se podrán muy bien sacarlas de los libros sagrados o del tesoro de los *Anales eclesiásticos*. Ahí se encuentran en gran abundancia hechos provechosos y admirables.

El argumento hay que desarrollarlo de manera que todo en él sea serio, grave, digno de un poeta cristiano. Una acción en la que resplandezcan las buenas costumbres, muchas veces mueve a los espectadores más que un sermón por erudito y elocuente que sea. Nada de amores profanos, aunque sean puros; nada

---

61 [AUBIGNAC, Abbe d'. *La pratique du theatre*: tome second par l'Abbe' D'Aubignac. A Ámsterdam, chez Jean Frederic Bernard, 1715.]

de personajes femeninos⁶² sea cual sea el vestido con que se los presente; al fuego, aun oculto bajo la ceniza, no se le puede manipular sin quemarse y las brasas, aun extinguidas, aunque no quemen, por lo menos manchan.

De este cuidado, el maestro religioso sacará otra utilidad para sí: no tener que andar leyendo ciertos poetas vernáculos que de primera intención tratan asuntos de amoríos tiernos y sentimentales. Nada más pernicioso que tal lectura.

¿Hay que escribir la tragedia en verso o se puede hacerlo en prosa? La costumbre ha sido escribirla en versos yámbicos. La razón la trae Horacio en su *Arte Poética:* que los versos yámbicos por una parte imitan la conversación corriente y por otra tienen algo de sonoridad y algo propio acomodado al desarrollo de la acción. En realidad la prosa parece menos digna del coturno trágico. Todos los hombres cultos están de acuerdo en que la Epopeya no puede escribirse más que en el verso heroico; acerca de la tragedia, algunos disienten, a mi modo de ver, con poco acierto.

Pero ciertamente a nadie aconsejaría que la escribiera en versos vernáculos pues de ordinario somos incapaces de hacerlo, y, si lo hacemos, hacemos el ridículo. Además, nuestras reglas nos lo impiden cuando pretenden que nuestros ejercicios literarios favorezcan nuestro aprendizaje de la lengua latina. Y nuestros teatros no intentan proporcionar un placer cualquiera, sino digno de un público culto y selecto; las maravillas de este arte se envilecen si se las rebaja al gusto y paladar estragado de la muchedumbre inculta.

Estudia en Séneca y en el P. Petavio el ritmo y sonoridad del verso yámbico o también en el P. Malapertio en su *Sedecia*⁶³. Hubo en el siglo anterior poetas y no despreciables que preferían los versos yámbicos menos sonoros semejantes a los yambos griegos; yo preferiría los yambos al estilo de Petavio, con tal que se evite la oscuridad y se acorten las frases demasiado largas. En lo que se refiere al aparato escénico de tal modo hay que atender a deleitar los ojos y los oídos, que no se hagan gastos exagerados. En esto resbala más de una vez la prudencia de los profesores jóvenes que creen que han escrito una magnífica tragedia, una obra de arte, si es muy suntuosa, si tiene un aparato escénico brillantísimo, vestidos bordados de oro, músicas rebuscadas. ¿De qué le sirven los jaeces reales a un animal que derriba a su jinete o a un caballo macilento y lleno de mataduras?

---

62 *Ratio Studiorum,* Regula 13 Rectoris.
63 [MALAPERT, Carlos. *Sedecias Tragoedia aliaque Poëmata* Caroli Malapertii è Sociestate Jesv ad Serenissimum Vladislavm Poloniae Principem. Dvaci, 1624.]

Párrafo V
De la comedia

La Comedia se define: poema dramático que representa una acción plebeya y tomada de la vida cotidiana. Está hecha sobre todo para enseñar al vulgo con ejemplos domésticos tomados de la vida común. La Tragedia por el contrario es propia para aconsejar a los hombres principales y a los de temple de héroe. La diferencia entre las dos nace de la nobleza o bajeza de las personas y acciones. Así lo afirma Aristóteles en diversos sitios; y no como algunos creen equivocadamente, de que la tragedia se cierra con un fin desastroso y la comedia con uno feliz y alegre. ¡Cuántas tragedias se hallan, aun entre los griegos, conocedores, si ha habido alguien, de estas leyes del drama, que acaban con fin felicísimo y lleno de alegría!

La Tragedia es la imitación de una acción grande de un personaje ilustre; la Comedia, imitación de una acción vulgar, aunque no siempre sea de un personaje vulgar. Por tanto en la poesía dramática se atiende principalmente a la acción y más se considera la acción que la persona. La razón es, que en los dramas se nos proponen ejemplos para que los imitemos; imitamos, no las personas, sino las acciones de las personas; pues la felicidad, que es el fin de la imitación, estriba en la acción, según lo enseña el Filósofo.

Pero la tragedia, como tiene por fin enseñar a los hombres principales, exige nobleza de acción y nobleza de personaje. Una vez que la naturaleza de los poemas dramáticos y su diferencia depende de la acción, se concluye que no pueden darse las mal llamadas Tragicomedias, es decir, poema mezcla de Tragedia y Comedia; nombre desconocido por los antiguos y sólo usado por Plauto cuando tenía ganas de reírse.

Entre los griegos ¿estuvo más en vigor la Comedia? Cierto que Horacio en sus Sátiras describe varias épocas y clases de la Comedia[64]. Pero su uso en las escuelas cristianas y religiosas debe ser restringido y prudente, por causa de las chocarrerías naturales en esta clase de poesía, que pugnan abiertamente con la enseñanza piadosa y culta de los niños y por eso muy a propósito para malear su carácter.

Con todo algunos argumentos también se pueden representar con dignidad y exultación, v. gr. la vuelta del hijo pródigo a la casa paterna, y otros ya enumerados cuando hablamos de la declamación. ¿Quién va a soportar que a jóvenes de noble condición se les enseñen los gestos, las costumbres, las necedades de los bufones y taberneros? ¡Cuánta razón tienen los padres al quejarse de que

---

64   Lib. I, Satira IV.

no entregan sus hijos a nuestra educación para que les propongamos tamañas vulgaridades! Parece una expiación exagerada el lanzar a la tragedia sin motivo esos personajes ridículos y cómicos precisamente para que, en el mismo tiempo que el héroe entra en escena, un desvergonzado y despreciable mimo le dispare por la espalda bufonerías y chabacanerías extraídas del arroyo. Si esto se ha hecho costumbre, hay que cortarla sin vacilación. No es este tiempo ni lugar de risas: nuestras Musas buscan otra clase de satisfacciones. Vamos a verlas.

Párrafo VI
De los mimos, coros y otras cosas que se usan en los poemas dramáticos

Es costumbre admitida que en los actos de la acción se introduzca algo que sirva para relajar un poco los ánimos de la tensión del oír y para deleitarlos con cantos, pantomimas, danzas. El canto lo interpretan los músicos, los mismos representan la pantomima, las danzas las bailan los del coro. En todas estas cosas hay que buscar el justo medio, tener mucho pulso, y seguir aquel *Ne quid nimis*, nada inmoderado. Y mucha atención a los chistes cómicos. De éstos, no debíamos pensar tanto en contenerlos dentro de ciertos límites como de expulsarlos en absoluto de nuestros teatros.

Que aplauda la plebe inmunda, si quiere, a esos histriones ridículos, sus maneras provocativas y sus obscenos juegos de palabras; pero que no se presenten ante un auditorio de personas honestas. Con gusto se admiten danzantes, porque proporcionan un placer digno de gente instruida y ofrecen un ejercicio útil a la juventud. Además estas danzas dramáticas son una muda poesía e intentan expresar con movimientos de cuerpo bien estudiados lo mismo que los actores con los versos.

La primera cualidad de estas danzas es que estén unidas por algún nexo con la tragedia. Sin dudar se debe obedecer en esto a Horacio "que no se cante en los entreactos algo que no mueva al propósito de la acción y no este estrechamente unido a ella". Si la Tragedia representa una paz firmada entre dos reyes, se describirán en una danza representativa las causas de la Paz, sus efectos, sus ventajas; si la Tragedia es de una guerra, se pondrá ante los ojos el origen de las guerras, sus variados instrumentos, las circunstancias. Si llevas a la escena algún héroe cristiano que ha triunfado de sus enemigos paganos, juntamente presentarás a la Religión triunfante, vencida y domeñada la idolatría; si la obra teatral lamenta la desgracia de un príncipe empujado al fraude por las malas artes de gente envidiosa, o la ambición frustrada de un Amán, tienes una ocasión que ni pintada para exponer en un Drama mudo los daños de la ambición y de la envidia. Hubo un autor que al presentar a Moisés negando que él era hijo de la hija del Faraón y anteponiendo el "improperio de Cristo" al solio real, o rivalizando y venciendo a los magos egipcios para librar al pueblo, tomó de ahí ocasión para describir las supersticiones de los egipcios y los encantamientos de los magos.

Como no se presentan muchas ocasiones para hacer esto, se puede recurrir a otros argumentos y pintarnos, v. gr., las cuatro estaciones del año, las cuatro edades del hombre, variadas clases de juegos o de estudios. Unos defienden que el asunto de los coros y de las danzas escénicas hay que sacarlos a ser posible de la misma acción; a otros en cambio, todas las ficciones de la mitología les da náuseas como tontas hasta el extremo y a menudo torpes.

Pero de todas maneras esto es imprescindible; que se haga algo que tenga estricta unidad y que todas sus partes conspiren a un mismo fin.

Párrafo VII
Nombre, tiempo, estilo de los poetas más notables

La poesía, como las demás artes, se alcanza: en parte conociendo sus reglas y preceptos, en parte con el ejercicio de escribir, con la lectura y la imitación. Por tanto conviene saber qué poetas son los que principalmente debemos leer e imitar. Aquí tienes un pequeño índice de ellos.

MARCO ACTIO PLAUTO, de Sarsinas en Umbría, murió el año quinientos siete desde la fundación de Roma, que es el tres mil ochocientos setenta del mundo. No se le puede leer sin cuidado por su corrupción, amores deshonestos y chistes de mala calidad que abundan en sus comedias.

P. TERENCIO, es un escritor de un latín purísimo. Sin embargo, no hay que leerle sino está expurgado. Nació en Cartago, en África, el año quinientos sesenta de la fundación de Roma. Supera a los restantes comediógrafos en la pintura de las costumbres y en el arte de enlazar las diversas partes de la acción.

TITO LUCRECIO CARO, es insigne por su estilo latino y por el peso de sus sentencias; tiene versos un tanto ásperos, a veces obscenos e impíos. Escribió *Phisica*. Nació en Roma el año seiscientos cincuenta y ocho de su fundación.

CAYO VALERIO CATULO, de Verona, nació unos nueve años después de Lucrecio. Escribió odas, elegías, epigramas, etc. Su estilo Latino pertenece a la buena latinidad; sus versos a veces duros, muchas veces obscenos.

El año seiscientos ochenta y cuatro de la fundación de Roma trajo a este mundo a VIRGILIO, el que había de ser en otro tiempo el príncipe de la poesía latina. La patria de tan ilustre poeta fue Andes, una aldea cerca de Mantua.

Q. HORACIO FLACO, nacido en Venusia de la Apulia cinco años después de Virgilio, todo lo escribió con ingenio, con brillantez, con elegancia; pero tiene cosas, y no pocas, sucias y, si no se hace una concienzuda selección, acomodadas para manchar las costumbres. Al comienzo de este siglo fue editado en Roma, en París, etc. con breve comentario y cuidadosamente expurgado.

ALBIO TIBULO Y SEXTO AURELIO PROPERCIO, nacieron hacia el año setecientos de la fundación de Roma; Propercio en la Umbría, Tibulo en Roma. Los dos más conocidos por su poesía que por su limpieza y por tanto hay que apartarlos de las escuelas de los niños, a no ser que se entresaque alguna de sus poesías bien recortada.

P. OVIDIO NASON, tuvo por patria a Sulmona, ciudad de Pelignos en Italia, el año setecientos once de la fundación de Roma; poeta ameno, desbordante, ingenioso, agradable por su espontánea facilidad. ¡Ojalá fuese tan limpio y honesto! Es peligroso leerle, no sólo en aquellos libros donde abiertamente manifiesta obscenidad, sino en las *Metamorfosis, cartas,* etc. Los *Tristia* (= Tristes), y los libros del Ponto ofrecen menos peligro. Sus *Metamorfosis,* limpias de su porquería vieron la luz en Roma con magníficas notas explicativas.

MANILIO, es dudoso el año de su nacimiento; pero hay motivos para retrasarlo hasta el último período de Augusto. A él parece que le dedica su obra. Escribió *Astronómica,* materia de por sí aburrida y hasta entonces no tratada, y lo hizo con elegancia y éxito indudable.

FEDRO, Tracio de origen, liberto de Augusto, floreció en tiempo de Tiberio. En él resplandece la elegancia natural del Latín dignísimo del siglo de oro de Augusto. Lee lo que escribió el P. Francisco Vavasor[65] de la Compañía de Jesús de Fedro y de algunos otros escritores en su libro que trata del estilo jocoso.

También Posevino[66] se extiende largamente y con erudición sobre los poetas y la poesía en la parte II, lib. 17 de su Biblioteca. Al final de las fábulas de Fedro, suelen añadirse las de Aviano. Vivió Aviano bajo el emperador Teodosio el Viejo, o sea, alrededor de trescientos cincuenta años después de Fedro. Es increíble la diferencia que hay entre su estilo latino y el brillante y terso de Fedro. Por

---

65 [VAVASSEUR, Francisco. *Francisci Vavassoris De ludiera dictione liber in quo tota jocandi ratio ex veterum scriptis aestimattur.* Ejusdem Antibarbarus seu de vi et usu quorumdam Verborum latinorum observationes. Lipsiae, 1722.]

66 [POSSEVINO, Antonio. *Antonii Posseuini... Societatis Iesu, Bibliotheca selecta de ratione studiorum* ad disciplinas & ad Salutem omniu[m] gentium procurandam... in duos tomos distributa... [tomus primus-secundus]. Nunc primum in Germania edita. Coloniae Agrippinae, apud Ioannem Gymnicum, 1607.].

tanto no conviene leerlo a los niños, a quienes sólo se les deben presentar autores de gran categoría. De lo contrario en sus entendimientos todavía blandos como la cera se gravan los defectos ajenos y luego cuesta mucho esfuerzo el irlos borrando.

SÉNECA, de Córdoba; según muchos autores, hijo de Lucio Aneo Séneca, el Filósofo, vivió en tiempos de Nerón. No cultivó la tragedia. Sus poesías son ampulosas, pero están llenas de vehemencia y entusiasmo. Su latín no es malo: apenas sabe contenerse en las sentencias y discursos que pone en boca de sus actores y héroes. Sería mucho más apreciado si, en vez de dar rienda suelta a su ingenio, se hubiese preocupado de echarle el freno.

MARCO ANEO SÉNECA, nieto de Séneca el Filósofo por parte de un hermano, nació también en Córdoba. Escribió la Historia de la Guerra Civil entre César y Pompeyo en versos grandilocuentes y a menudo ampulosos, a veces agudos e ingeniosos. De lo dicho ya se entiende por qué hombres de talento le niegan el título de poeta y creen que hay que incluirlo entre los oradores o historiadores. Pues no parece buscar argumentos para su poema, ni ilustrarlo luego con la invención y variedad de diversos acontecimientos; sino que sigue el curso que le ofrece la historia, y después lo adorna a su gusto. A muchos les engaña aquella hinchazón pretenciosa de sus sentencias y el colorido falaz de sus argucias son más propias para dar a conocer la pompa y fausto de su estilo que la verdad histórica.

PETRONIO ARBITRO, ciudadano romano muy rico, familiar de Nerón, describió sus torpezas con palabras muy obscenas, muy en consonancia con la materia que trataba. Uno y otro son dignos del olvido y aun de la execración.

PERSIO FLACO, de Volaterra, escribió en el mismo tiempo de Nerón seis sátiras sazonadas con mucha gracia: si se le quitan algunas pocas cosas demasiado audaces se le puede leer sin temor.

SILIO ITALICO, llamado así por Itálica, ciudad de la Bética en España. Desempeñó su primer consulado el último año de Nerón; el Segundo en tiempo de Domiciano. Compuso un poema sobre la segunda guerra púnica. Fervoroso admirador de Virgilio, se afanó por imitarle y seguirle; pero estuvo muy lejos de conseguir su intento.

P. PAPINO STACIO nacido, según la opinión más verosímil, en Nápoles. Bajo los emperadores Nerón y Domiciano escribió las *Silvas, la Tebaida y la Aquileida* en un estilo muchas veces abrupto y oscuro. Las *Silvas* es su obra más amena y elegante.

Q. VALERIO FLACO, dio a luz Los ocho libros de los Argonautas, que dedicó a Vespasiano. Su estilo es más puro y mejor que el de Stacio.

M. VALERIO MARCIAL, de Calatayud, vivió en Roma treinta y cinco años hasta el tiempo de Trajano, después volvió a España. Su lectura puede educar el ingenio y las costumbres con tal que excluyas sus epigramas obscenos. Así lo ha hecho un intérprete reciente y los ha adornado con breves comentarios.

DECIO JUNIO JUVENAL, de Aquinate, poeta erudito y elocuente, tiene a un tiempo majestad y punzadas satíricas, a veces declamatorias. Menos trabajado y conciso que Horacio, más abundante y fecundo que Persio. Si no lo hallas expurgado de su escoria mejor es que no lo leas. Hace poco apareció corregido y con notas aclaratorias.

CLAUDIANO, se dice que fue oriundo de Alejandría. Brilló bajo Teodosio el Grande y sus hijos, quienes le levantaron una estatua en el Foro Romano. Tiene gran impulso poético y digno de una época más floreciente. Se le perdona una cierta hinchazón; no es inferior, sobre todo en los últimos escritos, a ningún poeta Latino.

AURELIO PRUDENCIO, vivió bajo el mismo emperador Teodosio. En versos, con frecuencia rudos, aunque llenos de ingenio y erudición trató casi exclusivamente asuntos referentes a la piedad y religión cristianas.

En la parte II de la *Biblioteca* de Possevino, lib. XVII, se habla más latamente de los poetas y de la poesía.

Artículo III
De la historia, de la Cronología y de la Geografía
Párrafo I
Algunos libros necesarios para conocer la historia

Es tan necesario conocer la Historia, maestra de la antigüedad, como es vergonzoso el ignorar qué se hizo antes que naciésemos nosotros. Por eso, en los primeros años hay que reservar en días fijos un tiempo para saludar por lo menos a la Historia. Para conocerla bien, lo mismo la Sagrada que la profana del antiguo testamento, bastará el *Epitome* del P. Saliani[67] o el de Baronio[68]. También

---

67 [SALIAN, Jacques. *Iacobi Saliani Societatis Iesu Annalium ecclesiasticorum Veteris Testamenti epitome*: in qua res sacrae prophanaeque ab orbe condito ad Christi in coelum ascensionem per annos ferè singulos digeruntur & explicantur. Editio nouissima. Lugduni, apud Iacobum Faeton, 1664.]

68 [BARONIO, Cesare. *Epitome Annalium Ecclesiasticorum Caesaris Baronii... ab Io Gabriele Bisciola... Societatis Iesu tomis confecta eiusdem auctoris concessione; duovus. Antonium

le ayudará y quizás le bastará a un joven profesor, la Sinopsis de toda la Historia hasta nuestros días hecha por el P. Dionisio Petavio y que tituló *Rationarium* de los tiempos[69]. Se le puede añadir la *Sinopsis* hecha por el P. Horacio Turselini[70]. Las dos trabajadas con esmero y redactadas en buena lengua latina. Algo más extenso son los *Anales ab Orbe Condito* (= anales desde la fundación del mando), por el P. Felipe Brietio[71].

Entre los escritores antiguos pueden leerse para conocer la Historia Universal, Justino; para la Romana, Tito Livio, Floro, Salustio, César, Tácito, Polibio, Dionisio de Halicarnaso, Dión Casio, Plutarco, etc. De los más recientes Rosino[72] escribió un comentario excelente de las antigüedades romanas; el P. Alejandro Donato[73], de la misma Roma, etc. Para la Historia Griega, Herodoto, Tucídides, Jenofonte, Plutarco. Q. Curcio, etc. La Historia de cada nación la enseñan sus propios escritores.

Párrafo II
Auxiliares de la historia que se deben estudiar la cronología y la geografía

Si a la Historia se le quita la Cronología, es como si se le arrancara uno de los ojos. El orden del tiempo, los dejó consignados en dos cuadros[74] el P. Petavio; ahora se puede también estudiarlos, pero perfeccionados.

La Geografía la explican los libros, los mapas o cuadros geográficos. Mucho aprovecha el recorrerlos de vez en cuando aunque sea con rapidez.

Francinum & Haeredes Hieronymi Fanzini] (1601), 1602 Venetis: apud Georgium Variscum & Socios [Ioannem].]

69 [PETAU, Denis. *Dionysii Petavii... e Societate Iesu Rationarum Temporum*: cui praeter ea omnia, quae uberrime in postrema veneta editione adjecta sunt, in hac nostra novissima accessere dua opuscula Iacobi Usseri... Veronae, Ex Typographia Petri Antonii Bernii Bibliopolae in Regione Leonum, Sumptibus Societatis, 1741.].

70 [TORSELLINI, Horacio. *Horatii Tvrsellini, è Societate Jesu. Historiarum ab origine Mundi vsque ad annum 1640 Epitome libri X*. Lvgdvni, 1647.]

71 [BRIET, Philippe. *Annales mundi sive Chronicon universale secundum optimas chronologorum epochas ab orbe condito* ad annum Christi millesimum sexcentesimum sexagesimum perductum opera, [et] studio Philippi Brietii... Venteéis, Apud Io: Iacobum Hertz, 1692.].

72 [ROSINUS, Johannes. *Romanarum antiquitatum libri decem* ... collecti a Ioanne Rosino Bartholomaei... Basileae, ex officina haeredum Petri Pernae, 1583 (per Conradum Waldkirch).].

73 [DONATO, Alessandro. *Roma vetus ac recens vtriusque aedificiis ad eruditam cognitionem expositis*. Auctore Alexandro Donato e Societate Jesu. Tertio edita ac multis in locis ne dum aucta... Romae, Ex Bibliotheca Fratrum de Rubeis, 1725.]

74 ¿O en cuadros a dos columnas?

Pomponio Mela expuso en un libro pequeño, pero elegante la antigua geografía; después la ampliaron Estrabón, Ptolomeo, Plinio lib. 3, 4, 5, 6. Una y otra, Cluverio[75] y Brietio[76] las ilustraron con nuevos trabajos. Sea que leas la Historia en privado o que la preleas a los niños, debes atender ante todo a que el conocimiento de los hechos históricos sirva para educar las costumbres. Pues las vidas ajenas podemos contemplarlas como un espejo, en el que apreciemos la fealdad de los vicios, la hermosura de las virtudes; qué repugnantes son la ambición, las perturbaciones del alma; cuál es el modo apto de llevar a feliz término los asuntos, etc.

Párrafo III
De los historiadores griegos y latinos

Ya hemos hecho mención de la mayor parte de los historiadores griegos y latinos en el cap. I; de unos y de otros hizo un comentario exactísimo Juan Gerardo Vosio[77]; el P. Possevino en la parte II de su *Biblioteca,* lib. XVI, tiene otro más breve. Allí también puede encontrar muchos consejos sobre el modo de leer la Historia; y lo mismo en el *Opere Chronologico* del P. Jacobo Gordoni[78], Tom. I, cap. 20. Pondré aquí el nombre, el estilo, el tiempo de algunos historiadores más significados para que no los eches de menos.

Entre los que escribieron en griego tienen importancia y nombradía POLIBIO, nacido en Megalópolis, ciudad de Arcadia, el año 8349 desde el origen del mundo y el 530 de la fundación de la Ciudad. Había desarrollado en 40 libros los hechos de los Romanos durante casi 50 años, desde el comienzo de la segunda guerra púnica hasta la destrucción de Corinto. No nos han llegado más que los cinco primeros libros y fragmentos de los restantes. Sobresale en el conocimiento

---

75 [CLÜVER, Philippe. *Philippi Cluveri Introductionis in Vniuersam Geographiam tam veterem quam nouam* libri VI. Editio ultima prioribus emendatior. Parisiis, apud Guillelmum Pelé, 1631.]

76 [BRIET, Philippe. *Parallela Geographiae veteris et nouae* auctore Philippo Brietio... Societatis Iesu ... tomus secundus. Parisiis, sumptibus Sebastiani Cramoisy... et Gabrielis Cramoisy, 1649.]

77 [VOSSIUS, Gerardus Joannes. *Gerardi Joannis Vossii Ars historica: de historicis graecis libri quatuor: de historicis latinis libri tres,* Historiae universitatis epitone, opuscula et epistolae. (Amsterlodami, ex typographia P. & J. Blaev: prostant apud Janssonio-Waesberfios et al.], 1699).]

78 [GORDON, Jacques. *Chronologia annorum seriem regnorum mutationes* & rerum memoralium sedem annumque ab orbe condito ad nostre usque tempore complecten: tomus prior aut. Jacobo Gordono... Societatis Iesu ... Burdigalae, apud Sim. milanquiun typog regium, 1611.]

del derecho civil y del arte de la guerra y se preocupa al escribir más de hacer resaltar los acontecimientos que narra que de las palabras y ornato del estilo.

DIODORO SICULO, brilló en tiempo de Julio César, alcanzó hasta mediado el imperio de. Augusto. Tuvo por patria Agyrio o Angirium, ciudad de Sicilia, de ahí su nombre de Sículo. De los 40 libros que había escrito acerca de la Historia de los Egipcios, Asirios, Griegos y Romanos, sólo quedan quince. Se equivoca a veces al llevar la cuenta de las Olimpíadas y de los Fastos romanos; por lo demás, es escritor trabajador y diligente. Su dicción es clara, transparente, sin excesivas florituras como es propio de la Historia.

DIONISIO DE HALICARNASO, llamado así de la ciudad de su nacimiento, vivió también en la época de Augusto. Empezando desde sus orígenes había explicado la Historia Romana hasta su tiempo en 20 libros. Quedan sólo 10 y algunos fragmentos; es escritor atento y cuidadoso. Llevado de su patriotismo a veces se inclina más de lo justo en favor de los griegos.

FILON JUCIO y FLAVIO JOSEFO, los dos judíos; el primero vivió en tiempo de Tiberio; el otro, unos años después. Ambos escribieron la Historia de los suyos. Josefo principalmente hizo célebre la destrucción y ruina de Jerusalén.

APIANO, llamado Alejandrino por el lugar de su nacimiento. Bajo Trajano, Hadriano y Antonino Pío, divulgó en 24 libros la Historia de los hechos romanos en estilo conciso y sin relieve alguno.

APIANO de Nicomedia, imperando el mismo Hadriano, había compuesto las historias de Bitinia, Alana y otras similares. Hoy nos quedan solamente 7 libros que tratan de la expedición de Alejandro.

ELIANO y DIÓGENES LAERCIO, pertenecían al mismo tiempo de Hadriano. El último describió magníficamente las vías de los antiguos filósofos; aquél, trabajó en diversas historias, escribió acerca de la habilidad de los animales, también del arte de la guerra.

POLIENO, macedonio, del tiempo de Marco el Filósofo y de L. Aurelio Vero Cómodo, recogió en 8 libros las estratagemas de noventa célebres jefes militares; es escritor agudo y elegante.

PAUSANIAS de Cesarea de Capadocia, bajo el mismo Antonino el Filósofo, en 12 libros describe diez ciudades griegas y en ellas aclara la Historia antigua de toda la Grecia.

FILOSTRATO, se mencionan dos Filostratos: uno, expuso en 8 libros la vida de Apolonio, siendo emperador Severo; el otro, tío del anterior, explicó las vidas de los sofistas.

DION CASIO, nacido en Nicea de Bitinia, alcanzó a ver al emperador Cómodo y a los emperadores próximos. En 80 libros fue narrando la Historia Romana hasta Alejandro, hijo de Mamea. Se han perdido los 34 primeros, quedan los 25 siguientes, los otros restantes también han desaparecido. Un compendio de ellos hizo un monje de Constantino llamado Xifilino[79]. Se esforzó por tener un estilo elevado y semejante al de Tucídides: se muestra algo contrario a Pompeyo, Cicerón, Séneca, etc.

HERODIANO, escribió 8 libros de Historia desde la muerte de Antonino el Filósofo hasta la de Balbino y Maximiano en estilo claro y elegante. Ángel Policiano le interpretó en un latín elegantísimo.

ZOSIMO, alcanza los tiempos de Teodosio el Joven. Dejó en 6 libros la historia desde Augusto hasta el sitio de Roma por Alarico. Era pagano y casi siempre hostil a los reyes cristianos.

PROCOPIO, vivió bajo Justiniano, oriundo de Cesarea de Palestina. Su historia consta de 8 libros que abarcan las guerras emprendidas contra los Godos, Alanos y Vándalos.

AGATIAS, Mirineo, contemporáneo de Procopio, continuó su historia y en cinco libros describió los hechos de Justiniano.

Además de los historiadores latinos que hemos mencionado en el cap. I, art. 2, hay otros de menor fama y peor estilo. Con todo no es cosa de despreciarlos en atención a su fidelidad a la historia.

ELIO espartano, Julio Capitolino, Elio Lampridio, Flavio Vobisco, todos ellos florecieron en la época de Diocleciano y Constantino Magno. Cada uno de ellos dio a luz algunas de las vidas de los Césares. Sexto Aurelio Víctor esbozó con brevedad algunos hombres ilustres de la República, desde Proca hasta Julio César (este pequeño libro suele atribuirse erróneamente a Plinio) luego desde César hasta Juliano; y el tercer libro, desde el origen del pueblo romano, pero los investigadores no le reconocen como autor de esta parte.

Otro SEXTO AURELIO VÍCTOR compendió en un epítome las vidas de los emperadores escritas por varios autores hasta la muerte de Teodosio.

EUTROPIO, sofista italiano, escribió un resumen de los sucesos romanos desde la fundación de la ciudad hasta Flavio Valente. Él afirma que luchó a las órdenes de Juliano Apóstata.

---

79 [DION CASIO. *E Dione exerptae historiae ab Ioanne Xiphilino*. Ex interpretatione Guilielmi Blanci, a Guilielmo Xylandro recognita. Henrici Stephani in Ioannem Xiphilinum... spicilegium. Parisiis, Henricus Stephanus, 1592.]

AMIANO MARCELINO, llegó hasta los tiempos de Graciano, había contado la historia desde Nerva hasta la muerte de Valente en 31 libros; faltan los 13 primeros.

CAYO JULIO SOLINIO, hizo una Recolección de los acontecimientos memorables que él tituló *Collectanea;* es poco elegante y un tanto descuidado.

Artículo IV
De Polimatia o Filología

Párrafo I
Varias materias que pertenecen a la filología

Pertenecen a la Polimatia o Filología varias ciencias dignas de la atención de un hombre culto y de cierta categoría social: como la Heráldica, la Simbólica, la Epigráfica, la Diplomacia, la facilidad en el conocimiento de las monedas y otras similares. Hay libros que tratan especialmente de estas materias los cuales debemos saludar, y por lo menos saborearlos, ligeramente. Y si alguno, después de conocidas las lenguas, le inclinan aunque no sea más que a un estudio más profundo de estas ciencias sus reconocidas dotes de ingenio y su misma facilidad natural que se de a ellas con más detenimiento. Pero antes, examine el consejo de los prudentes y sobre todo la opinión y autoridad de gente madura, no sea que se deje arrastrar por el único placer de saber y por la curiosidad más que por el juicio sereno de la razón y por el beneplácito de la voluntad divina.

Una parte de la Polimatia o Filología es el estudio de confeccionar bien los enigmas. Ya que en algunos colegios se estila dar una explicación de ellos, y toda esta cuestión de los enigmas está rodeada de oscuridad, no estará mal hablar algo de esta materia.

Párrafo II
Qué es enigma: de qué manera se deben hacer y explicar

Enigma es una frase o una pintura que cubre algo hecho por la naturaleza o por el arte bajo palabras o figuras conocidas y que tienen alguna semejanza y afinidad con lo que ocultan. La palabra es griega, del verbo griego que significa hablar, oscura y ambiguamente. El emblema difiere del enigma en que la cosa significada por el emblema pertenece a las costumbres, es decir, se refiere a las virtudes o a los vicios. Así un perro pintado insinúa la fidelidad.

Otra diferencia: que el emblema admite figuras de toda clase; el enigma pintado, por lo general, esboza figuras humanas. En cualquier caso, la primera cualidad es que no sean muy oscuras ni completamente desconocidas; de manera que la conexión entre la figura y lo figurado pueda ser descubierta por una persona perita en la materia. Los emblemas y enigmas que son más oscuros e indescifrables de lo conveniente, se deben llamar misterios u oráculos más que enigmas.

La segunda cualidad: que el cuadro pintado represente una sola cosa compuesta ciertamente de diversas partes pero unidas entre sí y que conspiren al mismo fin. No se deben pintar cosas separadas por el tiempo, lugar, argumento. Si se pintan varias personas, una ha de ser la central que por sí misma insinúe lo que se quiere dar a entender con el enigma; las otras, han de referirse a ella y cómo servirla.

Tercera ley: de ordinario se considera ésta: que lo que toca a hombres, se represente por un hombre; lo que toca a las mujeres, por una mujer. Esto parece exigir la razón perfecta del signo.

También requieren que en un mismo cuadro pintado no aparezca lo mismo que se oculta en el enigma, v. gr., si lo que se quiere ocultar en el enigma la voz autoridad, que no se pinte ninguna espada en el cuadro. A no ser por estricta necesidad pues si se trata del ojo, es imposible que a la persona que lo insinúa en el enigma, se le represente sin ojos.

Para confeccionar bien un enigma, hay que considerar qué cualidad semejante se encuentra en la cosa que procuras disimular con el velamen de la pintura. Quieres proponer en enigma un libro; pintarás a Cristo en medio de los doctores "oyendo sus explicaciones y preguntándoles". ¿Qué hay más semejante a un libro que el mismo Cristo, el verdadero libro de la vida, la misma Sabiduría, en el que están escondidos todos los tesoros de la ciencia? También el libro se puede significar felizmente con la figura de S. Pablo enseñando en el Areópago y declamando ante los Areopagitas.

¿Quieres enigmatizar una arca naval?[80] Pinta a Cristo en la barca con los Apóstoles, etc.

Hay que estudiar cuáles son las causas de la cosa que quieres velar con palabras o con colores; como dicen los filósofos sus causas material, formal, eficiente y final; cuáles son sus efectos, sus adjuntos, símbolos, propiedades; todo esto bien seleccionado y sopesado lo representarás en distintas partes de la pintura. ¡Qué bonitamente se podría representar un foso subterráneo militar en Sansón, cuando sacudió las columnas y derribo la casa! Las cuerdas que yacen a los pies de Sansón, sustituirán a las maromas untadas de azufre que aplican a la pólvora[81]

---
80 *Pixidem nauticam* = ¿arca naval? ¿arca flotante?
81 *Nitratus pulvis* ; Es difícil la traducción: aquí lo traducimos por *pólvora*, y más abajo por *sal*.

el fuego encendido; no faltarán en la pintura los soldados ni el artífice del foso; ni los barriles que sin duda habría, pues a la grandeza de aquella fiesta tan célebre entre los filisteos no le faltarían ni el vino ni los taberneros: todas aquellas cosas servirán para que se infunda la sal, etc.

Al ir explicando los enigmas, hay que usar un estilo agudo y brillante, no con demasiados periodos ni cadencia. La sequedad de la erudición, que no puede faltar, hay que sazonarla con sales de ingenio y de humanismo; en fin, procurar que sean variados y breves. Como exordio puede anteponerse una descripción o narración de la historia que se representa en el cuadro; o mejor, la historia de aquella misma cosa que se propondrá latente y oculta bajo los rasgos de una historia conocida.

Los oyentes deben ser llevados al conocimiento del enigma sin que lo adviertan, de manera que se sientan satisfechos de haber encontrado la solución ellos mismos antes de que la hayan oído. Una vez declarado el sentido oculto conviene volver a explicarlo de nuevo empezando por la persona principal del cuadro y recorriendo las restantes. Los chistes de moralidad dudosa y gusto tabernario hay que evitarlos a toda costa; lo mismo aquello que pueda ofender aunque sea ligerísimamente los oídos honestos y severos.

Para concluir se puede añadir alguna oda, elegía, alabanza de Edipo o cualquiera otra cosa acomodada al sitio y al tiempo.

Párrafo III
Cosas semejantes al enigma

El Grifo no es sino un enigma bosquejado por escrito. Es más obscuro y más complicado, tanto que supone dificultad para cualquiera aunque sea hombre de agudo ingenio. Su nombre viene de una palabra griega, que en latín se dice *rete* (= red), porque enreda en sus mallas a los que pretenden desenredarlo. El mismo nombre recibe cualquier proposición sobre todo si son chistosas y festivas. Abundantes ejemplos ofrece el P. Laurencio Le Brun en su *Elocuencia poética*[82].

El Logogrifo no trata de ocultar las cosas con el velo erudito de las palabras o de los colores, sino la dificultad la pone en las mismas palabras, cortando algunas sílabas o letras, trasponiéndolas o cambiándolas de diversas formas. Por ej. si a la palabra *Ovis* (= oveja) le quitas el primer elemento, queda *vis* (= fuerza). De aquí nació aquel versículo: *Imbellis tota est, caput exime, vis erit illi* (Toda débil

---

[82] [LE BRUN, Laurent. *Laurentii Le Brun nannetensis è Societate Iesu, Eloquentia Poetica siue Praecepta Poetica exemplis poëticis illustrata*: tomus primus. Parisiis, apud Sebastianum Cramoisy... et Gabrielem Cramoisy, 1655.]

es, quítale la cabeza, habrá fuerza en ella). Lo mismo, si a la palabra *navem*, le quitas la primera y la última letra, te queda: *ave*, de ahí que uno escribiendo a su amigo, le dijera *Mitto tibi navem prora puppique carentem* (Te envío una nave que carece de proa y popa). En la palabra *Aper* (= jabalí) encontrarás *pera* (= alforja) , *aer* (= aire) *per* (= por medio de). Se le llama logogrifo, porque la agudeza de esta oscuridad propia de él, consiste sólo en las palabras; es como decir ambigüedad, equívoco, juego de palabras.

Rebus se llaman figuradamente las voces, letras, que por su disposición, número, acción o color, expresan alguna palabra, sentimiento, proverbio o cualquier otra cosa con cierta gracia. Uno pintó a Cupido que tiene sujeto a todo el mundo con este lema "El amor lo vence todo". Pero este lenguaje figurado fácilmente cae en ingenuidades infantiles.

Un símbolo heroico, que los franceses llaman *une Divise* (= una divisa), es la imagen que consta de una figura natural o artificial, que se llama el cuerpo del Símbolo y de unas pocas palabras añadidas a esa figura, a las que llaman Epígrafe o alma del Símbolo. Estas figuras y palabras evocan alguna sentencia oculta, alguna virtud, o vicio, acción, etc. Ha de tener semejanza lo evocado con la figura pintada. Por tanto, toda la fuerza y belleza del Símbolo está principalmente en la semejanza de la cosa que se quiere insinuar por su medio. Por ejemplo, pinta un espejo, que reviste en cierto modo todas las figuras; añádale la sentencia: *Omnibus omnia fit* (se hace todo a todos). Has alabado magistralmente a un hombre apostólico que se amolda y acomoda a los caracteres más distintos para provecho de todos, *ut omnes lucrifaciat* (para ganarlos a todos) como S. Pablo afirmaba de sí mismo.

Así el Símbolo Heroico se puede definir bien: una Metáfora pintada o un Enigma invertido; pues siendo propio del Enigma manifestar obras de la naturaleza o del arte por medio de hechos sacados de la historia o de las fábulas, es propio del Símbolo representar acciones y cualidades humanas o pensamientos por medio figuras corpóreas tomadas de la naturaleza o del arte.

Las palabras deben adaptarse de tal modo a la figura, que encajen sin ninguna violencia en lo que se quiere insinuar. Un gran río que fecunda los campos puede significar un hombre excelente dotado de alguna dignidad o poder excelso con esta sentencia: *Útilior quo maior* (= Cuanto más grande, más útil). Esta sentencia puede aplicarse al hombre y al río con toda justicia y verdad. Pinta un sol con este elogio: "Más virtud que luz". No hay quien no reconozca un Príncipe más ilustre por sus virtudes que por su dignidad. El P. Domenico Buhursio[83] tiene sobre esta materia una disertación sumamente elegante y cuidada.

CAPITULO III
DE ALGUNOS AUXILIARES PARA PREPARARSE EN DOCTRINA
Artículo I
De las notas y extractos

Para poder sacar provecho seguro y duradero de los libros que se van leyendo es necesario de toda necesidad hacer algunos extractos y tomar notas. Importa saber cómo hay que hacerlo. En primer lugar, hay que escribir poco; y ese poco, selecto. Después, todo lo que se escribe, hay que hacerlo con buena caligrafía y no con letras tan pequeñas que espanten la vista y la dañen.

Al alcance de la mano conviene tener algunos cuadernillos limpios en los cuales se transcribe lo extractado; a no ser que haya quien prefiera dedicarle partes de un cuaderno de mayor tamaño que tengan ya la categoría de otros tantos libros.

En esos cuadernillos se van trascribiendo, v. gr., las notas que se refieren al estudio de la lengua latina. Se las dispondrá en varios capítulos, 1) Dios: en este capítulo entrará todo lo referente a los templos, religiones o prácticas religiosas, sacrificios, etc. 2) Hombre: este capítulo se dividirá en dos partes, cuerpo y alma. 3) Rey, imperio, leyes. 4) Vida civil, juicios, juegos, amigos. 5) Virtudes 6) Vicios 7) Paz y Guerra 8) Artes liberales 9) Artes mecánicas 10) Animales 11) Vegetales, metales y fósiles 12) Meteoros, elementos.

Cada capítulo todavía se puede distribuir en varias partes. Conviene que el margen de las páginas sea bastante amplio para que se pueda escribir en él, el título o la sinopsis del asunto de que se trata en el sitio próximo de la página. No es necesario transcribir siempre en dichos cuadernos el texto íntegro, bastará muchas veces anotar el sitio donde se pueda luego encontrar con facilidad lo que te pareció digno de anotar; v. gr., la descripción de un sacrificio, de una batalla o de una Victoria, etc. sobre todo si se trata de una transcripción bastante larga, y sus fuentes y libros los tienes al alcance de la mano.

Otro cuadernillo se puede dedicar a la Retórica. Se dividirá en varias partes: v.gr., de los tópicos oratorios, de la argumentación, de las figuras, de la am-

---

83 [Pensamos que se refiere al polémico libro de BOUHOURS, Domingo. *Les Entretiens d'Ariste et d'Eugène*. A Paris, 1671.]

plificación, del modo de excitar los sentimientos del alma, de los diversos géneros oratorios, de la manera de redactar una carta, etc.; en cada una de estas partes, no hay que andar amontonando preceptos, más bien hay que seleccionar o indicar los modelos más admirables de los grandes oradores o diversos pasajes oratorios o diversas maneras de desarrollar una figura retórica, de la marcha de los argumentos, etc.

El tercer cuaderno se dedicará a la Poética; el cuarto, a la Historia; el quinto, a la Geografía; el sexto a la Filología. Algunos siguen método completamente distinto: no leer ningún libro sin hacer la crítica de él y sin anotar brevemente sus defectos y virtudes. Que cada uno siga el método que cree le será más útil. El P. Alejandro Ficeto[84] con algún ejemplo enseña un sistema de hacer esta clase de anotaciones y de entresacar lo provechoso de los libros. También enumera algunos libros más adaptados a cada materia.

Artículo II
Orden de estudio

Vale muchísimo el orden y una andadura fija y constante para llevar a cabo una empresa sea cual sea la materia de que se trate. Pero sobre todo, es tan necesario para promover con éxito los estudios literarios, que, si los descuidamos, fatalmente van a la ruina. Por lo cual, explicaremos cada cosa con detención y expondremos los días y los años de un profesor entregado para que se entienda por qué peldaños puede subir a la fortaleza de la erudición que quiere conquistar. Según el juicio del prefecto de estudios, podrá alargar o abreviar el tiempo determinado para cada ejercicio; pues a él, le debe consultar, y conforme a su voluntad hará para sí una efemérides y la repasará todos los meses.

El profesor, en cuanto cometa el trabajo de enseñar, durante el primer bienio dedicará cada día una hora o más, si le es posible, al conocimiento del griego; la primera parte de este tiempo la dará a leer la Gramática griega; después, al estudio de alguno de los autores griegos señalados en el Cap. 1, § 2; empezará por los más fáciles, e irá poco a poco subiendo a los más difíciles si es animoso, saboreará los más ligeros y así satisfará su sed de erudición con los de más gravedad y peso.

Cada semana, los lunes y martes compondrá algo en Griego; podrá escoger alguna interpretación latina escrita con elegancia como las de Jerónimo Vol-

---

84 [FICHET, Alejandro. *Arcana studiorum omnium methodus et Bibliotheca scientiarum librorumque earum ordine tributorum vniuersalis* authore P. Alexandro Fichet Societatis Iesu... Lugduni, viduam Guillelmi Barbier, 1668.]

sio, Ángel Politiani[85], Froton Ducei[86] o Dionisio Petavio[87] y traducirla a la lengua griega. Se ha de preparar para explicar el autor griego que el Prefecto de estudios o el Rector del Colegio le haya determinado, y para dar cuenta de él en privado o en mesa redonda cuando a los superiores les parezca.

En este mismo primer bienio dará cada día una hora o más, si le sobra tiempo, a aprender la lengua latina: la primera parte de ese tiempo la ocupará en leer algún autor latino, principalmente Cicerón, y tomando notas como hemos indicado antes; otra parte de esa hora la dedicará a componer algún pequeño ejercicio, según también dijimos[88], algún discurso en latín. Si se ejercita en hacer un discurso, conviene que cuanto antes se acostumbre a formar un plan y a distribuirlo en sus partes.

Hay quienes, apenas se han sentado a escribir, sienten gran dificultad en interrumpir el trabajo comenzado; ciertamente, hay que hacer alguna concesión al ardor que arrastra al alma ya entusiasmada. Tampoco despreciamos sin razones poderosas el viento que empuja a tu nave de popa, no sea que cuando lo desees, ya no sople con la fuerza requerida. Hay que soportarlo, con tal que no se quite a la lección el tiempo debido y que lo que se pierde un día, se compense al siguiente.

Durante el primer año hay que trabajar en formarse un estilo latino de modo que el cuidado de crearse un vigoroso estilo oratorio, se retrase al año siguiente. Pero si hay quien sea bastante perito en la lengua latina, ningún impedimento aparece para que, como quien deja el puerto y la orilla, se lance a alta mar.

Lo mismo, se puede conceder sin dificultad que alguno durante una semana completa o un mes, si le gusta, se dé de lleno a los autores griegos; y que vencidas todas las dificultades que le ocurran, luche en campo abierto. De ahí, se le descubrirá para después un camino fácil, que le lleve a toda la literatura griega.

---

85 [Son diversos los libros de este autor que se pueden consultar. Pensamos que quizá uno de ellos pueda ser: POLIZIANO, Angelo Ambrogini. *Illustrium virorum Epistolae* ab Angelo Politiano partim scriptae partim collectae cu Sylvianis cometariis & ascesianis Scholiis... [Paris], impressarum impensis & accuratione pre loq[ue] eiusdem Iodoci Badii, 1526.]
86 [Es imposible citar la obra a la que hace referencia el autor. Nos remitimos a la bibliografía de LE DUC Fronton. En: Carlos SOMMERVOGEL. *Bibliothèque de la Compagnie de Jésus*. Bruxelles-Paris, III (1892) 233-249.].
87 [Es imposible citar la obra a la que hace referencia el autor. Nos remitimos a la bibliografía de PETAU, Dionisio. En: Carlos SOMMERVOGEL. *Bibliothèque de la Compagnie de Jésus*. Bruxelles-Paris, VI (1895) 588-616.]
88 Cap. 1, & 6, 7.

Como hacemos con los alimentos, no está mal condescender un poco con el paladar de cada uno.

De igual modo, en esos dos primeros años, se podrá leer rápidamente algún historiador excepcional, Tito Livio, César, etc., y aun Virgilio y Horacio, para quitar el aburrimiento de la monotonía. Pero rápidamente, porque el tratar familiarmente con ellos, es propio del tercer año.

En el tercer año y los siguientes, los poetas latinos, Virgilio y algunos modernos, si encuentras alumnos que hayan pisado sus huellas más de cerca; y una vez que nos hayamos penetrado a fondo del estilo virgiliano, Horacio, Marcial y Ovidio expurgados.

Así, siguiendo cada uno el parecer de los profesores se confeccionará el orden de leer los autores y de escribir sus ejercicios; la poesía latina habrá que pensarla, meditarla más atentamente; pero no puede consentir que los poetas griegos insignes en la epopeya o en la tragedia, ni Demóstenes, Herodoto, Tucídides, etc. pasen junto a ti sin saludarlos.

Si sus dotes naturales o el mandato de los superiores le retienen a alguien por más tiempo en estos estudios, entonces le será ya posible penetrar a velas desplegadas, como dicen, por el mar de la poesía, de la elocuencia, de la historia clásica.

Yo aconsejaría con toda mi alma que los domingos, por la mañana, se lean algunos SS. Padres, sobre todo griegos, muy acomodados para fomentar la piedad y aumentar la erudición, por ej., Homilías escogidas del Crisóstomo, reglas de S. Basilio, trozos más célebres y elegantes de Cipriano, Ambrosio, Salviano, etc. En los días de vacación, será agradable consagrar parte del trabajo a ver mapas de Geografía o Cronología; hojear suavemente el *Rationarium* o computo de los tiempos, de Patavio[89], el *Epítome* de Turselini[90] o el *Compendio* de Saliano[91].

---

89 [PETAU, Denis. *Dionysii Petavii... e Societate Iesu Rationarum Temporum*: cui praeter ea omnia, quae uberrime in postrema veneta editione adjecta sunt, in hac nostra novissima accessere dua opuscula Iacobi Usseri... Veronae, Ex Typographia Petri Antonii Bernii Bibliopolae in Regione Leonum. Sumptibus Societatis, 1741.]

90 [TURSELLINI, Orazio. *Historiae sacrae et profanae epitome* ab Horatio Tursellino contexta. Editio nova. Lutetiae Parisiorum, apud viduam Brocas... ad insignia capitis S. Joannis, 1731.].

91 [Pensamos que se refiere a: SALIAN, Jacobo. *Enchiridivm Chonologicvm sacrae et profanae historiae, a mvndo condito ad Christi Domini ascensionem*; id est, annalium, ipsiusque Epitomes Medulla, ex Annalibus 2. Iacobi Saliani Societatis Iesv, ab ipsomet autore deprompta. Parisiis, 1636.].

Hay que escamotear algo al descanso de la vacación para emplearlo en algún libro vernáculo que sea a un tiempo útil y de buen estilo.

Resultará grato, mientras se da un paseo, hablar de esto con los compañeros más cultos; y entrelazando estas florecillas recogidas de los autores y percibiendo su aroma, aumentar la amenidad del día y del paseo.

En el primer año de los estudios, el profesor debe tener en el comedor un sermón en lengua vernácula, el día que le pareciere al Rector. Para prepararlo, se le conceden a lo más ocho días. En el Segundo año, ha de componer un discurso en latín; lo mismo en el tercer año. El cuarto, escriba alguna poesía heroica que también se declamará en el comedor.

Además los profesores, al año siguiente de empezar su docencia, e igualmente el tercero y cuarto año, tengan un discurso latino en la inauguración del curso, cada uno en su clase; el Rector en el salón de actos, el suyo, público y solemne. También en la inauguración de las clases se le permite al profesor hacer una poesía o heroica o entreverada o mezcla de varios géneros poéticos. En las clases de Retórica y Humanidades, desde Diciembre hasta Pascua, se tengan como mínimo dos declamaciones de hora y media, cualquier mes; una, por el profesor de Retórica; la otra, por el de Humanidades; asistan a ellas los discípulos de una y otra clase si la amplitud del aula lo permite; si no, discípulos elegidos de ambas clases.

El profesor de Retórica al fin del año, presente en las tablas, una tragedia mayor; el de Humanidades, una menor un drama, según la llaman otros, es decir, de tres actos. Si prefiere presentar una de cinco actos, no se ve dificultad con tal de que la clase no sufra ningún detrimento. En fin, los profesores bien formados no dejen escapar ninguna ocasión que se ofrezca, de embellecer el estilo (los estudios) y de mostrar la erudición, todo a mayor gloria de Dios. Y si esas ocasiones no se ofrecen espontáneamente búsquenlas con afán y cójanlas como al vuelo. Por ejemplo, si un nuevo gobernador u obispo viene a la ciudad; si se anuncia la paz públicamente o una victoria contra los enemigos; si a algunos santos se les concede el honor de la canonización; si el rey recobra la salud o se celebra el funeral de algún ilustre patriota, son ocasiones para que en las clases resuenen los cantos alegres o tristes de las Musas. Los gastos que se hagan en pagar a los tipógrafos y editar las poesías dignas de ver la luz, no hay que juzgarlos inútiles.

Conviene abrir las puertas de las clases, sobre todo, de Retórica y Humanidades a todos los que quieran asistir, cuando se explica un autor o se instruye a los alumnos al fin de semana con alguna piadosa exhortación en latín.

Interpreten y expongan los discípulos los autores latinos y griegos delante de los de casa y también delante de los externos: al terminar el año se hará una pública distribución de premios, etc. Sin embargo, en todo esto si algo se concede al esplendor y a la solemnidad de los estudios literarios, procúrese que todo redunde en bien de la sólida erudición.

Artículo III
De las faltas más frecuentes en los estudiantes

Es conocida la queja de algunos: que son perezosos para entregarse al trabajo; sin embargo, la doctrina se alcanza con este único precio, diligencia. No tienen por qué protestar lentitud intelectual los perezosos ¿qué hay que no consiga el trabajo, la asiduidad y la diligencia? ni tienen por qué maldecir la carga del estudio que la recibieron sobre sus hombros juntamente con la vida religiosa. Ni anden diciendo que se contentan con una ligera tintura de doctrina sin más ambiciones perteneciendo como pertenece a la mayor gloria de Dios y de nuestra Compañía, el que avancemos tanto en doctrina cuanto podamos hacerlo con el estudio.

Otros, por el contrario, se entregan a un trabajo inmoderado, se quedan como clavados en sus mesas de estudio; después de comer aprisa, vuelven volando a sus libros. Esto es dañosísimo a la salud; nunca se toman vacaciones, nunca descansan. Pero, si el arco está siempre en tensión, se rompe; al fin estos se cansan y caen.

Otros revuelven y mezclan sus estudios; escogen lo primero que se les ofrece o les gusta. Rara vez sucede que lleguen a la meta los que corren siempre fuera de camino.

Muchos no trabajan un estilo determinado ni se preocupan por conocer a fondo las lenguas; el resultado es que ni saben escribir en latín ni leer el griego. ¡Que vergonzosa incultura, en verdad indigna de hombres de talento!

Algunos correteando por aquí y por allá, o entreteniéndose en cosas ajenas al estudio, pasan los días sin provecho; al atardecer, se meten en un museo a manera de lechuzas literarias; así pierden la mejor parte del día sin tener en cuenta que la aurora es la amiga de las musas. Todos comprenden sin duda que este régimen de vida es dañosísimo no sólo para las letras, sino también para la piedad.

Los hay que ejercitan poco la memoria. Sin embargo, la memoria es el archivo de las letras; procura tenerlo repleto y rebosante, para lo cual empéñate en meter en él algún nuevo conocimiento todos los días y conservarlo con cuidado. Es contraproducente hojear y leer libros sin discreción ni selección alguna. Te conviene prefijar aconsejado por gente prudente qué libros has de leer y en qué horas y días: no te aconsejaría que leyeses muchos antes de que hayas fijado tu estilo personal.

Y también otros yerran al arrinconar los mejores autores de cada género literario contentándose con los más ligeros, sea por el deseo de novedad, sea por un juicio equivocado. Hay que devolver su gloria bien merecida a aquellos autores fuera de serie, consagrados por una fama ininterrumpida de siglos. Cuanto más trato se tenga con ellos, más el lector se perfecciona. ¿A qué viene ir a beber en los regatos cuando tienes a tu alcance el manantial?

Se le debe culpar a un profesor religioso, si en el estudio confía demasiado en sus fuerzas y descuida el implorar la luz del cielo. Se cuenta de S. Tomás de Aquino que nunca se puso a estudiar sin haber antes suplicado a Dios.

Son de veras insoportables esos infelices remendones, que en lugar de escribir por su cuenta y razón, van zurciendo retazos cortados de aquí y de allí; o esos infames plagiarios que se enriquecen con robos literarios.

Son pocos los que perseveran hasta el fin, pocos los que llevan a feliz término lo que han comenzado bien; lo prueban todo; asimilan nada y nada convierten, como se dice, en jugo y sangre propios. Que arremeta cada uno con aquella clase de estudios que, o la necesidad les impone o el impulso de una naturaleza bien dotada les sugiere o más bien la voluntad santísima de Dios le propone, pero que persevere en el trabajo comenzando hasta que vea cumplidos sus propósitos. Examinen si esos defectos que juzgan que son pequeños, o creen que no vale la pena fatigarse en evitarlos, pueden satisfacer a sus superiores, a su vocación religiosa, y a Dios que nos exigirá severa cuenta de nuestro ocio y de nuestro trabajo.

II PARTE
DE LA MANERA DE ENSEÑAR

El profesor cristiano debe enseñar dos cosas: piedad y letras. De estas dos, la primacía sin duda se la lleva la piedad; por eso hablaremos primero de ella.

CAPÍTULO I
DEL EDUCAR A LOS DISCÍPULOS EN LA PIEDAD

La piedad de los discípulos se aumenta ante todo con la piedad del mismo profesor; introduciendo oportunamente conversaciones piadosas sea en privado, sea en público; o por otros recursos aptos para fomentar en sus inteligencias vírgenes la afición a la virtud.

Artículo I
De la piedad del mismo profesor

Nos enseña la experiencia y lo confirma la razón que los discípulos reflejan el modo de ser de sus profesores, como los hijos el rostro de sus padres; y no podrás encontrar fácilmente discípulos insignes por su piedad formados en la clase de un profesor malvado; pues el ejemplo debe impulsar a la piedad antes que las palabras.

El profesor debe ser tal cual quiere que sean sus discípulos, y aún mucho mejor; puesto que las pinturas que sirven de modelo y de las cuales se sacan las imitaciones, deben ser perfectísimas. Aun los mismos gentiles estaban tan persuadidos de esto, que Quintiliano no duda en decid del profesor: "Él, ni debe tener vicios, ni soportarlos"[92]. Y añade: "Guarde la virtud del profesor los tiernos años de todo mal; y su gravedad aparte a los más audaces de la excesiva libertad". Y en otro sitio[93]: "Pero si constare con claridad que las clases aprovechan a los estudios, pero dañan a las costumbres, me parece más importante el aprender a vivir con honestidad que el aprender a hablar con brillantez".

Por tanto, el primer cuidado del profesor religioso ha de ser que no sufra que se acorte lo más mínimo lo que se debe dar por costumbre a los ejercicios de piedad o que se pierda por causa de los estudios. Ya tendrán tiempo de sobra para las letras si no lo emplean de mala manera. Cuide también que no disminuya poco a poco y vaya desapareciendo esa modestia religiosa que siente de sí humilde, y de los demás honrosamente; este es un como pecado original en los

---
92 Quintiliano, Lib. II, cap. 2.
93 Quintiliano, Lib. I, cap. II.

sabios que los hace, cuanto más sabios más soberbios; *Scientia inflat* (= la ciencia hincha)[94].

Pida muchas veces a Dios por sus discípulos, como lo manda la regla de los profesores, y encomiéndelos con diligencia a la Bienaventurada Virgen María, a sus Ángeles de la Guarda, a S. José, discípulo del hijo de Dios. Nunca comience certamen literario sin que haya rezado alguna piadosa oración, y de ordinario delante del SSmo. Sacramento, v.gr., Señor Jesús, que no dudaste en ofrecerte a una muerte terrible por estos niños; que los quieres entrañablemente de veras; que mandaste que te llevasen a ti los niños; que juzgas como hecho a ti mismo lo que "se hace a uno de estos pequeños", te pido y suplico: "Guárdalos en tu nombre; tuyos son, tu me los confiaste. Pon en mi boca tus palabras"; dilata su corazón para que aprendan a amarte y a temerte. "Aparta tu rostro de mis pecados", no sea que por mis culpas sufra algún retardo tu benignidad; y concede que el oficio de educar a esta juventud que me has impuesto, lo cumpla prudente, Santa y justamente para tu gloria. Es lo único que tengo ante mis ojos en el desempeño de esta obligación. Y Tú, Reina del Cielo Santísima, a quien tu Hijo primogénito entregó estos tiernos niños, estos otros hijos *Monstra te esse matrem* (= demuestra que eres madre). Vosotros, los guías y tutores celestiales de estos niños, a quienes Dios encomendó especialmente esta juventud estudiosa, inspirad mis cuidados, os lo suplico, y afortunado este mi pobre trabajo.

A estas oraciones, el profesor religioso, si es Sacerdote, añadirá el Santo Sacrificio, que de vez en cuando ofrecerá al Señor por los discípulos y acuérdese de que las palabras, aunque Sean santísimas y sacadas de lo más intimo de un corazón piadoso, son voces en desierto, si Dios no les mueve a los oyentes en su interior. Y a Dios de ningún modo podemos hacerle favorable para nosotros y para los demás mejor que con la oración.

Con el mismo fin, procurará atraerlos e invocará como auxiliares a los santos cuyos nombres tienen los alumnos; y si a mal no viene, tendrá a la vista una lista de ellos para recitarla; y también de otros cantos que son propuestos como patronos públicos y especialistas de los estudios: el obispo S. Nicolás de Mira, Santa Catalina de Alejandría, el mártir Casiano que fue en su tiempo maestro de una escuela de niños, etc.; y otros, que, aun siendo niños, ya brillaron por el resplandor de su virtud o por su santidad insigne, por ej., S. Juan Bautista, Los Santos Inocentes, S. Pelagio, etc.

---

94   I Corintios, 8.

Durante la misma clase, alimentará el ardor de la piedad con breves oraciones escogidas que ayudarán a consagrar a Dios la clase, y a alejar el fastidio que a veces sin sentir se va insinuando en el trabajo. Escuche a Cristo que dice: "Si me amas, apacienta mis corderos. Dejad que los niños vengan a mí, pues de ellos es el reino de los Cielos. Quien recibe un pequeño de estos en mi nombre, me recibe a mi", hará actos variados de caridad, obediencia, humildad, deseos de la divina gloria y de la salvación de las almas.

¡Qué provechosa y divina será la clase, si se la sazona con estas virtudes!

Artículo II
De algunas piadosas conversaciones que se pueden tener
con los discípulos

Pueden reducirse a dos clases: pues a veces se las lanza como de repente, según se presente la ocasión, sin haberlas pensado ni preparado en particular, pero muy aptas para fomentar la piedad. Esto puede hacerse en público, mientras se explica el autor de turno en la prelección, al corregir el ejercicio escrito. Lo mismo, si se acerca un día de fiesta, si algún discípulo cae enfermo de cuidado o muere, si tiene lugar algún acontecimiento repentino en la ciudad o en el reino.

También es posible entrever estas piadosas conversaciones a veces en privado con uno o pocos discípulos, y por tanto con más confianza y más fuego si pareciere oportuno, con tal que se evite el hastío de los niños y la pérdida de tiempo. A este fin, el profesor, cuando se prepara en casa para explicar un autor, hará muy bien en fijarse de antemano algún pasaje de ese autor donde pueda sorprender inesperadamente a los alumnos con alguna palabra piadosa, alguna grave sentencia, algún dicho cristiano. Hay que tener en cuenta que los niños se mueven por el temor de Dios y el miedo de los castigos donde brilla la justicia vengadora de los pecados; y que se conmueven muchas veces con delicados sentimientos de piedad. Esta sicología infantil o este modo de ser propio de ellos hay que fomentarla y explotarla; pero de manera que en las clases superiores, cuando han dejado, como se dice, de gustar las nueces (chupar el biberón), se les dirija ya por la razón. Entonces hay que ir grabando en sus almas razones que les impulsen a abrazar la virtud con toda seriedad y les enciendan en odio irreconciliable al pecado.

Para conseguirlo, seleccione pasajes breves, acomodados a todos, eficaces, con motivos y sobre todo con ejemplos, que tienen una fuerza extraordinaria, ordenados contra cada uno de los vicios a los que la juventud se siente más arrastrada; piense con cuidado cómo algunas de esas razones pueda enderezarse al blanco con más acierto, para que dé el golpe en firme; aquí tiene ocasión de ejercitar la elocuencia y no es pequeña su gloria.

Si con algunos habla en particular, procure primero conocer la sicología de cada uno para tratarlos según su carácter propio y, como se dice, pescar a cada pez con su propio anzuelo. Será bueno hablar con más frecuencia a los que parecen más sueltos y quizás expuestos a vicios más graves. Si el profesor los atrae con un humanismo prudente y religioso, no sólo los gana para sí mismo sino para Cristo.

En esta clase de coloquios privados, conviene que traiga algo bien pensado que le sirva para guiarlos sin que se aperciban. Empezará por conversar de cosas indiferentes que ocurran espontáneamente, del puesto que ocupan en clase, de sus estudios, de los libros que leen en casa, de geografía o historia; enseguida se deslizará a lo que traía pensado, unas veces preguntándoles su parecer; otras veces leyéndoles un libro piadoso que lleve en las manos como al azar o recomendándoles su lectura; otras, insinuando en sus oídos ansiosos de oír, alguna historia que les enseñe qué vergonzoso es el mentir o engañar, o jurar, o barbotar palabras obscenas o impías, criticar a los ausentes, etc.

La conclusión, que hay que buscar con habilidad en cualquier ocasión y aun cogerla, por decirlo así, por los cabellos si no se presenta por sí misma para enseñarles cómo han de portarse con Dios, para qué ha sido creado el hombre; o para aconsejarles que en todo tiempo y lugar tengan presente ese fin último; para encenderlos en odio al pecado mortal de modo que su nombre les espante y huyan de él como de la vista de una serpiente; para prepararlos a recibir los Sacramentos con frecuencia y buena disposición; para que frecuenten la oración con fervor, lo mismo la vocal que la mental, cuanto pueda soportarla la inteligencia de aquella edad infantil.

O declararles las obligaciones que tienen con respecto a sus padres, superiores, iguales. Esfuércese en que tengan una idea altísima del Sumo. Sacrificio de la Misa; que les parezca que el día que han carecido de él, ha sido un día perdido. Enséñeles también el método de conocer el género y forma de vida para el cual son idóneos. Y como a ninguno se le debe empujar sin motivo y como por un arrebato a determinada clase de vida, tampoco hay que desatender a aquellos que por sus dotes naturales, juzgamos con razón que merecen nuestra atención.

Alocuciones piadosas se tienen a veces públicamente, de ordinario al fin de semana o en los días que preceden a las fiestas. Dichas exhortaciones o explicaciones de la doctrina cristiana las preparará el profesor con todo cuidado y tiempo suficiente; por regla general el mismo domingo. La ayudará el consignar por escrito las razones principales, los ejemplos, las semejanzas, los testimonies de los autores, y sobre todo de la Sagrada Escritura. No refiera los ejemplos árida y sécamente, sino entreverados con diversos afectos y motivos, para que atraída así la atención de los oyentes por la simpatía de la narración, la graven con más hondura en sus almas. Con este fin, convendrá tener a mano algunas historias en especial de materia religiosa, bien desarrolladas y con elegancia, a fin de que los niños no sólo las aprendan de memoria, sino también las cuenten en casa a sus padres: así se conseguirá excluir esas fábulas dañosas y cuentos de viejas, y se acostumbrarán los niños a narrar con aceptación y empezarán a gustar los libros Santos.

En éstos buscarás las historias cuando te convenga, y añadirás otras que despierten el deseo de preguntar cosas más difíciles. Después, si te parece bien, las volverás a contar públicamente en la clase.

Al explicar la doctrina cristiana, hay que cuidar que los discípulos repitan lo que han escuchado. Nunca hay que omitir este ejercicio en las clases inferiores. De este modo aprenderán cómo se excita el dolor del pecado, harás que todos observen aquel modo con perfección y que lo repitan con soltura: alabarás a los que lo han explicado con más facilidad, reprocharás la lentitud de otros, etc. Conviene que cuiden los que exponen las Humanidades y la Retórica, no trabajar sus discursos sagrados como quien pretende hacer una exhibición de estilo brillante y elocuente como si preparasen un verdadero sermón. Deben acomodarlos a la mentalidad de los niños; y no requiere poco trabajo e ingenio rebajarse de tal modo a sus limitaciones que un profesor cristiano tampoco descienda de la grandeza y sublimidad de las cosas sagradas.

Artículo III
De varios recursos para fomentar la piedad de los jóvenes

Ante todo hay que advertirles que los estudios los enderecen a la voluntad y gloria divinas, que busquen dar gusto a Dios y serle agradables; que comiencen los estudios con alguna oración piadosa. Se les debe exhortar a que inmediatamente antes o después de la clase vayan a J. Cr. oculto en el Sagrario; conviene procurar que den su nombre a la Congregación de la Virgen los que parecen más dispuestos entre los discípulos, alabar a los que se distinguen por su piedad fuera de lo ordinario; darles públicas muestras de aprecio. Sería bueno distribuir de cuando en cuando a cada uno libros piadosos que sean premio a la diligencia, señal de benevolencia e incentivo de la virtud; pero al mismo tiempo hay que enseñarles a leerlos con provecho y a meditarlos. No estará mal pedirles cuenta de lo que han leído pero con sumo cuidado y como distraídamente, porque nada hay tan perjudicial a la virtud como la violencia; que se haga espontáneamente y con gusto lo que quieres que se haga bien y durante largo tiempo.

La explicación de los autores hazla de manera que todos los escritores, aun los paganos y profanos, vengan a ser en cierto modo heraldos de Cristo, es decir, que sean dirigidos a alabanzas de la virtud y a la reprensión del vicio; se han de recomendar las obras que aparezcan bien hechas y condenar las contrarias; se han de insinuar en las almas de los pequeños sentencias saludables, las cuales ellos en momento oportuno las repitan, y darles estímulos para vivir cristianamente.

La materia de los ejercicios escritos que se les dan, para que los pasen de la lengua vernácula a la latina, contengan historias serias o avisos útiles; con todo el prudente profesor tenga cuidado de que esto no engendre tedio ni hastío en los niños; al contrario, aprovechará el mezclar algunos dichos o hechos chistosos para que no aparezca demasiado el artificio del profesor cristiano.

Si se llevan a la escena algunas comedias o tragedias, que sus fábulas respiren piedad; y sobre todo conviene elegirlas de la antigüedad sacra más que de la profana. ¿Cuántas historias se podrían encontrar que producirían gran impresión en las almas, si tuviésemos tanto entusiasmo para procurar la salvación del prójimo cuanto tenemos para alcanzar con nuestros estudios una gloria insustancial o para apacentar la ambición de saber por un placer pasajero y quizás reprobable.

Pensaríamos de modo diametralmente opuesto si revolviésemos con profunda meditación los trabajos soportados por Cristo para salvar las almas, o los suplicios eternos dispuestos para los que se van a condenar, o el oficio de doctores de la religión que se nos ha impuesto. En fin, si atendiésemos a nuestras reglas: "que todas las materias convenientes a nuestro Instituto, se expliquen a los prójimos de modo que de ahí se muevan al conocimiento y amor de nuestro Creador y Redentor" [95].

Y "que los jóvenes confiados a la enseñanza de la Compañía sean instruidos de tal manera que a una con las letras aprendan las costumbres dignas de un cristiano"[96]. Esta es la meta que se nos propone; a este fin se deben configurar todos nuestros trabajos literarios.

---

95 1ª Reg. Provincialis, in *Ratione Studiorum*.
96 1ª Reg. Commun. Profes. Class, inf.

CAPÍTULO II
DE LA ENTRADA DE LOS DISCÍPULOS

Para que los jóvenes se hagan personas cultas no basta que estudiéis; tenéis que conseguir de ellos que quieran estudiar, que en efecto quieran ser personas cultas.

El modo más sencillo para que lo quieran es el miedo a la vergüenza y la emulación. De estos dos alicientes para el estudio hablaremos primero; después brevemente de los estudios privados de los discípulos; por fin, añadiremos algo de los ejercicios públicos de las clases.

Artículo I
De los dos estímulos de los estudios

En nuestras reglas se advierte con mucha sabiduría y verdad que se consigue más de los niños por el miedo al ridículo que a los castigos. No encontrarás fácilmente uno de estos maestros amigos de dar golpes, que haya regido durante largo tiempo una escuela de niños con suavidad y aprovechamiento. Por lo tanto, el cuidado de un profesor competente debe tender solamente a llevar su clase por estos dos medios: alabanza y vergüenza. Éstas alimentan la emulación, piedra de afilar el entendimiento infantil, acicate de su diligencia. A excitarla contribuyen las concertaciones privadas de los discípulos. Por ejemplo, que ninguno lea en solitario su trabajo escrito, que esté presente un rival para que le reprenda, le urja, luche con él, se alegre de vencerle.

Lo mismo, que a ninguno aparte de los demás se le pregunte, que esté allí alguien que levante al que responde, si resbala y cae; que le arguya, si duda; y que ocupe su puesto, si calla. Que a la clase superior se la llame a luchar con la inferior, elegidos de una y otra luchadores, determinar los jueces, traídos espectadores lo mismo de casa que de fuera; y si se puede conseguir, de gente conocida.

Que los discursillos, las poesías y otros trabajos parecidos según el grado de cada clase, se reciten de vez en cuando por uno o más alumnos de la misma clase; entonces podrán ser llamados jóvenes de clase inferior para que los oigan y se admiren, que alaben al que habla, le honren con algún epigrama, propongan dificultades para que]as solucione, etc.

De esta manera se explicará en lengua vernácula y se comentará un libro de Virgilio, una oración de Cicerón, algún trozo de Horacio, alguna sátira de Juvenal o fábula de Fedro, párrafos de historiadores; y preguntarán o los rivales de clase o los especuladores o los que preparan el certamen; el profesor será el moderador de todo el ejercicio. No se permitirá usar otra lengua que la latina, que aun los niños llegan a dominarla mejor de lo que se cree. Aquella edad tan maleable irá a donde la endereces.

El profesor tomará estos entusiasmos de las almas infantiles, estas aficiones a las banderías, no como un juego y algo ajeno a él, sino como algo propio y que le interesa (de mucho interés). Se entusiasmará con los concertantes; muestre que trabaja en favor de una y otra parte, que vigila, que atiende con solicitud; se ha de angustiar con los vencidos y como triunfar con los vencedores; proclame la Victoria de unos, se duela de la derrota de los otros y les haga esperar una suerte mejor; permita que unos públicamente increpen a los adversarios aunque los reprendan con alguna dureza; mande que los otros sean festejados. Y hasta, si parece bien, que los vencidos depositen una palma o una corona adornada con ínfulas y dorados a los pies del vencedor.

Póngase a la vista en sitio de privilegio coronas de laurel como premios, que hay que adquirirlas con la fatiga y sudor de la lucha escolar; fórmese un senado con los más aprovechados, que pese a las faltas y declare las penas que se deben imponer a los que fallan y aplíquense por un decreto público. El profesor ha de ratificar lo que haya parecido a los ilustres miembros de aquel senado.

Hay quienes mandan inscribir en los libros de los jueces o en tablero públicos los errores de más monta, y ponen debajo el nombre de sus autores. Estos errores cada semana una o más veces las proclaman por medio de un pregonero. De modo semejante, deberán escribirse las cosas expresadas con arte, las dichas con elegancia explicadas con erudición, inventadas con agudeza; se añadirá un elogio de sus autores y se escribirán en el mismo libro para eterno recuerdo y gloria de su nombre en el reino de las letras.

Otros, algún error de mayor importancia, sobre todo si lo ha cometido uno de los grandes de la escuela, mandan grabarlo con grandes letras y colgarlo en las paredes de la misma escuela o leerlo en voz alta una y otra vez, para que aquella voz y aquel pregón resuene en los oídos de los niños, y el horror se vaya grabando más profundamente en sus almas. Otros, quieren que todos escriban estas faltas al día siguiente en su ejercicio escrito; otros eligen defensores y patrocinadores de la falta, los cuales, mientras se esfuerzan en defenderla con poca habilidad, ponen a su autor en ridículo. El ridículo y la alabanza irónica les escuece y duele a veces más que una represión seria (de la falta).

Otros ponen en medio de la clase o en un ángulo de ella, el bando de los torpes, al que llaman baratro o Latomias, o escala Gemonias. El que se sienta en él, contrae como grabada a fuego la fama de torpe; se le impone, mientras continúa sentado en dicho banco, una multa literaria; sin embargo se le concede la facultad de escapar, si al desarrollar una prelección o un ejercicio escrito bien acabado, supera a algún otro condiscípulo.

Otros hay que levantan un trofeo en medio de la clase; los vencedores cuelgan de él los despojos arrebatados a los vecinos. Hay otros que todo lo bien hecho por los discípulos, lo mismo si se refiere a la piedad que a las letras, lo recogen en un cuaderno, y sin decir los nombres de los autores, lo mandan recitar en cualquier semana o cada mes, para que sirva a los demás de ejemplo o les sea motivo de vergüenza.

En fin, que hay innumerables recursos de éstos que no sólo ayudan a entusiasmar el ingenio de los niños, sino que aligeran en parte el trabajo del maestro y le libran de la necesidad siempre molesta y odiosa necesidad de imponer castigos.

La alabanza y el vituperio hay que distribuirlos con prudencia y con cautela. No multiplique los premios sin selección ni moderación; procure que aprecien los premios, no por la materia ni la cantidad, sino por la aprobación y el nombre del profesor; sea todavía más parco en reprochar que en alabar; y cuide muchísimo de no mostrarle al que riñe o reprende un sentimiento de alienación (de enfado) y de no darle señales de desprecio o desconfianza.

Pues, si ven los niños que se ha perdido la opinión de ellos o que se desespera de ellos, ellos mismos se desesperan, pierden la vergüenza y abandonan por completo el esfuerzo de ir adelantando. Así que en las represiones públicas y privadas hay que insinuar a veces alguna pequeña alabanza, echar la culpa a otros, excitar la esperanza de mejorar; se debe procurar que les reprendan otros, el profesor más bien los alabe y anime, etcétera.

Cuide de que los que, al concluir el año, pasan a una escuela superior, si han merecido alabanza especial, principalmente si han contribuido con su ejemplo y entusiasmo a aumentar la emulación y el estudio de las letras, pasen recomendados con algún elogio y alguna mención excepcional de su aprovechamiento y seriedad; que se lean sus nombres dibujados en papel especial y adornado con pinturas o impresos; si a mal no viene, que se cuelguen en la puerta de la clase, etc.; que se les honre, se les conceda premios en las declamaciones más solemnes a las cuales se invitan a otras clases.

Que se nombren árbitros para las lides culturales y las controversias que surjan en las clases o las que de intento han sido preparadas por los profesores;

para resolverlas podrán escogerse delegados por autoridad pública, dar la sentencia por escrito en secreto y con autoridad privada, etc.

Artículo II
De los estudios privados de los discípulos

Se debe atender a no imponer a los jóvenes una carga más pesada y dura de lo justo; la sacuden de sí antes que soportarla. Después se debe conseguir que lo que se impone a los discípulos se corrija con cuidado. Aprendan mucho de memoria; en este ejercicio se den tareas extraordinarias, y sobre todo castigos, para que al mismo tiempo que aprendan cultiven, la memoria; pues este ejercicio, cuanto es más provechoso, tanto es más pesado[97].

Recomiende el profesor los libros e indique los que conviene que el discípulo lea en privado, y enséñeles el modo de leerlos con utilidad. A los más diligentes, especialmente en la clase de Humanidades y Retórica, se les puede señalar algunos fuera de los ordinarios para que los preparen en casa, cuando están libres de clase, por ej., leer autores latinos o griegos; a uno, Tito Livio; a otros, Q. Curcio; a otros, Isócrates, Demóstenes, Homero, etc.; componer alguna poesía o un discurso. También a uno o varios, desarrollar una acción teatral.

Estos ejercicios preparados con cuidado en casa, se podrán presentar públicamente en la escuela o en la ciudad. Quizás convenga instituir Academias o ejercitaciones privadas: de algún orador o poeta latino o griego; de Historia, Geografía, etc. para los alumnos selectos, en tiempos determinados y en lugar fijo al finalizar la clase o en los días de vacación. Las presidirá el profesor o algún otro de los nuestros. Del mismo grupo se elegirá en votación común, uno que sea como el presidente o Moderador de la Academia: se le darán unos consejeros y asesores más o menos, según el número de los académicos.

Cuando el presidente de la Academia esté ausente, le suplirá el primer consejero. Se elegirá también un escribano o Secretario y alguna otra autoridad semejante que se irán turnando de tiempo en tiempo. El trabajo propio del Secretario será escribir en un cuaderno los nombres de los académicos y de las demás autoridades que se irán eligiendo, los de aquellos que hayan escrito algo digno de mención; avisar qué ejercicios hay que hacer y a quiénes les toca hacerlos; declarar en público lo que se deberá leer o defender en plena sesión o lo que se debe propugnar, etc.

---

97 Quintiliano, Lib. XI, cap. 21.

De ordinario se le concederá a la Academia el espacio de una hora, y se empleará del modo siguiente: antes de tener la Academia, se designa la materia sobre la que hay que disertar próximamente, v.gr., un trozo escogido, o un libro de orador o poeta, griego o latino que habrá que explicar. Esta materia la prepararán en casa todos los académicos y una partecita de ella la expondrán en la misma academia; enseguida uno, dos o más propondrán las dificultades que surgen sobre el punto expuesto; otros, indicarán lo que les parece digno de notarse.

Después, se determina un ejercicio escrito, casi todo él sugerido por el mismo trozo o parte del libro analizado. Este ejercicio escogido por el presidente de la Academia o por varios de sus miembros lo trabaja cada uno en casa. Las autoridades de la Academia van examinando estos ejercicios escritos; luego el presidente de la Academia o su Secretario declarará quién ha sido el autor del mejor ejercicio y se le otorga un premio. Este ejercicio, corregido, se dicta y todos los demás lo transcriben. Las faltas, sin dar a conocer los nombres de los autores, se dicen públicamente y se escriben en los cuadernos de la Academia.

Otro trabajo puede ser proponer tesis para que las defiendan y las ataquen, pero más en estilo oratorio que dialéctico. Por fin, las composiciones de más erudición escritas por los académicos en sus horas de trabajo privado: una oda, una elegía, o carta o narración, etc., se leen; las mejores entre todas se pasan a un libro destinado a este fin, al cual le podrías llamar con todo "tesoro de la Academia". Así disfrutan de una alabanza merecida los que se han aventajado a los demás en esta clase de ejercicios.

Antes que se disuelva la Academia, se determina el argumento del próximo ejercicio; se designa el autor que hay que leer o explicar; algún tema erudito a discutir, etc. Si alguno quisiera recitar algo de memoria, se le escuchará en pública sesión; o a unos académicos designados al efecto, se les conferirá el trabajo de escucharle. Se pone fin a la reunión académica con una breve oración, y con otra oración se le dará comienzo.

Si alguno desea ser adscrito a ella, conviene que dé una muestra de sus conocimientos, explicando alguna materia, escribiendo, recitando de memoria. Para admitirle, se debe consultar a los demás académicos, que serán quienes juzguen con sufragios públicos o privados si se le debe dar la alternativa o no.

Artículo III
De los ejercicios públicos de la clase
Párrafo I
Que hay que observar de ellos en general

El orden de las clases suele ser: se recitan las prelecciones; se expone la nueva prelección; se corrigen los ejercicios escritos; se traduce un autor latino a lengua vulgar; se dicta algo acerca del "arte de decir" en Retórica, o Geografía: en las clases inferiores se tiene alguna concertación.

De estos ejercicios se pueden determinar algunas normas que tocan a todos; otras, particulares y adaptadas a cada uno de ellos. En general, hay que cuidar que cada ejercicio tenga su tiempo fijo y seguro; que unos no se antepongan a otros sin razón suficiente; que ninguno se omita o sufra menoscabo. Luego, que nadie, dentro de lo posible, se libre de ellos; que nadie, por ej., deje de recitar la lección, de leer su composición, de interpretar algún autor, de tomar parte en los desafíos o concertaciones, de responder, etc. Si cada día no se les puede dar material de trabajo a todos en particular, un día determinado cada semana se dedique a algunos; pero no siempre el mismo día a unos mismos, sino mudándole (el día) conforme a un plan pensado. Por tanto, fíjese el Maestro antes de ir al ejercicio, qué materia distribuye y a quiénes, y tenga cuidado de que ninguno quede sin ejercicio; no sea que parezca que se les prepara sólo a los más precoces y se les pasa por alto y se les descuida a los más retrasados.

Si se dicta algo en clase, que sea breve y necesario; cada semana se ha de declamar algo; hay que enseñarles a los niños a modular la voz con dignidad y a moderar los movimientos. La costumbre de hablar en latín se debe conservar con todo rigor; no es pérdida de tiempo proponer a los jóvenes fórmulas que puedan usar en el colegio, en conversaciones con los compañeros, durante el mismo ejercicio; pues de buena gana decimos lo que creemos que vamos a decir con exactitud y elegancia.

El mismo profesor cuide de hablar con la mayor perfección que pueda; para enseñar así a los alumnos que empiezan a hablar el camino a seguir, a los que todavía no saben más que balbucear. Es asimismo provechoso, con el aliciente de premios o penas expuestos de antemano, que unos desafían a otros y se corrijan mutuamente; se elegirán los más adelantados para que, si se origina alguna discusión, ellos la decidan.

En cada clase hay que enseñar a los niños pocas cosas, pero con todo esmero, de modo que se les grave como a fuego. No olvide el maestro que la capacidad receptiva de los niños es como un vaso de boca muy estrecha; si se le infunde líquido en abundancia, se desborda y cae fuera, si se le instala gota a gota, va penetrando todo. A este fin, pregunte con frecuencia a unos y a otros la razón de lo que se ha explicado; los más adelantados repitan a los más retrasados las cosas ya expuestas y familiarmente les irán explicando. De esta manera, adelantarán unos y otros, y sucederá no pocas veces que los niños aprendan con más facilidad de sus condiscípulos que del mismo maestro.

No hay que pasar por alto lo que ha sido de gran utilidad a muchos cuando ya han madurado; que se acostumbren a hablar clara y distintamente, articulando bien, ni aprisa, ni, como sucede a menudo atropellada y confusamente; que sepan detenerse y hacer pausas cuando sea conveniente.

Párrafo II
Se explica con detalle cada uno de los ejercicios escolares

Vamos a exponer en detalle lo que se debe hacer en los ejercicios de clase. Lo primero, el maestro tenga cuidado de que, mientras se da la lección, los niños no se distraigan ni miren a su alrededor ajenos a la clase; que tengan algo que leer o escribir, v. gr., un epigrama cuyo argumento se ha de proponer con toda brevedad, algún Párrafo de un autor para que lo interpreten, frases latinas sacadas de Cicerón o Virgilio entre tanto, el maestro podrá repasar las composiciones de aquel día.

Después, al cabo de una media hora, que de ordinario se dedica a recitar la lección, se leen los ausentes y los que han vuelto; se llama a los que deben excusar su ausencia; se examinan los trabajos extraordinarios; se avisa a los discípulos si hay algo para el mismo día o para el siguiente que convenga avisarles, si en algo se ha faltado públicamente, etc.

Para poder conocer las causas de las ausencias y otras cosas parecidas con más comodidad, esté en el recinto de la clase poco antes del último toque de la campana.

Luego viene la explicación de Cicerón, de Virgilio o de algún otro autor apropiado a la clase. Constará la explicación de cinco o seis partes; la primera, el argumento de la prelección; la segunda, exposición y aclaración de cada frase, si son concisas, obscuras o complicadas. La tercera, expone lo tocante a la erudición, la historia, las costumbres de los pueblos, etc.; la cuarta, en las clases superiores trata todo lo referente a la Retórica y Poética; la quinta, analiza y examina el latín. Se puede añadir una sexta parte, que insinúa lo que sirve para formar el carácter (¿las costumbres?, fomentar la piedad; si esto no se ofrece por sí mismos, se le hace venir aun violentando un poco la marcha de la clase.

Entre tanto, los discípulos tengan ante sus ojos los libros que se explican; escriban notas que correspondan a las materias que manda el profesor; pero hay que estar muy alerta para que no anden escribiendo cosas ajenas a la clase. Estas notas las han de entregar escritas en el próximo ejercicio de composición y las tengan redactadas todas juntas en sus cuadernos para conservarlas.

Con tal método, aun sin querer se verán obligados a estar atentos e irán aumentando el tesoro de su erudición. Para evitar el aburrimiento de una explicación demasiado larga, no le duela interrumpirla bruscamente, pregunte a uno y a otro sin orden alguno; más, si advierte que andan como peregrinando por la luna. Hay varios recursos para atraer la atención que a cada uno le irá sugiriendo la costumbre y la diligencia.

En la lectura y corrección de las composiciones, se puede empezar por las de los mejores discípulos, para que sirvan de ejemplo. Si en ellas se encuentra algún Párrafo mejor trabajado, se dictará íntegro o con alguna pequeña enmienda. Después se oirán las composiciones de los rezagados; que estén preparados los que han de corregirlos, sean de la misma clase, o de la superior, o alguna vez de la inferior, para que pasen más vergüenza y sufran mayor afrenta los que de tal modo se retrasen. Inculcarás lo que se ha reprendido, darás la causa de la falta y harás que se repita.

Lo escrito por los niños se corrige más fácilmente recorriendo todas las partes y períodos de la composición y corrigiéndolos entonces como cosas ya leídas por la mayor parte y ya enmendadas.

Al entregar en Retórica los argumentos para escribir en prosa, hay que guardar cierta gradación: primero, se dan los períodos que hay que componer; después, las figuras entrelazadas con los períodos; luego, los razonamientos, entimemas, dilemas, los tópicos oratorios extrínsecos e intrínsecos, las partes del discurso como exordios, narraciones y confirmaciones; por fin, los discursos íntegros, y primero del género judicial, a continuación del deliberativo y del exortativo.

De cuando en cuando se introducirán cartas, fábulas, inscripciones, modo de hacer un epitafio y otras composiciones similares, pequeñas, más amenas, pero no menos necesarias. Lee a Quintiliano, lib. 2 capítulo 4, donde da muchos sabios consejos del modo de corregir las composiciones.

En las escuelas inferiores, aunque no hay que preocuparse demasiado del orden y unión de las frases, que pueden ser más breves e interrumpidas bruscamente, con todo deben ser tales que contengan algo digno de saberse y que pueda alimentar y aumentar la inteligencia de los niños. ¡Cuántos preceptos magníficos se encuentran en Cicerón, en Stobeo, en las sentencias de los antiguos que pueden llevarse a la composición! ¡Cuántas enseñanzas se pueden extraer del acervo de las historias!

Quintiliano dice: "No apruebo que la materia propuesta para la composición contenga ideas inútiles, sino que enseñen algo honesto. Este recuerdo persevera hasta la vejez e impreso en un alma ignorante, aun en sus costumbres le aprovecha". ¿Qué impide el introducir palabras propias de la navegación, de los vestidos, de la guerra, de sus asuntos domésticos, para que insensiblemente las vayan aprendiendo los niños[98], y brille la abundancia y variedad del latín? o el entrelazar alguna carta con todas sus partes, o una narración? Así se va preparando el camino de la elocuencia.

Pero esto no ha de impedir para que el profesor proponga en el argumento de la composición alguna dificultad o punto más escabroso de la Gramática ya explicado antes en clase, y que lo inculque sin cesar durante unos días. Mas, será de grandísima utilidad que las notas tomadas en la explicación de un poeta u orador o historiador, en especial si tienen alguna dificultad, se introduzcan en el tema de composición. De aquí brotará un empeño mayor en los discípulos para oír el desarrollo de un autor; y una mayor facilidad para redactar, lo cual siempre se debe tener presente, para que los discípulos no marginen el trabajo de la composición asustados por las dificultades.

Conclusión: la materia de la composición se dictará siempre media hora antes de finalizar la clase, se la explicará y concederá permiso para que, si alguien no la ha entendido bien, exponga su dificultad; o se preguntará a los más rezagados sin necesidad de que ellos lo hagan allanándoles el camino; en una palabra, hay que ir como indicando con el dedo la dirección a seguir según los conocimientos de cada clase.

Los retóricos, ellos por sí mismos, deben esforzarse para subir a las más ásperas cumbres; a los demás hay que limpiarles los caminos hasta que sean capaces de asentar sus pies con firmeza.

En la clase de poesía, se les enseñe a los discípulos todas las formas de poesía, épicas, líricas, elegíacas; y no se les ejercite solamente en epigramas y odas.

---

98   Quintil. *Institutiones oratoriae*, Lib. 1, cap. 1; Lib. 2, cap. 6.

Toda materia para la composición la proponga y la dicte el profesor. La experiencia enseña que esto mismo puede hacerse también en Retórica.

Párrafo III
De la interpretación en lengua vulgar, de las concertaciones, etc.

Después de corregida y dictada la composición, se traduce a la lengua patria un autor latino o se hace una concertación. Esto, días alternos si la escasez del tiempo no da para tener cada día los dos ejercicios. En la explicación de autores, hay que observar tres cosas: 1) la exactitud de la lengua vulgar y la semejanza con la latina, si la hay, o la desemejanza; que los discípulos, de una lengua aprendan la otra, 2) la propiedad y elegancia de la lengua latina; 3) y última, anotar las sentencias acomodadas para instruir en las costumbres, y para madurar y modelar el juicio de los niños; sopesar los planes de los hombres, las penas de los malvados, los dichos de los sabios. Un trozo de algún historiador se traduce a la lengua patria; se concede algún tiempo, si es posible, a la composición o se añade, como apéndice, un tema más breve.

Que disputen entre sí acerca de la interpretación, que compongan en el género de descripción propio de su situación, y al finalizar el año, por alcanzar los premios. Con todo, no se dedique a la explicación de un autor de manera que ocupe la clase entera en su interpretación como lo hacen los maestros menos diligentes; quizás porque es más fácil el trabajo de explicar y evitan el más difícil de corregir los temas.

Mientras disputan sobre los preceptos de la gramática, poesía o elocuencia, enfrente a uno con muchos o a varios con varios; prefije el argumento de la concertación, el tiempo y método a seguir; constituya árbitros y jueces, imponga premios a los vencedores y penas a los vencidos. Los demás, muestren el fruto que han recogido de la concertación, y, si se les pregunta, que lo indiquen.

Se podrán arreglar las concertaciones con alguna solemnidad; púgiles reclutados de las clases inferiores que luchen con discípulos de clase superior; veteranos con bisoños, etc. Al terminar el año, en algunos colegios se suelen tener concertaciones públicas con mayor aparato; se explican autores propios de las diversas clases ante una asamblea numerosa de gente culta y distinguida; con antelación se promulgan prospectos donde constan los dos nombres de los concertantes y la materia del certamen. No es posible aquí alabar ni poner en práctica todos los medios que pueden contribuir a la buena fama y esplendor de nuestras letras; las cuales, sin ninguna recomendación ante el público ni espectacularidad, arrastran una vida lánguida, y aun los mismos niños las desprecian. Pero que se tenga cuidado de no dedicarse demasiado a las comedias ni a otros ejercicios parecidos que requieren mucha preparación, aunque sean de buenas plumas; no sea que por congraciarse el aura popular, lleve con descuido la clase.

En algunos sitios, los jóvenes suelen cada hora o también con más frecuencia descubrir la cabeza y recitar en silencio la salutación angélica; el maestro aprovechará esta oportunidad para insinuarles algún pensamiento piadoso, explicar alguna sentencia del Evangelio o de los SS. Padres, recordarles que Dios está presente entre ellos, y también para recogerse el mismo y rehacerse con una breve súplica.

Tan pronto como haya llegado de clase a casa, de gracias a Dios por Jesucristo a quien hará una visita en la Iglesia; examine las composiciones de los discípulos; tome cuenta de quienes faltan, quiénes han vuelto; prepare la materia que tiene que dictar al día siguiente, el autor que va a explicar, y lo demás que le pidan la costumbre y las circunstancias. Si algún alumno ha faltado más de lo justo a la modestia o a alguna otra obligación, fíjese y piense qué remedio tendría que aplicar para que el mal con la tardanza no se agrave.

El Domingo relea con atención la lista de sus discípulos; encomiéndelos todos a Cristo y a la Virgen. Examine a quiénes tiene que avisarles o exhortarles o reprenderles en privado, y cuándo; si hay que recurrir a sus padres o pedagogos; si por este motivo deberá escribir una carta y el tenor de ella. El mismo día, prepare la exposición de la doctrina cristiana que habrá de tener próximamente en clase y ordene todo el conjunto de detalles para los ejercicios literarios de la semana. Haga un examen para conocer en qué ha fallado él mismo la semana última y cómo se ha de enmendar; relea las reglas, si tiene algunas propias de su clase etc.

Artículo IV
Modo de explicar la prelección
Párrafo I
Cómo hay que exponer la prelección a los retóricos se expone
un pasaje de M. Tulio Cicerón

Voy a poner un ejemplo en la clase principal de todas, la Retórica; y voy a escoger el Exordio de la Filipica segunda, desde aquellas palabras: "*Quonam meo fato* (Qué estrella es la mía) etc. hasta *cui priusquam*" (al cual antes que). Haré las mismas cinco partes que dije en el p. II de la 2a parte. art. 3. La primera y la más breve de todas es el argumento.

I.*Argumento*. Una vez que Cicerón pronunció su primera Filípica, pocos días después, M. Antonio se desató contra él de una manera furibunda; a éste, a su vez le responde Cicerón con la Filípica segunda. Demuestra que en todo su furioso discurso, M. Antonio no ha hecho sino atacarle sin razón; que él en cambio debe ser atacado con sobrado motivo por sus gravísimas torpezas.

La parte de la oración que explicamos es el exordio. Afirma en él, que ha contraído la enemistad de muchos en su vida; pero que M. Antonio es un enemigo tanto más feroz y alocado que los demás cuanto que él nunca le había tocado ni aun de palabra en un pelo de la ropa. Trae como causa de odio tan injusto, el que Antonio pensó que no podría probar más fácilmente que era enemigo de la patria que declarándose enemigo de Cicerón. Así exponiendo las causas justísimas que tiene para reprender a Antonio que a su vez injustamente le había atacado a él, prepara a los oyentes para el resto del discurso. Este es el oficio del Exordio. En él, se enumeran tres cosas que contienen todo lo principal del exordio. Deben hacerse tantas partes en la argumentación cuantas son las ideas importantes del período que se explica.

II. *Explanación.* Es la segunda parte de la prelección.

Añado esto: que en Retórica debe ser la parte más comentada y más explicada. ¿*Quonam...dicam?* (Por que destino mío diré que sucede...). La idea de esta perícopa puede ser doble: La primera; he nacido con tan desgraciada estrella que todas las armas con las que han pretendido herir a la república sus enemigos, las han arrojado contra mí solo. La segunda: ¡Qué suerte la mía tan feliz y digna de toda envidia que todos los que han declarado guerra a la república han creído que tenían que habérselas conmigo!

Las dos explicaciones son aptas para atraer la simpatía de los oyentes y para moverlos al amor o a la compasión *His annis viginti,* (estos veinte años), es decir, desde que desempeñé el consulado; sucedió esto el año 690 de la fundación de Roma. *Nec vero necesse est a me quemquam nominari, vobiscum ipsi recordamini.* (Y no es necesario que nombre a nadie, recordadlo vosotros mismos), o sea los Catilinas, Clodios, Pisones, Gabinios, etc. *Mihi poenarum illi plus quam optarem dederunt.* (Me la pagaron más de lo que yo mismo hubiera deseado). Sus odios y malvados esfuerzos contra mí, me los pagaron con castigos más duros que los que era propio de mi humanismo y delicadeza exigir. *Te miror, Antoni, quorum facta imiteris, eorum exitus non perhorrescere" "Quorum facta imitere".* (Me admiro, Antonio, de que no te estremezcas ante el fin desastrado de aquellos cuyos hechos imitas) Tú, que imitas la violencia, el odio, los crímenes de aquellos contra mí. *Exitus* (Los fines = la muerte). Se hicieron decretos del Senado contra ellos, llenos de ignominia; que les ocasionaron una muerte terrible y triste, etc. *Atque hoc in aliis minus mirabar* (y esto me extrañaba menos en los otros), que me declarasen la guerra, manifiestas en las enemistades que pública y abiertamente existían entre nosotros. *Nemo illorum mihi inimicus fuit voluntarius* (Ninguno de ellos fue mi enemigo voluntario) como por gusto suyo, como sucede a veces, o por inclinación natural o vicio de carácter o esperanza de alguna ganancia. *Lacessiti omnes a me* (Provocados todos por mí). Cuando develé sus crímenes y removí en público su maldad, perturbé sus planes funestos contra la república. *Tu ne verbo quidem violatus* Tú, ni siquiera injuriado con un epíteto algo duro o ignominioso. *Tuam a me alienationem, commendationem tibi ad impios cives fore putavisti.* El orden es: *Putavisti alienationem a me tuam, fore tibi commendationem gloriae ad impios cives.* Pensaste que tu celebridad entre los malvados, aumentaría en grados, si manifestases abiertamente que nada tenías común conmigo, que eras enemigo mío; que serías tanto más querido para ellos cuanto más hostil fueras para mí. ¿Quid putem? (¿Qué puedo pensar?) Pero ¿cuál voy a pensar que es la causa de tu odio a mí? ¿Contemptumne me? ¿Acaso vamos a creer que Antonio se movió a profesar su odio contra mí por puro y simple desprecio? ¿An decertare mecum voluit contentione dicendi? O quiso venir conmigo a un combate singular para que luchásemos con las armas de la elocuencia y experimentar quién de los dos era superior en el decir? Si quieres encontrar ejemplos de esta clase de explanación, los tienes en los Padres Abraam[99] y Lacerda[100], los cuales en la exposición y aclaración de Virgilio, el segundo; y el primero, de Cicerón, son sensacionales.

III.*Retórica,* es la tercera parte de la prelección, o sea, observación de lo que se refiere a la elocuencia, lo cual toca a la primera clase; o de lo que se refiere a la poesía y son propias de la segunda clase; o a la Gramática, de la tercera clase; o a la Sintaxis y construcción del discurso. La Retórica la explico así:

Estamos estudiando el Exordio de un discurso celebérrimo. El Exordio no es más que la primera parte del discurso, sin otro fin que el de preparar el ánimo de los oyentes, captándose su benevolencia, su atención y entrega al orador. Ahora conviene observar cómo Cicerón consigue este fin. El medio, para atraerse la

---

99 [ABRAM, Nicolas. *Nicolai Abrami... Commentarius in Tertium volumen Orationum M.T. Ciceronis...* Lutetiae Parisiorum, sumptibus Sebastiani Cramoisy, 1631.].

100 [CERDA, Juan Luis de la. *P. Virgilii Maronis Bucolica el Georgica argumentis, explicationibus, notis illustrata,* auctore Ioanne Ludovico de la Cerda. Coloniae Agrippinae, apud Ioannem Kinchium, 1647. CERDA, Juan Luis de la. *P. Virgilii Maronis priores sex libri Aeneidos:* argumentis, explicationibus notis illustrati, auctore Ioanne Ludouico de la Cerda... Societatis Iesu... Editio quae non ante lucem vidit... Lugduni, sumptibus HoratijCardon, 1612. CERDA, Juan Luis de la. *P. Virgilii Maronis posteriores sex libri Aeneidos*: argumentis explicationibus notis ilustrati, auctore Ioanne Ludovico de la Cerda... Societatis Iesu... Editio quae non ante lucem vidit... Lugduni, sumptibus Horatii Cardon, 1617.

benevolencia es triple: 1) que el orador aparezca hombre de buenas costumbres y dignas de una persona de cultura bien instruida; que diga algo en alabanza propia, pero con modestia. 2) que dé muestras de mirar por la conveniencia de los oyentes. 3) que excite contra los adversarios el odio y el desprecio, pero con astucia. Lo primero lo consigue Cicerón hablando de su apacibilidad y de su carácter ajeno en absoluto al deseo de venganza; también, negando que pueda encontrarse en su vida y en sus hechos algo digno de reprensión y de desprecio; dando a conocer el juicio y el testimonio del Senado acerca de su consulado.

Lo segundo lo consigue afirmando que no hubo jamás enemigo de la república que no lo fuese al mismo tiempo suyo. Lo tercero, explicando brevemente, como tocando solamente, la impotencia de Antonio, su odio a la patria, su familiaridad con los malvados.

Se atrae la atención por la importancia del asunto y de la causa cuando dice que tiene entablada batalla con un enemigo de la patria; que no encuentra materia más fácil, ni más abundante que la de hablar contra Antonio, etc.

La entrega del oyente al orador la obtiene indicando lo que va a decir: poco en favor suyo, mucho en contra de Antonio. Esto vuelve a repetirlo enseguida con más claridad. Sin duda alguno podría exponer más largamente por qué estos tres fines son los de cualquier exordio; diría por ejemplo, que, siendo tres las potencias principales del alma; la primera, la del entender; la segunda, la del recordar; la tercera, la del querer; a la inteligencia se la domina con la atención; a la memoria, con la entrega a lo que se dice; a la voluntad, con la benevolencia. Podría traer también ejemplos de buenos exordios, poner ante los ojos los defectos y errores de los malos; a no ser que sea suficiente el reservar estas explicaciones para el Profesor.

Pertenece a la Retórica la suposición que empieza con estas palabras *Quid putem?* (¿Qué puedo pensar?). Se enseña qué figura es esta, suposición; cuál es su uso, cuál su sitio oportuno, de qué modo. Y declararla más con ejemplos griegos y latinos. Todas estas cosas un maestro diligente las sacará de las *Instituciones* de Quintiliano, de la *Retórica* de Vosio[101] y del *Palacio de la elocuencia*[102].

---

101 [VOSSIUS, Gerardus Joannes. *Gerardi Joannis Vossii Tractatus philologici de rhetorica, de poetica, de artium et scientiarum natura ac constitutione...* (Amstelodami, ex typographia P. & J. Blae: prostant apud Janssonio-Waesbergios et. al.], 1697).]

102 *Reginae palatium eloquentiae*, primo quidem a RR. PP. societ., iesu, in Galia, exquisito studio, & arte magnifica extructum; nunc vero Revisum, ac sensui... Venteéis, Apud Nicolaum Pezzana, 1674.

IV. *Erudición.* Es la cuarta parte de la explicación. Se exponen qué entendían los paganos cuando se decía la palabra *fato,* y qué los cristianos. *His viginti annis* (Estos veinte años). Di qué año fue el del nacimiento de Cristo, cuál fue el del consulado de Cicerón, cuál el de su muerte. *Bellum indixerit* (Haya declarado la guerra). Cómo solían los Romanos declarar la guerra. Lo encontrarás en Rosino[103], Abramo[104] o Cantello[105]. La palabra *maledictis* te ofrece ocasión para disertar sobre la diferencia entre 'maldición, irrisión, contumelia'. La sentencia. *Mihi poenarum illi plus quam optarem, dederunt* (Me la pagaron más de lo que yo mismo hubiera deseado). Viene que ni pintada para tratar de la venganza y qué indigna es de un hombre recto, etc. Abundante surtido de esta materia te sugerirá Juvenal St. XIII; lo puedes enriquecer con los Adagios de Erasmo[106], Polyanthea de Filologo. También traerás testimonios del tesoro de la legislación cristiana y de la Historia.

V. *Latinidad.* Es la última parte de la prelección. Examina esta frase metafórica *bellum mihi indixerit* (Me haya declarado la guerra). Da algunos significados más desconocidos de esta palabra y de otras voces afines, si te parece bien; habla de los funerales proclamados a voz de pregonero, de los días de fiesta. *Perhorrescere* (estremecerse). Prueba con ejemplos la fuerza especial de las palabras compuestas para la elocuencia. *"Verbo violatus".* Con esta palabra se componen diversas locuciones latinas, violar el cuerpo con una herida, el marfil con la púrpura; violar la fidelidad, el pacto, los derechos, las cosas sagradas. Las restantes palabras que ocurren en estas pocas líneas, las comentas con brevedad.

---

103 [ROSZELD, Johann. *Romanarum antiquitatum libri decem* ex variis scriptoribus summa fide singularique diligentia collecti a Ioanne Rosino... Editio ultima, omnium, quae hactenus prodierunt, tersísima. Lugduni, ex officina Hug. a Porta: sumptibus Samuelis Girard, 1609.]

104 [Pensamos que se pueda referir a: ABRAM, Nicolás. *Nicolai Abrami e Societate Jesu Commentarius in Pub. Virgilii Maronis opera omnia.* Rothomagi, 1655.]

105 [CANTEL, Pierre Joseph. *De Historiis Philippicis et totius mundi originibus [Justinus],* interpret   atione et notis illustravit Petrus Josephus Cantel è Sociètate Iesu... Parisiis, apud Fredericum Leonard, 1677.]

106 [*Adagia id est, proverbiorum, paroemiarum et parabolarum omnium, quae apud graecos, latinos, hebracos, arabes &c. in usu fuerunt,* collectio ab solutissima in locos communes digesta, in qua continentur... Des. Erasmi Roterodami Chiliades, Hadriani Iunii Medici adagia, Ioann Alessandri Brassicani IC. Symmicta [et al.]. Francofurti, sumptibus Johannis Pressii viduae, 1645.]

Párrafo II
Se propone otro ejemplo, tomado de Virgilio

Pongo otro ejemplo del modo de explicar la prelección en Retórica, sacado de Virgilio Marón libro XII, verso 425. *Arma citi properate viro* (Traed pronto las armas al hombre), etc. hasta el verso 440.

I. *Argumento*. Eneas sanó de repente contra la esperanza de todos de una herida que había recibido a la vista del ejército. Venus a ocultas había infundido dictamo en la palangana cuando lavaba el héroe su herida. El médico se quedó atónito ante aquella maravilla y empieza a gritar; Eneas a toda prisa se viste las armas; antes de volver a la batalla, besa a su hijo y le exhorta brevemente con palabras paternales y pletóricas de valor heroico.

II. *Explanación. Arma citi, etc.* (Las armas pronto...) Habla el médico Japis a los jefes que rodean a Eneas, pasmados de admiración. ¿Por qué estáis ahora mano sobre mano? ¿Por qué no le traéis a Eneas enseguida sus armas? ¿Por qué no le redintegráis de nuevo a la lucha? *Non haec humanis opibus, proveniunt.* Este milagro, esta salud tan inesperada y repentina se te ha devuelto, no por fuerzas humanas o por esos remedios ordinarios que enseña la medicina. *Maior agit Deus:* Un Dios grande, más fuerte que la ciencia y el arte obra estas cosas y te restituye esta vida y esta salud. No dice quién es ese Dios; quizás quiere que creamos que es Apolo, dios de la medicina; quizás se refiere a Venus, pues no duda que favorece y asiste a su hijo. *Opera ad maiora remittit* (Te envía a más ilustres hazañas); a obtener la Victoria, a dominar Italia. *Ille,* Eneas, *suras intercluserat auro,* mientras habla el médico, ya había revestido sus piernas con las grebas incrustadas de oro, tal era su hambre de lucha. *Sura* propiamente es la parte posterior y detrás de la pierna, debajo de la corva de la rodilla como la tibia es la parte anterior y de frente de la misma, debajo de la rodilla. *Hinc atque hic,* una y otra pierna, la derecha y la siniestra mete en las grebas. *Odit moras* (Aborrece la lentitud). Manda darse prisa; no soporta ni la menor tardanza. *Hastam coruscat.* Agita, sacude la lanza como preludiando la batalla; la dirige al enemigo como si estuviera ya presente y la maneja como quien arde en deseos de combatir. *Postquam habilem lateri clypeus,* después que sujetó el escudo al brazo izquierdo con correas de modo que se adaptase al costado y no le entorpeciese los movimientos, pudiese ser manejado con ligereza y cogido con toda facilidad. *Habilis* se dice lo que podemos mover, agitar, tener con comodidad; por el contrario, *inhabilis,* lo que no podemos usarlo con libertad. *Loricaque tergo est,* y después que la loriga se ajustó bien a la espalda. La loriga tiene dos partes: la primera sube por el pecho; la otra, la espalda. A la última la llamó Sola, la otra creyó que era más fácilmente conocida. Por tanto, después que así preparó todas sus armas y las adaptó como convenía al cuerpo, revestido de ellas y terrible por el aspecto del hierro que le recubría de pies a cabeza, abraza a Ascanio *fusis circum armis,* es decir, echándole los brazos recubiertos de hierro, que sujetaban la lanza y el escudo. Todo muy hermoso y muy conforme a un guerrero. *Summaque oscula,* son los besos como de prisa y corriendo, no con toda la boca, en lo alto de la frente; así debió aquel padre y aquel héroe ser amante sin demasiadas caricias; sólo así pudo hacerlo estando encasquetado ya el yelmo; sólo así lo permitió aquel tiempo y aquella ocasión tan apremiante. *Disce, puer, virtutem ex me,* ¡Oh hijo! (hijo le llama con cierta dignidad), aprende de mí las verdaderas virtudes, la prudencia, la fortaleza, la piedad, etc. Así un padre puede gloriarse delante de su hijo. *Et laborem,* o sea, el trabajo de la guerra, *verum,* el verdadero, el que tú has de soportar, el que levanta a los hombres a la verdadera gloria, no a una gloria umbrátil y encerrada dentro de las paredes de una casa, sino trabajada en la batalla, en el campo de la guerra. *Fortunam ex aliis* (La felicidad de otros). Que otros jefes te enseñen la fortuna y la felicidad; aprende de ellos ejemplos de felicidad, no te lo impido; yo quiero serte impulsor y modelo solo de la virtud. ¡Magnífico! Pues la virtud, ella sola es el bien sólido y eterno; la falsedad, una sombra y una huella del bien; ésta, estriba en la suerte, aquélla en nosotros; ésta hace que seamos celebrados por otros, aunque a veces no lo hayamos merecido; aquélla, nos hace buenos y dichosos aun en medio del desprecio y de la ignominia.

Este pasaje otros lo explican: Aprende de mí la verdadera virtud, pero de otros, v.gr., Turno, al que pronto le verás vencido y muerto por mí, aprende la inconstancia y ligereza de la fortuna; para que temas a ésta, busques aquélla. Nuestra explicación se adapta más a Eneas y está más concorde con lo que sigue. *Nunc te,* ya que no puedes soportar por ti mismo, personalmente, las fatigas de la guerra por la debilidad de tus años, yo las soportaré ahora por ti: te defenderé del enemigo; te allanaré el camino al reino de Italia. *Defensum dabit* defenderá. De manera semejante los latinos dicen: 'lo daré hecho', por 'lo haré'; 'lo daré encontrado' por 'lo encontraré'. *Magna inter praemia ducet* (Te conduciré entre otras grandes victorias) conduciré a poseer la tierra destinada por el hado; al reino de Italia, que será el premio de mis trabajos. Por tanto *inter* se usa aquí por, *ad,* según opinión de Servio; o si prefieres conservar la fuerza de la preposición, *inter praemia* significará: entre grandes victorias, entre derrotas del enemigo y destrucciones de ciudades, con las cuales los dioses premiarán mi fortaleza, te conduciré como por la mano a obtener el reino de Italia. *Tu facito,* etc. Procura *ut sis memor* acordarte de mis virtudes y del camino por el que te he llevado. *Adoleverit aetas* haya crecido, se haya robustecido y fortificado. *Tuorum* de tu padre y de tu abuelo. *Avunculus Héctor* (Tu tío Héctor) porque era hermano de Creusa, madre de Ascanio. *Excitet,* te impulse a imitarle, a entregarte a una empresa tan gloriosa.

III. *Retórica.* Hay que ponderar 1) las palabras del médico; su exordio repentino y ajustado a las circunstancias; la razón que usa para encender las almas de Eneas y de sus compañeros, o sea, la ayuda clarísima de los dioses de donde brota el augurio indudable de la futura victoria. Los mismos dioses te llaman y te mandan llevar a término la guerra emprendida, vete, marcha. 2) La prisa de Eneas que expresan maravillosamente las mismas palabras: ya se había vestido las grebas adornadas de oro, aborrece la lentitud, da unos ligeros besos. 3) Las palabras que dirige al hijo, ciertamente dignas de un héroe, dignas de Virgilio. También puede ilustrarse esta parte, comparando Virgilio con Homero. En Homero, *VI de la Ilíada,* cuando Héctor corre a la guerra, se entretiene largamente con su hijo y se retarda sin motivo.

IV. *Erudicción. Maior agit Deus* (Un dios más poderoso obra). Explica quiénes eran considerados dioses mayores o de los pueblos gentiles más poderosos y quiénes los de los más débiles. *Clypeus* (Escudo) expón las diversas clases de escudos; la diferencia entre parma, pelta, escudo, etc. tortuga que se solía formar con escudos. *Fortunam ex aliis* (Aprende la felicidad de otros). Puede ser ocasión de hablar de la fortuna. *Exempla tuorum* (Los ejemplos de los tuyos). Se te ofrece ancho campo para hablar del ejemplo que los padres deben dar a los hijos. Materia magnífica y abundante encontrarás en Juvenal, *Sátira XIV,* y por sí misma lleva a educar las costumbres; aquí aconseja a los discípulos cómo pueden aprovecharse de los ejemplos de los padres, sean buenos o malos, qué cuidado deben tener en estos últimos.

V.*Latinidad. Humanis opibus. Opes*, esta palabra con frecuencia indica favor, auxilio, fuerza, conato. Trae como testigo a Horacio: *Non Priami domus periura pugnaces Achivos Hectoreis opibus refringit* (= la casa perjura de Priamo no llega a quebrantar con los esfuerzos de Héctor a los belicosos Aqueos). Cita otros parajes de Virgilio. *Proveniunt. Provenio* es igual a sucedo; marcho; a veces, salgo; otras nazco, soy engendrado. *Agit* (Hace, obra). No terminarán, si quisiera examinar todas las significaciones que en esta palabra se contienen; elige las más acomodadas al orador o al poeta según el grado de tu clase. *Summa (Lo* más alto o perfecto). También esta palabra se presta a explicaciones *y* no es menos abundante y concentrada esta obra, *adoleverit* (= haya llegado a la edad fuerte).

En la segunda clase, la de poética y humanidades, se debe guardar la misma marcha y conservar el mismo orden: la diferencia está en que al explicar las frases, hay que fijarse más en la poesía y cercenar los largos períodos; también abstenerse de las formas latinas propias de la oratoria. Esto aun con mucha más razón hay que observar en la tercera clase, la que algunos llaman primera de Gramática, en la cual se cuida de la Gramática y de la elegancia; y hay que atenerse más a las reglas que conviene inculcar a los discípulos sin descanso.

En la cuarta y quinta clase, la diferencia es más clara; en aquélla, el profesor fondea junto al litoral y no se atreve a desplegar las velas hacia alta mar sino raras veces: necesita mucho cuidado y atención para no abordar a los ásperos escollos que rodean la bahía; para no aflojar ni descuidar el trabajo vencido por el hastío y menospreciar estas pequeñeces de la Gramática. Pero este cuidado, cuanto es por sí más fatigoso, tanto más necesita el ejemplo. Y no debe faltar. Y aunque estos ejemplos parezcan infantiles y casi inútiles, sin embargo son tan necesarios que con razón creemos que no se deben omitir. Explicar bien, siquiera no sea más que una fábula, a los niños, es todo un esfuerzo y muestra de habilidad.

Párrafo III

Manera de explicar la prelección en las clases ínfimas de gramática.

Se explica una fábula

Toca explicar, v.gr., la fábula sexta de Fedro, libro I. *Personam tragicam forte Vulpes viderat: O quanta species, inquit, cerebrun non habet.* Por casualidad una zorra vio una máscara de tragedia: ¡Oh! dijo, cuánta hermosura y no tiene cerebro (inteligencia).

El Profesor de la clase de ínfima explicará; y, aunque todo esté escrito en latín, les hablará a los niños lengua vernácula, porque no entienden el latín.

I. *Argumento.* Se expone qué es lo que dijo la zorra cuando encontró la careta.

II. *Explicación.* Principalmente consiste en dos cosas: 1) en exponer el orden de las palabras y la estructura de la oración; 2) en declarar las palabras más oscuras. *Vulpes;* (Zorra) a esta palabra latina le juntas la vernácula correspondiente, *una volpe si* tienes la clase en italiano; *un renard, si* en francés, etc. *Viderat* (había visto) (júntale la palabra vernácula). *forte* (Por casualidad) (traduce a la lengua vernácula), *personam,* etc. Esta palabra, persona, a veces significa *una persona, une personne;* a veces, *una máscara, un masque, una maschera,* como sucede en los Bacanales, en los coros, en las tragedias, cuando los hombres no quieren ser conocidos o pasar ocultos o aparecer con cara distinta; por eso se suele añadir la otra palabra, *trágica;* de semejante manera se explicarán las demás palabras en lengua patria, y no sólo una vez, sino dos o tres, si es necesario.

III. *Gramática*. Vuelve a cada palabra; explica ahora el género, la declinación, la conjugación, los modos, los tiempos de cada una: por ej. *Vulpes*, es nombre substantivo de la tercera declinación, como proles, clases, etc. Acuérdate siempre de traer ejemplos, y, si es posible, que sean conocidos de los niños: después dí la regla. *Viderat* es un verbo en pretérito pluscuamperfecto, tercera persona del singular; el presente es *Video, vides, videt*. De la segunda conjugación, como *doceo, doces, docet*. El pretérito es *vidi, vidisti, vidit*; por la regla, etc. Está en tercera persona porque se refiere a *Vulpes* que es un nombre de tercera persona, por la regla, etc. Si es necesario, se explica esta regla. *Vulpes viderat forte* (una zorra había visto por casualidad) (se repiten estas palabras en lengua vernácula); *forte* es adverbio: el adverbio es una partícula de la oración, etc. ¿Qué había visto la zorra? (se repite de nuevo en lengua vernácula y se hacen preguntas con frecuencia; sirven para que penetren en los oídos y en la inteligencia); *viderat personam tragicam: Persona, personae*, es nombre de la primera declinación, como *Musa, Musae*. ¿Por qué se pone personam, no persona? ¿por qué está en acusativo? Porque le precede el verbo viderat que pide un acusativo; se añade la regla. *Viderat vulpes personam tragicam. Tragicam*, es acusativo del género femenino del adjetivo *tragicus, tragica, tragicum*, como *bonus, bona, bonum*. ¿Por qué está en acusativo, en género femenino, en número singular? Porque se une con el substantivo precedente, es decir, *Personam*. Hay una regla que siempre que el adjetivo se junta a un substantivo, etc. Sería falta grave contra la Gramática si se dijese: Personam tragica, o trágicas, porque etc. Del mismo modo se van explicando las restantes palabras.

IV. *Erudición*. ¿Qué nos impide el que enseñemos que la zorra es un animal amasado de astucia y trampas? Y hasta se puede contar, si gusta, alguna historieta graciosa, y también algún proverbio: con la zorra, hay que ser zorro, etc. *Tragicam*, esta palabra te da pie para explicar, conforme al saber de los niños, qué es una tragedia, o sea, un espectáculo en el que los hombres bajo la apariencia de otra persona representan un hecho en el teatro. *Cerebrum*, te da ocasión de explicar y sugerir en latín las diversas partes de la cabeza. Así van aprendiendo los niños.

V. *Latinidad*. Haz que los niños adviertan cómo se puede cambiar la colocación de las palabras para preferir unas a otras según la elegancia de la frase. Trae ejemplos semejantes al versículo que estás explicando. Fedro dice: *Personam tragicam vulpes viderat*; tú diles: *fratem tuum nuper videram* (debemos usar mucho con los niños estos ejemplos familiares que están al alcance de todos), así está mejor que: videram fratrem tuum nuper. *Viderat* de *vide*, trae otras palabras:

aspicio, intueor, etc. *Personam* enséñales el adjetivo derivado, personatus, personata amicitia, etc. y explícales voces sinónimas, larva, larvatus. *Tragicam*, les adviertes que a veces esta palabra indica algo lamentable o alguna acción terrible: muerte trágica, matanza trágica. La composición que se dicte, si se acomoda a la fábula desarrollada en clase, ayudará maravillosamente a la explicación. Se podrá estructurarla así: "Hace poco había visto a tu cultísimo hermano: ¡oh! cuánta erudición, me dije, y no tiene recompensa". De esta fábula te es posible deducir y sacar una sentencia moral. Muchas veces a los mismos a quienes la naturaleza les concede hermosura y riquezas, les niega el sentido común y la prudencia.

VI. *Costumbres*. El fin de la fábula presente da lugar a extender un poco acerca de cuánto aventaja el sentido común y la prudencia (sobre todo la cristiana y evangélica) a todas las fortunas y dotes naturales, aun los más excelentes; lo podrás confirmar con una pequeña narración apropiada a los niños. Luego, uno o dos de los más adelantados de la clase, la repetirán en latín o en lengua vernácula.

Párrafo IV
Se explica un pasaje de Cicerón para la clase media de gramática;
la que otros llaman cuarta clase

Pongo aquí otro ejemplo para una clase más adelantada, ejemplo sacado del diálogo de Cicerón *De Senectute;* tomo estas palabras del diálogo: *Nihil igitur offerunt,* que se leen enseguida de la partición del diálogo, hasta las palabras *Nisi forte. Nihil igitur afferunt qui in re gerenda versari senectutem negant; similesque sunt, ut si qui gubernatorem in navigando agere nihil dicant, cum alii malos scandant, alii per foros cursent, alii sentinam exhauriant: ille autem clavum tenens sedeat in puppi quietus. Non facit ea quae juvenes; at vero multo maiora et meliora facit: non enim viribus aut celeritate corporum res magnae geruntur, sed consilio et auctoritate et sententia; quibus non modo non orbari, sed etiam augeri senectus solet.*

I. *Argumento*. La primera de las cuatro causas por las que se acusa a la vejez, es: que aparta del manejo de los negocios. Esta acusación la rechaza Cicerón con una doble comparación que comprende la prelección de hoy: la primera comparación está tomada del piloto de una nave; la otra, de la misma juventud. Lo mismo hace el anciano de la familia o en la república, que el piloto en la nave; muchas más cosas y más importantes que los mismos jóvenes. Por tanto, la vejez no es ociosa, ni inútil para el manejo de los negocios, ni debe ser apartada de ellos. Tal es el argumento de la lección. El argumento que en la primera clase, hay que desarrollarlo todo en latín, en ésta hay que hacerlo en latín y en lengua vernácula. Y repetirlo dos veces o tres, con unas u otras palabras, como todo lo demás.

II. *Explanación. Nihil igitur afferunt.* Nada prueban, nada convencen, usan razones poco aplastantes (todo esto en la segunda clase de Gramática, se expone parte en latín, parte en lengua patria). Aquella palabra *igitur* (por tanto) indica que esta frase hay que unirla a las dichas anteriormente. Tal es la unión por los ejemplos que he traído hace poco, es evidente que nada demuestran y nada prueban *qui in re gerenda versari senectutem negant,* los que afirman que los ancianos no hacen nada, que no son aptos para los negocios. *Similesque sunt* (son semejantes) esos que reprenden a los ancianos y los acusan de ociosos, son semejantes a los que se atrevieran a decir que el piloto nada hace en la nave, porque está sentado quieto en la popa y los otros corretean por aquí y por allá. El piloto es lo mismo que el maestro y director de la nave, llamado de otro modo el patrón, nauclero, *un piloto, un* nocchiero. *Cum alii malos scandant,* suben por los mástiles desde la base hasta la punta. El palo del mástil es un tronco de árbol que se levanta en medio de la nave. De él penden otros palos transversos que se llaman antenas a las cuales se sujetan las velas. Los marineros suben a los mástiles para dar vuelta a las antenas y recoger las velas, etc. *Alii per foros cursent,* otros con frecuencia corren por los espacios libres. Los foros son unas maderas colocadas transversalmente en la misma nave y los asientos donde se asientan los remeros: de otro modo se llaman bancos. *Cursent* de curso, cursas, cursare; es verbo frecuentativo; se dice también cursito = corretear de aquí para allá. *Alii sentinam exhauriant:* sentina es la parte más profunda de la nave a la cual se desliza el agua de mar que penetra por las rendijas del maderamen y de la cual de cuando en cuando se le va sacando. *Ille autem* (En cambio aquel), el piloto de la nave. *Clavum tenens,* el clavo es aquí el timón; la proa, por el contrario, es la parte anterior de la nave. *Non facit* (No hace), etc. Comienza la parte siguiente de la lección, en la que Cicerón dice que los ancianos hacen cosas mayores y más importantes que los jóvenes. Cicerón se la propone como una objeción del adversario. Pero, dirá alguno, *Non facit senectus ea quae juvenes faciunt?* Los ancianos ¿no hacen las cosas que hacen los jóvenes? Responde Cicerón: *at vero maiora et meliora facit,* pero las hace mayores y mejores, más importantes. Como si dijera: te concedo, no hace las cosas que los jóvenes, sino, etc. Esto basa para dar un espécimen que indica claramente de qué modo hay que desarrollar una prelección.

III. *Erudición.* Se pueden decir datos acerca de las naves y de la cuestión naval; de la manera de exponer su parecer en el Senado, etc.

IV. *Latinidad. Nihil afferunt,* no prueban nada: declarar varias significaciones del verbo *affero,* advertir *Versari in rebus gerendis,* tomar parte en los negocios: *nihil agere,* no hacer nada; hacer otra cosa, hacer esto. El Maestro de quinta de Gramática explique qué es un verbo frecuentativo, de dónde se forman y traigan ejemplos; el de cuarta, recalcará una y otra vez esto mismo. *Cessare* (Cesar, descansar) se expone la fuerza de esta palabra; traiga otras parecidas como son *feriari, otiari,* etc. = guardar fiesta; estar ocioso, etc. y confírmelas con ejemplos.

V. *Costumbres.* Suele compararse la vida con una navegación; igual el imperio. Los reyes están al timón, hay que obedecerles. ¡Qué magnífica la sentencia siguiente: *Res magnae non geruntur viribus, sed consilio.* Las grandes empresas no se llevan a feliz término por la fuerza, sino por las ideas. Y aptísima para materia de composición o para que la transcriban los jóvenes. Pero si las grandes empresas se llevan a cabo par las ideas ¡cuánto más por la honradez y la virtud! Busca tanto en la Historia contemporánea como en la antigua ejemplos acomodados al nivel de tu clase.

Artículo V
De algunas cosas que se refieren al régimen de la clase

Se constituyen censores determinados y a cada uno se le distribuye su oficio propio. Que uno reciba las composiciones recogidas en un fascículo por los decuriones y avise quiénes las han omitido. Ese mismo día anuncie en voz alta los nombres de los ausentes y de los que vuelven y escríbalos en un cuadernillo para que conste el tiempo que faltan. Un fámulo, el mismo que se cuida de barrer la clase, recorra las casas de los padres o huéspedes de los ausentes y se informe de la causa de la ausencia. Esto conviene hacerlo con más frecuencia si la ausencia se va prolongando; más, si los niños están enfermos: es de maravilla cómo conquista a los padres esta solicitud.

Otro de los censores preside las prelecciones, corrige a los que fallan en su recitación, a no ser que parezca que basta lo hagan sus más directos rivales: anota quiénes han recitado en clase, quiénes han leído la composición y qué día, quiénes han explicado el autor, etc.; recoge las multas o las tareas extraordinarias.

Un tercer censor se ocupa de los que han llegado tarde y se sientan en los sitios cercanos a la puerta; recoge sus composiciones y al día siguiente las multas; también los temas de los censores, decuriones y lo del fámulo de la clase.

A los tres dichos puede añadir otro censor que sobresalga por su modestia y prudencia, para que observe a los charlatanes y alborotadores y (a la gente de trueno); en las escuelas inferiores, públicamente; en las superiores, a ocultas; si hay alguno que moleste a los compañeros; o que dormite o escriba cosas ajenas a la clase o lea novelas. O podrán señalarse algunos, llamémoslos Vigilantes, en cada clase y, si es numerosa, en los ángulos de ella. Los censores tengan sus substitutos, que, cuando estén presentes, los ayuden si es necesario; o, cuando estén ausentes, hagan sus veces y desempeñen su oficio. Haya decuriones en los bancos a ellos encomendados con su prodecurión. Al principio del fascículo de las composiciones pongan una papeleta con su nombre y el de su cargo, luego el día del mes presente, los nombres de todos lo que se sientan en su bando; añadan el nombre del que haya omitido la composición, del que se ha reincorporado, del que falte, carezca de libros, etc. Los decuriones hay que cambiarlos casi todos los meses; pues suele suceder que, mientras se cuidan de los demás, se olvidan de sí mismos.

Al comienzo del año, se hace con todo esmero un índice de todos los discípulos. En él consta en qué parte de la ciudad habitan; si en casa de huéspedes o en la de sus padres; si en casa propia o ajena; quién se cuida de ellos. Igualmente, quiénes se han agregado recientemente a la clase, quiénes son despedidos o se separan. Un ejemplar de este índice lo ha de tener el Profesor; otro, el fámulo de la clase. Éste se ocupará de dar cuenta de las ausencias de cada mes, de llevar cada día la composición, de estar presente en la Misa con los demás; de informar al profesor de los motivos de los que faltan a clase el día próximo después del Domingo o del día de vacación, y esto hágalo por escrito; por tanto ha de tomar del censor los nombres de los que faltan.

De vez en cuando recorrerá el juego de pelota y los departamentos públicos de los juegos, sobre todo en tiempo de clase, sino parece mejor que lo haga un joven de toda confianza. Acompañará también a los que tengan permiso para salir de clase y no se apartará de ellos hasta que vuelvan. Si los fámulos faltan en algo, se les impondrá una multa quitándoles parte de la mensualidad que se les distribuye como salario.

Cuando a los niños se les ejercita en la declamación, o en una tragedia, y se les enseñan las reglas de la acción y de la emisión de voz, procure no llamarlos a todos juntos a un mismo sitio. Y si esto no puede evitarse, designele a cada uno su asiento fijo; y no ha de moverse de él sino cuando se adelanta a la escena; no se les deje hablar entre ellos; mucho menos gritar, golpearse, etc. El mismo profesor, para dar ejemplo, tenga cuenta con la gravedad y modestia, hable en latín y pocas palabras; no detenga a nadie más que el tiempo necesario. De lo contrario, se originará una gran pérdida de tiempo y de los estudios.

Artículo VI
De los pedagogos de los niños

El pedagogo es un auxiliar del profesor y al mismo tiempo una especie de maestro doméstico del niño. Debe, según esto, desempeñar dos oficios: primero, ayudar al profesor; después, en casa educar al niño confiado a sus cuidados en las buenas costumbres y enseñarle las letras. Muchos de los pedagogos nos consultan y nos preguntan cómo pueden desempeñar su cargo, por eso creo que será útil explicar un poco más claramente cuál es su oficio; además pueden hacer no poco daño a los niños si no proceden como es justo.

El pedagogo ayudará al profesor si procura que el joven que se le confía prepare en casa con diligencia la tarea impuesta a toda la clase. Con este fin en cuanto vuelve de la clase a casa, le exigirá cuenta de la lección oída y explicada, leerá con él la composición dictada y corregida, y le volverá a explicar las partes oscuras, si las hay; le expondrá, si lo necesita, el argumento de la composición del día siguiente, y, si encuentra algo implicado se lo (explicará) desenredará; enmendará la composición del niño. Si esto hace antes que el niño comience la clase, el pedagogo solamente descubrirá la raíz de cada falta y le hará ver su causa y origen; esto es capital para aprovechar, que el niño por su propio esfuerzo llegue a corregir sus faltas.

Si la misma composición se corrige después de la clase, las faltas hay que aclararlas con más detención. Si, acabados los ejercicios diarios, queda algo de tiempo libre, se lo ocupa leyendo o interpretando un autor latino; enseñando al niño rudimentos de Historia o Geografía, los preceptos de las buenas costumbres, siempre conforme a la edad del alumno. Todo esto se organizará de ordinario según el juicio y plan del profesor; por eso el pedagogo debe consultarlo de vez en cuando.

Se les recomienda con encarecimiento a los pedagogos que acompañen a sus alumnos a la clase y que los traigan de ella a casa; que vigilen para que no intimen con malos compañeros para que no pierdan el tiempo en ideas y venidas y juegos inútiles; que no estén solos donde quiera, sobre todo donde hay concurrencia de jóvenes por motivos de juegos; que no omitan la Misa los días de vacación; que cada día lean durante un cuarto de hora en voz alta o en silencio algún libro piadoso; que sepan la manera de orar, confesarse, recibir la Sagrada Comunión; que aprendan a ser urbanos y amables con todos, a saludar, a escuchar, hablar y callar como conviene de jóvenes de buena educación.

Artículo VII
Libros que hay que preleer en cada clase

En Retórica se leerán las oraciones de Cicerón, Panegírico de Plinio o de Pacato, Tito Livio, Cornelio Tácito, Veleyo Patérculo, Valerio Máximo, Suetonio, Virgilio, Horacio, Séneca el trágico, Claudiano, Juvenal, Persio y Marcial. Tengan de estos poetas ediciones bien limpias de toda obscenidad; a los demás, destiérrenles de las clases como a la peste y al veneno. Autores griegos se explican Demóstenes; algunos opúsculos de Luciano, como los *Contemplantes, Timón, el Sueño, Toxaris;* las vidas y opúsculos de Plutarco, Herodiano, Homero, Sófocles o Eurípides.

En la clase de Humanidades o de Poesía, Isócrates; *diálogos de los muertos* escogidos de Luciano, *el Juicio de las vocales,* etc.; *Caracteres* de Teofrasto; *Himnos* de Homero, *la Batracomiomaquia,* de Cicerón; de *Natura deorum, Quaestiones Tusculanae,* Paradojas y algunas oraciones breves, por ej., *pro Marcelo, pro Arquia poeta, contra Catilina, Post reditum*; de los poetas, Virgilio, *Odas* de Horacio y Arte poética; cartas selectas de Ovidio.

En la tercera clase, la que unos llaman Primera de Gramática; oraciones de Isócrates a Nicocles y Demónico; homilías selectas de Crisóstomo o Basilio; diálogos de Cicerón *de Amicitia y de Senectute, los* libros *de Officiis;* de Virgilio los libros V, VII, IX; de Ovidio las *Metamorfosis* expurgadas, *las Tristes y el Ponto;* Quinto Curcio, Justino y César.

En la cuarta clase o segunda de Gramática, las *fábulas* de Esopo, Epicteto, cuadros de Celeris, Crisóstomo; de Cicerón las cartas a su hermano Quinto y el *Sueño de Escipión,* etc. De Virgilio las *Geórgicas* sobre todo los libros I y IV; de Ovidio algunas *Metamorfosis* o cartas; Aureliano Víctor, Eutropio.

En la quinta clase, algunas cartas más largas y más difíciles de Cicerón; las *Bucólicas* de Virgilio; *Sentencias selectas* de Ovidio y de otros poetas; algunas fábulas de Esopo.

En la última clase, que a veces se junta con la anterior, cartas más fáciles de Cicerón, fábulas de Esopo, dísticos de Catón, Sentencias de Stobeo.

Artículo VIII
De la clase doméstica de los retóricos

Una vez acabado el Noviciado, es costumbre en algunas provincias de la Compañía que nuestros escolares, como los llamamos, repasen en privado las materias de las Humanidades y que se ejerciten en el arte de hablar. Siendo este año de importancia excepcional, hay que trabajar para emplearlo con la mayor utilidad posible.

El primer trabajo del profesor será ofrecerles a los discípulos un magnífico estilo latino lo mismo en poesía que en oratoria y ayudarles para que lo alcancen. Con este fin, una y otra vez durante la semana viertan de la lengua patria al latín, imiten pasajes ciceronianos y traduzcan argumentos semejantes o diversos como dijimos Parte I, núm. 6.

Así, al explicar los autores, el profesor ha de afanarse en dar variada erudición, pero atendiendo sobre todo a lo que más ayude a pulir el estilo. Hay que hacer aprender todos los días algo de memoria de un autor griego o latino, como en las clases de los externos. Esto luego se podrá recitar poco antes de que el profesor llegue a clase.

La primera media hora se dedica por la mañana a explicar algún discurso de Cicerón; a la tarde, un libro de Virgilio o de Horacio. La explicación la repetirá uno de los discípulos con las palabras más escogidas que pueda; en las horas vespertinas se hará exposición de un autor latino o griego, días alternos, es decir, un día Virgilio y Horacio después de Pascua; al día siguiente un orador griego, v.gr. Isócrates antes de las vacaciones pascuales; un poeta, Homero después de ellas. La Gramática griega se podrá explicar todos los días.

La otra media parte de la primera hora se ocupará en corregir la composición que todos la llevarán escrita; luego la recibirán ya corregida. En estas composiciones se podrá proponer algo en lengua vernácula para que lo traduzcan al latín; este ejercicio una vez por semana.

A las clases matinales se llevará la composición en prosa todos los días; a las vespertinas, la composición ya sea latina, ya griega, en prosa, pero días alternos.

La mitad de la última hora se dedicará, parte a corregir la composición (como en esto estriba el adelanto principalmente, también debe dedicársele el trabajo más continuo), parte a dictar el argumento de la composición. Aprovechará dar a veces las composiciones a algún otro que haga la crítica de ellas y de su parecer de cada una. La otra parte se dará a otros ejercicios. He aquí algunos:

Leer un pasaje de los mejores de Cicerón o Virgilio; alguna poesía compuesta por un autor más moderno, o un discurso o alguna otra clase de trabajo; declarar a los discípulos qué está en él bien escrito; qué mal. Con estas advertencias se despierta la facultad de juzgar con rectitud; escuchar a algún discípulo que desarrollará un discurso de Cicerón y que exponga la sinopsis; traducir un historiador a la lengua patria; dar normas para componer y estructurar una carta, un discurso, una declamación, un enigma, un sermón, un poema épico o dramático; presentar algunos mapas; narrar alguna parte de la historia que luego la explicará o el profesor o los mismos alumnos; enseñar el arte de pronunciar bien y a veces que recite un discípulo como prueba algún pasaje selcccionado. Se puede proponer un argumento breve de composición, por ej., un epigrama, un trozo de Virgilio o Cicerón para que lo imiten, etc. Al mismo tiempo, el profesor podrá examinar en privado los escritos de algunos, sobre todo de los más pequeños. Porque no parece que vale la pena de ocupar todo el tiempo de la clase en composiciones, a no ser una vez al mes, ya que el adelantamiento de la clase depende ante todo de oír y ejercitar el estilo, y para escribir es bastante el tiempo libre privado.

Cada alumno ha de tener a tiempo el argumento de algún discursillo o de alguna poesía que lo vaya trabajando en tiempo libre. Estos discursos y poesías los declamarán sus autores en el comedor del Colegio o en su clase. Para dar más solemnidad y mayor concurrencia se les invitará a los Padres.

A los más aprovechados se les permitirá componer alguna declamación o algún drama, y también, si a mal no viene, representarlo; que expliquen a veces la lección en lugar del profesor y que se preparen para los diversos ejercicios que suelen ocurrir en el decurso de una clase.

Igualmente se dan cuenta de un autor griego que hayan estudiado a fondo en sus estudios privados; o, si pareciere, de algún poeta o de otro libro que se les haya designado; porque hay que tener cuidado de que no usen otros libros que los prescritos; y de que hablen en latín excepto en los tiempos que durante la comida y cena se conceden para aflojar la tensión de los estudios.

CAPÍTULO III
RECURSOS PARA ENSEÑAR BIEN
Artículo I
De la autoridad del profesor

Autoridad es cierta fuerza de mandar, de prohibir, de gobernar. Se la obtiene o por derecho o por habilidad. No basta de ordinario que el derecho la conceda si no vienen en su ayuda la habilidad y el talento. El profesor religioso la consigue sobre todo por estas tres cualidades.

1) Si procura que los discípulos le aprecien sinceramente. Aprecio que lo conseguirá si lo tienen como hombre piadoso y culto. Se ha de manifestar tal que le juzguen digno de que le atiendan; que domina profundamente la materia que debe enseñar, vaya a clase siempre bien preparado y con la materia bien pensada, aunque no aparezca; no diga nada que no lo haya limado y trabajado. Tenga

cuidado de no faltar ante los discípulos por impotencia, chocarrería, arrogancia, ligereza o cualquier otra perturbación anímica que pueda dar pie con motivo a que se le desprecie.

Siempre y en todas parte dé muestras de una piedad digna de un religioso y de un alma que siente y saborea íntimamente las cosas celestiales, y penetrada hasta el fondo del desprecio de las cosas humanas. Por tanto no se gloríe ni busque aplausos tontos acordándose de aquellas palabras de Cristo: *Videant opera vestra bona et glorificent Patrem vestrum qui in coelis est* (Vean vuestras buenas obras y glorifiquen a vuestro Padre que está en los cielos).

2) Si procura que los discípulos le amen; y le amarán en efecto, si lo ven deseoso de su provecho, moderado, dueño de sí mismo, no suspicaz ni crédulo, sino tan amable y humano en privado como serio y grave en público, siempre ecuánime e igual para todos, no más amigo de unos ni demasiado familiar; tardo en castigar, y, cuando lo hace, que no lo haga movido por odio como quien se toma la revancha, sino impulsado por amor y por la necesidad. Admita de buena gana las causas que pueda haber para perdonar o disminuir el castigo. A veces más conseguirás para corregir una culpa, sobre todo si es oculta, perdonándole el castigo al culpable que se confiesa culpable que exigiéndolo si se puede hacer si perjuicio. Más al dar los castigos, principalmente... si son más duros de lo acostumbrado, hay que tener mucho cuidado de no hacerlo nunca sin testigos: después, que la culpa merezca los azotes. Es increíble cómo escuecen los azotes impuestos por una culpa o falsa o no merecedora de tal pena, y con qué dificultad se olvidan, si es que alguna vez llegan a olvidarse: por tanto, que la culpa sea cierta y bien conocida, y, si es posible, que el culpable la reconozca y confiese.

Si la culpa no es bien conocida, se determina el género de castigo conforme a la duda y sospecha que se tenga. Al azotar, que no aparezca ni asomo de ira, ni de arrogancia, ni de cierta ostentación, que serán lo más odioso que puede darse en aquellos momentos; no haya injuria ni palabras despreciativas, que a veces les quedan a los niños clavadas como motes; que nada se escape que toque a la patria, al linaje o familia, a los defectos corporales o naturales, si los hay; sencillamente se declara la culpa, se muestra su fealdad, se enumeran sus daños, hasta pueden añadirse algunas amenazas, pero suavizadas por la dulzura y la clemencia; por fin, se piensa bien el modo de corregir la falta, para que no se dé lugar a la justa queja de Quintiliano: "que a los niños no se les enseña a hacer el bien, pero se les castiga por no haber hecho el bien". Recordemos así mismo aquel dicho de Cicerón: "Lo que tiene de amargura, dice en el lib. I de *De Officiis*, "la reprensión, hay que manifestar que se padece por causa del mismo a quien se reprende".

El Profesor no amenace ni intime a nadie un castigo determinado, ni dispute con el que niega ni insista en afirmar el castigo. Aparecen, y por cierto no escasas veces, causas que aconsejen omitir el castigo, y hay peligro de que el Profesor, obligado a ceder a las súplicas y autoridad de los padres o al mandato de sus superiores se lamente de que sus amenazas hayan sido inútiles.

A los mayores, en lugar de amenazas y de penas, se les expone la utilidad y satisfacciones de las letras; su firmeza, su duración, su aptitud para alcanzar, al correr de los años, fama y ventajas sociales, etc. Nos atrae el amor de los alumnos la solicitud que ha de tener el Profesor de todo lo que se refiere a ellos, de su salud, fama, cultura, honestidad, aun de la promoción humana. Alivie a los más necesitados, visite a los enfermos, proteja a los marginados, muestre para con todos entrañas de un padre solícito y de una madre cariñosa, especialmente con los advenedizos y los pobres; si le parece oportuno, trate con sus padres o escríbales y entéreles de las faltas a clase de los hijos, de su aprovechamiento, su descuido.

De tal modo ha de ser atento en exigir el cumplimiento de las obligaciones que evite la severidad impertinente. No se puede exigir todo a todos; cuando no se puede alabar el aprovechamiento, alabe el esfuerzo. Quintiliano con toda prudencia dice que el oficio del buen educador consiste en ayudar a todas las buenas cualidades que encuentre en los discípulos, añadir las que les faltan, corregir otras o cambiarlas.

El tercer medio para ganarse autoridad es que los discípulos teman al profesor. Le temerán, si saben por experiencia que no es débil ni remiso, que manda poco pero con rectitud, que exige lo mandado con constancia y prudencia. Contribuirá a darse autoridad la serenidad del rostro, la gravedad de la conversación, no una gravedad áspera y tétrica, sino pletórica de fuerza y peso, que convendrá manifestarla con una voz firme y por tanto vehemente y tensa para reprender. También les produce aun a los más adelantados en edad un miedo no ligero, el saber que nada de lo que hacen esta oculto a sus padres.

Para que estas tres cualidades en las que dijimos que estriba la autoridad del profesor, respondan a sus deseos, ha de empeñarse en conocer a fondo a sus alumnos y en soportar la índole de cada uno, tenga bien estudiado su carácter, edad, natural. Procure fomentar las buenas relaciones con el Prefecto de estudios y con sus compañeros; nada emprenda impulsado por el ímpetu ciego de un alma vehemente; todo lo delibere consigo mismo y primero con Dios.

Artículo II
De la modestia y atención de los discípulos

Además de lo que cada uno observará en esta materia vendrá bien decir aquí algunos recursos para mantener a los discípulos dentro de los límites de la modestia y del silencio; sobre todo los mayorcitos que necesitan más habilidad y cuidado en el profesor. Lo primero quede asentado que nunca o casi nunca ha de hablar el profesor con los discípulos sino de lo que toque a la piedad o a las letras nunca ha de bromear con ellos con alguna libertad, ni chancearse o reírse a carcajadas. Esa familiaridad excesiva e irreflexiva engendra el desprecio, la falta de respeto y acaba por romper todos los frenos.

Luego, que se ponga remedio al principio; en cuanto se remueven un poco los alumnos, hay que frenarlos enseguida; y si hay quienes sobresalgan por su ligereza o audacia, amansarlos de varias maneras hasta que se doblequen al yugo con mansedumbre.

Lo tercero, cuando al principio del año se designa a cada uno su puesto, lo mismo cada mes según la costumbre, no se haga esto a la buena de Dios y como venga; sino que los inmodestos y jactanciosos se han de sentar junto a los más modestos; los de costumbres un tanto sospechosas junto a los más distinguidos por su virtud y pureza.

Lo cuarto, que no entren en clase con tumulto y clamor desordenado; sino que vayan a ella como a un sagrario, que estén callados y modestos aun antes de que se presente el profesor. Éste, al comienzo de la clase, castigará a los que hayan faltado el día anterior o este mismo día; sin embargo no a muchos; porque el miedo que el castigo les inspira, contendrá el ánimo ardiente y alborotado que suelen tener los niños a la entrada en la clase.

Lo quinto, pueden faltar los jóvenes contra la modestia y atención, o unos pocos o la clase en general. Y aunque falte la clase en masa, hay que buscar la causa del mal en unos pocos; investigar a ocultas los autores del alboroto, dos o tres, y castigarlos espléndidamente y aun despacharlos; a veces habrá que rendirlos por razón y con benevolencia. Nunca conviene amenazar a todos ni proferir palabras que indiquen desprecio u odio; ni imponer castigos literarios a toda la clase; entonces enfurecidos por el castigo se conchavan y confiados en el número conspiran más audazmente contra el Profesor. Más aún, aquellas tareas extraordinarias, como penas más fuertes, se deben infligir a pocos. Las enfermedades frecuentes, las medicinas desacostumbradas, los funerales continuos deshonran al médico.

Es parecido a esto lo que antes hemos mencionado, que el profesor no sea precipitado al castigar; que no manifieste un temperamento brutal, sino paternal y dueño de sí mismo; que, cuando bastan las palabras para la enmienda, no aplique los azotes; que se defienda más por autoridad que por severidad.

A veces sucede que los niños aflojen en la modestia de repente, sin causa o con causa muy ligera; entonces el maestro sepa refrenarse, no decir nada movido por la cólera, contestar la agitación de los niños con un rostro serio y varonil; con silencio o algún gesto, a veces con alguna voz clara y potente, otras con desprecio como si no pasase nada de particular, procure acabar el trabajo que tiene entre manos, corregir las composiciones, exponer un autor; si no basta, acalle el murmullo con el castigo inmediato del principal enredador.

Si la modestia la quebrantan unos pocos, entérese quiénes son y sobre todo de qué manera se enmendarán; reflexione acerca de esto él y pregunte a otros. Cuide de que los niños no se hablen con señales de los dedos, o se hagan gestos con los ojos, que no se intercambien papeletas; que no aflojen en el trabajo ni lo dejen; que escriban a veces lo que están escuchando; así se ven obligados a estar atentos con los cinco sentidos en la clase. Despierte en ellos la rivalidad para el estudio; excite el deseo de aprender; alabe el talento y la diligencia de los unos, reprenda la lentitud y pesadez de los otros; afirme que les enseña cosas nuevas, inauditas, maravillosas sacadas del tesoro de su vasta erudición, enseñanzas que deben conservarlas con diligencia y que les serán provechosas para el resto de la vida. Si logra persuadir de esto a los discípulos, los tendrá atentos, modestos y entregados de una vez para siempre.

Hay libros escritos acerca de la educación de los niños que servirán de ayuda a la prudencia de un profesor diligente: por ej.: Un opúsculo de Plutarco sobre la educación de los hijos; un librillo de Jacobo Sadoleto[107] de la recta formación de los hijos; *Paraenesis* del P. Francisco Sacchini a los Profesores de las clases inferiores[108]; un *Protrepticon* del mismo y a los mismos[109]; algunos *Progymnasmata*

---

107 [SADOLETO, Jacobo. *Ia. Sadoleti De liberis recte instituendis liber.* Lugduni, apud Seb. Gryphium, 1535.]
108 [SACCHINO, Francesco. *Paraenesis ad magistros Scholarum inferiorum Societatis Iesu scripta á P. Francisco Sacchino ex eadem Societate.* Romae, Typis Iacobi Mascardi, 1625.]
109 [SACCHINO, Francesco. Protrepticon ad magistros scholarum inferiorum Societatis Iesu scripta à P. Francisco Sacchino ex eadem societate. Romae, Typis Iacobi Mascardi, 1625.]

del P. Jacobo Pontano[110]; *Juventud santa* del P. Lorenzo Le Brun[111]; *Institución del niño cristiano* del P. Juan Bonifacio[112]; *Jesús en su niñez* del P. Claudio Busseo[113]; el *Pedagogo cristiano* del P. Felipe Ultremanni[114]; *El joven estudioso de las letras* de Horacio Lombardelli[115]; *El Discípulo perfecto* de Alfonso Andrade[116]; *El Discípulo instruido* de Aníbal Roeri[117].

Artículo III
Defectos más frecuentes de los profesores

El trabajo de los que enseñan suele padecer varias clases de tentaciones: 1) de negligencia, 2) de estudios ajenos al suyo, 3) de la excesiva familiaridad con los niños, 4) de desigualdad en el modo de tratarlos; por fin, de hastío y cansancio.

De negligencia, cuando el profesor no aprecia su trabajo; de aquí que el mismo se entregue sin entusiasmo a las letras y explique aquí que él mismo se entregue sin entusiasmo a las letras y explique con menos conocimiento y éxito lo que no domina plenamente; después, que sea poco cuidadoso en observar el orden que exigen los ejercicios y el reglamento de la clase. No hay para ir domando el carácter de lo niños, amante la libertad, nada comparable a la diligencia de un profesor vigilante, atento y que se preocupa aun de las cosas mínimas.

2) Faltan gravemente los que se entregan a estudios ajenos y distintos en casa, de manera que dedique poco o nada a la clase que se les ha confiado. El uno irá preparando materia para los sermones que tendrá en alguna ocasión; el otro,

---

110 [PONTANUS, Jacobus. *Iacobi Pontani de Societate Iesu progymnasmatum Latinitatis, sive Dialogorum* volumen primum... Editio novíssima, denuo recognita et aucta... Lugduni, Apud Bartholomaeum Vincentium (Typis Stephani Servain), 1603.]
111 [LE BRUN, Laurent. *Institutio iuuentutis christianae* [auctore P. Laurentius Le Brun é Societatis Iesu]. Parisiis, apud Sebastianum Cramoisy... et Gabrielem Cramoisy... sub Ciconiis, 1653.]
112 [BONIFACIO, Juan. *Christiani pueri instituto, adolescentiaeque perfugium* autore Ioanne Bonifacio Societatis Iesu; cum libri vnius & rerum accessione plurimarum. Burgis, apud Philippum Iuntam, 1586.]
113 [BUSSEY, Claude de. *Jésus en son bas âge*. París, 1652.]
114 [OULTREMAN, Philippe d'. *Le pedagogue chrestien* ou La maniere de viure christiennement: tiree de la Saincte Escriture & dis saincts Peres, confirmée & esclaircie par raisons, similitudes & histories, par le P. Philippe d'Oultreman de la Compagnie de Iesus. A Paris, chez Mathurin Henault, 1641.]
115 [LOMBARDELLI, Orazio. *Il Giovane studente*. Venezia, 1594.]
116 [ANDRADE, Alonso de. *El estudiante perfecto y sus obligaciones...* por el padre Alonso de Andrade de la Compañía de Iesus; diuidido en dos partes... En Madrid, por Maria de Quiñones, 1643.]
117 [No hemos encontrado en ninguna bibliografía Annibal ROERI. *Lo scolare istruito*.]

compondrá versos en lengua vernácula ignorante sin duda de la poesía latina y griega; siendo así que debe enseñar estas dos lenguas si no quiere traicionar a su oficio y al bien público.

3) Algunos tratan con demasiada familiaridad con los niños con peligro propio y daño de los alumnos. ¡Cuánto tiempo se pasa en conversaciones sobre bagatelas sin fuste, que muchas veces ellos las inician y ellos las sostienen! Está bien que el profesor se haga niño con los niños; pero nunca aniñadamente. Piense que es como un padre de ellos, no un imitador ni un semejante; considere a menudo que los que ahora son niños, pronto serán hombres maduros; más aun, que ni ahora son niños de manera que no acierten a distinguir qué está bien y qué está mal hecho.

4) Muchos no proceden del mismo modo con los discípulos: hoy se muestran graves y serios; mañana, alegres y expansivos; unas veces, severos e inexorables; otras, conciliadores y benignos. Semejante desigualdad da al traste con todo y es (muy indicada) para perturbar el natural de los niños y lanzarlos por el camino de la inmodestia.

Por último, la misma educación de los niños, ella de por sí misma, engendra hastío, sobre todo si es duradera, si el profesor es algo avanzado en años, si tiene que luchar con caracteres fogosos y molestos, si estima poco su trabajo, si no goza de buena salud.

Algunos, para aliviar el hastío de la clase, buscan no qué es lo más útil para los niños, sino que es lo menos molesto para ellos. Bostezan al explicar los autores, proponen materias de composición cogidas de cualquier libro en lengua vernácula aunque no se adapte al conocimiento de sus alumnos; mandan que se siga explicando un mismo historiador durante clases enteras o que se les lea algún libro sacado Dios sabe de donde; hasta que al cabo de uno o dos años se sacude de encima ese peso molesto de enseñar.

Para hacer frente a estos defectos, todo Profesor cristiano, y mucho más si es religioso, piense a menudo la dignidad de su oficio y su gran utilidad. Recuerde cuánto debe a Dios, a los niños confiados a su gobierno, a la ciudad y al reino en el cual enseña; que daños se seguirán si desempeña mal o con flojera su oficio; qué castigos tan graves fulminan los libros Sagrados contra aquel que da ocasión de escándalo a uno solo de los pequeñuelos; ¿qué se hará con el que tira por la borda la solicitud de los confiados a sus cuidados? ¿Del que siendo pastor de los corderos, se convierta, Dios no lo permita, en lobo para ellos?

Tenga por cierto que *la educación de los niños,* como dijo un sabio, *es la renovación del mundo.*

Además, no es un trabajo humilde ni despreciable el educar a los niños, como muchos equivocadamente sospechan. Ya que la sabiduría y la verdadera virtud es un don celestial, más aún, el mayor de los dones celestiales, también el comunicarla a otros es un trabajo y oficio divino. Si, como afirma S. Gregorio Nacianceno, *el hombre nada puede hacer tan divino como el merecer bien de los demás;* ¿En qué se puede merecer más de los demás que enseñándoles aquellas cosas que llenan de luz su entendimiento y llevan su voluntad a la verdadera libertad liberada de los lazos de los vicios? Pues lo profesores, si son como los quiere la Compañía para sus clases, no dan una ciencia árida ni estéril; sino la ciencia que es fuente de la verdadera Sabiduría, cuyo principio y fin es el temor de Dios.

El juicio constante de todos los tiempos y naciones ha considerado cargo glorioso el enseñar a los hijos de los príncipes, ¿no tendrá más gloria y dignidad verdaderas el enseñar a los hijos de Dios? El parentesco divino que nos ha conseguido Cristo, ha ensalzado y ennoblecido nuestro linaje, de modo que el Papa S. León puede exclamar con razón: *el hombre no juzgue ni crea vil ni despreciable aquella naturaleza que el Creador de todas las cosas hizo suya.*

Crea el profesor que todos los niños a quienes enseña en clase son niños ciertamente en la edad, pero grandes reyes en la dignidad. Aprenda a ver en los pequeños cuerpos de los niños latente la hermosura de su origen divino, los rasgos de su parentesco celeste, la sangre de Cristo; medite en ellos el precio de la Cruz, el derecho al reino, la herencia de la eternidad; entonces ¿no ejercitará su deber de enseñar no ya a gusto, sino con empeño?

La educación de los niños no tiene menor utilidad que dignidad. ¿Puede encontrarse un bien más necesario, más universal, más duradero y de menor dificultad y peligro? Alaben en buena hora el oficio de los oradores sagrados que hablan al pueblo y esparcen la semilla de verdadera doctrina; sin embargo, muchas veces fracasan en la siega porque se dirigen a oídos cerrados a sus palabras como semilla en un camino trillado por los que caminan, o porque llegan a oyentes indispuestos e impedidos por terribles ambiciones como por espinas; porque muchas veces encuentran en lugar de oyentes calumniadores o críticos envidiosos.

Muy al contrario, un profesor cristiano puede siempre ofrecer la doctrina de la salvación, siempre encuentra oyentes benévolos que están pendientes de sus palabras y gestos: que frutos de sabiduría profana y celeste madurarán necesariamente, si él mismo no lo obstaculiza? Además, los trabajos de los predicadores suele echarlos a perder ese gusano interior proveniente de los aplausos y favor de los hombres. El olvido de los niños no conoce estos atractivos ni esos peligros.

Un hombre santísimo pensaba que habría hecho algo maravilloso si hubiera impedido con todas sus fatigas una sola ofensa de Dios; el profesor diligente muchas veces libra a los niños de muchas ofensas de Dios; y no sólo a los niños, sino por su medio, a sus padres y a toda una familia entera. Yo por mi parte creo que las inteligencias felices bien dotadas por Dios, cuando entienden claramente qué daño tan horrible es violar a Su Divina Majestad aunque no sea más que con un único pecado mortal, no encuentran premio tan excepcional que no juzguen que se les debe conceder a aquellos que con sus trabajos y fatigas les hayan librado de tan gran desastre. ¿Qué si han levantado la flor de su juventud limpia y pura hasta las estrellas, cuanto más agradable será este beneficio? ¿qué disposición de alma tendrán para los conservadores de su pureza, qué gracias procurarán darles?

Pues si el trabajo del Profesor bien impuesto en su materia es tan útil pública y privadamente para otros, no puede dejar de ser muy provechoso para él mismo; sea porque enseñando, aprende; sea porque se ocupa en un ejercicio diario de las mayores virtudes: humildad, caridad, paciencia, benignidad, y añade otras virtudes que hacen cortejo a éstas. Y siendo tan estimadas por Dios, ¿cuántas riquezas acumularán en el alma del profesor cristiano? ¿qué medida tan sin medida y sobreabundante de méritos le alcanzarán con esa larga y atenta negociación? Los pecados se borran con una pequeña limosna, según atestiguan las Escrituras varias veces, la ira del Omnipotente se aplaca, se consiguen riquezas celestiales; esta obra de misericordia maravillosa que tiene su campo de acción en las almas de los hermanos mucho más nobles y más necesitadas que sus cuerpos y ¿no será remunerada con los mismos premios y aun con muchos mayores? Jesucristo proclamará con elogio en la asamblea suprema de todas las gentes, un vaso de agua fresca dado al sediento ¿y silenciará los ríos de doctrina evangélica derramados con tanta profusión en bien de la juventud cristiana? Se debía coronar con la corona cívica a quien hubiese salvado la vida de un ciudadano, ¿qué corona tan múltiple se le deberá a quien a tantos ha arrebatado de la muerte? Nos ha comunicado la Historia que eran condecorados con prefecturas, consulados y otros honores supremos los que formaron a los hijos de los Reyes y de los Príncipes en las buenas costumbres y en las letras, ¿qué recompensa dará el Padre Celestial a los educadores de sus hijos y Jesucristo Rey de Reyes a los reguladores de sus hermanos?

Como anillo al dedo vienen aquí aquellas palabras de oro del Crisóstomo lib. *3, Contra vitup. vitae monast.* "Si aquel que o alimenta a los atletas para la ciudad o ejercita a los soldados para el servicio del Rey, goza de los máximos honores, ¿qué honores, qué coronas recibiremos los que educamos a hombres tan grandes y excelentes, o mejor dicho, a ángeles para Dios?".

Junta a todo lo dicho que los maestros participan de las buenas acciones de sus discípulos; y no sólo de las que hacen cuando niños con tanta alabanza de todos, sino de las que llevan a cabo después durante la vida entera; ellos echaron la simiente, ellos recogerán el fruto de la sementera. Me agrada reproducir las palabras que aquellos Santísimos Confesores, atraídos por S. Cipriano a la defensa de la causa y de la fe de Cristo, aun con peligro de su cabeza, le dirigieron para darle las gracias. (S. Cipr. lib. IV, epist. 26), "Por esta tu caridad Dios te premiará; pues no es menos digno de la corona el que ha exhortado que el que ha sufrido; el que ha enseñado que el que lo ha cumplido; no debe ser menos honrado el que aconsejó que el que combatió. Ya puede ser que a veces mayor cúmulo de gloria le sobrevenga al que educó que al que se ofreció como dócil discípulo; pues éste quizás no hubiera podido hacer lo que hizo, si aquél no se lo hubiera enseñado".

En verdad, lo mismo atestigua Jesucristo con palabras bien claras: "El que hiciere y enseñare, éste será grande en el reino de los Cielos".

Así lo conocieron ya Hombres santísimos; lo conoció el glorioso mártir y Obispo Casiano, el cual expulsado de su diócesis, se sentó en el Foro de Sila y abrió una clase de letras: pensaba que este cuidado de educar a la juventud era muy propio de su cargo pastoral. Lo conoció el gran Protógenes, el cual arrojado por el Emperador Valente de Edesa a Egipto, cuando llegó a Antimo y vio la iglesia casi desierta de cristianos y la ciudad llena de vicios y supersticiones, no encontró medio más apto para renovar la fe y la piedad que una escuela de niños: enseñando a aquella grey sencilla a una con los rudimentos de la Gramática, las profecías y los salmos, consiguió en poco tiempo no sólo llenar la iglesia, sino que resonasen por las carreteras las alabanzas de Cristo. Lo conoció S. Gregorio Nacianceno, quien toda aquella majestad de sabiduría celestial que le adornaba, la rebajó a componer versos para acomodarla mejor a la edad infantil. Lo conoció S. Jerónimo, quien (y se lo echó en cara Rufino reprendiéndole con una dureza injustísima) "puesto en Belén, explicaba su Virgilio, cómicos y líricos e historiadores a los niños que se le habían confiado para que les enseñase el temor de Dios".

Lo conocieron Santísimos hombres como Benito, Gregorio Magno, Volfango y otros innumerables, de los cuales algunos, como se cuenta de Juan Gerson, insigne canciller de la Academia Parisiense, quisieran exhalar su último aliento en la palestra donde los niños alcanzan la corona.

No ignoro que es tarea seria y dura marchitar la flor de la edad y hasta la salud en los certámenes de las escuelas; dar vueltas año tras año y quizás muchos años a la misma piedra de molino; aguantar las tonterías y hasta maldad de los niños; pero también sé y lo saben todos, que, habiendo nacido para el trabajo y condenados a él no menos por nuestros pecados que por el de nuestros primeros padres, bien se puede escoger éste que nos consta que es tan útil.

¿Qué el trabajo es grande? No lo niego; pero qué pequeño si miras al premio de la eternidad. ¿Que hay que tolerar muchas fatigas? Muchos las devoran todos los días más pesadas por la esperanza de una pequeña ganancia y salario. ¿Cuántos de los artesanos corrientes sienten tedio de su oficio, aunque sea pesado? ¿a cuántos soldados les ha llegado la muerte o la triste vejez en el campamento, en el campo de batalla, en medio de los peligros; a cuántos comerciantes entre los naufragios y escollos, siempre atentos sin descanso a su negocio? Dice S. Agustín: "Si tan grandes fatigas soporta la ambición con los avaros, ¿no va a soportarlas con nosotros el amor?".

Sin duda, es un ejemplo insigne y digno de recuerdo, el que cuenta Tito Livio de un centurión romano. Había militado en Macedonia, en Italia, en España y en varias regiones de África. Después, cuando les llamaron de nuevo a los centuriones por un decreto del Senado para la guerra macedónica y a los veteranos se les mando alistarse de nuevo, los restantes estaban dando largas; pero el centurión del ejemplo, aunque tenía tantas y tan justas causas para aborrecer la milicia; v.gr., veinte y dos años de servicio militar, el peso de un trabajo nuevo de éxito incierto, el cuerpo ya quebrantado por gloriosas heridas y debilitado por la vejez que le pesaba cada vez más, todavía el ejemplo de sus conmilitones que pedían con cierto derecho el descanso y la licencia de la milicia, dijo: "Yo, mientras el que alista el ejército me juzgue apto para soldado, nunca pienso excusarme; los tribunos de los soldados escojan el cuerpo de ejército del que me crean digno; yo procuraré que nadie me aventaje en valor. También es natural que vosotros, conmilitones, os pongáis bajo la potestad del senado y de los cónsules y que juzguéis honroso cualquier puesto en el que vayais a defender la república".

Pero nosotros miremos mejor a los que encendidos por un ardor nobilísimo de dilatar la fe y la religión, soportan el peso del día y del calor en naciones cultas o salvajes y sudan educando naturalezas indómitas, muchas veces desprovistos de todo consuelo humano "en hambre y sed, en frío y en desnudez[118]" ¿No nos moverán estos ejemplos? ¿Ni oiremos las palabras de Cristo que nos reprende.

---

118 2 Cor.

¿Acaso vuestros hermanos irán a la batalla y vosotros estareis aquí mano sobre mano?[119]" Ciertamente, si tenemos vergüenza, decoro y alma nos doleremos de que alguien se nos adelante en empresa tan llena de gloria, y no nos desviviremos por arrojar de nosotros esta carga, sino por aumentarla.

Sin embargo, no es trabajo tan áspero e ingrato como puede parecer a los inexpertos. Omitamos los premios futuros, no faltan los alivios presentes. Primero, el trabajo se hace más tolerable con la misma costumbre; además, sucede en otras ocupaciones y oficios, y también en éste, que corriendo los días, se encuentran muchos atajos en el camino a recorrer, y que el uso práctico y sagaz sugiere maneras de aliviarlo. No hablo de la alegría que da el carácter ingenuo de los discípulos, su aprovechamiento en las letras y en la piedad; ni del ánimo agradecido y fiel de muchos de ellos que lo manifiestan después con la práctica y con beneficios que hacen; y si bien es verdad que algunos nos olvidan, aun esto mismo un profesor cristiano lo puede inscribir entre las ganancias, porque así sólo agrada a Dios, al cual más pronto o más tarde lo sentirá a su lado.

Podrá objetarse, ¿no responde muchas veces un fruto pequeño al trabajo no pequeño de los que enseñan? Y ¿acaso responde siempre la mies a los deseos y sudores del agricultor? El Marte común, que decían los antiguos, ¿no frustra a veces la esperanza de los soldados y jefes más esforzados? ¡Qué ganancia tan grande, si por nuestro esfuerzo se cultiva la virtud aunque sea durante poco tiempo o se evitan los vicios aunque sea durante un sólo día.

Y si los niños a veces, cuando se hacen jóvenes, engañan nuestras esperanzas, te pregunto, ¿qué sucedería si se les atendiese con descuido o se les abandonase por completo? Además aun cuando se hundan, con frecuencia ellos mismos se levantan y vuelven al verdadero Camino. En cambio, las virtudes, a pesar de que las espinas de los pecados las sofoquen, o se sequen con los años o por circunstancias especiales se corten, reverdecen y florecen. En conclusión, cualquiera que sea el fruto de nuestros sudores, el premio corresponderá no al éxito, sino al trabajo; no al fruto, sino a nuestra diligencia y esfuerzo.

"Los que enseñan a muchos, resplandecerán como estrellas para toda una eternidad"[120].

---

119 Núm. 32.
120 Daniel, cap. 12.

[3]

PRÁCTICAS, E INDUSTRIAS, PARA PROMOVER LAS
LETRAS HUMANAS,
CON UN APÉNDICE DONDE SE
EXAMINA EL MÉTODO DEL SR. PLUCHE PARA ENSEÑAR,
Y APRENDER LA LENGUA LATINA,
Y GRIEGA

Por el p. Francisco Xavier
De Idiáquez de la Compañía
De Jesús

En Villagarcía.
En la Imprenta del Seminario
Año de 1758

LICENCIA DE LA PROVINCIA

[I]SALVADOR OSSORIO, Prepósito Provincial de la Compañía de Jesús en esta Provincia de Castilla. Por particular comisión que para ello tengo de Nuestro M. R. P. Luis Centurión, Prepósito General, doy licencia, que se imprima un libro intitulado, *Prácticas, è Industrias, para promover las Letras Humanas, con un Apéndice, en que se examina el método del Señor Pluche para enseñar, y aprender la lengua Latina, y Griega*, fue Autor el P. Francisco Xavier de Idiáquez[121] de la misma Compañía, el cual ha sido examinado, y aprobado por personas doctas, y graves de dicha Compañía. En testimonio de lo cual dimos ésta, firmada de nuestro nombre, y de nuestro Secretario, Y sellada con el Sello de nuestro Oficio. En [II] este Colegio de Logroño a dos de Julio de mil setecientos cincuenta y siete años.

IHS.   IHS.
Salvador Ossorio   *Ioachin Medrano*

---

121 Conrado PÉREZ PICÓN y José ESCALERA. "Idiáquez, Francisco Javier". Charles E. O'NEILL y Joaquín Mª DOMINGUEZ. *Diccionario histórico de la Compañía de Jesús*. Roma-Madrid, II (2001) 1990-1991.

LICENCIA DEL ORDINARIO

[III]D. Andrés de Bustamante, por la gracia de Dios, y de la Santa Sede Apostólica, Obispo de Palencia, Conde de Pernía, del Consejo de S. M. &c.

Usando de la facultad que nos compete, damos licencia, para que se imprima un libro cuyo título es, *Prácticas, è Industrias para promover las Letras Humanas, con un Apéndice Sobre el método del Sr. Pluche, para enseñar la lengua Latina, y Griega*, por el R. P. Francisco Xavier de Idiáquez de la Compañía de Jesús, en atención a que visto, y examinado de nuestro orden, no contiene cosa contraria a nuestra Santa Fe, y buenas costumbres. Palencia. Y Julio 21. de 1757.

ANDRES, Obispo de Palencia.   *D. Fernando López de Mena*.
Por mandato De S. I. el Obispo mi Sr.   Secret.

LICENCIA DEL REAL CONSEJO

[IV]D. Joseph Antonio de Yarza, Secretario del Rey Nuestro Señor, su Escribano de Cámara más antiguo, y de Gobierno del Conjejo.

Certifico que por los Señores de él se ha concedido licencia al P. Francisco Xavier de Idiáquez de la Compañía de Jesús, para que por una vez pueda imprimir, y vender un libro intitulado, *Prácticas, è Industrias para promover las Letras Humanas, con un Apéndice donde se examina el método del Sr. Pluche para enseñar, y aprender la lengua Latina, y Griega*, con que la impresión fe haga por el original, y en papel fino, que va rubricado, y firmado al fin de mi firma, y que antes que se venda traiga al Consejo dicho libro impreso junto con su original, y certificación del Cor- [V] rector de estar conformes, para que tase el precio a que se ha de vender, guardando en la impresión lo dispuesto, y prevenido por las Leyes y Pragmáticas destos Reinos; y para que conste lo firmo. En Madrid a nueve de Octubre de mil setecientos cincuenta y siete.

D. Joseph Antonio de Yarza.

TASA

[VI]D. Joseph Antonio de Yarza, Secretario del Rey N. Sr. Fu Escribano de Cámara más antiguo, y de Gobierno del Consejo.

Certifico, que habiéndose visto por los Señores de él, el libro intitulado, *Prácticas, è Industrias para promover las Letras Humanas, con un Apéndice donde se examina el método del Sr. Pluche, para enseñar, y aprender la lengua Latina, y Griega*, que con licencia de dichos Señores concedida al P. Francisco Xavier de Idiáquez, de la Compañía de Jesús, en su Colegio de Villagarcéa de Campos ha sido impreso, tasaron à siete maravedís cada pliego, y dicho libro parece tiene ocho y medio sin principios ni tablas, que à este respecto importa cincuenta y nueve maravedís, [VII] y al dicho precio, y no más mandaron se venda; y que esta certificación se ponga al principio de cada libro, para que se sepa el à que se ha de vender. Y para que conste lo firmé en Madrid á veinte y ocho de Febrero de mil setecientos cincuenta y ocho.

D. Joseph Antonio de Yarza.

FE DE ERRATAS

[VIII]

Pag. 32. lin. 12. vaian, *leg.* baian.

Pag. 75. lin. 2. tradudiendo, *en algunos ejemplares leg.*, traduciendo.

Pag. 78 lin. 18. apreder, *leg.* aprender.

Pag. 83. lin. 7. vaian, *leg.* baian

Pag. 103. lin. 12. Praf. , *leg.* Prof.

Pag. 118. lin. 20 vaian, *leg.* baian

Pag. 129. lin. 10. voi, *leg.* boi

Ibid. lin. 14. τυπτο, en algunos egemplares leg. τυπτω.

Pag. 133. lin. 22. oratione, *en algunos egemplares leg.* orationis.

He leído el libro el libro intitulado, *Prácticas, é Industrias para promover las Letras Humanas*, compuesto por el P. Francisco Xavier de Idíaquez de la Compañía de Jesús, y con estas erratas corresponde con su original. Y así lo firmo en la Villa y Corte de Madrid á 23 de febrero de 1758.

Dr. D. Manuel Gonzalez Ollero
Correct. Gen. Por S. M.
Esta Edición está conforme á la ortografía, que nos parece seguir.

[IX] EL REY

Por cuanto por parte del R. P. Francisco Xavier de Idiáquez de la Compañía de Jesús en su Colegio de la Villa de Villagracía de Campos, se representó al mi Consejo había obtenido liciencia para imprimir dos libros intitulados uno *Prácticas, e Industrias para promover las Letras Humanas, con un Apéndice de don se examina el método del Señor Pluche, para enseñar, y aprender la lengua Latina y Griega*; otro *Cornelius Nepos de vitis excellentium Imperatorum, Breviariis et notis Hispanicis illustratus*; y recelándose de que se los reimpriman, suplicó se le concediese licencia y privilegio por tiempo de diez años para su impresión. Y visto por los de mi Consejo (y como por su mandado se hicieron las diligencias que por la Pragmática últimamente promulgada sobre la impresión de los libros se dispone) se acordó expedir esta mi cédula, por la cual concedo licencia, y facultad al expresado P. Francisco Javier de Idiáquez de la Compañía de Jesús en su Colegio de la Villa de [X] Villagarcía de Campos, para que sin incurrir en pena alguna por tiempo de diez años primeros siguientes que han de correr, y contaré desde el día de la fecha de ella, el susodicho, u la persona que su poder tuviere, y no otra alguna pueda imprimir, y vender los referidos libros intitulados, el uno *Prácticas, e Industrias para promover las Letras Humanas, con un Apéndice donde se examina el método del Señor Pluche, para enseñar, y aprender la lengua Latina y Griega*; y el otro *Cornelius Nepos de vitis excellentium Imperatorum, Breviariis et notis Hispanicis illustratus*, con que se haga en papel fino, y por el original que en mi Consejo se vio, que va rubricado y firmado al fin de Don Joseph Antonio de Yarza, mi Secretario, y Escribano de Cámara más antiguo y de Gobierno de él, con que antes que se venda se traigan ante ellos juntamente con dicho original, para que se vea si la impresión esta conforme a ellos, trayendo asimismo fe en publica forma como por Corrector por nombre se vio, y corrigió dicha impresión por el original, para que se tase el precio a que se ha de vender. Y mando al Impresor que imprimiere los referidos libros, no imprima el principio, y primer pliego, ni entregue mas que un o solo con el original al dicho R. P. Francisco Xavier de [XI] Idiáquez a cuya costa se imprimen, para efecto de dicha corrección hasta que primero estén corregidos, y tasados los citados libros por los del mi Consejo, y estándolo así, y no de otra manera, pueda imprimir los principios y primeros pliegos, en los cuales seguidamente se ponga esta licencia, y la aprobación, tasa, y erratas, pena de caer, e incurrir en las contenidas en las Pragmáticas, y Leyes destos mis Reinos, que sobre ello tratan y disponen. Y mando, que ninguna persona, sin licencia del expresado R. P. Francisco Xavier de Idiáquez, pueda imprimir ni vender los citados libros, pena que el que los imprimiere haya perdido, y pierda todos, y cualesquier libros, moldes, y pertrechos, que dichos libros tuvieren, y más incurra en la de cincuenta mil maravedís, y sea la tercia parte dellos para la mi Cámara; otra tercia parte para el Juez que lo sentenciare; y la otra para el denunciador: y cumplidos los dichos diez años, el referido R. P. Francisco Xavier de Idiáquez, ni otra persona en su nombre quiero no use desta mi Cédula, ni prosiga en la impresión de los citados libros, sin tener para ello nueva licencia mía, so las penas en que incurren los Concejos, y Personas, que lo hacen sin tenerla. Y mando a los del mi Consejo, Pre [**XII**] sidentes, y Oidores de las mis Audiencias, Alcaldes, Alguaciles de la mi Casa y Corte, y Chancillerías, y a todos los Corregidores, Asistentes, Gobernadores, Alcaldes Mayores, y Ordinarios, y otros Jueces, y Justicias, Ministros, y Personas de todas las Ciudades, Villas, y Lugares destos mis reinos, y Señoríos, y a cada uno, y cualquier dellos en su distrito, y jurisdicción vean, guarden, cumplan, y ejecuten esta mi Cédula, y todo lo en ella contenido, y contra su tenor y forma no vayan, ni pasen, ni consientan ir, ni pasar en manera alguna pena de la mi merced, y de cada cincuenta mil maravedís para mi Cámara. Dada en Buen-Retiro a veinte y ocho de Febrero de mil setecientos cincuenta y ocho.

Yo el Rey.
Por mandato del Rei mi Señor.
Andrés de Otamendi. Pro.

[XIII] Al Eminentísimo Señor Cardenal de Solís,
Arzobispo de Sevilla, &c.

Señor:

No pienso pararme a alegar las muchas razones, que había de [**XIV**] dedicar a V. Em. esta pequeña obra. Para alegarlas era menester alegar los muchos tíulos, que concurren en V. Em., para que cualquiera procure acudir a tan alto patrocinio. Cada uno de ellos bastaba á formar un Mecenas. Pero esta dedicatoria no habla tanto con un Mecenas, cuanto con un Padre de los Jóvenes Jesuitas, que se crían en este Seminario de Villagarcía. Aunque todo Padre se complace en ser Mecenas, no todo Mecenas se precia de ser Padre. A estos Jóvenes les hace poca fuerza (y no se lo desaprobará V. Em.) el que el Cardenal Solís sea su Mecenas, desde que el Señor Solís es su Padre. Si, Señor; así le llaman á V. Em. , y tienen mucha razón. Túvola muy grande uno dellos, que leyendo su Homero, aplicó al caso presente el lance de Telemaco, que al ver tan rodeado de glorias á su Padre Ulises, le iba á ado- [XV] rar; pero Ulises no se lo permitió diciendo

ου τις τοι θεος ειμι, τι μ' αθανατοισιν εισκεις;
Αλλα ΠΑΤΗ'Ρ τεος ειμι(*)¹²²

Oyó otro con gusto la aplicación, y tradujo el verso Griego con su emistiquio en esta trova Castellana.

No me adores, detente:
Ni pienses que a mi amor ser Dios le cuadre;
Pues solo soy tu Padre.

Si, Señor, vuelvo á decir: al pensar en V. Em., aunque cada uno, en fuerza de la primera impresión del respeto, se tira al acatamiento, cada uno no obstante hace cuenta, que V. Em., le manda olvidar lo Solís, lo Arzobispo, y lo Cardenal, para que solo [XVI] se acuerde de lo Padre. Esta falta de respeto de su amor hace, que al hablar entre sí del amor hace, que al hablar entre sí del Señor Solís, haya ya pasado entre ellos á adagio de su ternura, cuando hablan en Griego, el Αλλα PATH¢R τεος eimi y cuando hablan en Castellano, el Pues solo soy tu Padre. Añaden ellos, y no es fácil el impugnarlos, si su amor falta el respeto, V. Em., tiene la culpa. Pruébanlo con un caso de hecho, de que no puedo menos de confesarme testigo de vista.

El Verano pasado se digno V. Em., enviarme una Conclusión de un Acto, que le habían dedicado. Púsela en la Aula de Retórica, á donde concurren los Seminaristas: viéronla con orla recamada de Flores de oro: calentaronseles las venas: compusieron en Castellano, en Latín, en Griego: envié á V. Em., las composiciones: tuvieron la dicha de agradarle, y de que V. Em., me escribiese que las quería dar a luz: [XVII] Les hice saber el favor: volvieron á componer: y volvieron á agradar ä V. Em., las composiciones. Observé, que en estas últimas composiciones conspiraban á porfía en llamar á V. Em., Padre, y tengo pruebas bien ciertas de que no se ha desdeñado de admitir el título. Con solo trasladar aquí la tierna respuesta de V. Em., daría al Público el más autentico testimonio de su dignación.

---

122 Iliad. Lib. XVI. V. 186. & 187.

En estas circunstancias estaba para dar á luz la obrilla, que dedico á V. Em., y ya se ve, que no podía yo pensar, sino en V. Em., pues este tratado no es otra cosa, que un tejido de instrucciones dadas á los mismos jóvenes, á quien tanto se digna favorecer V. Em. Instrucciones sencillamente propuestas, y sin aparato de elocuencia; *Ornari res ipsa negat, contenta doceri*: pero tales, que las Prácticas, é Industrias, de que constan, son el medio más seguro de promover las Le- [XVIII] tras humanas. Mi fin es volver por la Nación Española, y por Nuestra Compañía. El amor a la primera es V. Em. naturaleza, y el cariño á la segunda devoción: ésta nos confunde, y llena del más humilde agradecimiento.

Eminentísimo Señor.　　　　　　　　IHS
Siervo humilde de V. Em.　　　*Francisco Xavier de Idiáquez*

[XIX]
PRÓLOGO A LOS SEMINARISTAS DE LA COMPAÑÍA DE JESUS DE VILLAGARCIA

Las Prácticas é Industrias, de que se compone este tratado, hablan muy en particular con mis Hermanos Carísimos, que se emplearán con el tiempo en enseñarlas á la juventud: empleo tan útil á la Republica, que Cicerón, cuyo voto es de calidad en esta materia, no dudó decir: *Nullum munus Reipublicae afferre majus meliusve possumus, quam si docemus, atque erudimus iuventutem*[123]. Esta [XX] es, la alta ocupación, en que tanto se sirve al bien público, tan digna del común aprecio, aun atentos solos los principios de la sociedad humana, y de una honesta política. Sin salir destos términos propone un bello ejemplo Quintiliano lib. I cap. 2 de sus Instituciones Oratorias. Dice, pues, con juicio Quintiliano, que ni Filipo hubiera entregado á su hijo Alejandro á la enseñanza del mayor filósofo de aquellos tiempos Aristóteles, ni Aristóteles le hubiera recibido, si uno, y otro no hubiesen juzgado ser de la mayor importancia, el que sea varón perfectísimo aquel, bajo cuya dirección empieza un Niño á estudiar. *An Philippus Macedonun Rex Alexandro filio tuo prima literarum elementa tradi ab Aristotele, summo ejus aetatis Philosopho, voluisset, aut ille suscepisset hoc officium, si non studiorum initia á perfectissimo quoque tractari, pertinere ad summam credidisset?*[124] Y en realidad

---

123　No podemos hacer mayor y mejor regalo a la República que el enseñar y hacer erudita la juventud.
124　¿Acaso Filipo, rey de Macedonia, hubiera escogido a Aristóteles, el mayor filósofo de su

la enseñanza de los Niños, mirada bien [XXI] la cosa, es propia de los hombres grandes.

2. Y por lo mismo es propio de semejantes hombres el dedicarse á enseñar las bellas letras á los de poca edad. En el mismo lugar prosigue Quintiliano usando de una galana semejanza: *Fingamus igitur, Alexandrum dari nobis, impositum gremio, dignum tanta cura infantem (quamquam suus cuique dignus est) pudeátne me in ipsis statim elementis etiam brevia docendi monstrare compendia?*[125] Con sola la alegre hipótesis, de que le dan á Alejandro por discípulo, y de que recibe en su seno á un Niño tan digno de todo cuidado, sale como fuera de si Quintiliano, dejándose arrebatar del pensamiento de cuán digna cosa es ocuparse en la enseñanza de un Niño de esperanzas.

3. Quintiliano habla solo en términos de aquella honra, que está muy lejos de la virtud cristiana. Cada uno de mis hermanos al recibir por discí [XXII] pulo, al admitir en su seno al Niño más desvalido de la República, como á digno objeto de sus cuidados, santificará su enseñanza con el fin más soberano, introduciendo en su corazón, con el cebo de las letras, la educación cristiana, con tan fundadas esperanzas, de que muchos de los Niños serán de singular provecho á la Iglesia, y á la República.

4. Un Niño bajo de la enseñanza de cualquiera de mis Hermanos, no tanto será un Alejandro, cuando un Moisés, que se instruye en toda la erudición de los Egipcios: *Eruditus est Moises omni sapientia Aegyptiorum*. Actorum cap. 7. Y los Niños, que componen una Clase de la Compañía, bien los podemos comparar á aquellos Niños, que estaban al cargo de Asfenez: *Et ait Rex... ut introduceret..., pueros in quibus nulla est macula, decoros forma & eruditos, omni sapientia, cautos scientia, & doctos disiplina... ut doce* [XXIII] *ret eos literas, & linguam Chaldaeorum*[126]. Daniel. Cap. I. San Gerónimo, estudiado las Letras Humanas, se solía consolar, con que las estudiaba para el común provecho: *Labor meus in familiam Chrifti proficit*[127]. Estas, y otras cosas pudiera decir á favor de la alta

---

tiempo, para que le enseñara las primeras letras a su hijo, o (Aristóteles) hubiera aceptado tal deber aquel, si no hubiera creído ser lo más importante que los inicios de los estudios deben ser dados por eminencias.

125 Supongamos que el gremio de los docentes nos encomiende a Alejandro, niño digno de máxima estima (aunque cada uno es digno), ¿me tendría que avergonzar de enseñarle los elementos iniciales esenciales?

126 Y el Rey afirma... que inicie... a niños, –en quienes no hay lodo, pundonorosos y eruditos–, en todo saber, precavidos en ciencia y doctos en instrucción... que les enseñe las primeras letras y el Caldeo.

127 Mi trabajo me acerca a la familiaridad con Cristo.

ocupación de un Maestro de la Compañía, solo con trasladar algo de lo mucho, que sobre este dulce asunto trae el Exim. Doct. Suarez[128] tom. 4. de Relig. Tract. 10, en el lib 5 que todo es desta deliciosísima materia, y donde este Venerable Anciano, no solo se hace Maestro de letras Humanas con los Maestros, sino también Niño con los Niños que las aprenden. Cada uno de los seis capítulos desde libro parece el mejor, y ninguno de ellos se puede leer sin ternura.

5. Y ya que tengo la dicha de hablar con mis Hermanos de un punto tan de mi cariño, permítaseme adoptar las palabras, con que el [XXIV] Venerable Padre Suárez se explica, al empezar á tratar del Instituto de la Compañía: *Non quia... Religio... nostra defensione, aut illustratione indigeat, sed ut signun aliquod grati amini, & Deo, qui me vocavit in societatem filii sui, & ipsi Societati, cui totum quod sum vel habeo, debitum recognosco, exhiberem*[129]. Este es el motivo por el cual con todo gusto de mi corazón he emprendido este tratado.

6. Todo se ordena á aliviar á los Maestros la carga pesada de su oficio, la cual se había ido haciendo más pasada, así con la desabrida tarea de algunas cosas que se habían introducido, como con la falta de otras, que no se practicaban. Con esta planta, arreglada al *Ratio Studiorum*, podrán mis Hermanos con menos trabajo, y mas provecho cumplir con una ocupación, tan justamente envidiaba el Protector de nuestros Estudios San Luis Gonzaga. Deseaba también mucho, en acabando la [XXV] Teología, que le diesen alguna Cátedra de Mínimos por poder ayudar á aquellos Niños, y enderezarlos desde fu tierna edad por el camino de la virtud: por lo cual tenía una santa envidia á los Maestros de Latín. Y cuando hablaba con ellos, los llamaban Bienaventurados. P. Virgilio Cepari, part. 2. cap. 5. vid. De San Luis Gonzaga.

7. Después de un ejemplo, en que San Luis Gonzaga se muestra hijo tan verdadero de San Ignacio, no podrá menos de leerse con gusto el ejemplo de San Ignacio mismo, que tenía puestas las delicias de su corazón, en que floreciesen cada día más las Letras Humanas entre sus hijos. Contentareme con dos casos bien singulares. El primer caso lo refiere el P. Orlandino[130] *Hist. Societ.* lib. 9 num. 20.: *Ut... frequentissimae pueritiae, latinaeque linguae rudibus consulere-*

---

128 Eleuterio ELORDUY. "Suárez, Francisco". En: Charles E. O'NEILL y Joaquín Mª DOMINGUEZ. *Diccionario histórico de la Compañía de Jesús*. Roma-Madrid, IV (2001) 3654-3656.
129 No porque... la Religión... necesite nuestra defensa o clarificación, sino para demostrar un signo de gratitud a Dios, que me llamó a la Compañía de su Hijo, y a la misma Compañía, a la que debo lo que soy y tengo.
130 John Patrick DONNELLY. "Orlandini, Niccolò". En: Charles E. O'NEILL y Joaquín Mª DOMINGUEZ. *Diccionario histórico de la Compañía de Jesús*. Roma-Madrid, III (2001) 2924. Ele texto hace alusión a: *Historiae Societatis Iesu prima pars*. Roma, 1614.

tur uberius, tributa est in scholas quinque omnis Grammaticae disciplina. Quarum Doctores atque Magistros... quo [XXVI] *incitarentur ardentius, oportuit ex Ignatii praecripto sigulos singulis ad eum hebdomadis de rebus suis accurate perscribere*[131]. Parece que no cabía más prueba de amor á las Letras Humanas en un Patriarca tan oprimido de los negocios de una religión, que estaba fundando entre tantas persecuciones. Pero aun llegó a más el aprecio de las Letras Humanas en San Ignacio nuestro Padre.

8. No contento con ser testigo de oídas por los informes, quiso también ser testigo de vista del aprovechamiento de sus Hijos en las Letras Humanas. Y para serlo desde Roma, quiso por si mismo leer sus composiciones. El ejemplo es dignísimo de nuestra filial memoria, y le refiere al padre Orlandino *Hist. Societ.* Lib. 6. num. 77. *Valentiae, Mirone duce, Societas ingeniosis, & eruditis est aucta tyronibus. Faber auntem, cum hac transiret, eorum in literis incitabat ardorem. Nec minor erat* [XXVII] *de eorum in doctrina processuu Ignatii solicitudo... eorum vero, qui se literis perpolirent humanitatis, orationes, & carmina ad se mittenda curabat*[132]. El que un P. Mirón, gobernándolos, y un P. Fabro con sus exhortaciones, animasen tanto á las Letras humanas, no causa la mayor admiración; pero cáusala imponderable el cuidado de un san Ignacio, de que desde España á Roma le enviasen las composiciones. El P. Juan Pinio[133] in *Actis SS.* Pag. 176. ad diem 31. Julii después de haber referido este caso, añade: *Quorsum vero? ut ne videlicet frigus, aut veternus obreperet eorum animis ad rem tantam comparandis*[134]. Y á la verdad, quién podrá haber, que no se aliente con este ejemplo á promover las Letras Humanas? Basta, y aun sobra para animar á cualquiera de sus hijos, el ver á San Ignacio su Padre, con aquellos mismos ojos, que corrieron riesgo de cegar con tantas lágrimas, estarse leyendo las composiciones en prosa, y verso de su amada juventud. [XXVIII]

---

131 Con el fin de que más eficazmente se atendiera a los estudiantes de latín entre los que se contaban numerosos niños, se organizó en cinco secciones toda la enseñanza de la Gramática. Por voluntad expresa de Ignacio se hizo indispensable, para que trabajaran con mayor interés, que todos y cada un de los profesores dieran por escrito cuenta exacta de su actuación semana tras semana.

132 En Valencia, bajo la autoridad de Mirón, la Compañía ha aumentado en ingeniosos y eruditos discípulos. Fabro, al pasar por acá, les estimuló en su amor a las letras. No era menor la preocupación de Ignacio en el adelanto de ellos en doctrina... procuraba se le enviaran las composiciones y poesías de aquellos que se destacaran en letras humanísticas.

133 Sobre la obra de Juan Pien, véase: SOMMERVOGEL. *Bibliothèque de la Compagnie de Jésus*, VI, 782-783. Se refiere al libro *Acta Sanctorum*.

134 ¿Con qué finalidad? (con la finalidad) de que la frialdad o la modorra no se deslicen fraudulentamente en su esfuerzo de preparación de tarea tan importante.

9. Finalmente debo advertir, que en este tratado no hay cosa alguna, fuera de la disposición, que sea mía. Todo ello en sustancia está sacado de las Reglas de la Compañía en su modo de enseñar, intitulado: *Ratio, atque inititutio studiorum Societatis Jesu*. Así como el P. Rivadeneira[135] a en su *Por qué* de la Compañía mostró la solidez de varios puntos, que se nos motejaban, así yo en este tratado he procurado mostrar dos puntos: el uno, el acertado método de la Compañía en enseñar las Letras Humanas; y el otro, que muchas prácticas utilísimas, que tanto se celebran en algunos eruditos modernos, son prácticas muy antiguas en la Companía. Necesitando dar razon destos dos puntos, casi me resolvía á dar á este tratado por titulo: *El por qué de los Estudios inferiores de la Compañía*.

[29]
PARTE I.
PRÁCTICAS PARA PROMOVER
las Letras Humanas
INTRODUCCION

Para proceder con más claridad, advierto, que en la lección de la memoria, que se señala á cada clase, va repartido el Arte llamado de Nebrija, el cual en realidad viene á ser del P. Juan Luis de la Cerda[136] de nuestra Compañía. En la segunda parte deste pequeño tratado se darán las razones, por las cuales este Arte[137] se usa, y se debe usar en España. En orden á Reglas basta este Arte con el breve compendio de los modos de oraciones, que se dio á luz en Burgos.

---

135 Manuel RUIZ JURADO. "Ribadeneira, Pedro de". En: Charles E. O'NEILL y Joaquín Mª DOMINGUEZ. *Diccionario histórico de la Compañía de Jesús*. Roma-Madrid, IV (2001) 3345-3346.

136 José ESCALERA. "Cerda, Juan Luis de la". En: Charles E. O'NEILL y Joaquín Mª DOMINGUEZ. *Diccionario histórico de la Compañía de Jesús*. Roma-Madrid, I (2001) 734.

137 *Aelii Antonii Nebrissensis, de institutione Grammatiace Libri quinque*. Jussu Philippi III Hispaniarum Regis Catholici, nunc denuo recogniti. Al Señor Don Antonio de Contreras, etc. Cum Privilegio Coronae Castellae et Indiarum. Matriti, ex Typographia Didaci Diaz a Carrera. Ann. 1654. Para más información: SSOMMERVOGEL. *Bibliothèque de la Compagnie de Jésus*, II, 986-988.

[30]
CAPITULO I.
Prácticas para los Reminimistas
&I
LECCIÓN DE MEMORIA

Por la mañana el primer libro del Arte del P. la Cerda, llamado de Nebrija, y algunos renglones de las Epístolas Familiares de Cicerón. Así lo dice la segunda regla del Maestro desta Clase. *Prima hora matutina memoriter M. Tullius, & Grammatica apud Decuriones recitetur*[138].

2Por la tarde tráigase lección del dicho primer libro del Arte. Así lo dice la misma regla: *Prima hora pomeridiana memoriter Grammatica... recitetur, recognoscente Magistro Decurionum notas*[139].

3.Desde esta clase han de empezar los Niños á decorar el nuevo compendio [31] de modos de hacer oraciones, ó de platiquillas, como regularmente las llaman.

Véase part. 2. cap. I.

&II
COMPOSICIÓN

Déseles á los Niños por composición, o cuartilla, los nominativos, y verbos, como hasta aquí fe ha acostumbrado, y así se practicará en cuanto cabe lo que pide la quinta regla: *Capitat saepe occasionem declinandi, conjugandi, & Grammaticae quomodocumque exigendae*[140].

2. Algunos días al fin de la composición hágaseles traer trasladados unos cuantos renglones de las reglas de Ortografía, que hay al fin del Arte, para que con el cuidado de trasladar bien, aprendan desde luego á escribir correctamente. Así empieza en parte á practicar la reg. 3. que es tan útil, *in scriptio* [32] *ne*

---

138 *Ratio Studiorum*. "Regla del Profesor de la clase Ínfima de Gramática", 2: "A primera hora de la mañana recítese de memoria ante los decuriones a Marco Tulio y la gramática".

139 *Ratio Studiorum*. "Regla del Profesor de la clase Ínfima de Gramática", 2: "A primera hora de la tarde recítese de memoria la gramática latina... y el maestro examine las notas de los decuriones".

140 *Ratio Studiorum*. "Regla del Profesor de la clase Ínfima de Gramática", 5: "aproveche con frecuencia el profesor la ocasión para declinar y conjugar y sobre todo para preguntar sobre la gramática".

corrigenda indicet si quid contra praecepta ... orthographiae, interpunctionis peccatum[141].

&.III.
CONSTRUCCION, O VERSION

3. Traigan desde el primer día los Reministas el Autor, que construyen los Menoristas, y aunque todavía no sepan construir, estén atendiendo; pues así se logra el que no metan bulla, el que se hagan á atar la imaginación, el que se acostumbren á leer latín, ú oírle pronunciar, y á que se les imprima la noticia de algunos significados.

Véase el cap. 3.&.3 . part. I.

[33]
CAPITULO II
Práctica para los Minimistas.

&.1
LECCION DE LA MEMORIA

1. Los Minimistas traerán por la mañana el segundo, y tercero libro del Arte del Padre la Cerda, y algunos renglones de las Epístolas Familiares de Cicerón. Vuelvo a repetir la regla: *Prima hora matutina memoriter M. Tullius, & Grammatica apud Decuriones recitetur.*

2. Por la tarde traerán de memoria los mismos, segundo, y tercero libro del Arte. Vuelvo otra vez a repetir la regla: *Prima hora pomeridiana memoriter... Grammatica recitetur, recognoscente Magistro Decurionum notas.*

3. Por la tarde podrán traer también [34] unos renglones del nuevo compendio de platiquillas, ó modos de hacer oraciones.

Véase esta I. part. Cap. I. &. 3.

&. II.
COMPOSICIÓN

1. Los Minimistas han de traer la misma composición, que los Menoristas, porque aunque al principio no lo harán tan bien, éste es mucho menor inconveniente, que el que el Maestro, con tanta pérdida de tiempo, señale composición distinta no sólo á los Reminimistas, sino también á Minimistas, y Menoristas.

---

141 *Ratio Studiorum*. "Regla del Profesor de la clase Ínfima de Gramática", 3: "Al corregir la composición indique el profesor si hay faltas contra los preceptos de la gramática, de la ortografía, de la puntuación".

Este es un medio, que nos da la regla 10 del Prefecto de los Estudios inferiores que dice: *Hoc ut obtineri possit in his scholis, in quibus ordo erit geminus, omnia praeter Grammaticae praelectionem, erunt omnibus communia. Ac primum, quidem Ciceroniana praelectio communis erit,* [17] *ita ut faciliora ab inferiore, difficiliora á superiore ordine reposcantur. Deinde thema etiam unicum dari poterit, ita ut totum ordo superior excipiat, inferior priman solum, vel ultimam partem*[142].

2. Los romances los ha de dictar el maestro aun á estos principiantes; pues es malísimo el uso de dejar á los Niños, que ellos mismos formen en Castellano las oraciones, que han de traer en latín: y así vemos á un Niño, que se echa a sí mismo este romance: *Los bancos comieron á los bueyes*: y dice en latín: *Subsellia manducaverunt boves*. Para una oración de relativo, se echa este otro romance: *La Tía Calva, que tiene mal humor, vende las castañas, que vencen á Pedro*: y dice en latín: *Avuncula Calva, que habet malum humorem, vendit castaneas, quae vincunt Petrum*. Como los pobres Niños sólo tienen especies de lo que ven, es á saber de los bancos, del comer, de los bueyes, [18] de la Tía Calva, que es castañera, y de las castañas; no acierten á echarse a sí mimos romances sino de éstas, y otras semejantes inanidades.

3. Cuanto mas útil es echarles unos romances brevecitos: *Julio César escribió comentarios muy latinos; Virgilio, que escribió las glorias de Eneas, compuso un poema, que vence á todas las poesías*. Después de echados estos romances, en dos palabras explica el Maestro la obra de César, y en otras dos el asunto de la Eneida. Con eso sabe el Niño, que Julio César fue Escritor, qué cosa son comentarios, y que el estilo de César es muy latino, que hubo un Virgilio, un Eneas, una obra llamada Eneida, y que esta obra es el mejor de todos los poemas: que ciertamente son noticias más conducentes, que no las de los bancos comedores de bueyes, y de la Tía Calva, de su mal humor, y de las castañas, que vencen á Pedro.

[19]
&.3
CONSTRUCCIÓN, O VERSIÓN

La misma, que se dijo en el capítulo antecedente &3 de los Reminimistas. *Véase el cap. siguiente &3. donde se explica más todo esto.*

---

142 *Ratio Studiorum*. "Reglas del Prefecto de los Estudios inferiores", 7, &10: "Para que esto pueda obtenerse en las clases donde hay dos órdenes, todo menos la prelección de gramática será común a ambos. Y en primer lugar, la prelección de Cicerón será común, de manera que se pida lo más fácil a los inferiores y lo más difícil a los orden superior. Luego también podrá darse un tema único, de manera que el orden superior lo reciba todo y el inferior sólo lo primero o la última parte, la cual se acomode a los preceptos que se le han explicado".

CAPÍTULO III
Prácticas para los Menoristas.
&. 1.
LECCIÓN DE MEMORIA

1. Por la mañana el libro cuarto de el Arte del Padre la Cerda, algunos renglones de las Epístolas Familiares de Cicerón, según la ya citada regla: *Prima hora, &.*

[20] 2. Por la tarde traigan lección de dicho libro cuarto: *Prima hora pomeridiana, &.*

3. Por la tarde podrán también traer unos renglones del nuevo compendio de platiquillas, ó modos de hacer oraciones.

&. II
COMPOSICIÓN

Ya fe dijo en el capitulo antecedente &. II, que los Minimistas, y Menoristas habían de traer una misma composición, y también se dijo cómo habían de ser estas composiciones. Ya se volverá a hablar del buen método de composición, al señalar las industrias, de que podrán usar los Maestros para fu propio alivio con mucho aprovechamiento de los Discípulos.

Véase en la part. 2. cap. 4. la indust. 4.

[21]

&. III.
CONSTRUCCÓN, O VERSIÓN

1. Los Menoristas son los que empiezan á construir, y así primero por la mañana construirán la Epístola de Cicerón, que aprenden de memoria, y se les explicó el día antes, como lo manda la reg. 2 desta Clase. *Secunda hora matutina repetatur postrema breviter Ciceronis praelectio, novaque per semihoram explicetur*[143]. Es increíble el bien, que trae, á los Niños el construir los renglones de Cicerón, que trajeron de memoria, y explicarles los que han de traer de memoria al día siguiente. Algunos días por la mañana en lugar de Cicerón se les puede hacer construir algunas fábulas, que los alegren, y con la alegría los animen.

En la reg. I del Maestro de Mayores, se señalan las fábulas de Esopo entre los Autores Griegos. *Ex Graecis... Aesopus.* En lugar de las fábulas griegas. (ya hablaremos después de la Lengua Griega) [22] se construirán en Menores no las

---

143 *Ratio Studiorum*. "Reglas del Profesor de la clase media de Gramática", 2: "En la segunda hora de la mañana repítase con brevedad la última prelección de Cicerón y explíquese la nueva durante media hora y pregúntese sobre ella; por fin, díctese el tema".

fábulas de Esopo traducidas al latín, que se usaban, sino las de Fedro. Aquellas están traducidas por varios Autores, que están muy lejos de ser del siglo de oro. Las de Fedro Liberto de Augusto, son la pureza misma, el candor, y la nata de la latinidad. Véase el prólogo de la edición de Fedro hecha en Burgos. Y lo que no tiene duda es, que la experiencia enseña, que con Fedro aprovechan mucho los Niños. Niños conozco en estos Estudios de Villagarcía, que en menos de cuatro meses, además de la tarea diaria, ha aprendido de memoria los cinco libros de Fedro.

2Por la tarde guárdese el estilo de que los Menoristas construyan los géneros, y pretéritos. Esto es muy conforme á la regla 2, de esta Clase, que dice: *Secunda hora pomeridiana, superiori quidem ordini Syataxis, inferiori vero rudimenta de generibus nominum,* &[144].

[23]
CAPÍTULO IV
Práctica para los Medianistas.
&. I
LECCIÓN DE MEMORIA

1. Por la mañana el libro quinto del P. la Cerda, y algunos renglones de alguna Oración selecta, ú otro libro de Cicerón. Esto manda la 2. regla del Maestro de Medianos, ó de la Clase media. *Prima hora matutina memoriter recitetur M. Tullius, & Grammatica apud Decuriones.*

2. Por la tarde tráigase el mismo libro quinto del arte, y algunas Elegías de Ovidio *de Tristibus,* y *de Ponto.* Alguna Égloga, ó libro de Virgilio, aunque no los Georgicos, por ser difíciles para los Medianistas. La regla manda que algunos días traigan lección de memoria de algún Poeta. Regl. 2. *Suis diebus Poëta recitetur*[145].

[24]
&. II
COMPOSICIÓN

---

144 *Ratio Studiorum.* "Reglas del Profesor de Ínfima clase de Gramática", 2: "En la segunda hora de la tarde explíquese a la sección superior la sintaxis, al inferior los rudimentos de los géneros de los nombres y luego las catorce reglas [de la construcción gramatical]. Al griego dése poco más de un cuarto de hora".
145 *Ratio Studiorum.* "Reglas del Profesor de la clase media de Gramática", 2: "En la segunda hora de la tarde, durante media hora, explíquese y repítase la sintaxis; en el segundo semestre igualmente la sintaxis *y en días alternos explíquese un poeta*".

1. Ya se ve, que estando los Medianistas más adelantados, la composición, tema, ó cuartilla ha de ser más feria. Se les ha de dictar el vernáculo, o romance seguido, que no pase como de unos siete renglones, que en él se vean precisados á guardar las reglas, que ya saben, se esfuercen á imitar el estilo de Cicerón. Así lo previene la reg. Del Maestro de Medianos: *Dictandum argumentun scribendi vulgi sermone ad verbum, perspicuum, nec fere versibus septenis longius, quod ad Praecepta Syntaxis, & Ciceronis imitationem referatur*[146]. No se prohíbe, que procuren imitar otro Autor clásico de los del siglo de oro, como Cornelio Nepote, César, Salustio, Livio, &c.

2. Algunas veces los Medianistas al fin de la composición, ó en lugar de ella, [25] traigan de cuando en cuando unos renglones de Cicerón, ó de otro Autor clásico, traducidos al romance; pues traduciendo el latín á la lengua vulgar se adelanta mucho en él. Así lo ordena la misma regla 7. *Interdum discipuli aliquam Ciceronis brevem versionem... subscribire jubeantur*[147]. Con mandarles traer traducida al Castellano la lección de Cicerón, que trajeren de memoria, se ahorra tiempo, y se actúan más en el estilo de Cicerón. Ya volveré á tocar este punto al señalar á los Maestros varias industrias.

Véase la part. 2. cap. 2. indus. 2.

&. III
CONSTRUCCIÓN, O VERSIÓN

1. La primera construcción de la mañana ha de ser Cicerón, y no ha de pasar de siete á ocho renglones poco mas ó menos. La ha de leer el Maestro, y dar una idea del asunto de ella, la ha de explicar una vez palabra por [26] palabra, ha de hacer notar alguna otra particularidad, que le pareciere, y finalmente convendrá volverla segunda vez á explicar. Regla 6. del Maestro de Medianos. *Praelectionis Ciceronianae, quae septemos fere versus non excedet, haec forma fit: primo, totam continenter pronuntiet, ejusque argumentum brevissimé perstringat: secundo, periodum ad verbum vulgi sermone interpretetur: tertio, á capite recurrens... latinae linguae observationem unam, aut alteram... quarto scriptoris iterum verba verna-*

---

146 *Ratio Studiorum*. "Reglas del Profesor de la clase media de Gramática", 7: "El tema de la composición debe dictarse en idioma patrio palabra por palabra y de ordinario no más largo de siete líneas, que haga referencia a los preceptos de la sintaxis y a la imitación ciceroniana. De vez en cuando mande a los alumnos que hagan una breve traducción de Cicerón o la conjugación de algún tiempo griego o declinación de un nombre".

147 Ibidem: "De vez en cuando mande a los alumnos que hagan una breve traducción de Cicerón o la conjugación de algún tiempo griego o declinación de un nombre".

culo sermone decurrat[148]. Con toda esta luz, que les da el Maestro entran con gran facilidad á construir los Niños. Aquí se ve cuán grande desacierto sería dejar á un niño sacar la versión á sus aventuras. Clarísimo yerno es el que fe comete, en no permitir á los Niños traducciones vernáculas de los Autores, que construyen. Ya hablaré más de este punto en las industrias *part. 2. cap. 3. indust. 3.*

[27] 2. La segunda construcción de la mañana sea de Quinto Curcio, que es bellísimo Autor, aunque para los Medianistas no sería menos oportuno Cornelio Nepote, cuyo librito de Oro tiene un estilo del todo castizo, y cuya historia, o historias de los Capitanes Generales, por más breve, son mas proporcionadas al alcance de los Medianistas, que no la larga historia de Alejandro. En esto no me empeñaría mucho, porque bien logrado tiempo es, el que se emplea en Quinto Curcio. Pero mejor sería parte del tiempo emplearle en Nepote, y parte en Curcio. Primero en Nepote, que es mas fácil.

8. La primera, y segunda construcción de la tarde sea de Ovidio, como se acostumbra, aunque no dañaría el que la segunda fuese algunas veces de algunas Églogas, ó algún libro de Virgilio. Las Geórgicas fon demasiado difíciles para el común de los Niños, como ya se ha dicho.

[28]
CAPÍTULO V
Práctica para los Mairoristas.

&.1
LECCIÓN DE MEMORIA

1. Por la mañana. *De primis & mediis syllabis* hasta acabar el libro Quinto del Arte del P. la Cerda, y diez, ó doce renglones de Cicerón. Así lo intima la segunda regla del Maestro de Mayores, ó de la Clase suprema: *Prima hora matutina memoriter recitetur M. Tullius, & Grammatica Decurionibus*[149]. Bueno será,

---

148 *Ratio Studiorum*. "Reglas del Profesor de la clase media de Gramática", 6: "La prelección de Cicerón, que ordinariamente no pasará de grupos de siete líneas, se hace de esta manera. Primero lea todo y examine brevísimamente su argumento en idioma patrio. En segundo lugar traduzca el pasaje a la letra en idioma vulgar. En tercer lugar, comenzando desde el principio indique la estructura; y volviendo a retejer el período muestre qué verbos y qué casos rigen; examine la mayor parte bajo el aspecto de las reglas gramaticales ya explicadas; haga una u otra observación, pero muy fácil, sobre la lengua latina; muestre las metáforas con ejemplos de cosas muy conocidas; finalmente entresaque una que otra frase, para dictarlas solas con el argumento. En cuarto lugar, recorra nuevamente las palabras del escritor en idioma vernáculo".

149 *Ratio Studiorum*. Reglas del profesor de la clase suprema de Gramática, 2: "En la primera hora de la mañana recítese de memoria ante los decuriones a Marco Tulio y la gramática; el

que en Mayores se aprendan de memoria *Selectas* de Cicerón; pero mejor sería de *Natura Deorum*, alguna Paradoja, ó alguna Tusculana, ó algún otro libro de Cicerón, como son *de Oratore, de Officiis*, y el otro llamado *Orator*.

[29] 2. Por la tarde en Mayores se traerán de memoria siempre como ocho, diez, o doce versos de Virgilio, y en lo regular de algún libro de la Eneida, del que gustase el Maestro, excluyendo siempre el libro cuarto, que está prohibido en Nuestros Estudios. Que en Mayores se traiga por la tarde de memoria algo de un Poeta lo manda la 2. regla del Maestro de Mayores... *Prima semihora pomeridiana memoriter Poëta... recitetur*[150]. Y que este Poeta, por lo regular, sea Virgilio, es mucha razón. Pero será muy bueno, que algunas veces, ó alguna temporada, en lugar de Virgilio, se les señalen algunas Odas escogidas de Horacio, y especialmente su Arte Poética.

Véase en este capítulo el & 3.

&. II.
COMPOSICIÓN

1. La composición de los Mayoristas, en lo regular, se ha de re- [30] ducir á una especie de Epístolas, que se les dicte á imitación de las de Cicerón: casi todos los Meses alguna vez se les hará traer alguna Epístola de propia invención, explicándoles el género, de que ha de ser la Epístola, ó dictándoles la sinopsis de alguna de las del mismo Cicerón, que ellos amplifiquen á su modo. Esto es lo que la regla 6. advierte al Maestro de Mayores: *Dictandum argumentum scribendi ad epistolae fere formam, vulgi sermone ad verbum... quod ad praecepta syntaxeos, & ad Ciceronis imitationem referatur. Semel autem fere singulis mensibus, aut domi loco quotidianae scriptionis, aut in Schola ad Magistratus crendos, ubi aliquantulum profecerint, suo marte conscribant, aliquo prius Epistolarum genere explicato, indicatisque Cicerones Epistolis ad illud pertinentibus, & aliquot ab ipso Praeceptore ejusdem generis dictatis exemplis*[151].

---

profesor corrija las composiciones reunidas por los decuriones, mandando hacer entretanto algunos ejercicios a los discípulos, como se dirá abajo en la regla cuarta"

150 *Ratio Studiorum*. Reglas del profesor de la clase suprema de Gramática, 2: "La primera hora de la tarde recítese de memoria un poeta y un autor griego, mientras el maestro examina las notas de los decuriones y corrige las composiciones bien de lo que se ordenó por la mañana, bien de las tareas traídas de casa".

151 *Ratio Studiorum*. Reglas del profesor de la clase suprema de Gramática, 6: "El tema de la composición, generalmente en forma de carta, se ha de dictar palabra por palabra en lengua vulgar, y debe referirse a los preceptos de la sintaxis y a la imitación ciceroniana. Una vez al mes aproximadamente, cuando los alumnos hubieren realizado algún adelanto, escriban a su gusto bien en la casa en vez de la diaria composición, bien en la clase para elegir los cargos,

Véase la part. 2. el cap. 4 donde se trata más difusamente de la composición.

[31] 2 Algunas veces ejercítense los Mayoristas en lo que se llama traer versos desatados. Versos desatados son los siguientes, v. g.

Ibis sine me (nec invideo) parve liber in urbem cur hei mihi Domino tuo non licet ire![152]

A los principios se les han de dar estos versos desatados, haciéndoles señalar sobre cada sílaba la cuantidad correspondiente. Un Niño, que sabe, que en cada uno de los renglones están las palabras, de que ha de constar el verso, y sobre cada sílaba su cuantidad, se anima á trabar unas con otras las palabras, y al cabo se alegra de ver, que salen sus versos tan corrientes como en el original mismo de Ovidio.

Parve (nec invideo) sine me liber ibis in urben.
Hei mibi cur Domino non licet ire tuo![153]

Cunado ya los Niños están diestros en trabar así los versos, se les han dictar sin señalarles la cuantidad. Que ésta la [32] busquen ellos mismos en las prosodias, ó Diccionarios poéticos. Todo esto es lo que la regla 4. del Maestro de Mayores llama *dissolutos versus concinnare*[154]. Este mismo ejercicio explica más la regla 7. del Maestro de Mayores diciendo: *Carmina poterunt initio quidem soluto solum verborum ordine, mox etiam verbis aliquibus immutatis... dictari*[155].

3Estas últimas palabras contienen otra práctica muy útil, y suave, para que los Niños vayan adelantando en la poesía latina, metiéndolos en más dificultad á medida de su aprovechamiento. Esta práctica se explica con el ejemplo siguiente.

---

habiendo explicado antes algún género epistolar e indicándoles las cartas de Cicerón que pertenecen a dicho género".

152 Irás libre sin mí, (y no te envidio), pequeño, a la ciudad. ¿Por qué, ay de mí, a mí, que soy tu Señor (¿Maestro?), no se me permite ir?

153 Pequeño: irás libre a la ciudad, y no tengo celos. ¿Por qué, a mí, tu señor (¿Maestro?), no se me permite?

154 *Ratio Studiorum*. Reglas del profesor de la clase suprema de Gramática, 4: "...traducir una lectura de Cicerón del latín al idioma patrio, y volverla después al latín; luego tomar de ella las frases más elegantes; buscar dudas en los preceptos gramaticales recién explicados y expresiones que proponer a los émulos; *recomponer versos dispersos o hacerlos*; describir asuntos en griego y otras cosas parecidas".

155 *Ratio Studiorum*. Reglas del profesor de la clase suprema de Gramática, 7: "Las poesías podrán dictarse: al principio solamente con el orden de las palabras alterado, después cambiando también algunas palabras y al final con un argumento muy fácil con mucha variedad de locuciones".

Quid libelli, infelix negotium, mihi vobiscum?
Qui ipse meo ingenio infortunatus perii[156].

En uno, y otro verso hay alguna mudanza de cómo los hizo Ovidio, y es imposible, que el primer verso salga bien con la palabra *negotium*, como también es imposible, que el segundo salga bien [33] con la palabra *infortunatus*, así en este caso se les había de avisar á los Niños, que muden la palabra *negotium* en el primero, y en el segundo la palabra *infortunatus* en otras palabras sinónimas; y el que tuviere chiste, ó dicha de que en lugar de la palabra *negotium*, se le ofrezca la palabra *cura*, y en lugar de la palabra *infortunatus* la palabra *miser*, se llevará la palma, y vendrá a hacer el dístico tan bien hecho, como le hizo Ovidio.

Quid mihi vobiscum, infelix cura, libelli?
Ingenio perii qui miser ipse meo[157].

& III.
CONSTRUCCIÓN, O VERSIÓN

1. Por la mañana la primera construcción será de Cicerón. Los libros de Cicerón que se han de construir, pueden ser las Oraciones, las Epístolas Familiares, las Epístolas á Áti [34] co, á Quinto su Hermano, los libros de la Amistad, de la Senectud, las Paradojas, de los Oficios, y otros semejantes de que ya hablé en el & I deste capítulo. Esto es lo que señala la regla I. del Maestro de Mayores. *Quod ad lectiones pertinet, ex Oratoribus quidem explicari poterunt gravissima quaeque Ciceronis ad Familiares, ad Atticum, ad Quintum fratrem Epistolae... liber de Amicitia, de Senectute, et alia hujusmodi*[158]. Cualquiera destos libros puede escoger el Maestro a su gusto. Esta libertad le da la regla.

2. Por la mañana la segunda construcción ha de ser de algún Autor histórico, como son César, Salustio, Libio, Curcio, y otros semejantes. Así lo dice la regla I. regla del Maestro de Humanidad: *Ex historicis Caesar, Sallustius, Livius, Curtius, et siqui sunt similes*[159]. Aplico esta regla del Maestro de Humanidad al

---

156 Libros, ¿qué desagradable tarea me toca a mi hacer con ustedes, a mi que con mi propio talento he fracasado infelizmente?

157 ¿Por qué con ustedes, me preocupo del folleto? ¿(Yo) que fracasé miserablemente en mi empeño?

158 *Ratio Studiorum*. Reglas del profesor de la clase suprema de Gramática, 1: "...En lo tocante a las lecturas, en el primer semestre se podrán explicar de los oradores las cartas más importantes de Cicerón a sus familiares, a Ático, a su hermano Quinto; en el segundo, el libro de la Amistad, de la Vejez, de las Paradojas y otras parecidas".

159 *Ratio Studiorum*. Reglas del profesor de Humanidades, 1: "...de los historiadores, César, Salustio, Livio, Curcio y otros semejantes si los hay".

Maestro de Mayores, porque en las reglas deste no se habla de los histó-[35] ricos latinos, porque en esta Provincia no tenemos Clase de Humanidad á parte. Pero la regla 28 de las comunes á todos los Maestros dice: *Historici... praelectio illud habet peculiare, quod historicus celerius fere excurrendus*[160]. Aquí debo advertir, que de nuestros Estudios se debe desterrar enteramente á Valerio Máximo, por ser Autor de malísimo latín, y tan lejos de pertenecer al siglo de oro, que los versados en la lengua latina ponen á Valerio Máximo *infra aetatem luteam*. Ya volveré a hablar de los libros en el capítulo siguiente.

3. La primera construcción de la tarde será de Ovidio, y la segunda de Virgilio. Los lugares de uno, y otro Poeta los señala la regla I. del Maestro de Mayores. *Ex Poëtis... aliquae purgatae Ovidii, tum Elegiae, tum Epistolae. Ex... Virgili Eglogis, vel etiam libri ejusdem Virgilii faciliores, ut quartus Georgicorum, quintus, et septimus Aeneidos*[161].

[36] 4. Cuáles lugares de los Poetas se hayan de construir toca á la elección del Maestro, el cual no dejará de saber, que en nuestros Estudios está prohibido el cuarto libro de la Eneida. También es razón, que se construya algunos días á Horacio; y lo más útil es su Arte Poética, en la cual maravillosamente se encuentran no sólo las reglas de todo género de Poesía, sino es también los principios, y avisos más escogidos para formar, y cultivar el buen gusto en las otras obras de ingenio. Además del Arte Poética de Horacio será conveniente, que se construyan algunas Odas expurgadas deste excelente Poeta.

Véase en esta parte I. el cap. 6. & 3.

---

160 *Ratio Studiorum*. Reglas del profesor 28: "La prelección del historiador y del poeta tiene de particular que la del historiador generalmente se ha de recorrer más aprisa...".

161 *Ratio Studiorum*. Reglas del profesor de la clase suprema de Gramática, 1: "...De los poetas, en el primer semestre, algunas escogidas y expurgadas elegías y cartas de Ovidio; en el segundo, asimismo algunas obras selectas y expurgadas de Catulo, Tibulo, Propercio y las Eglogas de Virgilio; o también algunos libros más fáciles del mismo Virgilio, como el cuarto de las Geórgicas, el quinto y el séptimo de la Eneida; de los griegos, San Crisóstomo, Esopo, Agapito y otros semejantes".

[37]
CAPITULO VI
Práctica para el uso de buenos libros.
&. I
DE ALGUNOS LIBROS; QUE NO SE HAN DE USAR EN LAS CLASES

No puedo dejar de advertir que no han de construir los Niños ni á San Gerónimo, ni el Concilio de Trento. Los libros santos son una cosa piadosa, y aun por eso la regla 8 de las comunes á los Maestros avisa a cada uno de ellos, que *Lectionem spiritualem, praesertim de Sanctorum vitis, vehementer commendet*. La misma regla hablando de los libros malos, añade *Ab iisdem etiam extra scholam legendis Discipulos quam maxime potest, deterreat*[162]. Esta práctica es santísima. Las Epístolas [38] de San Gerónimo son un libro muy bueno, y el Concilio de Trento es un libro dignísimo de toda veneración, pero cada cosa á su tiempo, y en su lugar.

2. Imitemos en esto á San Carlos Borromeo sobre el Catecismo Romano, del cual libro *Por la elegancia de su estilo, el Santo Cardenal tenía tanta estima, que era de parecer, que se leyese en las escuelas en lugar de Cicerón, y de los otros autores profanos, para que junto con la elegancia de la lengua, se les embebeciese á los mozos la piedad, y religión, y de hecho lo introdujo en su Seminario de Milán, aunque después, viendo por la experiencia, que no salía tan bien, mudó de parecer, y hizo volver á leer los autores antiguos.*

Vid. *De San Luis Gonzaga*, Virgil Cepar[163]. P. I. cap. 4.

3. Es verdad, que S. Carlos Borromeo en sus instituciones part. I. cap. 2. *de Studiis* manda, que en la Clase de Humanidad se explique á San Ambrosio [39] de *Officiis*. Pero esto es por la especialidad de haber sido San Ambrosio Arzobispo de Milán. Y en el mismo lugar se conoce, que solo quiere, que se mezcle esta Obra de San Ambrosio con la de *Officii*s de M. Tulio. Las palabras de San Carlos Borromeo son una prueba convincente de cuán importante es el aficionar

---

162 *Ratio Studiorum*. Reglas comunes de los Profesores de las clases inferiores, 8: "Encomiende mucho la lectura espiritual, principalmente de las vidas de los santos; por el contrario, no sólo él mismo se abstenga de leer a los jóvenes los escritores impuros y todo lo que pueda dañar sus buenas costumbres; sino que aparte lo más posible a sus discípulos de leerlos aun fuera de la clase".

163 A M PIGNATELLI. "Cepari, Virgilio". En: Charles E. O'NEILL y Joaquín Mª DOMINGUEZ. *Diccionario histórico de la Compañía de Jesús*. Roma-Madrid, I (2001) 733-734. El libro: *Vita del Beato Luigi Gonzaga*... Roma, 1606.

la Juventud á Cicerón: *Explicetur illis M. Tullius de Offiiciis, quibus etiam Sancti Ambrosii Oficia inserantur, aut de Amicitia, aut Tusculanae quaestiones, aut Epistolae ad Atticum*[164].

&. II.
DE LA NECESIDAD AD DE LIBROS DE AUTORES CLÁSICOS

1. El Prefecto de los Estudios inferiores es, á quien toca el cuidado de que así Maestros, como Discípulos estén bien surtidos de los libros que comúnmente se usan. *Reg. 28. Praef.* [40] *Efficiat, ut tempestive cum publicis Bibliopolis agatur, ne librorum, quibus aut in dies utimur, aut sequentem in annum usuri sumus, túm nos, túm externi, copia desideretur*[165]. Una experiencia de muchos años ha hecho conocer, que no se podía lograr el que estuviesen nuestros Estudios surtidos de buenos libros. Para remediar este daño se acaba de tomar la providencia, de que en Villagarcía se ponga Imprenta[166], cuyo principal fin es surtir de ediciones de Autores Clásicos, y bien corregidos, de las cuales daré razón luego.

2. Sería inútil citar las reglas todas, que tratan de los Autores, que se han de usar en nuestros Estudios. De ellas, y de todo lo hasta aquí dicho consta, que los Autores han de ser entre los latinos (en otra parte hablaré de los Griegos) Cicerón, César, Salustio, Curcio, Virgilio, Ovidio, Horacio y algunos otros Poetas antiguos, pero expurgados.

[41]
&. III.
DE LAS TRADUCCIONES Y NOTAS

1. Ya tengo dicho, cuán útiles son las traducciones. *Véase la parte 2. cap. 3.* La experiencia ha enseñando cuánto más aprovecha un Niño con la traducción de un Autor, que sin ella. Hágome cargo, que si les diéramos á los Niños todos los Autores traducidos resultarían algunos inconvenientes. 1 Que abultarían mucho los libros, que han de llevar a la Clase. 2. Que se tardaría mucho en surtirlos de ediciones correctas. 3. Que los libros (y esto es muy digno de consideración) les

---

164 Explíqueseles a M. Tulio (Cicerón); introdúzcanse también los Oficios de San Ambrosio, o de Amicitia (un tratado de Cicerón) o las Tusculanas (idem) o las Cartas a Ático (idem).

165 *Ratio Studiorum*. Reglas del Prefecto de los estudios inferiores, 28: "Haga que a tiempo se trate con los libreros públicos para que no falte abundancia de los libros que usamos en el momento o usaremos el año siguiente, tanto nosotros como los de fuera".

166 Véase: Conrado PÉREZ PICÓN. *Villagarcía de Campos. Estudio histórico-artístico*. Valladolid, Institución cultural Simancas, 1982.

costarían al doble: y habiendo, como hay, en los Estudios tantos Niños pobres, se les harían más costosos los Estudios.

2. Pues qué remedio? El remedio está ya en parte tomado, y [42] se continuará en tomar. Con la traducción del Fedro, y de las Epístolas de Cicerón, que se imprimieron en Burgos, tienen lo bastante para ir rompiendo. Ahora se irán haciendo en Villagarcía ediciones con breves sumarios, y breves notas en Castellano. Los sumarios fijarán la atención en el asunto, que trata el Autor, y las notas darán luz á los lugares algo obscuros, ó más dignos de observarse, aunque parezcan claros.

3. Las ediciones, que iremos dando al Público, para provecho de la Juventud, serán de Cicerón, de Curcio, de Salustio, de César, de Virgilio, de Ovidio, y de Horacio. El *Ratio Stud. Reg. I Prof. Hum.* al señalar los Autores latinos añade: *Et si qui sunt similes*[167]. Después que la Compañía formó sus reglas, se averiguó, que Fedro era el verdadero autor de las fábulas, que ahora corren con su nombre, y por esta razón se le ha dado entrada en nuestras [43] Clases. Por la misma se le debe dar a Cornelio Nepote, de quien tantos elogios se han hecho, y hacen justísimamente. Su estrecha amistad con Cicerón, es lo que más debe acreditar su Latinidad. El P. Juvencio en su libro *de Ratione discendi et docendi part. I. cap. I. art. 2 &. 2.* dice así: *Cornelius Nepos vixit sub Julio Caesare, & Augusto... Scripsit vitas Romanorum Ducum & externorum: illae perierunt; ex his restant duae, & viginti. Aemilius autem Probus, cujus vulgo nomen huic libello Nepotis praefigitur, librarius fuit, qui eas vitas sua manu descriptas Theodosio obtulit, ut praeclare Vossius ostendit. Summus nitet in hoc libello sermonis latini candor, & Augusti Saeculo dignissimus*[168]. Espero que Nepote saldrá á luz con sus sumarios, y notas breves en Castellano.

---

167 *Ratio Studiorum.* Reglas del Profesor de Humanidades, 1; "...Para el conocimiento de la lengua, que consiste principalmente en la propiedad y en la abundancia, explíquese en las prelecciones diarias de los oradores a Cicerón solamente, ordinariamente en aquellos libros que contienen la filosofía de las costumbres; de los historiadores, César, Salustio, Livio, Curcio y otros semejantes si los hay".

168 JUVENCIO. *Método para aprender y para enseñar.* Florencia (1703) Parte I. Capítulo 1, Artículo II, Párrafo V: "*Cornelio Nepote,* vivió en los tiempos de Julio César y de Augusto. Se conjetura con bastante fundamento que nació en Verona. Escribió la vida de capitanes romanos y extranjeros; las de los romanos se han perdido; de los extranjeros se conservan veintidós. Se echan también de menos las vidas de los historiadores griegos, que él mismo afirma haberlas escrito. Al comienzo de este librillo, aparece de ordinario el nombre de un tal Emilio Probo, que no fue más que un copista. Según lo demuestra claramente Vosio, copió también este librillo de Nepote y se lo ofreció a Teodosio. En este pequeño libro brilla y cautiva al lector el candor y pureza del latín, dignísimos del siglo de oro de Augusto".

4. Sólo me queda el avisar, que el Horacio se imprimirá con las notas, y paráfrasis en latín, con que le hizo tan [44] apreciable el P. Juvencio. Sería cosa vergonzosa el que los Jóvenes salieran de los Estudios fin hacer construido nada de Horacio. Lo más útil es el Arte Poética, en que también se enseña á discurrir, y á hacer crisis de todo género de obras de ingenio, y por eso lo primero que se imprimirá será el Arte Poética.

[45]

[4]
Baltasar Gracián s. j.
AGUDEZA Y ARTE DE INGENIO
Madrid, 1642
AL EXCELENTISIMO SEÑOR CONDE DE ARANDA

Faltóle a este libro el patrocinio real del Príncipe, nuestro señor; sólo V. excelencia le puede suplir, dignándose de estimador de las obras de Lorenzo Gracián, ser su protector y Mecenas. Sea prueba de mi buen gusto, si premio de su gran ingenio, saberle destinar a tan heroico genio, que es dicha de los libros alcanzarle, codiciada de otro bilbilitano a sus epigramas inmortales. No será dificultoso en V. excelencia el singularizar la honra, cuando está ilustrando todo un reino, toda España, el mundo todo. La heroica magnanimidad de V. excelencia no cabía en la suprema fortuna de su nobilísima casa, y así fue debido el darla ensanches de toda grandeza. Buscan otros las honras, las honras buscan a V. excelencia; otros las solicitan y reciben, V. excelencia las da. Excelentísimo señor, sírvase V. excelencia de favorecer y lograr en estampa esta *Arte de Ingenio*, que ya el rey nuestro señor manuscrita honró tanto, que la mandó copiar y reponer en uno de sus discretamente preciosos escritorios: exceso más que emulación (en el favor, que no en el mérito) del que dedicó otro magno a las obras del prodigioso Homero. Conságrase la Agudeza en Arte, a la prudencia en vínculo, en herencia, para que asegure la realidad de lo mucho de su dicha, en la solidez de lo sumo de naturaleza, de fortuna, de fama, y todo en V. excelencia por lo de aragonés magnate, príncipe, héroe.

Besa la mano de V. excelencia su más obligado servidor.

Don Vicencio Juan de Lastanosa.

APROBACIÓN

DEL PADRE M[AESTRO] FRAY GABRIEL HERNANDEZ,
de la Orden de San Agustín, Catedrático de Escritura de la Universidad de Huesca, por comisión del señor doctor Jerónimo de Arasqüés, canónigo de la Santa Iglesia de Huesca,
oficial eclesiástico y vicario general en su obispado.

Mándame V. merced que censure este Arte de Ingenio, de Lorenzo Gracián, que saca a nueva luz don Vicencio Juan de Lastanosa, ilustrado con las traducciones del dotar don Manuel de Salinas y Lizana. Hele leído, y hallando en él, que censurar, nada, que admirar, todo, me ha parecido lo que dijo Séneca (y juzgarlo han cuantos saben lo que V. merced procura mis honras y desea me disponga a merecerlas), que me le envió, favoreciéndome, más que para calificarle, para que imitase su Agudeza: *Indulgentiae seio istud esse, non iudicii*. Estoy confuso, porque ni el Arte necesita de lo primero, ni yo puedo ajustarme con lo segundo. Sólo lo incierto espera examen, y lo ambiguo, deliberación. Este libro por sí mismo se asegura, por su industria se corona, como dijo Claudiano: *Ornatur propriis, industria donís*. Y como san Ambrosio: Sus luces propias y solas –como al sol– le manifiestan: *Ipse igitur per se loquetur*.

Por otra parte, es inimitable: que lo peregrino del asunto, lo florido de la elocuencia, lo sazonado del estilo y lo universal de las noticias, ni admite igualdades, ni aun sufre competencias. Aun no le basta la exageración de Plinio: *Opus pulchrum, validum, sublime, varium, elegans, purum,* etc. Puede decir su autor de sí lo que Tulio: *Semper novus veniam,* que siempre entra nuevo. Y yo dél con Casiodoro: *Nescit inde aliquid nasci mediocre*. Deste Ingenio de Gracián nada medio bueno puede salir; todo ha de ser perfectísimo, superior a la envidia y mayor a la alabanza. No es lisonja; testigo es Plinio: *Tantumque ab specie adttlationis absit, quantum abest a necessitate*. No puede adular quien no tiene que pretender; y ésta no es dedicatoria, sino censura. Si ya no es que el remitírmele fuese para que con admiración le celebrase. Y, en ese caso, diré dél lo que Salviano a Eustoquio: *Legi librum quem transmissisti, stylo brevem, doctrina uberem, lectione expeditum, instructine perfectum*. Porque es un epílogo de aciertos, una cifra de conceptos, una suma sin suma de discreciones, donde se estrechan la doctrina y la Agudeza, la elocuencia y la erudición, con variedad tan hermosa que recrea y enseña, suspendiendo los sentidos. Llega aquí bien Casiodoro: *Nemo dubitat homines, sua varietate recreari*. Sin haber visto Plinio estas obras, parece que dijo por su autor estas palabras: *Nihil est, quod discere velis, quod ille docere non possit*. Porque labrar un discreto, formar un político, limar un discurso, rehacer un predicador y enseñar un maestro, si es materia para muchos libros, está en éste solo. Y si parece imposible, aquí se halla con suma felicidad y facilidad. Y todo con tan relevante modo, que lo pequeño parece grande; lo grande, mayor; que es lo que san Agustín celebró en Platón; y yo con él, de Gracián: *Plato temporum suorum vir eruditissimus, qui sic omnia locutus est, quaecumquae dixit ut magna et quocumqtte modo parva dixit, modo loquendi magnificavit*. La misma sal tienen las traducciones con que le ilustra el dotar don Manuel de Salinas y Lizana, catedrático que fue de Digesto Viejo en esta Universidad de Huesca y ahora canónigo de su catedral, Ingenio grande, nacido para todas buenas letras. Dicha de Marcial que hoy sale mejorado en castellano por él. Merece bien lo que escribió Teodorico a Severino Boetio, habiendo traducido éste del griego en latín ciertos libros: *Quos tanta verborum luculentia reddidisti claros; tanta linguae proprietate conspicuos, ut potuissent et illi* (sus autores) *opus tuum praeferre, si utrumque didicissent*. En suma, cumplo con la ceremonia de censor: No hay cosa en él que encuentre con nuestra santa fe, ni puede haberla, porque ninguna ha escrito su autor sin saberla bien primero: que éste es el remedio que dio Séneca para escapar de aquel peligro: *Inquirenti cuidam, quomodo optime possit dicere, Seneca respondit: Si nihil dixeris, nisi quod bene scieris*. Conque se le debe de justicia, la licencia que pide don Vicencio Juan de Lasranosa, para que se vea la novedad ingeniosa deste Arte, estimada por su mano, como en su casa, a pesar de los siglos, se admira vencedora la curiosa antigüedad, *Vitrix vetustas*, que la llamó Tertuliano. Este es mi parecer. En el convento de nuestro padre san Agustín, de Huesca. Setiembre a 12 de 1647.

Fray Gabriel Hernández

Imprimatur:

El Doctor Arasqüés, Ofic[ialis]

CENSURA

DEL DOCTOR JUAN FRANCISCO ANDRES,

Cronista del Reino de Aragón

La Agudeza y Arte de Ingenio, que se imprimió en Madrid, año de mil seiscientos cuarenta y dos, y agora sale aumentada en mayor volumen por su autor. Lorenzo Gracián, y la saca a la luz continuando don Vicencio Juan de Lastanosa la publicación de sus libros, segunda vez, no sin mucha alabanza de nuestra nación, pues no sólo la ennoblece con sus obras, sino que procura publicar las ajenas, movido de la utilidad pública y del aprovechamiento común de los beneméritos de las buenas letras: No se descubre en estos Discursos encuentro alguno con las preeminencias y derechos reales de su majestad, que es lo que me ordena que censure y repare por su comisión el muy ilustre señor don Miguel Marta, doctor en ambos Derechos, el Consejo del Rey nuestro señor y su regente en la real Cancillería de Aragón: y por no hallar cosa que se oponga a las regalías, se puede conceder la licencia que suplica. Este es mi sentir.

En Zaragoza, 7 de enero del año 1648   El Doctor Juan Francisco Andrés.

ERRATAS

AL LECTOR

He destinado algunos de mis trabajos al juicio, y poco ha el *Arte de Prudencia*; éste dedico al Ingenio, la Agudeza en Arte, teórica flamante, que aunque se traslucen algunas de sus sutilezas en la Retórica, aun no llegan a vislumbres: hijos huérfanos, que por no conocer a su verdadera madre, se prohijaban a la elocuencia. Válese la Agudeza de los tropos y figuras teóricas, como de instrumentos para exprimir cultamente sus concetos; pero contiénense ellos a la raya de fundamentos materiales de la sutileza, y cuando más, de adornos del pensamiento.

Afecté la variedad en los ejemplos, ni todos sacros, ni todos profanos; unos graves, otros corrientes; ya por la hermosura, ya por la dulzura: principalmente por la diversidad de gustos para quienes se sazonó. El predicador estimará el substancial concepto de Ambrosio: el humanista, el picante de Marcial. Aquí hallará el filósofo el prudente dicho de Séneca; el historiador, el malicioso de Tácito; el orador, el sutil de Plinio; y el poeta, el brillante de Ausonio: porque el que enseña es deudor universal.

Tomé los ejemplos de la lengua en que los hallé: que si la latina blasona el relevante Floro, también la italiana al valiente Tasso, la española al culto Góngora, y la portuguesa al afectuoso Camoes. Previne la explicación a los de estraña lengua, y recientemente la ajustada traducción a los de Marcial y otros, de nuestro elegante aragonés don Manuel de Salinas, canónigo de la catedral de Huesca. Si frecuento los españoles, es porque la Agudeza prevalece en ellos, así como la erudición en los franceses, la elocuencia en los italianos y la invención en los griegos.

Pudiera haber dado a este volumen la forma de alguna alegoría, ya sazonando un convite, en que cada una de las Musas sirviera en dedicado plato su género de concetos, o si no erigiendo un nuevo monte de la mente, en competencia del Parnaso, con sus nueves Pierides, o cualquier otra invención; pero heme dejado llevar del genio español, o por gravedad o por gravedad o por desahogo en el discurrir. Cuando la forma no contentare, los materiales bien pueden satisfacer, que tanto tan valiente conceto, tanto tan bien dicho, desempeñarán el coste, lograrán el tiempo.

Y tú, ¡oh libro!, aunque lo nuevo y lo exquisito te afianza el favor, si no el aplauso de los lectores, con todo deprecarás la suerte de encontrar con quien te entienda.

EN QUE SE EXPLICAN TODOS LOS MODOS Y DIFERENCIAS DE CONCEPTOS
DISCURSO I
PENEGÍRIO AL ARTE Y AL OBJECTO

Fácil es adelantar lo comenzado; arduo el inventar, y después de tanto, cerca de insuperable: aunque no todo lo que se prosigue se adelanta. Hallaron los antiguos métodos al silogismo, arte al tropo; sellaron la Agudeza, o por no ofenderla, o por desahuciarla, remitiéndola a sola la valentía de Ingenio. Contentábanse con admirarla en este imperial epigrama del príncipe de los héroes, Julio César, para ser merecedor de todos los laureles:

> *Trax puer adstricto glacie dum ludit in Hebro,*
> *pondere concretas friore rupit aquas,*
> *Dumque imae partes rapido traherentur ab amne,*
> *abscidit heu! tenerum lubrica testa caput.*
> *Orba quid inventum mater dum conderet urna:*
> *hoc peperi flammis; caetera, dixit, aquis.*

No pasaban a observación, con que no se le halla reflexión, cuanto menos definición.

Eran los conceptos hijos más del esfuerzo de la mente que del artificio, pero grandes, mereció éste del dulcísimo Lupercio Leonardo el primer premio entre muchos buenos, a voto del prudente monarca de las Españas. Fue soneto a san Diego, ponderando la humildad con que rehusó el recibir los sacros órdenes:

> Sin que contraste la humildad profunda
> con que huyó de la gloria humana Diego,
> hoy ve altar con su nombre, y arde fuego,
> de donde grato olor a Dios redunda.
> El, que dio humilde de cuello a la coyunda
> y fue del siglo vano oprobio y juego,
> vedlo gozando celestial sosiego,

y cómo de riqueza eterna abunda.

Póstranse las coronas y tiaras
a donde puso la desnuda plata,
y cumple peregrinos votos sacros.

Vivo no osó tratar de santas aras,
y muerto, Dios sobre ellas le levanta,
en eterna memoria, y simulacros.

Concebíanse otros acaso, salían a luz sin magisterio. La imitación suplía el Arte, pero con desigualdades, de substituto, con carencias de variedad. La contingencia de especies tuvo también gran parte, que prohijaron gustosos críticos a la ventura. Pero no se puede negar Arte donde reina tanto la dificultad. Armase con reglas un silogismo; fórjese, pues, con ellas un concepto. Mendiga dirección todo artificio, cuanto más el que consiste en sutileza del Ingenio. Cual lo fue este valiente discurso de un orador cristiano, que en el día de ceniza pintó fénix al alma, que del polvo de su cuerpo renace al clarísimo oriente de la gracia. Nace el hombre tan desnudo de noticias en el alma, como en el cuerpo de plumas; pero su industria, y su trabajo, le desquitan con ventajas.

Censúranse en los más ingeniosos escritores las agudezas, antes por unas, que por únicas, y homogéneos sus conceptos: o todos crisis, o todos reparos, correlaciones o equívocos; y es que falta el Arte, por más que exceda el Ingenio, y con ella la variedad, gran madre de la belleza.

Es la Agudeza pasto del alma: fuelo ésta con que quiso uno significar que le convenía a su amor ser tan mudo, como era ciego:

En un medio está mi amor,
y sabe él que si en medio
está el sabor,
en los extremos la Iel.

Fúndase en el nombre de Isabel, que, dividido: la primera sílaba, que es *I*, y la última, el, dicen *Iel*; y en medio queda el *sabe*; y a eso aludió la redondilla, tan in geniosa, cuan poco entendida.

Es la sutileza alimento del espíritu. Digno epigrama éste de ser prohijado a grandes ingenios:

Cum foderet ferro castum Lucrecia pectus,
sanguinis et torrens egrederetur, ait:

> *Testetur cunctis non me violasse pudorem,*
> *ante virum sanguis, spiritus ante deos,*
> *quam bene producti pro me post fata loquentur,*
> *alter apud Manes, alter apud superos.*

Hállanse gustos felices, tan cebados en la delicadeza, tan hechos a las delicias del concepto, que no pasan otro que sutilezas. Son cuerpos vivos sus obras, con alma conceptuosa: que los otros son cadáveres que yacen en sepulcros de polvo, comidos de polilla. Pequeño cuerpo de Crisólogo encierra espíritu gigante; breve panegírico de Plinio se mide con la eternidad.

Tiene cada potencia un rey entre sus actos, y un otro entre sus objetos; de la mente reina el concepto, triunfa la Agudeza. Gran pensamiento éste, que, por serlo tanto, se creyó del Camoes:

> Horas breves de mi. contentamiento,
> nunca pensé jamás, cuando os tenía,
> que por mi mal trocadas os vería,
> en tan cumplidas horas de tormento.
>
> Las torres que fundé se llevó el viento,
> como el viento veloz las sostenía;
> mas de todo este mal la culpa es mía,
> pues hice sobre falso el fundamento.
>
> Amor, con vanas muestras aparece,
> todo lo hace llano, y lo asegura,
> y luego, a lo mejor, desaparece.
>
> ¡Oh grande mal! ¡Oh grande desventura!
> Por un pequeño bien, que desfallece,
> aventurar un bien, que siempre dura.

Entendimiento sin Agudeza ni conceptos, es sol sin luz, sin rayos; y cuantos brillan en las celestes lumbreras son materiales con los del Ingenio.

Esta urgencia de lo cenceptuoso es igual a la prosa y al verso. ¿Qué fuera Augustino sin sus sutilezas y Ambrosio sin sus ponderaciones, Marcial sin sus sales, y Horacio sin sus sentencias?

DISCURSO II
ESENCIA DE LA AGUDEZA ILUSTRADA

Si el percibir la Agudeza acredita de águila, el producirla empeñará en ángel: empleo de querubines y elevación de hombres, que nos remonta a extravagante jerarquía.

Es este ser uno de aquellos que son más conocidos a bulto, y menos a precisión; déjase percibir, no definir; y en tan remoto asunto, estímeseme cualquiera descripción: lo que es para los ojos la hermosura, y para los oídos la consonancia, eso es para el entendimiento el concepto. Séalo éste del suavísimo de los doctores a la cordera de las vírgenes. Fue, dice Ambrosio, su fervor sobre su edad; muchas más sus virtudes que sus años; y diría yo que su nombre de cordera —que esto significa Inés—, no fue nombre de mujer, sino oráculo de mártir, profecía de su sacrificio: *Fuit devotio supra aetatem; virtus supra naturam; ut mihi videatur, non hominis habuisse nomen, sed oraculum martyris, quod indicavit, quid esset futura.* Fue esta décima lisonja agradable al Ingenio con que el licenciado Antonio de León eternizó el mejor lilio de Francia, ya marchitado:

>   Caminante: esta urna breve
>   guarda un sol resuelto en hielo,
>   convertido en tierra un cielo,
>   una estrella en polvo leve.
>   No el cetro en los reyes mueve
>   a ser de su ser ajenos
>   de llanto los ojos llenos
>   llega, y tu reina verás;
>   viva, no pudo ser más,
>   muerta, no pudo ser menos.

Si los materiales objetos dicen una cierta agradable simpatía y una gran conformidad con sus inferiores potencias, cuánta mayor alcanzará una ingeniosa sutileza con la que es reina de todas ellas, digo el Ingenio. Pruébelo este concepto del culto Cayo Veleyo, cuando llega a referir o ponderar el trágico fin del gran Pompeyo. Víspera, dice, fue el día de su muerte del de su nacimiento, mostrándose la fortuna tan otra de sí misma en este gran varón, que al que ayer le faltaba la tierra para la vitoria, hoy le falta para la sepultura: *Pridie natalem ipsius vita fuit exitus; in tantum in illo viro a se discordante fortuna, ut cui modo ad victoriam terra defuerat, deesset ad sepulturam.*

Resplandece esta conformidad con el entendimiento en este, compuesto de conceptos, soneto del celebrado Garcilaso por su dulzura, facilidad y Agudeza:

> Oh dulces prendas por mi mal halladas,
> dulces y alegres cuando Dios quería,
> juntas estáis en la memoria mía,
> y con ella en mi muerte conjuradas.
>
> ¿Quién me dijera, cuando en las pasadas
> horas, en tanto bien por vos me vía,
> que me habíais de ser en algún día,
> con tan grave dolor representadas?
>
> Pues en un hora junto me llevastes,
> todo el bien que por términos me distes,
> llevadme junto el mal que me dejastes.
>
> Si no, sospecharé que me pusistes
> en tantos bienes, porque deseastes
> verme morir entre memorias tristes.

Pero esta conformidad o simpatía entre los conceptos y el Ingenio en alguna otra perfección se funda, en algún sutilísimo artificio: que es la causa radical de que se conforme la Agudeza, y desdiga tanto del entendimiento su contraria; y ése es el verdadero constitutivo del concepto, que vamos rastreando, y admiramos en este agudísimo epigrama de Pentadio a Narciso, en que pondera, que si pereció por las aguas necio joven, se restaura por las mismas flor:

> *Hic est ille, suis nimium qui eredidit undis,*
> *Narcisus, vero dignus amore puer.*
> *Cernis ab irriguo repetentem gramine ripam;*
> *ut per quas periit, crescere possit aquis.*

Tradújolo, dándole aún más alma, el canónigo don Manuel de Salinas y Lizana, que así en éste, como en los de Marcial, felizmente juntó lo ingenioso de su mente y lo sabroso de su nombre; dijo:

> Este es el bello Narciso,
> que al agua tanto creyó
> que en su cristal se abrasó,
> y morir de amarse quiso;
> de su engaño saca aviso,

para volver a vivir;
mírale flor repetir
sitio en que perdió su ser;
porque le ayude a crecer,
la que le ayudó a morir.

Toda potencia intencional del alma, digo las que perciben objetos, gozan de algún artificio en ellos; la proporción entre las partes del visible, es la hermosura; entre los sonidos, la consonancia: que hasta el vulgar gusto halla combinación entre lo picante y suave, entre lo dulce y lo agrio. El entendimiento, pues, como primera y principal potencia, álzase con la prima del artificio, con lo estremado del primor, en todas sus diferencias de objetos. Destínanse las Artes a estos artificios, que para su composición fueron inventadas, adelantando siempre y facilitando su perfección. Atiende la dialéctica a la conexión de términos, para formar bien un argumento, un silogismo; y la retórica al ornato de palabras, para componer una flor elocuente, que lo es un tropo, una figura.

De aquí se saca con evidencia, que el concepto, que la Agudeza, consiste también en artificio, y el superlativo de todos, como se ve en éste de un ingenioso orador, en que ponderó de san Francisco Javier, que no sólo este grande apóstol del Oriente se llevaba las voluntades de todos cuantos trataba, sino que pareció que tenía hechizado (a nuestro modo de decir) al mismo Señor, pues sudaba en Navarra un devoto Crucifijo todas las veces que el santo padecía algún trabajo en la India. Aludiendo a lo que pasa en los hechizos, entre las imágenes y las personas hechizadas, que fue plausible ponderación.

No se contenta el Ingenio con sola la verdad, tomo el juicio, sino que aspira a la hermosura. Poco fuera en la arquitectura asegurar firmeza, si no atendiera al ornato. ¿Qué simetría, en griega o en romana arquitectura, así lisonjea la vista, como el artificio primoroso suspende la inteligencia en este elegante epigrama del ingenioso Zárate a la Aurora?:

Esta sombra del sol, si no primera
causa, principio y juventud del día,
luz del Dios, que tinieblas nos desvía,
y en la misma inconstancia no se altera.

Esta que corre el velo de la esfera,
y con efectos de beldades guía,
no sirva de adormir con armonía,
o con respiración de primavera.

> Si acaso adormeciere los sentidos
> con voz de plumas, resplandor de flores,
> de su llorosa risa documento,
> a lágrimas de luz, beldad dormidos,
> no os suspendan los ecos y colores,
> pues van juntos el llanto y el contento.

Resaltan más con unos que con otros los extremos cognoscibles, si se unen; y el correlato, que es realce de sutileza para uno, es lastre para otro. Juntó con donosa invención Ovidio en una piedra llamada Onix en latín, y en nuestro castellano Cornerina, este mote: *Flamma mea*, y la remitió así sobrescrita, queriendo decir: *O, nix, flamma mea!*, que aun en romance dice Agudeza: ¡Oh, nieve, llama mía!

Consiste, pues, este artificio conceptuoso, en una primorosa concordancia, en una armónica correlación entre dos o tres cognoscibles extremos, expresada por un acto del entendimiento. Campea esta correspondencia en este gran pensamiento de Patérculo: Marco Cicerón, dice, aquél que se debió a sí todos -sus augmentos, varón de una novedad nobilísima, y así como por su vida esclarecido, así por su Ingenio máximo, y a quien debemos el no quedar vencidos del Ingenio de aquellos cuyas armas vencimos: *Marcus Cicero, qui omnia incrementa sibi debuit: vir novitatis nobilissimae et ut vita clarus, ita ingenio maximus, qui effecit, ne, quorum arma viceramus, eorum ingenio vinceremur*

De suerte que se puede definir el concepto: es un acto del entendimiento, que exprime la correspondencia que se halla entre los objetos. La misma consonancia o correlación artificiosa exprimida, es la sutileza objectiva, como se ve, o se admira, en este célebre soneto que, en competencia de otros muchos a la rosa, cantó don Luis de Góngora:

> Ayer naciste, y morirás mañana:
> para tan breve ser, ¿quién te dio vida?
> para vivir tan poco. estás lucida,
> y para nada ser, estás lozana.
>
> Si tu hermosura te engañó más vana,
> bien presto la .verás desvanecida,
> porque en esa hermosura está escondida
> la ocasión de morir muerte temprana.
>
> Cuando te corte la robusta mano,
> ley de la agricultura permitida,
> grosero aliento acabará tu suerte.
>
> No salgas, que te aguarda algún tirano;

dilata tu nacer para tu vida,
que anticipas tu ser 'para tu muerte.

Esta correspondencia es genérica a todos los conceptos, y abraza todo el artificio del Ingenio: que aunque éste sea tal vez por contraposición y disonancia, aquello mismo es artificiosa conexión de los objectos.

DISCURSO III
VARIEDAD DE LA AGUDEZA

La uniformidad limita, la variedad dilata; y tanto es más sublime, cuanto más nobles perfecciones multiplica. No brillan tantos astros en el firmamento, campean flores en el prado, cuantas se alternan sutilezas en una fecunda inteligencia. Desta suerte, está lleno de conceptos aquel tan sazonado poema de don Antonio de Mendoza, de Querer por sólo querer, pero entre muchos, logra este soneto a la soledad:

> Amable soledad, muda alegría
> que ni escarmiento ves ni ofensas lloras;
> segunda habitación de las auroras,
> de la verdad primera compañía.
>
> Tarde buscada, paz del alma mía,
> que la vana inquietud del mundo ignoras,
> donde no la ambición corta las horas,
> y entero nace para un hombre el día.
>
> ¡Dichosa tú que nunca de venganzas,
> ni de Palacio ves con propio engaño,
> la ofendida verdad de las mudanzas,
>
> la sabrosa mentira del engaño,
> de almíbar las amargas alabanzas,
> ni del tirano amigo el trato estraño!

Hay distinción en esencias, y ésta es la preeminente; y hayla por accidentes, segunda: una y otra perficionan la Agudeza con belleza superlativa. Hállanse de primera magnitud, como lo fue este afectuoso epigrama del no menos pío que ingenioso Remando a la Magdalena:

> Magdala divinis, dum figeret oscula plantis,
> Saepe haec ex imo pectoris verba dabat:
> Dícam ne, an síleam? Culparum sarcína felix,

quae me tam caros deprimís ante pedes!

Soles por lo raro, sales por los agradable. Otras hay de segunda, y aun de ínfima sal menuda en abundancia. Una Agudeza grave, por lo sublime de la materia, y sutil por lo realzado del artificio, es acto digno y propio del espíritu: tal fue éste del célebre Lope de Vega a la Descensión de la Virgen a favorecer a san Ildefonso:

> Cuelgan racimos de ángeles, que enrizan
> la pluma al sol, en arcos soberanos;
> humillan nubes promontorios canos,
> y de aljófar la tierra fertilizan.
>
> Desde el cielo a Toledo se entapizan
> los aires de celestes cortesanos,
> con lilios y azucenas en las manos,
> que la dorada senda aromatizan.
>
> Baja la Virgen que bajó del cielo
> al mismo Dios; pero si a Dios María,
> hoya María de Ildefonso el celo,
>
> y como en Pan angélico asistía
> Dios en su Iglesia, el cielo vio, que el suelo,
> ventaja por entonces le tenía.

La primera distinción sea entre la Agudeza de perspicacia y la de artificio; y ésta es el asunto de nuestra Arte. Aquélla tiende a dar alcance a las dificultosas verdades, descubriendo la más recóndita; ésta, no cuidando tanto deso, afecta la hermosura sutil; aquélla es más útil, ésta, deleitable; aquélla es todas las Artes y Ciencias, en sus actos y sus hábitos; ésta, por recóndita y extraordinaria, no tenía casa fija.

Pudiera dividirse la Agudeza de artificio en Agudeza de concepto, que consiste más en la sutileza del pensar, que en las palabras; como aquel plausible discurso de un orador sacro, que en la misteriosa ceremonia de la ceniza, ponderó el entierro del hombre, con todas sus circunstancias: lutos de la iglesia, capuces de los eclesiásticos, llantos de los profetas, la cruz delante, poca tierra, que basta para cubrir al mayor monarca –y ésa, polvo significativo del olvido– la uniformidad de palabras y de acción, que en la sepultura no hay desigualdades; y desta suerte, fue discurriendo por todos los demás requisitos funerales. La otra es Agudeza verbal, que consiste más en la palabra; de tal modo que, si aquélla se quita, no queda alma, ni se pueden éstas traducir en otra lengua; deste género son los equívocos. Muy celebrado éste que, por mote, lo dijo una menina de la reina, en aquella usada, ingeniosa recreación de Palacio:

> El galán que me quisiere
> siempre me regalará,
> porque dél se me dará
> lo mismo que se me diere.

La tercera es Agudeza de acción, que las hay prontas, muy hijas del Ingenio, como lo fue aquélla del emperador Carlos quinto, cuando dejó caer el anillo en Francia; el ponerse a sarmentar el rey don Alonso detrás del Vargas; sacar la espada Pedro, conde de Saboya, cuando le pidía el gran canciller del Emperador los títulos de su estado; el tirar Selim del tapete, cuando el viejo, su padre, a él y a sus hermanos los examinaba para herederos con la manzana; el huevo de Colón, o Juanelo; y desta suerte otras muchas, especialmente las que encierran intención misteriosa, como se dirá en su discurso propio. Pero esta división más es accidental, digo de sujeto en accidentes, y lo que merece por adecuada pierde por vulgar.

Más propiamente se dividiera en Agudeza de correspondencia y conformidad entre los extremos objectivos del concepto, que son los correlatos, que une para la artificiosa sutileza; como ésta de Flora, a la muerte de Julio César: Aquél, dice, que anegó todo el mundo con la romana sangre, inundó con la suya todo el senado: *Sic ille, qui terrarum orbem civili sanguine irnplerat: tandern ipse sanguine suo curiam implevit.* Vese la correspondencia entre el mundo, lleno de sangre ajena, y el senado de la suya propia: sangre con sangre. Esta misma correspondencia campea en esta estancia de aquella agradable égloga del príncipe de Esquilache y príncipe de la poesía:

> Oíd mis quejas tristes,
> lisonjas destas mudas soledades:
> Ismenio soy, que vistes
> llorar agravios y cantar verdades,
> cuando del monte al prado,
> bajaba sus tristezas y ganado.

Hace dulcísima armonía entre el cantar y llorar, bajar tristezas y ganado. La otra es Agudeza de contrariedad o discordancia entre los mismos extremos del concepto; así como ésta, de san Crisólogo a la Madalena, hecha trofeo a los pies de su Maestro. He aquí, dice, trocado el orden de las cosas; siempre el cielo envía su lluvia a la tierra, mas hoy la tierra es la que riega al cielo: *En mutatus ordo rerum; pluviarn terrae coelum dat semper: ecce nunc rigat terra coelurn; imo super coelos, et usque ad ipsum Dominum imber humanarum prosilit lacrimarum*. Con esta misma sutileza concluye don Luis Carrillo, el primer culto de España, este soneto al desengaño:

> Cuando me vuelvo a mí, y el dulce engaño
> que en deleznables lazos busco y sigo,
> conozco al alma, aunque tirano, amigo,
> por corto tengo el mal, por corto el daño.
>
> Mas cuando, no con el dolor tamaño,
> que el alma abrasa, querelloso digo:
> "¡Ciega mi enfermedad, duro enemigo!"
> ¡Oh, amor! Tal eres en tu enojo estraño.
>
> Cruel estrella se entregó a mi suerte,
> pues de ciegos recelos oprimida,
> desconociendo el bien, el mal advierte.
>
> Mas solo alienta en mí tan honda herida,
> el ver que el tiempo, si me da la muerte,
> el mismo tiempo me ha de dar la vida.

Vese en entrambos ejemplos aquella oposición y discordancia ponderada en el primero, por aquella metáfora de llover la tierra sobre el cielo, al contrario de lo ordinario; y en el segundo, concluye el soneto con el dar muerte y dar vida el/mismo tiempo. Pero esta división de la Agudeza no abarca todas sus especies, como las crisis, exageraciones, y otras.

Hay Agudeza pura, que no contiene más de una especie de concepto, sea proporción o sea misterio. Así concluye Girón, agudísimo poeta valenciano, una quintilla, en el Poema de la Pasión, cuando llega a la negación de san Pedro, dice:

> ¿No había de cantar el gallo
> viendo tan grande gallina?

No encierra otro concepto sino una proporción entre el cantar del gallo y el temer de Pedro.

Otra hay Agudeza mixta, monstro del concepto, porque concurren en ella dos y tres modos de sutileza, mezclándose las perfecciones y comunicándose las esencias. Así en esta redondilla de romance, aquél que fue cisne, fue águila, fue fénix, en lo canoro, en lo agudo, y en lo estremado:

> Junto a mi casa vivía,
> porque yo cerca muriese,
> una mora del linaje
> de los bravos Melioneses.

Aquí encierra, en dos versos, muchos conceptos: el misterio de vivir cercanos, y da la razón dél por una excelente improporción, contraponiendo el vivir para matar; y no perdona a la exageración, que es otro grande realce; incluye también la transmutación o conversión. Lo mismo se ve en este ingenioso epigrama del Estraza, en que pinta la lucha del dios Pan y del Amor:

> Pan, et Amor quondam lucta certare volentes,
> deponunt calamos ille, vel ille sacros.
> Hic onus alarum, villosa nebridos, ille;
> proiicit bic arcus, proiicit ille pedum.
> Tum liquido exutos artus perfundit olivo:
> cecropiaeque modum servat uterque pales.
> Conseruere manus totis canatibus ambo,
> robore Pan fídem dexteritate puer.
> Aspera pugna fuit; primisque assaltibus anceps,
> nunc Pana aiebant vincere, nunc puerum.
> At demum elato prensavit corva saltu;
> panaque, qui vincit omnia, vicit amor.

Aquí se ve la ingeniosa ficción, la comparación, antítesi; sobre todo, el jugar de la voz Pan, que significa en griego "todas las cosas"; y debajo esa alegoría concluye con el encarecimiento de que el amor todo lo rinde.

Dividiráse adecuadamente en Agudeza de artificio menor y de artificio mayor; quiero decir, incompleja y compuesta. La incompleja es un acto solo, pero con pluralidad de formalidades y de extremos, que terminan el artificio, que fundan la correlación; como se muestra en esta ponderación de aquel gran padre, cuyo augusto nombre le corona por rey de los Ingenios. Nace Juan, dice Augustino, cuando los días comienzan a menguar; nace Cristo, cuando comienzan a crecer, para que se cumpla lo que el mismo Juan dijo: El conviene que crezca, y que yo mengüe. *Nascítur Ioannes cum dies inciperent minui: natus est Ipse cum dies incirperent crescere, ut praefiguraretur quod ait idem Ioannes: illum oportet crescere, me autem minui.*

Aunque encierre en sí dos y tres Agudezas, con todo eso se llama incompleja, porque va por modo de un pensamiento solo, como en un epigrama, en un soneto; y sea éste del ingenioso don Luis Carrillo:

> Mira al amante, pálido y rendido
> a la inclemencia, Tisbe, de su hado,
> el rostro en llamo por su amor bañado
> y él en su sangre por su amor teñido.
>
> Hirióse con la espada que había sido
> ministra de su mal y su cuidado:
> el golpe no sintió, que era acabado,
> con el morir su amante, su sentido.
>
> Cayó; y buscó su sangre, presurosa,
> la fría de su dueño, y ella, herida,
> los brazos de su amante, querellosa.
>
> Mostró su ser la muerte en tal caída,
> pues fue a juntar de un golpe, poderosa,
> lo que el amor no pudo en una vida.

La Agudeza compuesta consta de muchos actos y partes principales, si bien se unen en la moral y artificiosa trabazón de un discurso. Cada piedra de las preciosas, tomada de por sí, pudiera oponerse a estrella; pero muchas juntas en un joyel, parece que pueden emular el firmamento; composición artificiosa del Ingenio, en que se erige máquina sublime, no de columnas ni arquitrabes, sino de asuntos y de conceptos. Fue ingenioso discurso, dedicado a la Aurora del Empíreo; ponderando que con gran misterio se llamó María, que significa señora, porque fue concebida, no como esclava, sino como señora de la culpa, en gracia, y aun en gloria; nació como señora de la vida, no sujeta a las más de sus penalidades; murió como señora de la muerte, de la fuerza del amor.

Vuélvese a dividir la Agudeza incompleja en sus géneros y modos, y redúcese a cuatro, como raíces, fuentes del conceptear.

La primera es de correlación y conveniencia de un término a otro; y aquí entran las proporciones, improporciones, semejanzas, paridades, alusiones, etc. La segunda es de ponderación juiciosa, sutil; y a ésta se reducen crisis, paradojas, exageraciones, sentencias, desempeños, etc. La tercera es de raciocinación; y a ésta pertenecen los misterios, reparos, ilaciones, pruebas, etc. La cuarta es de invención, y comprehende las ficciones, estratagemas, invenciones en acción y dicho, etc., que todas se van declarando en los discursos siguientes.

DISCURSO IV
DE LA PRIMERA ESPECIE DE CONCEPTOS POR CORRESPONDENCIA Y PROPORCIÓN

Privilegio es de ciencia reducir a principios generales su enseñanza. Son las máximas doctrinales, lo que el nombre dice, cabezas y como fuentes del discurrir, los fundamentos del enseñar: comience, pues, por un principio real la Arte reina.

Es el sujeto sobre quien se discurre y pondera –ya en conceptuosa panegiri, ya en ingeniosa crisi, digo alabando o vituperando–, uno como centro, de quien reparte el discurso líneas de ponderación y sutileza a las entidades que lo rodean; esto es, a los adjuntos que lo coronan, como son sus causas, sus efectos, atributos, calidades, contingencias, circunstancias de tiempo, lugar, modo, etc., y cualquiera otro término correspondiente; valos careando de uno en uno con el sujeto, y unos con otros, entre sí; y en descubriendo alguna conformidad o conveniencia, que digan, ya con el principal sujeto, ya unos con otros, exprímela, pondérala, y en esto está la sutileza. El ejemplo lo pruebe y lo declare. Careó san Ambrosio en el Bautista su nacimiento y su muerte; halló que aquél fue por profecía, y ésta por la verdad: exprimió luego la correlación, y dijo: No sé de qué me admire más, si de su prodigioso nacimiento o si de su prodigiosa muerte; con razón murió por la verdad, el que nació por profecía: *Utrum quod mirabiliter natus sit, an quod mirabilius sit occissus? Natus enim est in prophetia; in veritate peremptus est.* Con este modo de concepto dio principio a su aplaudida canción el Petrarca, que consagró a la verdadera láurea y corona de los serafines, María:

> Oh Virgen bella, *que del, Sol vestida,*
> de estrellas coronada, *al Sol inmenso*
> tanto agradaste, que en ti fue escondido.

Nótese la correspondencia entre vestirse del sol y vestirle de su carne, agradar con el sol al sol. Esta misma armonía y correlación hizo tan celebrado este soneto de don Luis de Góngora a don Cristóbal de Mora, marqués de Castel Rodrigo:

> Arbol de cuyos ramos fortunados,
> las nobles moras son quinas reales,
> teñidas con la sangre de leales
> capitanes, no amantes desdichados.
>
> En los campos del Tajo más dorados,
> y que más privilegian sus cristales,

a par de la sublime palma sales,
y más que los laureles levantados.

Gusano de tus hojas me alimentes;
pajarillo sosténganme tus ramas
y ampáreme tu sombra peregrino.

Hilaré tu memoria entre las gentes,
cantaré, enmudeciendo ajenas famas,
y votaré a tu templo mi camino.

Va combinando sus empleos con el moral de su patrocinio, cantando ave o cisne a sus ramas; hilando como gusano de seda, que, él dijo, hiló su cárcel, aliméntase de lo moral, y concluye, peregrino en sus soledades, votándole su camino.

De suerte que esta primera especie de concepto consiste en una cierta armonía y agradable correspondencia que dicen entre sí los términos, o con el sujeto. Hizo Augustino centro de su Agudeza a aquella Señora, que lo fue de la sabiduría infinita, y dijo: Dignóse el Verbo Eterno de trocar el seno del Padre por el sagrado virginal vientre de su Madre, y pasó esta Señora, de esposa de un pobre carpintero, a seda del Arquitecto del cielo: *Ex sinu Patris in uterum dignatur descendere Matris, quod, dum desponsaretur fabro, coeli nupsit Architecto.* Puso la correspondencia primero entre el seno del Padre y el de la Virgen madre, y luego entre aquellos dos extremos de un carpintero al arquitecto Criador. Con una bien ponderada proporción hizo argumento al corazón empedernido el ingenioso, y aquí más, por lo verdadero, el caballero Guarini. Pondera así en la muerte de su Criador:

Questo è quel dì di pianto, e d' horror degno,
che'l Padre il Figlio in sacrificio offerse:
e nel lavacro del suo sangue immerse
puro innocente, il nostro fallo indegno.

Su questo or sacro, e pria spietato legno,
chi morir non potea, morte sofferse,
qui chiudendo le ciglia, il cielo apperse;
e rende l'alme al gia perduto regno.

Converse havea la morte in noi' quell'armi,
ei le sostepne, e feo dell' innocenti

sue membra scudo, ond' altrui vita impetra.

Or se i chiusi sepolcri, e i duri marmi
s' aprono, e piange il cielo, e gli elementi,
ben empio è'l cor che non si muove, e spetra.

Cuando esta correspondencia está recóndita, y que es menester discurrir para observada, es más sutil, cuanto cuesta más: como en ésta de don Luis de Góngora:

Estremo de las hermosas
y estremo de las crueles:
hija al fin de sus arenas
engendradoras de sierpes:

Estremada correlación entre ella cruel, y su patria, madre de fieras y víboras. Esto es propiamente conceptear con sutileza, y este modo de concepto se llama proporcional, porque en él se atiende a la correspondencia que hacen los estremos cognoscibles entre sí. Esta misma Agudeza contiene aquel epigrama de Marcial, que ha merecido más aplausos que tiene sílabas. Careó en Diaulo los empleos antes de médico y después de sepulturero, y dijo:

Nuper erat medicus, nunc est vesPillo Diaulus:
Quod vespillo facit, fecerat et medicus.

Tradúcelo ajustadamente el canónigo don Manuel de Salinas, con otros muchos selectos del agudísimo Marcial, para dados a la estampa —asunto que será tan agradable cuanto deseado—:

Diaulo es hoy sepulturero,
y ha poco que era dotor:
lo que hace enterrador,
hizo médico primero.

Bien patente está la correspondencia entre médico y sepulturero, perseverando en su ejercicio de echar en la sepultura.

Hállase simetría intelectual entre los términos del pensamiento, tanto más primo rosa que la material entre columnas y acróteras, cuanto va del objeto del Ingenio al, de un sentido. ¿Qué correspondencia más ingeniosa que la desta ponderación, al hacerse esclava la madre Virgen, cuando la hacen reina de cielo y tierra? *Por cuanto, dice, cuando había de ser esclava de la culpa en su Concepción, la gracia la hizo reina: hoy en su Anunciación, cuando había de ser reina, su humildad la hace esclava.*

Por esta misma consonancia pondera conceptuosamente don Francisco de la Cueva el hecho de Porcia en este gran soneto:

> Porcia, después que del famoso Bruto
> supo y creyó la miserable suerte:
> "No viva yo sin ti", con pecho fuerte
> dijo, llorando sobre el casto luto:
>
> "Ved que las armas me escondéis sin fruto,
> gente curiosa en impedir mi muerte,
> que amor me da con que a pagalle acierte,
> desta limpieza y desta fe el tributo",
>
> Tragó las brasas, y aunque allá sintieron,
> que las de amor, si amor lo permitiera,
> bastaban a vencer su fuerza esquiva.
>
> Como todas a intento, igual vinieron,
> concertáronse al fin de tal manera,
> que la mataron por dejalla viva.

Añade a la correspondencia de las ascuas materiales y el fuego de su amor, otra grande Agudeza de la exageración. Estremada correspondencia fue también la de aquel concepto de don Antonio de Mendoza, por antonomasia el cisne cortesano, en la Vida de la emperatriz de los cielos:

> Estraña, venera, admira,
> tan soberanos portentos,
> *que Juan es la voz de un mudo,*
> *y ella es la vista de un ciego.*

Esta armonía conceptuosa, unas veces se halla entre las causas del sujeto de la panegiri; así aquel gran padre, a quien la reina del empíreo le restituyó la mano, para que prodigiosamente escribiese sus excelencias, san Juan Damasceno, careó las dos causas paternas desta señora, y dijo: El padre se llama *Ioachim*, que significa preparación; la madre *Ana*, que es gracia. ¿Preparación y gracia? luego María fue concebida con circunstancias, con privilegios de sacramento. Esto más fue comulgar la naturaleza, que concebida. Gran correspondencia entre *Ioachim y*

Ana, gracia y preparación; y luego la glosa con la solución del misterio: concepto que pudiera honrar un querubín.

Otras veces campea esta correlación entre los efectos del sujeto. Desta suerte proporcionó Flora en Tarquino el Soberbio, la iniquidad en alcanzar el reino con la tiranía después en el gobernar. El poder, dijo, adquirido con maldad, no con menos lo ejerció que lo consiguió: *Hic regnum habitum, quod a Servio tenebatur, rapere maluit, quam expectare, immissisque in, eum pereusoribus: scede partam potestatem, non melius egit, quam acquisierat.* Los efectos del vano y ciego amor proporcionó correlativamente el inmortal Camoes:

> Vençome amor, nam o nego,
> tem mais força, que eu asaz:
> que como he çego, e rapaz,
> dame porrada de çego.

Corresponde el efecto a la causa; el golpe, al amor ciego. Pero las circunstancias, por lo muchas, suelen ser copiosa materia desta armonía ingeniosa. Ponderó san Augustín el crecer del día, al nacer del Sol de justicia, y dijo: Crezca el día temporal cuando nace el día eterno: acérquesenos el sol material, pues el divino nace en la tierra; mengüen los horrores de las tinieblas al amanecer la verdadera luz: *Nec immerito aucto iam ab hinc die, hodie lux incrementum cepit; cum humano generi in hoc utique die vera lux venit. Die enim aeterno nascente, augmentum debuit dies temporalis accipere: defeitionem sentiunt opera tenebrarum.* De la correspondencia del lugar tomó pie don Luis de Góngora para un gran concepto, y dijo:

> *Dos términos* de beldad
> se levantan jumo a donde
> los quiso poner Alcides,
> *con dos columnas* al orbe.

Ponderó bien la duplicada belleza en el término y non plus ultra del valor. Con esta sutileza ponderó otro más felizmente: que con razón la Virgen madre moraba en Galilea, que significa término, la que fue estremo de la santidad y non plus ultra de la perfección.

Las contingencias solicitan la prontitud, y la fecundan para este modo de concepto. Ingeniosamente, Marcial glosó la contingencia de quedar sepultada una abeja en una gota de electro, ponderando que fue sin duda proporcionado premio de sus dulces empleos, néctar al néctar, y electro a su dulce licor:

Et latet et lucet Phaetontide condita gutta,
ut videatur apis nectare clausa suo,
Dignum tantorum pretium tulit illa laborum,
credibile est ipsam sic voluisse mori.

Mas si sólo el exprimir esta correspondencia y armonía, que se halla entre los extremos objetivos, es sutileza y obra grande del pensar, ¿qué será cuando no se contente con eso sólo un grande Ingenio, sino que pase adelante y llegue a realzada? Prodigio es del sutilizar. Puédese adelantar de muchos modos: sea el primero, añadiendo la ponderación a la correlación. Don Francisco de Quevedo, en la transformación de Dafne, introduce a Apolo hablando desta suerte, con más sutileza que cultura:

Ya todo mi bien perdí,
ya se acabaron mis bienes;
pues hoy, corriendo tras ti,
aun mi corazón, que tienes,
alas te da contra mí.

Ponderó bien que las alas de su corazón la ayudaban en su carrera. No sólo se funda tal vez la correspondencia entre los correlatos, sino que se le da exceso de parte de alguno dellos. Con notable sutileza, Marcial, glosando aquel acaso, en que llegando un niño a jugar con la osa de metal, que estaba en las cien columnas, y metiéndole la mano en la boca, le picó una víbora, que estaba escondida en ella, no sólo proporcionó fiera con fiera, sino que ponderó que vivía con más cruel alma la osa fingida, que si fuera verdadera:

Proxima centenis ostenditur una columnis,
exornant fir;tae, qua Platanona ferae.
Hujus dum patulos alludens tentat hiatus
pulcher Hylas, teneram mersit in ora manum.
Vipera sed caeco scelerata laterbat in ore,
vivebatque anima deteriore fera.
Non sensit puer esse dolos, nisi dente recepto,
dum perit: o facinus, ausa quod una fuit!
Elegantemente lo traduce así nuestro Salinas:

En el pórtico excelso de Pompeyo,
cuya hermosa fachada,
se ve de cien columnas adornada,
y de plátanos mil embellecida,

donde diversas fieras,
que adornan más el sitio majestuoso,
tan al vivo se miran,
que por muertos algunos se retiran:
de metal una osa,
con boca abierta en la primera losa,
de una pilastra estaba:

Con ésta, pues, el bello niño Hilas,
por niñear un día,
en la boca la mano le metía:
mas, ¡ay!, que aunque son todas duros bronces,
con alma más cruel vivía entonces
la osa, que si viva allí estuviera;
pues en su boca abierta y tenebrosa,
víbora se ocultaba ponzoñosa,
que al rapaz inocente
clavó en su mano el venenoso diente:
cuando a ponzoña tanta,
rindió la vida el niño bullicioso:
¡Oh hado riguroso!
¡Oh suerte desdichada!
¡Que cause mayor mal fingida fiera,
que, siendo natural, hacer pudiera!

Por lo contrario, cuando hay exceso entre los dos extremos correlatos, ir realzando el excedido, para que llegue a igualar con el otro, es relevante sutileza. Andrada, aquel gran heredero de la sutileza de su gran padre Augustino, careando la hermosura virginal de santa Inés en carne mortal con la dotal de la gloria, dijo: Que sin duda se adelantó la gracia a la gloria en hermoseada; prevínola, no la dejó qué hacer; de suerte que realzó la gracia a los efectos de la gloria, y la belleza mortal a la inmortal. A veces no está el uno de los extremos, sino que se finge con probabilidad para fundar la correspondencia; vese en esta estancia de aquella emulada canción de don Francisco de Quevedo, a la muerte de don Luis Carrillo:

Vi con pródiga vena,
de parlero cristal un arroyuelo,
jugando con la arena,
y enamorando de su risa el cielo;
y a la margen amena,

una vez murmurando, otra corriendo,
estaba entreteniendo.
Espejo guarnecido de esmeralda,
me pareció al miralle:
el prado, su guirnalda;
mas abrióse en el valle
una envidiosa cueva de repente,
enmudeció el arroyo,
creció la oscuridad del fatal hoyo,
y sepultó recién nacida fuente,
cuya corriente breve restauraron,
ojos que de piadosos la lloraron.

Encareció bien, proporcionando la corriente, salida de los ojos, con la desaparecida, a ellos. No siempre está la proporción, pero se exprime la falta della; así dijo el prodigioso Lope de Vega:

Mis pastores te decían,
cuando a mi puerta llamabas:
en vano *llama a la puerta*,
quien no *ha llamado en el alma*.

Deseóse la correspondencia, o se arguyó faltar entre el corazón y la material de su cabaña. También es grande sutileza ir realzando alguno de los dos extremos, pata fundar la correspondencia, descubriéndole alguna formalidad, o supliendo en su perfección lo que le falta con el nombre, o con las circunstancias, para la proporción. Fue destinado, entre los grandes de España, el de Alba para el real cortejo de la serenísima señora doña María de Austria, infanta de España, augusta emperatriz de Alemania, digna consorte de Ferdinando tercero, en su viaje del Ebro al Alvis; glosó uno a lo pronto, por lo de paso, y dijo: *Bien va el alba con el sol*. Adelantó otro –que hay vitorias entre los ingenios–: heroico es desempeño, porque si Alemania enriqueció a España más con sola una tan preciosa Margarita que entrambas Indias con sus flotas y riquezas, hoy España retorna esta perla, hija de aquélla, y la conduce el alba. Campea la correspondencia entre alba, sol, Margarita, Indias.

Vencer una aguda correspondencia con hallar otra mayor, es doblar la sutileza; así Sulpicio Cartaginés, al mandar Virgilio quemar su *Eneida*, por una sazonada proporción, glosó que no eran nuevos pata Troya los incendios, allá verdadera, y aquí decantada:

> *Jusserat heu rapidis aboleri carmina flammis*
> *Virgilius, Phrygium, quce cecinere ducem.*
> *Tucca vetat, Varusque simul: tu Maxime Coesar,*
> *non sinis; et latia; consulis historiae.*
> Infelix gemino cecidit prope Pergamon igni,
> et pene est alio Troja cremata raga.

Realzó el concepto Camelia Gallo, ponderando que aun hubiera sido más cruel y digno de más sentimiento este segundo incendio que lo fue el primero, pues fue feliz aquél en consuelo de tan heroico canto:

> Temporibus laetis tristamur maxime Caesar,
> hoc uno amisso, quem gemo Virgilium.
> Sed vetuit relegi, si tu patiere libellos,
> in quibus Aeneam condidit ore sacro.
> Roma rogat, precibus toties tibi supplicat orbis,
> ne pereant flammis, tot monumenta ducum.
> Atque iterum Troiam sed maior flamma cremabit,
> fac laudes Italum, fac tua facta legi.
> Aeneamque suum fac maior nuntius ornet:
> plus fatis possunt Caesaris ora dei.

Estas son las agradables proporciones conceptuosas, belleza del discurso, hermosura del Ingenio. Con este género de concepto concluye el célebre Luis de Camoes aquel soneto, apreciado por rey de los demás:

> Alma minha gentil, que te partiste,
> tao cedo desta vida descontente:
> reposa lá no ceo eternamente,
> e viva eu cá na terra sempre triste:
>
> Se lá no assento Etéreo, onde subiste,
> memoria desta vida se consente,
> nao te esquefas de aquelle amor ardente,
> que ia nos olhos meus tao puro viste.
>
> *Esse vires que pode merecerte,*
> *algua cousa a dor que me ficou,*
> *da magoa sem remedio de perderte*:
> *Roga a Deus, que teus annos encurtou,*
> que tâo cedo de cá ma leve a verte,
> quam cedo de meus olhos te levou.

DISCURSO V
DE LA AGUDEZA DE IMPROPORCIÓN,
Y DISONANCIA

Es la improporción el otro extremo en este modo de Agudeza, contraria a la pasada, pero no desigual; porque de los opuestos suele ser émula la perfección. Fórmase por artificio contrapuesto a la proporción, como se ve en este laureado soneto, de Bartolomé Leonardo, por el asunto, que fue a san Laurencio, y por el concepto, que fue grande:

> Cual cisne, que con últimos alientos
> vive y muere cantando a un mismo punto,
> y en el sepulcro y nido todo junto,
> más vivos articula los acentos,
>
> tal en la dura cama, en fuegos lentos,
> el invicto español vivo y difunto,
> levantó este divino contrapunto
> cercado de tiranos y tormentos.
>
> Yo, celestial Señor, yo, aquel Laurencio,
> a cuyo corazón fuerza enviaste,
> para mayor martirio suficiente,
>
> y a quien tú visitaste en el silencio
> de la noche, y con fuego examinaste,
> ardiendo el alma en otro más ardiente:
>
> recibe este mi espíritu inocente,
> y tú, tirano cruel, cruel Ceraste,
> revuelve, y come deste lado abierto,
> *y da sepulcro vivo a un cuerpo muerto.*

Otro dijo:

> Serán tus entrañas crudas
> sepulcro de un cuerpo asado.

Allí se busca la correspondencia; aquí, al contrario, la oposición entre los extremos. El gran Ambrosio, cuyo nombre bautizó misterioso sus escritos, siempre conceptuoso sobre elocuente, pero en el discurso de santa Inés, apasionado, contrapuso con grande artificio la pequeñez de su cuerpo a la grandeza de su espíritu, la delicadeza virginal con la crueldad tirana. ¿Hubo (dice) lugar en aquel tierno cuerpecito para tantas y tan grandes heridas? Y lo que no tenía donde recebir los golpes del hierro, tuvo donde conseguir las coronas. Aún no sazonada para la pena, y ya madura pata la vitoria: *Fuitne in illo corpusculo vulneri locus? Et quae non habuit quo ferrum reciperet, habuit quo ferrum vinceret. Nondum idonea poenae et jam matura victoria;j certare difficilis, facilis coronari.* Sobresale ingeniosamente la correlación de contrariedad entre los términos della en este ejemplo del abundante Vega:

> Ninguna cosa, Zulema,
> de cuantas miro me agrada:
> hasta esa sierra nevada
> es un volcán que me quema.
>
> Estas aguas de Genil
> no pueden darme templanza,
> ni está verde mi esperanza,
> con haber llegado abril.
>
> ¿Qué se me da a mí que cante
> el ave en esas acequias,
> si son funestas exequias
> de la vida de un amante?

Nace de la proporción la hermosura, no siempre de la improporción en el hecho; pero el notarla en el concepto es perfección. Ponderó bien el cordobés agudo, la ceguera de dos. amantes en su *Poema de los Comendadores*:

> Jorge y Beatriz se miraron
> con un afecto encendido,
> *que entrándoles por los ojos*
> *nunca vieron el peligro.*

Está la improporción en aquel no ver su mal, entrándoles por la vista. Es muy platicada esta disonancia por lo fácil del concebirla. Con esta Agudeza comienza un soneto Juan de Valdés:

> *La luz mirando, con la luz más ciego,*
> rompe Leandro espumas plateadas
> y entre las olas, con el viento hinchadas,
> pide al cielo piedad, al mar sosiego.

Y don Antonio de Mendoza da fin a sus octavas en su aplaudida comedia de Querer, con la artificiosa discordancia:

> Bella ninfa del sol, deidad de nieve,
> más luciente, más cándida, más pura,
> cuya vista gentil airosa mueve
> globos de luz, esferas de hermosura,
> donde tanto escarmiento el vuelo atreve
> tanta vida contenta; y no segura;
> que puedes, si a tus ojos las conduces,
> *matar con vidas y cegar con luces.*

> Tú, que de acero y de belleza armada,
> no das reposo a nadie en su elemento,
> vistiendo hermosa, y coronando airada
> de gloria el campo y de terror el viento;
> y en la selva, aun del sol mal penetrada,
> con planta bella, con bizarro aliento,
> logrando flechas, recogiendo amores,
> *le quitas fieras y le dejas flores.*

Armase esta contrariedad entre los mismos términos que la conformidad; y así, entre el sujeto y sus causas; desta suerte careó uno al Bautista, voz, con su padre mudo, y concluye esta oposición, diciendo: Enmudezca Zacarías al engendrar a Juan, para que conste que el que es más que profeta, más es también que voz de profeta, pues es voz de la divina Palabra, con ecos de Sabiduría infinita. Entre los efectos del amor profano la ponderó el padre Tablares, ingenioso y pío jesuita:

> Con leche brindas, y la sangre llevas,
> risueño miras, y sangriento llagas;
> y aunque con oro cebas
> amor con yerros pagas;
> y cuando fénix mueres,
> en ultrajada palma,
> veneno viertes, que atosiga el alma.

Gran decir, y que muestra bien lo que vale este modo de concepto. Entre dos accidentes fundó esta contraposición el siempre ingenioso caballero Guarini:

> O felice augelleto:

come nel tuo diletto,
ti ricompensa ben l'alma natura,
se ti negó saver, ti diè ventura.

En la variedad de tiempos, pasado y presente, se pondera la contrariedad de las circunstancias. Así, el bachiller Francisco de la Torre cantó:

Tórtola solitaria, que llorando
tu bien pasado y tu dolor presente,
ensordeces la selva con gemidos;
cuyo ánimo doliente,
se mitiga penando,
bienes asegurados y perdidos;
si inclinas los oídos
a las piadosas y dolientes quejas
de un espíritu amargo
(breve consuelo de un dolor tan largo)
con quien amarga soledad me aquejas,
yo con tu compañía,
y acaso a ti te aliviará la mía.

Comienza la estancia con la improporción del bien pasado con el dolor presente, la acaba con la proporción entre sus recíprocas penas. Es gran fundamento para la mudanza de los efectos, y la contraposición. Careó don Luis de Góngora esta variedad en aquella su canción, dos veces real, por el sujeto, que fue el mártir príncipe godo, y por lo majestuoso de la ingeniosa composición:

Hoy es el sacro venturoso día
en que la gran metrópoli de España,
que no te quiso Rey, te adora Santo.

Y más adelante:

Principe mártir, cuyas sacras sienes,
aún no impididas de real corona,
la espada honró del pérfido arriano;
tú, cuya mano *al Cetro* sí perdona,
no *a la Palma,* que ahora en ella tienes.

Fue este culto poeta cisne en los concentos, águila en los conceptos; en toda especie de Agudeza eminente, pero en ésta de contra proporciones consistió el triunfo de su grande Ingenio: vense sus obras entretejidas desta sutileza:

El cuerpo *con poca sangre*,
los ojos *con mucha noche*.
Le halló en el campo aquella
Vida y muerte de los hombres.

Y luego:

Un mal vivo con dos almas,
y una ciega con dos soles.

Gran decir; pero entre todas, ésta:

Muchos siglos de hermosura,
en pocos años de edad.

Hasta la variedad de lugares da materia a la disonancia; desta suerte gloso Floro, del porfiado favor de los del Lacio, para que volviese Tarquino al cetro. Querían que el pueblo, que mandaba fuera, sirviese dentro de Roma: *Latini quoque Tarquinos asserebant, aemulatione, et invidia, ut populus, qui foris dominabatur saltem domi serviret*.

Entre la vida y la muerte de un monstro de fortuna, un otro, que lo fue en todo, cantó bien esta disonancia. Es gran soneto:

Este que en la fortuna más subida
no cupo en sí, ni cupo en él la suerte,
viviendo pareció digno de muerte;
muriendo pareció digno de vida.

¡Oh providencia no comprehendida!
¡Auxilio superior, aviso fuerte!
¡El humo en que el aplauso se convierte,
hace la afrenta más esclarecida!

Calificó un cuchillo los perfectos
medios que religión celante ordena,
para ascender a la mayor victoria.

Y trocando las causas sus efectos,
si glorias le conducen a la pena,
penas le restituyen a la gloria.

Con esta misma correlación de oposiciones dijo don Antonio de Mendoza en un romance, que amigablemente me refirió en los corredores de palacio:

A más de las de sus soles,
tiene Anarda dos beldades,
que son: *la razón que dice,
y la sinrazón que hace.*

Esta ingeniosa disonancia, no sólo se funda entre el sujeto y sus adyacentes propios, sino también con cualquiera otro extrínseco término con quien diga relación, como en éste, del plausible Lope de Vega:

Creedme, selvas, a mí,
que de buen gusto me precio,
que si no fueran *tan vivos*,
no estuviera yo *tan muerto.*

Ausente estoy animoso,
y en llegando a vellos tiemblo,
siendo el primero en el mundo
que tiemblo con tanto fuego.

No sólo sirven estas improporciones para la panegiri, o al contrario, para el vituperio, sino para la ponderación juiciosa y crítica. Así ponderó bien Marcial la barbaridad de aquél, y otros semejantes, que se mataron ellos mismos porque no los matasen sus contrarios:

Hostem cum fugeret, se Pannius ipse peremit,
hic, rogo, non furor est, ne moriare mori?

Sucinta, pero elegante traducción ésta de don Manuel Salinas:

Fannio, ansioso por huir
del que su muerte procura,
se mató: ¿no es gran locura
matarse por no morir?

La improporción, unas veces, consiste en sola una diversidad de los correlatos, como aquella ponderación de san Agustín a la oración de san Esteban. El que estando en pie (dice) encomendó su espíritu al Señor, por sus enemigos hizo oración arrodillado; rogó por los enemigos, como amigo, y luego durmió en el Señor. ¡Oh sueño de paz! Descansa el justo entre sus contrarios. Pero, ¡cuál iba a los amigos del cielo, el que así amaba a los enemigos de la tierra!: *Qui stando suum spiritum commendavit Domino; pro illorum delicto fixo genu oravit. Orabat Dominum pro inimicis, ut amicus: hoc dicto obdormivit in Domino. O somnum pacis! Quid illo somno quietius? Qualis ibat ad amicos, qui sic diligebat inimicos?* Con este género de Agudeza discurre el grave y no menos ingenioso fray Luis de León, en su Canción real al desengaño:

> Mi trabajoso día,
> hacia la tarde un poco declinaba;
> y libre ya del grave mal pasado,
> las fuerzas recogía,
> cuando sin entender quién me llamaba,
> a la entrada me hallé de un verde prado,
> de flores mil sembrado,
> obra en que se estremó naturaleza.
> El suave olor, la no vista belleza,
> me convidó a poner allí mi asiento;
> ¡ay, triste!, que, al momento,
> la flor quedó marchita,
> y mi gozo trocó en pena infinita.
>
> De labor peregrina,
> una casa real vi, que labrada
> ninguna fue jamás por sabio moro;
> el muro, plata fina;
> de perlas y rubíes era la entrada;
> la torre de marfil, el techo de oro;
> riquísimo tesoro
> por las claras ventanas descubría
> y dentro una dulcísima armonía
> sonaba, que me puso la esperanza
> de eterna bienandanza;
> entré, que no debiera,
> hallé por paraiso cárcel fiera.
>
> Cercada de frescura,
> más clara que el cristal, hallé una fuente,
> en un lugar secreto y deleitoso;
> de entre una peña dura
> nacía, y murmurando dulcemente,
> con su correr hacía el campo hermoso,
> y todo deseoso,
> lancéme por beber, ¡ay, triste y ciego!

> *Bebí por agua fresca ardiente fuego*;
> y por mayor dolor, el cristalino
> curso mudó el camino,
> que es causa, que muriendo,
> ahora viva en sed, y pena ardiendo, etc.

La más agradable y artificiosa es cuando dicen entre sí contrariedad los extremos de la desproporción. Ponderó desta suerte la hazañosa muerte de Lucrecia el Camoes:

> Aquella, que de pura castidade,
> de sí mesma tomou cruel vingança:
> por húa breve et su bita mudança
> contraria a su honra et cualidade.
>
> Vençeo a fermosura à honestidade,
> vençeo no fim da vida à esperança,
> porque ficase viva tal lembranfa,
> tal amor, tanta fe, tanta verdade.
>
> De si, da gente et do mundo esqueçida
> feria com duro ferro, o brando peito,
> banhando em sangue a força do tyrano.
>
> Estranha ousadia, estranho feito!
> Que dando morte breve ao corpo humano,
> tenha sua memoria larga vida.

Cuando esta contrariedad es entre las propiedades y efectos del sujeto, es muy relevante y participa del reparo. Observó san Agustín el haber hecho el cielo a un cuervo voraz, guarda fiel de los sagrados despojos del ínclito mártir Vincencio, y dijo: Prosiguen las vitorias del mártir vencedor; es enviado un cuervo, ave que suele cebarse en los cadáveres, para que, hambriento, guarde el manjar expuesto a las fieras, de aquellas sagradas reliquias: *Sed ut divinis excrescentibus beneficiis, maioris victoriae Vincentio gratia conferatur; mittitur corvus avis inimica cadaveribus, expositas corporis dapes servatura ieiuna.*

No menos dulce que ingenioso el Marino, célebre poeta.. italiano, concluye con esta Agudeza aquel soneto:

> Ecco, del mondo rio, che sotto rose,
> spine sol chiude, e sottol' herba hà' l'angue
> e'n sue lusinghe insidie eterne ascose;

volgueti à quel Signar, che'n croce essangue
cela il risa nel pianto e che ripose
vita nel suo morir, gloria nel sangue.

Cuanto es mayor la repugnancia, hace más conceptuosa la improporción; así, uno dijo de san Francisco de Borja, introduciéndole hablando con el cadáver de la emperatriz:

Ojos claros, que en un tiempo
competíais con el sol,
cuando eclipsados, me dais
mayor luz y resplandor.

Tiene sus realces también la disonancia; el aumento de parte del uno de los extremos cae mejor en ella que en la proporción. Ingeniosamente, el cordobés jurado, como siempre, habiéndole dado a uno siete puñaladas, para sepultar con él un secreto, que escapando con la vida él después le hizo, bien público, dijo: *que por cerrarle una boca, le habían abierto siete*; hizo la contraposición del cerrarle una al abrirle siete. No menos ingenioso, como de su misma patria, don Luis Carrillo discurrió del tiempo en este soneto:

¡Con qué ligeros pasos vas corriendo!
¡Oh, cómo te me ausentas tiempo vano!
¡Ay, de mi bien, y de mi ser, tirano,
cómo tu altivo brazo voy siguiendo!

Detenerte pensé, pasaste huyendo,
seguite, y ausentástere liviano,
gastéte a ti en buscarte, ¡oh, inhumano!
mientras más te busqué, te fui perdiendo.

Ya conozco tu furia, ya humillado,
de tu guadaña pueblo los despojos;
¡oh amargo desengaño no admitido!

Ciego viví, y al fin desengañado,
hecho Argos de mi mal, con tristes ojos,
huir te veo, y véote perdido.

Duplicó la contraposición ingeniosamente, el tan discreto cuan magnánimo Augusto, en este eterno apotegma: *Oíd, mozos (dijo), oíd a un viejo, que cuando era mozo los viejos le escuchaban.*

No se contentó con la disonancia, sino que añadió, con una estremada alusión, muchos realces, el primogénito de la Agudeza, Marcial. Blasonaba uno de la antigüedad de sus vasos, diciendo que unos eran de Néstor, otros de Laomedonte y del rey Príamo, pero después les daba en las tazas de mil años un mosto de ocho días. Basta, dijo, que en los vasos de su abuelo Príamo, nos das a beber al niño Astianacta, su nieto:

> Archetypis vetuli nihil est odiosius Eucti.
> Ficta Saguntino cymbia malo luto.
> Argenti furiosa sui cum stemma narrat
> garrulus, et verbis mucida vina facit.
> Laomedonteae fuerant haec pocula mensae,
> ferret ut haec muros struxit Apollo lyra.
> Hoc cratere ferox commisit praelia Rhaetus
> *cum lapithis: pugna debile cernis opus.*
> *Hi duo longaevo censentur Nestore fundi;*
> *pollice de Pylio trita columba nitet.*
> *Hie seyphus est, in quo misceri jussit amicis*
> *largius Aeacides, et bibit ipse rmerum.*
> *Hac propinavit Bytiae pulcherrima Dido*
> *in patera, Phrygio quum data coena viro est.*
> Miratus fueris quum prisca toreumata multum,
> in Priami cyatis Astyanacta bibes.

Logra esta traducción del canónigo don Manuel de Salinas; que está muy ajustada:

> No hay cosa más cansada y enfadosa,
> que estar del viejo Euto convidado,
> pues, eterno hablador, jamás reposa.
>
> Más quiero yo en mi casa, descansado,
> beber en una barca saguntina,
> aunque sea de barro maestreado.
>
> Ya a los aparadores se avecina,
> mostrando de sus vasos la braveza,
> que yo juzgué vasijas de cocina.
>
> Originales, dice, con certeza
> son todos los que veis de fina plata,

que ésta de mi casa es la grandeza.

De Laomedonte fueron paga grata
(y a tanto hablar se le desvaha el vino)
esos vasos, a cuyo precio trata

Apolo de su lira al. son divino
de hacer de Troya el muro tan perfecto,
en aquel bernegal tan peregrino:

De los Lapitas en la guerra Rheto
bebió feroz, y estar tan abollado,
que fue de aquella guerra me prometo.

Ese tazón con oro claveteado,
con cuatro asas, y de dos cabidas,
cuyas palomas, como se han rozado,

están de tan usadas más lucidas,
es del sabio Néstor, el que ha vivido,
como lo narra Homero, por tres vidas.

Con ese cifo Aquiles ha bebido,
y en él mandó bebieran los legados
de Agamenón. ¡Con ésta brindó Dido

a Bicias, el mayor de sus privados,
en la cena que al Teucrodio opulenta!
Pero después que os tenga así cansados,

Notaréis que con todo lo que ostenta
de Príamo en el vaso torneado,
en vino de ocho días no se afrenta,
de que al nieto Astianacta os ha brindado.

La mezcla de proporción y improporción hace una armonía agradable. Desta suerte, Ausonio Gallo, dijo de la reina Dido:

Infelix Dido, nulli beme nupta marito;
hoc pereunte fugis; hoc fugiente peris.

Realzó, que no tradujo, el pensamiento el conceptuoso caballero Guarini, y dijo:

Ay Dido desdichada,
mal casada de amante y de marido.
Aquel te fue traidor, y éste vendido;
murió el uno, y huiste;
huyó el otro, y moriste.

Más ceñido, y con igual felicidad, el Salinas traduce:

Ay Dido desdichada,
con marido ninguno bien casada;
muere el uno, y te pones el huida;
muere el otro, y te quitas tú la vida.

Hacen estos conceptos una disonancia muy concorde entre los correlatos; como éste, de un antiguo, en un bien concepteado poema:

En esto vino un recado
que al jardín de Zaida fuese,
y enlutado el corazón,
se fue vestida de verde.

Otras veces comienza por la improporción, y acaba por la conformidad el concepto; como éste, también antiguo, y no menos ingenioso:

Allá me llevan sin alma,
obligación y parientes;
volveráme mi cuidado,
por ver si de mí le tienes.

Merecen laurear esta especie de sutileza dos grandes sonetos: el primero, de Lope de Vega, por lo ingenioso y por lo desengañado, dice:

¡Oh engaño de los hombres, vida breve!
Loca ambición al aire vago asida,
pues el que más se acerca a la partida,
más confiado de quedar se atreve.

¡Oh flor al yelo, oh rama al viento leve!
lejos del tronco, si en llamarte vida
tú misma estás diciendo, que eres ida,
¿qué vanidad tu pensamiento mueve?

Dos partes tu mortal sujeto encierra:
una, que te derriba al bajo suelo,

y otra, que de la tierra te destierra.

Tú juzga de las dos el mejor celo:
si el cuerpo quiere ser tierra en la tierra,
el alma quiere ser cielo en el cielo.

El segundo, del culto Marino, a Cristo y al pecador:

E questa, oime, del tuo celeste Figlio.
l'imago, o Re del Ciel? son queste quelle
guance si care agli Angeli, si belle,
che dier l' ostro a la rosa, il latte al giglio?

Son questi i seren occhi? è questo il ciglio
onde ebbe il Sole i raggi,e le fiammelle?

Questo èl crin, da qui l' or trasse le stelle?
or tutto (ahi lasso) lacero e vermiglio.

Di qual lu cruda man si crudo scempio;
e qual pietosa, de le membra sante,
ritrasse in vivo lino il caro esempio?

Questo Sol ti sia specchio, anima errante,
di novo Dio le l' uomo. Ahi lu ben empio,
l'uomo che a Dio tolse d' uomo il sembiante.

Estas son las agradables proporciones y improporciones del discurso, concordancia y disonancia del concepto; fundamento y raíz de casi toda la Agudeza, y a que se viene a reducir todo el artificio conceptuoso, porque, o comienza o acaba en esta armonía de los objetos correlatos, como se verá en todas las demás especies; por eso se le proponen en primer lugar al Ingenio.

DISCURSO VI
DE LA AGUDEZA POR PONDERACION MISTERIOSA

Mucho promete el nombre, pero corresponde la realidad de su perfección; quien dice misterio, dice preñez, verdad escondida y recóndita, y toda noticia que cuesta, es más estimada y gustosa.

Consiste el artificio desta especie de Agudeza en levantar misterio entre la connexión de los estremos, o términos correlatos del sujeto, repito, causas, efectos, adjuntos, circunstancias, contingencias; y después de ponderada aquella coincidencia y unión, dase una razón sutil y adecuada, que la satisfaga. Examinó, ingenioso, Ovidio el sacrificio que se le hacía al sol –que era de un veloz caballo– y satisface sentencioso, que al dios de la ligereza no se le habían de ofrecer animales tardos y perezosos:

>   Ne celeri fieret victima tarda deo.

La Agudeza está primero en la ponderación del sacrificio, que fuese más caballo que un elefante o un toro, y luego en dar la razón adecuada; de suerte que dos formalidades, o dos partes, incluye esta Agudeza: la una es la ponderación, y la otra la razón que se da, y ésta es la principal; como se. ve en este concepto de Lope de Vega, en su limada *Canción al Santísimo Sacramento:*

> Alma no estriba en argumento humano,
> que en este pan del mismo Dios la esencia,
> su cuerpo y sangre asista;
> la razón es de amor la omnipotencia;
> dejad el tacto, el gusto, olfato y vista;
> dad oído a la fe, daraos la mano,
> Cordero soberano,
> blanco del dedo del pastor Bautista,
> milagro inescrutable,
> silencio de sus obras admirable,
> después de ti (cuya grandeza advierte)
> *no hizo Dios milagro hasta su muerte,*
> *si no fue dar la oreja a Maleo herido;*
> *porque la fe ha de entrar por el oído.*

Tal vez no se hace la ponderación de propósito; conténtase con apuntar: que si la razón es valiente, bien se deja conocer el concepto, como en éste; es antiguo, y así conceptuoso:

> La torre de Felisalva
> yo apostaré que es aquélla,
> que en fe de su altivo dueño
> compite con las estrellas.

Comúnmente la ponderación despierta la curiosidad para la ingeniosa razón; así ésta:

> Por eso al hijo de Venus

> le pintan desnudo niño,
> porque los niños no saben
> pedir sino con gemidos.

También la razón que se le da al misterio puede preceder a la ponderación y reparo; como se ve en este cuartete de un soneto al nacimiento del Señor, dijo don Luis de Góngora:

> ¿Pero qué fue nacer en tanto estrecho?
> Donde para mostrar en nuestros bienes,
> adónde bajas, y de dónde vienes,
> *no quiere un portalillo tener techo.*

La razón que se da al reparo ha de ser ingeniosa, que en ella consiste la principal formalidad desta Agudeza. Las más agradables son las que se dan por conformidad o correspondencia entre los dos términos o extremos de la ponderación en que se funda el misterio. Desta suerte glosa Lope de Vega el morir Absalón en el aire, en este grave y conceptuoso soneto:

> Suspenso está Absalón entre las ramas,
> que entretejen sus hojas y cabellos;.
> que los que tienen la soberbia en ellos
> jamás expiran en bordadas camas.
>
> Cubre de nieve las hermosas llamas
> al eclipsar de aquellos ojos bellos,
> que así quebrantan los altivos cuellos,
> las ambiciones de mejores famas:
> ¿Qué es de la tierra, que usurpar quisiste?
> Pues apenas la tocas de liviano,
> bello Absalón, famoso ejemplo al suelo,
>
> esperanza, ambición, cabellos diste
> al viento, al cielo, a la ocasión, tan vano,
> que te quedaste entre la tierra y cielo.

Nótese la muchedumbre de correspondencias: entre el quedar en el aire y su vanidad; mejor, entre su ambición de ocupar la tierra y quedarse al aire; más recóndita, entre la ocasión calva y sus cabellos, que le fueron lazo para tan desdichada muerte.

No se requiere que haya dificultad entre los extremos, y menos repugnancia o contradicción; porque ésas son otras especies más artificiosas en este género de Agudeza; pero siempre ha de haber algún fundamento sobre que se haga el reparo y se levante la ponderación, como lo fue aquella rata contingencia que pondera Clemente alejandrino en el principio de su oración *Ad gentes*. Contendían de destreza Eunomo y Aristón, dos excelentes músicos; asistían los jueces, era toda Delfos el concurso; estando Eunomo en la mayor fuga de su armonía, quebró una de las cuerdas del instrumento; voló al mismo punto una cigarra, que asentándose en el traste o clavija de la quebrada cuerda, comenzó con su canto a suplir la falta della. Pondera el de Alejandría la rara contingencia, y da salida al misterio diciendo, que es tan agradable la música aun al mismo cielo, que con providencia especial la favorece, y la autoriza. Hizo emblema dello el prudente y no menos ingenioso Alciato, el primero hasta hoy en este modo de composición. Tomó el lema mismo de Clemente, y dijo: *Musicam diis curae esse*, y añadió a la pintura esta glosa:

>Locrensis posuit tibi Delphicae Phoebae cicadam
>Eunomus hanc palmae signa decora suae.
>Certabat plectro Sparthyn commissus in hostem,
>et percussa sonum pollice fila dabant. .
>Trita fides rauco coepit cum stridere bombo,
>legitimum harmonias, et vitiare meloso
>Tum citharae argutans suavis sese intulit ales,
>*quae fractam impleret voce cicada fidem.*
>*Quaeque allecta soni ad legem descendit ab altis,*
>*saltibus, ut nobis garrula ferret opem;*
>*ergo tuae ut firmus stet bonos, o sanctae cicadae,*
>*pro cithara hic fidicen aeneus ipsa sedet.*

Levantar el misterio donde no le hay es un helado desaire, porque da en vacío la ponderación. El más fundamental es la conexión con este estremo o correlato, pudiendo haber sido con otros. Dificultó un moderno escritor de las excelencias de la emperatriz del cielo; el nacer y morar esta Señora en Nazaret, y no en otra de las ciudades de Palestina, y satisfizo así: Fue, sin duda, porque Nazaret quiere decir ciudad florida: que dondequiera que reina esta gran Señora todo lo convierte en paraíso, el corazón más helado en. primavera, las espinas de culpas en flores de virtudes; y al fin, todo florece donde María nace.

Las contingencias son la ordinaria materia de los misterios; porque como pudieron variarse, el concurrir éstas más que otras, ocasiona luego el reparo. En el vestido puso misterio don Luis de Góngora, y dijo en su limada comedia de *Las Firmezas*:

> A mi serafín vestido,
> hallé de un azul turquí,

y luego da la razón del reparo:

> que no se viste do menos
> que de cielo un serafín.

Cuanto más extravagante la contingencia, da más realce a la ponderación. Fue estremada la de Plinio en su *Panegírico*: ponderó la contingencia de traer un lauro de Hungría, en sazón de adoptar Nerva a Trajano en el Capitolio, y dijo: Llegó en esta sazón una corona de Panonia, disponiéndolo así el cielo, para que los principios de un invicto emperador los honrasen insignias vencedoras: *Allata erat ex Pannonia lattrea, id agentibus diis, ut invicti imperatoris exordittm victoriae insigne decoraret*. No sólo sirve la ponderación de la contingencia para lo presente, sino que se puede glosar para lo venidero; así dijo éste:

> Con voz turbada la dice,
> no es posible sucederme
> cosa triste en esta ausencia,
> habiéndote visto alegre.

La fuente destas ponderaciones misteriosas es la variedad y pluralidad de las circunstancias, suceder con éstas, más que con otras: desta suerte, más que de aquélla. Andrada dijo del morir el Angélico doctor, explicando los Cantares, que había sido en misterio de que su muerte no fue muerte, sino desposorios de aquella purísima alma con su Dios. Vencióse ya por lo ingenioso, ya por lo sacro, al glosar don Luis de Góngora el vestido del sol, el tocado de estrellas, y chapines de la luna, en la reina del empíreo, dando por razón del misterio, su más brillante pureza:

> Si ociosa no asistió naturaleza,
> admirada a la tuya ¡oh gran Señora!,
> concepción limpia, donde ciega ignora,
> lo que muda admiró de tu pureza.

> Díganlo, ¡oh Virgen!, la mayor belleza

del día, cuya luz tu manto dora,
la que calzas nocturna brilladora,
los que ciñen carbunclos tu cabeza.

Pura la Iglesia, ya pura te llama
la Escuela, y todo pío afecto sabio,
cultas en tu favor da plumas bellas.

¿Qué mucho, pues, si aun hoy sellado el labio,
si la naturaleza aún hoy te aclama,
Virgen pura, si el sol, luna y estrellas?

Hasta en la circunstancia del lugar funda Marcial este prodigio de su Agudeza. Pondera las muertes de los tres Pompeyos en las tres partes conocidas entonces del mundo, el padre en Africa, los dos hijos, en Asia el uno, en la Europa el otro, y dio ingeniosa salida:

Pompeios juvenes Asia atque Europa, sed ipsum
terra tegit Libyes; si tamen ulla tegit.
Quid mirum toto si spargitur orbe? lacere
uno non potuit tanta ruina loco.

Hízolo castellano el gustoso Salinas, y dijo con propiedad:

Los dos Pompeyos, del mayor romano
hijos, a Europa y Asia. dividieron
sus cenizas, y allí donde se vieron
triunfar, cedieron a enemiga mano.

Las arenas que baña el africano
Nilo, sepulcro al gran Pompeyo fueron,
si es que al cielo los dioses no subieron,
del divino valor asombro humano.

Las tres partes del mundo sujetadas
por su valor, por su saber profundo,
por túmulo la Parca les destina.

Prodigio grande, ¡oh, suertes desdichadas!,
porque ménor lugar que todo un mundo
capaz no fuera de tan gran ruina.

Esta misma ponderación hizo el sutilísimo padre san Crisólogo al nacer el Verbo encarnado entre las pajas de un portal, que quien había perdido una margarita tan preciosa, como el alma, no se dedignó de buscada entre el estiércol asqueroso: *Et qui praetiosam perdidit margaritam, loca squalida non dedignatur intrare et eam inter stercora ipsa perquirere non abhorret.*

Fúndase el misterio tanto en lo positivo como en lo negativo de las circunstancias, y hácese el reparo, así en la que concurre como en la que faltó; si bien es menester más fundamento cuando se forma por carencia, para que no salga frío y sin alma de sutileza. No le faltó al Hortensia español, en aquel bien sazonado romance al rey don Alonso, por el estilo y por el concepto:

Ella los sus verdes ojos,
maguer quiso abrir, non basta,
porque nin color a Alfonso
le quede ya de esperanza.

Hállase ponderación doble, esto es, a entrambas partes, ponderando la contingencia de una circunstancia y la negación de su contraria. Como en éste pondera un moderno, el aparecerse la estrella del Señor en el oriente, y venir de allá sus Reyes, más que del occidente: *Ecce Magi ab oriente,* etc., y da una gran salida al. misterio, grande, diciendo que el plausible venir a Dios es del oriente de la vida, del principio de las honras y riquezas; no el convertirse a Dios, al ocaso, al dejo de los placeres.

Siempre el advertido obra con alma, ejecuta con intención; aunque cifrada en las acciones mudas, llega el atento y descúbrela a costa de su Ingenio; desta suerte ponderó uno, y dijo en un bien discurrido romance castellano:

Dos naves por arracadas,
con dos soles por trinquetes.
Gargantilla de azabache,
con perlas de nueve en nueve,
de rubíes y zafiros,
colgada della una sierpe,
cruel divisa del alma,
y de sus iras crueles.

Cuanto más escondida la razón, y que cuesta más, hace más estimado el concepto, despiértase con el reparo la atención, solicítase la curiosidad; luego lo exquisito de la solución desempeña sazonadamente el misterio. Fue estremada salida al reparo, del no decir el sagrado evangelista cosa alguna de la reina de los cielos, ni poner otra palabra antes que la Divina encarnada: *Mariae de qua natus est Iesus*. Porque ninguna otra que la Divina podía bien exprimir la grandeza desta Señora, por lo infinito, por lo sabio y por ser imagen suya.

Puédese ir adelantando el misterio y ponderando las circunstancias dél, dándole una y otra salida, con aumento de sutileza, como se ve en este bien digno soneto del conceptuoso Camoes:

¿Cómo ficeste Porcia tal ferido?
¿Foy voluntaria ou foy por innocencia?
Mas foy façer amor experiencia
se podía sofrer, tirarme vida.

E com teu proprio sangue te convida.
¿A nâo pores à vida resistencia?
Andome acostumando a paciencia,
porque o temor à morte ñâo impida.

¿Pois porque comes logo fogo ardente,
se a ferro te acostumas? Porque ordena
Amor, que morra et pene juntamente.

¿E tens à dor fo ferro por pequena?
Si que à dor costumada nâo se sente,
eu náo quero a morte sem a pena.

Dar una agradable proporción por desempeño, es lo primoroso de este artificio. Fue muy sazonada la de Cayo Veleyo, careando a Mario, desterrado a Cartago, con las minas desta memorable ciudad: Toleró, dice, su penosa vida en una choza, donde Mario, contemplando a Cartago, y ella mirándole a él, pudiesen recíprocamente consolarse: *Inopem vitam in tugurio ruinarum carthaginensium toleravit: cum Marius aspiciens Carthaginem, illa intuens Marium, alter alteri possent esse solatio*. Con estremada sutileza proporcionó don Luis de Góngora los pedernales de Madrid por fundamento de su duración:

Emula la verán siglos futuros:
de Menfis no, que el término le tasas;
del tiempo sí, *que sus profundas basas,
no son en vano pedernales duros.*

Siempre el hallar correspondencia entre los correlatos es fundamento de toda sutileza: aquí hace más acepta la solución del reparo; por este rumbo, un erudito humanista comenta las carrozas de los gentílicos dioses, diciendo que la de Diana arrebataban ciervas, porque en las lides de la torpeza está asegurada la vitoria, más a la ligereza de la fuga que a la porfía del combate; la de Venus, mueven cisnes, porque los poetas son de ordinario pías impías de la lascivia. Arrastran tigres la de Baco, en misterio de que la embriaguez alimenta la crueldad; y desta suerte las va glosando todas.

Duplícase la sutileza cuando se duplican las correspondencias, y, dada una grande, se segunda con otra mayor. Así Anastasio Pantaleón, tan ingenioso en lo serio como donoso en lo burlesco, dijo de santa Teresa:

> Como hasta el cielo presuma
> llegar de un salto veloz,
> prueba Teresa descalza,
> si puede saltar mejor.
>
> Desnuda a Dios le dedica
> alma, vida y corazón,
> *que como, de amor se abrasa,*
> *le da el vestido calor.*
>
> Como por Dios pompas deja;
> viste galas de esplendor,
> *que al que por Dios se desnuda*
> *de gloria le viste Dios.*

En la formación del reparo anduvo ingenioso don Luis de Góngora, añadiendo la corrección gustosa a la ponderación, cuando dijo a unos ojos negros:

> Pero no son tan piadosos;
> aunque, sí, lo son, pues vemos,
> *que visten rayos de luto,*
> *por cuantas almas han muerto.*

Dóblase el artificio cuando, para la solución del misterio, se carea con otro a símbolo. Renueve los aplausos todo buen gusto y Ingenio a aquel pensamiento máximo, que tuvo igual el objeto. Fue su autor el padre Agustín de Castro, de la Compañía de Jesús; fue su asunto la mayor acción de la señora infanta sor Margarita de la cruz, religiosa princesa, que no se contentó con desnudar su cabeza de tantas reales coronas como la codiciaron, pero la despojó de sus mismos cabellos, cotona natural de su rara hermosura, y desta suerte, con ambiciones de esclava de su Dios, se le ofreció delante de un crucifijo; correspondió a tan agradable víctima el celestial Esposo con un favor augusto, inclinándose su espinada cabeza. Ponderó el ingenioso Castro que fue sobrenatural demostración de que la aceptaba por esposa; porque si en estas virginales bodas se entregan los espíritus, señal fue desde misterio el inclinar la cabeza; significación fue de entregarle su espíritu, pues con la misma acción le entregó a su Eterno Padre: *Et inclinato capite tradidit spiritum*. Concepto digno de coronar esta especie de Agudeza.

DISCURSO VII
DE LA AGUDEZA POR PONDERACION DE DIFICULTAD

La verdad, cuanto más dificultosa, es más agradable, y el conocimiento que cuesta, es más estimado. Son noticias pleiteadas, que se consiguen con más curiosidad, y se logran con mayor fruición que las pacíficas. Aquí funda sus vencimientos el discurso y sus trofeos eL Ingenio.

Añade esta especie de Agudeza, al artificio de la ponderación misteriosa, la dificultad entre la conexión de los extremos, digo de los términos correlatos; y después de bien exprimida la dificultad, o discordancia entre ellos, dase una razón, que la desempeñe. Sea ejemplo aquel inmortal concepto de Virgilio: Estaba Roma en medio de sus regocijos cesáreos, cuando se los aguó la suerte; lloró melancólica la noche, que siempre el pesar fue el dejó del placer; volvió a amanecer risueño el día; madrugó el sol serenísimo a las augustas fiestas. Cogió el poeta la diversidad de tiempos, ponderó la oposición del claro día con la lluviosa noche, y glosóla en este dístico, diciendo que Júpiter y el César iban a medias en el mando:

> *Nocte pluit tata; redeunt spectacula mane,*
> *divisum lmperium, cum love Caesar habet.*

Concepto que le mereció a su autor, no uno, sino muchos laureles; y aun algunos se arrojaron a decir, que este único equivalía a todos juntos los de Marcial, no atendiendo a que la copia les quita a aquellos de aprecio, lo que le da a éste su singularidad. Ciñóle en esta quintilla don Manuel Salinas:

> Toda la noche ha llovido,
> y de la aurora al nacer,
> las fiestas se han proseguido;
> el César tiene el poder
> con Júpiter dividido.

Así que el artificio desta sutileza consiste en levantar alguna oposición o disonancia entre los dos correlatos, que es rigurosamente dificultar. Desta suerte pondera Bartolomé Leonardo, en este gran soneto, la insolencia de un malo y la tardanza del divino castigo:

> Si de Grecia sacaba el ostracismo
> los buenos, por insignemente buenos,
> contigo, por tan pérfido, a lo menos,
> ¿no hicieran sus repúblicas lo mismo?
>
> La de Corinto echárate del Ismo
> (con ser viciosa) a límites ajenos,
> y aun, regalado, en uno de los senos
> más sordos y profundos del abismo.
>
> ¿Y andas entre nosotros con ofensa
> de la virtud? Mas no me desconsuelo
> de que dilate un rayo la venganza;
>
> *Que cuando en los castigos tarda el cielo,*
> *justamente irritado, su tardanza,*
> *después en el furor la recompensa.*

Pondérese la discordancia, y luego pasa el Ingenio a dar la sutil y adecuada solución. Desta suerte reparó uno en el decir Marta que la había dejado sola su hermana María, cuando estaba rodeada de ministras y criadas: *Reliquit me solam ministrare*; y da la razón, que así como la ausencia del sol no la suplen bien todos los astros juntos, así la falta de María, y de su devoción, no bastan a llenada todos los demás santos, y sin María, todo es soledad. Requiérese siempre que haya dificultad en el reparo, la cual no pide el misterio, pero en ella hay su latitud. No se pide repugnancia. Donosamente glosó uno la corona de laurel, premio en hojarasca de los Ingenios:

> Para coronar poetas,
> escogió sus ramas Febo,
> que de árbol que no da fruto
> se coronan los ingenios.

Pero aunque no se requiere la contrariedad, que es artificio mayor, con todo eso crece la sutileza, al paso que la ocasión del reparo, de tal suerte, que cuando mayor es el fundamento del dificultar, realza más la razón que se da en desempeño. Reparó un moderno escritor de las glorias marianas en el título que puso al mayor de los libros el autor de los autores: *Liber generationis Iesu-Christi*. ¿No fuera más glorioso, libro de las hazañas, de los milagros, virtudes, doctrina y prodigios de Jesucristo? La dificultad fue grande, mayor el desempeño. Es el máximo blasón de Cristo, según la divinidad, el ser engendrado de su eterno Padre; y es su mayor timbre, según la humanidad, el ser engendrado de su madre María; esta Señora es su mayor hazaña, el mayor de sus prodigios y el animado texto de su celestial doctrina.

Una disonancia entre el sujeto y su efecto hace agradable armonía, y si la razón que se da es sentenciosa, colma el artificio; fue muy debida al reparo ésta de don Antonio de Mendoza:

> Pena que a dormir se atreve,
> qué mucho se esté infamando;
> y quien dormir puede, amando,
> ¡qué poco el alma le debe!
>
> *¿Duerme? Sin duda querido*
> está; que de un desdeñado
> se hace luego un desvelado,
> y de un amado un dormido.

Basta para fundamento del reparo tal vez una disonancia en el decir. Notó, ingenioso y grave, el padre Fernando de Salazar, en su tomo, trono ya de la majestad mariana, la falta del verbo material en la embajada angélica; reparó en que dijo: Dominus tecum, sin decir est, ni fuit, ni erit; pues, en lengua de ángel no caben barbarismos: ¿cuándo se vieron cortedades de elegancia? Profundidades sí, misterios también. No determinó parte de tiempo (dice este docto Padre) por abarcarlos todos; dejólo indefinido, por no ocasionar duda de gracia en algún instante de su vida.

En el desempeño de la razón que se da, hay también sus realces; es lo grande una debida exageración. Así el grave Lucano, después de haber ponderado, con la bizarría que acostumbra, la disonancia de la sangrienta guerra civil entre un suegro y un hierno, águilas contra águilas y legiones contra legiones, dio aquella hiperbólica salida: que no hallaron los hadas otro camino para que reinase Tiberio, transformándola en felicidad, y añade la excelente paridad de la rebelión de los Gigantes, para que triunfase Júpiter; es grande el pensamiento, y de los de primera clase:

> Bella per Emathiós, plusquam civilia, campos,
> iusque datum sceleri canimus populumque potentem

in sua victrici conversum viscera dextra.
Cognatasque acies, et rupto federe regni,
certatum totis concussi viribus orbis,

in commune nefas, infestisque obvia signis
signa, pares Aquilas, et pila minantia pilis.

Desta suerte va ponderando y luego da la valiente salida:

Quod si non aliam venturo fata Neroni
invenere viam, magnoque aeterna parantur
regna Deo, coelumque suo servire tonanti,
non nisi saevorum potuit post bella Gigantum:
Hac mercede placent: diros Pharsalia campos
impleat, et Poeni santurentur sanguine Manes.

Danse algunas veces dos salidas, una mejor que otra, que si el reparo es grande, admite doblada la sutileza. Así uno ponderó el ir la Virgen madre a las montañas de Judea con tan noble prisa: *Abiit in montana, cum festinatione*; la reina a su criada; niña tierna, a. las asperezas de un monte, etc.

Responde que iba con tanta ligereza, para mostrar que no era menos que los querubines, a cuyas alas estaba acostumbrado el Señor; y como estaba preñada de un hijo Dios, tenía apetencias, que no antojos, de tan heroicas virtudes; que el que a Dios concibe apetece la. santidad.

Concordar los extremos en el desempeño que en la ponderación se discordaron, fue siempre gran ventaja desta sutileza. Por una estremada proporción cantó doña Ana de Narváez, a la conversión de la bella pecadora:

¿Dónde está el oro ilustre, Madalena,
que al cuello de marfil riquezas daba?
¿Dónde de ricas perlas la cadena
que el cabello enlazaba?

Mas ya, el amor ordena
lo que él mismo estorbaba,
y es, que el oro traslade sus despojos
al corazón, *las perlas a los ojos.*

Lo mismo se dice de la improporción, que, con su armonía contrapuesta, lisonjea grandemente el Ingenio. Vese en este soneto, fruto de la más fértil vega, a san Antonio de Padua:

Antonio, si los peces sumergidos
en el centro del mar, para escucharos,
sacan las frentes a los aires claros,
y a vuestra viva voz prestan oidos;

los que vivieren de razón vestidos,
y más quien por la patria debe amaros,
a la armonia desos hechos raros,
¿qué mucho que suspendan los sentidos?

Ya con el niño Dios, Josef segundo
parecéis en los brazos, y él se ofrece
en figura de amor. ¡Qué amor profundo!

Tanto se humilla y tanto os engrandece,
que porque parezcáis tan grande al mundo,
Dios tan pequeño junto a vos parece.

No es el menor primor desea Agudeza dar la salida por una sublime y gustosa semejanza; digna es ésta de todo buen gusto. Pondera uno la escondida y tan pleiteada belleza de la reina de los cielos en su Concepción purísima, y responde: Que así como cuando va a entrar en una iglesia una gentil dama atapada, solicita más la curiosidad de veda en los apasionados; y para obligada a que corra el velo a la hermosa imagen de su Hacedor, comienzan a motejarla de fea; ella entonces levanta el manto y ostenta un prodigio de belleza, con admiración de todos, y después aplauso; desta suerte explica la entrada de María santísima en el ser de naturaleza y gracia.

Aunque no preceda la ponderación, se da la razón de la dificultad alguna vez; que, cuando es relevante, ella se ostenta por sí bastantemente como se, ve en ésta del Marino: después que por muchas y excelentes proporciones y improporciones, pondera los efectos de la Pasión del Señor, concluye con este gran reparo: que después de muerto, cuando parecía que no le quedaba ya más que poder hacer por el hombre, entonces abrió su pecho y franqueó su corazón. Es gran soneto:

Quì per altrui lavar di sangue time
sue pure membra il gran Figliuol dì Dio,
quì con l' umor che di sue vene uscio,
del paterno furor le fiamme stinse.

> Quì sol per me discior, se tesso avinse
> tra durissimi ferri, il Signor mio;
> Quì perche poi d' onor cinto foss'io,
> di pungente corona il crin si cinse.
>
> Quì di fel puro le sue labra asperse,
> per noi pa.rcer di gloria, e quì piagato,
> per darne vita in Ciel morte sofferse.
>
> Quì morte ancor nel sanguinoso lato
> Poscia ch' altro non seppe, il car s' aperse.
> *Ahí chi non l' ama, e piange, empio ed ingrato.*

Glósanse por este modo de concepteaer singularmente las contingencias, que siempre fueron gran materia de la prontitud ingeniosa. Nunca las perdonaba Marcial, y a esto aludió en aquel grave epigrama: Estaba Roma ardiendo en fuegos y sacrificios por Germánico; comenzó en esto el cielo a fulminar luces en relámpagos, y ponderó el príncipe de la Agudeza, que, sin duda, los dioses hacían también fiestas en el cielo:

> Quantur, Io, Latias mundi conventus ad aras
> Suscipit et solvit pro duce vota suo!
> Nam non haec hominum, Germanice, gaudia tantum
> Sed faciunt ipsi nunc, puto, sacra dii.

Con gala y propiedad, tradujo así don Manuel Salinas:

> Cuantos el pueblo romano
> cumple en sus aras, y ofrece
> nuevos votos, los merece
> tu vista, gran Domiciano;
>
> Y no juzgues sólo humano
> este gozo en tu venida,
> que aun la imagino aplaudida
> de los dioses más supremos,
> puesto que en el cielo vemos
> tanta llama esclarecida.

DISCURSO VIII
DE LAS PONDERACIONES DE CONTRARIEDAD

Este es el concepto que más le cuesta al Ingenio; duplica el artificio a los dos pasa dos, pues allí perdona la inconsecuencia, y aquí aprieta hasta contradicción. Si toda dificultad hace punta al entendimiento, ¡cuánto más la que incluye repugnancia! Unir a fuerza de discurso dos contradictorios estremos, estremo arguye de sutileza. Fuelo, sin duda; en este género de Agudeza, aquel gran reparo que hizo el ilustrísimo señor don Josef de la Cerda, obispo de Badajoz, en los *Comentarios sobre Judit*, entretejidos todos ellos de semejantes sutilezas. Pondera aquellas palabras en la forma de la consagración eucarística: *Novi et aeterni testamenti*. Si nuevo, ¿cómo eterno?, ¿qué cosa más antigua que la eternidad? la novedad y la eternidad, oposición dicen. Hazaña fue del amor; que cuando es impetuoso, hace envejecer al amante: todo el espacio de una eternidad lo abrevia en un instante. Hizo círculo de sí, coronó el fin con el, principio, y cifró todos los beneficios que pudiera hacer por toda una eternidad en un punto, y trajo toda la prolongada duración de los siglos a la novedad de un amoroso prodigio. Valiente pensar.

Consiste, pues, el reparo de contradicción en levantar oposición entre los dos extremos del concepto, entre el sujeto y sus adyacentes, causas, efectos, circunstancias, etc., que es rigurosamente dificultar. Pondérase la repugnancia, y luego pasa el discurso a darle una sutil y adecuada solución. Este concepto hizo célebre con razón aquel soneto de Lope de Vega a san Diego, en que le carea sabio lego, y da la ingeniosa solución:

> Que bien se echa de ver, divino Diego,
> que en Alcalá estudiaste Teología,
> pues tan divina cátedra se os fía
> desde donde enseñáis letras de fuego.
>
> Mas, ¿cómo sois tan sabio, si sois lego?
> pues do maestros disputando un día
> de tantos argumentos la porfía,
> controvertida resolvistes luego.
>
> Teólogo salistes admirable
> de un libro, cuyas hojas milagrosas
> hacen que un alma en todas ciencias hable;

y entre las que sabéis maravillosas,
mirad si sois filósofo notable,
pues hacéis entender que el pan es rosas.

Dos partes, dos formalidades contiene: la primera, el reparo de la contradición, y la segunda, el desempeño en la razón cabal. Vense entrambas en este gran reparo del profundo Orígenes, sobre aquella respuesta, tan extravagantemente motivada, que dio la castísima Susana a los delincuentes jueces: *Si hoc egero, mors mihi est: si non egero, non effugiam manus vestras*. Si consiento, muero; si di siento, no escaparé de vuestras manos. Dificulta el gran apasionado de la honestidad, y dice: Señora, o sea turbación o sea misterio, las razones trocáis. Si consentís, no moriréis, antes al contrario; mas sí, que en la corrupción de la torpeza está la muerte, y en la pureza la inmortalidad.

Crece la sutileza al paso que la contrariedad de los correlatos; desta suerte careó el erudito y elocuente Mureto en Venus el nacer en el agua y el vivir en el fuego, abrasando a sus secuaces, y da por solución una excelente moralidad:

Si Venus (ut mendax docuerunt turba Poetae)
de mediis vere nata putatur aquis,
qui fieri potis est, mediis ut fluctibus orta,
asiduo nostrum torreat igne iecur?
O dolor!, o, quid iam miseri speretis amantes
e media vobis nascirur ignis aqua!

No con menor sutileza y crisi dijo un ingenioso moderno:

Hipócrita Mongibelo,
nieve ostentas, fuego escondes:
¿qué harán los humanos pechos,
pues saben fingir los montes?

Pasó del reparo a dar por solución la juiciosa advertencia.

En la repugnancia está su mayor punto esta Agudeza. Contrapuso uno en Matusalén su vida con su nombre; éste significa deseo de la muerte, aquélla fue la más dilatada de los mortales; aquí está la contradición; y viene a concordarla con un bien, digno desengaño: que la muerte va siguiendo al que la huye, y parece que olvida al que no la teme.

Suele ser la ponderación muy de propósito en estos conceptos; porque como se funda en contrariedad y disonancia, sobresale mucho el empeño. Por este rumbo de sutileza dio principio el florido Claudiano a su primer libro Contra Rufino. Comienza empeñándose en dar alcance a la divina Providencia, va contraponiendo el orden de todo lo natural al desorden de lo moral; el concierto de los elementos, tiempos y plantas al desconcierto de los hombres; pasa a la disolución en el pecar, y pondera la espera de la divina Justicia en el castigar; repara, contrapone, y parece que duda, hasta que da una gran moralidad por desempeño. Es concepto de primera magnitud:

> Saepe mihi dubiam traxit sententia mentem
> cuarent superi terras, an nullus inesset
> rector, et incerto fluerent mortalia casu.
> Nam cum dispositi quaesissem foedera mundi,
> praescriptosque maris fines, annique meatus
> et lucís noctisque vices; tunc omnia rebar
> consilio firmata Dei; qui lege moveri
> sydera, qui fruges diverso tempore nasci;
> qui variam Phaebem alieno iusserit igne
> compleri, solemque suo; porrexerit undis
> littora; tellurem medio libraverit axe.
> Sed cum res hominum tanta caligine volvi
> aspicerem, laetosque diu florere nocentes;
> vexarique píos, rursus labefacta cadebat
> religio, causaeque viam non sponte sequebar.
> Alterius vacuo, quae currere semina motu
> affirmat, magnumque novas per inane figuras
> fortuna non arte regi, quae numina sensu
> ambiguo, vel nulla putat, vel nescia. Nostri.
> Abstulit hunc tandem Ruffini poena tumultum,
> absolvitque deos; iam non ad culmina rerum
> iniustos crevisse queror: tolluntur in altum
> un lapsu graviore ruant.

La hermosa antítesis fue siempre artificiosa prevención desta Agudeza. Careó acertadamente un autor del Sacro Monte calzado, el arcángel san Gabriel, primero en el retrete de Nazaret, y después en el huerto de Getsemaní. Que aquí conforte al Hijo para la mayor ignominia, entiéndese, pero ¿que allí sea menester animar la Virgen Madre para la mayor excelencia? Enigma es, y soberano. Era tanta la humildad desta gran Señora, responde, que fue menester que la misma fortaleza de Dios, que confortó a Cristo para padecer, aliente a María para reinar.

En la solución o desempeño del reparo, hay muchos y valientes primores: hallar correspondencia y materia de concordar los extremos repugnantes, es lo esencial de la razón que se da. Así el profundo y culto don Luis Carrillo dio por razón de la crueldad del amor, y su terribilidad, siendo tan niño, el ser ciego para ver el mal que causa; es perfecto el epigrama, como todos los deste autor:

> Amor, déjame; Amor, queden perdidos
> tantos días en ti, por ti gastados,
> queden, queden suspiros empleados,
> bienes, Amor, por tuyos ya queridos.
>
> Mis ojos ya los dejo consumidos,
> y en sus lágrimas propias anegados;
> mis sentidos, ¡oh Amor!, de ti usurpados,
> queden por tus injurias más sentidos.
>
> Deja que sólo el pecho, cual rendido,
> desnudo salga de tu esquivo fuego;
> perdido quede, Amor, ya lo perdido.
>
> ¡Muévate, no podrá, cruel, mi ruego!
> *mas yo sé que te hubiera enternecido,*
> *si me vieras, Amor: mas eres ciego.*

Conviértese la oposición en conformidad, que es pasar de un extremo a otro. Dificultó uno en las palabras del Arcángel a la Virgen: *Virtus Altissimi obumbrabit tibi* ¿Cómo la asombra, cuando más la ilustra? La aurora del eterno sol ¿cómo entre horrores? La madre de la luz vístase del sol, corónese de estrellas, pero no de sombras. Desempéñase que todas las cosas grandes que obró el Señor fueron fondos de los altos de su Madre; todos los lucimientos y excelencias de los demás santos, sombras fueron de las luces de María; asombró para esta Señora, que no la asombró a ella. ¡Oh, gran discurrir!

Cuando es crítico el reparo, consiste la solución en dar maliciosamente la oculta causa de la contrariedad. Reparó Marcial en que Tais; joven, tenía muy negros los dientes, y al contrario, Lecania, vieja, muy blancos, y da la razón diciendo: Es que los désta son comprados; los de aquélla propios:

> *Thays habet nigros; níveos Lecania dentes.*
> *Quae ratio est? Emptos haec habet, illa suos.*

Anduvo muy sazonado don Manuel Salinas en la traducción; dice:

> De carbón los dientes tiene
> Tais, niña delicada;
> lecania, vieja arrugada,
> de nieve helada, ¿en qué viene?
> Mas a buena luz miradas,
> yo daría una. razón,
> que los de Tais suyos son,
> los de lecania comprados.

Del misterio acontece pasar al reparo, aumentando la sutileza con la dificultad, y es como nuevo realce del discurso. Notó el padre Jerónimo de Florencia, que espiró el autor de la vida hablando con su santísima Madre, para endulzar, dice, su amarga muerte; pero si María es amargura, y no como quiera, sino la del mar: que eso significa su nombre, ¿cómo puede azucarar cosa tan amarga como la muerte? Sí, que esta Señora es triaca del consuelo, que atrayendo para sí las penas y sinsabores, deja para sus hijos el contento.

Con estremado artificio Diego de Colmenares labró este dulcísimo soneto, en que va ponderando o combinando lo dulce y lo agrio del bien y del mal, y dando la razón a la bien proseguida contrariedad:

> Seguro bien, aun de temor siquiera
> no asegura de enfado al más constante,
> que a faltar el contrario repugnante,
> ni triste el mal, ni el bien alegre fuera.
>
> Si por ausente sol montaña fiera
> blancas. tocas arrastra, es ignorante,
> que a herir perpetuo el rayo rutilante,
> fuera ceniza cuanta flor espera.
>
> Visten cambrón agudo y blanca rosa,
> la planta que al amor dedica el suelo,
> porque su fruta dulce amarga cría.
>
> Bien y mal mezclan tela deleitosa;
> la esperanza en el mal causa consuelo,
> y sin temor el bien hidropesía.

Cuanto más recóndita la razón del desempeño, es más bien recebida, por erudita, y que arguye la gran perspicacia del Ingenio. Reparó uno en la corona de Hércules, que era de álamo, árbol sin fortaleza y sin fruto; ¿no fuera más propia de laurel, roble o moral? Corónase de álamo, responde, que es jeroglífico del tiempo, y, con sus hojas blancas y negras, de las noches y los días; porque las hazañas merecen inmortalidad, no las consumen los siglos, sino que las coronan.

Puédese dar la razón, sin que preceda el reparo, que ella misma lo exprime. Así don Luis de Góngora:

> Apenas tenía quince años,
> cuando un día a mediodía,
> dejé mi tierra por Flandes,
> sepulcro de nuestras crismas.
>
> Donde padecí peligros
> tan *grandes, que juraría,*
> *que la muerte no me halló,*
> *porque triunféis de mi vida.*

Otras veces se pospone la contrariedad, en que se funda el reparo, a la razón que se da. Mereció ser el primero este soneto, entre los cultos y profundos del caballero Guarini; pondéralo, que es bizarro en el estilo y agudo en la substancia:

> Il ciel chiuso in bel volto, el' sol diviso
> in due stelle, mi prega amor ch' io cante,
> dov' ei soleva invitto, e gia trionfante,
> nel seggio star de la sua gloria assiso,
>
> Ma quell' eterno amor, che del bel viso,
> vide che' ndegno era terreno amante,
> volse per se quelle bellezze sante,
> e chiuse in poca cella il paradiso.
>
> Ond' io pien di stupor, voci e parole,
> formo imperfette, e sottol' grave pondo
> manca il pensier, non che le rime e i versi
>
> *ne poca tia che di si chiaro sale,*
> *c'ha mille santi raggi al del conversi,*
> *ne splende un Sol ne le mie carte al mondo.*

No se contenta tal vez el discurso con levantar la contrariedad en la duda que pondera, sino que la repite en la razón que da, y de la misma oposición hace desempeño. Ingeniosamente, Marcial, de un hombre rico y regalado, que siempre estaba melancólico y suspirando, dijo:

Quum cathedralicios portet tibi rehda ministros,
et lybis in longo pulvere sudet eques;
strataque non unas cingant triclinia Baias,
et Thetis unguento palleat uncta tuo;
candida setini rumpant crystalla trientes,
dormiat in pluma nec meliore Venus.
Ad nocturna iaces fastosae limina moechae,
et madet, heu, lacrimis ianua surda tuis;
urere nec miserum cessant suspiria pectus.
Vis dicam, male sit cur tibi, Tucca! Bene est.

Exprimióle toda la viveza del picante don Manuel. Salinas en este gran soneto:

Pajes rodean tu carroza hermosos,
al caballo africano veloz picas,
termas de varias mesas te fabricas,
que tiñen siempre ungüentos olorosos.

En vasos de cristal vinos preciosos,
de Setta a tu opulenta mesa aplicas:
tu blanco lecho con cortinas ricas
excede a los de Venus deliciosos.
De noche a la soberbia mujeril
sordos riegan tus ojos su portal,
¿por qué suspiras siempre?, ¡oh Tucca!, ¿quién
tu pecho abrasa en llama juvenil?
¿Quieres que te lo diga? *Tanto mal
procede de que tienes tanto bien.*

Pide en alguna ocasión la valentía del empeño, o por la admiración de la duda, o por la expresión del afecto, una grande exageración por salida; tal fue ésta del culto caballero Guarini, en su tan aplaudido poema:

ERG.
Perche non l' ama.
MIRT.
Ed è vivo? Ed ha core? E non è cieco?
Benche si dritto miro
a lei per altro core,

non resto fiamma più, quanto nel mio,
spiro da que begli occhi,
tutte le fiamme sue, tutti gli amori.

Cuando el asunto del reparo es grande, solicita el Ingenio a discurrir, ya que no se comente con uno ni con dos desempeños, sino que multiplique las soluciones valientes. Vese en este ingenioso soneto, con razón premiado en Zaragoza y discurrido en Huesca, por doña Ana Vincencia de Mendoza a la milagrosa imagen de la Reina de los cielos, aparecida en las amenas orillas del Gállego, y al misterio de tener su hermoso Niño en el brazo derecho. Cantó así en emulación de la misma Euterpe:

Este que acaso incierto es al cuidado,
la fe venere misterioso acierto,
sacro favor, que se vincula cierto,
al mérito feliz de imaginado.

De Madre, ¡oh Virgen!, es mayor agrado,
pues hoy de vuestro corazón advierto,
que por mostralle al hombre descubierto
al Hijo Dios le permitís negado.

Y si él es otro en vos, y no segundo,
diré que le aplicáis a la otra parte,
porque en entrambas el error le acierte,

mas, ¡oh infelice, cuanto ingrato, mundo!
este que arbitrio fue para ganarte,
tomas para disculpa del perderte.

DISCURSO IX
DE LA AGUDEZA POR SEMEJANZA

La semejanza es origen de una inmensidad conceptuosa. Tercer principio de Agudeza, sin límite, porque della manan los símiles conceptuosos y disímiles, metáforas, alegorías, metamorfosis, apodos y otras innumerables diferencias de sutileza, como se irán ilustrando.

En este modo de conceptuar caréase el sujeto, no ya con sus adyacentes propios, sino con un término estraño, como imagen, que le esprime su ser o le representa sus propiedades, efectos, causas, contingencias y demás adjuntos; no todos, sino algunos, o los más principales. Lucido pensamiento fue el de un orador cristiano, en que comparó al gran patriarca san Ignacio de Loyola con aquella primera luz que crió el Señor en el mundo, y en opinión de graves y doctos expositores, della misma hizo al cuarto día el sol, formó la luna, forjó los planetas, y los demás astros, repartiéndola en todas aquellas brillantes lumbreras. Así dice de Ignacio –que aun su mismo nombre le pregona lucimiento y fuego– cómo de primera luz formó el divino Hacedor en este cielo religioso todas las demás lumbreras de santidad, de letras y de prudencia: repartió su espíritu en sus hijos, diciendo: Esta gran porción de luz, será el sol del oriente, un san Francisco Javier; esta otra el Júpiter de un san Francisco de Borja y los demás príncipes santos; aquélla el Mercurio de tantos doctos padres y escritores; el Marte de tantos mártires, la Antivenus, de un beato Luis Gonzaga, Stanislao y otros; la Luna, de un venerable hermano Alonso Rodríguez, y los de su grado; el Saturno superior, con todos los demás astros: que fue una plausible acomodación.

No tienen algunos por Agudeza la semejanza pura, sino por una de las flores retóricas, pero no se puede negar, sino que es concepto y sutileza de la inventiva, como se ve en ésta del doctor Juan Pérez de Montalbán, que tuvo algunas cosas dignas de estimación y excedió en los símiles. Fue éste relevante, aunque censurado más de la pasión que del Ingenio:

¿Viste la concha del mar,
que, bebiendo el sudor bello
del alba, forma una perla
en su cóncavo pequeño;
y que al paso que la concha
va con la perla creciendo,
crece la unión en entrambos,
con un ñudo tan estrecho,
que para sacar la perla
rompen la concha primero,
y se quiebran con el golpe
unos pedazos pequeños?
Pues así mi corazón
fue concha que, con el tiempo,
iba criando una perla,
que es nuestro amor: fue creciendo,
tan unido, que en los dos
de dos almas se hizo un cuerpo,
de dos metades un alma,

y un todo de dos compuestos.

Sácanme del corazón
con violencia y con estruendo,
un amor que había criado,
y así, a los ojos salieron
estas lágrimas, que son,
por más que encubrirlas quiero,
pedazos del corazón
que se ha quebrado allá dentro.

Pondérase mucho por un símile, y se declara bien el intento; valióse dellos, entre sus muchas Agudezas, Marcial; así dijo en este epigrama, respondiendo a un otro poeta, que le censuraba sus trabajos: Yo más querría en un banquete dar gusto y satisfacer a los convidados que a los cocineros:

Lector et auditor nostros probat, Aule libellos;
sed quidam exactos esse poeta negat.
Non nimium curo. Nam coenae fercula nostrae,
malim convivis, quaín placuisse coquis

En el castellano, don Manuel Salinas dice:

Aulo, si el letor y oyente
aplauden mis poesías,
poco importa que por frías
las condene el maldiciente;
de un mal poeta no siente
mi musa el diente severo,
que si convido, más quiero,
que los platos sazonados
den gusto a los convidados
que no al mismo cocinero.

En la misma semejanza pura se hallan sus primores del Ingenio, que la realzan grandemente; con una sola se pueden exprimir dos contrarios afectos. Así dijo don Luis de Góngora:

Que los dós nos parecemos
al roble, que más resiste
los soplos del viento airado,

tú en ser dura, yo en ser firme.

Puédese realzar el concepto, añadiendo a una semejanza otra mayor, y que exprime más el sentir, como en este madrigal, el Marino a san Lorenzo:

> O non cura, o non sente,
> questi che l' alma ardendo, essala, espira,
> l' empia da' rei ministri accesa pira,
> ma gode tra le fiamme, e'n rogo ardente
> rinasce immortalmente,
> o beata! o felice!
> Salamandra di Christo, anzi Fenice.

Otras veces se ponen dos, pero con oposición, más que aumento, para declarar diferentes afectos; así dijo Mendoza, el conceptuoso:

> ¡Oh, mal terrible!
> ¡Ser fénix en amar, y en morir cisne!

Muchas, continuadas y aplicadas bien, aunque no formen el exceso, tienen singular Agudeza; con este artificio trazó aquella real canción el dotor Mira de Mescua, feliz Ingenio, que comienza:

> Ufano, alegre, altivo, enamorado,
> cortando el aire el suelto jilguerillo,
> sentóse en los pimpollos de una haya,
> y con el pico de marfil nevado,
> entre el pechuelo verde y amarillo,
> las plumas concertó, pajiza y gaya,
> y celoso se ensaya
> a descantar en alto contrapunto
> sus celos, y amor junto,
> y al ramillo su apoyo, y, otras flores,
> libre y gozoso cuenta sus amores.
> Mas, ¡ay!, que en este estado
> el cruel cazador, de astucia armado,
> escondido le acecha,
> y al tierno corazón aguda flecha
> tira con mano esquiva,
> y envuelto entre su sangre, le derriba,
> simple avecilla errada,

imagen de mi suerte desdichada.

Mas don Francisco de Quevedo, a la muerte de don Luis Carrillo, no sólo se contenta con acumular las semejanzas, sino que después, por contrariedad, las va aplicando, y convierte en dicha la que ponderó infelicidad:

Miré ligera nave,
que, con alas de lino, en presto vuelo,
por el aire suave
iba segura del rigor del cielo
y de tormenta grave.
En los golfos del mar el sol nadaba,
y en sus ondas templaba,
y ella, preñada de riquezas sumas,
rompiendo sus cristales,
le argentaba de espumas,
cuando, en furor iguales,
en sus velas los vientos se entregaron,
y, dando en un bajío,
sus leños desató su mismo brío,
que de escarmientos todo el mar poblaron,
dejando de su pérdida en memoria
rotas jarcias, parleras de su historia.

Prosigue con otras no inferiores, y luego, en la última estancia, las resume y las aplica por contraria ponderación, diciendo:

Nave, tomó ya puerto;
laurel, se ve en el cielo trasplantado,
y dél teje corona;
fuente encañada a la de Gracia corre,
desde aqueste desierto;
pájaro, regalado
serafín, pisa ya la mejor zona,
sin que tan alto nido nadie borre.
Así, que el que a don Luis llora no sabe,
que, pájaro, laurel, y fuente, y nave,
tiene en el cielo, donde fue escogido,
flores, y curso largo, y puerto, y nido.

De la semejanza suele pasar el Ingenio al exceso, que hace el sujeto al término. Deste modo don Diego de Morlanes, superior Ingenio y universal, en un culto poema del incendio troyano, dijo:

> La fénix no sale ufana
> entre cenizas deshechas,
> como él entre ardientes llamas,
> si toda Troya es un Etna.

Adelantó el piadoso Eneas a la fénix, dejando por poca la semejanza. Con el mismo realce, don Luis de Góngora:

> Era su hermosura tanta,
> que bien se hallaran claveles,
> más ciertos en sus dos labios,
> que en los dos floridos meses.

El término de la similitud no siempre es verdadero; tal vez se finge para más ponderación, y para exprimir más la deformidad o conformidad del asunto. Deste modo comenzó Horacio su *Arte poética*, fingiendo un monstro de impropiedades, y luego, lo asemeja a las obras de algunos escritores:

> Humano capiti cervicem pictor equinam
> iungere si velit et varias inducere plumas,
> undique collatis membris, ut turpiter atrum
> desinat in piscem mulier formosa superne:
> Spectatum admissi risum teneatis, amici?
> Credite, Pisones, isti tabulae fore librum
> per similem, cujus, velut aegri somnia, vanae
> fingentur species: ut nec pes, nec caput uni
> reddatur formae. Pictoribus, atque Poetis,
> quidlibet audeudi semper fuit aequa potestas.

Fíngese también por una alegoría el término de la semejanza, y después se aplica con desempeño. Don Luis de Góngora, a una amorosa emulación, dijo:

> Porque corre a despeñarse
> medio asombrado un arroyo,
> el paso quiere impedirle
> un arrayán piadoso.

Y aunque con mil cortesías,
le va obligando a su tronco,
por entre pies, hecho sierpe,
se le escapa bullicioso.

El llevarse cuanto encuentra,
es de sus celos asombro;
y al fin, con precipitarse,
da a su olvido testimonio.

Desta suerte va prosiguiendo la alegoría, y luego la aplica:

Este ejemplo le contaba
un pastorcillo, celoso,
a una zagala, por quien
hoy le sucede lo propio.

Siempre ha de ser conforme el término de la asimilación, porque como se escoge para imagen, se requiere en él la propiedad, debe ser sublime en materias graves, y muy al caso. Fuelo mucho el cisne con que dio Dido principio y jeroglífico a su cana, eruditamente comentada por nuestro grande amigo el padre Sebastián de Matienzo, de la Compañía de Jesús:

Sic ubi fata vocant, udis abiectus in herbis,
ad vada Maenaudri, concinit albus olor

En materias humildes y de la burla, también ha de ser humilde, pero no que ofenda. En la Fábula de Adonis dijo el Frías, no fríamente, sino con mucha donosidad:

No pudiendo cabriolas,
hacía el prado floretas,
al son de un pícaro arroyo,
que tocaba unas tejuelas.

De las contingencias suele tomar pie el discurso para grandes conceptos, como se dice en cada especie de Agudeza; del mismo modo para la semejanza, y suelen ser las más gustosas, por lo pronto y tan a la ocasión. De un acaso formó este gran soneto don Luis Carrillo:

Viste de ejemplo el tronco, y de fiereza,
este que ves centímano arrogante;
aun muerto, dura en el feroz semblante

el ánimo que opuso a tanta alteza.

Parias en humildad da a la grandeza
del siempre vencedor Altitonante,
y así el árbol, humilde, el arrogante
rostro humilla, humillando su cabeza.

Señales mira en él del rayo ardiente
de Júpiter; respeta los despojos,
oh, tú que admiras, triste, esta memoria.

Fresca aún viven en la altiva frente;
toma en ella consejo, abre los ojos,
y vete, que harto debes a su historia.

No siempre es menester poner formada la semejanza ni expresamente aplicarla, que bastantemente se percibe. Así, don Luis de Góngora:

Cada vez que la miraba,
salía un sol por su frente,
de tantos rayos vestido,
cuantos cabellos contiene.

Acontece no estar formada la semejanza por faltar alguna condición, o por repugnar alguna de las circunstancias y entonces se exprime condicionalmente, que es mayor artificio; como diciendo, si esto fuera o si esto no fuera, te asemejara, que es aún decir más. Con estremada sutileza, don Francisco de Quevedo introduce al sol, hablando con Dafne:

No corras más, Dafne fiera,
que en verte huir tan furiosa
de mí, que alumbro la esfera,
si no fueras tan hermosa,
por la Noche te tuviera.

Este modo de discurrir condicional es muy relevante, y se hallan en él grandes conceptos, no sólo en esta especie, sino en todas las demás; porque se adelanta el Ingenio a lo que no se atreviera absolutamente. Valiéndose de la condición, exageró el ingenioso jurado en esta semejanza:

Entró donde en mármol pario

pensara ver por Lisipo
un ángel, si de los ojos
no le descendiera un Nilo,
y tras él la roja sangre.
por el nevado camino,
que abrió en el hermoso cuello,
sediento puñal buído;
tal quedó, como la rosa,
que de su lugar nativo
destronca el robusto arado,
aunque por más beneficio.

Juntó con el artificio condicionado la correspondencia con los efectos don Luis de Góngora en este estremado soneto al túmulo de la reina doña Margarita:

No de fino diamante o rubí ardiente,
luces brillando aquél, éste centellas,
crespo volumen vio de plumas bellas
nacer la gala más vistosamente.

Que oscuro el vuelo, y con razón doliente,
de la perla católica, que sellas,
a besar te levantas las estrellas,
melancólica aguja, si luciente.

Pompa eres de dolor, seña no vana
de nuestra vanidad, dígalo en viento,
que ya de luces, ya de aromas tanto
humo te debe. ¡Ay, ambición humana!
Prudente pavón hoy con ojos ciento,
si al desengaño se los das, y al llanto.

La gradación de una semejanza a otra más significativa, tiene su especial agrado. Dígalo este augusto concepto, que se escribió con tinta real:

Halagüeños son al gusto,
pues en un grave mirar
cocodrilos aseguran,
cuando basiliscos dan.

Realza la una semejanza a la otra, como más expresiva del pensamiento, de los dos ciegos amantes, el cordobés jurado:

> Y la visita que un tiempo
> guardó de cuartana estilo,
> era ya fiebre continua,
> con frenesí y parosismos.

Aunque no haya gradación de una a otra, sola la paridad entre dos semejanzas a dos sujetos correspondientes, es artificio, como ésta:

> Cada labio colorado,
> es un precioso rubí,
> y cada diente un aljófar,
> que el alba suele reír.

Vese la correspondencia entre las dos semejanzas a los labios y a los dientes.

DISCURSO X
DE LAS SEMEJANZAS. CONCEPTUOSAS

No cualquiera semejanza (en opinión de muchos) contiene en sí sutileza, ni pasa por concepto, sino aquellas que incluyen alguna otra formalidad de misterio, contrariedad, correspondencia, improporción, sentencia, etc. Estas, dicen, son objeto desta Arte; incluyen, a más del artificio retórico, el conceptuoso, sin el cual no serían más que tropos o figuras sin alma de sutileza. Vese en este gran soneto del primer cisne de España, que, a más de la semejanza para exprimir su afecto, incluye la eminente improporción y la contrariedad paradoja:

> Como la tierna madre que el doliente
> hijo le está con lágrimas pidiendo
> alguna cosa, de la cual comiendo,
> sabe, que ha de doblarse el mal que siente.

> Y aquel piadoso amor no la consiente
> que considere el daño que haciendo
> lo que la pide hace, va. corriendo,
> aplaca el mal, y dobla el accidente.

> Así mi enfermo y loco pensamiento,
> que en su daño os me pide, yo querría
> quitalle este mortal mantenimiento.

Mas pídemele, y llora cada día
tanto, que cuanto quiere le consiento,
olvidando su muerte y aun la mía.

La proporción y correspondencia realza en sumo grado la semejanza. Por ella comienza don Francisco de Quevedo la fábula *De Dafne*:

Delante del sol venía
corriendo Dafne, doncella
de estremada gallardía,
y en ir delante tan bella
nueva Aurora parecía.

Por lo contrario, se funda con agradable primor en una contraposición. Grandemente, dijo el conde de Villamediana:

Es la mujer un mar, todo fortuna,
una mudable vela a todo viento,
es cometa de fácil movimiento,
sol en el rostro y en alma luna.

Aquella contrariedad da alma a la semejanza, que por sí sola fuera muerta. Admírese en este madrigal del conceptuoso Marino, al Nacimiento:

Avolto in sottil velo
(Rimirate, o mortali!
E stupisci, o natural)
nasce il sommo Fattor fatto fattura;
tra duo vili animali
giace in ruvide piume,
chi su le stelle assiso,
ha gli angeli ministri in paradiso;
l' allegrezza del Cielo
piange, e l' eterno sol trema di gelo.

Este mismo artificio contiene aquel elegante y premiado soneto de don Luis de Góngora al patriarca san Ignacio, metido en el estanque helado, para apagar el fuego de un mozo lascivo:

En tenebrosa noche, en mar airado,
al través diera un marinero ciego,
de dulce voz, y de homicida ruego,

de sirena mortal lisonjeado.

Si el fervoroso celador cuidado
del grande Ignacio, no ofreciera luego,
farol divino, su encendido fuego
a los cristales de un estanque helado.

Trueca las velas el bajel perdido,
y escollos juzga, que en la mar se lavan,
las voces, que en la arena oye lascivas:
Besa el puerto altamente conducido,

de las que para norte suyo estaban
ardiendo en aguas muertas llamas vivas.

Cuando el símile se ayuda de la correspondencia, o con las causas, o con los efectos del sujeto, es una gran delicadeza. Fue superlativo concepto del caballero Guarini como parar a Venus con la mar, fundándolo en ser su hija:

Figlia del mar ben degna,
*e degnamente nata
di quel perfido monstro.
Che con aura di speme allettatrice,*
prima lusinghi, e poi
movi ne' petti umani,
tante fiere procelle
de impetuosi e torbidi desiri
di pianti, e di sospiri;
che madre di tempeste, e di furore,
debba chiamarti it mondo,
e non madre di amore.

Añadió a la antítesi lo crítico y malicioso en esta semejanza, el mayorazgo de la Agudeza, nuestro Marcial:

Mentiris Iuvenem tinctis, Lentine, capillis:
tam subito corvus, qui modo eignus eras.
Non omnes fallis: scit te Proserpina canum;
personam capiti detrahet illa tuo.

No se pudo decir más, sí logrado en esta décima don Manuel de Salinas:

Lentino, que viejo ayer,
hoy eres joven mentido,
de cisne, por lo teñido,
en cuervo mudas el ser;
por más que quieras traer
melena y barba fingida,
a Proserpina advertida,
no engañará tu invención,
que quitando el mascarón,
te jubilará la vida.

Fúndase también la semejanza en la correlación del nombre y válese de la paronomasia, para apoyo de la similitud. Desta suerte, un ingenioso orador, fue buscándole los epítetos al sol. Virgilio le llama rey de la luz: *Per duodena regit sol aureus astra*. Horacio, honra y lucimiento del cielo: *Lucidum coeli decus*. Ovidio, espejo del día: *Opposita speculi refertur imagine Phoebus*. Lucano, fuente de la luz: *Largus item liquidis fons luminis aetherius sol*. Silio Itálico, lámpara del mundo: *Explorat dubios phoebea lampade natos*. Statio, el padre universal: *Donec pater igneus orbem impleat*. Séneca el trágico, el rector de la claridad: *O lucis almae rector*. El cristiano Vida, la rosada antorcha: *Et face sol rosea nigras difiecerat umbras*. Platón, la cadena de oro del cielo: *Aurea coeli catena*. Plinio, alma del mundo: *Mundi animus et mens*. Ausonio, mayorazgo del resplandor: *Aurea proles*. Boecio, el cochero del día: *Quod phoebus roseum diem curru provehit aureo*. Arnobio, el príncipe de los astros: *Syderum sol princeps*. Cicerón, el presidente de las antorchas: *Moderator luminum*. San Gregario Nacianceno, el corifeo de las estrellas: *Reliquorum syderum corifeus*. San Basilio, ojo resplandeciente del cielo: *Oculus coeli splendidus*. El Profeta Rey, gigante de la luz: *Exultavit ut gigas*. Finalmente, el grave y erudito Filón, le llamó el duque de las estrellas: *Stellarum dux*. Luego, aplicando la semejanza al santo duque y beato padre Francisco de Borja, dice: Sol es ilustrísimo, porque entre tantos nobilísimos descendientes, padre es de las estrellas; entre cortesanos, el espejo del día y de su edad; entre títulos y señores, el príncipe del lucimiento; entre grandes, el gigante del esplendor; entre virreyes, el presidente de los astros; entre validos y favorecidos, la lámpara del día; entre casados, la cadena de oro del cielo; entre viudos, el decoro del firmamento; entre seglares, alma del mundo; entre religiosos, el corifeo de las estrellas; entre superiores y generales, el rector de la luz; entre sacerdotes, la fuente del resplandor; entre doctos, ojo resplandeciente del cielo; entre santos, la antorcha más resplandeciente y encendida. Finalmente, entre todos, el duque de las estrellas en nobleza, cortesía, valor, sabiduría, prudencia, religión, virtud, santidad, gracia. Aunque toda la acomodación de la semejanza fue erudita, pero la excelente paronomasia de duque de las estrellas con el santo duque, da el realce al pensamiento.

Siempre el nombre fue origen de grandes conceptos, come se dirá en su propia especie; así también para la semejanza da fundamento de conformidad y proporción don Luis de Góngora en *Las Firmezas*, dijo:

> Desdichada Violante,
> a la flor de tu nombre parecida;
> celosa como amante,
> tan de azul, tan de púrpura teñida,
> que es amante y celosa,
> un lilio breve, una pequeña rosa.

Saca del nombre de Violante la alusión a la flor para la ingeniosa semejanza, exprimiendo sus des afectos. En el equívoco del nombre se fundó también aquel aplaudido pasquín de Roma, en tiempo de Nerón, cuando al rebelarse Francia, despertó él del sueñe de su flojedad: *Galli*, decía, *te cantando excitarunt*; los gallos te han despertado.

La improporción y contrariedad de afectos se exprime artificiosamente por dos contrapuestos símiles. Dulcísimamente el Guarino, dijo:

> Amarilli del candido ligustro
> più candida e più bella;
> ma dell' aspido sordo; .
> e più sorda, e più fiera, e più fugace.

Y en otra parte:

> Se miro il tuo bel viso
> amore e un paradiso:
> ma se miro il mio core,
> e un infernal ardore.

La contraposición siempre fue gran realce de toda sutileza; y aquí, de la semejanza, porque hacen agradable armonía entre sí dos dellas en su antítesi. Don Luis de Góngora:

> Espuela de honor le pica,
> y freno de amor le para;

no salir, es cobardía,
ingratitud es dejalla.

En el mismo. término. asimilado suele hallarse ya la artificiosa contradicción, y el saberla aplicar bien al sujete, es sutileza suma. Logra este ilustre Soneto. por sí, y por su autor, que fue el marqués de Tarifa.

Tienen los Garamantes una fuente,
que, por oculta calidad del suelo,
el agua tiene fría como el hielo,
cuando la hiere el sol resplandeciente.

Mas luego que en la mar baña su frente,
y el mundo se escurece, y en el cielo
tiende la negra noche el rico velo,
hierve y abrasa como fuego ardiente.

¡Así yo, triste, en fuente convertido
de llanto, estoy helado en la presencia
de los ojos, que son el sol que temo;

mas luego que escurece mi sentido
la escurísima noche de su ausencia,
en vivo fuego me consumo y quemo!

DISCURSO XI
DE LAS SEMEJANZAS POR PONDERACIÓN
MISTERIOSA, DIFICULTAD Y REPARO

Suelen ser las semejanzas, ya fundamento, ya desempeño de las ponderaciones misteriosas, de los reparos y dificultades de contradicción; porque unas veces dan ocasión para dificular, otras veces a la dificultad sirven de salida con mucho artificio, y esto es lo más ordinario. Desta suerte el pronto Rufo, mandándole el señor don Juan de Austria, el Primero, que ponderase con brevedad, cómo la muerte iguala los reyes con los más humildes hombres, y por otra parte suele avisarles con los cometas, dijo al punto:

Pues de reyes sois hermano,
ved que el cielo diferentes
los hace de eso tras gentes,

a lo divino y humano.

Porque el cometa que envía
cuando a morir los emplaza,
*rayo es que el cuerpo amenaza
y estrella que el alma guía.*

Estremada salida al misterio de los cometas, en las muertes de los príncipes, por la semejanza con su breve lucimiento, y añade la correspondencia entre guiar el espíritu como estrella y amenazar el cuerpo como rayo.

Ni con menos artificio sirven de desempeño a la dificultad del reparo. Ponderó uno, en la genealogía de Cristo Señor nuestro, por san Mateo, el nombrar solas cuatro mujeres pecadoras, y después dellas aquella gran Señora, esenta de toda culpa, y da la solución por una sazonada semejanza: Que así como estando el cielo nublado campea más una estrella, así María, que lo es del mar, brilla más entre los celajes de tantas culpas.

Hácese misterio de las contingencias ordinariamente y dáseles salida extraordinaria por la semejanza. Cantó don Luis de Góngora al nacer el sol del empíreo en nuestro humilde hemisferio:

Nace el niño, y velo a velo
deja en cabello a su madre:

*que esto de dorar las cumbres
es muy del sol mando sale.*

Deste mismo artificio se valió el sutil Plinio en su Panegiri, ponderando que los motines y alteraciones del pueblo romano, que precedieron al pacífico gobierno de Trajano, habían sido como la tempestad del cielo y borrasca del mar, que aseguran después la serenidad y la bonanza: *Coeli, et maris temperiem commendant turbines, et tempestates: ita ad augendam pacem tuam illum tumultum praecesisse crediderim.*

En la misma semejanza se puede hacer el reparo, digo en el término asimilado, y dásele con la aplicación la relevante salida, que si fuere moral se estima más. De don Luis Carrillo, a un caballo, ejemplo de lo que fue, gran soneto:

El imperioso brazo y dueño airado,
el que Pegaso fue, sufre paciente;
tiembla a la voz medroso y obediente;
sayal le viste el cuello ya humillado.

El pecho anciano, de la edad surcado,
que amenazó desprecio al oro, siente,
humilde ya, que el cáñamo le afrente,
humilde ya, le afrente el tosco arado.

Cuando ardiente pasaba la carrera,
sólo su largo aliento le seguía,
ya el flaco brazo al suelo apenas clava.
¿A qué verdad temió su edad primera?
Llegó, pues, de su ser el postrer día,
que el cano tiempo, en. fin, todo lo acaba.

Con enseñanza pondera la contrariedad de tiempos, hace reparo en el infeliz dejo, y da una gran moralidad por solución. Con otra gran moralidad dio alma a un emblema Alciato, tomándola del griego Teócrito. Pinta al amor herido de una abeja, quejándose a su madre, y que ella, por una excelente retorsión, le zahiere la semejanza:

Alveolis dum mella legit, percussit Amorem
furacem mala opes, et summis spicula liquit
in digitis; tumido gemitat puer anxius ungue,
et quatit errabundus humum: Venerique dolorem
indicat, et graviter queritur, quod apicula parvum
ipsa inferre animal, tam noxia vulnera possit,
 cui ridens Venus. Hanc imitaris tu quoque, dixit,
 nate, feram, qui das tot noxia vulnera parvus.

Repara Amor, que una pequeña abejuela le cause dolor tan grande, y dale su madre la solución, aplicándole con artificiosa retorsión su semejanza. No mal la parafrasea un antiguo español:

Madre mía, una avecilla,
que casi no tiene pico,
me ha causado más dolor,
que pudiera un basilisco.
La madre; que lo conoce,
vengada, por verle herido,
de cuando la hirió de amores
de Adonis, que tanto quiso,
medio riendo le dice:
De poco lloras, Cupido,

siendo tú, y esa avecilla
iguales en el oficio.

También se supone la semejanza ajena, y se puede fundar sobre ella el reparo, dando la ingeniosa salida. Así fray Diego López de Andrada glosó, que con razón se comparó el sentimiento del perder el cielo al de cinco vírgines despreciadas de su esposo, porque no hay tormento que se le iguale al de una mujer despreciada.

Cuanto mayor es la razón de la dificultad, y más la razón del reparo, sale más la semejanza en la solución. Ingeniosamente reparó uno en la presteza con que se movió la Reina de todos para ir a visitar a su prima santa Isabel, y responde con una valiente semejanza: Que así como el cielo no se movió hasta que tuvo al sol al cuarto día, y se vio o ilustrado o comunicativo, así este cielo animado de María, en habiendo concebido al sol infinito, se mueve con tanta ligereza, a dar luz y a comunicar tan divinas influencias.

La acomodación, y aun la salida al reparo de la semejanza, tal vez son hiperbólicas con mayor artificio, pues añaden el del encarecimiento, Admira ésta de don Luis de Góngora en la *Isabela*:

> Hay una flor, que con el alba nace,
> caduca al sol, y con la tarde pierde
> la verde rama, que su cuna verde
> la tumba es ya donde marchita yace;
> ¡oh, cómo satisface
> no más sobrevenida
> que el mortal celo, de que está ceñida
> a mi esperanza, que infeliz la nombro,
> pues no fue maravilla, sino asombro!

Pondera la brevedad, repara en lo azul de su gala, y acomoda por exageración. Es doblado realce, cuando a más del misterio se añade la conformidad o proporción en la semejanza que desempeña. Comentó con sutileza uno el martirio de san Juan evangelista en la tina de aceite, y dijo que con mucha razón el que era luz inextinguible de la Iglesia, era antes ilustrado que extinguido con tal género de martirio.

El nombre da pie ordinariamente para los reparos, con su significación, y aplícase por la conformidad en los efectos. Este mote dio el agudo jurado a un caballero llamado Bracamonte, en unas cañas:

> El nombre tengo de monte,
> y el Etna debo de ser,
> pues nunca dejo de arder.

Repara en el nombre, y da salida con la semejanza al volcán de su pasión. Mejor fundó el misterio en el augustísimo nombre de María, Juan María de Incarnatione, (cap. 3): ponderó su felicísima significación, que es *Estrella de la mar*, y dale salida con la semejanza de la estrella del norte, que así como ésta no conoce ocaso, así María nunca cayó en la culpa.

Comúnmente toda semejanza que se funda en alguna circunstancia especial, y le da pie alguna rara contingencia, es conceptuosa, porque nace con alma de conformidad, y se saca de la misma especialidad del objecto. Las demás que no tienen este realce, son semejanzas comunes, muertas sin el picante de la connexión fundamental. Desta suerte aquel gran benemérito de la Agudeza, Rufo, dijo de un príncipe, que disparando una pistola se le reventó el cañón y le derribó el pulgar, que quien era un león en el valor y en las armas, lo había de ser también en tener una uña menos como el león, singular en esto de las demás fieras. Lo vivo desta semejanza consiste en aquella especialidad de tener un dedo menos, así como el león, una uña; porque si se fundara en el valor a solas, fuera una cosa muy común y un símile sin espíritu de concepto.

Dos contingencias pondera Marcial en este valiente epigrama, una en el sujeto, otra en el término asimilado: Quedó una víbora sepultada en la goma de los álamos, llamada electro; huyendo Cleopatra a Egipto, se encerró en el precioso sepulcro que ella había fabricado, donde acabó, y no hallaron en él sino una víbora; glosa el poeta entrambas contingencias, y concluye con la maliciosa semejanza entre la ponzoñosa víbora y Cleopatra:

> Flentibus Heliadum ramis dum Vipera serpit,
> fluxit in obstantem succina gemma feram:
> quae dum miratur pingui serore teneri,
> concreto riguit vincta repente gelu.
> Ne tibi regali placeas, Cleopatra, sepulcro;
> vipera si tumulo nobiliore iacet.

Tradújolo con la acostumbrada propiedad don Manuel Salinas, y dijo:

> Junto a un álamo pasaba
> una víbora, en sazón,
> que al infeliz Faetón
> su triste hermana lloraba.

Helóla el precioso llanto,
y mientras admira el ver
que la pueda detener,
se halló presa con espanto.

De electro puro su suerte
el sepulcro la labró,
donde viva se enterró,
para hacer feliz su muerte.

Viva también te metiste,
Cleopatra, en sepulcro real
huyendo el riesgo fatal
donde a víbora te diste.

Pero no por más dichoso
juzgues tu fin desdichado,
si una víbora ha llegado
a túmulo más precioso.

Del Bautista ponderó un orador cristiano, que con razón fue anunciado del ángel, al ofrecer su padre Zacarías el incienso. Porque el que había de ser la fénix de los santos, se pareciese también a la fénix en concebirse entre aromas. Del evangelista ponderó otro, el estar al pecho de su Maestro, cuando hace plato de su carne y sangre, porque es muy propio del águila congregarse donde hay cuerpo y cebarse en el corazón. De san Esteban, san Fulgencio: que, el que era corona de los mártires, lo pareciese en la preciosa pedrería. Todas estas semejanzas se fundan en alguna razón y circunstancia especial, que da pie al Ingenio para el concepto.

DISCURSO XII
DE LAS PONDERACIONES Y ARGUMENTOS
POR SEMEJANZA SENTENCIOSA

Válese con grande artificio el Ingenio de las semejanzas para sacar una moralidad provechosa; pondera el término asimilado con sus circunstancias, y concluye convenciendo al sujeto. Felizmente consiguió su intento Bartolomé Leonardo, en este grave epigrama:

Cloris, este rosal, que libre o rudo,
del arte huyó al favor de la floresta,
su arrogancia selvática depuesta,

vecinas flores le verán desnudo.

Nota esa rosa, que aun ahora pudo
abrir el paso a su niñez modesta,
para cuán breves términos apresta
la grana, que libró del verde ñudo.

Vive su planta los estivos meses;
mas el honor de los purpúreos senos,
¡mísera edad!, la madurez de un día:

Pues si lo raro, ¡oh Cloris!, dura menos,
la pompa ,de tu abril, ¿por qué confía
que ha, de reinar con hados más corteses?

Arguye, con la fragilidad de la mayor hermosura, entre las flores, a la humana belleza. Unicamente el poeta teólogo san Gregario Nacianceno, ornamento de la Iglesia Católica, en su *Poema de la Virginidad*, hace argumento de la fénix a la inmortalidad de la pureza.

Ut Phoenix moriens primos revirescit ad annos,
in medis flammis post plurima lustra renascens;
atque novum veteri surgit de corpore corpus,
haud secus egregia redduntur morte perennes,
dum pia divinis ardescunt pectora flammis,
corpore in afflicto sita vis, roburque piorum est.
Haec quisquis bene perspiciet cum corpore foedus
non feriet, postquam meliori exarserit igne.

Añádese a la semejanza la sentencia con ventaja, y sale mejor la moralidad. Pinta don Luis de Góngora el Palacio de la Primavera, apodando y celebrando cada flor, en aquel florido romance que comienza:

Esperando están la rosa,
cuantas contiene un vergel
flores hijas de la aurora,
bellas cuanto pueden ser.

Va describiendo con la cultura y realces de estilo que acostumbra, y concluye con esta sentencia, que fue el fruto de tanta flor:

Este de la Primavera
el verde Palacio es,

que en cada un año se erige
para poco más de un mes;
las flores a las personas
ciertos ejemplos les den,
que puede ser yermo hoy,
lo que fue jardín ayer.

De la misma sentencia hace argumento Francisco López de Zárate, florido Ingenio, en este, célebre soneto:

Esta, a quien ya se le atrevió el arado,
con púrpura fragante adornó el viento,
y negando en la pompa su elemento,
bien que caduca luz, fue sol del prado.

Tuviéronla los ojos por cuidado,
siendo su triunfo breve pensamiento:
¿quién, sino el yerro, fuera tan violento,
de la ignorancia rústica guiado?

Aun no gozó de vida aquel instante,
que se permite a las plebeyas, flores,
porque llegó al ocaso en el oriente.
¡Oh, tú, cuando más rosa y más triunfante,
teme, que las bellezas son colores,
y fácil de morir todo accidente!

Del término asimilado se hace tal vez el argumento en contrario, y entonces más se, pondera la desemejanza del sujeto con quien se carea. Así el sentencioso Horacio, igualmente filósofo que poeta, en aquella su primera sátira tan plausible, arguye a un avaro con la moderación de la hormiga, que sólo el verano recoge, pero él, ni en el tempestuoso invierno perdona a los peligros de los mares.

Parvula nam exemplo est formica laboris
ore trahit quodcumque potest,. atque addit acervo
quem struit haud ignara ac non incauta futuri;
quae simul inversum contristat Aquarius annum,
non usquam prorepit, et illis utitur ante

quaesitis patiens. Cum te neque fervidus aestus
dimoveat lucro; neque hiems, ignis, mare, ferrum.
nihil obstet tibi: dum ne sir te ditior alter.

En una misma semejanza se pueden sacar dos moralidades a diferentes consideraciones; como se ve en este soneto de Lope de Vega, también a la rosa, que como término tan sublime, todas las doctas abejas pican en ella:

¡Con qué artificio tan divino sales
desa camisa de esmeralda fina,
oh rosa celestial alejandrina,
coronada de granos orientales!

Ya en rubíes te enciendes, ya en corales,
ya tu color a púrpura se inclina,
sentada en esa basa peregrina,
que forman cinco puntas desiguales.

Bien haya tu divino Autor, pues mueves
a su contemplación el pensamiento,
y aun a pensar en nuestros años breves:

Así la verde edad se esparce al viento,
y así las esperanzas son aleves,
que tienen en la tierra el fundamento.

Pero cuando a la semejanza da pie alguna circunstancia especial del sujeto a quien se arguye, entonces es rigurosamente concepto, y de semejanza retórica pasa a sutileza del Ingenio. Así el culto Pontano Joviano, en un epitafio que suscribió al túmulo de una tierna doncella, llamada Rosa, fundando la Agudeza en el nombre, forma la semejanza en lo frágil, así como. en lo florido y hermoso. Es gran epigrama:

Non nomen tibi, quin omen fecere parentes,
dixerunt cum te, bella puella, Rosam,
utque rosa brevius nihil est, aequeque caducum,
sic, cito, sic breviter, et tua forma perit.

De la circunstancia o contingencia de mirarse en las aguas del Tajo, y ver en ellas, las ruinas del castillo de San Cervantes, toma ocasión don Luis de Góngora para formar la semejanza y argüir con ella a una belleza:

Si de las aguas del Tajo,
hace a su beldad espejo,

> ofrécele tus ruinas,
> a su altivez por ejemplo.
>
> Háblala mudo mil cosas
> que bien sabrás, pues sabemos,
> que a palabras de edificios,
> orejas los ojos fueron.
>
> Dirásla, que con tus años
> regule sus pensamientos,
> que es verdugo de murallas
> y de bellezas el tiempo.

Si la contingencia lleva consigo la deformidad, se glosa con más acierto y sutileza. Censurando algunos que dos mujeres, de las que viven en la corte con libertad, entrasen en una casa muy autorizada, a visitar muy en forma, respondió el pronto Rufo: Son como las moscas, que se pasan de un vuelo del estiércol a la mesa del rey. Destas prontitudes, tiene muchas en su libro de los *Seiscientos apoftegmas*; lógrale, que es uno de los libros del buen gusto.

De la improporción, semejanza y alusión crítica, compuso el juicioso Alciato este preñado emblema, y lo exprimió por una elocuente prosopopeya; habla un delfín, arrojado del mar, su centro, a las arenas, en una furiosa tempestad, y dice:

> Delphinem invitum me in littora compulit aestus,
> exemplum infido quanta pericla mari.
> Nam si nec propriis Neptunus parcit alumnis;
> quis tutos homines navibus esse putet?

Es estremada contingencia, y bien comentada, y hace la alusión tácita a sucesos trágicos grandes, y aun coronados. Sobre todo, cuando la semejanza va realzada con el misterio, y se le da salida con una grave y sentenciosa ponderación, es el triunfo desta Agudeza: relee, estima y aun admira este español epigrama a una fuente, que de la de su perenne Ingenio nos comunica don Manuel de Salinas y Lizana, canónigo de la catedral de Huesca, tan ingenioso en sus poemas cuan propio en los ajenos:

> Risueña, hermosa y cristalina fuente,
> el empleo mayor de los sentidos;
> sonora lisonjeas los oídos,
> los ojos solicitas transparente.

De olor bañan tus flores el ambiente,
el gusto y tacto digan embestidos
de augusto sol, si fueron socorridos
de tu helado raudal, dulce corriente.

Todo lo hermoso y lo agradable excedes;
pero ni en esto tus aplausos fundo,
que no repara en lo caduco el cuerdo.

Gloriarte sola, y justamente puedes,
de que siendo perene acá en el mundo,
de la eterna morada haces recuerdo.

Altérnanse con mucha gracia dos y tres semejanzas juntas para la persuasión y el desengaño. El dulce, sobre ingenioso Remondo, jesuita, persuade a la honestidad y al recato con estas tres de la nieve, del espejo y de la rosa:

Corporis intacti species, mentisque pudicae,
nix, speculum, et mollis dicitur esse rosa.
Quid nive candidius? Speculo quid purius ardet?
Quidve potest tenera pulchrius esse rosa?
Mors rosae in atactu est speculum levis inquinat aftrae,
et nix vel minima labe no tata nigra est.
Quam facilis labes, facilisque atactus, et aura est,
tam sic magna tuae cura pudicitiae.

La exageración hace muy salida la semejanza y la da mucho vivo para el desengaño, cual fue ésta de Villamediana, entre muchas muy significativas:

Méritos de desdichados,
son sufragios de precitos,
que inútilmente dan gritos,
sujetos mal escuchados.

Nadie porfíe ni espere
vencer efectos del hado,
que el que ha de ser desdichado,
entre los remedios muere.

La gustosa crisi se explica mucho por una semejanza; usáronlas mucho los satíricos, como Juvenal, Persio, y también los filósofos morales: campean en Séneca, Plutarco y otros. Es digna de todo aprecio ésta de uno de los cisnes del

Ebro, Juan de Verzosa, el aragonés Horacio, por lo recóndito y sentencioso de sus *Epístolas*, que escribió a los mayores príncipes y personajes de la Europa; en una dellas, al secretario Gonzalo Pérez, le dice:

> Hatid temere laudabo tibi, t,adamque (Peresi)
> quemque hominum, genus humanum dignoscere cauto:
> si bonu est propria tibi se vi,tute probabit;
> sin malus, agnosces, et me censebis ineptum,
> qui tales homines tradam tibi; et ille recedet
> post illa populo toti evitabilis, ut si
> quis percussori nummum commendet: et usque
> urgeat assiduus precibus, numeretur ut Inter.
> germanos, licet verae non esse monetae:
> prodet adulterium tinnitibus atque colore,
> ignibus, et lydo lapide, atque incude severa,
> nec panem pistor, nec caupo numismate vinum
> hoc pe,mutabit. Commendet quisque tibi se
> moribus, et studio in Regem, curaque fideli.

El logro deste gran autor, con otros muchos de los antiguos españoles, especialmente de nuestros aragoneses, en número y calidad insignes, de quienes he tenido colmada fruición, si antes, ni aun noticia, reconozco; y estimaré siempre al copioso y culto museo de nuestro mayor amigo don Vicencio Juan de Lastanosa, benemérito universal de todo lo curioso, selecto, gustoso, en libros, monedas, estatuas, piedras, antigüedades, pinturas, flores; y, en una palabra, su casa es un emporio de la más agradable y curiosa variedad.

Lo satírico hace la semejanza plausible. Comparaba un discreto las mercedes de los reyes al tirar piedras, que las grandes se quedan muy cerca, a los pies, pero las chinas caen muy lejos. Todo el fruto de una semejanza déstas, viene a ser el desengaño y la moral enseñanza. Sea corona desta Agudeza este precioso soneto, compuesto de las mismas arenas de oro de Hipocrene en vez de sílabas. Don Luis de Góngora a la brevedad de la vida:

> Menos solicitó veloz saeta,
> destinada señal, que mordió aguda;
> agonal carro por la arena muda
> no coronó con más silencio meta:
>
> ¡qué presurosa corre!, ¡qué secreta

a su fin: nuestra edad! A quien lo duda,
fiera que sea de razón desnuda,
cada sol repetido es un cometa;
Confiésalo Cartago ¿y tú lo ignoras?
Peligro corres, Celio, si porfías
en seguir sombras y abrazar engaños:

mal te perdonarán a ti las horas,
las horas que limando están los días,
los días que royendo están los años.

DISCURSO XIII
DE LOS CONCEPTOS POR DESEMEJANZA

Pretende la desemejanza aun más peregrino su artificio –hállanse en ella todas las sutilezas y primores de Ingenio– que en la semejanza con sola esta diferencia: que aquí se hace el careo al contrario, esto es, mostrando la diversidad que se halla entre el sujeto disimilado y el término a quien se desemeja, como se ve en este perfectísimo soneto que fue trofeo de la poesía española; contrapuso en él un príncipe en sangre, y más en el Ingenio, lo fingido y turbio del corazón humano con la claridad de una, fuente:

Risa del monte, de las aves lira;
pompa del prado, espejo de la aurora,
alma de abril, espiritu de Flora,
por quien la rosa y el jazmin respira.

Aunque tu curso, en cuantos pasos gira,
perlas vierte, esmeraldas atesora,
tu claro proceder más me enamora
que cuanto en ti naturaleza admira.

¡Cuán sin engaño tus entrañas puras
dejan que por luciente vidriera
se cuenten las guijuelas de tu estrado!

¡Cuán sin malicia cándida murmuras!
¡Oh sencillez de aquella edad primera!
Perdióla el hombre adquirióla el prado.

Pondérase la malicia humana y la candidez de la fuente, lo inscrutable del corazón y la transparencia de los cristales con agradable contraposición, y hácese el argumento de lo menos a lo más.

Las conceptuosas, y que son rigurosamente conceptos, son las que .se fundan en alguna circunstancia especial, tomando pie della el discurso para conceptear, y entonces, a más del artificio retórico, añaden el conceptuoso; como se ve en ésta, que se sacó de una contingencia rara y singular: Eclipsóse el sol el día que nació un príncipe en nada esclarecido, y glosó uno que aun materialmente se le negaba el sol al que no lo había de ser por sus esclarecidos hechos. Al contrario, el ingenioso Remando, jesuita, careó el nacimiento de Cristo, Señor nuestro, con su muerte; allí aparecen tres soles, aquí uno se eclipsa, allí se ven nuevas estrellas, aquí se esconden; y' de la contrariedad de circunstancias saca que es el Señor el verdadero sol de las eternidades.

> Clara dies, oreris media dum nocte, refulget
> dum moreris medio nox ruit atra die.
> O verum solem supera inter lumina, quo lux
> ex Oriente oritur, quo fugiente fugit.

Entretéjense aquí muchas sutilezas; el reparo en las contingencias, la contraposición entre las mismas, y concluye con. la ingeniosa similitud. Cualquiera de las circunstancias o adjuntos del sujeto disimilado, da pie con artificiosa sutileza para la diversidad. Del rey don Pedro el Cruel dijo un buen historiador que con razón le privó del reino y substituyó un bastardo, al que no había querido ser verdadero padre de sus vasallos.

Así como la correspondencia entre las propiedades del sujeto y término da ocasión a la semejanza, así, al contrario, la improporción y discordancia de los mismos extremos sirve de fundamento a la conceptuosa desemejanza, y campea mucho aquella contraposición por ser muy artificiosa. Fue alma deste gran soneto, y, aunque comienza por la conformidad asímbola, concluye con la diversidad contraria. Cantó a un olmo don Luis Carrillo:

> Enojo un tiempo fue tu cuello alzado,
> a la patria del Euro proceloso:
> era tu verde tronco y cuello hojoso,
> dosel al ancho Betis, sombra al prado.
>
> ¿Y a qué la edad no humilla? Derribado,
> gimes del tiempo agravios: ya lloroso

tu ausencia llora el río caudaloso,
tu falta siente y llora el verde prado.

Envidia al alto cielo fue tu altura,
cual tú me abraza el suelo, derribado,
imagen tuya al fin, ¡oh tronco hermoso!

*Tu mal llora del Betis la agua pura,
y quien llore mi mal nunca se ha hallado.
¡Que en esto sólo basta el ser dichoso!*

También la desemejanza suele ser sutil desempeño de un misterio o reparo: Salieron dos osos a despedazar los cuarenta muchachos que se burlaban del profeta Eliseo; ponderó un grave escritor, el padre Francisco de Mendoza, jesuita, de los ingeniosos y que discurren con mucho fundamento: ¿Por qué no envió el cielo leones o tigres, sino osos?; y da la valiente salida por desemejanza de la osa, que con su lengua va formando y perfeccionando su deforme parto: castigó el Señor los hijos, y corrigió los padres con el ejemplo de las cuidadosas fieras. San Ambrosio saca la moralidad: Ursa insidians licet, ut scriptura ait (*est enim plena fraudis fera*) *tamen fertur informes utero partus edere; sed natos lingua fingere, atque in speciem sui similitudinemque formare. Non miraris in fera, tam pii oris officia; cuius naturam pietas exprimit! Ursa igitur partus suos ad sui effingit similitudinem, tu filios tuos instituere similes tui non potes?*

Pondérase un desengaño con grande propiedad por una disimilitud, que declara mucho la diversidad de los dos términos careados; usan dellas ordinariamente los cómicos por su facilidad. Realzadamente el cortesano Mendoza, dijo:

Soledad, no hay compañia
mayor, donde el alma yace
consigo, y en ella nace
una verdad cada dia:
en esta breve armonía,
miro cuán breve reposa
en un peligro la rosa,
en un desmayo el jardín:
y que sola el alma al fin,
permanece siempre hermosa.

Sirven con estremado primor para la crisi ya juiciosa, ya irrisoria, porque exprimen con grande énfasi la deformidad del objecto. Con una dio valiente principio a la segunda jornada de su Isabela don Luis de Góngora; introdúcela diciendo:

> Dichosa pastorcilla,
> que del Tajo en la orilla,
> por ella, más que por su arena, rico,
> viste sincera y pura
> blancura de blancura;
> nieve el pecho y armiños el pellico,
>
> y al viento suelta el oro encordonado,
> cuando vestirse quiere de brocado.
>
> A sombra de un aliso,
> que al ruiseñor ya quiso
> servir de jaula de sus dulces quejas,
> después que han argentado
> de plata el verde prado,
> reduce a sus rediles sus ovejas,
> do las ordeña, compitiendo en vano
> la blanca leche con la blanca mano.
>
> Pastorcilla dichosa,
> si ya te hizo esposa
> dulce propia elección, no fuerza ajena;
> al de plumas lozano,
> avestruz africano,
> que vuela rey en su desnuda arena, menosprecia la tórtola, y en suma,
> más arrullos escoge, y menos pluma.
>
> Yo, pobre de ventura,
> de caduca hermosura,
> rica, si bien nacida, y bien dotada, etc.

El nombre siempre ayuda a discurrir;- es gran fundamento para la correspondencia o disonancia con los efectos. Valiéndose dél, forma una artificiosa contraposición un grande Ingenio, en este valiente epigrama; pondéralo, que hallarás mucha alma en él. Es a santa Inés, glosando su nombre de cordera, y su valor en el martirio, de leona, y concluye desposándola con su divino esposo, ya león de Judá, y ya corderito de Dios:

Agna es virgo, lupus sed dim marte lacessis,
non feritas agnas haec decet, imo leas.
Es lea, et agna simul, servas velut agna pudorem,
vincis carnificum seu lea torva minas.
InnoCuo velut agna Dei sociaberis Agno¡
ut lea, vincentis sponsa Leonis eris.

Entretéjense los primores conceptuosos entre sí a cada paso, y uno a otro se realzan grandemente. Así, en este sentido soneto de don Antonio de Mendoza, la exageración aviva la desemejanza y acaba de perficionarla el reparo, con su sentenciosa salida:

Brama el mar, de los aires ofendido,
y estrella quiere ser en su elemento;
gime de horrores desatado el viento
un mal de tantos montes oprimido.
Cruje la selva, el cielo embravecido
estremece el dudoso firmamento;
que no hay quien niegue a un daño el sentimiento,
una queja, una lágrima, un gemido.

Yo, sólo siempre en padecer constante,
soy de mi mal en la postrera cumbre
alma sin voz, silencio de diamante.

Oh continua enseñada pesadumbre,
sufrir sin novedad un triste amante:
tanto debe un dolor a la costumbre.

Fórmase la desemejanza algunas veces no tanto por la disparidad, cuanto por el exceso que hace el sujeto principal al término con quien se carea. Fue muy florido, entre epigramas, éste a la reina del empíreo:

Sunt pulchrare sylvae, sunt pulchra, et tittora, pulchrum
est pratum, in viridi gramina pulchra solo.
Sunt pulchrae gemmae, sunt astra, et sydera pulchra.
Sunt pulch.ri flores; est quoque pulchra dies
pulchriores sylvis: pia Virgo, littore, prato
gramine, gemma, astris, sydere, sole, die.

No menos realzan la desemejanza las contraposiciones y proporciones, que, como incluyen en sí tanto del artificio ingenioso, dondequiera que entran comunican su perfección. Vanse alternando en este poema que al duque santo cantó el padre fray Pedro Gracián, mi hermano, religioso de la santísima Trinidad, que murió en la flor de sus mayores esperanzas:

> Entre ajenas cenizas hoy renace,
> la fénix de Gandía y el gusano,
> que no en cuna de aromas sale ufano,
> si en túmulo fatal pálido nace.
> El ser le da, y al otro morir hace,
> gusano roedor del pecho humano;
> con nueva vida, nuevo cortesano
> quiere ser de Señor que nunca yace.
>
> ¡Oh fénix, la más rara que produjo
> brillante sol entre el incienso ardiente!,
> ¡santa transformación no comprehendida!
>
> Sólo el rayo de luz, sólo el influjo,
> te da ser de aquel sol, que omnipotente
> sacó de propia muerte ajena vida.

De la desemejanza sacar al contrario la conformidad y semejanza, es gran obra del discurso; válese para esto el Ingenio de alguna, circunstancia especial para apoyo del concepto. Sutilmente, como siempre, discurrió el conceptuoso Andrada, en el panegírico de san Marcos, y dijo: Que el llamarle, la Escritura león entre los evangelistas y pintarle con el león, fue para desmentir la: opinión de cobardía que algunos le prohijaron y para significar el panal del Evangelio, que el Sansón de la Iglesia, Pedro, había de sacar de su boca. Transforma con agradable artificio, en semejanza del león, la oposición y disimilitud que otros le atribuyeron. Donosamente también se pasa de la desemejanza con un término a la conformidad y disimilitud con su contrario. El pronto Rufo, a una persona muy fea y muy engalanada, dijo:

> Aunque de perlas te siembre,
> mico enfermo y con desmayo,
> *¿quién bastará a hacerte mayo,*
> *si Dios te hizo deciembre?*

Hácese un mixto muy ingenioso de la similitud y disimilitud, con dos términos. Desta suerte formó su emblema el, prudente Alciato, pintando una desvanecida calabaza trepando por las ramas de un pino, para significar la frágil felicidad en aquélla y la permanente en ésta, y glosó así:

Aeriam propter crevisse cucurbita pinum
dicitur, et grandi luxuriasse coma
cum ramos complexa, ipsumque egressa cacumen:
se praestare aliis credidit arboribus.
Cui pinus: Nímirum brevis est haec gloria: nam te
protinus adveniet, quae male perdet hiems.

Otra gran moralidad saca Anastasio Pantaleón, careando un almendro frustrado de sus frutos por lo anticipado; con, Un moral, lográndose por lo detenido. Dice, pues:

Tú que en la pompa ya de flores vana
perdiste, ¡oh plantá!, la sazón madura,
donde tu juventud te quitó dura,
cuanto verdor te aceleró temprana.

Si en la inclemencia de los cierzos cana
no se avisó del daño tu hermosura,
estéril tronco estés, ruina obscura,
de infame acero, de segur villana.

Próvido miedo es ley del que desea:
tenle ya tú, que prevenir las veces
a los males, ni ofende ni embaraza.

Ese antigo moral tu ejemplo sea,
que la injuria temiendo, que padeces,
en tu mismo peligro se amenaza.

DISCURSO XIV
DE LA AGUDEZA POR PARIDAD CONCEPTUOSA

Este es el cuarto orden de conceptos, que se funda también en el careo del sujeto con algún término; no ya por semejanza, sino por paridad. Desta paralela combinación salen las comparaciones o disparidades conceptuosas, de tan grande artificio, que pueden ladearse con la más agradable sutileza. Pruébelo, este perfectísimo soneto de don Miguel de Ribellas, caballero valenciano, poema nunca bastantemente apreciado, al príncipe de los arcángeles:

> Gallardo capitán, que armado de oro,
> con la lanza fatal puesta en la mano,
> pisas el cuello del feroz tirano,
> que a su rey y a su Dios perdió el decoro.
>
> El pie sagrado con respeto adoro,
> que así castiga el loco intento vano,
> y en el divino alcázar soberano
> tiene el primer lugar del primer coro.
>
> Postraréme a tus pies con tu licencia,
> y allí do Lucifer está tendido,
> juntos los dos haremos penitencia:
>
> que si al mismo Señor tengo ofendido,
> no queda entre él y mí más diferencia,
> de estar él pertinaz, yo arrepentido.

Teje estremadamente la paridad entre el pecador y Lucifer, pero repara después, y revuelve con la diferencia de su arrepentimiento y la obstinación del demonio; de suerte que es un ingenioso mixto de paridad y disparidad.

Pero es de notar que no cualquiera, comparación encierra. Agudeza, sino aquellas a quienes da pie y fundamento para el careo alguna circunstancia especial entre los dos términos paralelos, como lo fue aquella rara contingencia de perdonar el león de César a las liebres y otros animales, mansos: careó el poeta este suceso, que admiró todo el teatro, con el llevar a Ganimedes, la águila de Júpiter:

> Aethereas aquila puerum portante per auras,
> illaesum timidis unguibus haesit onus:
> Nunc sua caesareos exorat praeda leones,
> tutus, et ingenti ludit in ore lepus.
> Quae majora putas miracula? summus utrisque
> autor adest: haec sunt Caesaris, illa Iovis.

De las dos fieras, y de los dos sucesos careados, toma ocasión para igualar el César con Júpiter, y da salida al reparo con la lisonja. Oye con qué propiedad lo traduce don Manuel Salinas:

Si del Ida a Ganimedes,
donoso rapaz troyano,
arrebató del gran Jove
volante armígero alado,

y entre sus uñas al cielo,
más seguro, y más temblando,
le condujo, haciendo fiel
del mismo riesgo sagrado,

hoy admira los leones
en el grande anfiteatro,
en fe de su augusto dueño,
portentos nuevos obrando.

Tan mansamente corteses,
que en su gran boca jugando
las liebres, la solicitan
por nido, si ya fue pasmo.

Cuál, dime, raro portento,
juzgas por mayor de entrambos,
lo que yo puedo decirte
metido a juez de milagros:

Que autores tienen divinos
los dos prodigios humanos:
si Júpiter lo es del uno,
del otro lo es Domiciano.

Siempre ha de haber alguna circunstancia especial en que se funde la conformidad de los términos, para levantar la comparación conceptuosa: que sin ésta no será sutileza, sino una desnuda figura retórica, sin viveza de Ingenio, como se dijo de la semejanza, y otras. De la uniformidad de palabras en el nacimiento del Bautista con el de Cristo, pues, dice: *Elisabeth impletum est tempus pariendi,* y de María: *lmpleti sunt dies, ut pareret,* concluyó Andrada, el ingenioso, la misteriosa paridad entre el Señor y su precursor. Cuanto esta conformidad se compone de más circunstancias, y más especiales, es mayor y más artificiosa la paridad; fuelo ésta, en este soneto grande, de primera clase –que a la octava maravilla del mundo en asunto, había de corresponder otra en el concepto–: dijo don Luis de Góngora al Escurial y al prudente rey Filipo:

> Sacros, altos, dorados chapiteles,
> que a las nubes borráis sus arreboles,
> Febo os teme por más lucientes soles,
> y el cielo por gigantes más crueles.
> Depón tus rayos, Júpiter, no celes;
> los tuyos, sol; de un templo son faroles,
> *que al mayor mártir de los españoles,*
> *erigio el mayor rey de los fieles.*

> Religiosa grandeza del monarca,
> cuya diestra real al nuevo mundo
> abrevia, y el oriente se le humilla.

> Perdone el tiempo, lisonjee la Parca
> la beldad desta octava maravilla,
> los años deste Salomón segundo.

Forma la paridad entre los dos reyes, fieles, sabios, y en la especialidad de sus dos maravillosos templos. Cuando la comparación toma pie de alguna contingencia extraordinaria, es la más plausible. Así nuestro agudo universal, el aborto de la fiera en el anfiteatro, dando la vida al hijuelo, por la misma herida que la perdía la madre, lo careó con el nacimiento de Baco, y, añadiendo a la sutileza la moralidad, le llamó fiera:

> Inter caesareae discrimina saeva Dianae
> fixisset gravidam cum levis hasta suem,
> Exsiliit partus miserae de vulnere matris.
> O Lucina ferox, hoc perperisse fuit?
> Pluribus illa mori voluisset saucia telis,
> omnibus ut natis triste pateret iter.
> Quis neget esse satum materno funere Baccum?
> Sic genitum numen credite: nata fera est.

Excelente moralidad, y el ser a la ocasión, hace la prontitud más gustosa. Sazónala, o la traduce así, don Manuel Salinas:

En los juegos crueles de Diana,
preñada jabalí, de asta liviana,

yace, y si la madre por la herida
la muerte halló, el hijuelo halló la vida.

¡Oh Lucina feroz!, ¿quién tal creyera
que un morir tan fatal, un nacer fuera?

Morir quisiera a más jaras tan ciertas,
que a los demás cachorros' fueran puertas.

¿Quién negará que fue también violento,
rayo a rayo, de Baco el nacimiento?

Su madre pereció, y él a ser vino
fiera al nacer, si al engendrar divino.

Cuando la conformidad de circunstancias llega a ser proporción, es mayor el artificio, porque la proporción, con su correspondencia bien fundada, realza a hermosura el concepto. Vese en este elegante, ingenioso y suave soneto de Bartolomé Leonardo a san Ignacio:

Cuelga Ignacio las armas por trofeo
de sí mismo en el templo, y con fe ardiente
espera que las suyas le presente,
quien le infunde tan bélico deseo.

Que así, en dejando el pastorcillo hebreo
el real arnés, le dio una fiel corriente
limpias las piedras con que hirió en la frente
altiva al formidable filisteo.

Salid, pues, nuevo rayo de la guerra,
a los peligros, que producen gloria;
oprimid fieras, tropellad gigantes,

Que si al valor responde la vitoria,
no dejaréis cervices repugnantes,
ni en los últimos fines de la tierra.

Alude al arroyo de Manresa, donde el santo se previno de la piedra de la Iglesia y de la fe de Pedro para contrastar a Lutero y los demás hereges de sus tiempos, pareándole con el vitorioso David, con grande armonía y proporción.

La correspondencia del nombre, ayudada de algo más, da ocasión con grande sutileza al Careo. Así don Luis de Góngora, de los escritos del renombre y patria de santa Teresa, formó la paridad con el Tostado:

> Tanto y tan bien escribió,
> que podrá correr parejas
> su espíritu con la pluma
> del prelado de su Iglesia.
>
> Pues abulenses los dos,
> ya que no iguales en letras,
> en nombre iguales, él fue
> *Tostado, y Ahumada ella*.

La conformidad en empleos, y el martirio en las dos cortes de la fe de los dos insignes mártires levitas, contrapuso, ingeniosa y. gravemente, san León, el.. grande: Leviticorum luminum coruscante fulgore quam clarifi,cata est Hierosolyma Stephano, tam illustris fieret Roma Laurentio.

Algunas veces se hace el careo más por contraposición. que por conformidad. Desta suerte, el máximo, heroico y santísimo padre Urbano octavo –en quien la erudición y sutileza ingeniosa fue agradable realce al decoro de sus graves y majestuosas prendas–, contrapuso al arco del cielo el sagrado anillo de la Madre de Dios, preciosísima reliquia que atesora dichosa la ciudad de Perusio:

> Imbriferis arcus fulgens in nubibus orbem,
> effera diluvii damna timere vetat.
> Sic Deus omnipotens voluit, decus, anule, majus
> est tibi, quem supplex urbis perusina colit.
> Ex gemino constans arcu foelicior index,
> nam peragit Virgo nupta salutis opus.
> Virgineo terrae coniungens foedere coelum,
> hac duce non pelagi, non stygis unda nocet.

Galantemente, el Salinas lo traduce:

> Puso el arco que vemos en el cielo
> entre nubes obscuras más luciente

para quitarnos Dios omnipotente
de segundo diluvio igual recelo.

Pero prenda mayor acá en el suelo,
la ciudad de Perusio felizmente
goza en su anillo, en quien con reverente
culto afianza su mayor consuelo.

De dos arcos seguro, y más dichoso,
con sus memorias la mejor esposa,
dejó de los favores de su esposo.

Tu desposorio, ¡oh Virgen piadosa!
nos remedió, y al lazo más precioso
cielo y tierra juntaste poderosa.

¡Oh princesa gloriosa!
¡Oh reina de los cielos soberana!;
si tú eres nuestro amparo y capitana,
seguros por la mar navegaremos,
ni el horror del infierno temeremos.

Si el término de la comparación es sublime y el fundamento de la conformidad con el sujeto favorece, hacen un concepto de primera clase. Tal fue éste al rey don Jaime el Conquistador, del dotor Juan Francisco Andrés, cronista del reino de Aragón, por aplauso de sus cortes generales y autoridad de su majestad, noticioso anticuario, elegante humanista, culto poeta, grave jurisconsulto, juicioso historiador, porque no le falte a este Reino siempre un Jerónimo Zurita, cuya grata memoria nos la renueva. Dice, pues, en sus Elogios a los reyes de Aragón, con igual eminencia en el verso que en la prosa:

De la suerte que el César escribía,
depuesto de la mano el duro acero,
las vitorias y triunfos de aquel día,
así el conquistador Jaime primero,
no sólo le emuló en la valentía,
pero en ser coronista verdadero,
dudando a qué debamos mayor gloria,
a sus hazañas o a su docta historia.

Hace el careo entre los dos valerosos campiones, fundándose en la especialidad del escribir entrambos sus hazañas.

Añadió a la paridad el encarecimiento, un ingenioso orador de las excelencias del apóstol de las Indias, san Francisco Javier, adelantándole a los que las descubrieron para el mundo, pues, él para el cielo; y así como aquéllos enriquecieron a España con sus flotas, así Francisco enriqueció el cielo, que parece que estaba antes pobre sin estas Indias de las almas.

Puédese también hacer la paridad por misterio, fundándolo en alguna relevante contingencia, que son conceptos de superior arre. Compitieron Ulises y Ayax sobre el escudo del famoso Héctor; entregáronle los jueces al de Itaca; pero, habiéndolo absorbido el mar en una tempestad, lo condujeron sus olas al sepulcro de Ayax, que estaba en sus orillas. Ponderó el suceso el poeta, y saca la justísima ventaja que le hacía, vengada por la suerte y declarada por el tiempo, en este ingenioso emblema:

> Aeacidae Hectoreo perfusum sanguine scutum;
> quod Graecorum lthaco concio iniqua dedit:
> Iustior arripuit Neptunus in aequora iactum
> naufragio ut dominum posset adire suum;
> littoreo Ajacis tumulo namque intulit unda,
> quae boat, et tali voce sepulchra ferit.
> Vicisti Thelamoniade, tu dignior armis
> affectus, fas est credere justitiae.

Glosó con juiciosa sutileza la contingencia, y sacó della el vencimiento. Aún dice más primor cuando el careo se hace por reparo y dificultad: cuanto es más ingenioso el fundamento. Dificultó un moderno dilucidador de las glorias marianas, el llamada siempre su Dios hijo: *Mulier*, mujer, especialmente en el último trance, estando para morir: *Mulier ecce filius tuus*; y da por solución el careo con aquella primera mujer, que nos perdió a todos. Mujer la llamó a aquélla el Adán terreno: *Mulier quam dedisti mihi*. Mujer la llama a esta Señora el Adán celestial: si aquélla, siendo mujer, perdió el género humano, otra, y bien otra de aquélla, le gana; aquélla en el paraíso junco al árbol; ésta en el calvario junto a la cruz: *Stabat juxta crucem*, ¡Relevante careo!

Mas ni el reparo en que se funda la paridad incluye contradicción, es el sumo primor desta sutileza. Admírolo en este valiente soneto de Lope de Vega, más conceptuoso que bizarro:

> Sangrienta la quijada, que por ellas

Adán conclusó a ser inobediente,
Caín deja mil bocas en la frente
del tierno Abel, para formar querellas.

Tiraron del manto de Josef las bellas
manos de una mujer, y de impaciente
por adúltero prende al inocente,
que cegó con la capa a !as estrellas.
Allí los padres muerto al mártir vieron,
allí al vendido en carro de oro, el año
estéril, los hermanos piden trigo;

muere Abel, fosef triunfa, porque fueron
Caín hermano y Faraón estraño,
y no hay cuchillo como el propio amigo.

Comienza aquí por una excelente proporción en los dos primeros versos; forma el careo, levanta el reparo, y dale salida sentenciosa.

Alcanzan mucho de artificio estas paridades que se mezclan con la dificultad, porque se dobla entonces la sutileza. Aún añadió la semejanza, o hizo della solución a un gran reparo, aquel gran menor fray Felipe Díez, ingeniosísimo franciscano, al fin portugués. Carea la iglesia santa a la triunfante reina en el día de su Asunción con las dos hermanas, María y Marta. Hizo el reparo: ¿Por qué no con los serafines, en el día de su mayor gloria? ¿Por qué con entrambas? y da la valiente solución, por una agradable, realzada semejanza: Que así como cuando a la reina nuestra señora se le corta una gala, no se le ajusta la medida inmediatamente, que sería indecencia, sino a una de sus damas, la más parecida a su majestad, así también hoy, que se le ha de cortar a la emperatriz de los cielos la mayor gala en su mayor triunfo, ajústase la medida de sus grandes merecimientos, lo mejor que se puede en dos damas: la una, que representa la vida activa, y la otra, la contemplativa; la naturaleza angélica y la naturaleza humana; la Iglesia militante y la triunfante; la gracia y la gloria: que todo lo abarca esta gran Señora.

No sólo sirven estas ingeniosas paridades para lo panegírico, sino también para la moralidad, y es gran fruto del careo una bien ponderada sentencia. Sea ésta de aquel gran filósofo en el verso, Bartolomé Leonardo, nuestro aragonés, en quien se compitieron lo ingenioso y lo prudente. Carea dos muertes desiguales, pondéralas por un valiente reparo, y responde con una sentenciosa metáfora:

Llego a Guadalajara en este punto,

> marqués, donde el clamor de los metales
> piadosos, y las hachas funerales,
> lloran a un duque, y lo celebran junto.
> Al hijo de mis huéspedes difunto,
> saca también la cruz de sus umbrales,
> que un médico, sin máquinas murales,
> es aquí otro Anibal contra Segunto.
> Es mi cochero músico y poeta,
> mas tal cual es, mirando bien la suerte,
> de dos tan desiguales ataúdes,
> ahora está clamando, y dice: "¡Oh muerte!
> *¡Oh mazo de batán, que así sacudes*
> *el paño fino, como la bayeta!"*

Comúnmente se suele mezclar en la paridad algo de antítesi y oposición, que hace el careo más gracioso; vanse entretejiendo la conformidad y contrariedad, y hacen una labor muy conceptuosa. En un bien sazonado discurso, el maestro fray Gabriel Hernández agustiniano, tan grande teólogo como predicador, que parece que vinculó el Señor el púlpito a los desta sagrada familia, contrapone los dos hermanos, pretendientes de las dos mejores sillas, diestra y siniestra, de su Maestro, y pondera, que lo que fue Juan por las letras, fue Santiago por las armas; fue célebre Juan por la pluma; fue famoso Diego por la espada; dieron por diferentes rumbos, y consiguieron entrambos la plausible corona.

Contrapuso con grande artificio fray Luis de León a la Virgen vestida del sol *(Apoc. 12: Mulier amicta sole)*, con su Dios Hijo, vestido de nieve en el Tabor *(Mat. 17: Vestimenta ejus facta suntt alba sicut nix)*, y dijo:

> Del sol ardiente y de la nieve fría,
> juntándose la luz y la blancura,
> ha resultado en Cristo y en María
> una admirable ya nueva hermosura;
> porque del sol la Virgen se vestía,
> siendo como la nieve blanca y pura,
> y el Hijo, aunque era sol muy encendido,
> sacó de nieve pura su vestido.
>
> Aqueste sol, en esta nieve hiriendo,
> conservó y no deshizo su belleza;
> antes con su virtud sombra la haciendo,

añadió resplandor a su pureza,
y en ella con sus rayos embistiendo,
él se vistió de su naturaleza,
y así como si un limpio espejo fuera,
dio y recibió la luz, quedando entera.

Muchas paridades conglobadas hacen una armonía muy deliciosa, aplicándolas, o por conformidad o por exceso. Fue plausible discurso del padre Valentín de Céspedes, jesuita y perfecto orador de nuestros tiempos, panegírico a san José. Formó la escala de Jacob en su real ascendencia, y fuele aventajando por sus gradas a todos los principales supuestos: Fue, dice, más que los patriarcas; excedió a Abraham, pues esperó más, viendo preñada a su esposa, y creyó su inocencia; a Isac en el contento; a Jacob en el empleo de la Raquel más bella; a Josef en la pureza, y en recoger el grano del cielo en Belén, que fue casa de pan; a Moisés, en ver a Dios, no en la zarza, sino en los brazos de su Madre nazarena; es más que los profetas, que si ellos le anuncian y Juan le señala con el dedo, Josef es voz que le manda, y sus brazos lo sustentan; más que los apóstoles, que si a Pedro se le encomiendan las ovejas, a Josef sola una, y un cordero, que son las riquezas del cielo; más que los querubines, que si ellos guardan el paraíso material, Josef el animado de María. Desta suerte, de grada en grada, fundándose en su nombre, que significa Aumento, sube y llega a competir con el Espíritu santo el título de esposo, con celos y finezas.

DISCURSO XV
DEL CAREO CONDICIONAL, FINGIDO Y AYUDADO

Es tanta la valentía de algunos Ingenios, que llegan a discurrir lo que no es: como se ve en este modo de sutileza. Acontece algunas veces no estar ajustada del todo la correspondencia y conformidad entre el sujeto comparado y el término con quien se compara: y entonces, o la acaba de formar el discurso, o la exprime condicionalmente. De suerte, que la comparación conceptuosa es en dos maneras: o absoluta o condicional. La absoluta, la que se propone determinadamente, y se funda en la conformidad ajustada entre el sujeto y el término; como se ve en este epigrama a san Martín; dijo Lope de Vega:

Celebran nuevo y viejo Testamento
dos capas; de Josef fue la primera,
que la dejó para correr ligera

su castidad a un loco pensamiento.

La del segundo, con piadoso intento,
fue de Martín, que con no dada entera,
dio envidia a la que cubre la alta esfera,
y tiene al mismo sol por ornamento.

¿Cuál será destas dos la más preciosa?
Pero la de Martín será más bella,
aunque es la de Josef casta y hermosa;

porque si cubre al mismo Dios con ella,
ya es capa de los cielos milagrosa,
y la mayor, pues que se encierra en ella.

Propone por cuestión el careo, forma la artificiosa competencia, y da la razón del exceso con la exageración; y aunque no es muy realzado el estilo, suple con la valentía del concepto, que es la parte más principal. Entre dos extremos suele estar la paridad, o porque excede la conformidad de los términos de la comparación, o porque no llega ni del todo se ajusta; en ambas partes discurre el Ingenio con artificio especial. Ponderó el exceso de la crueldad de Antonio en matar a Cicerón, el célebre epigramatado, con su acostumbrada sutileza:

Par scelus admissit Phariis Antonius armis;
abscidit vultus ensis uterque sacros.
Illud laurigeros ageres cum laeta triumphos;
hoc tibi, Roma, caput, cum loquereris, erat
Antonii tamen est peior, quam causa Photini,
hic facinus domino praestiti, ille sibi.

Comienza pareando la maldad, mas luego repara y pondera el exceso, dando la juiciosa razón dél. Goza segunda vez del concepto, en la galante traducción de don Manuel Salinas, ajustada a las mismas palabras:

Igual maldad Antonio que Fotino
a cometer cruel tirano vino;
de entrambos las espada se igualaron,
pues cabezas laureadas derribaron:
la de Pompeyo, ¡oh Roma!, te dio glorias,
cuando el orbe llenó de sus vitorias;
y cuando en paz estabas,

con la de Cicerón discreta hablabas.
Mas, ¡ay!, que la de Antonio es mayor culpa,
pues Fotino disculpa
tiene, en que quiso lisonjear su dueño;
no así Antonio, en quien fue propio el despeño.

Después de puesta la paridad, entra la corrección para ponderar el exceso; auméntase artificiosamente el discurso, y suele doblarse la ponderación por las correcciones, como se dirá en su lugar. Así don Luis de Góngora, en uno de sus romances, y no el peor:

Las gracias de Venus son,
aunque dice quien las ve
que las Gracias solamente
las igualan en ser tres.

Pasa luego en el mismo romance al segundo modo de careo, que consiste en ajustar la conformidad o correspondencia por la condicional, y dice:

La que no es perla en el nombre,
en el esplendor lo es,
y concha suya la misma
que luna de Venus fue.

Alude a las veneras de sus armas, que era Pimentel, y si no halla la correspondencia en el nombre, para Margarita, hállala en la concha de su esplendor para perla. Es uno de los mayores primores de la sutileza este modo de acabar de ajustar la conformidad para dar fundamento a la comparación. Así aquel gran Ingenio, y no sabido, porque aspirase a sobrehumano su concepto, viendo que a una madre y a un hijo les faltaba a cada uno la metad de la vista y les sobraba la hermosura, dijo así:

Lusce puer, luscae lumen concede parenti,
sic tu caecus Amor; sic erit illa Venus.

Pondéralo, que es uno de los mayores conceptos que hasta hoy se han admirado. Tradújolo con todo su picante don Manuel Salinas:

Bizco niño; da advertido
tu vista a tu bizca madre,
y así harás que el ser os cuadre,
ella Venus, tú Cupido.

Consiste su Agudeza en ajustar la conformidad, para que siendo él ciego y ella con vista entera, se comparen a Venus y al Amor; y nótese que si ya en la realidad estuviera el caso, que el niño fuera ciego, y la madre con perfecta vista, aunque fuera ingenioso el careo con Venus y Cupido, aun lo es más desta otra suerte, por el artificio de inventar la conformidad.

Tal vez se supone una condición imposible para poder ajustar el careo, y entonces participa de la exageración, que es otra gran especie de Agudeza. Desta suerte el eminente ponderador de los hechos heroicos, Valerio Máximo, hablando de la reputación de Cipión Africano, que hasta los mismos bárbaros enemigos le venían a ver, como, a un animado prodigio, y arrodillados le veneraron como a deidad: *Ad Africanum complures praedonum duces videndum confluxerant; abiectisque armis ianuae appropinquant et clara voce nuntiant Scipioni: non vitae eius hostes, sed virtutis admiratores venisse; conspectum, et congressum tanti viri, quasi coeleste aliquod beneficium expetentes: postes januae tamquam aliquam religiossimam aram, sanctumque templum venerati cupide Scipionis dextram apprehenderunt, ac diu osculati, positis ante vestibulum donis, quae deorum immortalium numini consecrari solent, laeti quia Scipionem vidisse contigisset, ad lares. proprios reverterunt.* De la narración culta, pasa a la ponderación ingeniosa, y dice: *Quid hoc fructu maiestatis excelsius? Quid etiam iucundius? Hostis iram admiratione sui placavit: spectaculo praesentiae suae latronum gestientes oculos obstupefecit; delapsa coelo sydera hominibus si sese offerant, venerationis amplius non recipient.* En aqueste decir, si las estrellas del cielo, dejando sus encumbradas esferas, bajaran a morar entre los hombres, no pudieran captar mayor veneración: aquí está la sutileza de la comparación condicional.

Pónese también la condición por causa y razón de no ajustar el careo, que si ella no interviniera, fuera cierta la paridad. Hablando. de los dos reyes hermanos, don Pedro y don Enrique, dijo un antiguo poeta:

Riñeron los dos hermanos,
y de tal suerte riñeron,
*que fuera Caín el vivo,
a no haberlo sido el muerto.*

Aunque no se ponga expresamente la condición, se entiende tal vez, y se sigue por consecuencia; desta suerte, aquél que fue Vega fertilísima, inundada de los raudales aonios, cantó de un Carlos, y pudiera de dos, añadiendo a la comparación el reparo:

Término breve y sucinto,

quiso el cielo que viviese,
porque otro Carlos no hubiese
que igualase a Carlos quinto.

Dio por razón del misterio el faltar la vida, que era la condición y fundamento de la conformidad, con que igualara el un extremo al otro. Por grande que sea el término del careo, no se juzga bastante tal vez, si bien se le concede alguna sombra de paridad, que es ingenioso encarecimiento, como éste:

Quien ve cuál os hizo Dios,
y ve otra más hermosa,
parece que ve una cosa
que en algo quiso ser vos.

Mostróse en vos tan sutil
Naturaleza, y tan diestra,
que una sola fación vuestra,
hará hermosas a cien mil.

Así como la semejanza suele ser desempeño de un reparo, así también la comparación; y sirve de razón sutil a la dificultad. Pondera uno aquellas misteriosas palabras de los Cantares, aplicadas por la Iglesia a la Emperatriz del empíreo, en su Asunción triunfante: *Quae est ista quae progreditur quasi aurora consurgens, pulcra ut luna, electa ut sol, terribilis, ut castrorum acies ordinata?* Y repara, ¿por, qué la llama aurora y luna, y sol, y estrellas?, y responde, que María sola equivale a todas las luces que brillan en el empíreo, a los coros de los santos y a las jerarquías de los alados espíritus; y que ella sola bastaba a restaurar las ruinas de aquellas estrellas, que barrió el infernal dragón: si él las atropella con su cola, esta gran Señora .las pone sobre su cabeza.

Puédese hacer el careo con el mismo sujeto propio, según diferentes afectos y tiempos; de suerte, que se carea él mismo con sí mismo, contraponiendo sus efectos, ya por conformidad, ya por discordancia, o por exceso. Así. don Luis de Góngora carea a Cristo Señor nuestro naciendo, y muriendo, y contrapone el portal a la cruz:

Pender de un leño, traspasado el pecho,
y de espinas clavadas ambas sienes;
dar tus mortales penas en rehenes
de nuestra gloria, bien fue heroico hecho.

¿Pero qué fue nacer en tanto estrecho

> donde para mostrar en nuestros bienes,
> a dónde bajas y de dónde vienes,
> no quiere un portalillo tener techo?
>
> No fue esta gran hazaña, ¡oh gran Dios mío!,
> del tiempo, por haber la helada ofensa
> vencido en tierna edad, con pecho fuerte:
>
> (que más fue sudar sangre, que haber frío)
> sino porque hay distancia más inmensa
> de Dios a hombre, que de hombre a muerte.

Entre términos inanimados se puede formar también el careo, y contraponer el un extremo al otro, o por igualdad o por ventaja; y búscase también la conformidad real para fundamento del concepto. Reparó uno en aquel epíteto que dio santo Tomás, y lo canta la Iglesia en aquella regalada antífona: *O sacrum convivium*; llama a la mesa del altar, prenda de la gloria: *Et futurae gloriae nobis pignus datur*. La prenda (pondera) siempre vale más que el crédito para la seguridad; que si se prestan cien ducados, ella ha de valer docientos. Según esto, más será este convite sacramental, que la gloria. ¿Cómo puede ser, que si aquí está el mismo Cristo, también está en la gloria, y se goza cara a cara? ¿pues en qué está la ventaja de prenda? Podríase responder que se llama así, para exprimir la seguridad que tiene de alcanzar el cielo el alma que comulga con el debido aparejo, pues saca prendas a Dios, con que asegura el crédito de la gloria. No basta la salida; siempre queda el empeño con el exceso de la prenda. Responde, pues, que en algo excede la sagrada Comunión a la gloria; porque si allí se une con su Dios el alma por la visión beatífica, goza, pero no merece; aquí, empero, en esta fruición sacramental, goza y merece; empeña siempre más a Dios; es un continuado recambio; es premio y es mérito juntamente; y así con razón se llama el eucarístico convite, prenda segura y cierta de la gloria. Excelente careo y concepto plausible, no como aquellos de mucha metafísica y poca subsistencia.

En las paridades conglobadas, como son muchos los términos de la correspondencia, unos son animados y otros inanimados. Vese en este madrigal a san Esteban:

> El que a Esteban las piedras endereza,
> es piedra en la dureza;
> y el que las aguarda de rodillas,
> es piedra en el sufrillas;

las muchas que le tiran tantos hombres
de piedra tienen la dureza y nombres;
y Dios, que es firme piedra, y esto mira,
por piedra, piedra, a piedra, piedra tira;
ésta hiere inhumana,
ésta ruega, ésta tira y ésta sana.

Cuanto más especial el fundamento de la comparación y más substancial, hace el concepto más realzado y más perfecto. Los sacros suelen fundarse en algún lugar de la sagrada Escritura, aunque después el picante del concepto se ayude de las demás circunstancias. De esta suerte un valiente Ingenio, en un empeño panegírico de los dos gloriosísimos Vincentes, patrones de Valencia, con especial razón de haber nacido en ella el uno y muerto el otro, o si no nacido entrambos, el uno para tanta gracia, el otro para tan gloria, fue ponderando aquel lugar del *Apocalipsis*, en el capítulo 3: *Qui vicerit faciam illum columnam*. Encareció el misterio, proporcionó la fortaleza del vencedor con la de la columna: mérito y premio se corresponden. Fundándose, pues, en tan especial autoridad, dijo, que el verdadero Alcides, Cristo, había puesto por blasón de su valor y de su gracia aquellas dos columnas vitoriosas en aquella gloriosísima ciudad, término de sus maravillas, y *non plus ultra* de sus favores divinos.

DISCURSO XVI
DE LOS CONCEPTOS POR DISPARIDAD

Todo gran Ingenio es ambidextro, discurre a dos vertientes, y donde la ingeniosa comparación no tuvo lugar, da por lo contrario, y levanta la disparidad conceptuosa. Así como en la Agudeza de proporción, en no hallando la correspondencia entre los dos extremos, busca la improporción y contrariedad: que esto tiene el discurrir por careo. Fórmase la disparidad al contrario de la comparación, porque tiene por fundamento la diversidad o contrariedad entre los dos extremos disparados, si aquélla la conformidad. entre ellos. Fue grande ponderación ésta de Bartolomé Leonardo, por una estremada disparidad, a la muerte del Inventor de la vida:

Hoy, por piedad, de su Hacedor le ofrecen
prendas de sentimiento sus hechuras;
llama el sol a la noche, y las escuras
sombras apriesa en tiempo ajeno crecen.

De la vida asaltadas se estremecen

atónitas las mudas sepulturas;
libran sus cuerpos a las almas puras,
y a los justos vivientes aparecen.

Las piedras se quebrantan, y a su ejemplo
visten los astros voluntario luto,
rómpense el velo místico del templo.

Da cualquier obra al llanto algún tributo,
*¿y yo, siendo la causa, lo contemplo
con pecho alegre y con semblante enjuto?*

Hace el argumento de disparidad entre el hombre insensible, siendo causa de la muerte de su Criador, y las criaturas ya sensibles, pues hasta las piedras se parten de dolor; y es de celebrar en este gran poeta la facilidad de sus números, que en la prosa misma parece que no pudiera hablar con menos violencia: era señor del decir.

Requiérese también, para que la disparidad sea conceptuosa y se realce a más que primor retórico, alguna circunstancia especial, que dé pie y sea fundamento de la Agudeza. Como se ve en este grave y ingenioso careo que hizo san León, y lo concluyó por una muy ingeniosa diversidad entre los extremos; fue entre los dos fundadores de Roma gentil, Rómulo y Remo, y los dos de la Roma cristiana, san Pedro y san Pablo. Aquéllos, dice, te hicieron maestro del error; éstos, discípula de la verdad; aquéllos asentaron en ti la silla del imperio terreno, y éstos, del celestial. Manchó el uno de aquéllos tus fundamentos con la sangre fraterna; pero éstos los reedificaron con la de entrambos: Isti enim sunt viri, per quos tibi Evangelium Christi, Roma, resplenduit; et quae eras magistra errods facta es discipttla veritatis. Isti sunt patres ttti, veriqtte pastores, qui te regnis coelestibus inferendam multo melius, multoque foeliciuJ. condiderunt, qttam illi, quorum studio prima moenium tuorum fundamenta lo cata sunt; ex quibus is, qui tibi nomen dedit, materna te caede foedavit.

Esta circunstancia especial que. da ocasión al reparo y a la ponderación de la diversidad, puede tomarse de parte de cualquiera de los adjuntos del sujeto pareado, ya de causas, ya de efectos, propiedades, contingencias, o algún especial acontecimiento. Déste tomó pie Lope de Vega para este soneto que consagró al gigante santo:

Pusieron los belígeros gigantes
un monte en otro, por subir al cielo;

que la soberbia, que produce el suelo,
engendra pensamientos semejantes.

Mas cuando de sus fúlgidos diamantes
tocar pensaron el celeste velo,
cayeron con Nembroth, y el fuego en hielo
sepultó sus cervices arrogantes.

Vos, gigante divino, de otro modo
subís al cielo, sin que el paso os tuerza
para alcanzarle, la que más le impide;

Pues le tenéis sobre los hombros todo,
que aunque el reino de Dios padece fuerza
no la consiente a quien sin Dios le pide.

De la diversidad de los efectos se saca en disparidad ingeniosa la de las causas. Así Plinio ponderó en su Panegiri el entrar triunfando Trajano en Roma a pie, rodeado de los senadores y caballeros, cuando los otros Césares solían entrar en triunfales carrozas, tiradas de fieras, y tal vez de graves personajes. Esto sí, dice, que no es triunfar de la paciencia de los vasallos, sino de la soberbia de tus antecesores: *Priores invehi importarique solebant, non dico quadriiugo curm, albentibus equis, sed humeris hominum, quod arrogantius erat. Tu sola corporis proceritate elatior aliis, et excelsior non de patientia nostra quemdam triumphum, sed de superbia principum egisti.*

Dondequiera que interviene la artificiosa improporción con su agradable antitesi, todo lo hermosea. Con ella realzó grandemente este ingenioso careo, mixto de paridad-y disparidad, nuestro Marcial:

Casta mc antiquis cedens Levina sabinis,
et quamvis tetrico tristior ipsa viro,
dum modo Lucrino, modo se permittit averno,
et dum Baianis saepe fovetur aquis,
incidit in flammas, iuvenemque secuta, relicto
coniuge, Penelope venit, abit Helene.

Comienza por una exagerada comparación, forma luego la improporción entre las aguas en que se baña y el fuego de amor en que se enciende, y perficiona el epigrama con la gallarda contraposición entre la paridad y disparidad, con Penélope y Elena.

Lógrala segunda vez en la ajustada traducción del Salinas:

> La que era en castidad una Sabina,
> más triste –que su esposo era cetrino–
> luego que frecuentó bella Levina
> los lagos, el Averno y el Lucrino,
> del agua de las termas cristalina,
> a dar en el incendio de amor vino;
> sigue a un mancebo, y de su esposo ajena,
> *Penélope entró al baño y salió Elena*

Reparando en la conformidad del nombre, pondera la disparidad en los hechos, con su acostumbrada sutileza, Patérculo: que donde no es mucha la extensión del trabajo queda más lugar para la perfección intensa. El primero de los Cipiones, dice, abrió camino al valor romano, y el segundo a la flaqueza: *Potentiae romanorum primus Scipio viam aperuerat: luxuriae posterior aperuit.*

Para todo género de Agudeza da fundamento el nombre: ajústale el ingenioso a la que más bien dice, según la conformidad y según la ocasión. Ayudándose de un equívoco, forma en el nombre la paridad, y luego en las demás circunstancias la disparidad, el agudo en verso y prosa, Juan Rufo. Dice a una grande hermosura, mayor cuanto más honesta:

> Di, Ana, ¿eres Diana? No es posible,
> que eres fecunda y eres más hermosa.
> ¿Eres por dicha el sol? Tampoco es cosa,
> aunque sola, a tu sexo compatible.
>
> ¿Eres Belona bella? Fue terrible;
> ni Venus, que era fácil, aunque diosa.
> Pues ¿qué serás, ¡oh imagen milagrosa!,
> si el ser humana y tal es increíble?
>
> Serás Diana, Ana, en la pureza,
> Febo en el resplandor y en la alegría,
> en valor Palas, Venus en belleza,
>
> Y mujer a quien dio más que podía
> la atenta y liberal naturaleza;
> que en hacerte, más hizo que sabía.

Está tan lleno de conceptos, que él solo contiene más que ciento de aquellos cuya felicidad para en follaje inútil de palabras, sin fruto de Agudeza.

De la diferencia del nombre, con meliflua sutileza, sacó la contrapuesta disparidad san Bernardo, entre Eva y la verdadera madre de los vivientes, porque *Eva*, leída al revés, dice el *Ave* de María.

Por una disparidad se le da también valiente salida a un reparo, y entonces llega al mayor grado de su primor. Así, el jurado de Córdoba, aquél que juró de agudo, habiendo cegado el conde de Cifuentes, niño de estremada belleza, glosó la contingencia, haciendo reparo en la diversidad de lo ciego y lo hermoso, y dio este conceptuoso desempeño:

Sin duda que el Cielo quiso,
de piadoso y prevenido,
hacer al conde Cupido,
porque no fuera Narciso.

Ajusta el sujeto con un término, que es Cupido, y desparéale del otro, que es Narciso; de modo que fue doble el careo, y así doble la Agudeza.

Hállanse disparidades dobladas por una parte y por otra, con todos los extremos. Desta suerte dijo Veleyo, de Homero, que ni tuvo antes de sí a quien poder imitar, ni después de sí quien pudiese imitarle: *Deinde Homeri illuxit Ingenium, in quo hoc maximun est, quod neque ante illum, quem ille imitaretur, neque post illum, qui eum imitari posset, inventus est.*

El mixto de paridad y disparidad, con su agradable contraposición, es gran efecto deste artificio. El Góngora de Italia, el culto Marino fue pareando y diferenciando a san Esteban, con su capitán divino, en este singular epigrama:

Per calle, ande, morendo a vita vassi,
seguisti il nato Dio franco guerrero,
e del tuo gran campion, campion primero
con piè di sangue acompagnasti i passi.

Foro a te gemme preziose, i sassi
che celeste corona al crin ti fero
fabbricasti di lor palagio altero,
ov'or il tuo duce alberga e stassi.

E se nel suo motir, per dolor forte
le pierre si spezzar, ne la roa guerra
ti fan le pierre trionfar di morre.

Se a lui mentre moriva, aprì la terra

l'oscure orride tombe; a te le porte
sue dorate, e lucenti, il ciel disserra.

En un mismo acto pueden entrar muchos términos, de modo que con el uno diga conformidad el sujeto comparado, y con el otro oposición, y entonces es doblado el careo. Desta suerte antepuso uno a todas las ciudades de España, la vencedora Huesca, madre dichosísima de los dos ínclitos mártires, san Lorenzo y san Vicente, honor de España y gloria de toda la Iglesia, acomodándose aquella célebre de los dos Gracos con otra matrona romana, historia referida por Valerio Máximo y bien ponderada de su elocuencia. Compitieron en las galas y en las joyas de su ornato; hizo vistoso alarde aquélla de las suyas, pero ésta, presentando sus dos hijos, los dos Gracos, dijo que aquellos dos valerosos mancebos eran toda su gala y su riqueza; confesaron todos que tenía razón, y aclamáronla vencedora. Así Huesca bien puede ser que la hagan ventaja otras ciudades en edificios, jardines, puertos, alcázares, cortes, riqueza y número de moradores; pero si ella sale ladeada de sus dos hijos, de sus dos mártires, de sus dos levitas Laurencio y Vincencio, todas le han de ceder la ventaja, y aclamada *Urbs Vietrix osca*, que es el timbre de sus antiguas monedas.

Forma la comparación Marcial entre el palacio del César y el alcázar de Júpiter; valos pareando en todo, y después que tiene realzado el cesáreo, revuelve y dice que aún 'no es capaz de tan gran dueño:

Regia pyramidum, Caesar, miracula ride;
iam tacet Eorum barbara Memphis opus.
Pars quota parrhasiae labor est mareoticus aulae?
Clarius in toto nil videt orbe dies.
Septenos pariter credas assurgere montes;
Thessalicum brevior Pelion Ossa tulit.
Aetherea sic intrat, nitidis ut conditus astris
inferiore tonet nube serenus apex;
et prius arcano satietur lumine Phoebi,
nascentis Circe quam videt ora patris.
Haec, Auguste, tamen, quae vertice sidera pulsat,
par domus est coelo: sed minor est domino.

Es tan temerario el hipérbole cuanto la lisonja es atrevida. Sobrepujó la dificultad del traducido la valentía de don Manuel Salinas:

Tu risa soliciten las reales
pirámides, gran César, orientales.

Bárbaro Menfis su milagro calla,
porque vencida del Parrasio se halla.

Rincón suyo pretende ser en vano
mareótico alcázar del gitano:

que no hay casa en el orbe, yo creería,
que así se sacie de la luz del día.

Sus siete torres, montes eminentes,
al Olimpo y al Pelion, insolentes,

afrentan por enanos, aunque al Osa
con sacrílega audacia jactanciosa,

belígeros gigantes empinaron,
cuando escalar los cielos intentaron

A las nubes desprecia, que inferiores
a la tierra fulminen sus rigores:

y aun antes le da Febo luz hermosa,
que a Circe encantadora artificiosa.

Pero tu casa, Augusto, aunque tus bellas
torres fuertes taladran las estrellas,

y aunque es igual al cielo en la grandeza,
en la magnificencia, en la riqueza,

de tu augusto poder gran desempeño,
siempre le juzgo por menor que al dueño.

Cuando la disparidad participa algún punto de lo crítico y juicioso, es muy gustosa por lo picante: que el agro fue siempre sainete de los buenos gustos. El gran sazonador destos bocados, que supo juntar lo juicioso y lo ingenioso, Trajano Bocalino, forma una bien discurrida competencia entre los dos célebres emporios de la Italia, Roma y Nápoles; introduce a Apolo, que da esta decisión: Que por majestad de ciudad, Nápoles debió eternamente ceder a Roma; y Roma a Nápoles, por lo delicioso del sitio. Que Roma debe confesar que en Nápoles firmemente debe creer que Roma es habitada de mayor cantidad de personas; que los Ingenios y vinos nenpolitanos han menester que naveguen a Roma para adquirir su perfección en aquella corte y para ser más agradables al gusto de los discretos cortesanos; por lo cual solamente el romano es perfectísimo en su casa, como aquel que sin jamás salir de la ciudad puede decir haber peregrinado el universo. Que Nápoles tiene el primado entre todas las ciudades del mundo en el arte de domar potros; y Roma, en la plática de acrisolar y refinar los hombres. Que en Nápoles se hallan más caballeros; en Roma, más encomiendas. Que entre los romanos, aquéllos solamente merecen el título de caballeros que traen la cruz en la capa; pero que, indiferentemente, todos los señores del Seggio de Nápoles, sin traer otra señal en ella, justísimamente son tenidos por caballeros, haciéndolos muy dignos de tan honrada prerrogativa la cruz que traen impresa en sus mismas carnes.

Juntó lo sentencioso con lo crítico el de Villamediana, que fue el único de nuestros tiempos en lo picante:

> Si para mal contentos hay sagrado,
> dulce quietud de! ánimo lo sea
> en esta soledad, donde granjea
> aviso, y no fatigas, e! cuidado.
>
> El metal en la lluvia desatado
> sobre ambiciosa mano lograr vea
> quien, aun con los engaños lisonjea,
> de sus áulicas pompas adulado.
>
> Sirenas sean lisonja de su oído,
> que adulterando a la razón las llaves,
> cierren la puerta del mejor sentido;
>
> Yo, entre estas mansas ondas, a las aves,
> en canto ni adulado ni aprendido,
> deberé e! desmentir fatigas graves.

No es menester a veces término estraño para la disparidad: que el mismo sujeto puede carearse consigo mismo, según diferentes tiempos y contingencias.

Dé fin a esta Agudeza la que da fin a todo, en este soneto de Lope de Vega a una calavera:

> Esta cabeza, cuando viva, tuvo
> sobre la arquitectura destos huesos,
> carne y cabellos, por quien fueron presos
> los ojos que mirándola detuvo.

Aquí la rosa de la boca estuvo,
marchita ya con tan helados besos;
aquí los ojos de esmeralda impresos,
color que tantas almas entretuvo.

Aquí la estimativa, en que tenía
el principio de todo movimiento;
aquí de las potencias la armonía.

¡Oh hermosura morral, cometa al viento!
Donde tan alta Presunción vivía,
desprecian los gusanos aposento.

DISCURSO XVII
DE LAS INGENIOSAS TRANSPOSICIONES

Esta especie de conceptos es una de las más agradables que se observan. Consiste su artificio en transformar el objecto y convertirlo en lo contrario de lo que parece: obra grande de la inventiva y una pronta tropelía del Ingenio. Desta suerte el Gran Capitán, de entendimiento igual a su valor, habiéndose pegado fuego a la pólvora, al comenzar aquella memorable batalla de la Chirinola, animó a sus gentes diciendo: "¡Ea!, que no es desgracia, sino luminarias anticipadas de nuestra cierta vitoria". Consistió la ingeniosa prontitud en glosar el infortunio, convirtiéndolo en dicha, y haciéndolo conveniencia.

Aunque en este linaje de conceptos campea más la sutileza que la verdad, con todo eso se requiere algún fundamento de alguna conformidad, o como apariencia, con aquel otro extremo en que se transforma; como se ve en éste, del Marino a la llaga del costado:

Piaga dolce d' amore,
già tu Piaga non sei,
ma bocca di quel core
che parla a i sensi miei:
e quante in te consperse
son stille sanguinose,
tanto son per mio ben lingue amorose.

Es más fundada la transmutación cuando el término transformado tiene algo de equivocación con el otro en que se transforma, y está como a dos luces, dos vertientes. Así César, en Africa, cayó en tierra al saltar del bajel, pero corrigió pronto el agüero, y dijo: *Teneo te, Africa*; no he caído, sino que he tomado posesión. Equivocó el, caer con el abrazarse con la tierra; y allí está el punto desta sutileza.

Si hay alguna circunstancia especial que dé ocasión para la transposición, hace la Agudeza más fundada, y así más plausible; porque, con la conformidad que dice con el término en que se convierte, da verdadero fundamento al concepto. Censurando, el apellido de una dama, tan honesta cuan hermosa, de áspero y nada conforme a su belleza, porque se llamaba D. N. de *Espinar*, acudió con su donosa prontitud el fino cordobés Rufo y dijo:

> Antes es nombre propio de hermosa,
> pues hasta el Espinar tiene de Rosa.

Fundó la conversión ingeniosa en la conformidad del nombre de *Espinar* con las espinas de la hermosa flor, con que hizo florida la sutileza.

La paronomasia y cadencia del nombre basta para una artificiosa transposición: de una feliz muerte, que fue puerto a una muy penosa vida, dijo uno que no se había de llamar *espirar*, sino *respirar*.

La semejanza tercia mucho para la transposición, y lo que otro exprimiera por un símile, el ingenioso lo pondera por esta sutil transformación. El juicioso Alciato dice que el palacio no lo es aunque lo parece, sino verdadera cárcel; las cadenas de oro de los áulicos no son adorno, sino prisiones; y las riquezas, grillos. Pinta en sentencioso emblema un áulico aherrojado, y añade esta explicación:

> Vana palatinos, quos educat aula clientes,
> dicitur auratis nectere compedibus.

Puede exprimirse la semejanza para dar mayor confirmación al transformar, y declararse más el concepto. Fuelo éste, y relevante, con que doña María Nieto de Aragón dio eternidad a la feliz memoria de la reina nuestra señora, doña Isabel de Barbón, la deseada, y juntamente la mereció para su noble Ingenio:

> Cede al sueño fatal, la que divina
> ostentaba hermosura, cuando humana,
> a la inferior porción tan soberana,
> que anduvo en sus dos mundos peregrina.
>
> Hoy luciente farol la determina
> el hilo que cortó Parca temprana,
> disponiendo el ocaso en la mañana,
> de rayos suspensión, mas no ruina.

Debe a la muerte el luminoso imperio,
y a gozarle inmortal pisando estrellas,
hoy traslada su luz, que no la oprime;

y cual sol que se pone al hemisferio,
sólo niega a los oios luces bellas,
porque a la noche su deidad imprime.

Realzó grandemente con la semejanza una ponderación destas transformantes, el elocuente y grave orador Carrillo, franciscano, cuando dijo que las disputas y opiniones contrarias a la inmaculada concepción de la Virgen santísima no sólo no la habían hecho contraste, sino que antes la habían ilustrado más; y que habían sido como las cuchilladas que da el diestro oficial en una gala para que por ellas se muestre y campee más la tela de oro del aforro, que estaba escondida: *Astitit regina a dextris tuis in vestitu deaurato, circunmdata varietate, omnis gloria eius filiae regis ab intus in fimbris aureis, circum amicta varietatibus (Psal. 44).*

Algunas veces no se transforma el mismo suceso, sino sus circunstancias, como sus causas, prohijándole a otras de las que se piensan. Con este artificio va ponderando Bartolomé Leonardo aquel prodigioso sudor de sangre de Cristo, nuestro Dios en el güerto, y da la causa dél:

¿Qué estratagema hacéis, guerrero mío?
Mas antes ¿qué inefable Sacramento?
¡Que os bañe en sangre sólo el pensamiento
de que se llega el plazo al desafío!

¡Derramad de vuestra alma otro rocío,
que aduerma o arme al flaco sentimiento!
Mas vos queréis que vuestro sufrimiento
no cobre esfuerzo, por cobrar más brío.

Que no es temor el que os abrió las venas
y las distila por los poros rojos,
que antes él los espíritus retira,

sino como se os viene ante los ojos
mi culpa, ardéis de generosa ira;
y en esta lucha aumento vuestras penas.

Vese la estremada transmutación en dar diferente causa al efecto de lo que parecía. Estaba armándose el animoso conde de Cabra para entrar en una batalla, y comenzó a temblar por todo el cuerpo hasta dar diente con diente; admirados de la novedad sus caballeros, les dijo: "No os espantéis, que este temblar no nace de temor, sino de esfuerzo. *Temen las carnes del estrecho en que las ha de empeñar el corazón*".

Conviértense otras veces los efectos en los contrarios, y en otro muy diferente el fin que se pretendía. Glosó Marcial el inicuo intento de Antonio en matar a Cicerón, y dijo: "¿Qué importa querer poner silencio a aquella elocuente lengua, si todos, ahora, se han de hacer lenguas en su alabanza y tu vituperio?".

Quid promnt sacrae praetiosa silentia linguae?
Incipient omnes pro Cicerone loqui.

Diciendo Adriano Sexto que haría echar en el Tiber el crítico Pasquín, porque no hablase tanto: "No conviene, santísimo padre, le dijo el galante duque de Sessa, embajador de España: que se convertirá en rana, y si ahora canta de día, entonces cantará de noche y de día".

Tiene también su agradable variedad esta Agudeza, muchos y diversos modos de formarse. Convertir el objeto en su contrario es gran sutileza, como se ve en este antiguo, que fue todo alma:

Collar de perlas me diste,
mas las que mis ojos vierten,
enternecerán, si vivo,
a los diamantes más fuertes.
Los brazaletes y anillos,
son esposas, que me tienen
cautiva y desesperada,
de que mi dicha las quiebre.

Mézclase entonces la contraposición, que hace más picante la transposición. Convirtió el contento en pesar, con ingeniosa ponderación, el raro así en el concepto como en el afecto, Jorge de Montemayor. Era portugués, y dijo:

No me diste, oh crudo amor,
el bien que tuve en presencia,
sino porque el mal de ausencia
me pareciese mayor.

Explicó uno con el equívoco la contraposición, convirtiendo en risa un afectado llanto, y dijo: Río de las lágrimas que lloro. Debajo la palabra río exprimió a dos luces, que era tanto su llanto que se podía hacer un río, y que era tan poco el sentimiento, que era risa.

No contentarse con transferir llanamente, sino aumentando el estremo en que se convierte el sujeto, es relevante primor, porque es ponderar de lo menos a lo más. Dijo don Luis de Góngora:

Muchos siglos coronéis
esta dichosa región,

que cuando os mereció ave,
Serafín os admiró.

Así también el caballero Guarini, a una mariposa, conceptuosamente: que todos estos grandes autores dan siempre viveza de concepto, aun a sus más pequeños asuntos:

Una farfalla cupida e vagante,
fatt' é il mio cor amante,
che va quasi per gioco
scherzando intomo al foco
di due begli occhi e tante volte, e tante
vola, rivola, e fugge, e torna, e gira,
che nell' amato lume
lascerà con ta vita al fin le piume,
ma chi di cid sospira,
sospira à torto, ardor caro, .e felice:
morrà farfalla, e sorberà fenice.

Por un valiente encarecimiento, Floro, que fue de los que hablaron siempre con el entendimiento, ponderó la recíproca muerte de Bruto, estando él dando de puñaladas a Arunte, hijo de Tarquino. Oye y nota la estremada transposición: No fue morir, dice, sino ir persiguiendo el adúltero hasta la otra vida: *Donec Aruntem filium Regis manu sua Brutus occidit: superque ipso mortuo, mutuo vulnere expiravit; plane quasi adulterum ad inferos usque sequeretur.* Añadió don Luis de Góngora al encarecimiento el misterio, y dio una sutil transposición por salida:

Tropezó un día Dantea,
ninfa del mar, por quien son
grosera la discreción

y la hermosura fea;
si es bien que caída sea,
tropiezo tan a compás.
A la que presume más
de hermosa y de entendida,
*darla quiso esta caída,
para dejársela atrás.*

Dio a un reparo salida con la primorosa transposición, uno, y disculpó su variedad:

Si mi pluma otras loaba,
ensayóse en lo menor,
que todas son borrador,
de lo que en vos trasladaba.

Todos los conceptos que se fundan en la crisi son más gustosos, porque se añade a lo picante del artificio lo picante de la materia; y así esta sutileza del transformar las cosas, cuando es crítica, es estremada. A un soldado, que con descaramiento pidía mercedes, jactándose de una herida que tenía en la cara, le dijo el macedón Filipo: "Soldado, otra vez, cuando huyas, no vuelvas la cara a ver si te sigue el enemigo". Ingeniosamente, le mudó, el que él blasonaba valor, en cobardía.

Fue único en este crítico discurrir Trajano Bocalini; tiene donosísimas transposiciones de los asuntos, en todo lo contrario de lo que se creía. Léele el discurso del rey Católico don Fernando, cuando pidió ser colocado entre los famosos héroes, y sus aragoneses lo contradijeron. Pero en el del Gran Capitán anduvo desalumbrado. Mejor discurrió en el, de Harpócrates, calificando su silencio: Habiendo Apolo, dice, esta mañana de repente mandando llamar al gran maestro del silencio, Harpócrates, le dijo que había admirado hasta ahora su silencio, pero que le había dado gran deseo de oírle hablar; encogióse de hombros y dio señal de que no podía hablar; replicó Apolo que por ahora quebrantase el silencio, y discurriese sobre cualquier elegante materia. Continuaba en callar, y se puso el dedo en la boca. Enojado su majestad, le mandó que en todo caso hablase. Llegósele entonces Harpácrates al oído, y le dijo muy quedito que estaba el mundo de tal modo depravado, que aquéllos eran sabios que tenían ojos para ver, juicio para notar y no lengua para hablar: de cuya respuesta quedó Apolo muy enfadado; y vuelto a los circunstantes, dijo que finalmente se había desengañado de que Harpócrates era uno de aquellos ignorantes que, debajo de un callado y aparentemente virtuoso silencio, esconden y palían una muy crasa ignorancia.

No sólo se transforma el caso, ya pasado, sino el que ha de suceder, y se hace la transmutación en lo venidero. Dijo Marcial del hijo que le había nacido al César, que no las Parcas, sino la hermosa Julia, le había de hilar y tejer la vida; y nota, de paso, que, como satírico, la dice, puede ya tratar de hilar, pues ha nacido heredero del Imperio, y en vez del vital estambre, sucederá el vellocino de oro de Colcos.

> Nascere dardanio promissum nomen Iulo,
> vera Deum soboles: nascere, magne puer.
> Cui pater aeternas post saecula tradat habenas:
> quique regas orbem cum seniore senex.
> Ipsa tibi niveo trahet aurea pollice fila,
> et totam Phryxi Iulia nebit ovem.

Es de los mayores epigramas, por lo grave y por lo ingenioso. Quiso que lo gozásemos en nuestra lengua española don Manuel Salinas, en esta culta octava:

> Nace deidad a Iulo prometida,
> de dioses verdadero descendiente,
> niño grande, y después de larga vida
> el cetro de su imperio floreciente
> te dé tu padre, y en su envejecida
> edad, viejo gobiernes felizmente:
> con blancos dedos Julia por decoro,
> todo te hile el vellocino de oro.

Hizo también la transposición de lo que podía suceder, don Luis de Góngora, y dijo:

> Si eres del amor cautivo,
> desde aquí puedes volverte,
> que me pidirán por voto
> lo que entendí que era suerte.

Una transmutación déstas es valiente salida de un empeño. Desta suerte Augusto transformó su ambición en moderación, y revolvió el agravio de activa por pasiva: depuso los tribunas, porque habían castigado al que había puesto una corona en la cabeza de una estatua suya; y escandalizándose mucho sus cortesanos, dijo que no los había depuesto por el castigo, sino porque le habían prevenido, y le habían quitado una ocasión tan grande de despreciar aquella honra.

Por una artificiosa corrección, convirtió don Luis Carrillo el alivio de su mal en mayor pena, y dijo:

> Llorad, ojos, llorad, pues desatando
> parte del mal por quien estoy muriendo,
> irá en mi pecho su furor menguando.
>
> En vano alivio con llorar pretendo,
> *si vuelve al pecho, por su mal, volando"*
> *lo que dél sale, por su bien, corriendo.*

DISCURSO XVIII
DE LAS PRONTAS RETORSIONES

Superioridad es de discurso no rendirse a la Agudeza del que provoca, sino aspirar al vencimiento con Otro igual, y aun mayor. Son venerados, son temidos semejantes Ingenios, y en las lides de sutileza tenidos por vivos, y de respuesta.

Es muy semejante esta especie de concepto a la pasada, aunque tiene su especialidad. Consiste en retorcer un dicho, o un hecho, sobre el mismo que lo propone, ya motejando, ya alabando. Discúrrese de muchas maneras, unas veces aplicándole lo mismo al actor por paridad o correspondencia de alguna circunstancia especial, por la cual le compete lo mismo, y aun mejor. Preguntándole Pompeyo a Cicerón, cuando llegó a su campo, que dónde dejaba a su yerno Pisón, marido de Tulia, respondió pronto: "Queda en el campo de su suegro César". Halló la paridad de lo mismo que le oponía, y exprimióla por respuesta.

Retuércese también un hecho, así como un dicho, aludiendo a la misma circunstancia, y descubriendo que corre la misma razón en el sujeto sobre quien se convierte. Introduce don Francisco de Quevedo a Apolo, hablando con Dafne, y la dice:

> Di, ¿por qué mi dolor creces,
> huyendo tanto de mi
> en la muerte que me ofreces?
> Si el sol y luz aborreces,
> *huye tú misma de ti.*
>
> Ojos que en esa beldad

alumbráis con luces bellas
su rostro y su crueldad:
pues que sois los dos estrellas,
al sol que os mira, mirad.

No siempre se aplica lo mismo que propone el dicho; puédesele aludir en la respuesta a otra cosa equivalente. Diciendo un tuerto a un corcovado que era bien inclinado, respondió: "Eso es mirarme con buenos ojos". y diciéndole otro: que había cargado de mañana, respondió: "Sí, que aun no habéis abierto las ventanas". En todas éstas hay correspondencia y correlación proporcional a otra falta en el que moteja. Si esta correspondencia se exprime por las mismas palabras, aunque a diferente sentido, tiene más donosidad. Así aquel gran pontífice, verdadero apreciador de las buenas letras, asilo de los varones doctos, en cuyo tiempo Pasquín no mordía, sino que lisonjeaba así:

Olim habuit Cypris sua tempora; tempora Mavors
olim habuit: sua nunc tempora Pallas habet.

El felicísimo León décimo, entre Otros grandes Ingenios de quienes siempre iba rodeado, varón de gran gusto en lo más realzado del vivir, era uno el Archipoeta. Jactándose éste de su facilidad en el verso, dijo:

Archipoeta facit versus pro mille poetis.
Retorciólo León, diciendo con gran prontitud:
           Et pro mille aliis Archipoeta bibit.

Por una ingeniosa paranomasia, jugando con el vocablo del sentido, respondió el nunca bastantemente llorado rey don Sebastián, a los que le querían aterrar y divertir de su mal logrado intento, con el prodigio de un cometa, siempre fatales, que había aparecido; él, con la rara prontitud y viveza de Ingenio que tenía, respondió: "¡Eh, que no lo entendéis! Que el Cometa me está diciendo que acometa".

Por equívoco se forma con agradable primor la retorsión, valiéndose de la misma palabra dudosa, y que está significando a dos luces, o a dos sentidos; y dásele crítico o favorable, diferente, empero, del que pretende el que la dice. De Cloe, que enterró siete maridos, y puso esto por alabanza suya en el epitafio, glosólo Marcial por retorsión, diciendo:

Inscripsit tumulo septem eelebrata virorum,
se fecisse Chloe: quid pote simplieius?

Tradújolo Bartolomé Leonardo, que de tan grandes hombres merece la Agudeza de Marcial ser ilustrada:

> Cloe, la séptima vez,
> las exequias celebró.
> Siete maridos lloró;
> no hay tan honrada viudez.
> ¿Pudo con más sencillez,
> toda la verdad decir?
> Mandó en la piedra escribir,
> que ella les dio sepultura,
> y dijo la verdad pura,
> porque los hizo morir.

Cuando se le responde al que zahiere con lo contrario de lo que nota, yeso se le aplica a él, es mayor sutileza. Así Foción, diciéndole Demóstenes: "Mira que los atenienses te han de matar el día que salieren de sí", respondió: "Y a ti, si volvieren en sí". Venció la retorsión, porque si aquél dijo cuando salieren de sí, éste, por lo contrario, cuando volvieren en sí, que es decir mucho más.

Hácese argumento con mucha gracia de lo mismo que el contrario opone, y el retorcer el argumento es sutileza plausible. Esta Agudeza incluye aquel otro epigrama de Marcial a Cina, tan repetido y aún imitado:

> Esse nihil dicis, quidquid petis, improbe Cinna;
> si nihil Cinna petis, nihil tibi, Cinna, nego.

Aún suena más picante y más donoso en nuestro romance; débesele a don Manuel Salinas:

> Dices, Cina, que es no nada
> lo que a pidir te comides,
> *Cina, si nada me pides,*
> *también yo te niego nada.*

Hallar repugnancia en lo que dice el que provoca, con lo que hace o acostumbra, es grande respuesta; y retuércesele con maliciosa alusión. Entrando tarde en el senado, Laberio, y no hallando lugar, díjole Cicerón: "Yo le hiciera, si no estuviéramos tan apretados", tachándole a él de senador nuevo, y al César por haber hecho senadores a tantos. Respondió prontamente Laberio: "No sé cómo te falta lugar, estando acostumbrado a sentarte en dos sillas": notándole ser de los que comen a dos carrillos.

Válese de la conversión o transposición comúnmente, transformando las cosas en otras de lo que parecen, y cuando tercia la malicia crítica es más agradable. Así Alciato, que fue Ingenio de los de primera clase, y universal en todo género de Agudeza, introduce en uno dellos un buitre tragador, que está trocando, y quejándose a su madre de que echa por la boca las entrañas; pero ella, con donosa retorsión, le dice: "No echas, hijo, sino lo ajeno, que siempre robas".

Milvus edax, nimiae quem nausea torserat escae,
hei mihi, mater, ait, viscera ab ore fluunt.
Illa autem, quid fles? Cur haec tua viscera credas,
qui rapto vivens sola aliena vomis?

La paridad en que se suele fundar la retorsión para rebatir la censura y aplicar lo mismo, no siempre está en el sujeto que nota: puédese hallar en otro, en quien se disimula; de suerte que se puede hacer la retorsión a otro tercero, y después, mediatamente, al primero. Forma, por una ingeniosa retorsión, el gustoso Boquelino un discurso picante, como suele: que no son sino para hombres juiciosos y de gusto muy maduro. Dice, pues, que no queriendo Apolo tolerar que en el entendimiento de los hombres, que debe ser solamente albergue de una incorrupta verdad, se siembre por algunos la mentira, habiendo sabido que los poetas en sus escritos han publicado y introducido por verdaderos los tritones, basiliscos, unicornios, sirenas, hipogrifos, centauros, esfinges, la fénix, y otros animales, los cuales era notorio y manifiesto que jamás la madre Naturaleza había tenido pensamiento de criados en el mundo; demás que de la publicación de cosas tan fabulosas nacían graves inconvenientes, pues se sabía que algunos embusteros habían comenzado a hacer mercancía del cuerno del unicornio, de las plumas de la fénix, del basilisco acecinado, que vendían por muy caro precio a personas caprichosas o simples; declaraba, con. edicto, los animales y demás cosas dichas por expresas mentiras, meras fábulas, invenciones poéticas; que, por tanto, mandaba que los poetas se debiesen abstener de cometer semejantes desórdenes, y que no pudiesen cantar en sus versos cosa alguna que no constase haber sido criada y producida de la Naturaleza. Oyendo esto los poetas, grandemente se alteraron, y acerbamente se quejaron de que en un siglo de tantas mentiras, solamente Se atendiese a prohibir sus doctas e ingeniosas invenciones: que era quitarle el alma a la poesía; y no se reparase en que infinitas cosas, con encomios de mucha reputación, publicaban los mayores letrados del Parnaso, así políticos como historiadores, por verdaderas, que no se veían ni se conocían entre los hombres, como era decir: que se hallaban sujetos desinteresados, personas que aman más las públicas comodidades que sus privados intereses, ministros que no son esclavos de sus pasiones, príncipes libres de ambición y de la demasía de desear cosas de los otros, varones de entereza, héroes, hombres universales, etc. ¿No se dice públicamente que viven estos prodigios en el mundo, y es notorio, más que a todos, a la majestad de Apolo, si en Egipto, o en Arabia, o en otra alguna parte de la tierra, se hallan semejantes aves fénix? Que, por tanto, injiriese su majestad también estas quimeras en el edicto, para que fuese universal, y así justamente obedecido.

Puede haber retorsión de retorsión, cuando revuelve el que objetó primero, y rebate la respuesta con otra sutileza, perseverando en el vencimiento, que es gran prueba de prontitud y esfuerzo de Ingenio. Sea ejemplar éste, sacado de aquel emporio de conceptos, la comedia de Querer por sólo querer, de don Antonio de Mendoza:

> Si con alma rigurosa.
> te niegas lo que mereces,
> y el ser amada aborreces,
> ¿para qué naciste hermosa?

> Que soy hermosa, ni apruebo
> ni gusto que me lo digas:
> *si es mentira, ¿qué me obligas?*
> *y si es verdad, ¿qué te debo?*

> ¡Qué vana civilidad!
> Que se agradezca me admira,
> que es mucho para mentira,
> y poco para verdad.

> No es justo te cause enojos
> llamarte hermosa, que siento
> que paga el entendimiento
> una deuda de los ojos.

Con esta alternación de argumentos se van respondiendo y rebatiendo, las razones. Cuando se descubre en el contrario lo mismo que zahiere con exceso, es un artificioso retorcer, porque se arguye de lo menos que se le concede aquí, a lo más, que se le nota en él. Motejando Domicio Censor a Lucio Craso el haber llorado un lebrel muerto, respondió: "Confieso que tienes tú más valor, pues habiendo enterrado tres mujeres, aún te estás por derramar la primera lágrima".

Concédesele tal vez al contrario lo que objecta, pero revuelve el provocado probando con una ingeniosa razón que aquello es más y se estima más que lo contrario. Respondió sentenciosamente Marcial a Calistrato, que le zahería su pobreza, ordinaria en los grandes Ingenios, y más poetas: "Confieso, dice, que nos diferenciamos ambos: tú, en ser rico; yo, en ser pobre; pero advierte, que lo que tú eres, lo puede ser cualquiera, pero lo que yo ni tú ni otros".

> Sum, fateor, semperque fui, Callistrate, pauper,
> sed non obscurus, nee male notus eques.
> *Sed toto legor orbe frequens; et dicitur, Hic est;*
> *quodque cinis paucis, hoc mihi vita dedit.*
> *At tua centenis incumbunt tecta columnis,*
> *et libertinas arca flagellat opes;*
> *magnaque Niliacae servit tibi gleba Syenes;*
> *tondet, et innumeros Gallica Parma greges.*
> Hoc ego, tuque sumus; sed quod sum, non potes esse;
> tu quod es, e populo quilibet esse potest.

Excelente retorsión, digna de ser gozada en la versión del canónigo don Manuel Salinas:

> Calistrato, confiésote, que he sido
> y pobre soy, mas no desconocido;
>
> ni por mi mal nombrado,
> mas de todos leído y celebrado.
>
> En viéndome, aunque sea el más agreste,
> festivo dice, el gran Marcial es éste.
>
> Y, al fin, lo que la muerte no da a todos,
> la vida me concede por mil modos.
>
> Tú tienes casa, bella y ostentosa,
> que cien columnas hacen majestuosa.
>
> Riqueza que un Liberto sólo abarca
> en invidiosa y invidiada arca.
>
> Copiosas trojes, Ceres te fecunda
> de los campos que en Siene el Nilo inunda,
>
> si la gálica Parma vellocinos

te rinde los más finos.

Esto somos tú y yo, pero. aunque pobre,
y a ti todo te sobre,

ser lo que soy, Calistrato, no puedes;
mas para ser aquello en que me excedes,

que es ser rico ignorante,
cualquier del pueblo juzgo por bastante.

Válese la retorsión del reparo para responder con mayor sutileza, sacando la razón del misterio que encierran las mismas palabras que se oponen. Así uno respondió a aquellas misteriosas palabras del Señor, que fueron panegírico a san Juan: *Inter nátos mulierum non surrexit maior Ioanne Baptista*; que como la Virgen Madre Inmaculada no cayó, por eso tampoco se levantó; de modo, que más la ilustran a esta Señora exceptándola, que la notan comprehendiéndola.

No se contenta con desempeñar esta sutileza, sino que aspira siempre al vencer. Censurábale uno al mismo Marcial (¿qué será a los que no lo son?) de largo y prolijo, y respóndele por una contraposición vitoriosa:

Scribere me dicis, Velox, epigrammata longa.
Ipse nihil scribis: tu breviora facis.

Sucintamente le cogió toda el alma don Manuel Salinas, y dijo:

¿A llamar cosa cansada
mis epigramas te atreves?
Tú, sí las haces más breves,
Veloz, que no escribes nada.

DISCURSO XIX
DE LA AGUDEZA POR EXAGERACIÓN

Poco es ya discurrir lo posible, si no se transciende a lo imposible. Las demás Agudezas dicen lo que es, ésta lo que pudiera ser; ni se contenta con eso, sino que se arroja a lo repugnante. Así dijo el profundo y substancial Horacio, autor, de los juiciosos, ponderando la seguridad de la virtud y la intrepidez de la buena conciencia:

Iustum, et tenacem propositi virum,
non civium ardor prava iuventium,

> non vultus instantis tyranni,
> mente quatit solida; neque Auster.
> Dux inquieti turbidus Adriae,
> nee fulminantis magna Iovis manus,
> si fractus illabitur orbis,
> impavidum ferient ruinae.

Consiste su artificio en un encarecimiento ingenioso, debido a la ocasión: que en las extraordinarias ha de ser el pensar y el decir extraordinario. Desta suerte, el célebre Licurgo, preguntándole por qué no había puesto en su severa política graves penas contra los parricidas, respondió que jamás se le había ofrecido, cuanto menos creído, que tan enorme maldad pudieran cometerla hombres. Está bien exagerado.

No escrupulea en la verdad este género de sutileza; déjase llevar de la ponderación, y atiende sólo a encarecer la grandeza del objeto, o en panegiri o en sátira: Galante encarecimiento éste de Lope de Vega, que en lo cómico, sin duda excedió a todos los españoles: si no en lo limado, en lo gustoso y en lo inventivo, en lo copioso y en lo propio:

> Díjele que aquí no había
> iglesia como en Toledo,
> palacio como en Madrid,
> como en Lisboa paseos,
> ni flota como en Sevilla,
> como en Salamanca Ingenios,
> como en Córdoba caballos,
> en Avila caballeros,
> jardines como en Valencia,
> como en Zaragoza templos,
> plazas en Valladolid,
> como en Barcelona puerto;
> pero que si la hermosura,
> la gala del universo
> quisiera ver toda junta,
> viniese conmigo a veros.

En la misma verdad puede haber exageración, subiendo de una eminencia en otra el objeto, dándole al aumento por la artificiosa gradación. Pondera desta suerte el maestro fray Gabriel Hernández, hijo hasta en la sutileza de su gran padre Agustino, que no se contentó la gracia de triunfar, en la concepción de la Madre de Dios, de la naturaleza y de la culpa, sino que se venció a sí misma, excediéndose con prodigiosos realces.

Fórmase de ordinario el encarecimiento, ensalzando el objeto y ponderando su exceso, en sí o en alguna de sus circunstancias. Don Luis de Góngora, en estas endechas suyas, aunque no van en sus obras, como ni otras muchas:

> Al pie de una corriente,
> lloraba Galatea,
> de sus divinos ojos,
> por lágrimas estrellas.
> Ambar cernió su cofia, etc.

Otras veces, disminuyendo los términos careados para más realzar el sujeto. El mismo, en su limada fábula del Polifemo, cantó de la amenísima Trinacria:

> Sicilia, en cuanto oculta, en cuanto ofrece,
> copa es de Baco, huerto de Pomona:
> tanto de frutas ésta la enriquece,
> cuanto aquél de racimos la corona.
>
> En carro, que estival trillo parece,
> a sus campañas Ceres no perdona,
> de cuyas siempre fértiles espigas
> las provincias de Europa son hormigas.

Salen muy bien algunos encarecimientos conglobados, que digan entre sí correspondencia, y vayan en proporción aumentando el objeto y el concepto. El Marcial de Valencia, aquel que tuvo sin duda algún rayo por Ingenio, pues, en todas las artes y ciencias, que fue universal, afectó siempre lo más dificultoso: en las exequias del César de todo el mundo, Carlos quinto, cantó así el agudísimo Falcón:

> Pro tumulto ponas orbem, pro tegmine coelum,
> sydera pro facibus, pro lachrymis maria.

Ilústrelo nuestro aragonés, don Manuel Salinas, con la propiedad y gala que acostumbra:

> Por túmulo todo el mundo,
> por luto el cielo, por bellas
> antorchas pon las estrellas,

y por llanto al mar profundo.

De muchas exageraciones continuadas, hizo argumento uno para ponderar una inconstancia, diciendo:

¿Ves la inestabilidad de la Fortuna,
o al animoso viento hoja ligera?
¿Ves tierno junco en húmeda ribera,
que obedece a las olas de una en una?

¿Ves en la tempestad más importuna
del orgulloso mar, veloz galera?
¿Ves en la celestial azul esfera
el vario rostro de la blanca luna?

Pues ten por cierto que es Fortuna estable,
la hoja al viento, el junco al agua, fuertes,
immoble la galera al mar mudable,

los rostros de la Luna sosegados,
sin crecer ni menguar de varias suertes,
si son contigo, Alcida, comparados.

Por el mismo rumbo glosó don Luis de Góngora las contingencias de un viaje, y hizo el argumento con una bien exagerada ponderación:

Cosas, Celalva mía, he visto estrañas:
Cascarse nubes, desbocarse vientos,
altas torres besar sus fundamentos,
y vomitar la tierra sus entrañas.

Duras puentes romper cual tiernas cañas,
arroyos prodigiosos, ríos violentos
mal vadeados de los pensamientos,
y enfrenados peor de las montañas;

los días de Noé, gentes subidas
por los más altos pinos levantados,
por las robustas hayas más crecidas.
Pastores, perros, chozas y ganados,
sobre las aguas vi, sin forma y vidas,
y nada temí más que mis cuidados.

Mayor sutileza contiene la exageración cuando se forma entre dos extremos. Ponderando en cada uno la dificultad, realza mucho la suspensión. y la duda de la deliberación a uno de entrambos, y exprímese la oposición; encareciendo el inconveniente que hay en cualquiera dellos. Sea ejemplar al mayor Ingenio, y recuerdo a la más grata memoria, este sublime epigrama, que hace de todos los demás lo que el sol de todos los astros, aun de los mayores. Tuvo por autor a aquel serenísimo héroe, infante gloriosísimo de España, tan llorado de toda ella en su muerte cuanto aplaudido en su vida, al señor don Carlos: que no. es nuevo en los príncipes y reyes españoles honrar las eruditas Artes y ciencias, autorizándolas y ejerciéndolas. Atiende, pues, y celebra:

> Oh, rompa ya el silencio. el dolor mío,
> y salga deste pecho desatado:
> que sufrir los rigores de callado
> no cabe en lo que siento, aunque porfío.
>
> De obedecerte, Anarda, desconfío;
> muero de confusión, desesperado; .
> ni quieres que sea tuyo mi cuidado,
> ni dejas que yo tenga mi albedrío.
>
> Mas ya tanto la pena me maltrata,
> que vence al sufrimiento; ya no espero
> vivir alegre: el llanto se desata,
>
> y otra vez de la vida desespero,
> pues si me quejo, tu rigor me mata,
> y si callo mi mal, dos veces muero.

Nota la profundidad, la delicadeza, y saca desta valiente uña la capacidad, aunque tan sosegada, de aquel generosísimo león. Este, con otros no menos ingeniosos poemas del señor infante, debemos agradecer al cuidado en observarlos y conservados del erudito y ingenioso caballero, gloria de Aragón por su ascendencia, y ornamento de Castilla por su nacimiento y asistencia, don Josef Pellicer, bien conocido en toda la Europa, por sus raras obras en su misma pluralidad.

A más de su propia Agudeza, suele la exageración valerse de las otras especies, que la realzan mucho. Por una contraposición entre la elocuencia y el valor, entre el saber y el poder, encareció bien la excelencia que lleva el Ingenio a las fuerzas, el filósofo en verso, Andrés Alciato: pinta en un conceptuoso emblema a Hércules, que con las cadenillas de su boca aprisiona las gentes que no pudo sujetar con la acerada clava, y dice:

Arcum laeva tenet, rigidam fert dextera clavam,
Contegit et Nemees corpora nuda Leo.
Herculis haec igitur facies? non convenit illud.
quod vetus, et senio tempora cana gerit.
Quid quod lingua illi levibus traiecta catenis
quaeis fixa, facileis allidt aure viros?
An ne quod Alciden lingua non robore Galli
praestantem, populis iura dedisse ferunt?
Cedunt arma togae, et quamvis durissima corda
eloquio pollens ad sua vota trahit.

Por una hermosa proporción exageró un sentimiento aquel antigo doblando la Agudeza:

Llorando mira Fileno
de Turia las aguas frías,
en las que vienen sus males
y en las que se van sus dichas.
Sus corrientes, acompaña
con lágrimas infinitas,
son tantas, que con ellas
las ondas del mar crecían.

Al contrario, por otra agradable improporción duplicada, encareció otro un contento, con no menos delicadeza, diciendo:

Al cabo de una hora de años
de esperanzas impacientes,
viola salir a un balcón,
haciendo los años breves.
Dio de espuelas al caballo,
por ver el sol que amanece,
hácele que se arrodille,
y el suelo en su nombre bese.

Con la alternación y contrariedad campea más el encarecimiento. Difería el César su entrada en Roma hasta que se hiciese día, para que fuese más festiva.

Dijo entonces Marcial: "Señor, no reparéis en que sea noche, que lo esclarecido de vuestras hazañas harán de la noche día". Permítasele la lisonja por la Agudeza:

> Phosphore, redde diam: quid gaudia nostra moraris?
> Caesare ventura, Phosphore, redde diem.
> Roma rogat: placidi numquid te Pigra Bootae
> plaustra vehunt, lento quod nimis igne venis?
> Ledaeo poteras abducere Cyllaron astro;
> ipse suo cedet nunc tibi Castor equo.
> Quid cupidum Titana tenes? Iam Xanthus et Aeton
> Fraena volunt: vigilat Memnonis alma parens.
> Tarda tamen nitidae non cedunt sydera luci,
> et cupit Ausonium Luna videre ducem.
> Iam, Caesar, vel nocte veni: sint astra licebit,
> non deerit populo te veniente dies.

Cultamente, sublimemente contrapone el deseo del día y el deseo de la noche, por gozar cada una de la imperial presencia; y concluye con la exagerada antitesi entre las tinieblas de la noche y los lucimientos del César. Venció la dificultad de la traducción el galante Salinas, y a sí mismo diciendo:

> Vuelve, lucero, el día:
> no quieras retardar nuestra alegría,
>
> mira que el César ha de entrar mañana,
> vuelve la luz más clara y más temprana.
>
> Roma te ruega, y todo el pueblo entero;
> que te detiene aquel tardo Boyero
>
> en perezoso claustro me imagino,
> según pasas de espacio tu camino.
>
> De Leda al astro el Cilarón pudieras
> quitar, porque veloz en él corrieras,
>
> y cuando imaginaras deseallo,
> Castor, cortés, te diera su caballo.
>
> ¿Por qué la luz de Febo detenida
> está; cuando fogosos, ya la brida
>
> piden Etón y Yantho?
> No te detengas tanto,

que de Memnón la madre vigilante
da prisa por mostrar al sol infante;

pero por más que anhelo,
no ceden las estrellas en el cielo

al sol augusto; antes deseosa
de gozarle la luna más hermosa,

su carroza parece que ha parado,
por ver entrar al César deseado;

mas aunque noche sea,
entra, ¡oh César!, que Roma te desea;
que no le faltará, si tú entrar quieres.
alegre dia al pueblo, pues sol eres.

DISCURSO XX
DE LOS ENCARECIMIENTOS CONCEPTUOSOS

Son los tropas y figuras retóricas materia y como fundamento para que sobre ellos levante sus primores la Agudeza; y lo que la retórica tiene por formalidad, esta nuestra Arte por materia sobre que echa el esmalte de su artificio. No pasan algunos por concepto el encarecimiento así, a secas; dicen no ser más que un hipérbole retórico, sin el picante de la Agudeza viva y verdadera; como la tiene este rey de los epigramas, al fin, de Marcial. Discurrió el poeta muy a la ocasión, cuando en el anfiteatro acometió un tigre a un león, y lo despedazó; ponderó que lo que no hacía en los montes se atrevía hacer después que estaba entre las gentes, de quienes había aprendido fiereza:

Lambere securi dextram consueta magistri
tigris ab Hyrcano gloria sacra iugo,
Saeva ferum rabido laceravit dente leonem:
res nava, non nullis cognita temporib,tS.
Ausa est tale nihil, sylvis dun vixit in altis;
Postquam inter nos est, plus fetitatis habet.

Exageró con fundamento, y dándole pie para ello la rara contingencia. Fue muy ajustada la traducción de don Manuel Salinas:

La fiera, que ya obediente
a besar llegó la diestra

del maestro, gloria Hircana,
romana admiración nueva,
con diente y garra cruel,
miembro a miembro, y pieza a pieza a un león despedazó,
aquel gran rey de las fieras.
Pasmo, horror, espanto, asombro, solicitó tal empresa;
ni en la edad pasada oida,
ni vista en la venidera.
Mientras que tigre habitó,
de Hircania en las altas selvas, nunca fue tan atrevida,
nunca tan btava y tan fiera.
Mas ya en el romano circo,
tales crueldades ostenta:

sin duda que entre nosotros
ha estudiado más fiereza.

Requiérese, pues, que alguna circunstancia especial dé motivo y ocasión al encarecimiento, para que no sea libremente dicho, sino con fundamento: que es darle alma al concebir. Desta suerte el agudísimo Rufo, pintando la matanza que iba haciendo el agraviado veinticuatro don Fernando de Córdoba en su casa, dijo:

En un rincón de la sala hubo señal de ruido,
y fue que detrás de un cofre estaba el pobre Galindo.
El cual, de puro temor,
aun no osó estar escondido.

No se pudo ponderar más: fundóse para la exageración en el hacer ruido, cuando le importaba la vida el sosiego. Cuanto la circunstancia es más especial y prodigiosa de pie para el encarecimiento mayor. Fue gran pensamiento éste del padre Felipe Gracián, de los clérigos menores, gloria y corona mía más que hermano: eminente teólogo, como quien ha profesado la teología en las mejores cátedras de su sagrada religión; gran predicador, con plausibilidad en lo sutil y bien discurrido. Ponderando un día de la, Visitación de la Madre de Dios aquellas palabras de *san Lucas* (capítulo I): *Et faetum estut audivit salutationem Mariae Elisabeth exultavit: infans in utero eius, et repleta est Spiritu safleta Elisabeth,* dijo este ingeniosamente devoto de la reina de los cielos, que no sólo no podía caber el pecado en esta Señora, pero que ni aun en su presencia no osaba parar; que parece que se le opone más que su formalidad contraria, pues no sólo no le admite intrínsecamente en sí, pero ni aun en su exterior presencia le deja lugar de estar en los otros. Desta suerte discurre este padre, con razón benemérito de ocupar uno de los mayores puestos de su orden, siendo asistente por España al lado de su reverendísimo y religiosísimo general en Roma.

Ayúdasele algunas veces a la circunstancia fingiendo otra que la ladee, y de entrambas se hace fundamento para el exagerar. Aquel portentoso Ingenio, también de nuestra Bílbilis, y primero entre tantos, admirando la repentina muerte de Andrágoras, Marcial, dijo que sin duda le mató el haber soñado al médico Hermocrates, que aun soñando mataba:

Lotus nobiscum est, hilaris cenavit, et idem
inventus mane mortuus est Andragoras.
Tam subitae mortis causam, Faustine, requiris?
In somnis medicum viderat Hermocratem.

Aunque le dio pie la repentina muerte, con todo no fue tan fundado el encarecimiento como sutil: ayudóse de la fingida circunstancia del sueño. Oh, qué saladamente nos lo sazona en el castellano el canónigo de Huesca:

Cenó Andrágoras, bañado,
conmigo anoche, de gana,
y ya muerto, esta mañana,
en su cama lo han hallado;
si de tan arrebatado
fin quieres saber, Faustino,
la causa, yo la adivino:
Que en Hermocrates, doctor,
 soñó, y que sin más dolor,
de un médico a morir vino.

Del equívoco, y de las demás circunstancias del caso, formó Lope de Vega una valiente exageración en este aplaudido epigrama a Leandro. Es de lo mejor que hizo:

Por ver si queda en su furor deshecho,
Leandro arroja el fuego al mar de Abido,
que el estrecho del mar, al encendido
pecho, parece mucho más estrecho.

Rompió las sierras de agua largo trecho,
pero el fuego en sus límites rendido,
del mayor elemento fue vencido,

más por la cantidad que por el pecho.

El remedio fue cuerdo, el amor loco,
que como en agua remediar espera
el fuego que tuviera eterna calma,

beber intenta el mar, y aun era poco:
que si bebiera menos, no pudiera
templar la sed desde la boca al alma.

Toda contingencia rara es lance para el exagerar, ya porque el discurso tiene fundamento, ya porque es a la ocasión. Fuelo éste, de un antigo y incierto, pero bueno:

Constiteram exorientem auroram forte salutans,
cum subito a laeva Roscius exoritur.
Pace mihi liceat, caelestes dieere vestra,
mortlis visus pulchrior esse Deo.

Aquella contingencia de salir el hermoso mancebo cuando se esperaba la aurora, o el sol, fue el alma del concepto. Así dijo también don Luis de Góngora:

Los pájaros la saludan,
porque piensan, y es así,
que el sol que sale en oriente,
vuelve otra vez a salir.

Sin alguno destos apoyos parece arrojado el encarecimiento, por lo menos libremente dicho y sin fundamento. La circunstancia especial de que se toma pie para discurrir escusa y aun parece que obliga a la exageración. Del inclinar la cabeza al morir el autor de la vida, y quedar como mirando hacia sus paternales entrañas y a su amoroso pecho, tomó pie a uno para decir que, después de haber dado el Señor su preciosa sangre por los hombres, inclinó la cabeza a ver si quedaba alguna gota, y con la cabeza estaba haciendo señal a la lanza: que la sacase del lado; y el salir agua después de la sangre: *Et continuo exivit swnguis, et aqua*, fue en testimonio de que no quedaba ya sangre que salir.

La contingencia en que se repara y se glosa por encarecimiento ha de ser extraordinaria, y así puede ser extraordinaria también la ponderación. Fuelo aquella de hacer colmena las abejas de una celada, y llenada, en vez de sangre, de su dulcísimo licor. Tomó ocasión de aquí el profundo Alciato, para ponderar la abundancia de la paz y sus delicias. Pintóla así, coronada de abejas, en un sentencioso emblema, y dijo:

En galea, intrepidus, quam miles gesserat, et quae
saepius hostili sparsa eruore fuit:
Parta pace apibus tenuis eoneessit in usum
alveoli atque favos, grataque mella gerit.
Arma procul iaeeant,. fas sit tune sumere bellum,
quando aliter pacis non potes arte frui.

Hace muy plausible el encarecimiento, el ser a la ocasión. Fuelo éste del cordobés jurado, que lo dio en mote a un cuadrillero en unas cañas que se detuvieron ocho días por unas grandes lluvias; decía:

Por envidia que el sol tiene
a otro sol que yo me sé,
estos días no se ve.

Transformó Flora, por una ingeniosa exageración, la gran calamidad de Roma, cuando la tuvieron en tanto aprieto los franceses; dijo, que fue sin duda un glorioso examen del romano valor, en que quiso el cielo ver si merecía el imperio de todo el mundo: *Ea certe fuit vis calamitatis, ut in experimentum íllatam putem divinitus; scire voleníibus immortalibus diis, an romana virtus imperium orbis mereretur?*

A las ponderaciones misteriosas se les da salida agradable por un bien fundado encarecimiento. Glosó desta suerte don Luis de Góngora la caída que dio de un caballo un menino hermoso y galán, bien afortunado entonces:

Caballo, que despediste,
no sólo un bello español,
mas con los rayos del sol,
la dura tierra barriste;
viste ya de plumas, viste,
que si en esto no sucedes
el ave real, no puedes
debidamente llevallo;
que el águila aun es caballo,
indigno de Ganimedes.

Fundó misterio el conceptuoso Plinio en que muriese Nerva luego que adoptó al célebre Trajano, y exageró que fue un invidiarle los dioses la acción.

Dii coelo vendicaverunt, ne quid post illud divinum et immortale factum mortale faceret, deberi quippe maximo operi hanc venerationem, ut novissim1tm esset; autoremque ejus statim consecrandum, ut quandoque inter posteros crederetur an illud iam deus fecisset.

Cuando en el reparo hay dificultad, o llega a contradición, sale mejor el desempeño por un encarecimiento. Fue gran concepto de Marcial con que cantó la quema del fénix de la amenidad, el Vesubio, a quien su más lozana pompa le causó su mayor ruina: pególe fuego un rayo, y después de abrasado, hizo gran llanto el cielo en lluvia; careó el quemarle primero con el llorarle después, y dio la hiperbólica salida:

> *Hic est pampineis viridis Vesuvius umbris:*
> *Presserat hic madidos nobilis uva lacus.*
> *Haec iuga, quam Nysae colles, plus Bacchus amavit:*
> *Hoc nuper Satyri monte dedere choros.*
> *Haec Veneris sedes, Lacedaemone gratior illi:*
> *Hic locus Herculeo nomine clarus eral.*
> *Cuncta iacent /lammis, et tristi mersa favilla:*
> *Nec superi :vellent hoc licuisse sibi.*

Corresponde a la valentía del epigrama la tradución de don Manuel Salinas, en este elegante soneto:

> Este es aquel Vesubio celebrado,
> cuyas vides, con pámpanos frondosos,
> lagos, de néctar, vinos generosos,
> llenaron de su fruto sazonado.
>
> Centro de Baco más que Nise amado,
> entre coros de sátiros gozosos,
> donde en soberbios templos majestuosos
> Venus y Alcides tanto se han honrado:
>
> ya en estériles llamas con espanto
> a pavesas lo admira reducido
> de su poder, pesando al Jove ahora;
>
> y aun el cielo de ver destrozo tanto,
> encapotado, triste, y afligido,
> si el llover es llorar, de pena llora.

La dificultad del reparo hace más ingenioso el encarecimiento con que se le da salida. Ponderó bien el discreto Bocalini la excelencia del saber, y lo que valen las buenas letras, en uno de sus profundos Raguallos en que introduce a Apolo hablando con un saltimbanco que traía consigo una perrilla. "A mí y a mis doctos, dice, será gustoso ver saltar tu perrilla". Obedeció luego el saltimbanco, y mandó aquella sabandija, que traía maravillosamente enseñada, hacer mil juegos e invenciones, y todas con tanta donosidad y sentido que pareció que discurría, por la prontitud con que ejecutaba cuanto le mandaba el amo. Pero la acción de gastar Apolo el tiempo concedido a negocios de tanta importancia, en la delectación de cosa tan vulgar, de tanto mayor admiración fue a los personajes grandes del senado, cuanto el gusto que su majestad mostraba de ver los saltos de la perrilla era extraordinario; la maravilla que ellos tenían desde ridículo entretenimiento se convirtió en admiración y enseñanza, porque Apolo, ¡Oh gloria, dijo, de las ciencias!, ¡oh suma felicidad de las serenísimas virtudes!, ¡único y riquísimo patrimonio del género humano!, ¡oh mis queridos y amados letrados!, alegraos conmigo y ensanchad vuestros corazones con sumo gozo, pues veis ahora con los ojos la gran fuerza del saber, el único valor de las ciencias, cuando un poco de habilidad que un hombre ha sabido enseñar a un perrillo es bastante, no sólo para largamente sustentar así y a su amo, sino también para hacerle gozar el mayor contento que pueda tener un ánimo grande de andar, y con mucha ganancia, viendo el mundo; y, con todo, se halla entre los hombres quien no hace estimación del saber, quien le desprecia, y hasta como dañoso le blasfema y persigue".

Sobre la contingencia especial cae bien el reparo, y desempeña la exageración. Comienza así una de sus cartas el fecundo y facundo Lope:

Ahora creo, y en razón lo fundo,
Amarilis Indiana, que soy muerto,
pues que vos me escribís del otro mundo.

Viene más nacido el encarecimiento cuando aprieta el reparo. Dijo López de Andrade que permitió el cielo que los escritos de santo Tomás padeciesen alguna contradicción, porque no fueran tenidos por canónicos. Hizo también un gran reparo el padre fray Reimundo Gracián de la Madre de Dios, que era carmelita descalzo, y por consiguiente gran religioso y docto, más corona mía que hermano. Ponderando aquellas palabras del sagrado Evangelio (cap. 11, de san Lucas), *Extollens vocem quaedam mulier*, dijo, que habiendo curado el Señor un mudo, y dádole la habla, no dijo el sagrado historiador lo que habló el mudo, ni se cuidó deso, sino de lo que dijo una mujer de la turba, con ocasión del milagro, que fue: *Beatus venter qui te portavit, et ubera quae suxisti*, por ser alabanza de la Virgen santísima: tanto estima el Señor la honra y gloria de su Madre.

Aunque algunas veces no se exprima el reparo, como se dijo en su lugar, se da la salida, y es muy agradable, la exageración. Así ponderó Rufo la ceguera de los dos amantes en su trágico romance:

> Y aun hubo quien estuviese
> del manjar tan divertido,
> *que de la mano a la boca*
> *erró el derecho camino.*

De lo que había de ser reparo hizo razón para fundar el encarecimiento.

Exagerar con correspondencia y proporción entre dos términos careados, encareciendo el extremo del uno y el del otro, hace el concepto doblado; vese en este donosísimo epigrama de Marcial:

> Eutrapelus tonsor dum circuit ora Luperci
> expungitque genas, altera barba subit.

Contrapuso bien la prolijidad del barbero en quitar, y la facilidad del otro en producir no tiene menos sal en el castellano:

> Cuando el eterno Eurrapelo,
> a Lupercio, bien barbado,
> rae la barba del un lado,
> *ya nació en el otro el pelo.*

DISCURSO XXI
DE LOS ENCARECIMIENTOS CONDICIOONALES, FINGIDOS Y AYUDADOS

Lo que unas veces se arroja la exageración, otras veces se detiene y se modera: que como de sí es tan sobresaliente, necesita en algunas ocasiones de templarse, y aunque dice mucho, pero no todo lo que iba a decir. Desta suerte cantó don Luis de Góngora:

> Yerbas le aplica a sus llagas,
> que si no sanan entonces,
> en virtud de tales manos,
> *lisonjean los dolores.*

Parece que se detiene otras veces, y dice mucho más de lo que significa. Deste modo encareció Marcial lo agigantado de Claudia:

> Summa Palatini poteras aequare Colossi,
> si fieres brevior, Claudia, sexquipede.

No con menos picante, lo exprimió don Manuel Salinas:

> Pudieras, Claudia, igualar
> al palatino coloso,
> si pie y medio a tu monstruoso
> talle pudieras quitar.

Con excelente modo ponderó Bartolomé Leonardo la pérdida de los estimables trabajos de su gran hermano Lupercio: que los dos fueron sin duda el *non plus ultra* del Parnaso. Dice, pues:

> Abrasó sus poéticos escritos
> nuestro Lupercio, y defraudó el deseo
> universal de Ingenios exquisitos.
>
> Haz cuenta que rompió su lira Orfeo,
> y su heroica trompa el grave Mantuano,
> y Séneca el coturno sofocleo.

La razón que se da sirve tal vez de disculpa al encarecimiento, y juntamente de apoyo, como ésta:

> Yo seré el mantenedor,
> y defenderé, que puedo,
> tener el cielo en mis brazos,
> después que vos sois mi cielo.

El modo de encarecer condicional es muy usado en este género de Agudeza. Así el divino Dionisio exprimió la milagrosa belleza y el sobrehumano decoro del sol de los serafines, María, si caben encarecimientos en tanto objecto. Dijo que si la fe no le asistiera guiándole al conocimiento del verdadero Dios, que se equivocara en su Madre santísima: la condición ayuda como circunstancia que se deseaba para la exageración. "Echa agua, dijo Marcial, y verás, que nadarán luego esos peces", tan al vivo estaban mentidos.

> Artis Phidiaeae toreuma clarum,
> pisces aspicis: adde aquam, natabunt.

De una lagartija que estaba esculpida en un bernegal de plata, dijo más adelante:

Inserta phialae Mentoris manu ducta,
lacerta vivit, et timetur argentum.

Puédense también poner condicionadamente las contingencias para fundar el encarecimiento. Cultamente, como acostumbra, a lo africano y con Ingenio, Apuleyo, poniendo en el centro de aquel atrio, tan bien descrito, a la diosa de la caza, llegando a describir los lebreles, dice, que si acaso ladrara por allí cerca alguno verdadero, creyera el más atento que salía el ladrido de las gargantas de los mármoles: *Atria longe pulcherrima columnis quadrifariam per singulos angulos stantibus, attollebant statuas Palmaris deae: facies quaqua pinnis explicitis, sine gressu pilae volubilis instabile vestigium plantis roscidis decitantes nec ut maneant inhaerent, et iam volare creduntur. Ecce lapis parius in Dianam factus tenet libratam totius loci medietatem signum perfecte luculentum, veste reflatum procursu vegetum introeuntibus obvium, et maiestate numinis venerabile. Canes utrimque secus deae latera muniunt, qui canes, et ipsi lapis erant. His oculi minantur, aures rigent, nares hiant, ora saeviunt, et sic unde latratus de proximo ingruerit, eum putabis de faucibus lapidis exire: et in quo summum specimen opera fabrilis egregius ille signifex prodidit, sublatis cannibus in pectus arduis pedes imi resistunt, currunt priores. Pone tergum deae saxum insurgit, in speluncae modum muscis, et herbis, et foliis, et virgulis, et sicubi pampinis, et arbusculis alibi de lapide florentibus, splendet intus umbra signi de nitore lapidis. Sub extrema saxi margine poma, et uvae faberrime politae dependent; quas ars aemula naturae veritati similes explicuit, putes ad cibum inde quaedam, cum mustulentus, Autumnus maturum colorem afflaverit, pone decerpi. Et si fontes qui deae vertigio discurrentes in levem vibrantur undam, pronus aspexeris, credes illos ut vitae pendentes racemos inter caetera veritatis nec agitationis officio carere.*

La que se pone algunas veces por condición, otras, al contrario, se exprime por negación. Así Julio César Escalígero, que es uno de los ingeniosos, y sus obras dignas de la más selecta biblioteca, introduce a la gran Menfis, diciendo:

Africa cur posita est vobis pars tertia mundi?
Tertia quando orbis pars ego sola forem.

En el castellano, don Manuel Salinas:

Muy mal el orbe reparte,
quien hace Africa tercera,

no viendo, que yo pudiera
ser esa tercera parte.

Llega a tanto el encarecimiento, que se atreve a lo imposible; esto es, que pone por condición una imposibilidad. Pondera un moderno escritor de las glorias de la Madre de Dios aquellas palabras de la Sabiduría: *Ego ex ore Altissimi prodivi* que, como tan cortadas a la grandeza desta Señora, se las aplica la Iglesia; dice que esta gran reina se gloria de haber salido de la boca del Altísimo, porque si la. boca de Dios pudiera pedir, ella fuera a pedir de boca del mismo Dios: tan lejos estuvo de salir de la gula de nuestros primeros padres.

Con otro imposible concluye un epigrama a la grandeza del rey de España, el más agudo que culto Falcón; pide al mar y a la tierra que pasen más adelante sus límites, para que puedan caber los de la monarquía española:

Vicit Alexander Persas, sed constitit illic,
vix Indum vidit lilius ille Iovis.
Roma caput mundi fertur vicisse britannos;
nec plus progressa est caesariana manus.
Tu magis ambobus prolers vexilla Philippe:
Nulla magis claret, quam tua magna domus.
Sol cadat, aut surgat, semper tua regna pererrat:
Magna, minorve dies per tua sceptra venit.
Ut sit in orbe locus, metas ubi fixere possis
terra suos fines augeant, et unda suos.

Tradújolo con bizarría don Manuel Salinas:

Venció el joven Peleo a los persianos,
mas no pasó de allí su monarquía,
y aunque hijo del Jove se mentía,
apenas llegó a ver a los bracmanos.

La cabeza del mundo a los britanos
rindió, con su valor y su porfía;
y aunque el valor de un César asistía,
no hicieron más progresos los romanos.

Tú, Felipo segundo sin segundo,
sol de España, corriste tu carrera
desde el un polo hasta el del Nuevo Mundo;

oh ilustre Casa de Austria,
ya quien venera, ya en su cenid esté, ya en el profundo,
Febo luciente al torno de su esfera;

porque no se atreviera
la escura noche a tu luciente imperio.
Busque ya el hemisferio,
ensanche al mar y tierra, en todas partes,
donde puedas fijar tus estandartes.

Acontece también que la misma condición es la exageración, y en ella consiste la sutileza: conglobólas en este soneto a san Josef, Lope de Vega, con ingenioso encarecimiento:

Josef ¿cómo podrá tener gobierno
el tiempo de quien padre y lumbre ha sido
si en los brazos tenéis al Sol dormido,
pues tiene vida por su curso eterno?

Aunque sois cuna de su cuerpo tierno
del alba virginal recién nacido,
despertadle, Josef, si tanto olvido
no le disculpa vuestro amor paterno.

Mitad que hasta los ángeles espanta
ver que se duerma el sol resplandeciente,
en la misma sazón que se levanta.

Dejad, Josef, que su carrera intente,
porque desde el pesebre a la cruz santa,
es ir desde el oriente al occidente.

Ayúdanse los encarecimientos ordinariamente, de la artificiosa ficción, de muchas maneras. Unas veces se finge la circunstancia, o la contingencia, para la ponderación encarecida. Deste modo Alciato, que no perdonaba su gran Ingenio a género alguno de sutileza, para ponderar la gran fuerza del amor, finge que cayendo un rayo, y encaminándose a herir una gran belleza, flechó el Amor su arco, y lo atravesó de una amorosa flecha, con que lo rindió, y ya más amante que vengativo, sin hacer daño, lamió besó el pie a su hermoso objeto, no ya de sus rigores, sino de sus ternezas, quedando muy ufano el Amor y blasonando que su fuego vence aun a los mismos rayos:

Aligerum fulmen frezit deus aliger, igne

dum demonstrat uti est fortior ignis Amor.

Fíngese otras veces la misma exageración, aplicándola a algún tercero con fundamento, y a la ocasión, por una .artificiosa prosopopeya. Así Marcial introduce a Arria, ya atravesada por su propia mano, y que dándole el puñal a su esposo le dice: "No muero por las heridas que me he dado, sino por las que tú te darás":

> Casta suo gladium quum traderet Arria Paeto,
> quem de visceribus traxerat ipsa suis:
> Si qua fides, vulnus, quod feci non dolet, inquit,
> sed quod tu facies, hoc mihi, Paete, dolet.

Hízole español con propiedad y gala, don Manuel Salinas, y dijo:

> Viendo la casta Arria condenado
> a muerte a Peto, su adorado esposo,
> por no hallarse con vida al riguroso
> trance fatal de vede degollado,
>
> con un puñal pasando su abrasado
> pecho, el más fiel, más bello y amoroso,
> sacándole después con prodigioso
> valor, le entrega a su consorte amado.
>
> Peto, dice, no muero desta herida.
> que por no ver tan cruda y triste suerte,
> mil vidas a mil golpes las rindiera.
>
> Sólo un dolor me quita cruel la vida:
> la herida con que te has de dar la muerte;
> ésa es, Peto, la que hace que yo muera.

Tal vez se finge el suceso y las circunstancias, para más ponderar la grandeza del objecto. Así don Luis de Góngora en su Isabela:

> Pasó a un tiesto de claveles,
> que, agradecido le vi,
> los cristales de su mano
> pagados en un rubí.
> Despacio rompía el capullo,
> como temiendo salir
> ante el clavel de sus labios,

dulcemente carmesí.

Hasta en los otros se fingen los afectos, el engaño, la credulidad imposible, para más exagerar. Así Ausonio dijo en el elogio de Augusto:

> Ultor, successorque dehinc Octavius idem
> Caesar, et Augusti nomini nobilior,
> Longaeva, et nunquam dubiis violata potestas
> in terris positum credidit esse deum.

De la que era contingencia y se podía observar para reparo, dándole salida por exageración, hizo don Luis de Góngora afectación fingida con sutileza, y dio la razón por encarecimiento; cantó a un arrebatado arroyo:

> ¡Oh claro honor del líquido elemento,
> dulce arroyuelo de corriente plata,
> cuya agua entre la yerba se dilata,
> con regalado son, con paso lento!
>
> Pues la por quien helar y arder me siento
> mientras en ti se mira, Amor retrata
> de su rostro la nieve y la: escarlata,
> en tu tranquilo y blando movimiento,
>
> *vete como te vas; no dejes floja*
> la undosa rienda al cristalino freno,
> con que gobiernas tu veloz corriente;
>
> que no es bien que confusamente acoja
> tanta belleza en su profundo seno
> el gran señor del húmido tridente.

En sí mismo fingió don Luis Carrillo, el afecto del temor, para más exagerar el de su amor:

> Póngole guarda a mi pecho
> del sufrimiento, que es tal
> su fuego, que a mi galera
> temo me le ha de abrasar.

DISCURSO XXII
DE LAS PONDERACIONES JUICIOSAS, CRÍTICAS
Y SENTENCIOSAS, POR EXAGERACIÓN

Así como el Ingenio en los grandes objectos no se satisface, sino con un relevante encarecimiento, así en la voluntad suele ser tanta la intensión del afecto que no se satisface con menos que con una exagerada ponderación. Tuvo eminencia en ellas el inmortal Camoes, pero ésta ha sido el blanco de sus aplausos: es soneto a Jacob, más enamorado, cuanto más engañado:

> Sete annos de pastor Jacob servia
> Labao, pai de Rachel, serrana bela:
> mas nao servia lao pai, servia a ela,
> que ela so por premio pretendía.
>
> Os dias na esperanza de hum sô dia
> passaba, contentándose con vela;
> porém, o pai usando de cautela,
> em lugar de Rachel, le dava Lia.
>
> Vendo o triste pastor que con enganos
> le fora asi negada a sua pastora,
> como se nao tivera merecida,
>
> comença de servir outros sete annos,
> dízendo: Mais servira, se nâo fora
> perarao longo amor, tâo curta vida.

Fue estremado en estos encarecimientos este gran poeta. En la primera estancia de su primera canción, dijo:

> De meu nâo quero maís que meu desejo,
> nem maís de vos, que ver tâo lindo gesto,
> ali me manifesto
> por voso ao çeo, ao mundo, ali me inflamo:
> nas lágrimas que choro
> e de mim que vos amo,
> em ver que soube amarvos me namoro,
> e fico por mim so perdido de arte,
> que ei ciumes de mim por vosa parte.

El miserable estado a que llega un hombre que se deja llevar de la tiranía de sus pasiones lo exageró con la dulzura y Agudeza que suele el nunca bastantemente celebrado Garcilaso, en este profundo y grave epigrama:

> Pensando que el camino iba derecho,
> vine a parar en tanta desventura,
> *que imaginar no puedo aun con locura*
> algo de que esté un rato satisfecho.
>
> El ancho campo me parece estrecho;
> la noche clara para mí es escura;
> la dulce compañía, amarga y dura,
> y duro campo de batalla, el lecho.
>
> Del sueño, si hay alguno, *aquella parte*
> *sola que es ser imagen de la muerte*
> se aviene con el alma fatigada.
>
> En fin, que como quiera, estoy de arte,
> *que juzgo ya por hora menos fuerte,*
> *aunque en ella me vi, la que es pasada.*

Fórmanse por paridad con otro extremo, y el sumo en aquel grado, estas ponderaciones, y aun después de hecho el carease exagera el exceso que hace el sujeto comparado al término. Así discurrió en este epigrama, el Mora:

> Celos, de quien bien ama, amargo freno,
> que a un tiempo me corréis y paráis fuerte:
> sombras de la enojosa, y triste muerte,
> tiniebla que se opone al sol sereno.
>
> Víboras encubiertas en el seno
> de dulces flores; mal que no se advierte;
> tras prósperos principios triste suerte,
> y en sabroso manjar mortal veneno.
>
> ¿De cuál gruta infernal acá salistes,
> ruina universal de los mortales?
> ¡Ay!, ¿por qué perseguís mis ojos tristes?
>
> Volvé al infierno ya, dejad mis males:
> maldito sea el punto en quenacistes,
> *que bien bastaba amor sin furias tales.*

Hizo ingeniosamente el careo con el amor, y ponderó que mal por mal él bastaba, aunque dio el exceso a la rabia de los celos. Aún encareció más don Luis de Góngora, y después de haber adelantado los celos al infierno, da la razón ingeniosa:

¡Oh niebla del estado más sereno,
furia infernal, serpiente mal nacida!
¡Oh ponzoñosa víbora escondida
de verde prado en oloroso seno!

¡Oh entre el néctar de amor, morral veneno,
que en vaso de cristal quitas la vida!
¡Oh espada sobre mí de un pelo asida,
de la amorosa espuela duro freno!

Vuélvete al lugar triste donde estabas,
¡oh celo, del favor verdugo eterno!
O al reino, si allá cabes, del espanto.

Mas no cabrás allá, que pues ha tanto
que comes de ti mesmo, y no te acabas,
mayor debes de ser que el mismo infierno.

Por otra paridad, arguyendo con el ejemplo, formó una valiente exageración don Luis Carrillo, cuya musa fue siempre bizarra, y ingeniosa. Habla con el Betis:

No luches con los remos, no arrogante
opongas tu cristal, ¡oh Betis, claro!
allana el verde cuello, ¡oh dulce amparo
en puerto a nave, en sombra al caminante!

Así tu hermosa frente, el que el Levante
mide —pródigo en alma, en oro avaro—
ciña ya de coral, ya del más claro
aljófar vista el cuello rutilante.

Deja el grueso tridente, y con la mano
ayuda, ¡oh rey!, la quilla, no la iguale
flecha que tarda deje el aire vano.

Mas si tu gusto a mi rogar no sale,
su acento escucha, río más que cano,

valdrá contigo, pues con mares vale.

En las ponderaciones fue estremado, fue único Bartolomé Leonardo, entre muchas graves y de grande enseñanza, imitador en esto del antigo Horacio. Oye esta donosa a nuestra Bílbilis: que todos los famosos poetas la celebran de amena y deliciosa con mucha razón, centro sin duda de Flora y de Amaltea:

> Bílbilis, aunque el dios que nació en Delos
> te conserve fructífera sin daño,
> y cuando sobre ti deciende el año,
> sus guirnaldas te den todos los cielos;
>
> Y aunque hagan tus preciosos arroyuelos
> fuertes las armas con el noble baño,
> y aunque eres patria del cortés tacaño,
> que en todas sus palabras puso anzuelos;
>
> si no encadenas los infieles canes,
> que tu aduana a los viandantes suelta,
> ni tu muro veré, ni tu camino.
>
> Que para dar hasta Madrid la vuelta,
> embarcarme en Colibre determino,
> aunque la dé mayor que Magallanes.

Era gran ponderador este ilustre poeta, y así son tan preñadas sus palabras, pues oírselas a él era otra tanta fruición, porque les daba mucha alma. Frecuenté su museo, y cada vez admiraba más su profundidad, su seriedad; él era un oráculo en verso.

DISCURSO XXIII
DE LA AGUDEZA PARADOJA

Son las paradojas monstros de la verdad; y un extraordinario, y más de Ingenio, alguna vez se recibe bien: en ocasiones grandes ha de ser el pensar grande. Por una plausible paradoja dio principio a su grave y docto sermón el ilustrísimo señor don fray Gregario de Pedrosa, de la orden de san Jerónimo, obispo de Valladolid, predicador primario de los reyes de España, par lo docto, grave, ingenioso y bien dicho de su doctrina, digo, al que predicó en las honras de la reina nuestra señora doña Isabel de Barbón, la deseada: Fue punto antiguamente, dice el orador prelado, disputado entre los griegos, si de mujeres ilustres, como de varones, debían hacerse en muerte oraciones laudatorias. Escribió Plutarco un libro dellas, y refiere las de .todas las naciones, con exageración particular de las francesas; a las cuales, en las capitulaciones que Aníbal hizo con Francia, consintió quedase la superintendencia de componer diferencias, si algunas después de aquella amigable paz se ofreciesen. En este tratado entra Plutarco declarándose por la parte afirmativa contra Tucídides, que tenía la contraria, diciendo era la mejor mujer la de nadie alabada ni vituperada, y de quien por falta de conocimiento se ignoraba ser buena o mala. Parece por lo picante, airoso en el sentir, pero dale por irracional Plutarco, y inútil al mundo, porque de lo que ignora, ni puede recibir ejemplo ni escarmiento. Confórmome más, dice Plutarco, con el sentir de Gorgias, que escribió, no embarazándose el concepto ni atención en la hermosura, que es muy justo pase al talento y virtudes, para ser en vida estimadas, y en la muerte de tan ilustre mujer con honorable decencia publicadas. Consagró esta parte por ceremonia debida el senado romano, etc.

Funda soberanía el entendimiento, como potencia real en levantar criaturas, digo en acreditar dificultosas opiniones, y menos probables. Son empresas del Ingenio y trofeos de la sutileza los asuntos paradojos: consisten en una propuesta tan ardua como extravagante. Así dijo don Antonio de Mendoza:

Sangrienta perdición, yugo tirano,
guerra cruel, origen y osadía
de la injusta primera tiranía,
que puso cetro en poderosa mano.

Bárbara ley, tan murmurada en vano,
ayudar del morir a la porfía,
como si no costara sólo el día,
como si no sobrara el ser humano.

Mas aunque más, ¡oh guerra!, estés culpada,
es mayor la de fáciles antojos,
en bello campo de belleza armada.

No quiero amor, más quiero dar enojos
a la dura violencia de una espada
que a la blanda soberbia de unos ojos.

Para el concepto paradojo se requiere también el fundamento de alguna circunstancia especial, que favorezca y dé ocasión al extravagante discurso. Merece ser ideal aquel tan aplaudido pensamiento del padre Jerónimo de Florencia, llamado el predicador de los reyes y rey de .los predicadores. Ponderó que la madre de Dios fue como un complemento de la santísima Trinidad, fundándose en que teniendo el Padre a quien comunicarse, y también el Hijo, María fue a quien se comunicó el Espíritu Santo, en quien parece que se desahogó esta divina tercera Persona, refundiendo todos sus dones y gracias, de modo que aquella circunstancia tan especial de no tener el Espíritu Santo cuarta Persona a quien comunicarse, da pie al concepto, y hace que participe de sutileza.

Tienen por fundamento estas Agudezas el mismo que los encarecimientos ingeniosos, porque son especie de exageración, y la más extravagante y sobresaliente. Hácese, pues, reparo en alguna contingencia rara, en alguna circunstancia especial, y tómase della ocasión para el atrevido discurrir. De san Francisco Javier, dijo un gran Ingenio, que parece que había sido apóstol de las Indias *de iure divino*, fundándose en que todos los apóstoles salieron a la conquista espiritual del mundo pareados: *Missit illos binos*. Sólo a santo Tomás, apóstol del oriente, no se le halla otro compañero, sino este apóstol jesuita.

Del mismo caso que exageración paradoja, y sucede, cuando es extravagante, toma el Ingenio pie para la como es la ponderación a la ocasión, es más agradable. Así Bartolomé Leonardo, en ocasión de una sentencia que se dio algo fuerte y fuera de! lo que se esperaba, en un pleito, discurrió en este juicioso y picante epigrama:

> Señor, a eterno ayuno me dedico;
> no llegue para mí opulento el día,
> si yo no puedo ser por otra vía,
> que por litigio y tribunales rico.
>
> Por aquella piedad te lo suplico,
> con que, abreviado en la flaqueza mía,
> siendo la voz que tierra y cielos cría,
> temiste de la voz de un juez inico.
>
> ¡Cuál saca la bellísima inocencia,
> (aun cuando el juez la da la mano amiga)
> de las uñas causídicas el gesto!
>
> ¡Oh siglo siervo, de servil paciencia!
> ¿Cuál bruto, cuál frenético litiga
> *si puede hacer que lo condenen presto?*

La correspondencia del nombre es gran apoyo para fundar todo concepto. Así ponderó el padre Felipe Gracián, mi hermano, de la madre Virgen, que no sólo fue concebida en gracia, sino que en llamarse Ana su madre, que significa gracia, dio a entender el cielo que era menester que ella también estuviese en gracia, y aun fuese la misma gracia por renombre para concebir tan gran hija, que había de ser Madre del mismo Dios. Hizo el reparo en el nombre de Ana, que es gracia, y pasó a la valiente ponderación.

Dase por razón del encarecimiento paradojo aquella especialidad de que tomó pie el Ingenio, para que no parezca libremente dicha y sin apoyo. De aquí es que el atento, luego pregunta, al oír la extravagancia del pensar, ¿en qué se funda?; y si no hay razón, no se gradúa por sutileza, sino por ligereza. Discurrió con artificio, como siempre, el ingenioso Escalígero en este epigrama al hecho tan hazañoso de Artemisa, al beberse la cenizas de su esposo y darle sepultura en su fidelísimo pecho.

In te vivebam tecum vit'ente, marite,
non potuit tecum, te moriente, mori:
Quin potuit; sed non poterat nos iungere mors, haec,
Morte invita igitur, intra mea pectora vives,
cumque tua, coniux, coniuge, totus eris.

Exprimió mucho; debíase a la ocasión. Tradúcelo así don Manuel Salinas:

En ti, querido esposo,
vivía yo, mientras que tú viviste:
mas, ¡ay!, que en tan penoso
viaje, ¡no quisiste

llevarme allá, con que mi muerte fuera
la prueba de mi amor más verdadera!

Pero ¿qué digo? ¡Ay triste!
Bien pude yo acabarme, mas mi pena
a mi muerte resiste,
que a mayor desunión ambos condena:
esto me la ha estorbado.
Que el amor, y el valor, no me ha faltado.

A pesar de la muerte,
tus cenizas bebiendo,
vivirás en mi pecho, y desta suerte,

o velando o durmiendo,
estarás por más raro y nuevo modo,
esposo, con tu esposa, siempre todo.

A un reparo extravagante se le debe un desempeño igual, pero bien fundado; y cuando la razón sutil lo afianza, aunque se desmande en paradoja, será plausible. Reparó el padre Felipe Gracián, mi hermano, en aquellas palabras del Psal. 110: *Escam dedit timentibus se*. Otra letra lee: *Praedam dedit timentibus se*. ¿Por qué llama comida hurtada y bocado robado al cuerpo. sacramentado del Señor, que a este divinísimo Sacramento aplica la Iglesia estas misteriosas palabras? Tenía, dice este ingenioso padre, este manjar eucarístico todos los gustos y delicias que se podían desear; sólo parece que le faltaba aquel sainete, que lo es grande, del ser hurtado, que aun allá dijo el Espíritu santo: *Aquae furtivae dulciores*. Pues para que se entienda que nada de gusto y de regalo le falta, le llama manjar robado, de pillaje: *Praedam dedit timen tibus se*. Pero entra la mayor dificultad ahora, y es saber a quién se hurtó. ¿Por ventura a los ángeles?: *Panem Angelorum manducabit hamo*. ¿Quitóseles el hombre de entre las manos? Poco decir es ése. ¿Pues a quién lo robó? ¿a quién? Quitóselo de la boca al mismo Padre: *Ego ex ore Altissimi pradivi*; y san Juan: *Sic Deus dilexit mundum, ut Filium suum unigenitum daret*. ¡Oh, con qué gusto; oh, con qué hambre; con qué aprecio se ha de comer!

Déjase algunas veces llevar el discurso de la grandeza del objeto, y aunque no haya tanto fundamento, lo suple la sutileza de la. ponderación. Así en este soneto, el más canoro cisne del Tajo:

Clarísimo marqués, en quien derrama
el cielo cuando bien conoce el mundo:
si al gran valor en que el sujeto fundo,
y al claro resplandor de vuestra llama,

arribare mi pluma, y do la llama
la voz de vuestro nombre alto y profundo,
seréis vos sólo eterno y sin segundo,
y por vos inmortal quien tanto os ama.

Cuanto del largo cielo se desea,
cuanto sobre la tierra se procura,
todo se halla en vos de parte a parte:

y, en fin, de sólo vos formó natura

una extraña no vista al mundo idea,
y hizo igual al pensamiento el Arte.

La proporción con que corresponde alguno de los adjuntos del sujeto, o alguna de sus circunstancias, es artificioso apoyo del más paradojo encarecimiento. Fuelo éste, y hizo muy celebrado el discurso de un orador tan ingenioso cuanto pío, panegírico a san Roque, fundándose en su traje de peregrino; y habiéndolo ponderado, dijo que más lo fue en sus hechos: fue raro en todo, peregrino en su propia patria, peregrino en el modo de sacar la limosna, peregrino en tener tantos amigos y devotos siendo peregrino, peregrino en curar del mal que él muere, peregrino en su comunicación por aplauso universal, peregrino en el mundo, peregrino y raro en el mismo cielo.

Por una agradable improporción pinta la gala del invierno, en aquel tan decantado romance, Luis Vélez, que fue ingenioso español, y en las prontitudes muy sazonado:

Camafeos son los riscos,
airones los robles secos,
que estar desnudos los troncos
es la gala del invierno.

Hay acciones también extraordinarias, y la razón que dellas dan sus autores lo suele ser mucho más. Tal fue aquélla del rey de Francia Luis undécimo, bastante prueba de su política. Refiriéndole sus familiares, después de una grave enfermedad que tuvo, cómo arrebatado de la frenesí, había intentado arrojarse por una ventana si no le hubieran detenido, preguntó quiénes eran los que le detuvieron, y sabidos, los mandó degollar; admirándose sus cortesanos de tal paga a tal servicio, dio por razón, que a un rey, aun cuando está fuera de sí por algún accidente, nadie se le ha de oponer a su voluntad ni resistir a sus intentos. Paradoja dictamen, aunque tan vivo. Al lado désta se puede poner aquella otra paradoja de duque de Milán, Bernabé Vizconte. Venía paseando un día por un camino muy estrecho, orillas de un gran río, acompañado de sus caballeros; llegó a encontrarse en el paso más apretado con un villano que traía delante una bestia de carga; viendo éste que no podía volver atrás ni dar lugar para que pasase su señor cómodamente, con resolución y galantería más que suya, dio un empellón a la bestia y la despeñó al río, donde pereció. Pero lo que fue aplaudida la acción de los cortesanos, fue siniestramente recibida del duque, pues mandó al punto despeñarle a él también, y arrojarle al río. Satisfizo a la admiración, y aun indignación de todos, diciendo que no había de haber villano que pudiese alabarse de haber hecho género de galantería jamás: tanta es la ruindad de su vileza.

En la filosofía moral hay algunas paradojas muy plausibles. Estremada fue la de Luciano, varón de sublime Ingenio, pero acre, y con demasía juicioso. Este fue el que, por boca de Momo, dijo que le faltaba al hombre una ventanilla en el pecho para descubrir lo interior del corazón. Otro añadió que le faltaba otro rostro hacia atrás para poner la mira en lo pasado; y otro, que un ojo en cada mano para no creer sino lo que con ellas tocase; y también hubo quien dijo faltarle un candado en la boca.

Célebre fue la de Píraco, uno de los siete, que la meta es más que el todo. Bion, que la hermosura es bien ajeno. Séneca, que no hay fortuna, sino prudencia o imprudencia. Así también se dijo ventura de fea y dicha de necio. Extravagantes y paradojas fueron los dos encontrados sabios, Demócrito y Heráclito; aquél de todas las cosas se reía; éste de todas lloraba, con que significaron bien la miseria. de la vida humana. De los dos extremos hizo un ingenioso emblema Alciato, en que dice:

> Plus solito humanae nunc defle incommoda vitae
> Heraclite: seatet pluribus illa malis.
> Tu rursus, si quando alias, extolle eachinum
> Demoerite: illa magis ludicra faeta fuit.
> Interea haee cernens meditor, quo denique teeum
> /ine fleam, aut teeum quo modo splene ioeer.

No se determinó Alciato cuál de los dos dictámenes abrazaría; pero sí el prudente en verso, Bartolomé Leonardo, cuando dijo:

> De los dos sabios son estos retratos,
> Nuño, que con igual filosofía
>
> lloraba el uno, el otro se reía,
> del vano error del mundo y de sus tratos.
>
> Mirando el cuadro, pienso algunos ratos,
> si hubiese de dejar mi medianía,
> ¿cuál de los dos extremos seguiría
> destos dos celebrados mentecatos?
>
> Tú, que de gravedad eres amigo,

juzgarás que es mejor juntarse al coro,
que a lágrimas provoca en la tragedia.

Pero yo, como sé que nunca el lloro
nos restituye el bien ni el mal remedia,
con tu licencia, el de la risa sigo.

Protágoras decía que en las cosas no había bien ni mal, pesar ni gusto, sino en la imaginación y en el modo de concebir cada uno. Más verdadera y más provechosa fue la de san Juan Crisóstomo, que: *Nemo laeditur nisi a seipso*: que de nadie podemos recebir daño, sino de nosotros mismos.

Explícanse algunas veces estos paradojas dictámenes por una ingeniosa y gustosa ficción. Hállanse muchos partos de grandes Ingenios. El que fue inventiva, prudente, y muy sazonado, fue el excelentísimo príncipe don Juan Manuel, hijo del infante don Manuel, y nieto del rey don Fernando el Santo. Este sabio príncipe puso la moral enseñanza de la prudencia y de la sagacidad en algunas historias, parte verdaderas, parte fingidas, y compuso aquel erudito, magistral y entretenido libro, titulado *El Conde Lucanor*, digno de la librería délfica. Entre otras, trae esta gustosa paradoja: Teniendo el santo rey don Fernando cercada a Sevilla, entre muchos buenos, que ende eran con él, había tres caballeros que se tenían por los mejores hombres de armas que había en el mundo: decían al uno don Lorenzo Suárez; al otro, don Garci Pérez de Vargas; del tercero no me acuerdo cómo había nombre. Estos tres caballeros hobieron un día porfía entre sí sobre el valor, e acordaron que se armasen muy bien, e que llegasen hasta la puerta de Sevilla en guisa que diesen con las lanzas en la puerta. Los moros que estaban por el muro y torres, desque vieron que no eran más de tres, creyeron eran mandaderos, y ninguno les salió al encuentro. Ellos pasaron la cava y la barbacana; llegaron a la puerta de la ciudad, y pegaron con los cuentos de las lanzas en ella; volvieron las riendas a los caballos y se volvían para la hueste. Los moros que esto vieron toviéronse por escarnidos, y salieron en pos dellos más de mil y quinientos de a caballo y veinte mil de a pie. Cuando los tres caballeros vieron que llegaban cerca, volvieron las riendas a los caballos contra ellos, y esperáronlos. Cuando estaban ya muy cerca, aquel caballero de quien olvidé el nombre, fuelos a ferir. Don Lorenzo Suárez y Garci Pérez estuvieron quedos, y cuando se acercaron más, don Garci Pérez de Vargas fue para ellos. Don Lorenzo se estuvo quedo, y nunca se movió, hasta que los moros lo llegaron a ferir; metióse entre ellos, y comenzó a facer cosas maravillosas. Cuando los del real vieron aquellos caballeros entre los moros, fueronlos a acorrer. E como quier que ellos estaban en muy gran priesa y fueran feridos, pero fue la merced de Dios, que non murió ninguno dellos. Desque el rey supo que por la contienda que entre ellos hobiera, fueron a facer aquel fecho, mandó llamar a cuantos buenos eran con él, para juzgar cuál dellos lo ficiera mejor; y desque fueron ayuntados, ovo entre ellos gran contienda: ca los unos decían que fuera mayor esfuerzo del que primero los fuera a ferir, y los otros decían que el segundo, y otros que el tercero. Cada uno daba tantas buenas razones para lo alabar; pero al fin el acuerdo fue éste: Que si los moros que venían a ellos fueran tantos, que se pudieran vencer por esfuerzo o por bondad que en aquellos tres caballeros oviese, que el primero que los fuera a ferir, era el mejor caballero, pues comenzaba cosa que se pudiera acabar; mas pues los moros eran tantos, que por ninguna guisa non los pudieran vencer, que el que iba a ellos, que lo non facía por vencellos, mas la vergüenza le facía que non fuyese, y pues non había de fuir, y la queja del corazón, porque non podía sufrir el miedo, le fizo que los fuese a ferir. El segundo, que espero más que el primero, tuviéronlo por mejor, porque pudo sufrir más el miedo. Mas don Lorenzo Suárez que sufrió todo el miedo, y esperó fasta que los moros le firieron, aquél juzgaron que era el mejor caballero. Y concluye con esta moralidad:

> Nunca vos fagan por quexa ferir,
> ca siempre venciera, quien sapo sofrir.

También fueron paradojas invenciones la de la fénix, para significar cómo son inmortales las cosas raras; el basilisco, que mata con la vista, en jeroglífico de la vana y engañosa hermosura de la carne; la rémora, para exprimir la fuerza del vicio, de quien dijo Alciato:

> Parva velut limax spreto Remora impete venti
> remorumque, ratem sistere sola potest:
> Sic quosdam ingenio, et virtute ad sydera vectos
> detilzet in medio tramite causa levis.
> Anxia lis velmi est, vel qui meretricius ardor
> egregiis iuvenes sevocat a studiis.

En la política, si no a la plática se permiten a la especulación y disputa. Como decir que el rey incapaz es mejor que el muy entendido, porque aquél se deja regir de sus consejos y éste de sus dictámenes; Luis undécimo de Francia, que el rey no ha de ser letrado, ni quiso que el delfín, su hijo, aprendiese más latín que aquel dicho de Tácito: *Nescit regnare, qui nescit dissimulare*. Decía otro, que no se ha de obrar por ejemplo, por faltar casi siempre alguna de las circunstancias. Oíle ponderar muchas veces a Francisco Gracián, mi padre, hombre de profundo juicio, y muy noticioso, que la mayor capacidad de la más sabia mujer no pasa de la que tiene cualquier hombre cuerdo a los catorce años de su edad.

En la filosofía natural son mejor recebidas las paradojas, por ser menos escrupulosa. Tal fue aquélla de Pitágoras: que las esferas celestes hacen al moverse una suavísima armonía: sino que por estar acostumbrados a ella desde niños no la discernimos. Semejante fue aquélla de que estuviera mejor el universo fabricado al revés: el sol inmoble en el centro, y la. tierra arriba en la .circunferencia, en proporcionada. distancia, con lo cual fuera siempre claro día y una continuada primavera.

Las paradojas han de ser como la sal, raras y plausibles: que como son opiniones escrupulosas, y así desacreditadas, no pueden dar reputación; y muchas, arguyen destemplanza en el Ingenio, y si en el juicio, peor.

DISCURSO XXIV
DE LOS CONCEPTOS POR UNA PROPUESTA EXTRAVAGANTE, Y LA RAZON QUE SE DA DE LA PARADOJA

A este linaje de conceptos dieron nuestros antigos españoles la palma de la sutileza. Usáronlos mucho, como se ve en sus obras, más ingeniosas que limadas. Así dijo Lope de Sosa:

> La vida, aunque dé pasión,
> no querría yo perdella,
> por no perder la ocasión
> que tengo de estar sin ella.

Consiste su artificio ingenioso en una proposición, que parece dura y no conforme al sentir, y dase luego la razón, también extravagante y tal vez paradoja. El comendador Escrivá, eminente Ingenio valenciano, cuyas obras andan entre las de los antigos españoles, dijo:

> Ven, muerte, tan escondida,
> que no te sienta conmigo,
> porque el gozo de contigo
> no me torne a dar la vida.

Enmendóla alguno, o la enajenó, y dijo:

> Ven, muerte, tan escondida,
> que no te sienta venir,

porque el placer del morir,
no me vuelva a dar la vida.

Vese la Agudeza en aquella paradoja de que el contento de morir pueda darle la vida. Semejante a ésta fue aquélla en las obras del aragonés Diego de Fuentes, célebre poeta por lo conceptuoso, cuya noticia, con otras muchas, debo al curioso genio de nuestro gran amigo Juan de Gárriz, veedor general de Navarra, varón de excelente gusto, como lo muestra la gran copia de libros selectos que pueblan sus eruditos camarines, y mucho más ilustra su cortesano entender:

Tristeza, si has de volver
donde ora te partiste,
no lo tengo de saber,
que será tanto el placer,
que jamás pueda estar triste.

Añade aquí la repugnancia y contrariedad de que la tristeza le haya de dar eterno placer. Hizo él mismo la paradoja en contrario, diciendo:

Pues que no se puede haber
lo que mi querer desea,
quiero lo que no ha de ser:
quizá con no lo querer,
posible será que sea.

Son estos conceptos unos agudísimos sofismas para declarar con una extravagante exageración el sentimiento del alma. Tal fue este de Diego Brandán, entre los antigos portugueses:

Pois tanto gosto levaes,
con minha morte sabida,
pera me matardes mais
me debes dar esta vida.

Fórmase una paradoja déstas, trocándoles los efectos y atributos a dos sujetos contrarios, con que se incluye la repugnancia para explicar más el sentimiento. Así el antigo Cartagena:

Donde Amor su nombre escribe
y su bandera desata,
no es la vida la que vive,
ni la muerte la que mata.

El mismo, con la misma repugnancia paradoja, dijo:

No sé para qué nací
pues en tal estremo estó,
que el vivir no quiero yo
y el morir no quiere a mí.

Las de más empeño, y por consiguiente de más sutileza, son las repugnantes. Eslo ésta, que no se le ha hallado bastante estimación:

Mi vida vive muriendo:
si viviese, moriría,
porque muriendo saldría
del mal que siente viviendo.

Así también dijo don Carlos de Guevara entre los antigos españoles:

Es ganar por vos perder
la vida que males crece,
pues que vuestro merecer
más de perdella merece.

También encareció mucho, y con la misma sutileza, Núñez:

Ya no es pasión la que siento,
sino gloria, pues que sé,
que puede sufrir mi fe
la fuerza de mi tormento.

En la propuesta, y en la razón della, suele intervenir variedad, porque unas veces la proposición suele ser la repugnante y paradoja, como ésta de Garci Sánchez:

Tan contento estoy de vos,
que estoy de mí descontento,
porque no me hizo Dios
a vuestro contentamiento.

Otras veces está la extravagancia en la razón que se da a la propuesta. Vese en ésta de Diego Castro:

La vida, que jamás deja
sin queja quien más la quiere,

el que más lejos se aleja,
no vive, mas nunca muere.

En entrambas se halla la disonancia paradoja, y se dobla entonces la Agudeza. Fue extremada ésta de Diego de san Pedro:

El mayor bien de quereros,
es querer un no quererme,
pues procurar de perderos,
será perder el perderme.

Tienen estos pensamientos de sutiles y primorosos lo que tienen de metafísicos, y como incluyen una repugnante imposibilidad, comúnmente piden mucha atención para ser, percibidos, cuanto más concebidos, y toda es menester para éste:

Lo más padezco, que más
no puede mi mal crecer,
pues no hay más que padecer,
y aun eso padezco más.

En vez de la razón que se suele dar a la proposición extraordinaria, añadió éste más exageración, diciendo:

Sólo el silencio testigo
ha de ser de mi tormento.
y aun no cabe lo que siento
en todo lo que no digo.

Incluye esta especie de conceptos el encarecimiento paradojo, que es uno de los mayores excesos del pensar, y así tan primoroso cuan dificultoso. Admírase en éste:

Después que mal me quisistes
nunca más me quise bien,
por no querer bien a quien
vos, señora, aborrecistes.

Con este modo de sutileza suele concluir y perficionar el grave y sutil Camoes sus sonetos, como éste:

Asim que a vida, el alma, el esperança,

eludo quanto tenho, ludo, é vosso,
e o proveilo disso eu só o levo;
porque é tamanha bemaventurança,
o darvos quanto tenho, et quanto posso,
q1te quanto mais vos pago, mais vos debo.

No se contenta esta Agudeza sino con un grande y repugnante exagerar, y todo le parece poco. Grande pensamiento fue éste del conde de Oliva, esclarecido por su sangre y por su Ingenio, que todo está fulminando Centellas:

¿Qué gloria puede esperar
el que se parte, y no muere,
pues la muerte no le quiere
y el vivir le da pesar?

Puede preceder la razón al encarecimiento, aunque de ordinario le sigue y lo confirma. Vese, y con admiración se logra, en ésta de don Juan Fernández de Heredia, eminente valenciano:

Es tan grande el sentimiento
en mí de veras partir,
que la pena del morir,
de pequeña no la siento.

La condicional tiene también aquí lugar con ventaja, y cuando parece que había de templar el exceso de la exageración, lo aumenta. Nicolás Núñez cantó:

Si por caso yo viviese,
esperaría morir,
mas yo nunca vi venir
muerte do vida no hubiese.

A más del encarecimiento se suele doblar el artificio, añadiendo y mezclando otras especies de Agudeza. Declaró don Luis de Góngora la exageración, por una agradable correspondencia:

Bien podéis salir desnudo,
pues mi llanto no os ablanda,
que tenéis de acero el pecho
y no habéis. menester armas.

Por una valiente paridad, y ponderando el exceso del extremo con el mayor término, dijo Garci Sánchez:

Ved que tanto es más mortal
que la muerte mi tormento,
que todos mis males siento,
sino el fin, porque no es mal.

Jugó de la paronomasia, creciendo sutileza el Soria, entre los antiguos españoles:

¿Qué esfuerzo puede ser tal,
que sufra dolor tan grave,
que la vida no se acabe,
donde no se acaba el mal?

No tiene par mi dolor,
¿y sabéis en qué lo veo?
Que es tan grande mi deseo
como vuestro desamor.

Con la hermosa improporción comenzó el conde de Salinas, y concluyó su elegante poema contra la Esperanza:

Esperanza desabrida,
poco mejoras mi suerte,
¿qué importa escusar la muerte,
si matas toda la vida?

Eres sombra del deseo,
jamás hablaste verdad;
muy cruel para piedad,
cuerda para devaneo.

Concluye:

Yo siempre te conocí,
aunque me dejé engañar,
pero no se puede estar,
ni contigo, ni sin ti.

Con tus fiados placeres,
el alma traes engañada;

eres nada, y con ser nada

todas estas cosas eres.

Por sí sola, aunque no se socorra de otras Agudezas, campea mucho esta especie, por la valentía de la ponderación encarecida. ¿Qué mejor se pudo decir de lo que en ésta el Almirante de Castilla?:

Cuando de vos me partía,
no morir me dio señal,
que la triste vida mía
se guarda para más mal.

No siempre se requiere que la propuesta sea repugnante, basta que diga alguna disonancia; como ésta de don Antonio de Mendoza:

Finezas debe María
a Josef, que no pudieron
deberse a Dios, que ignorando,
aún creyó más que sabiendo.

Bien es verdad que cuanto más estraña es la proposición que se echa, si después la razón corresponde en el desempeño, hacen más exorbitante el concepto, como lo fue éste:

De mi dolor inhumano
sola el alma está contenta,
que no es bien que el cuerpo sienta
heridas de vuestra mano.

No merece menor aplauso este profundo epigrama,. pues no contiene menos sutileza: concluye con una relevante paradoja exageración. Es de Ludovico Gonzaga, noble Ingenio:

¿Cuándo en el duro mal de mi tormento,
 tan severo rigor veré aplacarse?
¿O adónde de sí mismo retirarse
podrá quien lleva en sí su sentimiento?

Un fiero, un parricida pensamiento
en mis mismas entrañas veo forjarse,

y tanto en mi dolor encarnizarse,
que de mi muerte misma toma aliento.

Entre mortales ansias agonizo,
que afecta la conciencia de mis males
y sin poder morir estoy muriendo.

¡Oh tristes y durísimas señales!
*Pues la muerte, que ya de rabia emprendo,
se me hace de rogar, porque la atizo.*

No sólo los grandes sentimientos del ánimo son materia deste modo de discurrir, pero los encomios también. Valiente aclamación fue la de Marcial, al decantado hecho de Cevola:

Dum peteret regem decepta satellite dextra,
iniecit sacris se peritura focis.
Sed tam saeva pius miracula non tulit hostis,
et raptum flaminis iussit abire virum.
Urere quam potuit contempto Mutius igne,
hanc spectare manum Porsena non potuit.
Maior deceptae fama est, et gloria dextrae:
si non errasset, fecerat illa minus.

La Agudeza está en aquella encarecida ponderación: que obró más errando que obrara acertando. Tradúcela con todo rigor y propiedad don Manuel Salinas:

De librar a su patria deseoso
del asedio de Porsena apretado,
por el campo enemigo se entra osado
Cevola, aquel Romano valeroso.

Dar muerte al rey intenta prodigioso,
mas de iguales insignias engañado,
por matar al señor, mató al criado
junto al ara del culto religioso.

Mucio, e! engaño de su mano viendo,
a quemada la mete en medio el ara,
la venganza sufriendo como ajena.

Pero mirar el rey, aun no pudiendo
espectáculo tal, que la quitara
mandó, y que se fuera sin más pena.

¡Oh valor grande!, ¡oh mano vitoriosa,
celebrada de propios y de ajenos,
tu yerro alcanzó fama más gloriosa!
Si no erraras, hubieras hecho menos.

Una crisis se pondera estremadamente por este modo de sutileza. Desta suerte el ingenioso y erudito jesuita, el padre Juan Bautista de Avila, letor de las lenguas hebreas, caldea y siriaca en los Estudios Reales de Madrid, en un religioso y conceptuoso poema a la fragilidad de un pecador, dijo:

Decidme, ¿quién soy, mi Dios?
Porque siendo uno en el ser,
al pecar y al proponer
he pensado que soy dos.
Porque andáis, ¡ay alma!, vos
tan otra en el corazón
de vos misma en la ocasión,
que en un mismo instante creo,
que anda en un alma el deseo
y en otra la ejecución.

Esta especie de conceptos participa de la pasada, por la paradoja que se propone o con que se afirma; es de las más primorosas y que más ostentan la valentía del Ingenio. Selle su autoridad y encomio este sutilísimo epigrama del cisne cortesano, en su poema de Querer por sólo amar:

Ningún hombre nació para admitido,
que ninguno merece ser amado,
que si en porfías cansa un desdichado,
matará en presunciones un querido.

Mal se queja el mejor de aborrecido,
que en daño de razón no hay desdichado:
sobra el ser hombre ya para culpado,
y basta ser amor para ofendido.

No estén las hermosuras, no, quejosas
del común desacierto de la dicha,
que no hay suerte mayor que ser hermosas.

¡Oh tantas veces ignorancia dicha!

que si un hombre pudiera hacer dichosas,
no fuera menester otra desdicha.

DISCURSO XXV
DE LOS CONCEPTOS EN QUE PROPONE ALGÚN DICHO, O HECHO DISONANTE, Y SE DA LA EQUIVALENTE Y SUTIL RAZÓN

Toda Agudeza que participa de razonamiento y de discurso es más ingeniosa, porque es asunto de la más noble acción del ánimo. Consiste el artificio destos conceptos en una propuesta dificultosa, y a veces contraria a la verdad; y dase luego la razón, que con sutileza parece que la satisface.

Sea ejemplo este dístico de Marcial, en que a un hombre muy adeudado le dice:

Sexte, nihil debes; nihil debes, Sexte fatemur.
Debet enim, si quis solvere, Sexte, potest.

Tradújolo el canónigo don Manuel Salinas con su misma concisión y gracia:

Quiero a Sexto confesar
que de ninguno es deudor.
pues sólo debe en rigor
aquél que puede pagar.

La propuesta siempre ha de ser algo dura y que cause reparo; llega después la solución no esperada, y la desempeña. Alabó uno con exceso un manjar blanco, cuando todos lo condenaban por muy malo, y decía: "Valiente cosa, valiente". Preguntándole qué le hallaba de valiente, respondió: "Lo que le falta de gallina". No fue menos donoso aquél de otro bien conocido español, por sus prontos y sazonados dichos. Halló entreteniéndose dos feísimos consortes, y al punto dijo: "Vuélvome"; reparando ellos, y cesando de los abrazos, preguntáronle por qué se iba; respondió: "Porque no me den barato".

Diferénciase esta Agudeza de la pasada en que no es la proposición paradoja, como en aquélla; basta que sea dificultosa y disonante, como ésta del agudo Tapia, uno de los españoles:

Ninguno tenga esperanza
que en el mal de amor hay medio,
porque es cierta su mudanza,
y es incierto su remedio.

Siempre es menester que haya reparo en lo que se propone y que parezca dificultoso, para que la razón salga más y campee. Así Lope de Vega,. en este desengañado epigrama:

No espanta al sabio, ni ha de ser temida
la muerte, que amenazan varios casos,
y por la brevedad de nuestros pasos,
no puede estar muy lejos de la vida.

El sueño es una muerte, aunque fingida,
que tiene, como el sol, tantos ocasos:
de tierra son nuestros mortales vasos,
con poco golpe quedará rompida.

La vida fue muy justo que estuviese
en esta suspensión, porque en concierto
el temor de la muerte nos pusiese.

Por eso hizo Dios su fin incierto,
para que mientras más incierto fuese,
más cerca nos parezca de ser cierto.

Cuanto más disonante es la propuesta, si después la razón la desempeña, es más agradable el concepto; como éste:

Los contentos huygo dellos,
pues no me vienen a ver
más que por darme a entender
lo que se pierde en perdellos.

Cuando la propuesta dice contrariedad con lo pasado y se opone a las circunstancias, es menester una relevante salida que la desempeñe. Fuelo sin duda ésta de Garcilaso; bástele su nombre por encomio:

No pierda más quien ha tanto perdido;
bástete, amor, lo que por mí ha pasado;
válgame ahora nunca haber probado
a defenderme de lo que has querido.

Tu templo y tus paredes he vestido
de mis mojadas ropas, y adornado,
como acontece a quien ha ya escapado
libre de la tormenta en que se vido.

Yo había jurado nunca más meterme,
a poder mío, a mi consentimiento,
en otro tal peligro, como vano.

Mas del que viene no podré valerme;
y en esto no voy contra el juramento,
que no es como los otros ni en mi mano.

La razón que se da ha de tener sutileza. Ordinariamente suele ser una exageración, porque como ha de ser desempeño de una proposición dificultosa, a veces contraria y disonante, requiérese que sea también ella extraordinaria. Desta suerte, arguyéndole a César por qué había repudiado su mujer, si no tenía qué deponer contra ella, antes la abonaba, respondió: Porque la mujer de César, ni aun la fama. Por otro encarecimiento dio razón y concepto grande don Luis de Góngora, cuando dijo:

Al campo salió en estío
un serafín labrador,
que el sol en su mayor fuerza
no pudo ofender al sol.

Cuando la razón que se da es contraria de la que se concebía, tiene mucho agrado por lo impensado, y por lo dificultoso. Desta suerte Marcial, habiendo perdido un pleito, como no le diese su litigante el precio concertado, dando por razón el haber caído, replicó: "Antes, por eso, me habías de pagar doblado, por el trabajo y por el corrimiento":

Egi, Sexte, tuam, pactus duo millia, causam.
Missisti nummos quod mihi? mille: quid est?
Narrasti nihil inquis, et a te perdita causa est.
Tanto plus debes, Sexte, quod erubui.

Revolvió el argumento y hizo razón por sí de la que era contra sí mismo, que fue gran sutileza. Esta propia y galante traducción se le debe a don Manuel Salinas:

Sexto, tu abogado fui,

por precio de dos mil reales,
y sólo los mil cabales
me envías. *La causa di.*

Respondes que nada hablé,
con que la causa he perdido;
otro tanto me has debido,
Sexto, pues me avergoncé.

Cautivo Esopo, y viéndole en la plaza con otro concautivo, preguntó a éste el comprador qué sabía hacer. Respondió, que todo. Preguntó a Esopo después, y dijo, que nada; replicándole cómo decía aquello, dio la razón: "Si éste se lo sabe todo, no me deja para mí qué saber, y así, vuelvo a decir que nada".

Gracioso encarecimiemo fue éste del erudito y sazonado Salas Barbadillo en la *Fábula de Dafne:*

. . . . Apolo,
dios tan prudente y tan cuerdo,
que de cochero se sirve,
por no sufrir a un cochero.

Aunque la razón sutil por sí sola es Agudeza, y relevante, con todo, si se junta con algún otro género de concepto, dobla la sutileza: una proposición y correspondencia le da mucho realce. Desta suerte acabó el conde de Villamediana su fábula, también de Dafne:

Vivirás, laurel, esento,
aun a los rayos de Jove,
que no es bien sienta otras llamas
quien resistió mis ardores.

No menor gracia le da un equívoco. Habiéndole nacido a un caballero la cuarta hija, insistía uno en que había de llamarse Ana. Preguntándole por qué, respondió: "Porque sea cuartana de sus padres". El jurado de Córdoba, censurando algunos el sobrado sentimiento de una mujer, a quien su marido la había arrojado una olla hirviendo, y ella, por esto, se había ido a casa de sus padres: "No me espanto, dijo Rufo, de que muestre tanto sentimiento, pues la dio con todos los cuatro elementos". "La tierra, replicaron, ya se ve; el agua y el fuego, también, porque estaba hirviendo". "Pero, ¿el aire? Respondió: la causa, y la poca ocasión que tuvo". Jugó del retruécano con notable sutileza el ingenioso Núñez:

La vida sería el perdella,

si no fuese mal perdida,
porque sin ella se olvida
el mal que sufro con ella.

Precede. algunas veces la razón que prueba al dicho que propone, pero siempre queda la misma sutileza. Así dijo el comendador Escrivà:

Tan gran bien es conoceros,
dama muy desconocida,
que no conozco por vida
la que he vivido sin veros.

Así también el conde de Villamediana dio primero la razón que la propuesta:

Pues sólo el que por vos muere,
tiene a los vivos en poco;
ninguno me llame loco,
aunque enloquecer me viere.

La que había de ser propuesta sirve entonces de consecuencia, que nace de la razón antecedente. ¡Qué ingenioso el conde de Ureña! Para que se vea cuán grandes hombres y cuán eruditos eran aquellos antiguos señores de España:

Pues quisistes ser ajena,
mis servicios desechando,
partirme ha triste llorando
vuestra culpa con mi pena.

No mostró ser menos conceptuoso, y estudioso, don Diego López de Haro, que con igual sutileza discurrió así:

Pues la vida, en su manera,
a la voz es comparada,
que se muestra en lo de fuera
grande ser, no siendo nada.

Por do bien ninguno creo,
pues de todo lo de aquí

ha de ser de lo que veo,
como fue de lo que vi.

Puédese poner condicionalmente la razón que se da a la proposición extravagante y dificultosa, como se ve en ésta de don Diego de Velasco, uno también de aquellos antiguos apreciadores del saber:

> Si el mal que vos me habéis hecho
> de otras manos me viniera,
> aunque mucho bien tuviera,
> no quedara satisfecho.

Aunque se exprime como condición, es la verdadera razón de la propuesta dificultosa, y hace entrada entonces de lo que había de ser desempeño que todos son primores grandes deste ingenioso artificio. Deste modo discurrió también don Alonso de Córdoba:

> Si por la pena se alcanza
> de la gloria el merecella,
> quien padece en quejar della,
> de sí quita la esperanza.

Lo común es ir primero la proposición, que con su extravagancia suspende, y después con su ingeniosa razón satisface. Así, don Jorge Mandque:

> Justa fue mi perdición,
> de mis males soy contento;
> no se espera el galardón,
> pues vuestra merecimiento
> satisfizo mi pasión.

Aunque al referirse va primero la propuesta, en el inventarse es primero la razón, que es como causa y origen de donde nace aquélla; ésta es la causa por que unas veces se antepone y otras se pospone; lo que importa es que sea ingeniosa, cual lo fue ésta del famoso Cartagena:

> Si mi mal no agradecéis,
> aunque me dañe y condene,
> digo que muy bien hacéis,
> pues más que todas valéis,
> que más que todos yo pene.

Esta diferencia hay entre las composiciones antiguas y las modernas: que aquéllas todo lo echaban en concepto, y así están llenas de alma y viveza ingeniosa; éstas, toda su eminencia ponen en las hojas de las palabras, en la escuridad de la frase, en lo culto del estilo, y así, no tienen tanto fruto de Agudeza: ¿Qué más ni qué mejor se pudo decir de lo que dijo en esta redondilla Diego de san Pedro?:

> En mi grave sufrimiento,
> no hay dolor más desigual,
> que ser sólo el pensamiento,
> el testigo de mi mal.

Si alguna puede excedella, será ésta del duque de Medina Sidonia; fue gran decir:

> Es amor el disfavor,
> do puede el merecimiento
> dar la paga del tormento,
> con ser causa del dolor.

También es crítica esta Agudeza, dando, con su extravagante calificar, mucho gusto a las mentes juiciosas. Ponderaba el licenciado Antonio Gracián, mi tío, con quien yo me crié en Toledo, que en los aragoneses no nace de vicio el ser arrimados a su dictamen, sino que, como siempre hacen de parte de la razón, siempre les está haciendo gran fuerza.

DISCURSO XXVI
DE LA AGUDEZA CRITICA, Y MALICIOSA

> Dulcia quum tantum scribas epigrammata semper,
> et cerussata candidiora cute;
> nullaque mica satis, nec amari fellis in illis
> gutta sit: o demens, vis tamen ista legi!
> Nec cibus ipse iuvat morsu fraudatus aceti;
> nec grata est facies, cui gelasinus abest.
> Infanti melimela dato, fatuasque mariscas;
> nam mihi, quae novit pungere, Chia sapit.

En este epigrama de buen gusto, de aquel que si en otras ocasiones fue apolíneo, en ésta todo Marcial, se halla difinida la crítica sutileza. Diole todo su picante en la ajustada traducción nuestro Salinas:

> Escribiendo tú siempre con dulzura
> epigramas que tienen más lisura,

que la tez de una fea, que estirada
está del albayalde, y blanqueada.

 Ni en ellos sólo un grano se percibe
de la gustosa sal, que el gusto avive;
ni de la amarga hiel la mordicante
gota que irrite: ¿quieres, ¡oh ignorante!,

que corran, que se lean tus poesías,
a todos enfadando por tan frías?
Advierte que el manjar da más agrado,
cuando está con el agro sazonado.

Ni es hermosa una cara, si en el ceño
no afecta alguna vez lo zahareño;
dales melcochas, dátiles y higos
a los niños, que deso son amigos;

pero para mi gusto, la pimienta,
la naranja y mostaza me presenta.

Sea recomendación desta gran obra del Ingenio: que aquellos dos máximos censores, Tácito en la prosa y Marcial en el verso, entre todas las demás especies de Agudeza, a ésta dedicaron su gusto, y en ella libraron su eminencia. Sutileza maliciosa, crítica, intencionada: al fin, todo superior gusto la estima, porque lastima.

Consiste su artificio en glosar, interpretando, adevinando, torciendo, y tal vez inventándose la intención, la causa, el motivo del que obra, ya a la malicia –que es lo ordinario– y ya al encomio. No se comentaba aquel gran oráculo de los políticos, el ídolo de estadistas, Cornelio Tácito, con la vulgar sencilla narración de la historia, sino que la forró de glosas, crisis y ponderaciones; no paraba en la corteza de los sucesos, sino que trascendía a los más reservados retretes, a los más ocultos senos de la intención, ni perdonó al mismo Augusto, de quien dijo que había escogido a Tiberio para sucesor en el imperio, y antepuesto el entenado a Agripa y a Germánico, sobrinos, no por el bien común ni por especial afición, sino porque anteviniéndole malquisto, por su natural crueldad y hinchazón, al paso que fuese abominado, él fuese deseado de todos: *Ne Tiberium quidem caritate, aut reipublicae cura succesorem adsertum; sed quoniam arrogantiam, saevitiamque eius introspexerat, comparatione deterrima, sibi gloriam quaesivisse.*

Así como el obrar con artificio y con refleja nace de ventaja de Ingenio, así el descubrir ese artificio, y el notario, es sutileza doblada. La brújula deste maleante, ingeniosísimo rumbo, fue Marcial: tiene estremados epigramas, llenos destos saladísimos picantes. De Fabula, que siempre iba acompañada de feas y de viejas, dijo:

> *Omnes aut vetulas habes amicas,*
> *aut turpes, vetuli; que foediores;*
> *has ducis comites, trahisqtte tecum*
> *per convivia, porticus, theatra.*
> *Sic formosa, Fabulla, sic puella es.*

Consiste la Agudeza en aquel descubrirle la intención y el motivo que tenía, de ir ladeada de feas, para con eso parecer hermosa y de viejas, para ser tenida por muchacha. Exprimióle toda el alma en esta gran décima don Manuel Salinas:

> Todas tus amigas son
> las más viejas y más feas:
> con ellas vas y paseas,
> ya se sabe tu intención.
> Estas en toda ocasión
> contigo gustas traer,
> para con eso poder,
> Fabula, siempre engañosa,
> entre feas ser hermosa,
> y entre viejas niña ser.

De modo que todo el artificio desta Agudeza consiste en descubrirle la malicia artificiosa al que obra, y sabérsela ponderar. Así don Luis de Góngora:

> Que la viuda en el sermón
> dé mil suspiros sin son,
> bien puede ser;
>
> mas que no los dé, a mi cuenta,
> porque sepan do se asienta,
> no puede ser.

Es menester que haya artificio y destreza en el que obra, ya verdadero, ya interpretado; y el notar aquella Arte y segunda intención sutil con que obra, es la crítica Agudeza. Desta suerte Lupercio Leonardo le malicia la acción, y la intención, a Cloris, en este epigrama:

> Mirando Cloris una fuente clara,
> donde otras veces afilar solía
> las armas desdeñosas, con que hería,
> y en vano ahora contra mí prepara,
>
> vio cómo el tiempo sus mejillas ara
> en señal de castigo, y rebeldía,
> sembrando sal donde el amor tenía,
> para sacrificar las almas, ara.
>
> Viéndose tal, con lágrimas y tierra
> enturbiada la fuente por vengarse,
> como si ella la causa hubiera sido.
>
> Al fin, sacó este fruto de su guerra:
> que vio poder las aguas aclararse, mas no cobrarse
> el tiempo ya perdido.

Da a veces más gusto el fingir el artificio en la acción que exprimir el que se halla, ya por la novedad de la intención que se descubre, ya por la sutileza con que se finge. De Gelio, que siempre estaba edificando, y cuando no hallaba otro quehacer en su casa mudaba ventanas, abría puertas, glosó Marcial, que era por no prestar, con la escusa inexorable de decir: "Señor, estoy de obra":

> *Gellius aedificat semper: modo limina ponit,*
> *nunc foribus claves aptat, emitque seras,*
> *nunc has, nunc illas mutat, reficitque fenestras,*
> *dum tamen aedificet, quidlibet ille facit:*
> *Oranti nummos ut dicere possit amico,*
> *unum illud verbum, Gellius, aedifico.*

Galantemente la traduce el Salinas:

> Siempre Gelio edificando
> está; ya las puertas pone,
> ya las ventanas dispone
> de otra suerte; ya comprando
> cerraduras, ya mudando,
> le hallaréis, lo que hizo ayer:

nunca le falta quehacer,
por si le vais a pedir
prestado poder cumplir,
y "estoy de obra", responder.

Puédese maliciar a dos vertientes, equivocando la intención, y dóblase entonces la sutileza, porque se fingen dos motivos, ingenioso cada uno. A una hermosa. dama, que estaba rezando, dijo así el Camoes:

Ruégoos que me digáis
las oraciones que rezastes,
si son por los que matastes,
si por vos, que así matáis;
si son por vos, son perdidas,
que ¿cuál será la oración,
que sea satisfacción,
señora, de tantas vidas?
Si decís, que encomendando
los que matastes estáis:
Si rezáis, ¿por qué matáis?,
¿para qué matáis rezando?

Estos pensamientos siempre van a la ocasión, glosando la contingencia del suceso, y así tienen mis de agrado. Cuando se pone la malicia en alguna circunstancia especial se discurre con más fundamento. Desta suerte, Lope de Vega:

Como a muerto me echáis tierra en la cara;
y lo debo de estar, y no lo siento,
que un muerto en vuestro esquivo pensamiento,
menos sentido que éste le bastara.

Vivo os juré, que muerto os confesara
la misma fe; cumplí mi juramento,
pues ya después del triste enterramiento,
ni cesa la afición ni el amor para.

No sé si os pueda dar piadoso nombre,
¡oh manos que enterráis al muerto amigo,
después que le mató vuestra hermosura!

Que es de ladrón sutil, ya muerto el hombre,

no de piedad, de miedo del castigo,
darle en su propia casa sepultura.

Aun donde no cabe, se finge ingeniosamente la afectada malicia. Estaba dando una hermosa dama unos confites a un niño, y al ponérselos en la boca, le decía que cerrase los ojos. No obedeciendo el rapaz, volvió a instarle que cerrase los ojos, y él proseguía en estada mirando. Dijo entonces el galante y agudo Rufo: "Señora, él no quiere perder el cielo por una golosina".

Llega al mayor primor de su sutileza este concepto, cuando cae sobre reparo; pondérase la desproporción del objecto, y luego se le da salida por una maliciosa crisi. Reparó Marcial en que Gemello, mozo gallardo, pretendía con notables diligencias casar con Maronila, fea y vieja, y da la solución maliciosa del heredada presto:

Petit Gemellus nuptias Maronillae,
et cupit, et instat, et precatur, et donat.
Adeone pulchra est? immo foedius nihil est.
Quid ergo in illa petitur, et placet? Tussit.
Traduce así don Manuel Salinas:

Pide Gemello, y desea
con Maronila casar;
nunca cesa de rogar,
insta, ofrece, galantea.
¿Qué es tan linda? Antes es fea;
ni más vieja otra mujer,
ni más sucia puede haber.
Pues en ella, ¿qué le agrada?
Yo en ella no veo nada
de bueno, sino el toser.

No se contenta con descubrir el artificio en la intención, sino que se arroja a fingirle. Desta suerte dijeron de Alejandro que el no haber procurado establecer su monarquía había sido, o porque ninguno de sus sucesores le igualase o por no imaginar a otro alguno capaz de tanto empleo. Tuvo estremados picantes déstos el juicioso Bocalini en sus *Avisos*, ingenioso trabajo para solos hombres de fondo y de censura. Lee el discurso que hace de la República Otomana y su gobierno. Pero entre todos, éste. Parecieron, dice, en esta corte de Apolo unos embajadores, por los hortelanos del universo, pidiendo a su majestad les diese algún instrumento con el cual pudiesen con facilidad escardar las malas yerbas de sus jardines. Admiróse Apolo de tan necia demanda, pero ellos, animosamente, dijeron que habían hecho esta petición movidos del beneficio que se les había concedido a los príncipes, a quienes para limpiar las huertas de sus Estados de las yerbas inútiles y de las plantas perniciosas, que por desdicha de los hombres virtuosos nacían en la república en tanta copia, les había dado el maravilloso instrumento del pífano y atambor, a cuyo sonido las malvas, las cicutas, las ortigas y las demás plantas dañosas de los hombres inútiles —para dar lugar a las lechugas, pimpinela, melones, garbanzos y otras yerbas de los mecánicos y de los ciudadanos fructuosos—, por sí mismos, con gran alborozo y alegría se veían saltar fuera de la tierra, y irse a secar y morir fuera de las huertas de sus patrias, a quienes en gran manera eran perniciosas, etc.

Válese el Ingenio, para esta malicia crítica, de la correspondencia entre los términos della; busca siempre alguna correlación proporcional, para que sea con fundamento el concepto. Así, en esta maliciosa crisi, en título de epitafio:

Aquí yace mosén Diego,
a san Ancón tan vecino,

que huyendo de su cuchino,
vino a parar en su fuego.

Conócese la armonía y proporción entre el fuego y el bruto, que son circunstancias del sujeto en que tuvo apoyo el concepto. Añadió a la consonancia la encarecida ponderación don Luis de Góngora, y dijo:

Labra un letrado un real
palacio, porque sepades
que interés y necedades
en piedras hacen señal.

No sólo pondera a la malicia esta Agudeza, sino al encomio y lisonja también, que es el otro extremo contrario de su sutileza. Obsérvase el mismo método en este segundo, que en el primero, con sola esta diferencia, que lo que allá glosaba el discurso a la malicia, aquí a la alabanza. Nótase el artificio en el obrar, ya exprimiendo el que hay en el motivo del que ejecuta, ya fingiéndole. Fue sublime pensamiento éste del padre Francisco Remondo, jesuita, por el objeto que fue a la Encarnación del divino Verbo, y por el concepto, que fue sutil:

Vix hominem insigni similem sibi finxerat arte,
cum subito est hominis tactus amore Deus.

> Ut tamen averso fugientem vidit amore,
> qualis praecipites cum rotat amnis aquas,
> quid faciam? dixit; quoties mihi iungere conor,
> ex oculis toties evolat iste meis.
> An perimam? ast hominis nimio succendor amore,
> an sequar? at fugiet, quo magis ipse sequar.
> Haud sequar, haud perimam, ne se mihi subtrahat unquam,
> neve Deum fugiat, mox erit ipse Deus.

Pondera la superior divina traza con maravillosa crisi.

Duplicó el sutilísimo Andrada, augustiniano, la Agudeza en los dos sujetos, comentándoles los motivos a entrambos, y dijo que, vencido el tirano, quedaron en competencia Dios y Sebastián: Dios consignándole la corona de mártir, sin que muera; y él volviendo a morir después de conseguirla. Aunque no murió en el primer tormento, sino en el segundo, la Iglesia le pinta, no muerto a palos, sino cubierto de flechas; si se pudo engañar el tirano en tenerle por muerto, el mártir torna en busca del otro nuevo martirio. Queda el pleito entre Sebastián y Dios: Dios coronándole antes que muera, y él muriendo después de merecer la corona. Aquello es liberalidad del divino amor, y esto generosidad del amor de Sebastián: Dios muestra que no va tras verle muerto, sino tras coronarle, pues le consigna la corona por el tormento, en que no murió; y él muriendo, después de conseguir la corona entre las flechas, muestra que no va tras ella, sino tras morir por Dios. Nota la mucha alma del estilo deste gran Ingenio, a quien han querido imitar todos los que hablan con cuidado y profundidad.

Siempre que da pie al concepto alguna circunstancia especial, es más sutil, por lo fundamental, y porque se hace ingeniosamente el reparo sobre la especialidad della. Desta suerte discurrió Lope, en este epigrama al ladrón santo:

> ¿Cómo es posible que de bueno den
> nombre a un ladrón, si el bueno se ha de dar
> al más sutil en escalar y entrar
> lo más guardado que sus ojos ven?

> Pues Dimas, no contento de que estén
> las manos y los pies de par en par,
> otra puerta mayor quiere aguardar,
> y por la principal entrar más bien.

> Si dijo el mismo Dios que no es ladrón
> quien entra por la puerta, claro está

que no lo es ya, pues cinco puertas son.

Ladrón por lo pasado se dirá,
que por subir al cielo no es razón,
pues no se roba aquello que se da.

Glósanse con grande sutileza los misterios y reparos por una crisi: que es aumentar Agudeza. Ponderó sazonadamente el padre fray Pedro Gracián, mi hermano, religioso de la santísima Trinidad, el ponerse a servir la suegra de san Pedro luego que la curó el Señor; y dijo que fue, ya para ilustrar el milagro, ya para dar ejemplo a las de su estado, pues toda la falta de paz con las nueras suele nacer de el querer mandar siempre las suegras: y así ella se pone a servir para mostrar que la ha curado el Señor de enferma, y de suegra.

Transformar un artificio afectado en su contrario, no es la menor sutileza. De la demencia de Augusto dijo Séneca que no era sino un hartazgo de crueldad: *Ego vero clementiam non voco lasam crudelitatem*. Y Cicerón, al mandar Julio volver a levantar las estatuas derribadas de Pompeyo, dijo que no lo hacía sino por establecer las suyas: *Caesar dum Pompei statuas reponit, suas stabilit*.

Ni es menor notar la activa malicia de uno y la pasiva sencillez del otro. Gustosamente desengaña Marcial a Gauro, a quien uno le menudeaba los presentes, diciéndole: "Por rico y viejo, se me hacen sospechosos, y temo que éste, con tanto presente te desea ausente".

Munera qui tibi dat locupleti, Gaure, senique,
si sapis, et sentis, hic ti bi ait: Morere.

No le quitó la sal, antes se la añadió, nuestro Salinas, en esta elegante traducción:

Viejo y rico ¿tan de veras,
quién ha dado en regalarte?
El quiere, Gauro, heredarte,
y te dice que te mueras.

Contraponer dos intenciones, añade la hermosa antitesi a la gustosa crisi. De César y de Pompeyo, dijo Floro, que Pompeyo no podía sufrir igual, ni César superior: *Nec hic ferebat parem, nec ille superiorem*.

Punto es desta sutileza, a más de notar el afectado artificio, censurarlo por superfluo: que es mixto de ambas crisis, maliciosa y irrisoria. Así Marcial, de

Cina, que afectaba parecer pobre, como lo era, para con eso ser tenido por rico, dijo:

> Pauper vider; vutl Cinna, et est pauper.

No se pudo traducir, ni con mayor concisión, ni con mayor propiedad de lo que traduce don Manuel Salinas:

> Pobre parecer querría
> Cina, y es pobre, a fe mía.

Así como se transforma el artificio de honesto en vicioso a la malicia, así, al contrario, de reprehensible en loable a la lisonja. Desta suerte Plinio, en su culta y grave *Panegiri* –que es una perfecta plática de toda esta teórica conceptuosa– glosó el excesivo donativo de Trajano al pueblo, diciendo que no había sido para. redemir tiranías ni desmentir desafueros, como otros hacían, sino para recompensar la benevolencia de sus vasallos: *Nullam congiario culpam, nullam alimentis crudelitatem redemisti; nec tibi benefaciendi fuit causa, ut quae malefeceras impune fecisses. Amor impendio isto non venia quaesita est.*

Fíngese el artificio malicioso en las cosas inanimadas con mayor gracia, atribuyéndoles la afectación. Elegantemente dijo Luis Vélez, en su romance del *Invierno*:

> No quieren ser los arroyos
> de los árboles espejos,
> *porque los miran tan pobres,*
> *y tan galantes los vieron.*

Añadió don Luis de Góngora la hermosa contraposición, ya de lisonja, ya de burla, a la fingida crisi, diciendo:

> Que no crean a las aguas
> sus bellos ojos serenos,
> *pues no la han lisonjeado,*
> *cuando la murmuran luego.*

Valióse de las dos contingencias especiales, y correspondientes entre sí, ya del representar como espejo sus cristales detenidos, ya de murmurada corrientes. Con la misma Agudeza, dijo Lope de Vega:

> A tus quejas solamente
> daban respuesta las aguas,

porque murmuraban, Filis,
que no porque te escuchaban.

Fíngense en los mismos sujetos inanimados los demás efectos con sumo artificio. Así la ufanía y la lisonja atribuyó el dulcísimo Mantuano a la rosa, en esta galante descripción:

> *Ut cum vere novo tepefacta rosaria multae*
> *crescit frondis honos: primum durescit in orbem*
> *folliculus barbaeque comam producit acutae,*
> *mox implere sinus, tunicasque implere virentes*
> *incipit, et concreta diu sub cortice proles*
> *turget agens rimas tenues, et vertice summo*
> *purpureas ostentat opes, rubicundaque labra,*
> *postremo cum pulchra suos Aurora colores*
> *explicat et gelidum glomerant nava gramina rorem*
> panditur omne decus, valvisque emissus apertis
> flos hiat, et laeto arridet venientibus ore.

DISCURSO XXVII
DE LAS CRISIS IRRISORIAS

Es tan fácil esta Agudeza cuan gustosa, porque sobre la ajena necedad todos discurren; y todos se adelantan antes al convicio que al encomio; pero el ingenioso por naturaleza, aquí dobla su intensión. La sutileza destos conceptos consiste en notar en otros la simplicidad. De suerte que difiere esta especie de crisi de la pasada, en que aquélla censura el artificio ajeno en el proceder; ésta, la falta dél; aquélla. la malicia; ésta, la sencillez o la necedad. Gran epigrama, éste de Bartolomé Leonardo, para ejemplo:

> El metal sacro en Julia Celsa suena,
> émulo de proféticos alientos,
> que nos previene a insignes movimientos
> con propio impulso y sin industria ajena,
>
> Ofusca el sol su faz limpia y serena,
> arrojando esplendores macilentos,
> y sacudido el orbe de portentos,
> se aflige, y brama en su fatal cadena.
>
> Y mientras que el horror de lo futuro

los ánimos oprime o los admira,
tú, Cremes, obstinado en tus amores,

remites a los cetros la gran ira,
y adulas a tu Pánfila con flores,
deshonesto, decrépito y seguro.

Sólo puede competirle este otro de tan su igual, como de Lupercio, tan su hermano, que fueron los dos mellizos, hijos de la más hermosa de las nueve:

Llevó tras si los pámpanos octubre,
y con iguales lluvias insolente,
no sufre Ibero márgenes ni puente,
mas antes los vecinos campos cubre.

Moncayo, como suele, ya descubre
coronada de nieve la alta frente,

y el sol apenas vemos en oriente,
cuando la opaca tierra nos le encubre.

Sienten el mar y selvas ya la saña
del Aquilón, y encierra su bramido
gente en el puerto y gente en la cabaña.

Y Fabio, en el umbral de Tais tendido,
con vergonzosas lágrimas le baña,
debiéndolas al tiempo que ha perdido.

Concluye floridamente con la estremada improporción, que hace más picante el concepto. Frecuento estos grandes autores en los ejemplos, porque dan alma de Agudeza a lo que dicen. los que no propongo a la imitación, no es por no haberlos visto casi todos, sino porque los hallo sin espíritu de concepto: forman muchos libros, cuerpos, pero sin alma conceptuosa.

Da materia a este modo de conceptear, de ordinario, la desproporción del que obra, y glósala con gracia el que censura. Fue raro Marcial en este género de Agudeza. A Basa, que tenía el servicio de oro y el vaso en que bebía de vidro, la dijo:

Ventris onus misero, nec te pudet, excipis auro,
Basa bibis vitro: carius ergo, et c[acas].

Qué ajustadamente y con qué propiedad traduce don Manuel Salinas:

Basa, en el vidro beber,
y en oro fino purgar,
gusto es particular,
mas te cuesta el proveer.

Censúrase comúnmente la diversidad o contraposición de los adyacentes del sujeto, aquella contrariedad que hay entre ellos, que es la que funda la desproporción. Así Horacio pondera la variedad de los músicos, que rogados nunca comienzan, y después nunca acaban:

Omnibus hoc vitium est cantoribus inter amicos,
ut nunquam inducant animum cantare rogati,
iniussi nunquam desistant. Sardius habebat
ille Tigellius hoc: Caesar, qui cogere posset,
si peteret per amicitiam patris, atque suam, non
quidquam proficeret. Si collibuisset, ab ovo
usque ad mala citaret.

Otras veces se nota la improporción entre diferentes sujetos, ponderando la simplicidad en todos. Discurrió con mucha donosidad, como solía, el maestro fray Remando de Santiago, el mayor orador de su siglo, ornamento de la sagrada familia de nuestra Señora de la Merced, en el sermón segundo de cuaresma, y en la consideración tercera, dice: "Siempre el pecador estos trabajos, enfermedades y muertes los mira como en casa ajena. Muere un mozo fuerte, recio y de gran salud, y dice el viejo: Tan presto va el cordero como el carnero; mozos desreglados, sin concierto, a la primera van. Muere el viejo anciano, y dice el mozo: Ese naturalmente muere: todos los malogrados así. Muere un hombre enfermizo, que todas las coyunturas barruntan mejor los tiempos que las grullas, y a quien sus trabajos han hecho astrólogo, dice el que vive sano: Ese, años ha que estaba contado con los muertos. Muere el muy sano, dice el achacoso: No hay que fiar en salud; estos que nunca saben qué es mal, el primero los despacha. Muere el rico, dice el pobre: Son glotones comedorazos; no hacen ejercicio; cierto es que han de morir ésos. Muere el pobre. dice el rico: Estos desdichados nunca comen sino mal pan, beben malas aguas, andan mal abrigados, duermen en el suelo, no tienen hora de vida segura. Todos echan la muerte a casa ajena". la moralidad que tienen un punto de satírica es muy gustosa, pero ha de ponderar en común para ir segura.

Tienen también su agradable variedad estos conceptos en su artificio, ya de parte del objeto y de la desproporción censurada, ya del modo con que se zahiere. Cuando hay contrariedad en el objeto, se nota con plausibilidad. Así Lope en su epitafio al inglés Enrico:

> Más que desta losa fría
> cubrió, Enrique, tu valor,
> de una mujer el amor
> y de un error la porfía.

> ¿Cómo cupo en tu grandeza
> querer, engañado inglés,
> *de una mujer a los pies,*
> *ser de la Iglesia cabeza?*

Doblar el desacierto es doblar el concepto. Censuraba uno a los mercaderes de aquella calle de Toledo llamada el Alcaná: "¡Oh gente necia, de día sin mujeres, de noche sin haciendas!" Decíalo, porque es toda de tiendas muy pequeñas, y así sus dueños los días están en ellas y las noches se vuelven a sus casas.

Aumenta también mucho la sutileza el encarecimiento con que se pondera la improporción,. y si hay dos juntas, mejor. Así don Luis Carrillo, en este valiente epigrama al varón más valiente, digo a Sansón, nota dos improporciones: una en el juez que le condena, y otra en él, que no vio los engaños de una mujer:

> Verse duda Sansón, y duda el lazo
> lo que él duda. Sansón duda, y procura
> hurtase fuerte en vano a la atadura;
> ella tiembla temor y fuerza el brazo.

> Aquel valiente, aquel que de un abrazo
> puso puertas a un monte y su espesura,
> flaca para él -un tiempo- ligadura
> es a su libertad fuerte embarazo.

> Llega el fiero juez, condena a muerte
> los ojos. Y él, risueño y sosegado,
> dijo (más que su fuerte brazo, fuerte) :

> "Si tres veces de Dalila burlado.
> sus engaños no vi, juez, advierte

que ya dellos estaba despojado".

Por otro encarecimiento explica con su mucha erudición y sazonado estilo, Mateo Alemán la sencillez del villano en decir que nunca supo amar, y la donosidad del pregonero en exclamar: "¡He aquí tu asno!" Célebre cuartilla fue ésta, del culto jurado, a una doble necedad:

> No fiéis en prometido,
> pues que pecáis de contado:
> que quien no paga tentado,
> mal pagará arrepentido.

Las crisis que son a la ocasión y tomadas de la especialidad de las circunstancias, son las más ingeniosas, porque se conceptea con fundamento. Desta suerte, el doctor don Juan Orencio de Lastanosa, canónigo de la iglesia catedral de la ciudad de Huesca, varón de profundo juicio, conocida virtud, mucho saber, grave madurez, perfecto y cabal eclesiástico, suele ponderar: que antes la piscina estaba arrimada al templo, con que le iba bien a sombra de la limosna y caridad de los eclesiásticos, pero ahora la piscina de los hospitales se ha juntado a la sentina de las comedias, con que no le puede ir bien, sino muy mal. Está grandemente ponderado, y nótese el artificioso careo de los términos, la contraposición entre ellos: piscina con hospital, templo con teatro.

Del objeto especial se pasa con grande artificio a satirizar en común, y dase la doctrina por universalidades, así como se dirá también en la Agudeza sentenciosa. De un varón docto, tiranizado del indigno amor, toma ocasión Alciato para un elegante emblema, ponderando que bien bastaba haber sido ultrajada Palas, diosa de la sabiduría, de un mancebo liviano en competencia de Venus, y no ahora segunda vez de un alumno suyo, de quien debiera ser preferida a todas las demás:

> Immersus studiis, dicundo, et jure peritus,
> et maximus libellio,
> Helianiram amat, quantum nec Thacius unquam
> princeps sororis pellicem.
> Pallada cur alio superasti iudice Cypri?
> Num sat sub est vincere?

Satirízase en general con la misma sutileza y gracia, y nótanse las necedades comunes: que no es la menos principal parte de la sabiduría prudente. Así uno fingió la descendencia de los necios, diciendo: "Que el Tiempo Perdido casó con la Ignorancia: tuvieron un hijo, a quien llamaron Penséque. Este casó con la Juventud, en quien hubo muchos hijos: a No pensaba, No sabía, No di en ello, Quién creyera. Esta casó con el Descuido, y tuvieron por hijos a Bien está, Mañana se hará, Tiempo hay, Otra ocasión vendrá. Tiempo hay casó con doña No pensaba, y tuvieron por hijos a Descuidéme, Yo me entiendo, No me engañará nadie, Déjese deso, Yo me lo pasaré. Yo me entiendo casó con la Vanidad, y tuvieron por hijos Aunque no queráis, Yo saldré con la mía, Galas quiero: Esta casó con No faltará, y dellos nacieron Holguémonos y la Desdicha, que tuvo por marido a Poco seso, y por hijos a Bueno está eso, Qué le va a él, Paréceme a mí, No es posible, No me diga más, Una muerte debo a Dios, Ello dirá, Verlo heis, Escusado es el consejo, Esto es hecho, Aunque me maten, Diga quien dijere, Preso, por mil, Qué se me da a mí, Nadie murió de hambre, No son lanzadas que dineros son. Enviudó Galas quiero, y casó segunda vez con la Necedad, y gastó todo su patrimonio. Dijo el uno al otro: Tened paciencia, que a censo tomaremos dineros con que nos holguemos este año, y el otro, Dios proveerá. Y aconsejados con No faltará, hicieron así; y como al plazo no hubiese con qué pagar lo que debían a censo, el Engaño los metió en la cárcel. Fueron visitados por Dios hará merced. La Pobreza los llevó al hospital, donde acabaron la autoridad de Galas quiero y No miré en ello. Enterráronlos con su bisabuela, la Necedad. Dejaron muchos hijos y nietos, que andan derramados y perdidos por el mundo.

Contráense después, y aplícanse estas crisis generales a la ocasión con otra tanta Agudeza.

No sólo se censura el desacierto moral, sino el material. también. Así dijo Bartolomé Leonardo a una natural belleza, deslucida antes que ayudada del Arte:

> Quita ese afeite, oh Lais, que se aceda,
> y él mismo en el olor su fraude acusa,
> déjanos ver tu rostro, y si rehusa
> el despegarse, quítalo con greda.
> ¿Qué tirano la ley natural veda,
> o qué murtas el diestro acero atusa,
> que alegren más que la beldad confusa
> de bosque inculto o bárbara arboleda?
>
> Si lo blanco y purpúreo, que reparte
> Dios con sus rosas, puso en tus mejillas
> con no imitable natural mixtura,
>
> ¿por qué con dedo ingrato las mancillas?

> Oh Lais, no más que en perfección tan pura,
> Arte ha de ser el despreciar el Arte.

De muchas crisis conglobadas se hace un discurso satírico agradable y fórmase la correspondencia entre los sujetos de la censura. Tiene muchos, muy recibidos el juicioso Trajano Bocalini: entre todos fue sazonadísimo aquél en que se pide a Apolo mande sea colocado entre los libros selectos de su biblioteca inmortal El Galateo Cortesano; y su majestad consulta los príncipes y repúblicas sobre el caso. Está ingeniosamente discurrido, digo en su original o en sus primeras impresiones: que después, en cada lengua y nación le han reformado según su conveniencia.

Pondérase con mucha sal el desacierto, cuando desciende de un extremo a otro. Físgase Marcial de Gelia, que mientras andaba escogiendo maridos, y al principio asqueaba todo lo que no era casar con un príncipe, hízose vieja y casó al cabo con un esportillero:

> Dum proavos, atavosque refers, et nomina magna,
> dum tibi noster eques sordida conditio est;
> dum te posse negas, nisi lato, Gellia, clavo
> nubere nupsisti, Gellia, cistifero.

La gustosa y elegante traducción se debe al erudito don Manuel Salinas:

> Tú, que tu antiga nobleza
> contabas, y dar la mano
> a un caballero romano
> tenías por gran bajeza,
>
> Gelia, que casar primero,
> con senador blasonaste,
> pasó el tiempo y te casaste
> con un feo esportillero.

Al contrario, se hace la ponderación del extremo principal al menor, entre los cuales está la desproporción del desacierto. Desta suerte dijo Augusto César, cuando supo que Herodes ni a su propio hijo había perdonado en el degüello de los Santos Inocentes: Que en casa de Herodes mejor era ser puerco que hijo, porque, como judío, no lo mataría.

Por una inconsecuencia en el hecho, se censura con fundamental sutileza.. Dijo, tan ingenioso cuan acertado, un truhán suyo al primero Francisco de

Francia: "Sire, estos vuestros consejeros, me -parecen unos necios, que discurren por dónde habéis de entrar en Italia, y no os aconsejan por dónde habéis de salir".

De la malicia de uno y de la candidez de otro se hace un mixto muy artificioso . para un gran concepto; así dijo Alonso de Salas, en este perfecto epigrama a san Juan:

> Cumbre de santidad, monte sagrado,
> que al cielo nos enseña, y encamina,
> tan señalado en santidad divina,
> que el mismo Dios por vos fue señalado.
>
> Indice de aquel libro celebrado,
> de la verdad que a la virtud inclina,
> y mano que corristes la cortina
> al sumo Dios cubierto y disfrazado
>
> ¿Para qué le mostráis, varón famoso,
> a un pueblo, que después, tiranamente,
> ha de ser de su sangre carnicero?
>
> Encoged vuestro dedo milagroso.
> y advertid que el mostrarle a aquesta gente,
> es mostrar a los lobos el Cordero.

Cuando con una nota se zahiere a dos, es doble el concepto. Caminaba muy a prisa, y aun con indecencia, Tulia, hija de Cicerón; al contrario, Pisón, su hierno, muy de espacio. Díjole a éste, estando presente ella: Pisón, camina como hombre. Con una palabra, notó la falta de ambos. Irónicamente corrigió el célebre orador agustiniano Castro Verde, y el mayor que ha habido en España, la inquietud de su numeroso auditorio, diciendo a unos se sosegasen y no despertasen a otros, que dormían: con esto los compuso a todos.

La contraposición de circunstancias trocadas, glosó el jurado de Córdoba en esta redondilla:

> Válgame la soberana
> Virgen y Madre de Dios,
> qué mujer se pierde en vos
> y qué hombre en vuestra hermana.

Equivocar la necedad, y pasarla de un sujeto a otro, mudadas las circunstancias, o valiéndose de la artificiosa condicional, es sutileza primorosa. Asentó en el libro de las necedades un criado coronista, cortesano dellas, en el palacio del arzobispo de Toledo, don Alonso Carrillo, a su mismo amo, porque había dado una gran cantidad de dinero a un alquimista para traer materiales y hacer oro. Leyéndolas al fin del mes, como acostumbraba, replicó el arzobispo: "¿Y si viniere?". "Entonces, dijo el coronista, borraremos a V. ilustrísima y le pondremos a él".

Por un encarecimiento se glosa con realce la necedad. De un señor que había gastado mucho en una cosa de poquísima substancia, dijo uno que había hecho fuego de canela para asar un rábano. La semejanza favorece mucho a la crítica ponderación. Del jurar con verdad, decía el cuerdo sobre ingenioso Rufo, que era encender hachas al medio día.

Mayor fuerza de Ingenio arguye el fingirse las necedades, que el suponerlas y notarlas. De semejantes chistes y donosidades están llenos los libros de placer, levantando mil graciosos testimonios a, las naciones, a los pueblos, y aun a los oficios y estados. Trae muchos muy ingeniosos el excelentísimo príncipe don Juan Manuel, en su nunca bien apreciado libro del Conde Lucanor, en que redujo la filosofía moral a gustosísimas cuentos. Bástele para encomio haberlo ilustrado con notas y advertencias, y impreso modernamente Gonzalo Argote de Molina, varón insigne en noticias, erudición, historia, y de profundo juicio. Entre muchos muy morales, trae éste, para ponderar lo que se mantiene a veces un engaño común, y cómo todos van contra su sentir, por seguir la opinión de los otros; alaban lo que los otros celebran, sin entenderlo, por no parecer de menos Ingenio o peor gusto, pero al cabo, viene a caer la mentira y prevalece la poderosa verdad.

> Llegaron, dice, tres burladores a un rey, diciéndole que tejerían un paño con grandes labores; pero de tal Arte que cualquier que fuese de mala raza, bastardo, o agraviado de su mujer, etcétera, no las podría ver. Holgó mucho el rey de oír esto, y mandóles dar un palacio donde lo tejiesen. Tomaron mucho oro, plata y seda; pusieron sus telares y daban a entender que todo el día tejían. Al cabo de algunos días fue uno dellos a decir al rey cómo el paño era comenzado, y que era la cosa más fermosa del mundo, y que si su majestad lo quisiese ver, fuese solo. El rey, queriendo certificarse, envió su camarero para que lo viese, pero no le apercibió que lo desengañase. Fue el camarero, y cuando oyó a los maestros la calidad del paño y lo que decían, no se atrevió a decir que no veía tal cosa, y contó al rey que viera el paño y las labores, y que era una cosa estremada. Envió el rey otro caballero, y dijo lo mismo que el primero. Y después que todos los que envió le dijeron que habían visto el paño, fue el rey a verlo; entró en el palacio, vio los maestros; que estaban haciendo como que tejían, y decían: "Esta es tal labor, y ésta tal historia, y ésta es tal figura, y éste tal color, concertando todos en una

cosa". Cuando el rey oyó esto, y por otra parte que él no veía cosa, y que otros lo habían visto, túvose por muerto, ca creyó que no era fijo de su padre, etc., y por ende comenzó de loar mucho el paño, y vuelto a casa, comenzó a decir maravillas de cuán bueno era e cuán maravilloso. Al cabo de tres días mandó a su alguacil mayor que fuese a ver aquel paño, y por no perder la honra, comenzó a loarlo tanto como el rey, y más: de lo cual quedó el rey más triste. Y otro día envió otro su privado, y sucedió lo mismo, con que desta guisa quedó engañado el rey, y cuantos fueron en su tierra, ca ninguno osaba decir que no vía el paño; e así pasó esto, fasta que vino una gran fiesta, e dijeron todos al rey que se vistiese de aquel paño; los maestros hicieron como que lo traían envuelto en unas toallas, y ficiéronle entender que lo descogían, y tomaron la medida, y hicieron como que cortaban. Y el día de la fiesta volvieron, diciendo traían cosidos los vestidos, y ficiéronle entender que le vestían. E desque fue vestido, cabalgó en su caballo, con sus grandes, para andar por la corte. E desque las gentes lo vieron así venir, e sabían que el [que] no veía aquel paño era borde, o judío, o afrentado de su mujer, todos gritaban que lo veían y lo alababan; fasta que un negro, que guardaba el caballo del rey, se llegó a él, y le dijo: "Señor, vos vais en camisa, desnudo ides". Otro que lo oyó, gritó lo mismo, y de uno en otro fueron confesando que no lo veían, fasta que los grandes, y el mismo rey, perdieron el recelo y confesaron su engaño. Fueron a buscar los burladores, y ya habían desaparecido con todo el oro, plata, y sedas, y mucho dinero que el rey les había dado. Así prevalecen muchos engaños en el mundo, y tanto puede el temor de perder el crédito, por ser singular.

Ramo es deste género de conceptos, aunque por lo contrario, el censurar que no hubo desacierto, ni necedad, donde tanto lo parecía. Así Marcial, de uno que habiéndole pedido prestada una gran suma un mal pagador, le dio dada la metad, dijo que no había sido simplicidad, sino gran treta, por no perderla, toda:

Dimidium donare Lino, quam credere totum,
qui mavult, mavult perdere dimidium.

Tuvo especial donosidad el Salinas en la traducción destas sales tan breves y tan vivas:

El que con Lino halló modo
de darle lo medio dado,
de lo que él pidió prestado,
no lo quiso perder todo.

Fúndase en la desproporción de los dos extremos aquella necedad, que cuerdamente zahiere Rufo a dos avaros:

¡Oh ayunadores cautivos,

quién vio tales desaciertos!
Por engordar gatos muertos,
enflaquecer gatos vivos.

Ayuda a la desproporción de los opuestos extremos la antitesi, que fue siempre la hermosura del decir. Con el mismo primor ingenioso, dijo don Luis de Góngora:

En los contornos la inquiere,
doliéndose en los contornos
de que le niegue un recato
lo que concediera un odio.

Acompañó la erisi con la gustosa sentencia el jurado de Córdoba, en aquella sentenciosa carta a su hijo, donde cifró lo mejor de la prudencia; dijo:

Esto es fácil de inferir,
pues no hay razón que consienta,
que sea el mentís afrenta
y que no lo sea el mentir.

DISCURSO XXVIII
DE LAS CRISIS JUICIOSAS

Las juiciosas calificaciones participan igualmente de la prudencia y de la sutileza. Consiste su artificio en un juicio profundo, en una censura recóndita, y nada vulgar, ya de los yerros, ya de los aciertos. Desta suerte dijo un soldado de Aníbal, cuando la vitoria de Canas, que el general sabía vencer y no usar la vitoria; conseguida, pero no seguida. El marqués de Saborñano, discurriéndose, en su presencia, de un príncipe que daba orden a su capitán general, que defendiese los Estados, pero sin combatir ni hacer jornada, dijo que esto era darle autoridad para poder ser vencido, mas no para vencer. Este y otros muchos graves y juiciosos dichos refiere el abad de san Miguel, Joan Botero, en su libro de los *Dichos memorables*, de los personajes más graves destos tiempos. Léele que es uno de los libros del buen gusto y de la curiosidad, digno de la librería más selecta, así como todas las obras del Botero: *la Razón de Estado* califica[da] con el voto del prudente Filipo, y muy leída; traducida por su mandado, de italiano en español. Pero entre todas sus obras las *Relaciones del Mundo y de las Monarcas*, en que da razón de los estados de cada uno, de sus rentas, potencia, gobierno, armas y confinantes, aunque tal vez se engaña –que no es mucho en tan universal trabajo–

merecen ser colocadas en la librería délfica, y no se tenga por hombre noticioso el que no las hubiere leído.

Califícase unas veces en común, notando el desacierto general de todos. Así aquel elocuentísimo silenciario, que aun en el callar su nombre se ajustó a su sagrado instituto, y más a la generosa humildad, el padre don Miquel de Dicastillo, en su grave, ingeniosa y culta *Aula de Dios, Cartuja Real de Zaragoza*, discurre y pondera las falsas opiniones del mundo. Dice así:

> El parlero se da por elocuente,
> el temerario pasa por valiente,
> el rígido por justo,
> el lascivo por hombre de buen gusto, y el que es un insolente
> pasa en nuevo lenguaje por corriente.
>
> La mentira es Ingenio, y Agudeza,
> la sátira, y el chiste sacudido,
> y su autor es jovial y entretenido; la humildad es bajeza,
> pundonor la venganza,
> la afectada lisonja es alabanza;
>
> la cautela es prudencia,
> y el artificio del astuto es ciencia.
>
> Llámase santidad la hipocresía, el silencio ignorancia,
> el valor arrogancia,
> la prodigalidad, caballería,
> la detracción, donaire,
> el ser vicioso es gala,
> y el no seguir esta opinión,
> desaire: estilo que ni el bárbaro lo iguala.
>
> Con tan falsos juicios
> da color de virtudes a los vicios,
> y creciendo el abuso,
> el modo de pecar se vuelve en uso, y prosigue la culpa,
> con apariencia vana de disculpa, etc.

¡Qué juiciosamente censura la necedad común, con acierto bien especial! Arguyen gran profundidad de caudal estas ponderaciones, porque nacen de una sublime prudencia. Así también oí ponderar algunas veces al tan juicioso como valeroso caballero portugués, Pablo de Parada, el Cid de nuestros tiempos, a quien se deben todas las vitorias grandes destas campañas: que si los generales ordenaron las jornadas él las ejecutó; él defendió a Tarragona, cuando la sitió el más obrador francés de los que han venido a la guerra de Cataluña, el mariscal de la Mota; él, en los campos de Lérida, en aquella memorable batalla, siendo general don Felipe de Silva, fue el primero en el chocar y en el vencer, gobernando el famoso tercio del señor Príncipe; él fue el que embistió con el regimiento de la Guarda las insuperables trincheras del conde de Ancurt, llamado el invencible, ocupó el primero el fuerte real y lo conservó, contra el parecer de los más, y dándole orden se retirase, suplicó diciendo que mientras aquellos buenos caballeros, honrados soldados, y él, tuviesen vida no se perdería aquel puesto; y prosiguiendo en el vencer, hizo huir al famoso conde de Ancurt, y descercó a Lérida –todo esto que refiero ahora lo vi entonces, yendo a su lado, hasta la misma trinchera enemiga–; a este, pues, Marte portugués, que renueva los hechos de aquellos primeros españoles en Italia y Flandes, digno de aquel siglo del belicoso

Carlos, le oí decir y ponderar: "Que son tontos todos los que lo parecen y la metad de los que no lo parecen".

Califícanse en primer lugar las personas, ya en general, ya en singular. Con una artificiosa antítesi, describe la mujer Lope de Vega:

> Es la mujer, del hombre lo más bueno;
> es la mujer, del hombre lo más malo;
> su vida suele ser, y su regalo;
> su muerte suele ser, y su veneno.
>
> Es vaso de bondad y virtud lleno;
> a un áspid libio su ponzoña igualo;
> por bueno, al mundo, su valor señalo;
> por falso, al mundo, su valor condeno.
>
> Ella nos da su sangre, ella nos cría,
> no ha hecho el cielo cosa más ingrata;
> es un ángel y a veces una arpía.
>
> Tan presto tiene amor como maltrata:
> es la mujer, al fin, como sangría,
> que a veces da salud y a veces mata.

En singular, se califican con aceptación los sujetos, conociendo sus eminencias. Desta suerte Augusto deprecaba a Cayo, enviándole a Armenia, la benevolencia de Pompeyo, b. audacia de Alejandro, y su fortuna propia. Desta misma Agudeza nace graduar las provincias; tal fue aquella plausible crisis de las de España:

> Boetica mittit equos; tauros Xarama feroces.
> Insignes Castella duces; Aragonia reges.

En el castellano, dijo así don Manuel Salinas:

> Caballos da Andalucía,
> hermosos cuanto veloces;
> toros Jarama feroces,
> que en frondosos bosques cría.
>
> Castilla al campo conduce
> los capitanes valientes,
> mas los Reyes excelentes,
> sólo Aragón los produce.

Con mucha propiedad censura y describe las edades el sentencioso Horacio, en su célebre Arte de Poesía:

> *Reddere qui voces iam scit puer, et pede certo*
> *signat humum, gestit paribus colludere, et iram*
> *colligit ac ponit temere; et mutatur in horas.*
> *Imberbis iuvenis tandem custode remoto*
> *gaudet equis, canibusque, et aprici gratnine campi,*
> *cereus in vitium flecti, monitoribus asper,*
> *utilium tardus provisor, et prodigus aeris,*
> *sublimis, cupidusque, et amata relinquere pernix.*
> *Conversis studiis aetas, animusque virilis*
> *quaerit opes, et amicitias; inseruit honori,*
> *commisisse cavet, quod mox mutare laboret.*
> *Multa senen circunveniunt incommoda: vel quod*
> *quaerit, et inventis miser abstinet ac timet uti:*
> *vel quod res omnes timide, gelideque ministrat,*
> *dilator, spe longus, iners, avidusque futuri,*
> *difficilis, querulus, laudator temporis acti*
> *se pueris censor, castigatorque minorum.*

Estas cuatro edades del hombre las comparaba un varón juicioso a las cuatro naciones de España, con mucha propiedad. No sólo los sujetos, estados, naciones, y provincias, sino las mismas virtudes y los vicios se califican y ponderan juiciosamente por una aventajada crisi. Tal fue ésta en aquel célebre y erudito libro, prohijado a los mayores Ingenios de España por su sazonada y profunda enseñanza. Califica la Mentira y la Verdad en esta agradable y artificiosa alegoría:

> De todas las cosas criadas, ninguna podrá decir haber pasado sin su imperio; a todas llegó su día y tuvieron vez. Mas, como el tiempo todo lo trueca, las unas pasan y las otras han corrido. A la Verdad aconteció lo mismo; también tuvo su cuando; de tal manera, que antigamente se usaba más que ahora. Mas como lo bueno cansa y lo malo nunca se daña, no pudo entre los malos cosa tan santa conservarse. Sucedió que viniendo una gran pestilencia, todos aquellos a quien tocaba, si escapaban con la vida, quedaban con lesión de las personas. Y como la generación fuese pasando, alcanzándose unos a otros, los que nacían sanos vituperaban a los lisiados, diciéndoles las faltas y defectos de que notablemente les pesaba ser denostados; de donde, poco a poco, vino la Verdad a no querer ser oída; y de no quererla oír, llegaron a no quererla decir: que de un escalón se sube a dos, y de dos hasta el más alto; de una centella se abrasa una ciudad. Al fin fuéronsele atreviendo, hasta venir a romper el estatuto; siendo condenada en perpetuo destierro y a que en su silla fuese recebida la Mentira. Salió la Verdad a cumplir el tenor de la sentencia; iba sola, pobre, y cual suele acontecer a los caídos: que tanto uno vale, cuanto lo que tiene y puede valer; y en las adversidades, los que se llaman amigos se declaran por enemigos. A pocas jornadas, estando en un repecho, vio parecer por cima de un collado mucha gente, y cuanto más se acercaba mayor grandeza descubría. En medio de un escuadrón, cercado de un ejército, iban reyes, príncipes, gobernadores, sacerdotes de aquella gentilidad, hombres de gobierno, y poderosos de aquellas provincias, cada uno conforme a su calidad; más o menos llegado cerca de un carro triunfal que llevaban en medio con gran majestad, el cual era fabricado con admirable artificio y estremada curiosidad. En él venía un trono hecho que se remataba en una silla de marfil, ébano y oro, con muchas piedras de precio engastadas en ella, y una mujer sentada, coronada de reina, el rostro hermosísimo; pero, cuanto más de cerca, perdía de su hermosura hasta quedar en estremo fea. Su cuerpo, estando sentada, parecía muy gallardo, mas puesta en pie, o andando, descubría muchos defectos. Iba vestida de tornasoles riquísimos a la vista, y de colores varios, mas tan sutiles y de poca substancia, que el aire los maltrataba, y con poco se rompían. Detúvose la Verdad, en tanto que pasaba este escuadrón, admirada de ver su grandeza; y cuando el carro llegó, que la Mentira reconoció a la Verdad, mandó que parasen, hízola llegar cerca de sí, preguntóla de dónde venía, dónde y a qué iba, y la Verdad la dijo en todo. A la Mentira le pareció convenir a su grandeza llevada consigo, que tanto es uno

más poderoso cuanto mayores contrarios vence, y tanto en más tenido cuantas más fuerzas resistiere. Mandóla volver; no pudo librarse, hubo de caminar con ella, pero quedóse atrás de toda la turba, por ser aquél su propio lugar conocido. Quien buscare la Verdad no la hallará con la Mentira, ni sus ministros, a la postre de todo está y allí se manifiesta. La primera jornada que hicieron se fue a una ciudad, en donde salió a recebidos el Favor, un príncipe muy poderoso. Convidóla con el hospedaje de su casa; aceptó la Mentira la voluntad, mas fuese al mesón del Ingenio, casa rica, donde la aderezaron la comida y sestearon. Luego, queriendo pasar adelante, llegó el mayordomo Ostentación, con su gran personaje, la barba larga, el rostro grave, el andar compuesto, y la habla reposada. Preguntóle al huésped lo que debía. Hicieron la cuenta, y el mayordomo, sin reparar en cosa alguna, dijo que bien estaba. Luego la Mentira llamó a la ostentación, diciendo: "Pagadle a ese buen hombre de la moneda que le disteis a guardar cuando aquí entrasteis". El huésped quedó como tonto, diciendo qué moneda fuese aquélla que decían. Túvolo a los principios por donaire, mas como instasen en ello, y viese que lo afirmaba tanta gente de buen talle, lamentábase; asegurando nunca tal habérsele dado. Presentó la Mentira por testigo al ocio, su tesorero; a la Adulación, su maestresala; al Vicio, su camarero; a la Asechanza, su dueña de honor, y otros sirvientes suyos; y para más convencerlo, mandó comparecer ante sí al Interés, hijo del huésped, y a la Codicia, su mujer. Todos los cuales contestes afirmaron ser así. Viéndose apretado el Ingenio, con exclamaciones rompía .los aires pidiendo a los cielos manifestasen la verdad, pues no sólo le negaban lo que le debían, pero le pedían lo que no debía. Viéndolo la Verdad tan apretado, como tan amiga que siempre deseó ser suya, le dijo: "Ingenio amigo, razón tenéis, pero no puede aprovecharos, que es la Mentira quien os niega la deuda, y no hay aquí sino yo de vuestra parte; en lo que puedo valeros es en sólo declararme como lo hago". Quedó la Mentira tan corrida de aqueste atrevimiento, que mandó a los ministros pagasen al Ingenia de la hacienda de la Verdad, y así se hizo. Pasaron adelante, haciendo por los caminos, ventas, y posadas, lo que tiene de costumbre semejante género de gente, sin dejar alguna que no robasen; que un malo suele ser verdugo de otro, y siempre un ladrón, un blasfemo, un rufián y un desalmado acaba en las manos de otro su igual; son peces que se comen los grandes a los chicos.

Llegaron más adelante a un lugar donde la Murmuración era señora, y gran amiga de la Mentira. Salióla a recebir, llevando delante de sí los poderosos de su tierra, y privados de su casa, entre los cuales iban la Soberbia, Traición, Engaño, Gula, Ingratitud, Malicia, Odio, Pereza, Pertinacia, Venganza, Invidia, Injuria, Necedad, Vanagloria, Locura, Voluntad, sin otros muchos familiares. Convidóla con su posada, la cual aceptó la Mentira con una condición: que sólo se le diese el casco de la casa, porque ella quería hacer la costa. La Murmuración quisiera mostrarle allí su poder y regalar la, mas como debía dar gusto a la Mentira, recibió la merced que la hacía, sin replicarle más en ello; y así se fueron juntas a palacio. El veedor Solicitud y el despensero Inconstancia proveyeron la comida, y a la fama vinieron de la comarca con suma de bastimentos. Todo se recebía sin reparar en precios; y en habiendo comido, queriendo ya partirse, pidieron los dueños su dinero de lo que habían vendido. El tesorero dijo que nada les debía, y el despensero que lo había pagado todo. Levantóse gran alboroto. Salió la Mentira, diciendo: "Amigos, ¿qué pedís? locos estáis, o no os entiendo; ya os han pagado cuanto aquí trujistes: que yo lo vi, Y os dieron el dinero en presencia de la Verdad; ella lo diga, si basta por testigo". Fueron a la Verdad que lo dijese; hízose dormida; recordáronla con voces, mas ella acordándose de lo pasado, dudaba en lo que había de hacer. Acordó fingirse muda, escarmentada de haber hablado, por no pagar ajena costa, y de sus enemigos, y con esta costumbre se ha quedado. Ya la Verdad es muda, por lo que le costó no serio; ese que la trata, paga.

Nótese lo agradable del estilo, por ser sin afectación, sin violencia, y tan a lo natural, terso, claro, corriente, puro, igual; esto es hablar con seso.

Mézclanse con mucha gracia y artificio la crisi juiciosa y la irrisoria, aquélla ponderando y ésta zahiriendo, como se ve en este moral soneto' del filósofo de los poetas, Lupercio Leonardo:

¿Quién casamiento ha visto sin engaños,
y más si en dote cuentan la hermosura,
cosa que hasta gozalla sola dura,
y deja al despertar con desengaños?

O menos es la hacienda, o más los años,
y al fin la que parece más segura,
no está sin una, punta de locura,
y a veces con remiendos de otros daños.
Mucho debes a Julia, Fabio amigo,
que de tantos peligros te ha librado,
negándote la fe que te debía.

Tú de que engañó al otro eres testigo,
y lloras no haber sido el engañado,
ríete, si no quieres que me ría.

Hay unas verdades plausibles y gustosas, que participan igualmente de la Agudeza y de la prudencia, como aquélla de Marcial a Emiliano, cuando le dice:

Semper eris pauper, si pauper es, Aemiliane.

Dantur opes nulli nunc, nisi divitibus.

No contiene otro concepto este agudísimo epigrama, sino una juiciosa, plausible verdad; estímala, esta elegante traducción del célebre Salinas:

Siempre, Emiliano, serás
pobre, si ya pobre fueres:
que no se dan los haberes
sino a los que tienen más.

Cuando el común pondera una conocida infelicidad o dicha, un manifiesto desacierto, el observar y ponderar otro más importante y recóndito es gran asunto desta Agudeza, juiciosa. Así el gran duque de Alba no condenaba tanto en Pompeyo el haber sido vencido de sus contrarios, sino el haber sido convencido de los suyos propios, en condescender con ellos, y dar la batalla contra su mismo parecer.

Son también asunto primoroso deste artificio unas calificaciones paradojas, pero muy significativas. Tal fue aquel tan solemnizado juicio de Momo, cuando compitieron los tres dioses con tres obras sobre cuál era más perfecta. Presentó Vulcano un hombre, que había fabricado con suma Arte: miróle Momo, y tachóle de que por cuanto nacía el engaño en su pecho, le faltaba una ventanilla en él, por la cual se pudiera ver lo que tenía allá dentro, y si decían las palabras con el corazón. Ostentó Minerva una casa de estremada arquitectura, y fue también reprendida porque no la había fundado sobre un eje a modo de torno, para que, si aconteciese haber algún mal vecino, pudiese dar la vuelta, y mudar la puerta a otra calle. Sacó Neptuno un perfectísimo toro, y censuróle de que no le había puesto los ojos delante de los cuernos, para que no hiriese a ciegas, sino con advertencia de lo que hacía.

Ayúdase con felicidad la crisi de las ficciones, para el censurar, porque como es odiosa la censura, pónese en un tercero, ya por alegoría, ya por fábula. Como aquella de la vulpeja, cuando entrando en la oficina de un estatuario, vio una cabeza de un gallardo mancebo, muy bien acabada y hermosa; pero advirtiendo que estaba vacía por dentro, exclamó, diciendo: "¡Oh, qué lindo vulto!, pero no tiene cerbelo", con que zahirió a toda hermosura, querdinario es trono de la necedad.

Ingressa vulpes in Choragi pergulam,
fabre expolitum invenit humanum caput;
sic eleganter fabricatum, ut spiritus

solum deesset, caeteris visceret.
Id illa cum sumpsisset in manibus, ait.
Hoc, quale caput est! Sed cerebrum non habet.

Tienen estos conceptos mucho de satírico y algo de sentencioso; pero la rara observación y calificación juiciosa es lo que prevalece en ellos. Todas campean en este epigrama del antigo Silvestre, ingenioso portugués trasplantado a Granada:

¡Qué lejos está un necio de entenderse!
¡Qué cerca un majadero de enojarse!
¡Qué pesado es un torpe en atajarse
y qué liviano un simple. de correrse!

El uno, es imposible conocerse;
el otro, no hay querer desengañarse,
y así no puede el necio adelgazarse,
que todo es para más entorpecerse.

Al fin se han de tratar con presupuesto,
que son en defender su desatino
más zafios y más tiesos que un villano.

Mas si el más sabio dellos es un cesto,
y no hay poder metellos en camino,
dejados por quien son es lo más sano.

El principal empleo, .pues, deste modo de Agudeza, es una censura extraordinaria, nacida de un relevante juicio. Fue raro en estas crisi el Bocalini; y entre todas, aquélla de la reforma general del universo, cometida a los siete sabios de Grecia, y a otros filósofos latinos. Tales Milesio dijo que nacía tanto desorden del común engaño, y así que el remedio era hacer la ventanilla en el pecho humano; señalóse tiempo de ocho días para limpiar los interiores; al cabo dellos se conoció que aquello era en favor de solos cuatro ignorantes, pues los demás, a dos días que traten con un hombre el más fingido, le saben penetrar hasta las mismas entrañas; y así se desechó aquel parecer. Salón representó nacer de la desigualdad de bienes temporales, con que los poderosos oprimen a los pobres, y éstos los aborrecen: que se hiciese de nuevo la repartición del mundo. Contradijo Séneca, porque se seguiría otro mayor desorden: que a la gente soez y baja le tocaría la mayor parte y a los nobles y virtuosos muy pequeña. Quilón ponderó ser la raíz de todo mal la codicia del oro y de la plata, y así, que se desterrasen del mundo y se anegasen en el mar tan infames metales; pero averiguóse que luego darían los hombres en otros, y no se consiguiría el remedio. Cleóbulo se enojó demasiadamente refutando este parecer, diciendo que el oro y la plata eran medida y contrapeso de todas las cosas, que para eso los había criado el sumo Hacedor, pero el hierros producido de la naturaleza para fabricar azadas, rejas y otros instrumentos necesarios para cultivar la tierra, la malicia y crueldad de los hombres los ha aplicado para hacer espadas, lanzas y puñales, instrumentos de la muerte. Pítaco, con sentimiento, propuso ser el daño el no dar los príncipes las dignidades y los premios a los beneméritos; volvió por ellos Periandro, acusando de poca fidelidad, de ingratitud, y de presunción, a los varones de grandes talentos, y que por eso echaban mano de hombres humildes y agradecidos. Bías lo atribuyó al haberse mezclado las naciones, y así que se volviesen a: levantar los montes Pirineos entre los españoles y franceses, los encumbrados Alpes entre los italianos y alemanes, entre los franceses y ingleses fuese inavegable la Canal, entre Africa y Europa; el Mediterráneo; los ríos caudalosos Eufrates, Indo, Ganges, Tigris, Nilo, el Reno, y otros, y cada uno se contentase con la patria en que nació. No fue aprobado el parecer, por ser contra la comunicación universal, y que no todo lo bueno nace en una parte de la tierra. El rígido Catón echó toda la culpa al sexo femíneo, y el remedio era suplicar al Criador, que así como a las abejas ha concedido el singular beneficio del procrear sin ayuda de hembra, haga también a los hombres la misma merced. Séneca fue de parecer se llamasen peritos, maestro de cada Arte y oficio, de conocida bondad, y que cada uno corrigiese los abusos introducidos en ella. Pero el secretario Manzoni aconsejó fuese llamado allí delante el enfermo: que viniese el Presente Siglo, y se le preguntase a él su mal. Ejecutóse así; fue traído en una silla por las cuatro estaciones del año; era viejo de muchos años, pero de robusta complexión, que mostraba había de vivir muchos más; solamente parecía tener alguna dificultad en el respirar, y mostrando mucha flaqueza en la voz, se estaba siempre quejando. De lo cual maravillados todos, le preguntaron qué le dolía. El Siglo, entonces, respondió: "Yo, señores, poco después que nací caí en los males que tanto me afligen; tengo el rostro colorado, porque las gentes modernas me han hermoseado con estremados afeites; mi mal es semejante a la menguante y creciente del mar, que siempre tiene en sí la misma agua si bien mengua y crece; con esta diferencia, que cuando tengo buen aspecto por de fuera, el mal está dentro, y al contrario. Si queréis ver los males que me afligen, quitadme esta rica capa con que me han cubierto las personas honradas, ocultando los horrores de un muerto. Quedaron espantados los reformadores de ver aquel cadáver vivo, y más cuando advirtieron que era imposible quitarle las costras podridas de aquellas apariencias, por haber penetrado el mal hasta los huesos: que en todo él apenas se hallaba una onza de carne viva; al instante lo volvieron a vestir, y lo despidieron como a incurable, conociendo que en este mundo se vive más con el menos mal que con el perfecto bien, y que la suma providencia humana consiste en hacer aquella dificultosa resolución de dejar este mundo como le habemos hallado. Para desmentir la expectación común de tan importante junta, pusieron precio a las calabazas, lechugas, y berzas. Abrieron luego las puertas de Palacio, y se leyó al pueblo, que era infinito, la universal reforma, con indecible aplauso, porque la vil plebe con cualquier pequeña cosa se satisface, y los hombres de sano juicio saben bien lo que dice Tácito: que habrá vicios mientras haya hombres.

Cuando la crisi se aplica a la ocasión es más gustosa, y según las circunstancias, se suele singularizar. Desta suerte discurrió Marcial, persuadiéndole a uno que pagase y no pleitease:

> Et judex petit, el petit patronus,
> solvas, censeo, Sexte, creditori.

Consiste su Agudeza en un acertado juicio, aplicado a la ocasión, elegantemente traducido del Salinas:

> Si el juez, si el procurador,
> si te pide el escribano,
> Sexto, consejo es más sano,
> pagar al acreedor.

En el modo de censurar hay también su variedad y artificio. Siempre que se junta con el reparo, es más" artificiosa la crisi, porque, a más de lo juicioso, concluye lo ingenioso. Suele ponderar don Vicencio Salinas y Azpilcueta, Justicia hoy de la ciudad de Huesca, meritísimo por su gran prudencia, atención, integridad y eminentísimo caudal, que en Aragón los jueces no se llaman jueces, como en otros reinos, sino Justicias, en significación que han de ser la misma justicia y rectitud en su formalidad.

Con una dubitación se da alma a la crisi. Del heroico Aníbal ponderó Valerio Máximo, dejándose llevar de la vulgar pasión contra los estranjeros, que dejó en duda si había de ser tenido por máximo o por pésimo: *Insignem nominis sui nzemoriam relicturus, in dubio maiorne an peior haberi deberet poneret.*

Con una crítica antítesi, dijo del disimulado Tiberio un atento cortesano, al rehusar por ceremonia o por tentativa, el mando. Los demás cumplen tarde lo que prometen presto; tú, lo que temprano ejecutas, tarde lo prometes: *Caeteri quod pollicentur, tarde praestant, tu quod praestas, tarde polliceris.*

Censúrase con una improporción disonante. Artificiosamente, de Mario, dijo Patérculo: Murió aquel varón grandemente dañoso en la guerra para los enemigos, en la paz para los amigos: *Morbo opressus decessit Marius, vir in bello hostibus, in otio civibus infestissimus.* Son ingeniosísimas calificaciones todas éstas, y que hacen muy agradable la narración de la historia. Decía Pompeyo, de sí mismo, que todas las dignidades las había conseguido antes de esperadas, y las había renunciado antes que otros las esperasen.

Válese con mucha destreza el Ingenio para censurar de la condicional; desta suerte ponderaba el docto y religioso padre Diego Pinto, de la Compañía de Jesús, aquel que tan divinamente escribió del Dios humanado y crucificado, en cuatro tomos, según las cuatro dimensiones de la cruz para que fuese la obra cuadrada y perfecta; ponderaba, pues, que si la ley de Dios mandara lo que las leyes del mundo y de los vicios: al avaro, que no gozase de sus haberes; al vengativo, que anduviese siempre cargado de hierro y de recelo; al ciego amador, no dormir ni descansar en su cama, sino andar toda la noche al frío y al sereno; al jugador, estar aherrojado a una mesa, perdiendo el tiempo, la paciencia, y la hacienda; al ambicioso, ir con toda solicitud hecho esclavo de todos; y así de los demás, que fuera una ley intolerable, y un Dios insufrible; y ahora observan los hombres tan puntualmente estas leyes, esperando por paga un infierno para siempre.

DISCURSO XXIX
DE LA AGUDEZA SENTENCIOSA

Es ésta la operación máxima del entendimiento, porque concurren en ella la viveza del Ingenio y el acierto del juicio. las sentencias y las crisis sazonan la historia, que sin estos dos resabios es insulsa la narración, especialmente a gustos juiciosos, a profundas capacidades. Y aunque cualquiera sentencia es concepto –porque esencialmente es acto del discurso una verdad sublime, recóndita y prudente–, pero las que son propias de esta Arte de Agudeza, son aquéllas que se sacan de la ocasión y les da pie alguna circunstancia especial; de modo que no son sentencias generales, sino muy especiales, glosando alguna rara contingencia por ellas.

Bebiendo el romano Fabio un vaso de leche, atravesósele en la garganta un pelo que había caído en ella, y ahogóle; de suerte que, habiendo sido pretor, con otras muchas honras obtenidas en e! Senado, un pelo de la madre de la leche fue bastante a detener e! curso de su felicidad y de su vida. A este raro asunto hizo este grave y sentencioso epigrama el ingenioso y docto padre Pablo de Rajas, valenciano, de la Compañía de Jesús: oyéndole el gran Bartolomé Leonardo, dijo que parecía mucho a los suyos. Sirvió de explicación a un emblema, en que se pintó esta historia, en ocasión de las exequias reales que hizo Zaragoza al rey nuestro señor don Felipe el Piadoso:

> En esa candidez, ilesa y pura,
> que lisonjera en néctar se desata,
> cuando sencilla y fácil, de la plata
> a los labios traslada su dulzura;
>
> la más gallarda edad, estar segura
> no piense: que tal vez la muerte ingrata,
> en la leche se, mezcla, y arrebata
> juntas, edad, salud, vida y ventura.
>
> ¡Por cuán estrecho paso recebimos
> y damos el aliento alternamente,
> pues queda con un átomo impedido!
>
> ¡Oh vida, frágil bien! *¿Por qué vivimos*
> *dudosos por instantes, si pendiente*
> *estás de un pelo en el licor caído?*

Dásele salida a un reparo, a una misteriosa ponderación, con grande agrado y sutileza, por una plausible sentencia. Así el absoluto poder de la muerte, que otros ponderan por sentencias comunes, el ingenioso Marcial lo glosó primorosamente en su ocasión. Cayó un pedazo de yelo de las canales de un tejado, y hiriendo en el cuello a un niño que pasaba, le degolló. "¿Dónde no está la muerte, dijo el poeta, si de las mismas aguas hace puñal para degollar?"

> Qua vicina pluit vipsanis porta columnis,
> et madet assiduo lubricus imbre lapis.
> In iugulum pueri, qui roscida templa subibat,
> decidit Hiberno praegravis unda gelu:
> cumque peregisset miseri crudelia fata,
> tabuit in calido vulnere muero tener,

Quid non saeva sibi voluit Fortuna licere
aut ubi mors non est, si iugulatis, aquae?

Está bien ponderado y elegantemente traducido de don Manuel Salinas:

En el pórtico vipsano,
donde cien columnas hay,
y a quien frondosos laureles
tributo en corona dan;
donde el agua no risueña,
engañosa su humedad,
a las losas comunica
resbaladero al pisar.
A un segundo Ganimedes,
que al templo iba a ministrar,
hirió en el cuello del hielo
un cristalino puñal:
conque inexorable el hado
cortó el estambre vital,
no bien comenzado aún,
cuando mal cortado ya.
Acabó el infante bello,
comenzando su crueldad
la Fortuna, con quien nada
pueden belleza ni edad.
¿Qué no quiso esta cruel,
que pudiese ejecutar,

o adónde no está la muerte,
aguas, si así degolláis?

Aunque las sentencias hablan comúnmente con universalidad, pueden con el Arte singularizarse a la ocasión, y son sentencias contraídas, que dan mucho espíritu al concepto. Así son Luis de Góngora, en desengaño de una vana belleza, dijo:

Mientras por competir con tu cabello,
oro bruñido al sol relumbra en vano;
mientras con menosprecio en medio el llano
mira tu blanca frente el lilio bello;

mientras a cada labio, por cogello,
siguen más ojos que al clavel temprano,
y mientras triunfa con desdén lozano
del luciente marfil tu gentil cuello;

goza cuello, cabello, labio y frente,
antes que lo que fue en tu edad dorada
oro, lilio, clavel, cristal luciente:

No sólo en plata, o viola trocada
se vuelva, mas tú y ello juntamente
en tierra, en humo, en polvo, en sombra, en nada.

Sirve la retórica gradación de materia al realce de la ponderación sentenciosa. Una extraordinaria contingencia es el más propio asunto destas ponderaciones; y cuanto más prodigiosas las circunstancias, empeñan más el reparo a que da salida la sentencia. Estaban jugándose la vida tres hermosas doncellas, digo echando suertes sobre cuál había de morir primero; pero aquella a quien cupo el infeliz agüero hada burla dél, zahiriendo de ciega a la fortuna. Cayó en esto un pedazo del techo, donde estaban, y hiriéndola a ella sola la dejó allí muerta. Coge el suceso Alciato para un magistral emblema, con esta inscripción: Semper praesto es se infortunia. Glósalo desta suerte:

Ludebant parili tres olim aetate puellae
sortibus ad Stygias quae prior iret aquas
ast cui iactato male cesserat alea talo,
ridebat sortis caeca puella suae.
Cum subito icta caput labente est mortua tecto,
solvit et audacis debita fata ioci:
rebus in adversis mala sors non fallirur; ast in
faustis, nee precibus, nee locus est manui.

Es también grande desempeño una sentencia bien aplicada a la ocasión y sacada de sus mismas circunstancias. Así, por una moral semejanza, tomada del mismo suceso, se desempeñó un acudido cortesano. Cenando el príncipe don Carlos, tan desabrido como siempre, cansado uno de los del cortejo, ya de la prolijidad, ya del desazonado humor del príncipe, fuese retirando poco a poco hacia la pared, que le falseó, por estar tras las cortinas el hueco de una chimenea; cayó él, y por poco cayeran también los presentes, de risa. Sólo Carlos, muy severo, dijo: "A tal grosería, tal castigo". El áulico, entonces, tan pronto al responder como al levantarse, dijo: "Pardiez, señor, así son todos los arrimos de palacio". De la semejanza de una rosa tomó también pie para una prudente moralidad y ejemplar sentencia Tomás Gudiel:

> Hija del Sol y de sus bosques hija,
> sol de las flores nace en la mañana,
> rosa que ofende nácares ufana,
> si a la aurora su púrpura prohija.
>
> Sobre mucha beldad el tiempo aguija
> y encubierta en la luz la muerte cana,
> a joven flor con rayos, inhumana,
> hace que el sol hasta morir la aflija.
>
> Muere, belleza, porque el tiempo quiere
> darte ejemplar, a menos reducido,
> del discurso luciente de tus años.
>
> La luna deste espejo deslucido
> clara te avisa, que lo bello muere,
> si te lisonjearen tus engaños.

De tan florido ejemplo saca el fruto de una desengañada verdad. Tal vez suele ser paradoja la sentencia, pero con su picante se hace más gustosa. Desta suerte ponderaba mi hermana, la madre Madalena de la Presentación, priora de las carmelitas descalzas de san Alberto, que no puede haber santo que sea simple, porque la santidad es muy prudente, y discreta, y sabia, y todo lo es en eminencia, como Dios.

Cuanto la paradoja es más recóndita y especial, es más plausible. Fuelo esta de Marcial, y muy a la ocasión, ponderando la temprana muerte del muchacho Glaucia, lisonja y agrado universal de Roma; concluye el culto epigrama con una exageración más que sentencia:

> *Non de plebe domus, nec avarae verna catastae,*
> *sed domini sancto dignus amore puer,*
> *munera cum posset nondum sentire patroni,*
> *Glaucia libertus jam Melioris erat.*
> *Moribus hoc formaeque datum: quis blandior illo?*
> *Aut quis apollineo pulchrior ore fuit?*
> *Immodicis brevis est aetas, et rara senectus.*
> *Quidquid amas cupias non placuisse nimis.*

Dobló la ponderación con dos sentencias, una mejor que otra. Tradújolo con toda propiedad don Manuel Salinas:

> Esta pira que admiras erigida,
> no es, no, de algún plebeyo monumento,
> ni de esclavo infeliz, que su avariento
> dueño encerró en mazmorra forajida.

> A Glaucia sella, prenda tan querida
> cuanto digna en Melior de sentimiento,
> por quien aun no capaz de entendimiento,
> gozó de libertad lo que de vida.

> A lo hermoso en costumbres, y en su cara
> esto se dio, y debió. Quién más afable
> y quién más lindo, que al sol vencía?

> Breve es la edad y la vejez es rara
> en prodigios. Si quieres sea durable
> lo que amas, no te agrade a demasía.

Prudente paradoja fue la de Biante, que la hermosura es bien ajeno; y ayudándola de la contraposición, informó su sagaz empresa Augusto con el Pestina lente. Cuando la sentencia es útil, se eterniza en la. memoria. El no menos ingenioso que valiente zaragozano, el almirante don Pedro Poner y Casanate, suele decir que: para valer, méritos y medios. Por opuesta gradación encareció don Antonio de Mendoza, en su donosísima y siete veces repetida con el mismo agrado, comedia del Marido hace mujer, en competencia del Senador, de Terencio:

> En la obligación partido,
> llegáis al campo a tener;
> *cuerda, basta la mujer;*
> sabio, aún no basta el marido.

> Sufrir todos es el modo
> más cuerdo y de más disculpas:
> *ellos todo si no es culpas,*
> *ellas las culpas y todo.*

Válese la sentencia con felicidad de las demás especies de la Agudeza, prestándose unas a otras el artificio y adelantando la perfección. Desta suerte el Falcón en las sutilezas, y cisne en los concentos, a un reloj de arena, proporcionando el hombre, que es polvo, con los que le miden la vida, cantó sentenciosamente:

Haec nimis hora fugax, dum vitro currit arena,
nos monet extremum non procul esse diem.
Summa brevis vitae levibus componitur horis.
Et quia pulvis horno est, pulveris instar abit.

Gallarda correspondencia entre la fragilidad del vidro y la del hombre, entre el deslizarse la arena y pasar la vida entre polvo y polvo: el que mide y es medido. Forma el misterioso reparo, y da la relevante proporción por desempeño en sentencia. Lógralo segunda vez en la elegante traducción de don Manuel Salinas:

Esta hora que corre tan aprisa,
mientras en el reloj la arena dura;
de que no está muy lejos nos avisa
la última, tan llena de amargura:
de horas breves compuesta por precisa
ley, nuestra breve vida se apresura,
que como es polvo el hombre, así camina,
de la suerte que el polvo a su ruina.

Realzó lo sentencioso con lo ingenioso, nuestro insigne bilbilitano Pedro de Liñán, en todas sus obras juicioso, por no desmentido de poeta aragonés, y entre más de cien epigramas, todos selectos y conceptuosos, cantó así a un desengaño:

Si el que es más desdichado alcanza muerte
ninguno es con extremo desdichado,
que el tiempo libre le pondrá en estado,
que no tema, ni espere injusta suerte.

Todos viven penando, si se advierte:
éste, por no perder lo que ha ganado:
aquél, porque jamás se vio premiado.
¡Condición de la vida injusta y fuerte!
Tal suerte aumenta el bien y talle ataja,
a tal despoja, porque tal posea,
sucede a gran pesar, grande alegría.

Mas, ¡ay!, que al fin les viene en la mortaja,

al que era triste lo que más desea;
al que era alegre lo que más temía.

No sólo sirven para concluir ,perfectamente un epigrama, o un soneto, estos conceptos sentenciosos, sino que en medio de una narración o discurso se dejan caer como perlas de la aurora, sobre las fragantes flores. Desta suerte, el fecundo Ovidio, en aquel razonamiento tan moral cuanto alegórico, en que Apolo aconseja al temerario hijo a llevar el gobierno de su luz con moderación y con prudencia, se va dejando caer algunas sentencias, que en gran manera realzan lo grave de la enseñanza; comienza, pues:

Regia solis erat sublimibus alta columnis,
clara micante auro flammasque imitante pyropo.
Cuius ebur nitidum fastigia summa tenebat,
argenti bifores radiabant lumine valvae,
materiam superabat opus, etc.

....

Inde loco medius remun novitate paventem
sol oculis iuvenem, quibus adspicit omnia, vidit.
"Quae tibi causa viae? Quid hac, ait, arce petisti
progenies, Phaethon, haud inficianda parenti?"

....

Vix ille desierat, currus petit ille paternos.
"Magna petis, Phaethon, et quae non virbus istis
munera conveniunt nec tam puerilibus annis.
Sors tua mortalis, non est mortale quod optas", etc.

....

"Si potes his saltem monitis parere paternis,
parce, puer, stimulis et fortim utere loris.

....

Altius egressus caelestia signa cremabis:
inferius, terras, medio tutissimus ibis,
neu tedexterior tortum declinet ad unguem;
neve sinisterior pressam rota ducat ad Aram,
Inter utrumque tene; Fortunae cetera mando.

Son verdades célebres las sentencias, cuando son universales: bien pueden ser célebres y sublimes, como aquélla de Platón: *Difficilia quae pulchra*. El ser plausibles, nació de lo recóndito y raro; y lo extraordinario del sentimiento da quilate a la sentencia, como ésta de Tucídides: *Plerumque foelix est prudentia*. Cuanto más breves son en el dicho, suelen ser más profundas en el sentido; así Epitecto redujo la filosofía prudente a solas dos palabras: *Sustine et abstine*. Dícense a modo de proverbios tal vez, como ésta de don Baltasar Andrés, benemérito de todas buenas letras, pero en las matemáticas eminente: Que el rey hace la grey. En la filosofía moral desaguan las sentencias como en océano, de las fuentes de tanto sabio; y entre todos, el juiciosamente prodigioso Séneca hizo culta la estoiquez, y cortesana la filosofía. Entre muchas, dignas de la curiosidad discreta, que engastó en su preciosa carta, Rufo dijo:

> Todo el tiempo que vivimos,
> hacia el morir caminamos;
> rodeando, si velamos,
> atajando, si dormimos.

DISCURSO XXX
DE LOS DICHOS HEROICOS

Así como hay sentencias que exprimen la profundidad de la mente, lo substancial de la inteligencia, así hay dichos magnánimos que declaran con excelencia la grandeza del valor, la valentía del corazón, y la generosa majestad de un grande pecho. Osténtase en aquéllas la gran capacidad; en éstos él ánimo: dichos propios de héroes. Hay unos universales, hay otros singulares en todo, y cortados a la ocasión; como aquél de Luis duodécimo, cuando temiéndole rey los que le habían agraviado duque, los aseguró, diciéndoles: "No venga el rey de Francia los agravios hechos al duque de Orliéns".

Consiste la eminencia destos apofthegmas en exprimir el aprecio de alguna majestuosa virtud; y cuanto más excelente ésta, más merecedor el dicho de una inmortal estimación. En el generoso deseo de la gloria y fama, fue célebre aquél, de Alejandro, ponderado de Plutarco en sus Paralelos: *Omnia praeripiet, sodales, pater; neque ullum mihi insignem, et illustrem relinquet vobiscum perpetrandum actum*: ¿Qué me dejará mi padre que hacer? En la clemencia, fue extravagante el de Nerón, y más en él, que vivió por extremos; celébralo Séneca en sus libros De clemencia, y aun dél, tomó ocasión para tan ilustre y erudita obra. Así comienza su segundo libro: *Ut de Clementía scriberem, Nero Caesar, una me vox tua maxime compulit, quam ego non sine admiratione, et cum diceretur audisse memini, et deinde aliis narrasse. Vocem generosam, magni animi, magnae lenitatis, quae non composita, nec alienis auribus data, subito erupit; sed bonitatem tuam, cum fortuna tua litigantem in medium adduxit. Animadversurus in latrones praefectus tuus, vir egregius, et tibi principi natus, exigebat a te scribens, in quos, et ex qua causa animadverti velles; hoc saepe dilatum, ut aliquando fieret, instabat. Invitus invito cum chartam protulisset, traderetque, exclamasti: Vellem nescire litteras. O dignam vocem, quam audirent omnes gentes, etc.* ¡Oh, quién no supiera escribir! En la equidad y entereza fue agradable aquél de Enrique, el castellano: que temía más las maldiciones de sus oprimidos vasallos que las lanzas de sus enemigos. En la generosidad, el de Jacob Almanzor: que él había nacido para hacer bien a todos. Basta un dicho déstos, para acreditar de héroe.

Aunque la eminencia destos sentimientos está más en ostentar la grandeza del ánimo y la superioridad del corazón, con todo eso se ayudan mucho de la Agudeza del concepto; y entonces tienen doblada la perfección. Por un encarecimiento exprimió bien la profundidad de un pecho real el tercer Pedro de Aragón, respondiendo al embajador del Papa, que le preguntaba contra quién armaba, que si supiera que su camisa llegaba a entender el menor secreto de su pecho, al mismo punto se la desnudaría y la abrasaría.

Por una significativa contraposición, dijo la reina de Granada, cuando al perder de vista su ciudad, comenzaron a llorar sus moros: "Bien es que lloren como mujeres los que no quisieron pelear como hombres". Con la misma ingeniosa contrariedad, dijo la reina de Navarra a don Juan de Labrit, su marido: "Nunca Navarra se perdiera, si vos fuerais la reina y yo el rey". Por una donosa paranomasia, respondió el famoso virrey de Sicilia, Juan de, Vega, a una señora que le daba cien mil ducados porque no degollase en la plaza de Palermo al conde, su marido, sino en la cárcel: "Señora, la justicia no tiene lugar, si no se hace en su lugar". Alfonso de Alburquerque, en semejante caso, en Malaca, dijo que la justicia no tenía precio, y así, no se podía vender.

A un gran dicho de otro, añadir más, arguye doblado el valor. Refiriéndole al Magnánimo de los reyes, Alfonso, aquel tan admirado dicho del emperador Tito, con razón llamado *Delicias del género humano*, cuando examinando una noche su liberalidad heroica, y viendo que aquel día no había hecho merced alguna, dijo: *Diem perdidimus*, este día perdimos, añadió Alfonso: "No sé que haya habido día en el cual pudiera yo decir esto".

Ni denota menor grandeza el corregir un dicho déstos. Así, el católico César corrigió en su célebre jornada de Alemania la carta del César gentil; dijo éste: "Vine, vi, vencí: *Veni, vidi, vinci*"; corrigió Carlos: "Vine, vi, venció Dios".

Las máximas reales, aunque en rigor son sentencias, pero por lo que tienen de heroicas se les debe aparte observación, que no magisterio. Unas, exprimen la obligación, como aquélla de Vespasiano: que el rey' ha de morir en pie, y dando audiencia; otros, la beneficencia, como la de Tito, su hijo: que de la presencia del príncipe ninguno se ha de ir descontento; ya de la fidelidad, como el dicho del primer Francisco de Francia: que si la fidelidad se perdiere, se busque en el pecho de un rey –Alfonso de Aragón decía que la palabra de un rey debe valer tanto como el juramento de un particular– ya la comprehensión, como Mahometo, que reducía toda el Arte de gobernar al premio y al apremio. León décimo: que tres cosas acarrean a un príncipe gloria y felicidad: El consultar con amigos prudentes, el no olvidarse de los amigos ausentes, y el no pasar por alto sospecha alguna que concierna con la vida o con el reino. Matías Corvino, rey de Hungría: que la grandeza real consiste en vencer enemigos, obrar cosas dignas de la historia y alargar la mano con los que lo merecen. Julio segundo: que las letras en los plebeyos son plata; en los nobles, oro; en los príncipes, piedras preciosas. Alfonso quinto, rey de Portugal: que el principado, o halla al hombre sabio o le hace sabio. Manuel Filiberto, duque de Saboya: que las armas son de la condición del dado, que no se sabe cómo dirán.

La profundidad y grandeza destos dichos es indicio de la del corazón. Habiendo dado Alejandro cuanto tenía, y repartido sus estados con sus amigos, preguntóle uno con qué se quedaba; respondió que con la esperanza. Gran dicho fue el de Artajerjes: que era acción más real el hacer grandes que el deshacerlos; mayor el de Agesilao: que para ser rey de los demás es menester serio de sí. Julio César: que las hazañas grandes se han de ejecutar sin consejo, porque la consideración del peligro no extinga la audacia y la presteza. Antígono: que no había presidios más fuertes ni seguros que el amor de los vasallos.

Cuando el dicho es sublime y a la ocasión, con la admiración que causa, concilia crédito inmortal. Diciéndole al duque Carlos Manuel de Saboya que el enemigo había ocupado el Briqueraso, respondió: "Si no se lo ha llevado de allí, poco importa". Pidiéndole al emperador Carlos quinto licencia para hacer fiestas por la vitoria de Pavía y prisión del rey de Francia, Francisco, dijo que no, que cuando la vitoria fuese de los infieles y estuviese prisionero algún príncipe dellos, entonces se podrían hacer luminarias.

Acompañaron algunos el dicho heroico con alguna acción misteriosa, siendo lo sentencioso del dicho alma y explicación del hecho. Así Alejandro se tapaba una oreja oyendo alguna acusación, y preguntado por qué hacía aquello, respondió: "Guardo ésta para el reo". Lloró el mismo, oyendo decir a Anaxágoras, filósofo, que había muchos mundos; y dio la magnánima razón, porque habiendo tantos, él no había aún conquistado el uno. También lloró César leyendo los hechos del Macedón, y dijo: "Porque desta edad ya él había conquistado todo el oriente, y yo nada". Dio Jerjes prudente causa de su llanto, al contemplar desde un monte sus ejércitos inumerables.

Pero cuando un dicho déstos, que son máximas de la prudencia, junta también la Agudeza, merece doble la estimación. Así, el ilustrísimo señor don Esteban de Esmir, obispo de Huesca, ejemplar universal de prelados, de doctos, y de santos, desempeñando bien el espejo de las armas de su noble y esclarecida prosapia, con igual prudencia que Agudeza, ponderaba un día: que es menester gran seso para gobernar locos, y mucho saber para regir ignorantes.

DISCURSO XXXI
DE LA AGUDEZA NOMINAL

Esta especie de concepto suele ser fecundo origen de las otras, porque, si bien se advierte, todas se socorren de las voces, y de su significación. El nombre suele fundar la proporción. Así el padre fray Reimundo Gracián, mi primo, ponderaba que el cielo, que le dio el nombre a su -gran padre, santo Domingo, de señor —que eso significa Domingo—, le había dado también al santo, y a su sagrada religión, las excelencias de Señor, en la nobleza: en el ser señores de las cátedras, por sus muchas letras; señores de los púlpitos, por su apostólica doctrina; señores de los confesonarios, confesando los mayores reyes; señores de las sillas y tribunales de la fe; señores de los magisterios de los palacios sacros; señores de las sedes y prelacías mayores de la Iglesia; señores en la virtud, en el trato, en el proceder; señores en la 'tierra y señores en el cielo. Con esta tan realzada sutileza proporcionó la significación del nombre con la correspondencia de los efectos de su sagrada religión y su gran padre.

El nombre ocasiona los reparos y ponderaciones misteriosas. El oráculo de la Agudeza, san Pedro Crisólogo, que en cada palabra encierra un alma conceptuosa, reparó en aquellas palabras de san Mateo (en el capítulo 28): *Venit María Magdalenae, et altera Maria*, y valas glosando con esta sublimidad de Agudezas: *Hoc nomen Matrís est Christi; venit ergo Mater in nomine, venit mulier ut fieret Mater viventium, quae facta fuerat morientium mater. Non dixit venerunt, sed venit: sub uno nomine venerunt duae mysterio non casu. Venit María, et altera Maria. Venit ipsa, sed altera; altera sed ipsa; ut mulier mutaretur vita, non nomine, virtute, non sexu, ut fieret resurrectionis nuntia, quae internuntia, et lapsus extiterat, et ruinae.*

Es como hidra bocal una dicción, pues a más de su propia y directa significación, si la cortan o la trastruecan, de cada sílaba renace una sutileza ingeniosa y de cada acento un concepto. Como se ve en este nombre de Ana, que, con ser tan breve, se han sacado dél todos estos conceptos. Glosó uno por equívoco, y dijo:

> Ana, de anas como vos,
> no hay acá tapicerías,
> sino allá en las jerarquías
> de los ángeles de Dios.

Ponderó otro del mismo nombre, que leído al derecho y al revés siempre es Ana, que es gracia y belleza; por dondequiera que miren, toda está hermosa y graciosa. Valióse del mismo nombre otro para una empresa o emblema; pintó una áncora, y por explicación, decía:

> En el medio está la pena,
> y en los fines quien la ordena.

Porque la metad del nombre *Ancora* es *cor*, que significa el corazón; y las primeras y últimas letras del mismo nombre *Ancora*, dicen *Ana*, que era la que causaba el cuidado. Pintó otro un anadino, queriendo exprimir su deseo, dividiendo la dicción y, diciendo *Ana di No*. El ingenioso jurado comenzó su soneto:

> Di, Ana, eres Diana, etc.

Reparó el padre Felipe Gracián, de los clérigos menores, en el mismo nombre de *Ana*, y que lo fuese de la que fue madre de la Madre de Dios. Porque si Ana es gracia, ¿qué le queda a María? ¿Qué? El ser gloria. Gloria es María, porque nace de la gracia, se aumenta o alimenta con la gracia, y es heredera de la gracia. Gloria es María, pues, es el centro, el paradero de Dios humanado. Gloria es María, que hace santos y felices a sus devotos. Gloria es María de todos y de todas maneras.

Alcanza el nombre su conveniencia y correlación con la cosa denominada, y con sus adyacentes, no menos que las causas, efectos y propiedades con el mismo sujeto, y entre sí, como se explicó en el discurso cuarto de la Agudeza de correspondencia y proporción. Así dijo el poeta:

> *Conveniunt rebus nomina saepe suis.*

Pues si el concebir aquélla arguye sutileza en la reflexión del concepto, ¿por qué no asegura el mismo artificio en el exprimir ésta? Autorice tan hermosa especie de conceptos el celestial divino oráculo, prorrumpiendo en aquella delicadeza sacra: *Tu es Petrus, et super hanc petram aedificabo Ecclesiam meam.*

Caréase el nombre, no sólo con el sujeto, sino con todas sus circunstancias, con todos sus adyacentes, hasta hallar con uno o con otro la artificiosa correspondencia, la hermosa correlación; así en esta décima a la reina nuestra señora doña Isabel de Barbón, el padre fray Pedro Gracián:

> ¡Oh Belisa, bella flor,
> por lo lindo Lis al fin,
> que en el español jardín
> logras el *cuadro* mejor!
> Si la belleza y valor
> te, competen amazona,
> no fue fin, sino corona
> el *Bel* que tu nombre sella,
> primero te llamó *Bella*,
> ya te define *Belona*.

Discúrrese felizmente combinando con una, o con otra circunstancia, hasta descubrir la agradable conformidad. El vitorioso nombre de Esteban, que significa corona, lo esmaltó Augustino de los diamantes de las piedras que le hirieron y de los rubíes de la sangre que le sacaron: *Lapidatus a Iudaeis coronam meruit, tamquam suo sibi nomine positam. Stephanus enim graece, latine corona appellatur. Iam coronae nomen habebat, et ideo palmam martyrii suo nomine praeferebat.*

Variadas las circunstancias, se varía con grande artificio la conformidad del nombre, haciendo ya un viso, ya otro. Desta suerte el conceptuoso Ausonio glosó el renombre de Stella, ya en la vida, ya en la muerte, tomándolo del griego:

> *Stella prius superis fulgebas, Lucifer, at nunc*
> *extinctus, cassis lumine vesper eris.*

Desta suerte tradujo Ausonio del griego; con quien puede ladearse el elegante Salinas, que así lo hizo español:

> Estrella del alba bella,
> Lucero fuiste viviendo,
> y ahora también muriendo
> serás de la tarde Estrella.

Abarca tal vez un nombre dos y tres correspondencias, y con antitesi de extremos en realce del sujeto, que es el significado. Aquel que entre predicadores mereció la antonomasia de sutil, Diego López de Andrade, notó en san Pedro, que el renombre de Bar Iona, que significa hijo de la paloma, exprime juntamente el ser hijo del Espíritu santo por dignidad, y de Joná su padre por naturaleza; para que en la mayor excelencia a que es levantado no se olvide de la humildad y bajeza de donde subió; y el mismo nombre, que le lisonjea de lo que es, le está avisando de lo que fue. Bien puede entrar después deste tan gran Ingenio, otro sutil imitador suyo, también augustiniano, el padre fray Gabriel Hernández. Ponderó con la misma sutileza, que el renombre de su gran padre Augustino fue oráculo, fue definición de la grandeza, de lo augusto en todo deste sol de entendimientos. Fue, dice, augusto en el Ingenio, queriendo encerrar en él el inmenso océano del misterio trino, y con ser naturalmente imposible el darle alcance, con todo eso receloso el cielo, despacha ángeles que le arguyan y le enfrenen la valentía del discurrir. Fue augusto en el corazón, prodigio de amo! divino, aspirando a finezas imposibles; pues no contento con transformarse en el amado, trascendió a mudar del todo el ser, y a cederle en Dios por repugnancia condicionada. Fue augusto en todo,. sin límites, con asomos de inifinidad.

Añadió a la correspondencia nominal la agradable semejanza, la alusión misteriosa y la aplicación erudita el delicado Marino, que, cuando sacro más ingenioso. Sobre el nombre de *María*, que es estrella de la mar, funda la semejanza de un derrotado Leandro, y con estremada contraposición concluye este soneto a la gran reina de todo lo criado, a la estrella de los serafines, María:

> Stella di Dio, che non si, chiaro albore
> spuntasti in questa notte oscura, e bruna,
> Luna de la cui luce il sole, e luna
> ricca di puro, e lucido candore.
>
> Sol da cui lume vinto il sol minore
> che ti veste, s'abbaglia anco, e s'imbruna
> Ver gin bella, e celeste, in cui s' aduna,
> quantunque in creatura ha di splendore.
>
> Da quest' Egeo profundo, in ch'io sommergo
> me stesso, i lumi a la tua santa face
> mal guidato Leandro affiso, et ergo:
>
> Trami de l' onde tu, tu con verace
> raggio mi scorgi, in te mi specchio, etergo:

iride di seren nuntia e di pace.

Convirtiendo el nombre, y leyéndolo al revés, formó una ingeniosa retorsión, y a uno que satirizaba, que el nombre Roma, vuelto al revés dice amor, porque es centro del amor profano, el ingenioso y erudito Mafeyo Barberino, después santísimo padre Urbano octavo, coronando esta gran cabeza del mundo, no menos de laureles que de las tres coronas, respondió: Que Roma es amor, porque como Madre universal del mundo abraza a todas las naciones y pueblos:

Nomen si invertas Amor est, ut congruit illi.
Nam pius in populos cuncta subegit Amor.

Siempre elegante el Salinas; pero aquí parece se excedió, cuando tradujo:

Roma, amor, dice leído
al contrario, que su amor,
más que su grande valor,
el mundo todo ha rendido.

Pondérase de ordinario la armonía que hace el misterioso nombre con el sujeto, o con sus adyacentes, como son causas, efectos, propiedades, contingencias, etc. y en descubriendo la artificiosa proporción, se exprime con primorosa sutileza. Así el doctor Juan Francisco Andrés, no menos ingenioso en la poesía que cuerdo en la historia, cantó a san Reymundo de Peñafort:

Peña fuerte es Reymundo en su apellido,
y rey del mundo el nombre le publica;
aquél su fortaleza santa explica,
y éste cuanto hay mortal muestra rendido.

El elemento más embravecido,
cuando el manto en las ondas su fe aplica,
el viento mansamente en él se implica,
hasta haberle en la playa conducido.

Triunfó del mar airado y de los vientos,
y cuando sus preceptos obedecen,
muestra el mundo menor sus movimientos.

En unos y otros, los prodigios crecen,
pues penden de su voz dos elementos
y los hombres escuchan y ensordecen.

No arguye menos sutileza descubrir la primorosa improporción y repugnancia entre el nombre y los efectos o contingencias del sujeto denominado; antes bien, entonces se levanta el conceptuoso reparo y se pondera la dificultad en la repugnancia entre los extremos del careo y dásele la acertada salida en un, relevante desempeño. Estima este bizarramente conceptuoso epigrama del canónigo don Manuel Salinas, a su patrón y conciudadano san Laurencio. Dice:

> Hijo de Huesca, augusto ciudadano,
> romano asombro, aragonés constante,
> cortesano español, muerto galante,
> que al protomártir diste diestra mano.
>
> Laurel que hizo el decreto soberano,
> corona de la Iglesia militante,
> oscense argento y oro el más flamante,
> acrisolado a incendios del tirano.
>
> *Pero ¿laurel, y a rayos consumido?*
> ¿No fuera más favor que os asistiera
> como en la zarza Dios, y no os quemara?
> *Mas sois fénix de amor envejecido,*
> y renovaros quiso en esa hoguera,
> para que así el amor se eternizara.

Juntó la proporción y la improporción en un doble concepto el estremado Marcial; glosó la conveniencia y la desconveniencia en el nombre de Chione, que significa Nieve en el griego; hizo el reparo, y sirvió la donosa crisi por desempeño. "Ni te dice, ni te desdice el nombre de Nieve, porque si eres negra, eres fría".

> Digna tuo cur sis, indignaque no mine, dicam,
> frigida es, et nigra es: non es, et es Chione.

No le quitó, antes le añadió sal en la traducción don Manuel Salinas:

> Chione, si saber quieres,
> ¿por qué de tu nombre digna
> te juzgo, y también indigna?
> porque negra y fría eres.

Suele envolver en sí otras muchas especies de Agudeza, participando de su perfección. Tómase pie del nombre para una semejanza sublime y bien ajustada, como ésta del Tasso al gran Cosme de Florencia, comparándole a un mundo, que eso significa el nombre de Cosme:

> Questa e vita di Cosmo, anci dil mondo,
> pel che un mondo lu Cosmo, etc.

Del mismo nombre se toma fundamento para un misterioso reparo, con mucho artificio. Desta suerte el Guarino, en su perfecto poema de *El pastor fido*, impreso tantas veces y traducido en casi todas las lenguas, y en la. española con propiedad y elegancia:

> Amarilis cruel, que aun con el nombre,
> Amar, ¡ay triste!, amargamente enseñas.

Cuando el reparo es con dificultad y contradicción entre el nombre y algunas de las circunstancias o efectos del sujeto, incluye más valentía de Agudeza. Desta suerte el nombre de Andrés, que significa hombre, y muy hombre, lo. careó con el morir aspado, o aspando su cuerpo, la muy noble y ilustre señora doña Ana de Bolea, religiosa bernarda, en el real monasterio de Casbas, en Aragón, tía del marqués de Torres, compitiéndose la nobleza, la virtud y su raro Ingenio, heredado del insigne y erudito don Martín de Bolea, su padre, cuyas poesías han sido siempre aplaudidas y estimadas. En uno, y no el menos conceptuoso de sus muchos elegantes poemas, dijo:

> Víspera de aquel muy hombre,
> que, sin hilar, murió aspando
> la más sazonada vida
> para el tejido más alto.

Lisonjeó mucho Ovidio a Máximo, con decide que llenaba bien los ensanches de su nombre:

> Maxime qui tantum mensuram nominis imples.

No sólo en el nombre del sujeto principal, sino también en el de su nacimiento o muerte, se puede ponderar la conceptuosa conveniencia o improporción. Así don Luis de Góngora:

> Lilio siempre real. nací en Medina
> *del cielo con razón, pues nací en ella*:
> ceñí de un duque excelso, aunque flor bella,
> de rayos, más que flores, frente dina.
>
> Lo caduco esta urna peregrina,

¡oh peregrino!, con majestad sella,
lo fragante, entre una y otra estrella,
vista no fabulosa determina.

Estrellas son de la guirnalda griega,
lisonjas luminosas de la mía,
señas obscuras, pues ya el sol corona.

La suavidad que espira el mármol,
llega, del muerto lilio es, que aun no perdona
el santo honor a la ceniza fría.

DISCURSO XXXII
DE LA AGUDEZA POR PARANOMASIA, RETRUÉCANO, Y JUGAR DEL VOCABLO

Esta especie de concepto es tenida por la popular de las Agudezas, y en que todos se rozan antes por lo fácil que por lo sutil; permítese a más que ordinarios Ingenios. Emplearon muchos infelizmente en cosa tan común mucho caudal de Agudeza, sin alcanzar los conceptos de más Arte, y acabaré esta censura, comenzando un soneto de Bartolomé Leonardo:

Si aspiras al laurel, muelle poeta,
la docta antigüedad tienes escrita;
la de Virgilio y la de Horacio imita,
que el jugar del vocablo es triste seta.

Consiste el artificio destos conceptos en trocar alguna letra o sílaba de la palabra, o nombre, para sacada a otra significación, ya en encomio, ya en sátira. Fue éste el rey de los epigramas, a la reina de España y de las reinas:

Pallas, Juno, Venus, nemorosis montibus Idae
certamen formae cum subiere suae;
Inter farmosas si tu Dea quarta fuisses,
vicisses omnes, tu Dea sola, deas.
Quam iejuna foret Iuno! quam pallida Pallas!
quam Dea vana Venus! tu Dea sola fores.

Ciñólo en esta octava, con toda propiedad y rigor, don Manuel Salinas:

Si cuando por cuál era más hermosa,

> Palas, Venus y Juno en el monte Ida
> litigaron, entre ellas bella diosa
> te hallaras, fuera Venus la vencida,
> y tú sola quedarás vitoriosa,
> tú sola hermosa, y reina esclarecida,
> Palas pálida, y Juno fuera ayuna,
> Venus vana, tú Diosa sola y una.

Múdase la significación con mudar alguna letra y cuando es con propiedad grande y muy conveniente al sujeto, es sublime el concepto. Desta suerte dijo don Luis de Góngora:

> La blanca y hermosa mano,
> hermoso y blanco alguacil,
> de libertad y dinero,
> es de nieve y de neblí.

Si el retruécano dice con lo moral del sujeto, alcanza proporcional correspondencia, que es el más vistoso artificio. Al emperador Tiberio le zahirieron los romanos su embriaguez, trocándole el Nero Claudio Tiberio en Mero, Caldo Biberio. Sazonado fue éste de Andrelino a los amantes:

> *Si sapis* amentem *dicas, non, lector,* amantem;
> *nam nihil insanus mentis amator habet.*

Hízole más sazonado, con su ajustada traducción, don Manuel Salinas:

> Que has de llamarle, lector,
> al amante, amente, siento,
> pues nada de entendimiento,
> tiene un insano amador.

Añadió la razón en desempeño a la transmutación del vocablo; pero fuera aún más digna de aprecio, si no la debiera al inimitable Terencio, que primero dijo:

> Inceptio est amantium, et amentium.

Hay también correspondencia y proporción entre las dicciones y sus significados, correspondiéndose la una a la otra, como se logra en este panegírico de tan gran poeta a tan gran historiador, don Luis de Góngora a Luis de Babia:

> Este que Babia al mundo hoy ha ofrecido
> poema, si no a números atado,

de la erudición antes limado,
de la disposición después lamido,

historia es culta, cuyo encanecido
estilo, si no métrico, peinado,
tres ya pilotos del bajel sagrado,
hurta al tiempo y redime del olvido.

Pluma, pues, que *Claveros* celestiales
eterniza en los bronces de su Historia,
Clave es ya de los tiempos, y no pluma.

Ella, a sus nombres, puertas inmortales
abre, no de caduca, no, memoria,
que sombras sella en túmulos de espuma.

Dos correlaciones incluye: la primera, entre aquellas dos dicciones, limado y *lamido*, la segunda, entre *claveros y clave*.

Jugó desta misma sutileza, más que de las palabras tres veces, con mucha donosidad Ausonio Gallo, describiendo la diosa, que todos los lugares y los elementos sujeta a su violencia:

Orta salo, suscepta solo, patre edita coelo
Aeneadum genitrix, hic habito alma Venus.

Es de notar que no en sola la corteza de las palabras para el pensamiento, sino que con ellas exprime el señorío de Venus en todas partes. Merece lograrse la sazonada traducción del Salinas:

Engendrada fui del cielo,
de salado mar nací,
fui criada acá en el suelo:
de Eneas madre, y consuelo,
Venus soy, que habito aquí.

Es tanta la variedad destas Agudezas cuanta la licencia del barajar las sílabas de nombre a verbo, y al contrario. No la perdona don Luis de Góngora:

Ciego, que apuntas y atinas,
caduco dios y rapaz

vendado que me has vendido,
y niño mayor de edad.

Con este primor de Agudeza dio alma en lema a un jeroglífico, en un certamen que se consagró en la gran madre de las letras, al patriarca san Ignacio, un Ingenio grande, eternizando el Tormes: hizo del nombre de Ignacio pira y letra al fénix de los patriarcas, por lo abrasado de su amor y lo lucido de sus hechos. Pintó, pues, un fénix con esta inscripción: *Murió y nació*.

Pártese algunas veces todo el vocablo, quedando con significación ambas partes. Ponderaba un varón grave y severo el tiempo que roban en España las comedias, y las llamaba *Come dia y Come días*. Ganasa, célebre gracioso italiano, cuando volvió rico y raro a su patria, preguntado cómo había hecho en España tanto dinero, respondió: "Encorralando bestias". Hácese de un vocablo dos, para sacar el concepto. El sazonado Frías dijo en su elegante poema de *Adonis*:

Donde los árboles bailan,
con brazos de ramas tiernas,
de quien sonajas son [h]ojas,
y tal vez son castañetas.

Añádensele al vocablo otras veces, ya sílabas, ya dicción entera. Así, el mismo Frías:

Nacía el Sol en su *bozo*,
con *rebozo*, porque apenas
del azafrán mostachil,
se divisaban las hebras.

No es menester mudar sílaba: que una sola tilde basta para dar fundamento a un gran decir. Desta suerte, el cordobés jurado:

A Rui González decidle
que mire mucho por sí,
porque el punto de la i
se le va haciendo tilde.

No es menos agradable la antitesi en los retruécanos, que en las demás especies de Agudeza. Como se ve en ésta del Guarini, en su gran poema:

¡Oh modestia, molestia!

Con la misma sutileza respondió el abad de Bennia a Luis undécimo de Francia, cuando le pidía que le renunciase su abadía: "Sire, dijo, cuarenta años he gastado en aprender las dos primeras letras del *Christus*, que son A, B; pido a V. M. otros cuarenta para aprender las otras dos que se siguen, C, D". Vese la contraposición entre el alcanzar la abadía y cederla, significada por la ingeniosa paranomasia. Saliendo un caballero de la corte con título de premiado, y en la realidad desterrado a un cargo en las galeras de España, sacó esta letra:

> El amor que me destierra,
> ése me habrá de enterrar;
> ¿cómo vivirá en la mar,
> quien deja el alma en la tierra?

El artificio de los laberintos españoles consiste también en esta transmutación o inversión del vocablo. Léese el nombre retrógrado con realzada significación, como fue aquél que hizo un insigne poeta castellano en la universidad de Bolonia, en alabanza de un caballero vizcaíno, llamado don Alvaro de Sevane, graduándose de dotor. Pintó un hermoso mancebo, que se va convirtiendo en águila, símbolo de la Agudeza del Ingenio. Quiso, pues, el poeta, jugar del nombre de Sevane, leyéndole al derecho y al revés, y decía: EN AVE SEVANE; llenando de heroicos versos estas letras, como lo trae el autor del *Arte poética*, que fue un padre de la Compañía de Jesús, aunque la sacó en nombre de su hermano Juan Díaz Rengifo. Semejante a éste, y no menos ingenioso fue aquel otro al sol de la fe en el oriente, san Francisco Javier, que leído Javier al contrario, dice: *Rey va Javier*.

En esta sutileza tiene también lugar la composición de los anagramas: transtruécanse las sílabas y letras para forjar una nueva y misteriosa significación en elogio o en vituperio; vase después glosando el anagrama con variedad de conceptos. Así el jurado de Córdoba explicó el nombre de García de Loaysa, arzobispo de Toledo:

> García, *gracia* es tu nombre
> sin que una letra le falte,
> y *loa* el preciso esmalte
> de tu felice renombre.
>
> La y griega es conjunción,
> y el sa significa sabe:
> mas como todo en ti cabe,
> es nombre y definición.

Cuando el anagrama es fácil y con alusión a la realidad. del significado, es plausible. Decía uno del *tahur*, que el mismo nombre, a dos veces que se repita, dice lo que es, porque luego se viene a pronunciar: *hurtahurta*. Todas estas sutilezas nominales encerró el padre fray Pedro Gracián, mi hermano, en un poema al santo, grande y duque de Gandía, en su conversión; cantó así:

> Aquella altanera Garza,
> cuyo nevado candor
> era afrenta de las hebras
> del más rubio y claro Sol,
> embiste el fatal Neblí, nunca más, azar, azor,
> y se ceba en la cabeza,
> a quien la edad perdonó.

Más adelante introduce al santo, hablando con el cadáver:

> ¡Oh bella Belisa, dice,
> con cuyo bizarro airón
> adornaba su corona,
> Carlos, mi rey y señor!
> ¡Ay ave, cuya blancura,
> fue el blanco donde tiró España,
> ya negro luto,
> por quien yo en el *blanco doy*!
> Alas de cándida cera,
> que en la más alta región,
> os derretís, hoy las alas
> quebráis a mi corazón.
> Y aunque coronada tumba,
> os sea Granada, yo
> digo, que es todo *gran nada*,
> Rey, Monarca, Emperador.

Corone de majestad y de gloria esta felicísima Agudeza, el sacro y adorado nombre de Dios, que dividido, está diciendo: DI-OS, di os la vida, di os la hacienda, di os los hijos, di os la salud, di os la tierra, di os el cielo, di os el ser, di os mi gracia, di os a mí mismo, di os lo todo: de modo, que del dar, del hacemos todo bien, tomó el señor su santísimo y augustísimo renombre de Dios en nuestra lengua española.

DISCURSO XXXIII
DE LOS INGENIOSOS EQUÍVOCOS

La primorosa equivocación es como una palabra de dos cortes, y un significar a dos luces. Consiste su artificio en usar de alguna palabra que tenga dos significaciones, de modo que deje en duda lo que quiso decir.

Diéronle al emperador Augusto un memorial que decía: "Señor, el prefecto de Sicilía es ladrón; ¿qué le parece?" Leyóle, y escribió el humanísimo monarca: "Que me parece". Desta misma equivocación usó el poeta Silvestre, cuando leyéndole un versificante una poesía, hurtada dél, como suya, y preguntándole qué le parecía, respondió: "Que me parece".

Usase de la dicción equívoca algunas veces, para exprimir mayor misterio y profundidad. Así don Luis de Góngora, en este sublime epigrama al Monte Santo de Granada:

> Este monte, de cruces coronado,
> cuya siempre dichosa excelsa cumbre,
> espira luz y no vomita lumbre,
> Etna glorioso, Mongibel sagrado,
>
> trofeo es dulcemente levantado,
> no ponderosa, grave pesadumbre,
> para oprimir sacrilega costumbre,
> de bando contra el cielo conjurado.
>
> Gigantes miden sus ocultas faldas,
> *que a los cielos hicieron fuerza, aquella,*
> *que los cielos padecen, fuerza santa.*
>
> Sus miembros cubre y sus reliquias sella
> la bien pisada tierra; veneraldas
> con tiernos ojos, con devota planta.

Cuando el equívoco dice correspondencia con alguna de las circunstancias o adjuntos del sujeto, participa de mayor artificio. Así el ingenioso Rufo exprimió con un equívoco sus dos achaques:

> Aunque pobre y en pelota,
> mal de ricos me importuna,
>
> porque al mar de mi fortuna
> no le faltase una gota.

Válese aquí de las dos significaciones, que ambas le convienen, y es como doble la sutileza.

Repítese dos veces en alguna ocasión la palabra equívoca; exprimiendo en la una la una significación, y la otra en la otra. Así dijo uno, tan breve como ingenioso:

> El marqués y su mujer,
> contentos quedan los dos;
> ella se fue a ver a Dios,
> y a él le vino Dios a ver.

Deste mismo modo apodó uno unas cañas que se habían corrido, para celebrar el nacimiento de un príncipe de España: "Estos señores han hecho lo que debían, y deben lo que han hecho".

Suele comúnmente la equivocación terciar a la malicia y torcer el sentido. Desmentían el nombre de la franca Francia, una gran plaga de tributos. Gemía la nobleza, blasfemaba la plebe, y los cuerdos prohijaban la culpa al duque de Pernón, valido por entonces. Tocó el punto un gran predicador del rey en su presencia, y dijo: "Fieles parisienses: No echéis la culpa de vuestras penas a su majestad cristianísima, que es padre legítimo y verdadero; el que la tiene, bien conocido es, Per nom, y Per sobre nom". Riólo mucho el auditorio, y vengóse también.

De la misma suerte favorece la equivocación a la alabanza. Son las obras del divino Ledesma, un equívoco continuado; fue plausible en este genio y quiso más ser primero en él que segundo en otros. Estremado fue éste:

> En una cama de *Campo*,
> estaba Cristo a la muerte,
> que en cama de campo nace,
> y en cama de *Campo* muere, etc.

Pero, entre todos, el poema al laurel de la vencedora Huesca, su dichosa patria, bastó a laurear su florida musa:

> Esas encendidas barras
> que abrasan vuestras costillas,
> para otros son parrillas,
> mas para vos frescas parras.
>
> Seréis sabroso bocado,
> para la mesa de Dios,

pues sois crudo para vos
y para todos asado.

No perdonó el agudo universal a esta Agudeza, antes usó della con mucha donosidad en éste y otros muchos epigramas: a uno que siempre iba de negocio y de ocupación, dijo Marcial:

Semper agis causas et res agis, Attate, semper:
est non est quod agas, Attale, semper agis
si res, et causae desint, ag'is, Attale, mulas,
Attale, ne quod agas desit, agas animam.

Tienen esta infelicidad los conceptos por equívoco: que no se pueden pasar a otra lengua; porque como todo el artificio consiste en la palabra de dos significaciones, en la otra lengua ya es diferente, y así no tiene aquella ventaja; con todo eso, la valentía del Salinas pudo darle alma en el español, y dijo:

Siempre haces del hacendado,
haces pleito, haces negocio,
haces tiempo contra el ocio,
haces del hombre ocupado;
y cuando todo, ha faltado,
hacer mal tomas de veras;
al caballo, haces carreras,
porque no te falte, amigo
Atalo, qué hacer, te digo,
que hagas cama y que te mueras.

Es doble la sutileza cuando se juega de la voz dos veces y se aplica a dos sujetos; como se vio en esta inscripción que estaba en un arco triunfal a las puertas de la insigne y antigua ciudad de Tarazona, del reino de Aragón, en ocasión del augusto y real recibimiento de su gran rey Felipe Segundo y del príncipe don Felipe el Tercero, decía así:

A dos Filipos espero,
en quien hoy espera el mundo:

el Segundo sin primero,
el Tercero sin segundo.

Suele hacerse el reparo con ingenioso primor en la palabra equívoca; fórmase el empeño y dásele salida con la explicación de la misma palabra, y ponderando su profundidad. Desta suerte el grande Augustino reparó en aquellas palabras del evangelista san Juan: *Lancea latus eius aperuit*. Pondera la fuerza del verbo aperuit, abrió, por qué no dijo hirió, rasgó, sino abrió; y da la valiente solución: *Vigilanti verbo evangelista usus est; ut non diceret latus eius percussit, aut vulneravit, aut aliquid aliud, sed aperuit: ut illic quodammodo vitae hostium panderetur, unde sacramenta Ecclesiae manaverunt*. Otro padre dijo que ya el amor había primero hecho llaga interior, y señalado la puerta a las divinas entrañas; no hizo la lanza sino abrir, como llave, a la puerta del corazón; por eso dijo san Juan, como tan entendido en los puntos del amor: *aperuit*, abrió, y no usó de otro verbo.

Incluye tal vez en un equívoco una sentencia grave, que no siempre sirve a lo jocoso y burlesco. Así, el siempre de veras Bartolomé Leonardo, en este soneto:

> Fabio, pensar que el Padre soberano
> en esas rayas de la palma diestra
> que son arrugas de la piel, te muestra
> los accidentes del discurso humano,
>
> es beber con el vulgo el error vano
> de la ignorancia, su común maestra;
> *bien te confieso que la suerte nuestra,*
> *mala o buena, la puso en nuestra mano.*
>
> Di quién te estorbará ser rey, si vives
> sin envidiar la suerte de los reyes,
> tan contento y pacífico en la tuya,
> que estén ociosas para ti las leyes,
> y cualquier novedad que el cielo influya,
> *como cosa ordinaria la recibes.*

Declárase muchas veces la refleja de la equivocación, exprimiendo el intento en la segunda repetición de la palabra. Así uno, hablando del condenado rico, dijo: "Apenas llegó al infierno, que allá siempre se va *a penas*".

Otras veces no se explica la preñez de la dicción, sino que se queda así a dos luces, como se ve en ésta:

> Lágrimas, que no pudieron
> tanta dureza ablandar,
> yo las volveré a la mar,
> pues que de la mar salieron.

Especialmente no se exprime la intención cuando es maliciosa y satírica, como: diciéndole a uno que era muy *salado*, fue tratarle de aquellos que se salan. Lo mismo es cuando es la equivocación atrevida y peligrosa; como aquél que en unas fiestas sacó la librea sembrada de reales de a ocho, con esta letra: *Son mis amores*. Aun la palabra equívoca no se pronuncia, sino que se alude a ella, cuando el respeto lo pide, y el entendedor es bueno. Paseando un día los dos Católicos consortes por un camino, que estaba lleno de malvas a un lado y otro, iba comunicándole un negocio muy grave el rey don Fernando a su prudente Isabela, y, declarándole su intento, díjole la reina: "Señor, si el camino por donde vamos os hubiera de responder: ¿qué dijera?". Diose por entendido el discreto monarca, y celebró la de su gran consorte.

Puédese explicar el equívoco con otra palabra contraria, y entonces el concepto no se funda por correspondencia de la una significación con la otra, sino por oposición contraria. Desta suerte dijo nuestro ingenioso aragonés Diego de Fuentes:

Zagal, no estés confiado
de mujeres, que te juro
que el amor dellas más puro,
está dos veces aguado.

Es también grande artificio del equivocar cogerle el dicho a uno, y darle otro sentido del que él pretendió. Habiendo Sila alcanzado la dignidad de pretor, amenazó a César, diciéndole que usaría de su poder. Respondió pronto y ingenioso Julio: "Con razón le llamas tuyo, pues le has comprado".

Del mismo modo se retuerce la palabra al encomio Ponderaba el padre Felipe Gracián, que parece que equivocó el autor supremo en la generación de Cristo Señor Nuestro: *Liber generationis Iesu Christi*, aquella palabra liber, que justamente dice libro y libre, que por el mismo caso que fue libro María, donde se estampó la palabra de Dios, el Verbo eterno, había de ser libre de culpa: libro blanco, cuyas hojas fueron sus purísimas y virginales entrañas.

Retuércese con mucha donosidad la palabra a la malicia, glosándola a diferente. sentido. De Fabula, que juraba ser suyos los cabellos que traía en la cabeza, dijo Marcial que decía la verdad, pues los había comprado, suyos eran, pues le costaban su dinero.

Iurat capiltos esse, quos emit, suos
Fabulla: numquid, illa, Paule, peierat?

Con toda propiedad y elegancia lo españoliza don Manuel Salinas. Lee, y agradece:

> Que es suyo, Fabula jura,
> aquel pelo rubio y bello;
> y si ella compró el cabello,
> Paulo, di, ¿será perjura?

No sólo con la crisi, sino con todas las demás especies de Agudeza se mezclan y entretejen los gustosos equívocos; fundan la semejanza ingeniosamente. Así, el sagrado y plausible nombre de *María*, pondera un padre, que con gran misterio se equivoca con el mar: *Congregationes aquarum appellavit maria*, porque todas excelencias y prerrogativas de los demás santos, y aun ángeles, son como ríos que entran y se abarcan en el gran mar de María, y aun con todo eso, *mare non redundat*.

La hermosa proporción y consonancia de los dos términos significados por el equívoco, es muy agradable. Don Luis de Góngora:

> Los cristales no tenían
> los *estremos*, que ella hace;
> y porque de cristal fuesen,
> lloró Minguilla cristales.

No lo es menos la contraposición entre los estremos equivocados. Marcial, a Nevia, que le había convidado, y todo cuanto sacaban a la mesa, decía ella que venía crudo y lo volvían adentro, dijo: "Paréceme, que si así se come, que no engendraré crudezas en el estómago":

> Dum non vis leporem, dum non vis carpere nullum,
> et plus quam patri, Naevia, parcis apro;
> accusas, rumpisque coquum, tamquam omnia cruda
> attulerit. Nunquam sic ego crudus ero.

Tradújolo con especial gusto don Manuel Salinas:

> No hallas plato que te cuadre,
> todo es crudo para ti:
> salmón, liebre; al jabalí
> perdonas, más que a tu padre.
>
> Por desmentir tus vilezas,
> das la culpa al cocinero;

desta suene, Nevia, infiero,
que no engendraré crudezas.

Mirando y admirando una gran casa que había levantado un ministro, dijo uno: "Esta no fue de sus pasados". Acudió otro con ingeniosa antitesi: "Pues será de sus presentes". Para una artificiosa corrección usó don Luis de Góngora del equívoco, diciendo:

Yo soy aquel gentil hombre,
digo, aquel hombre *gentil*,
que por su Dios adoró
a un ceguezuelo ruin.

La ceja, entre parda y negra,
muy más larga que sutil,
y unos ojos más *compuestos*,
que son los de *quis vel qui*.

Pudo conmigo el color,
porque, una vez que la vi,
entre más de cien mil blancas,
ella fue el maravedí, etc.

Por muchos equívocos continuados, don Francisco de Quevedo, que fue el primero en este modo de composición, introduce a uno que va a describiendo su infeliz vida: pone primero éste, por corrección irónica:

Me lloraron soga a soga,
con muy grande propiedad:
porque llorar hilo a hilo,
es muy delgado llorar.

Concluye después con esta conglobación de equívocos exagerados, duplicando la sutileza:

Los diez años de mi vida,
los he vivido hacia atrás,
con más grillos que el verano,
cadenas que el Escurial.
Más alcaides he tenido
que el castillo de Milán,
más guardas que el monumento,

más hierros que el Alcorán.
Más sentencias que el Derecho,
y escusas que el no pagar,
más autos. que el día del Corpus,
más registros que el misal.
Más enemigos que el agua,
más corchetes que el gabán,
más soplos que lo caliente
más plumas que el tornear.
Bien se podrá hallar un hombre
más jarifo y más galán;
mas hombre más bien prendido,
dudo que se pueda hallar.

Son poco graves los conceptos por equívoco, y así más aptos para sátiras y cosas burlescas que para lo serio y prudente. Fue donoso en ellos. Baltasar de Alcázar; a una mujer que tenía gran nariz, dijo:

Tu nariz, hermana Clara,
todos vemos claramente,
que parte desde la frente:
no hay quien sepa dónde para.

Mas, puesto que no haya quién,
por derivación se saca
que una cosa tan bellaca,
no puede parar en bien.

DISCURSO XXXIV
DE LOS CONCEPTOS POR ACOMODACIÓN DE VERSO ANTIGO, DE ALGÚN TEXTO, O AUTORIDAD

Requiere esta Agudeza dos cosas: sutileza y erudición; ésta para tener copia de lugares y de textos plausibles, aquélla para saberlos ajustar a su ocasión. Consiste su artificio en la prontitud de hallar la conveniencia de la autoridad con la materia presente, y saberla aplicar con especial gracia y donosidad. Desta suerte, .estando predicando en Lisboa un grande orador jesuíta, de la sagrada Pasión, y estando ya a medio sermón, entró la reina; envióle un recado al púlpito, que volviese a comenzar; obedeció el padre, y comenzó diciendo:

Infandum, Regina, iubes renovare, dolorem:

que es verso célebre de Virgilio, con que dio Eneas principio a su lamentable narración de Troya destruída, delante de la reina de Cartago.

Cuando en la autoridad que se acomoda se halla la correspondencia y paridad con las circunstancias del caso presente, es el punto de la sutileza. Así el católico rey don Fernando, viendo que no podía por maña y destreza destejer la liga de los príncipes, sus émulos, determinó de contrastarla por las armas, y romper la guerra, valiéndose de aquellas palabras de Alejandro, cuando cortó el ñudo gordio: "Tanto monta cortar, como desatar"; y después la acomodó en ingeniosa empresa el famoso Antonio de Nebrija, a quien tanto debieron las letras humanas en España.

Cuantas más son las correlaciones del texto, acomodado con las circunstancias del sujeto, es mayor el concepto, y más fundamental. Desta suerte, a san Pablo Miki, mártir gloriosísimo japón, de la Compañía de Jesús, que murió crucificado en su misma patria, acomodó el doctor padre Juan Azaola, bilbilitano, aquel lugar de san Pablo: *Miki autem absit gloriari, nisi in cruce Domini nostri Iesu Christi, per quem miki mundus crucifixus est, et ego mundo*. Relevante concepto, porque encierra tres hermosas correspondencias: la primera, entre los dos sujetos principales, que va de *Pablo a Pablo*; la segunda, en el equívoco, *Miki*, que es el nombre del santo y el pronombre; la tercera, en el *in cruce Domini nostri Iesu Christi*, que fue el martirio.

Ajustar todas las partes de la autoridad a las circunstancias del caso, hace el concepto lleno. Un ingenioso, no menos que docto, opositor en Salamanca, que tenía cuatro competidores, al doctor Aspe, maestro Basilio, fray Luis de León y al doctor Mondragón, dijo informando, que confiaba en Dios salir vencedor y poder cantar: Super aspidem, el basiliscum ambulabis, et conculcabis leonem, et draconem. Con que cuadró la Agudeza.

Acomódanse estas autoridades ordinariamente por equívoco, que hace donoso y plausible el concepto. Prometió san Francisco de Borja, duque entonces de Gandía, al doctor Villalobos, insigne médico del emperador Carlos quinto, por su saber y por sus dichos, una fuente de plata, si al otro día le hallaba sin calentura, como él lo aseguraba. Vino al plazo señalado, y, pulsándole, hallóle con muy poca, pero alguna; "y, pues, dijo el duque, ¿qué decís, Villalobos?" "Señor, que *Amicus Plato: sed magis amica veritas*". Gustó mucho el sama duque del buen dicho y de la buena nueva, y mandó al punto se le llevasen a su casa.

Aunque el equívoco da pie con la correspondencia de la palabra, es menester que las demás circunstancias ayuden y se conformen. Desta suerte, al tomar el santo cisne de Jerusalén, Simeón, en sus brazos al Dios niño: *Accepit eum in ulnas suas*; fundándose en la palabra Ulnas, acomodó un grande orador en esta festividad aquel verso de Virgilio, en la égloga tercera, con que el pastor Dametas pregunta a Menalca que le diga en qué parte de la tierra no se ven sino dos o tres varas del cielo:

Dic quibus in terris et eris mihi magnus Apollo,
tres pateat coeli spatium non amplius ulnas.

Dio salida al enigma con el ver todo el cielo abreviado a las dos varas, a los dos brazos del canoro viejo.

Sólo el equívoco forma la Agudeza tal vez, y hace agradable la acomodación. Consultando el primer prudente, y el segundo Filipo de España, para una importante jornada de armas dos sujetos: un viejo muy experimentado y que tenía bien probada su opinión, porque era el duque de Alba, el famoso; y un príncipe, aunque mozo, pero muy alentado y de grandes esperanzas, votó uno, diciendo: *Arma virumque cano*.

Sirve la dicción equívoca para dar ocasión a la acomodación del texto. Ella levanta la prontitud, pero entra después la artificiosa proporción, y va combinando todas las circunstancias con agradable propiedad. Así, en un sermón panegírico el gran mártir vencedor por antonomasia, en su patria y en su día, acomodó un orador aquellas palabras del Apocalipsi: *Vincenti dabo mana absconditum*. Si el maná era un prodigio del cielo, solicitando admiraciones: *Quid est hoc*? Vincente es un prodigio animado, pasmo de la fortaleza, obligando a preguntar: ¿Qué santo es éste? ¿es hombre de la tierra o es ángel del cielo? Si el maná era una cifra de todos los sabores, bocado universal, Vincente es un agregado de todas las perfecciones y virtudes: él es virgen, él mártir, él apostólico, él doctor, él confesor esclarecido de Jesucristo y de su santa fe.

Si el maná era semejante a la *simila*, esto es la flor del trigo, Vincente fue la flor de los santos, lo más granado: *Nisi granum frumenti*. Si el maná es *absconditum*, y como sacramentado, Vincente es un mártir en los tormentos, como impasible, obrando milagros y prodigios: está como sacramentado.

Puédesele ayudar a la autoridad acomodada, añadiéndole alguna otra palabra, para ajustar del todo la correspondencia. Así a la Margarita de las reinas, que tenía notable belleza en los ojos y la frente, mas tenía los labios austríacos, una toledana, digo discreta, acomodó el *per signum*, tan celebrado: concepto digno de aprecio máximo.

Truécase a veces una palabra por otra. Tan santo como ingenioso, el padre Sebastián de Barradas, de la Compañía de Jesús, refiriéndole que en la plaza de Londres habían quemado el grave, docto y erudito libro del padre Francisco Suárez que escribió *Contra Regem Angliae*, volviéndose al padre, le consoló con aquel verso de Ovidio a su libro: *Parve sed invideo, sine me liber ibis in Urbem*, acomodándolo desta suerte, y trocando la última. palabra:

Parve, sed invideo, sine me liber ibis ignem.

No sola una palabra, sino parte de una autoridad, se puede alterar. Así el emperador Carlos quinto, a la presteza con que dio felicísimo fin a su jornada de Alemania, acomodó la carta del César: *Veni, vidi, vici*, y escribió: *Veni, vidi, vidt Deus*.

Tampoco escrupulea la acomodación en transferir una palabra en estraña lengua. Desafiáronse dos caballeros, llamados el uno Campo, el otro Mancio de Vega, iguales en la poca cordura, y dijo uno:

Bella per Emathios plusquam civilia Campos.

Pásase el equívoco de una lengua a otra, que tiene más dificultad, y así más sutileza. Desta suerte el religioso padre Bernardino de Villegas, en su libro de la Vida de Santa Lugarda, feliz por lo pío y por lo ingenioso, pondera que los dulces de las que son verdaderamente religiosas, y no señoras encerradas, han de ser:

Dulce lignum, dulces clavos,
dulcia ferens pondera.

Las autoridades que se acomodan a sujeto contrario o muy diferente del de la autoridad, tienen mucha viveza; porque añaden la oposición, y aun la vencen. Deste modo el culto y agudo santo arzobispo de Ravena, aplica a la ambición aquel célebre lugar de san Pablo a la caridad, y dice: *Ambitio patiens est, benigna est; omnia suffert, omnia credit, omnia sperat, omnia sustinet, etc.*

Unas son sagradas, y débense ajustar a cosas graves, y decentes. Así el rey de Nápoles don Fernando, cuando desamparaba aquella gran ciudad, huyendo de aquel breve cometa Carlos octavo de Francia, alzando los ojos al cielo, dijo: *Nisi Dominus custodierit civitatem, frustra vigilat, qui custodit eam*. Otras veces, son tomadas de las letras humanas, y éstas no importa que se apliquen a cosas humildes. Así Rufo, de una .comida muy ordinaria, guisada extraordinariamente, dijo:

Materiam superabat opus.

Al contrario, cuando se acomoda una autoridad de la erudición profana a cosas sagradas es menester que sea sublime y de sujeto digno. Desta suerte, el erudito y conceptuoso Valderrama, augustiniano, se vale de las letras humanas en los discursos sacros con grande acierto: que no todo ha de ser profano, ni todo sacro. La prudente variedad es más gustosa, como más hermosa; no hace la sabia naturaleza sus obras homogéneas; no todo el hombre es sesos, ni ojos y nervios; y quieren algunos escritores que todos sus discursos sean unívocos, enfadando con su unítona Agudeza. En el discurso que hace el primer día de la Pascua de Resurrección, dice: "De un príncipe de Barcelona nos dicen las historias, que saliendo a un bravo desafío, sacó una empresa en el escudo, con tres diademas, con una letra en torno, que decía, haciendo de las diademas y de la letra, una sentencia entera: Día de más valer; porque el día que más vale un hombre es aquél en que alcanza vitoria y corona con su escudo y lanza, principalmente siendo el enemigo valiente y esforzado. Porque llevando este caballero esperanza de vencer a tan gran contrario, entendía conseguir tres coronas: la primera, de hombre de honra y pundonor; la segunda, de valiente y esforzado capitán; la tercera, de príncipe excelso y amigo de los suyos, pues se oponía al trance de la batalla por defendellos. Otras tres coronas saca Cristo hoy, que es el día de su vencimiento, que en diferentes tiempos se las dieron: la primera corona fue la que le dio su Madre, el día que se desposó con nuestra naturaleza humana, haciéndose hombre; la segunda le dio su madrastra, la Sinagoga, que fue de espinas; la tercera, la de la Resurrección, en la cual lo coronó su Padre; pero como hoy es día de más valer, salen las tres coronas.

Ha de ser célebre la autoridad que se acomoda, y muy sabida, para que tenga más gracia y salga mejor. Tal fue aquélla con que don Martín Bautista de La Nuza, ornamento grande de Zaragoza, su patria, por su nobleza y por su Ingenio; llegando a leer de oposición en el augusto teatro, vestido a lo soldado y con las insignias militares, porque se daban en él las manos el valor de Marte y el saber de Minerva, depuso al comenzar su lición el talabarte y la jineta, diciendo: *Cedant arma togae, concedat aurea linguae*, con aplauso universal. Comenzó otro su lición, después de otras en inferiores facultades, delante un gran personaje, diciendo:

Sicelides Musae paulo maiora canamus,

non omnes arbusta iuvant humilesque myricae
si canimus silvas, silvae sint consule dignae.

Puédese mudar todo el sentido de la autoridad que se aplica, y entonces es, o por contrariedad, o por exceso. Desta suerte el emperador Carlos quinto, a los felices progresos de sus conquistas en el Nuevo Mundo, acomodó el *Non plus ultra* de Hércules, quitándole el *Non*, con que mudó el sentido en mayor gloria suya, y dijo *Plus ultra*, dando alma a su empresa de las dos columnas.

En este género de conceptos ha habido ingeniosísimos pasquines; entre todos aquél que pintó a Isabela de Inglaterra con el privado, hereje, en su regazo, y el mote de que ella se blasonaba y lo hacía poner en sus retratos: *Beata et inmaculata virginitas*; y añadió: *Quia quem coeli capere non poterant tuo gremio contulisti*.

Hácense discursos enteros con mucho artificio en esta especia de Agudeza, fundándose en la acomodación del texto, y la aplicación sirve de partes del compuesto. Desta suerte comenzó su sermón eucarístico el padre Felipe Gracián, en el día desta festividad: *Forte est vinum, fortior est rex, fortiores sunt mulieres, super omnia autem vincit veritas, de Esdras* (en el libro 3, cap. 3): fuerte es el vino, rinde a un Dios y le trae a la mesa del altar; fuerte es el rey, obrando prodigios en aquel trono de una custodia; fuerte es la verdad ,que nos propone el evangelio: *Vere est cibus*; fuerte es la mujer, y la mujer fuerte, que con su favor nos alcanza la gracia, etc.

DISCURSO XXXV
DE LOS CONCEPTOS POR FICCIÓN

Hállanse unas ficciones breves, y de un solo concepto, para un epigrama, para una ocasión, y éstas son las que se explicarán en este discurso; porque de las ficciones compuestas, como son épicas, alegorías, etc., se tratará adelante, en la Agudeza compuesta, que es la Agudeza de arte mayor. En éstas, el artificio es menor, y sin partes, como se ve en este soneto de Bartolomé Leonardo:

"Dime, Padre común, pues eres justo,
¿por qué ha de permitir tu providencia
que, arrastrando prisiones la inocencia,
suba la fraude a tribunal augusto?

¿Quién da fuerzas al brazo que robusto
hace a tus leyes firme resistencia,
y que el celo, que más la reverencia,
gima a los pies del vencedor injusto?

Vemos que vibran vitoriosas palmas
manos inicuas, la virtud gimiendo
del triunfo en el injusto regocijo".

Esto decía yo, cuando riendo,
celestial ninfa apareció, y me dijo:
"Ciego, ¿es la tierra el centro de las almas?"

Consiste el artificio destas ficciones en una invención fabulosa. de algún suceso, o algún dicho ajeno, para con ella exprimir bien el sentimiento, aumentando con lo fingido la ponderación. Así, Angeriano, para exprimir la gran belleza de Celia, y su mayor honestidad, finge a Cupido, que equivocándose con ella y con su madre, por ir a quejarse a Venus, se engañó, o no se engañó, en ir a Celia:

Flebat Amor, matremque suam quarebat: at ipsa
ut visa est vultu Coelia, pulchra suo.
Ipsam appellat Amor matrem: sed Coelia torvo
lumine, ait non sum mater, Amor rubuit.

Gran traducción fue ésta de don Manuel Salinas, digna de todo aprecio:

Llorando el niño Amor con gran ternura,
en busca de su madre iba quejoso,
cuando de Celia, viendo el rostro hermoso,
que copiaba de Venus la hermosura;

"madre", "madre", vocea y se apresura,
con los brazos abiertos, cariñoso,
de lograr los de Celia deseoso:
que es ciego amor y ciega la ventura.

Volvió el rostro a las voces de Cupido
Celia, y mirando al niño dios alado:
"No soy madre", le dijo muy severa.

Sonrojóse el rapaz, y aun más corrido
que de su engaño, de lo desdeñado,
fue a buscar a su madre verdadera.

Sirven de ordinario estas ficciones para exagerar algún asunto, dando alma con la invención al encarecimiento, porque se finge libremente un suceso y las circunstancias, de modo que ayuden al intento. Así en este epigrama que del griego tradujo Escalígero; fingió su autor que la ninfa Doris se llegó a él, y le ató las manos con una hebra de sus cabellos, y haciendo él burla de la frágil prisión, se halló burlado, porque no pudo después romper el fuerte lazo del amor:

> Legerat aureolo Doris de crine capillum,
> et illo palmas vinxit utrasque mihi.
> Risi equidem primo nodos mihi Doriáis illos,
> visus erat facilis solvere labor.
> Mox gemui, postquam non rupi vincula, tamquam
> artus strinxisset, dura catena meos.

Gran moralidad, con que exageró bien la violencia del amor y el poder de su tiranía. Esta fue traducción del griego en el latín; oye otra del latín en español, por don Manuel Salinas, que no merece menos estimación:

> De sus doradas trenzas un cabello
> la bella ninfa Doris cogió un día,
> que licenciosamente le ponía
> perfiles de oro al cristalino cuello.
>
> Con este sutil lazo, cuanto bello,
> las dos manos, que asidas me tenía,
> fuertemente me ataba, y me decía:
> "En fe de mío, no podrás rompello".
>
> Burléme yo, creyendo confiado,
> ser fácil romper tan flaco ñudo,
> mas cuando lo intenté, creció mi pena.
>
> Vime tan fuertemente aprisionado,
> que ni bastó el valor, ni industria pudo
> romper los hierros de tan gran cadena.

Aunque se ve que es ficción, y inventado el suceso, con todo gusta el entendimiento de ver encarecido tan bien un sentimiento. Desta suerte encareció bien una frágil belleza don Luis de Góngora:

> Cuando albricias pidió a voces
> Bartolillo con donaire,
> por haber hallado Menga

en sus labios sus corales.

Tienen mucha donosidad estas ficciones, y mucha viveza, ya por la invención, que es gran prueba de un Ingenio, ya por el encarecimiento, o otra Agudeza, con que se juntan. No discurría mal éste, aunque antiguo:

> Y cuando el oro le falta,
> un cabello suyo enhebra,
> que del oro a sus cabellos
> no hay conocer diferencia.

A un misterioso reparo se le da salida con una ficción déstas con estremado artificio, porque lo encarecido de la ficción sirve de valiente desempeño a la dificultad que se ofrecía. Común reparo es que la muerte se lleva muchos mancebos, y el amor, al contrario, arrebata muchos viejos. Los jóvenes mueren y los decrépitos aman para que vaya todo en el mundo al revés. La salida a este vulgar reparo la dio ingeniosamente Alciato, fingiendo que encontrándose el Amor y la Muerte en una posada, cenaron jumos y colgaron sus armas en un mismo hierro, que lo fue. Madrugaron mucho, que ambos viven con solicitud; y como era de noche que lo más de la vida humana va a escuras, y se pasa en tinieblas de ignorancia, trocaron las armas: tomó la Muerte el arco del Amor, y el Amor el de la Muerte, y desde entonces andan encontrados: aquélla tira a los mozos; y éste asesta a los viejos:

> Errabat socio Mors juncta Cupidine: secum
> Mors pharetras, parvus tela gerebat Amor.
> Divertere simul, simul una et nocte cubarunt:
> caecus Amor, Mors hoc tempore coeca fuit.
> Alter enim alterius male provida spicula sumpsit.
> Mors aurata tenet; ossea tela puer.
> Debuit inde senex qui nunc Acheronticus esse,
> ecce amat, et capiti florea serta parat.
> Ast ego mutato quia Amor me perculit arcu,
> delicio, iniiciunt et mihi fata manum.
> Parce puer, Mors signa tenens vitricia parce:
> fac ego amen, subeat fac Acheronta senex.

Tradújolo un amigo en un prolijo romance, que concluye con esta agradable moralidad:

> Mirad cuál está ya el mundo,

vuelto lo de abajo arriba;
Amor, por dar vida, mata.
Muerte, por matar, da vida.

No siempre se finge el hecho, sino tal vez el dicho, aplicándoselo al sujeto de quien se discurre; y ha de ser ingenioso, que venga al propósito, con alguna correspondencia o exageración. Desta suerte Marcial finge a Leandro, que hablando con las furiosas ondas, les decía: "Ondas, perdonadme al ir, y sepultadme al' volver":

Quum peteret dulces audax Leandrus amores,
et fessus tumidis iam premeretur aquis;
sic miser instantes affatus dicitur undas:
parcite dum propero; mergite dum redeo.

Oye cómo lo traduce y parafrasea el coronado cisne Garcilaso; tan sublime asunto es el traducir bien poemas de grandes autores:

Pasando el mar Leandro el animoso,
en amoroso fuego todo ardiendo,
esforzó el viento, y fuese embraveciendo
el agua con un ímpetu furioso.

Vencido del trabajo presuroso,
contrastar a las ondas no pudiendo,
y más del bien que allí perdía muriendo,
que de su propia muerte congojoso.

Como pudo esforzó su voz cansada,
y a las ondas habló desta manera,
mas nunca fue su voz dellas oída:

–Ondas, pues no se escusa que yo muera,
dejadme allá llegar, y a la tornada
vuestro furor executá en mi vida.

No se desanimó a vista de tanta propiedad y dulzura el canónigo don Manuel Salinas, antes le infundió el espíritu de imitación tan realzado ejemplar, y dijo:

Pasando a Sexto, amante y atrevido
Leandro, a tomar puerto en sus amores,
viendo su brazo al de la mar rendido,

dos veces ciego del amor y horrores,
así dicen que tierno y afligido
habló a las ondas, no ablandó rigores:
mientras que vaya Sexto, perdonadme,
y al volver, en el Quinto sepulradme.

El dicho que se finge ha de encerrar alma ingeniosa, conforme al sujeto a quien se aplica y a la ocasión. Así el donoso Frías, en la Fábula de Adonis:

Y de la mano de un fauno
quedó en memoria perpetua,
en las hojas de un lampazo
esta epitáfica letra:
Flor es el que yace aquí,
y la flor de la canela;

anduvo a la flor de! berro,
murió en flor; huésped, alerta.

También se finge un dicho para dar salida a un reparo, como dijimos que se finge un suceso; o ya de entrambos, de hecho y dicho, se forma la artificiosa ficción. Tal fue ésta del caballero Guarini, en que pondera, que llegando la muerte a ejecutar una prodigiosa belleza, se retiró, diciendo que su guadaña no tenía lugar, estaba desterrada del Paraíso:

Pendeva a debil filo,
o dolore, o pietate,
de la novella mia terrena Dea
la vida, e la beltate,
e gid l' ultimo spirito traea
l' anima per uscire,
ne mancava a morir altro che morte, quando su fere scorte,
mirando ella si bella in quel bel viso,
disse, morte non entra in Paradiso

Fingió hecho y dicho Angeriano, en este culto epigrama, y concluyó con una bien ponderada exageración:

Factus Amor mittis transfixo claurit amanti
lumina, collegit corporis ossa Cloris.
Tradidit inferias pía Cypris; carmen in ipsa

urna Erato scripsit: tu lege quisquis amas.
Non hic corpus adest; non hic cinis ater, at una
lamma carens, cremat haec flamma, viator abi.

Así como para el desempeño de una dificultad se finge el suceso, así también para la semejanza, que declara mucho y exprime con igual realce la grandeza de un sentimiento. Destas fingidas semejanzas fue tejiendo su celebrada canción el doctor Mira de Mescua; dice en una:

Al cristalino mudo lisonjero
la bella dama en su beldad se goza,
contemplándose Venus de la tierra;
el más esento corazón de acero
con su vista enternece y alboroza,
y es de las libertades dulce guerra;
el desamor destierra
de donde pone sus divinos ojos,
que dellos son despojos,
los castos de Diana,
y en su belleza se contempla ufana.
Mas, ay, que un accidente
apenas puso el pulso intercadente,
cuando cubrió de manchas
cárdenas ronchas y viruelas anchas
el bello rostro hermoso,
trocándole en horrible y espantoso.
¡Ay, beldad malograda,
muerta luz, turbio sol, y flor pisada!

Cuando se finge lo que pudo ser, es discurrir con fundamento y con toda propiedad; dase correspondencia y proporción entre la circunstancia o contingencia fingida y las verdaderas, procurando que ya que se finge, sea con Agudeza. Glosó desta suerte Bartolomé Leonardo la muerte del famoso Arquímedes:

Puédenos Grecia dar bastante escusa
si no la que Arquímedes dar pudiera,
cuando ganó Marcelo a Siracusa.

Que saqueando la. ciudad la fiera
legión, se entró un soldado embravecido
donde él con su compás de tal manera

estaba en formar líneas divertido,
que no sintió el estruendo del asalto,
ni del romano el súbito ruido.

Pregúntale: "¿Quién eres?", mas él, falto
de voz para nombrarse, sordo y ciego,
de puro atento, y no de sobresalto:

"No borres esos círculos te ruego",
dice al bravo romano, el cual creyendo
que despreciaba su pregunta el griego,

pásale por el pecho el hierro, abriendo
postigo al alma, y con la sangre hirviente
borró sus mismos círculos muriendo.

La ponderación satírica sale con ventaja en una ficción, y ordinariamente se pone en un tercero por ser odiosa. Así don Luis de Góngora:

Por niñear un picarillo tierno,
hurón de faldriqueras, sutil caza,
a la cola dé un perro ató por maza,
con perdón del bonete, un lego cuerno.

El triste perrinchón en el gobierno
de una tan gran carroza se embaraza:
grítale el pueblo, haciendo de la plaza
(si allá se alegran) un alegre infierno.

Llegó en esto una viuda mesurada,
que entre los signos, ya que no en la gloria
tiene a su esposo, y dijo: "Es gran bajeza,

que un gozque arrastre así una ejecutoria
que ha obedecido tanta gente honrada
y aun se la ha puesto sobre su cabeza".

Con este género de conceptos, pueden alternarse artificiosamente las ingeniosas cuestiones, que, con la invención y con la suspensión, entretienen mucho el Ingenio. Vese en este soneto del Camoes:

Nun iardin adornado de verdura
ao que esmaltáo por cima varias flores,
entró un dia a Deosa dos amores,
con a Deosa da cafa e da espesura.

Diana tomou logo huma rosa pura,
Venus, un roio lirio dos melhores,
mas excediam muyto as outras flores,
as violas na grafa e fermosura.

Preguntáo a Cupido que ali estaba,
qual de aquellas tres flores tomaría,
por mais suave, pura e mais fermosa?

Sonriendo se a menino lhe tornaba:
"Todas fermosas sáo, mas eu querria;
viola antes que lirio nem que rosa".

Aunque no tenga otra Agudeza mixta, la ficción sola es bastante para sutileza. Así un poeta clásico finge que una doncella tropezó con el Amor: infeliz tropiezo, que estaba en el suelo dormido; despertó a quien dormía, miróla, y cegó ella, y aun pereció del amoroso veneno:

Forte Puer Veneris caperet dum in pelle soporem,
adprimere ausa loco est huic pede galla pedem
laesus amor somnos abrumpit, et ardet ocellis
impatiens, illos torquet, et illa perit.

Por esta misma sutileza se fingen algunas historias o cuentos donosos, para sacar dellos alguna ejemplar moralidad. Fue eminente en estas históricas ficciones el sabio y prudente príncipe don Manuel en su libro del Conde Lucanol", siempre agradable, aunque siete veces se lea. Entre muchas muy artificiosas, es muy moral aquélla de don Alvar Fáñez:

"Casó con una hija del conde Anzures. Estuvo algunos días en su casa un sobrino suyo, criado del rey, holgándose. Dijo éste a su tío que una sola cosa le desagradaba en su casa, y era que diese tanta mano a ::;u mujer. No le respondió por entonces, sino que le convidó para una granja suya. Partieron ambos en dos caballos mano a mano, y venía detrás en su carroza la dama con sus hijos y familia; vieron en un prado una gran vacada suya, y preguntó don Alvaro: "¿Qué os parece, sobrino?, ¡qué hermosa y lucida yeguacería ésta!" "Señor, dijo el sobrino, ésta, vacada es". "No es tal, replicó don Alvaro, ¿no veis los potrillos, no sentís relinchar las yeguas?" Sí es, no es: llegó en esto la carroza, y dijo don Alvaro Fáñez a su mujer la diferencia que tenían: "Mi sobrino dice que éstas son vacas; yo digo que son yeguas". Y ella, al punto, aunque veía todo lo contrario, dijo que tenía razón su marido, y que eran yeguas: de lo cual quedó atónito aquel caballero, y pasaron adelante. Encontraron al cabo de rato una grande y lucida yeguacería, y dijo don Alvaro al sobrino: "Esta sí que es vaquería, que no la otra que vos dedades". "Señor, replicó el caballero, o vos o yo nos habemos calzado hoy el entendimiento al revés. No veis los crines? ¿no sentís los relinchos?" llegó en esta altercación la carroza. "Otra vez, señora, estamos disputando: ¿Qué os parece, éstas no son vacas?" "Sí, señor, dijo su esposa, razón tenéis: aquéllas eran yeguas, y éstas son vacas". Aquí acabó de perder los estribos el sobrino, y callando él, marcharon adelante. Ofreciósele pasar un río, en que tenía don Alvaro un buen molino, y mirando el agua, dijo a su sobrino: "¿Vos bien creeréis que este río corre hacia mano derecha?" "Así es, y así lo veo". "Pues no corre sino hacia la otra parte". Que no es así, que sí es, estaban altercando. Llegó la dama, y dijo que tenía razón su marido, que el río corría hacia arriba, como él decía, y no hacia bajo. Con esto calló el sobrino y prosiguieron su viaje. Llegando ya a la casa, dijo don Alvaro: "A buena hora llegamos, que son las doce de la noche". "¿Cómo noche?, dijo el sobrino. Mediodía diréis, señor, ¿no veis el sol en medio el horizonte?" "No es sino la luna, y medianoche". Estaba fuera de sí el sobrino oyendo esto, cuando la dama, que llegó y oyó la contienda, dijo que sí, que era medianoche, y que aquélla era la luna y no el sol, y que tenía mucha razón y decía verdad don Alvaro, su marido. Llegaron a la granja, pararon las mesas, comieron, y después, retirándose tío y sobrino, dijo don Alvaro Fáñez: "Verdaderamente estaréis espantado de lo que ha pasado y de lo que habéis visto, sobrino. Vos tuvistes razón en todo, porque aquella primera que vimos era vaquería, como vos decíades, y la segunda, yeguacería; el río corría hacia bajo y ahora es mediodía; pero, para que entendáis qué mujer tengo yo, que si yo digo que lo negro es blanco, ha de ser así, y si yo digo que es de noche, lo ha de ser, aunque sea mediodía, para eso he hecho esto, y respondo a lo que ayer me dijistes, que daba mucha mano a mi mujer". Destas tan ingeniosas ficciones va entretejiendo su moral sabiduría este gran príncipe.

Dé fin a este discurso el dulcísimo Garcilaso con una ingeniosa ficción, en que hace el argumento por una acordada semejanza, con una sentenciosa etopeya:

> A la entrada de un valle, en un desierto,
> do nadie atravesaba ni se vía,

vi que con estrañeza un can hacía
estremos de dolor con desconcierto;

ahora suelta el llanto al cielo abierto,
ora va rastreando por la vía;
camina, vuelve, para, y todavía
quedaba desmayado como muerto;

y fue que se apartó de su presenciasu amo, y no le hallaba, y esto siente:
mirad hasta do llega el mal de ausencia.

Movióme a compasión ver su accidente,
díjele lastimado: "Ten paciencia,
que yo alcanzo razón, y estoy ausente".

DISCURSO XXXVI
DE LOS ARGUMENTOS CONCEPTUOSOS

Tiene la Agudeza también sus argumentos; que si en los dialécticos reina la eficacia, en los retóricas la elocuencia, en éstos la belleza. Usanse mucho en la poesía para exprimir y exagerar los sentidos. Es muy ordinario dar conclusión conceptuosa a un epigrama, a un soneto, a una décima con un bien ponderado argumento. Vese en éste de Lope de Vega:

Peregrino Abraham, intenta asilo
al cielo airado, con la bella Sara;
deja la estéril Canaán y para
en las riberas del fecundo Nilo.

Teme que lleva a la garganta el filo
de Faraón, por su belleza rara;
mas como Dios le guía, Dios le ampara,
que no la industria del humano estilo.

Vuelve el rey a tu mujer, y el vario
temor respeta, de marido el nombre:
que le matara Dios por lo contrario.

¿Quién hay que del peligro no se asombre,
viendo que el mismo Dios fue necesario

para defensa del honor. de un hombre?

Vase a probar el intento con estos argumentos, que eso basta para sutileza. Fórmanse de muchas maneras. Sean los primeros aquéllos en que se arguye de lo más a lo menos, haciendo correspondencia entre los dos términos del argumento. Gran concepto el de san Agustín, ponderando la turbación de Herodes y de toda Jerusalem, con la nueva del Rey verdadero: "¿Qué hará, dice, el tribunal del juicio, si así atierra a los malos el pesebre?": *Quid erit tribunal judicantis, quando superbos reges cuna terrebat infantis?*

Incluyen comúnmente proporción y consonancia estos argumentos, de una circunstancia a otra, como se ve en este epigrama de Ausonio:

Armatam. Pallas venerem Lacedaemone visens,
vis ne ut iudicium sic iniamus, ait:

Cui Venus arridens, quid me galeata lacessis,
vincere si possum nuda, quid arma gerens?

Puede competido la elegante traducción de don Manuel Salinas:

Vio armada a Venus un día
en Lacedemonia Palas,
y burlando de sus galas
de nuevo la desafía:
"Contigo competería,
aunque el juez troyano acuda".
Respondió Venus: "Sin duda
que vas, Palas, engañada,
pues sabrá vencerte armada
quien ya te venció desnuda".

De todos los adjuntos del sujeto se hace el argumento, como de un efecto a otro, de una causa a otra, etc. Así dijo el Marino en este digno epigrama de su gran asunto, que fue a la Reina de todo lo criado:

Figlia de Dio, che de la eternamente
donna invicta del ciel, pura e gradita
santa e vera Minerva, a guerra uscita,
pace portasti a la affanata gente:

tu di fe, tu di amor, l' alma inocente
armata e de umiltá, venisti ardita

al tiranno de Abisso a tor la vita,
pur troppo in terra althor fato possente.

Ne maraviglia e gia che a le celesti
force del tuo valor cadesse estinto
l' adversario infernal, sel ciel vincesti.

Anci sel Re del ciel da te sol vinto
di lion fatto agnelto, aver potesti
prigionero nel ventre; en fasce avinto.

Así como éstos se fundan en la correspondencia de ,los extremos, así otros en la contraposición y distancia de una circunstancia careada con otra mayor. El caballero Guarini:

Ojos, astros mortales,
ministros de mis males,
que aun en sueños mostráis
que mi muerte buscáis,
si me matáis cerrados,
¿qué haréis, ojos abiertos y rasgados?

Del mismo sujeto en un tiempo, se toma argumento para otro, con aumento de la perfección. A una menina de la reina, dijo uno ya con cuidado:

Si al salir mi sol me abrasa,
¿qué sería
estando en el mediodía?

Pondérase en estos argumentos la improporción, y a veces participan de la crisi mordaz y irrisoria. Desta suerte el ingenioso Alciato, a una golondrina que hacía su nido en una estatua de la cruel Medea, en uno de sus emblemas:

Colchidos in gremio nidum quid congeris? heu
nescia cur pullos tam male éredis aris?
Dira parens Medea suos saevissima natos
perdidit, et speras parcat ut illa tuis?

Al contrario se arguye con igual artificio de lo menos a lo más, que es aquel argumento llamado *a minori ad maius*. El afectuoso Jorge de Montemayor, dijo:

No te duelan mis enojos,
vete, Sireno, a embarcar,
pasa de presto la mar,

pues que por la de mis ojos,
tan presto puedes pasar.

Del modo que se arguye de lo más a lo menos, y de lo menos a lo más, así también de igual a igual, ponderando la proporción y correspondencia. Desta suerte Francisco de Figueroa, poeta insigne, dijo:

¡Ay, esperanza lisonjera y vana,
ministra de cuidado y de tormento,
que el más osado y loco pensamiento
haces juzgar segura empresa y llana!

Si, cual suele llevar pluma liviana,
te me ha llevado de contino el viento;
y con daño y vergüenza me arrepiento
de haber creído en confianza humana;

Déjame, que si amor y mi fortuna
te han cortado mil veces floreciendo,
¿qué puedes prometer, seca y perdida?

Marchítanse tus flores en saliendo,
sin hacer fruto, y si le hace alguna,
es cebo dulce para amarga vida.

Caréase la igualdad del efecto con la de la causa. Así éste:

Y mi firmeza en firmeza,
sobre todas las firmezas,
y mi tristeza en tristeza,
por perder una belleza,
que es sobre todas bellezas.

Todos éstos argumentos se fundan en la hermosa correlación que hacen los dos términos para argüir del uno al otro. Estaban comiendo los dos reyes, el de España, don Fernando el Católico, que volvía de Nápoles, y el de Francia, que salió a uno de sus puertos a cortejarle; asistía en pie el Gran Capitán, cuando el francés, más de justicia que de llaneza, mandó que arrastrase una silla y se sentase a la mesa, diciendo: "Bien merece comer con reyes, quien vence reyes". Está la proporción del argumento en el comer con reyes, por vencer reyes. Propónese por causa la misma correspondencia. Así también el doctor Juan Pérez de Montalbán, en este conceptuoso epigrama:

De un curioso, no ilícito desvelo,
Dina, bien persuadida y mal segura,
con disfrazadas galas ver procura
en otras el retrato de su cielo.

Por sosegar su honor y su recelo,
se cubre el rostro, pero fue locura,
pues vino a ser afeite en su hermosura
el ocultarla con tan fácil velo.

Sale gallarda, y los claveles rojos,
viendo a Siquen, de púrpura mejoran,
y logra amor sus fímeros antojos.

Lloran los ojos el honor que ignoran,
que como el daño nace de los ojos,
son también los primeros que lo lloran.

También *a paritate* se arguye con sutileza, tomando la paridad de un sujeto a otro, ponderando alguna ventaja para el exceso. Tan ingenioso como cristiano, dijo don Antonio de Mendoza en aquel poema que tuvo estrella, y divina:

Que si salió a ser vencida,
Eva sin pecado, es cierto,
que la que nació a vencelle,
que se concibió con menos.

De la paridad de un efecto se arguye con correspondencia a otro, y de cualquier circunstancia a otra igual. Desta suerte concluye el sutilísimo Camoes un soneto:

Que de tanta estranheca sois ao mundo,
que nao he de estranhar dama excellente,
que quem voz fez, ficese ceo et estrellas.

Por la disparidad, con sumo artificio, por ser igual el de los estremos; agradable pensamiento de don Luis de Góngora:

Serénense tus ojos,
y más perlas no den,
porque al sol le está mal
lo que a la aurora bien.

El mismo, formó argumento de disparidad en la diversidad de las circunstancias y dijo:

> Con diferencia tal, con gracia tanta,
> aquel ruiseñor llora, que sospecho
>
> que tiene otros cien mil dentro del pecho
> que alternan su dolor por su garganta.
>
> Y aun creo que el espíritu levanta,
> como en información de su derecho,
> a escribir del cuñado el atroz hecho,
> en las hojas de aquella verde planta.
>
> Ponga, pues, fin a las querellas que usa,
> pues ni quejarse ni mudar de estanza
> por pico ni por pluma se le veda.
>
> Y llore sólo aquél que su Medusa
> en piedra convirtió, porque no pueda
> ni publicar su mal, ni hacer mudanza.

Sólo añaden esos conceptos al de disparidad —de que se discurrió en su propia especie— aquella formalidad de argumento con que se prueba y se exprime más el sentimiento y la intención. Ingeniosamente discurrió doña Hipólita de Narváez en este epigrama:

> Rompe Leandro con gallardo intento
> el mar confuso, que soberbio brama,
> y el cielo entre relámpagos derrama
> espesa lluvia con furor violento.
> Sopla con fuerza el animoso viento,
> ¡triste de aquél que es desdichado y ama!,
> al fin al agua ríndese la llama
> y a la inclemente furia el sufrimiento.
>
> Mas ¡oh felice amante!, pues al puerto
> llegaste, deseado de ti tanto,
> aunque con cuerpo muerto y gloria incierta.
>
> ¡Y desdichada yo, que en mar incierto,
> muriendo entre las aguas de mi llanto,
> aun no espero tal bien después de muerta!

Semejantes a los argumentos de paridad son los que se hacen ab exemplo. Arguyese con la misma razón y correspondencia de un sujeto a otro. Así el religiosamente poeta fray Luis de León, desengaña arguyendo en aquella moral canción, que comienza:

> Elisa, ya el preciado
> cabello, que del oro escarnio hacía,
> la nieve ha variado.
> ¡Ay!, ¿yo no te decía,
> recoge, Elisa, el pie, que vuela el día?, etc.
> Qué fe te guarda el vano,
> por quien tú no guardaste la debida a tu bien soberano,
> por quien mal prevenida,
> perdiste de tu seno la querida prenda, etc.

Júntase también con el ejemplo el exceso, con que se pondera de lo más a lo menos, especialmente cuando el término de quien se toma es sublime. Este concepto dio 'alma a estas dos décimas a la muerta emperatriz de España, doña Isabel; introduce en ellas Anastasio Pantaleón al beato padre Francisco de Borja, que dice:

> Poco a la fortuna debe
> tu hermosura peligrosa,
> pues naciste tan hermosa
> a período tan breve;
> si a tanta vida se atreve
> la Parca, ¿quién puede huir?
> O ¿por qué afecta vivir
> nuestra ambición mal segura,
> siendo ley de la hermosura
> criarse para morir?

> De tu forma peregrina
> nada acuerda la verdad,
> que aun tal vez la majestad
> se ha esperado en la ruina;
> sola en ti, Isabel divina,
> huyó la forma y el ser,
> *y en tanto ejemplo, aprender,*
> *quiero yo a morir ahora,*

ya que en el mundo se ignora
escuela para el nacer.

Sea última sutileza el hacer antitesi del mismo ejemplo, arguyendo en contraposición del un término al Otro. Desta suerte arguye, y aún convence, un Ingenio de muchas esperanzas, Juan Lorenzo Ibáñez, moderno cisne del Ebro, en este soneto, bien hablado y bien concepteado:

El costado de Cristo, que inhumana
fiereza rasga lanza rigurosa,
desata arroyos de jazmín y rosa,
equivoca raudal de nieve y grana.

El corazón se asoma a la ventana
que en el pecho le abrió mano alevosa,
y para enriquecer su amada esposa,
despide perlas y corales mana.

La ingratitud del hombre el mundo acuse,
pues el llanto detiene cuando mide
Cristo en la cruz un piélago de penas.

No por falta de lágrimas se escuse,
pues Jesús caudalosas las despide
en la sangre del alma, y de las venas.

DISCURSO XXXVII
DE OTRAS MANERAS DE ARGUMENTOS CONCEPTUOSOS

La contrariedad es grande fundamento de toda sutileza; así se arguye con agradable artificio de un contrario a otro. De Cástor, que todo lo compraba, infirió Marcial por consecuencia el otro extremo, de que todo lo vendería:

Omnia, Castor, emit: sic fiet, ut omnia vendat.

No sólo es pronta la Agudeza en tiempo, sino en palabras: presto, y bien, dos realces; los dos encierra la gustosa traducción de nuestro Salinas:

En comprado todo da
Cástor, cuanto topa y ve;
quien todo lo compra, a fe
que todo lo venderá.

Grande sutileza es sacar de una cosa su opuesta, y a fuerza del argumento probar todo lo contrario. Fue eminente Lope de Vega, no sólo en lo fecundo, sino en lo conceptuoso; mostrólo en este valiente epigrama:

>Puso Joab al animoso Urías
>en el peligro que su rey le advierte,
>y trocando la infamia con la muerte,
>da vida y fama a sus cenizas frías.
>
>Su incasta ausente los legales días
>llora la sangre que su culpa vierte,
>y al alma de su esposo ilustre y fuerte
>ofrece ingrata lágrimas impías.
>
>Sujeto está el honor a la desdicha;
>¿pero qué mayor bien del agraviado,
>que no le ser jamás de nadie dicha?
>
>Y pues temeda puede el más honrado,
>*dichoso quien murió con tanta dicha,*
>*que nunca supo que era desdichado.*

Son estas sutilezas examen de un Ingenio: es lo más que se puede discurrir. Pero hay aún su latitud en esta misma contrariedad, y sus grados de oposición, según la mayor o menor distancia; entre dos opuestos, efectos, o circunstancias de un mismo sujeto, se forma el argumento conceptuoso. Desta suerte, el Camoes:

>Porque poco aprovecha, linda dama,
>que sembrase el amor en vos amores,
>si vuestra condición produce abrojos.

Aún dice más primor sacar efectos opuestos de una misma causa, y concluir que la misma contraditoriamente obra; campea esta estremada sutileza en este célebre epigrama a santa Córdula:

>Cordula vivis adhuc de tot modo millibus una,
>inter tot caedes Cordula vivis adhuc?
>It mare virgineum, pelago premit arva rubenti,
>Ursula fixa iacet, Cordula vivis adhuc?
>Hinc Amor, inde timar connixi hastilia crispant
>quam timar abscondit, denique prodit amor.

Excedióse a sí mismo el ingenioso y elegante don Manuel Salinas en la traducción; celébrala:

> Córdula, ¿que es posible haber quedado
> entre tantos millares con la vida?
> Córdula, entre matanza tan crecida,
> ¿tú sola con la vida has escapado?
>
> La espalda oprime al piélago esmaltado,
> virgíneo mar de sangre esclarecida,
> ¿y tú vives aún, cuándo rendida
> Ursula yace el cuerpo atravesado?
>
> De aquí el temor, de allí el amor combate
> sobre el amante corazón, adonde
> la lucha astillas crespas multiplica.
>
> Vence al fin el amor en tal debate,
> *porque la que el temor cobarde esconde,*
> *el amor atrevido la publica.*

A repugnantibus: se pondera alguna circunstancia o suceso que apoya lo que se pretende y contradice a lo contrario. De san Josef, discurriendo sobre sus hermosos celos, dijo don Antonio de Mendoza, y es de lo mejor que tiene este gran Ingenio:

> Que no esté celoso intenta
> mostralle, ¡oh grande argumento!:
> despertóle, *y pues dormía,*
> *ya se ve que no eran celos.*

Pondérase en la causa la repugnancia, para inferir el encontrado efecto, con artificiosa sutileza. Desta suerte el culto, aunque no oculto, Zárate arguye que las lágrimas de amor abrasan:

> Brota diluvios la soberbia fuente,
> más piadosos que el cielo para Egito,
> cuando el piélago en ondas infinito,
> aun su misma ribera no lo siente.
>
> Multiplican mis ojos su corriente,
> contra la fuerza del celeste rito,

pues cuando abrasa el sol todo distrito,
de sus márgenes pasa la creciente;

hiriendo el sol las encumbradas sierras
que al Nilo se derraman en tributo,
vuelven a ser frutíferas las tierras.

En mi, causa mi sol el mismo efeto;
mas, ¡ay, que son las lágrimas sin fruto,
pues con ser agua: queman en secreto!

Ab adiunctis: esto es, de las circunstancias. Es un modo de argumentar muy justo.

Sea ejemplo este gran concepto de Camoes, en que de los adyacentes saca la ingeniosa consecuencia:

Mi corazón me han robado,
y Amor, viendo mis enojos,
me dijo: "Fuéte llevado

por los más hermosos ojos,
que desque vivo he mirado.

Gracias soberanas tales
te los tienen en prisión";
y si Amor tiene razón,
señora, por las señales,
vos tenéis mi corazón.

Por la semejanza se arguye con no menor propiedad. y sutileza que por la paridad. Ingeniosamente, don Luis Carrillo:

Y si es cierto, no consume
el que es fuego elemental:
Siendo mi fuego de un cielo,
¿por qué me consumirá?

Añadió a la semejanza la grave sentencia don Luis de Góngora, y dijo:

¡Ayer deidad humana, hoy poca tierra,
aras ayer, hoy túmulo, ¡oh mortales!
Plumas, aunque de águilas reales,
plumas son; quien lo ignora, mucho yerra.

Los miembros que hoy este sepulcro encierra,
a no estar entre aromas orientales,
[mortales señas dieran de mortales;]
la razón abra lo que el mármol cierra.

La fénix que ayer Lerma fue su Arabia
es hoy entre cenizas un gusano,
y de conciencia a la persona sabia.

Si una urca se traga el occeano,
¿qué espera un batel, luces en la gavia?
Tome tierra, que es tierra el ser humano.

Ad hominen: es un argüir de lo concedido por otro, y un retorcerle en contra su misma razón. Trocó Marcial graciosamente el dicho de Gelia, que, presentándole una liebre, le envió a decir sería hermoso siete días si la comía, a lo menos una semana. Jugó del vocablo *leporem*, que con equivocación significa la liebre y hermosura o lindeza, comento no rozado:

Si quando leporem mittis mihi. Gellia, dicis,
formosus septem, Marce, diebus eris.
Si non derides, si Verum, lux mea, narras,
edisti numquam, Gellia, tu leporem.

Tradújolo un moderno en esta décima, con toda propiedad y rigor:

Una liebre, y a decir,
discreta Gelia, me envías,
que la coma, y siete días
seré lindo; y si reír
esto no es, ni fingir,

¿sabes en qué he reparado,
sol de un ciego enamorado?
Que si tú dices verdad,
yo diría en puridad.
que tú nunca la has probado.

Pero con no menos elegancia y mayor propiedad la sazonó el canónigo Salinas:

Si cuando liebre me envías,
me dices. Gelia. has de ser,

si la quisieres comer,
Marco, hermoso siete días.

Si no ríes, ni mentiste,
mi luz, en lo que has contado,
me atrevo a decir, osado,
que tú nunca la comiste.

De las causas a los efectos, y al contrario, se toma ingeniosamente el argumento y se forma la primorosa correspondencia. El siempre agudo Camoes:

Apartabase Nise de Montano
en cuya alma, partindose, ficaba;
que o pastor na memoria debuxava;
por poder sustentarse deste engano.

Pellas Prayas do Indico Occeano
sobre o curbo cayado s' enconstaba,
e os olhos pellas agoas alongaba,
que pouco se doíam do seu dano.

"Pois com tamanha magoa et saudade,
dizia, quis deixarme a que eu adoro,
por testemunhas tomo ceu et estrellas;
mas se em vos, ondas, mora piedade,
levai tamben as lagrimas que choro,
pais assi me levais a causa dellas".

DISCURSO XXXVIII
DE LA AGUDEZA POR UNA RARA INGENIOSA ILACIÓN

Supone esta especie de sutileza, extraordinaria perspicacia de discurso. Consiste su artificio en sacar una consecuencia extravagante y recóndita, y así es parte de la pasada. Prestando uno cantidad de dinero a otro, viendo que éste los echaba en el lienzo sin contar los, sacó con ingeniosa ilación aquél, que no pensaba volverlos, y así se los pidió, diciéndole: "Quien no los cuenta, no los piensa pagar". De las circunstancias y adyacentes se vale el discurso para colegir tan pronta y recóndita consecuencia. Así la sagaz vulpeja, de las pisadas de los brutos, que todas miraban hacia la cueva del león, y ninguna volvía atrás, infirió la importante verdad. Pondéralo bien el profundo y magistral Horacio, en su primera carta:

Olim quod vulpes aegroto cauta leoni,
respondit, referam: "Quia me vestigia terrent,
omnia te adversum spectantia. nulla retrosum".
Bellua multorum es capitum. Nam quid sequar aut quem?, etc.

No se pueden dar reglas ciertas y infalibles para estas sutiles consecuencias; sola la valentía y vivacidad de un Ingenio es bastante para tan extravagante discurrir. Tal fue el de Junio Bruto, que consultando los hijos de Tarquino el oráculo de Delfos, sobre quién dellos había de obtener el mando, y respondióles que el primero que besase a su madre; él, prontamente, fingiendo que caía, besó la tierra, discurriendo –con notable prontitud– que ella es madre universal; y no se engañó.

Contiene más sutileza, cuando al contrario de lo que otros piensan, se colige una verdad, y más si es prudente y cierta. A uno que celebraba su mucha felicidad, arguyó el juicioso poeta Bartolomé Leonardo:

¿Es para ti la esfera de la luna,
Lico, esta patria universal del suelo?
¿Que no has visto la cara al desconsuelo,
ni llorado jamás, ni aun en la cuna?

No haber hecho de ti experiencia alguna
un caso adverso, ¿no te da recelo
de que no te ha juzgado digno el cielo
de vencer ni una vez a la fortuna?

No acredita al piloto la bonanza;
el ejercicio sólo es el que puso
entre el valor y el ocio diferencia.

Mísero quien no da filos al uso
de la razón, haciendo resistencia
igualmente al temor y a la esperanza.

Tal vez suele ser paradoja la ilación, pero ingeniosa. Así Augusto, pasando por una almoneda de un hombre muy adeudado, preguntó si se vendía la cama, y respondiéndole que sí, mandó comprada, y satisfizo al reparo de sus cortesanos diciendo que no le dejaba dormir el cuidado del universal gobierno, y que creía que aquella cama tenía alguna especial virtud de hacer dormir, pues un hombre con tantas deudas podía descansar en ella. Pero no acudió mal el que dijo que antes había de comprar las de los acreedores.

En materia de los sueños, ha habido raras y extravagantes interpretaciones, sacadas de lo que significaban .las mismas cosas soñadas. Tal fue aquella que refiere Pedro Mateo, insigne historiador de Francia, juicioso ponderador, elegante, ceñido y muy atento con mucha razón estimado del grande Enrico cuarto, como tan apreciador de las letras, y en ellas de su propia. imortal fama: "No es bien, dice, despreciar ni estimar todos los sueños. Los de los grandes príncipes no son vanos sobre las grandes resoluciones; después se conoce que han sido inspirados divinamente. Pocos días antes deste suceso –fue la muerte violenta de Enrico– soñó la reina dos veces: cuando los plateros le labraban la corona, que los más gruesos diamantes y todas las más ricas piezas que se dieron para su adorno, se habían convertido en perlas, las cuales muchos interpretaron por lágrimas". Hasta aquí Mateo. Otros dicen soñó que una rastra riquísima de perlas que traía se le había deshilado y esparcídose todas ellas por el suelo, símbolo las perlas de las lágrimas que había de derramar. Semejante fue ésta a la que el otro sabio dio al rey Ciro: habiendo soñado que el sol se le iba dentre las manos, le pronosticó su cercana muerte. y que aquello era un írsele la vida.

Pondéranse las contingencias y la correspondencia de las circunstancias, especialmente lo que suelen significar por la acepción común en jeroglíficos y símbolos, y forma su discurso con fundamento y sutileza el Ingenio. Pero cuando la consecuencia es contraria a las circunstancias por su contraposición y extravagancia, es más gustosa; como lo fue la de Marcial, en este epigrama: a uno que afectaba mucho el ir embalsamado entre olores, díjole que del oler tan bien se seguiría el oler muy mal:

Hoc mihi suspectum est, quod oles bene, Postume, semper,
Postume, non bene olet, qui bene semper olet.

Contraditoriamente saca la ilación, pero muy verdadera y plausible; compítela la elegante traducción de don Manuel Salinas:

Póstumo, el oler tan bien,
tengo por mala señal,
porque siempre huelen mal
aquellos que huelen bien.

Aunque no sea contraria, si es diferente de lo que los demás discurren y ponderan, se tiene por ingeniosa. Refiriéndole a Augusto los de Tarragona, por gran prodigio, que había nacido una palma en el altar que le tenían dedicado para rogar por su felicidad y salud, dijo el César: "De ahí colijo yo cuán frecuentes son vuestros sacrificios y el ofrecer incienso en él, pues no sólo nace yerba, sino palmas".

Esta es la sutileza que da valor y alma a las transposiciones, convirtiendo en acierto el que parecía yerro, en sublimidad la bajeza, y al contrario. Acusándole a Alejandro ciertos soldados de su ejército, que, estando para pelear con un millón de enemigos, habían conjurado de no llevar a la real tienda los despojos que cogiesen: "¡Oh valientes soldados, respondió, que no tratan de huir!"

Como son extraordinarios estos discursos, suelen ayudarse de la exageración, interpretando por encarecimiento. Desta suerte pondera el docto. y grave padre fray Luis de León, en la muerte del príncipe don Carlos:

No temas que la muerte,
vaya de tus despojos vitoriosa,
antes irá medrosa
de tu espíritu fuerte;

las ínclitas hazañas que tú hicieras,
los triunfos que tuvieras,
y vio que a no perderte, se perdía,
y a sí el mismo temor la dio osadía.

Rebatir una ilación con otra .igual, y aun mayor, gran prueba es de la valentía del discurso. Preguntando el otro César a un mozo estranjero –parecíale mucho en el rostro y en el talle– si acaso había estado su madre alguna vez en la corte, percibió la malicia, y respondió: "Señor, no; mi padre, sí". Profundo y verdadero discurso fue el de Metelo, contra el común sentir de toda Roma, que celebraba mucho la destrucción de Cartago; dijo él, lamentándose, que no eran fiestas por la vitoria, sino exequias de su imperio, pues el ocio vengaría bien a Cartago. Estremado fue el rey don Alonso el Magnánimo para dar libertad a la esclava que pedía justicia de su amo: mandó venderle el hijo. Y el del otro, ciego en la material vista, no en el entendimiento: que recuperó el tesoro escondido, aconsejándose si pondría más con el que lo había hurtado. Esta especie de sutileza tiene más de Ingenio que de Arte.

DISCURSO XXXIX
DE LOS PROBLEMAS CONCEPTUOSOS, Y CUESTIONES INGENIOSAS

Toda dificultad solicita el discurso y es agradable pasto del Ingenio; con la proposición suspende y con la ingeniosa salida satisface; pero, entre todos, los problemas morales y panegíricos suelen ser muy agradables y plausibles Tal fue aquella célebre pregunta del libro tercero de *Esdras*, propuesta y altercada por aquellos tres cortesanos que guardaban el sueño al rey Daría: ¿Cuál sea la cosa más fuerte? Dijo uno, que el vino; otro, que el rey; y el tercero, que la mujer; adelantando cada uno su sentir, con no menos eficaces que entretenidos argumentos. Decidióse al cabo en favor de la verdad, dándole la palma por la cosa más fuerte e incontrastable de cuantas hay.

Consiste su artificio en una pregunta curiosa, esto es, recóndita, moral o panegírica; empéñase en ella el discurso, y después de bien ponderada la dificultad, dásele la gustosa solución. Así comenzó el sentencioso Horacio sus sátiras:

> Qui fit Maecenas, ut nemo, quam sibi sortem,
> seu ratio dederit seu sors obiecerit, illa
> contentus vivat: laudat diversa sequentes?
> "O fortunati mercatores!" gravis armis
> miles ait, multo iam fractus membra labore;
> contra Mercator, navim iactantibus Austris;
> "Militia est potior! Quid enim? Concurritur; horae
> momento cita mors venit aut victoria laeta".
> *Agricolam laudat iuris legumque peritus,*
> *sub galli cantum consultor ubi ostia pulsat;*
> *ille datis vadibus qui rure extractus in urbem est,*
> *solos foelices viventes clamat in urbe;*
> *caetera de genere hoc, adeo sunt multa, loquacem*
> *delassare valent Fabium. Ne te morer, audi*
> *quo rem deducam. Si fluis deus. "En ego" dicat*
> *"Iam faciam quod vultir", eris tu qui modo miles,*
> *mercator; tu, consultus modo, rusticus; hinc vos,*
> *vos hinc mutatis discedite partibus... Eia!*
> *Quid statis?" Nolint... Atqui licet esse beatis.*
> *Quid causae est? merito quin illis Iupiter ambas*
> *iratus buccas inflet? neque se fore post hac*
> *tan facilem dicat, votis, ut praebeat aurem.*

Cuando el problema tiene tres o cuatro términos que compiten la verdad, es más ingenioso y más gustoso, porque aquella competencia aumenta la suspensión y hace más reñida la dificultad. Desta suerte comenzó el padre Felipe Gracián un sermón el día de la Concepción purísima de la Virgen Madre: ¿A quién toque más la fealdad moral de una mujer: a su padre, o a su esposo, o a su hijo? Parece que redunda más en los padres por la obligación que tienen de la buena educación de los hijos, y que las culpas dellos condenan la falta de su providencia. Con todo eso, parece que al esposo, en la opinión común, le causa mayor nota, y llega a ser infamia. No se escapan los hijos, antes quedan siempre herederos de aquel desdoro y perjuicio materno, echándoseles cada día en la cara. Después de bien ventilada la moral cuestión, con razones y autoridades, así sagradas como de las leyes humanas, aplicó el discurso a la Reina de los cielos, probando que igualmente competió el librada de la mancha original a las tres divinas Personas, por los tres títulos de Padre, de Hijo y de Esposo. Que fue un discurso muy acepto, como bien discurrido.

La contrariedad de las respuestas tiene la misma gracia y relevante artificio, porque con su variedad suspende más el discurso, hasta que se vienen a unir y concordar en un sujeto con su moralidad y sentencia. Ingeniosamente introduce Falcón a Venus, que estando preñada preguntó a las Parcas qué había de parir. Láquesis dijo que un tigre; Cloto, que un pedernal; Atropos, que un rayo; y parió al Amor, que lo es todo.

> Alma Venus pregnans, cum iam prope partus adesset,
> consuluit Parcas, quid paritura foret?
> Tigrim ait Lachesis, Silicem, Cloto; Atrapas, Ignem;
> ne responsa forent irrita, natus Amor.

Corta al principio, y después ata: en que consiste el agradable desempeño. Don Manuel Salinas traduce así:

> Preñada Venus un día,
> estando el parto vecino,
> al oráculo divino
> consultó qué pariría.
> Tigre, Láquesis decía,
>
> Cloto, pedernal, y fuego,
> Atrapos; cumplióse luego,
> *pues porque respuestas tales*
> *fueran en verdad iguales,*
> *nació de amor el dios ciego.*

Ordinariamente, las cuestiones problemáticas suelen ser en común a modo de las tesis; después, al aplicarse al sujeto o a la materia presente, se hacen hipótesis, porque se singularizan y determinan. Desta suerte un grande orador comenzó su panegiri el día de la Encarnación del Verbo eterno disputando cuál sea el mejor modo de eligir esposa en todas las naciones: unas estiman la más hermosa; otras, la más noble; nación hay en que los maridos las compran, y nación que los padres las dan; otros, las pagan. Finalmente concluyó, que el mayor acierto fue el de Dios, escogiendo la llena de gracia: *María gratia plena*. Son muy plausibles estos discursos, y muy aceptos a los oyentes.

Las cuestiones singulares suelen juntarse con mucho artificio con las ficciones, para más dificultad; y cuanto más se va enredando la salida y respuesta, entonces es más gustosa, y se estima más, por lo que tiene de desempeño. Vese en este célebre epigrama antigo, donde la contradicción de las respuestas duplica la dificultad:

> Cum mea me genitrix gravida gestaret in alvo,
> quid pareret fertur, consuluisse deos?
> Mas est Phoebus ait, Mars foemína; Iunoque neutrum
> cumque forem natus Hermaphroditus eram.
> Quaerenti Lethum? Dea, síc ait, occidet armis:
> Mars cruce: Phoebus aquis: sors rata quaeque fuit.
> Arbor obumbrat aquas, ascendo, decidit ensis,
> quem tuleram casu, labor, et ipse super.
> Pes haesit ramis, caput incidit amne; tulique
> foemina, vir, neutrum: flumina, tela, crucem.

Encierra en sí una gran moralidad, con que sella la Agudeza, y concluye ponderando, que para la infalible muerte, las cosas más contrarias y distantes, todas se juntan en un punto. Parecióle imposible la traducción a alguno, y contentóse con exprimir la moralidad en este soneto:

> El tronco antigo de un frutal hermoso
> un arroyo bañaba cristalino;
> lisonja fue del gusto el bien vecino,
> armado en el subí, rapaz goloso.
>
> Atento al hurto dulce, el pie dudoso
> mal fijé en una rama, perdí el tino;
> asido el pie, mi cuerpo al suelo vino,
> hasta llegar al arroyuelo undoso.
>
> Anticipóse el hierro a mi caída,

y recibióme el pecho atravesado:
crecieron con mi sangre los cristales.

¿Qué desdicha no cede a tantos males,
si espadas, horcas, ondas junta el hado,
cuando quiere quitar a uno la vida?

Mas don Manuel Salinas salió con la traducción de todo el epigrama felizmente, y dijo:

Preñada de mí estando,
fue mi madre a los dioses consultando
qué había de parir. Febo la dijo:
"Tú parirás un hijo".
Marte, a su instancia, respondió, prolija:
"Parirás una hija".
Juno dijo: "Tu parto, porque asombre,
ni mujer ha de ser, ni ha de ser hombre".
Cumplióse todo al punto,
siendo mujer y hombre, todo junto.

Queriendo averiguar mi fatal suerte,
los dioses consultó sobre mi muerte;
Juno la respondió, que con espada
mi muerte había de ser acelerada;
Marte dijo que ahorcado,
y Febo, que ahogado;
¡ay!, todos verdaderos
salieron los oráculos severos.
Frondoso un árbol sombra tributaba
a un río, que sus plantas argentaba;
convidóme a subir, o su hermosura,
o por mejor decir, mi desventura;
pues la ceñida espada
cayóseme al subir, quedó clavada
del pomo en las arenas.

Pisé una rama apenas,
y faltóme su frágil delgadeza.
Cayendo de cabeza,
colgado de los pies, que se enredaron

en las ramas, que al golpe se quebraron.
Mi acero, que al caer quedó derecho,
me salió a recibir, y pasó el pecho,
con que de mis corales
pudo aumentar el do sus raudales;
quedando la cabeza sumergida.
Feneció de tres muertes una vida;
allí juntó la fuerza de mi hado,
en mi fin desdichado,
hembra, varón y nada,
aguas que me anegasen, cruz y espada.

Con ocasión de algún suceso singular, se suele sacar la pregunta problemática en común. Así, el ingenioso jurado, en su romance trágico, dijo hablando de la mujer:

¡Oh martirio de los hombres!,
¡oh doméstico enemigo,
desventura inevitable,
monstro desagradecido!
¿Quién fue aquel tan riguroso,
que nos dejó introducido
un gravamen tan enorme,
un fuero tan esquisito?
¿Que el honor de los varones,
justamente merecido,
restribe en un fundamento
fácil de ser combatido?

Propónense algunas veces estas preguntas, así en general, abstrayendo de lo natural y moral; mas la solución siempre tira a la moralidad, como ésta: ¿Cuál sea la cosa más ligera?; dicen unos que el viento; otros, que la luz, y otros, que el pensamiento; y sin duda que lo es el placer en irse y el pesar en venir. Tal fue aquélla de Aristóteles: ¿Cuál Sea la cosa que más presto envejece? Y responde él mismo, que el beneficio. Otras hay mixtas de natural y moral, como ésta: ¿Cuál sea más amarga destas tres cosas: la hiel, la mujer, o la verdad? Otras todas morales: ¿Cuál sea más dificultoso: el vicio, o la virtud? Hay las políticas y muy célebres: ¿Cuál sea mejor rey: el pacífico, o el guerrero?

No es menor primor deste artificio aquella impensada salida del empeño, aquel responder muy al contrario de lo que se piensa y de lo que otros discurren. Desta suerte un grande y religioso orador, el primer día de cuaresma, y de su mayor espectación, en el más autorizado y grave auditorio, dio ingenioso principio a su discurso con una plausible cuestión de la definición del hombre: El griego dirá que es un *microcosmos*, un mundo pequeño. Platón, que es medida de todas las cosas. Aristóteles, la armonía del universo. Plinio, cifra de todo lo criado. Cicerón, vínculo del mundo. Séneca, centro del saber. Catón, participante de la mente divina. Sócrates, dios para otro hombre. Pitágoras, árbol plantado hacia el cielo. Plutarco, rey de la tierra. Diógenes, sol con alma. El santo Moisés, imagen del mismo Dios. David, coronado de gloria. San Basilio, animal político. Nacianceno, gobernador de las criaturas. San Ambrosio, juez de todo. San Bernardo, ciudadano del Paraíso. San Gregario el Magno, contemplador de Dios. San Agustín, fin y blanco de las demás criaturas. Mas yo, con la autoridad del mismo Dios, diré, que es tierra, que es -polvo, y nieto de la nada: *Memento homo, quia pulvis es, et in pulverem reverteris*.

Hay algunas destas preguntas problemáticas, que no se les da respuesta, sino la misma admiración del objeto sirve de desempeño y respuesta; como se ve en esta sazonada y sentida décima del gran ponderador Bartolomé Leonardo:

> Viéndose en un fiel cristal
> ya antigua Lice, y que el Arte
> no hallaba en su rostro parte
> sin estrago natural,
> dijo: "Hermosura mortal,
>
> pues que su origen lo fue,
> aunque el mismo Amor le dé
> sus flechas para rendir,
> viva obligada a morir,
> pero a envejecer, ¿por qué?"

Los problemas morales son muy conformes a la razón, y así la recrean tanto y la satisfacen. Algunos hay naturales, que por su curiosidad son muy gustosos, y suele valerse dellos el orador, para dar principio a algún discurso, como aquél: ¿Cuál haya sido el mejor pintor del mundo?, y responde, que los dos meses, abril y mayo.

Las cuestiones panegíricas, por lo sublime y ingenioso, son plausibles. Tal fue aquélla de un grave orador, en el nacimiento del singular Bautista, fundada en el mismo evangelio: *Quis putas puer iste erit: etenim manus Domini erat eum illo?* Dice, que la ventura y felicidades de Juan se han de sacar de la mano de Dios; y va por ella preguntando quién ha de ser, y discurriendo sus mayores excelencias. Relevante discurso fue también a san Juan Evangelista, fundado en las palabras del evangelio: *Hic autem quid?*, y en el prodigio de no hallarse su cuerpo en su sepulcro, sino un celestial maná, obrador de maravillas; carea el *quid est hoc?* del maná y el *hic autem quid?* de san Pedro, y forma la cuestión de quién es Juan: apóstol, evangelista, profeta, mártir, virgen, todo lo es, como el maná, que a todo sabía.

DISCURSO XL
DE LA AGUDEZA ENIGMÁTICA

Son muy semejantes a los problemas los enigmas; fórmanse por una dificultosa pregunta; cuanto más morales son, más célebres; como éste: ¿Quiénes sean aquellas dos hermanas, que la una, donde una vez sale, nunca más vuelve a entrar, y la otra, donde una vez entra, nunca más vuelve a salir? Responde ser la vergüenza y la sospecha.

Fórmase el enigma de las contrariedades del sujeto, que ocasionan la dificultad y artificiosamente lo escurecen, para que le cueste al discurso el descubrirlo; como éste:

> Por un amoroso exceso
> al más potente Señor,
> le tiene el divino amor
> en estrecha cárcel preso;
> y está con tanta afición,
> que aunque él es el prisionero,
> falta la prisión primero,
> que él falte de la prisión.

Es panegírico a Cristo en el Sacramento; con que se pondera grandemente la gran fineza de su amor. De suerte que también los enigmas sirven para más ponderar un hecho o un sentimiento grande, como se ve en éste del famoso Garcilaso:

> Dentro en mi alma fue de mí engendrado
> un dulce amor, y de mi sentimiento
> tan aprobado fue su nacimiento,
> como de un solo hijo deseado;

mas luego dél nació quien ha estragado
del todo el amoroso pensamiento
en áspero rigor, y en gran tormento,
los primeros deleites ha tornado.

¡Oh crudo nieto, que das vida al padre,
y matas al abuelo! ¿Por qué creces
tan desconforme a aquel de que has nacido?

¡Oh rabioso temor!, ¿a quién pareces?
¡Que aun la envidia, tu propia y fiera madre,
se espanta en ver el monstro que ha parido!

Estremada definición de los celos: que por una descripción de lo más prodigioso y extravagante del sujeto sobre quien se discurre, se saca comúnmente el enigmático concepto. Pero siempre ha de haber alguna contrariedad entre las circunstancias y adjuntos de que se concibe, como aquél de Bión: ¿Cuál es la cosa más mala que el mismo mal?, y responde, que el no saberlo llevar y sufrir. Hácese más dificultoso el enigma, cuando incluye las contrariedades de un mismo sujeto. Así en éste del filósofo Anacarsis: ¿Cuál es la cosa mejor y juntamente la peor del hombre?, y responde, que la lengua.

No es necesario que la oposición de los extremos del enigma sea siempre contrariedad; bastará una diversidad extravagante. Así fue aquel tan célebre de la esfinge, glosado así del atento Alciato:

Quad manstrttm id? Sphinx est. Cur candida virginis ora,
et valucrum pennas, crura leanis habet?
Hanc faciem assumpsit rerum ignorantia: tanti
scilicet est triplex causa, et origo mali.
Sunt quos ingenium leve, sunt quos blanda valuptas,
Sunt et quos faciunt corda superba rudes.
At quibus est notum, quid delphica littera possit,
praecipitis monstri guttura dira secant.
Namque vir ipse bipesque tripesque, et quadrupes idem est,
primaque prudentis laurea nosse virum.

Preguntaba: ¿Cuál es aquel animal que comienza a andar con cuatro pies, prosigue con dos, y acaba con tres? Respondió Edipo ser el hombre, y valióle la vida; porque el conocerse uno, así como es dificultoso y de pocos, es más glorioso y importante.

Sublime moralidad con que corona su emblema Alciato.

A más contraposición, más dificultad, y a más dificultad, más fruición del discurso en topar con el significado, cuanto está más escuro; como se ve en este antigo, pero con alma:

¿Cuál es la cosa más cierta,
que no tiene punto cierto?
¿Cuál es la cosa más muerta,
que no tiene nada muerto?

¿Cuál es la cosa más viva,
que no tiene nada vivo?
¿Cuál es aquella cautiva,
cautiva de su cautivo?

Compónese toda de contrariedades, y exprime con grande artificio nuestra muerte y la razón sujeta' al pecado. Más difícil es esta otra, de Juan de Córdoba:

Infame peste, estrago de la vida,
torpe peso de honrados pensamientos,
pecho de pedernales avarientos,
boca de bestia fiera mal herida;

fueros y leyes quiebras fementida,
montañas rompes, piélagos y vientos,
ni embotas tus hidrópicos alientos
con tanta sangre humana mal vertida.

Tú armaste contra el padre más piadoso
del hijo vil, tal vez, la mano aleve,
y tal del impio padre la fiereza.

Tú poblaste de sangre el golfo undoso,
tú de asombro y dolor, el golfo leve,
de miedo el sol, y el cielo de tristeza.

Todas éstas se componen de las mismas contrariedades del sujeto, y se hace una como definición enredada, para que el discurso la desempeñe. Hay libros enteros destos conceptos enigmáticos, algunos muy fríos, Otros muy ingeniosos, como éste:

¿Qué es el cuerpo sin sentido,

que concierta nuestras vidas,
sin vivir?

Muévese sin ser movido,
hace cosas muy sentidas
sin sentir.

Este nunca está dormido,
mas siempre mide medidas
sin medir.

Tiene el seso tan perdido,
que él mismo se da heridas
sin herir.

Vióse autorizada esta Agudeza en el sacro enigma: *De comedente exivit cihus, et de forti egressa est dulcedo*, que también se compone de la contrariedad artificiosa.

DISCURSO XLI
DE LAS RESPUESTAS PRONTAS, INGENIOSAS

Si una pregunta curiosa y dificultosa es prueba grande del discurso, una respuesta sutilmente adecuada y pronta, será su desempeño. Habíase disfrazado el famoso Dante, y andaban por conocerle; para esto, preguntaron: "¿Quién sabe del bien?" Respondió él: "Quién sabe del mal", y al punto fue descubierto. Estas respuestas sentenciosas hicieron tan célebres a los siete sabios de Grecia: como Tales que preguntado cuál era la cosa más fácil y la más dificultosa, respondió, que el conocer uno sus defectos y los ajenos. Bías, ¿cuál era la más cruel de las fieras y más dañosa?: de las bravas, el tirano; de las mansas, el adulador. Pero Diógenes, de las crueles, el murmurador; de las domésticas, el adulador. Estuvo la gracia en responder con tanta sutileza, fuera de lo que se preguntaba, con lo moral a lo natural.

Unas veces consiste su primor en dar la definición o declaración de la cosa que se pregunta, ya por una sentenciosa metáfora; así Zenón, preguntándole, ¿qué era la hermosura, en qué consistía?, dijo que es flor que promete buen fruto de costumbres; Aristóteles, prerrogativa de la naturaleza; Sócrates, tiranía breve; Teofrastro, engaño callado; Carneades, imperio sin soldados; Teócrito, escollo de marfil.

Por una semejanza se explica agradablemente el sujeto de que se pregunta. Pidiéndole a Platón, qué cosa era la esperanza, respondió: sueño de hombres despiertos.

Demócrito, que las palabras son la sombra de los hechos. Salón, que los amigos de los reyes son lo que los contadores entre las monedas.

Una definición sentenciosa es un relevante desempeño de la pregunta. Preguntándole a Pitágoras, qué cosa es el amigo, dijo: Otro yo: *Amicus est alter ego*. Aristóteles, que dos cuerpos con un alma. Diógenes, del amar, que era ocupación de ociosos; él mismo preguntándole uno de dónde era, dijo que ciudadano de todo el mundo; prosiguiendo: ¿qué había estudiado?, que la ciencia que enseña a estar indiferente y prevenido para toda fortuna.

Al contrario, otras veces se pregunta el sujeto de la misma definición, y a quién convenga la propiedad, el afecto o circunstancia; y la sutileza de la respuesta consiste en descubrirlo. Desta suerte, Sócrates, preguntado quién es el que más se parece a Dios, dijo que el que no depende de cosa alguna. Tales, ¿quién se podía llamar feliz?, respondió, que el que tiene tres eses; esto es, santo, sano y sabio. Bión, ¿quién vive con más cuidado y afán?, el que en grandes puestos atiende a conservar su fortuna. Quilón, ¿cuál es la cosa más dificultosa?, dijo, que el guardar el secreto encomendado. Aristóteles, ¿qué saca el mentiroso?, que ni él cree, ni a él le creen.

Pregúntanse tal vez las causas, y es discurrir señalar las morales y sentenciosas; como Diógenes, que, preguntándole por qué nos dio la naturaleza dos oídos y una lengua, dijo: para hablar poco y oír mucho. El emperador Sigismundo, ¿por qué favorecía tanto a los buenos Ingenios?, dijo la misma naturaleza me enseña a aventajarlos. Marcial, a uno que le estrañaba el no querer casar con una mujer muy rica:

> Prisco, ¿por qué no me caso,
> dices, con rica mujer?
> porque yo no quiero ser
> la mujer, y éste es el caso.

Pídese también en la pregunta algún medio prudencial, o alguna elección acertada, y la prontitud está en el saber iluminar. Preguntando uno a Diógenes, de qué edad era bueno casar, respondió: para el mozo aún es presto, para el viejo ya es tarde, y, por consecuencia, nunca. A Antístenes, otro, ¿qué mujer escogería? Si fea, respondióle, da enfado; si hermosa, cuidado. Agesilao, ¿cómo se alcanza la buena fama?, dijo, que hablando lo muy. cuerdo y obrando lo muy honroso.

Agasides, ¿de qué suerte reinará uno seguro y sin armas? Si tratare a sus vasallos como a hijos.

Respóndese tal vez una cosa impensada, pero acertada. Preguntándole a una doncella pobre, como por fisga, dónde tenía su dote, respondió que. en su honestidad y buena fama. Cautiva otra, y preguntada del comprador si sería buena, respondió: "Y aunque no me compres". Sócrates, ¿qué sabía? dijo: "Sólo sé, que nada sé".

Con la acción se responde misteriosamente. Así, aquel filósofo, preguntado qué era nuestra vida, dio una vuelta alrededor del corro, y sin decir palabra desapareció, significando que otro tanto es la vida humana. No respondiendo alguna vez, se responde mucho. Preguntándole a Biante, un hombre muy malo, ¿qué cosa era la virtud?, no le respondía; instado, dijo: "Es impertinente para ti". Indirectamente se puede responder con mucha Agudeza. Preguntándole uno a Aristóteles cuál sea la causa que gustamos más de tratar y conversar con las personas de buen rostro, respondió: "Esa pregunta sólo pudiera hacerla un ciego". A Antístenes consultó Antígono. si iría a un convite: "Advierte, dijo, que te crías para rey".

Cuando se pregunta la causa de alguna acción extraordinaria y notable, suele ser la respuesta desempeño del intento misterioso. Iba Diógenes por una calle caminando contra la numerosa corriente del pueblo; preguntóle uno por qué caminaba de aquel modo, y respondió: "Yo siempre voy al contrario del vulgo".

DISCURSO XLII
DE LA AGUDEZA POR CONTRADICCIÓN, Y REPUGNANCIA, EN LOS AFECTOS Y SENTIMIENTOS DEL ÁNIMO

Es muy otra esta Agudeza de la de improporción; porque allí se exprime la oposición de dos extremos estraños y extrínsecos, aquí la de los sentimientos propios y afectos del ánimo. Como se verá en estos dos ejemplos: sea del primero este valiente epigrama del doctor Juan Pérez de Montalbán:

Baja Rebeca al prado en rizos de oro
dilatando la espléndida madeja,
que en confianza de una cinta deja,
por más ostentación de su tesoro.

Llega a la fuente, y el cristal sonoro
rehusando el competir, della se aleja:
unas .veces murmura, otras se queja,

y ella le riñe con galán decoro.

Alza los ojos, y piadoso advierte
el siervo de Abraham al blando ruego,
y con agua del fuego le divierte.

Las bodas de Jacob conciertan luego,
porque el divino amor, para que acierte,
empieza en agua y se remata en fuego.

Concluye con aquella contraposición entre el agua y fuego. Sea ejemplar de la presente sutileza este concepto, sacado de aquel gran poema de don Antonio de Mendoza, de Querer por sólo amar:

¡Ea!, vuelve, que ha de haber
una mujer, que no quiere
saber lo que quiere, y muere
por lo que quiere saber.

Consiste la Agudeza en aquella contradicción de querer y no querer juntamente. Bien es verdad que esta contraposición forma su artificio en la desproporción de las dos razones encontradas, como se ve también en éste:

Si vais a ver el ganado,
muy lejos estáis de verme,
porque en haberos mirado,
no supe sino perderme.

Si vais a ver el perdido,
tampoco me ved a mí,
pues desde que me perdí,
por ganado me he tenido.

Y si al perdido y ganado
vais a ver, bien podéis verme,
pues en haberos mirado
supe ganarme y perderme.

Bien estremada la contraposición que contiene. Es muy usado este artificio, y cuando do la contrariedad está en todo su rigor, que llega a ser repugnancia, es más ingenioso; como se ve en este epigrama:

En una roca de cristal luciente,
que el blanco aljófar de un estanque lava,
afila la herramienta de su aljaba
el Alcidalio, joven inclemente.

En dos lascivos viejos, insolente,
dardos de fuego desde el agua enclava,
que en llamas arden de lujuria brava,
por la beldad que admiran en la fuente.

Arden los viejos en la aleve fragua,
sin que ataje sus llamas fulminantes
el que a Susana baña licor puro.

Antes más se avivaron con el agua
sus llamas violentas, pues bastantes
fueron para forjar hierro tan duro.

Pertenece más a la Agudeza de improporción, porque aunque es entre los afectos y pasión, fue ajena. Más propia es ésta, que exprime mucho el sentimiento del ánimo con su repugnancia:

Si yo quiero, ¿por qué quiero
para dejar de querer?
¿Qué más vida puede haber,
que morir del mal que muero?

Dase razón a veces de la contradición del afecto, yeso mismo es duplicar la Agudeza, como en ésta:

Todo es uno para mí,
esperanza o no tenella,
que si hoy muero por vella,
mañana, porque la vi.

Si la contrariedad fuere doble, es gran primor comentada, duplicando también la razón; así dijo el tan ingenioso como afectuoso Jorge de Montemayor:

¿Por qué te escondes de mí,
pues conoces claramente,
que estoy, cuando estoy presente,
muy más ausente de ti?

Cuanto a mí, por suspenderme
estando donde tú estés;
cuando a ti, porque me ves,
y estáis muy lejos de verme.

Después de haber exprimido un sentimiento, volver atrás y esforzar todo lo contrario, sale muy bien; pero debe fundarse en la razón juiciosa. Así, Marcial,. en este epigrama, celebra primero a Fabula de hermosa, rica, y joven, y luego se contradice con una bien crítica razón:

Bella es, novimus, et puella verum est:
et dives, quis e.nim potest negare?
sed dum te nimium, Pabulla, laudas,
nec dives, neque bella, nec puella es.

Merece repetirse otra y muchas veces en la elegante traducción del Salinas:

Que eres bella conocemos,
Fabula, y moza, es verdad,
y rica y de calidad,
¿cómo negado podemos?

Pero después que, enfadosa,
alabarte tanto quieres,
digo que rica no eres,
ni eres muchacha ni hermosa.

Muchas destas contradicciones conglobadas hacen un concepto plausible —como se ve en este epigrama— y concluye con la exageración de su sentimiento en vez de la razón:

Cuitado, que un punto, lloro y río,
espero, temo, quiero y aborrezco:
juntamente me alegro y entristezco;
de una cosa confío y desconfío.

Vuelo sin alas, estando ciego guío;
en lo que valgo más, menos merezco;
callo, doy voces, hablo y enmudezco;
nadie me contradice y yo porfío;

querría hacer posible lo imposible;

querría poder mudarme y estar quedo;
gozar de libertad y estar cautivo;

querría que se viese lo invisible;
querría desenredarme y más me enredo;
tales son los estremos en que vivo.

Aunque la contradicción no sea en el mismo tiempo, sino en diferentes, con todo aquella opuesta variedad basta para la sutileza:

Mira, pastora, mi suerte
si ha traído buen rodeo,
que si antes mi deseo
me hizo morir por verte,
ya muero porque te veo.

En vez de la razón que se suele dar de la contradicción, suele sustituir con no menor artificio y sutileza la interrogación, que deja como suspenso el afecto, y viene a exprimir más; como ésta:

Contemos que presto os is,
y que tan tarde llegáis;
si venís, ¿para qué os vais?
y si os vais, ¿por qué venís?

Juntó la contraposición, el encarecimiento, la suspensión y toda la Agudeza, el conceptuosamenre bizarro don Gabriel Bocángel:

Centellas líquidas vierten
dos soles de par en par.
Cuando es el agua de fuego,
los rayos, ¿de qué serán?

De la misma contrariedad se puede hacer razón y salida para la propuesta; así éste:

¿Quién, zagal, podrá pasar
vida tan triste y amarga?
Que para vivir es larga
y corta para llorar.

Contradícese también uno mismo, según diferentes fines que da por razón de su contrariedad. Introduce don Luis de Góngora su única Isabela, que valió por mil:

> Para igualar m humildad,
> no tengo un maravedí.
> Para alentar m esperanza,
> mi dote es un Potosí.

Colme de ornato y de aprecio esta conceptuosa sutileza, aquel estremado soneto de Montemayor:

> En ese claro sol, que resplandece,
> en esa perfección sobre natura,
> en esa alma gentil, esa figura;
> que alegra nuestra edad y la enriquece,
>
> hay luz que ciega, rostro que enmudece,
> pequeña piedad, gran hermosura,
> palabras blandas, condición muy dura,
> mirar que alegra y vista que entristece.
>
> Por eso estoy, pastora, retirado,
> por eso temo ver lo que deseo,
> por eso paso el tiempo en contemplarte
>
> ¡Estraño caso, efecto no pensado!
> ¡Que vea el mayor bien cuando te veo
> y tema el mayor mal yendo a mirarte!

DISCURSO XLIII
DE LAS OBSERVACIONES SUBLIMES, Y DE LAS MÁXIMAS PRUDENCIALES

Parecerá ésta, obra más del juicio que del Ingenio, pero de entrambos participa. Hay unas verdades realzadas, así por lo substancial como por lo extraordinario, cuya observación es acto relevante de la capacidad. Sagrada máxima fue aquélla del sabio de los reyes, y rey de los sabios, con que dio principio a sus desengaños: *Vanitas vanitatum, dixit Ecclesiastes, vanitas vanitatum et omnia vanitas*. Quiso emularla la prudencia humana, y así comenzó Persio:

O curas hominum, o quantum est in rebus inane!

Consiste su perfección más en la sublimidad del conocimiento que en la delicadeza del artificio; dan mucha satisfacción por su enseñanza y iluminan realzadamente el ánimo. Tal fue aquélla de Ovidio, ponderando que entre todos los vivientes, sólo el hombre camina con la cabeza levantada, colimando a las estrellas, señal concluyente de que él sólo fue criado para el cielo:

> Pronaque cum spectent animantia caetera terras,
> os homini sublimi dedit, caelumque tueri
> iussit, et erectos ad sydera toltere vultus.

Las morales, y que se dirigen al desengaño, son muy estimadas de los varones prudentes y maduros: juntan lo útil con lo gustoso de la verdad. Muy celebrada fue aquélla:

> Contentamiento, ¿do estás
> que no te tiene ninguno?
> Si piensa tener alguno,
> no sabe por dónde vas.

No lo fue menos aquella otra de don Jorge Manrique:

> Recuerde el alma dormida,
> avive el seso, y despierte,
> contemplando
> cómo se pasa la vida,
>
> cómo se viene la muerte,
> tan callando.
>
> Cuán presto se va el placer,
> cómo después de acabado
> da dolor.
> Cómo a nuestro parecer,
> cualquiera tiempo pasado
> fue mejor.

Todas éstas no tienen otra eminencia, sino la sublimidad de una verdad importante, substancial, y muy prudente. Lleno desta alma juiciosa está este gran soneto del poeta grande don Pedro Téllez Girón, duque de Osuna:

> ¡Oh, si las horas de placer durasen

como duran las horas del tormento!
¡Oh, si como se van las del contento,
las del pesar tan presto se pasasen!

¡Oh, si algo los tiempos se mudasen
del mal en bien, siquiera algún momento,
o ya que no se muden en su intento,
en aumentarnos el dolor cesasen!

¡Oh, si el mal se midiese con la fuerza
del que padece su trabajo fiero,
o fuese el. sufrimiento cual la pena:
o ya que no hay quien la desgracia tuerza,
un daño no nos fuese mensajero
de mil, a que viviendo nos condena!

Llámase esta Agudeza prudencial, que como el sol ilustra el hemisferio, así estas verdades iluminan la razón con su grave y prudente desengaño. Grande octava fue ésta, y nunca bastantemente apreciada:

Yo, ¿para qué nací? Para salvarme.
Que tengo de morir, es infalible.
Dejar de ver a Dios, y condenarme,
triste cosa será, pero posible.

¿Posible, y duermo, y río, y quiero holgarme?
¿Posible, y tengo amor a lo visible?
¿Qué hago, en qué me ocupo, en qué me encanto?
Loco debo de ser, pues no soy santo.

Las filosóficas observaciones, cuando son pláticas son muy recibidas, porque de la admiración que solicitan pasan al provecho que acarrean. Todos los sonetos de Bartolomé Leonardo están llenos de profundidad y enseñanza, pero, entre todos, merece ser estudiado éste, a los engaños de la esperanza vana:

Si la ambición; que llega donde aspira,
no topa el gozo que esperó, Lamberto,
¿cuál Ingenio, o por cauto, o por experto,
de la esperanza infiel no se retira?

Corrido estoy de no poder sin ira

contarte cuán a juego descubierto,
siempre que me abonó algún bien por cierto,
en la fiel posesión le hallé mentira.

Si esperando el placer, cuando se alcanza,
tan otro viene ya, que no le queda
sino aquella apacible semejanza:

Hágame Dios tan recto juez que pueda
echar un lazo al cuello a mi esperanza,
por falsificadora de moneda.

Filosofaba en el verso este grave y profundo Ingenio: tiene muchos acertados, pero en las Epístolas estuvo su mayor eminencia, como en los tercetos. Es gran método del enseñar, juntar lo útil con lo dulce. Otras poesías entretienen, pero dejan el ánimo vacío; éstas, deleitan y aprovechan; gran soneto fue éste:

Rompe la tierra, y en el centro afila
el buey pesado la esplendiente reja;
de varias flores, la discreta abeja,
en ruecas de oro, rayos del sol hila.

No sólo labra el ruiseñor, perfila
nidos de paja, que en las ramas deja,
de hurtada hierba; la inocente oveja,
nevados copos, al vellón distila.

Mano enemiga su labor deflora;
triunfan malos, y trabajan buenos,
discanta el grajo lo que el cisne llora.

Gozan por propios, los que son ajenos,
que en los premios del mundo, no es de ahora,
que el que merece más, alcance menos.

Hasta el entretenido y salado Marcial usaba desta Agudeza substancial y grave; entreteje algunos epigramas dotrinales entre los satíricos y burlescos, que son como los altos más finos en el más rico brocado. Así, éste:

Callidus effracta nummos fur auferet arca;
prosternet patrios impia flamma Lares.
Debitor usuram pariter sortemque negabit;

non reddet sterilis semina iacta seges.
Dispensatorem fallax spoliabit amica;
mercibus extructas obruet unda rates.
Extra fortunam est, quidquid donatur amicis;
quas dederis, solas semper habebis opes.

Mereció ser traducido de la propiedad y bizarría del canónigo don Manuel Salinas:

Rompiendo el arca, el oro que escondía
podrá el ladrón robarte codicioso;
y tu palacio grande y ostentoso
postrará por el suelo llama impía.

La propiedad y el logro que debla,
te negará el deudor menesteroso,
y tu colono, en vano cuidadoso,
al campo estéril la semilla fía.

Tu mayordomo engañarán mujeres,
y tus cargadas naves crespas olas
sumergían con todas sus grandezas.

Sólo en efeto, lo que a pobres dieres,
libre verás de la fortuna, solas
las que dieres, tendrás siempre riquezas.

Hay unos avisos, o aforismos prudenciales, heroicos y sublimes, dignos de toda estimación por su realzada enseñanza. Célebres fueron los que dio el grave y prudente varón Juan de Vega a Hernando de Vega, su hijo, enviándole a Flandes: que por ser tan importantes los copió y ilustró don Juan de Silva, conde de Portalegre, cuando envió su hijo don Diego a la corte, donde le dice: "Porque sepáis que esta doctrina es de buen maestro, advertid que Juan de Vega fue un caballero que, por el brío y valor que tuvo, se hizo lugar en Castilla entre los hombres de mayor estado, y siendo hijo de otro muy sabio caballero del Consejo del rey don Fernando y del Emperador, todavía pasó muy adelante en cargos; porque fue virrey de Navarra, y embajador de Roma, y capitán general, y virrey de Sicilia, y presidente del Consejo real, y con este oficio acabó la vida, antes de ser muy viejo, habiendo caminado por todos estos grados sucesivamente, sin haber sido privado del rey ni de su padre; que es lo que más habéis de estimar y desear que os acontezca; porque como la gracia y familiaridad de los príncipes pende de sola su voluntad, no al derecho de pretenderla por merecimientos puros, o se alcanza acaso, o por términos torcidos". Léalos el que desea acertar, y más en las cortes, que así lo que dice Juan de Vega como lo que el conde añade es todo muy sublime y digno de un cortesano atento.

Otras hay observaciones reales, dictámenes para príncipes y cabezas del mundo y del mando. Estimó mucho el sabio y prudente Filipo segundo, rey de España, las que encarga en su erudita y grave *Razón de Estado* el Botero, especialmente en el parágrafo de los medios para conservar la reputación, en el libro segundo, y aquel otro Avisos notables de Prudencia. Son todos preceptos grandes, dignos de un gran monarca.

También son singulares las que en su culto *Cortesano* encarga el conde Baltasar de Castellón; y, por lo contrario, el discreto *Arancel de las Necedades*, de Mateo Alemán, para huir dellas, es precisamente importante y digno de ser observado.

Las verdades útiles son muy estimadas noticias provechosas, como son algunos refranes selectos. Tuvo estremado gusto en recogerlos el erudito y mucho más que gramático el juicioso aragonés, que pudo hacer célebre la amena y fértil Alcañiz, su patria; tuvo sabroso genio, como se goza en sus libros tan gustosos: *El Estudioso de la Aldea, El Estudioso Cortesano*, y otros, dignos de la librería del varón discreto. En este breve epigrama dijo mucho nuestro bilbilitano:

> Vitam quae faciunt beatiorem,
> iucundissime Martialis, haec sunt:
> res non parta labore, sed relicta;
> non ingratus ager; focus perennis;
> lis numquam; toga rara; mens quieta;
> vires ingenuae; salubre corpus,
> prudens simplicitas; pares amici;
> convictus facilis, sine arte mensa;
> nox non ebria, sed soluta curis;
> non tristis torus, attamen pudicus;
> somnus, qui faciat breves tenebras;
> quod sis, esse velis; nihilque malis;
> summum nec metuas diem, neque optes.

Ajustada versión la de don Manuel Salinas, aunque tan dificultosa; dice:

> Carísimo Marcial, escucha atento,
> lo que discurre el dulce pensamiento:

que ha de tener la vida descansada,
para llamarse bienaventurada:
hacienda suficiente,
heredada del padre o el pariente,

 que del propio sudor es muy costosa,
fértil tierra, abundante y provechosa;

fuego alegre y perene,
día libre de pleitos; y si tiene

algún oficio urbano, no procure
que mucho tiempo dure.

Quieta la mente, la salud entera,
prudente candidez y verdadera,
iguales los amigos
y que nunca se vuelvan enemigos.

Ordinario el manjar, mesa sin arte,
sin ceremonia el gusto se reparte.

noche no vinolenta,
sino de afán y de cuidado esenta.

Blando lecho y honesto,
ni triste, ni tampoco descompuesto;

que se mida el deseo
con la hacienda, los gustos y el empleo.

Sin que otra cosa más apeteciere
de aquello que tuviere,

y por último, al fin, precisa suerte,
el no temer, ni desear la muerte.

Los avisos donosamente cortesanos: que con tanta erudición y sal ilustra nuestro ingenioso y docto Tomás [Lucas] Gracián Dantisco, conservan siempre una general plausibilidad, de quien beneméritamente cantó Lope de Vega:

Gracián Galán Gallardo Galateo.

La carta que escribió a su hijo aquel fénix de privados, merece eternizarse en la memoria; comenzaba así: "Dícenme que os morís de necio; a mí siempre me dieron más pena mis años que mis enemigos", etc.

DISCURSO XLIV
DE LAS SUSPENSIONES, DUBIJTACIQNES, Y REFLEXIONES, CONCEPTUOSAS

Es gran eminencia del ingenioso artificio llevar suspensa la mente del que atiende, y no luego declararse; especialmente entre' grandes oradores, está muy valida esta Arte. Comienza a empeñarse el concepto, deslumbra la expectación, o la lleva pendiente y deseosa de ver dónde va a parar el discurso: que es un bien sutil primor; y después viene a concluir con una ponderación impensada, como se ve en este valiente soneto de Bartolomé Leonardo:

> Lice es aquélla; llega Fausto, y mira
> cómo con el cabello dora el viento,
> y el rostro juvenil, de donde atento,
> invisibles, Amor sus flechas tira.
>
> ¡Cuán bien con la piedad mezcla la ira
> en el mirar risueño y el violento!
> La boca, que entre perlas el aliento,
> de jazmín salutífero respira.
>
> Juzga si yo, con más razón que Ticio,
> que por Juno movió a los dioses guerra,
> pudiera contra el cielo rebelarme.
>
> ¿Has visto bien que no tiene la tierra
> sujeto igual? *Pues sabe que un adarme,*
> *un adarme no tiene de juicio.*

Después de haberla celebrado, concluye con aquella inesperada ponderación crítica, deshaciendo todo el panegírico. Dan gran gusto estas salidas no pensadas, antes contrarias a lo que el concepto iba apoyando y previniendo. Este artificio contiene aquella tan decantada oda de Horacio, que comienza: *Beatus illequi procul negotiis*, toda ella va ponderando la felicidad de la vida del campo, quieta y sosegada:

> Dichoso el que, apartado

de negocios, imita
a la primera gente de la tierra;
y en el campo heredado
de su padre, ejercita
sus bueyes, y la usura no le afierra;
no le despierta la espantosa guerra,
ni el mar con son horrendo [le amenaza]:
huye la curial plaza,
y las soberbias puertas de los vanos,
ricos y poderosos ciudadanos, etc.

Desta suerte va refiriendo y recomendando sus ventajas y sus dichas; y luego vuelve la hoja, y concluye:

Mientras Alfio, usurero,
estas cosas relata,
mediado el mes recoge su dinero,
y de ser labrador rústico trata,
mas luego, a las kalendas,
lo vuelve a dar a usuras sobre prendas.

Por un bien ponderado encarecimiento dio la misma salida impensada Lope de Vega, en este epigrama:

Halló Baco la parra provechosa;
Ceres, el trigo; Glauco, el hierro duro;
los de Lidia, el dinero mal seguro;
Casio, la estatua en ocasión famosa.

Apis, la medicina provechosa;
Marte, las armas, y Nembrot, el muro;
Citia, el cristal; Galacia, el ámbar puro,
y Polinoto, la pintura hermosa.

Triunfos, Libero; anillos, Prometeo;
Alejandro, el papel; llaves, Teodoro;
Radamanro, la ley; Roma el gobierno.

Palas, vestidos; carros, Ericteo;
la plata halló Mercurio; Cadmo; el oro;
Amor, el fuego, y celos; el infierno.

Para que tenga gracia esta ponderación, que se hace como ex abrupto, y aunque no siempre contraria a lo que prometía el discurso, pero muy fuera dél, es necesario que sea profunda, y contenga en sí alguna eminencia, ya de sentencia, ya de crisi, o alguna observación rara y enfática. Fuelo ésta, con que don Francisco de Quevedo concluyó el soneto de Acteón y Diana, diciendo:

> Estábase la efesia cazadora
> dando en aljófar el sudor al baño,
> en la estación ardiente, cuando el año
> con los rayos del sol el Perro dora.
>
> De sí, como Narciso, se enamora,
> vuelta pincel de su retrato estraño,
> cuando sus ninfas, viendo cerca el daño,
> hurtaron a Acteón a su señora;
>
> agua le echaron todas por cegalle,
> sin advertir primero, que era en vano,
> pues no pudo cegar con ver su talle.
>
> Trocó en áspera frente al rostro humano,
> sus perros intentaron de matalle,
> *mas sus deseos ganaron por la mamo.*

Por una dubitación se pondera mucho y se exprime un sentimiento. Válese aquí la Agudeza del fundamento retórico para aumentar su concepto: sirven los trepes y figuras de la elocuencia, para realzar más la sutil ponderación, como se ve en este cabal soneto de don Juan de Arguijo, uno de los grandes Ingenios de España, que atiende más a la profundidad y gravedad del concepto que a la verbosa altanería:

> "¿A quién me quejaré del cruel engaño,
> árboles mudos, en mi triste duelo?
> ¡Sordo mar, tierra estraña, nuevo cielo,
> fingido amor, costoso desengaño!
>
> Huyó el pérfido autor de tanto daño,
> y quedé sola en peregrino suelo,
> do no espero a mis lágrimas consuelo;
> que no permite alivio mal tamaño;
>
> dioses, si entre vosotros hizo alguno

de un desamor ingrato amarga prueba,
vengadme, os ruego, del traidor Teseo".

Tal se queja Ariadna en importuno
lamento al cielo, *y entre tanto lleva
el mar su llanto, el viento su deseo.*

Dase la razón de la duda, aumentándola con mucho artificio, esto es, de los dos extremos entre que está la perplejidad; así, éste:

Callaré la pena mía
o publicaré el dolor;
si la callo, no hay remedio;
si la digo, no hay perdón.

El mesmo dudar declara mucho y aumenta la ponderación; don Luis Carrillo, dijo:

Es la duda, si es mi pena,
o mi amor, en mí mayor;
crece, por vencer, mi amor,
crece, por vencer, mi pena.

Otra manera de dubitaciones hay, que se dan más de parte del objeto, y se ponderan más en él, que en el concepto; así dijo el culto y aliñado Hortensia:

Al fin con menguadas luces
miró de Alfonso la cara,
Al, dijo, y calló con duda,
si fabló *Alfonso o alma.*

Por encarecimiento usa muchas veces destas ponderadas dudas don Luis de Góngora, con mucha arte:

Tan valiente sobre hermosa,
que en duda están las heridas,
a cuál reconozcan más,
a su espada, o a su vista.

Estas se ponderan en el objeto, pero aquéllas consisten en el mismo discurrir, que arguye mayor sutileza. Desta suerte Jorge de Montemayor introduce uno, que no acierta a determinarse:

Volved, señora, los ojos,

que en el mundo no hay su par,
mas no los volváis airados,
si no me queréis matar,
aunque de una y otra suerte
matáis con sólo mirar.

También se pueden formar en otro sujeto por artificiosa prosopopeya; desta suerte introduce el conde de Villamediana a san Agustín, entre Cristo y su Madre:

No entre Cila y Caribdis, viva nave
niega a impulsos australes blanco lino,
entre nortes de luz, si aserto digno
violencia es dulce rémora suave.

Neutral piloto, amor apenas sabe
uno o otro elegir, puerto divino,
de gracia eterna, aquél inmenso, y Trino
este en que el mismo Trino eterno cabe.

Extasis, acordado parasismo
del que pendiente del ambiguo acierto,
mas en sí está saliendo de sí mismo.

y en dudoso elegir de acertar cierto,
las suertes menosprecia del abismo,
bajel, que entre dos cielos toma puerto.

La reflexión es un reparar y volver sobre lo que se va diciendo que arguye sutileza de ponderación; acontece por muchos modos, ya corrigiéndose, como éste, por una sentencia:

Pensad que sois tan querido
como algún tiempo lo fuistes;
mas no es remedio de tristes
imaginar lo que ha sido.

Otras veces, por limitación o excepción de la proposición primera, y son muy gustosas estas correcciones; don Luis de Góngora, en quien toda sutileza cabe:

El aliento de su boca,
todo lo que no es pedir,

mal haya yo, si no vence
al más suave jazmín.

Añadió a la excepción una estremada contradición y encarecimiento el Camoes:

Saetas trae en los ojos, con que tira;
¡oh pastores!, huid, que a todos mata,
si no es a mi, que de matarme vivo.

Ordinariamente la reflexión es dando aumento de ponderación a lo que se ha dicho, o explicando más; dijo don Luis de Góngora:

La alegria eran sus ojos,
si no eran la esperanza,
que viste la primavera,
el día mayor de gala.

Lo que se añade siempre ha de ser otro pensamiento que pondere más o exagere; así, dijo uno:

Que en vos de piedad se encarna,
y pudiera de buen gusto.

Contraria a la reflexión es la prevención, que no revuelve sobre lo dicho, sino que previene lo que se va a decir; así don Luis de Góngora:

Bajéme para arrancado;
y al inclinarme, sentí
en mi cabeza su mano;
no la llamo de marfil,
que todo marfil es cuerno
y estuviera mal allí.

Dase tal vez una ingeniosa razón de lo que no se dice, que es como preocupación Jorge de Montemayor:

No quiero decir celosa,
que desto la desengaña
tenerse por tan hermosa.

DISCURSO XLV
DE LA AGUDEZA POR DESEMPEÑO EN EL HECHO

¡Oh, cuánto es en los súbitos casos el Ingenio! Crece en los aprietos por antiparistasi, hasta desconocerse a sí mesmo. En las demás sutilezas discurre, en ésta vuela; y cual suele la vitoriosa planta, no sólo no cede al peso, ni se rinde al ahogo, pero crece entonces a privación, y se descuella hasta coronarse de los solares rayos.

Hay laberintos del discurso, que el mental Teseo, con el precioso ovillo de una acertada perspicacidad, mide y vence. Llámase esta sutileza de desempeño, y pudiera vencedora, pues sitiada la inteligencia de una perplejidad, y tomados todos los pasos al discurso, con todo eso, asistida de su prontitud, halla la extraordinaria salida. Sea su primer blasón el de aquel universal monarca que mereció primero el renombre de Magno, debido por generalidad a todas sus eminentes prendas, dando un corte a todos los estorbos de su grandeza en el ñudo gordio, con aquella política paradoja: *Tanto monta cortar, como desatar.*

Consiste el sutilísimo artificio de esta especie de Agudeza en hallar el único medio con que salir de la dificultad, en descubrir el raro modo con que desempeñarse. Fue rey por esto Ciro, cuando en aquel examen de reyes descubrió primero el sol en la frente de la opuesta montaña, y Darío, por el solicitado relincha del caballo. El furor a veces de la pasión da armas, y también' los medios para la ejecución del deseo, como se vio en la celebrada Parcia, cuyo hazañoso y ingenioso hecho lo decantó Marcial, y traducido por el canónigo don Manuel Salinas, dice:

> Después que oyó la desdichada suerte
> Parcia de Bruto, su querido esposo,
> desesperada en trance tan penoso,
> matarse intenta, valerosa y fuerte.

> Busca espada el dolor, y cuando advierte
> que le impiden el hecho más famoso,
> ¿Aun no sabéis, les dice, ¡oh fin forzoso!,
> que no se niega a tanto mal la muerte?

> Creía que os bastaban las liciones
> de mi padre Catón, para dejarme,
> que en muerte a entrambos y en valor siguiera.

Dijo, y tragando ardientes los carbones,

ahora sí, canalla, es el negarme
el hierro, dijo, porque no me hiera.

No se sujeta a preceptos este artificio, por ser tanta su variedad y depender los medios de las ocasiones. Hállalos comúnmente una despejada prontitud, imperturbable perspicacia, que como tal halló siempre los desempeños muy a mano. Así aquel raro embajador de España —que en el griego; español y raro todo es uno— negándole asiento la bárbara majestad hizo trono de su capa, y nunca más autorizado relató su embajada. Ibase después en cuerpo, continuando su bizarría; llegaron a avisarle de su olvido, que en él fuera afectación, y dijo: "los embajadores del rey de España no usamos llevamos los asientos".

Es gran refugio de un yerro la prontitud, y remedia con ventaja cualquier desaire. Célebre ejemplo el del indoliente Cévola, no castigando, transformando sí en fénix imortal su vitoriosa mano, glosada de Marcial en otra parte. Cuando el medio es hazañoso, consigue celebridad. Tal fue aquél del heroico Guzmán, que con la muerte de un hijo dio imortalidad a su prosapia. Arrojó el puñal de la cinta, adelantándose la fama en recogerle a los propios enemigos, y a esculpir con él, no en pechos de bronce, sino en eternos diamantes, con la sangre filial la antiga fidelidad de su casa. Hazañosa salida fue la que dio Sansón a su venganza; así la decantó el cisne de la más fecunda vega:

> Duerme seguro el nazareno fuerte,
> que lo estuviera más donde distila
> rabia Caribdis y veneno Cila,
> que en los hermosos brazos de su muerte:
>
> a tanta confianza se convierte,
> y a tanto amor en Atropos Dalila,
> coge el estambre, y el acero afila,
> porque sin fuerzas a morir despierte.
>
> Ningún traidor asir con más ejemplo
> a la ocasión por el cabello pudo:
> y aunque llegó de su venganza el día,
>
> no el templo a él, mas él sepulta al templo:
> *muere dos veces ciego, dice mudo,*
> ¿qué espera el hombre que en mujer se fía?

Otros hay por estratagema, y por una rara extravagante invención. Heroica traza fue la del nunca asaz admirado don Fernando, ínclito infante de Castilla; cuando viéndose en el más urgente riesgo de su invencible fidelidad, pues le obligaba todo el reino a ser su rey, halló medio superior para mayor corona. Llevóse un día destinado para la coronación, debajo de la púrpura, no real, sino leal, al verdadero rey en pañales, y descubriéndolo de repente, lo entronizó sobre su cabeza, diciendo: "Este es vuestro rey, castellanos". Premió el cielo tanta virtud con las barras de Aragón, en misterio de lo que él la había tirado en su lealtad. Invidióle Aragón a Castilla, pareciéndole que un varón tan grande no merecería menos que ser contado entre sus coronados héroes y nunca bastantemente admirados reyes.

Suele ser la dificultad doble, por instar contradición, y entonces es más estimable la ingeniosa salida. Discurrió a lo griego el tebano Ismenias, en la embajada al persiano. Era inviolable ley entre los persas, el hincar la rodilla en llegando a la real presencia; era infamia entre los griegos hacer tal. Astuto él, para desmentir encontradas obligaciones, dejó caer al entrar un anillo, inclinóse para recogerle, equivocando desta suerte la cortesía con la contingencia.

Dificultades hay tan apretantes, y por otra parte, tan acertada la salida, que se debe reconocer en ellas el sobreordinario iluminante auxilio. Tal fue la del ungido sabio, pesando en su justiciera balanza la carne y sangre del hijo pleiteado; y la otra de Claudio, emperador, mandando a una madre que admitiese esposo al que negaba hijo, por negarle la herencia.

Este es el principal artificio, que hace tan gustosas y entretenidas las épicas, ficciones, novelas, comedias y tragedias: vanse empeñando los sucesos, y apretando los lances, de tal suerte que parecen a veces no poder tener salida, y que entra entonces la licencia de Horacio:

Nec Deus intersit, misi dignus vindice nodus.

Mas aquí está el primor del Arte, y la valentía de la inventiva, en hallar medio extravagante, pero verisímil, con que salir del enredado laberinto con gran gusto y fruición del que lee y del que oye. Desta suerte saca Homero al astuto Ulises, y a sus compañeros, de la cueva de Polifemo, vistiéndole de pieles; y con otra astucia se libra de las engañosas voces de las sirenas:

Non fumun ex fulgore, sed ex fumo dare lucem
cogitat, ut speciosa dehinc miracula promat,
Antiphaten, Scyllamque, et cum Cyclope Caribdim
nec reditum Diomedis ab interitu Meleagri,

nec gemino bellum Troianum ordítur ab ovo,
semper ad eventum festínat, et in medias res,
non secus ac notas auditorem rapit, etc.

Es uno de los sublimes y realzados preceptos que encarga el magistral Horacio en su grande *Arte*. Destos ingeniosos empeños va entretejiendo el culto y sazonado Apuleyo la entretenida novela de *Psique*, tan cultamente relatada; y el griego Heliodoro, la de *Cariclea*, dando que imitar al inglés Barclayo en su *Argenis*, y a otros muchos. Han adelantado grandemente este artificio nuestros españoles. Comenzó el prodigioso Lope de Rueda, a quien llamó el jurado de Córdoba Juan Rufo, "inimitable varón", con verdad; tuvo excelentes invenciones: sea bastante prueba aquélla en que introduce cuatro amantes encontrados, dos pastores y dos pastoras apasionados entre sí, con tal Arte que ninguno correspondía a quien le amaba; pidieron al Amor, en premio de haberle desatado de un árbol a que le habían amarrado la Virtud y la Sabiduría, que les trueque las voluntades, y haga de modo que ame cada uno a quien le ama, y cuando parece que se desempeña, entonces se enreda más la traza: "Porque, pregunta Amor, ¿qué voluntades quieren que violente y mude: las de los hombres, o las de las pastoras?; que se concierten entre sí". Aquí entra la más ingeniosa disputa, dando razones ellos y ellas por parte de cada sexo, que es una muy ingeniosa invención. El canónigo Tárrega alíñó ya más el verso, y tiene muy sazonadas invenciones, como la del *Príncipe Constante y La gallarda Irene*. Sucedió Lope de Vega, con su fertilidad y abundancia; hubiera sido más perfecto, si no hubiera sido tan copioso; flaquea a veces el estilo, y aun las trazas; tiene gran propiedad en los personajes, especialmente en los plebeyos; en las fábulas morales mereció alabanza, como aquélla del *Villano en su rincón, Con su pan se lo coma, La dama boba, Los melindres de Belisa*, y fue excelente *El dómine Lucas*. El doctor Juan Pérez de Montalbán realzó más el estilo, tiene eminencia en los afectos, cometió algunas impropiedades. Pedro [Gaspar] de Avila fue feliz en las trazas, pero aquélla de *Las Fullerías de Amor* fue la más plausible que se ha oído. *La Fuerza de la Costumbre*, de don Guillén de Castro, por la bizarría del verso, y por la invención, merece el imortal laurel; así como *La Dama Duende*, de Calderón, y *La Casa con dos Puertas*. Pero quien llegó a lo sumo de la perfección en estos asuntos del Ingenio, fueron el conceptuoso Villaizán y el sentencioso Mendoza; parece que no se puede decir más de lo que ambos dijeron, ni llegar a más bizarría de verso, preñez de estilo, profundidad de concepto, gravedad de sentencias, invención de enredo; especialmente aquél, en la que intituló *Ofender con las Finezas*, y éste, *El*

Marido hace Mujer. Mas unas y otras, y todas, callen delante del Pastor Fido, del fénix de Italia, el caballero Guarino.

DISCURSO XLVI
DE LA AGUDEZA POR DESEMPEÑO EN EL DICHO

Antiga altercación, cuál sea mayor eminencia, en el hecho o en el dicho. Hijuela de aquella otra: ¿Qué varones sean más famosos: los que discurren o los que obran; los sabios o los valerosos? Son más los desempeños, por el dicho; acúdese en ellos por una razón tan relevante cuan pronta y impensada, sacada a fuerza del Ingenio de los más arcanos senos del discurso; de suerte que, así como en los desempeños por la obra sale de la dificultad el Ingenio, hallando el único medio, en éstos se desempeña con la razón sutil y adecuada. Satisfizo cortesanamente don Alonso de Aguilar al reparo del rey Católico, cuando lo hospedó en su palacio de Montilla. Preguntóle cómo había hecho, en una obra tan augusta, una escalera tan angosta, y respondió: "Señor, nunca pensé tener huésped tan grande". Así también el otro mercader portugués satisfizo al rey de la prudencia cuando le zahirió del excesivo precio del diamante, diciendo: "¿En qué pensastes cuando distes tanto por él?" "Señor, dijo, en que había un rey Felipo de España". Un dicho heroico es cabal desempeño de un héroe, cual fue aquél del determinado César, cuando llegó al Rubicón, y de quien dijo Lupercio Leonardo:

> Aquel rayo de Marte acelerado,
> que domó tantas gentes estranjeras,
> y volvió contra Roma las banderas,
> que Roma contra Francia le había dado:

> en el corriente Rubicón parado,
> revolviendo las cosas venideras,
> detuvo el curso de sus huestes fieras,
> del mismo caso que emprendió forzado.

> Determinado, al fin, de ir adelante,
> "Vamos, dijo; que echada está la suerte;
> cuantas dudas se ofrezcan, atropello".

> y resuelto una vez, como constante,
> no quiso menos que vitoria o muerte:
> así dudé, y así pienso yo hacello.

No se contenta un gran Ingenio con salir de la dificultad, sino que saca a otros. Llegando la cautiva reina Symgambris, madre del persiano Darío, a la presencia de Alejandro, por saludar al rey, postróse al valido Efestión: turbación, que no malicia, Advertida de su equivocación, añadió a su pena el corrimiento. Socorrió Alejandro, tan discreto como cortesano, y dijo: "No ha sido yerro, señora, que mis amigos son otro yo, y Efestión otro Alejandro". De suerte que, con una prudente sentencia bien aplicada, se desempeñó a sí y a la reina.

No basta dar cualquiera razón para que se salga bien, sino que es menester que incluya sutileza, y válese para esto de las demás especies de concepto. Por una donosa transmutación convirtió Augusto la cortedad de uno, que le había convidado en familiaridad; y ponderándola los demás con sentimiento y risa, dijo el César: "No creía que éramos tan amigos".

El encarecimiento en su ocasión, y con las circunstancias que se requieren para que sea sutileza, es plausible desempeño. Encareciendo un caballero portugués el vano fuego de su amor, seguía una carroza una tarde de diciembre, y asegurando que él se ardía, díjole una menina se arrojase luego en el estanque grande del Retiro, que estaba allí cerca. Respondió ingenioso: "Señora, aún es pequeño", adelantando la exageración.

Por una contraposición y antitesi respondió más pronta que cuerda, Julia, hija de Augusto; argüíala su padre sus demasías en aliñarse y componerse: "Hoy sí, la dijo, que pareces hija de Augusto, y no ayer". "Es que ayer me aliñé esposa, hoy hija, para venir a veros".

Duplicó el desempeño Antígono, cuando pidiéndole Trasilo, filósofo, una dragma, respondió: "No es dádiva de un rey". Replicó Trasilo: "Pues manda darme un talento"; y él: "No es don para un filósofo". Suele ser doble la salida. Estándole uno pidiendo una merced a Augusto, y viniendo otro a pedir otra, le respondió: "Así haré lo que tú pides, como lo que viene a pedir aquél".

DISCURSO XLVII
DE LAS ACCIONES INGENIOSAS POR INVENCIÓN

Su mismo nombre de invención, ilustra este modo de Agudeza, pues exprime novedad artificiosa del Ingenio y obra grande de la inventiva. No siempre se queda la sutileza en el concepto, comunícase a las acciones; son muchos y primorosos sus asuntos.

Ocupan el primer lugar las acciones misteriosas y significativas, que se valen de la ingeniosa invención para exprimir con plausibilidad su intento; como lo fue la del ínclito don Pedro, conde entonces de Saboya, con méritos de rey. Entró este héroe en la presencia del emperador Otón a hacer reconocimiento del feudo imperial. Iba vestido todo el lado diestro de un precioso recamado, cubierto de pedrería, pero el izquierdo, armado de fuertes y lucidas armas. Maravillado el César, y sus potentados del peregrino traje, le examinó el intento. "Señor, respondió, yo traigo esta <u>metad</u> así adornada, para mostrar que estoy presto a cortejaros y serviros, y esta otra armada, para dar a entender que lo estoy también para defender con las armas las tierras que con ellas he adquirido".

Ingenioso encarecimiento fue el del otro filósofo, que al mediodía salió con la antorcha en la mano a buscar algún hombre en el mayor concurso de una plaza. Suelen, por la mayor parte, explicar un pensamiento por la semejanza, y son símiles ejecutados. Tal fue la prudente y cauta enseñanza de aquel abad, que sacando las tijeras de su estuche, fue igualando el arrayán y descabezando los pimpollos que sobresalían. Pero ¿dónde se reconocerá más la viveza del Ingenio, en el que le entendió o en el que se dio a entender?

Platícanse mucho estas invenciones en los caballerosos empleos, y son como empresas o jeroglíficos ejecutados. Excelente capricho el de aquel caballero que entró a tornear dentro de una bien fingida montaña, para significar su firmeza propia, y la dureza ajena: fue ruando por la real plaza, y en llegando a la esfera de su actividad y influencia, instantáneamente reverdeció el ufano monte, brollaron fuentes, brotaron plantas, cambiaron flores, volaron aves, y bulleron fieras. Pero ya encarándose con el marcial palenque, las fuentes se convirtieron en volcanes, las flores en llamas, la armonía en horrísono fragor, y todo el monte en un formidable Mongibelo, que con espantoso ruido reventó, desgajándose en cuatro partes, abortando un Encelado armado, rodeado de varios monstros, que con trompas y añafiles le hacían salva; fueron luego descendiendo por las gradas, que con grande artificio formaron las ruinas. Procúrase siempre en estas invenciones, que tengan alma de significación y hermosura de apariencia.

Hay ejecuciones alegóricas que declaran grandemente un intento; hizo siempre la Agudeza célebres las hazañas, y muchos hechos, no tan heroicos como otros, fueron más memorables por ilustrarlos ella. Sonó mucho la campana del rey don Ramiro de Aragón en Huesca, tocó a muerte para sus altivos vasallos, y para él a imortalidad de su cobrada reputación; acción que bastó sola a hacerle tan conocido como lo fueron los Jaimes, los Pedros y Fernandos por sus hazañas. En otro género de significar fueron muy celebradas las tres banderas, blanca, colorada y negra, que alternaba en su tienda aquel bárbaro rayo del Asia, el Tamorlán; y el presente que hicieron los Citas a Alejandro, elocuentemente referido del culto y elegante Quinto Curcio, digno autor de tan gran empleo.

Otras acciones hay que ponen todo el artificio de su invención en el ardid, y se llaman comúnmente estratagemas, extravagancias de la inventiva. Redujeron algunos toda la Agudeza a la astucia. Paradojo pensar fue, pero sirva para recomendación destas acciones. Consiste su primor en una ejecución no esperada, que es un sutilísimo medio para vencer y salir con el intento. Tal fue la de aquél que, saliendo al desafío, llevaba un escudo de cristal, cubierto con un velo, y llegando a la ocasión, cogióle el sol al contrario, y desarrebozando el escudo de repente, le deslumbró y cegó de tal suerte con la reflexión de los rayos, que con facilidad pudo vencerle. Y aquel otro que arrojó a su contrario una red, con que le enredó y prendió.

No fue menos ingenioso y más elegante ardid el de Hipericles, de quien refiere Plutarco, que habiendo defendido por un grande espacio, con estremada elocuencia, a una mujer hermosísima, llamada Friné, y viendo que era en balde, cortó el hilo a la oración, y quitándole un velo con que estaba cubierta, así como los demás reos, ostentó su belleza tan peregrina, que persuadió a los jueces mudamente la clemencia, y alcanzó el perdón.

Son los estratagemas lo más primoroso de todas las Artes. Válese dellos la retórica; estímalos la pintura, para duplicar la perfección. Refiere muchos Plinio, el universalmente erudito; también el moderno Carducho, tan elocuente en la pluma como diestro en el pincel, hace memoria agradable de algunos muy bien pensados. No los desprecia la arquitectura; pero donde se logran con fruición es en los jardines, y en los convites. Entre todos, aquél del rey don Felipe el segundo de las Españas, siempre prudente y aquí ingenioso. Mandó servir por postre en una real merienda que dio a la reina, su consorte, y a las damas, unos pastelones, que en vez de la vianda, encerraban cada uno" dorado por dentro, una riquísima joya, compuesta y fabricada por su misma mano y gusto, que era grande; estaban ya con sus listones y todo aliño; comenzaron las damas a descubrir y admirar su tesoro; y por lograrle luego, se echaban al cuello: ésta, una cadena de diamantes; aquélla, una brocha de rubíes; una, un joyel de esmeraldas; otra, una sarta de finísimas perlas; con que coronó el provecho al gusto y la galantería a la gala. Acomodó este sublime suceso el padre fray Pedro Gracián al convite del Sacramento, del cual se levantan las almas engalanadas de virtudes que sacan de aquel pan del cielo, una con una rosa de esmeraldas de confianza; otra, una cadena de diamantes de fortaleza; ésta, una rastra de perlas de lágrimas por sus pecados; aquélla, un corazón de rubíes, abrasado en el divino amor.

Donde prevalecen los estratagemas es en el Arte militar. Rescató muchos del ignorante olvido Sexto Julio Frontino, en sus cuatro agradables libros para que sirviesen a la admiración ejemplar, y a que, ejecutados, al vencimiento. Los célebres son los heroicos, que sirven de ostentar plausiblemente alguna gran prenda del ánimo, como la magnificencia, el valor, la liberalidad, la prudencia. Cuerda invención fue la de Saladino, y mayor de lo que se pudiera esperar de un gentil, pero la muerte enseña mucho en poco tiempo. Mandó arbolar en una asta los míseros despojos de una mortaja, esto es, alhaja de la muerte, y que el pregonero fuese por toda la corte pregonando el desengaño, siempre en ella perdido.

Extraordinaria invención fue la de aquel embajador extraordinario por España en Francia, en la más augusta ocasión del duplicado real himeneo. Acción bizarra, digo española, en quien la gala, la riqueza y la ingeniosidad, a juicio de París, arbitraron el vencimiento. Sacó este galán príncipe, el día de, su embajada, el oriente en piedras y el occidente en perlas, y pudo, en fe del dilatado poder de su gran dueño, monarca de un sol a otro: riqueza suma, mayor el artificio, pues en llegando a la majestuosa presencia de la real esposa, que presidía como luna a un cielo de señoras y de damas, al doblar la rodilla, centro de un laberinto de hilos, en que iba violentada toda aquella pedrería, quebraron todos a compás, saltaron todas las piedras a tropel, remedando nube, que herida de los rayos de aquel sol de la belleza, granizó diamantes a las damas, llovió aljófares a las meninas, fulminó rayos a los cortesanos, conquistando las voluntades todas, con tan cortesana batería.

DISCURSO XLVIII
DE LA AGUDEZA EN APODOS

Son comúnmente los apodos unas sutilezas prontas, breves relámpagos del Ingenio que en una palabra encierran mucha alma de concepto. Fórmanse de muchas maneras, –ya por semejanza– y cuando tienen el fundamento de alguna circunstancia especial, son más ingeniosos. Desta suerte el Gran Capitán, eminente en este género de donosa prontitud, a un caballero que amaneció muy armado en su caballo, después de una tan sangrienta batalla cuan gloriosa vitoria, dudando los circunstantes quién era, y altercándolo, dijo: "San Telmo, señores, San Telmo".

De muchos apodos juntos se hace una artificiosa definición del sujeto, que llaman los retóricas *a conglobatis*; y no son otra cosa que muchas metáforas breves y símiles multiplicados; como se ve en este epigrama de nuestro bilbilitano Liñán:

Es la amistad un empinado Atlante,
en cuyos hombros se sustenta el cielo:
Nilo, que por regar su patrio suelo,
sale de madre, repartido amante;

cristal que hace el rostro semejante;
voluntad que en dos almas vino a pelo;
arnés a prueba, tempe sin recelo;
iris divina de la fe triunfante.

Su madre es la igualdad: por ella vive;
del corazón ajeno se sustenta,
y el ajeno del suyo, hasta acabarse.

Si mucho puede dar, mucho recibe;
si poco, con lo poco se contenta,
ni sabe hacer ofensa, ni quejarse.

Las mismas reglas que se dan para las semejanzas conceptuosas se deben aplicar a los apodos, que se fundan en ella. Del nombre se toma pie con grande artificio; así uno decía del rey Católico, don Fernando, que era el quinto de Castilla, y la quinta esencia de los Fernandos, y por eso de todos los reyes. Cuando se duplica el apodo, de modo que es doble, sale entre los dos muy bien la contraposición; así, a una fuente, dijo uno:

Hija de las entrañas de aquel monte,
y madre de las flores deste prado.

En el movimiento la exprimió agradablemente el limado Zárate:

Retórica se para,
retórica se mueve.

En el equívoco se fundan con mucha gracia. Desta suerte un galante español llamaba a un cardenal, que causó graves daños a la monarquía católica, "el cardenal de Francia y el postema de España", jugando del vocablo de cardenal y postema. Tomando ocasión de lo que se alababa Afra, llamando a todas las mamas y tatas, y siendo vieja se melindreaba niña, dijo Marcial:

Mammas atque tatas habet Affra; sed ipsa tatarum
dici et mammarum maxima mamma potest.

Añadióle alma en esta cuartilla, que son muy ajustadas para estas sales breves y picantes, don Manuel Salinas:

> De mamas y tatas llamas
> Afra, a todas, y en verdad
> que podrías, por tu edad,
> ser la mama de las mamas.

Reálzanse unas con otras las sutilezas; a la semejanza da mucha viveza el encarecimiento. A Tiberio apodó su maestro "lodo amasado con sangre"; llamóle lodo por lo imperfecto de su natural, y amasado con sangre, por su crueldad nativa. A la Virgen Madre llamó san Ambrosio la cara de Dios, en quien se ostenta su hermosura, *Quod si te formam Dei appellem, digna existis*. De la gran ciudad de Ormuz se dijo, que "si el mundo es un anillo, ella es la piedra preciosa".

Por reparo misterioso se apoda concisamente, y es una de las mayores sutilezas, aunque no lo parece. Así comenzó don Francisco de Quevedo aquel su tan ingenioso como gustoso poema a la fénix que con razón aprecia don Josef Pellicer, en la fénix de sus muchos y eruditos asuntos:

> Ave del yermo, que sola
> haces la pájara vida
> a quien sola libró Dios
> de las malas compañías.

Pasa adelante con los apodos, y valos variando por todos los géneros y modos de sutileza:

> Mayorazgo del oriente,
> primogénita del día,
> cuyo tálamo es entierro,
> adonde eres madre y hija.
> Parto de oloroso incendio,
> hija de fértil ceniza,
> guardajoyas de las llamas,
> donde naciste tan linda.
> Ramillete perdurable,
> hecho de todas las Indias,
> estrella de pluma, vuelas,
> pájaro de luz, caminas.

> Ave de pocos amigos
> más sola y más escondida
> que clérigo que no presta,
> que mercader que no fía, etc.

Los sentenciosos merecen todo aprecio. La hermosura sin honestidad, dijo Jacob Almanzor que era vianda sin sal; Rufo la llamó flor pisada. Las palabras, dijo un filósofo, que eran sombra de los hechos; y otro, que los hechos eran varones y las palabras hembras. Las leyes, Anacarsis, telas de araña. A la hermosura, apodó la reina doña Isabel carta de recomendación; y a la almohada, uno sibila muda. A los hijos llamaba uno enemigos dulces. Y a los criados, no escusados. El elocuente y grave Tertuliano apodó a la lengua, "fiera encerrada entre los muros de los labios y verjas de los dientes".

No siempre son por semejanza o metáfora. Hay algunos otros por un adjetivo muy significativo y propio. Así don Luis de Góngora, en su aliñado, elocuente y recóndito poema del *Polifemo*, dijo:

> Los bueyes a su albergue reducía,
> pisando la *dudosa luz del día*.

El efecto atribuyó a la causa, por una artificiosa sinédoque, el sentencioso y magistral Horacio, cuando dijo:

> Pallida mors aequo pulsat pede pauperum tabernas
> regumque turres.

Los satíricos son plausibles. A un rico llamó Sócrates *Aureum mancipium*; y Aldato, borrego con vellón de oro. De un avaro, dijo uno que su bolsa era boca de infierno. A uno muy mentiroso, llamó Rufo mentiroso trilingüe; y a otro que tenía muchos nombres y renombres, don Ledanía; a un hablador muy necio, cascabel de plomo. El juicioso y grave Séneca, dijo de la casa de un hombre delicioso y bestial, que se había de sobreescribir en ella: *Hic iacet Batia,* y borrar el *hic vivit Batia*. Otros hay donosos, que por gracia dicen mucho y dan gran gusto: así, a uno que le había hecho muy mal la barba y la corona el padre Dicastillo, varón muy docto, ingenioso, y sobre todo gran religioso de la Compañía de Jesús, le apodó desta suerte:

> Tomás Oquendo, el sencillo,
> con sus horribles manazas
> hizo al padre Dicastillo
> la corona con cepillo

y la barba con tenazas.

Graciosamente apodó la navaja y las tijeras.

Los juiciosos son admirados por su profundidad. Al fisco real llamaba Trajano, el bazo de la Monarquía, que cuanto engorda más él, enflaquecen los vasallos. A los palos de horca llamaba Luis undécimo, puntales de la república, y la hacía cortesía cuando pasaba, dando la razón, que por ella era rey; a la necesidad, apodó uno sexto sentido. A España, un político, boca del mundo, que traga el oro y plata de las Indias; casi sin mascar, échalo en el buche de Génova, quedándose ella con sólo el gusto; y de allí se reparte a todas las demás provincias el provecho. Al dormir en pecado mortal llamaba Rufo, voltear sobre el hilo de la vida, que aun no es maroma; y de las canas, dijo el mismo:

> Si cuando el seso florece,
> vemos que el hombre encanece,
> las canas deben de ser
> flores que brota el saber
> en quien no las aborrece.

Son estos apodos, o adjuntos, gran ornato del estilo, perfección sin duda de la elocuencia, que van dando vida a las palabras. ¿Qué mejor, se pudo decir que lo que dijo este antigo?:

> Oyéndolo está la Mora,
> aquí la paciencia pierde:
> cerró airada la ventana,
> y al Moro el cielo que tiene.

Parece que conglobó todos los modos y géneros de apodar el ingenioso conde de Salinas, ornamento del saber y desempeño de la española nobleza; a la Esperanza:

> Eres sombra del deseo,
> jamás hablaste verdad,
> muy cruel para piedad,
> cuerda para devaneo.

> Falso esfuerzo de paciencia,
> pecado de fantasía,
> placer con hipocresía,
> mal cubierto de apariencia.

Del dolor falsa cubierta,
que entretiene la razón;
fuerza de imaginación,
que sueña estando despierta.

Eres un fargo morir,
ciega a los inconvenientes;
no ves los tiempos presentes
y allanas los por venir.

DISCURSO XLIX
DE LA AGUDEZA POR ALUSIÓN

La alusión, con su enigmático artificio, parece que remeda la locución y la sutileza angélica. Tiene por fundamento lo que otras Agudezas por realce. Su nombre de alusión, más parece que la censura que la define, pues derivándose del verbo latino luda, que significa jugar, le duda, si no le niega, lo grave, lo serio y lo sublime. Consiste su artificio formal en hacer relación a algún término, historia, o circunstancia, no exprimiéndola, sino apuntándola misteriosamente; como se ve y se goza en este principio de aquel gran asunto de don Antonio de Mendoza, poema a la reina de la gracia, a la emperatriz de la gloria. Comenzólo, y parece que desconfió de poderlo acabar, pero no fue sino picar el deseo para su mayor fruición y aplauso; dejólo ya acabado con suma perfección. Comienza, pues, aludiendo a su felicísimo nombre, y prosigue con otras muchas misteriosas alusiones:

Hermosa, fecunda estrella
del mar, donde en vez de puerto,
naufragante sol humano
buscó tierra y tomó cielo.

En siempre ocultos juicios,
formada mujer primero
que el hombre, y que fuese el ángel
despeñado de sí mesmo.
Prevención solicitada
contra el ardiente veneno,
de aquel serafín bizarro,
antes luz y agora fuego.
Cuya tierna planta hermosa,
pisa del dragón más fiero,

el voraz rugiente altivo
sañudo, erizado, cuello.
Gloriosamente ceñida
de más cándidos luceros
que estrellas costó a los orbes
un solo vaivén soberbio.
Celestial, dulce María,
que a vuestra pureza atento,

si permitió el primer daño,
fue por dalle en vos remedio, etc.

Sutileza en cifra, que para entenderla es menester noticia trascendente y un Ingenio que platique a veces en adivino. Sirva ésta de breve apología por el recóndito y dificulto[so] Marcial en muchos de sus epigramas: que por no alcanzar sus alusiones, los condena la vulgar atrevida ignorancia, a pedazos de hielo, siendo rayos, así como los demás, forjados en la misma ingeniosa fragua; uno dellos es éste:

Non miror, quod potat aquam, tua Bassa, Catulle,
miror, quod Bassi filia potat aquam.

Alude el ingenioso bilbilitano a la embriaguez ordinaria de Basso y a la templanza de Catulo, aquél padre, y éste esposo de Bassa, jugando de la artificiosa contraposición en la preñez alusiva. Saladísima traducción la de nuestro canónigo de Huesca:

No tengo por raro caso,
Catulo, el aguada ser
Bassa, siendo tu mujer,
hija, sí, siendo de Basso.

Dos son los fundamentos de la alusión: la conveniencia o disconveniencia de lo que se dice con aquello a que se refiere; pero no se declara del todo, sino que se apunta, con lo cual se hace más preñado el concepto y dobla el gusto al que lo entiende. Sea ejemplo: Acusaba Cicerón a Verres, y patrocinábale Hortensia; y si apretaba retórico al reo, motejaba agudo al patrón; dejóse caer en una énfasi una malicia, a que replicó Hortensia, que se declarase porque él no era Edipo descifrador de enigmas. Acudió Tulio, y dijo: "Por lo menos no te falta esfinge para serio". Aludió a una joya de una preciosa esfinge, que le había presentado

Verres, y juntamente a la verdadera. Fundóse esta alusión en la consonancia de la escuridad del dicho con la contingencia de haberle presentado la esfinge de oro. Cuando llega esta consonancia a ser proporción, da pie con mayor gracia y sutileza para aludir. Desta suerte el padre fray Pedro Gracián, en el poema al duque santo, convertido al ver el cadáver de la emperatriz doña Isabel:

> Embiste el fatal neblí
> nunca más azar azor.
> Y se ceba en la belleza,
> a quien la edad perdonó.
> Mirándolo está Francisco,
> *y aunque otras veces cerró*
> los ojos a tu contento,
> hoy los abre a su dolor.

Alude a la mortificación del santo en la caza de halcones a que se dio siendo cortesano por huir de otras recreaciones ilícitas, y porque el emperador Carlos quinto estaba entonces tan cebado en ella, que solía socorrer a un girifalte gruero que el duque tenía, y ser de los primeros que llegaban al socorro en un caballo turco, muy ligero, con un lebrel suyo favorido que llegaba hasta abocar la grulla. Aconteciole al santo algunas veces, al mismo punto que el halcón hacía su presa y mataba la garza, bajar él sus ojos y quitarles su presa y aquel contento, que con tanto trabajo había buscado todo el día.

Esta proporción con que se alude, ya es con el nombre, ya con las circunstancias. Aludiendo al nombre de un ministro, dijo don Luis de Góngora:

> Arroyo, ¿en qué ha de parar
> tanto anhelar y subir?
> Tú, por ser Guadalquivir,
> Guadalquivir por ser mar.

De ordinario, la alusión proporcionada es a lo pasado. Galantemente, un embajador de España, diciéndole el gran Enrico de Francia que pensaba con aquel numeroso ejército que tenía junto, poco antes de su infeliz muerte, ir a Italia, almorzar en Milán, oír misa en Roma, y llegar a comer a Nápoles, replicó el español: "Sire, si tanta prisa ha de llevar V. M, podrá muy bien, a ese paso, llegar a vísperas a Sicilia". Gallarda y picante alusión, que se fundó en la correspondencia con lo pasado.

El otro fundamento es la desconveniencia del sujeto con el término a que se tira. Fue tan sazonada como picante la del rey don Juan de Portugal: sirviéndole la copa don Alvaro de Meneses, cayósele de la mano, que aun materialmente fue agüero de alegría, pues ocasionó gran risa en los señores y fidalgos; acudió el rey con su ordinaria prontitud, y dijo: "Basta, que si a Meneses se le ha caído la copa de la mano, pero no la espada en la batalla", tocando a alguno de los que se reían. Estuvo la sutileza alusiva en la contraposición de caérsele a uno la copa, y al otro la espada. Por la misma discordancia concluyó don Luis de Góngora este bien acabado epigrama:

> El cuarto Enrico yace mal herido
> y peor muerto de plebeya mano;
> el que rompió escuadrones y dio al llano
> más sangre que agua Orión humedecido.
>
> ¡Oh glorioso francés esclarecido,
> conducidor de ejércitos, que en vano
> de lirios de oro el ya cabello cano,
> y de guarda real iba ceñido!
>
> Una temeridad astas desprecia,
> una traición cuidados mil engaña,
> que muros rompe en un caballo Grecia.
>
> Archas burló el fatal cuchillo. ¡Oh España,
> *Belona de dos mundos fiel te precia,*
> *armada teme la nación estraña!*

Siempre se cifra en las alusiones alguna profundidad, algún misterio de la circunstancia que le toca; por eso se habla. con preñez. Acontece que negando expresamente aquí una cosa en lo que se dice, allá se afirma en lo que se alude. Marcial, a Zoilo, que se fisgaba dél, porque traía mucho un vestido, le respondió alusivamente, que el suyo, aunque era nuevo, era mal ganado, o por lo menos prestado, y así ajeno; díjole:

> Zoilo, que, con capa buena,
> desprecias la mía mala,
> mira, que, aunque no, es de gala,
> por lo menos no es ajena.

Estremado modo de aludir, que negando aquí, afirma allá, en el término. Desta suerte se va disfrazando la relación más o menos, pero siempre como enigma, en que consiste la gracia desta Agudeza. Ni bien se dice, ni bien" se calla lo que se quiere decir, y sirve de ordinario para la malicia y sátira. Presentándole a Augusto un precioso collar; alabólo mucho Dolabela, y aun amagó a pedido, pues dijo: "¡Oh, qué bien me estaría a mí, que tengo el cuello más alzado!" Respondió Augusto: "Mejor te estuviera una corona cívica", notándole de tan retirado en el pelear, cuan adelantado en el pedir. Alúdese también a un dicho de otro, a una sentencia; al *O foelix culpa* de san León, aludió también en este epigrama Lope de Vega:

> Deseos de ser Dios, que se atrevieron
> a tanto mal como después pagaron,
> si en los Cielos al ángel engañaron,
> a la primer mujer disculpa dieron.

> Pero si cuantos males nos vinieron,
> de mujer atrevida se causaron,
> con la humilde mayor se remediaron,
> que honró la tierra y que los Cielos vieron.

> El mundo te agradezca, ¡oh madre hermosa!,
> puesto que el daño universal te culpa,
> de tus espinas, la encarnada rosa.

> Porque quien más se queja de tu culpa,
> por lo menos te debe el, ser dichosa,
> pues tuvo tal remedio por disculpa.

La paridad y semejanza son el más ordinario modo del aludir, y ésta es la erudición de los adagios griegos y latinos, que se refieren a varias historias, y se aplican por semejanza a las ocasiones, como aquél que dice *Tantali horti*: refiérese a la ficción de Tántalo, y así lo aplica el siempre moral y sentencioso don Juan de Arguijo:

> Castiga el cielo a Tántalo inhumano,
> que en impía mesa su rigor provoca,
> medir queriendo, en competencia loca,
> saber divino con engaño humano.

> Agua en las aguas busca, y con la mano

> el árbol fugitivo casi toca,
> huye el copioso Erídano a su, boca,
> y en vez de fruta, aprieta el aire vano.
>
> Tú, que espantado de su pena, admiras
> que el cercano manjar, en largo ayuno
> al gusto falte, y a la vista sobre,
>
> ¿cómo de muchos Tántalos, no miras
> ejemplo igual? Y si codicias uno,
> mira al avaro en sus riquezas pobre.

Aludiendo a un común adagio, comenzó su sermón, en el día de la Invención de la cruz, un predicador, diciendo: "Algo se ha hallado la Iglesia santa, cuando está tan contenta el día de hoy. tan festiva, y tan 'regocijada", etc. Con este mismo concepto concluye don Luis de Góngora aquel soneto; enviando unas piedras bezares a la marquesa de Ayamonte:

> Término sean; pues, y fundamento
> de vuestro imperio, y de mí fe constante,
> tributo humilde, si no ofrecimiento.
>
> Camino, y sin pasar más adelante,
> *a vuestra deidad hago el rendimiento,*
> *que montón de Mercurio, el caminante.*

Algunos han querido esforzar que la alusión en sí no es concepto si no incluye alguna otra especie de Agudeza, como es la correspondencia de los correlatos, contraposición, semejanza o paridad, y así de otras; pero no hay duda, sino que ella sola hace concepto de por sí, aunque no se junte con otros, como se ve en ésta: Alabándole a Nerón el plato de los hongos, muy validos entonces en Roma, dijo él en confirmación: "Al fin son comida de dioses"; aludió al hongo envenenado con que mataron al emperador Claudio, su antecesor, y después le repusieron entre los dioses, según sus ciegos y vanos ritos. No tiene este pensamiento otra Agudeza más que la alusión a la historia. Y así Marcial, de otro que él sólo se comía el plato de los hongos, y no daba a los convidados:

> Boletum, qualem Claudius edit, edas.

Bien es verdad; que la relación a la historia, a que se alude es correspondencia que sirve para la acomodación; pero esta correspondencia es el medio común, es como el instrumento general para todas las especies de Agudeza que se forman por el careo y correlación. Con todo eso se hallan algunas alusiones que aun ésa no la incluyen; como, ésta, no menos ingeniosa y picante que las pasadas: Entrando el Marrufino a besar la mano a Luis undécimo, de vuelta de saquear a Cambray, traía un riquísimo collar de oro con mucha pedrería; reparando, en él, los demás mosiures, y alabándoselo, alargó uno dellos la mano para quererlo tocar. Al punto el rey, con mucha sal, que debiera con más celo: "Ta, dijo, no lo toquéis, que es cosa sagrada", aludiendo a lo que se murmuraba, que lo había hecho de las custodias y, relicarios de las iglesias que había despojado. Así que consiste el artificio desta y otras semejantes, en un apuntar sin explicarse del todo, que basta a ocasionar el reparo y despertar la curiosidad en el que no lo entiende y el gusto en el que lo entiende.

DISCURSO L
DE OTRAS MUCHAS DIFERENCIAS DE CONCEPTOS

Habló del Ingenio con él, quien le llamó finitamente infinito. Sería ponerse a medir la perenidad de una fuente y querer contar sus gotas, pensar numerarle al Ingenio sus modos y diferencias de conceptos y intentar comprehenderle su fecunda variedad. Cífranse en este discurso otras muchas especies de sutileza, repitiendo siempre que la Agudeza tiene por materia y por fundamento, muchas de las figuras retóricas, pero dales la forma y realce del, concepto.

Sea la primera la artificiosa distribución, que ilustra grandemente el estilo. Consiste, su artificio en repartir a dos términos su empleo su perfección, su circunstancia con agradable alternación. Así dijo el eminente Hortensia, atento siempre a la perfección del estilo, así en el verso, como en la prosa:

> Mano y faz ayuntar quiso,
> mas la muerte al ayuntarlas,
> a entrambos tolló el conhorte,
> ella fina y él desmaya.

Esta alteración puede ser en el mismo sujeto, según diferentes términos, circunstancias y lugares, con el mismo artificio ingenioso, como se ve en este apreciado epigrama del doctor Montalbán, que ayudó a la semejanza con este realce de la repartición.

> Corre con pies de sonorasa palta
> huyendo de si mismo, un arroyuelo
> y dando vueltas por el verde suelo,

con cita de cristal las flores ata.

Cruza la selva, y cándido retrata
cuanto encuentra su líquido desvelo,
pisa un jazmín, y vístese de hielo
aja una flor, y mírase escarlata

Así de clori en líquidas querellas
bajó, como pintada mariposa,
un diluvio de lágrimas o estrellas;

tocó las flores de su cara hermosa,
y como el agua se detuvo en ellas,
unas veces fue nieve, otras fue rosa.

Fue perfecto este soneto, si no le afeara aquel de aquella *pintada mariposa*: es impropiedad hacer transición de una semejanza grande a otra no tal, de diluvio a mariposa; no fue más que ripio para llenar aquel medio verso. Déstas no tienen, ni don Luis de Góngora, ni los Leopardos, mucho menos el propio y atento Gracilaso; escribían con total perfección. Cae estremadamente la proporción, o la contraposición, en estos cortados. Don Antonio de Mendoza, cuyas obras cuanto más se desean han de lograr más aplauso y lucimiento, dijo:

Causó un amor dos milagros
que uno a otro se encubrieron,
glorias ella estando triste,
penas él estando tierno.

No sólo entre dos estremos, sino entre tres y cuatro se puede formar la agradable repartición, como ésta de don Luis de Góngora:

La hermosura de Granada
cuyo pie da al campo flores,
cristal su mano a Genil,
y al cielo sus ojos soles.

Entre mucho términos la sazonó Lope de Vega, y concluyó con una relevante gradación que dio mucho picante al sentimiento, y exprimió con ponderación:

Dale en tu desdén entrada,
así veas tu persona

con la famosa corona
de nuestra Imperial Granada.

Gozarás oro de Dauro,
verde jaspe de Genil,
del Albaicín la sutil
toca, de tu frente lauro.

Daráte Generalife,
flores, que esa mano arranque;
Comares, en blanco estanque,
te dará dorado esquife.

Vibarrambla, sus balcones
para que en fiestas estés,
y para dorar tus pies,
Vivalmazán sus pendones.

Celebrados carmesíes
la calle, que es de tu nombre,
Granada, porque te asombre,
granos de rojos rubíes.

Vivatabín con soldados
te hará salva cada día;
Zacatín y Alcaicería,
te darán tela y brocados.

La Vega, con su verdura,
rojo trigo y verdes parras.
Su nieve, las Alpujarras,
corridas de tu blancura.

Dinadamar su corriente,
todos los campos sus frutos,
mis vasallos sus tributos,
y yo el laurel desta frente.

En la transición que aumenta, se apoya con mucho primor una ponderación, porque es un adelantar lo que pareció que ya había acabado, y un pasar con mayor aumento de un epíteto a otro mayor, de una semejanza a otra más sublime; así don Luis de Góngora:

Cuantas veces remontada
en esfera superior,
de donde os perdía mi vista,
os cobraba mi afición.

....

Muchos siglos coronéis
esta dichosa región,
que cuando os mereció ave
serafín os admiró.

Es éste un sutil modo de amplificar lo que se va ponderando, y teniendo por común lo mediano, se pasa a lo sumo. Conceptuosamente, como siempre, Jorge de Montemayor:

Y por no caer en mengua,
si le estorba la pasión,
acento o pronunciación,
lo que empezaba la lengua
lo acababa el corazón.

Hay otro modo de transición, que es pasar del oblico al recto; como éste, en los apodos y epítetos:

A besar el pie a una palma,
porque ella siempre corone
las siempre gloriosas sienes
del que es Palma de los Condes.

Válese aquí de la correspondencia, y juega della; de otro modo se suele trastrocar el dicho y pasar de lo que se dijo en singular al plural, o al contrario; el ejemplo lo declara más. Sobrescribió uno una carta a Garcilaso, y dijo: "Al embajador de los reyes y rey de los embajadores". Otro dijo a la Universidad; de Salamanca: "¡Oh escuela de los maestros y maestra de las escuelas!".

Las negaciones irónicas incluyen artificio sutil, y aunque parece un decir sencillo, encierra mucha afectación. Así dijo Marcial a Elia, consolándola al despropósito. Es la traducción de Bartolomé Leonardo:

Cuatro dientes te quedaron,
si bien me acuerdo; más dos,

Elia, de una tos volaron;
los otros dos de otra tos.

Segura puedes toser,
Elía, ya todos los días,
pues no tiene en tus encías,
la tercera tos qué hacer.

La que parecía necedad se convierte en. sutileza, por decirse de industria. Algunas veces parece que va [a] exprimir un grande encarecimiento, y sale con un despropósito. Lope de Vega:

Pastora enemiga,
ya de tus engaños
vengo a estar de suerte,
que al fin de mis años
me llama la muerte.

En esta partida,
de tu amor incierto,
ya no quiero vida
en estando muerto, etc.

Las ponderaciones por epifonema son muy conceptuosas y consisten en un encarecimiento, no hiperbólico, sino con mucho fundamento en lo que se va ponderando. Del troyano héroe cuando llegó a los pies de la reina de Cartago pidiendo asilo, dijo don Diego Morlanes, excelente Ingenio zaragozano:

Reina, ampara a un perseguido
en el fuego, mar y tierra,
que en tan latos elementos.
aún no caben sus miserias.

Salas, dijo:

Reina, acoge a un desdichado,
que tiene tan mala estrella,
que el fuego le echó en el agua,
y el agua le echó en la tierra.

Consiste a veces el epifonema en sentencia. El culto Hortensio:

¡Ay Angel!, de aquesta guisa
te ha parado mi amistanza,
*que la fermosura es culpa
cuando abonda la desgracia.*

Don Antonio de Mendoza, ponderando el silencio de la Virgen en sus favores del cielo, y no comunicarlos ni aun a su esposo, dijo:

Encubrir glorias tan altas
fue modestia, no precepto,
*que en soberanías suyas,
los más grandes hablan menos.*

Las ponderaciones de imposibles son semejantes a las de contradicción y aunque incluyen repugnancia, exprimen con grande sutileza los afectos. Era estremado en esto Jorge de Montemayor:

Regalara yo la vida,
para dar fin al cuidado,
si a mí me fuera otorgado,
perdeda en siendo perdida.

Aun la dice mayor éste, pero no tienen más fundamento que el querer exprimir a lo imposible la grandeza del sentimiento:

Perderse por ti la vida,
zagala, será forzado,
mas no que pierda el cuidado,
después de veda perdida.

En las gradaciones se apoyan con raro primor las ponderaciones, porque se va en ellas adelantando siempre o desminuyendo el sentido. Así introduce Lope de Vega a la infanta doña Teresa, hablando con el rey, su hermano, cuando trataba de casada con el moro:

Hombre el más bárbaro y fiero,
que a orillas del Tanais vive,
donde beben sangre humana
los abrasados caribes.
Caballero el más villano
que en fiesta o batalla rige
freno a caballo español,

calza espuela, espada ciñe;
rey, el más tirano injusto
que roja púrpura viste;
hermano el más inhumano,
ya no león, sino tigre.
Una mujer, etc.

Las anfibologías, cuando son de industria, son conceptuosas. Especie de enigmas que hablan a dos luces, y se ha de entender en ellas todo lo contrario de lo que dicen, como aquélla:

Matar al rey, no, es mal hecho;
antes ser cuchillo afirmo,
del que lo matare, y firmo.

Los epigramas retrógrados tienen mucho deste artificio, y aunque es Agudeza material, se estima por su picante malicia. Fue celebrado este epigrama, que leído al revés, y comenzando por la última palabra, dice todo lo contrario de lo que parece, pero no de lo que pretende:

Laus tua, non tua fraus, virtus, non copia rerum
scandere te fecit hoc decus eximium.
Conditio tua sit stabilis, nec tempore parvo.
Vivere te faciat hic Deus Omnipotens.

Este, con otros muy ingeniosos, me comunicó en sus curiosos manuscriptos el erudito, noticioso, grave y muy substancial historiador, el maestro Gil González de Avila, cronista de España, eminente así en lo eclesiástico como en lo secular; sean el desempeño sus obras, los tomos digo, de Las Iglesias de España, el del Rey de Castilla don Enrique el Enfermo, el gran Gobernador, y el del reinado del rey nuestro señor don Felipe tercero, ya perfectamente acabado, y el del rey nuestro señor don Felipe el cuarto, que va continuando, con otros muchos asuntos dignos de su verdad, gravedad, y entereza.

TRATADO SEGUNDO
DE LA AGUDEZA COMPUESTA
DISCURSO LI
DE LA COMPOSICIÓN DE LA AGUDEZA EN COMÚN

Destino al más juicioso examen aquella gran cuestión, que ya en la praxi los príncipes de la sutileza decidieron: ¿Cuál sea más perfecto empleo del Ingenio, la Agudeza libre, o la ajustada a un discurso?

La suelta es aquella en la cual, aunque se levantan tres y cuatro y muchos asuntos de un sujeto, ya en encomio, ya en ponderación, pero no se unen unos con otros, sino que libremente se levantan y sin correlación se discurren. Sea ejemplo la ingeniosa panegiri del segundo Plinio a Trajano, que es un agregado de asuntos y de Agudezas, sin unirse entre sí, sino en el material sujeto de la alabanza; lo mismo platican en lo sacro, el cultamente elocuente Hortensia Paravisino; nuestro ingenioso aragonés de Daroca, el padre Juan Antonio Usón, de la Compañía de Jesús, y el prodigioso Ignacio de Vitoria, el envidiado augustiniano.

La encadenada en una traza, es aquélla en que los asuntos, así de la panegiri, como de la ponderación suasoria, se unen entre sí como partes, para componer un todo artificioso mental. Así uno, en el día del nacimiento de la Emperatriz del cielo, ponderó la dificultad que hay en acertar a dar un parabién, y las vulgaridades que ordinariamente llevan consigo, temiendo errar la acción en este día. ¿A quién se ha de dar, dice, esta alegrísima norabuena? Si a Dios, parece ya desacierto darle el parabién de que le ha nacido Madre, siendo eterno; si al hombre, mayor, de que le ha nacido hija, cuando toda su perdición le vino por la mujer, etc. Desta suerte va encadenando los asuntos en un ingenioso panegírico. Pondera más adelante que el día del nacimiento del Señor, los ángeles se encargaron de dar el parabién, y así cantaron: *Gloria in excelsis Deo, et in terra pax hominibus bonae voluntatis,* pero aquí parece que desconfían, pues salen con preguntar: *Quae est ista, quae progreditur, quasi aurora?* Fue un discurso muy sazonado y que se logró bien. Este modo de discurrir con trabazón y orden, estaba muy valido antes; así lo practicaron el muy agradable Paniguerola, el erudito Valderrama, el célebre Castro-Verde, y, en nuestros tiempos, el plausible don Plácido Mirto.

En España siempre hubo libertad de Ingenio, o por gravedad, o por nativa cólera de la nación: que no por falta de inventiva. Sus dos primeros Ingenios, Séneca en lo juicioso y Marcial en lo agudo, fundaron esta opinión, acreditaron este gusto. Prudente aquél, nunca pudo sujetarse a los rigores de un discurso, a la afectación de una traza; y si los émulos apodaron "arena sin cal" –menos mal dijeran granos de oro sin liga– el raudal de su doctrina, los apasionados lo aclamaron por gravedad española, opuesta en todo a los juguetes de la invención griega. Escribió Epístolas, que es el más libre modo, y más licencioso, para decir cuanto hay, sin atarse, ni obligarse; entra y sale, como y cuando quiere: que aunque no es de tanto artificio, es de más gusto.

Tributó nuestra Bílbilis a la gran emperatriz del mundo, no monstros como el Africa, sino aquel que lo fue en el Ingenio. Entró Marcial en Roma, destinado a la oratoria, mas su estremada prontitud, no sufriendo pigüelas de encadenada elocuencia, se remontó libre en todo género y modos de Agudeza, cuantos se eternizan en sus epigramas.

Quedó vinculado este gusto –que no le llamo absolutamente acierto– en esta ingeniosa provincia, hermosa, cara del orbe; y nunca más valido que en este feraz siglo, en que han florecido sus Ingenios con su dilatada monarquía, discurriendo todos a lo libre, así en lo sacro como en lo profano.

Socorra la razón a la autoridad. Un Ingenio anómalo siempre fue mayor, porque se deja llevar del conatural ímpetu en el discurrir y de la valentía en el sutilizar: que el atarse a la prolijidad de un discurso, y a la dependencia de una traza, le embaraza y le limita. Nótese la diferencia que hay de un sermón de san Agustín y del elegante Ambrosio, a una cansada alegoría de Orígenes y sus semejantes. La sutileza y aliñado, estilo de san Crisólogo, aunque no se ata a la invención de un traza, no deja de agradar grandemente, y si se ajustara, no fuera tan relevante.

Crueldad es, que no Arte, condenar una hora entera al que oye o al que lee, a la enfadosa cárcel de una metáfora: digo, a estar pensando en una águila, carroza o nave, aunque sea un sol. Ingeniosos son los *Raguallos*, del Boquelino, pero no dejan de enfadar por la uniformidad de su alegoría. A más de que está expuesto todo discurso continuado al riesgo inevitable de que, si quiebra la atención –que acontece de ordinario– perece todo el trabajo, y se malogra. Convenza en favor deste dictamen la variedad plausible que reina en este modo de conceptear libre con su gran tropa de perfecciones, de hermosura, ornato, agrado, fecundidad, que pican el gusto y no le enfadan; aconteciendo todo lo contrario en lo prolijo de los discursos, y en lo frío de las trazas.

Pero, ¿quién jamás, dicen los contrarios, antepuso al compuesto el agregado? ¿la parte al todo, y la confusión imperfecta al compuesto perfecto y aliñado? Siempre un todo, así en la: composición física como en la artificial, es lo más noble, el último objecto, y el fin adecuado de las Artes; y si bien su perfección resulta de las partes, pero añade él la mayor de la primorosa unión. Arduo es el asunto, pero nunca la dificultad fue descrédito, así como ni la facilidad ventaja: mucho cuesta lo que vale, y al contrario.

No merece llamarse gusto el que deja la Agudeza aliñada por la descompuesta y desatada, cuando su mismo nombre condena en: la tina su desaliño y aprueba en la otra su artificioso aseo. Pruebe esta verdad este perfecto discurso del padre Pedro Sanz, gran religioso de la Compañía de Jesús, aquel apostólico orador que tan bien supo juntar lo ingenioso con lo desengañado, el aliño en el decir con la eficacia en el convencer; oísele el día de la festividad de la santa Cruz, entre aquellos dos majestuosos coros de la santa iglesia de Toledo, que es decir en su centro, pues lo es de la sabiduría eclesiástica, de la discreción seglar, y de la gravedad religiosa. Comenzó por una paradoja: que no se ha de llamar fiesta de la Invención ni de la Exaltación de la cruz, sino Glorificación, porque hace en la tierra la cruz los mismos efectos que la gloria en el cielo; y fue discurriendo por los cuatro dotes de los glorificados, ilustrando y probando con igual gusto que provecho.

Hasta un epigrama es adecuadamente perfecto, cuando se vienen a unir los conceptos, y hacer un cuerpo atado con alguna traza, como se ve en aquel gran soneto de don Luis de Góngora al marqués de Castel-Rodrigo, que comienza: *Arbol de cuyos ramos fortunados*; y este otro, de todas maneras relevante, por la pluralidad de conceptos y singularidad de cada uno, pero mucho más por la trabazón y composición que todos ellos hacen. Halléle entre las obras manuscriptas del doctor y canónigo Francisco Antonio Fuser, bilbilitano, varón de tan excelente gusto como Ingenio; dice así:

> Longinos hiere a Dios, tres veces ciego;
> ciego del cuerpo, como se ve claro;
> ciego del alma, sin buscar reparo,
> y ciego de la cólera y su fuego:
>
> Llegó a la cruz con gran desasosiego
> para acabar un hecho feo y raro,
> el cual, aunque costarle pudo caro,
> le dio la vida y le causó sosiego.
>
> El hierro de la lanza que llevaba,
> le sirvió de eslabón, Cristo de piedra,
> la cruz de yesca para sus enojos.

Hirió en el pedernal con furia brava,
sacó fuego de amor, y tanto medra,
que vino a ser la lumbre de sus ojos.

Auméntase en la composición la Agudeza, porque la virtud unida crece, y la que a solas no pasara de una mediocridad, por la correspondencia con la otra llega a ser delicadeza. Y no sólo no carece de variedad, sino que antes la dobla, ya por las muchas combinaciones de las Agudezas parciales, ya por la multitud de modos y géneros de uniones.

Son tantas las autoridades, como las razones, en prueba desta verdad. La ingeniosa Grecia, alna del mundo erudito, maestra de la policía, autora de la cultura y oficina de sabios y de personas, aquélla que asqueó por bárbaras a las demás naciones, fue siempre autora de toda invención y traza. Sea antes ejemplo que exceso, el buen gusto de Herodoto Halicarnaseo, que en la historia llana afectó e! artificio del concierto.

La docta Italia, en quien siempre compitieron el saber con el valor, sus ejércitos con sus escuelas: antes hoy no hubiera memoria de Roma triunfante, si no fuera por Roma sabia. ¿Qué supiéramos del sumptuoso palacio Parrasio, sino por la Agudeza de Marcial con que lo cantó? ¿quién hubiera conocido tantos héroes, sino porque Marcial los celebra? Al mismo Mecenas dio imortalidad Horacio. Esta, pues, gran madre del saber, emporio universal de las Artes y ciencias, estimó siempre por de más Arte y primor la Agudeza compuesta: y la platican hoy sus más floridos Ingenios en tantos, tan elocuentes y sazonados, discursos.

Altercada deste modo por una y por otra parte la cuestión a todo discurrir, al fin cada uno abunda en su dictamen. Pero mucho puede el uso, y más la agradable, plausible, y hermosa variedad.

Dos cosas enoblecen un compuesto conceptuoso: lo selecto de sus partes y lo primoroso de su unión; como se logró en este discurso de un grande orador, y desengañado. Propuso. que después de haber estado el imenso Dios por toda una eternidad en sí mesmo, queriendo salir a sus criaturas y morar en ellas por gracia, se fabricó el palacio de la naturaleza angélica; echóle de allí el pecado; edificóse otra casa, aunque de barro, pero muy aliñada de dones y de gracia; crió al hombre: de aquí, también le sacó la culpa. No tiene Dios dónde ir: ¿Qué hará? ¿volverse a sí mismo? Pero una retirada le queda, que es la Virgen, palacio del mismo sol: *Regia solís erat*; casa es de la sabiduría: *Sapientia aedificabit sibi domum*; sol es, brillante siempre, y nunca eclipsado por el pecado: *In sole possuit tabernaculum suum*; casa de santidad perpetua: *Domum tuam, Dómine, decet sanctitudo*; ciudad, que la fundó el mismo Dios para una eternidad: *Deus fundavit eam it aeternum*; y con mucha razón la llama su mayor devoto, asilo de Dios.

Ganan en pluralidad y en primor los artificiosos intelectuales a los materiales y mecánicos, sino que, como obras del alma, difícúltalos su misma imperceptibilidad; los Otros, como palpables, se vulgarizan a los sentidos. ¿Qué objeto puede hallarse más agradable, y más digno empleo de la racionalidad y discurso, que un compuesto de conceptos y sutilezas? Séalo éste del célebre poeta Alonso de Ledesma a san Ignacio de Loyola, metido en el estanque helado en París, para convertir un mozo lacivo; está el epigrama lleno de alusiones y correspondencias a los adjuntos del sujeto santo, de equívocos, semejanzas, y toda sutileza:

> Vulcano cojo, herrero vizcaíno,
> si quieres ablandar un hierro helado,
> de un pecador protervo y obstinado,
> saca tu fragua en medio del camino.
>
> Los fuelles de oración sopla contino,
> hasta que enciendas un carbón tiznado,
> que en fuego de lujuria se ha quemado,
> y es para fragua cual carbón de pino.
>
> El hierro y el carbón, que es culpa, y hombre,
> trairás con las tenazas de obediencia
> a tu amorosa y encendida fragua.
>
> Pide a Jesús el fuego de su nombre;
> la yunque y el martillo su conciencia,
> y tú serás hisopo puesto en agua.

La Agudeza compuesta es en dos maneras, y otros dos son los géneros de compuestos. El primero es el que se compone de conceptos incomplejos, como de tres o cuatro proporciones, de tres o cuatro reparos, paridades, etc., unidos entre sí y que hagan juego de correspondencia. El segundo es un compuesto por ficción, como son las épicas, alegorías continuadas, diálogos, etc.; ambos géneros se irán explicando por su orden en los discursos siguientes.

DISCURSO LII
DEL PRIMER GÉNERO DE AGUDEZA COMPUESTA

Es la Agudeza de proporción, la primera entre las incomplejas: es el compuesto de tres o cuatro proporciones, el más principal y agradable; y si en sí grandes, por la conexión y trabazón, parecen mayores. Sea el primer ejemplo del primer Ingenio destos siglos, el sutilísimo padre fray Diego López de Andrade, portugués y augustiniano. Abarcó en tres proporciones las tres mayores excelencias del Bautista; careó el nombre de *Jua*n con su nacimiento, vida, y muerte, todo prodigioso; y probó que con razón se llamó *gracia*, que eso significa *Juan*, porque nació sin méritos como la gracia: *Fecit misericordiam suam cum illis*; vivió como la gracia, alimentándose, y creciendo con virtudes: *Antra deserti teneris sub annis*; murió como la gracia, por el pecado: *Non licet, tibi*, etc. No se pudo en este género discurrir con más sutileza.

De las improporciones y contraposiciones se componen con igual primor y artificio. Ellas dieron alma a este ingenioso epigrama del doctor Juan Francisco Andrés, ornamento de su imperial patria, Zaragoza, que pudiera así llamarse, pues *goza* hoy de tan *augustos* hijos; fue a los dos santos hermanos, san Laurencio y san Orencio, hijos ambos de la vitoriosa Huesca. Pondera el ser martirizado el uno en el fuego, y el manirizarse el otro en el hielo, donde se metía el santo arzobispo de Aux, para mortificarse; celebra su constancia y su valor; concluye dando la razón al reparo de la ingeniosa contraposición, aludiendo al equívoco del nombre de su santa madre, que fue santa Paciencia:

Del fuego abrasador la llama ardiente,
no examina en Laurencio lo inflamado,
que el calor de las ascuas no ha quemado,
porque en su pecho incendio mayor siente.

La actividad de Orencio no consiente
que le resfríe del cristal lo helado,
porque el hielo, en pavesas transformado,
confiesa el vencimiento claramente.

Laurencio se acredita de animoso
en las llamas, y Orencio en los cristales
rayos brilla de amor afectuoso.

Que venzan elementos desiguales,
no es mucho, cuando en parto prodigioso,
la Paciencia les dio fuerzas iguales.

El compuesto de reparos es la obra más costosa del Ingenio, y por tanto, la más primorosa. Tal fue éste, que tuvo al Espíritu santo por autor y por objecto, en lengua de un orador cristiano. Armóle de tres contrariedades, tres milagros de la sutileza. Fue la primera, que: ¿Cómo este amor imenso descendía a un mundo que tan groseramente había tratado a la Sabiduría del Padre? Diole salida con esta semejanza: Húbose aquel gran padre, de quien todos los demás aprendieron el renombre, como una afectuosa madre, que habiéndole el rapaz ignorante hijuelo martirizado el desentrañado pecho, ya arañándole, ya mordiéndole, queda ella tan ajena de venganza, que recogiendo aquel esmaltado pecho con lo rojo de la sangre y lo blanco de la leche, franquea luego el otro rebosando el regalado néctar. Procedió a la segunda, contraponiendo el ruido conque entró en el mundo este divino Espíritu: *Factus est repente de coelo sonus*, al silencio con que la omnipotente palabra descendió de las reales sillas: *Cum medium silentium tenerent omnia*. Responde que es amor, y violentado, revienta como el fuego con mayor estruendo. Pero donde echó el resto al discutir, fue cuando ponderó el descender en lenguas de fuego, habiendo primero venido en el Jordán mansa paloma, y en el Tabor, fresca y templada nube. Satisfizo con una proporción relevante: que al cenáculo, donde se descentó el Pan del cielo, con razón viene en lenguas, y éstas de fuego, en significación y misterio que a bocado, que es Dios, le habemos de recebir con lengua de Espíritu santo. Concluyó los tres asuntos con una erudita aplicación del ñudo gordio a este divino ñudo inexplicable, diciendo que a tanto misterio y profundidad no hay hallar otra salida que dar un corte de veneración y silencio. Premiaron los oyentes este discurso con llamarle el *Tanto monta* del Ingenio.

En tan adelantada competencia presento un riquísimo joyel de desempeños: sea un águila real, coronada de tres rayos sutilísimos, que cuando más parece que la amenazan con sus dificultades, la coronan vitoriosa con sus desempeños. Fue un discurso de un gran predicador, consagrado al águila del empíreo, con tres valientes dudas sobre sus tres blasones, sus tres mayores excelencias, en un apasionado, religioso auditorio. Amenazaba la primera al ser Benjamín de su Maestro, *quem ditigebat Jesus*, dificultando que no parece ser tan estremado el amor que le muestra Cristo, pues se exprime por un imperfecto, diligebat, que parece que el sumo Artífice en este retrato de su amor —si el amor copia y retrata— no puso la última mano, que no acabó de retocarle, no le perficionó del todo, cuando sobrescribió: *Diligebat Jesus*, en vez del *faciebat*. Amagó la segunda al ser hijo de la Reina del cielo y substituto del Hijo de Dios, ponderando que no estaba tan asentada esta prerrogativa como se desea y requiere, pues aunque aceptó Juan, como quien ganaba —*et ex illa hora accepit eam discipulus in sua*— pero no consta que María aceptase, como quien perdía en el trueque. La tercera, tocaba en lo vivo, por lo odioso de la comparación, y más en teatro de tantas y tan apasionadas atenciones: que no se halla una sola alabanza jamás en la boca de Cristo ni de su Madre, del evangelista, hallándose encarecimientos del Bautista, y aun entonces, se dice: *coepit dicere ad turbas dé Ioanner* que, no era aquello más de un comenzar. A estas tres dificultades correspondieron tres iguales desempeños. El primero, al *diligebat*, que no procedía de falta de amor, sino de exceso, porque nunca su divino amador puso tasa, puso término; ni coto al amor de Juan: añadía cada día y cada instante amor a amor, y siempre le parecía poco, como diciendo, más amor, aún no es bastante, más y más, y cada día de nuevo, *diligebat*. Al misterioso silencio del su Madre reina, satisfizo: que no sólo no fue disfavor, sino fineza, .y que antes bien fuera agravio el aceptarle tan tarde por hijo, habiendo reconocido por tal tanto antes, pues el mismo día que concibió al inmenso Dios en sus virginales entrañas, concibió a Juan en el corazón; y que no fue impropiedad, sino misterio, el añadir el ángel al *concipies*, el *in utero*; y aun aquel *hic erit magnus* fue alusión a otro hijo menor; echó el sello a este desempeño san Lucas, refiriendo el nacimiento de Cristo, con decir: *Peperit filium suum primogenitum*, que fue un tácito confesar que sería el segundo el benjamín Juan. Sobre todo; se desempeño con ventajas, de los grandes encomios del Bautista, ponderando que esta diferencia hubo entre el valimiento de los dos Juanes con el soberano monarca: que al Bautista le aventajó Cristo en palabras; era su voz: *Ego vox clamantis*; pero al evangelista en, obras: tomó a pechos el favorecerle, apechugó con él, para levantarle a la mayor grandeza.

El compuesto de encarecimientos no cede a cualquier otra. Usase dellos raras veces, y en sujetos que los requieran con el fundamento de las extraordinarias circunstancias: que sin esta seguridad serían libremente fingidos, sin apoyo de sutileza., Por este rumbo glosó el padre Jerónimo Alverite, de la Compañía de Jesús, aragonés, ornamento de .la ciudad de Borja,. su patria, eminente predicador, así en las cosas como en el decirlas: las dos partes esenciales del, perfecto orador, que ,tanto encomienda la retórica, por estas dos palabras, "invención" y "elocución", que raras veces se juntan. Y así, en, Roma, de tres grandes predicadores que concurrieron juntos, decían: *Toletus docet, Lupus movet, Panigarola delectat*; enseñaba el doctísimo Toledo, movía el fervoroso Lobo y deleitaba el elocuente Panigarola, de suerte que de todos tres se hiciera un consumado orador. Ponderó, pues éste nuestro los extravagantes favores que incompetencia hicieron Cristo y su Madre al melifluo Bernardo, diciendo que dio que sospechar esta apasionada Madre, que le hurtaba la leche al Hijo de Dios por guardársela a Bernardo, como lo suelen hacer las que crían dos, que la hurtan al uno para dársela después al otro; fundólo; porque no fuese libremente dicho, en la fuerza de aquellas palabras, *et ubera quae suxisti*" que denotan atraer con violencia y aun con deseo y hambre. Más: que el mismo Cristo, lo que no hizo en ,prueba de que era Hijo del eterno Padre: *Si Filius Dei est, descendat de cruce,* hizo en prueba de que era hermano de leche de Bernardo, desclavándose de la Cruz por abrazarle, y trocando los brazos della por los de Bernardo. Concluyó con una plausible paradoja: que Bernardo, no sólo fue hermano de Cristo adoptivo, como los demás por su sangre, sino natural por la leche.

Son muy agradables los mixtos: ni todas proporciones: ni todos reparos, sino alternadas de una y de otra Agudeza. Fuelo éste a la Emperatriz de los Serafines, en el día de su mayor triunfo, predicado por el docto y elocuente padre Jerónimo Bartolí, de la Compañía de Jesús, valenciano.

Comenzó por una aplicación de aquella galantería que usaban las doncellas romanas, y la refiere Clemente Alejandrino (*II Pedag.*, cap. II): que llevaban en la planta del chapín o sandalia: ciertas cifras, y —al pisar las -iban dejando estampadas en sus huellas— llegaban los apasionados a leerlas y descifrarlas con igual gusto que aplauso.

Acomodó esto a la Virgen, de las vírgenes, augusta emperatriz del empíreo, con aquel lugar de los *Cantares: Quam pulchri sunt gressus tui in calceamentis filia principis.* Con esto entró en el discurso, leyendo varias cifras que iban observando y glosando los más abrasados espíritus. *Quae est ista quae ascendit?* Fue la primera una estremada proporción: que así como Dios bajó al mundo a encarnarse en María, hoy María sube al cielo a divinizarse en Dios. La segunda fue un reparo: que por qué no la subió consigo el Señor en el festivo día - de su gloriosa Ascensión; y responde, que quedó en el mundo, para que hubiese en él quien dignamente hospedase al Espíritu santo cuando descendiese luego. Remató con un encarecimiento, probando que fue más célebre este triunfo que el del mismo Señor, pues aquí la servía su mismo Hijo de carroza triunfal: *Inixa super dilectum suum*; el Espíritu santo de palio: *Spiritus sanctus superveniet in te, et virtus Altissimi obumbrabit tibi*; entró como reina debajo de palio. El Padre eterno la vistió de gala: *investitu deaurato*, y la hizo centro de toda variedad: *circundata varietate*.

DISCURSO LIII
DE LOS COMPUESTOS POR METÁFORA

La semejanza, o metáfora, ya por lo gustoso de su artificio, ya por lo fácil de la acomodación, por lo sublime a veces del término a quien se transfiere o asemeja el sujeto, suele ser la ordinaria oficina de los discursos; y aunque tan común, se hallan en ella compuestos extraordinarios por lo prodigioso de la correspondencia y careo. Fuelo aquél, y aun fénix de todos, al fénix de los santos, san Juan Bautista, en competencia del águila caudal, y a petición de sus apasionadas. Comienza el fénix, dijo el padre Felipe Gracián, entre odoríferos aromas; fue Juan anunciando, a *dextris altaris incensi y hora incensi*. Es único el fénix; fue Juan singular: *non erat illis filius* en singular. Nace el fénix entre estériles cenizas; nace Juan de sus helados y canos padres. Pero no nace el fénix, sino que resucita; no nació Juan, sino que resucitó de los pasados patriarcas y profetas: *Non surrexit major Ioanne Baptista*: *quem ego decollavi Ioannem, hic a mortuis resurrexit*. Rebulle el fénix al herirle los rayos del sol; comienza a saltar Juan, al amanecer por los montes de Judea el sol divino. *Exultavit Infans in utero meo*. Mora el fénix en los retiros de los montes: mora Juan en los desiertos: *antra deserti teneris sub annis*. Acaba el fénix en otro, y deshácese él para que el otro comience; y Juan: *illum oportet crescere, me autem minui*. Fue al fin el raro, el singular, el fénix de la gracia.

Cuando se ajustan todas las circunstancias y adyacentes del sujeto al término de la traslación, sin violencia, y con tal consonancia que cada parte de la metáfora fuera un relevante concepto, está en su mayor exaltación el compuesto. Fue admirado, y celebrado, este poema en que un padre de la Compañía de Jesús, hizo cielo a la sagrada religión de santo Domingo, estrellas y planetas a sus santos:

>Dominici sacer ordo polis aequandus Olympi,
>lumine syderas praeterit ille faces.
>Namque tot empireo non flagrant vertice flammae,
>quod polus iste virum flammea corda gerit.
>Primus motor ades, sphaeram qui ducere primam
>Gaudes, et Dominum nomine iure refers.
>Aurea Saturni renovavit saecla Hiacyntus,
>et merito illius pegmate laetus ovat.
>Propitium Hesperiis iubar est Vincentius oris,
>sic Iovis imperium nomen, et omen habet.
>Martis obire vices quit Petrus martyr is ensem
>erigit, et dextra tela trisulca quatit.
>Sol Thomas solis vincit septemplicis ignes,
>diluit, et tenebras, nubila tetra fugat.
>Mereurius Raymundus adest, qui clare vel ipsas,
>aetheris occlusi quit reserare fores,
>Antivenus Catherina fuit, sed dignior illa,

luce sua tantum nobilitate thorum.
Mox datur astricomos Phaebes spectare iugales,
luna est, quae solem ventre Maria tegit.
Arctos adest, Aries, teloque armatus acuto,
Phillirides, Taurus, Buccina, Virgo, Rotae,
Tindaridae deerant: dedit hunc Augusta decorem,
cum fratres geminos, Tindaridasque dedit
sic coelum hoc gestit, sic urbs Augusta triumphat,
et peragunt festos terra, polusque dies.

Proporciona con notable correspondencia toda la religión con el cielo, y va distribuyendo cada estrella con su santo, con grande propiedad, tomando fundamento de las circunstancias especiales de los términos. Concluye con relevante Agudeza, que es lo más dificultoso y más estimado, haciendo el signo de Géminis a los dos hermanos, ornamento de Zaragoza y de su sagrada religión. Tradújolo con propiedad y bizarría de estilo el padre fray Pedro Gracián, diciendo:

Es del Guzmán la religión sagrada,
émula de la máquina estrellada,
y aun eclipsa sus lumbres,
pues del empíreo en las voladas cumbres,

no brillan astros materiales tantos
en este Polo, cuantos
abrasados se ostentan corazones,
de santos, doctos, ínclitos varones.

Eres tú el primer móvil, que la esfera,
gran Domingo, conduces la primera.
Tu nombre misterioso,
Señor te aclama, con razón glorioso.

Jacinto amante, el siglo nos renueva
del caduco Saturno;

y el nuestro errado, es ya dorado turno,
por el que tan precioso blasón lleva.

No flores, sí esplendores, dio Vicente,
luz de doctrina a la española gente,
de la tarde lucero,

de Jove toma el nombre y el agüero.

El mártir Pedro, entra aquí a la parte
del belicoso Marte;
ciñe sus sienes de luciente hoja;
trisulcos rayos de su diestra arroja.

Es sol Tomás, que al sol escureciera,
si siete veces más resplandeciera;
ahuyenta escuridades,
y de Escuelas serena tempestades.
Reimundo es el Mercurio, que la llave
del mismo empíreo tiene,
y el cerrar y el abrir, cuando conviene,
aun a los mismos reyes, puede y sabe.
Catalina, Antivenus fue temprano,
más pura en sí, y no menos hermosa,
digna enoblece esposa,
tálamo eterno, trono soberano.

Relumbra de Diana el casto coche,
a pesar de la noche;
luna es María, que el horror destierra,
y al Sol divino, en vientre humano encierra.

Aquí la Osa y el vellón nevado,
el Sagitario armado,
luce el Toro bocina resonante,
la espiga virginal, círculo errante.

El Géminis faltaba, y Zaragoza
esta gloria le dio, que imortal goza;
blasona dos hermanos,
aunque floridos, en prudencia canos.

Así este Olimpo se alboroza padre,
triunfa la augusta Madre;
alegres días nos dispensa el cielo,
festivos los celebra el patrio suelo.

El horizonte del Ingenio es comúnmente la panegiri; aquí es donde despliega la rueda de sus rayos, digo de su sutileza, ya aludiendo, ya proporcionando, y aquí trasfiriendo. De santo Tomás de Aquino, fundándose en las palabras del Evangelio: *Vos estis lux mundi*, probó el elocuente orador don Plácido Mirto, que era todas las luces de antorcha, estrella y sol de la sabiduría. Por la desemejanza, al contrario, se forma con igual artificio un discurso. Desta suerte reparó uno: ¿Por qué siendo cena grande la del banquete eucarístico, llama el Señor a los. pobres hambrientos, y no a los príncipes y señores? Dio la razón, ponderando que no quiere este Señor que su comida tenga las propiedades de las comidas de los señores, que suelen ser, de ordinario, tarde, poco limpias, y frías; no sea la sagrada Comunión desta suerte, sino al contrario, frecuente, con gran limpieza de conciencia, y con calor de devoción y fervor; de suelte que por la desemejanza trazó su discurso con felicidad y gravedad.

Los discursos persuasivos, participan tal vez del ingenioso artificio, y es entonces adecuada su perfección, porque se van introduciendo con notable agrado, y es cebo lo gustoso para lo importante. Tal fue aquél del docto y grave padre Jerónimo de Florencia, en las exequias del héroe de Lemos; hizo esposa a la muerte, y diola en dote las tres propiedades del bien; probando que es noble, hermosa y rica, disfrazando en la ingeniosa metáfora los tres quicios de la voluntad, sobre quienes se mueve lo honroso lo útil, y lo deleitable, a que se reduce todo el artificio y toda la eficacia persuasiva.

En los poemas, especialmente epigramas, una metáfora bien seguida, aplicando con propiedad y correspondencia todas las partes della, y las circunstancias, sale estremadamente. Fue plausible este soneto a san Jerónimo, y si le favoreciera lo realzado del estilo, fuera sin duda perfecto:

> Hizo Dios medicina provechosa
> de afrentas y trabajos desta vida,
> botica milagrosa, aunque temida
> del mundo miserable, por costosa.
>
> Del palo santo, Pedro tomar osa,
> y Benito, la zarza, desabrida;
>
> Juan, las unciones; Diego, la bebida;
> tomó el acero Catalina hermosa.
>
> Vos, Jerónimo santo, habéis gastado

desta botica, viendo lo que medra
el enfermo que viene aquí derecho.

Y así teniendo el pecho levantado,
tomastes un terrón de azúcar piedra,
que es cosa muy probada para el pecho.

DISCURSO LIV
DE LA ACOLUCIA, Y TRABAZÓN DE LOS DISCURSOS

Lo más arduo y primoroso destos compuestos de Ingenio falta por comprehender, que es: la unión entre los asuntos y conceptos parciales. El Arte de hallarla sería el superlativo primor de la sutileza. Esta conexión es constante que ha de ser moral y artificiosa, así como todo el compuesto lo es. En los discursos metafóricos es aún más fácil, pues consiste en ir acomodando las partes, propiedades, y circunstancias del término, con las del sujeto translatos; y cuanto más ajustada es la correspondencia campea más el discurso. Desta suerte comparó el Ambrosio deste siglo, el padre Jerónimo de Florencia, el nacimiento de la Madre de Dios al de la aurora, discurriendo con mucha propiedad, y atribuyéndole todos los efectos: el alegrar los campos, el lucir y hermosear las flores, el fecundar las plantas, y sobre todo anunciar el sol.

Cuando el discurso es por acomodación y semejanza, no es menester más trabazón que la de las mismas partes del término acomodado al sujeto. Desta suerte el grave, docto, y sutil padre Francisco de Mendoza, en sus eruditos comentarios de los Reyes, transfiere la generación del Verbo eterno a la sagrada Comunión, fundándose en aquellas palabras del Evangelio: *Sicut missit me vivens Pater, et ego vivo propter Patrem, et qui manducat me, et ipse vivet propter me.* Va acomodando superiormente las excelencias del Verbo eternamente engendrado al que comulga, probando que es hijo, es imagen, y es sabiduría del mesmo Cristo Señor nuestro. La gustosa semejanza se lleva consigo la unión y consecuencia grande, y así éstos son los compuestos más bien concertados de todos, concluyendo con toda perfección.

Lo mismo que se dice de los discursos, se halla en los epigramas. Sea ejemplar éste, verdaderamente bien discurrido, a la sagrada religión del Carmen, en metáfora de un acordado instrumento. Componíalo en las auroras de su lucido entendimiento, primicia de los colmados frutos de su saber, el doctor don Jorge Salinas y Azpilcueta, prepósito de la santa iglesia Catedral de Huesca; dice, pues:

Quiere el cielo encordar el instrumento

del instituto sacro del Carmelo;
por bordón pone el abrasado celo
del que fue arrebatado al firmamento;

Cuartas hace del alto pensamiento
del que volvió a la madre su consuelo,
tercero del Bautista, del Sol velo,
que hiere en uno y otro testamento.

La segunda es Andrés, que de la tierra
la cruz como clavija le levanta,
para templallo al celestial sonido.

La prima falta: sea quien destierra
la escura confusión, y con su planta
deja al soberbio burlador vencido.

Y pues remate ha sido
desta dulce armonía,
la Madre del segundo Adán, María,
este instrumento vencerá Aquerontes,
como el de Orfeo mudará los montes.

La dificultad casi insuperable está en los discursos que se forman de tres o cuatro reparos, proporciones, y de las demás Agudezas incomplejas. Puédense ir rastreando algunos modos de unir, y reducirse a método.

Acontece tal vez que una propuesta, una hipótesis, o asunto, contiene muchas partes; y la unión del discurso consiste entonces en idas probando todas, explicando y especificándolas; de suerte que no es menester más trabazón, porque la propuesta las ciñe todas y las une en sí. Desta suerte el padre maestro Francisco Boil, Ingenio de los de primera magnitud, y único en la acolucia de los discursos, en el sermón del Menor mayor, toma por asunto que Francisco renovó la Iglesia de Dios en todo; va luego descendiendo por sus partes, y probando con mucha consecuencia que la renovó en la Pasión con sus prodigiosas llagas, en la primitiva pobreza, en el fervor apostólico, en la doctrina, portentosos milagros, etc. Aquí no es menester más unión que el ir singularizando por partes aquella proposición primera universal.

Todo compuesto ha de tener partes: unas principales y mayores, y éstas no han de ser muchas; otras, menores, que componen aquellas primeras. Todas requieren conexión y orden, porque sin esto no son más que en lugar de *scopus*, *scopae disolutae*, y el todo, *rudis indigestaque moles*; discursos amorcillados, sin principio ni fin, y todo confusión. Una propuesta universal, y como cabeza, ha de abarcar en sí todas las demás. Así en un sermón del beato padre Francisco de Borja, un hijo suyo, y en su palacio, después de haber probado, en la introducción, que acostumbra Dios en las conversiones de sus santos no mudarles el empleo que tenían antes, sino el objecto –como en los apóstoles: *Faciam vos fieri piscatoris hominum*; y en la Madalena: *Quoniam dilexit multum* –pasó de amante de las criaturas, a serio con tanta fineza de su Criador– saca que en la conversión de san Francisco de Borja, no le mudó Dios el empleo, sino el objeto y la materia *circa quam*; y así, que si en el siglo era Grande y servía al emperador de la tierra, como grande en la casa de Dios, cuando entra en ella, sirve a Dios como grande, y va acomodando todos los empleos de un grande, a sus grandes virtudes: que comulgaba y hospedaba a su Señor sacramentado, como grande, con tres días de aparejo, y tres después para dar gracias; su asistencia en la cámara, la gran presencia de Dios –de ocho modos– que platicaba; el conocer en entrando en una iglesia, dónde y si estaba el santísimo Sacramento, aun la primera vez; y así fue discurriendo por todos los mayores actos y ejercicios de su vida. Luego pasó a los premios, que fueron de grande el sentarle Dios a su mesa y por su persona servirle: *Et transiens ministrabit illis*. Discurso, que pudo satisfacer por su invención grave y conexión tan ajustada.

Otras veces, aunque el primer asunto, la primera propuesta no es general, pero da pie y ocasión para levantar la segunda, y ésta para la tercera. Así, de la Reina de las estrellas, probó fray Jerónimo Andrés, monje del real convento de San Juan de la Peña, tan eminente en el púlpito como en la cátedra, que no se había conocido jamás en esta Señora, ni vacío de naturaleza, con falta de alguna de sus perfecciones, ni vacío de la gracia, ni de la gloria. Aquí las ventajas de la naturaleza dan pie para los, realces de la gracia, y éstos para los complementos de la gloria.

Cuando van subiendo los asuntos, sale mejor el artificio con la gradación. Ponderaba otro gran orador, que la misma Reina tuvo lo mejor de la naturaleza; de aquí hizo el ascenso, y probó que alcanzó lo mejor de la gracia, y concluyó que participó también lo mejor de la gloria. La gradación es la unión deste discurso.

El sujeto, cuando tiene partes en sí, da pie para la ponderación dellas, y con la misma unión material ocasiona la formal en el concepto. Si estas partes son varias y heterogéneas, ayudan mucho para la variedad y distinción de los asuntos parciales; no es menester más unión que la que el sujeto encierra con sus partes. El ingenioso y cultamente elocuente Hortensio, en el sermón de la *viña*, formó el discurso del sujeto y de sus partes, correspondiendo a cada una de ellas una agradable moralidad, y propuso así:

> Hoy en la viña tenemos,
> sacra real majestad,
> hoy tenemos en la viña,
> uvas, pámpanos, y agraz.

Cuando se discurre sobre alguna virtud o vicio, es por sus principales efectos y actos; y cuando se unen con correspondencia al mismo texto, es doblada la perfección. Ponderó el padre Felipe Gracián, en un sermón, la hermosura grande de la caridad, y cuán linda y agradable parece a Dios y a los hombres. Primero, porque tiene bellísimo rostro: *Diligite inimicos vestros*, aun a los enemigos lisonjea, haciéndoles buena cara; tiene, lo segundo, hermosas manos, que es gran parte de una beldad: *El benefacite his qui oderunt vos*; agradable y dulcísima boca: *Orate pro persequentibus*. Y de todas estas perfecciones se proporciona una belleza consumada y cabal, retrato del mismo Dios: *Ut sitis perfecti, sicut Pater vester coelestis perfectus est*. Al fin, un sol de beldades: *Qui solem suum oriri facit super bonos, et malos*.

No basta la unión del texto para que hagan compuesto los asuntos; es menester que digan alguna correlación entre sí y se encadenen en alguna circunstancia o predicado universal a todos ellos. Debajo deste género de desengaño, sacó tres asuntos el padre Diego Pinto, de la Compañía de Jesús, en otra parte ya celebrado, del capítulo sexto de *San Juan*, contra los tres maliciosos engañadores de las almas, en la festividad del Sacramento. El primero, de aquellas primeras palabras: *Caro mea vere est cibus*, ponderando que el manjar que ofrece el Señor es verdadero; y al contrario, el que el demonio siempre fue falso, ente de razón, sola aparencia. Fue el segundo, de la segunda proposición: *In me manet, et ego in eo*; que los contentos del espíritu permanecen eternamente; son perenes los del cielo, pero los del mundo pasan y desaparecen luego. Concluyó con el tercero, contra la carne: que su vivir no es vivir, sino morir, no es vida sino infierno; pero el comer a Dios y alimentarse de su humanidad y divinidad, es vivir de reyes, y aun más, vida de dioses: *Sicut missit me vivens Pater, et ego vivo propter Patrem, et qui manducat me, et ipse vivet propter me*. Esto es discurrir con fundamento asuntos plausibles, llenos, substanciales, y cuerdos; bien diferentes dé aquellos de que muchos caprichosos se pagan, metafísicas de viento, alucinamientos, predicar en abstracto, amigos de concameraciones, sin provecho ni agrado del auditorio.

En los discursos por cuestión, que no suelen ser los menos primorosos, consiste la unión en ir discurriendo por las partes y términos entre quienes está la duda. Armó desta suerte el doctor Juan Francisco Ram, arcipreste de Morella, Ingenio también universal, y benemérito de las ciencias sagradas y humanas, una ingeniosa competencia entre los atributos divinos: a cuál se deba la gloria del infinito don de la Eucaristía. Pretende la omnipotencia por la mayor obra; la sabiduría, por la más rara invención; la providencia, por el más extravagante medio; la bondad, por la más nueva comunicación; la imensidad, por el inaudito modo de presencia; la liberalidad, por el sumo don; y así de los demás; pero decídese en favor del amor, por la mayor fineza.

Hasta en una palabra equívoca pueden unirse los cabos del discurso, y se toma ocasión della para levantar las propuestas. Así uno, en el día del patrón de las Españas, Santiago, predicando a un muy noble y lucido auditorio, fundándose en aquella palabra del sagrado Evangelio: *Petens aliquid ab eo*, dijo que habían pretendido ser hijos de algo en el cielo -que no hay *algo*, sino allá, que ésta es la verdadera nobleza- y fue discurriendo en qué consiste, y sus calidades; de suerte que ciñó todos sus morales asuntos en aquella palabra equívoca.

De ordinario se va cortando a los principios del discurso, y al fin se ata. Va con suspensión el auditorio aguardando en qué ha de venir a parar, que es de más Arte que el declararse luego al principio; y así de más gusto, como sucede en los empeños, que cuanto más se van dificultando, se goza más de la acertada salida. Sea ejemplo este ingenioso epigrama de aquel que tuvo alas en el Ingenio, el valenciano Falcón, al gran César de los españoles:

Cum modo ad Hesperias remearet Carolus undas
et quateret reduces littoris unda rates,
Laetitia exultans caput extulit alta Pyrene,
dixit, et a summo vertice, Roma veni.
Inde tuens altis surgentem collibus Hemum,
intonuit rursum: Thratia terra veni.
Tum mare prospiciens, ubi desinit altus Oaxes,
clamavit simili murmure, Creta veni.
Ostendam vobis regem, quem jure putabis,
Roma Numam, Marthem Thratia, Creta Jovem.

Concluye uniendo, si comienza enramándose; y con eso satisface adecuadamente a la expectación, que le va atendiendo, y aguardando dónde vendrá a parar: Merece bien la elegante tradución del canónigo don Manuel Salinas:

Llegando a Hesperia, al puerco deseado,
el quinto Carlos, en velera armada,
portátil corte, siempre venerada,
del espumoso reino, aun más airado,

Ninfa Pirene, el rostro alborozado,
descollando en la más cumbre empinada,
a Roma llama, a Tracia coronada,
con el Hemo, su monte celebrado.

Vuelta al Oaxes, el que a Creta baña,
y el mar le rinde su tributo undoso,
dijo también a Creta, que viniera.

Venid, dice, veréis a un rey de España,
que a Roma. Numa; a Tracia, un belicoso
Marte, y a Creta Jove ser pudiera.

En los discursos morales, es primorosa unión, y aun disposición, proponer dos partes encontradas; comenzar como apoyando paradojamente algún vicio, discurriendo en favor dél, y luego revolver contra él, y refutarle. Comenzó uno un discurso defendiendo la murmuración, ponderando los provechos que acarrea, y luego revolvió contra ella, deshaciendo con ventajas lo primero. Así también don Plácido Mirto, elocuentísimo orador de nuestros tiempos, en el discurso que predicó del Juicio en el célebre púlpito del Hospital de Zaragoza, comenzó deshaciendo los rigores y terribilidades de aquel día, sacando argumentos de todas las circunstancias en favor, y después que pareció tener engañada la humana propensión a su comodidad y deseo, revolvió contra ello, rebatió las aparencias de consuelo, y probó eficazmente todo lo contrario.

Ésta acolucia y trabazón que habemos ido ilustrando y declarando, es intrínseca, inmediata, y propia. Otra hay extrínseca, remota, y de menos Arte, aunque más platicada, que es trayendo alguna historia primero, o suceso remoto, y aplicándole por la semejanza o paridad al caso presente. En el sermón de la Pasión acomodó uno las cuatro tablas en que pintaron en Roma la cruel muerte de su César, para más comover el pueblo a la compasión y a la venganza. A imitación desto fingió como cuatro tablas, en que fue describiendo los principales pasos de la Pasión, moviendo eficazmente el auditorio al llanto, y a la venganza de los pecados. Deste modo de invenciones y trazas usó mucho el padre Jerónimo de Florencia, y en el real discurso a la muerte de la Margarita de las reinas, introduce los cuatro doctores de la Iglesia, cantando cuatro lamentaciones. Fray Pedro de

Valderrama hace una erudita información y pruebas de la limpieza de María para Madre de Dios. Otro, una feria el día de Todos los Santos.

DISCURSO LV
DE LA AGUDEZA COMPUESTA, FINGIDA, EN COMÚN

Era la Verdad esposa legítima del Entendimiento; pero la Mentira, su gran émula, emprendió desterrarla de su tálamo y derribarla de su trono. Para esto, ¿qué embustes no intentó?, ¿qué supercherías no hizo? Comenzó a desacreditada de grosera, desaliñada, desabrida y necia; al contrario, a sí mesma venderse por cortesana, discreta, bizarra y apacible; y si bien por naturaleza fea, procuró desmentir sus faltas con sus afeites. Echó por tercero al Gusto, con que en poco tiempo obró tanto, que tiranizó para sí el rey de las potencias. Viéndose la Verdad despreciada, y aun perseguida, acogióse a la Agudeza, comunicóla su trabajo, y consultó la su remedio. "Verdad amiga, dijo la Agudeza, no hay manjar más desabrido en estos estragados tiempos que un desengaño a secas; mas, ¡qué digo desabrido!, no hay bocado más amargo que una verdad desnuda. La luz que derechamente hiere atormenta los ojos de una águila, de un lince, cuanto más los que flaquean. Para esto inventaron los sagaces médicos del ánimo el Arte de dorar las verdades, de azucarar los desengaños. Quiero decir –y observadme bien esta lición, estimadme este consejo– que os hagáis política; vestíos al uso del mismo Engaño, disfrazaos con sus mismos arreos, que con eso yo os aseguro el remedio, y aun el vencimiento". Abrió los ojos la Verdad, dio desde entonces en andar con artificio; usa de 1asl invenciones, introdúcese por rodeos, vence con estratagemas, pinta lejos lo que está muy cerca, habla de lo presente en lo pasado, propone en aquel sujeto lo que quiere condenar en éste, apunta a uno para dar en otro, deslumbra las pasiones, desmiente los afectos, y por ingenioso circunloquio viene siempre a parar en el punto de su intención.

Una mesma verdad puede vestirse de muchos modos: ya, por un gustoso apólogo, que con lo dulce y fácil de su ficción persuade eficazmente la verdad. Usaron dellos graves autores, en la más importante enseñanza, tanto política como moral. Así Horacio, y así lo traduce otro filósofo también en verso, Bartolomé Leonardo:

> Aquello de los dos cautos ratones,
> que en Horacio, con gusto habrás leído,
> oye, aunque el repetido me perdones.
> Rústico vivió el uno, y conocido

del otro, al cual, si bien fue cortesano,
le convidó en su campo al pobre nido.

Y siendo escaso o próvido el villano,
a conservar su provisión atento,
a honor del huésped alargó la mano,

derramó sus legumbres, bastimento
de que guardaba su despensa llena,
y los trozos del lardo macilento.

De pasas, de garbanzos y de avena,
ufano entresacó lo más reciente
y con los labios lo sirvió en la cena.

Mas hecho el cortesano a diferente
gusto, de sus manjares fingió agrado,
y probó algunos con soberbio diente.

En paja muelle, entonces recostado,
próspero lecho, el gran ratón yacía,
dueño de aquel vivar afortunado,

que royendo unos tronchos se abstenía
de lo bueno y repuesto, porque el hijo
se acreditase con la demasía.

Al cual riendo, el cortesano dijo:
"No me dirás, amigo, ¿por qué pasas
la vida en este mísero escondrijo?

¿Antepones las selvas a las casas,
y al sabor de los más nobles manjares
unas legumbres débiles y escasas?

Ruégote que este yermo desampares,
vente conmigo a mejorar tu suerte,
donde venzas los últimos pesares:

Que todos somos presa de la, muerte,
y cuanto ella más lazos apercibe,
con más cautela el sabio los divierte.

Este, pues, breve espacio que se vive,

¿quién tan sin Arte sirve a su destino,
que de alimento substancial se prive?"
Persuadido con esto el campesino,
sale tras él, por el boscaje escuro,
y hacia la corte siguen el camino.

Llegados, entran por el roto muro,
y en casa de uno de los más felices
magnates se pusieron en seguro.

En cuyos aposentos los tapices,
por la paciencia bélgica tejidos,
mostraba sus figuras de matices.

Sobre los lechos de marfil bruñidos,
los carmesíes adornos de la China,
a la púrpura tiria preferidos.

Aquí el ratón campestre se reclina,
y sin que el caro amigo se lo evite,
la cuadra y sus adornos contamina.

Y en los platos, reliquias de un convite,
que una fiel mesa le ofreció, procura,
que el vientre de su ayuno se desquite.

Muy hallado tras esto, la figura
hace de alegre huésped, discurriendo
por la pieza con libre travesura.

Pero cesó el placer, por el estruendo,
con que cierran las puertas principales,
por no esperado entonces más horrendo.

Los canes luego, horror de los umbrales,
como acostumbran con ladridos altos,
de su fidelidad dieron señales.

Aquí de tino los ratones faltos,
huyen hasta subir por las paredes,
y ambos cayendo chillan y dan saltos.

Mas luego el campesino: "Tú que puedes,
le dice al cortesano, llevar esto

podrá bien ser que en tu vivienda quedes,

que yo a tentar la fuga estoy dispuesto,
y con celeridad tan proseguida,
que a mi quietud me restituya presto:
donde no hay asechanza, que la impida,
por incapaz del trato o por indigno,
volveré a la escasez a de mi vida.

Todo cuanto me ofreces te resigno,
con tu abundancia a tu placer de tejo
por un hoyo sin luz, pero benigno".

Este el suceso fue, y éste, el consejo,
que yo venero con haberlo dado
un tímido y silvestre animalejo.

A mi rústico albergue me traslado,
bien que, según lo pinta mi juicio,
un magnífico alcázar, etc.

Enseñan mucho estos apólogos, y por la semejanza exprimen grandemente la verdad. Estremado fue aquél con que el excelentísimo señor don Francisco María Carrafa, duque de Nocera, virrey que fue y capitán general de Aragón y Navarra, plausible en entrambas naciones por sus grandes prendas de superior entendimiento, indecible agrado, humano trato, galantería con que hechizaba las gentes, y en una palabra, él era universal héroe, cuando se le dio orden de que fuese al ejército de Fraga, para entrar por Lérida en Cataluña, mientras el marqués de los Vélez entraba con el otro ejército por Tortosa, representó los inconvenientes del romper la guerra con Cataluña; especialmente ponderaba que llamarían los catalanes a los franceses en su auxilio, con la excelente fábula del caballo, cuando pidió favor al hombre contra el ciervo, y éste le ensilló, y le enfrenó, y después le tuvo siempre sujeto.

El ordinario modo de disfrazar la verdad para mejor insinuada sin contraste, es el de las parábolas y alegorías. No han de ser muy largas ni muy continas; alguna de cuando en cuando, refresca el gusto y sale muy bien; si fuere moral, que tire el sublime desengaño, será bien recibida, como lo fue ésta del célebre Mateo Alemán, en su *Atalaya de la Vida*. Habiendo, dice, el dios Júpiter criado todas las cosas de la tierra, y a los hombres para gozadas, mandó que el dios Contento residiese en el mundo, no creyendo la Ingratitud que después tuvieron, porque teniendo a este dios consigo, no se acordaban de otro. Indignado desto Júpiter, convocó todos los dioses, haciéndoles un largo parlamento. Dioles cuenta de la mala correspondencia de los hombres, pues a sólo el Contento adoraban, sin considerar los bienes recibidos de su prodigiosa mano, que diesen su parecer para remedio de semejante locura. Algunos, los más benignos, movidos de clemencia, dijeron: "Son flacos, de flaca materia, y es bien sobrellevados: que si fuera posible trocar nuestra suerte a la suya y fuéramos iguales, sospecho que hiciéramos lo mismo". Momo quiso hablar, comenzando por algunas libertades, y mandáronle callar, que después hablaría. Pero entre tanto no faltaron otros de condición casi igual, que dijeron: "Ya no es justo dejar sin castigo tan grave delito; parécenos convenir destruidos, acabando con ellos, no criando más de nuevo, pues no es necesidad forzosa que los haya". Otros dijeron no convenir así, dando sus pareceres diferentes, de más o menor rigor, conforme su dictamen; hasta que llegando Apolo a dar el suyo, dijo:

> Supremo Júpiter piadosísimo, tú, señor, les diste al dios Contento que lo tuviesen consigo por el tiempo de su voluntad; puédeseles quitar, pues lo han desmerecido, y en su lugar enviarles al Descontento, su hermano, que tanto se parecen: con que de aquí adelante reconocerán tu misericordia y su miseria, y por tu voluntad repartirás el premio al que lo mereciere, con la liberalidad que fuere tu gusto, no haciéndolo general a buenos y malos, gozando igualmente todos una bienaventuranza.

Loando todos este parecer, se cometió la ejecución dello a Mercurio, que luego, desplegadas las alas, bajó a la tierra, donde halló a los hombres, con su dios el Contento, haciéndole fiestas y juegos, descuidados que pudieran en algún tiempo ser enajenados de su posesión. Mercurio se llegó donde estaba, y habiéndole dado de secreto la embajada de los otros dioses, aunque de mala gana, fuele forzoso cumplirla; y como los hombres estaban asidos a la ropa, usando de ardid, sacóles el Contento della, dejándoles al Descontento metido en su lugar y propias vestiduras: con que los hombres quedaron engañados, creyendo tener a su dios consigo. Aún este yerro dura desde aquellos pasados tiempos, llegando con .el mismo engaño hasta el siglo presente. Creen los hombres haberles el Contento quedado, y que lo tienen consigo en el suelo; y no es así: que sólo es el ropaje y figura que le parece, y el Descontento está metido dentro. Ajeno vives de la verdad, si creyeres otra cosa, o la imaginas. ¿Quiéreslo ver? Advierte, considera del modo que quisieres las fiestas, los regocijos: pues ningún contento pudo ser tal que no se aguase con alguna pesadumbre, y cuando haya faltado disgusto, no es posible que, cuando a tu casa vuelvas, no te halles cansado, polvoroso, sudado, ahíto, resfriado, enfadado y por ventura descalabrado, o muerto: que en los mayores placeres acontecen mayores desgracias. Vendrásme a confesar ahora, que la ropa te engañó y la máscara te cegó. Donde creíste que estaba el Contento, no fue más del vestido, y el Descontento en él".

A un mismo blanco de la filosófica verdad asestaron todos los sabios, aunque por diferentes rumbos de la invención y Agudeza. Homero con sus epopeyas, Esopo con sus fábulas, Séneca con sus sentencias, Ovidio con sus metamorfosis, Juvenal con sus sátiras, Pitágoras con sus enigmas, Luciano con sus diálogos, Alciato con sus emblemas, Erasmo con sus refranes, el Bocalino con sus alegorías, y el príncipe don Manuel con sus cuentos.

La semejanza es el fundamento de toda la invención fingida; y la traslación de lo mentido a lo verdadero es el alma desta Agudeza: proponese la fábula, emblema, o alegoría, y aplícase por la ajustada conveniencia. Así el universal Lope de Vega, que no olvida toda manera de erudición para la moral enseñanza, dijo:

> En cierto librillo,
> leía la otra noche mi Carillo,
> pienso que eran las trápalas de Hisopo,
> que viendo un asno a un puerco, como un topo,
> siempre echado a dormir en su pocilga,
> con envidia, que el ánima pecilga,
> decía: "¡Que éste engorde y yo trabaje,
> que el amo y mozo de comer le baje
> cáscaras de melón y otros regalos,
> y a mi con agua y paja me den palos!"
>
> Pero llegando el dia de san Lucas,
> agarraron del puerco, y al pescuezo
> pusiéronle el cuchillo, y cuando el asno
> oyó los gritos, dijo: "Hermano puerco,
> si para eso os engordaba el amo,
> igual es trabajar: asno me llamo".

De suerte que lo que un vulgar dijera llanamente, o a todo estirarse por un símile, el erudito, el ingenioso, exprime por una destas obras de la inventiva.

Es, pues, la Agudeza compuesta fingida un cuerpo, un todo artificioso fingido, que, por traslación y semejanza, pinta, y propone los humanos acontecimientos. Comprehende debajo de sí este universal género toda manera de ficciones, como son epopeyas, metamorfosis, alegorías, apólogos, comedias, cuentos, novelas, emblemas, jeroglíficos, empresas, diálogos.

Gran lición en este punto, aquélla de Horacio, entre otras muchas muy magistrales y selectas que encarga en su juiciosa *Arte Poética*; dicha así, no porque trate en ella de lo material del metro y de las sílabas, sino de lo formal y superior de la poesía, digo: de la propiedad en el decir, de la invención de los empeños, de la sublimidad de la materia, de la valentía del espíritu poético, de la bizarría del estilo, de la eminencia de la erudición, de la consecuencia en los asuntos, y de la superlativa perfección de un consumado y verdadero poema; dice, pues:

> Summite materiam vestris, qui scribitis, aequam
> viribus, et versate diu, quid ferre recusent,
> quid valeant humeri. etc.

No es de esencia de la Agudeza fingida el metro y composición poética, sino ornato, que la prosa suele suplir con su aliñada cultura. No está la eminencia en la cantidad de sílabas, ni en la cadencia dellas: que eso es muy material, no pasa del oído; sí, en la sutileza del pensar, en la elegancia del decir, en el artificio del discurrir, en la profundidad del declarar. Nada debe a la más numerosa composición la preciosa *Metamorfosis* de Apuleyo, de quien dura aún la disputa, que *adhuc sub iudice lis est*, de si es prosa o si es verso. ¿Qué cosa más ingeniosa y perfecta que el *Argenis* de Barclayo? En otro género, el *Rómulo y Tarquino*, del marqués Virgilio Malvezi, en la profundidad, en la concisión, en la sentencia, deja atrás muchos poemas, y de quien se puede decir con verdad, que *nihil molitur inepte*, pues no tiene palabra que no encierre un alma: todo es viveza y espíritu.

DISCURSO LVI
DE LA AGUDEZA COMPUESTA FINGIDA, EN ESPECIAL

Merecen el primer grado, y aun agrado, entre las ingeniosas invenciones las graves epopeyas. Composición sublime, por la mayor parte, que en los hechos, sucesos y aventuras de un supuesto, los menos verdaderos y los más fingidos –y tal vez todos– va ideando los de todos los morrales. Forja un espejo común, y fabrica una testa de desengaños. Tal fue la siempre agradable *Ulisiada* de Homero, que en el más astuto de los griegos, y sus acontecimientos, pinta al vivo la peregrinación de nuestra vida por entre Cilas y Caribdis, Cirees, cíclopes y sirenas de los vicios.

Campea aquí la agradable variedad, porque: unas son heroicas, como la de Hércules y sus doce triunfos –Virgilio en el *Troyano* forma un sabio y valeroso adalid, con aquel artificio tan celebrado de comenzar la narración por el medio–; otras son amorosas: así Heliodoro, en los trágicos sucesos de *Teagenes y Clariquea*, describe elegantemente la tiranía del amor profano y sus violencias. Aunque de sujeto humilde, Mateo Alemán, o el que fue el verdadero autor de la *Atalaya de la Vida humana*, fue tan superior en el artificio y estilo, que abarcó en sí la invención griega, la elocuencia italiana, la erudición francesa, y la Agudeza española. Divídense también, según accidente, en epopeyas en verso o en prosa; pero, como digo, más es material que formal la distinción.

Las metamorfosis tuvieron su tiempo y su triunfo, aunque estén hoy tan arrimadas. Todo lo dificultoso es violento, y todo lo violento no dura; así que el no estar hoy en plática más es por sobra de dificultad que por falta de artificio y inventiva. Grande humildad, y aun flojedad, de nuestros modernos, darse a traducir, o cuando más parafrasear ajenas y rozadas antigallas, pudiendo aspirar a inventarlas con ventaja.

Consiste su artificio en la semejanza de lo natural con lo moral explicada por transformación o conversión fingida del sujeto en el término asimilado; de donde es que cualquiera símile se pudiera convertir en metamorfosi. Lo mismo es del jeroglífico, que se funda en la semejanza. Sea ejemplo *El asno de oro*; si bien por no entendida su recóndita moralidad, lo relajaron muchos a los cuentos que van heredando los niños de las viejas. Describe en ella el ingenioso africano la semejanza de un hombre vicioso,.y por el consiguiente necio, con el más vil de los irracionales; y que si: sus apetitos bestiales y sus pasiones le transformaron en bruto, la sabiduría y el silencio simbolizado en la rosa que comió –que por eso daban los antigos rosas al principio del convite– le vuelven a rehacer hombre.

A lo extraordinario de la transformación se añade lo entretenido de la narración fabulosa; en que está la dificultad de saberla inventar bien empeñada, y entretejida de dificultades y aprietos; y cuando ésta más se va empeñando, hace más gustosa la traza y el artificio; pero siempre ha de atender el Arte al fruto de la moralidad –que es el fin de lo dulce y entretenido– al blanco de un desengaño; como se ve en la propia y bien discurrida transformación de Dafne en laurel: está significada la imortal lozanía de la castidad y su seguridad de los rayos incentivos, siempre hermosa, siempre vencedora y triunfante. Al contrario, Mirra, continuamente llora el amargo dejo de su infame torpeza.

No está siempre la semejanza en lo principal de la fábula, digo en el término asimilado; antes a veces en una circunstancia sola, en un adyacente dél; como decir que IO fue transformada en una vaca, y no en otro bruto, porque sus mismas huellas, cuando más quiere encubrirse, más publican su liviandad, pues son una O partida por medio con una I, que juntas las dos letras están diciendo IO, que es decir: yo soy IO, yo: primor inapreciable del fingir.

Descúbrese ya el latísimo campo de las alegorías: afectado disfraz de la malicia, ordinaria capa del satirizar. Gran prueba es de su artificio el estar en todos tiempos tan validas. Consiste también en la semejanza, con que las virtudes y los vicios se introducen en metáfora de personas; y que hablan según el sujeto competente. Las ,cosas espirituales se pintan en figura de cosas materiales y visibles, con invención y traza de empeños y desempeños en el suceso. Con una bien hablada y mejor discurrida, dio principio el maestro Hernando de Santiago llamado por su agradable elocuencia Pico de oro, el sermón del Hijo pródigo. Consideremos, dice, una manera de imaginación como la que fingió Platón cuando dijo que ,era un carro la voluntad del hombre, que le tiraban dos caballos, el uno blanco y el otro negro; el. blanco, el apetito racional, y el negro, el irracional; a quien llamó san Agustín porción superior y inferior. A esta traza, etcétera: es una muy gustosa alegoría. Superior es' en este género de artificio *El Pastor de Nochebuena*, asunto digno de la piedad y Agudeza del ilustrísimo señor don Juan de Palafox, obispo meritísimo de la Puebla de los Angeles.

En lo profano fue el. primero en este género de inventar el impío Luciano en sus convites y diálogos. Los Ingenios italianos los han autorizado y platicado con eminencia: el Petrarca en sus *Triunfos*, el Dante en sus *Infiernos*. Pero el que más los ha realzado ha sido Trajano Bocalino en sus críticos *Raguallos del Parnaso*, sazonando lo selecto de la política y lo picante de la sátira, con lo ingenioso de la invención y con lo dulce de la variedad; aunque el estilo es sobrado difuso para un tan intenso Ingenio. Algunos de los españoles los han favorecido, como el trágico maestre don Alvaro de Luna en sus Carrozas .de las Heroidas, y el encubierto aragonés en su ingeniosísima Tragicomedia de Calixto y Melibea. Ni los franceses los despreciaron; aventajóse a todos el autor de los entretenidos Campos Elísios, si bien imitó al ingenioso español don Diego de Mendoza en su ficción de la Barca de Aqueronte.

Son las verdades mercadería vedada, no las dejan pasar los puertos de la noticia y desengaño; y así, han menester tanto disfraz para poder hallar entrada a la razón, que tanto la estima. Para esto se inventaron también los apólogos, que desengañan mucho y dulcemente. Parece vulgar su enseñanza, mas su artificio no lo es, como se ve en éste –que lo ilustraron mucho grandes Ingenios–; Falcón lo puso en el verso, diciendo al maestre de Montesa don Pedro de Borja:

Borgia, vive modo, melior dum labitur aetas.

Postera nostra non est, si verum haec fabula narrat,
Iuppiter orbe novo terras lustravit ut uni
Cuique daret leges animanti, et tempora vitae, etc.

Mateo Alemán, con su gustoso estilo, lo refiere así, y puede servir de traducción:

> Cuando Júpiter crió la fábrica deste universo, pareciéndole toda en todo admirable y hermosa, primero que criase al hombre, crió los más animales, entre los cuales quiso el Asno señalarse: que si así no lo hiciera, no lo fuera. luego que abrió los ojos y vio esta belleza del orbe se alegró. Comenzó a dar saltos de una en otra parte, hasta que ya cansado, queriendo reposar algo más manso de lo/ que poco antes anduvo, le pasó por la imaginación cómo, de dónde o cuándo era, por qué, o para qué fuese criado, cuál había de ser su paradero. Con este cuidado se fue a Júpiter, y le suplicó se sirviese de revelarle quién o para que le había criado. Júpiter le dijo que para servicio del hombre, refiriéndole por menor todas las cosas y ministerios de su cargo; y fue tan pesado para él, que de solamente oírlo, le hizo arrodillar en el suelo de ojos, y con el temor del trabajo venidero —aunque siempre los males no padecidos asombran más con el ruido que hacen oídos, que después llevados— quedó en aquel punto melancólico, cual de ordinario le vemos. Pareciéndole vida tristísima la que se le aparejaba, y preguntando cuánto tiempo había de durar en ella, le fue respondido que treinta años. El Asno se volvió de nuevo acongojar, pareciéndole que sería eterna, si tanto tiempo la esperase —que aun a los asnos cansan los trabajos—, y con humilde ruego le suplicó que se doliese dél, no permitiendo darle tanta vida; y pues no lo había desmerecido con alguna culpa, no le quisiese cargar de tantas pena; que bastaría vivir diez años, los cuales prometía servir como asno de bien, con toda fidelidad y mansedumbre; y que los veinte restantes los diese a quien mejor pudiese sufrirlos Júpiter, movido de su ruego, concedió su demanda, con la cual quedó el Asno menos mal contento. El Perro, que todo lo huele, había estado atento a lo que pasó con Júpiter el Asno, y quiso también saber de su buena o mala suerte; suplicóle que, pues con su compañero el Asno había procedido tan misericordioso, dándole satisfación a sus preguntas, le hiciese a él otra semejante merced. Fuele respondido que su ocupación sería en ir y venir a caza, matar la liebre y el conejo, y no tocar en él, antes ponerlo con toda fidelidad en manos del amo; y después de cansado y despeado de correr y trabajar, habían de tenerlo atado a estaca, guardando la casa, donde comería tarde, frío y poco, a fuerza de dientes, royendo un hueso roído y desechado, y juntamente con esto le darían a veces muchos palos. Volviendo a replicar, preguntando el tiempo que había de padecer tanto trabajo, fuele respondido que treinta años. Mal contento el Perro, le pareció negocio intolerable; mas confiado de la merced que al Asno se le había hecho, representando la consecuencia, suplicó a Júpiter que tuviese dél misericordia, y no permitiese hacerle agravio; pues no me-

nos que el asno era hechura suya, y el más leal de los animales, que lo emparejase con él, dándole solos diez años de vida. Júpiter se lo concedió, y el Perro, reconocido desta merced, bajó el hocico por tierra, en agradecimiento della, resignando en sus manos los otros veinte años, de que le hacía dejación. Cuando pasaban estas cosas, no dormía la Mona, que con atención estaba en acecho, deseando ver el paradero dellas; y como su oficio sea contrahacer lo que otros hacen, quiso imitar a sus compañeros. Fuese a Júpiter, y suplicóle se sirviese de darla alguna luz de lo que había de pasar en el discurso de su vida, y para qué había sido criada, pues era cosa sin duda no haberla hecho en balde. Júpiter la respondió, que solamente se contentase saber por entonces que andaría en cadenas arrastrando una maza, si ya no la ponían asida de alguna baranda o reja, donde padecería el verano calor, y el invierno frío, con sed y hambre, comiendo con sobresaltos, porque a cada bocado daría cien tenazadas con los dientes, y lo peor, que había de andar siempre entre muchachos. Esto se le, hizo a ella muy amargo, y si pudiera lo mostrara entonces con muchas lágrimas, pero llevándolo en paciencia, quiso saber también cuánto tiempo había de padecerlo. Respondiéronla lo que a los otros, que viviría treinta años. Congojada con esta respuesta, y consolada con la esperanza en el clemente Júpiter, le suplicó lo que los demás animales, y aun se le hicieron muchos; otorgósele la merced, según lo que había pedido, y dándole gracias, le besó la mano por ello, y fuese con sus compañeros.

Ultimamente crió al Hombre, criatura perfecta más que todas las de la tierra; diole poder sobre todo lo criado en el suelo, haciéndole señor y usufructuario dello. El quedó muy alegre de verse criatura tan hermosa, de tan gallarda compostura, tan capaz, tan poderoso señor, que le pareció que una tan excelente fábrica era digna de imortalidad; y así suplicó a Júpiter le dijese, no lo que había de ser dél, sino cuánto había de vivir. Júpiter le respondió, que cuando determinó la creación de todos los animales, y suya, propuso darle a cada uno treinta años de vida. Maravillóse desto el Hombre, y de que para tiempo tan corto se hubiese hecho una obra tan maravillosa, pues en abrir y cerrar los ojos pasaría como una flor su vida, y apenas habría sacado los pies del vientre de su madre, cuando entraría de cabeza en el de la tierra, sin gozar su edad, ni del agradable sitio donde fue criado; y considerando lo que con Júpiter pasaron los tres animales, fuese a él, y con rostro humilde le hizo este razonamiento: Supremo Júpiter, si ya no es que mi demanda te sea molesta y contra las ordenaciones tuyas, te suplico que, pues estos animales brutos, indignos de tus mercedes, repudiaron la vida que les diste, de cuyos bienes les faltó noticia con el conocimiento de razón, que no tuvieron, pues dejaron cada uno veinte años, de los que les habías, concedido, te suplico me los des, para que yo los viva por ellos, y tú seas en este tiempo mejor servido de mí. Júpiter oyó la petición del Hombre, concediéndole que como tal, viviese sus treinta años, los cuales pasados, comenzase a vivir por su orden los heredados. Primeramente veinte de asno, sirviendo su oficio, padeciendo trabajos, acarreando, juntando, trayendo a casa, y allegando para sustentada, lo necesario a ella. De cincuenta hasta setenta, viviese los del perro, ladrando, gruñendo, con mala condición y peor gusto. Ultimamente, de setenta a noventa, viviese los de la mona, contrahaciendo los defetos de su naturaleza; y así vemos en los que llegan a esta edad, que suelen aunque tan viejos querer parecer mozos, pulirse, adrezarse, hacer valentías, representando lo que no son, como lo hace la mona, y jugar con los niños caducando.

Propónese pasar entre los brutos, árboles y otras cosas inanimadas, por ficción, lo que entre los racionales por realidad. Consiste también el fundamento de su artificio en la semejanza o paridad; pero después el primor está en la entretenida ficción con sus empeños y suspensiones, dándoles la extraordinaria salida. Mereció el más prudente y real aplauso la fábula del elocuentísimo Terrones, a la corte, del divorcio entre el León y la Leona, y el político desempeño del más astuto de los brutos. Llegaron a su mayor sublimidad, cuando se vieron en la sagrada página, célebre apólogo de los árboles, que alzaron por rey al Espino. Brillaron en los preciosos caracteres del señor de Argentón, en la política fábula de la piel del oso. El príncipe don Manuel trae algunas selectas y bien fingidas, pero entre todas, aquella fábula de la Vulpeja, cuando se fingió muerta, y todos llegaban a quitarle algo para varios remedios: callaba ella, y sufría que la repelasen, la quitasen las uñas, y los dientes, hasta que llegó uno a quererla sacar el corazón; aquí ella no esperó más, púsose en huída. Pero entre muchas, merece toda estimación esta. de Bartolomé Leonardo, así por la moralidad como por la elegante descripción y propiedad de los epítetos; dice:

> El Aguila juntó una vez sus aves,
> porque se lo pidió la Golondrina,
> para tratar de ciertos puntos graves.

> Atravesó la rústica Gallina
> el Ligústico mar, y la africana
> desamparó sus palmas y marina.

> El Pavo (raro un tiempo en mesa humana,
> que la nueva y voraz gula española.
> tiene ya por comida cuotidiana),

> aquí sus varias plumas enarbola,
> y las Midas y Tordos alemanes,
> de grandes alas y espaciosa cola.

El Cisne, que el mayor de los afanes
lamenta con dulcísima armonía,
y de Colcos vinieron los Faisanes.

También sus Francolines Jonia envía,
y tú, a quien la naranja y la pimienta
es tu bálsamo y mirra, Perdiz mía,
aquí llegaste autorizada y lenta,
y el Ansar fiel a los romanos gratos,
cuyo censor primero los sustenta.

Las torpes Ocas y silvestres Patos,
y los muelles Pichones, los Palomos,
dichos torcazos, y en latín *torquatos*.

Las Aves tardan, a quien los que hoy somos
llamaron Avutardas vulgarmente:
Cigüeñas largas y Mochuelos romos.

Luego una escuadra de sonora gente,
Ruiseñores, Calandrias; y Canaria,
remitió. sus cantores obediente;

Gorriones, Cuervos y la solitaria
Tórtola, lloradora de sus duelos,
la altiva Garza, en sus caprichos varia.

El Falcón y el Azor, desde los cielos
se apean; no en alcándoras ni en barras,
las Primas, Gerifaltes y Torzuelos:

Que todo el escuadrón de uñas bizarras,
muestra sin capirotes ni pigüelas,
pacíficas. las frentes y las garras.

Las Grullas, que con diestras centinelas,
el ático carácter de su hueste,
preservan de las súbitas cautelas.

La Codorniz marítima y la agreste,
y las armadas de su cresta Upupas,
y el fantástico, pájaro celeste;

tú aquí también, Lechuza, asiento ocupas,

aunque a las sacras luces acometes,
lámparas quiebras y el aceite chupas.

La Fénix no salió de sus retretes,
donde al honor del ataúd o cuna,
apercibe pastillas y pebetes.

Mas de otras aves no, faltó ninguna,
sino las que: el derecho hizo escusados,
a consultar de su común fortuna.
De todas las regiones apartadas,
volaron a las cumbres de Pirene,
por muñidores pájaros llamadas.

Alli entre encinas y alcornoques
tiene de Júpiter la insigne Camarlenga,
capaz teatro, adonde a Cortes viene.

Habiendo, pues, con ceremonia luenga,
honrado a los veloces circunstantes,
la Golondrina comenzó su arenga.

Dioles superlativos arrogantes,
para captar común benevolencia,
al uso de escolásticos pedantes.

Dijo, pidiendo al Aguila licencia,
que ella celaba el volador linaje,
y asi le quiso dar cierta advertencia:

"Como yo voy haciendo mi viaje
sobre tantos paises, dijo, advierto
lo que nos puede ser favor o ultraje.

Un inmenso peligro he descubierto,
que aunque en la ejecución no está vecino,
basta para atajarlo el ver que es cierto.

Desde el mar de Helesponto hasta el Latino,
nace en los campos de la tierra grasa,
cierta semilla que la llaman lino,

que los esteriliza y los abrasa:

este forma los lazos y las redes,
cuando ya a estar hilado en ñudos pasa.

....

Engaño, que en las plantas o paredes,
oculto con astucia no pequeña,
peligra el robador de Ganimedes".

....

Aqui acabó, mas la Aguila, risueña,
como si oyera al terenciano Traso
la no superflua plática desdeña.

Las demás, con su ejemplo, ríen a paso,
más luego suena pública la risa,
sin hacer del aviso ningún caso.

Y aún hubo, quien votó, que con precisa
relegación se castigase luego
quien de cosas tan frívolas avisa.

Pero también pasó en donaire y juego,
y volando en desorden y en huída,
al aire se entregó el senado lego.

la Golondrina, atónita y corrida
de hallarse sola, y que con arrogancia
quedaba su oración correspondida:

"Alto, cedamos, dijo, a la ignorancia
universal, pues el ponerle enmienda
se intenta con oprobio y sin ganancia.

Y cada cual a su interés atienda,
yo a lo menos de selvas enemigas
secrestaré en seguro mi vivienda.

Y en casas de hombres, en las altas vigas
suspenderé mi nido, y los alados
senadores remedien sus fatigas.

Tiempo vendrá en que, presos y enredados

en su infortunio, alabarán mi celo,
pues de sanos consejos despreciados
la venganza dio al tiempo el justo cielo".

DISCURSO LVII
DE OTRAS ESPECIES DE AGUDEZA FINGIDA

Prodigiosa es la fecundidad de la inventiva, pues halla uno y otro modo de ficción para exprimir su pensamiento. Por cuentos y por chistes, han intentado algunos sabios el introducir la moral filosofía y comunicar sus desengaños a la razón. Es de gran artificio, porque con la añagaza de la dulzura de la narración, se va entrando la sagacidad y la enseñanza prudente. Fue único en este género el príncipe don Manuel, en su nunca debidamente alabado libro del *Conde Lucanor*, entretejido de varias historias, cuentos, ejemplos, chistes y fábulas, que entretenidamente enseñan. Entre todos, es muy sazonado este cuento, en que pondera la ingratitud de los que levantados a gran fortuna se olvidan de sus amigos, y aun corresponden con agravios a los mismos que les ayudaron a subir. "Había, dice, un deán en Santiago, que tenía muy gran voluntad de saber el Arte de la nigromancia; e oyó decir que don Illán de Toledo sabía ende más que ninguno que fuese en aquella sazón. Vínose para Toledo, enderezó luego a casa de don Illán, e fallólo que estaba leyendo en una cámara muy apartada; rogóle afincadamente que le mostrase aquella ciencia. Don Illán le respondió que él era deán y hombre de gran guisa, que podría llegar a grande estado; y que los hombres de que todo lo suyo han librado a su voluntad, olvidan aína lo que otri ha fecho por ellos; e así se recelaba que le non faría tanto bien como le prometía. El Deán le aseguró que de cualquier bien que obiese, que nunca faría sino lo que don Illán le mandase. Tomóle por la mano, llamó una criada de su casa, y díjole que tuviese unas perdices para que cenasen, mas que no las pusiese a asar hasta que él se lo mandase. Bajaron por una escalera de piedra muy bien labrada, fallaron una cámara mucho apuesta, donde estaban los libros y el estudio en que habían de leer. Pero estando ellos en esto, entraron dos hombres, diéronle una carta al Deán, que le enviaba el arzobispo, su tío, en que le faeía saber que estaba muy mal doliente, y que le enviaba a rogar que si le quería hallar vivo se fuese luego para él. Al Deán pesó mucho, lo uno por la dolencia de su tío, lo al por dejar su estudio tan aína, y fizo sus cartas de respuesta, y enviólas al arzobispo su tío. Y dende a cuatro días llegaron otros hombres a pie que traían otras cartas al Deán, en que se le facían saber cómo el arzobispo era finado y cómo le habían esleydo por arzobispo. Cuando don Illán oyó esto, díjole que le pedía por merced, que el deanazgo que ficaba vacado le diese a un su hijo; respondióle el electo, que le rogaba que quisiese consentir que aquel deanazgo lo hubiese un su hermano, mas que fuese con él a Santiago, y que llevase aquel su hijo, y él faría guisa que fuese bien pagado. Fuéronse para Santiago; desque moraron ahí un tiempo, un día llegaron al arzobispo mandaderos del Papa, con sus cartas, cómo le daba el obispado de Tolosa, e que le faéía gracia que pudiese dar el arzobispado a quien él quisiese. Cuando don Illán esto oyó, retrájole afincadamente lo que habían pasado y lo que le había prometido, pidiéndole de merced que le diese a su fijo, El arzobispo le rogó que consintiese lo hubiese un su tío, hermano de su padre, y que fuesen con él a Tolosa, que allá le medraría. Desque hubieron morado fasta dos años, llegáronle mandaderos del Papa, cómo le faéía Cardenal, y que diese el obispado a quien él quisiese; entonce fue a él don Illán, y díjole que pues tantas veces le había fallecido de lo que con él pusiera, que ya aquí no había lugar de le poner escusa ninguna. El Cardenal rogóle que consintiese que hubiese aquel obispado un otro su tío, hermano de su madre, que era hombre anciano, mas, que pues él era Cardenal, fuese con él para la corte, que asaz habería en que lé ficiese bien. Don Illán, aunque lo sintió mucho, fuese con él para Roma. Moraron hi muy gran tiempo, y don Illán afincaba cada día al Cardenal que le ficiese alguna gracia a su fijo, y él poníale sus escusas. Finó el Papa, y todos los cardenales le esleyeron aquel Cardenal por Papa, y entonce fue a él don Illán, díjole que ya no le podía poner escusa de le non cumplir la promesa. Deste afincamiento se sintió mucho el Papa, y comenzóle a maltraer: que le faría echar en una cárcel, que era un encantador, hereje. Entonces don Illán dio voces, llamando la criada, y mandóle que pusiese asar las perdices. Fallóse el Papa imaginado en Toledo, verdadero Deán de Santiago, como lo era, y tan grande fue la vergüenza que ovo, que no supo qué le decir, y don Illán: que se fuese en buena ventura, que había probado lo que podía esperar". Nótese lo primero, la relevante moralidad, la valentía del empeño, y cómo se va enredando la ficción, 'sobre todo la ingeniosa y pronta salida. Fue, sin duda, varón de grande entendimiento el príncipe, y en aquel tiempo, cuando no estaban las letras tan adelantadas en España como ahora, fue más y merece mayor estimación.

    Corta esfera le parece a la fecunda invención la de palabras y de escritos, cuando pide prestados a la pintura sus dibujos para exprimir sus conceptos: que es otro linaje de aguda invención, y puede llamarse figurada, por jeroglíficos, emblemas y empresas. Fúndase también en la semejanza del sujeto figurado con el término que se pinta y substituye, y podemos llamar el figurante.

El más sublime género es el de las empresas: su mismo nombre las define, y dice que se inventaron para exprimir los empeños del valor; como aquélla del marqués de Pescara, del escudo espartano, y por letra: *aut cum hoc, aut in hoc*, en éste muerto o con éste vivo, o ataúd o corona, que eran las palabras que les decían las matronas de Esparta a sus hijos cuando los enviaban a la guerra. Hállase en las empresas mucha variedad, y esencial: porque unas se forman por jeroglífico, exprimiendo el intento por la semejanza natural o artificial, como aquél que pintó dos ramas cruzadas de palma y de ciprés, con este mote: *Erit altera merces*, o vencer con la palma o morir con el ciprés.

El mote es alma de la pintura: siempre ha de incluir Agudeza. La de equívoco contenía aquél que dimos a un valeroso caudillo de la caballería, tan eminente en las letras como en las armas; era la empresa muchas armas, lanzas, partesanas, cañones, etc., como en un haz, y que las ataba una serpiente, jeroglífico de la sabiduría; el mote: *Vincit dum Vincit*, equívoco de los dos verbos: *vincio*, atar, y *vinco*, vencer; queriendo decir, que cuando la prudencia ata y une, las armas vencen. Pero tan clara puede ser la significación de la pintura, que no necesite de letra. Fue delicias del Ingenio la de aquel César que fue delicias del género humano, el humanísimo Tito Vespasiano, que para declarar su innata clemencia, grabó el rayo de Júpiter dormido en una cama y acostado, sin ruido de letra, ni estruendo de mote; lograse hoy en una moneda de plata, que entre millares escogidas de todos los Césares, emperatrices, del Magno Alejandro, de Felipe su padre, y de otros muchos héroes, guarda el tesorero de la curiosa antigüedad, don Vincencio Juan de Lastanosa, esclarecido caballero en Aragón por su sangre, pues desciende del muy ilustre don Gombal de Lastanosa, criado muy favorecido del rey don Jaime el Conquistador, y de don Pedro de Lastanosa, camarero del rey don Pedro el cuarto; por su eminente Ingenio, adornado de todas las buenas, letras. Desempéñame el admirado y celebrado museo de las monedas antigas de España, antes de los romanos y godos, obra exquisita, que dio a la estampa estos años, por su buen gusto; como lo decanta el doctor Juan Francisco Andrés, cronista de Aragón, en la descripción elegante que intitula *De las antigüedades y jardines* de su casa. Por su heroico genio, aragonés Mecenas de todos los varones estudiosos, dando vida a sus obras modernas y resucitando las antigas, merecedor insigne de una agradable y agradecida imortalidad.

Otras hay totalmente diversas, que no se fundan en la semejanza natural, sino en la acomodación de alguna historia plausible, como el vellocino de Colcos en el Tusón; el *Tanto Monta* del rey don Fernando el Católico, y el Atlante del rey don Felipe el prudente de España. Con más artificio, no por acomodación, sino contraposición, fue el *Plus Ultra*, del emperador Carlos quinto. La luna creciente, con una columna entre las dos pumas, impediendo que no se junten, y este mote: *Ne totum impleat orbem*, fue de Marco Antonio Colona, en latín *Columna*, cuando volvió triunfante de la batalla naval, habiendo sido general de la Iglesia; aludió, y aun hizo antítesi a la empresa del Turco, que es una luna creciente, y la letra: *Donec totum impleat orbem*; fue muy ingeniosa y está llena de alusiones.

Las amorosas empresas no pueden dejar de ser ingeniosas, porque lo es el amor. Tal fue la del famoso y valiente Solimán, que pintó un Cupidillo sacándose una espina que se había clavado de una rosa, aludiendo a la bellísima sultana, llamada la Rosa; Otros dicen, que el Cupidillo flechaba espinas de la rosa, en vez. de sus antigas flechas.

Las propias de España son totalmente diversas déstas. Consiste su artificio, no en la semejanza de la pintura con el intento que se pretende, sino en que el nombre de la cosa pintada, o solo, o ayudado de otra palabra, exprima y diga lo que se pretende; de modo que la pintura en éstos no representa tanto, cuanto substituye por su voz y dicción. Tal fue la del diamante falso; la canasta con estas dos letras: V. M.; el corazón y la esportilla del Condestable, graciosamente comentado del Gran Capitán.

Las parábolas son especie de alegorías muy a propósito para enseñar; por ser más graves que los apólogo s, y no menos gustosas, participan algo de enigmas. También se funda su artificio por semejanza; son como una pintura narrada que representa el intento que se pretende. Basta para su mayor estimación,. que la infinita Sabiduría humanada las tomó por instrumento de su importante doctrina y predicación, de que está lleno el sagrado Evangelio. Platicáronlas, después de tan superior ejemplar, los santos padres y predicadores. Plausible fue aquélla para ponderar que no se puede caminar al cielo, sino por el Vía crucis: *Tollat crucem suam, et sequatur me*, y la diferencia de trabajos: Había, dijo un cristiano orador, un gran palacio en un camino real, y por donde todos los de aquella tierra pasaban; vivía aquí un gran señor, anciano venerable, y teníale todo lleno de cruces, el patio, salas y cuadras, unas grandes, otras medianas, y también pequeñas. Todos los que pasaban habían de entrar a tomar cruz. Dedales el señor: "Escoged, tomad la que quisiéredes", y todos escogían la más pequeña, cargábansela a cuestas, y caminaban con. mucha pena y trabajo. llegó uno, y dijo: "Señor, yo vengo por mi cruz". "Pues, hijo, escoged la que os agrade, ahí están todas". "Eso no, señor, replicó ,él, yo no me la he de tomar, que puedo engañarme; vos la escoged, dádmela de vuestra mano, y la llevaré con más gusto". "Paréceme bien", dijo el anciano, y echando mano de una, la mayor de todas, se la entregó; espantóse el mozo, mas viendo que al ponérsela al hombro pesaba casi nada, contento y ligero, comenzó a caminar; iban los otros reventando con las suyas pequeñas, y admirados de tanta diferencia, le preguntaron la causa. "Hermanos, dijo, vosotros os habéis escogido vuestras cruces por .vuestro gusto, y tomádolas por vuestra mano; yo no, sino que he tomado la que el Señor me ha querido dar". Que esa diferencia hay entre el trabajo que uno se busca, y el que Dios le envía, que aunque éste sea mayor, da Dios el esfuerzo para llevado.

En la parábola, todos los sujetos que se introducen son humanos, y en eso se distingue de la fábula; aun las virtudes o vicios de que se trata, se fingen en personajes, como se ve en la ingeniosa y desengañada parábola que trae san Juan Damasceno, de los amigos del hombre, y cómo en su trabajo todos los desampararon; el que más le acompañó, fue hasta la puerta; sólo Buenas Obras, de quien él hacía menos caso, le fue asistiendo, hasta llegar a la real presencia.

Fíngense algunas veces las historias y sucesos, y sirven entonces como de parábolas. Así ésta del mismo san Damasceno, que la refirió Teudas al rey Abener: Un rey poderosa, dijo, estaba muy triste. por no tener hijos; nacióle uno, y recibió estremada alegría, pero los médicos le dijeron que, a lo que entendían de la complexión y compostura de los ojos de su hijo, si hasta los doce años de su edad veía el solo fuego, sin duda por la flaqueza dellos, perdería la vista. Temiendo esto el rey, su padre, le mandó criar en un aposento escuro, donde estuvo hasta que cumplió los doce años y después le mandó sacar dél, y ver mundo. Como el muchacho hasta entonces no había visto cosa, y se hallaba tan nuevo en todas, íbanle mostrando muchas de las que Dios ha criado y declarándole lo que era cada una, y sus nombres, aves, peces, flores, frutas, hombres y animales. Entre las cosas le mostraron algunas mujeres, y preguntando él cómo se llamaban, un soldado de la guarda del rey su padre, burlándose, le dijo que se llamaban demonios y que eran los que enredaban a los hombres, sus mayores enemigos. Después que hubo visto tanta muchedumbre de cosas, y holgándose y aprendido los nombres de ellas, le preguntó su padre, cuál de todas las cosas que había, visto le había dado mayor gusto y deleite, El príncipe respondió que lo que más le había agradado eran aquellos demonios, enemigos de los hombres, que los engañan y enredan. Pero éstas no son en rigor parábolas, sino cuentos, que por aplicación sirven a la moralidad de que se discurre.

DISCURSO LVIII
DE LA DOCTA ERUDICIÓN Y DE LAS FUENTES DE QUE SE SACA

Vívese con el entendimiento, y tanto se vive cuanto se sabe. Es la erudición, dice el Espíritu santo, fuente del saber; Tales la llamó parte de la felicidad; Sócrates, arreo del ánimo; Bion, tesoro de toda la vida; Demócrito, gozo de los dichosos y refugio de los desdichados; Aristipo, el ser hombre; Platón, salud del alma; Aristóteles, luz del entendimiento; Diógenes, alivio de la vida; Teofrastro, viático de todo el mundo; Glicón, asilo de la desdicha; Metrocles, merced del tiempo; Demades, ramo de divinidad; Hierón, trono de la virtud; Antístenes, jardín del espíritu; Séneca, armonía de la mente; Alejandro Magno, única ventaja del vivir; Dionisio, escudo contra la mala fortuna; Ladislao, distinción de la irracionalidad; Sigismundo, riqueza de los pobres y suntuosidad de los ricos; Carlos quinto, su comida; y nuestro Alfonso el Magnánimo, su verdadero reino.

Denomínase, según algunos, de la oposición contra la rudeza y ignorancia. Consiste en una universal noticia de dichos y de hechos, para ilustrar con ellos la materia de que se discurre, la doctrina que se declara. Tiene la memoria una como despensa llena deste erudito pasto para sustentar el ánimo, y de qué enriquecer y fecundar los convites que suele hacer a los entendimientos. Es un magacén rebutido, un vestuario curioso, un guardajoyas de la sabiduría. Sin la erudición, no tienen gusto ni substancia los discursos, ni las conversaciones, ni los libros. Con ella ilustra y adorna el varón sabio lo que enseña, porque sirve así para el gusto como para el provecho. Gustan los atentos oyentes en gran manera de oír una cosa curiosa que no sabían, un buen dicho, un famoso hecho; o si ya lo sabían, gozan de la Agudeza con que se aplica al sujeto presente. Sin este sainete son secos y desabridos los discursos; por ingeniosos y picantes que sean, luego enfadan y los pierde la atención del que oye, o los arrima la del que lee.

Cuanto más sublime y realzada fuere la erudición, será más estimada, pero no ha de ser uniforme, ni homogénea; ni toda sacra, ni toda profana; ya la antigua, ya la moderna; una vez un dicho, otra un hecho; de la historia, de la poesía; que la hermosa variedad es punto de providencia. Especialmente se ha de atender a la ocasión y a sus circunstancias, de la materia, del lugar, de los oyentes: que la mayor prenda del que habla o escribe, del orador o historiador, es el decir con seso. El grave y erudito Séneca de todo se vale, como se nota en sus substanciales obras: ya de la sentencia de un filósofo, ya de la de un poeta, ni se dedigna de ilustrar con el verso su enseñanza. Hasta el verdadero maestro, el apostólico sabio, el predicador de las gentes, san Pablo, se valió en su ocasión de la erudición gentílica y poética: *Sicut et quidam vestrorum poetarum dixerunt: Ipsius enim, et genus sumus.* El ser a propósito, es gran ventaja de la autoridad.

La erudición de cosas modernas suele ser más picante que la antiga, y más bien oída. aunque no tan autorizada. Los dichos y hechos antiguos están muy rozados; los modernos, si sublimes lisonjean con su novedad; dóblase la ilustración con la curiosidad y con la ingeniosa acomodación. Requiérese grande elección, que es don de los primeros, por su singularidad y por su importancia, para escoger cosas buenas y a propósito. Si estas dos cosas se juntan, hacen un trabajo muy plausible, y que se logra con felicidad. Acontece no ser el cuerpo todo de la obra tan perfecto como otros, pero la eminencia de la erudición le hace agradable en gran manera y que sea más versado. Vese en los, gustosos *Diálogos* de Escalante, que tratan del Arte militar, ricos de escogida y sazonada noticia. La historia con su suspensión de los sucesos, entretiene; las comedias, épicas y otras ficciones, con sus enredados empeños, deleitan; los discursos, si no se favorecen de la erudición, son secos, estériles y empalagan.

Cuando concurren lo realzado del asunto, la Agudeza de la invención, v la variedad de la escogida erudición, hacen un todo muy perfecto y acepto. Así *El Embajador* de don Antonio de Vera y Zúñiga entre muchas muy lucidas de sus obras, fue excelente, digno de su gran Ingenio en hacerle, y de los demás en lograrle.

Hállanse muchos libros que son como almacenes de la erudición, o, por mejor decir, fárragos donde están hacinados los dichos, apofegmas y sentencias; éstos enfadan luego; mejores son los que la ministran sazonada, dispuesta, y ya aplicada.

Las fuentes de la noticiosa erudición, donde han de acudir el gusto y el Ingenio para ilustrar sus asuntos, son muchas y diferentes. La primera es la historia, así sagrada como humana: da gran autoridad a la doctrina por lo plático y por lo curioso. Las sentencias y dichos de sabios, sacados de la filosofía moral y de la poesía, ilustran con magisterio los apofegmas, Agudezas, chistes, donosidades, en su ocasión, son plausibles. Los dichos heroicos de príncipes, capitanes, insignes varones, son muy graves y autorizan majestuosamente. Los emblemas, jeroglíficos, apólogos, y empresas, son la pedrería preciosa al oro del fino discurrir. Pues los símiles declaran mucho y con aplauso; las alegorías y parábolas, o propias o ajenas, adornan sublimemente, y ayudan al persuadir con infalibilidad. Hasta los adagios y refranes valen mucho: han de ser comúnmente escogidos por huir la vulgaridad. Finalmente, las paradojas, problemas, enigmas, cuentos, tienen su vez también, y su triunfo, que de todo se socorre la prudente y sabia erudición, desfrutando siempre la nata, y como discreta abeja, recogiendo la flor de la Agudeza, de la prudencia, y de sabiduría. Quien trató este punto condignamente fue el grave y elocuente orador de los reyes, el doctor Aguilar de Terrones, obispo de Tuy, en su nunca asaz celebrado y leído *Tratado del modo de predicar*.

Ni sólo sirve la erudición para el confirmar y probar, sino para el comenzar con sublimidad y aceptación. Desta suerte dio principio a su discurso un orador el día de la Purificación de la Virgen: Quien viere el día de hoy una pura y cándida paloma, que así la requiebra su esposo: *Veni columba mea*; ojos de paloma, que todo les agrada, hasta el pecador más asqueroso, si arrepentido: *oculi tui columbarum*; blanqueada con aquella leche con que cría a su Criador: *quae lacte sunt lotae*; acompañada de otra su consorte –gran dicha y dignidad de Josef llegar a hacer par con María– que por eso se llama *augmentum*; quien oyere hoy un cisne blanco y puro, así en lo exterior de sus venerables canas *–senex puerum portabat–* como en lo interior de su conciencia, *iustus, et timoratus*: cisne, que haciendo estanque de sus lágrimas, se complace en ellas, *spectans consolationem Israel*; cisne por lo canoro, *nunc dimittis servum tuum*; quien escuchare los arrullos de una tórtola viuda, que arrulla un niño Dios, *confitebatur Domino*; tórtola gemidora, *et haec vidua erat*; a pares las aves en el presente: *par turturum, aut duos pullos columbarum*; con mucha propiedad dirá lo que san Gregorio Nacianceno, y otros refieren del fenis, que admiradas las aves de su belleza, le van siguiendo y cortejando. Sin duda que asiste hoy aquí el fénix prodigioso del cielo, un niño Dios, un Dios y Hombre. Acudamos con alados corazones a solicitar la misericordia *suscepimus Deus misericordiam tuam*. Digo la gracia, etc

DISCURSO LIX
DE LA INGENIOSA APLICACIÓN, Y USO DE LA ERUDICIÓN NOTICIOSA

No basta la sabia y selecta erudición; requiérese lo más ingenioso y necesario, que es la acertada aplicación della. Puede reducirse a especie de Agudeza, y de las más importantes; pertenece a las de careo, porque se forma la correlación, y se ajusta entre el sujeto o materia de que se trata, y la historia, suceso, o dicho que se aplica. Desta suerte el sapientísimo Clemente Alejandrino –basta decir que fue maestro de Orígenes– acomoda, a Cristo Señor nuestro en la cruz, la antigua fábula de Orfeo, aquél que con la armonía de su lira atraía los montes, paraba los ríos, arrancaba los árboles, suspendia las fieras, y todo lo atraía a sí. El verdadero Orfeo es aquel señor, teniendo estirados sus sagrados miembros en la lira de la cruz, con aquella clavijas de los duros clavos, hizo tan dulce y suave armonía que atrajo a sí todas las cosas: *si exaltatus fuero a terra omnia traham ad me ipsum*.

Es eminencia de algunos entendimientos, que todo se lo hallen acomodado, todo les viene a cuento, descubren luego la correspondencia y conformidad entre dos términos, el aplicado y al que se aplica. Hacese, pues, el careo, buscase alguna correlación o consonancia entre las circunstancias o adyacentes de entrambos términos, como son causas, efectos, propiedades, contingencias, y todos los demás adherentes; y en descubriéndola, sirve de fundamento y de razón para la aplicación de aquel término con el sujeto. Desta suerte Lupercio Leonardo a un señor de España, que, por tener madastra, se le siguieron algunos trabajos, le consoló con la paridad y semejanza de Alcides, exhortándole a la imitación de su valor:

> Al hijo fuerte del mayor planeta,
> que al cielo y a los dioses fue coluna,
> sierpes le acometieron en la cuna,
> y llamas lo apuraron en Oeta;
>
> Y hasta llegar a la región quieta,
> su madastra le fue tan importuna,
> que no pudo del techo vez alguna,
> colgar la masa en ocio o la saeta.
> Pero viendo la misma que los dioses
> le daban con aplauso eterno asiento,
> depuso la venganza, y apróbolo.
>
> Así que espero un tiempo en que reposes:
> que pues concurren tantos a un intento,
> no podrá contratarlos uno solo.

Siempre la aplicación se ha de fundar en alguna circunstancia que diga paridad o semejanza en el sujeto con otra igualdad de término aplicado; con este fundamento asienta ingeniosamente, si sale bien. Así, al morir la madre de Dios, de amor, sin enfermedad, y resucitar luego para ser coronada en el cielo en cuerpo y alma, la aplica el ingenioso padre Diego de la Baeza, de la compañía de Jesús, aquel gran maestro del discurrir, fuente perenne de conceptos y agudezas, lo de la fénix, que muere entre olorosos y lúcidos incendios, muere entre encendidas llamas para resucitar luego más gallarda, victoriosa, y triunfante; así esta fénix del empíreo, murió en medio de un inmenso incendio de su amor, entre las brillantes llamas de sus deseos, abrazada de sus amorosos afectos, para resucitar luego gloriosa y triunfante a la diestra de su hijo, el mismo Dios. De suerte que esta acomodación se funda en el morir la fénix en el fuego, María en el amor, y en el resucitar luego triunfante.

Cuento más especial es la circunstancia en que consiste la correspondencia del sujeto y término para formación la aplicación, es mayor la sutileza, y sale mejor: suele serlo la contingencia rara. Así Ovidio, a su desgraciado ver, que le costó el no ver, y el estar tan alejado, acomodó la desgracia de Acteón, que se perdió también por mirar con otra igual contingencia; y así dice:

> Cur aliquid vidi? Cur noxia lumina feci?
> Cur imprudente congnita causa mihi est?
> Inscius Actaeon vidi sine cveste Dianam
>
> Praeda fuit canibus non minus ille suis.

Cuando esta conformidad de circunstancia dice proporción y correspondencia agradable, bien fundada en la paridad de los extremos y sus propiedades, y aun en el nombre, es más ingeniosa la aplicación, y entonces se exprime por proporción más que por semejanza: a uno que se llamaba Mirto, y se valió de la intersección de una hermosa dama, para con un gran personaje de todas maneras grande, dijo uno:

> Marti grata venus, veneri gratissima mirtos
> Ut placea marti, Mirte roga Venerem.

Es ingeniosa acomodación, que incluye muchas agudezas: las alusiones a Marte y Venus, la paranomasia de Marte y Mirte. Tradújole en castellano, con toda su sal, el Salinas:

> Venus a Marte agradable,
> y a Venus es grato el Mirto;
> si a Marte quisiere Mirto
> agradar, a Venus hable.

En el modo formal de aplicar, hay su variedad y su especial sutileza. El ordinario y vulgar, es el decir: esto es como aquello, así pues: que es como por semejanza, sin más Arte; pero hay más sutileza para que salga más realzada la aplicación. Aún la misma semejanza la transformó en identidad, y la exprimió por encarecimiento Don Luis Carrillo.

> De la salamandra dicen
> que en el fuego viva está;
> por mi corazón lo digo,

que, a más fuego, vive más.

Para aplicar el principal término, comienza Don Luis de Góngora aplicando las circunstancias con una extremada exageración, de suerte que va por degradación entrando, y de las parte arguye al todo:

> Gallardas plantas, que con voz doliente,
> al osado Faetón lloraste vivas,
> y ya, sin envidiar palmas ni olivas,
> muertas podéis ceñir cualquiera frente;
>
> Así del sol estibo al rayo ardiente,
> blanco poro de náyades lascivas,
> precie más vuestras sombras fugitivas,
> que verde margen de escondida fuente.
>
> Y así bese, a pesar del seco estío,
> vuestros troncos, ya un tiempo pies humanos
> el raudo curso deste undoso río.
>
> Que lloréis, pues llorar solo a vos toca,
> locas empresas, ardimientos vanos,
> mi ardimiento en amar, mi empresa loca.

El más sutil modo de aplicar la erudición es por repaso y desempeño, de modo que la aplicación sea la salida de la dificultad; como se ve en este valiente epigrama, en que su autor dejó de ser Falcón y se convirtió en águila:

> Cum Patris aeterni Soboles aeterna subirte,
> Isacidum muros, ut moreretur homo.
> Spiritus afflavit divini Regis amores,
> Implevit Slymos, et pietate viros.
> Altera pars ramos, pars altera sternit amictus,
> Laeta canunt invenes, carmina Laeta senes.
> Quae Deus insolito celat misteria cultu?
> Cur nova funesto tempore pompa placet?
> Disimulas festo mortem, quo daemona fallat;
> Vipera clam vicit, clam superanda foret.

Por argumento y ponderación, añadiendo exceso de parte del sujeto al término aplicado, es primor elegante desta sutileza. Véase en este culto epigrama de don Luis Carrillo competido, pues fue primero, o imitado:

¿Caíste? Sí, si valeroso osaste.
¿Osaste? Y cual osado, en fin, caíste;
si el cuerpo entre las aguas escondiste,
tu fama entre las nubes levantaste.

Nombre, ¡oh terrible error!, mozo, dejaste,
de que a estrella cruel obedeciste;
¿Lampecie gime tal?, ¿tal Feba triste?
Una y otra, tu losa verde engaste.

Intentaste, ¡oh gran joven!, como osado;
seguiste al hado, que te vio vencido:
caíste mozo más que desdichado.

y así, en mi mal, gigante te he excedido,
pues sin haber tus hechos heredado,
cual tú, menos tus llantos, he caído.

Pero así como se aplica la erudición por conformidad y semejanza, así al contrario, por la contrariedad y desemejanza. Es el Ingenio anfibio, está siempre a las dos vertientes: de conveniencia y desconveniencia. Pondera la que descubre, y discurre siempre para hallar el concepto en el un extremo o en el otro. Requiérese siempre alguna conformidad, aun en este género de diversidad, entre los dos términos, el aplicado y el sujeto a quien se aplica o desaplica; y es como fundamento para ponderar después la discordancia en los demás efectos. Como se ve en este profundo y significativo epigrama de don Juan de Arguijo:

Si pudo de Anfión el dulce canto,
juntar las piedras del troyano muro,
si con suave lira osó seguro
bajar el Tracio al reino del espanto;

si la voz regalada pudo tanto
que abrió las puertas de diamante duro,
y un rato suspendió de aquel escuro
lugar la pena y miserable llanto;

y si del canto la admirable fuerza

domestica los fieros animales
y enfrena la corriente de los ríos,
qué nueva pena, en mi pesar se esfuerza,
pues con lo que descrecen otros males,
se van acrecentando más los míos.

Propónese tal vez el término de la acomodación, para que no lo sea ni se imite; persuádese la diferencia y deséase la importante disparidad. Así, Bartolomé Leonardo:

Que ya para volar aparejados,
Dédalo, al mozo Ícaro, le dijo:
Por tierra estamos, y por mar cercados.

A vuelo habemos de librarnos, hijo,
mas vuela entre dos aires, no te arrojes
sino por el camino que yo elijo:

Que si la medianía por mí escoges,
del sol y el mar te librarán tus plumas,
digo sin que te abrases ni te mojes.

Pasó el viejo, y un templo fundó en Cumas;
cayó el rapaz, y con el nombre suyo
intituló sus trágicas espumas.

Por esto no te admires, si me excluyo
del tráfago, y me apelo a mi retrete,
donde a mi soledad me restituyo.

Apenas se hallará punto de erudición que no se pueda aplicar a la ocasión, si se examinan bien las circunstancias, para hallar la conveniencia. De la misma teología se acomodan a veces algunos puntos selectos, que realzan mucho la materia. Así uno ponderó el desapego que se ha de tener de las criaturas, que aun el mismo Verbo eterno no procede, en opinión del prodigioso Escota, de la cognición de las criaturas, ni aun posibles: digna de ser imitada de los adoptivos tan conveniente independencia.

De la filosofía, así natural, como moral, se saca gustosa erudición: según opinión de Aristóteles, que lo primero que se comienza a formar en el hombre es el corazón, probaba otro, que lo primero que habemos de consagrar a Dios, es él.

Los sucesos modernos sublimes, y más si reales, aplicados a la ocasión son plausibles. Fuelo aquél de la heroica en todo, virtud, valor, prudencia, nuestra gran reina y señora doña Margarita de Austria, cuando convidándola el sumo pontífice Clemente octavo, y no dándole silla alta ni cojín a la serenísima archiduquesa, su gran madre, yendo a sentarse y reparando en ello la piadosa reina, cogió la silla de su madre para sí y cedióle la suya majestuosa; viendo esto su Santidad, mandó traer luego otra silla y cojín para la católica reina. Esta memorable acción la aplicó aquel elocuentísimo predicador de nuestros tiempos, el padre Lucas Carrillo, de la Compañía de Jesús, a la Reina de los cielos, con su madre santa Ana.

Hay también aplicación de aplicación; esto es, el hecho que Estaba aplicado en común se puede singularizar a una ocasión especial. Desta suerte Alciato, para declarar la temeridad de los que inferiores se atreven a los grandes y poderosos, trae aquella ridícula arrogancia de los pigmeos, que viendo a Hércules dormido, le embistieron; despertó el gigante, y sin echar mano a su clava, a soplos, y entre las uñas, reventó millares; llenando el capillo de su leonina capa de ellos, más para juguete que para trofeo. Este galante emblema aplicó don Hermenegildo Lastanosa, heredero de su padre, don Vincencio, en todo, hasta en el buen genio, con no menos razón que Agudeza, a nuestro español Alcides, grande en todo, sustentador del cielo de la Iglesia, domador de monstruos, herejes y mahometanos, revestido de la piel y coraje de león, triunfador despierto de pigmeos enemigos. Es sublime para empresa:

> Dum dormit, dulci recreat dum corpora somno
> sub picea et clavam, caeteraque arma tenet,
> Alcyden Pygmaea manus prosternare letho,
> posse putat: vires non bene docta suas.
> Excitus ipse, velut pulices, sic proterit hostes,
> et saevi implicitos pelle leonis agito

Es de notar, que unas veces discurre el Ingenio por invención, otras por elección, así que no siempre inventa. Ayúdase la elección de la erudición; y aun la mesma invención, para llenar y para aplicar, se vale della.

DISCURSO LX
DE LA PERFECCIÓN DEL ESTILO EN COMÚN

Sacaron a eterna luz raros autores, raras obras, con razón trabajos, porque les costaron. Escribió Camelia Tácito, no con tinta, sino con el sudor de su valiente espíritu, más precioso que el licor de la perla gitana desleída. No es cuerpo el de Cayo Veleyo, ni el de Lucio Flora, pues que ambos son espíritus. Vive aún, y vivirá siempre, la obra de Valerio Máximo, porque escribió con alma. Y su mucha viveza hace imortal el Panegírico, de Plinio. No escribió con ligera pluma Lucio Apuleyo su metamorfosi, sino tarda y del metal más pesado. Cada día es su día para Marcial, y los muchos soles –que todas las cosas deslucen– a Homero y a Virgilio los ilustran; escribieron al fin para la eternidad.

Dos cosas hacen perfecto un estilo: lo material de las palabras y lo formal de los pensamientos, que de ambas eminencias se adecua su perfección. Conténtanse unos con sola la alma de la Agudeza, sin atender a la bizarría del exprimirla; antes tienen, por felicidad la facilidad del decir, aun en la poesía. Así, el grave y pío maestro Josef de Valdivieso, a quien sola la Josefina bastara, sin otras muchas obras, a darle eternidad en el coro de los claros y esclarecidos Ingenios, adelantó mucho esta opinión. Estima este, epigrama a Antonio y a Cleopatra, que ensierra mucha alma:

> Recibe, ¡oh mi Cleopatra!, la postrera
> respiración del pecho enamorado:
> que justamente el cielo ha decretado
> que el que vivió a tu luz, a tu luz muera.
>
> La fama quiso el hado que mintiera,
> que fuera grande impropiedad del hado
> que yo muriera cuando desdichado,
> y así aguardóme a que dichoso fuera.
>
> Dichoso, pues, que muero cuando miro
> que quedas viva tú, que de otra suerte
> fuera morir dos veces de una herida.
>
> Beban tus labios mi último suspiro,
> será, quedando en ti, dulce mi muerte
> y tú entrambos vivirás la vida.

Son las voces lo que las hojas en el árbol, y los conceptos el fruto. No fue paradoja, sino ignorancia, condenar todo concepto. Ni fue Aristarco, sino monstro, el que satirizó la Agudeza: antípoda del, Ingenio, cuya mente debía ser el desierto del discurso. Son los conceptos vida del estilo, espíritu del decir, y tanto tiene de perfección cuanto, de sutileza; mas cuando se juntan lo realzado del estilo y lo remontado del concepto, hacen la obra cabal, como lo fue este gran soneto de don, Luis Carrillo:

Pues servís a un perdido, y tan perdidos,
dejadme, pensamientos, desdichados.
Basten los pasos por mi mal andados,
basten los pasos por mi mal perdidos.

¿Qué, osados, me queréis? ¿A dó, atrevidos,
montes altos ponéis de mis cuidados?
Mirad vuestros iguales fulminados,
mirad los robles, de su piel vestidos.

Dan vida a mi mediano pensamiento,
el ver un pino y una fuente clara,
en esta soledad que el alma adora.

El árbol tiembla al proceloso viento,
corrida el agua, de humildad, no para,
que el alto teme y el humilde llora.

Hase de procurar que las proporciones lo hermoseen, los reparos lo aviven, los misterios le hagan preñado, las ponderaciones profundo, los encarecimientos salido, las alusiones disimulado, los empeños picante, las trasmutaciones sutil, las ironías le den sal, las crisis le den hiel, las paranomasias donaire, las sentencias gravedad, las semejanzas lo fecunden y las paridades lo realcen. Pero todo esto con un grano de acierto: que todo lo sazona la cordura. Puédese decir de los conceptos lo que de las figuras retóricas: ni todo el cielo es estrellas, ni todo el cielo es vacíos; sirven éstos como de fondos para que campeen más los altos de aquéllas; y altérnanse las sombras para que brillen más las luces.

Aunque no tuvo palabra vacía el africano Apuleyo, y en todas ocupa la atención, tal vez echa un concepto grande de los de primera magnitud. Va describiendo a Psique, cuando saca la luz a traición, para averiguar el sospechado enemigo y Cupido verdadero, que dormía en medio de aquella admiración amante y reverente; dice que la luz, o invidiosa o afectuosa, arrojó una centella, que abrasando al mesmo Amor, impertinentemente le despertó: *Tunc magis, magisque cupidine flagrans Cupidine prona in eum, eflictim inhians de somni mensura metuebat. Sed dum bono tanto percita saucia mente fluctuat, lucerna illa, sive perfidia pessima, sive invidia noxia, sive quod tale corpus contingere, et quasi basiare et ipsa gestiebat, evomuit de summa luminis sui stillam ferventis olei super humerum dei dextrum. Hem audax, et temeraria lucerna, et amoris vile ministerium! Ipsum ignis totius deum aduris?* Pondera esta otra valiente exageración, cuando está describiendo el palacio de Cupido: *Iam caeterae partes longe, lateque dispositae domus, sine pretio pretiosae, totique parietes solidati massis aureis splendore proprio coruscant, ut diem suum sibi domus faciat, licet sole nolente.*

Son también muy diferentes unos de otros en la decencia; porque el que es nacido para un epigrama, no es decente para un sermón. Tienen sus engastes los pensamientos; y no se deben barajar las crisis y ponderaciones de un grave historiador con los encarecimientos y paranomasias de un poeta. Pide muy diferentes pensamientos, y aun palabras, una carta familiar que una oración; ni merece ser asunto principal de un sermón el concepto que es brillante para un soneto. En el mismo verso se han de acomodar con distinción; porque el metro grave y heroico requiere conceptos graves; como éste del conceptuoso y elegante en sus versos, erudito y docto en sus discursos, noticioso y grave en sus historias, nuestro aragonés y zaragozano, el religioso padre fray Jerónimo de san Josef, carmelita descalzo. Oye y admira a un ruiseñor, cantando junto a una rosa;

 Aquélla, la más dulce de las aves,
 y ésta, la más hermosa de las flores,
 esparcían blandísimos amores,
 en cánticos y nácares suaves.

 Cuando suspensa, entre cuidados graves,
 un alma, que atendía sus primores,
 arrebatada a objetos superiores,
 les entregó del corazón las llaves.

 "Si aquí, dijo, en el yermo desta vida,
 tanto una rosa, un ruiseñor eleva,
 tan grande es su belleza y su dulzura,

 ¿cuál será la floresta prometida?
 ¡Oh dulce melodía, siempre nueva!
 ¡Oh siempre floridísima hermosura!"

El romance quiere conceptos galantes más que profundos; figuras retóricas, más de la palabra que de la sentencia; estilo florido y bizarro. Las quintillas piden cada una un concepto más que mediano: las sentencias las realzan mucho; y por eso fue tan estimado aquel poema del canónigo de Valencia, a *Endimión*, como se ve en éstas:

Luego tuvo otro dolor
con justa causa mortal,
que en la enfermedad de amor
sentir mucho el poco mal
es el peligro mayor.

De todos, sin que le den
pena, se vino a quejar:
que el señal de querer bien un corazón es formar
quejas, sin saber de quién.

El soneto corresponde al epigrama latino, y así requiere variedad; si es heroico, pide concepto majestuoso; si es crítico, picante; si es burlesco, donoso; si es moral, sentencioso y grave, como éste del ideal Garcilaso:

Gracias al cielo doy que ya del cuello
del todo el grave yugo he sacudido,
y que del viento el mar embravecido,
veré desde la tierra sin temello.

Veré colgada de un sutil cabello
la vida del amante embebecido
en engañoso error adormecido,
sordo a las voces, que le avisan dello.

Alegraráme el mal de los mortales,
aunque en aquesto, no tan inhumano
seré contra mi ser, cuanto parece;
alegraréme corno hace el sano
no de ver a los otros en los males,
sino de ver que dellos él carece.

Las Agudezas sales sirven de recreación del ánimo, y aunque no admiran, deleitan. Tan acertada fue una gracia en una carta como un misterio en un sermón; y tan agradable un donaire en una conversación como una sentencia en un consistorio: que si luce una estrella en lo más alto del cielo, también campea una flor en lo más humilde de un valle.

Los adjuntos y epítetos son gran parte del aliño del estilo, circunstancias de Agudeza, y aun cifras. Sola la eminencia en esta parte pudo dar crédito de ingeniosa elocuencia. Usalos con grande Arte y propiedad Bartolomé Leonardo, como se ve en aquella carta al excelentísimo señor don Fernando de Borja, nunca bastantemente blasonado héroe por su gran numerosidad de prendas; dícele:

> Para ver acosar toros valientes,
> fiesta un tiempo africana y después goda,
> que hoy les irrita las soberbias frentes,
> corre agora la gente al coso, y toda
> o sube a las ventanas y balcones,
> o abajo en rudas tablas se acomoda.
>
> Así miraron étnicas naciones,
> místicos reos en teatro impío,
> expuestos al furor de sus leones.

No busca tanto los epítetos para la consonancia cuanto para la elegancia y propiedad. No han de ser cantinas ni comunes, sino significativos y selectos, porque en un epíteto se cifra tal vez un conceto, una alusión o una crisi, y hállanse algunos tan relevantes que pasan los términos de su esfera. El estilo lacónico los tiene desterrados, en primera ley de atender a la intensión, no a la extensión; en el mismo verso huye la redundancia. Ajústanse en este dístico cuatro muertes, variamente sucedidas en veinte y cuatro horas. Mató a un niño un carnero, la madre degolló a éste; vino el marido del campo, y dio de puñaladas a la mujer; cogióle a él la justicia y ahorcóle. Señaló el maestro de la academia este asunto para un dístico, y a uno de los dicípulos le dio el demonio éste:

> Verbex cum puero, puer unus, sponsa, maritus,
> impete, cultello, ¡une, dolore perito

Mas el nervio del estilo consiste en la intensa profundidad del verbo. Haylos significativos, llenos de alma, que exprimen con doblada énfasi; y la sazonada elección dellos hace perfecto el decir. Esta eminencia, con la mucha sutileza, ha puesto entre los de primera clase a nuestro aragonés, y casi bilbilitano don Francisco Diego de Sayas y Ortubia; desempéñame con este digno epigrama a Cleopatra:

> Sutilizando filos a la muerte,
> en venenos fatales a la vida,
> quiere Cleopatra, a su impiedad rendida,
> dominar los orgullos de la suerte.

Observado el más dulce y el más fuerte
temido, a un áspid sordo se convida,
que cebado en la sangre de su herida,
al César tan gran púrpura divierte.

Así atrevida de su imagen triste,
al lento original trocó el semblante,
con beldad, que al estrago se resiste.

¡Oh vengadora altiva de tu amante!
Lo posible con todos excedente,
pues de despojo asciendes a triunfante.

Preñado ha de ser el verbo, no hinchado; que signifique, no que resuene; verbos con fondo, donde se engolfe la atención, donde tenga en qué cebarse la comprensión. Hace animado el verbo la traslación –que cuesta–, la alusión, crisi, ponderación, y otras semejantes perfecciones, que con aumento de sutileza fecundan y redoblan la significación. Elige un verbo entre mil Cornelio Tácito; no se casa con cualquiera Valerio; y con los muchos borrones iluminaron Virgilio y Marcial sus eternas obras. Digo intensión del verbo, porque hay grados de propiedad en el significar: exageran unos; al contrario, otros escasamente apuntan; y hase de hablar a la ocasión.

Por raros, por superlativos que sean los conceptos, si no tienen estrella suelen malograrse, que esto de ventura es achaque trascendiente. ¿Qué diré del uso? Que corren unos en un tiempo y arrincónanse otros; y vuelven éstos a tener vez, porque no hay cosa nueva para el sol. Florecieron en un tiempo las alegorías, y poco ha estaban muy validas las semejanzas; hoy triunfan los misterios y reparos. Importa mucho el pensar al uso, no menos que la gala del Ingenio. Para mi gusto, la agradable alternación, la hermosa variedad: que si *per tropo variar natura é bella*, mucho más el Arte.

DISCURSO LXI
DE LA VARIEDAD DE LOS ESTILOS

Descendiendo a los estilos en su hermosa variedad, dos son los capitales: redundante el uno y conciso el otro, según su esencia; asiático y lacónico, según la autoridad. Yerro sería condenar cualquiera, porque cada uno tiene su perfección y su ocasión. El dilatado es propio de oradores; el ajustado, de filósofos morales. Los historiadores se bandean, lisonjeando el gusto con su agradable variedad.

Más que vulgar ignorancia es querer ajustar un historiador a la seca narración de los sucesos, sin que comente, pondere, ni censure. ¿Quién presumirá condenar a Valerio Máximo que pondera, a Tácito que censura, a Floro que aprecia, y a Patérculo que comenta? Y si esta paradoja fuera verisímil, no había de haber más que un historiador de cada materia; porque en refiriendo uno los sucesos, no les quedaría que hacer a los demás, sino cansar con repetir. La desnuda narración es como el canto llano; sobre él se echa después el agradable artificioso contrapunto. Es anómalo el humano gusto, que apetece en un mismo manjar mil diferencias de sainetes. De los poetas, los épicos se explayan, los epigramatarios se ciñen.

Uno y otro estilo han de tener alma conceptuosa, participando del Ingenio su imortalidad. No hay autor de los célebres y príncipes que no tenga alguna especial eminencia de Agudeza. Porque Cornelio Tácito, aquel que significa otro tanto más de lo que dice, se estremó en las apetitosas crisis, examinando las intenciones y descubriendo el más disimulado artificio. Hablando del testamento de Augusto, y ponderando que había substituido por herederos, en falta de los suyos, a los magnates de Roma, con estar mal con los más dellos, glosa que lo hizo por captar la gloria y el aplauso de los venideros: *Augustos testamento Tiberium, et Libiam haeredes habuit, in spem secundam nepotes, pronepotesque; tertio gradu primores civitatis scripserat, plerosque invisos sibi, sed iactancia, gloriaque ad posteros.* Desta suerte tiene discretísimas censuras; y es artificio no común el escudriñar el artificio ajeno. Reciprocáronse bien el malicioso Tiberio con el censurador Tácito; en el libro cuarto de sus *Anales* dice dél, cuando negó la licencia a España de erigirle aras, que con emulación de Asia se la pedía, que menospreciando la fama y la reputación, menospreció las virtudes: *Quod alii modestiam, multi quia diffideret, quidam, ut degeneris animi interpretabantur, optimos quippe mortalium altissima cupere, sic Herculem, et Liberurn apud grœcos, Quirinum apud nos. Deorum numero additos,* cœtera principibus statim adesse, unum insatiabiliter *parandum, prosperam mi memoriam: nam contemptu famoe, contemni virtutes.*

Lo que admira en Tácito es la copia con tanta sutileza: que aunque todos los hombres son naturalmente ingeniosos en los ajenos vicios, con todo eso, para que las crisis no sean vulgares, es menester sublime genio. Tuvo dictamen Tiberio de no mudar los virreyes por trienios, sino dejados en las provincias por mucho tiempo; llega a glosar esta política Tácito, y despliega grandes primores: Pudo nacer, dice, de flojedad, haciendo eterno lo que una vez agradó; ya de envidia, porque no gozasen muchos de los cargos o, finalmente, porque así, como Tiberio era de Ingenio astuto, así de juicio sospechoso; por una parte aborrecía los grandes vicios, por otra, las eminentes virtudes en los sujetos; de los muy buenos concebía peligro para sí, y de los muy malos temía la deshonra para la República: *Causoe varioe traduntur, aut toedio novoe curre, semel placita pro oeternis servavisse; aut invidia, ne plures fruerentur; aut demum, quia ut callido ingenio erat Tiberius, ita anxio iudicio; neque eminentes virtutes sectabatur, et rursum vitia oderat; ex optimis periculum sibi, a pessimis dedecus publicum metuebat.* Este es el discurrir de Tácito, ésta su eminencia, cuan poco imitada de los que vinieron después –y mucho menos de nuestros populares modernos–, tan plausible a todos los varones juiciosos.

Los nueve libros de Valerio Máximo, sin duda que se los dieron ya limados y perfectos las nueve cultas Piérides; fue, al contrario, eminente en las ponderaciones juiciosas, gran apreciador de los hechos y dichos heroicos; de estilo también puntual, y aunque excede en una, no por eso olvida las demás Agudezas. Ensalza, entre otras, la grande acción del gran Pompeyo, que con la misma mano valerosa con que rindió a sus pies al rey Tigranes, con la misma, cortés, le levantó a ser rey otra vez; juzgando, dice, por tan bizarra acción el hacer reyes como vencerlos: *Æque pulchrum esse iudicans, et vincere reges, et facere.* Con ingeniosa correspondencia y proporción, en otra parte introduce a Quinto Crispino hablando con Badio Campano, vencido en singular desafío; "busca, dice, otra diestra que te mate, que la mía está acostumbrada a darte vida": *Aliam quae occidat dexteram quaere, quoniam mea te servare didicit.* De esta suerte va discurriendo Valerio, siempre igual a sí mismo, sin echarse jamás a dormir. Pondera al siempre vencedor Alejandro, rendido, no a otro hombre mortal, sino a su envidiosa muerte: *Idem non hominum ulli, sed naturae fortunaeque cedens*; y que entronizándose luego en la cama, franqueó su diestra por remate a cuantos la quisieron lograr: ¿quién, dice, no diligenciara el besar aquella heroica mano, que ya oprimida del mal, animada más de su humanidad que de su espíritu, satisfizo al deseo de todo su numeroso ejército?: *Dexteram omnibus, qui eam contingere vellent porrexit. Quis autem illam osculari non curaret, quae iam fato oppressa maximi exercitus complexui humanitate quam spiritu vividiore suffecit?*

Lucio Floro, cuyo nombre alude a que la primavera, sobre el jardín de sus cuatro libros, vertió la copia de tantas flores y frutos de Agudezas, se aventajó en la profundidad de los misterios, y en la valentía de los reparos. Repara, pues, cómo del mayor estremo de la felicidad pasó en un punto César al mayor estremo de la desdicha; pondera el cúmulo de sus honores, templos en la ciudad, sus imágenes en el teatro, rayos en su corona, trono en el senado, dosel en su casa, mes en el cielo, y sobre todo, el ser aclamado por padre de la patria. Todas estas honras, dice, no fueron otro que arreos de una víctima destinada para una muerte fatal: *Omnes unum in principem congesit honores circa templa, imagines in theatro, distincta radiis corona, suggestus in curia, fastigium in domo, mensis in coelo, ad hoc pater ipse patriae perpetuusque dictator. Quae omnia velut infulae in destinatam morti victimam congerebantur.* Más arriba, ponderando que Pompeyo había escapado de la última batalla, dice: "Fuera feliz Pompeyo en los mismos males, si hubiera corrido igual fortuna con su ejército, pero sobrevivió a su dignidad, para que con mayor deshonra por los bosques de Tesalia huyese a perecer": *Felicem ut cumque in malis Pompeium si eadem ipsum, quae exercitum eius fortuna traxisset; superstes dignitatis suae vixit, ut cum maiore dedecore per Thesalica tempe aequo fugeret pulsus Hearis in deserto Ciliciae, scopulo fugam in Parthos Africam, vel Aegyptum agitaret; ut denique in Pelusiaco littore imperio vilissimi regis, consiliis spadonum, et ne quid malis desit, Séptimii desertoris sui gladio trucidatus, sub oculis uxoris suae liberorumque moreretur.* Ponderando que Dolabela acabó con las reliquias de aquel ejército francés que abrasó a Roma, dice que fue porque no hubiera quien pudiera gloriarse de haber pegado fuego a la fénix del mundo, que renació de aquellas llamas: *Incendium illud quid egit aliud, nisi ut destinata hominum, ac deorum domicilio civitas, non deleta, non obruta, sed expiata potius, et illustrata videatur? Nec non tamen post aliquot annos omnes reliquias eorum in Ethruria ad lacum Vadimonis Dolabella delerit, ne quis extaret, in ea gente qui incensam a se romanam Urbem gloriaretur.* De Sagunto y de Numancia concepteó como merecían; pues dijo de la primera, que celebraron sus funerarias la desolada Italia, la cautiva Africa, con estrago de todos los reyes y capitanes: unos, que la destruyeron, y otros, que la vengaron: *Nam quasi has in ferias sibi, saguntinorum ultimae dirae in illo publico parricidio, incendioque mandassent, ita manibus eorum vastatione Italiae, captivitate Africae, ducum, et regum, qui id gessere bullum, exitio parentatum est.* De Numancia: que constando claramente a los romanos que era invencible, determinaron enviar un capitán invencible, a prueba de la arruinada Cartago: *Novissime cum invictam esse constaret, opus quoque eo fuit, qui Carthaginem everterat.* Es de notar en Flora, que el mismo vigor de su grande Ingenio, que causa una infinita fecundidad de misterios y reparos, ese mismo les va siempre aumentando prodigiosamente la Agudeza.

No fueron más de dos los libros de Cayo Veleyo Patérculo, para que fuesen el *non plus ultra* de la Agudeza, del aliño y de la elocuencia. Su eminencia consiste en la mayor beldad del Ingenio, que son los conceptos de correspondencia y proporción. Tal fue aquélla de César, que el imperio que había adquirido con las armas, lo había de haber conservado con las mismas: *Ut principatum, armis quaesitum, armis teneret.* Bellísima improporción ésta: dice hablando de Cicerón: "Nadie hubo que defendiese la salud de aquel que por tantos años había defendido la salud pública de la ciudad y la privada de tantos ciudadanos: *Cum eius salutem nemo defendisset, qui per tot annos, et publicam civitatis, et privatam civium defenderat.* De su destierro y vuelta a Roma, dijo: *Neque post Numidici exilium, aut redítum, quisquam aut expulsus invidiosius, aut receptus est laetius.* De la liga que hicieron entre sí César, Pompeyo y Craso, dice que fue tan dañosa y fatal para ellos mismos como lo fue para la República: *Inita potentiae societas, quae urbi, et orbi terrarum, nec minus diverso tempore, ipsis exitiabilis fuit.* Hablando de Catilina, dice que no con menos diligencia acompañó sus consejos ocultos que manifiestos: *At Catilina non segnicis nota obiit, quam sceleris conandi consilia inierat.* Contrapone elegantemente la ambición de Pompeyo en procurar las honras, y su moderación en deponerlas: *In appetendis honoribus immodicus, in gerendis verecundissimus, ut qui eos libentissime iniret, ita finiret aequo animo; et quod cupisset arbitrio suo summere, alieno deponeret.* Artificiosa disonancia ésta, en que pinta el miserable estado de Roma, tiranizada de Sila: *Ne quid unquam malis publicis deesset, in qua civitate semper virtutibus certatum erat, certabatur sceleribus.*

El padre de la elocuencia, Marco Tulio Cicerón, aquel que magnificó tanto a Roma con su lengua como Cipión con su brazo, tiene también eminente lugar entre los ingeniosos y agudos; aunque como orador se templaba y como filósofo ejercitaba más el juicio que el Ingenio. En todo género de Agudeza fue excelente. En la oración *pro Fonteia*, hablando con el pueblo romano, dice así, con una artificiosa proporción: "Su hermana, virgen de Vesta, estiende a vosotros aquellas manos que por vosotros tantas veces estendió a los dioses; mirad, que parece soberbia despreciar vosotros los ruegos, que si los dioses los hubieran menospreciado, no estuviera ya en pie la República. No queráis, romanos, que aquel sagrado fuego, conservado con el cuidado y vigilias de Fomeya, se vea ahora apagado con sus lágrimas": *Tendit ad vos virgo Vestalis manus supplices easdem, quas pro vobis diis immortalibus tendere consuevit. Cavete ne periculosum superbumque sit, eius vos obsecrationem repudiare, cuius preces si dii aspemarentur, haec salva esse non possent. Prospicite, Quirites, ne ignis ille aeternus nocturnis Fonteiae laboribus, vigiliisque servatus sacerdotis Vestae lachrymis extinctus esse dicatur.* Contra Pisón, trae este valiente encarecimiento en alabanza del César. Fue, dice, tan grande su valor y su gobierno, que si los Alpes se allanaran, y si las corrientes del Rin se agotaran, no con la defensa natural, sino con sus hazañas, estuviera Italia fortalecida: *Caesaris ego imperio non Alpium vallum contra ascemum, transgressionemque gallorum; non Rheni fossam gurgitibus illis redundantem germanorum imnanissimis gentibus obiicio, et oppono; perfecit ille, ut si montes resedissent, amnes exaruissent, non naturae presidio, sed victoria sua, rebusque gestis Italiam munitam haberemus*. Ni perdonó a la Agudeza nominal, pues dijo contra Vitinio Estruma, en la oración pro Publio Sestio: *Hi medentur reipublicae, qui execant pestem aliquam, tanquam Strumam civitatis*. En la *Filípica* tercera: "Ea aquí, dice, por qué su maestro de Antonio, se hizo arador de orador". Están llenas sus obras de semejantes ingeniosísimos conceptos.

Séneca fue un oráculo sentencioso. El *Panegírico* de Plinio a Trajano es una prodigiosa lisonja del Ingenio y una breve praxi de toda esta Arte conceptuosa. Entre los poetas, Marcial fue tan agudo universal, que las musas, leídos sus catorce libros, en lugar del vulgar *finis* pusieron fenis. Así como al jurado de Córdoba, Juan Rufo, le mudaron el nombre y le llamaron *Galán suyo*. Al Mendoza de los Ingenios españoles, le baste para encomio que el mayor gusto del mayor rey, y aun más discreto que monarca, le sublimó al valimiento de su Ingenio. El benjamín de Córdoba, don Luis de Góngora, es hasta hoy última corona de su patria. Diego López de Andrade fue heredero de la valentía ingeniosa de su gran padre y en quien pareció que volvía a renacer el sol de la Agudeza.

Otros muchos grandes Ingenios florecen en compañía, blasón de pluralidad, renombre de muchedumbre, y entre todos el comentador de los *Reyes*, y rey de los comentadores. Ladéasele el padre Diego de Baeza, prestando luz a tantos de su séquito; compiten en Celada la cultura y la Agudeza.

¡Oh tú, cualquiera que aspiras a la imortalidad con la Agudeza y cultura de tus obras, procura de censurar como Tácito, ponderar como Valerio, reparar como Flora, proporcionar como Patérculo, aludir como Tulio, sentenciar como Séneca, y todo como Plinio!

DISCURSO LXII
IDEAS DE HABLAR BIEN

Otros dos géneros de estilo hay célebres, muy altercados de los valientes gustos, y son el natural y el artificial; aquél, liso, corriente, sin afectación, pero propio, casto, y terso; éste, pulido, limado, con estudio y atención; aquél claro, éste dificultoso.

Aquél, dicen sus valedores, es el propio, grave, decente; en él hablamos de veras, con él hablamos a los príncipes y personajes autorizados; él es eficaz para persuadir, y así muy propio de oradores, y más cristianos; es gustoso, porque no es violento; es substancial, verdadero, y así el más apto para el fin del hablar, que es damos a entender.

El artificioso, dicen sus secuaces, es más perfecto: que sin el Arte siempre fue la naturaleza inculta y basta; es sublime, y así más digno de los grandes Ingenios; más agradable, porque junta lo dulce con lo útil, como lo han platicado todos los varones ingeniosos y elocuentes.

Pero cada uno en su sazón, y todo con cordura; y nótese, con toda advertencia, que hay un estilo culto, bastardo y aparente, que pone la mira en sola la colocación de las palabras, en la pulideza material de ellas, sin alma de Agudeza, usando de encontrados y partidos conceptos: de alforja, los apodaba Bartolomé Leonardo, porque lo mismo exprime el que va delante como el que viene detrás. Esta es una enfadosa, vana, inútil afectación, indigna de ser escuchada. Ornato hay en la retórica para las palabras, es verdad, pero más principal para el sentido, que llaman: tropas y figuras de sentencias. Siempre insisto en que lo conceptuoso es el espíritu del estilo. Esta eminencia ha hecho tan estimadas las cartas de aquel, tan favorecido de la fama cuan perseguido de la fortuna, Antonio Pérez; como se admira en ésta, que mereció ser la primera a madama Cacerina, hermana de Enrico cuarto, rey de Francia:

> Señora:
>
> Pues no debe de haber en la tierra rincón, ni escondrijo, adonde no haya llegado el sonido de mis persecuciones y aventuras, según el estruendo dellas, de creer es, que mejor habrá llegado a los lugares tan alcoscomo V. alteza, la noticia dellas. Estas han sido, y son tales por su grandeza y larga duración, que me han reducido al último punto de necesidad, por la ley de la defensa y conservación natural, a buscar algún puerto donde salvar esta persona y apartada deste mar tempestuoso, que en tal braveza le sustenta la pasión de ministros, tantos años ha, como es notorio al mundo. Razón, señora, bastante, para creer que he estado como metal a prueba de martillo, y de todas pruebas. Suplico a V. alteza me dé su amparo y seguro, y donde pueda conseguir este fin mío; o si más fuere su voluntad, favor y guía para que yo pueda con seguridad pasar y llegar a otro príncipe de quien reciba este beneficio. Hará V. alteza obra debida a su grandeza, pues los príncipes tienen y deben ejercitar en la tierra la naturaleza de los elementos: que para conservación del mundo, lo que un elemento sigue y persigue, otro acoge y defiende. Y como a los príncipes se les presentan y admiten con gracia y curiosidad los animales raros y monstruosos de la naturaleza, a V. alteza se le presentará delante un monstro de la fortuna, que siempre fueron de mayor admiración que los otros, como efectos de causas más violentas; y éste lo puede ser por esto, y por ver con qué nonada se ha tomado y embravecido tanto tiempo ha, la fortuna, y por quién se ha trabado tan al descubierto aquella competencia antigua, de la porfía natural de la pasión de la una, con el favor de la otra, y de las gentes.

Escribióla en su mayor aprieto, y así el Ingenio apretado, hizo tan relevante esfuerzo. Sea el primero ejemplar del estilo grave, conceptuoso y natural; tiene algunas palabras anticuadas este autor: que les sucede en todas lenguas lo que dijo Horacio de la latina:

> Ut silvae fotiis pronos mútantur in annos,
> prima cadunt: ita verborum vetus interit aetas,
> et iuvenum ritu florent modo nata, vigentque.
> Multa renascentur, quae iam cecidere; cadentque
> quae nunc sunt in honore vocabula, si volet usus;
> quem penes arbitrium est, et vis et norma loquendi.

Es el estilo natural, como el pan, que nunca enfada; gustase más dél que del violento, por lo verdadero y claro; ni repugna a la elocuencia, antes fluye con palabras castas y propias; por eso ha sido tan leído y celebrado Mateo Alemán, que a gusto de muchos y encendidos es el mejor y más clásico español. Describiendo un aplauso, dice:

> Luego que llegó, vio alterada la plaza, huyendo la turba de un famoso toro, que a este punto soltaron: era de Tarifa, grande, madrigado, y como un león de bravo. Así como salió dando dos o eres ligeros brincos, se puso en medio de la plaza, haciéndose dueño della, con que a todos puso miedo; encarábase a una y otra parte, de donde le tiraron algunas varas, y sacudiéndolas de sí se daba tal maña que no consentía le tirasen otras desde el suelo, porque hizo algunos lances, y ninguno perdido. Ya no se atrevían a poner delante, ni había quien a pie lo esperase, aun de muy lejos. Dejáronlo solo, que otro más que Ozmín y su criado no parecían allí cerca. El toro volvió al caballero como un viento, y fuele necesario, sin pereza, tomar su lanza porque el toro no la tuvo en entrarle; y levantando el brazo derecho, que con el lienzo de Daraja traía por el molledo atado, con graciosa destreza y galán aire, le atravesó por medio del gatillo todo el cuerpo, clavándole en el suelo la uña del pie izquierdo, y, cual si fuera de piedra, sin más menearse, lo dejó allí muerto, quedándole en la mano un trozo de lanza, que arrojó por el suelo, y se salió de la plaza. Todos quedaron con general murmullo de admiración y alabanza, encareciendo el venturoso lance y fuerzas del embozado. No se trataba otra cosa que ponderar el caso, hablándose los unos a los otros; todos lo vieron, y todos lo contaban, a todos pareció sueño, y todos volvían a referido: aquél dando palmadas, el otro dando voces; éste habla de mano, aquél se admira; el otro se santigua, éste alza el brazo y dedo, llena la boca y ojos de alegría; el otro tuerce el cuerpo, y se levanta; unos arquean las cejas, otros reventando de contento, hacen graciosos matachines, que todo para Daraja eran grados de gloria etc.

¿Qué cosa más dulce puede hallarse?, ¿qué cultura que llegue a la elocuencia natural? En las cosas hermosas de sí, la verdadera Arte ha de ser huir del Arte y afectación. Aun en el verso, esta lisura hace tan ilustre a Garcilaso:

> Hermosas Ninfas, que en el do metidas,
> contentas habitáis en las moradas
> de relucientes piedras fabricadas
> y en columnas de vidro sostenidas;
>
> ahora estéis labrando embebecidas,
> o tejiendo las telas delicadas;
> ahora unas con otras apartadas,
> contándoos los amores y las vidas;
>
> dejad un rato la labor, alzando
> vuestras rubias cabezas a mirarme,
> y no os detendréis mucho, según ando:
>
> que o no podréis de lástima escucharme,
> o convertido en agua, aquí llorando,
> podréis allá de espacio consolarme.

En este mismo género de estilo natural, hay también su latitud; uno más realzado que otro, o por más erudición o por más preñez de Agudeza, y también por más elocuencia natural: que aunque este lenguaje es aquel que usan los hombres bien hablados en su ordinario trato, sin más estudio, con todo eso hay unos naturalmente más elocuentes que otros; y más aliñados. Como lo fue el maestro Márquez, benemérito de la lengua española. Dice (en el capítulo 38 del libro segundo del Gobernador Cristiano) dando un importante precepto a los príncipes:

> Todos los que escriben materias de Estado aconsejan que el príncipe hable poco y premeditadamente; porque dejado aparte, que, como dice el Espíritu santo, es de necios hablar mucho, es gran pérdida del decoro, y aventurase sin remedio si se le cayese alguna palabra menos compuesta, no tan discreta o tan limitada como se promete la expectación del pueblo. Un antigo griego solía decir que nunca el príncipe ha de hablar sino como si hablara en una tragedia; y quiso decir, que ha de hablar de pensado y sin que palabra le sea casual. Atendiendo a esta doctrina, dice Suetonio, que introdujo Tiberio la costumbre de hablar por memoriales, por no obligarse a responder de repente; y Salomón, el más discreto príncipe que tuvo el mundo, dice que por ningún camino llega más presto un rey a ser tenido por

necio que por hablar, y que si lo echasen de ver algunos, traerían siempre el dedo en la boca. También es necesario que cuando hablare, sea con cuidado y en estilo diferente del vulgar —como decía Amasis, rey de Egipto, y Aristóteles escribió a Alejandro— porque cualquiera palabra de un rey, es tenida por oráculo, y lo escriben en mármoles los que la oyen, y importa conservar el crédito de bien hablado, para que le estimen, y teman ponerse en su presencia los que no lo son, etc.

Esto es hablar en seso; y cuando las materias son importantes, conviene que se entiendan, pero con sublimidad y con fondo. En lo poético, aunque tan valedor del estilo desafectado, Bartolomé Leonardo, que parecen prosa en consonancia sus versos, fue más preñado su genio que el de Lupercio, su hermano:

Si en los sucesos prósperos declina,
¡oh Hercinia!, la virtud de los mortales,
y generosa crece entre los males,
produciéndole glorias su ruina;

más debes a la tierra peregrina,
que a la de tus Penates naturales,
así como el mejor de los metales
debe más a la llama que a la mina.

Que la felicidad no perficiona
al alma, aunque la da noble materia

donde con vigilancia se ejercite
y los monstros que guarda Celtiberia,
dignos de Alcides son, el cual no admite
de las manos del ocio la corona.

Hay uno como medio entre los estilos natural y culto, que ni del todo se descuida, ni del todo se remonta; de frase substancial y llena. Tal fue el de don Antonio de Fuenmayor, en la *Vida de Pío quinto*, digno asunto de tan vigilante pluma. Logra este razonamiento de un morisco a sus granadinos, que puede competir con los que introduce el famoso Livio:

Aunque es sin fruto trataras de lo que os está bien, estando con tanta pasión y tan determinados al mal, el dolor, la sangre, el conocimiento, no permiten que calle. Al menos no seremos todos incitadores de vuestra ira, habrá alguno que hable con consejo. Muevenos a alteraras las injusticias de los jueces y el deseo de libertad: cosas que entre sí mal convienen. Si queréis vengaras de los magistrados, ¿por qué alabáis la libertad contra el rey?, y si es afrenta estar sujetos, dejad los vicios de los que gobiernan, pues, ¿a justos era deshonra obedecer? Pero examinemos cada cosa. ¿Agravian os los magistrados en ejecutar las premáticas reales? Ese es su oficio, ser ministros de la ley; si ella es injusta, en ella está la culpa; no en el juez. Sea dellos; ¿por qué amenazáis a los miserables cristianos, que entre nosotros viven?, ¿lavará su sangre inocente los yerros que no han hecho? Cuando los cielos aprueben vuestra causa, no pueden el modo. Condena vuestra poca modestia la razón, si alguna tuviérades. ¿Y qué medio es para libraras de sus vicios, romper guerra?, ¿dónde serán mejor crueles y avarientos, que adonde el robo y el homicidio merecen premio? Si primero os ofendían, era con algún recato, escondiendo el odio y codicia; ahora, roto el freno del temor, y irritados, buscarán al cielo y tierra para que den fe y aplauso a sus atrocidades. En fin, ¿no podéis sufrir a cuatro que os gobiernan y llamáis contra vosotros todo el reino? La libertad, dulce es, pero el que la quiere procure no perderla; porque quien una vez, reconocido señor, se rebela, más es contumaz siervo que amador de la libertad. Compráramosla entonces con sangre, cuando el rey don Fernando pobló de pabellones esa vega; nuestros padres, mayores de cuerpos y ánimos, ejercitados en las guerras, llenos de armas, señores de las fuerzas y ciudades del reino, no pudieron resistir a los cristianos: vosotros menos, sin un muro, dados a la labor de la tierra, desarmados, ¿queréis sujetalles, cuando en riquezas y señoríos han crecido tanto?, ¿sois vosotros más nobles que los italianos, más fuertes que los alemanes, más desconocidos que los indios, más coléricos que los franceses, más ricos que los sicilianos? Italia, domadora del mundo, consiente gobernadores españoles en sus provincias; los alemanes, con aquella gentileza de cuerpos, y ánimo despreciador de la muerte, no bastaron a que no atravesasen el Albis las vencedoras insignias de España; inmensos y no domados mares servían de muro a los del Nuevo Mundo, pero no bastaba para los corazones españoles un mundo, y conquistaron otro nuevo; la belicosa Francia sintió en lo más precioso los truenos de las bombardas de España, y cansada de ver presos sus reyes y ser vencida, buscó en la paz seguridad; los fértiles collados de Sicilia, sirven a la abundancia de España: solo vosotros os queréis oponer a la corriente de sus hadas etc.

Puede ladeársele este otro de don Antonio de Vera y Zúñiga. En su *Epítome Carolina* introduce al César con esta oración, hablando a la Dieta:

Bien que el canciller os ha dicho la resolución que he tomado, y las causas della, os quiero acordar que este año se cumplieron cuarenta que el Emperador, mi abuelo, teniendo yo quince, me sacó de tutela ajena, entregándome a mí mismo; el siguiente, que murió el rey Católico, mi señor, me hallé rey de España, porque mi madre lo hubo por bien; treinta y seis años ha que murió el Emperador, mi abuelo, cuya dignidad, ni por mi edad merecida, ni por mi diligencia solicitada, me dieron los electores: que si bien no la procuré con ambición, le aceté con alegría, por el aumento de la religión, y útil de Alemania, mi patria, y por la más inmediata ocasión de medir la lanza con el príncipe de los otomanos. Las herejías de Lutero y sus valedores, la emulación de algunos príncipes cristianos, me ha embarazado mucho, causa de no haber podido poner perfecto cobro en todo, bien que –los loores se den a su Autor– hasta este día, ni dejé de salir con honor, ni escusé trabajo. A este efecto pasé nueve veces a Alemania la alta, seis a España, en Italia siete, diez he venido a estos Estados. En Francia he entrado cuatro, dos en Inglaterra, y otras tantas en Africa. Ocho veces he entregádome al mar Mediterráneo, y al Océano, con ésta, que será la última, cuatro, etc.

Llenó con ventajas el precepto de Horacio cuando, hablando de la propiedad del estilo, dijo:

Intererit multum, Davus ne loquatur, an Heros
Maturusne senex, an adhuc florente iuventa
Fervidus, an matrona pot.ens, an sedula nutrix,
Mercator ne vagus, cultor ne virentis agelli,
Colchus, an Assyrius; Thebis nutritus an Argis.

Escribe el doctor Babia con estilo claro, pero muy terso y elegante. Cabrera es ya más afectado. El caballero Conestagio, en su Unión del Reino del Portugal con Castilla, renovó aquel juicioso y profundo estilo de Tácito: sea su encomio el traducirle del italiano en español el mismo Babia. El francés Pedro Mateo, eminente historiador de Enrico cuarto, y muy estimado dél –sabiamente, pues con una valiente pluma vuela por los espacios de la eternidad la fama– fue también juicioso, ponderativo, algo en demasía tanto que le censuran algunos de su nación, más de orador que de historiador; pero absolutamente se hace lugar entre los antiguos Floras, Patérculos, y aun Camelias; oye cómo comienza la historia de la lamentable muerte de su gran Enrique:

Si la paz constituye los estados felices, la Francia, que doce años cantinas la había gozado, a la sombra de las palmas y laureles de su gran rey, podía decir que el cielo no tenía que añadir a tanta felicidad, si no era la constancia, antes deseada que experimentada en los cuidados del mundo; estaban ya extinguidos los incendios de las pasiones, las desconfianzas. no molestaban los espíritus, no temían alterarse otra vez, ni perturbarse; estaban desmentidas las particulares miserias con la pública prosperidad.

El marqués Virgilio Malvezi, merecedor de tan suprema clase, junta el estilo sentencioso de los filósofos con el crítico de los historiadores, y hace un mixto admirado: parece un Séneca que historia y un Valerio que filosofa. Supone este genio sabida la historia a lo llano, echa él después su comento, y así ha sido más célebre en lo antigo que renueva, que en lo moderno de que da noticia. Entra así filosofando en su inmortal *Rómulo*:

> Trabajo es el escribir de los modernos; todos los hombres cometen yerros; pocos, después de haber incurrido en ellos, los quieren oír; conviene adularlos, o callar; el discurrir de sus hechos, es un querer enseñar más con el propio dictamen que con el ejemplo ajeno, más a quien escribe que a quien lee; más de callar que de obrar. Los hechos de los príncipes tienen antes otro cualquier parecer que el verdadero; el contarlos como parecen tiene de lo épico; pero como son, de lo satírico, etc.

Este modo enseña más que deleita; en cada cláusula encierra una alma, por eso requiere viva atención; excede al estilo culto, porque lo que éste pone en la Agudeza, aquél en la profundidad.

Pero vengamos ya al estilo aliñado, que tiene más de Ingenio que de juicio; atiende a la frase relevante, al modo de decir florido. Fue fénix dél no tanto por primero pues ya en el latín Apuleyo y en el español don Luis Carrillo lo platicaron, cuanto porque lo remontó a su mayor punto, don Luis de Góngora, especialmente en su Polifemo y Soledades. Algunos le han querido seguir, como Icaros a Dédalo; cógenle algunas palabras de las más sonoras, y aun frases de las más sobresalientes —como el que imitó el defecto de torcer la boca del rey de Nápoles—, incúlcanlas muchas veces, de modo que a cuatro o seis veces reducen su cultura. ¡Oh, qué bien los nota el juicioso Bartolomé Leonardo!:

> Con mármoles de nobles inscripciones,
> (teatro un tiempo y aras) en Sagunto,
> fabrican hoy tabernas y mesones.

En la prosa fue igual suyo el agradable Hortensia, juntó lo ingenioso del pensar con lo bizarro del decir: es más admirable que imitable; con todo sea para pocos y singulares, este trozo de oro en el sermón de la Visitación:

> Célebre es en la antigüedad la destreza de Alcón —así se llamaba un tirador grande de aquellos siglos—; durmióse en el campo un hijuelo suyo, y como suele ser la yerba dulce si engañosa celada de las culebras, una que acreditaba, entre otras, aquella verde traición, llegó al muchacho, y abrazándole engañosamente con un orbe y otro, con una y otra vuelta, halló quietud a su enojo, y prevenía la muerte al muchacho; vínole a buscar el padre, pasmó a la primera vista; y neutral al ardor y al yelo, entre el temor de la muerte del hijo y el deseo de librarle della, quedó perplejo; pero ¡a cuánta lisonja le sirvió el susto! Coge el arco, ajusta la flecha, vibra la cuerda, pone la mira; sale la pluma del arco, rompiendo con tanto silencio

como velocidad el aire; clava la culebra con tiento tal, que, para que obediente tanto al amor como a la destreza, midió la distancia que había del estruendo a la lesión, y en las entrañas de la sierpe, abrazada con el mozo, logrando el tiro, a la sierpe quitó la vida, y al mozo no ofendió la piel, antes, despertando al golpe, llegó –como decimos vulgarmente– hasta saltar de placer. ¡Feliz golpe, estraña destreza, rara Arte! La Arte, dice Manilio, era el ser padre; la naturaleza venció al peligro, y a un mismo tiempo apartó del mozo la muerte y el sueño, la imagen y la verdad:

Ars erat esse patrem: vicit natura periclum,
et pariter iuvenem somnoque, et morte levavit.

Durmiendo estaba en la ignorancia de las entrañas, Juan, de su madre; cogido le tenía la primer culebra, vueltas dadas tan apretadamente al pecho, que bebía el veneno la alma, achaques de la primera yerba del Paraíso. Desde su casa le da el ánimo a María, era Madre de Dios y nuestra; viene al lugar del peligro, reconoce en Juan la sierpe, vibra el amor, no los brazos de traidora, las entrañas sí de Madre; arroja la flecha que escogió el Padre por tal, como a voces lo dijo Isaías: *Posuit me quasi sagittam electam*; penetró las entrañas de Isabel, atravesó la culebra, sólo el estruendo sintió Juan, y en él el beneficio de verse libre, saltó gozoso: *Exultavit infans in gaudio in utero meo.* ¡Estraña destreza, rara Arte! *Ars erat esse Matrem.* La Arte era ser Madre de Dios.

El estilo del sutil Diego López de Andrade, agustiniano, es todo delicadeza; va siempre conceteando, como su gran padre Agustino en el sermón de los Inocentes, Ambrosio en el de santa Inés, y san Crisólogo en el de la Madalena. El grave, el majestuoso y muy señor estilo, imitador del de san León Papa, es sin duda el del célebre doctor don Francisco Fillol, hebdomadario de la iglesia catedral de san Esteban de Tolosa; cuya casa, aunque sea un rarísimo agregado de prodigios de la naturaleza y del Arte, él es el primero y mayor de todos, por su docta santidad: gloria de Francia, admiración de Europa, ornamento de nuestro siglo, envidia de los venideros.

DISCURSO LXIII
DE LAS CUATRO CAUSAS DE LA AGUDEZA

La cognición de un sujeto por sus causas es cognición perfecta; cuatro se le hallan a la Agudeza, que cuadran su perfección: el Ingenio, la materia, el ejemplar y el Arte.

Es el Ingenio la principal, como eficiente; todas sin él no bastan, y él basta sin todas; ayudado de las demás, intenta excesos y consigue prodigios, mucho mejor si fuere inventiva y fecundo; es perene manantial de concetos y un cantina mineral de sutilezas. Dicen que la naturaleza hurtó al juicio todo lo que aventajó el Ingenio, en que se funda aquella paradoja de Séneca: que todo Ingenio grande tiene un grado de demencia. Suele estar de día y tener vez, de modo que él mismo se desconoce; alterase con las extrínsecas y aun materiales impresiones; vive a los confines del afecto, a la raya de la voluntad, y es mal vecindado él de las pasiones. Depende también de la edad; niñea y caduca con ella; su estremado vigor está en el medio; hasta los sesenta años es el crecer, desde allí adelante ya flaquea, y conócese bien en las obras de los más grandes hombres; hasta los cuarenta años no está del todo hecho, y aunque a veces más picante, pero no tan sazonado, que es gran perfección la madurez; de modo que su florecer son veinte años, y si pareciere poco, sean treinta.

Agradable altercación: ¿qué Ingenio sea más de codicia, el pronto, o el profundo y de pensado? Consta de la diferencia, no así de la ventaja. Son los Ingenios reconcentrados, con fondos de discurrir, con ensenadas de pensar. Es con grande estruendo la pronta avenida de un arroyo, pero no dura, no tiene perenidad, con la misma facilidad desmaya; un río grande y profundo muévese sin ruido, y lleva perenes golfos de caudal. Los milagros del Ingenio siempre fueron repensados; dura poco lo que presto tiene ser; de donde nace, que hay concetos de un día, como flores, y hay otros de todo el año, y de toda la vida, y aun de toda la eternidad. Débesele más en las prontitudes a la ventura que a la perspicacia. Lisonjean los prontos por lo temprano, como el agraz, pero ¿qué tiene que ver con lo sazonado en un bien maduro trabajo? Mas el Ingenio pronto siempre está a punto de Agudeza con seguridad de salir; que hay otros que mienten, no prenden en la más urgente ocasión. Es el águila reina del aire por la presteza; y el león, de la campaña, por su agilidad: van juntos en la luz la prontitud del comunicarse y el lucimiento. Siempre está al canto de la actualidad: que sólo tiene de potencia lo poderoso. Toda presteza es dichosa; en el Ingenio sale más bien. Consiste esta prontitud, ya en el natural vigor del Ingenio, ya en la copia de las especies, y más en la facilidad del usadas; despiértalas una pasión que suele ministrar armas. Hasta el material calor, o natural o artificial, las excita; con tal que se reformen apasionados dictámenes de poetas, como aquél: *Foecundi calices quem non fecere disertum*, y pase esté por problema.

La materia es el fundamento del discurrir; ella da pie a la sutileza. Están ya en los objetos mismos las Agudezas objetivas, especialmente los misterios, reparos, crisis: si se obró con ellas, llega, y levanta la caza el Ingenio. Hay unas materias tan copiosas como otras estériles, pero ninguna lo es tanto que una buena inventiva no halle en qué hacer presa, o por conformidad o por desconveniencia, echando sus puntas del careo. Aquí tiene gran parte la elección; ya que se ha de discurrir, sea en cosas sublimes: que puedan salir a luz los asuntos, y no que la vileza de la materia avergüence los primores del artificio. Ni todo ha de ser jocoso, ni todo amoroso: que tantos sonetos a un asunto liviano, más sentidos que entendidos, en el mismo Petrarca, en el mismo Herrera empalagan.

Hallámonos en la tercera causa de la Agudeza, que es la ejemplar. La enseñanza más fácil y eficaz, es por imitación. Pero hanse de proponer las mejores ideas en cualquier empleo del Ingenio. Gran felicidad conocer los primeros autores en su clase, y más los modernos, que no están aún purificados del tiempo, ni han pasado por la justiciera censura de un juicioso Quintiliano (en el capítulo 1 del libro 10, de su Elocuencia) que con un Séneca de su nación y de su patria, y en la estraña, no se ahorra.

Los varones eminentes en la Agudeza van en parte calificados en estos discursos, a prueba de sus citados concetos. Faltarán algunos de los agudos, pocos, por no haber los podido alcanzar a las manos, como el sentencioso y ingenioso portugués Sá, aquel que dijo, y lo ponderaba mucho el tan discreto como valiente caballero Pablo de Parada:

> Noso propio entendimento
> náo nos lo queren deixar.

Otros se dejan, y aun de los celebrados por divinos, porque confieso, que aunque les he hecho anatomía del alma, jamás la pude hallar. Sólo propongo en este lugar por superior idea del pensar profundo, del decir majestuoso, este epigrama, grande en el objeto, que fue a la fiera que mató el rey nuestro señor; en el conceto, que fue del serenísimo señor infante don Carlos; nególo nuestro aragonés y zaragozano —corrigiéndome de lo que dije en otra parte— don Josef Pellicer, a su agradable *Anfiteatro*, a ruegos de su heroico autor, con eficacia de mandatos, mas hoy le restituye a la fruición común, al aplauso universal y felicidad mía. Dice:

> De horror armado, de furor ceñido,
> valiente lidia, a más vitoria atento,
> el bruto vitorioso, cuyo intento
> de más alto poder fue resistido.

> Feroz en la campaña es ya temido;
> a toda fiera alcanza el escarmiento,
> mayor aplauso debe al vencimiento,

pues fue la causa de quedar vencido.

Los postreros amagos de la vida,
se vieron antes que la ardiente llama
ejecutase el golpe de la herida.

Creció la admiración, creció la fama,
y el aplauso común en voz debida,
deidad te adora, vencedor te aclama.

Suele faltarle de eminencia a la imitación lo que alcanza de facilidad; no ha de pasar los límites del seguir, que sería latrocinio. Así el, celebrado Camoes imita, que no roba, al gran Virgilio, en su *Lusiada*, describiendo la muerte de doña Inés de Castro. La destreza está en transfigurar los pensamientos, en trasponer los asuntos, que siquiera se le debe el disfraz de la acomodación al segundo, y tal vez el aliño, que hay Ingenios gitanos de Agudeza.

Es el Arte cuarta y moderna causa de la sutileza. Celebre la poesía la fuente de su monte, blasone la Agudeza la fuente de su mente. Corone el juicio el Arte de prudencia, lauree al Ingenio el Arte de Agudeza. Si toda Arte, si toda ciencia que tiende a perficionar actos del entendimiento es noble, la que aspira a realzar el más remontado y sutil bien, merecerá el renombre de sol de la inteligencia, consorte del Ingenio, progenitor a del concepto, y Agudeza.

[5]
LO MEJOR DE LA VIDA, RELIGIÓN, DOCTRINA Y SANGRE RECOGIDO EN UN NOBLE JOVEN COLEGIAL DE EL REAL, MAYOR Y SEMINARIO COLEGIO DE SAN BARTHOLOME, PROPUESTO EN YNSTRUCCION CHRISTIANO-POLITICA PARA EL USO DE DICHO COLEGIO A QUIEN LO DEDICA VN ESTUDIANTE THEOLOGO DE LA COMPAÑIA DE JESUS EN SU SEGUNDO AÑO A SUPLICAS DE LA MISMA JUVENTUD, NOBLE.

Del Dr. Pedreros

Paso al Dr. Bravo.

Publicado

el año de MDCCLXIV dos despues de su composición.

/ Pertenece a la libreria del Dr. Don Joseph Brabo de Santa Fee Bale totalmente lo que pesa.

(Biblioteca Nacional de Colombia. Sección de Libros Raros y Curiosos. Ms. 17).

[f° 1] CARTA DEDICATORIA DE EL AUCTOR A LA MUY NOBLE JUVENTUD DEL COLEGIO REAL MAYOR SEMINARIO DE SAN BARTHOLOME

Salud. Tres cosas (amable colegio) son las que un hombre constituido en el estado de la vida, puede, y debe apetecer atendidas las excellentes perfecciones de su racional naturaleza, no solo por lo que son en si dignas de el mayor aprecio, pero mas aun por los suaves frutos que producen, y acarrean al que las posee, en quienes se hallan vinculados el alivio de las penalidades de la vida, y sus miserias, ni solo esto, sino los gustos, y consuelos, que solos son capaces de hacer suave, y deceable la misma vida. En una imagen se percibe palpablemente esta verdad, que atendida con reflexion, no dexa lugar a la menor duda.

Un hombre de una religion pura, y una virtud nada vulgar mas soberana, que hazen a la accion que se les conforma exempta de toda critica, y conciliando la atencion de cielos, y tierra llevase la veneracion de entrambos, y arrebata sus corazones con la vista. Noble en la sangre de sus venas propias siente una mocion natural, que no inspira sino afectos y deceos a lo de sublime. Noble el entendimiento no save admitir sino representaciones de cosas grandes, e ydeas de ennoblecer, las acciones, que sin un particular realze quedan baxas, y por consiguiente nada capaces de una voluntad, que tan noble como el entendimiento no se deja mover de objetos que no lleven en su sobre escrito de ylustres. A todo si se añade la sabiduria en busca de la qual anda siempre naturalmente la dicha nobleza que ser el objeto que mas se le proporciona y como su última perfeccion, y asseo, nada queda ya para este apetecible, sino es el ultimo fin, que solo por sobrenatural no lo alcansa aca [f° 1v°] su grandesa, dexandolo no obstante en la possesion gustosa de todos los bienes de que es capas el hombre en esta vida, entre honras, gustos, y consuelos con que es regalado de Dios como amigo por la virtud, contento en si mismo que la sabiduria, y centro de todos los bienes, que pueden dar de si el resto de los demas hombres. De sus semejantes los aplausos; de los ynferiores respetos; las riquezas de los ricos; de los sabios los encomios; atenciones de los cultos; de las corthes, dignidades; empleos de las republicas; admiraciones del vulgo. En una palabra oraculo del mundo es; exemplo de la naturaleza racional en sus acciones, reprehension de los que la adulteran con sus costumbres y vida; libro de toda sabiduría, que en vivos geroglificos de su obras, enseña a todo nacido la obligacion que tiene en su naturaleza contrahida.

Mucho es esto, amable Colegio; para deceado pareze mas, que para conseguido, si la Providencia no quidara de convencernos con algunos prodigiosos exemplares, que en todos tiempos, edades, y lugares para la comun confussion, nos hecha en rostro. Mas yo digo, que es mucha excellencia, y mucha felicidad, para que si es conseguible por vosotros, y yo pueda en algun modo cooperar, entre gustoso en el partido de estimularos, y aiudaros a ella a toda mi costa: En efecto, vosotros mismos me haveis dado repetidos testimonios de la satisfaccion, que en el assumpto tubisteis de mis bien cortos travajos en el espacio de tres años que entre vosotros vivi; y aunque hallo segun el pesso de mis obligaciones y lo que hize, no poder sin escrupulo recibir vuestras gracias; no obstante me sirve de consuelo, que considerais el fin, y blanco de mis cortos trabajos, desnudo de todo proprio interes, y solo animado del zelo de vuestra gloria, segun las altas ideas de nuestro ynsigne legislador, fundador de una compañia tan benemerita de la noble juventud, en todo el universo; de cuyo nombre en el [f° 2] Señor nos gloriamos, por mas que nos reconoscamos distantes de llenarlo con sus empressas. Ni por esta queremos negar, lo que con humildad, y arta confussion por haver sido tan poco, conocemos, y vosotros agradecidos nos acordais, que deceosos del dicho vuestro esplendor, procuramos animaros a la virtud, con frequentes, aunque mal digeridas exortaciones; que lo mismo procuramos quanto alcanzan al amor de la sabiduria, que en una y otra tuvimos el consuelo de alegrarnos en vuestros progresos, y motivo de rendir al Señor todos los dias nuestras gracias. Que en lo ultimo, que es el caracter de vuestra sangre la civilidad, y politica, no nos descuidamos, quanto nos daban lugar nuestras ocupaciones, y ofrecían los actos, tambien lo concedemos, pero quedabamos entre estos gustos, que teniamos de veros superabundantes de medios para alcanzar la virtud, y letras, siempre con dolor de que fuerais unicos entre todos los colegiales, que estan a cargo de la Compañia destituidos de una peculiar ynstruccion en donde hallarais prescritas las obligaciones de vuestra sangre, sin haverles de aprehender a costa de pesados escarmientos es camino largo, y tan penoso, como inevitable, supuesto, que la sangre os impuso necesidad de aprehenderlo. De este mi dolor, y justo sentimiento tengo muchos testigos en este collegio, y el mayor, que puedo alegaros veislo aqui, que ya lo presento por todos titulos fidedignos, y que os asegure de quan interesado me he mirado siempre en vuestro esplendor, y lustre. Veislo aqui, digo, en esta obrita, parto enteramente de este dolor y efecto de vuestras expressas, y tacitas suplicas, a que os incitaba la sangre de vuestras venas que ciertamente ningun otro motivo, que estos era capaz de arrancar del ceno de mi ignorancia, para dar a la publica luz un monumento autentico de mi insuficiencia, a pesar de las mas legitimas escusas, que me asistian, fundadas en la conocida incapacidad para otra, que aunque por otras fuera del menor momento siempre la mire yo de grande molle y ahogo para mi limitacion y falta de practica y experiencia.

[f.º 2vº] Vosotros me alegabais por vuestros diputados, que no queriais ser menos, que los demas, en lo qual deciais, como quien sois: mas podiais aver buscado una pluma experimentada como los demas, y como quien sois, que en su acierto, os asegurara hazeros como los demas, y que diera plena satisfaccion a vuestro noble deceo, con cabal proporcion a vuestro ingenio, y buen gusto, lo que nunca puede aseguraros la mia. Pero ya que hasta tan extremo os ha tenido noblemente impacientes vuestro deceo, que no dando lugar a treguas me ha impuesto (direlo assi) una suave violencia a complaceros, ay os la presento tal como mia, y nada digna de vuestro talento, en ella os doi una prenda del deceo, que siempre tuve, y conservo de veros lucir, y quando sea por todos titulos despreciable no podreis menos que estimar el sacrificio, que veis abrazo de todo mi honor, sacando al publico mi inhabilidad para complaceros, y el deceo de escribir, segun la esperanza que teneis fundada; y este concepto que espero formareis de la obrita, sera para mi motivo del mayor consuelo; y me dire, lo que Ovidio a Pison:

Quod si digna tua minus est mea pagina laude,
At voluisse sat est; animum non carmina jacto[1].

Mas si tubiera la dicha, que una sola de tantas clausulas os viniera a gusto, pareze poder triumphar, y despreciar la critica, que de las demas haran los doctos sin misericordia; mientras que alguna mas diestra mano, o las corrija con benignidad, o del todo las borre, como se lo suplicamos a qualquiera que movido del mismo fin, que nosotros, quiera emplearse, y con empeño, y caudal en vuestros honores, que yo espero, no faltara quien a la vista la jusgue digna de refoma, y se halle convidado a mejorarla en lo qual cumplira el fin, que nos hemos propuesto para animar nuestra cortedad, que es no tanto, querer perpetuar nuestra obra como mover a quien puede darla perfecta.

Voi aora a dar razon de nuestra tarea, y responder a la critica, que se hara [f° 3] de ella, no tanto para escusar mis faltas, que como no repare en empeñarme con pleno conocimiento de las que avia de tener, mucho menos quiero aora cubrirlas, como para excusar vuestra eleccion, que pudiera ser notada de imprudente. Lo 1° que se suele hechar en rostro en tales casos, es que se ha de medir el empeño con las fuerzas antes de dar plumada, segun el Poeta Maestro.

Sumite materiam vestris, qui scribitis aequam.
Viribus, et versate diu, quid ferre recussent
Quid valeant humeri[2].

A lo que llanamente respondemos, lo que otro de mejor pluma que nos.

Cum relego scripsisse pudet, quia plurima cerno,
Me quoque qui feci judice digna lini,
Nec tamen emendo, labor hic quam scribere major[3].

---

1   Saleii Bassi. *Carmen ad Pis.* 202-203 si este escrito mío no es muy digno de alabanza, por lo menos el haberlo querido es suficiente; me glorío de la intención, no de los versos.
2   HORACIO. A. P. 38-40. Los que escribís, escoged un asunto proporcionado a vuestras fuerzas y considerad despacio lo que pueden o no pueden llevar vuestros hombros.
3   OVIDIO. *Ex Ponto*, 1, 5, 15 Cuando releo, me averguenzo de mis escritos, porque veo muchas cosas —a mi juicio también— que son dignas de corrección Pero no las corrijo, pues este trabajo es más pesado que el de escribir.

Como ni tiempo se nos dio para deliberar en si la haviamos de componer, menos lo ha avido para enmendar, ni aun medir con nuestras fuerzas, y solo para acordarnos.

> *Quod si deficiant vires audacia certe*
> *Laus erit; in magnis, et voluisse sat est*[4].

Es grande la fuerza de una urgente necessidad, mucho mas impuesta por el afecto de un animo grato, que de suyo añade fuerzas, y como que da valor a emprehender imposibles.

> *Scribentem iuvat ipse favor, minuitque laboren,*
> *Cumque suo crescens pectore fervet opus*[5].

Me vi honrado con toda la confianza de un tan illustre como estimado gremio de la mas noble juventud del Reyno que puso en mi sus ojos por tenerme a mano, y conocer los grandes sentimientos, de que estaba animado a favor de su servicio, y gusto, se prometia de mi, que no sabria negarme, a tentar siquiera vado, y abrir camino, conocido y hizieron tal impresion en mis entrañas que me parezio, no poderme negar sin ser ingrato; ni escusarme sin dar motivo a que quedaran sentidos a pesar de la enfermedad de que estabamos convaleciendo, a pesar de la tarea de nuestra theologia a que estabamos dedicados, e instando ya el tiempo annual que es dar razon de ella, de la que trahia consigo el oficio que estaba [f° 3v°] mos exerciendo en dicho colegio, y de otras precisas obligaciones que sabeis vosotros bien nos tomabamos continuamente de nuestro conocido corto talento, de la falta de todos libros, aun de uno, que en algun modo nos pudiera servir de guia, y lo que lo cierra todo, de toda experiencia, y practica, pues la mayor parte de los años de nuestra razon los hemos passado en el gustoso, y suave retiro que prescribe nuestra religion, en los años de tareas, de estudios sin apenas ofrecercenos, mas practica que la que consigo lleva la sociedad de Religiosos en actos de comunidad, que se vienen a reducir a ciertos peculiares estilos, que no pueden prescribirse a otros.

Veis aqui, dira alguno, que se nos quiere pintar un milagro para hazer nulidades, y poder publicar inepcias con derecho de justicia superior, queriendonos

---

4 PROPERCIO. *Eleg.* 2, 10, 5-6 Que si faltan las fuerzas, la audacia cuando menos será su gloria; en las empresas grandes basta haberlo intentado.
5 OVIDIO. *Ex Ponto*, 3, 9, 21-22: El aura popular misma ayuda a escribir, disminuye el trabajo y la obra que va creciendo alienta con su propio entusiasmo.

hazer creer sobre natural, una gravissima culpa, o un grandissimo agregado de ellas; a lo qual respondemos, que aun estos yerros los reconocemos inesperados aciertos, y solo el correr la pluma, atendidas las dichas circunstancias, y el emprehenderlo solo bajo de ellas, sino lo queremos publicar milagro, lo queremos sacar en confirmazion, y prueba de que *omnia vincit amor*[66,] y que *quidquid amor jussit, non est contemnere tutum*[77,] que si han tenido fuerza, y verdad estos proloquios en algun sentido, en el que nosotros lo tomamos, deceo del mejor bien, y complacer a los que teniamos obligacion en tan justos deceos la convencen aora indubitable; y ves aqui, amado colegio, las razones, que deseo, alegueis a vuestro favor, si alguna culpa vuestra imprudencia y estas mismas escusas, por que *non multa dies, et multa litura coercuit, atque perfectis decies, non castigavit ad unguem*[88.] Es factible, que si hubieramos gozado de la quietud de animo, y largo ocio, que pide el poeta para un escritor, saliera menos mala la obra, y vosotros menos tachados; pero aora la falta de estas dos cosas tan necessarias es la mas solida escusa.

    Por lo que mira ya al methodo de la obra que nos hemos propuesto, toda se enca- [fº 4] mina en su modo a proponer en boca de un experimentado, y maduro colegial, padrino de veca (segun estilo) de un recien entrado, al nuevo ahijado una idea cabal de un joven noble admirable, y respetable de toda la republica de aquel numero, que tarde amanecen, y duran poco, verdadero dechado de nobleza, que en sus obras transcribe mas que en el nombre. Haze tenido el cuidado, que permite la obrita por su naturaleza, y fines compendiosa de hazer conocer al ahijado, que es lo que exige la ylustre sangre en quien la heredo de sus progenitores, con las señales mas evidentes que la distinguen de el *Ignobile vulgus*[99,] todo lo qual el suppuesto estudiante de letras humanas confirma, y apoia con la authoridad de los doctos que tiene entre manos poetas antiguos, en cuyos tiempos estaba la critica de costumbres en su mayor auge, por estar las sectas de los Philosophos morales en sus mejores puntos controvertidas, y de ellas podemos decir escogian los poetas las mas solidas maximas, para dar peso, y estimacion a sus obras. En esto nos representamos, que a mas del gusto que podian dar al lector la variedad de los documentos en metro claro, suave, gustosso, y solido podian a un tiempo servir de facilidad a la memoria, y authoridad a las acciones para eximirlas de la grosera critica del vulgo, quien *nisi quod facit, nihil rectum putat*[1010,] y responder a

---

6   VIRGILIO. *Egl.* 10, 69: todo lo vence el amor.
7   OVIDIO. *Heroid*, 4, 11: Es peligroso despreciar lo que nos ordena el amor.
8   HORACIO. A. P. 293-294: No ha sido depurado por muchos días de corrección, no ha sido pulido y repulido diez veces.
9   VIRGILIO. *Aen.* 1, 149: El innoble vulgo.
10   TERENCIO, *Ad.* 100 (1, 2, 19): Nada estima bien hecho sino lo que él hace.

las burlas, y oppocicion de aquellos, cuya sangre no les incita a tan alto. Y aunque esto mismo en algunos puntos mas substanciales, se reviste el padrino de alguna authoridad, y trahe en apoyo testimonios sagrados, para sorprehender dicterios, y vanas escussas de relaxados, y sino lo hacemos mas a menudo no es por que faltan apoyos, sino que no quisimos ser pesados, y fastidiosos; lo que principalmente intentamos en esto, fue dar a conocer que apenas se puede presentar cosa en la materia, que no lo este antes por el Espiritu Santo y para convencer la hermandad de la politica con la virtud de lo noble con lo santo antes, que la verdad, y christiandad es la mejor nobleza a pesar de una tropa de principios [f° 4 v°] de los mere y falsamente politicos, que no podran jamas alterar la verdad, que confesso otro de mayores obligaciones, y mejor alcanze.

Tota licet veteres exornent undique cerae
Atria, Nobilitas, sola est, atque unica virtus[11].

Por lo que mira al estilo, nos ha parecido mas aproposito para muchos fines el de dialogo, y conversacion llana, y perceptible, procurando evitar la seriedad, y sequedad de los Galateos, que nos acordamos aver leydo, nada aproposito para atraher a la juventud a su leccion, que no gusta naturalmente de un cathalogo de preceptos secos sin ningun lepor, ni aire proporcionado a su festivo, y alegre gusto. Por lo qual hemos sembrado algunos casitos, y chistes, que al tiempo que sirven de gustosa interrupcion, no dexan de ser doctrinales, procurando observar lo que aconseja el poeta, sin pretender con ambicion la alavanza, que consigo trahe.

Omne tulit punctum, qui miscuit utile dulci[12].

Por lo demas, venerado Colegio, si miras la obrita como fruto de los altos pensamientos, a que te has visto incitado, jusgandola, por esso eximible de las llamas, y eterno olvido, que ella misma pide; y si mas que todo, te dignaras honrarla con tu aprecio, que ni ella ni su Author se atrebe a desear, y menos esperar *vlitor pro tua*. Lo que tenga de tu aprecio, por consiguiente bueno, es tuyo; lo malo es de su escritor, que al tiempo, que te rinde las gracias de la acceptacion, y te da parabienes de tan nobles empresas, y sentimientos, sintiendose honrado, y premiado con haverte servido, te ofrece gustoso su inutil talento con la persona, y al Señor ruega te ilustre *in dies magis, atque magis*[13] delante de si, y de los hombres con dones naturales, y sobrenaturales, para que gosando de lo mejor de

---

11 JUVENAL. *Sat.* 8, 19-20: Por más que (los retratos en estatuas de) cera de los antepasados adornen los salones del palacio por doquiera, la nobleza es una sola y única virtud.
12 HORACIO. A. P. 343: Quien con lo útil mezcla lo agradable, ése es quien da en el clavo.
13 Más y más cada día. Cfr. SALUSTIO. *Cat.* 5.

la vida, lleno de meritos, perpetuices tu nombre, y alcanzes lo mejor tambien en lo eterno, y yo en tu compañia.

Accipe, quo semper finitur epistola verbo. . . Vale
Al de Cap. a ff° 5 v°[14].

[f° 5] DICTAMEN DEL PADRE RECTOR DE EL COLEGIO

Hasenos presentado un cuaderno de Instruccion Christiano-/politico, compuesto por un Estudiante theologo jesuita para el uso de este mi Colegio Real, Mayor y Seminario de San Bartholome para que viendole, permita su promulgación, si hallare convenir. Se conoce bien el zelo grande que tubo dicho estudiante mientras estubo en este Colegio, de que sus alumnos aprovechassen en virtud, letras y politica, pues supo darles tan bellas Ynstrucciones, Ynstrucciones dignas, no solo de promulgarse, sino tambien de que se escriban en laminas de bronce para su perpetuidad, y de que todos los alumnos de este Colegio las graven en sus pechos, y fixen en sus mentes, leyendolas con frequencia, y recopilandoselas cada uno de ellos, o trasladandoselas para su mayor utilidad. Assi lo jusgo, y ruego, movido de el bien de este mi colegio se haga.

Rector.
De la Libreria de el Colegio de San Bartholome.

[f° 5v°]

DIALOGO 1°
ENTRE PADRINO Y AHIJADO

P. Ya vuestra merced, Ahijado, se ha hecho cargo de quanto ha visto, y reparado en esta casa, habitacion, habitantes, porte, modo, acciones, y de todo en una palabra?

A. Tantas cosas he visto tan diferentes, y todas tan notables para mi, que el querer reparar en todas, ha sido causa, que ninguna en particular se me quedasse, y solo en general puedo decir, que se me hacian tan nuevas, que me pareze haver entrado en un mundo nuevo, y muy distinto de el que yo he visto, y en que estuve siempre. Gente nueva, nuevas caras, nuevo modo, nueva lengua, nuevo andar, nuevas costumbres, en casa para mi nueva, todo se me haze nuevo, y assi no se, que me esta sucediendo.

---

14 OVIDIO. *Trist.* 5, 13, 33.: Recibe la despedida con la palabra con que siempre se terminan las cartas: adiós.

P. No es poco, Ahijado, haver reparado en ello, yo me alegro muy mucho, y sabreis, que estoi en oficio de no permitir ignore cosa de quantas ha visto. Pero digame, que le parecio de ellas, que juicio formo, son en si a proposito para aficionaros?

A. Padrino, todo me gusta; y si me admira; parte por nuevo, parte por ser en si tan gustosso. Un porte tan serio, y circunspecto, un rostro tan affable, un modo tan atractivo, unos passos tan mesurados, acciones tan medidas, unas palabras tan cultas, un estilo tan limado, unas conversaciones tan doctas, un trato tan humano, y tan cortez, nada tosco, nada vulgar, nada comun, como la plebe, y nada que no sea indicio de grandes sentimientos todo me causa gran novedad, pero gustossa, y solo siento, que atrahiendome la voluntad; como un encanto es para mi, pues no se distinguir en que consiste al mismo tiempo, que solo de ver a los colegiales me lleno de veneracion, y respeto, que por una parte me retira de ellos avergonzado de no ser assi, y por otra me atrehen de gusto de sus acciones, de suerte, que puedo decir a cada uno, lo que Lucano dezia a otro, sino me engaño, me toco [f° 6] a mi darlo de Leccion en el Aula, en mi tierra. Es de este thenor.

Hinc tua me virtus rapit, et miranda per omnes
Vita modos, quae, si deesset tibi forte creato
Nobilitas, eadem pro nobilitate fuisset[15].

Y añadiendo lo de otro poeta moderno al mismo assunto, llenare el concepto que he formado; oygalo todo, que no es tan grande, como pessa.

Et pudor, et pietas, virtutesque ordine cunctae
Mirifice decorarunt, Numinis instar[16].

P. Que buen humanista sera mi Ahijado Ola! Aqui tendremos un buen Philosopho! Ahijado, oi con gusto la aplicacion, tanto por lo que ella muestra el buen talento de que Dios lo ha dotado, como por el concepto tan cabal que

---

15 Saleii Bassi. *Carmen ad Pis.* (vulgo Lucano adscriptum), 5-7: Tu virtud y tu vida admirable me llenan de veneración en todo; que si por nacimiento no hubieras heredado la Nobleza, ellas serían tu Nobleza.

16 La cortesía, la bondad y todas las virtudes por su orden te han honrado maravillosamente, a la manera de una divinidad.

ha formado de sus concolegas, y assi me obliga a que con tanto mayor empeño, tome su instruccion, persuadido de que ha de hazer grandes progressos, que redunden en gloria de su Padre, y mucho bien suyo, de que me dara las gracias. Ello en la verdad, es como v.m. ha dicho, y esté seguro, que a todos quando entramos, nos sucede lo mismo, y crea, que a los de afuera causa no poca admiracion el verlo.

A. Si he de jusgar por lo que en mi passa, desde luego me confirmo en la verdad, y assi crea que no se donde estoy de alegria.

P. Todavia no save el bien, que con la Opa ha conseguido, que mucho mas se alegrara, y el caso ciertamente no es para menos que para darnos mutuamente parabienes, y agradecer a Dios, que sin merito nuestro, nos trahe desde que comenzamos casi el uso de razon a este Colegio en donde con diligencia, y desvelo de los superiores y comunicacion con los señores Colegiales nos hacemos sin sentir sujetos aptos en todas lineas, para todo lo que puede un hombre dar de si, y esto es tanto mas apreciable quanto es mas importante, la buena educacion desde jovenes, [f° **6v°**] asegurando el Espiritu Santo que *Adolescens iuxta viam suam etiam cum senuerit non recedet ab ea*[17.] Y si tantos tienen mal fin en su vejez por aver tenido malos principios en su juventud por falta de Ynstruccion: no se puede jamas agradecer bastante a Dios el ponernos en paraje donde la encontramos sin falta de quanto se puede desear en esta materia, y lo que es mas aun sin buscarla; ni aver antes conocido siquiera su importancia. Y es aqui de avertir, y reflexionar con madurez, que segun el orden con que estan, y passan las cosas medidas por la Divina Providencia, a quien mas se da a proporcion, mas se pide, y assi estos beneficios que nos haze Dios en competencia de tantos otros de nuestra edad que no los disfrutan, y se pierden, han de ser nuestra mayor confussion, si no los aprovechamos: con que es precisso que haviendosenos el bien venido a las manos, y conociendolo, lo abrazemos, haciendo el mayor esfuerzo para conseguir sus admirables frutos.

A. Bendito sea Dios que tanto bien nos tiene preparado, distinguiendonos tan palpablemente de lo comun de nuestra edad segun me dice: pero yo no se ciertamente en que se funda essa buena educacion que me dijo, ni en que consisten essos grandes bienes que se gossan aca.

---

17 *Proverbios*, 22,6: [instruye] al joven [al empezar] su camino; que luego, de viejo, no se apartará de él.

P. Son tales, y tantos, y es tan gran bien la educacion, Ahijado, que sola la experiencia, y los suaves frutos que de ella se cogen los hazen perceptibles. En dos palabras se encierra, lo que no se puede bastantemente explicar, sin llenar, volumenes, y lo comprenhende el nombre de educazion, o crianza. Ella de por junto nos asegura en este Colegio quanto puede desear un hombre en esta vida, que es contentar a Dios, y asegurarnos la gloria por la virtud, que como fin principal se exercita, y despues a los hombres, y quanto de ellos se puede esperar por la politica, y cortez trato, que con razon se llama Yman de los corazones por mostrar la experiencia en cada uno que al ver un hombre, y mas un joven [f° 7] y sobre todo un niño atento, y cortez se llena, aun sin conocerlo, la aficion, y el cariño de quantos lo miran con sola la primera vista, siendo fruto continuo de su urbanidad, y cortezania los aplausos, atenciones, con virtudes provechosas, empleos, cargos, y dignidades que no logran los ambiciosos por plata, ni por empeños.

A. Y esto, que me acaba de ponderar en la realidad aca se logra?

P. No quiera mas prueba de esto que lo mismo que acaba de ver, a mas que esta asegurado todo con decir, que esto es universal en todos los Colegios de nobles, que estan a cargo de la Compañia, y esto es lo que primero alaban, los que penetran los servicios, que esta haze a la Yglesia, y a las Republicas, y los Pontifices no hallan cosa en ellos mas digna de los primeros elogios entre otras de mucha mayor apariencia. Y en la realidad los jovenes notables en las republicas en estas dos cosas virtud, y nobles modales, son los que se criaron en estos colegios; es la fama publica, y comun consentimiento de los mas distinguidos confirmada con irrefragables testimonios de toda especie de personas de authoridad desde el pontifice, y reyes para abajo; no se los quiero referir porque todavia no tiene vuestra merced edad madura para hazer critica de estos puntos.

A. Pues yo le referire uno que viene al caso aunque no es de mucha autoridad por ser de muger, que siete juntas, dicen, no hazen fee en juicio; pero en fin ella es mi madre tan bachillera como todas. Es el caso, que un cierto Don Fulano que no quiero nombrar vino a mi casa de primera visita, en esta forma que me parece lo estava viendo todavia: mas entro lo 1° en el estrado *hospite insalutato* como decimos en latin, sin tocar ni avisar a nadie; ya entrado comenzo a saludar con voces descompasadas e inclinaciones hasta la rodilla dando ocacion a que todos los presentes, mirandose mutuamente y no acertaron en [f° 7v°] responderle. Llegose luego a mi Padre, que no lo conocia, y lo abrazo familiarmente como luego a todos los demas. Ya se sento, y su cumplido fue: No es hora de refrescar en esta casa todavia? Se le trajo luego refresco, y tomado se despidio tambien con abrazos, y se marcho con mucho gusto de todos, que luego admirados dijeron bien se conoce que este grosero no a estudiado en la Compañia, por lo que entiendo ser verdad, lo que vuestra merced me decia.

P. Es certissimo lo que le dixe, y assi mismo lo que le he de decir en adelante, con que puede creerme sin ningun rezelo, y crea, que la experiencia lo convencera mas.

A. Assi lo hare señor, depongo todo mi juicio a su dictamen, y antes de todo le he de suplicar, me explique lo que arriba solo me ha apuntado. Lo 1° que me dixo de la virtud que aca se practica, ya yo lo entiendo, que son buenas costumbres. En lo 2° de la policia y urbanidad, cortezania, y buen trato, esta toda mi dificultad, que aunque he oydo essos terminos, nunca me havia apurado por su significado.

P. Sobre esto le podia componer volumenes, pero compendizare quanto pueda. Esteme atento, que se hazen muchas injurias, y descortezias a la santa urbanidad que acaban de matarla en locura los inurbanos, y afectados cortezes. Nuestro Español (tal havia de ser) Quintiliano la definio assi:

Uranitas est illa, in qua nihil absonum, nihil agreste, nihil inconditum, nihil peregrinum, neque sensu neque verbis, neque ore gestuve possit deprehedi[18].

La cortezia es aquella que ni en sentidos, ni en palabras, rostro, cuerpo y sus movimientos admite cosa mal sonante, agreste, rustica, nueva, y peregrina: de la qual definicion, se saca esta regla general, que todo lo que ofende a otros es lo que save a rustico, grosero, y es afectado aunque sea la cortezia misma, es descortezia, y la debe vuestra merced evitar en este colegio: esto es la cortezia segun Quintiliano. En mi concepto es esto otro, explicado mas de fundamento lo primero. [f° 8] Esteme atento, que de raiz lo quiero desentrañar. Ya vuestra merced conoce las perfecciones que encierra el hombre en sus potencias, y sentidos que cada una en la realidad es un misterio, pues repare que todas ellas nos estan diciendo, que el hombre no fue criado, para vivir en cuebas, ni desiertos en soledad, sino para la comunicazion y sociedad humana tan apreciada de todos. Para esto pues el habla, el oydo, y otras perfecciones se nos han dado; de otra suerte superfluas, con que es preciso que esta sociedad toda ella encaminada, a dar al hombre una vida suave, que en soledad y sin trato fuera intolerable a un racional, tenga algunas leyes propias, para que la sociedad no passe a ser confussion, y mayor molestia, la que

---

18 QUINTILIANO, 6, 3, 107.

supuesta la diversidad de genios, sentimientos, y temperamento de hombres los adapte, y auna para que conformes todos a ellas hagan deliciossa variedad con gustosa armonia de ordenada correspondencia. Por esto se dice, que los Motilones, y Caribes hacen vida irracional, porque no tienen mas comunicacion entre si, que la brutal de las fieras por su natural instinto. Fuera de los gustos, y consuelos que trahe consigo la vida civil en sociedad, y ordenada de racional con que como llamamos a uno christiano, por la conformidad, que tienen sus acciones con las leyes de Christo, y a un Religioso a su instituto, y a un colegial Bartholo con sus distribuciones, assi se llaman cortezes y politicos los que conforman sus acciones con las reglas de sociedad, y politica cortezia, urbanidad, y cultura, y buen trato a las reglas mismas, que lo prescriben.

A. Con que ay tambien leyes para ser politico, urbano, y para saver guardar esta sociedad, que los hombres tenemos? Pues yo pense, que la misma naturaleza inspirara esse modo de vivir sin necessitarse reglas, pues no havia jamas oydo esto.

P. Si hay essas reglas, y son no menos que dictamentes de la misma razon natural, que es lo que vuestra merced significaba, y sino las huviera, y haviendolas no se guardaran, que otra cosa [f.° 8v°] fuera la vida comun asociada, que una continua molestia, y algaravia confussa? Si uno preguntara algo, y otro lo respondiera *extra chorum*, como se dize, que gusto huviera en conversar, ni hablar. Por este casito, lo puede hechar de ver; se lo quiero contar para su confirmacion. Llego un canonigo a la tienda de un mercader su conocido, que en otro tiempo havia sido su acudiente. Tenga vuestra merced buenos dias Señor Don Fulano; a que respondio el mercader: *Carissimas estan, Señor, pero son buenas en efecto*. Dissimulando el Señor Canonigo, pregunto mas; como está vuestra merced, y su familia? Respondio el otro treinta varas y media son las que hay, y no see como salir de todas. A otras preguntas, se siguieron otras respuestas, nada menos desconcertadas, hasta que cansado, se despidio la visita.

A. Cosa ridicula por cierto Padre. Esto provino sin duda, que en la realidad se veria el pobre merceder ahogado con sus generos, y no pensaria sino en salir del haogo. O que en la verdad es prophetico el aphorismo: Cada loco con su thema, lo que en latin significó el Poeta:

Navita de ventis, de tauris narrat Arator[19].

---

19 PROPERCIO, 2, 1, 43.: El marinero habla de los vientos; de los toros el labriego.

P. Regularmente es verdadero, pero no entre cortezes nobles, que saven olvidalo todo para contestar en la conversacion que les apuntan. Pero volvamos al hilo; lo mismo que le dije en esto, es en lo demas. Si en una casa hizieran todos lo que es gusto de cada uno. Si en un Reyno se governaran todos por su capricho. Si todos quisieran ser Reyes, o Señores, y no hubiera quien trabaxara: Sino huviera fidelidad en los contratos, si se mintiera sin reflexa, si en las conversaciones hablaran juntos, cada uno de su asumpto. Si finalmente no huviera otra comunicacion, ni orden que los sentimientos de cada particular; no fuera el mundo una locura, y la sociedad, y compañia no fuera una continua molestia?

A. Me creera, que me dan ganas de ver esse expectaculo. Solo de figurarmelo me haze reir. Uno pidiera una cosa, [fº 9] y mil gustaran de quitarsela. Preguntaramos noticias, y nos dieran palos. Tuvieramos sed, y nos hizieran sudar, y lo mejor fuera esto, que yo quisiera que vuestra merced me sirviera, y vuestra merced que yo, y assi los demas. Lo que yo creo, es que luego comenzaran escaramusas, y sin interrumpirse se acabaran presto los hombres a si mismos. Pero vaya ya esto esta ordenado, y en practica, con que si no hay mas reglas, no se canse mas.

P. Estas que he dicho, Ahijado, no son mas que reglas para el comun de los hombres, y a todos convienen, pues a todos la sociedad comun conviene. Mas estas solo bastan para que la vida no sea molesta, con la confussion, y muchedumbre: para hazerla gustosa otras hay, y con harmonia tan agradable, que sientan los hombres el dexarla, y los asuste solo el acordarze de la muerte. Se las explicare solo con señalarle dos diferencias de vida, que hazen los hombres aca en el mundo por dos diferencias que se han de hazer entre la muchedumbre de los hombres mismos que viven en racional sociedad dexando a un lado los barbaros indomitos montarazes, que no se pueden contar en el numero de los hombres que componen el universo. Estas son vida rustica, grosera, agreste, e inculta, que significan una cosa misma, y otra vida civil, culta, politica, y urbana que todo significa la noble cortezania. Aquella, que es la rustica, supuestos y admitidos los principios, orden, y reglas, que dixe arriba, no tropiesa en palillos, todo a lo llano, y natural que sacaron del vientre de sus rusticas madres, lo executan, hablan, conversan, se saludan, comunican, se visitan, si, pero todo a su modo grosero, que causa risa a los cultos, y por otra parte compacion su groseria. Vease una idea de esto en un caso, que me passo a mi mismo bien doctrinal por todas sus circunstancias. Estaba yo un viernes de mercado en la ventana de la Plaza oyendo la conversacion de unos campesinos, le aseguro, que no se podia pensar entremes mas a proposito para Navidades. Todo se reducia a cosas de campo, pero cada instante nueva materia, yo creo que no dexaron [f° 9v°] cosa que no tocaran perteneciente a haziendas, pero con tal fraze, y expresiones, con tales gestos, y movimientos, con tal confussion, que las mas veces hablaban juntos, y como cada uno queria que lo oyeran a él, esforzaba mas la voz, y assi en breve, la que era conversacion, passo a alboroto, sin entenderse nadie, y gritando todos. Lo mejor fue esto. Ybasse llegando al corrillo otro Labrador bien vestido, y me parecia como el Oraculo, que seria de los campesinos. Ya se aserco, caminando pasito por las espaldas, a uno de los que estaban, y con todo esfuerzo descargo a tiro puño cerrado sobre el hombro de el vesino llevando el compaz de la salutacion en esta forma. A Dios Amigo; maldito seas tu, y toda tu casta a gritos, y halaridos. Yo que vi el atroz puñetazo miraba si veya la mitad del pasiente en el suelo quando vi, que se abrazaron con furia, y levantando las cavezas al cielo, reyan, y se quexaban profundamente: yo mas aturdido crei, que por venganzas se molian las costillas mutuamente. Mas luego se dexaron, y quando yo los miraba dos fieras embravecidos, comenzaron su cumplido. Hombre, dixo el recien venido; Como has estado? Mucho tiempo ha que no nos veyamos: assi no mas, respondio el otro, hecho un cochino sin travajar, comiendo mucho. Como estan en tu casa tu Padre, y tu casta? Yra de Dios los lleve; respondió, nadie se quiere morir, comen el pan hasta las cortezas. Hecho esto comenzaron a razonar de corrales, chiqueros, nobillos, y de sus cosas, que si se imprimiera la conversacion tendria por ridicula el mayor aplauso.

A. Dexeme reyr, Padre, que el caso no es para menos.

P. Ya basta si esto le divierte tanto, no le faltaran buenos ratos por que de los aposentos se oyen en la calle primores de gente semejante que passa. Note aora que aquellos viven tambien en sociedad; pero que tal?

A. Malo por cierto, no los quisiera yo de compa- [f° 10] ñeros de aposento, ni por amigos.

P. Pues essos son los que dixe, vivian vida tosca, y rustica, harto distante, de lo que les pide la excelencia de su racional ser. Pienzan, hablan, tratan, y conversan; pero los hombres, que tuvieron la fortuna de recebir de la naturaleza una sangre noble, que es decir, generosa, y que anhela siempre a cosas grandes, e incita a lo que se representa mejor a las potencias, nada mas les da en rostro, que tanta bajexa, conociendo una exelencia propria de racional en un modo de vivir mas relevante. Pienzan, pero no se contentan con pensar, sino que quieren pensar bien. Hablan, pero con mejor estilo; tratan, y se saludan, pero con mas decoro. Conversan, pero con racionales expressiones, gustossa armonia, circunspeccion, y seriedad agradable. Para esto el mismo bien pensar, y sentir, el concebir como se debe de la excelencia del hombre, y sus potencias, y la laudable costumbre, y porte de la mejor gente han puesto ciertas leyes particulares, en que se condenan las acciones del vulgo, y se establezen proprias tan admirables, que saca con ellas el observante de sus talentos todos los frutos, de que son capazes. Y assi el primer fundador de esa ordenada sociedad despues de Dios, que dio a los hombres tan perfectos sentimientos, son los primeros grandes hombres que ha tenido el mundo. Comenzando por Jesu Christo de quien dixo San Bernardo que fue *Curialissimus Deus*. Señor Urbanissimo; ni solo esto, sino que aborrece a los Santos rusticos como dixo Oleastro, *aborret Deus a Sanctis incivilibus*; luego su madre Santisima en todos los passos de su vida. Todos los Santos, Emperadores, Reyes, Pontifices, y en una palabra todo hombre de sangre noble de nada se precia mas, que de observarlas, de que se hallan en los libros sagrados, y profanos exemplos a cada passo, y actualmente es patente al universo, que entre esta gente no hay cosa mas zelada. Teniendo su Santidad Clemente Decimo tercio sus sobrinos en el colegio de Bolonia. El Empera- [f° 10v°] dor Jesuitas en Palacio, y nuestro catholico monarcha Carlos Tercero, assi mismo para lograr esta mejor educacion en sus Serenissimos Ynfantes, y de ay para abaxo toda la nobleza, o tiene ayos en casa para sus hijos, o encerrados en colegios dexan a este fin a la conocida conducta de la Compañía, que en todas partes save sacar lo mas escogido en virtud, letras, y politica de las Republicas, distinguiendose a primera vista. Assi lo dicen los Pontifices, Concilios, Monarchas, Universidades, religiones, ciudades, magistrados, y Senados, de los quales fue uno el de esta noble ciudad de Santa Fe, que escriviendo a Phelipe Tercero Rey de España le pide, *ut mittat huc triginta Jesuitas ad expellendam barbariem et inscitiam Populorun*[20] para arrancar la rusticidad, e ignorancia de estas gentes.

A. Padre, mucho es esso, ya yo comienzo a tener vanidad de aver venido, y me parece, que me miro ya un ynfante de España.

P. Bien puede, si llega a los nobles sentimientos que he de proponerle: porque quisso Dios que el methodo de bien vivir no se alegara a nadie, sino como en venta publica dexara opcion a todos. Y assi el que quiere vivir como Principe, o como rustico tiene en su mano la eleccion; y si hasta aora no la tenia, yo se la presento, para que excoja con plena deliberacion.

---

20 Que envíe acá treinta Jesuítas para acabar con la barbarie y la ignorancia de los pueblos.

A. No cabe en el pecho el corazon de alegria; y si saliera de una duda a mi favor, no me cambio por Alexandro. Esta es, que en quantas acciones, y cosas veo en los concolegas todas tan medidas reparo, que lo hacen tan naturalmente que dudo si nacerian assi; y como yo conosco, que tienen mucha dificultad, desespero de conseguirlo.

P. No se aflixa por esto, la duda no tiene mas fundamento que este otro. Oyga el exemplo, y en el la resolucion. Dos Portugueses caminaban por la Ytalia de passeo. Llegaron a Napoles en donde el uno de los dos reparo, que un [fº 11] niño de cinco años hablaba con su padre en ytaliano. Admirado llama a su compañero, diciendole vea paysano que prodixio un niño de cinco años habla tan bien el ytaliano como este viejo. Muy topos somos los portugueses en comparacion de estos ytalianos. Corrido el compañero dicele; calle por su vida ignorante; que mucho es esso, sino ha oydo otra lengua en su vida? Digale, que hable portugues como su hijito de quatro años; con que quedo instruido el admirador de una cosa naturalissima. Aplique el caso, Ahijado, que mucho, que sus concolegas hagan: esto quando no veen practicar otra cosa años haze? y la sangre les estimula, e incita. Todo lo vence el tiempo, la instruccion en un genio docil como el suio, la madurez que trahen consigo los años, y sobre todo la aficion que en vuestra merced reparo.

A. Pues comience la instruccion, que ya estoy impaciente por ser como los demas.

P. No nos apresuremos, que va poco en que acabe un dia mas tarde, y va mucho en que vuestra merced forme el concepto debido de lo que voy a proponerle, para que lo tome con tanto mayor empeño. Y assi antes de comenzar quiero primero que entienda, que esta que he llamado hasta aqui politica, civilidad, y cultura es una facultad, que no se distingue de la buena crianza christiana, sino en nuestra razon en quanto concebimos las acciones de politica, solo encaminadas a los hombres, y su buena sociedad, quando las mismas en la realidad son actos de virtud, christiana, en quanto miran a Dios. Este es sentir de todos los que tratan de esta materia, y Aristoteles en el Libro 1º de los morales, dice expressamente que aunque da el titulo de *Magnorum moralium* al libro, no obstante, *non ethica, vel moralis; sed politica, vel ciilis appellanda est*[21]; por que las virtudes, y buenas costumbres pertenecen a la politica, y añade *oportet igitur. Si quis secundun politices sive civilis scientiae precepta agere velit, ex moribus probis, ac opositis esse. Itaque politices pars est* (acaba) *et*

---

21 No debe llamarse ética o moral, sino política o civil.

praecipuis tractatio de moribus,²² y le dire, aora una cosa es- [f° 11v°] traña, y es, que apenas me hallara descortezia, o acto de impolitica, que no se halle condenado *ex ipsis verbis* en la escritura sagrada. Mas yo no se la ire citando por no dilatarme. Ni solo en la Escritura Sagrada, sino en todos los Philosophos Gentiles, que tratan de costumbres; y es la razon por que el objeto de la politica es el bien, y honesto, segun el hombre, y las circunstancias, baxo quales nombres tratan Aristoteles, Platon, y muy especialmente Ciceron en los preceptos que da a su hijo Marco, encomendandole siga siempre lo honesto, en todas sus acciones, y palabras, y guarde siempre el socoro, que corresponde a un racional, para distinguirse del bruto, y grey de los hombres brutales: sobre lo qual le va dando doctrinas tan desmenusadas, y particulares, que se podian tener por catesismo de nobles. No ay para que traher sus testimonios aca, pues todos sus libros Philosophicos estan sembrados. Yo solo le quiero hazer notar una cosa, que no vera gente mas politica que los mas virtuosos en confirmazion de lo que le decia de la hermandad que tiene con la practica de la virtud, y religion christiana.

A. Esto si se me haze duro de creer, porque entonces lo mismo sera ser mui politico, que mui santo, y si estos actores gentiles, que me ha citado fueron tan politicos, y tan grandes maestros de ella, como me pinta, fueran los mayores Santos, y estos no estan en martyrologio, ni yo me encomendara a ellos.

P. Esto no, Ahijado, de suerte que se puede ser politico y no santo, no al contrario, porque para ser santo es menester que las acciones externas de politica, salgan de la virtud como su raiz, y se encaminen a Dios. Sino ban assi son hypocresia, porque ellas muestran virtud, y seguir a Christo, quando en la realidad, se hazen solo por adulacion por ser colmados de los hombres, o porque los tengan por nobles, y cortezes. Todo lo qual se lleva el Diablo. De manera, que ay se perdieron essos maestrasos, que le di- [f° 12] xe, pues toda su intencion era hazerse celebres en el mundo, y escrivian mas, que executaban; de suerte, que les sucedia, lo que en nuestros tiempos a cada passo, que conocian el bien lo testificaban con la pluma, pero nada hacian menos que atrazarlo, y en lo poco, que executaban, buscaban solo honras, y alabanzas.

A. Mucho aprehendi con esta leccion. Lo 1° ser verdad lo de aquel Poeta Español en boca de un deboto.

---

22 Conviene pues, quien quiera proceder según los mandatos de la ciencia política o civil, [que se conozca] por las costumbres sanas y las opuestas. Por consiguiente, la política es parte y tratado de las principales costumbres.

El hurtar por hurtar no tiene filis.
En la intencion esta todo el bucilis.

Y ciertamente, que es lastima, que tan grandes hombres por falta de intencion se condenaran, pudiendo aver sido los mayores Santos con lo mismo que hizieron; propongo firmemente, Padre, hazer intencion, pues tan poco cuesta, supuesto el demas trabajo. Pero pregunto aora, vuestra merced me dixo, ellos pretendieron hazerse celebres, no havia otros caminos mejores?

P. No, por que ni ay cosa mas reparada que las constumbres, ni cosa tan excelente que concilie mas respeto, mas veneracion, ni mas nombre, y como en la urbanidad, y politica se ven practicar los actos de las virtudes, que califican las constumbres; no ay cosa mas gloriosa que ella, y repare que es tan agradable el sujeto que la posee, que con los corazones se lleva las atenciones, y honras de quantos lo miran, como le sucede a vuestra merced con sus concolegas. Hasta la Plebe, y Campecinos vera, que aspiran con anhelo a parecerlo, por ser tenidos en algo. Solo la gente soez que tiene sangre de chimenea, y tan apagada, que no ay cosa decente, que no le tope, y hacen gala de rusticidad, la desprecian, y hacen burla: y ya se ve, que como es el distintivo de la nobleza al vulgo, o no ay sangre noble, o esta incita, siempre a esta honestidad, y decoro, y por ay se saca, y por otras señales exteriores la nobleza a cada uno.

A. Dize bien Padre; me haze acordar aora los cumplimientos que vi en una boda de Orejones, a que concurrio bastante plebe de la ciudad. Era gusto ver como remedaban los con- [f° **12v°**] vites de señores, y que palabras tan limadas, pero con tal turbacion, tropiezos, y afectaciones, que se conocia bien que la boda les avia traydo de nuevo, y a toda prisa la grandeza y yo decia entre mi lo de Juvenal que avia repetido:

Maiorum primus, quisquis fuit ille tuorum
Aut Pastor fuit, aut illud, quod dicere nollo[23]

De suerte que yo bien conoci, que aquello era mas deceo de parecer señores de ciudad que en la realidad efectos de buen cultivo, y de buena sangre, con que es en la verdad, como dixo, que en el exterior se conoce cada uno, por su calidad, y nacimiento.

P. Rara vez se ierra a lo menos en discurso de muchos dias se saca quando sea fingida, por que sino ay raiz, que es la sangre, es violento, y aca decimos *nihil*

---

[23] JUVENAL. Sat. 8, 274-275: El primero de tus antepasados, quien quiera que hubiere sido, o fue un pastor, o algo que no quiero decir.

*violentum perpetuum*²⁴ pero ordinariamente sale afuera el sobre escrito, y la misma naturaleza muchas veces no se descuida en descubrirlo. Assi lo dize un Poeta Griego, que en latin traduxo assi el gran Thomas Moro, Ynglez, sobre un cojo:

Clauda tibi mens est, ut pes, natura, notasque
*Exterior certas interioris habet*²⁵·

A. Dexeme hechar mi cucharada Padre, tambien se me ofrece un distico sobre el caso, ya que me costaron tanto de aprehender que me sirvan de algo. Es, el de Marcial, al Pobre Soylo:

Crine ruber, niger ore, brevis pede lumine laessus.
*Rem magnam praestas Soyle si bonus es*²⁶.

Como quien dice, tan marcado te dexó la naturaleza Soylo: royo de cabello, negro de boca, cojo, y tuerto, no haras poco si eres bueno.

P. Esta la aplicacion al caso Ahijado, yo me alegro de la felicidad de su memoria. Aora oiga una señal exterior evidente de nobleza siempre tenida por indefectible. Euripides, comico Griego mui antiguo, la pone ya corriente en su tiempo, y la refiere en la *Ecuba*. [fº 13]

Inest in homine mira, et evidens nota
Probis satum esse: Generis illustrat decus
*Quisquis celebribus dignus est natalibus*²⁷.

A. Dexemelo construir aver, que esta algo arisco el sentido. Una seña admirable, y evidente tiene el hombre por la qual se saca si es de nobles Padres, y es, si en todas sus acciones procura illustrar su linage; es decir, si ellas son grandes, nobles, y con sobre escrito de Magestad, y grandeza.

P. Esto no es traduccion, sino paraphracis Ahijado, pero no le haze por que todo esso significan las palabras. Mas vamos ya al caso de Ynstruccion, que me pareze he dicho lo que basta para que su capacidad entienda, lo que yo no explico de la excelencia de esta facultad de la Politica, distintivo unico de la Nobleza, de los Yndios, Mistos, y Plebeios de campo, y de poblado, pues que en ser de hombres convienen todos.

---

24 (Dicho filosófico) Lo forzado no dura.
25 Tienes tan coja la mente, como el pié; y tu exterior muestra señales ciertas de tu interior.
26 MARCIAL. *Epigr. 12*, 54, 1-2.
27 AURIPIDES. *Hécabe*, 379-381.

A. Ya puede comenzar, que atiendo, y con buena disposicion, porque no quisiera que jamas me confunda nadie con el vulgo, y los talados, y quiero conservar el buen credito de mi sangre, como quiere Euripides.

P. Oyga pues. Lo 1º que se procura aca en el Colegio, Ahijado, es la virtud, pues como dize Horacio la virtud es huyr el vicio, que siendo parte de la politica es su rayz de donde nace la mejor, y provechosa cortezia, y porque sin ella, con toda cortezia nos iriamos al Ynfierno, como los maestros que le dixe arriba. Los Demonios, Señor mio, no entienden de cumplimientos, y saludan mucho peor, que los Orejones, que contaba. Y assi en esto se pone el principal cuidado, como lo que mas importa, y sin lo qual todo es hypocresia. Yo en esto no lo he de dirigir, sino su confessor, que eligira permanente. Solo quiero decirle, lo que libremente acostumbran sus concolegas. Lo 1º que el estudiante debe escoger por madre a la Purissima Virgen resandole sus devociones a tiempos determinados.

A. Quissiera, que me constara algun milagro de la Señora con sus devotos estudiantes que entiendo ser mucho, lo que [fº 13vº] se empeña por ellos.

P. Es cierto, que son infinitos, pero no estoy tan despacio, y los libros estan llenos en donde los veas. Este le contare por breve referido del Padre Cataneo. Un estudiante avia entrado congregante de la Sª en una Universidad, y despues de averle estimado como a Madre muchos años, le entro floxera, y la dexo luego tuvo una enfermedad, que lo pusso al extremo, llamo a la Señora la que apareciendosele ayrada le dio quexas por que la avia dexado, diciendole que por esso estaba en aquel estado. Arrepintiosse el pobre, y con nuevos propositos aplaco, a la Señora, y le merecio la salud repentina. Otro que todacia vive, fue a confessarse para la communion general de la congregacion, callo un pecado, fue luego a la Capilla de la Señora a visitarla, mas lo recivio tan mal, con un rostro tan espantoso, que saliendo furioso de la Capilla fue erizado, y saltando por entre la gente a abrazarse con el confessor, que era el Padre Prefecto de la congregacion de cuya boca lo he oydo, como lo cuento.

A. Dios se lo pague Padre, ambos son especiales, pero este ultimo es mui doctrinal, y por tan moderno me haze temblar. Que mas?

P. Luego escogera Patronos de sus Estudios, como a San Luiz, San Estanislao, San Bartholome, o los que fuesen de su devocion, a quienes resara sus devociones, y ofrecera a Dios los estudios siempre que comienze por su mano, con esto no trabaxara sin fruto, acuerdese, que en la *intencion esta todo el bucilis*. Luego procure algun librito espiritual en que leer un ratico todos los dias, que a punto se lo leeran en la capilla todas las noches. La primera accion por la mañana ha de ser ofrecer a Dios todas las obras de el dia, y hacerle proposito de no ofenderle en el, antes de servirle y darle gusto en todas las acciones que executare, y si tubiere algunos propositos particulares, los renovara tambien entonces. Luego aca se estila, y se permite, como communidad arreglada el frequentar los Sa- [fº 14] cramentos cada ocho dias, y fiestas solemnes, que a fuera no se permite tan facilmente. Assi lo vera practicar con mucha edificacion de la ciudad, y gran credito del Colegío: y si vuestra merced lo practicare; como lo espero, pues no quiere ser menos que los demas le aseguro que en breve andara mucho.

A. Todo esto es bueno Padre, pero como yo me acuerdo de executarlo?

P. Mire, esta el medio a la mano. Si vuestra merced examina su conciencia todas las noches practica que debiera guardar todo christiano; y de hecho apenas hay familia bien ordenada, en que no se practique antes de acostarse: vera las faltas assi en lo que dixe, como en lo demas, se arrepentira de ellas, y hará nuevos propositos: se dispondrá para las confessiones sin travajo, y se ira habituando tanto, como a rezar el rosario; y cavallero mas politico que vuestra merced esperaremos a ver si nace. Lo demas que aya en esto en el Colegio la campana se lo avisará.

A. Esto cuesta poco, y si da tanto bien, no ha de pasar noche que no me jusgue yo, porque Dios me jusgue bien en el general examen. No ay otra cosa?

P. En quanto a las letras, no hay que decir la campana le avisará puntual, quanto conviene haga en esto. De passo le quiero advertir, que las letras son el ultimo perfil de la nobleza: por que poco representa en la republica un Noble con peluca, y espada hecho un soquete, y el truhan del Pueblo. Uno decia con gracia, que mas le servia al bien comun un palo de escoba, que un noble tonto. Ya se ve el por que, pues un si es por vestido, tambien se viste, y aquel sirve, y este nada.

A. Mucho palo de escoba ay en todas partes, ni ay escobas que basten a limpiar de ellos las Ciudades.

P. Al contrario un noble literato es exemplo de las republicas, honra de sus Padres, venerado de todos, oraculo de la Plebe, y luz de quantos acuden a el a bus- [fº 14vº] car consejo. Si Eclesiastico digno Ministro de Dios. Si Seglar buen senador digno de governar, y siempre con acierto.

Oyga a Horacio que assi lo dice en el Libro 1º de sus Epistolas: *Ad Summam, sapiens uno minor est Jove, Dives, Liber, honoratus, pulcher, Rex denique*

Regum[28]. Quando si es tosco lo hecha a perder todo con su ignorancia; es aborrecido por vano, que es vicio de tontos la vanidad; no puede hablar en publico, siendo assi que por falta de ocupacion, no save estar recogido. Finalmente en frace de San Francisco de Sales es jumento con buenos jaezes. Con que Ahijado, poner el pensamiento en alto, y acertar siempre a lo mas grande, que es propriedad de nobles.

A. Estas cosas me arman mucho Padre, y veo por esperiencia ser assi. Conosco un jumento enjaezado; que uno? Muchissimos, el uno de ellos se llama...

P. Poco a poco no se nombre a nadie, es bueno, que vuestra merced conosca la diferencia, para su govierno, no para que vaya aplicando, y tachando particulares, que es descortezia, y puede errar muchas veces. Solo en general se puede decir. Volvamos al thema. Aca le tocaran a las distribuciones de estudio, y vuestra merced las seguira con puntualidad, y si estuviere legitimamente ocupado avissara a alguno de los Padres. Lo que practicara tambien para todo acto de communidad. Finalmente estas, y otras cosas tocantes al govierno interior de toda comunidad bien ordenada se las monstrara la experiencia, y el buen exemplo de sus concolegas, que diligentemente debe imitar a los principios.

A. Lo hare cuidadoso.

P. Lo 3º que es el trato noble, civil, y politico, y que cierra todas las circunstancias de la que le nombre buena educacion de la juventud, sera el assumpto principal que emprehendo, a mayor gloria de Dios, provecho suyo; y honra de todo el Colegio, a quien debo lo que le fuere diciendo, y a quien eternamente agradecido recompensa- [fº 15] re. Aora ya que no puedo con mayores obsequios, con tomar el gustoso travajo de comunicar a uno, que viene a ser su Hijo los bienes, y grandesas con que me ha honrado, y con que se ha llevado siempre los aplausos, y atenciones de este Nuevo Reyno, mereciendo a sus hijos muchas Mitras, Canongias, Magistrados, Prelaturas, Oficios, y cargos honrossos de que son testimonios autenticos los retratos, que vera vuestra merced en la Antesala, otros que estan gravados en la suave memoria de los vivientes, y de otros finalmente es el mejor retrato la fragancia de sus virtudes, letras, y urbanidad, que nos ofrecen en la preciosa vida que gosan, y ruego a Dios guarde por muchos años con las de los amados concolegas para eternizar la gloria del Colegio, y la de vuestra merced para que con ellos se

---

28 HORACIO. *Epist.* 1, 1, 106 ss.

crien dignissimos successores de sus mayores, segun las bellas esperanzas, y expectacion en que estan de ellos anciosos los mas condecorados empleos.

DIALOGO 2
DE LO QUE HA DE GUARDAR EN SU PERSONA, Y LO QUE LE PERTENECE

P. De la definición de la cortezia que arriba vimos, se saca aquella regla general, que todo lo que ofende a otros en su persona, y cosas que le pertenecen es descortezia, pues esta procura en todo hazer al que la professa un hombre de quien se diga *vivit sine querela*[29], que nos dize la Sagrada Escritura de los Padres de el Baptista: Antes la admirazion y objeto de las alabanzas de todos. La qual honra no alcanzara jamas a que en su trato ofendiere.

A. Esto es mui general, y veo yo no poca dificultad en saver, que es lo que ofende a otros.

P. Ya se ve que esto se estudia, y esto enseña esta facultad de la politica. Aora se lo empieso a enseñar por partes. Ya le dixe arriba que tiene el hombre algunas señas exteriores de su calidad puestas por la [f° 15v°] naturaleza misma, y otras fomentadas por las passiones interiores; otras que muestran bien su grandeza. El Espiritu Santo en el Eclesiastico nos da estas señas para conocer a qualquiera. La 1ª es; *Ex vissu cognoscitur vir, et ab occursu faciei sensatus*[30]. La vista, y la cara dan a conocer quien es qualquiera, y San Ambrocio libro de Helia en el capitulo 1° lo confirma diciendo: *Est vultus quidam cogitationis arbiter, et tacitus cordis interpres*[31]. Y San Juan Chrisostomo dize, que un Christiano se ha de dexar conoscer, *ex aspectu*, a los quales, y otros muchos se añade Aristoteles en el libro de la fisonomia cap. 9 y 10, en donde dize, que por la cara se conocen las complexiones, genios, passiones, sentimientos y afectos: las quales se describen en los ojos, frente, narizes, y rostros: por ellas saco San Ambrocio un concepto adequado de Juliano Apostata. Dice assi el mismo, y atienda, con esso vera vuestra merced lo que debe evitar. *Neque enim mihi quidquam boni significare, et ninari videbatur. Cervi non firma.* La frente inconstante, *humeri subsaltantes, et ad aequilibrium agitati*, los hombros inquietos, y columpeandose continuamente. *Oculis Insolens, et vagus* la vista sin reposo y alborotada, *furiosse intuens* relampagueando como rabioso, *pedes inestabiles* inquietissimo de piernas como si tubiera asogue, *Nasus con-*

---

29 Lc. 1, 6: Vive sin queja de nadie.
30 Eccli., 19, 26.
31 El rostro es una especie de juez del pensamiento, y un intérprete callado del corazón.

tumelias, et contemptum spirans, la nariz respirando burla, y desprecio de los demas; *rissus petulantes, et efrenati,* unas rizadas sobervias, e immoderadas; y luego dixo exclamando. *Quale malum Romanorum terra nutrit*! Que vivora que se alimenta en Roma!. La congetura confirmo despues el perverso con harta afrenta del christianismo, que avia abrazado, y daño de la universal yglesia mostrandose no solo mal christiano, y mal politico, sino fiera voras de sangre catholica. Con que ya vuestra merced ve que si aquellas señas muestran tanta maldad, las contrarias calificaran un hombre grande en el concepto de todos. Una frente serena como un cielo, unos ojos alegres, pero [f° 16] modestos sin dexarlo andar a todo objeto, los hombros, y todo el cuerpo recto con la cabeza, la riza moderada sin carcaxadas, y amable, todo el rostro grave, circunspecto, y alegre qual se suele pintar el de la Virgen Nuestra Señora, forman la idea del joven mas esperanzado, que puede formar un pintor con los mejores colores, y pinceles del arte, por consiguiente el retrato, no solo de noble sino del mejor Principe. No le parece, Ahijado, vuestra merced se acordara aora de muchos que ha visto, y confirmado en esta verdad se los propondra por exemplos de su imitacion. Quantas caras de estas avra visto en la Plebe?

A. Una cosa le diré, Padre, no me hable de la Plebe, que estas margaritas no son para puercos. Mientras vuestra merced me iba diciendo las señas yo iba repasando todos los concolegas, y decia entre mi lo que el otro, que fue a hechar al rio a Remo y Rómulo:

Si genus arguitur vultu nisi fallit imago

*Nescio quem ex vobis suspicor esse Deum*³².

Luego cotexando las caras con la sangre, lo de el otro:

*Nec facies impar nobilitate fuit*³³.

Porque ni seño de mal contento, ni ojos alborotados, ni gestos inmodestos, ni cara de pocos amigos, ni frente nublada, sino una Stoica gravedad reparo en todos.

P. Pues apunte, y vamos a las otras señas. La 2a del Espiritu Santo en el mismo lugar es. *Amictus corporis*³⁴. Ciertamente quando el vestido es proporsiona-

---

32 OVIDIO. *Fast.* 2, 398: Si el linaje se saca por el rostro, si las apariencias no engañan, no sé quién de vosotros —pero me sospecho— es un dios.
33 OVIDIO. *Fast.* 4, 306: Tenía un rostro a la altura de su nobleza.
34 *Eccli,* 19, 27.

do al caracter dá no sé que ayre de gravedad a la Persona. Mas quiero que advierta, que el pecar en esto es la seña mas segura de una caveza libiana, de un juicio verde que necesita de mucha zazon, y un animo femenil, todo proprio de necedad, y para presumpcion. De este parecer son a mas del Espiritu Santo San Clemente Alexandrino, San Ambrocio, y San Juan Chrisostomo, que llaman a tales christianos Arlequines de comedia. En una palabra hasta aora no ha avido hombre de noble juicio que no aya condenado esta [f°16v°] demacia por ventolera de vanidad, y cavesas vacias. Si vuestra merced quiere seguir consejo, y no errara reparando que solo procuran esto Horacio libro 1° epist. 16. *Introrsum turpem, speciosum pelle decora*[35] los que por falta de prendas y meritos no saven como hazerse respetar. Y assi acuden a sastres, y zapateros, que les hagan celebres, *fastus inest pulchris, sequiturque supervia formas*[36]. Guarde en su vestido una decensia correspondiente a su conveniencia, y calidad, segun viere, los de su caracter pero grave, como un grande de España, que no save entretenerse en estas frioleras de Damas, que no tienen en que ocuparse en cosas mayores: Y quando se ponga ropa especialmente buena que sea para hazer distincion de dias, ha de ser sin pavonearse, ni mostrar que busca miradores por las calles, sino con gran circunspeccion hara al que no pone en esso el caudal, y felicidad, solo con el fin de este grande hombre, que conocio Ynglaterra Gran Ministro de Estado, e Insigne Christiano Thomas Moro Politico, y Martir. Fue por la fe, aprisionado, y metido en un calavozo donde nunca entraba la luz: estaba ordinariamente en el vestido como hombre grande, honesto, serio, y sin gala especial. Vino el primer dia de fiesta, y hizo llamar al Mayordomo, que le trahiga la gala de Ministro, peluca, espadin, veneras, y otros adornos, que solia vestir en tales dias. Admirado el Mayordomo, dicele: para que esto Señor en esta carcel, y sin aver de salir a publico? Entonces el revestido de la authoridad de su gran juicio, dice: jamas me he puesto estas cosas para agradar a la gente, sino para celebrar las fiestas delante de Dios, y distinguir los dias de solemnidad Ecclesiastica, y se vistio como solia. De este dixera yo lo que San Gregorio Nacianceno de semejantes: *Detritas etiam vestes venerare caputque, Delitiis vacuus, et luxu in serica filla. Quam decor occultus decorat, qua tecta venustas*[37]. Assi vera hazer los grandes, que nunca vis- [f° 17] ten ropas de seda, sino en dias clasicos; y

---

35 HORACIO. *Epist.* 1, 16, 45: De hermosa piel por fuera, mas por dentro lleno de torpeza.
36 OVIDIO. *Fast*, 1, 419: Está llena de orgullo la persona hermosa y a la figura acompaña la arrogancia.
37 Honra aun los vestidos rotos y la cabea, libre de placeres y de lujo en tejidos de seda, a quien el honor abrillanta cuando la hermosura es modesta.

assi de distinguen en esta gravedad, y sus acciones nobles de la Plebe, que no los puede imitar en esto por mas que quiera sobrepujar en vestidos, que se los pone ya un zapatero por que la plata no tiene determinados caxones; mas las acciones grandes no se hallan bien, sino en pechos nobles.

A. Dice una cosa, Padre, que para mi es viejissima; acuerdome que Aulo Gelio refiere, que a Hortencio celebre orador Romano, por razon del uso en los vestidos lo llamaban la Dionisita, que era una famosa comedianta. Y esto es lo que me dixo puntualmente, que dice de los tales San Juan Chrisostomo, y tal ves al mismo assumpto el Poeta Ovidio epist. 4.

O Juvenes, Juvenes, animum geritis Muliebrem[38].

Sint procul a nobis Juvenes ut faemina compti.
Fine coli modico forma virilis amat[39].

P. Esso mismo. Y assi siento, Ahijado, como no lo tachan en esto, dexe, que los sastres, zapateros, y Peluceros adornen mucho a los que no tienen adornos proprios, y vuestra merced busque meritos, que no se consuman. Oyga aora este consejo de San Geronimo en este punto. *Sit vestis nec satis munda* (quiere decir profano) *nec sordida. Nec afectatae sordes, nec exquisitae munditiae conveniunt christiano*[40]. Lo mismo dicen de el pelo.

A. Ya yo me llevo esta regla que vi en Marcial Lib. 2. ad Pannicum:

Pectere te nollim, sed nec turbare capillos.
Splendida sit nolo. Sordida nolo cutis.

Nolo virum nimium (Pannyche) nolo parum[41].

En una palabra, ni quiero ser Dama ni Meduza, sino una de varon grande moderacion nobilissima.

P. La 3a seña es: *ingressus hominis enuntiat de illo*[42].

La circunspeccion en el andar porque el Venerable Beda dize, que *gressu corporis habitus demonstratur mortis*, y San Ambrosio despacho a un clerigo

---

38 Poet. apud Ciceronem de Offic. 1, 18, 61 ¡Oh jóvenes, jóvenes, tenéis espíritu de mujeres!
39 OVIDIO. *Heroid*, 4, 75-76 ¡Lejos de nosotros, jóvenes, peinarnos como ellas! La elegancia varonil busca un aderezo moderado.
40 Así sea vuestro vestido: ni demasiado profano, ni sucio. No conviene al cristiano ni suciedad afectada ni rebuscada limpieza.
41 MARCIAL. *Epigr*. 2, 36, 1-2, 4: No quisiera, ni que vayas muy peinado, ni que andes con el cabello suelto; la piel ni muy perfumada ni tampoco sucia, amigo Pánico, ni demasiado varonil, pero tampoco menos.
42 *Eccli*. 19, 27.

familiar suyo, y mando nunca pasar [f° 17v°] delante de el por que *velut quodque insolentis incessu verbere oculos feriret meos*, le heria los ojos con su arrogante modo de caminar, y que por ay se conoce un hombre, porque abraza mucha honestidad. Dixo Ovidio Lib. de Arte amandi:

Est et in incessu pars non temnenda decoris[43].

Y en la realidad si se ve a uno andar mui despacio, y mirando los passos lo llamamos Dama como Galateo, si mui aprisa Chasqui, si alborotado Runcho, si sembrando Labrador, si se mira mucho Pavo, si haze gestos Mico, y assi otras faltas se cometen en el modo de andar, que sobre escriben al hombre; como se figura vuestra merced que andaria Aristoteles?

A. Yo me figuro un hombre taciturno, y pensativo, recto y grave, mui magestuosso en sus passos, sin el mas minimo indicio de cosa que no fuera grande, siempre prompto para discurrir seriamente sobre las excelencias del hombre, y sus acciones correspondientes, y siempre venerado de los que passaban cerca de el, tacita reprehencion que componia a una calle entera con su precencia. En una palabra lo que Virgilio en la Eneida dize de una muger:

Et vera incessu patuit Dea[44].

Me pareze, que si lo huviera encontrado en una calle, lo huviera conocido por hombre grande, y assi he conocido a otros con verlos solo, sin conocerlos.

P. Y esta pintura que acaba de hazer le parece si es aproposito para dibuxarse vuestra merced en ella?

A. Admirable, solo siento que me falta aquella gravedad que trahen consigo los años. Ausonio dize: *illa juventus gravior, quae similis Senectae*[45].

P. No le de esso pena en edad ninguna ha estado mas agraciada la madurez, y reposo que ha pintado, que en la nuestra. No ve que bien cae en los compañeros? Pues no haze muchos dias de oy, que un cavallero de esta ciudad de edad ya abanzada dixo que no venia tanto al Colegio por que lo confundia el juicio, y madurez que veya con admiracion en los Colegiales siendo tan mozos. [f° 18]

A. Pues me firmo, Padre, esse dicen? Quando buelba esse cavallero yo hare que vaia a contar que vio a un Caton de treze años.

---

43 OVIDIO. *A. A.* 3, 299: También en el caminar hay un no sé qué de elegancia.
44 VIRGILIO. *Aen.* 1, 405: Y por el andar se mostró verdadera diosa.
45 AUSONIO. *Septem sapientum sententiae*, 42 (Chilon Lacedaem.)
"Illa iuventa est gravior quae similis senectae". La juventud más serena es la que se parece a la vejez.

P. Aguardese, que para parecerse a Caton, le falta mucho. Este fue un hombre sentenciosisimo en sus dichos, y palabras quando hablava, que era poco, y con gran miramiento. Quando lo imite en esto tambien de saver governar como el la lengua, yo seré el primero, que lo llamaré Caton. Y advierta que es otra de las señas del hombre segun el mismo Espiritu Santo a cada passo de la Sagrada Escriptura, Santos Padres, y Politicos, y todos dicen, que la lengua es lo mejor que tiene el hombre para el trato, y alcanzar honra si se refrena, y lo mas venenoso si se dexa libre.

A. Diga pues, Padre, que ya se me antojo no parar hasta ser Caton, y me he de salir con ello segun va el cuento.

P. Yo me alegro de su generosidad, pero aora no le quiero decir mas que algunas cosas en general; y sea lo 1º no hablar mucho, y sin son ni ton, como, dicen, lo hazen las cotorras, y los poco advertidos de que in multiloquio lo 1º *non deerit peccatum*,[46] y lo 2º que es calificarze de necios. Lo 2º hay unas palabras que se llaman no solo impoliticas, sino immodestas, otras viles, otras grosseras, y otras limadas, cultas. Las primeras como son palabras contra buenas constumbres directamente ya se ve, que se dexan para los destituidos de temor de Dios. Las segundas, como terminachos, que dicen las personas de casas llenas de humo, y apodos infames se dexan para ellas, y dentro aquellas paredes; pues que huelen tan mal a todo hombre que alla no recide. Las terceras que son vulgaridades, truanerias para hacer reyr solamente, estrivillos, dichitos sin sustancia, remedar animales, chiflidos, gritos descompasados, fraces de calle, expresiones de mercado, y otras de este tenor, que se llaman propriamente impoliticas, y de falta de educacion no se la ha puesto a nadie jamas que un grande hombre, ni quien tiene una gota de sangre en el ojo las haya usado, antes [fº 18vº] no hay quien juzgue por no traher testimonios de particulares, que en ningun otro assumpto abundan tanto, que son a 1ª vista señales de vaxesa de sangre, y necedad, quando mas para dissimular esta nota, en que por otra parte se save ser noble, se escussan, por niñerias. Las palabras modestas bien sonantes, limadas, esto es, bien pensadas antes, suaves, cariñosas, llenas de substancia, y bien aplicadas las sentencias graves, llenas de decoro, y honestidad, quales ve vuestra merced que usan los mas notables cavalleros, y quales se figura, hablarian Aristoteles, y Caton tan llenos de sabiduría. Essas que segun el Espiritu Santo en el cap. 17 de los Provervios: *Non decent Virum stultum verba composita*[47] no estan bien en voca de un necio; y

---
46[46]*Prov*. 10, 19: En el mucho hablar no faltarán pecados.
47[47]Prov. 17,7.

en el Salmo 11 v. 7. *Elloquia Dei, elloquia casta argentum igne examinatum, probatum terrae, purgatis septuplum*[48]. son el decoro, honra, ornato, y distintivo de un grande del universo.

A. En la realidad todas essas cosas que me ha dicho no las he visto practicar a ningun hombre mediano, quando mas lo hacen los niños, por travesura, y esto los nobles por que lo han aprehendido a fuerza de malos exemplos de los niños rusticos si sus Padres no han tenido el cuidado de apartarlos de essas perniciosas compañias. Mas yo quisiera Padre, que me dixera algo en particular para sacar yo de ay luz para otras.

P. Son tantos los casos que se ofrecen de estos que no se que excoger para exemplo. No obstante oiga. Si vuestra merced esta hablando con otros, y cuentan algo que no le pareze no ha de decir miente, es falso, quite alla, no sea cavallo, baya que es un simple etc., sino me pareze, que esto puede ser equivocacion, yo estaba que era esto otro etc. De las primeras unas son contumelias, otras rusticidad, y otras poco miramiento, las segundas debe vuestra merced usar. Las palabras picantes, o afrentosas, las que muestran desprecio de los demas, las de alabanza propia, o afectado vituperio ni para divertir son dignas de un noble, porque si pica tal vez hallara re- [f° 19] pique; si desprecia y el otro como noble dissimula, lo dexara bien afrentado; si se alaba, le diran, que lo dexe decir a los vecinos: porque *laus in ore proprio vilescit*[49]; y si se desprecia afectadamente quando le alaben, diran que nada siente menos, que lo que dize. En esto se acordara de lo que vuestra merced traxo de Marcial: *nolo virum nimium Pannyche, nec parum*[50].

A. Tengo presente aora sobre esto de la alavanza, que vino una vez a mi tierra un cavallero al parezer por su vestido; andaba vendiendo grandeza, y nobleza en todas las visitas. Entre otras maravillas que contaba de la casa de su padre decia, que regularmente avia mas de ciento de familia; picó la curiosidad tan inaudita grandeza, y averiguando se hallo ser verdad, pues su Padre estava dos años avia en la carcel en donde hay siempre numerosa familia. No quiero cuentos; y assi yo no me alabaré jamas, sino con obras, y si me alaban diré con modestia. Señor son favores que vuestra merced me haze, sin meritos, y efectos de su buen corazon; no prendas mias.

P. Esto es lo que debe hazer, y en lo demas tocante a la lengua acuerdeze que es noble y toda vajeza de palabras que vuestra merced no concibe dignas del decoro de Caton, Aristoteles, y Ciceron, es mucho menos digna de vuestra

---

48 [48]Ps. 11, 7: Las palabras de Dios son sinceras, plata depurada en el crisol, limpias de tierra, siete veces purificadas.
49 La alabanza se envilece en la propia boca.
50 MARCIAL. *Epigr.* 2, 36, 4: Ni demasiado varonil, amigo Pánico, pero tampoco menos.

merced: que a mas de la nobleza dellos tiene el caracter de christiano que pide mucha circunspeccion en la lengua diciendo San Bernardo *bis ad limam et semel ad linguam*[51] y de las bocas desenfrenadas, y libres dice el Espiritu Santo, que son *sepulchrum patens, plenis maledictione, et amaritudine*[52]. lo que en romance significamos diciendo que vomitan las tripas pues de su boca sale tanta inmundicia.

A. No quiera Dios que den tales ancias de vomitar. Primero me muera.

P. Aora le quiero dar una idea de esta rusticidad, para que escarmiente con su conocimiento, y vea quanto dissuena: Vino no haze muchos años un cavallerito de quien decia la fama publica que era de buena sangre. Ya entro [f° 19v°] al Colegio, comenzo a ver el porte de sus concolegas pero el fruto que hizieron tan buenos exemplos fueron este tenor de vida; no se encandalize. Lo 1° en el vestido un andrajo, sin gorro, desabrochado mostrando todo el pecho, continuamente pedazos, y nomas de camisa, cuyas arandelas eran su regular pañuelo de narizes, y sudor, aunque algunas vezes suplian este oficio los pedazos de mangas de chupa, y opa. Los calzones y medias por señal quando llevaba, los zapatos siempre alegres, reyan continuamente a bocas llenas, dando passo franco liberales a los dedos del pie, que assomaban rezueños a tomar el fresco.

A. Poco a poco Padre, vuestra merced me va pintando con dissimulo un matachin vestido de retazos por un colegial; no me la hizo tragar, no.

P. No me interrumpa: finxa por aora a quien quissiera. Su lengua era de embidiar por elegante, y culta hecho un batidor de casa; andaba gritando, y corriendo todo el día con una voz de caña, quebrada, que por no poderle aguantar nadie, se le quiso embiar a estudiar a la huerta. No eran menos quebradas sus fraces, y palabras. Esto de vuestra merced es un cavallo, miente, bestia, pondero por elegancia lo decia solo a sus amigos, que para reñir que era cada rato con qualquiera, sin distincion, tenia otras mui aproposito, que monstraban el zelo con que se enardezia: para arremedar el perro, y el jumento no se ha de ver otro tan al vivo. Sus chiflos nos suplian la falta de instrumentos musicos, y es cierto que lo havia aprehendido con primor, e infundia, animos de ataxar ganado, quando veya muchos juntos, que entonces se esmeraba en lucirla; guardar tiempos, ni lugares para el era quimera. Tambien hablaba, ju-

---

51 Dos veces a la lima, una vez a la lengua.
52 Ps. 13, 3.

geteaba, y reñia en la capilla; como gritaba, chiflaba, y daba golpes, luego que salia del refectorio en el Antesala, aposento, corredores, patio, calle, Universidad, y Aula, [f° 20] y lo mejor de todo era su docilidad, si algun concolega le avisaba algo a que les movia el credito de todo el colegio, sin que valiera caracter a todos hechaba las fiestas, con aguasero de frazes que atronaba; y no es mucho pues el respecto tan natural, que dicta la razon a los superiores por tantos titulos de sacerdotes, religiosos, sabios, y en lugar de Padres; para el avia prescripto, y siempre con ellos se llevaba el gallo por enviarlo breve.

A. Jesus Padre! Y este fue Colegial de veca?

P. Si Señor, y que halla que tachar en esto al Colegio?

Si yo huviera aprehendido aca, o huviera sido aplaudido, fuera la mayor mancha; pero si lo traxo consigo, no se pudo domesticar, y en fin al cabo del año fue enviado como indigno de tan noble, y culta compañia. Que deshonra es esta? En la Compañia de Jesus han entrado los mayores sorras hasta hereges, y no es gran gloria de la compañia el averlos despachado al conocer el veneno? Con esto el publico, que tal vez no savia que gente son viendo esto dice, pues todos los que quedan dentro no tienen tachas. Y yo se lo he querido referir lo 1° para que vea, que importante es una buena educacion desde niño, conociendo los dissonantes efectos de la mala; porque opposita *iuxta se posita, magis ellucescunt*[53]. Y assi ya que el no se aprovecho de tan buenos exemplos de crianza nos sirvamos nosotros de su escarmiento.

A. Semejante complejo de dissonancias, creo, que si yo las huviera querido fingir en el mayor rustico, que puede caver en fantacia de un Poeta, no huviera, hallado tantas, y Horacio [en el] *Arte Poetico* lo significo.

Imberbus juvenis tandem custode remoto,

Gaudet equis canibusque et aprici gramine campi,

Cereus in vitium flecti, monitoribus asper,

Vitilium tardus provisor, prodigus aeris,

Sublimis elatusque et amata relinquere pernix[54].

---

53 Los opuestos comparados relucen más.
54 HORACIO. A. P. 161-165: El adolescente imberbe, libre ya de ayo, no sueña más que en caballos y perros de caza, en correr por el soleado campo de Marte; recibe como la cera blanda las impresiones del vicio, se rebela contra los consejos que le dan, es imprevisor, es pródigo, es presuntuoso, se antoja de cuanto ve y a veces desea esto, otras deja esto por lo otro.

Lo que va de una buena, y noble crianza, a la mala y grosera mucho mas en un noble, en quien todo sube de punto. Se- [f° **20v°**] gun el Poeta Juvenal Satira etc.

Omne animi vitium tanto conspectius in se
Crimen habet, quanto qui peccat maior habetur[55].

P. Los defectos ya se ve, que tienen mucho aumento por el sujeto, y se ve claro pues todo lo que he referido, lo exercitan los rusticos, y en ellos no se hace reparable; pero en un Colegial ya vuestra merced ve quanto dissuenan, como tambien si dos Colegiales, o dos cavalleros de peluca se dieran moquetes, o se trataran mal de palabras en la calle, no fuera cosa ruidosa? Pues esto hacen cada dia el vulgo, y las chicheras, y no se admira antes mueve a riza.

A. De que provendra esto Padre, que en unos se hagan reparables ciertas acciones, y en otros no?

P. Yo lo dire. Cada hombre debe vivir segun su caracter, conocido de la gente que save lo que corresponde a cada uno; y assi como el noble por su caracter a juicio de todos tiene obligacion de obrar por la medida, y pauta de honestidad decoro, y gravedad, todo lo que no es esto se hace reparar en su porte por que no corresponde a el, y es cosa irregular en sus semejantes. En los de vaxa esfera, no solo no es reparable, sino que si un palurdo se quiere, meter a noble, y a obrar como tal se haze objeto de riza. Vea un exemplo de esto claro. Si un cavallero con todas sus galas viniera los viernes a pedir limosna a la porteria le dissonara mucho, y que vengan los capirrotos no se repara: por el contrario, si uno de estos fuera a sentarse en cavildo, que riza. Pues apliquelo para todo lo demas, ni haga jamas cosa, que no la vea practicar a los nobles de su esphera.

A. Yo lo entiendo; ni puede expresarse mas claramente. Aora ya que me pinto un rustico tan al vivo para escarmentar en su vaxessa, deceo, que me pinte un culto con todas sus facciones, que me aficione, y en quien me retrate exactamente.

P. Mucho le dixe ya, pero si lo quiere tener [f° **21**] todo recogido, y a mano, voi a darzelo en otro colegial, ya que el escarmiento fue uno bien indigno de serlo. El cuerpo recto sin afactacion, la cara serena, y alegre, pero con la modestia de ojos grave, y serio, que infunda respecto, el vestido decente, y limpio con asseo aunque sea viejo, que en esto cabe tambien el azeo pero sin afactacion femenil; cara, y manos como quiere Marcial: *Splendida sit nolo, sordida nolo*

---

55   JUVENAL. *Sat.* 8, 140-141: Todo vicio es más notorio en sí cuanto es más notable quien lo hace.

*cutis*⁵⁶ ni embalzamada la piel, ni huerta para sembrar coles. Los passos, y modo de andar grave, y respectosso sin columpearze ni correr, sino quando inste la uncion. Las palabras cultas, doctas, y al caso, y tiempo, afables y cariñosas, pero no afectadas; la riza amable para mostrar aprecio; no por truaneria mover a otros, diciendo el Espiritu Santo *fatuus in rissu exaltat vocem suam. Vir autem Sapiens vix tacite ridebit*⁵⁷. Los juegos de manos son para niños que no tienen edad para estar serios, ni saven de otro modo divertirze. *Volo tandem* (dize San Augustin en el fin de el 2º libro de Musica) *tibi parcas; sapiens enim interdum remittere aciem rebus agendis intentus decet*: quiero no obstante que se divierta, pero como a un sabio conbiene, sin hazer jamas aun en el juego accion, que no sea digna de un Noble: es decir que ni grite, ni se altere, guarde la boca, y el decoro siempre suyo, y de sus compañeros en la divercion, como significa Ciceron en la divission que haze de diverciones, diciendo: *Duplex omnino est iocandi genus; alterum illiberale, petulans, flagitiosum, obscaenum; alterum allegans, urbanum, ingeniosum, facetum*⁵⁸. El 1º es para la gente baja: y el 2º gracioso, ingenioso, politico, y con legos es el de Nobles. Esto hazia O! y i vuestra merced lo haze diran lo que a todos conviene, y dixo antes Menelao a Thelemaco, y Pisistrato Jovenes famosos.

Sed virorum genus estis nobiliun Regum

*Sceptrigerorum, quia nequaquam mali tales genuissent*⁵⁹.

Y esto por mas que quissiera dissimularze y disfrazarse no pudiera dexar de ser aplaudido como el otro: [fº 21vº]

Forma, vigorque animi, quamvis de plebe videbar

*Indicium tectae nobilitatis erant*⁶⁰.

A. Assi conocio por el exterior Dido a Eneas.

*Credo equidem, nec vana fides, genus esse Deorum*⁶¹.

---

56 MARCIAL. *Epigr.* 2, 36, 2: La piel, ni brillante, ni sucia.
57 *Ecli.* 21, 23: El tonto da risadas estrepitosas, mientras el varón sabio ríe apenas con moderación.
58 Cicerón, De Off. 1, 29, 104.
59 ¡Pero sois linaje de esclarecidos reyes portadores de cetro, porque nunca varones perversos hubieran engendrado tales hijos!
60 OVIDIO. *Heroid.* 16, 51-52: La figura exterior y el ánimo vigoroso, aunque plebeyo pareciera, eran indicio claro de un linaje oculto de nobleza.
61 VIRGILIO. *Aen.* 4, 12: Creo con seguridad, y no me engaño, que es de la raza de los dioses.

Ya yo he notado que hasta no solo en los juegos, sino aun en las cosas mas minimas saven los nobles peones un sobre escrito de grandeza, que encanta. A esto me atengo.

P. Lo que le dixe acerca de la persona corresponde a proporcion a todo lo que le pertenece. Platina reprehendido por la sumptuosa casa que avia levantado: se escusa con Aristoteles, diciendo lo que el: *paravi domos divitiis nostris congruentes*[62]. Y assi tengase por dicha la regla, consulte, en lo tocante a su aposento con su nobleza, y su plata. Esta le pide los adornos, aquella la gravedad, y orden porque ya se ve, que un aposento; sucio, mal ordenado con confussion de alhajas, sin que ninguna tenga lugar destinado, mas es de gente baxa, que ningun desorden les dissuena, que de nobles, quienes como tienen tan ordenados sus sentimientos les da en rostro quanto no se les proporciona.

A. Por la casa se conoce el dueño. No hay duda; y siempre me ha sucedido, que al entrar en alguna reparo en todo, y segun veo digo; estos seran cavalleros, esta es casa de representacion. Esta es gente mediana. Esta otra vaja, pero digame lo que ay de particular aca en esto.

P. No ay mas que lo que vuestra merced acaba de decir; tenga el aposento segun el concepto, que quiere, formen de vuestra merced en particular no obstante debe procurar que el paje todas las mañanas en tiempo de capilla le doble la cama, cierre el Pabellon, componga los trastes cada uno en su lugar determinado, y barra el aposento. De la mesa cuidara vuestra merced, que no aya confussion de libros, y papeles sino todo bien ordenado, y a mano. De essa suer- [fº 22] te podra resevir en su aposento una visita a todas horas, sin riesgo de que le pregunten, si aquel es el aposento de los muchachos, y pajes, y se buelban sentidos, porque no los resivio en su aposento, como puede aver sucedido.

A. Una vez antes, que entrara al Colegio, fui yo a visitar a cierto sujeto de una casa de comunidad, y al entrar vi tal confussion de sillas, cajones, y petacas en medio del aposento. En la mesa una porcion de posuelos, jarros, y cubiertos, que pensando era pulperia me mude avergonzado a toda prisa.

P. Ya lo dixo vuestra merced por la casa se conoce el dueño. Estando Ahijado en estas maximas que he dicho hasta aqui se a de dar vuestra merced especimen del hombre que no ha conocido este reyno, sino salio de aca, y en consequencia de lo que le he siempre dicho experimentara: *Quam pulchrum est*

---

62 Prepararé mansiones de acuerdo con nuestra fortuna.

digito monstrari, et dici et hic est[63], quam gustoso es andar por la calle, y que señalandole con el dedo, digan, este es el prodigio de juventud, confusion de la vejez; en una palabra el incomparable Bartholo el Caton de treze años.

DIALOGO 3°
DE LO QUE DEBE GUARDAR CON LOS DE CASA

P. Si atendio al primero dialogo bien, poco quedara, que decir en este tercero, porque de ello se puede sacar claramente lo que vuestra merced debe observar con los que trate, y comunique. No obstante porque gusta que en particular le vaya informando, para que en su porte se conforme de suerte que paresca ya antiguo a los demas, oyga lo que debe guardar con los demas, para que sea admirable, y armoniosa la compañia. Lo 1° en que ha de advertir es, que vive con muchos, y de mui diferente caracter. Tiene superiores, tiene mayores, e iguales con quien tratar, y a cada uno de estos les corresponde distinto trato, el que debe vuestra merced dar proporcionado, sin invertir orden, sino a cada uno lo que le toca.

A. Esto sera lo que quiere Horacio [en] *de Arte Poetico*: [f° **22v°**]
Qui didicit Patriae quid debeat et quid amicis,
Quo sit amore parens, quo frater amandus et hospes,
Quod sit conscripti, quod judicis officium:
Ille profecto
Reddere personae scit convenientia cuique[64].

P. Esso mismo pero vuestra merced no sabra, que le toca a cada uno para darselo, advierta.

A. Ya a los superiores, que estan en lugar de Padres lo enseña Plauto Trinum, que es la obediencia, y mi Padre, me lo avisso, quando me envio al Colegio. *Pater adsum, impera quid vis, neque tibi ero in mora, neque latebrose me abs tuo conspectu occultabo*[65]. Obedeceré sin dilacion, sin ocultarme de su presencia como fugitivo, sino con mucho respecto monstrare siempre que en ellos estan mis esperanzas, como en mi proprio Padre.

P. Y esto lo ha de executar con alegria, que sube mucho de punto de honra la obra misma que se executa quando se hace con gusto, y no con murmullos,

---

63 PERSIO. *Sat.* 1, 28. "At pulchrum est digito monstrari et dici hic est!"
64 HORACIO. *A. P.* 312-316: El que aprendió seriamente lo que debe a su patria y lo que debe a la amistad, qué amor ha de tener al padre, al hermano, al huésped, cuál es la obligación de un senador, de un juez... ése sabrá de fijo dar a cada persona su carácter.
65 PLAUTO. *Trinum.* 2, 277-278.

que entonces caen en el vicio de los Jovenes que reprehende mucho Horacio como vuestra merced dixo: *Monitoribus asper*[66] freneticos con el Medico que debe curarles, y advierta (que vuestra merced con sus Poetas que me los mete a cada rato me hizo olvidar de mis Oradores), que apenas hay cosa mas encomendada, y repetida en el nuevo testamento que la obediencia a los superiores; Mandando Christo, que se les oiga como a el mismo: *Qui vos audit, me audit*[67]. Y San Pablo a los Ephesios c. 6; a los esclavos manda, que obedescan a sus amos *cum timore, et tremore*[68]. aunque sean ynfieles dice a Thimoteo; y San Pedro en el cap. 2: *dominis discolis*[69] aunque malvados. *Quia sic est voluntas Dei, et haec gratia*[70]. quanto mas a los superiores legitimos por este solo título aunque tengan otros muchos: *Si quis autem aliter docet* (añade a Thimoteo) *et non acquiescit sanis sermonibus Domini nostri Jesu Christi supervus est, nihil sciens sed languens* etc.[71]; y con razon, pues Dios les ha de pedir es- [f° 23] trecha quenta de nosotros todo el tiempo que estuvimos a su cuidado, diciendo en muchas partes, lo que en Ezechiel 34. v. 10: *Ecce ego super Pastores requiram gregem meum de manu eorum, et cessare faciam eos ut ultra non pascant gregem* etc.[72].

A. Jesus Padre, que serio que se me ha puesto, me sufoca con esta gravedad de estilos: dexeme Poetizar un poco por vida suya. Quanto me ha dicho lo huviera yo entendido si me hubiera dicho lo de Plauto: *feceris parem tuis caeteris factis Patrem si percoles*[73], que esto del punto y honra me arma mucho, y no se que se tiene que los dichos de los Poetas, y antiguos Philosophos me llenan, porque jusgo que essos se governaban por razon.

P. Bien está poetize quanto quiera si le gusa, pero ya queda vuestra merced instruido de la reverencia que les debe en todo.

A. Si Padre, bien puede proseguir.

P. Pues si esto save, sepa tambien, que a los mayores, que no son superiores debe vuestra merced proporcionado respeto; y assi a los Señores Doctores, Maes-

---

66   HORACIO. *A.P.* 163.
67   *Lc.* 10, 16: El que a vosotros oye, a Mí me oye.
68   *Eph.* 6, 5: Con temor y temblor
69   *1 Pet.* 2, 18.
70   *1 Thes.* 4, 3: Esta es la voluntad de Dios y esta la gracia.
71   *1 Tim.* 6, 3: Quien enseñe lo contrario, en desacuerdo con las palabras de Nuestro Señor Jesucristo, es un soberbio, un ignorante, y lánguido, etc.
72   *Ez.* 34, 10: Aquí estoy yo contra los pastores. Reclamaré mi rebaño de sus manos y no dejaré que lo apacienten.
73   Plauto, Trinum. 2, 2, 4: Harías algo igual a tus demás hazañas, si reverencias a tu padre.

tros graduados, a los que estudian facultad mayor, que la que vuestra merced estudia, a los colegiales mas antiguos debe vuestra merced respetar, atender, honrar, y obedecer en los consejos, que le dieren que conosca le han de ser utiles, porque la verdad de todos se ha de oir.

A. No le de cuidado Padre, que si en esto esta el orden bueno, y armonia de casa de nobles, por mi no se perderá.

P. Sobre estos principios pues, y sobre la maxima de que debe amar a todos: como convictores, en cuya correspondencia vera tambien como le estiman, comenzara a tratar con ellos de esta forma: Con los compañeros de aposento ha de guardar una honrada correspondencia, que le haga olvidar el sinsavor de vivir muchos. Procure, no dar que sentir nada a alguno, sino esmerarze en dar gusto, y servir a todos quanto pudiere, rehuzando el ser [f° 23v°] servido de ellos, pero sin pertinaz resistencia: y quando como cavalleros, quisieren hazerle algun gustoso obsequio, o descanzarlo de algun travajo; lo contrario no es conforme a noble correspondencia. Quiero aqui advertirle de passo una cosa de la que es de sentir Manilla en el libro 2 de Astronomia: *Idcirco nihil ex semet natura creavit pectore amicitiae maius nec rarius unquam*[74]. El mayor consuelo de la vida es un fiel amigo, pero este ha de ser tal, que tenga la mano ligera para darle quanto vuestra merced quisiere, y pueda el darle *Celerem oportet esse amatoris manum*[75].

A. Esto se lo ha soplado de Plauto Padre; ya yo lo havia visto en la Bachis.

P. Si halla alguno tan fiel, que hasta el pecho le tenga avierto, y no solo todos los bienes, no lo suelte: pero mire que *millibus e multis vix unus fidus amicus*: *Hic albo corvo rarior esse solet*[76].

Y raro ay en el mundo de quien no se pueda decir lo que Petronio:
Cum fortuna manet vultum servatis amici
Cum cecidit, turpi vertitis ora fuga[77].

Mientras dura la plata muchos amigos, en acabando te escupen el rostro.

A. Ya me quito mi caudal, parece que tambien gusta de versecitos.

---

74 MANILIO. *Astron.* 2, 600-601. Por consiguiente nada mayor ni más raro que el corazón y la amistad creó la naturaleza.
75 PLAUTO. *Bacch.* 4, 4, 85: Es indispensable que la mano del amante sea diligente.
76 De muchos miles apenas si se encuentra un amigo fiel: éste es más escaso que un cuervo blanco.
77 PETRONIO. *Inc. fort.* 32. Mientras la fortuna es próspera mostráis la cara amigos; pero salís huyendo cuando esta cambia.

P. Para que no pienze, que vuestra merced solo save letras humanas, lo que puedo hazer en este punto es tratar a todos como a amigos, mientras halla uno fiel, que no sera tan breve: assi lo hacen los demas y yo me he llevado esta regla.

Si lo hallare, no obstante ha de procurar tratar con dissimulo, por que amistades particulares en una communidad trahen muchas descortezias y ofenzas de otros, que concilian muchas malas voluntades y singularidades directamente opuestas a la buena sociedad. Vuestra merced no quiera hazerse distinguir, ni conocer entre los de- [f° 24] mas, sino en ser mas virtuoso, mas cortez, y mas docto con que alcanzara el universal aplauso de hombre de todas prendas; assi vera que uniformemente lo procuran todos.

A. Una señora tres dias hace mostraba a su marido gran deceo de entrar en el Colegio, y verlos a todos por que le havia caido mui en gracia el trato de dos, que le havian visitado essa tarde. Su marido que se conoce esta bien informado del Colegio le respondió, si los quieres ver a todos míralos en estos dos, pues todos son unos; Tambien vestidos, mejor hablados, tan modestos, tan atentos, tan civiles. Solo vieras alla un prodijio, que como ves aca dos, que parecen hermanos; vieras alla ciento assi mismo unidos, y estimados como si fueran uno; esto si no lo solemos ver, ni en casa de seis tan solamente.

P. Me alegro de saver el caso, por hay sacare el concepto en que esta el Colegio afuera; pero prosigamos. Como no debe ser facil en dar *illud amicitiae Sanctum, ac venerabile nomen*[78], tampoco ha de buscarse enemigos; y assi con los compañeros de aposento tratara con toda urbanidad, guardando a cada uno, sus fueros, y respetos. Las palabras que le dixe arriba mal sonantes, agrestes y de gente baja no las usara ni por amistad por que alguno le sabria tal vez decir lo que Alexandro Magno a un Philosopho que lo tratava con mucha franqueza. No pense que fueramos tan familiares. En una palabra; cuidara siempre de evitar todo aquello que pueda temer les disguste.

A. No se pare Padre, que me saven estas maximas.

P. Lo mas que le he dicho deve executar con los compañeros, sirvale para los demas, y esto otro. No ha de andar todo el dia entrando, ni saliendo aposentos, ni el suyo, ni el de otros porque le contaran lo que haze una comadreja en un granero infestado de ratones, con poco son- [f° 24v°] rojo suyo. Se han de guardar tiempos para visitar a otros, porque como cada uno tiene sus que-

---

78 OVIDIO. *Trist*, 1, 8, 15: el nombre santo y venerable de la amistad.

hazeres molestara muchas veces sino al visitado, a lo menos a sus compañeros, que no tal vez todos gustaran de su compañia, y esto de ir a mortificar a otros en su casa propria es pesadissimo. Quiera Dios, que si lo frequenta mucho no le hechen alguna indirecta de cobos que llaman y salga vuestra merced con orejas baxas escamado.

A uno se yo que !e dixeron los compañeros de un amigo: Señor Don Fulano, si vuestra merced gusta tanto de este aposento, pues todo el dia vive en el, le suplicaremos al Padre que se lo de, pues nosotros en qualquiera nos compondremos. Las horas de visitas son aca a proposito despues de comer, y cenar y otros raticos en que se ofrecen cosas precisas.

A. A hora de quiete no puedo ir yo por que estoi hecho a dormir la siesta.

P. No me pareze mal essa noble constumbre tan noble como antigua usada de lo mas distinguido como David, Saul, Augusto Cesar, Trajano, Seneca lo dice tambien de si mismo.

A. Aora le pille, la mano, temblando estaba quando me authorizaba mi buena constumbre con los que son mi regla de vivir. Ovidio me enseño a tomar la siesta.
Aestus erat mediaque dies exegerat horam:
Appossui dubio membra levanda thoro[79].
y Catulo Epig. 30.
Nam pransus iaceo et satur supinus[80].

P. Bien esta; aca hay tambien varios que lo usan; otros no, porque o quieren leer algun libro espiritual, o hystoria, o sermones, o por que no pueden aunque quieran o por que no la necessitan. En esto se puede aca lo que se gusta, mas aun con tomar la siesta, que como se supone ha de ser breve ay tiempo para quiete, y visita como se lo dirá la distribucion; y quando vaya a otro aposento guardara esto inviolablemente. Ya save, que afuera es [f° **25**] grande impolitica entrar en una casa *hospite insalutato*[81] sin avisar a nadie como vuestra merced me conto. Pues aca tenemos un equivalente para entrar a otros aposentos, y es tocar moderadamente recio la puerta con la mano, y esperar de afuera, que adentro den licencia, diciendo entre u otro equivalente; pero no alguna vulgaridad, como respondio una vez un moderno poco instruido y

---

79 OVIDIO. *Am.* 1, 5, 1-2: Era el verano, era mediodia; sobre el dudoso lecho tendi mi cuerpo a descansar.
80 CATULO. *Epigr.* 32, 10: Después de comer me recuesto, bien lleno, supino rostro arriba.
81 Sin saludar al huésped.

abriendo hallo a un Padre Prior de cierta religion, con arto descredito, y deshonra, suya. Esto sirve para que los de adentro no se hallen con huespedes quando no quisieran, que al fin en su casa esta cada uno, y haze lo que quiere fiado que está solo, y muchas veces no quissieran ser vistos ni aun de los que se juzgan amigos: Y assi procure no executar jamas lo contrario, ni aun en aposentos en que todos, fueren sus familiares; pues la familiaridad jamas dispensa descortezias, y como no se ha de jusgar de vuestra merced lo que le dissimulen, sino por sus acciones perdiera mucho de su credito, ya que no con los de adentro, pero si con los que lo vieren. A uno que una vez entro assi me acuerdo que un condicipulo le pregunto con dissimulo, Señor por que entran los perros a missa? Prompto el huesped, dixo porque hallan la puerta abierta. No le dixo mas por no sonrojarlo, ni el entendio, que lo que significaba, era que el lo hazia peor que los perros, pues abria sin avisar. A otro no le respondieron palabra alguna, y continuaron con dissimulo la conversacion como si no supieran que avia huesped, y assi avergonzado se mudo. Finalmente ya se ve, quanto dissuena que cada uno en su aposento no pueda estudiar, rezar, leer, orar, dormir, conversar en secreto, tratar un negocio con un particular, tener una visita sin que quieras, o no quieras lo huviessen de saver todos por la groseria de vuestra merced, que se les mete, y aberigua con quien hablan, que visitas, que acusaciones tienen siendo assi, que tal vez les sera arto molesta su compañia por otra parte, y tal vez lo tienen por degollador, e impertinen- [**f.º 25v°**] te.

A. Ya se ve que esto dissuena, y no lo he visto yo executar a fuera a nadie, y entonces se volvieran las casas comunes si entrara qualquiera como perros en la Yglecia, ni fueran las puertas sino superfluas, y se pudieran quitar para ahorrar el travajo a essos impoliticos de abrirlas.

P. Si al tocar moderado, como se supone, y le dixe no le responden, repita el golpe algo mas recio, y si no responden con todo esso se retirara vuestra merced aunque oiga que hablan dentro, porque se supone, que estan ocupados, y no lo quieren a vuestra merced, ni a otro por aquel entonces. Esta diligencia de tocar la usara vuestra merced tambien en su aposento, por mas que en su casa nadie avisse. La razon es, que como vive con otros, tal vez estan sus compañeros indispuestos, y assi ya que no espere respuesta tocara, y entrara despacio, para dar tiempo a que se compongan, o le avisen que se mortifique un poco en querer aguardarze: Y de no observar alguno tal vez esta regla han sucedido graciosas pegaduras, que le contaran sus compañeros. Al entrar quando le den licencia, no ha de ser como corsario a golpes, y con violencia, dando tales empellones a las puertas, que hagan molesto ruido contra paredes. Entrando abra la puerta con reposo y mucho juicio, y luego la dexa como la encontró cerrada del todo, o medio abierta, y mire que en esto se repara mucho. En ningun aposento debe vuestra merced entrar como alcalde, guarda de registro, o Dueño despotico registrandolo todo, andando de aca para alla, preguntando por quanto ve, mandando, riñendo, despreciando, tachando, chritiqueando, pidiendo y ofreciendo, entrando alcovas, abriendo papeles, libros, arcos, y quanto ay. Quando sea superior lo podra executar si le pareciere conveniente, y en su aposento con las cosas que le pertenezen, no mas.

A. Quien jamas hace esto Padre, ya yo bien se, como estan cavalleros en casa agena. [fº 26]

P. Pues no vaya por dicho, si ya lo que no hacen save, sepa, tambien lo que hacen.

A. Esto no tanto, bien puede decir algo.

P. Pues lo que hacen los cavalleros quando van a visita, y aca los concolegas es entrar como le dixe con gran seriedad, y reposo: Saludan a los que estan dentro por orden de caracter, y meritos, diciendo: Señor Don Fulano tenga vuestra merced mui buenas tardes, o dias, como lo ha passado vuestra merced, y respondiendole segun se halla; dira; me alegro mucho, o siento la indisposicion, o el acaso etc. Luego buelto a los demas, dira: Cavalleros me alegro mucho de verlos con salud, y preguntado de la suya respondera como se halla, y luego no obstante mui alentado para servir a vuestra merced, mostrando siempre que el deceo, que tiene se obsequiar a todos, lo mira, v. m. como mui principal negocio, y atencion suya.

A. Esta cortezia usaban ya los antiguos, segun me acuerdo escribe Plauto.

Quamquam negotium est, si quid vis Demipho
Non sum occupatus unquam amico operam dare[82].

Y como en estos actos se tienen todos por amigos, como a tales se ha de tratar a todos.

P. Assi es. Ya vuestra merced hizo la salutacion desde el ultimo lugar, para no dar espaldas a nadie, como se supone, esperara, que le conviden con assiento, y convidado se ira a el ultimo, que aviendose quedado atras yendo mas cerca

---

82 PLAUTO. *Merc.* 2, 2, 16-7: Aunque es hora de negocios, si quieres algo, Demifo, nunca estoy ocupado para ayudar a un amigo.

para que si le corresponde otro le digan *amice ascende superius*[83] y los demás como politicos se lo ofrescan: entonces correspondiendole mas arriba hara el cumplido a los demas y passara no obstante por no ser molesto, y suplicando que se sienten se sentara con ellos a un tiempo. Si no huviere assientos para todos procure vuestra merced estarse en pie suplicando a los demas tomen assiento, pero no arrimado a la pared; ni jusgue que esto siempre es impolitica, sino muy atento y circunspecto; y si el Dueño quisiere quedarse en pie, como le toca no siendo superior o mui desigual [f° **26v°**] tomara vuestra merced el assiento que le corresponde.

A. Mucho cuento es esto Padre, quien se acuerda de todo, yo temo que me he de turbar mucho; no voi jamas a visitas.

P. Ya se ve, que de no saver practicar esto, no ha de ir a ninguna, porque no salga peor, y diga lo que vuestra merced decia en el convite de los Orejones.

Maiorum primus quisquis fuit ille tuorum.
aut Pastor fuit, aut illud, quod dicere nolo[84].

Y de hazerlo con turbacion siguesse perder todo el concepto que la accion indica, pues todas las acciones de politica ha de executar un noble, como tan naturales, que chorrehen de la sangre. Si vuestra merced lo practica exactamente aca, lo sabra executar en breve esto, y lo demas como conviene, pero no si lo ha de ir a practicar a fuera a costa de escarmientos y descreditos, y quando lo llegue a saver, ya habra perdido el concepto en que queria ser tenido.

A. Pues vuestra merced tomara la pena de enseñarmelo practicamente estos primeros dias.

P. Si señor vamos adelante. Las visitas han de ser aca breves por no hazer mala obra a los compañeros de el visitado, que si el esta desocupado, ellos tal vez no tanto, y assi si el negocio es algo largo, se llama afuera al que se necessita con licencia de los que estan dentro, despues de averles saludado. Si al entrar viere dentro algun forastero, o de casa que no guste, no ha de retirarze sin decir nada que es de las mayores groserias, y se da que pensar que la gente le haze miedo como a los Armadillos. Lo que hara sera saludar al huesped, y demas sin turbacion, ni mostrar disgusto desde la puerta y luego para dissimular lla-

---

83 *Lc.* 14, 10: Ven más arriba.
84 Juvenal, Sat. 8, 274-275: El primero de tus antepasados, quienquiera que hubiera sido, o fue un pastor o algo que no quiero decir.

ma a alguno de los de casa pidiendo licencia, y assi evitara la visita el sonrojo de los demas, y su descredito.

A. No me haga tan rustico Padre, ya esto se cae de su pesso, a poca sangre que haya en el ojo, para mi lo mismo [f° 27] es uno que otro para pagarles la cortezia que merecen. El medio de esta parte si me agradó con dissimulo, y lo executaré a la letra.

P. Tambien executará pues esto otro, que no es de menos importancia en orden a la conversacion. Apenas hay piedra de toque de nobleza, sabiduria, y sangre, como de santidad como la conversacion porque apenas hay cosa, que abraze tantas circunstancias. Hay lo que le dixe del rostro, y sus partes; ay lo de los gestos del cuerpo; ay lo de la lengua, todo cabe, y tiene su lugar, y siento no poderselo prevenir todo: pero oiga con atencion, que se lo amontonaré. La afabilidad de rostro, ojos, riza, y demas movimientos de la cabeza nunca se hechan de ver mas que en la seriedad, y presencia de muchos juntos. Todos los movimientos del cuerpo, que no se conforman con los demas son alli notables, y assi andarse meneando al compáz de las palabras como columpio, recostarse, o tenderse sobre los brasos, o respaldar de la silla, poner una pierna ensima de otra, jugar de manos, o pies, rascarse indecentemente, vostesar sin volverse a un lado, y poner la mano u otra cosa en la voca, tocer sin inclinarse para no salpicar con la fuerza del pecho, escupir, y gargagear en medio del corro, desperezarse, acercarse mucho a los vecinos, y hablarles a la voca, u oido, accionar mucho, todas son manchas de un noble en la conversacion; y hasta que vuestra merced Ahijado sepa practicar bien todo lo contrario no salga a publico a conversar.

A. Valgame Dios, Padre, que letania me ha rezado, ya no me acuerdo de lo primero, que dixo.

P. De poco se asusta, essa es la letania menor, oiga la mayor, que ya antes le dixe, que comprenhende muchas acciones una conversacion; vea en la lengua no mas quanto abraza, y esso dexando mucho de lo que le dije ya arriba. Lo 1° si vuestra merced habla en secreto, delante de otros, si mirando a alguno se rie, sin que conoscan [f° 27v°] los demas el motivo decente de la risa, si hace señas, y guiñadas a alguno, y mas si entonces se rie, crea, que sera tachado, por rustico, y le asseguro, que no tendra travajo en resevir visita ninguna por que nadie querra tratar con vuestra merced por que no lo sonrroje, y hara favor a todos en no pisar su aposento; mucho menos quando tengan visita. Lo 2°, si luego que vuestra merced llega *opportune*, o *importune*[85] quiere hablar sin esperar a que como cortezes los demas le den cuenta por ensima del assumpto que interrumpieron por su llegada, diciendole estabamos hablando de correo, por exemplo de tal punto de historia, de tal, question etc. saltara con alguna arracacha, como dicen aca, que les de que reir, y no sin motivo tanto de las palabras como de su groseria. Lo mismo, si vuestra merced sin esperar a ver si continuan lo que trataban, quiere entablar su assumpto. En caso que todos callen les suplicara vuestra merced que prosigan, que no viene a incomodar, y si no obstante rehuzaren por algun motivo podra vuestra merced entablar su assumpto, y guardara estas otras reglas, parlando, y fixeselas bien en la memoria, porque le serviran aca, y afuera, y seran su credito. No quiera ser el Maestro en la conversacion, mucho menos quando ay mayores que vuestra merced en ella; mucho menos ha de hablarselo todo, y no dar su vez a nadie; antes quando alguno ba a comenzar, no ha de interrumpir, ni apuntar sino cedera a el otro totalmente; lo mismo si van a comenzar dos juntos. Quando vuestra merced cuente algo, lo mas que le alabaran es la brevedad; es decir, no ha de contar, como dicen, por quartillos invocando los nombres de todos los que entran en el caso. Si es gente desconocida, o el caso de mui lexos, que ya se ve que lo mismo saca, que si no los nombrara; luego ni todas las circunstancias que no vienen al caso, ni otros casos de por medio; ceñirse a la substancia no mas, y lo que conviene para que se hagan cargo de todo. Lo contrario es propriamente degollar, y quiera Dios que si molesta mucho con inepcias no le digan lo de Ho- [f° 28] racio en el *Arte Poetico*:

Indoctum doctumque fugat recitator acerbus;
Quem vero arripuit, tenet occiditque legendo,
Non missura cutem nisi plena cruoris, hirudo[86].

Y tambien lo de Marcial: *Jam dic dic de tribus capellis*[87] que es decir acabe de una vez, que nos molesta. Luego un cuento largo siempre trahe mil dudas con que no se le da la fe, que requiere la sola substancia contada como diximos en patacones. Por lo qual avisa Seneca in *Medea* el Tragico: *suspecta ne sint, longa*

---

85 2 *Tim*. 4, 2: A tiempo, o a destiempo.
86 HORACIO. *A. P.* 474476: Ignorantes y entendidos todos huyen del lector importuno. ¡Pobre del que cae en sus garras! Lo sujeta y lo mata leyéndole versos. Es la sanguijuela que no lo suelta a uno sino llena de sangre.
87 MARCIAL. *Epigr*. 6, 19, 9.

*colloquia amputa*⁸⁸. Si la verdad que propone es clara o conocida, o facil de entender no se ha de dilatar en sus pruebas por que (*intelligenti pauca*⁸⁹ como dicen) lo contrario es tratar de topos a los oientes.

A. Esto mismo in terminis dice Manillio:

Sed ne circuitu longo manifesta probentur
*Ipsa fides operi faciet pondusque fidemque*⁹⁰.

Ya me voi desengañando, Padre, que quanto me dice, ya lo han dicho otros.

P. Pues, acaso yo le propuse alguna novedad de mi caveza, no le dixe que iba a proponerle las reglas de bien vivir tan antiguas, como los hombres grandes? Esto mismo quiero yo que le confirme mas, en el acierto de ellas pues tiene la satisfaccion de verlas authorizadas con tan graves sentencias de los hombres mas nobles, y juiciosos con que puede dar en rostro al que quisiere critiquearle sus acciones por nuevas, o hazerle burla por tan nobles, y ser reprehencion tacita de las suyas, que nunca puede authorizar sino con testimonios de iguales a el nunca tenidos en el mundo por hombres como lo dice Horacio en el *Arte Poetico*: *quem penes arbitrium est, et jus, et norma loquendi*⁹¹. Prosiguiendo pues nuestra instruccion, supuesto que su conversacion sera como de hombre noble, y sabio observara esto mas con puntualidad. Lo 1° advierte, que *nescit vox missa reverti, et semel emissum volat irrevocabile verbum*⁹² [**f° 28v°**] la palabra que salio ya no buelve dentro, y de estas una sola lo puede desacreditar, para toda su vida; y assi pensar bien antes lo que se ha de hablar, ni se puede en esto precaver en particular todo lo que conviene observar. Sin embargo algunas cosas por mas notables le prevengo. *Quid de quoque dicas, et cui dicas saepe videto*⁹³, dixo Horacio. Atender como se habla de otros, y delante de quienes. En los Proverbios en el cap. 7. verso 24 se dice: *Detrahentia labia sint procul a te*. No mormurar jamas de nadie, que es villania andar siempre *quasi mures edimus alienum cibum*⁹⁴ como dixo Plauto, manteniendo sus confabulaciones a costa de otros. Esto por ser tan frequentes en el vulgo es mas proprio de nobles evitarlo, y para los christianos necessario, pues esta

---

88 SENECA. *Med.* 530.
89 Proverbio latio: Al buen entendedor pocas palabras bastan.
90 MANILIO. *Astro.* 1, 129-130: Para no andar con rodeos probando lo evidente, la fe misma le da peso y fe. (Otros leen "Ipsi res operi faciet pondusque fidemque").
91 HORACIO. *A. P.* 72: En cuyas manos está el juicio, el derecho, y la norma de hablar.
92 HORACIO. *Epist.* 1, 18, 71.
93 HORACIO. *Epist.* 1, 18, 68: Observa siempre de quién hablas y a quién se lo dices.
94 PLAUTO. *Pers.* 1, 2, 6: Como los ratones comiéndose la ración ajena.

mandado no juzgar, a nadie, y no mormurar, y huir, y romper conversaciones semejantes, ha sido siempre caracter de sabios, y santos varones. Oiga como concebia de esto la gran cabeza que ha tenido la Yglesia San Augustin en el aposento donde comia tenia este distico que puede vuestra merced aprehender:

Quisquis amat dictis absentem rodere vitam
Hanc mensam indignam noverit esse sibi[95].

Ninguno del absente aqui murmure, antes quien piense en esto desmandarse, procure de la mesa levantarse. Y se, que un Santo usaba de este medio para huir este vicio grosero. Pensaba que le decia Christo lo que a San Pedro quando quiso saver que seria de San Juan: *Quid ad te? Tu me sequere*[96], y con esto quando veya algo dissonante, o malo en otros, quando oia murmurar lexos de contestar decia: *Quid ad te.? Tu sequere Jesum,*[97] yo no me he de salvar por lo que hacen los otros, sino siguiendo a Christo.

A. Todo esto, y algo mas en particular, tengo apuntado de Horacio:

Absentem, qui rodit amicum,
Qui non defendit alio culpante, solutos
Qui captat risus hominum, famamque dicacis
[f° 29] *Fingere qui non visa potest, commisa tacere*
Qui nequit, hic niger est, hunc tu Romane, caveto[98].

Negro es, dice, el que murmura del amigo, el que no lo defiende, el que quiere hacer reir con tachar famas, el que no save callar, y dissimular, lo que vio malo, y lo que oio en secreto; y tu debes, dice huir con libertad su compañia.

P. Muchas cosas me ha haorrado con adelantarse, no hay sino practicarlas, que yo voi a otras. Si vuestra merced, Ahijado, es savio, no solo no dirá cosa contra alguno delante de otros, para que no le salga al rostro, sino que callara tambien los secretos suios, y los que le hayan encomendado, o expresamente, o tacite por pedirlo la materia. Mire que la experiencia antiquissima muestra,

---

95 POSSID. *Vita S. August.* 22.
96 *Io.* 21, 22. Y a tí qué te atañe? Sígueme tú.
97 Y a tí qué te atane? Tú sigue a Jesús.
98 HORACIO. *Sat.* 1, 4, 81-85: Hablar mal del amigo ausente, no defenderlo si lo atacan, provocar risas indiscretas, inventar lo que no se ha visto, en daño de alguien nada más que para parecer chistoso, no saber guardar el depósito sagrado de una confidencia, eso es de infames, Romano, desconfía de él.

que *nusquam tuta fides*[99], que hay poca fidelidad entre los hombres, aun los que se llaman amigos; mucho menos entre la juventud vidriosa: *ardua quippe fides robustos exigit annos*[100] dixo Lucano, y Seneca: *teneris in annis haud satis clara est fides*[101].

A. Yo jamas he tenido ningun secreto, ni me han comunicado ninguno, y assi no habla esto conmigo.

P. Pues yo le comunico esse para vuestra merced solo, y mire que es raro quien lo sepa, o a lo menos o crea que

Lux altissima fati
Occultum nihil esse sinit, latebrasque per omnes
intrat, et abstrussos explorat fama recessus[102].

Y otros le ire diciendo en adelante para su govierno no para comunicarlos. Oiga para confirmacion de todo lo dicho a Juvenal en la Satyra nona:

O Corydon, Corydon! secretum divitis ullum
Esse putas? Servi ut taceant, iumenta loquentur,
Et canis, et postes, et marmora: claude fenestras,
Vella tegant rimas, unge ostia, tollito lumen...
Quod tamen ad cantum galli facit ille secundi
Proximus ante diem caupo sciet...[103]

Las palabras que vuestra merced hablare han de ser como le dixe arriba al caso, sin interrumpir assumptos, y saltar a otra [f° **29v°**] cosa, sin hacer cama, como dicen; pero no como aquel que dijo: *aora que hablan de licencias, me acuerdo que quando yo estaba en casa murio de repente un hombre que mormuraba del cura*; por que ya se ve que conexion tenga uno con otro; ay otros modos aptos, que ha de discernir la prudencia. Los estrivillos que llaman como son pues, *con que como digo, me entiende vuestra merced, si senor A, pero digo,* y otros semejantes son asy de la conversacion. Pero es mucho mas

---

99 VIRGILIO. *Aen.* 4, 373: En ninguna parte hay fidelidad segura.
100 LUCANO. *Phars.* 8, 282: La fidelidad intachable exige mucha madurez.
101 En la edad tierna no es mucha la fidelidad. Cfr. SENECA. *Thyest.* 317-318: Tacita tan rudibus fides / non est in annis.
102 CLAUDIANO. 8, 273-275: La luz altísima del hado no deja nada oculto, entra por todos los resquicios y la fama observa los más recónditos resquicios.
103 JUVENAL. *Sat.* 9, 103-109: ¡Oh Coridón, Coridón! ¿Crees que puede haber un secreto en la casa de un rico? Si los esclavos se quedan callados, lo manifiestan los animales de carga, los perros, los portalones de sus mansiones de mármol. Cierra las ventanas, cubre con cortinas los resquicios, echa llave a las puertas, apaga las luces... Lo que hace antes del segundo canto del gallo, ya el cocinero vecino lo sabe antes del amanecer.

fuerte, y picante el de dichitos agudos para zaherir, y sonrojar a los presentes. Sean sus palabras suaves, y cariñosas, que muestren tiene un corazon de oro, ingenio de seraphin, y alma de bien aventurado, con esto alcanzara aquella gran alabanza que se concede a pocos:

Omne tullit punctum qui miscuit utile dulci[104].

Y sus conversaciones seran tan buscadas, y deceadas de la gente republicana, como de las Abejas lo son las flores.

A. Como Oraculo?

P. Nada menos, y mucho mas, aun si esta en estas maximas que son: la 1ª dissimular descortezias, y faltas que hizieren otros con vuestra merced si es en palabras descomponiendose alguno, tachandolo en alguna cosa, zahiriendolo, o no dandole lo que sus meritos le merescan; en los quales casos, si vuestra merced dissimulara, y no volviera mal, sino bien por mal, se acreditara del hombre mas savio, y prudente.

A. Esso no, por que me tendrian por tonto.

P. Nada menos fuera, y en todo casi seguro esta, que durara esse concepto; porque savido esta, que *stultitiam simulare loco summa prudentia est*[105]; y en essos casos siempre, le dire a razon; porque quando el otro fue impolitico, y dessatento para saherirlo de otros, suponese, que tiene perdida la verguenza para continuar y a trueque de salir vencedor de vuestra merced, no se le dara nada de armarse como la gente de calle con una griteria de dissonancias; y assi si vuestra merced le contesta, se precipitan ambos, y mas [fº 30] en assumpto de ingenios agudos, y promtos en que nadie quiere ceder como dice Marcial: *Qui velit ingenio cedere rarus erit*[106]. con que es mejor sabiduría en estos casos callar, que si una bala da en un costal de algodon ay muere sin hazer ruido; pero si en una campana, que es un necio alborota a una ciudad entera; y esto Ahijado, observelo por vida suya, por mas que se le ofrescan sazonadas palabras con que responder.

A. Ya, Padre, no respondere, que me ha hecho acordar una sentencia famosa de Ausonio que me ataja. *Quid* (pregunta) *prudentis opus*? Y responde: *Cum possit, nolle, nocere*. Y luego. *Quid stulti proprium? Non posse, et velle nocere*[107].

---

104 HORACIO. *A. P.* 343-344: Aquel da en el clavo que mezcla lo útil con lo agradable.
105 CATON. *Dist.* 2, 18, b: Aparentar ignorancia a tiempo es gran prudencia. "Stultitiam simlare loco, prudentia summa est".
106 MARCIAL. *Epigr.* 8, 18, 10: Raro es el que quiera ceder a otros en talento.
107 AUSONIO. *Septem sapientum sententiae*, 6-7 (Bias Prien.): ¿Qué es lo propio del prudente?

Con que mas quiero con un prudente dissimulo acreditarme de sabio, y al contrario de necio con el mismo. Pero una cosa me haze mucha fuerza, y es la verguenza que passare en tales casos, que luego los colores salen al rostro.

P. Este punto haze mucha fuerza a los Jovenes poco entendidos, y sin razon, pues nunca el pudor, y verguenza ha sido tacha de buena crianza, sino circunstancia mui necesaria diciendo un antiguo sabio: *decet verecundum esse adolescentem*[108]. Y otro tuvo por seña indefectible de buena educacion en su hijo el averse avergonzado de una falta, que le reprehendia, assegurando en el mismo pudor la verguenza, diciendo: *Erubuit; salva res est*[109]; y lo contrario se repara no poco en los mosos, y se explica con decir: lo peor es, que se queda tan sereno, como si nada huviera hecho. Vuestra merced no se averguenze quando ha de hacer cumplidos, y aun quando son de personas mui superiores, no se le da nada si passa su poco de rubor: en lo demás, quando no sienta tal mutacion en si, no fie de su porte, que peligrara ya de libre.

A. Yo pensare esto; por aora no prometo nada, que es mui duro el cuento.

P. No ay en esto que pensar es regla fixa, de hombres sabios: voi a otra cosa. No meter en conversaciones latinajos como negro *sumptus adaequate*, etc. y textos a porfia, porque suele ser señal que no saben otra cossa que essos terminos y [fº 30vº] por otra parte gran necedad entre gente que no lo entiende, e impolitica aun entre los doctos. Hablemos, Ahijado, como nos hablan, y no queramos singularidades, solo esto se perdona y viene al caso, quando es alguna sentencia, o confirmacion que trahida da alma a todo el assumpto; pero pocas veces quando no es materia, y auditorio que lo pide. Tambien en la conversacion se ha de guardar otra moderacion, y es no querer de repente entablar conversaciones a su gusto, es decir aunque sean sabias, y santas: en todo esto ha de ir con su prudencia, y trayendolo poco a poco a su molino; y assi bueno es que hable espiritual y de letras en lo qual mostrara su buena crianza y sabiduría: pero no assore los animos con violencias que en lugar de fruto, y gusto agrazará a los demas y v.m. llevara alguna pesadumbre. Si se murmura, o se habla de cosas ineptas, como de mercancias, y cosas de campo, vajas etc., no hara sino bien en callar y tomar sus medidas para cortar el caño, porque de lo 1º no debe gustar un christiano, y las inepcias jamas han hecho suave armonia a los doctos. En una palabra *singula quaeque locum te-*

No hacer daño, pudiendo hacerlo. —¿Qué es lo propio del tonto? Querer hacer daño y no poder.
108 PLAUTO. *Asin.* 5, 1, 6: Conviene que los jóvenes tengan verguenza.
109 TERENCIO. *Adelph.* 4, , 9: Se ruborizó; salvóse la situación.

neant sorita decenter[110] dixo Horacio, y quando no se opone a costumbres, ni urbanidad, *temporibus servire decet*[111]; dixo Ovidio: es necessario acomodarse a costa de una poca mortificacion, fruta que entre hombres no ha faltado jamas, y sin la qual no hay que entrar en trato que se funda en estas dos raizes que tambien lo son de la virtud, humildad, y mansedumbre: encomendando Christo las aprehendamos de el en particular, como especiales: Díscite a me *quia mitis sum, et humilis corde*[112]; y assi ser humilde para dexarse cortar algo de lo que se le debe, y manso, y afable para no cortar a nadie. Esto me olvidaba, hallara una especie de gente *Gnatonica* de su primer fundador *Gnaton*, truhan en una comedia de Terencio, cuyo modo de vida era adular, y labar la barba continuamente de un simple capitan, con que le arrancaba quanto queria *Hos tu fuge*[113]. Ahijado hui- [fº 31] a no solo de estos por que bajo aquellas palabras de alabanza, que le dieren: *impia sub dulci melle venena latent*[114] dijo Ovidio le quieren arrancar algo; sino tambien de adular a nadie por que no le tachen a vuestra merced de essa codicia, y assi por mas que sea proverbio antiquissimo de Terencio que *obsequium amicos, veritas odium parit*[115]; y segun la maxima de Neron: *qui nescit simulare, nescit regnare*[116]; sea siempre amigo de la sinceridad, verdad, y entereza, que es lo mas admirable, y reparable en un hombre: *principem enim non decet labium mendax*[117] dixose en el Ecclesiastico: y Christo: *Sit sermo vester est. Non si No*[118]. Lo que oye y lo que siente, nada mas, y gustando vuestra merced que assi traten otros en sus cosas; sera hombre como decimos enterissimo.

A. Ya yo dire a mis amigos oi no mas lo que el otro mi amigo.
Nolo ego te assentari mihi.
Ego verum amo, verum volo dici mihi, mendacem odi[119].

P. Si vuestra merced hace esto, y lo cumple, con todo lo que le dixe arriba, y se save acomodar tambien a sus confabulantes, que quando la materia es seria,

---

110 HORACIO. *A. P.* 92: Cada cual conserve los límites y guarde el estilo.
111 Saleii Bassi, *Carmen ad Pis.* 143 Conviene acomodarse a las circunstancias.
112 *Mt.* 11, 29: Aprended de mi que soy manso y humilde de corazón.
113 Huye de estos.
114 OVIDIO. *Am.* 1, 8, 10: Perversos venenos se ocultan bajo la dulce miel.
115 TERENCIO. *And.* 1, 1, 41: Los regalos ganan amigos, la verdad el odio.
116 Cfr.PALING. *Zod.* 4, 684: Quien no sabe aparentar, no sabe reinar.
117 Cfr. Prov. 17, 7: No está bien que el mandatario sea mendaz.
118 *Mt.* 5, 37: "Sit sermo vester: Est, est, non, non" Que sea nuestro lenguaje: sí, sí, no, no".
119 PLAUTO. *Most.* 1, 3, 19 y 24: No quiero que me adules. Yo amo la verdad, quiero que me digan la verdad. Odio los mentirosos.

siga con mucha seriedad, quando de diversion, y lepor vuestra merced tambien muestre su ingenio, y alegria pues sin faltar al decoro, ni vulgarizarse mayormente quando pueden oir otros: pongo exemplo si le dan o fuere a aposento que da a la calle en qualquiera rizada descompasada, o palabra mal sonante, y levantada, qualquiera acción que se pueda oir de afuera, lo que desacreditara a vuestra merced y a todo el Colegio, y assi haria injuria a los demas que serian confundir dos en un concepto mismo con vuestra merced: si guarda todo esto, digo, no se nos hara a nosotros tan dificil de entender aquello que Salomon ignoraba del todo: *Via viri in adolescentia sua*[120], la vida de un joven racional, que comunmente no lo pareze siendolo por lo estraviado de su norma de vida.

A. Lo que yo voi reparando es que ni el derecho [f° 31v°] civil y canonico juntos, tienen tantas leyes, como esta facultad de la Politica; y assi podrian dictar curso, como de las demas facultades, que en tres años algo aprehendieramos.

P. No se fatigue tan breve; es mucha fabrica un hombre; y exercita muchas acciones sobre todas las quales tiene derecho la politica, y en las de el noble, no perdona ninguna con tal authoridad; hasta aora no mas le he enseñado lo perteneciente al trato, que ha de tener en los aposentos, y conversaciones; no quiere saber, lo que ha de executar en los demas puestos del Colegio?

A. Si; yo todo lo quiero saver, y quisiera averlo savido siempre todo, porque dixo un sabio, que la mejor, y l^a sabiduria, es no aver jamas sido tonto, *et sapientia prima stultitia caruisse...*[121] y assi bien puede decir, que la dificultad, que yo tengo es que se me quede todo.

P. Pues yo le daré todo por escrito, y assi lo podra leer quando quiera, y le sera mas util esta lección, que la de fabulas, y cosas imaginarias, que de nada sirven; y assi: *hoc lege quod possis dicere jure meum est*[122]. Esto que lees es mio; ó yo mismo soi, la escriptura esta viva y animada.

A. Diga, pues, y escriba, que le prometo leerlo *diurna, nocturnaque manu*[123]; ya me puse en la caveza hacerme celebre, y que se hable de mi.

P. Esto se lo conseguira, yo salgo fiador, y prosigo. Quando salga de su aposento procurara, que todo su traje este decente, y de como quien es limpio, y asseado, y compuesta toda la ropa.

---

120 *Prov.* 30, 19: El camino del hombre en su adolescencia.
121 HORACIO. *Epist.* 1, 1, 41-2.
122 Lee sólo lo que puedas con todo derecho decir que es tuyo.
123 HORACIO. *A. P.* 269: De noche y de día.

A. Dexe contarle esto, antes que prosiga. Un dia de los primeros, que estaba yo en Santa Fe, encontré a un monigote en la calle de sotana cerrada, mostrando por detras todo el espinazo, y piernas, y con las medias hechas una criba riendose todos los que lo veyan: fue el caso, que quando se pondria la sotana se le quedo en el cuello la mitad del atraz; y el pobre salio assi, haciendo mui autenticas [f° 32] cortezias; anduvo toda la calle real; que tal sino huviera llevado calzones, o medias?

P. Pues andar con cuidado en como se sale al publico. Ya pues, que esta vuestra merced en corredores, serame liberal en hacer cortezias a los que encuentre sin esperar a que se las hagan a vuestra merced, que la honra no está en quien la resive, sino en el que la da dixo Santo Thomas, y Aristoteles. Si es mayor que vuestra merced, tiene obligacion en adelantarse, y si le previenen es nota para vuestra merced de descortez: no se descuide en esto porque los demas como tan instruidos, no se descuidaran en acordarçelo con su cortezia; pero esto no se entiende quando passean en un corredor varios subiendo, y baxando: en estos casos basta la 1ª vez que se topan aunque sean los superiores. Si lleva el bonete se lo quitara cogiendo el pico con tres dedos no mas de la oreja derecha, y no el de la frente, que se le reiran mucho, porque esso es de poco instruidos; y que algun Orejon se lo pone por chansa lo toma, y se lo quita como v. merced verá; ni ha de levantar el codo a igual de la caveza, que cayera en la misma nota, sino levantara la mano derecha, y se lo quitara perfectamente con mucho garbo, que le de no se que realze a la accion, y volviendoselo a poner, no se lo sentara sobre las orejas torcido, que esto muestra la caveza tan inclinada a frioneras, y niñerias como lo está el bonete, y a primera vista es contra la seriedad, y gravedad de Bartholo, como vuestra merced vera. En lo mismo cayera, si se lo sentara sobre la ceja como para mostrar ceño, y como se ve, que es afectado mas mueve a risa, que a respecto. Cuide siempre ir como los demas, y natural, por que toda singularidad es reparable, y sino es en virtud, letras, y urbanidad luego muestra poca nobleza de sentimientos, y juicio; pues se para la atencion a estas baxesas; lo cierto es, que si se le preguntara a vuestra merced, que pretende con ello, le saldrian al rostro los colores, y no se atrebiera a dar la cabal respuesta, que aunque vuestra merced no la diga, bien la conocen todos; y si vuestra merced se descuida en esto, vera como alguno le pregunta, si pienza con aquello hazerle miedo, y el desprecio ira tras la pregun- [f° 32v°] ta, por mas que vuestra merced diga, que assi cayó casualmente, que no se para en esto.

A. Yo pensaba, que el bonete se ponía dos picos delante, y dos atrás.

P. No assi, que por delante pareciera un ternero: en la frente ha de caer el uno, y assi tan bien repartidos los demas, señalando los quatro puntos del universo. Prosigamos; quando vuestra merced ba por un corredor, y otro viene de la parte contraria, si ban ambos por medio le dará la derecha, inclinandose vuestra merced al lado izquierdo con tiempo, y hará su cortezia, sin excepcion de amigos, porque ya le dixe, que la amistad, no dispenza a la urbanidad.

A. Y si llevo el gorro solo, como haré la cortezia, que vuestra merced solo me previno el bonete?

P. En esto puede aver tal qual dispenza por ser los gorros por su fleccibilidad tan dificiles de poner, y quitar. Quando es solo cortezia de passo con los superiores se lo quitara casi de el todo por la frente inclinandolo acia atras, con esso facilmente lo buelve por el camino por donde salio; lo mismo hara con las personas de caracter que de afuera tope en los corredores; con los demas sus concolegas hara la misma accion, pero no tanto para hazer distincion de personas; y esta accion si la acompaña con una moderada inclinacion de caveza, y medio cuerpo sin afectacion la lucio, y lo tendran por theologo viexo. Quando empero vaya a hablar o encuentre a gente de afuera mui grave, y la salude para acompañarla, se lo quitara del todo y volvera a ponerselo, quando se lo supliquen, y no antes; lo mismo quando hable con algun superior, no se cubrira hasta que se lo manden; con los demas hara al llegar la cortezia como arriba, y se volvera a cubrir. No este jamas con la mano en el gorro sin quitarselo, ni ponerselo hablando con otros, o que pareciera a Atilas apuntalando el cielo que se le quiere caer encima. Esto hacia admirablemente aquel culto de [fº 33] quien le hable arriba, que vuestra merced decia si era un Matachin.

A. Que mucho que hiciera esto, si hacia aquellas otras cosas! Yo lo creo mui bien; yo me guardare de parecerme a el en nada.

P. Hara como debe, y como quien es en esto; pero tambien guardara esto otro; quando vuestra merced baxe una escalera, y suba algun superior, o persona de forma de afuera, se parara vuestra merced en donde se halle hasta que hayan passado, y si le suplican, que prosiga hara vuestra merced su cumplido, instando a que sean servidos de passar, y no permitira lo contrario, hasta el punto de no ser molesto, en el qual caso dirá: *por no ser molesto, me tomaré la libertad de passar*: lo mismo si se halla en algun passo estrecho, dara vuestra merced lugar, parandose, a que passe el mayor. Con los concolegas mayores, y mas antiguos, bueno sera que haga el cumplido, especialmente quando son condecorados con grado, y meritos; y si le viere yo pelear algun dia sobre quien cedera a quien me edificará mucho, y cobrara gran concepto conmigo.

Si vuestra merced no estubiera en el colegio, y viniera a visita topandose con alguno de estos, no lo hiciera assi?

A. Si los de afuera lo hazen si, y sino, no.

P. Ya se ve, que lo hacen los de afuera. Vuestra merced lo vera, quando se encuentre con alguno en alguna escalera.

A. Mejor fuera hacerlo como el otro passar a toda prisa por tres, o por delante sin hacer no solo cumplimiento, pero ni cortezia, agachar la caveza, y assi ba uno sereno a lo que tiene que hazer.

P. Dize bien lo mas que yo celebrara en este caso fuera la serenidad. Ciertamente no puede pensar mejor, para que quien lo viera no lo admirara, pensando que es algun mulatico disfrazado de colegial, y si añadiera un chiflido passando lo acabara de coronar.

A. No pues esso no me agrada abrenuncio, que yo soi noble, y no quiero perder mi caracter; yo lo decia solo [f° 33v°] por la conveniencia de marchar luego.

P. Mas conveniencia es el buen nombre, y fama que dixo el Espiritu Santo que *est melius, quam divitiae multae*[124], y esto no se alcanza sin estas que parecen menudencias, y estas otras. Si vuestra merced esta sentado en una escalera no tendido, que esto es solo decente en la cama quando passa algun superior, o gente grave de afuera, se levantara para hacer la cortezia. Si es concolega de caracter, hara de el que ba a levantarse al tiempo de hazer la cortezia; si es menor, no hara mas ademan, que la sola cortezia. Tambien si se topa con otro de improvisso en alguna esquina o se parara, sino hay tiempo de retirarze o se apartara contra ella, para que el otro no haya de dar la buelta, sino seguir su camino, como iba. Lo mismo en los descanzos de las escaleras. Si acaso alguna vez por descuido andubiera corriendo, que como le dixe es contra la seriedad, y cortezia de un colegial, menos quando inste alguna cosa importante que lo pida; en viendo a algun superior se ha de reposar, y no proseguir la corrida, que es falta de respeto lo uno, y lo otro evitara la correccion que sin duda, se la dieran para atajarle la inmodesta carrera.

A. Si yo corriere ya se la perdono. No me dixo arriba que era de chasquis? No he menester mas. Prosiga.

P. Quando se acompañe, por los corredores con otros ha de guardar tambien ciertas medidas. Amigo de la santa humildad, tomara para si la izquierda, y dara la derecha, y medio a los demas como pidiere el caracter de los compa-

---

124 *Prov.* 22, 1: Es mejor el buen nombre que muchas riquezas.

ñeros; no se quedara atras como lacayo, ni se les adelantara como page, sino al lado mismo, pero sin irles arrempujandolos, ni tocarles *a dextris, et a sinistris* como dicen: guarde su lugar con sociego. Mucho menos se les adelantara en passos estrechos en que no puedan passar juntos, ni cargara sobre [f° 34] los hombros de alguno, su mano, ni andara agarrado de manos, que esto solo los niños suelen hacerlo. Quando se desmaye, o se quiera caer, ellos como caritativos le ofreceran hombros, y manos.

A. De cargarme sobre nadie puede estar seguro, porque me escarmento una vez un condiscipulo con la mayor afrenta que se pueda pensar; andabamos una vez de passeo por la tarde, yo como suelen los muchachos me colgue de sus hombros, y anssi andubimos un buen pedazo, quando me pregunta el con dissimulo, que padece vuestra merced compañero? Yo no sabia que estubiesse enfermo; y respondi yo que nada padecia. Luego el, pues como oy no comio, desganado debe estar a lo menos? Si comi, respondi, y bien por que oy estuvimos de boda en casa. Entonces el con mucha gracia: pues cata vuestra merced el peso, que yo sentia que me abrumaba. Y volviendome los ojos añadio: por vida suya tengame compacion que yo no tuve boda. Le asseguro, Padre, que me quede de piedra.

P. Bueno es, que se conosca lo que va de aprehender por leccion, a escarmientos que no tienen poco lugar en lo que se sigue. Quando de los compañeros se separa alguno nunca permitira vuestra merced, que le passe por detras, sino retirandose vuestra merced le obligara a que vaya por delante, y si porfia en passar por detras dara vuestra merced media buelta de suerte, que le de la cara en separandose, como el la dara si le passa vuestra merced por delante. Las espaldas no se han de dar jamas: luego si entra, o sale de aposentos con otros dexara que passen delante los demas; lo mismo si quando entra vuestra merced ba a salir alguno de adentro, o al revez, dexará que vayan primero los otros: por que no vayan a estrujarze en alguna puerta, o passo estrecho. Tampoco debe hacer a nadie cortezia de espaldas, como si estuviere reclinando en alguna barandilla cara al patio: debe volverse de cara para hacerla a quien passa sea quien fuere. Si tuviere pereza, y floxera de moverse, siempre es mejor [f°34v°] no hacer ademan alguno de cortezia, como si no reparara, que hacer cortezia sin volverse, por que esta cortezia, ni los Orejones la usan. Lo mismo hara, si esta parado en algun corro con varios, y vuestra merced esta de espaldas al corredor, quando passe alguno abrira el corro con media buelta contra la parte de donde viene el que se ha de saludar. Y si alguno se llega al corro dara el mejor lugar abriendose por la parte donde al otro le corresponde. Ya que en tiempo de frio lleve la opa revosada, no salude, hable, ni haga cortezia a persona de caracter puesto el revozo, que es notable y tamaña, nullidad de gente de esplendor, y en la calle se quitan tambien el de la capa.

A. Padre, se acabaran en este año, las leyes de la politica? Yo creo, que faltara tiempo para decirmelas, y papel para escrivirlas. Sera menester mas, que el que ocupan todos los tomos de la libreria?

P. Si lo quissiera decir todo ya se ve; piense que no le dire la centessima parte, aun con lo que falta, que no es poco; fiado en su buen talento, que de unas cosas sabra sacar otras, y de lo que vea en los demas que le guste, y de afuera lo que le dissuene; y su misma sangre recogerá, o que yo me dexe en el tintero tocante al trato con los de casa, que yo passo aora a enseñarle como tratara a los de afuera despues de averle enseñado lo que toca a los actos de communidad de adentro.

DIALOGO QUARTO
LO QUE DEBE GUARDAR EN LOS ACTOS, O FUNCIONES DE COMUNIDAD

P. San Juan Chrisostomo en el libro tercero de sacerdocio dice, Ahijado, que los que hacen vida retirada, y sola tienen la ventaja, que la misma soledad hace sombra a sus faltas, y es como su velo: *qui privatam, et quietam* [f° 35] *vitam vivunt solitudinem habet suorum vitiorum tanquam velamen quoddam*[125]; pero los que viven en sociedad, y hacen vida publica, no pueden esconderlos de los ojos de los demas. Conforme a esto Claudiano dice, e inculca al Consul Honorio:

Hoc te praeterea crebro sermone monebo
Ut te totis medio telluris in Orbe
Vivere cognoscas, cunctis tua gentibus esse
Facta palam[126].

Que entienda, que lo estan viendo las gentes, y censuran sus obras por aquella medida de arriba. *Omne animi vitium tanto conspectius in se crimen habet, quanto qui peccat maior habetur*[127], por la conocida obligacion que sabe el publico tiene cada uno de vivir, segun, pide su caracter, y por lo que le dixe

---
125 S. JUAN CRISOSTOMO. *De Sacerd.* 3.
126 CLAUDIANO. *Nupt. Hon.* 118: Una y otra vez te vuelvo a exhortar que en medio de todo el orbe de la tierra aprendas a vivir de modo que tus obras sean patentes para todos.
127 JUVENAL. *Sat.* 8, 140-141: Todo vicio del ánimo tiene en sí una culpabilidad tanto más visible cuanto es más notorio el que peca.

arriba, que unas acciones; son tachas en unos quando en otros no se reparan: y assi dixo Cicercn que malas acciones en hombres de sangre por otra parte los hacen no *tam genere insignes, quam vitiis nobiles*[128] como famosos libres, y en buenas palabras malvados; por el contrario unas constumbres, y virtudes ennoblezen la que fue sangre, y linage baxo, segun el parecer de todos los antiguos, y el juicio de todos los buenos que las reuaran: de una, y otra parte no ay cosa mas abundante en los libros que claros exemplos, y los vemos cada dia entre nosotros. Por esto, Ahijado, quissiera, que en estas maximas que voi a darle se fundaran bien, porque como son acerca de las acciones que debe hacer en precencia de todos; no puede evitar su crimen, y concepto que indeliberadamente han de hazer todos, aunque no quissieran a proposito jusgar de vuestra merced.

A. Buena estuvo esta doctrina, Padre. No ay duda que importa mas esmerarse delante de otros para alcanzar buen concepto, y credito de bien nacido, y mas me importa a mi que por ser tan distante, no es conocida aca mi familia, y como ay muchos grados de nobleza yo quiero que conoscan que no soi noble *utcunque* sino mui noble, ni solo blanco, sino bien encendido. [f° **35v°**]

P. Dice bien, Ahijado en unas acciones mismas imprime cada uno zelo de su caracter segun toda su extencion. Un cierto rasgo, y no se que perfil saben dar los grandes a sus acciones, que ciertamente los distingue de un mero noble; mas esto lo conoce quien lo ve, pero no lo ha de saver explicar: la sangre lo suele dar a cada uno sin que el mismo sepa decir en que consiste: yo le dire la substancia de las acciones que ha de executar. El realze, y perfil se lo dara vuestra merced segun su nacimiento; no obstante le aviso esto en general. En toda accion noble la ha de poner un ayre de natural que se conosca, que no se hace con violencia, y afectacion, sino como quien en su vida no ha savido hazer otra cosa, porque entonces se hecha de ver que lo heredo con la sangre de sus mayores, y si ay, o se conoce afectacion, o violencia, luego se conoce que es arremedar, y assi prestado; con que es preciso poner en esto gran cuidado, y atienda a la substancia que ya voi a comenzar.

Capilla e yglesia

Supuesto que ya sabe el respecto, que debe a sus Padres, y superiores, que estan en su lugar tal, y tan apretado, como que dice Dios en el capitulo 27 de el Deuterenomio: *Maledictus, qui non honorat Patrem, et Matrem suam*[129].

---

128 Quinto CICERON. *Ad M. T. fratrem de pet. Cons.* 5.
129 *Deut.* 27, 16: Maldito el que no honra a su padre y a su madre.

Y manda que sea apedreado el inobediente, y que oie mal los consejos, que le dan: el que debe también a sus superiores, que estan en lugar de Padres, y a los maestros como de ellos dixo San Geronimo, y Aristoteles, que no ay precio equivalente con que pagar los Hijos a sus Padres, y los Discipulos a sus Maestros la obligacion que les estan debiendo. Conforme a lo qual el Gran Alexandro lo honro con decir, que le debia mas que a su proprio Padre: no sera dificil de darle a entender como ha de honrar a su Dios en su casa propria que es la Yglesia; es decir con que modestia ha de entrar en que postura se ha de poner, los pensamientos que ha de llamar, las palabras que ha de hablar, las salutaciones, y despidos, [f° 36] que ha de executar. En una palabra le esta mirando Christo con los ojos mismos, con que miro a San Pedro, y a los demas que vivieron con el en carne mortal, y con la misma justicia con que ha castigado miles de irreverentes en la misma Yglesia, y con el mismo cariño que cada dia premia a los devotos.

A. Esto es mui universal; digame en particular un methodo para estar en la Yglecia, y lo que ha de hacer alli, y lo que no he de hacer.

P. Bien esta, yo le dire lo que puede hacer aca en la capilla, y de ay aplicara vuestra merced, lo que ha de hacer en toda Yglesia. Lo 1° quando va a la capilla, no de los ultimos, como se supone (porque es mal exemplo, y escandalo de los demas, que tal vez se le reiran, y pensaran que el diablo se le llevo ya la 1ª obra del dia por la pereza) puede ir rezando algun Psalmo, Te Deum, Padre Nuestro etc. o continuar lo que rezo mientras se vestia. Quando llegue a la Puerta de la capilla, puede penzar que entra en el cielo, que es en la realidad el de la tierra, pues se goza de Dios de el modo que aca se puede; y decir, y hacer lo que San Bernardo, esto es *intra in gaudium Domini tui*[130]a su alma; y dexar en la puerta todo cuidado, y pensamiento terreno: diciendoles que lo dexen hasta que salga. Tomando agua bendita, se santiguara bien, y pedira buenos pensamientos. Luego se arrodilla, que assi debe estar siempre, menos que la necesidad, o enfermedad no se lo permitiere, que entonces se sentara, pero estara con modestia. Tenderse, estirarse, o embozarse en el templo, ya se ve, que no es sino impiedad, y gran irreverencia en la casa de Dios: lo mismo el hablar, sino lo sumamente inevitable, y el andar mirando, quanto hay en la Yglesia, volverse a qualquiera ruidito, reir, y jugetear, y toda accion descompuesta muestra que ni se habla, ni se mira ni se pienza en Dios, y assi que en la puerta no dexo nada al entrar, ni tomo de nuevo, y en verdad, que delante de una visita de quatro personas medianas, no digo de [f° 36v°] un Rey, no

---

130 *Mt.* 2 Entra en el gozo de tu Señor.

estaria vuestra merced assi. Despues de puesto en esta devota figura, hara vuestra merced el ofrecimiento de las obras como dixe, y los propositos; y puede tambien ofrecer quantas misas se dicen en el mundo, que se computan cerca de dos millones, pues cada sacerdote lo ofrece, pro omnibus, *qui tibi offerunt hoc sacrificium*[131], diciendole a Dios, y es este un thesoro estupendo de meritos; lo demas del tiempo emplera en buenos pensamientos, y santas oraciones, sobre lo qual puede determinar alguna cosa quotidiana, y fixa, con que empleara bien tan dichoso tiempo, y los ratos de yglesia, que por nuestra flaqueza, se nos hacen largos, se le haran un soplo. Sea devoto de ayudar missas, que es mucha dignidad embidiada de los Angeles el servir inmediatamente en la mesa de Dios; pero quando lo haga dese a conocer en todas sus acciones, que save lo que hase en la modestia, circunspección, y puntualidad en administrarlo de el oficio.

A. Ya me dijo, lo que he de hacer, digame ahora lo que no he de hacer.

P. Ya esta dicho: haga esso, y no haga otra cosa tocante al exterior En lo interior el Angel de Guarda (sic) le subministrara, lo que ha de hacer. Vamos a otra communidad.

Refectorio

P. Ha de entender, Ahijado, que la pieza mas respetable que hay en una comunidad, despues de la Yglesia, es el refectorio, porque se mira, no tanto como lugar de alimento el cuerpo como de sustentar el Alma por la leccion espiritual, que se oie mientras se come; y assi tiene sus bonitas reglas la politica acerca de esto.

A. Con que tambien se entra la politica en refectorio? Quiera Dios que no sea politica el comer poco.

P. En todo sin excepcion se mete la politica, y mas en el refectorio, y mesas de convite, porque como el comer es acción encaminada solo a satisfacer el [f° 37] apetito, y sentido del gusto si no se racionaliza un poco con el modo, nos assemejamos luego a las bestias, y assi es aun mas importante reflexionemos sobre esto, cargando en ello la atencion, que las reglas son hermosas.

A. No cargue Padre mucho contra la comida, lo demas como quissiere.

P. Lo primerito, que hallo en la antiguedad son preceptos de abstinencia para alargar la vida, gosar salud, estar apto para travajar de cabeza, y aun es mas para ahorrar muchos pecados, que son impoliticas del mayor tamaño, aconse-

---

131 Liturgia de la Misa: Por todos los que te ofrecen este sacrificio.

jan los hombres grandes la parcimonia. En efecto ellos la usaron con tal rigor, que huvo muchos, que no tomaran nada cocido, sino las verduras, y lo demas sin alterarlo en nada de como lo da naturaleza, y assi ni carne, ni guisos de otra cosa, y algunos pretenden, que antes del Diluvio Universal era assi en todo el mundo; nosotros no nos metamos en disputas criticas. Los Dicipulos de Epicuro, concedieron privilegio a estos siglos para no experimentar los daños que se siguen del luxo, y destemplanza en la comida.

A. Como es esto de este privilegio? A los Nobles tambien?

P. Pobres estan exemptos del privilegio por no haver sobre que caiga, y assi el es para los que tienen, que regularmente son los que se nombran nobles, y assi nosotros gosamos aca tambien del privilegio, pero con que moderacion. Se toma su desaiuno por la mañana, a medio dia se come, se merienda por la tarde, y de noche la cena corona el dia, pero con tal templanza que nos mantenemos para poder estudiar, sin que para lo mismo nos estorben.

A. Bueno está esto, tantas repeticiones de comida, no me pareze mala templanza, y moderacion.

Quid diceret ergo
vel quo non fugeret, si nunc haec monstra videret
Pithagoras? cunctis animalibus abstinuit qui
tamquam homine, et ventri indulsit non omne legumen[132].

Sin duda rabiara Pithagoras, pero buen provecho le hagan sus le- [f° 37v°] gumbres. Prosiga, que esto esta al paladar.

P. Todo esto es aora necesario para aguantar la carrera de los estudios, y vuestra merced vera que tal sabe la campana de onze, y media, despues de aver andado por los corredores, los ciento, y treinta stadios, que los Egipcios mandan a sus jovenes correr antes de sentarze en mesa, y assi tiene ya dispenza general, pero con este pacto, y leyes que le ire dando. En quanto al modo de prepararse, entrar, estar, comer, y salir de la pieza donde a estilo, y constumbre de los Egipcios, Parthos, Romanos, Persas, y de toda casa de communidad nos juntamos. En quanto a lo 1° que es prepararze entienda pensar, que no se vive para comer, sino que se come para vivir; gran diligencia para que todo se haga conforme, pues la passion de el comer, y beber ciega mucho al vulgo. Luego

---

132 JUVENAL. *Sat.* 15, 174ss: ¿Qué diría pues, o adonde correría Pitágoras si viera esa gula monstruosa? El se abstendría de carnes de animales como si fueran carne humana [por su creencia en la metempsicosis] y ni siquiera querría probar de todas las legumbres.

lavarse las manos es diligencia siempre practicada, pero de ella hablaremos despues.

A. Todo esto no cuesta mucho; ya no hay mas?

P. Aora lo vera. Vamos, que ya tocaron, por el camino le dire, lo que falta, atienda. Al llegar a la puerta del refectorio, se quitara el gorro, guardandolo en la faltriquera, y no dentro del bonete, no vaya a assomar por los lados, quando se lo ponga, y cause riza en acto tan serio. Con el bonete, en la mano se ira al lado del que estuviere ultimo en qualquiera fila, que quando sera ya grave graduado, lleno de meritos de sus travajos, como un soldado veterano de heridas le diran cortezes los ultimos: *Amice ascende superius*[133]. Puesto en pie, esperara en silencio, y modestia, que se de la bendicion, constumbre, que en diferentes formulas, se halla tan constante en todas las naciones antiguas, aun gentiles, como aora despreciada. Hechada la bendicion, a que respondera, se sentara en el lugar que le toca por turno; se pondra el bonete en la cabeza para quien se hizo, no para el pescuezo, orejas, ni narizes. Apartara el cubierto a la derecha, desdoblara su servilleta, cortara pan, y esperara que le traigan plato por comenzar a comer y en viniendo, no se ha de hechar luego a el, a darle [fº 38] con media riza, prissa, y alterado el bien venido.

A. Pues que me mantengo yo con ver comida?

P. Ya comera, pero si ha de ser como noble, no mostrará que tenga hambre, y que se quiere comer tambien *Pharsalia cocta*, que hechaban en rostro los antiguos a los de essa naccion por hambrientos, y apresurados; antes con mucha madurez, y circunspeccion guardara esto, en quanto al gesto, y luego le dire lo de la comida.

Si despues que esta sentado se recuesta sobre el respaldar del escaño, sacando las piernas hasta medio refectorio. El 1º sirviente que venga pensara, que esta desmaiado, y lo llevara a tenderlo en su cama, que es el proprio lugar, y quando menos lo sonrojara suplicandole, no le haga dar bueltas. Lo mismo pensara el que está a su lado, si le vé con los codos, y medio cuerpo sobre la mesa, sino jusga, que toma la siesta. Si levantando una pierna sobre otra muestra el zancajo se reiran todos, sino se ofenden, de que vuestra merced pienze, que solo lleva buenas medias. Mas si lo vieren juguetear, los de el lado, hablar, hacer señas, y figuras, tirar migajas de pan, ahujerear platos, y otras niñerias se las disimularan por tales los primeros dias, mientras que el ser tan moderno lo escussa, a no ser que tenga algun antiguo a su lado, que lleno de

---

133 *Lc.* 14, 10: Amigo, ven más arriba.

ceño le acuerde entre quienes vive, y en que acto se halla, como lo vi yo, no hace mucho tiempo.

A. Digo Padre, pues que tambien pueden corregir los concolegas?

P. No faltara otro, sino que huvieran de mirar como usted les desacreditaba su nobleza. A todos está prevenido, que no celando la honra de su sangre: *hanc mensam indignam noverit esse sibi*[134] que es de nobles, y si en esto quiere propassarse, procure de la mesa levantarse.

A. Dice bien. Pero pregunto, hemos de estar serios, modestos, circunspectos como religiosos?

P. Preguntole yo 1º vuestra merced jusga, que estar assi, esta bien a qualquiera, y si vuestra merced viera un refectorio de muchos de este tenor no gustara de ello, no alabará a los que assi obraban? [f° **38v°**]

A. Yo no sé, por que no he visto, lo que puedo unicamente decir, es lo que oi, que contaba a mi Padre un cavallero de alta esfera de no mui lexos. Y es el caso como contaré, si me acuerdo. Vino, dize, a ver a uno de los Padres una tarde en que estaban los colegiales de merienda un cavallero. No aviendolo encontrado en su aposento fuese azia al refectorio ignorante de lo que alla passaba: abrio la puerta, y se halla en la fiesta descuidado, quiso volver atras, pero no lo permitieron los dos ultimos que estaban sentados. Levantanse, vanse a el, y saludandole con mucha alegria, modo, y seriedad, rueganle sea servido de manifestar el fin de su venida, y no retirarse tan presto. Pidio por el Padre que buscaba, despues de averles resaludado atento el cavallero; y aqui dice, que se siguio lo admirable del encuentro; el uno de los dos colegiales tomo la mano, quedando el otro aprobando el hecho con su risueño semblante.

El Padre por quien vuestra merced nos pregunta Señor Don Fulano pareze estar ocupado, sentimos en gran manera el acuso, para que resiviera vuestra merced de el los correspondientes cumplidos; mas al passo que sentimos esta ausencia, tenemos por gran fortuna nuestra la desgracia, pues nos trajo a tal lugar, y en ocasion tan oportuna a vuestra merced, para que honre con su presencia al gremio de esta noble juventud en sus festejos, siempre anciosa de resivir con gusto sus mandatos. Este principio de dicha nos concedio la fortuna; el colmo lo esperamos del buen corazon de vuestra merced, siempre inclinado a favorecer, y honrar nuestro colegio, y es el favor señor que esperamos, el que vuestra merced se digne tomar assiento, y en el un corto agasajo: *Super*

---

134 POSSID. *Vita S. August.* 22. Como indigna de sí mire esta mesa.

omnia vultus accessere boni, nec iners, pauperque voluntas[135], de que sera el mejor aliño la alegria comun, de todos, el rebozo del placer, que ya gozamos. El acto de que nos juntamos mas es demonstracion de nuestro mutuo cariño, y afabilidad de nuestro trato, que convite; pero tenemos mui conocido que la nobleza de vuestra merced no se para en respectos, tan poco importantes, quando se trata de honrar, y favorecer nuestra casa, y assi ya no delibere vuestra merced que estan todos esperando. El huesped admirado del suceso, dize, que no pudo menos, que condescender [f° 39] con suplica de tales cortezanos. Yba ya a tomar assiento en el ultimo lugar, pero continuando el colegial su cumplido, le tomo cortezmente la mano, y lo subio arriba al lugar del Padre Rector, y enviando luego a su aposento por los platos, y cubierto de plata le sirvio el agasajo por su mano mientras los colegiales inmediatos, le dieron cortezes gustosa conversacion, le informaron del estado actual del colegio segun iba preguntando. Ya dize, que vino un Padre y a fuerza quiso sacarlo por cortejarle en su aposento, pero el, que no se cansaba de ver los modales, madurez, circunspeccion, alegria, y amor de todos, se resistio hasta que se acabo el acto, que corono con sus gracias, elogios, y aplausos de todo el colegio, y entonces acompañado de varios fue al aposento que lo estaba esperando, y ay dice, que no savia como manifestar al Padre su alegria, y contento, pues ni le bastaban parabienes, elogios, ni repetidos abrazos, y quando lo contaba a mi Padre decia: que yo no sea mozo todavia que me entrara alla!. Mucha gloria fue el caso para el Colegio Padre, y gran fortuna, que se encontraron essos dos Colegiales, que sin duda serian Doctores antiguos tan a mano.

P. No lo crea, essos dos eran Logicos, que yo bien sabia el caso pero no quisse interrumpirle, por que todavia me saboreo en su memoria, y aora en la fidelidad con que vuestra merced me lo ha contado.

A. Esso no creere yo que fueran logicos.

P. Pues ya que no lo cree, le añado, que no hacen nada menos los Grammaticos, que tienen, ya algun tiempo de Colegio; a la experienzia me remito, y volvamos al hilo, que nos apartamos mucho. Los religiosos hazen esto, y por esso no lo hemos de hazer nosotros? Si ello es en si bueno, agradable y noble, no nos tocara? Pues repare, que si nos hicieramos este cargo, todas las honras se llevaran ellos, por que quanto mas santos, son mas politicos. Fuera de esto, la circunspeccion y modestia en la mesa era el primer plato en los reyes

---

135 OVIDIO. *Met.* 8, 677: Ante todo buen porte, gentil continente y voluntad resuelta y rica.

de Percia, que segun refiere Alexandro, antes de sentarse, disputaban de la modestia, como de la justicia, antes de sacrificar, y de la fortaleza, antes de las batallas. Y assi mucho mejor nosotros, que tenemos leccion provechosa mientras comemos, y se yo quien deceaba llegara el tiempo de mesa, para valer- [fº **39vº**] se bien del estilo, y noticias, para sus casas que despues le ganaban mucho aprecio. Pero vamos, que falta mucho. Si vuestra merced guardare mucha seriedad en la mesa, atendiera a la leccion, pero en comiendo cogiera tenedor, cuchara, y jarro, o la comida con todo el puño, fuera sin embargo tenido por mui grosero, y no le aseguro de que pienzen, que en su casa no estan en uso tales alhajas. Con tres dedos, se haze mui aseada toda la maniobra dicha. El cuchillo solo pide toda la mano. Aora no obstante, si quiere sacudirse de todas estas menudencias peleando a brazo partido como Sanson desquijarando Leones vuestra merced desmigajando pan, despojando tamaños huesos hasta la ultima diferencia del tuetano despedazando trosos de carne, y todo a tropel, y fuerza, sin dexar, ni coger al tenedor, ni partir al cuchillo abreviara mas, lograra fama de forzudo, pero no de medianamente noble.

A. Estimo mucho el ofrecimiento, y obsequio Padre. Bien puede passar adelante.

P. La misma fama alcanzará, si en lugar de llevar la comida a la boca con los instrumentos baxa vuestra merced la cabeza a buscarla al plato; y quien lo vea vajarze a la tasa del caldo, pensara, que se quiere bañar, y le avisara, que a las espaldas esta el chorro, si sopla la comida, si al tomar el caldo haze tal ruido, que parezca minero desmoronando.

A. No prosiga, que le quiero contar una cosa que lei en Suidas. Cuenta que Pytillo hizo una bayna de pergamino por la lengua y se la ponia para no quemarse. Si yo la huviera tenido algunas vezes me huviera ahorrado muchos soplos, y no huviera mudado tantas vezes el pellejo del paladar, y encias.

P. Puede hazerlo enladrillar, y assi queda seguro. Adelante con el tema. La servilleta es para limpiar los labios, y los dedos quando se pringuen, no para el sudor. Los manteles para nada de esto.

A. Ya se lo dire todo de una vez Padre, que esto va largo, y en verso bien afeitado de Ovidio Lib. 3. *Arte amandi* que parece habla conmigo. [fº **40**]

Carpe cibos digitis, est quidam gestus edendi:
Ora nec immunda tota perunge manu.
Neve domi praesume dapes: et desine, citra
Quam capies paulo, quam potes esse, minus.

Nec coram mixtas cervaes sumpsisse medullas[136].

P. Quanto ha dicho bien Ahijado, no es sino confirmacion de lo dicho, menos aquel *Desine citra*.

Quae cupias, Paulo quam potes esse minus, que ya se lo iba a apuntar; y assi es cortezia de nobles dexar siempre algo en el plato a mas de los huesos, que debe arrimar a un lado de el con lo demas que no se puede comer, porque baxo ni fuera de la mesa no se hecha cosa. Lo mismo hara quando se hallare con alguna cosa en la boca, que no quiera tragar; la assomara con la lengua a los labios, y con dos dedos, y mucho azeo, la tomara, y pondrá como le dixe, o dexará caer con dissimulo en la servilleta como tambien se usa, pero yo no lo apruevo.

A. Yo me quitare de disputas: en esto haré como un Señor Alcalde Mayor de cierta Villa, que aviendo convidado a un Señor Obispo, que estaba alla de visita, ya sentado en mesa en frente de su Illma. se hallo envarazado con un formidable huesso en el plato, comenzo a deliberar que haria de el, y entre dares, y tomares sale de repente: *Illmo. Señor agache la cabeza*; haciendolo por pensar otra cosa le tiro por encima al otro lado aquel peñasco, quedando su Illma. tan afrentado como se dexa pensar. Quando yo supe este caso, dixe, bendito sea Dios que fue el Alcalde mayor, que qualquiera otro de menor esfera, como no puede acertar tan alto, se le huviera hechado a la cabeza, y que tal? Bendita sea tanta nobleza.

P. Este es caso chistoso Ahijado, no le falta sino que sea verdadero. Acabemos con este acto de communidad. Al acabar vuestra merced un plato, se quedará esperando que el que preside la messa acabe tambien y lo saque adelante, y entonses hara vuestra merced la misma diligencia, para que lo tenga mas a mano el que sirve. Quando ya sentados entre algun superior se quitara el bonete sin levantarse, y estara descubierto [f° **40v°**] hasta que el Padre se cubra. Si vuestra merced leiere, parara la leccion hasta que se siente.

A. Ya se acabó todo? Y la salida del refectorio, que me dixo me enseñaría?

P. A esto voi, que no tiene mucho que prevenir. En acabando se levanta el que preside, y con esta señal todos salen de las mesas como entraron, y quedandose en filas se dan gracias, y luego verá el hermoso orden con que salen todos

---

136 OVIDIO. *A. A.* 3, 755-758: Toma los manjares con la punta de los dedos: hay cierta elegancia en el gesto de comer; cuida que tus manos no ensucien tu boca. No pruebes nada antes del festín y en la mesa modera tu apetito, y aun come algo menos de lo que te pida la gana. Ni en presencia de testigos tomes la médula del ciervo.

tras el que precidio; se van a lavar otra vez, o lo guardan para sus aposentos, y todos en el Antesala al passar se arrodillan, dan gracias al Señor vivo que los alimentó, y assi coronan el acto con honra delante de Dios, sus Angeles, y todo el mundo.

A. Aqui me acuerdo, me dixo arriba, que hechaba un chiflido aquel que yo pensaba que era matachin. Que bien al caso?

P. Si Señor. Al mismo salir de refectorio, sus gracias eran esso, gritos, y tiros de migajas de pan, dando mil parabienes a su barriga, y tocando a segunda con su voz de caña quebrada, pero vaya no me acuerde mas a esse, y oiga que me dexaba una cosa mui necessaria, que es instruida en servir que tambien le tocara su turno, y advierta, que aunque la accion parexe baxa, es de las que mas concepto le han de grangear en casa, de virtuoso, y noble de esta suerte.

No se que tiene un rasgo de nobleza, que sabe hazer heroico lo mas baxo, ni el se puede dibuxar, sino por lo que en otros nos agrada. Una accion, grande ya consigo trahe sus perfiles, pero el acto que no las tiene solo sabe darlo la sangre, me pareze, que por lo que experimento que en esto consiste el rasgo, y el esplendor en servir en mesa; llevar la ropa compuesta, el rostro sereno, como cielo de verano, y alegre me da a entender el gusto, y alegria con que sirven, y esta se confirma con la puntualidad en acudir a lo que falta, o sobra, por otra parte el gusto del cuerpo grave sin mostrar, ni meter prisas, mirar que falta en las mesas, sin atender como, quanto, y de que modo comen los demas, no haviendo que hazer, pararse al fin del refec- [fº 41] torio por no dar espaldas a nadie, sin soltar de la mano el portador, ni arrimarse a las mesas, ni recostarse de codo en ellas, mucho menos hablar, vé aqui que todo esto junto con la limpiesa, y gravedad, me persuaden, que el sirviente tiene un corazon mayor, que un cerro, que todo lo sabe abarcar, grande, o pequeño, y una sangre, que todo lo tiñe con su color, como las manos de Midas convierten qualquiera cosa en oro, y los de afuera, que lo ven piensan, que es un Angel de los que sirvieron la cena a Christo en el decierto, y quando menos, que ha sido page honrado de su Magestad.

A. Esto si esta sabroso Padre, luego no mas que vuestra merced acabe voi a pedir al Padre Ministro, que me señale a servir.

P. Pues se grangeará sin duda los cariños de todos que veran corresponde al deseo, y gusto que ellos tienen de servir a vuestra merced, y que conforma con ellos lo qual es raiz de union, y amor, como lo contrario de aborrecimiento:

Oderunt hilarem, tristes, tristemque iocossi

Sedatum celeres, agilem, gravumque remissi[137].

De todo obsequio, Ahijado, dixo Seneca, que lo mejor es la voluntad de ofrecerlo, y segun ella; es el don apreciable, y assi ya que vuestra merced obsequia a sus concolegas sirviendoles la comida, si la guissa con las especies, que le dixe se les hara mas sabroso su buen modo, que la misma comida.

A. Si no hay mas, esto delo por hecho.

P. Faltanos el ultimo acto de communidad, que es quando uno en la Portería, se dispone a salir a publico, alla vera vuestra merced como se passean por los corredores de abajo converzan con mucha madurez todos hasta que se dá el orden para salir, y entonces todos, vera, que se revisten de un aire de gravedad, que tiene mucho del que vuestra merced arriba pinto de Aristoteles. Componense bien ropa, bonete, y todo el cuerpo, habreze la puerta van a salir de dos en dos, los que se hallan mas inmediatos sin ruido, y con gran silencio, y modestia presentanse en la calle, y poniendola toda en silencio, y admiracion, nadie piensa hazer mas que llenarlos de bendiciones, y alavanzas a ellos, y a los afortunados Padres que los engendraron; de suerte, que nosotros oimos muchas veces con confussion nuestra los elogios de que nos colman, y yo en particular [f° 41v°] oi, que decia passito un forastero a un ciudadano esto es la marabilla de Santa Fee, no he visto entre tantas cosa mejor, ni mas gustosa, pues otras avia visto en otras partes, mas esto solo aca, y en el cielo se puede lograr: si viviera yo aqui, quantas veces saliera este expectaculo me fuera tras el. Pues aora si vuestra merced como niño que es todavia antes ya de salir comienza a gritar para ir adelante, y logrando la suya sale de tropel nos desacredito a todos, y la gente, que suele estar mirando nuestra salida, nos aplicara a todos lo que vuestra merced solo se merecerá, y es lo que cuenta Virgilio, que hizieron los vientos despues que Aolo les abrio la puerta en que los tenia sujetos; No dice que salieron por la puerta, sino que significa se arrebataron con violencia, a tomar salida, y alborotaron la esfera.

Qua data porta ruunt, et terras turbine perflant.

la qual aplicacion fuera borron de todas nuestras acciones, pues denotara que todo es violento, lo que hazemos, quando debiera jusgarse, que sola la sangre obra por su naturaleza.

A. No soi tan niño Padre como vuestra merced me pinta, que no dexo ya de distinguir alguito de mi decoro.

---

137 HORACIO. *Epist.* 1, 18, 89-90: A los tristes no les gusta el que está alegre, ni a los alegres los tristes, ni a los veloces los pacatos, ni a los lentos los ágiles y advertidos.

P. A la experiencia me remito, con que doi fin a lo perteneciente al trato, y acciones, con la dulce noble compañia que ha de lograr estos años en esta siempre ilustre casa de nuestra educacion. Si algo me he olvidado el exemplo de los demas sea su instructor, procure conformarse en todo con lo comun, mientras no este de por medio religion y nobleza contradiciendo. En lo demas juegos honestos, canto, musica, bayle, diverciones, agasajos, meriendítas para fomentar el cariño, y union, honradas conversaciones, y otras cosas de mucha formalidad son propias de nobles, y las vera practicar.

A. Ya yo esperaba, que saliera algo de esto, que no havia yo de malograr mis habilidades, vera que tal hago rechinar el clave, psalterio, biolin, vihuela, organo, y otros instrumentos, pero lo que mejor aprehendi fue cantar, y vaylar, y assi en todo esto no habra otro mas conforme si tengo quien me acompañe; en lo demas haré lo que aconseja Ovidio, lib. 3. *de Arte amandi*:

Spectantem specta, ridenti mollia ride
Innuet; acceptas, tu quoque redde notas[138]. [f° 42]

P. Esto es lo que debe:

Si vox est, canta, si mollia brachia, salta.
Et quacumque potes dote placere, place[139].

Pero advierta que tambien se mete la politica entre musicos por que reprehende:

Omnibus hoc vitium est cantoribus, inter amicos
Ut nunquam inducant animum cantare rogati,
Iniussi numquam desistant...[140]

Cante quando vea que puede dar gusto, y no deguelle quando no viene al caso. Con esto logramos aca lo que deceaba Calpurnio, y exortaba a la juventud:

Este pares, et ob hoc concordes vivite; nam vos
Et decor et cantus, et amor sociabit, et aetas[141].

---

138 OVIDIO. A. A. 3, 513-514: Mira al que te mire; al que te sonríe dulcemente, sonríele. Si te hacen señas, acéptalas y devuélveselas inteligentemente.
139 Ovidio, A. A 1, 593-594: Si tienes buena voz, canta; baila si tienes ágil el cuerpo; agrada con cuantas cualidades tengas para agradar.
140 HORACIO. *Epist*. 1, 3, 1-3: Defecto de todos los cantantes —entre amigos— es no cantar cuando se les ruega que canten y no parar de cantar un momento si no se les ruega.
141 CALPURNIO. *Buc. Egl.* 2, 99-100: Sed iguales y con esto vivid de acuerdo, porque la elegancia, el canto, el amor y la edad os reunirán espontáneamente.

Parece, que ya dieron las dos voi a pedirlo de compañero Ahijado, que tenemos que salir a calle, pongase la beca, y espereme en la porteria.

DIALOGO 5°
DE LO QUE DEBE GUARDARSE FUERA DE CASA

A. Mucho se tardaba Padre, ya quise irme con dos que acaban de salir.

P. Esso no haga vuestra merced jamas sin licencia; aora en penitencia de haver consentido a la tentacion tardara un poco mas que le quiero advertir una cosa, y es que ya que supo guardar decoro en casa, y la debida honra a sus concolegas, se porte aora con los mismos, y su credito afuera, advirtiendo, que segun lo que usted hiziere se formaran concepto de todos, que esta fortuna tenemos, que por vernos tan unidos, y uniformes lo que hace uno se atribuye a todos, y assi piense antes de salir, que lleva la honra de todo el colegio en la frente, que este cargo nos hacemos todos.

A. Mucha carga es essa, harto hare con conservar la mia, cada uno mire por si.

P. Esso es hacer lo que digo de suerte que mirando como debe por si, miro por todos, y al contrario afrentandose, assi desacredita a todos. Fuera de que aunque parece cargo la que dixe, mas no pesa, y vera quan bien librara esta tarde, y siempre con ella, pues se tendran muchas atenciones en casas desconocidas por este respecto de ser colegial, y uno de los muchos cavalleritos que no se las tubieran, sino llevara essa señal en la veca.

A. Si esto passa, cargo con todos, y vamonos. [f° 42v°]

P. Aguardese un poquito, que no se passa todavia la hora es menester dar tiempo a que los cavalleros acaben su siesta. Oygame entre tanto. Ya se acordará que arriba le dixe que

Est et in incessu pars non temnenda decoris
Allicit ignotos illa fugatque viros[142]

o la circunspeccion, y seriedad en el andar gana muchos conceptos, ojos y voluntades de gentes desconocidas, y assi tiento, y vamos salga.

A. Aora tengo yo que entretener a vuestra merced un ratico con su licencia. El lugar me acuerda una cosa que vi dias passados antes de entrar al colegio, y fue, que passando yo por delante de esta Porteria oi aca dentro una voz como

---

142 OVIDIO. A. A. 3, 299-300: También en el andar hay un no sé qué de elegancia que atrae o repele a los pretendientes.

de mugercilla, que estaba vomitando por su boca sapos, y culebras contra alguno que no pude ver, y deseo saver si fue colegial por que se me haze duro.

P. Quando avia de ser colegial: tenemos mui conocida la condicion de essa especie de gentalla, que como no tienen obligacion de ser politicas por una parte y por otra la liviandad del sexo en mala sangre les esta inclinando a las mayores baxesas de suerte que en no logrando sus antojos justos, o ynjustos:

Tum vero indomitas ardescit vulgus in iras
Telaque conisciunt:
Jamque face: et saxum volgi furor arma ministrat[143].

siempre suelen acabar con puño. Lo que seria esso que algun Page baxaria por ropa, y se trabarian los dos; que colegial no vera vuestra merced hablar aca ninguno con mugeres de tal especie, sino es a darlas limosna como hazen los cavalleros afuera. La ropa y lo que necessitan tratar con ellas, lo hazen por medio de alguno de los pages.

A. Ya no creia yo que fuera colegial, pero que me quedaba duda. Seguro esta que yo me exponga a tales sonrojos que a que alguno de los que venga de afuera piense, que con quien hablo tengo algun parentesco; ya no tengo mas, bien puede salir ya.

P. Salga vuestra merced Ahijado?

A. No Padre salga vuestra merced como mas antiguo.

P. Ojo a lo que lleva en la frente, ya salgo.

Calle

A. Vea, vea Padre; que passa alla en la plaza? [f° 43]

P. Buen principio. Vamos a prisa, para que si algun merceder nos ve pensando que venimos de chasquis, nos pida, si llevamos cartas, vea, vea, con que seriedad reprehende el hipo suio de la prissa aquel page de su excelencia, mas muchacho en años que vuestra merced. O! No vaya mirando, a todas partes que pensaran que es un Granmatiquito que acaba de tomar la Opa, y habremos de andar siempre con el bonete en la mano haciendo cortezias por las ventanas lo que a raro personaje concedo yo, y esto quando se me escapa alla arriba la vista, y lo repararon.

A. Jesus Padre, me sufoca!.

---

143 OVIDIO. *Met.* 5, 41-42: Entonces el vulgo se enardece en ira domeñada y arroja proyectiles... e incendia; y el furor loco suministra piedras como armas.

P. La calle no dispensa la gravedad de casa Ahijado, y assi paciencia, que luego se hara a ella. Y oiga lo que hemos de hazer, si topamos cavalleros. Si passan del otro lado del caño, haremos nuestra graciosa cortezia no mas. Si de el mismo lado que nosotros, a cosa de ocho passos de distancia para que ninguno vaya al caño; y no turbandonos nos inclinaremos ya hacia el caño, nos quitaremos el bonete, y suplicaremos sera servido passar con esta diferencia, si es personaje mui superior hasta tres vezes suplicaremos, que es el termino de estos cumplidos quedando quietos hasta que se determine, sino tanto, o igual dos, y si es inferior, no mas que ofrecimiento, y passaremos. Si es persona con quien el tomar o ceder se quiera haber punto critico con tiempo, y gran dissimulo passaremos al otro lado. Lo que dixo antes se entiende tambien con nuestros concolegas, haciendo los mismos cumplidos segun grados, y meritos. Si alguna persona mui grave, del otro lado hiciera ademan de querernos venir a hablar, passaremos nosotros a ahorrarle el trabajo, y poniendolo en medio, si proseguimos camino, o nos paramos, estaremos descubiertos hasta que nos avise, y de licencia, sin decirle a el, que se cubra; si es igual suplicaremos, y nos cubriremos juntos, si es inferior nos cubriremos, y le mandaremos a el. En medio no me ponga usted a nadie de gente de peluca para abajo. Si alguno se nos acompaña, acuerdese de hacer passar por delante, y medias bueltas tanto para quando se nos juntan, como para separarse que le dixe arriba. En passos estrechos, esquinas, entradas, y salidas, me dexara vuestra merced ir delante, y hacer los cumplidos que avise para corredores de casa. Si topamos alguna communidad [f° 43v°] nos pararemos hasta que passe toda. Con señoras, si no son las de su casa rara vez se parara en la calle a parlar y quando se les haze la cortezia, hechar un buen rasgo de modestia, y afabilidad Angelica.

A. Mui ceco esta esto Padre, por vida suya vaya un casito.

P. Se lo contaré, pero no ha de reyr, sino con gran dissimulo, que mucha gente nos mira, admirados de la seriedad con que andamos tratando nuestro negocio. Un cavallerito Lombardo, fue a la ciudad de Venecia, que está...

A. Ya sé al fin del golfo, y fundada sobre el agua, cabeza que es de la republica dicha de su nombre como a grados de longitud, y de latitud [sic].

P. Pues este lombardito se halló en la calle de Venecia, con un clarissimo que es gran personaje alla, quiso saludarlo a la moda de su tierra con una inclinacion profundissima, fuelo tanto, que se cayó de cabeza entre las piernas del clarissimo, y lo hecho a un canal de agua mui profundo.

A. El agua quedaria clarificadissima, no es assi? Me muero de riza Padre, por vida suya entremonos a alguna casa.

P. Ay esta ya la casa del Señor Don Fulano Canonigo a donde vamos. Atiendame bien lo que hemos de hazer despues de entrar la puerta del Zaguan, tocaremos, pediremos por el Señor Don Fulano; si dicen que esta iremos subiendo la escalera mientras entran, recado, y nos pararemos en el recibidor hasta que nos avisen. Si nos piden el nombre no diremos: Yo soy como el otro. Sino el Dr. Don Fulano Colegial de San Bartholome. Si sale a recibirnos alguno de la familia, saludado, lo pondremos en medio, y seguiremos a el. En llegando a alguna puerta, que el se llegara a abrir, y no vuestra merced, que en casa agena no me ha de abrir, ni cerrar puerta, que es gran descortezia, nos pararemos a suplicar no mas, que entre primero, pues se supone, que no ha de admitir. En llegando a encontrar el visitado, nos acercaremos a el a saludarlo, pero sin ofrecer la mano, ni abrazo, si el no lo haze primero. Luego convidandonos con assiento, tomaremos su ysquierda, y ya sentados preguntaremos como se halla, yo primero, y luego vuestra merced, respondiendo politicos como le dixe arriba en orden a nuestra [f° 44] salud. Y hecho esto propondré yo el negocio que me trahe, diciendo: despues de aver logrado Señor el gusto de saver de la salud de Vª que principalmente me traxo, venia tambien a esto etc; y en el discurso del resto, vaya usted executando lo que le dixe arriba, en orden a visitas, y conversazion de casa, y si hay otra gente lo mismo tambien, que le dixe. Si nos sacan refresco parte del azeo, circunspeccion, y templanza del refectorio tienen aqui lugar, y sobre todo no sea el ultimo en soltar el plato, de suerte que quede solo comiendo. Despues de un ratico del refresco, y no luego por no dar que pensar que venimos a esso, nos levantaremos diciendo: Si vuestra señoria nos da su licencia, iremos a otro negocio, o nos retiraremos etc., y nos iremos con el orden con que venimos, y esta arriba. Solo si el señor nos acompaña, suplicaremos en el quarto, y despues en cada puerta, y escalera, no quiera mortificarse, o cansarse, y en donde sea el ultimo despido, instará que se retire primero, pero de no, haremos la ultima cortezia. En aposento, que ha de cerrar el dueño que acompaña, no hay que instar a quien sale primero, pues que el ultimo es el que cierra la puerta.

DIALOGO SEXTO
LO QUE DEBE GUARDAR EN LAS VISITAS DE ESTRADOS O DAMAS

A. Ya que he tenido el honor de acompañarme con mi Padrino para salir a la calle, le estimaré vamos a ver a una muger que me mandó a decir que me esperaba, y no sé quien es, si es la que me lava la ropa.

P. Pues se engaña vuestra merced, si pienza ir alla conmigo, ni con la veca que viste, que está hecha a no passar mas que casas de la primera distincion, y formalidad, y ser honrada en ellas. No save el prolo- [f° 44v°] quio; dime con quien andas, te dire, quien eres: pues aqui se verifica.

De suerte que cada casa, familia, y estado tiene determinadas visitas, y assi quien entra alla se jusga de la misma esfera. Quando yo necessito de tal gente le mando venir a casa. No será mejor que vaiamos a casa de Doña Fulana que está esta tarde de parabienes por aver casado a su mayorasgo, y nos hizo la honra de participarnoslo?

A. Es debido ya lo veo, pero ha de aver mucha gente, y quien save, si yo no me acuerdo de algo, que me ha avisado, y la voi a hechar a perder delante de todas las damas, que son tan críticas en materia de politica, y luego tachan, como una vez a un Estudiante de cierta parte que por haverse turbado en un estrado, e inclinarse mucho en sus cortesias, ya que se fue dixo, el conclabe: estos no saven mas que syllogismos, y comer folio.

P. Esso se admira? No save que como dixo Juvenal Satyra 6ª

Nulla fere causa est, in qua non faemina litem moverit...,

Componunt ipsae pro se, formantque libellos[144].

[f° 45] No le de a vd. cuidado esso, que esse no era Bartholo. Aora vera como la vamos a lucir, con lo que le diré, y yo se que le quedaran ganas mas de ir a honras semejantes, que a enterrar su credito en essa otra casa, que queria ir. La entrada, y salida hasta al estrado es la misma. Mi Señora Doña Fulana, que es a quien visitamos esta sentada en la testera en medio que viene enfrente la puerta: a un lado estan las damas de cortejo, y al otro los cavalleros, todo esta lleno menos dos assientos de parte de los cavalleros abaxo. Ya pues llegamos al estrado; viendo aquello lleno nos paramos abajo delante la puerta, y desde ahy encaminamos nuestra salutacion cuerpo recto, cabeza algo inclinada, rostro alegre, y modesto, sereno sin turbacion, ni mutacion alguna a Doña Fulana, que esta arriba en frente, diciendo: Señora Doña Fulana tenga usted mui buenas tardes, nos alegramos mucho de ver a v.m. con salud. No mas.

---

144 Juvenal, Sat. 6, 242-244: No hay prácticamente una discordia de la Nal no haya sido una mujer la causa; ...se las arreglan en favor propio e inventan chismes.

Luego sin movernos, inclinaremos la cabeza al lado de las damas, y haremos lo mismo con semejantes palabras; luego lo mismo con los cavalleros; y convidandonos con assiento nos vamos a los ultimos, y como los demas cavalleros, nos haran cumplido que subamos, yo vere, si nos corresponde, y segun las instancias admitire, y v.m. me siga. Sentados ya junto con los demas, y no antes, yo hare otra salutacion comenzando por la visitada: como se halla usted mi Señora Fulana, y segun me respondiere, dire, que me alegro de su feliz idad, o etc, con estas, o semejantes palabras, y respondere por la mia preguntado de ella. Luego siguiendo a las Damas, dire a la 1ª nombrandolas, si le se el nombre, que me alegro de que lo passa bien, a todas las demas no se hace mas quando son muchas, que nombrarlas, o mirandolas sino se saben los nombres decir mi Señora Doña etc. de suerte que conoscan a quien se encamina la salutacion, y respondan: lo demas se supone ya dicho a la 1ª. Lo mismo para los cavalleros comenzando de arriba por el 1º, nombrandolos a todos, y si vieremos, que nos dilatamos mucho, diremos: cavalleros celebro verlos con salud. Vd. nada diga hasta que yo [fº 45vº] acabe, que entonces le tocara a vuestra merced la misma distribucion: siguiendose despues los parabienes dirigidos a la visita en esta, o semejante formula: Veniamos Señora Doña Fulana a manifestar a vuestra merced la alegria, que nos cupo, de la nueva alianza que se ha dignado participarnos de el Señor su hijo Don Fulano con etc. de que le damos los parabienes, como al Señor Don Fulano (su hijo) deceando que sea para mayor gloria de Dios, consuelo, y gusto de toda la noble familia, que se perpetuise en el fruto de bendicion, que esperamos: despues seguiremos todas las circunstancias de la conversación, que antes le decia.

A. Tal agregado de cosas, como me dice, quando se me quedan ni las practico. Dexemos la visita para otro dia, y vuestra merced esta noche me lo hara exercitar en el aposento, y con esta practica ire, yo a lucirla, mas entre tanto que volvemos al Colegio cuenteme algun casito, que con esso se me quedará mas.

P. No le puedo contar ninguno mas al caso, que el que vuestra merced me conto antes, de aquel que fue a su casa que hacia tales inclinaciones, daba muchos abrazos, pedia refresco, y se mudo de repente con los mismos descumplidos. Oiga aora, como nos portaremos, si llegan otros. Ya que entren nos levantaremos, no diremos nada hasta que nos saluden, y quando vengan a tomar assiento, daremos lugar arriba, sino quedan otros assientos, nos despediremos con dissimulo, de que nos vamos por esso, es: esta forma: Levantados saldremos un poco de nuestros asientos hacia al medio, y de hay nos despediremos con el mismo orden que entramos repitiendo los parabienes, pero no es menester nombrar mas, que los visitados, los demas en comun, las damas primero, luego los cavalleros: hecho esto con la misma quietud, serenidad, y modestia vamos a tomar la puerta y fuera del humbral, nos volvemos al estrado a dar el ultimo despido, con sola inclinacion moderada de cuerpo. Si nos acompaña alguno, haremos lo ya dicho.

A. No ay refresco en casa de damas?

P. Si suele haver, pero en esto, ya sabe lo que ha [f° 46] de hazer. Advierta esto otro que no sabe: quando vayamos a alguna casa a tratar negocio que pida secreto; si hay otra gente, y por consiguiente no lo podamos tratar delante de los demas, callaremos sobre ello, hasta que no nos dexen solos, o bien si al irnos nos acompaña, y si nada de esto, desde la puerta (o si se puede mejor darlo a entender con dissimulo) diremos Señor Don Fulano, sirvase de oirme dos palabras, con licencia de estos señores, y advierta mas, que si lo llamaramos antes de despedirnos de adentro, despues de tratado el negocio volveremos a despedirnos desde la puerta adentro. De todos estos rodeos son muchas veces causa, Ahijado, algunos degolladores ociosos, que en ranchandose en un estrado no salen de el, ni dan lugar a nadie: para evitar nosotros esta nota, lo que hacemos es, luego que llega alguna visita, que no sabemos cierto, si viene solo de cumplimiento, despues de averla resivido, para no darle a entender que no nos gusta su encuentro nos sentamos un poco, y luego nos vamos; otras veces al oir que entra algun recado antes que llegue la visita, y topandonos damos a entender, que ya teniamos animo de despedirnos, por instarnos otra cosa.

A. El termino degollador me ha caido en gracia en tales visitadores eternos, es cierto que les viene bien el apodo, porque han de hablar una tarde entera, sino trabar conversaciones de todo lo que passa en la ciudad, y averiguarlo todo, que es dar buen martirio al pobre, que los ha de aguantar.

P. No se acuerda ya de aquel *recitator acerbus: quod arripuit tenet, occiditque*[145] etc. No ay duda que les vino, el jugoso, pero tambien viene a otros, que son los que siempre visitan una misma casa, sin salir de ella, sino para necesidades urgentes. Si vuestra merced, Ahijado quiere que le sean provechosas por todos titulos las visitas no frequente mucho, y vera que bien recivido, que atendido, que honrado sera, y que bien librado saldra de ellas: por el contrario

---

145 HORACIO. *A. P.* 474-475: El lector importuno: al que cae en sus garras lo sujeta y mata leyéndole, etc.

frequente mucho, y reparará que cada vez le hacen menos caso. Si antes salian a resivirlo, ya lo esperan, si le daban refresco, aora le dan pessado rostro. La regla [f° **46v°**] que nosotros llevamos, es las pascuas, pessames, parabienes, dias de santo, o nacimiento; tal qual otra rara vez y con esto no nos vulgarisamos, dexando siempre gustosos a los visitados, y deceosos de nuestra buelta.

A. Cata hay que aora reparo en el significado de lo de Marcial Libro 12. Epig.
Si vitare velis acerba quaedam
Nulli te facias nimis sodalem[146].

Es sin duda que la familiaridad dá mucha libertad. Yo me andaré con cuidado.

P. En confirmazion de lo que dixe, sepa, que haze mucho tiempo, que en casa de Doña Fulana me estan instando a que vaya a comer un dia, y no lo han conseguido todavia, y quanto mas, rehuzo, tanto mas me instan. Mañana pues que es dia mui señalado, y de caracter para la casa, supuesto que me han mandado recado, iremos alla, y assi tengase vuestra merced por convidado, pues me han suplicado fueramos los dos.

A. Esta bien, que sino me huvieran convidado a mi de arrosagante, no fuera sino, me lo mandara el P. Rector, que ya yo quiero hacer mi papel tambien en corte. Pero digame vuestra merced que deba hazer en el convite?

P. Esso es mui largo. Si vuestra merced no se acuerda de quanto le he dicho, pues casi todo se ofrece en un convite lo de la entrada en las casas, lo del gesto del cuerpo, y rostro, lo de las palabras, y conversacion, lo del refectorio, y refrescos, y esto, mas que en breve a tono de letania le avissare, porque estoi cansado ya, y porque me acuerdo aora que avisa Horacio en su *Arte poetico*.
Quidquid praecipias esto brevis, ut cito dicta
Percipiant animi dociles teneantque fideles[147].

Afuera son estas cosas indispensables so pena de quedar afrentado ignominiosamente. Lavarse antes, y despues de la mesa por su orden, y turno, conforme lo ofreciere; *recumbere in novissimo loco*[148] que es el mas distante del que ocupa la persona mas disitinguida del convite con cu- [**f° 47**] biertos, y servi-

---

146 MARCIAL. *Epigr.* 12, 34, 8 y 10: Si quieres evitar muy malos ratos, de nadie te hagas demasiado amigo.
147 HORACIO. *A. P.* 335-336: Cualquier precepto sea breve para que lo entiendan las mentes tiernas y lo cumplan con fidelidad.
148 *Lc.* 1, 10. Sentarse en el último lugar.

lleta lo que dixe antes del refectorio: pero ha de avertir que orden se lleva en mandarlos si plato solo, si cubierto entero, y si despues de todos los platos, y segun lo que viere executara. Lo mismo en orden a la vevida, si la passan despues de cada plato, i si mandan pedirla, y segun ello obrará siempre con sumo tiento en esto, poquito, y mas a menudo pero dentro de justas, y gravissimas medidas en orden a los efectos; que muerde sin sentir, ni pensar el suave Bacho. Se dexará hacer el plato, si le ofrecen, pero nunca dira basta, ni sobra, ni mas, ni hara ascos, ni vituperará nada, ni tampoco monstrara mucho placer en la comida. No debe limpiar el plato del todo, ni debe pedir segunda vez, ni hechar nada afuera, ni brindar si no comienzan los principales y entonces con el mismo orden, quando le den el plato lo tomara vuestra merced con la izquierda, y con la derecha dara el suyo limpio a quien le reparte.

A. Ya vuestra merced sabrá la pegadura, que quisieron armar, una vez unos cavalleros, a un Colegial Bartholo Chiquito, como yo, y algo escrupulosso, por pensar que estaba recien llegado de tierra de oro. Pero no obstante dexemelo contar que viene al caso.

Fue convidado este a una boda magnifica, a que asistia la gente del principal lustre de esta corthe, damas, cavalleros, eclesiasticos y de otra distincion; pusieron adrede al colegialito entre dos damas encomendandole su atencion, y vea aqui lo que passo; quando pensaban todos, que no le perdian los ojos, tener un buen saynete en su turbacion. Despues de aver con cortezia rehusado la honra, y no ser admitidas sus humildes razones, en que manifestaba, el sentimiento que tenía no tanto por sus faltas, como por los efectos de ellas que havian de resultar en daño, y menos atencion de las damas se sento en medio de las dos, saludolas, y dadose los parabienes de la dicha que le cabia en ser destinado a servirlas, las suplico dissimularan, sus faltas, en el cumplimiento de el encargo y se dio principio a la cena. Comenzaron a traher [f° 47v°] platos de comida, pusose en pie el distributario, y en su plato limpio hecho una moderada porcion, que ni fuera nota de comelon, ni faltasse a satisfacer al gusto de quien le cupiera, y presentandolo con mucho asseo, y cortezia con el mismo plato a la mas anciana de las dos: tomo con mucha gracia el suyo limpio, en el qual hecho la misma moderada porcion, mirando no faltara para los demas, por su liberalidad con las encomendadas. Luego en el plato de la 2ª hechaba para si algo menos, sin escoger lo mejor, que antes lo acomodaba a las damas sin andar registrando todo el plato, ní conenzarlo por muchas partes, ni arrastrar la cuchara por el borde de el platon, sino entrandola por delante, y levantandola llena: Y hazia esto con tal modestia, y madureza, que ya el gusto que pretendian los cavalleros, en la turbacion, se mudo en admiracion, de lo expedito, y aceado del Colegialito. Mas no paro aqui; ya las damas acabaron el primer plato, y passando, serbiciales a mudar el mismo quitaba los platos sucios con los cubiertos, que estaban dentro, y sominstrandolos a los criados, resiviaselos, y les ponia a las señoras los limpios; haciendo lo mismo para la vevida, que o él pedia quando era tiempo, o la sobministraba quando pasaba. En una palabra no las dexó exercitar mas que en comer a las dos, y saboreando a todos, con su buen modo, ayre, deshaogo, serenidad, puntualidad, y limpieza.

Indicium tectae nobilitatis erunt[149].

Con que al acabar los universales aplausos, las gracias de las damas, los abrazos de todos los admiradores, y muchos confussos por verse lexos de aquel cumulo de prendas, acompañadas de este elogio que mando uno de los principales personages del convite entre una fruta de el ramillete.

In freta dum fluvii current dum montibus umbrae.
Semper honor, nomenque tuum laudesque manebunt[150].

fueron el mejor postre. [fº 48]

P. Todo el colegio participo de lo mejor de este convite que fueron las honras de su individuo. En el caso aprehenda vuestra merced lo que ha de hazer, tanto quando sea distributario de Damas, como quando otro lo sea de vuestra merced, quitando lo que es privativo para las Señoras, a quienes el mundo atribuye las primeras, y singulares atenciones, que son quitarles, y ponerles los platos limpios, y subministrarles las copas, que los hombres hacen esto por sus manos proprias, aunque otros les sirvan. Aora le quiero yo contar otro casito especial a que yo estube presente en retorno del suyo.

Otro cavallerito, no era Bartholo, assistio a una manifica boda, se sento donde primero, y mas cerca hallo el assiento; sin atencion a nadie, y menos a su caracter. Por mi desgracia me toco su lado, y el cargo de repartirle con tantos afanes, y sudores (Dios se lo perdone) que tras no dexarme comer, me tuvo abochornadissimo.

Luego que venia platon, me alargaba el suyo sin reparar, que acababa de repartir de el antecedente, el que todavia no avia provado. Ybale a dar no obstante, porque si yo me hazia el sordo, y dissimulado el se adelantaba, si por

---

149 OVIDIO. *Heroid*, 16, 52: Eran indicio claro de un linaje oculto de nobleza.
150 VIRGILIO. *Aen*, 1, 607-608: Mientras corran al mar los ríos y las sombras caigan sobre los montes, permanecerá siempre tu honor, tu nombre y tus hazañas.

aver variedad en el platon le preguntaba de que mas gustaba (que es permitido) luego respondia: de todo. Volvia luego por mas despues de aver limpiado el plato, si veia despues algo de que no le havia tocado, comenzaba, *a Dios ya yo chupe, ó me metieron burro, ó parentesis de esto, adaequate me han dexado al pelo*, y otras fraces ridiculas, que como los demas que lo atendian, no las percibieran se reian todos, y pedia el que no le atotumassen, con que y con otras como *tolette*, que cada rato pedia, otro, *nego suppositum, casar al bollo, al boton, dar bolo* etc. excitaba mas la riza por una parte y por otra la colera de los convidados.

A. Este era *indignus genere, et praeclaro nomine* de cavallero *totus insignis*[151] mui pelmazo por cierto.

P. Aguardese, no le conté lo mejor todavia. Despues de aver el amigo comido, y vevido mejor en el discurso [f° **48v°**] de la comida, sacaron al fin cafe el que le presenté luego calentico hirviendo. Tomó el possuelo en la mano, y diciendo: *Señores brindo por la salud de vuestras mercedes* hecho á beber como si fuera vino sin usar de la cucharita, ni dexarlo enfriar poco a poco como el cacao, pero como estaba ardiendo aqui el passo. Cesso luego de sorber, quedasse con la boca llena, levanta la cabeza ensendido el rostro como una asqua, y meneando la lengua por la boca resollaba por las narizes, como caballo nadando, ya finalmente trago, creo que el café con toda la piel del paladar y encias. No paró aquí; todos estaban mordiendo los labios para no reirse, y quando acabo, preguntole el huesped, que le parezia de aquel cafe, que era de nueva provicion, a lo que respondio: especial señor, mandeme traher un poco mas.

A. Vaya Padre, que esso es fabula de Hisopo. Quando yo creo este conjunto de rusticidades?

P. Ya le dixe que passo delante de mi, no dude de la verdad; y acabo. Atonito el huesped, y todos le mandaron al mayordomo, que hiziera con diligencia un pozuelo, y que lo viniera a hechar delante de el, para que viendo que se avia acabado no pidiera mas, y assi se hizo.

A. Buena tragedia es esta para un Aristofanes, si viviera: pero vamos a otro, que me queda una duda sobre el aseo, y politica del Colegialito, y es que diria el Padre Rector quando sabria el caso? No le retaria por aver servido a mugeres, aunque fueran damas, y en un convite de tanta gente?

---

151 Indigno de su raza y del nombre esclarecido de caballero, aunque insigne por la sangre.

P. No lo crea antes se alegro mui mucho, porque es a quien mas parte le toca de los aplausos nuestros en materia de virtud, letras, y politica; y assi, sepa que como estamos aca para aprehender estas cosas las glorias de los dicipulos, lo son mayores de los maestros. No se opone a la virtud el servir, ni a mugeres, ni a nadie, ni estos passages, y rasgos de nobleza quando se hace con el espiritu que se debe, y quando se realza todo con los principios de religion que los prescriben. El servir es acto de [f° 49] humildad, hacerlo con modestia es grande edificacion, y hacerlo de el todo bien segun las constumbres universalmente resividas en todo el mundo es punto de noble, todo lo qual hemos de procurar.

Lo que se reprehende es un obrar segun el espiritu de el mundo, y su dueño Satanas. Las cosas que deben hacerse segun el espiritu de Christo, servir por vanidad, con deceo de ser aplaudido, con immodestia, y libertad, sin recato, en palabras, y acciones, y en aquello que por no ser constumbre es nota de liviandad, y escandalo, como le dire algunas fraces expressivas de demaciado servicio: Estoy rendido a sus plantas, beso los pies de vuestra merced, arrodillarse para hablarlas mas de cerca en los estrados y assi hacerlas viento con avanicos, y darlas el refresco en essa postura, y otras malditas modas, que cada dia inventan chiribelos sospechosos de atheistas en las mismas invenciones, y seguidos de tal qual sencíllo, que no distingue su malicia, que nunca pueden ser aprobadas de ningun hombre medianalllente christiano, y noble; por opuestas a religion, y sangre: estas si se abominan aca por pestiferas, y de descredito. Por lo demas todo lo que pertenece a la virtud, y trahe solida, y verdadera honra al colegio, y a los particulares, toda es no solo aplaudido, y procurado de los superiores, sino tambien reprehendido, y castigado lo contrario.

A. Yo temia por que no me parecia a proposito para aprobado de Religiosos el passage.

P. Como no? Ellos hacen lo mismo quando se hallan en tales casos, y sintieran muncho la mas minima nota en esto, que finalmente es de Nobles, y grandes: *servire tempori*[152] quando ni Dios ni su religion lo impide, y ellos no han renunciado las partidas, aunque hayan renunciado el nombre de Noble, perficionandolas con los Perfiles de la virtud y esto mismo es a lo que nos incitan. Prosigamos.

---

152 Saleii Bassi. *Carmen ad Pis*. 143. Acomodarse a las circunstancias.

Todo lo que le he significado, Ahijado, y otras cosas que el uso, y la atencion, a los demas le iran enseñando practicara exactamente quando vaya convidado, que para los Epulones, Parasytos, Gorrones, y Atenios de quienes se dixo: [f° 49v°]

Maenius ut rebus maternis, atque Paternis
Fortiter assumptis urbanus caepit haberi,
Scurra vagus, non qui certum praesepe teneret.
Quicquid quaesierat ventri donabat avaro[153]

Sin estar convidados, presentandose a hora de comer se sentaban en mesa. A estos con la misma facilidad, que les dissimulaban la pegadura impolitica, y descarada, tambien perdonaban toda grosseria en mesa que es mucho menos.

A. Oiga, oiga, Padrino, este casito lleno lepor antes que me olvide: En cierta parte, que yo se hay un *Scurra vagus* que decia vuestra merced, y yo lo conozco mui bien. Fue este a pegarla a una casa de mucho caracter; llego poco antes de la lidra, quitose ropa, y pusose de casa sin contar con nadie, mas que con el presumido afecto, como le dixo al huesped, que en llegando por verlo tan familiar, le pregunto, donde se hospedaba para irlo a visitar (mire que indirecta de cobos).

Dissimulo no obstante el dueño, sentaronse en mesa, y viniendo el primer plato, le ofrecio que tomara, quiso entonces ser Politico el Epulon, rehuso el tomar primero volviole a instar, bolvio el otro a rehuzar, llamo entonces al servicial que traxera otra cosa, y llebara aquel plato que no gustaba de el, el intrusso; lo mismo passo con el 2° luego con el tercero, y con todos los demas los mismos cumplidos, y la misma passata del dueño; quitose la mesa traxeron agua hizolo lavar, sin que valieran cumplimientos, ya labado, se levantaron, y me tuvo dos horas paseando el hombre con mucha serenidad, y compacion de su desgana. Enviolo a dormir siesta, y entre tanto, que el se fue a comer mando a llamar al medico, informolo como quisso añadiendo que le parecia necesitaba de un vomitorio, y auditorio. Entro el medico al presumido enfermo, que no se atrevio a descubrir su mal que era hambre, pulsolo, y receto lo dicho. Entonces manda quatro criados esforzados con las medicinas, y sin atender a quexas y razo- [f° 50] nes se las aplicaron, con que se vio obligado a salir con ellas en el cuerpo a toda priza temiendo peor passando en la calle mil travajos que no pueden contarse.

---

153 HORACIO. *Epis.* 1, 15, 26-28, 32: Menio luego que devoró la herencia de su padre y de su madre quiso hacerse citadino y se convirtió en parásito. Con cuanto encontraba calmaba su insaciable apetito.

P. Pobre Parasyto, le sucedió lo que suele fue por lana, y salio trasquilado, pegandosele al cuerpo la que el quisso pegar a otro.

A. Seguro esta que a mi me pillen en semejantes. Quien me querra, no le costara poco alcanzarme y esso despues de averme convidado personalmente. Digame otra cosa, que ya se arto de convites. Quiera Dios que lo quiera practicar a menudo.

P. Aora conviene que nosotros correspondamos con los de afuera, ya vio como nos tratan, y aprecian, y assi el agradecimiento y pago en la misma moneda, es justicia de nobles. Como recibiera vuestra merced a una persona de caracter?

A. Le preguntara luego si me trahe algo, si dice, que si le dara assiento, y tal vez refresco, pero sino que se mude prestico.

P. No es mala politica Ahijado, el saber mirar por si, ni hay otra en este siglo, que tenga mas sequazes, pues casi todo hombre, se gloria de seguir esta secta. Dixolo Ovidio en el lib. 2. de Ponto:

Nil nisi quod prodest, carum est
Ipse decor, recte facti si praemia desint,
Non movet, et gratis paenitet esse probum
At reditus iam quisque suos amat et sibi quid sit
Vtile, sollicitis supputat articulis[154].

Pero aca condenamos este interez, y demaciada economia. Si ayer huviesse estado aca hubiera visto como fue resivido un señor Canonigo que me hizo la honra de visitarme.

A. Cuentemelo pues antes que a mi me venga alguno.

P. Passo assi: Entro en el Colegio en tiempo de passo, con que luego se topó con colegiales en la porteria: dos los primeros, que estaban passando alla baxo lo saludaron con mucha afabilidad, y acabada la salutacion queriendo pro- [fº **50vº**] seguir el camino, uno de los dos dio buelta por detrás, y lo puso en medio para acompañarlo. Cubrieronse por su mandado luego, y al ir passando los tres por los corredores, iban los demas que estaban passando abriendoles camino por medio del corredor, parandose, y haciendole la cortezia al passarle cerca. Ya iban llegando a mi corredor, y aposento quando el uno de los dos

---

154 OVIDIO. *Pont.* 2, 3, 15; 13-14; 1;17-18: No aprecian sino lo que les gusta. Ni los mueve la misma honra, si no hay premios para las acciones rectas, y se arrepienten de ser justos, si no hay recompensas. Hoy en día cada cual busca su propio interés y calcula, en sus dedos ansiosos, lo que pueda tenarse útil para sí.

se adelanto a tocarme la puerta, y darme aviso de la honrada visita que me venia. Sali a toda prisa a resivirla afuera. Saludelo lo hize entrar primero convide a los dos compañeros, que queriendose volver me obligaron a entrarme luego. Volviose a ellos de adentro su Señoria, y dadole el ultimo despido con una inclinacion moderada, se partieron el mas antiguo a darle parte al Padre que visita mi corredor para que estubiera avisado; si queria venir a visitar y luego los dos al passo.

Luego yo, siendo persona de caracter la visita le dispusse el mejor assiento a la derecha lo hize sentar, y despues de avernos saludado con mucho esplendor, los compañeros que avian cooperado al buen recebimiento con su alegria se levantaron de sus azientos para darnos lugar si teniamos algun negocio, pero yo les hize seña que no se movieran, y el mismo canonigo les suplico lo mismo. Entonces bueltos a sentarse todos tuvimos un bello rato de cortez conversacion. Ybame yo a levantar para disponer chocolate pero los dos compañeros no permitieron, que yo perdiera mi visita, y assi se encargaron ellos de los oficios, con que salio todo ordenadissimo. Acabado se levanto la visita para despedirse, sin darle nosotros seña ninguna de cansados, fui yo a abrir la puerta, sali primero al corredor para tomar la izquierda, luego el señor canonigo, luego los compañeros, y en medio lo llevamos hasta la porteria teniendo el gusto de ver los corredores llenos de concolegas, que compuestos! que atentos, que cortezes!. En la porteria le dimos el ultimo despido sin movernos hasta que tomo su camino, para ir a contar a todas partes que el colegio es el non plus ultra, en vir- [fº 51] tud, union, aprecio, atencion, cortezania, y letras como lo tiene la publica voz en toda la ciudad, y por esto es que quando salimos estamos tan bien recibidos, como v.m. vio.

A. Esto si es propio me parece de nobles el agredecimiento, y correspondencia mutua de nosotros a los de afuera, y de ellos a nosotros, y me acuerdo que la gratitud la he oido contar entre las principales virtudes proprias de cavalleros.

P. Dice bien, y ya que me acordo esso, le quiero decir algo de essas, y bueno es saver en quales nos hemos de esmerar particularmente.

A. Oiré esso con gusto.

DIÁLOGO SÉPTIMO
DE LAS ATENCIONES ORDINARIAS

P. Hasta aqui, Ahijado, hemos tratado de lo que debe observar en orden a sus proprias acciones, composicion de sus miembros, buen uso de talentos, y concierto en sus cosas, no solo para consigo mismo, sino tambien con otros.

Restanos aora un puntico nada menos substancial, y es separar *praetiosum a vili*[155] en algunos actos de atenciones ordinarias, para no pecar contra la cortezia por el extremo de abatimiento proprio, y demacia que no es menos pernicioso, y notable pues quita a un noble esta tacha los gloriosos epitectos de discreto, atento, y formalissimo que no se dan, al que sin discrecion, y orden todo lo confunde en su trato para alcanzar la alabanza de cortez, y noble, que nada menos merece.

A. Es cierto que muchas veces he oido alabar a algunos con estos nombres, pero no me paraba en averiguar por que motivos, y assi me alegro aora que se haya ofrecido tratar de ellos.

P. El nombre pues de discreto se atribuye propriamente como el de prudente en linea de trato, al que como arriba diximos, *reddere personae scit con-* [**f° 51v°**] *venientia cuique*[156] segun caracter, dignidad, y meritos de cada uno, ya comunes, ya peculiares, dezia alguna persona. El nombre de atento, y formalissimo, supponiendo lo 1° denota, a quien segun essa regla lo practica, de suerte que el primero es para direccion de lo segundo; y esto segundo es la mejor señal de que existe en el atento, lo discreto, y uno, y otro tiene lugar en la misma persona de quien son poseidos, y respecto a los demas, que todo se reduce a ser atento, y discreto consigo mismo, y con los otros de su trato

A. Como se entiende ser atento consigo mismo? Yo no he visto que nadie se haga cortezias, sino las damitas, que quando salen bien vestidas pareze que ellas mismas se las hazen paboneandose, y banboleando continuamente.

P. Consigo mismo sera vuestra merced cortez, y atento, Ahijado, discreto, y formalissimo, si observa lo que le he dicho en la larga instruccion, pues con ello guardara su decoro, los fueros de su sangre, y educacion, y se merecera toda atencion, y aplauso; pero al caso lo que importa mucho, y nunca es bastante repetido, es: que nunca se vulgarize, de suerte que a sus inferiores permite, ni iguales, aunque sean amigos le traten de otra suerte de lo que a v.m. le compete mui especialmente en publico, ni a los mayores se proponga tan baxo; que por abatido, lo desprecien, y assi tendrá por enemigos de su formalidad, e indignos de su trato, a los que con vuestra merced se dispenzen las reglas de policia, y civilidad; y de no tenga por cierto, que passara con ellos muchos sonrojos, y afrentas; por el mismo caso aunque importa mas, debe vuestra merced rechazar longe, á los que por menos ajustados a las reglas de un buen christiano, por mas sangre, que vomiten, son notados, y conocidos, porque perdiera mucho de su opinion.

A. Ya me acuerdo de el proverbio: Dime [**f° 52**] con quien vas, te diré quien eres.

---

155 Lo precioso de lo vil.
156 HORACIO. *A. P.* 316: Saber dar lo suyo a cada persona.

P. Ya que se acuerda, sepa de donde salio. En la Escriptura Sagrada se dice: cum sancto *Sanctus eris; cum perverso perverteris*[157], y se entiende a todo lo demas, de suerte que en verdad se dice cotinuando el adagio: con Noble seras noble, con Politico politico, con grosero, y vulgar serás lo mismo, con los necios seras del mismo numero, que es infinito segun el sabio, Devoto, y frequentador de Sacramentos con semejantes pacifico, quieto, y sosegado con los que gozan la paz; con los aplicados, y puntillosos otro tanto; y assi de toda virtud, y vicio se verifica lo mismo.

A. Ya yo tengo bastante, Padrino, para saber con quien me acompañe, y assi fuera de los concolegas, solo los que les son semejantes en honradez, aplicacion, virtud, y estima con cuyo lado, se me pegue de sus prendas, y buena opinion comun. A todos los que tales no sean conjuro que se me alejen, y abrenuncio de su trato.

P. Si hace esto la logro pues ya todo el mundo sabe, que semejantes no admiten en su compañía, sino a los que se les parecen, porque Dios, suelen decir, los hace, y ellos se juntan, pero en esto mismo ya ve la obligacion que se impone de ser como ellos; ó a lo menos de procurarlo valiendose de sus exemplos, y para que mas se anime a conseguirlo, mirese en este caso practico, y fixele bien en su mente. Aquel Don Fulano, de quien hemos hablado algunas veces era tan poco atento a su misma persona, como a los demas, y si huviera vuestra merced visto que a todas horas entraban, y salian de su aposento una concertada compañia de amigos, todos capirotos, y Niguateros con arta confussion, y sonrojo de los demas concolegas, que no pocas veces encontraban tal chusma mui sentados de cumplimiento, y tal vez merendando con el visitado, dicho en manera que ofendidos todos lo avian descomulgado de su familiar trato. Fue una tarde este Señor [f° **52v°**] mio á cierto aposento donde se havian, juntado algunos concolegas a passar un rato divertido con gustosas, y nobles conversaciones. Al verlo el Dueño de el aposento con un chicote como la muñeca en la boca, y todo el compuesto como solia; levantose de el corro como afrentado, y saliendole al encuentro le pregunto que se le ofrece a vuestra merced Don Fulano? A lo que respondio, que venia a parlar un rato, y passar tiempo. Entonces el otro; pues señor mio, sepa vuestra merced lo 1° que a mi aposento no se viene a perder tiempo, sino, o a negocio, o a cortez visita; lo 2° mucho menos vuestra merced ni a esso, ni a otra cosa, y hagame el gusto de bolver atras luego, porque ya temo que viene tras de vuestra merced una prossecion de Diegos, y Casildos niguateros en busca suya, y

---

157 *2 Reg.* 22, 26. Cfr. *Ps.* 17, 26: Con el santo serás santo; con el perverso te pervertirás.

tubieran gran pesadumbre de que vinieran a buscarlo aca, o supieran que v.m. me visita.

A. Jesus, Padre, muerto me huviera caydo con tal sequedad; pero el se mudaria sereno. Ya yo no admiro aora, que fuera como vuestra merced me lo describio porque de tales que havia de aprehender: Dime con quien vas, te dire quien eres.

P. Ya, pues, que he dicho como ha de ser discreto, formal, y atento consigo mismo; vamos a atender a los demas, dando a cada uno lo que le compete, sin pecar por nimios, ni quitar a nadie lo que se merece, y advierta que es el punto mui critico, porque en una accion misma se ofenden muchos, si se peca en esto. Vealo, claro. Si tratando uestra merced con un mero noble le da el titulo de vuestra excelencia ofende al uno, que pensará lo esta bureando, y al otro tambien, porque hace vuestra merced comun el titulo, que le es privativo. Lo mismo, si a un señor canonigo, oidor, y titulo niega el vsia por darlo a quien no compete. Los titulos de los grados de doctor, y maestro, aca para darlos a un Grammatico, o a quien no los tiene. No sucede menos en las demostraciones de cumpli- [f° 53] do, como si sin distincion de personas acompaña vuestra merced por aca, a qualquiera de peluca, para abaxo; si les da assiento en su aposento; si en la calle los pone en medio; cede la derecha, o se para a hablar con qualquiera, si visita indiferentemente casas de esplendor, y de ningun caracter, que en tal caso fuera vuestra merced indiscretissimo, y descortez por nimio, y advierta que esto en vuestra merced no fuera humildad christiana, sino abatimiento, que son mui distintos capitulos, sancto lo uno hecho como se debe, y lo otro imprudencia grosserissima con que atender a caracter, y meritos, y conformarse con lo que prescribe el derecho comun, en proporcionados premios, y distinciones justas. Para el orden bueno de sociedad, e incentivo, para los meritos una cosa quiero advertirle por particular, y que jusgo no la alcanza vuestra merced por lo que hemos dicho, ella, es, que quando los superiores lo visiten que tal vez sera mas a menudo de lo que vuestra merced quissiera, y como no se les ha de acompañar, sino que vienen *hospite insalutato* quiera Dios que no vayan quando vuestra merced no quissiera, levantandose, y descubriendose, luego, se quedara en pie, ni les convidara assiento, ni otra cosa, pero, si lo dispondrá en el mejor lugar, por si su reverendisima quiere honrarle el aposento, y persona con tomarlo si conoce no obstante, que viene algo despacio lo mas que hara sea suplicarle se digne concederle la honra de tomar assiento, mostrando mucha alegria con respecto, y que se tiene por dichoso con tal visita, y esto observara siempre con todo superior en qualquiera parte, oficio o dignidad que se halle, porque se supone siempre que el superior honra, y no es honrado con las visitas de los subditos.

A. Bien me quadra este bello orden de distinciones. No ay cosa ya que mas decee, que verme Doctor para distinguirme con este nombre de los ignorantes.

P. Buenos son los deceos, y espero, que se cumpli- [**f° 53v°**] ran a su tiempo, segun la aplicacion que muestra, y capacidad con que el Senor lo ha distinguido. Pero no se le passe esto en blanco; quanto es bueno tener titulos, y distinciones merecidas, y darlas a quien las merece con gran esmero, tanto es abominable, el ser demaciado zeloso en ellos de manera, que salte, se pique, y altere si alguno por ignorancia, olvido, u otra mera casualidad, no se los diere; los nobles dissimulan mucho en esto, y contentos con el merito, que este no se lo pueden quitar, esperan en tales casos, que resiba de otros la noticia, y con esto los jusge despues mas dignos de la honra, que les avia negado. Sobre lo qual abra oido muchos casitos chistosos, que han sucedido a personages, y aun a varias magestades, que han sido tratadas como labradores. Yo no quiero referir por que nos dilatamos demaciado.

A. Algunos he oido, pero el que mas me ha gustado, fue el de aquel Emperador, que casando un dia con vestido proprio de la diverción, examino disimulado a un pobre escobero de oficio, sobre el govierno del emperador, que le parecia? El pobre sencillo como era, le estrello quinientas maldiciones en la caza por la crueldad de los tributos. Oia con mancedumbre, y divertido el dissimulado monarcha, y luego al despedirse le dixo, que al otro día, le llavara a plaza una carga de escobas; cumpliolo el miserable, que iba a ser dichoso, sin saberlo, hizolo buscar el emperador, diole un doblon por una escoba, y poniendolas en el lugar del espadin lo despacho, mandandole no vendiesse ninguna a menos precio. El caso fue que viendo los grandes al Emperador con la escoba hizieron razon de estado de llevarla, y nueva moda, con que el escobero se llevo tantos doblones para pagar el tributo, como escobas havia trahido.

P. Lo que estaba savido sucedio, que *Regis ad* [**f° 54**] *exemplum totus componitur orbis*[158].

A. Que moda tan ridicula, Padrino, yo me espanto que hombres grandes se dexen assi llevar de modas, y cada dia salimos diferentes como si todo el año fuesse tiempo de disfraces.

---

158 CLAUDIANO. *De IV cons. Hon.* 299-300: Con el ejemplo del rey se arregla el orbe entero.

P. No me toque esse punto, Ahijado, que es el sonrojo que padece la naturaleza racional, pero al parecer sin afrenta por que todos a proporcion cooperamos. A mi me quiere admirar tambien quando me olvido de que en algo se ha de entretener la ociocidad de tantos que al levantarse a las nueve han pagado ya a su parecer todas las obligaciones a Dios, a la naturaleza y a los hombres. Quando se me representa esto me quieto, y sigo tambien la moda para dar gusto a los autores de ella; la lastima es que siempre cuesta plata, que si ellas fueran como una que salio de no llevar mas sombrero que un retazo que salia de la faltriquera, al modo que la llave dorada; estas son baratas aunque nos hacen ridiculos, pero ninguna de estas dura, y las mas veces no sale a luz mas que para notar de chimico al autor, y como nadie quiere tener tal fama no tienen sequito. Dexemos esso por otras atenciones que debe guardar un discreto y formalissimo cavallero. Quando llegue a esta ciudad alguna persona, que vuestra merced sabe deberle algo por parentesco, amistad, o por recomendacion de su familia, le toca a vuestra merced irla a cumplimentar mas, o menos segun los motivos; y si es persona de caracter especial vera como *turba salutantium latas ibi perstrepit aedes*[159] aunque no la conoscan, ni tengan mas motivo que solo la dignidad de la persona, que esta ya entablada esta cortez atencion con los huespedes de alguna forma, y vuestra merced no se ha de dispensar de ella en su tierra, aunque aca no lo haga, sino quando huviere los motivos dichos, ni espere a que el huesped lo visite a vuestra merced primero, porque ni le toca, ni esto se puede exigir por ser solo demonstracion de summa [**fº 54vº**] familiaridad, y amor, que *non patitur moras*[160]. Si no obstante el se adelantare, que aca es bastante frequente porque ya saben que no esta en nuestra mano el salir, y muchas veces no se sabe la llegada; no por esso dexara vuestra merced de ir a visitarlo quando pueda. Las demas visitas para dar Pascuas, dias de nacimiento, o Santo de el nombre, para bienes de alguna alegria que le participen, o ha savido, pesames por alguna desgracia, todo sigue la regla de la obligación contrahida por sangre, amistad, beneficios resividos, obsequios, o recomendaciones, y reciben mas y menos segun la medida de los motivos; y assi debe vuestra merced ser en esto mui discreto, y formal, cuidando tambien, que por querer hacer de el hombre de Republica, no peque por demacia, siendo entrometido, sin atencion a motivos como lo hacen muchos. Vea con cuidado a quien debe y pague con puntualidad.

---

159 CLAUDIANO. *In Ruf.* 1, 213: La cantidad de gente que lo saludaba hizo resonar allí la gigantesca mansión.
160 No sufre demora.

A. Esto me servira quando sea ya hombre de mi casa, y republicano, que aora no me ha visitado nadie. Dios se los pague, que me ahorraron esse trabajo.

P. No durara esto mucho, Ahijado, que bien presto, o inmediatamente por si, o con ocacion de otros que acompañe, y sobre todo si vuestra merced executa quanto de mi ha oido, le asseguro, que se grangeara tantas atenciones que lo aburran, pero en manera alguna no dexe de pagarlas por muchas que sean quanto le permita el Colegio, y tratar como viere, que a vuestra merced le tratan, y sea de esto lo que fuere que el tiempo confirmara la verdad, a lo menos de las atenciones de comunidad quando salga señalado a cumplirlas en nombre de todo el colegio no podra escaparse, y assi de esto, quiero darle noticia con algunos documentos. [f° 55]

Entierros y fiestas

P. Las Communidades aca vera, Ahijado, que tienen una mutua edificativa correspondencia a sus actos, y funciones de Yglesia por lo qual se convidan, y asisten a sus principales fiestas, y entierros. A ella concurre tambien nuestro Colegio como Comunidad en persona de algunos que a este fin se señalan, y assi no pocas veces le tocara a vuestra merced la honra de cumplir con estas atenciones por el colegio, y en esto mismo ya se dexa conocer, que en tales casos conviene mucho el saberse portar para que no se de que sentir a las demas Communidades, se desacredite el Colegio, a quien representa, y lo paguen despues nuestras funciones, en las que haran los demas, lo que vuestra merced hiziere en nombre de el Colegio con ellas.

La primera nullidad, y que quebrará esta correspondencia tan antigua fuera, si quando lo señalen a vuestra merced en lugar de ir puntual al acto, a que es enviado, se fuera a dar un passeo, o a visitas, o fuera tarde, o se marchara antes de tiempo, que nos pagaran con la misma moneda justamente, y entonces a mas del descredito de el colegio nuestros actos se hicieran a solas, con que la formalidad en estos casos se hecha de ver en el debido cumplimiento de la obligacion que se le encarga: y si a mas de esso compone vuestra merced su persona ad normam de un prudente varon, que segun las circunstancias pone diferente frontal en sus facciones de lito para entierros, y actos tristes, de alegria para fiestas, y regosijos, segun aquello *cum tristi tristis eris, cum gaudente gaudebis*[161] podra comenzarse a atribuyr el otro *omnibus omnia factus sum*[162]; pero lo que siempre ha de hacerse lugar en actos tan publicos, y de la gente

---

161 Cfr. *Rom.* 12, 15: Muéstrate triste con el triste, alegre con el que se alegra.
162 *1. Cor.* 9, 22: Me he hecho todo para todos.

mas grave de la ciudad es la circunspeccion, y modestia nunca bastante repetida, de suerte que [fº **55vº**] si quando le dan bela para acompañar empieza vuestra merced a balancearse con ella, mirando a todas partes a ver si aplauden el garvo, y desembarazo, sino guarda el orden, y lugar que le toca, y al entrar en la yglessia le anda viendo altares, y registrandolo todo, como se suele en el dia de los fundadores, lo hecho a perder todo, y le hubiera sido mejor no ir, pues no se hubiera afrentado. Mire aora en los principios a su compañero, e imite diligente, que otras circunstancias; y ceremonias que suelen ofrecerse el uso las enseña; como quando le toque cargar a algun cadaver, que executara sin repugnancia, como quisiera lo hagan con vuestra merced, quando su ves le toque. Lo mismo quando tenga la honra de llevar Palio dexara a conocer la estima grande, y concepto que tiene del oficio en la gravedad, y devocion con que lo cumpla.

A. Esto del Palio me parece bien, Padrino, pero aquello de cadaver, y cargar, hiede mucho.

P. Pues que vuestra merced piensa oler a balsamo, a los que le carguen a su tiempo? No hay apenas obra que se deba hacer con mas voluntad, porque de seguro esperamos retorno. Oiga otra atencion que con el tiempo puede ser que le toque. Si lo envian a convidar para alguna funcion, o dar pascuas, en nombre de el colegio, o a alguno otro particular, procurará, como en lo de antes la mayor exactitud, porque su defecto se atribuyra al colegio, o al particular. Para estos casos llevara proporcionada formula, que podra pedir, o consultar con algun superior, o colegial antiguo. Esta breve y bien savida para que no se turbe y la dira en las casas despues de aver entrado, y saludado, y sentadose, como le dixe quando tratamos de visitar, y pueda comenzar de esta, o semejante suerte. Despues de aver pedido y respondido en [fº **56**] orden a la salud: Señor Don Fulano despues de tener el gusto de ver a vuestza merced, y halladole con la felicidad que deceaba; el negocio que me trahe es venir a participar a vuestra merced de parte de el Colegio (u otro) como tal dia, con ocacion de tal festividad, o etc., se celebra tal fiesta, o entierro, o acto, y assi suplicarle sea servido honrrarnos la funcion con su precencia. Despues de aver el otro respondido, y hecho una breve pausa se levantara pidiendo licencia para ir a continuar su encargo, con que despidiendose se quedaran tan prendados de su atencion, que decearen venga presto otro convite.

Siendo el convite o función literaria de algun particular, como opocicion, sermon etc., no sera sino mui decente que tome la protección de la honra de quien lo embia defendiendo su causa, salvo siempre el decoro de v.m.

y de el tercero, por exemplo, ba vuestra merced a convidar a opocicion de un concolega. Despues de aver v.m. sencillamente convidado en nombre del Señor Fulano, suelen responder, que iran gustosos a tener un buen rato. En tal caso, parece, que como persona interesada, no le cae a vuestra merced bien el elogiar al de casa, pero no hara sino decente, y honrradamente en esta forma: El Señor Don Fulano como cavallero humilde, y cortez nos dixo convidaros, a un rato de mortificacion; pero la experiencia que tenemos larga de sus prendas, y talento, nos persuaden, que la funcion correspondera a ellos, y su aplicacion, y esperamos que el rato se passara gustoso para los oientes, y lucido para Don Fulano con esto me parece, que desentemente se cumple. Sino fuere colegial actual no es notable, que lo elogiemos, pero sin mostrar passion, ni demaciado interez en sus alabanzas. [f° 56v°]

A. Curiosas estan estas nobles atenciones, Padrino, lo que reparo es, que se puede decear, que le toquen a menudo a uno estos encargos por darse uno a conocer en el publico; por que me parece, que executando esso le han de dar ganas al convidado de querer saver quien es el cortez embiado, á lo menos si yo lo viera, luego me informará del sugeto. Diga mas.

P. Ya no se me ofrece otra cosa, que directa, o indirectamente no este tocada, a lo menos por principios generales. En orden al estilo de cartas por las quales se da uno a conocer en muchas partes ausentes, quissiera darle algunos avisos, pero por comprehender esto muchas cosas segun las circunstancias de las personas que se comunican del que escribe, de los diferentes negocios que se tratan por letras etc., no quiero fatigarlo con prolixidad. Solo en general digo que debe persuadirse que su opinion, y credito por otras partes depende de sus escritos, y es fixo, que a cada uno lo pinta su pluma, hasta los sentimientos, passiones, o virtudes, el genio, sabiduria, y prudencia se esculpen en quatro renglones.

A. Como puede ser esto, Padrino? No puedo entenderlo.

P. Si vuestra merced me quiere mostrar una carta de quien yo no conosco, se lo hare claro con la descripcion, que le haré luego del sugeto autor de ella. Vea algunos principios: un genio alegre siempre esta de chanzas, y assi no save ser tan serio en carta ninguna, que alla no vaya. Un melancolico al contrario infunde tristeza en su estilo. Un serio y mui circunspecto, no save dexar el catonismo, un modo de estilo sentenciosso y lleno de substancia. Un chiribelo, pre- [f.° 57] sumido, y vano todo se derrama en flores, esmaltes, plantas, engastes etc. Un genio acre no puede reprimir la puya, y satyras. Un manzo, pacifico, y humilde derrama miel de la pluma, y reboza suavidad. Un iracundo lleva la pluma a la posta, infundiendo rabias, y furor. Un sabio: que gusto, Ahijado lee una carta suya, que estilo tan concertado a la materia que trata, que bien ordenado, que methodico, que grave, que alegre, que espiritosso, que afable, que vivo, que finalmente lleno de meollo, y de lepor, todo lo sabe significar, y pintar, la universalidad de sus sentimientos y prendas, dexando conocer lo mejor que es la sabiduria en saber diestramente executarlo todo segun lo pide la materia; alegre, pero con otro lepor, y agudeza quando trata de gozos, y da buenas noticias, triste, y melancolico, pacifico, iracundo, mordaz grave, chistoso, con tal arte, y lepor, con tal propriedad de afectos, expressiones, y palabras, y con tal saviduria de fraces, y alegorias nada vulgares que infundiendo sus diferentes sentimientos a quien lo lee dexa un perpetuo monumento de su sabiduria, y discrecion en su retrato tan expressivo.

Fuera de esto aun en el tiempo, y circunstancias en que escribe muestra su prudencia. No gusta de ser entrometido, pero es atentissimo a no faltar un apice de las reglas de buena correspondencia. Si se parte de un lugar para otro no olvida favores, atenciones, y amistades, y assi al llegar al destino da prompto razon a semejantes de su llegada ofreciendo su industria sin esperar que se le adelanten que no les toca a los que dexo responde puntual quanto se puede a las cartas que resibe, y sino son personas a quien no debe obligaciones, y no gusta de su comunicacion a lo menos respon- [f° 57v°] de agradecido a la primera, sea quien fuere el autor de ella. Guarda el recato de no ser molesto, a otros con reiteradas, continuas, quando juzga que puede ser pessado al correspondiente; y mucha frequencia, e intimidad no las gasta, sino con tal, qual semejante a el, ni gusta de tener comunicaciones entabladas, sino con raro, por que tampoco gusta de florear, que tiene muchas cartas, y correspondencias, que lo 1° la vulgarizan y lo 2° hagan menos apreciables las suyas, por tan comunes.

La politica, y seriedad en las clausulas de estilo, titulos, y cumplidos, serios, sin afeccion, ni adulacion que es arto comun, no se las dispensa con nadie, sino es, con un intimo amigo, que lo tenga bien medido, y con quien usa llaneza.

En quanto a la materia que trata, guarde su buen methodo, y orden. Primero saluda, y descubre el gusto, que ha tenido en resivir la agena, si es respuesta, luego en otro acapite responde a los puntos que lo piden, sin dexar uno. En otro propone los encargos, o negocios, de que quiere sea savedor, y concluye con participar su salud decear la agena, y ofrecimiento de sus cosas al servicio del amigo, cuya vida ruega al Señor prospere por ultimo remate, encomendandose en sus oraciones, como quien muestra tener presente sobre todos negocios el mas importante de religion, y su alma. Y en sustancia es esto quanto le puedo por aora prescribir para que vuestra merced escoxa segun el concepto, que quiere dar de si, a lo que no lo conocen por vista, y tenga por cierto que tal sera tenido qual vuestra merced se pintare y nada mas, ni menos.

Ya que sino estimado Ahijado, la suma de las obligaciones que me parecio avisarle que piden de vuestra merced su sangre, la honra del colegio, credito de [fº 58] nuestra educacion que gossamos, y bien de toda la republica tan interesada en tener un buen numero de gente escogida para todos sus diferentes empleos. Todos estos a una voz piden, y con empeño exigen de vuestra merced esta deuda, a que son cierta, y justamente acreedores, ni puede vuestra merced negarla sin hacerse a su mismo caracter traycion y desmentir su nobleza. Pero lo que mas que todo clama es la religion que profesa, pues tiene derecho a sus acciones desde que lo dio a luz naturaleza. Todo el conjunto de preceptos que le he dado son otros tantos, o dogmas expressos de religion, y substanciales, o proporcionados medios para observarlos que son tales, ni como quiera, sino medios que en su execucion trahen consigo humanas honras, suavidad de vida social, lustre, y esplendor de acciones, que arrebatando la atencion de todos vean lo dulce, y suave de las virtudes christianas, exercitadas con tanto esplendor, suavidad, y ganancia en comparacion de otras groseras, y mal ordenadas vidas, ciertamente reprehendidas en tal proceder. Por lo que toca, como debido remate a exhortar a vuestra merced a abrazar tal modo de vida mucho pudiera decirle, pero creere haver logrado el intento si solo consiguiera de vuestra merced la penetracion de estas breves palabras: *Mors ultima linea rerum*[163] fin de gustos, fin de penas, y en todo caso supuesta su certidumbre: Mas quissiera que corone con su suavidad la suavidad de su vida, que no sea fin de sus decreditos, deshonras, y trabajos con sus amarguras; y no ha de dar poco vigor a esta sentencia, i estimulo a vuestra merced para una generosa noble resolucion de emprehender norma tan ajustada, si trahe a la memoria el testimonio de un experimentado:

Non est (crede mihi) Sapientis dicere vivam.
Sera nimis vita est crastina, vive hodie[164]*.*

---

163 HORACIO. *Epist.* 1, 16, 79.
164 MARCIAL. *Epigr.* 1, 15, 11-12: Créeme que no es de un sabio decir: "viviré". Mañana ya será demasiado tarde: ¡vive hoy!.

[f° 58v°] Tan facil es el ser grande hombre como el determinarse a hacer cada dia resolucion de serlo en el presente de veinte, y quatro horas sin mas cuidados de la larga vida que no sabemos si hemos de gosar, pues arto nos muestra cada dia la experiencia que la muerte... *Rapit Juvenes prima florente iuventa*[165]. Cada año nos arranca de el lado concolegas, en cuyas muertes no hallamos mas consuelo, que el de sus ajustadas vidas.

A. Estoi resuelto, Padrino, a ajustarme lo mas que alcanze mi capacidad a methodo tan agradable de vida, que se ha tomado el travajo de proponerme; pero para que colme la medida de su cariño para conmigo, y en mi la obligacion de agradecimiento, que nunca podra llenar a proporcion de lo que concibo. Falta un eficaz medio que me ayude a conseguir tanto bien propuesto, y este quanto mas practicable, y claro se me hara mas proporcionado a mis intentos.

P. El está tan a mano como es en si eficaz, ni lo haviamos de echar menos en los que nos dieron la norma de quanto hemos dicho. Virgilio in *Viro bono* dice que el varon grande:

Non prius in dulcem declinans lumina sonnum
Omnia quam longi reputaverit acta diei
Quo praetergressus, quid gestum in tempore quid non.
Cur isti facto decus afuit, aut ratio illi?
Quid mihi praeteritum, Cur haec sententia sedit.
Quam melius mutare fuit? miseratur egentem
Cur aliquem fracta persensi mente dolorem?
Quid volui quod nolle bonum foret? Vtile honesto
Cur malus antetuli: Num dicto, aut denique vultu
Perstrictus quisquam? Cur me natura magis quam
Disciplina trahit? Sic dicta, et facta per omnia
Ingrediensque ortoque a vespere cuncta revolvens
Ofensus pravis dat palmam et praemia rectis[166].

---

165 *Eleg. in Maecen*, 1, 7: [la muerte] arrebata a los jóvenes [también] en la flor de su edad.
166 *Vir bonus* (vulgo Virgilio adscriptu) 14-26: Nunca entregarse al dulce sueño antes de examinar las acciones del largo día. ¿Qué se imitó, qué se hizo o no se hizo a tiempo? ¿Por qué faltó decoro a una acción, o razón a otra? ¿Qué se me pasó por alto; por qué me aferré a un parecer? ¿No hubiera sido mejor cambiar de opinión? ¿Por qué compadecido sentí dolor con corazón contrito ante la necesidad ajena? ¿Por qué quise lo que hubiera sido mejor no querer? ¿Por qué, voluntarioso, preferí lo útil a lo conveniente? ¿Ofendí a alguno con palabras o con la expresión del rostro? ¿Por qué me atrae más el capricho que el deber?
Y así repasando las acciones y palabras, y examinando todo desde el comienzo de la tarde,

Ya vuestra merced entiende esto, Ahijado, si lo aprehende de memoria despues de bien construido, tendra un arancel de lo que debe en breve corregir, y entablar en su porte christiana, y noblemente.

A. Admirable es el medio, Padrino, assi tubiera yo la instruccion tan ordenada en breve para poderla aprehender de memoria, que le aseguro, que fuera lo primero que aprehendiera.

Padres

Aora me excita una recopilacion por principios generales que hizo para norma de las acciones de un Noble. No le quiero privar de ella supuesto que vuestra merced mismo la decea. Oiga con atencion y acabo:

Munditiae placeant, fuscentur corpora campo:
Sit bene conveniens, et sine labe toga,
Linguaque ne rigeat, careant rubigine dentes
Ne vagus in laxa pes tibi pelle natet.
Quid si praecipiam, ne fuscet inertia dentes,
Oraque suscepta mane labentur aqua?
Nec male deformet rigidos tonsura capillos [f° 59v°]
Et nihil emineant, et sint sine sordibus ungues:
Inque cava nullus stet tibi nare pillus
Nec male Odorati sit tristis anhelitus oris[167].

* * *

Sint modici rictus, sint parvae utrimque lacunae
Et summos dentes ima labella tegant.
Nec sua perpetuo cotendant illi rissu:
Sed leve, nescio quid faemineumque sonent.
Est et in incessu pars non temnnenda decoris.
Allicit ignotos ille fugatque viros.

---

arrepentirse de lo malo y alegrarse de lo bueno. [También se encuentra entre las obras de Ausonio].

167 OVIDIO. *A. A.* 1, 513-516; 3, 197-198; 1, 517, 519-521: Preséntate aseado y que el ejercicio del campo [de Marte] solee tu cuerpo envuelto en una toga bien hecha, impecablemente blanca. Sea tu hablar suave; luzcan tus dientes su esmalte y no naden tus pies en las anchas sandalias. Y, a qué recomendarte que no dejes ennegrecer tus dientes y que por la mañana te laves la boca con agua fresca; que no se te erice el pelo mal cortado, ni lleves largas las uñas, que han de estar bien limpias; ni asomen los pelillos por las ventanas de la nariz; ni te huela mal la boca, recordando el fétido olor del macho cabrío.

Carpe cibos digitis: est quidam gestus edendi:
Ora nec immunda tota perunge manu.
Neve domi praesume dapes, sed desine citra
Quam cupies, paulo quam potes esse, minus.
Nec coram mixtas cervae sumpsisse medullas
Nec coram dentes perfricuisse probum
Ista dabunt, faciem, sed erunt deformia vissu
Multaque, dum fiunt turpia, facta placent.
Pertinet ad faciem rabidos compescere mores
Candida pax homines, trux decet ira feras.
Ora tumet ira; nigrescunt sanguine venae;
Lumina gorgoneo saevius igne micant.
Odimus inmodicos (expertae credite fastus)
Saepe tacens odii semina vultus habet.
Spectantem Specta, ridenti mollia ride.
Innuet, acceptas, tu quoque recte notas.
Rara tamen menda facies caret occule mendas.
Quodque potes vitium corporis abde tui[168][168]

Ay tiene un breve espejo en que mirarse para salir al publico como pintado; si lo aprehende de memoria no solo le servira para vuestra merced sino para dar con sal, y sazon a otros los mismos preceptos y corregir los ierros de quien deba hazerlo. Por lo demas vuestra merced use de todo, como proprio suyo, ni se ofenda de que le tache [f° 60] algunas acciones, que el fin fue solo para

---

168 OVIDIO. A. A. 3, 283-286; 299-300; 755-758; 215-218; 501-504; 511-514; 261-262: Entreabre ligeramente la boca, de manera que dos lindos hoyuelos se marquen en tus mejillas y el labio inferior oculte la extremidad de los dientes superiores. Evita las risas continuas y estruendosas y que suenen en nuestros oídos las tuyas con un no sé qué de dulce y femenino que los halague. En el mismo caminar hay tesoros de gracia inestimable que atraen o alejan a los pretendientes. Toma la comida con la punta de los dedos: hasta en el comer hay cierta gracia; pero cuida que tus manos no ensucien tu boca. No pruebes nada antes del festín y en la mesa modera tu apetito y aun come algo menos de lo que te pida la gana. En presencia de testigos no te untes la médula del ciervo, ni te restregues los dientes. Estas operaciones aumentan la belleza, pero son desagradables a la vista; laboriosas mientras se hacen, cómodas ya hechas. El refrenar las violencias del carácter favorece los atractivos físicos: ingenua paz conviene a los hombres, la cólera brutal a las fieras. La cólera deforma los rasgos del semblante, hincha las venas de sangre y enciende los ojos con las siniestras miradas de las Gorgonas. Cree a mi experiencia: el desdén orgulloso es aborrecible y el aspecto altanero lleva consigo los gérmenes del odio. Mira al que te clava la mirada, sonríe afectuosa a quien te sonríe y a sus gestos responde con señales inteligentes. Cierto es que son pocas las caras sin defectos: atiende a disimularlos y, a ser posible también los del cuerpo.

que conociendo vuestra merced lo que no le conviene lo evite abrazando lo que le es proprio y concluio con decirle:

Tu recte vivis si curas esse quod audis[169].

Vale et

Pro me ora[170].

A.M.D.G.

---

169 HORACIO. *Epist.* 1, 16, 17: Vivirás rectamente si procuras ser lo que has oído.
170 Adiós, y ruega por mí.

ARCHIVOS Y BIBLIOGRAFÍA

I. ARCHIVOS

ALCALÁ DE HENARES. Archivo de la Provincia de Toledo (APT)

Fondo Astráin, 18.

BOGOTÁ. Archivo del Colegio Mayor de San Bartolomé (ASB)

Caja, Siglo XVIII, Varios, N°., 1

BOGOTÁ. Archivo Nacional de Colombia (ANB)

Miscelánea, t. 69
Temporalidades, t. 18,

BOGOTÁ. Archivo San Bartolomé (ASB)

Libro de gasto ordinario y extraordinario deste Collegio de San Bartolomé

MADRID. Archivo Histórico Nacional de Madrid (AHN)

Jesuitas, 827/2.

MÉRIDA. Archivo Arquidiocesano de Mérida (AAM)

Seminario. Caja, 1.

ROMA. Archivum Romanum Societatis Iesu (ARSI)

Institutum, 40,
N. R. et Q., 12. *Historia. I.*

SEVILLA. Archivo General de Indias (AGI)

Contratación, 5549.

Biblioteca Nacional de México

Mss. 1600.

II. BIBLIOGRAFÍA

ABRAM, Nicolás.

    1631   *Nicolai Abrami... Commentarius in Tertium volumen Orationum M.T. Ciceronis...* Lutetiae Parisiorum, sumptibus Sebastiani Cramoisy, 1631.

——   1655   *Nicolai Abrami e Societate Jesu Commentarius in Pub. Virgilii Maronis opera omnia.* Rothomagi.

.... *Adagia id est, proverbiorum, paroemiarum et parabolarum omnium, quae apud graecos, latinos, hebracos, arabes & c. in usu fuerunt,* collectio ab solutissima in locos communes digesta, in qua continentur... Des. Erasmi Roterodami Chiliades, Hadriani Iunii Medici adagia, Ioann Alessandri Brassicani IC. Symmicta [et al.]. Francofurti, sumptibus Johannis Pressii viduae, 1645.

AGUIRRE ELORRIAGA, Manuel.

    1941   *La Compañía de Jesús en Venezuela.* Caracas.

AICARDO. José Manuel.

    1919-1932   *Comentario a las Constituciones de la Compañía de Jesús.* Madrid, 6 vols.

ALFARO, Alfonso.

    2003   "Hombres paradójicos. La experiencia de alteridad". En *Misiones jesuitas. Artes de México.* México, 65, (2003) 9-27.

ALVAR, Manuel.

    1976   *Aragón, Literatura y ser histórico.* Zaragoza.

ANDRADE, Alonso de.

    1643   *El estudiante perfecto y sus obligaciones...* por el padre Alonso de Andrade de la Compañia de Iesus; diuidido en dos partes... En Madrid, por Maria de Quiñones.

ANTESIGNANUS, Petrus.

    1557   *Institutiones ac Meditationes in graecam linguam N. Clenardo authore; cum scholiis & praxis P. Antesignani...* operi praefixi sunt indices copiosissimi duo... Lugduni, apud Mathiam Bonhomme.

ARROM, José J. y José M. RIVAS SACCONI.

    1960   *La "Laurea Crítica" de Fernando Fernández de Valenzuela, primera obra teatral colombiana.* Bogotá, Instituto Caro y Cuervo.

ARZUBIALDE, Santiago.

    1991   *Ejercicios espirituales de S. Ignacio. Historia y análisis.* Bilbao-Santander. Mensajero y Sal Térrae.

ASTRAIN, Antonio.

    1912-1925   *Historia de la Compañía de Jesús en la Asistencia de España.* Madrid, 7 vols.

AUBIGNAC, Abbe d'.

    1715   *La pratique du theatre*: tome second par l'Abbe' D'Aubignac. A Ámsterdam, chez Jean Frederic Bernard.

BALDINI, Ugo.

    1992   *Legem impone sub actis. Studi su filosofia e scienzia dei Gesuiti in Italia, 1540-1632.* Rome.

    2000   *Saggi sulla cultura della Compagnia di Gesù.* Padua, CLEUP Editrice.

BARASORDA Y LARRAZABAL, Nicolás de.

    1723   *Relacion de los svgetos, qve se han criado en el Colegio Seminario, y Mayor de San Bartolomé, fundado en la Ciudad de Santa Fè, Nuevo Reyno de Granada…* Madrid.

BARONIO, Cesare.

    1601   *Epitome Annalium Ecclesiasticorum Caesaris Baronii…* ab Io Gabriele Bisciola… Societatis Iesu tomis confecta eiusdem auctoris concessione; duovus. Antonium Francinum & Haeredes Hieronymi Fanzini] (1601), 1602 Venetis: apud Georgium Variscum & Socios [Ioannem].

BARTHES, Roland.

    1974   *Investigaciones retóricas.* I. La antigua retórica. Buenos Aires.

BARTOLOME MARTINEZ, Bernabé.

    1982   "Las cátedras de gramática de los jesuitas en las universidades de Aragón". En: *Hispania Sacra*, 34 (1982) 389-448.

BATLLORI, Miguel.

    1958   *Gracián y el Barroco.* Roma.

_____ 1980 "Historia y cultura de la Ilustración". En: *Archivum Historicum Societatis Iesu*. Roma, fascículo 97 (1980) 449-479.

_____ 1987 "Sobre los jesuitas en el setecientos". En: *Archivum Historicum Societatis Iesu*. Roma, LVI (1987) 171-208.

_____ 1989 "Los jesuitas en tiempos de Carlos de Borbón y de Tanucii. De fines del siglo XVII a principios del XIX". En: *Archivum Historicum Societatis Iesu*. Roma, LVIII (1989) 355-371.

_____ "Antes y después de la expulsión". En: *Archivum Historicum Societatis Iesu*. Roma, fascículo 64 (1989) 169-185.

1990 "En torno a los jesuitas, del renacimiento a la contrarreforma". En: *Archivum Historicum Societatis Iesu*. Roma, LIX (1990) 117-132.

1992 "En la doble conmemoración pluricentenaria de la Compañía de Jesús (1540-1990) y de San Ignacio de Loyola (1491-1991)". En: *Archivum Historicum Societatis Iesu*. Roma, LXI (1992) 189-209.

_____ 2001 "Finestres y de Montalvo, José". En: Charles E. O'NEILL y Joaquín Mª DOMINGUEZ. *Diccionario histórico de la Compañía de Jesús*. Roma-Madrid, II (2001) 1461.

_____ "Gracián y Morales, Baltasar". En: Charles E. O'NEILL y Joaquín Mª DOMINGUEZ. *Diccionario histórico de la Compañía de Jesús*. Roma-Madrid, II (2001) 1796-1797.

_____ "Mayans y Siscar, Gregorio". En: Charles E. O'NEILL y Joaquín Mª DOMINGUEZ. *Diccionario histórico de la Compañía de Jesús*. Roma-Madrid, III (2001) 2584-2585.

BEGHEYN, Paul.
2001 "Buys (Busaeus), Meter (Petrus)". En: Charles E. O'NEILL y Joaquín Mª DOMINGUEZ. *Diccionario histórico de la Compañía de Jesús*. Roma-Madrid, I (2001) 586.

BERTRAN QUERA, Miguel.
1984 "La pedagogía de los jesuitas en la *Ratio Studiorum*". En: *Paramillo*, 2-3 (1984) 1-283.

BESSON, Antonio, (ed).
1687 *La maniere de bien penser dans les ouvrages d'esprit dialogues*. A Lyon, chez Antoine Besson.

BONIFACIO, Juan.

    1586   *Christiani pueri institutio, adolescentiaeque perfugium* autore Ioanne Bonifacio Societatis Iesu; cum libri vnius & rerum accessione plurimarum. Burgis, apud Philippum Iuntam.

BOTTERAU, Georges.

    2001   "Jouvancy (Juvencius), Joseph de". En: Charles E. O'NEILL y Joaquín Mª DOMINGUEZ. *Diccionario histórico de la Compañía de Jesús*. Roma-Madrid, III (2001) 2157-2158.

BOUHOURS, Domingo.

    1671   *Les Entretiens d'Ariste et d'Eugène*. A Paris.

BREMOND, Henry.

    1916   *Histoire littéraire su sentiment religieux en France*. Bloud, I.

BRICEÑO JAUREGUI, Manuel.

    1991   "La prelección como elemento metodológico en la enseñanza de las humanidades en los colegios jesuíticos neogranadinos (s. XVII-XVIII)". En: José DEL REY FAJARDO (Edit). *La pedagogía jesuítica en Venezuela*. San Cristóbal, Universidad Católica del Táchira, II (1991) 589-698.

BRIET, Philippe.

    1649   *Parallela Geographiae veteris et nouae* auctore Philippo Brietio... Societatis Iesu ... tomus secundus. Parisiis, sumptibus Sebastiani Cramoisy... et Gabrielis Cramoisy.

    ——— 1692   *Annales mundi sive Chronicon universale secundum optimas chronologorum epochas ab orbe condito* ad annum Christi millesimum sexcentesimum sexagesimum perductum opera, [et] studio Philippi Brietii... Venteéis, Apud Io: Iacobum Hertz.

BUDE, Guillaume.

    1554   *Lexicon graeco-latinum, seu Thesaurus linguae graecae,* post eos omnes qui in hoc commentandi genere hactenus excelluerunt ex ipsius demum C. Budaei manu scripto lexico, magna cum dictionum tum elocutionum accessione auctus, & plurimis in locis restitutus. [Genevae], Ex officina Ioannis Crispini, 1554.

BUDÉ, Guillermo.

    1529   *Commentarii linguae Graecae*. París.

CALEPINO, Ambrosio.

    1609   *Ambrosii Calepini Dictionarium Octolingue, in quo latinis dictionibus hebreae, gallicae, italicae, germanicae, hispanicae atque anglicae adiecti sunt.* Colonia, sumptibus Caldorianae Societatis.

CAMPION, Edmond.

    1582   *Rationes decem: Qvibus Fretvs, Certamen aduersarijs... Academicos.* Mediolani, apud Pacificum Pontium.

CANTEL, Pierre Joseph.

    1677   *De Historiis Philippicis et totius mundi originibus [Justinus], interpretatione et notis* illustravit Petrus Josephus Cantel è Socìetate Iesu... Parisiis, apud Fredericum Leonard.

CASANOVAS, Ignacio.

    1932   *Joseph Finestres. Estudis biografics.* Barcelona, Biblioteca Balmes.

CASTELLESI, ADRIANO, Cardenal.

    1542   *De sermone latino et modis latine loquendi:* eiusdem Venatio ad Ascanium cardinalem: item Iter Iulij II pontificis Rom. Adrianus T.T.S. Chrysogoni S.R.E. cardinalis. Lugduni, apud Seb. Gryphium.

CAUSSÍN, Nicolás de.

    1619   *Eloquentiae sacrae et humanae parallela:* Libri XVI auctore P. Nicolao Caussino trecensi e societate Iesu. [Paris], sumptibus Sebastiani Chappelet... sub signo Oliuae.

CERDA, Juan Luis de la.

    1612   *P. Virgilii Maronis priores sex libri Aeneidos:* argumentis, explicationibus notis illustrati, auctore Ioanne Ludouico de la Cerda... Societatis Iesu... Editio quae non ante lucem vidit... Lugduni, sumptibus HoratijCardon.

——— 1617   *P. Virgilii Maronis posteriores sex libri Aeneidos*: argumentis explicationibus notis ilustrati, auctore Ioanne Ludovico de la Cerda... Societatis Iesu... Editio quae non ante lucem vidit... Lugduni, sumptibus Horatii Cardon.

——— 1647   *P. Virgilii Maronis Bucolica el Georgica argumentis, explicationibus, notis illustrata,* auctore Ioanne Ludovico de la Cerda. Coloniae Agrippinae, apud Ioannem Kinchium.

─── 1654   *Aelii Antonii Nebrissensis, de institutione Grammatiace Libri quinque*. Jussu Philippi III Hispaniarum Regis Catholici, nunc denuo recogniti. Al Señor Don Antonio de Contreras, etc. Cum Privilegio Coronae Castellae et Indiarum. Matriti, ex Typographia Didaci Diaz a Carrera. Ann.

CERDA, Melchor de la.

1598   *Apparatus latini sermonis per Topographiam, Chronographiam & Prosopographiam, perque locos communes, ad Ciceronis norman exactus* auctore Melchiore de la Cerda Societatis Iesu... Hispali, excudebat Rodericus Cabrera.

CERTAU, Michel de.

1974   "Le 17e. siècle français". En: André DERVILLE. "Jesuites". En: M. VILLER (et alii). *Dictionnaire de spiritualité ascétique et mystique, doctrine et histoire*. París, VIII (1974) 994-1016.

CHARMOT, François.

1934   *L'Humanisme et l'humain. Psychologie individuelle et sociale*. París.

─── 1952   *La pedagogía de los jesuitas. Sus principios. Su actualidad*. Madrid, Sapientia.

CHENU, Marie-Dominique.

1945   *Introduction à l'étude de Saint Thomas*. París.

CLANCY, Thomas H.

2001   "Tyrie, James". En: Charles E. O'NEILL y Joaquín Mª DOMINGUEZ. *Diccionario histórico de la Compañía de Jesús*. Roma-Madrid, IV (2001) 3853.

CLENARDUS, Nicolau.

1623   *Nicolai Clenardi Grammatica Graeca* a Stephano Mognote 'e Societate Iesu recognita ad vsum Collegiorum eiusdem Societatis... addita est Suntaxis cum iis partibus Gr⁻amaticae que adhuc in Clenardo desiderate fuerant... Editio quarta. Pictavii, apud A. Mesnier & I. Thoreau....

CLÜVER, Philippe.

1631   *Philippi Cluveri Introductionis in Vniuersam Geographiam tam veterem quam nouam* libri VI. Editio ultima prioribus emendatior. Parisiis, apud Guillelmum Pelé.

CODINA MIR, Gabriel.
    2001   "Modus parisiensis". En: Charles E. O'NEILL y Joaquín Mª DOMINGUEZ. *Diccionario histórico de la Compañía de Jesús*, III, 2714-2715.

CODORNIU, Antonio.
    1764   *Desagravio de los autores que ofende el Barbadiño*. Barcelona.

COLLINOT, A. y Fr. MAZIERE.
    1987   *L'exercice de la parole. Fragments d'une rhétorique jésuite*. París.

COLMENARES, Germán.
    1969   *Las haciendas de los jesuitas en el Nuevo Reino de Granada. Siglo XVIII*. Bogotá.

COLPO, Mario.
    2001   "Colegio Romano (Universidad Gregoriana desde 1873)". En: Charles E. O'NEILL y Joaquín Mª DOMINGUEZ. *Diccionario histórico de la Compañía de Jesús*. Roma-Madrid, I (2001) 848-850.

_____ 2001   "Tucci (Tuccio), Stefano". En: Charles E. O'NEILL y Joaquín Mª DOMINGUEZ. *Diccionario histórico de la Compañía de Jesús*. Roma-Madrid, IV, 3845-3846.

    1649   *Conciones et orationes ex historicis latinis excerptae...* Lugdun. Batavorum, ex officina Elseviriana.

CONSENTINO, G.
    1970   "Le matematiche nella 'Ratio Studiorum' della Compagnia di Jesu". En *Miscellanea storica ligare*, t. 2 (1970) 169-213.

_____ 1943   *Constitutiones Societatis Jesu et Epitome Instituti*. Romae.

CROISET, Juan.
    1715   *Règlement pour MM. les pensionnaires des PP. Jésuites qui peuvent leur servir de règle de conduite pour toute leur vie*. Lyon.

DAINVILLE, François de.
    1940   *La naissance de l'humanisme moderne*. París.

_____ 1968   "L'évolution de l'enseignemente de la thétorique au XVIIe siècle". En: *XVIIe. Siècle*, 80-81 (1968) 19-43.

_____ 1978   *L'éducation des jésuites (XVI-XVIII siècles)*. París, Les Editions de Minuit.

DAVID, M. V.

    1965   *Le débat sur les écritures et l»hieroglyfe au XVIIe et XVIIIe siècles*. París.

DE LA FLOR, Fernando R.

    1982   "El jeroglífico y la arquitectura efímera del Barroco". En: *Boletín del Museo e Instituto Camón Aznar*. Madrid, 8 (1982) 84-102.

——   1983   "*Picta poesis*. Un sermón en jeroglíficos, dedicado por Alonso de Ledesma a las fiestas de Beatificación de San Ignacio, en 1610". En: *Archivum Historicum Societatis Jesu*. Romae, anno LII, fasc. 104 (1983) 262-273

DECORME, Gerardo.

    1941   *La obra de los jesuitas mexicanos durante la época colonial. 1572-1767*. México, 2 vols.

DEL REY FAJARDO, José y Germán MARQUINEZ ARGOTE.

    2004   *Breve tratado del cielo y los astros del M. Javeriano Mateo Mimbela (1663-1736)*. Bogotá.

DEL REY FAJARDO, José.

    1979   *La pedagogía jesuítica en la Venezuela hispánica*. Caracas, Academia Nacional de la Historia.

——   1979   "Un manual de urbanidad y cortesía para estudiantes de humanidades (1762)". En: *Boletín de la Academia Nacional de la Historia*. Caracas, t. LXII, n° 246, 389-400.

——   1990   *La expulsión de los jesuitas en Venezuela (1767-1768)*. Caracas.

——   1991   *La pedagogía jesuítica en Venezuela, 1628-1767*. San Cristóbal, Universidad Católica del Táchira, 3 vols.

——   1999   *Las bibliotecas jesuíticas en la Venezuela colonial*. Caracas, Academia Nacional de la Historia, 2 vols.

——   2003   *Entre el deseo y la esperanza: los jesuitas en la Caracas colonial*. Caracas, Universidad Católica Andrés Bello, José DEL REY FAJARDO. *Virtud y letras en el Maracaibo hispánico*. Caracas.

——   2004   *Jesuitas, libros y política en el Real Colegio Mayor y Seminario de San Bartolomé*. Bogotá.

_____ 2005 *Un sueño educativo frustrado: Los jesuitas en el Coro colonial*. Caracas, Universidad Católica Andrés Bello-Universidad Arturo Michelena.

_____ 2007 *La República de las Letras en la Venezuela colonial*. Caracas, Biblioteca de la Academia Nacional de la Historia.

DEMOUSTIER, Adrien.

1995 "La distinction des fonctions et l'exercice du pouvoir selon les regles de la Compagnie de Jesús". En: L. GIARD (Dir.). *Les Jésuites à la Renaissance. Système éducatif et production su savoir*. París (1995) 3-33.

_____ 1997 «Les jésuites et l'enseignement à la fin du XVIe siècle». En: Adrien DEMOUSTIER y Dominique JULIA. *Ratio Studiorum*. Plan raisonné et institution *des* études dans la Compagnie de Jésus. Paris. Belin (1997) 19-29.

DEMOUSTIER, Adrien. Léone ALBRIEUX y Dolorès PRALON-JULIA.

1997 *Ratio studiorum. Plan raisonné et institution des études dans la Compagnie de Jesús*. París.

DIMLER, G. R.

1976 "The Egg as Emblem: Genesis and Structure of a Jesuit Emblem Book". *Studies in Iconography*, 2 (1976) 85-106.

DION CASIO.

1592 *E Dione exerptae historiae ab Ioanne Xiphilino*. Ex interpretatione Guilielmi Blanci, a Guilielmo Xylandro recognita. Henrici Stephani in Ioannem Xiphilinum... spicilegium. Parisiis, Henricus Stephanus.

DONATO, Alessandro.

1725 *Roma vetus ac recens vtriusque aedificiis ad eruditam cognitionem expositis*. Auctore Alexandro Donato e Societate Jesu. Tertio edita ac multis in locis ne dum aucta... Romae, Ex Bibliotheca Fratrum de Rubeis.

DONNELLY, John Patrick.

2001 "Orlandini, Niccolò". En: Charles E. O'NEILL y Joaquín Mª DOMINGUEZ. *Diccionario histórico de la Compañía de Jesús*. Roma-Madrid, III (2001) 2924.

_____ 2001 "Perpinyà (Perpiñá), Pedro Juan". En: Charles E. O'NEILL y Joaquín M. DOMÍNGUEZ. *Diccionario histórico de la Compañía de Jesús*. Roma-Madrid, III , 3099-3100.

DU CYGNE, Martín.

    1713   *Fons elocuentiae studiosae juventuti* patens sive Explanatio rhetoricae: accomodata candidatis rhetoricae: cui adjicitur analysis rhetorica omnium orationum M.T. Ciceronis... a R.P. Martino Ducygne Societatis Jesu. Editio nova, ornatior & correctior. Venetiis: apud Jo. Gabrielem Hertz.

DUHR, Bernhard.

    1907-1928   *Geschichte der Jesuiten in den Länder deutscher Zunge.* Freiburg y Muenchen-Regensburg, 1907-1928, 4 vols.

DUMORTIER, François Xavier (et alii).

    2002   *Tradition jésuite. Enseignement, spiritualité, misión.* Namur, Presses universitaires de Namur.

ECHANOVE, Alfonso.

1971   *La preparación intelectual del P. Andrés Marcos Burriel (1731-1750).* Madrid.

ELORDUY, Eleuterio.

    2001   "Suárez, Francisco". En: Charles E. O'NEILL y Joaquín Mª DOMINGUEZ. *Diccionario histórico de la Compañía de Jesús.* Roma-Madrid, IV (2001) 3654-3656.

ENRICH, Francisco.

    1891   *Historia de la Compañía de Jesús en Chile.* Barcelona, 2 vols.

ESCALERA, José y Francisco de Borja MEDINA.

    2001   "Bonifacio, Juan". En: Charles E. O'NEILL y Joaquín Mª DOMINGUEZ. *Diccionario histórico de la Compañía de Jesús.* Roma-Madrid, I (2001) 487-488.

ESCALERA, José.

    2001   "Bravo, Bartolomé". En: Charles E. O'NEILL y Joaquín Mª DOMINGUEZ. *Diccionario histórico de la Compañía de Jesús.* Roma-Madrid, I (2001) 538.

——   2001   "Cerda, Juan Luis de la". En: Charles E. O'NEILL y Joaquín Mª DOMINGUEZ. *Diccionario histórico de la Compañía de Jesús.* Roma-Madrid, I, 734.

_____ (2001) "Colegio Imperial de Madrid". En: Charles E. O'NEILL y Joaquín Mª DOMINGUEZ. *Diccionario histórico de la Compañía de Jesús*. Roma-Madrid, I, 844.

_____ 2001 "Terreros y Pando. Estaban". En: Charles E. O'NEILL y Joaquín Mª DOMINGUEZ. *Diccionario histórico de la Compañía de Jesús*. Roma-Madrid, IV, 3781-3782.

FEINGOLD, Mordechai (Ed).

2003 *Jesuit Science and the Republic of Letters*. Cambridge, Mass. MIT Press.

FICHET, Alejandro.

1668 *Arcana studiorum omnium methodus et Bibliotheca scientiarum librorumque earum ordine tributorum vniuersalis* authore P. Alexandro Fichet Societatis Iesu... Lugduni, viduam Guillelmi Barbier.

FOIS, Mario.

2001 "Aquaviva, Claudio". En: Charles E. O'NEILL y Joaquín Mª DOMINGUEZ. *Diccionario histórico de la Compañía de Jesús*. Roma-Madrid, II, (2001) 1614-1621.

FOUQUERAY, Henry.

1910-1925 *Histoire de la Compagnie de Jésus en France des origines a la suppression (1528-1762)*. París, 5 vols.

FURLONG, Guillermo.

1933 *Los jesuitas y la cultura rioplatense*. Buenos Aires.

GIARD, Luce (Edit.).

1995 *Les jésuites à la Renaissance. Système éducatif et production du savoir*. París.

_____ 1996 "La <libertas opinionum> dans les collèges jésuites". En: *Sciences et religions de Copernic à Galilée. Actes du colloque international*. Roma, 12-14 décembre.

_____ 2003 "Los primeros tiempos de la Compañía de Jesús: el proyecto inicial al ingreso en la enseñanza". En: François Xavier DUMORTIER, et alii. *Tradición jesuita. Enseñanza, espiritualidad, misión*. Montevideo, (2003) 11-44.

GIARD, Luce y Louis de VAUCELLES (Edits.).

1996 *Les jésuites à lâge baroque (1540-1640)*. Grenoble.

GIL, Eusebio (Ed.).

    2002   *La pedagogía de los jesuitas, ayer y hoy.* Madrid, Conedsi-Comillas.

GILIJ, Felipe Salvador.

    1954   *Ensayo de Historia Americana.* Bogotá, IV.

GÓMEZ RODELES, Cecilio (et alii).

    1901   *Monumenta Paedagogica Societatis Jesu quae primam Rationem studiorum anno 1586 editam praecessere.* Ediderunt Caecilius GOMEZ RODELES, Marianus LECINA, Vincentius AGUSTI, Fridericus CERVOS, Aloisius ORTIZ e Societate Jesu praesbiteri. Matriti.

GONZÁLEZ CRUZ, Francisco.

    2001   *Globalización y Lugarización.* La Quebrada, Universidad Valle del Momboy y Centro de Estudios Provinciales y Locales.

GORDON, Jacques.

    1611   *Chronologia annorum seriem regnorum mutationes* & rerum memoralium sedem annumque ab orbe condito ad nostre usque tempore complecten: tomus prior aut. Jacobo Gordono... Societatis Jesu ... Burdigalae, apud Sim. milanquiun typog regium.

GRETSER, Jacob.

    1608   *Iacobi Gretseri Societatis Iesus Institutionum Linguae graecae* Liber primus: de octo partibus orationis. Romae, ex typographia Bartholomai Zannetti.

HELLEYER, Marcus.

    2003   "The construction of the *Ordinatio pro Studiis Superioribus* of 1651". En: *Archivum Historicum Societatis Iesu.* Roma, fasc., 143 (2003) 3-43.

    _____   2005   *Catholic Physics: Jesuit Natural Philosophy in Early Modern Germany.* Notre Dame, Ind. University of Notre Dame Press.

HERMAN, J-B.

    1914   *La pédagogie des jésuites au XVIe supecle. Ses sources. Ses caractéristiques.* Louvain-Bruxelles-París.

HERNANDEZ DE ALBA, Guillermo.

    1976   *Documentos para la historia de la educación en Colombia.* Bogotá, III.

HERNANDEZ, Pablo.
    1913   *Organización social de las doctrinas guaraníes de la Compañía de Jesús*. Barcelona, 2 vols.
Historiae ex libris Ciceronis depromptae ad usum collegii P.P. Societatis Jesu. Parisiis, S. Benard, 1689.

IPARRAGUIRE, Ignacio, Cándido de DALMASES y Manuel RUIZ JURADO.
    1991   *Obras de San Ignacio de Loyola*. Madrid, Biblioteca de Autores Cristianos.

JARAMILLO MEJIA, William.
    1996   *Real Colegio Mayor y Seminario de San Bartolomé*. Bogotá, Instituto colombiano de cultura hispánica.

JOUANEN, José.
    1941-1943   *Historia de la Compañía de Jesús en la antigua provincia de Quito*. Quito, 1941-1943, 2 vols.

JUDDE, Claude. *Thesaurus spiritualis magistrorum scholarum inferiorum Societatis Jesu*. Gandavi, 1874.

JULIA, Dominique.
    1997   "L'élaboration de la Ratio Studiorum, 1548-1599". En: Adrien DEMOUSTIER (Edit.). *Ratio studiorum. Plan raisonné et institution des études dans la Compagnie de Jesús*. París (1997) 29-69.

JULIÁN, Ignacio.
    s/f   *Lo mejor de la vida, Religión, Doctrina y Sangre recogido en un noble joven colegial de el Real, Mayor y Seminario Colegio de San Bartholomé, propuesto en Ynstrucción Christiano-Politica para el uso de dicho Colegio a quien lo dedica un Estudiante Theologo de la Compañía de Jesús en su segundo año a suplicas de la misma juventud noble*. El texto íntegro lo publicamos en *La Pedagogía jesuítica en la Venezuela hispánica*, pp. 325-427.

JUVENCIO, José.
    1703   *Método para aprender y para enseñar*. Florencia.

KUENTZ. P.
    1970   "Le <rhétorique> ou la mise à l'écart". En: *Commnications*, (Ecole pratique des Hautes Etudes), 16 (1970) 143-157.

LACHENSCHMID, Robert.

    2001   "Gretzer (Gretscher), Jakob". En: Charles E. O'NEILL y Joaquín Mª DOMINGUEZ. *Diccionario histórico de la Compañía de Jesús.* Roma-Madrid, II (2001) 1814.

LACOUTURE, Jean.

    1993   *Jesuitas. I. Los conquistadores.* Barcelona-Buenos Aires-México, Ediciones Paidís.

LANGE CRUZ, Ignacio.

    2005   *Carisma ignaciano y mística de la educación.* Madrid, Universidad Pontificia de Comillas.

Latini sermonis exemplaria e scriptoribus probatissimis (Eutropio, Aur. Victore, Cornelio Nepote, Justino...) Prima solutae orationis excerptio. Lutetiae Parisiorum, 1744.

LE BRUN, Laurent.

    1653   *Institutio iuuentutis christianae* [auctore P. Laurentius Le Brun é Societatis Iesu]. Parisiis, apud Sebastianum Cramoisy... et Gabrielem Cramoisy... sub Ciconiis.

    ——   1655   *Laurentii Le Brun nannetensis è Societate Iesu, Eloquentia Poetica siue Praecepta Poetica exemplis poëticis illustrata*: tomus primus. Parisiis, apud Sebastianum Cramoisy... et Gabrielem Cramoisy.

LEAL, Ildefonso.

    1978   *Libros y bibliotecas en Venezuela colonial (1633-1767).* Caracas, Biblioteca de la Academia Nacional de la Historia. Fuentes para la Historia Colonial de Venezuela, 2 vols.

LEDESMA, Iacobus.

    1564-1565   *De ratione et ordine studiorum collegii Romani.* Romae, annis.

LEERS, Arnold, imp.

    1673   *Clavis Homerica, sive Lexicon vocabulorum omnium, quae continentur in Homeri Iliade et potissimâ parte Odyssaeae* [sic]: cum brevi de dialectis appendice, nec non Mich. Apostolii Proverbiis graeco-latinis, nunquam antea ita editis. Accessère etiam huic postrema editioni varia elogia, seu testimonia de Homero, ex diversus authoribus, tùm antiquis, tùm neotericis collecta. Roterodami, ex officinâ Arnoldi Leers.

LEITE, Serafím.
　　1938-1950　　*História da Companhia de Jesús no Brasil*. Lisboa-Río de Janeiro, 10 vols.

LOMBARDELLI, Orazio.
　　1594　　*Il Giovane studente*. Venezia.

LONGINO, Dionisio.
　　1710　　*Dionysii Longini de sublimitate libellus*: cum praefatione de Vita & Scriptis Longini, Notis, Indicibus & Variis Lectionibus. Oxoniae: E Theatro Sheldoniano, Prostat apud Joan. Wilmot.

LOYOLA, Ignacio de.
　　1937　　*Constitutiones Societatis Jesu latinae et hispanicae cum earum declarationibus*. Romae, Apud Curiam Praepositi Generalis.

LOYOLA, Ignacio de.
　　1944　　*Ejercicios Espirituales*. Directorio y Documentos de San Ignacio de Loyola. Glosa y Vocabulario de los Ejercicios por el P. José Calveras S. I. Barcelona, Edit. Balmes.

LUKÁCS, Ladislao.
　　1992　　*Monumenta Paedagogica Societatis Jesu penitus retractata multisque textibus aucta*. Edidit Ladislaus Lukács. Romae, Institutum Historicum Societatis Iesu: I (1540-1556). Romae, 1965; II (1557-1572). Romae, 1974; III (1557-1572). Romae, 1974 (2 vols.); IV (1573-1580). Romae, 1981; V Ratio atque institutio studiorum Societatis Jesu (1586, 1591, 1599) Romae, 1986. VI Collectanea de Ratione studiorum Societatis Jesu (1582-1587). Romae, 1992. VII Collectanea de Ratione studiorum Societatis Iesu (1588-1616). Romae.

—— 　　2001　　"Ledesma, Diego de". En: Charles E. O'NEILL y Joaquín Mª DOMINGUEZ. *Diccionario histórico de la Compañía de Jesús*. Roma-Madrid, III , 2318-2319.

—— 　　"Ratio studiorum". En: Charles E. O'NEILL y Joaquín Mª DOMINGUEZ. *Diccionario histórico de la Compañía de Jesús*, IV, 3292-3296.

MACHONI, Antonio.
　　s/f　　*Palatii eloquentiae vestibulum* sive Tractatus duo de methodo variandae Orationis, ac de prolusionum praeceptionibus: studiosis à primo limine suaveloquentiam salutantibus valdè utiles authore R.P. An-

tonio Machoni Societatis Iesu. Matriti, ex Thypographia Viduae Petri Enguera, [s.a.]

MALAPERT, Carlos.

1624   *Sedecias Tragoedia aliaque Poëmata* Caroli Malapertii è Societate Jesv ad Serenissimum Vladislavm Poloniae Principem. Dvaci.

MAMBRUN, Pierre.

1652   *Dissertatio peripatetica de epico carmine* auctore Petro Mambruno... Societate Iesu. Parisiis, apud Sebastianum Cramosy... et Gabrielem Cramoisy.

MANUCIO, Aldo.

1622   *Elegantiae Aldi Manutii*, auctae gallicae facta et in accommodatiora capita distributa auctore Iacobo Gaulterio... quibus adiectus est copiosissimus index. Lugduni, Sumptibus Claudii Larjot.

——   1703   *Elegantiarum Aldi Manutti flores novum in ordinem ac formam*, novo plane idiomate gallico accuratione... Editio nova. Duaci, Typis Michaelis Mairesse.

MARTINEZ DE LA ESCALERA, José.

1982   "Ciencias y letras entre los jesuitas de la Corona de Aragón (1747-1767)". En: *Miscelánea Comillas*. Madrid, t., XL, n°., 77 (1982) 263-325.

MARTINEZ DE RIPALDA, Juan.

1704   *De usu et abusu doctrinae divi Tomae*. Leodii.

MARTINEZ DIEZ, Felicísimo.

1991   "La Escolástica y su aporte metodológico". En: José del REY FAJARDO. *La pedagogía jesuítica en Venezuela*. San Cristóbal, I (1991) 225-300.

MEDINA, Francisco de Borja.

1991   "Ocaso de un provincia de fundación ignaciana: la Provincia de Andalucía en el exilio (1767-1773)". En: *Archivo teológico granadino*. Granada, 54 (1991) 5-90.

MÉNDEZ PLANCARTE, Gabriel (Edit.).

1962   *Humanistas del siglo XVIII*. Introducción y selección: Gabriel Méndez Plancarte. México, Universidad Nacional Autónoma de México.

MERCADO, Pedro de.

    1676   *Práctica de los ministerios eclesiásticos*. Compuesto por el Padre Pedro de Mercado de la Compañía de Jesús. Sevilla.

MESTRE SANCHIS, Antonio.

    2002   *Humanistas, políticos e ilustrados*. Alicante, Universidad de Alicante.

MESTRE, Antonio y Jesús GOMEZ FREGOSO.

    2001   "Burriel, Andrés Marcos". En: Charles E. O'NEILL y Joaquín Mª DOMINGUEZ. *Diccionario histórico de la Compañía de Jesús*. Roma-Madrid, I (2001) 575-576.

MINCIA, Anita.

    1992   "El concetto di <dottrina> fra gli Esercizi Spirituali (1539) e la Ratio Studiorum (1599)". En: *Archivum Historicum Societatis Iesu*. Roma, LXI (1992) 3-70.

    1996   "La controversia con i protestanti e i programmi degli studi teologici nella Compagina di Gesù, 1547-1599". En: *Archicum Historicum Societatis Iesu*. Roma, t., LIV (1996) 3-43; 209-266.

MONFASINI, John.

    1976   *George of Trebizond: A Biography and a Study of His Rhetoric and Logic*. Leiden: E. J. Brill.

MOORE, Eduardo.

    2001   "Azor, Juan". En: Charles E. O'NEILL y Joaquín Mª DOMINGUEZ. *Diccionario histórico de la Compañía de Jesús*. Roma-Madrid, I (2001) 316.

MOQUOT, Etienne.

    1657   *Nicolai Clenardi Grammatica graeca a Stephano Moquoto è Societate Iesu recognita...* vnà cum compendio regularum et epitome graecorum praeceptorum. Editio vltima caeteris correctior. Lugduni, apud Ph. Borde, L. Arnaud & Cl. Rigaud.

MORNER, Magnus.

    1955   *The Political and Economic Activities of the Jesuits in the La Plata Region: The Absburg era*. Estocolmo.

MURET, Marc Antoine.

    1621   *M. Antonii Mureti... Orationum volumina duo*: quorum primum ante aliquot annos in lucem prodiit secundum verò recens est editum; accesserunt inddices... adjunximus etiam Caroli Sigonii oratoris disertissimi Orationes VII; seorsim quoq[ue] editae sunt eiusdem Mureti Epistolae; Hymni sacri &; Poemata omnia. Argentorati, sumptibus haeredum Lazari Zetzneri, 1621.

——— 1741   *M. Antonii Mureti Operum in usum scholarum selectorum,* tomus I... Patavii, apud Josephum Cominum.

NICOLÁS, Antonio.

    1696   *Bibliotheca hispana vetus sive Hispanorum, qui usquam unquámve scripto aliquid consignaverunt notitia... auctore D. Nicolao Antonio...* Opus postumum nunc primum prodit jussu & expensis... D. Josephi Saenz... Romae, ex Typographia Antonii de Rubeis.

    1783   *Bibliotheca Hispana nova, sive Hispanorum Scriptorum qui ab anno MD. ad MDCLXXXIV floruere Notitia.* Auctore D. Nicolao Antonio... Nunc primum prodiz recognita amendata aucta ab ipso auctore. Matriti, apud Joachimum de Ibarra.

NICOLAU, Miguel.

    1982   "Nadal (Jerome), jésuite, 1507-1580". En: M. VILLER, M., F. CAVALLERA, J. DE GUIBERT. *Dictionnaire de Spiritualité ascetique et mystique, doctrine et histoire.* París, XI (1982) 3-15.

NIZZOLI, Mario.

    1568   *Nizolius, sive Thesaurus Ciceronianus, omnia Ciceronis verba, omnemque loquendi atque eloquendi varietatem complexus* nunc iterum Caelii Secundi Curionis... labore... auctior... Adiecimus etiam diversorum Ciceronis exemplarium collationem... Basileae, Ex officina Hervagiana, per Eusebium Episcopium.

O'MALLEY, John et alii.

    1999   *The Jesuits: Cultures, Sciences, and the Arts, 1540-1773,* Toronto, University of Toronto Press.

——— 2002   *The Jesuits II: Cultures, Sciences, and the Arts, 1540-1773,* Toronto, University of Toronto Press.

O'MALLEY, John.

    2005   "Saint Ignatious and the Cultural Mission of the Society of Jesus". En: John O'MALLEY y Gauvin Alexander BAILEY (Edits.). *The Jesuits and the Arts, 1540-1773*. Philadelphia, Saint Joseph's University Press (2005) 3-16.

    _____ 2007   "Cinco misiones del carisma jesuita. Contenido y método". En: *Apuntes ignacianos*. Bogotá, 51 (2007) 4-38.

O'NEILL, Charles E.

    2001   "Humanismo". En: Charles E. O'NEILL y Joaquín Mª DOMINGUEZ. *Diccionario histórico de la Compañía de Jesús*. Roma-Madrid, II (2001) 1967-1971.

OLIVET, P. J. (l'abbé d').

    1744   *Pensées de Cicéron* traduites par M. l'abbé d'Olivet. París.

OLMEDO, Félix.

    1949   "Humanismo". *Miscelánea Comillense*. Santander (1949) 43-53.

OMPHALIUS, Jakob.

    1555   *De Elocutionis imitatione ac apparatu* liber vnus auct. Iac. Omphalio... his accesserunt Io. Francisci Pici Mirandulae ad Petrum Bembum, et Petri Bembi ad Io. Franciscum Picum Mirandulam, de imitatione epistolae duae. Parisiis, apud Gulielmum Iulianum.

OSORIO ROMERO, Ignacio.

    1979   *Colegios y profesores jesuitas que enseñaron latín en Nueva España (1572-1767)*. México, Universidad Nacional Autónoma de México.

    _____ 1980   *Floresta de gramática, poética y retórica en Nueva España (1521-1767)*. México.

OULTREMAN, Philippe d'.

    1641   *Le pedagogue chrestien* ou La maniere de viure christiennement: tiree de la Saincte Escriture & dis saincts Peres, confirmée & esclaircie par raisons, similitudes & histories, par le P. Philippe d'Oultreman de la Compagnie de Iesus. A Paris, chez Mathurin Henault.

PACHECO, Juan Manuel.

    1979   "Dos curiosos manuscritos coloniales". En: *Boletín de Historia y Antiguedades*. Bogotá, vol., 66, nº 727 (1979) 507-519.

    _____ 1959-1989   *Los Jesuitas en Colombia*. Bogotá, 3 vols.

PACHTLER, Georg Michael.

    1887-1894   *Ratio Studiorum et Institutiones Scholasticae Societatis Jesu per Germaniam olim vigentes collectae concinnatae dilucidatae a G. M. Pachtler S. J.* Osnabrück, 1887-1894, 4 vols.

PALOMINO, Antonio.

    1947   *Museo pictórico y escala óptica*. Madrid.

PASTELLS, Pablo.

    1912-1949   *Historia de la Compañía de Jesús en la Provincia del Paraguay (Argentina, Paraguay, Uruguay, Perú, Bolivia y Brasil), según los documentos originales del Archivo General de Indias*. Madrid, 9 vols.

PEDRAZA, P.

    1978   "Breves notas sobre la cultura emblemática barroca". En: *Saitabi*. Valencia, 28 (1978) 181-192.

PERALTA, Ceferino.

    1984   "Gracián, entre barroco y neoclásico en la <Agudeza>". En: Baltasar GRACIÁN. *Agudeza y arte de ingenio*. San Cristóbal (1984) 543-554.

PÉREZ PICÓN, Conrado y José ESCALERA.

    2001   "Idiáquez, Francisco Javier". En: Charles E. O'NEILL y Joaquín Mª DOMINGUEZ. *Diccionario histórico de la Compañía de Jesús*. Roma-Madrid, II (2001) 1990-1991.

PEREZ PICON, Conrado.

    1982   *Villagarcía de Campos. Estudio histórico-artístico*. Valladolid, Institución cultural Simancas.

    1983   *Un colegio ejemplar de Letras Humanas en Villagarcía de Campos (1576-1767)*. Valladolid.

PERPIÑÁN, Pedro Juan.

    1595   *Petri Ioannis Perpiniani valentini e Societate Jesu Orationes duodeuiginti*. Nunc primum in Germania in lucem editae. Ingolstadii, Ex officina typographica Dauidis Sartorii.

PETAU, Denis.

    1637   *Dionisiou tou Petabiou ... Paraphrasis emmetros ... Dionysii Petauii e Societate Iesu Paraphrasis Psalmorum omnium Dauidis nec non*

Canticorum ... ; graecis versibus edita cum latina interpretatione... Parisiis, apud Sebastianum Cramoisy.

PETAU, Denis.

    1620   *Dionysii Petavii Aurelianensis... Orationes.* Parisiis, Ex Officina Niuelliana, sumptibus Sebastiani Gramoisy.

    1741   *Dionysii Petavii... e Societate Iesu Rationarum Temporum*: cui praeter ea omnia, quae uberrime in postrema veneta editione adjecta sunt, in hac nostra novissima accessere dua opuscula Iacobi Usseri... Veronae, Ex Typographia Petri Antonii Bernii Bibliopolae in Regione Leonum, Sumptibus Societatis.

PETTY, Miguel (Edit.).

    1696-2001   *La Ratio Studiorum en América latina. Su vigencia en la actualidad.* Córdoba, Universidad Católica de Córdoba 1696-2001, 2001.

PIGNATELLI, Antonio.

    2001   "Cepari, Virgilio". En: Charles E. O'NEILL y Joaquín Mª DOMINGUEZ. *Diccionario histórico de la Compañía de Jesús.* Roma-Madrid, I (2001) 733-734.

PINARDI, Sandra.

    2006   "De misiones". En: *El Nacional.* (Papel Literario). Caracas, sábado 15 de julio de 2006.

PLAZAOLA, Juan (Edit.).

    1991   *Ignacio de Loyola y su tiempo.* Bilbao [1991].

PLINIO SEGUNDO, Cayo.

    1685   *Caii Plinii Secundi Naturalis historiae libri XXXVII* Joannes Harduinus... interpretatione et notis illustravit... Parisiis, apud Franciscum Muguet.

PLUCHE, Noël-Antoine.

    1751   *La mécanique des langues, et l'art de les enseigner.* París.

    ——— 1754   *Carta de un padre de familias, en orden a la educación de la juventud, de uno y otro sexo.* Traducción de Esteban Terreros y Pando. Madrid.

POLGAR, László.

    1981   *Bibliographie sur l'histoire de la Compagnie de Jesús 1901-1980.* I. Toute la Compagnie. Roma, I.

POLIZIANO, Angelo Ambrogini.

    1526   *Illustrium virorum Epistolae* ab Angelo Politiano partim scriptae partim collectae cu Sylvianis cometariis & ascesianis Scholiis... [Paris], impressarum impensis & accuratione pre loq[ue] eiusdem Iodoci Badii.

PONTANUS, Jacobus.

    1603   *Iacobi Pontani de Societate Iesu progymnasmatum Latinitatis, sive Dialogorum* volumen primum... Editio novíssima, denuo recognita et aucta... Lugduni, Apud Bartholomaeum Vincentium (Typis Stephani Servain).

POSSEVINO, Antonio.

    1607   *Antonii Posseuini... Societatis Iesu, Bibliotheca selecta de ratione studiorum* ad disciplinas & ad Salutem omniu[m] gentium procurandam... in duos tomos distributa... [tomus primus-secundus]. Nunc primum in Germania edita. Coloniae Agrippinae, apud Ioannem Gymnicum.

RABIKAUSKAS, Paulus y Ludwik PIECHNIK.

    2001   "Leczyky (Lancicius, Lncicijus), Mikolaj (Mikalojus, Nicolaus)". En: Charles E. O'NEILL y Joaquín Mª DOMINGUEZ. *Diccionario histórico de la Compañía de Jesús*. Roma-Madrid, III (2001) 2317.

RAFFO, Giuliano.

    1989   *La <Ratio Studiorum>. Il metodo degli studi umanistici nei collegi dei gesuiti alla fine del secolo XVI*. Introd. e trad. De Giuliano Raffo. Milano.

Ratio atque institutio Studiorum Societatis Jesu. Superiorum Permissu. Neapoli, apud Tarquinium Longhum, 1599.

    1674   *Reginae palatium eloquentiae*, primo quidem a RR. PP. societ., Iesu, in Galia, exquisito studio, & arte magnifica extructum; nunc vero Revisum, ac sensui... Venteéis, Apud Nicolaum Pezzana.

  —— 1590   *Regulae Societatis Jesu*. Romae.

RESTREPO, Daniel y Guillermo y Alfonso HERNANDEZ DE ALBA.

    1928   *El Colegio de San Bartolomé*. I. El Colegio a través de nuestra historia. Por el P. Daniel Restrepo S. J. II. Galería de Hijos insignes del Colegio. Por Guillermo y Alfonso Hernández de Alba. Bogotá.

RICHEOME, Louis.

    1628   "L'académie d'honneur dressé par le Fils de Dieux au royaume de son Eglise (1614)". En *Oeuvres*. París, 2.

RIVAS SACCONI, José Manuel.

    1977   *El latín en Colombia. Bosquejo histórico del Humanismo colombiano*. Bogotá, Instituto colombiano de Cultura.

RODRIGUES, Francisco.

    1931-1950   *Historia da Companhia de Jesus na Asitencia de Portugal*. Porto, 4 vols.

ROLLIN, Charles.

    1726   *La manière d'enseigner et d'Andier les Belles Lettres, par repport á l'esprit et an aseur*. [París].

ROMANO, Antonella.

    1999   *La Contre-Réforme mathématique: Constitution et diffusion d'une culture mathématique jésuite à la Renaisance*. Roma, École française de Rome.

ROSINUS, Johannes.

    1583   *Romanarum antiquitatum libri decem* ... collecti a Ioanne Rosino Bartholomaei... Basileae, ex officina haeredum Petri Pernae, 1583 (per Conradum Waldkirch).

ROSZELD, Johann.

    1609   *Romanarum antiquitatum libri decem* ex variis scriptoribus summa fide singularique diligentia collecti a Ioanne Rosino... Editio ultima, omnium, quae hactenus prodierunt, tersísima. Lugduni, ex officina Hug. a Porta: sumptibus Samuelis Girard.

RUIZ JURADO, Manuel.

    2001   "Ejercicios Espirituales". En: Charles E. O'NEILL y Joaquín Mª. DOMINGUEZ. *Diccionario histórico de la Compañía de Jesús*. Roma-Madrid, II (2001) 1223-1230.

―――― 2001 "Nadal, Jerónimo". En: Charles E. O'NEILL y Joaquín M. DOMÍNGUEZ. *Diccionario histórico de la Compañía de Jesús*. Roma-Madrid, III, 2793-2796.

―――― 2001 "Ribadeneira, Pedro de". En: Charles E. O'NEILL y Joaquín Mª DOMINGUEZ. *Diccionario histórico de la Compañía de Jesús*. Roma-Madrid, IV, 3345-3346.

SACCHINO, Francesco.

1625 *Paraenesis ad magistros Scholarum inferiorum Societatis Iesu* scripta á P. Francisco Sacchino ex eadem Societate. Romae, Typis Iacobi Mascardi.

―――― *Protrepticon ad magistros scholarum inferiorum Societatis Iesu* scripta à P. Francisco Sacchino ex eadem societate. Romae, Typis Iacobi Mascardi.

SADOLETO, Jacobo.

1535 *Ia. Sadoleti De liberis recte instituendis liber*. Lugduni, apud Seb. Gryphium.

SAEZ, José Luis.

1991 "Universidad Real y Pontificia Santiago de la Paz y de Gorjón en la Isla Española (1747-1767)". En: José DEL REY FAJARDO (Edit.). *La pedagogía jesuítica en Venezuela*. San Cristóbal, I (1991) 175-224.

SALIAN, Jacobo.

1636 *Enchiridivm Chonologicvm sacrae et profanae historiae, a mvndo condito ad Christi Domini ascensionem*; id est, annalium, ipsiusque Epitomes Medulla, ex Annalibus 2. Iacobi Saliani Societatis Iesv, ab ipsomet autore deprompta. Parisiis.

SALIAN, Jacques.

1664 *Iacobi Saliani Societatis Iesu Annalium ecclesiasticorum Veteris Testamenti epitome*: in qua res sacrae prophanaeque ab orbe condito ad Christi in coelum ascensionem per annos ferè singulos digeruntur & explicantur. Editio nouissima. Lugduni, apud Iacobum Faeton.

SAMUDIO, Edda.

1985 *Las haciendas del colegio San Francisco Javier de la Compañía de Jesús en Mérida. 1628-1767*. Mérida.

SAMUDIO, Edda. José DEL REY FAJARDO. Manuel BRICEÑO JAUREGUI.

    2003   *El Colegio San Francisco Javier en la Mérida colonial, germen histórico de la Universidad de los Andes.* Mérida, Universidad de los Andes, 8 tomos.

SÁNCHEZ DE LAS BROZAS, Francisco.

    1733   *Francisci Sanctii, Brocensis... Minerva, seu de causis linguae latinae commentarius cui inserta sunt, uncis inclusa, quae addidit Gasp. Scioppius, et subjectae suis paginis Notae Jac. Perizonii.* Editio Quinta prioreibus longe correctior atque emendatior. Amstelaedami, Apud Janssonio Waesbergios.

SANDOVAL, Alonso de.

    1987   *Un tratado sobre la esclavitud.* Introducción, transcripción y traducción de Enriqueta Vila Vilar. Madrid, Alianza Editorial.

SAUVE, James. Gabriel CODINA y José ESCALERA.

    2001   "Educación". En: Charles E. O'NEILL y Joaquín M. DOMÍNGUEZ. *Diccionario histórico de la Compañía de Jesús.* Roma-Madrid, II (2001) 1202-1214.

SCADUTO, Mario.

    2001   "Possevino, Antonio". En: Charles E. O'NEILL y Joaquín Mª DOMINGUEZ. *Diccionario histórico de la Compañía de Jesús.* Roma-Madrid, IV (2001) 3201-3203.

    2001   "Sacchini, Francesco". En: Charles E. O'NEILL y Joaquín Mª DOMINGUEZ. *Diccionario histórico de la Compañía de Jesús.* Roma-Madrid, III, 3458.

SCHABEL, Miguel Alejo.

    1965   "Noticias de América que manda el Padre Miguel Alejo Schabel, misionero de la Sociedad [Compañía] de Jesús al muy Reverendo Padre Miguel Angel Tamburino [Tamburini] Prepósito y Vicario General de la misma Sociedad, el 9 de abril del año 1705, de la nueva misión en las islas de Curazao, Bonaire, Aruba y del río Apure en la Tierra Firme india en el Reino de la Nueva Granada". En: *Anuario del Instituto de Antropología e Historia.* Caracas, Universidad Central de Venezuela, II (1965) 269-306.

SCHORO, Antonio.

    1605   *Phrases linguae latinae...* Ab Antonio Schoro... societatis Iesu... Accessit item index omnium rocum Ciceronianorum. Turnoni, Sumptibus Guillelmi Linocerii.

SCHREVELIUS, Cornelius.

    1687   *Cornelii Schrevelii Lexicon manuale graeco-latinum et latino-graecum.* Patavii, ex typographia seminarii.

SEDANO, J.

    s/f   *El método teológico de Santo Tomás.* Bogotá, Universidad de Santo Tomás, S/f.

SIEVERNICH, Michael y Günter SWITEK (Edit).

    1991   *Ignatianisch. Eigenart un Methode der Gesellschaft Jesu.* Freiburg-Basel-Wien.

SIEVERNICH, Michael.

    2005   "La Misión de la Compañía de Jesús: inculturación y proceso". En: José Jesús HERMANDEZ PALOMO y Rodrigo MORENO JERIA (Coord.). *La Misión y los jesuitas en la América española, 1566-1767.* Sevilla, Consejo Superior de Investigaciones Científicas-Escuela de Estudios Hispano-Americanos (2005) 265-287.

SIMBERG, André.

    1913   *L'éducation morale dans les collèges de la Compagnie de Jésus en France.* París.

SIMÓN DÍAZ, José.

    1992   *Historia del Colegio Imperial de Madrid.* Madrid, Instituto de Estudios Madrileños.

SOAREZ, Cipriano.

    1601   *De arte rhetorica libri tres:* ex Aristotele, Cicerone & Quintiliano praecipuè depromti autore Cypriano Soarez... Societatis Iesu. Palmae Bal[eairum], [ex officina] Gabrielis Guasp eiusque expensis.

SOAREZ, Cipriano.

    1652   *Summa Rhetoricae expressa e Cypriano Soaris,* Societatis Jesu Sacerdote. Ad facillimam Eloquentiae Studiosorum intelligentiam, ac memoriam accomodata. Parisiis.

SOMMERVOGEL, Carlos.

    1890-1911 *Bibliothèque de la Compagnie de Jesús*. Bruxelles-París, 12 vols.

SPRINGETTI, Emilio.

    1962   "Storia e fortuna della grammatica di Emmanuele Alvares S.J.". En: *Humanitas*. Coimbra, vols., XIII-XIV (1962) 283-304.

STRADA, Famiano.

    1668   *R.P. Famiani... è Societate Jesu Elocuentia bipartita, pars prior Prolusiones academicas...* altera Paradigmenta eloquentiae... excerpta ex Decade prima & Secunda historiae de Bello Belgicum ejusdem auctoris. (Amstelaedami: sumptibus Joannis Revesteynii.

SZILAS, László.

    1992   "Schule, Bildung, Theater". En: *Archivum Historicum Societatis Iesu*. Roma, LXI (1992) 211-234.

TACCHI VENTURI, Pietro.

    1910-1951 *Storia della Compagnia di Gesù in Italia, narrata col sussidio di fonti inediti*. Roma, 2 vols.

TORSELLINI, Horacio.

    1647   *Horatii Tvrsellini, è Societate Jesu. Historiarum ab origine Mundi vsque ad annum 1640 Epitome libri X*. Lvgdvni.

TURSELLINI, Orazio.

    1731   *Historiae sacrae et profanae epitome* ab Horatio Tursellino contexta. Editio nova. Lutetiae Parisiorum, apud viduam Brocas... ad insignia capitis S. Joannis.

URIARTE, José Eug. de y Mariano LECINA.

    1925-1930 *Biblioteca de escritores de la Compañía de Jesús pertenecientes a la antigua Asistencia de España desde sus orígenes hasta el año de 1773*. Madrid. 2 vols.

USLAR PIETRI, Arturo.

    1970   "Cómo se aprende a ser hombre". En: *El Tiempo*. Bogotá, 25 de marzo de 1970.

VALLA, Lorenzo.

    1566   Laurentii Vallae *Elegantiorum Latinae lingua* libri sex eiusdem De Reciprocatione sui et suus, libellus ad veterum denuo codicum fidem ab Ioanne Raenerío emendata omnia. Lugduni, apud Antonium Gryphium.

VALLE LLANO, Antonio.

    1950   *La Compañía de Jesús en Santo Domingo durante el período hispánico*. Ciudad Trujillo, Seminario de Santo Tomás.

VARGAS UGARTE, Rubén.

    1963-1965   *Historia de la Compañía de Jesús en el Perú*. Burgos, 4 vols.

VAVASSEUR, Francisco.

    1722   *Francisci Vavassoris De ludiera dictione liber in quo tota jocandi ratio ex veterum scriptis aestimattur*. Ejusdem Antibarbarus seu de vi et usu quorumdam Verborum latinorum observationes. Lipsiae.

VAZ DE CARVALHO, José.

    2001   "Álvares (Alvres), Manuel". En: Charles E. O'NEILL y Joaquín Mª DOMINGUEZ. *Diccionario histórico de la Compañía de Jesús*. Roma-Madrid, I (2001) 90.

VERNEY, Luis Antonio.

    1760   Verdadero método para ser útil a la República y a la Iglesia, proporcionado al estilo y necesidad de Portugal. Madrid, traducido al castellano por D. José Maymó y Ribes, 4 vols.

VILLALOBOS, Juan de.

    1576   *Grammatica graeca*. Salmnticae.

    ——— 1593   *Introductio in linguam graecam*. Salmanticae.

VOSSIUS, Gerardus Joannes.

    1697   *Gerardi Joannis Vossii Tractatus philologici de rhetorica, de poetica, de artium et scientiarum natura ac constitutione*... (Amstelodami, ex typographia P. & J. Blae: prostant apud Janssonio-Waesbergios et. al.], 1697).

    ——— 1699   *Gerardi Joannis Vossii Ars historica: de historicis graecis libri quatuor: de historicis latinis libri tres*, Historiae universitatis epitone, opuscula et epistolae. (Amsterlodami, ex typographia P. & J. Blaev: prostant apud Janssonio-Waesberfios et al.], 1699).

www.ingramcontent.com/pod-product-compliance
Lightning Source LLC
Chambersburg PA
CBHW032125010526
44111CB00033B/73